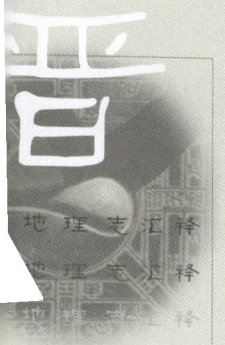

正史地理志汇释丛刊

国家出版基金项目
NATIONAL PUBLICATION FOUNDATION

晋书地理志汇释

主　编　　谭其骧
副主编　　邹逸麟　周振鹤
编　著　　孟　刚　邹逸麟

时代出版传媒股份有限公司
安徽教育出版社

图书在版编目(CIP)数据

晋书地理志汇释 / 孟刚,邹逸麟编著. —合肥:安徽教育出版社,2018.12

(正史地理志汇释丛刊 / 谭其骧主编)

ISBN 978-7-5336-8801-1

Ⅰ.①晋… Ⅱ.①孟…②邹… Ⅲ.①地理志-研究-中国-晋代 Ⅳ.①K928.637

中国版本图书馆CIP数据核字(2018)第281538号

晋书地理志汇释

JINSHU DILI ZHI HUISHI

出 版 人:郑　可
质量总监:姚　莉
项目编辑:张　利　钱　江
责任编辑:黄　俊　杨菁菁　刘义平
装帧设计:袁　泉
责任印制:王　琳

出版发行:时代出版传媒股份有限公司　安徽教育出版社
地　　址:合肥市经开区繁华大道西路398号　邮编:230601
网　　址:http://www.ahep.com.cn
营销电话:(0551)63683012,63683013
排　　版:安徽时代华印出版服务有限责任公司
印　　刷:安徽新华印刷股份有限公司

开　　本:787×1092　1/16
印　　张:47.5
字　　数:950千字
版　　次:2018年12月第1版　2018年12月第1次印刷
定　　价:198.00元

(如发现印装质量问题,影响阅读,请与本社营销部联系调换)

丛刊前言

谭其骧

二十四史中的《汉书·地理志》《续汉书·郡国志》《晋书·地理志》《宋书·州郡志》《南齐书·州郡志》《魏书·地形志》《隋书·地理志》《旧唐书·地理志》《新唐书·地理志》《旧五代史·郡县志》《新五代史·职方考》《宋史·地理志》《辽史·地理志》《金史·地理志》《元史·地理志》《明史·地理志》，习惯上总称"正史地理志"。这十六部正史地理志，记载西汉、东汉、晋、刘宋、南齐、北魏、隋、唐、五代、宋、辽、金、元、明各时代县以上行政区划的建制，有的还兼及其沿革与境内山川、城邑、乡聚、关隘、古迹、名胜、物产、户口、去州去京水陆道里，等等，是我国古代地理著作中最基本、最重要的一部分。认真阅读正史地理志，是每一个想了解、研究中国历史地理的学者的学术必由之路，也是必不可少的基本功。通常这十六部志都分散编次在二十四部正史中，检阅极为不便。清季广雅书局曾刻有《历代地理志汇编》，近半个世纪来久已绝迹于书坊，亦难以在各图书馆中觅得。本丛刊的第一步工作就是选择这十六部地理志的最善本汇为一编。

十六部正史地理志或多或少都存在着错误或遗漏。通行本《汉书》有颜师古注，《续汉书》有刘昭注补，读者藉颜、刘之注得对志文的缺谬稍稍得到些补正知识。但《晋书》以下并没有这样的注。清代考据学兴起后，重视历代地理沿革蔚为一时风气，不仅诸家笔记文集多有这方面的篇章条目，一些诸史考异商榷一类著作中，对地理志的考订往往特别丰富，还有不少对两汉、晋、宋、魏、隋等志的校注、补正、疏证、辨疑等专著。而所有这些注释考辨工作，对两《汉志》做出的贡献最大。因此清末王先谦编撰《汉书补注》《后汉书集解》，汇集颜师古、李贤、刘昭以后诸家注释。《汉志》原来是《汉书》一百二十卷中的两卷，《续志》原来是《后汉书》一百二十卷中的五卷，一经加上《补注》《集解》，《汉志》和《续志》的篇幅便都占了全书的十分之一。

可是时至今日，读两《汉志》又不应该只满足于《汉书补注》《后汉书集解》了。因为在这两部书之后的八十多年来，学者们又做出了不少对两汉地理能有所补益的新著。至于《晋志》以下，连清人的考订也还没有像王先谦《补注》《集解》那样的著作为之汇集，当然更难看到所有前人已做出的研究成果。而为了让史学工作者特别是历史地理研究工作者能够接近并全盘了解这些成果，从而在此基础上对正史地理志和历代政区沿革及其有关地理情况做出进一步认识研究，那么，广泛搜集有关论著，为每一部正史地理志做出尽可能完备的注释，无疑是比汇集地理志本文更有价值，也是最为艰巨的一项工程。这正是本丛刊准备对学术界——尤其是历史地理学、方志和地名学等方面的研究者——提供的主要贡献。

有关注释和论著的每一条资料不可能是全部可取的，每一个论点也不可能是全部正确的，当然要由编者予以判断、决定是非。所取的都交代原著名或原作者；所舍的一般不提，遇有影响较大的谬说，则须予以驳正。

十六部正史地理志原来的详难度大不相同，后人注解考释的价值也迥不相侔。我们这几个编者只能每人认定一两部，按总编例，尽最大努力争取达到最高成就，但绝不可能使所有原志中的问题全部得到解决，也不可能使各志的汇释都取得同样的或差不多的详密度和精确度，这是肯定的。所以这部丛刊只能基本上是前人研究成果的结集，加上少量编者所搜集到的有关资料和做出的新考证，只能说是使正史地理志的整理研究工作踏上了一个新阶段，当然不是说整理研究工作可以从此结束。

这一丛刊的准备工作已经进行了一段时间，但一直未能找到合适的出版社，因为在目前的情况下，一般的出版社由于经济上的原因，都难于接受这类学术性的著作。安徽教育出版社慨然以学术为重，不顾经济上可能遭受的损失，准备出齐这套丛刊，这是值得学术界、出版界称赞的一件好事。

序　言

一

　　《晋书·地理志》是十六部"正史地理志"之一，是研究晋代地理最重要、最基础的资料。《晋书》共一百三十卷，是一部唐初史臣根据留存的晋代史书、官方档案文书、私家文献等编纂而成的史书，记载了西晋和东晋一百五十多年的历史，兼叙了割据政权"十六国"的历史。《晋书》有十个志共二十卷，分别为"天文志"、"地理志"、"律历志"、"礼志"、"乐志"、"职官志"、"舆服志"、"食货志"、"五行志"和"刑法志"。"地理志"有两卷，主要记载了西晋太康初年全国的政区建置沿革情况，并保存了州、郡国、县三级政区各自的户口数字等资料。

　　《晋书·地理志》全文可分为两个部分，第一部分为总叙，主要叙述了先秦、秦汉、三国及西晋的政区演变简况，此外还对"五服制"和"分封制"等经济制度、军事制度、社会组织制度进行了简要叙述，并对先秦的邦国及秦汉以来的建置沿革与疆域拓展、郡国与户口的演变进行简叙。第二部分大约以太康初年为断限，记载了十九个州及其所辖一百七十一个郡国、一千二百多个县的建置沿革情况。每个州的内容又分为三部分，开头部分是每个州从"禹贡"到晋初的沿革，中间部分是每个郡国及所辖县级政区的名称，兼有记载部分山川、名胜、古迹、物产、地名来源、统县数字及户口数等。除交州外，最后一部分则非常简略地概述晋惠帝之后及东晋十六国的州及郡国的沿革情况。

　　《晋书·地理志》的史料来源一直是学术界感兴趣的问题，它与两晋时期的各种地理类书，以及与在它成书之前的《汉书·地理志》《续汉书·郡国志》《宋书·州郡志》《南齐书·州郡志》《魏书·地形志》的关系都是研究的重点和难点。唐初二十位左右史臣用三年的时间编成了《晋书》，一般认为，唐修《晋书》主要是在臧荣绪《晋书》的基础之上进行的，又参考前人所修的其他《晋书》及各类档案文书、晋代文集等，但是《晋书·地理志》的编纂者在史书上并没有记载。还有一种观点认为，"《地理志》二卷，钞撮《宋书》而未精密"。就西晋部分而言，应该是有比较准确的西晋官方档案文书或利用过这些官方文献编纂而成的史书作为编纂依据的。

　　《晋书·地理志》的不足比较明显，对于太康初年以后尤其是东晋十六国的疆域政区没有详细的记载。胡阿祥先生认为"《晋书·地理志》有两大类错。一是志文往往与纪传不合,如钱大昕称:'即一部《晋书》论之,纪传之文,无有与志相应者;以矛刺盾,当不待鸣鼓之攻矣。'二是往往误刘宋制度以为东晋制度。最明显的例子是侨置州郡的名称"。造成这种错误的原因可能是由于书成于众手,没有认真订正核对,也有可能是因为纂修者中有非精通地理沿革的人。另外,唐太宗下诏纂修《晋书》,与其政治思想和唐初的形势有密切关系。他亲自撰写司马懿、司马炎、陆机和王羲之四人记传的史论,直接参与史书的编纂,总结西晋兴衰灭亡的教训,书中也体现了唐人对晋史和近代地理空间的构建与认识。

二

对《晋书·地理志》的研究大概可以分为三大类,一类是探讨两晋地理类史料的辑佚或者"重新发掘",第二类是对《晋书·地理志》文本本身的研究,第三类是探讨两晋历史或历史地理研究中发现的《晋书·地理志》中存在的问题。下面主要选取与《晋书·地理志》及本书整理有密切关系的研究成果进行简要的说明。

《晋志》的纂修是在《汉书·地理志》《续汉书·郡国志》《南齐书·州郡志》《宋书·州郡志》《魏书·地形志》之后,所以它应该是有对之前编纂的史籍的吸收,但也有采用新资料或提出新观点,如关于秦郡的数量,辛德勇先生《秦始皇三十六郡新考》即引《晋志》作为一说。

晋代修纂的各类地理志书被认为是重要的一手史料,为历代研究《晋志》的学者所重视。蒋琪在《王隐〈晋书地道记〉研究》一文中提道:"晋武帝时期官修地理总志有《泰始郡国图》、《太康三年地记》、《太康地道记》、《太康土地记》、《太康郡国志》和《太康州郡县名》六部;晋惠帝时期有《元康三年地记》、《元康地道记》及《永宁地志》三部;另有东晋全国总志《晋地记》一部。"私人修纂地理总志又有"如挚虞《畿服经》、皇甫谧《郡国记》、乐资《九州志》、荀绰《九州记》、黄恭《十四州记》及伏滔《地记》"。南朝时期的专门的地志还有《永初郡国志》等。这些书后来都散佚了。清代黄奭《汉学堂丛书》与汤球《九家旧晋书辑本》分别辑录"唐以来的类书和古书注中的遗文"汇编成书,清代王谟编的《汉唐地理书钞》则是将散见在这些古书中的晋代地理类书辑在一起,这些史料对《晋志》的研究都是补充。

过去对两晋时期其他史料中保存的地理部分内容进行系统研究的人并不多,大都是利用其中具体的信息。近年,孔祥军对西晋杜预《春秋经传集解》所存《太康地志》进行辑考,注意发掘"魏末晋初地名与政区"的新史料,考证出其政区断限。另外,东晋郭璞注的《山海经》也有一些"东晋地名与政区"的资料,也需要在研究中引起重视。

再比如东晋常璩的《华阳国志》,对古代巴蜀及西南地区的地理记叙很详细。北魏郦道元的《水经注》也有很多汉代到魏晋的地理变迁资料，尤其是北魏对之前的追述，对古城的定点、水道的变迁提供了不可替代的史料。再如清汤球辑的北魏崔鸿《十六国春秋辑补》，可以补《晋书》中的一些不足。

唐代除了《括地志》《元和郡县图志》这些地理总志保存一些唐人对晋代地理的追述以外，杨衒之《洛阳伽蓝记》、李善对《文选》的注等，也都有丰富的晋代地理内容，值得利用。

自《晋书》编纂完成后，对《晋书》本身的研究就开始了，如唐代何超著的《晋书音义》，对《地理志》中地名的音和义有注释，地名学研究价值很大。唐代杜佑《通典》的《州郡典》十六卷、宋郑樵的《通志》等都有地理部分内容，对《晋志》都有补充和订正。

北宋司马光的《资治通鉴》和《通鉴考异》，元代胡三省的《资治通鉴注》及《通鉴释文辨误》，也有对两晋地名及政区制度的考辨和注释。吴士鉴的《晋书斠注》对这部分内容利用很少，故本书做了汇集。

清代乾嘉时期学者的研究很多，有的重视考订《晋志》所载地名的今地所在，有的是核对《地理志》部分与其他史书或《晋书》其他部分的异同，并提出自己的见解。其中具有代表性的有程廷祚《晋书地理志证今》、孙人龙《晋书考证》、毕沅《晋书地理志新补正》、劳格《晋书校勘记》、李慈铭《晋书札记》、方恺《新校晋书地理志》、周家禄《晋书校勘记》、丁国钧《晋书校文》、傅云龙《殿本晋书校正》、王仁俊辑《晋书佚文》，等等。钱大昕对《晋书地理志》的研究贡献最大，《廿二史考异》《诸史拾遗》《十驾斋养新录》《十驾斋养新余录》等书对《晋志》的一些重要问题提出了真知灼见，是研究水平最高的。其次是洪亮吉、毕沅、方恺等人对《晋志》的专门研究，可以说在传统时代能认识到的一些问题基本都被发现出来了。唐长孺先生在《魏晋南北朝史籍举要》对清人补晋书表志有段评估："地理方面，其校注《地理志》者有毕、方两家。毕沅又曾辑《晋书地道记》、《晋太康三年地记》、阚骃《十三州志》，大抵《晋书·地理志》郡县依《太康地记》，亦有所改动，户口则依元康户籍，期间自相矛盾，乖失之处甚多。惠帝以后特别是东晋时的更改只是寥寥数语。毕、方二书，体例考证均不相同，无妨并存。大抵毕书较略，方较详。又有吴翊寅补注，宜胜毕书。但如方所较，几乎处处有问题，恐亦求之过深。《地志》所采只以某年为断，不能说凡是见于西晋的县都应列举，或都详加说明，盖唐时已不可能都这样做。《晋志》之病在于既以太康三年为断，却又不能严格遵守，自乱其例。洪氏两《疆域志》是一种创作，特别是《十六国疆域志》，至不易为。如赫连氏的以州统城，即是洪氏所发现。"当然，对毕沅、方恺、吴翊寅、洪亮吉的补志的价值与不足进行了精确的判断，对本书的汇编很有帮助。另外，清代的一些重要地理类书，对于两晋的地理都有考辨与定点，比如顾祖禹的《读史方舆纪要》、官修《嘉庆重修一统志》等，都是晋代政区今地定点的重要参考书。本书汇集的历代研究中清人的研究基本在这个范围内。

民国学者研究涉及《晋志》的主要有这样几位，一位是汪兆镛《稿本晋会要》地理部分，但是胡阿祥认为《晋会要》几乎全部承洪亮吉《东晋疆域志》。另外影响最大，资料最丰富的是吴士鉴的《晋书斠注》。它汇总前人研究《晋书》的资料，乾嘉时期的研究成果收集极多，曾有学者统计共引用书籍达300多部，《地理志》部分的研究收录比较齐备，亦有吴士鉴本人的一些观点。缺点是该书对胡三省的《资治通鉴》注利用不够，所用底本也不佳。《晋书斠注》是本汇释的重要资料之一。马与龙《晋书地理志注》是专门注释《地理志》的，也是本书收录的重要资料。

1949年之后，除了一些论文涉及两晋政区地理的考证复原以外，有几项关于晋代地理的重要研究成果比较突出，一是中华书局点校本《晋书》的校勘记，《地理志》"中华校"部分汇集前人的研究成果，本书予以全部录入。二是谭其骧主编《中国历史地图集》中绘制了有关西晋、东晋和十六国的几十幅地图，是这一时期重要的工具书，也是本书的重要参考基础，其定点均一一核对。近二十年来，胡阿祥先生《六朝疆域与政区》《宋书州郡志汇释》《东晋南朝侨州郡县与侨流人口研究》和《中国行政区划通史·三国两晋南北朝卷》是魏晋政区地理研究的最新最重要成果。孔祥军先生《晋书地理志校注》《汉唐地理志考校》《三国政区地理研究》是专门研究《晋书·地理志》的重要成果。

考古资料是今天必须广泛收集和利用的。一方面要重视重要的魏晋城址的发掘及定点信息，另一方面，要利用存世或出土的两晋碑石墓志资料等，第三是还要重视利用近年出土的吴简、晋简牍等文字资料。对今地定点，本书参考核对了已出版的各省《中国文物地图集》，民政部主编的《中华人民共和国地名大词典》以及魏嵩山主编的《中国历史地名大辞典》和史为乐主编的《中国历史地名大辞典》两种历史地名辞典。

三

在《晋书·地理志》汇释工作中，发现一些值得研究的问题，有些研究方向也很值得深入探讨。比如《晋书·地理志》有数处注有公国、公国相等备注信息，有学者认为可能是照抄《续汉书·郡国志》郡国下所写小注，也有人觉得应该有史料依据。这方面有一些讨论，但还没有准确的结论。

《晋书·地理志》郡国资料和《职官志》《纪》《传》中记载的西晋分封制之间的关系，也非常值得深入研究。顾江龙先生在《〈太康地记〉考——兼论王隐〈晋书·地理道记〉和〈元康地记〉》(《文史》2018年第4辑)的最新研究，就涉及这方面，其中专门考证了《晋书·地理志》中北海郡和东莞郡的置废问题，讲道："一、西晋咸宁三年调整王国，废除北海国，并入齐国，又废东莞国，并入琅邪国；太康四年初，复立北海国，废济南郡,并入齐国;太康十年,复立东莞郡。二、《魏书·地形志》所载西晋政区依据王隐《晋书·地道记》,因后者以太康三年断代,所以《魏志》对原先北海、东莞所辖各县的记载最为准确。研究西晋郡县沿革当充分利用王隐《地道记》和《魏志》。三、《太康地记》并非撰于太康三年,作者当是东晋后人。《太康地记》列北海、东莞二郡,又将扶风国称作太康十年才建立的'秦国',种种迹象表明它仅以太康三年到十年的区间模糊断限。"这算是对唐修《晋书·地理志》内容研究的最新成果。

再者,《晋书·地理志》还有户口资料,这些资料和税收、封国等有什么关系,迄今也未见深入研究。

从传统的研究方法来看,要想将来在《晋志》研究中有所推进,还需要依靠考古和新史料的发现来推动,比如新发现的简牍这类一手的档案资料。2003年在湖南郴州苏仙桥工地十号古井中,发现600余枚晋简,初步推断是西晋桂阳郡郡府档案。根据《湖南郴州苏仙桥遗址发掘简报》(《湖南考古辑刊》第8辑,岳麓书社2009年版)披露的简牍内容,可以复原出的桂阳郡属县与《晋书·地理志》记载一致,郴县(1—22)、便县(1—1)、晋宁(1—2)、南平(1—4)、临武(1—9)、耒阳(2—350)。比如其中在交通路线上提到了湘东郡利阳县(1—27),这个在《中国历史地图集》西晋图幅无考的县或许可以推算出大概位置。可以推测,《晋书·地理志》所使用的资料应该有一定的官方档案依据。另一方面,要把《晋志》放在它和《晋书》其他部分的比较中来寻找突破,也要把它放在魏晋以来的地理书、历史书的大背景下来综合研究,或许可以解决一些疑难问题,寻找出政区地理演变的规律,进一步推动魏晋史的研究。

四

本书的主要结构如下:

第一部分是丛刊前言、序言和例言。对"历代地理志汇释"丛刊的研究计划进行介绍,对《晋书·地理志》的文本情况、历代研究概况及相关问题进行分析,对本书的体例、所用底本等进行说明。

第二部分是本书的主体,按照中华书局标点本《晋书·地理志》文本的顺序,对其进行汇释。考虑到研究的重要性和全面性,首先全文录入的是《晋书·地理志》"中华校"部分,其次是全文录入吴士鉴《晋书斠注》的《地理志》部分。第三是"集释",即把除吴士鉴外的其他历代研究者对相关内容的考证、史实考辨、考古资料等研究成果按照成书的先后顺序进行排列,对于相关史料引述中重复部分进行删节。这其中先把宋本《晋书》和百衲本《晋书》的地理志部分与中华书局点校本《晋志》的异文录出;其次全文录入何超《晋书音义》、胡三省《资治通鉴》注及《通鉴释文辩误》等;再次把清代的顾炎武、顾祖禹、钱大昕、全祖望、毕沅、方恺、马与龙等人的研究成果录入。"集释"

的最后部分还录入近现代学者的研究成果及对《中国历史地图集》两晋图幅的商榷文字。

第三部分是"编者按",主要是利用相关考古报告、出土简牍碑刻以及《中国文物地图集》、历史地名辞典等资料对两晋一千二百多个县及县级以上政区的治所进行核查分析定点,今地统一为2015年政区。另外也对汇释中部分内容进行少量的讨论。

第四部分为参考资料和按照笔画、音序排序整理的索引表,便于读者比较方便地使用本书。

1934年《禹贡》半月刊《发刊词》中提到了几项关于地理沿革本身的工作计划,其中第四项就是"完成清人未竟之业,把每一代的地理志都加以一番详密的整理","《晋志》《魏志》《两唐志》最为芜乱难读"。20世纪80年代,谭其骧先生主持启动"正史地理志汇释丛刊"。谭先生去世后,由邹逸麟先生、周振鹤先生继续主持,陆续出版了《汉书地理志汇释》《续汉书郡国志汇释》《宋书州郡志汇释》《两唐书地理志汇释》《宋史地理志汇释》《辽史地理志汇释》六部。截至2012年,本书经过十年的编纂校改,汇集了学术界关于《晋书·地理志》的各类研究成果、考古资料等,希望能为读《晋书》者提供帮助。虽然我们尽力为之,但肯定还有不足甚至错误,敬请广大读者批评指正,以便将来再做修订改正。

例　言

一、本书汇集古今学者研究《晋书·地理志》的主要成果，力求比较全面地反映《晋书·地理志》的研究状况。

二、本书以1974年中华书局点校本《晋书》（2003年6月第8次印刷）为工作底本。与校点本正文无关的研究成果，除必要者外，原则上不予收录。其他相关的研究成果均提行排在所属正文之后。

三、据本丛书的编例，本书所汇集的成果列"中华校""斠注""集释""编者按"四项：

"中华校"辑入中华书局点校本所附的全部校勘记。

"斠注"辑入除"中华校"以外《晋书斠注》的全部注文。《晋书斠注》的"案"前均补入"《斠注》"以示突出。

"集释"基本按照时代早晚或刊载先后，收入除《晋书斠注》以外的其他古今学者的相关研究成果，其中包括对"中华校"的进一步研究，以及部分考古发现等。所收入成果止于2011年。诸家所引文献和观点完全相同者，以最早者收入，后者相应删除，或不影响原义择要选入。

"编者按"是本书的编著者对《晋书·地理志》正文以及"中华校""斠注""集释"的相关解释、补充、辨正和纠错，提出个人意见，指出问题，供读者参考。另外还注出《晋书·地理志》中所列的各级行政建置单位的今地所在。考古发现中关于今地的定点也简要录入。凡据目前的研究，一政区的今地有多种定点者均辑入。通常以谭其骧主编《中国历史地图集》第三册、第四册西晋、东晋图组的定点为准，参考部分编图释文和根据释文编纂的《中国历史地名大辞典》等工具书以及"中国历史地理信息系统"所注的今地等。县及县以上单位统一以2015年底区划资料为准（该年底区划资料依据《中华人民共和国行政区划简册2016》，中华人民共和国民政部编，中国地图出版社2016年版）；其他较小的地名，或有所更名，但因为资料有限不能确定者，仍据最近的研究成果所载的地名为准，或有非2015年底区划资料者。又国外地名，主要依据《世界地图集》（中国地图出版社2011年1月第2版，2017年1月修订版），朝鲜、越南两国地名又分别参照了《世界分国地图·亚洲：朝鲜、韩国、蒙古》（中国地图出版社2008年1月第2版，2009年1月修订）、《世界热点国家地图：朝鲜、韩国》（中国地图出版社2013年1月第1版，2018年3月修订）和《世界分国地图·亚洲：越南、老挝、柬埔寨》（中国地图出版社2012年1月第1版，2012年6月修订）、《世界热点国家地图：越南、老挝、柬埔寨》（中国地图出版社2014年4月第1版，2018年4月修订）。

四、凡收入本书的研究成果，按照下述体例处理：

1. 比较系统的研究成果，如《晋书斠注》《晋书地理志注》等书，基本保持原貌。原书中双行夹注改为楷体单行排版。为省篇幅，某些相关成果在收入时，删除明显重复者，但尽可能保持原文精义。由于各家注释多非直接引用各家之说的原文，多经剪裁，所以所引文一般不用引号。今人著作中摘录原文者,加引号。

2. 凡所录原文中有误字者,则紧接在该字后,用"[ ]"注出正确的字。用"( )"将错字标出。有误字明显属于排版问题的,则不另加注明,据上下文径改,不一一指明。考虑到所引文献的准确性,都基本核对原文或比较权威的整理本,对于明显的问题,都随文以"编者校"形式注出。对于所引文献中有中华书局其他正史点校本的"中华校",都在相应部分随文注出。

3. 由于这些成果出自多种来源,标点、注释方式各不相同,汇编时略作处理。比如标点脱漏者补之;页下注、篇末注改为随文注释,等等。由于标点符号比较复杂,则统一参考1991年中华书局总编室编《古籍校点释例(初稿)》。汇释中各家采用的度量单位也不尽相同,如里程表述有米、公里和里等,基本尊重原文用法。

4. 由于几种专门注《晋书·地理志》的注释格式不一,有的注在相应文后,有的注则在县后,还有的注在段落后,考虑到尊重原注文的原貌和完整性,基本按照原注位置把注释录入"集释"的原则,也便于读者核查原文。各注本的文中注都以楷体标出。宋体注文和楷体文中注各自标点。

五、文中的繁体字一般改为简体字,但遇到以异形字互释的情况,则保留其繁体字写法。此外凡《晋书·地理志》正文中所出现的异体字,也一概保留,不做简化处理。有个别地名、人名取其通用之繁体字,基本以谭其骧主编《中国历史地图集》西晋太康二年图上地名繁、简体为标准,参考《汉书地理志汇释》《宋书州郡志汇释》的地名繁简体,保留了诸如"穀""钜""於"等字。

六、本书所汇集的成果中,常见《晋书》版本的简称。将所涉及者简介如下:

宋本:此书藏中国国家图书馆,周叔弢捐献,杨氏海源阁旧藏,俗称"小字宋本",国家图书馆出版社2003年《中华再造善本》丛书影印出版。

百衲本:上海涵芬楼影印海宁蒋氏衍芬草堂藏本,蒋本原缺载记三十卷,又以江苏省立图书馆藏宋本配补。蒋本现藏国家图书馆,后者又称丁丙跋本,现藏南京图书馆。百衲本《晋书》在刊印时,据张元济校勘对原宋刻本有改动,又因为张元济《晋书校勘记》已遗失,未知其具体改动情况,故此次仅出少量校记。

中华本:1974年中华书局出版点校本。此书以金陵书局本为工作本,与宋本(即百衲本)、清武英殿本互校,并参考了元二十二字本(即元大德九路刊本)、明南北监本、吴本(即吴琯西爽堂本)、周本(即周若年刊本)、毛本(即毛晋汲古阁本),还参考其他相关文献,吸收前人校勘研究成果。

七、"中华校""斠注"和"马注"所引文献书名都有简称,大都可参见书后引用书目。为求简练,本书"集释"中引用较多的文献和较为系统收入的研究成果,部分采用简称,部分保留原书名,详细版本请见书后参考文献。以下按大致时间先后顺序排列:

《斠注》——吴士鉴等《晋书斠注》

《宋本晋书》——国家图书馆藏杨氏海源阁旧藏《宋本晋书》

何超《音义》——何超《晋书音义》

《通鉴》胡注——胡三省《资治通鉴音注》

《通鉴释文辩误》——胡三省《通鉴释文辩误》
程廷祚《证今》——程廷祚《晋书地理志证今》
孙人龙《晋书考证》
毕沅《新补正》——毕沅《晋书地理志新补正》
劳格《校勘记》——劳格《晋书校勘记》
李慈铭《晋书札记》
方恺《新校》——方恺《新校晋书地理志》
周家禄《晋书校勘记》
丁国钧《晋书校证》
傅云龙《殿本晋书考证》
王仁俊《晋书佚文》
汪兆镛《稿本晋会要》
《马注》——马与龙《晋书地理志注》
《汇编(东北卷)》——谭其骧主编《〈中国历史地图集〉释文汇编·东北卷》

八、索引和目录的编写中，考虑到增减的内容需要体现，为了便于读者查找除中华书局点校本《晋书·地理志》之外的内容，增加部分都加"[ ]"以示区别，删减部分则加"( )"以示区别。

目 录

丛刊前言	1
序言	3
例言	9
目录	13
正文	1

晋书卷十四　志第四　地理上

[总叙](1)

司州(49)

河南郡(50)

洛阳(50)	河南(54)
巩(55)	河阴(55)
新安(56)	成皋(56)
缑氏(57)	阳城(57)
新城(58)	陆浑(58)
梁(59)	阳翟(59)
[穀城](59)	[偃师](59)
[新郑](60)	

荥阳郡(60)

荥阳(61)	京(61)
密(61)	卷(62)
阳武(62)	苑陵(63)
中牟(63)	开封(64)

弘农郡(64)

弘农(65)	湖(65)
陕(66)	宜阳(67)
黾池(67)	华阴(67)

上洛郡(68)

上洛(69)	商(69)
卢氏(70)	

平阳郡(70)

平阳(70)	杨(71)
端氏(72)	永安(72)
蒲子(73)	狐谗(73)
襄陵(73)	绛邑(73)
濩泽(74)	临汾(74)
北屈(75)	皮氏(75)

河东郡(76)

安邑(76)	闻喜(76)
垣(77)	汾(阳)[阴](78)
大阳(78)	猗氏(79)
解(79)	蒲坂(80)
河北(81)	

汲郡(81)

汲(81)	朝歌(81)
共(82)	林虑(82)
获嘉(83)	修武(83)

河内郡(83)

野王(84)	州(84)
怀(84)	平皋(85)
河阳(85)	沁水(85)
轵(85)	山阳(86)

温(86)
广平郡(86)
广平(87)	邯郸(87)
易阳(87)	武安(88)
涉(88)	襄国(88)
南和(89)	任(89)
曲梁(89)	列人(89)
肥乡(90)	临水(90)
广年(90)	斥漳(90)
平恩(91)	

阳平郡(91)
元城(91)	馆陶(91)
清(泉)［渊］(92)	发干(92)
东武阳(93)	阳平(93)
乐平(93)	

魏郡(94)
邺(94)	长乐(95)
魏(95)	斥丘(96)
安阳(96)	荡阴(96)
内黄(97)	黎阳(97)

顿丘郡(97)
顿丘(98)	繁阳(98)
阴安(98)	卫(98)

兖州(102)
陈留国(102)
小黄(103)	浚仪(103)
封丘(104)	酸枣(104)
济阳(104)	长垣(105)
雍丘(105)	尉氏(105)
襄邑(106)	外黄(106)
［扶沟］(106)	

濮阳国(106)
濮阳(108)	廪丘(109)
白马(110)	鄄城(110)
［燕］(111)	

济阴郡(111)
定陶(113)	乘氏(113)
句阳(113)	离狐(113)
宛句(114)	己氏(114)
成武(114)	单父(114)
城阳(115)	

高平国(115)
昌邑(116)	钜野(116)
方与(117)	金乡(117)
湖陆(117)	高平(118)
南平阳(118)	

任城国(119)
任城(119)	亢父(119)
樊(119)	

东平国(120)
须昌(120)	寿张(120)
范(121)	无盐(121)
富城(121)	东平陆(121)
刚平(122)	

济北国(122)
卢(123)	临邑(123)
东阿(124)	穀城(124)
蛇丘(125)	

泰山郡(125)
奉高(125)	博(126)
嬴(126)	南城(126)
梁父(127)	山茌(128)
新泰(128)	南武阳(129)
莱芜(129)	牟(130)
钜平(130)	

豫州(135)
颍川郡(136)
许昌(136)	长社(136)
颍阴(137)	临颍(137)
郾(137)	邵陵(137)
鄢陵(138)	新汲(138)
长平(138)	

汝南(郡)[国](139)

新息(139)	南安阳(139)
安成(140)	慎阳(140)
北宜春(140)	朗陵(141)
阳安(141)	上蔡(141)
平舆(141)	定颍(142)
灈阳(142)	南顿(142)
汝阳(143)	吴房(143)
西平(143)	

襄城郡(144)

襄城(144)	繁昌(144)
郏(145)	定陵(145)
父城(146)	昆阳(146)
舞阳(146)	

汝阴郡(147)

汝阴(147)	慎(147)
原鹿(148)	固始(148)
铜阳(148)	新蔡(149)
宋(149)	褒信(149)

梁国(150)

睢阳(150)	蒙(151)
虞(151)	下邑(151)
宁陵(151)	穀熟(152)
陈(152)	项(153)
(长平)(153)	阳夏(154)
武平(154)	苦(154)

沛国(155)

相(155)	沛(156)
丰(156)	(竺)[竹]邑(156)
符离(157)	杼秋(157)
洨(157)	虹(158)
萧(158)	

谯(郡)[国](158)

谯(159)	城父(159)
酂(159)	山桑(160)
龙亢(160)	蕲(160)

铚(161)

鲁(郡)[国](161)

鲁(161)	汶阳(162)
卞(162)	邹(162)
蕃(163)	薛(164)
公丘(164)	

弋阳郡(165)

西阳(165)	軑(166)
蕲春(166)	邾(167)
西陵(167)	期思(167)
弋阳(168)	

安丰郡(168)

安风(168)	雩娄(169)
安丰(169)	蓼(169)
松滋(169)	

冀州(174)

赵国(174)

房子(174)	元氏(175)
平棘(175)	高邑(175)
中丘(175)	柏人(176)
平乡(176)	下曲阳(176)
鄡(177)	

钜鹿国(177)

廮陶(178)	钜鹿(178)

安平国(178)

信都(179)	下博(180)
武邑(180)	武遂(180)
观津(180)	扶柳(181)
广宗(181)	经(181)
[堂阳](182)	[南宫](182)
[枣强](182)	

平原国(183)

平原(183)	高唐(183)
茌平(184)	博平(185)
聊城(185)	安德(185)
西平昌(185)	般(186)

鬲(186)
乐陵国(187)
厌次(187)　　　阳信(188)
漯沃(188)　　　新乐(189)
乐陵(189)
勃海郡(190)
南皮(190)　　　东光(190)
浮阳(190)　　　饶安(190)
高城(191)　　　重合(191)
东安陵(191)　　蓨(192)
广川(192)　　　阜城(193)
章武国(193)
东平舒(194)　　文安(194)
章武(194)　　　束州(195)
河间国(195)
乐城(196)　　　武垣(196)
鄚(196)　　　　易城(196)
中水(197)　　　成平(197)
高阳国(197)
博陆(197)　　　高阳(198)
北新城(198)　　蠡吾(198)
博陵郡(198)
安平(198)　　　饶阳(199)
南深泽(199)　　安国(199)
清河国(200)
清河(200)　　　东武城(201)
绎幕(201)　　　贝丘(201)
灵(202)　　　　鄃(202)
中山国(203)
卢奴(203)　　　魏昌(203)
新市(204)　　　安喜(204)
蒲阴(204)　　　望都(204)
唐(204)　　　　北平(205)
常山郡(205)
真定(205)　　　石邑(206)
井陉(206)　　　上曲阳(206)

蒲吾(207)　　　南行唐(207)
灵寿(207)　　　九门(207)
幽州(209)
范阳国(209)
涿(210)　　　　良乡(210)
方城(210)　　　长乡(210)
遒(210)　　　　故安(211)
范阳(211)　　　容城(211)
燕国(211)
蓟(212)　　　　安次(212)
昌平(212)　　　军都(213)
广阳(213)　　　潞(213)
安乐(213)　　　泉州(214)
雍奴(214)　　　狐奴(214)
北平郡(214)
徐无(215)　　　土垠(215)
俊靡(215)　　　无终(215)
上谷郡(216)
沮阳(216)　　　居庸(216)
广宁郡(216)
下洛(217)　　　潘(217)
涿鹿(217)
代郡(217)
代(218)　　　　广昌(218)
平舒(218)　　　当城(219)
辽西郡(219)
阳乐(219)　　　肥如(220)
海阳(220)　　　[令支](221)
[临渝](221)
平州(224)
昌黎郡(224)
昌黎(225)　　　宾徒(226)
[险渎](226)　　[棘城](227)
[龙城](227)　　[徒河](228)

辽东国(228)

襄平(229)	汶(229)
居就(230)	乐就(230)
安市(230)	西安平(231)
新昌(231)	力城(232)

乐浪郡(232)

朝鲜(233)	屯有(234)
浑弥(235)	遂城(235)
镂方(235)	驷望(236)

玄菟郡(236)

高句丽(237)	望平(238)
高显(239)	

带方郡(239)

带方(240)	列口(240)
南新(241)	长岑(242)
提奚(242)	含资(242)
海冥(243)	

[晋平郡](243)

[晋平](244)

并州(247)

太原国(247)

晋阳(248)	阳曲(248)
榆次(249)	于离(249)
盂(249)	狼孟(249)
阳邑(250)	大陵(250)
祁(250)	平陶(250)
京陵(251)	中都(251)
邬(251)	

上党郡(252)

潞(252)	屯留(252)
壶关(253)	长子(253)
泫氏(253)	高都(254)
铜鞮(254)	(涅)[涅](254)
襄垣(254)	武乡(255)

西河国(255)

离石(256)	隰城(256)
中阳(257)	介休(257)
[縠远](258)	

乐平郡(258)

沾(258)	上艾(259)
(寿)[受]阳(259)	轑阳(259)
乐平(260)	

雁门郡(260)

广武(261)	崞(261)
汪陶(261)	平城(262)
葰人(262)	繁畤(263)
原平(263)	马邑(263)
[楼烦](263)	[阴馆](263)

新兴郡(264)

九原(264)	定襄(265)
云中(265)	广牧(265)
晋昌(266)	

雍州(268)

京兆郡(269)

长安(269)	杜(陵)[城](269)
霸城(270)	蓝田(270)
高陆(270)	万年(271)
新丰(271)	阴般(271)
郑(272)	

冯翊郡(272)

临晋(273)	下邽(273)
重泉(274)	频阳(274)
粟邑(274)	莲芍(275)
郃阳(275)	夏阳(275)

扶风(郡)[国](276)

池阳(276)	郿(277)
雍(278)	汧(279)
陈仓(279)	美阳(280)

安定郡(280)

临泾(281)	朝那(281)
乌氏(282)	都卢(282)
鹑觚(282)	阴密(283)

西川(283)
北地郡(283)
泥阳(284)　　　富平(284)
[弋居](285)　　[灵州](285)
[灵武](285)
始平郡(285)
槐里(286)　　　始平(286)
武功(287)　　　鄠(287)
蒯城(288)
新平郡(288)
漆(289)　　　　(汾)[栒]邑(289)

凉州(297)
金城郡(297)
榆中(298)　　　允街(298)
金城(299)　　　白土(299)
浩亹(300)
西平郡(300)
西都(301)　　　临羌(301)
长宁(301)　　　安夷(302)
武威郡(302)
姑臧(302)　　　宣威(303)
(揖)[揟]次(303)　仓松(304)
显美(304)　　　骊靬(305)
番(和)[禾](305)
张掖郡(305)
永平(306)　　　临泽(307)
屋兰(307)
西郡(307)
日勒(307)　　　删丹(308)
仙提(308)　　　万岁(308)
兰池(309)
酒泉郡(309)
福禄(309)　　　会水(310)
安弥(310)　　　骍马(310)
乐涫(310)　　　表氏(311)
延寿(311)　　　玉门(311)

沙头(311)
敦煌郡(312)
昌蒲(313)　　　敦煌(313)
龙勒(313)　　　阳关(313)
效穀(314)　　　广至(314)
宜禾(314)　　　冥安(315)
(深)[渊]泉(315)　伊吾(315)
(新乡)(315)　　乾齐(316)
西海郡(316)
居延(316)

秦州(328)
陇西(郡)[国](328)
襄武(329)　　　首阳(329)
临洮(329)　　　狄道(330)
[河关](330)　　[彰](331)
南安郡(331)
獂道(331)　　　新兴(332)
中陶(332)
天水郡(332)
上邽(332)　　　冀(333)
始昌(333)　　　新阳(334)
显新(334)　　　成纪(334)
略阳郡(334)
临渭(335)　　　平襄(335)
略阳(335)　　　清水(335)
武都郡(336)
下辩(337)　　　河池(337)
沮(337)　　　　武都(338)
故道(338)　　　[上禄](338)
阴平郡(338)
阴平(339)　　　平(广)[武](340)

梁州(343)
汉中郡(345)
南郑(346)　　　蒲池(346)
褒中(347)　　　沔阳(347)
成固(347)　　　西乡(348)

（黄金）(348) （兴道)(348)
梓潼郡(349)
梓潼(349) 涪(城)(349)
武连(350) (黄)[万]安(351)
汉德(352) 晋寿(352)
剑阁(353) 白水(353)
广汉郡(353)
广汉(354) 德阳(354)
五城(355) [郪](356)
[阳泉](357)
新都(郡)[国](357)
雒(358) 什方(358)
绵竹(358) 新都(359)
涪陵郡(359)
汉复(360) 涪陵(360)
汉平(360) 汉葭(360)
万宁(361)
巴郡(361)
江州(361) 垫江(361)
临江(362) 枳(362)
巴西郡(363)
阆中(363) 西充国(364)
(苍溪)(364) (岐惬)(364)
南充国(365) 汉昌(365)
宕渠(365) 安汉(366)
平州(366)
巴东郡(367)
鱼复(367) 朐䏰(369)
南浦(370) [汉丰](370)
益州(377)
蜀郡(380)
成都(380) 广都(380)
繁(381) 江原(381)
临邛(381) 郫(381)
犍为郡(382)
武阳(382) 南安(384)

僰道(384) 资中(385)
牛鞞(385)
汶山郡(385)
汶山(386) 升迁(386)
都安(386) 广阳(387)
兴乐(387) 平康(388)
蚕陵(388) 广柔(388)
汉嘉郡(389)
汉嘉(389) 徙阳(390)
严道(390) 旄牛(391)
[灵关](391)
江阳郡(391)
江阳(392) 符(394)
汉安(394)
朱提郡(396)
朱提(397) 南广(397)
汉阳(397) 南秦(398)
堂狼(398)
越(巂)[嶲]郡(398)
会无(399) 邛都(399)
卑水(399) 定莋(399)
台登(399) [苏祁](400)
牂柯郡(400)
万寿(400) 且兰(401)
谈指(401) 夜郎(402)
毋敛(402) 并渠(402)
鳖(403) 平夷(403)
[广谈](403)
宁州(406)
云南郡(406)
云平(406) 云南(407)
桥栋(407) 青蛉(407)
姑复(407) 邪龙(407)
楪榆(408) 遂久(408)
永宁(408)

兴古郡(409)
律高(409)　　　　句町(410)
宛温(410)　　　　漏卧(410)
毋(掇)[掇](410)　贲古(411)
(縢)[胜]休(411)　镡封(411)
汉兴(412)　　　　进乘(412)
都(篯)[唐](412)　[西随](413)
建宁郡(413)
味(414)　　　　　昆泽(414)
存(䮬)[䣕](415)　新定(415)
谈槀(415)　　　　(母)[毋]单(415)
同濑(416)　　　　漏江(416)
牧麻(416)　　　　榖昌(416)
连然(417)　　　　秦臧(417)
双柏(417)　　　　俞元(417)
修云(418)　　　　泠丘(418)
滇池(418)　　　　[同乐](418)
永昌郡(419)
不韦(419)　　　　永寿(419)
比苏(420)　　　　雍乡(420)
南涪(420)　　　　(巂)[寓]唐(420)
哀牢(420)　　　　博南(421)

晋书卷十五　志第五　地理下

青州(425)
　齐国(425)
临淄(427)　　　　西安(428)
东安平(428)　　　广饶(428)
昌国(429)　　　　[般阳](429)
[新沓](429)
　[北海国](430)
[都昌](430)　　　[平寿](431)
[下密](431)　　　[胶东](432)
[即墨](432)
　济南郡(433)
(平寿)(436)　　　(下密)(436)
(胶东)(436)　　　(即墨)(436)
祝阿(436)　　　　[东平陵](437)
[历城](437)　　　[於陵](437)
(隰)[漯]阴(438)　[著](438)
[邹平](438)　　　[菅](439)
　乐安国(439)
高苑(439)　　　　临济(440)
博昌(440)　　　　利(441)
(益)[益都](441)　蓼城(441)
[梁]邹(442)　　　寿光(443)
东朝阳(443)
　城阳郡(444)
莒(445)　　　　　姑幕(445)
诸(446)　　　　　淳于(446)
东武(446)　　　　高密(447)
壮武(447)　　　　黔陬(448)
平昌(448)　　　　昌安(448)
[夷安](449)
　东莱国(449)
掖(449)　　　　　当利(450)
卢乡(450)　　　　曲(城)[成](450)
黄(450)　　　　　惤(451)
[牟平](451)
　长广郡(452)
不其(453)　　　　长广(453)
挺(453)

徐州(458)
　彭城国(458)
彭城(459)　　　　留(459)
广戚(459)　　　　傅阳(460)

武原(460)	吕(460)	[堂邑](482)	
梧(460)		**荆州**(492)	
下邳国(461)		**江夏郡**(494)	
下邳(461)	凌(461)	安陆(495)	云杜(496)
良城(462)	睢陵(462)	曲陵(496)	平春(496)
夏丘(462)	取虑(463)	鄳(497)	竟陵(497)
僮(463)		南新市(498)	
东海郡(463)		**南郡**(498)	
郯(463)	祝其(464)	江陵(498)	编(499)
朐(465)	襄贲(465)	当阳(500)	华容(500)
利城(465)	赣榆(466)	鄀(501)	枝江(501)
厚丘(466)	兰陵(466)	(旌)[旍]阳(502)	州陵(502)
承(467)	昌虑(467)	监利(502)	(松滋)(503)
合乡(467)	戚(468)	石首(504)	
琅邪国(468)		**襄阳郡**(504)	
开阳(468)	临沂(469)	宜城(505)	中庐(505)
阳都(469)	缯(469)	临沮(505)	邔(506)
即丘(470)	华(470)	襄阳(506)	山都(507)
费(470)	东安(471)	(邓城)(507)	鄾(508)
蒙阴(471)		[上黄](508)	
东莞郡(472)		**南阳国**(508)	
东莞(473)	朱虚(473)	宛(509)	西鄂(509)
营陵(474)	安丘(474)	雉(509)	鲁阳(510)
盖(475)	临朐(475)	犨(510)	淯阳(510)
剧(476)	广(476)	博望(510)	堵阳(510)
广陵郡(477)		叶(511)	舞阴(511)
淮阴(477)	射阳(477)	比阳(511)	(湟)[涅]阳(512)
舆(478)	海陵(478)	冠军(512)	郦(512)
广陵(478)	盐渎(479)	**(顺阳)[南乡]郡**(512)	
淮浦(479)	江都(479)	酂(514)	顺阳(514)
临淮(郡)[国](479)		南乡(514)	丹水(515)
盱眙(480)	东阳(480)	武当(515)	阴(516)
高山(481)	赘其(481)	筑阳(516)	析(516)
潘旌(481)	高邮(481)	[汎阳](516)	
淮陵(481)	司吾(482)	**义阳(郡)[国]**(517)	
下相(482)	徐(482)	新野(518)	穰(518)

邓(519)	蔡阳(519)	充(540)	临澧(540)
随(519)	安昌(520)	澧阳(541)	[溇阳](541)
棘阳(520)	厥西(520)	**长沙郡**(542)	
平氏(521)	义阳(521)	临湘(542)	攸(542)
平林(521)	朝阳(522)	下(隽)[隽](542)	醴陵(543)
新城郡(522)		(刘)[浏]阳(543)	建宁(543)
房陵(522)	绥阳(522)	吴昌(543)	罗(543)
昌魏(522)	沶乡(523)	蒲(沂)[圻](544)	巴陵(544)
魏兴郡(523)		**衡阳郡**(545)	
(晋兴)[兴晋](524)	安康(524)	湘乡(545)	重安(545)
西城(524)	(锡)[钖](525)	湘南(545)	湘西(545)
长利(525)	洵阳(526)	烝阳(546)	衡(山)[阳](546)
上庸郡(526)		连道(546)	新康(546)
上庸(527)	安富(528)	益阳(546)	
北巫(528)	武陵(528)	**湘东郡**(547)	
上廉(528)	微阳(529)	酃(547)	茶陵(547)
建平郡(529)		临烝(547)	利阳(548)
巫(530)	北井(530)	阴山(548)	新平(548)
(秦)[泰]昌(531)	信陵(532)	新宁(549)	
兴山(532)	建始(532)	**零陵郡**(549)	
秭归(532)	沙渠(533)	泉陵(549)	祁阳(549)
宜都郡(533)		零陵(549)	营浦(550)
夷陵(533)	夷道(534)	洮阳(550)	永昌(550)
佷山(534)		观阳(550)	营道(551)
南平郡(534)		舂陵(551)	泠道(551)
作唐(535)	孱陵(535)	应阳(552)	
南安(535)	江安(536)	**邵陵郡**(552)	
武陵郡(536)		邵陵(552)	都梁(553)
临沅(536)	龙阳(536)	夫夷(553)	建兴(553)
汉寿(537)	沅陵(537)	邵阳(553)	高平(554)
黚阳(537)	西阳(537)	**桂阳郡**(554)	
镡(城)[成](537)	沅南(538)	郴(554)	耒阳(555)
迁陵(538)	舞阳(538)	便(555)	临武(555)
[辰阳](539)		晋宁(556)	南平(556)
天门郡(539)		**武昌郡**(556)	
零阳(539)	溇中(539)	武昌(557)	柴桑(557)

阳新(558) 沙羡(558)
沙阳(559) 鄂(559)
(官)[高]陵(560)
安成郡(560)
平都(560) 宜(春)[阳](560)
新(谕)[渝](560) 永新(561)
安复(561) 萍乡(561)
广兴(561)

扬州(568)
丹杨郡(570)
建邺(570) 江宁(572)
丹杨(573) 于湖(574)
芜湖(574) 永世(575)
溧阳(575) 江乘(576)
句容(576) 湖熟(576)
秣陵(576)
宣城郡(577)
宛陵(577) 宣城(578)
陵阳(578) 安吴(579)
临城(579) 石城(579)
泾(580) 春榖(580)
广德(580) 宁国(581)
怀安(581)
淮南郡(581)
寿春(582) 成德(582)
下蔡(583) 义城(583)
西曲阳(583) 平阿(584)
历阳(584) 全椒(584)
阜陵(585) 钟离(585)
合肥(586) 逡遒(586)
阴陵(587) 当涂(587)
东城(588) 乌江(588)
庐江郡(589)
阳泉(589) 舒(589)
灊(590) 皖(590)
寻阳(591) 居巢(591)

临湖(591) 襄安(591)
龙舒(592) 六(592)
毗陵郡(592)
丹徒(593) 曲阿(593)
武进(594) 延陵(594)
毗陵(594) 暨阳(594)
无锡(595)
吴郡(595)
吴(595) 嘉兴(596)
海盐(596) 盐官(597)
钱唐(597) 富(阳)[春](598)
桐庐(598) 建德(599)
寿昌(599) 海虞(599)
娄(599)
吴兴郡(600)
乌程(601) 临安(601)
余杭(602) 武康(602)
东迁(603) 於潜(603)
故鄣(603) 安吉(603)
原乡(604) 长城(604)
[阳羡](604)
会稽郡(605)
山阴(605) 上虞(606)
余姚(606) 句章(606)
鄞(607) 鄮(607)
始宁(607) 剡(608)
永兴(608) 诸暨(608)
东阳郡(609)
长山(609) 永康(609)
乌伤(609) 吴宁(610)
太末(610) 信安(610)
丰安(610) 定阳(611)
遂昌(611)
新安郡(611)
始新(611) 遂安(612)
(黝)[黟](612) 歙(613)

海宁(613)	黎阳(613)
临海郡(613)	
章安(614)	临海(614)
始丰(614)	永宁(614)
(宁海)(615)	松阳(615)
安固(616)	横阳(616)
建安郡(616)	
建安(617)	吴兴(617)
东平(617)	建阳(617)
将乐(618)	邵武(618)
延平(618)	
晋安郡(618)	
原丰(619)	新罗(619)
宛平(619)	同安(619)
候官(619)	罗江(620)
晋安(620)	温麻(620)
豫章郡(620)	
南昌(620)	海昏(621)
新淦(621)	建(城)[成](621)
望蔡(621)	永修(622)
建昌(622)	吴平(622)
豫(章)[宁](622)	彭泽(624)
艾(625)	康乐(625)
丰城(625)	新吴(625)
宜丰(626)	钟陵(626)
临川郡(626)	
临汝(626)	西丰(626)
[新]南城(627)	东兴(627)
南丰(627)	永成(627)
宜黄(627)	安浦(627)
西宁(628)	新建(628)
鄱阳郡(628)	
广晋(628)	鄱阳(629)
乐安(629)	余汗(629)
鄡阳(629)	历陵(629)
葛阳(630)	晋兴(630)
[上饶](630)	
庐陵郡(630)	
西昌(631)	高昌(631)
石阳(631)	巴丘(631)
南野(631)	东昌(632)
遂兴(632)	吉阳(632)
兴平(632)	阳丰(633)
南康郡(633)	
赣(633)	雩都(634)
平固(634)	南康(634)
揭阳(635)	[宁都](635)
交州(642)	
合浦郡(644)	
合浦(645)	南平(645)
荡昌(645)	徐闻(645)
毒质(645)	珠官(646)
[朱卢](646)	[晋始](646)
交(阯)[趾]郡(646)	
龙编(647)	苟扁(647)
望海(647)	(羸)[羸]陵(647)
西于(648)	武宁(648)
朱䳒(648)	曲易(649)
交兴(649)	北带(649)
稽徐(649)	(安定)[定安](649)
南定(649)	海平(649)
[平道](650)	
新昌郡(650)	
(麊)[𪏭]泠(650)	嘉宁(651)
吴定(651)	封山(651)
临西(651)	西道(651)
武平郡(652)	
武(宁)[定](652)	武兴(652)
进山(652)	根宁(652)
安武(653)	扶安(653)
封溪(653)	

九真郡(653)

胥浦(653) 移风(654)
津梧(654) 建初(654)
常乐(654) 扶乐(655)
松原(655) [都庞](655)
[高安](655) [军安](655)
[宁夷](655)

九德郡(655)

九德(656) 咸驩(656)
南陵(657) 阳遂(657)
扶苓(657) 曲胥(657)
浦阳(657) 都浇(657)
[西安](658) [越常](658)

日南郡(658)

象林(659) 卢容(660)
朱吾(660) 西卷(660)
比景(661) [寿泠](661)
[无劳](661)

广州(663)

南海郡(663)

番禺(663) 四会(664)
增城(664) 博罗(664)
龙川(664) (平)[新]夷(665)

临贺郡(665)

临贺(665) 谢沐(665)
冯乘(665) 封阳(666)
兴安(666) 富川(666)

始安郡(666)

始安(667) 始阳(667)
平乐(667) 荔浦(667)
常安(667) 熙平(667)
永丰(668)

始兴郡(668)

曲江(668) 桂阳(669)
始兴(669) 含洭(669)

浈阳(669) 中宿(670)
阳山(670)

苍梧郡(670)

广信(671) 端溪(671)
高要(671) 建陵(671)
(新宁)[宁新](671) 猛陵(672)
鄣平(672) (农)[丰]城(672)
元溪(672) 临允(672)
都罗(673) 武城(673)
[丁溜](673)

郁林郡(673)

布山(674) 阿林(674)
新邑(674) 晋平(674)
(始建)[安始](674) 郁平(674)
领方(675) 武熙(675)
安广(675) [安远](675)

桂林郡(675)

潭中(676) 武丰(676)
粟平(676) 羊平(676)
龙刚(676) 夹阳(676)
武城(677) 军腾(677)
[长安](677)

高凉郡(677)

安宁(677) 高凉(677)
思平(678)

高兴郡(678)

广化(678) 海安(678)
化平(678) (黄)[莫]阳(678)
西平(679)

宁浦郡(679)

宁浦(679) (连)[兴]道(680)
吴安(680) (昌平)(680)
平山(680) [始定](680)
[简阳](680)

引用书目及参考文献 ………………………………………… 684
地名笔画索引 ………………………………………………… 696
地名音序索引 ………………………………………………… 712
后记 …………………………………………………………… 728

晋书卷十四　志第四　地理上

【集释】劳格《校勘记》：此《志》镇阳毕尚书有《补正》五卷，刊于《经训堂丛书》，凡毕氏所已纠正者皆不著录，毕氏之说亦间有可商者，摘录之。

总叙　司州　兖州　豫州　冀州　幽州　平州
并州　雍州　凉州　秦州　梁州　益州　宁州

【斠注】周家禄《校勘记》：诸志皆有总叙，不应地理独列子目，"总叙"二字宜删。司州以下篇中本不列目，篇首分注较为明晰，兹仍其旧，下篇同。

[总叙]

昔者元胎无象，太素流形，对越在天，以为元首，则《记》所谓冬居营窟，夏居橧巢，饮血茹毛，未有丝麻者也。及燧人钻火，庖牺出震，风宗下武，炎胤昌基，画野无闻，其归一揆。黄帝则东海南江，登空蹑岱，

【集释】《马注》：《史记·黄帝本纪》：东至于海及岱宗，西至于空桐。

至于昆峰振辔，崆山访道，

【中华校】崆山访道　"崆"，宋本、局本等作"风"，殿本作"崆"，今从殿本。黄帝于崆峒山访道，传自《庄子》。

【集释】《马注》：官本作"崆"是，说见《史记正义》。

存诸汗竹，不可厚诬。高阳任地依神，帝喾顺天行义。东逾蟠

【集释】何超《音义》：蟠，音盘。

木，西济流沙，北至幽陵，南抚交趾，日月所经，舟车所至，莫匪王臣，不踰兹域。帝尧时，禹平水土，以为九州。虞舜登庸，厥功弥劭，表提类而分区宇，判山河而考疆域，冀北创并部之名，燕齐起幽营之号，则《书》所谓肇十有二州，封十有二山者也。夏功在

【集释】《马注》：官本"在"作"则"。

于唐尧，殷因无所损益。

【集释】《马注》：《汉书·地理志》：殷因于夏亡所变改。

周武克商，自丰徂镐。至成王时，改作《禹贡》，徐、梁入于青、雍，冀野析于幽、并。

【斠注】《初学记》八《舆地志》曰：改禹九州，以徐、梁合之于青、雍，分冀州之域为幽、并二州。

职方掌天下之土，以周厥利；保章辩九州之野，皆有分星。

【斠注】《初学记》八《舆地志》曰：职方氏掌天下之地，辨九州之国。保章氏掌天文，以星土辨九州之地。所封之国，皆有分星。

东南曰扬州，正南曰荆州，河南曰豫州，正东曰青州，河东曰兖州，正西曰雍州，东北曰幽州，河内曰冀州，正北曰并州。始皇初并天下，惩忿

【集释】何超《音义》：忿，音父。

战国，削罢列侯，分天下为三十六郡。三川、河东、南阳、南郡、九江、鄣郡、

【集释】《马注》：《郡国志》言丹阳秦鄣郡，刘原父已纠其误。

会稽、颍川、砀

【集释】何超《音义》：砀，大浪反。

郡、泗水、薛郡、东郡、琅邪、齐郡、上谷、

【集释】何超《音义》：上谷，古木反，又音欲。

渔阳、右北平、辽西、辽东、代郡、钜鹿、邯郸、

【集释】何超《音义》：邯郸，寒、丹二音。

上党、太原、云中、九原、雁门、上郡、陇西、北地、汉中、巴郡、蜀郡、黔中、

【集释】何超《音义》：黔，音琴。

《马注》：《郡国志》：武陵郡，秦昭王置，名黔中郡，高帝五年更名。按《水经·沅水注》：楚黔中郡，高帝割为武陵郡。《华阳国志》：庄𫏋伐夜郎，夜郎降，而秦夺楚黔中地，无路得反，遂留王滇池。准其地望当在湖南辰、沅等域，汉时割其县东之地以为武陵郡耳。

长沙、

【编者按】周振鹤《秦代洞庭、苍梧两郡悬想》认为，据里耶秦简，史籍中记载的黔中郡和长沙郡，应为洞庭郡和苍梧郡。

凡三十五郡，与内史为三十六郡也。

【斠注】《初学记》八《舆地志》曰：分置三十六郡，郡各领县，县万户已上为令，减万户为长。《廿二史考异》十九曰：此史臣本注，盖用裴骃说。王伯厚云：三川汉河内、河南两郡，鄣郡汉丹阳郡，砀郡汉梁国，泗水汉沛郡，薛郡汉鲁国，九原汉五原郡，黔中汉武陵郡，内史汉三辅及恒农郡。予按《汉志》武陵郡，高帝置，不云即秦之黔中，《后汉书·南蛮传》：秦昭王使白起伐楚，略取蛮夷，始置黔中郡。汉兴，改为武陵。王氏之说本此。而丹阳但云故鄣郡，不云秦郡，疑鄣郡亦汉初所置也。《瞥记》曰：案鄣非秦郡，刘敞于《汉志》丹阳郡辨之甚悉，疑楚汉之际分置，观《高帝纪》以鄣郡与东阳、吴、郯并言可见。

【集释】《马注》：王先谦曰三十六郡，河东一、太原二、上党三、三川四、汉曰河南。东郡五、颍川六、南阳七、南郡八、九江九、泗水十、汉曰沛郡。钜鹿十一、齐郡十二、琅邪十三、会稽十四、汉中十五、蜀郡十六、巴郡

十七、陇西十八、北地十九、上郡二十、九原二十一、汉曰五原。云中二十二、雁门二十三、代郡二十四、上谷二十五、渔阳二十六、右北平二十七、辽西二十八、辽东二十九、邯郸三十、汉曰赵国。砀郡三十一、汉曰梁国。薛郡三十二、汉曰鲁国。长沙三十三、南海三十四、桂林三十五、汉曰郁林。象郡三十六，具见《地理志》。与龙曰：秦三十六郡当从《汉志》为是。

【编者按】秦郡的数目，详见王国维、谭其骧、周振鹤、辛德勇等人论述，此不赘述。

于是兴师踰江，平取百越，又置闽中、

【集释】何超《音义》：闽，音旻。

南海、桂林、象郡，凡四十郡，郡一守焉。

【斠注】《初学记》八《舆地志》曰：合四十郡，郡置一守一丞两尉以典之，监侍御史掌监诸郡。《廿二史考异》十九曰：按《汉志》，本秦京师为内史，分天下作三十六郡，是内史不在三十六郡之内也。《汉志》言秦所置郡凡三十三，合南海三郡为三十六，闽中则汉武平闽粤，后虚其地而不有，故《汉志》不之数也。此以鄣、黔中为秦置，并内史为三十六郡，合闽中、南海诸郡为四十，皆与《汉志》异。《类聚》苗恭《书钞》《御览》屡引黄恭，"苗"当为"黄"之讹。《十四州记》曰：秦兼天下，始皇二十六年，废五等之爵，立郡县之官，以公国为大郡，侯伯为小郡，大郡曰守，小郡曰尉，郡之言君也。今之郡字，君在其左，邑在其右，君为元首，邑以载民，故取名于君，而谓之郡也。

【集释】《马注》：秦所置四十郡，全祖望说较覈实，详见王先谦《汉书补注》。

其地则西临洮

【集释】何超《音义》：洮，吐刀反。

而北沙漠，东萦西带，皆临大海。汉祖龙兴，革秦之弊，分内史为三部，更置郡国二十有三，桂阳、江夏、豫章、河内、魏郡、东海、楚国、平原、梁国、定襄、泰山、汝南、淮阳、千乘、

【集释】何超《音义》：千乘，绳证反。

东莱、燕国、清河、信都、

【集释】《马注》：钱大昕曰：景帝置广川国，即信都也，信都国立于元、哀之世，而《志》谓高帝时置，误。

常山、中山、渤海、广汉、涿郡，合二十三也。三内史者，河上、渭南、中地也。《地理志》曰：汉高增二十六，

【集释】《马注》：王先谦曰：高祖增二十六，河内一、河东分。汝南二、颍川、南阳分。江夏三、九江分。魏郡四、河东分。常山五、邯郸分。清河六、钜鹿分。涿郡七、渔阳分。勃海八、钜鹿分。平原九、齐郡分。千乘十、齐郡分。泰山十一、齐郡分。东莱十二、琅邪分。豫章十三、九江分。桂阳十四、长沙分。广汉十五、巴、蜀、汉中分。定襄十六、太原、雁门分。中山十七、邯郸分。胶东十八、琅邪分。

淮阳十九、楚国分。衡山二十、九江分。武陵二十一、黔中改。梁国二十二、秦砀郡改。楚国二十三、秦楚郡改。燕国二十四、广阳郡改。鄣郡二十五、楚、汉间郡，高祖因之，后为丹阳。东海二十六。秦郡，《志》以为高帝置。与龙曰：王说详见《汉书补注》。此《志》不载胶东、衡山、武陵，以鄣郡为秦置，而以信都及三内史当高帝增二十六之数，误。

武帝改河上、渭南、中地以为京兆、冯翊、扶风，是为三辅也。

【斠注】《廿二史考异》十九曰：按《志》以内史分三部，与新置郡国二十三，适合二十六之数，故引《汉志》以实之。然《汉志》谓文、景各六，武帝二十六，与此皆不相应，单举斯语，未免傅会。又考《汉志》，梁国即秦砀郡，非高帝所增，信都国亦无高帝置之文，则仍不能强合也。河上、渭南、中地三郡，虽高帝所置，然未几而废，仍为内史。三辅之分，实自武帝始。钱坫《新斠注地里志·目录叙》曰：考河内本殷国，故《项羽本纪》言立司马卬为殷王，王河内，都朝歌。高帝不过复其故称，与改三川为河南、邯郸为赵、荆为吴同例，不在分置之列，且《志》明言增二十六，又明言沛、武陵二郡为高帝置，《表》明言荆、淮南二王为高帝立矣，是置二十三之说非也。

【集释】《马注》：河上、渭南、中地，《汉志》并云高帝九年罢，复为内史。《百官表》云：景帝分置左、右内史是也。此《志》谓武帝改河上、渭南、中地为三辅，误。

文增厥九，广平、

【斠注】《廿二史考异》十九曰：按广平非文帝所置，当置于武帝初，王温舒为广平都尉，此其证也。后为平干国。《新斠注地里志·目录叙》曰：广平，孝武征和二年始置，为平干国，哀帝建平三年为广平国，孝文无此国也。

【集释】《通鉴》胡注：汉武帝置平干国，宣帝改为广平国；后汉光武省，属钜鹿郡；魏文帝黄初二年复置广平郡；唐为洺州之地。

毕沅《新补正》：沅按《太平寰宇记》，汉高帝分置广平国。《通典》亦云汉初置广平国。今考《诸侯王表》，文帝所置有城阳、淄川、济南、胶西、胶东、衡山、济北、河间。《地理志》文帝置庐江郡。则文帝所置郡国九，有济北无广平，此《志》误。

《马注》：钱大昕曰：《汉书·地理志》广平国，武帝征和二年置为平干国，宣帝五凤二年复故。按王温舒为广平都尉在元朔、元狩之间，是平干国未置之前已为广平郡。五凤二年平干缪王薨，国除，仍为广平郡，故云复故也。与龙曰：此《志》以广平为文帝置，误。

城阳、淄川、济南、胶西、胶东、

【集释】《马注》：全祖望曰：《汉地理志》胶东国，故齐，高帝元年别为国，五月复属齐国，文帝十六年复为国。按胶东，高帝元年别为国，旋复属齐国，因置郡。与龙曰：此《志》谓文帝增，误。

河间、庐江、衡山，武帝改衡山曰六安。

【斠注】文帝建国九，其一乃济北也，武帝时并入泰山郡。胶西国宣帝改曰高密。毕沅《晋书地理志新补正》曰：《汉地理志》文帝增六，未知何据。

【集释】《马注》：王先谦曰：文帝置六，庐江一、济南二、河间三、甾川四、胶西五、城阳六。与龙曰：《汉志》六安国，故楚，高帝元年别为衡山国，五年属淮南，文帝十六年复为衡山。是衡山本高帝置，《志》误。

景加其四。济北、

【集释】《马注》：钱大昕曰：济北国乃文帝所置，《志》误。与龙曰：济北国，武帝时并入泰山，故《汉志》文帝增置之数六。

济阴、山阳、北海也。

【集释】毕沅《新补正》：沅案《诸侯王表》，文帝二年，封齐悼惠王子东牟侯兴居为济北王，二年谋反诛，至景帝四年，复徙衡山王勃为济北王。是济北国文帝始置。今考《诸侯王表》，景帝所置有济川、济东、山阳、济阴、江都、广川、济川国。景帝中六年置至武帝建元三年废。《地理志》：景所置有北海，凡置郡国七，此言四误。《汉书·地理志》云景帝增六，亦未知何据。

《马注》：王先谦曰：景帝置六，山阳一、济阴二、北海三、广川四、济东五、即东平。江都六。

宣改济北曰东平。

【斠注】《廿二史考异》十九曰：按景帝建国九，济川、济东、山阳、济阴、江都、中山、广平、清河、常山也；置郡一，北海也。中山、清河、常山皆高帝所置郡，济川后废，故《汉志》云景增六也。《志》失举江都、广川，又误以济东为济北，不知济北乃文帝所置也。济东国除为大河郡，宣帝改

为东平国，此云改济北曰东平，大谬。广川即信都，信都国立于元、哀之世，而《志》谓高帝时已有之，亦误。

武帝开越攘胡，初置十七，南海、

【集释】《马注》：与龙曰：南海郡，秦置，说见前，此《志》误。

苍梧、郁林、

【集释】《马注》：与龙曰：郁林郡，秦置为桂林，说见前。《志》郁林郡下云汉武帝更名是也，此云武帝置，误。

合浦、交阯、九真、日南、

【集释】《马注》：与龙曰：日南郡，秦置为象郡，说见前。《志》日南郡下云汉武帝改名是也，此误。

珠崖、儋耳

【集释】何超《音义》：儋，都甘反。

《马注》：钱大昕曰：珠崖、儋耳后皆废，不在《汉志》武帝置二十八之内。

九郡，平西南夷置牂柯、

【编者按】《宋本晋书》"牂"字为"牂"字。下同。

越巂、

【集释】何超《音义》：巂，小委反。

沈黎、汶山、

【集释】何超《音义》：汶山，音旻。

《马注》：钱大昕曰：沈黎、文山后皆废，不在《汉志》武帝置二十八之内。

犍为、

【集释】何超《音义》：犍为，其连反。

益州六郡，西置武都郡，又分立零陵郡，合十七郡。

拓土

【集释】何超《音义》：拓土，音托。

开疆，又增十四。弘农、临淮、西河、朔方、酒泉、陈留、安定、天水、玄菟、乐浪、广陵、

【斠注】《廿二史考异》十九曰：按广陵即景帝所置江都国，非武帝创置。

【集释】《马注》：与龙曰：广陵，景帝置，为江都国，说见前，此误。

敦煌、武威、张掖。

【斠注】武帝建国三：平干、即广平。真定、泗水也，《志》皆失举。《晋书地理志新补正》曰：案《汉地理志》武帝增二十八，盖因沈黎、汶山二郡旋废，广陵本江都国，系景帝时置，故不数耳。当以《汉志》为正。又案：元封三年开朝鲜，置临屯、真番，此《志》不录。

【集释】《马注》：王先谦曰：武帝置二十八，冯翊一、扶风二、弘农三、陈留四、临淮五、零陵六、犍为七、越巂八、益州九、牂柯十、武都十一、天水十二、武威十三、张掖十四、酒泉十五、敦煌十六、安定十七、西河十八、朔方十九、玄菟二十、乐浪二十一、苍梧二十二、交趾二十三、合浦二十四、九真二十五、平干二十六、即广平。真定二十七、泗水二十八，并见《地理志》。钱大昕曰，临屯、真番、苍梧、沈黎、汶山、珠崖、儋耳，后皆废，故不数。与龙曰：《志》误举南海、郁林、日南、珠崖、儋耳、沈黎、汶山、广陵八郡，而漏去冯翊、扶风、平干、真定、泗水五郡未载。

昭帝少事，又增其一。金城也。

至平帝元始二年，凡新置郡国七十有一，与秦四十，合一百一十有一。

【斠注】宋、元本无"有"字。《初学记》八《舆地志》曰：迄于平帝，户口繁息，凡新置郡国六十七，与秦三十六，合一百三。《通典》因之。《廿二史考异》十九曰：按《汉志》所载郡国一百三，正元始二年以前之制，此云百一十有一者，误也。珠崖、儋耳、沈黎、汶山四郡后废，南海、郁林、日南即秦之南海三郡，而闽中郡则汉未尝置。王伯厚谓除此八郡，正合《汉志》一百三之数。案《晋地理志》云：去闽中、桂林、象郡，省沈黎、汶山、儋耳、珠崖。又《济北王勃传》武帝时国入泰山郡，共去八郡，与钱氏之说微异。愚以为未尽也。分内史为三辅，视秦仅增其二；梁国即秦砀郡，不当重出，而武帝所置真定、泗水，《志》犹遗之；秦泗水郡汉改为沛郡，汉之泗水国则分东海置，非一地也。

【集释】毕沅《新补正》：沅案《汉纪》，武帝元封元年，平闽越，虚秦闽中郡地，天汉四年并沈黎郡于蜀，昭帝始元五年罢儋耳，宣帝地节三年并汶山郡于蜀，元帝初元三年罢珠崖郡，凡省五郡。又《汉志》日南郡即秦象郡，郁林即秦桂林，此《志》安得分而为二。则所云合一百一十中无此二郡，可知况去数内如有二郡，则并闽中、桂林、象郡、沈黎、汶山、儋耳、珠崖为九郡矣，何能合一百三之数乎？伯厚盖未深考。

《马注》：毕沅曰：《汉志》云，迄于孝、平，凡郡国一百三。当以《汉志》为正。《通典》谓新置六十三，与

秦四十合百三,误。《玉海》又谓所除八郡中有临屯、真番,亦误。《晋志》于汉武帝增置郡国内本不及临屯、真番也。

改雍曰凉,改梁曰益,又置徐州,复夏旧号,

【斠注】《初学记》八《舆地志》曰:改周雍州曰凉州,复置夏之徐、梁二州,而改梁曰益。《斠注》案:顾野王此《志》数语较为详实。

南置交阯,

【编者按】《宋本晋书》"阯"为"趾"。下同,不另出校。

北有朔方,凡为十三部。凉、益、荆、扬、青、豫、兖、徐、幽、并、冀十一州,交阯、朔方二刺史,合十三部。

【斠注】《晋地理志新补正》曰:案颜氏云:武帝初置朔方郡,别令刺史监之,不在十三部之内。《通典》十三部为司隶、并、荆、兖、扬、豫、冀、幽、青、徐、益、交、凉。据此,则十三部有司隶而无朔方,此《志》误。

【集释】《马注》:全祖望曰:《平当传》颜注谬言朔方不在十三州之内,则以司隶为一部,是盖以东京之制为武帝制矣。若云朔方未得为州而不与,则交阯亦未得为州,何以独与乎?与龙曰:全说是也。毕沅据颜注及《通典》十三部有司隶无朔方谓此《志》误,然颜注实谬,此《志》不误。

光武投戈之岁,在彤耗之辰,郡国萧条,并省者八。城阳、淄川、高密、胶东、六安、真定、泗水、广阳。

【斠注】《廿二史考异》十九曰:以《后汉书·光武纪》《续汉书·郡国志》参考之,光武所省郡国凡十,此《志》尚失载河间、广平二国。或疑河间以复置故不书,则广阳后亦复置,何以仍载乎?

【集释】毕沅《新补正》:沅案《后汉书·光武纪》:建武十三年,省并西京十三国,广平属钜鹿,真定属常山,河间属信都,城阳属琅邪,泗水属广陵,淄川属高密,胶东属北海,六安属庐江,广阳属上谷。章怀太子注云:据此唯有九国,云十三误也。《玉海》谓《晋志》广阳当作广平。

《马注》:钱大昕曰:《郡国志》光武中兴省郡国十。以《志》考之,世祖省郡国十:广平、真定、河间、城阳、泗水、淄川、高密、胶东、六安、广阳也。与龙曰:此《志》失载广平、河间。按二郡建武十三年省,见《光武纪》。

【编者按】《宋本晋书》"彤耗"为"彫耗"。

建武十一年,省州牧,复为刺史,员十三人,各掌一州。

【集释】《斠注》:《晋地理志新补正》曰:案光武都洛阳,关中复置雍州,后罢。

明帝置一,永昌也。章帝置二,任城、吴郡。

【斠注】《廿二史考异》十九曰:按分会稽置吴郡,在顺帝时,《志》以为章帝置,盖承《续汉志》之文,而误以

吴郡当之，不知章帝所置，任城之外，固有阜陵国也。《志》于扬州篇仍云顺帝分会稽立吴郡，一卷之中，前后自相牴牾。《晋地理志新补正》曰：案广阳郡亦明帝所复，章帝时所置郡国有任城、西平，及和帝立，始并西平入汝南。此所云置二，当属任城、西平也。

【集释】毕沅《新补正》：沅案《后汉书·顺帝纪》：永建四年，分会稽为吴郡。《郡国志》：吴郡，顺帝分会稽置。《舆地志》：顺帝时，阳羡人周嘉上书请分浙江以西为吴郡，东为会稽郡。据此则言章帝时置吴郡非。

《马注》：钱大昕曰：《郡国志》章帝置郡国二。以《志》考之，章帝置任城国、阜陵国，顺帝置吴郡。《志》此文失载顺帝所置之郡，而称章帝置郡国二，盖因《郡国志》而误。

和、顺改作，其名有九。和置济北、广阳，

【集释】《马注》：与龙曰：和帝永元二年，分置济北、河间国，八年复置广阳郡，见《后汉书·本纪》，亦见《郡国志》，此《志》失载河间。

顺改淮阳为陈，改楚为彭城，

【集释】毕沅《新补正》：沅案陈、彭城皆章帝时改，乐安和帝时改，《郡国志》言和帝置三，疑误。

济东为东平，

【集释】《马注》：毕沅曰：济东改为东平乃前汉宣帝时事，《志》误。《玉海·郡国部》引此不加考核，亦疏矣。

临淮为下邳，千乘为六安，信都为安平，天水为汉阳。

【斠注】《廿二史考异》十九曰：按和帝所置尚有河间国，《志》却失载。临淮为下邳，天水为汉阳，明帝所改也；淮阳为陈，楚为彭城，千乘为乐安，和帝所改也；明帝改信都为乐成，安帝又改为安平；东平则西京旧国也，《志》并以为顺帝所改，失之甚矣。《晋地理志新补正》曰：案广阳郡之复在明帝永平八年，非和帝置。下邳、安平、汉阳皆明帝时改。案《华阳国志》曰：汶江道，孝安延光三年复立之以为郡。《志》于安帝一朝失载。

【集释】《马注》：钱大昕曰：汉阳，明帝时改，《志》误。与龙曰：《郡国志》云：和帝置三，安帝又命属国别领比郡者六。案安帝置蜀、广汉、犍为、张掖、居延、辽东属国凡六，此《志》言和、顺改作其名有九，以和帝置三、安帝置六合之，其数相符，而误以安帝为顺帝，其言和帝所置，失载河间，至言顺帝所改，乃无一是。

王勇《〈晋书·地理志〉校证》曰："案：'六安'当是'乐安'之误。殿本作'乐安'，可从。又'千乘'更名'乐安'在汉和帝时，非汉顺帝时。《汉书》卷二十八上《地理志上》：'千乘郡，高帝置。莽曰建信。属青州。'注：'应劭曰：和帝更名乐安。'又《后汉书》卷六十六《陈蕃传》：'太尉李固表荐，征拜议郎，再迁为乐安太守。'注：'《续汉志》曰：乐安本千乘，和帝更名也。'《后汉书》卷四《孝和帝纪》：'[永元七年，95年]五月辛卯，改千乘国为乐安国。'注：'千乘故城在今淄州高苑县北。乐安故城在今青州博昌县南。'"

【编者按】《宋本晋书》"六安"为

"乐安"。

省朔方刺史，合之于司隶，凡十三部，其与西汉不同者，司隶校尉部郡治河南，朔方隶于并部。而郡国百有八焉。

【集释】 毕沅《新校正》：沅案《郡国志》言凡郡国百五，今考后汉郡国数当以《续志》为是，此误。

省前汉八，

【集释】《马注》：与龙曰：光武省郡国十，说见前，此云八，误。

分置五，

【集释】 毕沅《新校正》：沅案旧作分置三。

《马注》：毕沅曰：永昌，明帝置；任城，章帝置；吴郡，顺帝置；若济北、广阳则复前汉时旧国，非置也，《志》误。与龙曰：毕说亦未晰。按广阳、河间二郡，光武省，而和帝复置。若济北国，《前汉地理志》所无，是分置也，与永昌、任城、吴郡为四，又加安帝命属国别领比郡者六，共分置十。

改旧名七，

【集释】《马注》：毕沅曰：下邳、汉阳，明帝时改；陈〔国〕、彭城，章帝时改；乐安，和帝时改；安平，故信都，明帝名乐成，安帝改；若清河之改名甘陵，则在桓帝时，是顺帝以前改旧名凡六，《志》云七，误。

因旧九十六，

【集释】 毕沅《新补正》：沅案有济北、广阳二国在内。

《马注》：与龙曰：按因旧实八十九，有广阳、河间在内。

少前汉三也。

【斠注】《廿二史考异》十九曰：按前汉郡国百有三，自光武至顺帝，并省者八，真定、城阳、泗水、淄川、高密、胶东、六安、广平。省而复置者二，河间、广阳。分置者四，永昌、任城、济北、吴郡。改旧名六，因旧八十九，又属国别领比郡者六，广汉属国后为阴平郡，蜀郡属国后为汉嘉郡，犍为属国后为朱提郡，居延属国后为西海郡，辽东属国后为昌黎郡，张掖属国后不见。故《续志》云郡国百五也。此《志》皆误。

【集释】《马注》：毕沅曰：《续汉志》郡国百五，比前增二是也。此《志》误。桓、灵颇增于前，复置六郡。桓，高阳、

【集释】《马注》：谢钟英曰：《志》冀州篇又云：泰始元年置。盖桓帝置郡，后旋省，晋复置。

高凉、

【集释】《马注》：与龙曰：《郡国志》合浦郡高凉下云：建安二十五年，孙权立高凉郡。《三国·吴志·吕岱传》，延康元年，高凉贼帅钱博乞降，岱承制以博为西部都尉。《御览》引《南越志》：吕岱承制，以钱博为高凉都尉，于是置郡。《宋书·州郡志》：高凉太守，汉献帝建安二十三年，吴分立。按诸书皆言高凉立郡在建安末，此云桓置。又交州篇云，桓帝分立高兴郡，灵帝改曰高凉，并误。

博陵；

【斠注】《廿二史考异》十九曰：按博陵郡，桓帝延熹元年分中山置，《本

纪》有明文。此外别无置郡之证。

【集释】《马注》：何焯曰：《水经注》：滱水又东北迳博陵县故城南，即古陆城。汉质帝本初元年，继孝冲为帝，追尊父翼陵为博陵，因以为县，又置郡焉。汉末罢，还安平。按是桓帝继质帝，郦氏误记。与龙曰：何说是也。

灵，南安、

【斠注】《廿二史考异》十九曰：灵帝中平五年，分汉阳置南安郡，见《秦州记》刘昭所引。此外别无置郡之证。

【集释】毕沅《新补正》：沅案《水经注》称《秦州记》，中平六年，分置南安郡。

《马注》：与龙曰：《水经注》：渭水东迳獂道县故城南，汉灵帝中平五年，别为安南郡。

鄱阳、

【斠注】《廿二史考异》十九曰：刘昭注《续汉志》云，建安十五年孙权分豫章立鄱阳郡。

【集释】何超《音义》：鄱阳，薄波反。

毕沅《新补正》：鄱阳郡立于孙权，在建安十五年献帝时。

《马注》：与龙曰：《州郡志》：鄱阳太守，孙权分豫章立。《水经注》：鄱水出鄱阳县东，西迳其县南武阳乡也。建安十五年，分为鄱阳郡。此《志》扬州篇亦言孙权置，此云灵帝置，误。

庐陵。

【斠注】《廿二史考异》十九曰：刘昭注《续汉志》云，兴平二年孙策分豫章立庐陵郡，建安十五年孙权分豫章立鄱阳郡，二十五年分合浦立高梁郡，本高凉县。皆在献帝之世，而高阳国则晋泰始元年所置，见本《志》。此以为桓、灵增置者，误也。《后汉书·西南夷传》："灵帝时，以蜀郡属国为汉嘉郡，又分蜀郡北部为汶山郡。刘昭以为安帝延光三年置。"此二郡《志》反失之。

【集释】毕沅《新补正》：裴松之注称《献帝起居注》曰：中平六年，省扶风都尉置汉安郡，领雍、隃麋、杜阳、陈仓、汧五县。今考庐陵郡立于孙策，在兴平元年，献帝时。

《马注》：与龙曰：《州郡志》：庐陵太守，吴立。此《志》扬州篇亦言孙策立。《寰宇记》引《十道志》云：灵帝末，扬州刺史刘遵上书分立庐陵、鄱阳二郡。按刘遵上书在灵帝末，郡立当在献帝时，此云灵帝立，误。又毕沅云：《后汉书·冉駹夷传》：灵帝复分蜀郡北部为汶山郡，以汶江、蚕陵、广柔三县置。王先谦云：中平六年省扶风都尉置汉安郡，见《续汉志》司隶校尉部注。与龙曰：按灵帝置汶山、汉安、汉嘉郡，《志》皆失载。

魏武定霸，三方鼎立，生灵版荡，关洛荒芜，所置者十二，新兴、乐平、

【集释】毕沅《新补正》：沅案：乐平，晋泰始中置。《通典》：秦立上党郡，二汉因之，晋为乐平郡。此《志》言魏误。

《马注》：与龙曰：《水经·清漳水注》：后汉分沾县为乐平郡。《魏书·地形志》：并州乐平郡，后汉献帝置。此《志》并州篇云建安时分上党立乐平郡，与此同，而此下文又云晋武立乐平郡，下又云泰始中置，彼皆误。

西平、

【集释】毕沅《新补正》：沅案《通典》：后汉建安中置西平郡。此《志》西平郡下亦云汉置。

《马注》：王先谦曰：金城郡，汉末分置西平郡，《水经注》谓黄初中立，非也。

新平、

【集释】毕沅《新补正》：沅案《通典》：新平，后汉末置。

《马注》：与龙曰：《郡国志》凉州刺史部注云：《袁松山书》曰：兴平元年，分安定鹑觚、右扶风之漆置新平郡。

略阳、

【集释】《通鉴》胡注：魏分临渭、平襄、略阳、清水四县，置广魏郡；晋泰始中，更名略阳郡。

《马注》：王先谦《后汉书集解》曰：汉阳郡，魏复曰天水，分置广魏郡。与龙曰：按此《志》秦州略阳郡云：本名广魏，泰始中更名焉。广魏之置当在魏受禅后，略阳之更名又在其后，此云魏武置略阳，误。

【编者按】《宋本晋书》"略阳"为"洛阳"。疑误。

阴平、

【集释】《马注》：钱大昕曰：《志》秦州阴平郡云泰始中置，益州篇云刘禅建兴二年改广汉属国为阴平郡，此又云魏武置，一卷之中三处互易。王先谦曰：广汉属国，三国魏改曰阴平，蜀后主建兴七年，郡入蜀，见《蜀志》。与龙曰：此下又云晋武置，及阴平郡下云泰始中置，并误。

带方、

【集释】《马注》：与龙曰：按带方郡，建安中公孙度（编者校：胡阿祥认为"公孙度"应为"公孙康"。详见本书平州带方郡下。）置，说见平州带方郡下。此云魏武置，误。

谯、乐陵、

【集释】毕沅《新补正》：沅案《元和郡县志》：棣州，曹魏属乐陵国。此《志》乐陵国下云汉置，微混。

章武、

【集释】《马注》：与龙曰：冀州章武国下又云泰始元年置，彼误。

南乡、

【集释】《马注》：与龙曰：按魏武置南乡，晋改曰顺阳，说见荆州顺阳郡下。

【编者按】欧阳修《集古录跋尾》卷第四中录有晋武帝泰始四年（268年）"南乡人"为司马整所立的《晋南乡太守碑》。文曰："《宣威将军南乡太守司马府君纪德颂碑》云：'君讳整，字孔修，太宰安平王之孙、太尉义阳王之子'。按《晋书》，宣帝弟曰安平献王孚，孚次子曰义阳成王望，望第三子随穆王整。整先望卒，后武帝分义阳之随县封整为王，谥曰穆。整以太始三年自南乡太守徙南阳，而南乡人共立此碑，今在光化军。军即襄州谷城县之阴城镇。按《晋志》不列南乡郡，据此碑所载县令名氏，有武陵、筑阳、丹水、阴城、顺阳、析六县，此盖南乡郡所治也。《晋志》但云南乡魏时属荆州，武帝平吴，改为顺阳郡，而不著顺阳治所、兴废、属县之名，而独此碑可见也。又《整传》但云整历南中郎将，封青泉侯，薨赠冠军将军，亦不言其为宣威将军、南乡南阳二郡守，皆其所漏略也。"

襄阳。

【集释】《马注》：与龙曰：汉末所置郡尚有可考者。曹公分关中置汉兴郡，见《郡国志》司隶校尉部注引《魏志》，后废并入扶风。又汝南郡阳安，初平三年分二县置阳安都尉，见《魏氏春秋》。汉末置郡，旋废，见《三国·魏志》及《宋书·州郡志》。又建安三年，分琅邪、东海、北海为城阳、利城、昌虑郡，见《魏志》。城阳，魏、晋因之；利城，旋废；昌虑，建安二十一年并东海，见《魏氏春秋》。又琅邪郡东莞、东安二县，汉建安三年并置郡，见《魏志·臧霸传》。东安郡旋并入东莞，东莞郡魏末省并琅邪，见《通鉴》胡注。又泰山郡嬴县，魏武表分为郡，见《蜀志·糜竺传》。后省。又南阳郡章陵县，汉建安中置郡，见《刘表传》注及《百官志》注。魏又省郡为安昌县，立义阳郡治，见《水经·沔水注》。又巴郡，建安二十年，分置巴东、巴西郡，见《三国·魏志》。后并于蜀。又汉阳郡，初平四年分为永阳，见《郡国志》引《献帝起居注》。建安十九年省，见《魏志》。又建安二十年，曹公分汉中之安阳、西城置西城郡，见《三国·魏志》。又张掖郡，献帝分置西郡，张掖居延属国，汉末立西海郡，晋并因之。又东莱郡长广县，汉建安初置郡，旋省为县，见《百官志》注及《魏志》。晋复置郡。又荆州南郡，魏武分枝江以西为临江郡，见《水经注》，亦见此《志》荆州篇。刘备改为宜都，见《三国志》注引习凿齿语。又建安十九年，夏侯渊破羌胡，省安东、永阳郡，见《魏志》。按安东亦献帝时所立郡。又建安中，魏武以陈登为广陵太守，后徙东城太守，见《陈登传》及《孙策传》注。按东城郡亦汉末立，此《志》皆未载。

所省者七，上郡、朔方、五原、云中、定襄、

【集释】《马注》：与龙曰：上郡，汉末郡县俱废，见《舆地广记》。建安二十年，省朔方、五原、云中、定襄郡，见《三国·魏志》。

渔阳、

【集释】《马注》：与龙曰：后汉渔阳郡，三国魏因之，见《魏志·明帝纪》及《乌丸传》。盖至晋始省，此云魏武省，误。

庐江。

【斠注】《廿二史考异》十九曰：按新兴省云中、定襄、五原、朔方置，乐平析上党地，西平析金城地，新平析安定、右扶风地，略阳析汉阳地，本名广魏，晋初更名。案：本《志》当作广魏，不当作略阳。阴平即广汉属国，带方析乐浪地，谯析沛郡地，乐陵析平原地，章武析渤海、河间地，南乡析南阳地，襄阳析南郡地。考新平郡，献帝初平元年置，其时曹公尚未得政；带方郡则公孙度所置，与魏无涉。又献帝初平四年分汉阳置永阳郡，兴平二年置西海郡，建安三年置城阳郡，《志》皆失之。又按：本《志》西平、新平二郡下俱云

汉置，魏武定霸，犹奉汉号，谓汉置可，谓魏置亦可也；乐平、阴平、章武三郡下俱云晋置，则与此文相戾矣。《晋书地理志新补正》曰：案《魏志》曰：曹公分关中置汉兴郡。裴注称《献帝起居注》曰：初平四年十二月，分汉阳上郡为永阳。《魏志》：建安十九年，省安东、永阳郡。《魏氏春秋》曰：初平三年分琅邪、东海为城阳、新（编者校："新"疑误，应是"利"。）城。昌虑郡，建安十一年省昌虑并东海。谯周《巴记》曰：初平六年，分巴郡安汉以下为永宁郡。建安六年，改永宁为巴东。《袁崧书》建安二十年，复置汉宁郡。建安二十一年，复汉宁为汉中，分汉中之安阳、西城为西城郡，分锡、上庸为上庸郡，置都尉。《郡国志》云：献帝分张掖郡置西郡。又张掖居延属国，献帝末立为西海郡。今考此《志》西海郡下，献帝兴平二年，武威太守张雅请置，盖兴平中请立，至建安末始立耳。又《元和志》后汉末以房陵县为房陵郡。《汉官仪》荆州八郡有章陵郡，今考《魏志》，太祖征荆州，以赵俨领章陵太守，章陵当亦建安中置。《三国志·何夔传》为长广太守，今考长广盖亦建安中置。又曰：按此《志》荆州下又云，魏武分枝江以西立临江郡。《斠注》案：本《志》于桓、灵增置以后不言献帝而言魏武定霸，是初平、建安中所置诸郡皆可属之魏武也。又《斠注》案：《续汉志》注引《献帝起居注》：中平六年，省扶风都尉置汉安郡。事在曹公得政之前，惟本《志》于献帝时置省各郡均属之魏武。钱、毕诸家亦未举及汉安，故并注于此。劳格《校勘记》曰：《国志·明纪》：青龙三年正月己亥，复置朔方郡。是魏后复置朔方郡矣。景初二年六月，省渔阳县之狐奴县，复置安乐县。安乐，《志》属燕国。《刘靖碑》云：东尽渔阳潞县。《水经注》引。案：潞县属燕国。魏收《地形志》：渔阳郡于雍奴、潞二县则云：晋属燕国，后属。于无终、土垠、徐无三县则云：晋属右北平，后属。《张华传》：父平，魏渔阳郡守。后又《清惠亭侯京传》：以渔阳郡益其国。是魏后复置渔阳郡，至晋始并入燕国也。又考《地形志》云：渔阳，今罢，后复。《石勒载记》：赵国二十四郡，其一为渔阳。则渔阳不久复立为郡也。《宋书·武帝纪》：远祖某，魏定襄太守。是魏又置定襄郡矣。《志》于并州、幽州篇皆失补载，未免漏略。又《斠注》案：扬州篇云：庐江郡，汉置，不云魏省，《宋志》《通典》皆同。考《国志·武纪》亦不云省庐江郡。又考汉末为庐江太守者，建安四年有太守刘勋，五年有太守李术，十九年有太守朱光。又刘靖于黄初中为庐江太守，疑魏武未尝省庐江郡也。《志》云魏省，恐误。

【集释】《马注》：与龙曰：庐江郡，魏、吴分据，魏庐江郡治阳泉，见《通鉴》胡注。庐江太守文钦营住六安，在建安中。又雁门郡，汉末废，魏移郡南度句注，见《寰宇记》。江夏郡，魏徙治安陆，见《元和志》。广陵郡，徙治淮阴，见《通鉴》胡注。按雁门、江夏、广陵诸郡皆徙治，与庐江同，《志》云庐江省，非也。又北地郡，汉末失土，见《宋书·傅弘之传》。西河郡，魏侨置张掖属国，魏省，《志》未载。

而文帝置七，朝歌、

【斠注】《廿二史考异》十九曰：朝歌本河内地。晋改为汲郡。

【集释】毕沅《新补正》：沅案朝歌，晋武帝改为汲郡，非晋始立。此《志》汲郡下言泰始二年置，微误。

《马注》：王先谦曰：河内郡朝歌，魏置郡，旋省为县。

阳平、

【斠注】《廿二史考异》十九曰：阳平本东郡地，建安中割以益魏郡，及文帝受禅，乃复析之。《魏志》称文帝分魏郡东部为阳平郡，西部为广平郡，此不数广平者，漏也。

【集释】毕沅《新补正》：沅案《魏志》：黄初二年，以魏郡东部为阳平郡，西部为广平郡。据此则广平亦文帝所复，此《志》不言者，或以前汉本有广平国非始于文帝故耳。

弋阳、

【斠注】《廿二史考异》十九曰：弋阳析江夏、汝南地。魏兴、新城皆析汉中地，义阳析南阳地，即汉末之章陵郡。安丰故庐江地。考《魏志》，田豫为弋阳太守，在太祖时，则建安之末已有弋阳郡；而刘靖黄初中为庐江太守，则亦尝置庐江郡矣。

【集释】《马注》：洪亮吉曰：《州郡志》：弋阳太守，魏文帝分汝南立。考《魏志·田豫传》，豫迁弋阳太守在魏武时，疑郡非魏文始置也。

魏兴、

【斠注】《晋书地理志新补正》曰：案《水经注》魏文帝改西城郡为魏兴郡，治故西城县之故城。

【集释】毕沅《新补正》：《舆地志》：魏置魏兴郡，领洵阳等六县。

《马注》：与龙曰：西城郡魏武置，说见前。

新城、

【斠注】《晋书地理志新补正》曰：案《水经注》魏文帝又合房陵、上庸、西城立以为西（编者校：《二十五史补编》本毕沅《新补正》"西"字为"新"字。）城郡。

义阳、

【中华校】义阳 据下"武帝增置"之文及"义阳郡"下之文，义阳郡又置于晋武帝太康时。

【斠注】《廿二史考异》十九曰：义阳，《宋志》魏文帝立，后省，晋武帝又立，故此《志》荆州下又云：晋武帝平吴，分南阳立义阳郡。《通典》魏分南阳郡立义阳郡，晋、宋并因之，似微误。

安丰。

【斠注】《斠注》案：钱氏《考异》考此三郡均不及毕氏之确。

【集释】《马注》：与龙曰：魏文分庐江置，见《州郡志》。又魏文帝时有汝阴郡，见《元和志》。又分城阳置平昌郡。《志》皆未载。

明及少帝增二，明，上庸也；

【斠注】《通典》曰：至明帝增六郡，平公孙度得辽西、辽东、带方、玄菟、乐浪，又置上庸一郡。

【集释】《马注》：王先谦曰：上庸县，建安二十年置都尉，见《魏志·武纪》。二十四年，上庸太守申耽降蜀，越明年耽复降魏，见《蜀志·刘封传》。

魏文省上庸并新城，见《华阳国志》。太和三年分新城立上庸郡，四年省，景初元年分魏兴郡立上庸郡，见《明纪》。嘉平中又省，甘露四年，分新城郡复置上庸郡，见《少帝纪》。吴增仅曰：上庸再废当在嘉平时。与龙曰：《志》以上庸为明帝增，殊未审也。

少，平阳也。

【斠注】《通典》曰：少帝置平阳一郡。《廿二史考异》十五曰：《徐邈传》文帝践祚，历谯相、平阳、安平太守。按《晋志》平阳郡，魏少帝置。据此传则文帝时已有此郡。又十九曰：按蜀置西城、房陵、上庸三郡，魏文并为新城郡，以降将孟达为太守；明帝诛达，复〔分〕（编者校：此处漏"分"字。）其地为上庸郡、锡郡；锡郡旋废，故《志》不及也。平阳析河东置。又本《志》称魏置尚有广平、城阳、汝阴，魏置，后废。昌黎即汉之辽东属国。四郡。《斠注》案：《水经·沔水注》云：新城郡，故汉中之房陵县，汉末以为房陵郡，魏文帝合房陵、上庸、西城立以为西（编者校：《二十五史补编》本毕沅《新补正》"西"为"新"。）城郡。据此则文帝时已有上庸郡，非明帝增置也。《华阳国志》云：汉末为上庸郡，黄初中省上庸并新城，孟达诛，后复为郡。是省而复置，亦在文帝时。

得汉郡者五十四焉。

【斠注】《廿二史考异》十九曰：按《续汉志》所载郡国百有五，蜀得其十一，吴得其十八，其余七十有六，魏武省其七，则魏所得汉郡当为六十九矣。汉司隶部之河南、河内、河东、恒农、京兆、冯翊、扶风，豫州之颍川、汝南、梁国、沛国、陈国、鲁国，冀州之魏郡、钜鹿、常山、中山、安平、河间、清河、赵国、勃海，兖州之陈留、东郡、东平、任城、泰山、济北、山阳、济阴，徐州之东海、琅邪、彭城、下邳、广陵，青州之济南、平原、乐安、北海、东莱、齐国，荆州之南阳，扬州之九江，并州之上党、太原、西河、雁门，凉州之陇西、汉阳、即天水。武都、金城、安定、北地、武威、张掖、酒泉、敦煌、张掖、居延二属国，幽州之涿郡、广阳、代郡、上谷、右北平、辽西、辽东、玄菟、乐浪、昌黎、即辽东属国。皆魏武所有，不止五十四也。

【集释】《马注》：毕沅曰：《通典》，魏有郡国六十八。王先谦曰：魏得汉旧郡国六十六、属国一。

蜀先主于汉建安之间初置郡九，巴东、巴西、

【斠注】《廿二史考异》十九曰：按巴东、巴西皆析巴郡置，此二郡置于刘璋时。

【集释】毕沅《新补正》：沅案沈约称谯周《巴记》曰：建安六年，刘璋分巴，以永宁为巴东郡，以垫江为巴西郡。《魏志》：建安二十年，于是分巴郡，以胡为巴东太守，濩为巴西太守，则巴东、西之分已久，非先主初置也。《蜀志》：章武元年，改巴西郡为巴郡。

梓潼、

【斠注】《廿二史考异》十九曰：梓潼析广汉地。

【集释】《马注》：与龙曰：说见《郡国志》注。

江阳、

【斠注】《廿二史考异》十九曰：江阳本犍为枝江都尉，此郡置于刘璋时。《晋地理志新补正》曰：案《水经注》：建安十八年，刘璋立江阳郡。今此《志》益州下以为先主章武元年始分犍为置，误。案《华阳国志》三亦云：江阳郡，建安十八年置。

汶山、

【斠注】《廿二史考异》十九曰：汶山郡汉武所立，后废，灵帝复立。

【集释】《马注》：毕沅曰：汶山郡，灵帝时复置，非始于蜀。王先谦曰：蜀郡绵虒道，蜀置汶山郡治此，见《水经注》。按《西南夷传》：冉駹夷者，武帝所开，以为汶山郡。宣帝省并蜀郡以为北部都尉，灵帝复分蜀郡北部为汶山郡。《蜀志·陈震传》：随先主入蜀，蜀既定，为蜀郡北部都尉，因易郡名，为汶山太守。盖灵帝置郡后复为都尉，而蜀复置也。谢钟英曰：《华阳国志》言汶江道孝安，延光三年复立之以为郡。按《郡国志》以顺朝为断，无汶山郡，常说非也。

汉嘉、

【斠注】《廿二史考异》十九曰：汉嘉即蜀郡属国，亦灵帝所立，非始于先主也。

朱提、

【斠注】《廿二史考异》十九曰：朱提即犍为属国，亦称犍为南（都）[部]。（编者校：南部的"部"字原错为"都"字，现根据《汉书·地理志》改。）见《华阳国志》。

【集释】何超《音义》：朱提，上音殊，下上支反。

宕渠、

【斠注】《通典》宕渠作云南，余八郡同。

【集释】《马注》：与龙曰：《志》梁州篇云：蜀立宕渠郡，寻省。

【编者按】《宋本晋书》"宕渠"为"石渠"。疑误。

涪陵。

【斠注】《廿二史考异》十九曰：涪陵初称巴东属国，与宕渠皆析巴郡地。《晋地理志新补正》曰：涪陵郡刘璋所置。本《志》益州序云建安六年立涪陵郡，与此亦异。

【集释】何超《音义》：涪陵，音浮。

毕沅《新补正》：沅案《水经注》以魏武分巴邱为涪陵郡，恐误。

后主增二，云南、兴古。

【斠注】《廿二史考异》十九曰：按云南郡分建宁、永昌置，兴古郡分建宁、牂柯置，皆在建兴三年。建宁，汉之益州郡也。《志》云刘禅改广汉属国为阴平郡，见益州篇。此以阴平为魏武所置，故不数。又《华阳国志》称刘氏延熙中分置东广汉咸熙初省。及南广郡，《志》皆不及。

【集释】毕沅《新补正》：沅案《水经注》，建兴三年，分益州置建宁郡，故此《志》建宁郡下亦云蜀置也。

《马注》：毕沅曰：后主又改益州郡为建宁郡，分广汉立东广汉郡，蜀平后省，见下益州篇。王先谦曰：犍为郡，蜀延熙中分置南广郡，见《江水注》。牂柯郡，蜀分置梁水郡，见《叶榆水注》及《华阳国志》。与龙曰：《州郡志》云：南广，晋初省，武帝复立。梁水，晋初省，成帝复立。此《志》并未载。

得汉郡者十有一焉。

【斠注】《廿二史考异》十九曰：谓巴、蜀、汉中、广汉、犍为、牂柯、越嶲、益州、永昌及蜀郡、犍为二属国也。

【集释】《马注》：王先谦曰：蜀得汉旧郡十一。与龙曰：灵帝改置汉嘉郡在内也。

吴主大皇帝初置郡五，临贺、

【斠注】《廿二史考异》十九曰：临贺析苍梧地。

【集释】《马注》：与龙曰：说见《州郡志》。

武昌、

【斠注】《廿二史考异》十九曰：武昌析江夏地。

【集释】《马注》：王先谦曰：江夏郡鄂县，吴改名武昌，置郡后省，徙江夏郡治此，见《元和志》。与龙曰：晋复改为武昌。

珠崖、

【斠注】《廿二史考异》十九曰：汉武置珠崖、儋耳二郡，元帝时罢，孙氏置郡，亦不见于陈寿《志》。惟《陆凯传》云："赤乌中除儋耳太守"，意者合珠崖、儋耳为一郡乎？孙权尝改合浦为珠官郡，孙亮时复旧名，此珠官非珠崖也。

【集释】《马注》：与龙曰：说见《吴志》，晋省。

新安、

【斠注】《廿二史考异》十九曰：新安析丹阳地。本名新都，晋初改曰新安。

【集释】《马注》：毕沅曰：《志》扬州篇云：权分丹阳立新都郡，晋改新都为新安。与龙曰：《郡国志》丹阳郡注：建安十三年，孙权分新都郡。此《志》新安当作新都。

庐陵南部。

【斠注】《廿二史考异》十九曰：庐陵、鄱阳、高凉三郡亦孙氏所置，《志》误以为桓、灵时置，故不及。权又尝置西陵郡，以甘宁为太守；置彭泽郡，以吕范为太守；置东安郡，以全琮为太守，皆不久而省。《晋书地理志新补正》曰：案《魏氏春秋》：建安二十四年吴分巫、秭归为固陵郡。

【集释】毕沅《新补正》：沅案：庐陵，孙策时置，不得云权，《志》误。

《马注》：与龙曰：庐陵南部，说见《州郡志》。又兴平元年，孙策分豫章为庐陵郡，见《吴志·孙策传》。鄱阳县，吴孙权置郡，见《州郡志》。建安二十三年，吴分合浦立高凉郡，又立高兴郡。又吴分江夏置蕲春郡，并见《州郡志》。又庐江郡，吴徙治皖；广陵郡，魏、吴分据，吴徙广陵郡，治京城，并见《吴志》。按此《志》误以广陵、鄱阳为灵帝置，高凉为桓帝置，说见前。高兴、蕲春立郡，庐江、广陵徙治并缺未载。

【编者按】《宋本晋书》"庐陵南部"为"庐陵南命"，"命"字疑误。

少帝、景帝各四，少，临川、

【斠注】《廿二史考异》十九曰：临川即豫章东部。

【集释】《马注》：与龙曰：见《州郡志》。

临海、

【斠注】《廿二史考异》十九曰：临海即会稽东部。

【集释】《马注》：与龙曰：见《吴志·孙亮传》。

衡阳、

【斠注】《廿二史考异》十九曰：衡阳即长沙西部。

湘东。

【斠注】《廿二史考异》十九曰：湘东即长沙东部。

【集释】《马注》：与龙曰：并见《水经·湘水注》。

景，天门、

【斠注】《廿二史考异》十九曰：天门析武陵地。

建安、

【斠注】《廿二史考异》十九曰：建安即会稽南部。

建平、

【斠注】《廿二史考异》十九曰：建平析宜都地。

合浦北部。

【斠注】《廿二史考异》十九曰：《吴录》，孙休永安三年，分合浦立北部尉，领平山、兴道、宁浦三县；《晋志》，宁浦郡，吴置，即此合浦北部也。《广州记》：建安廿三年，吴分郁林立宁浦郡，治平山县，与《吴录》异。

【集释】《马注》：与龙曰：并见《州郡志》。

归命侯亦置十有二郡，始安、

【斠注】《廿二史考异》十九曰：始安即零陵南部。

始兴、

【斠注】《廿二史考异》十九曰：始兴即桂阳南部。

【集释】《马注》：与龙曰：并见《州郡志》。

邵陵、

【斠注】《廿二史考异》十九曰：邵陵即零陵北部。

【集释】《马注》：与龙曰：见《水经·资水注》。案吴为昭陵，晋避讳乃改邵。

安成、

【斠注】《廿二史考异》十九曰：安成析长沙、豫章、庐陵地。

【集释】《马注》：与龙曰：见《州郡志》。

新昌、

【斠注】《廿二史考异》十九曰：新昌析交阯地。

武平、

【斠注】《廿二史考异》十九曰：武平则扶严地也。

【集释】《马注》：与龙曰：并见《吴志·孙皓传》。

九德、

【斠注】《廿二史考异》十九曰：九德析九真地。

【集释】《马注》：与龙曰：见《州郡志》。

吴兴、

【斠注】《廿二史考异》十九曰：吴兴析吴、丹阳地。

东阳、

【斠注】《廿二史考异》十九曰：东

阳析会稽地。

桂林、

【斠注】《廿二史考异》十九曰：桂林析郁林地。

【集释】《马注》：与龙曰：并见《吴志·孙皓传》。

荥阳、

【集释】毕沅《新补正》：沅案：荥阳应作营阳。《郡县志》，吴分零陵置，以郡在营水之南故名。

《马注》：与龙曰：《志》无营阳郡，疑晋初省，说见荆州篇。

宜都。

【斠注】《廿二史考异》十九曰：宜都郡本刘备分南郡置，张飞、孟达、樊友相继为太守，建安廿四年入吴，在孙权时，非皓所置也。荥阳非吴地，毕中丞沅以为营阳之讹，良然，然《志》云穆帝分零陵立营阳郡，《宋志》亦云江左分零陵立，则非皓所置矣。《晋地理志新补正》曰：案蜀分南郡立宜都郡，刘备没后，宜都复属吴，非皓所置也。《志》误。张勃《吴录》亦云刘备立。

【集释】《马注》：与龙曰：魏武平荆州，分枝江以西为临江郡，刘备改为宜都，见《吴志》注引习凿齿说。建安二十四年，陆逊别取宜都郡，遂入吴，见《吴志·孙权传》。此《志》言归命侯置，误。

得汉郡者十有八焉。

【斠注】《廿二史考异》十九曰：谓南郡、江夏、零陵、桂阳、武陵、长沙、丹阳、会稽、吴、豫章、南海、苍梧、郁林、合浦、交阯、九真、日南，实十七郡，而云十八，未详。

【集释】《马注》：先谦曰：吴得汉旧郡十九。

晋武帝太康元年，既平孙氏，凡增置郡国二十有三，荥阳、

【斠注】《廿二史考异》十九曰：荥阳析河南地，即汉末之荥阳都尉也。

【集释】毕沅《新补正》：沅案《通典》：增郡国二十有二。

《马注》：与龙曰：魏正始中置荥阳郡，后省，见《魏志》《水经注》。

王东洋《〈晋辟雍碑·碑阴〉所反映的几个问题》：据《晋辟雍碑·碑阴》，有"礼生荥阳张斌长叙"题名，认为荥阳在"咸宁四年（278年）即存在"，"非太康元年增置"。

上洛、

【斠注】《廿二史考异》十九曰：上洛析京兆地。

顿丘、

【斠注】《廿二史考异》十九曰：顿（邱）〔丘〕析东郡地。

【集释】王东洋《〈晋辟雍碑·碑阴〉所反映的几个问题》：据《晋辟雍碑·碑阴》，有"礼生顿丘吴宵道明"题名，认为顿丘在"咸宁四年（278年）即存在"，"非太康元年增置"。

临淮、

【斠注】《廿二史考异》十九曰：临淮析下邳地。

【集释】《马注》：与龙曰：《志》临淮郡下云，太康元年复立。

东莞、

【斠注】《廿二史考异》十九曰：东莞析琅邪地。

【集释】何超《音义》：东莞，音官。

《马注》：王先谦曰：东莞，汉末置郡，见《魏志》，后废。

王东洋《〈晋辟雍碑·碑阴〉所反映的几个问题》：据《晋辟雍碑·碑阴》，有"弟子东莞王义叔康孔机"题名，认为东莞在"咸宁四年（278年）即存在"，"非太康元年增置"。

襄城、

【斠注】《廿二史考异》十九曰：襄城析颍川地

【集释】《马注》：王先谦曰：襄城，魏置郡，见《世语》，后省。

汝阴、

【斠注】《廿二史考异》十九曰：汝阴析汝南地。

【集释】《马注》：王先谦曰：汝阴，魏文置郡，见《魏志》及《元和志》，后省。

王东洋《〈晋辟雍碑·碑阴〉所反映的几个问题》：据《晋辟雍碑·碑阴》，有"弟子汝阴龙运孔机"题名，认为汝阴在"咸宁四年（278年）即存在"，"并非太康元年增置"。

长广、

【斠注】《廿二史考异》十九曰：长广析东莱地。

【集释】《马注》：王先谦曰：长广，汉置郡，见《魏志》，后省。

广宁、

【斠注】《廿二史考异》十九曰：广宁析上谷地。

昌黎、

【斠注】《廿二史考异》十九曰：昌黎即辽东属国。

新野、

【斠注】《廿二史考异》十九曰：新野析南阳地。

【集释】《马注》：与龙曰：武帝时已有新野郡之名，说见荆州篇。

随郡、

【斠注】《廿二史考异》十九曰：随析南阳地。

【集释】毕沅《新补正》：沅案惠帝分义阳立随郡，分南阳立新野郡，非武帝时，《志》误。

《马注》：与龙曰：毕说见荆州篇。按《州郡志》随阳太守下云：晋武帝太康〔九〕（编者校：据《晋书·随穆王整传》及《元和郡县志》，此处脱"九"字。）年分义阳为随国。《水经·溳水注》：随县，晋太康中立为郡，是随郡非惠帝立，《志》荆州篇误，当从此《志》为是。

阴平、

【集释】《马注》：毕沅曰：阴平已见前。与龙曰：前云魏武置是也，此误。

义阳、

【斠注】《廿二史考异》十九曰：义阳析南阳地。

【集释】《马注》：毕沅曰：义阳已见前。与龙曰：前云魏文立。按《州郡志》：义阳太守，魏文帝立，后省，晋武帝又立。

王东洋《〈晋辟雍碑·碑阴〉所反映的几个问题》：据《晋辟雍碑·碑阴》，有"礼生义阳韩俭彦恭"题名，认为义阳在"咸宁四年（278年）即存在"，"非太康元年增置"。

毗陵、

【斠注】《廿二史考异》十九曰：毗

陵析吴郡地。

宣城、

【斠注】《廿二史考异》十九曰：宣城析丹阳地。

南康、

【斠注】《廿二史考异》十九曰：南康即庐陵南部。

晋安、

【斠注】《廿二史考异》十九曰：晋安析建安地。

宁浦、

【斠注】《廿二史考异》十九曰：宁浦即合浦北部。

【集释】《马注》：与龙曰：《志》广州宁浦郡下云吴置，彼误。

始平、

【斠注】《廿二史考异》十九曰：始平析京兆、扶风地。

略阳、

【斠注】《廿二史考异》十九曰：略阳即广魏改名。

【集释】《马注》：与龙曰：广魏置郡当在魏受禅后，《志》前云魏武置已误，此云晋武置又误，惟秦州略阳郡下说尚不误。

乐平、

【集释】《马注》：与龙曰：乐平，魏武置，已见上。

王东洋《〈晋辟雍碑·碑阴〉所反映的几个问题》：据《晋辟雍碑·碑阴》，有"主事乐平段干谚伯"题名，认为乐平在"咸宁四年（278年）即存在"，"非太康元年增置"。

南平。

【斠注】《廿二史考异》十九曰：南平则因吴南郡改名也。义阳、乐平皆魏置，而入增置之列；阴平亦以为魏武置，而又重出，前后不检照如此。又检本《志》，晋初分广汉立新都郡，分河间立高阳国，分勃海立章武国，此处（均）[皆]未[之]及，高阳、章武已入汉魏所置之列，新都一郡不宜遗漏也。《晋地理志新补正》曰：案临淮复汉旧郡，故此《志》于郡下注云汉置。东莞，《水经注》又云魏黄初中立。汝阴，《通典》魏置，司马宣王使邓艾屯田于此，后废，晋武帝泰始二年复置。长广，《魏志·何夔传》迁长广太守。下云郡初立。《晋太康地志》挺县属长广郡。今考《宋志》云晋长广郡立于咸宁三年，而《太康地志》已（云）[志]（编者校：《二十五史补编》本《晋书地理志新补正》"云"为"志"。）挺县属长广，则知咸宁前本有长广郡可知意（编者校："意"疑为"矣"。）。汉末因黄巾起青、徐间，郡县寥廓难制，故又分东莱、北海为长广，后郡旋废，至咸宁三年复置。昌黎，此《志》下又云魏置，《水经注》又云魏广宁郡。新野、随郡，惠帝分益阳立随郡，分南阳立新野郡，非武帝时，《志》误。略阳，本魏所置广魏，泰始中改名，非增置，《志》误。南平，即吴所立南郡改名，不得云增置，《志》误。又考武帝所置有荥阳、上洛、顿邱、临淮、东莞、襄城、汝阴、长广、广宁、毗陵、宣城、南康、晋安、宁浦、始平、乐平外，又有兖州之濮阳、高平，冀州之章武、高阳，梁州之新都，凡二十一郡。若略阳、南平系改旧名非增置，《通典》言晋平吴后增置郡国二十有二，或于略阳、南平二郡内分（析）［晰］（编者校：二十五史补编本《晋书地理志新补正》"析"为"晰"。）未清耳。又《水经注》谓汉立乐平郡治沾，恐误。

【集释】《马注》：与龙曰：毕说见《志》南平郡下，本出《水经注》。《志》荆州篇云武帝分南郡为南平，说与此同，本出沈约《宋志》。按《宋志》南郡太守下云：晋武帝太康元年改曰新郡，寻复故。南平太守下云：吴南郡，治江南，晋武帝太康元年，分南郡江南为南平郡。盖南郡在三国时魏、吴分据，晋武既改南郡为新郡，复分吴之南郡置南平郡，非备改名也，此《志》从沈约说为不误矣。与龙按：濮阳即东郡所改，高平即山阳郡所改，皆非增置。《志》尚有司州之汲郡、冀州之高阳并皆晋武帝置。今按，除阴平、略阳、乐平三郡皆魏所置，应加入新都、汲、高阳三郡，为晋武增置郡国二十有三。

省司隶置司州，别立梁、秦、宁、平四州，仍吴之广州，

【斠注】《晋地理志新补正》曰：《通典》：太康元年，分合浦之北为广州，治番禺。《斠注》案：毕氏引《通典》以广州为太康元年所分，未确，详下文本州注。

【集释】《马注》：与龙曰：吴孙休永安七年，分交州立广州，治番禺，见《州郡志》，《通典》说不足据。

凡十九州，

【编者按】严耕望《中国地方行政制度史——魏晋南北朝地方行政制度（上）》对西晋都督区有分析，他认为都督区是在州以上更高的行政区，云："《通鉴·晋纪》二，咸宁五年，傅咸上书曰：'旧都督有四，今并监军乃盈于十。'胡三省注云：'魏初置都督诸军，东南以备吴，西以备蜀，北以备胡，随其资望轻重加以征、镇、安、平之号，有四而已。其后增置，有都督邺城守诸军，都督秦雍梁诸军，都督梁益诸军，都督荆州诸军，都督扬州诸军，都督徐州诸军，都督淮北诸军，都督豫州诸军，都督幽州诸军，凡十；其资轻者为监军。'"根据吴廷燮《晋方镇年表》，严耕望认为："司、兖二州不置督，并州及梁益偶置督，交、广二州常以刺史加都督，宁州盖亦然，皆非经制；其经常置督者凡八：（1）豫州都督，都督豫州诸军事，镇许昌。（2）邺城督，督邺城守诸军事，镇邺城；末叶始有都督冀州之号，仍镇邺。（3）幽州都督，都督幽州诸军事，兼督平州，镇蓟。（4）关中都督，都督关中（或曰关西，或曰雍凉）诸军事，统雍凉秦三州，镇长安。（5）沔北都督，都督沔北诸军事，镇宛城。（6）荆州都督，都督荆州诸军事，镇襄阳。（7）青徐都督，都督青徐诸军事，镇下邳。（8）扬州都督，都督扬州诸军事，镇寿春。惠帝分荆扬置江州，常属扬州都督区；怀帝分荆广置湘州，常属荆州都督区。则州分为二十一，而督区未增置也。"因为都督区没有在本志中出现，疑是脱漏或在本志标准断限时已废除，姑附录在此，供阅读时参考。

司、冀、兖、豫、荆、徐、扬、青、幽、平、并、雍、凉、秦、梁、益、宁、交、广州。郡国一

百七十三，

【集释】孙人龙《晋书考证》："按：注总数虽相符合，而细计之止得一百七十一，未见汉景所置北海郡。又按《宋书》，则此书济南所领之县皆彼北海所领，而彼济南所领者皆此书之所无，再检《文献通考》却与此书同，当是此书有脱误耳。"

毕沅《新补正》：沅案《通典》凡州百五十有六，县千一百有九。

《马注》：与龙曰：《志》郡国只一百七十二，今补录青州之北海郡为一百七十三，乃符此数。

仍吴所置二十五，

【集释】《马注》：毕沅曰：除皓所置十二郡内荥阳郡正二十五。与龙曰：毕说非也。《志》云：吴大帝置郡五，少、景各四，归命侯置十二，合之适二十五耳。然珠崖、营阳晋并省，宜都即魏所置临江郡，鄱阳、广陵《志》误为灵帝置，高凉《志》误为桓帝置，高兴《志》未载。今考吴大帝所置七：临贺、武昌、新都、晋曰新安。庐陵南部、晋曰南康。鄱阳、高凉、高兴。少帝所置四：临川、临海、衡阳、湘东。景帝所置四：天门、建安、建平、合浦北部。晋曰宁浦。归命侯所置十：始安、始兴、昭陵、晋曰邵陵。安成、新昌、武平、九德、吴兴、东阳、桂林。又孙策置庐陵。合为晋仍吴所置二十六。

仍蜀新置十一，

【集释】《马注》：钱大昕曰：汉末增置者六，蜀置七。毕沅曰：建宁郡亦蜀所置，宜云十二。与龙曰：蜀改益州郡为建宁，非新置也，《志》前以刘璋分立之郡并入先主所置为郡九，又后主置二，合十一郡耳，然汉嘉郡为汉灵帝置，宕渠郡晋省外，有南广、梁水二郡晋初并省。今考蜀所置巴东、巴西、梓潼、江阳、汶山、朱提、涪陵、云南、兴古合为晋仍蜀所置九。

仍魏所置二十一，

【集释】毕沅《新补正》：沅案今考《地理志》，仍魏所置有新兴、广魏、晋泰始中改名略阳。带方、公孙度置后属魏。谯、乐陵、南乡、晋改为顺阳。襄阳、朝歌、晋改为汲郡。阳平、弋阳、魏兴、新城、义阳、安丰、上庸、平阳外，又有广平郡，亦文帝时所复，凡十七郡。余如西平、新平则汉所置，乐平、章武则晋泰始中始立，阴平又属蜀置，俱不得云魏，此《志》言仍魏二十一，殊误。

《马注》：钱大昕曰：魏置者十五。毕沅曰：晋仍魏所置十七郡，《志》云二十一，误。与龙曰：毕说亦未晰，《志》以汉献帝时所置郡悉属之魏武，然晋改魏文所置广魏为略阳，《志》误为魏武置。弋阳、城阳、西郡、西海皆汉末魏武置，《志》误以弋阳为魏文置，余并未载。魏武置西城郡，魏文改为魏兴。魏武置临江郡，蜀改为宜都，《志》误以属吴归命侯。上庸，汉末置，后屡省置，《志》误以属魏明。魏文置广平、安丰二郡，《志》并未载。今考魏武所置十八：新兴、乐平、西平、新平、阴平、带方、谯、乐陵、章武、南乡、晋曰顺阳。襄阳、城阳、弋阳、西城、魏文改曰魏兴。西郡、西海、临江、刘备改曰宜都。上庸。魏文所置五：阳平、新城、广平、广魏、晋曰略阳。安丰。少帝所置一：平阳。合为晋仍魏所置二十四。

仍汉旧九十三，

【集释】《马注》：与龙曰：今考晋仍吴置二十六，仍蜀置九，仍魏置二十四，其仍汉旧实九十一。

置二十三。

【斠注】《廿二史考异》十九曰：今据《续汉志》与本《志》参互考之：后汉郡国一百五，并省者八，陈、渔阳、上郡、五原、云中、定襄、朔方、张掖属国也；改旧名者十二，濮阳、即东郡。高平、即山阳。淮南、即九江。天水、即汉阳。范阳、即涿，魏改。燕、即广阳。建宁、即益州，蜀改。阴平、即广汉属国，蜀改。汉嘉、即蜀郡属国，汉末改。朱提、即犍为属国，蜀改。西海、即居延属国，汉末改。昌黎、即辽东属国，魏改也。汉末增置者六，博陵、新平、西平、西郡、南安、汶山也。魏置者十五，平阳、广平、阳平、谯、弋阳、安丰、乐陵、带方、本公孙度置。新兴、襄阳、新城、魏兴、上庸、广魏、南乡也。蜀置七，巴东、巴西、江阳、皆刘璋置。梓潼、涪陵、云南、兴古也。吴置二十六，庐陵、鄱阳、宜都、本刘备置。天门、建平、衡阳、湘东、邵陵、武昌、安成、吴兴、东阳、新都、临海、建安、临川、新昌、武平、九德、临贺、始安、始兴、桂林、高凉、高兴、宁浦也。新置二十二，荥阳、上洛、汲、顿丘、襄城、汝阴、章武、高阳、广宁、乐平、始平、新都、城阳、长广、东莞、临淮、义阳、南平、宣城、毗陵、晋南、南康也；义阳、东莞、章武、汝阴、城阳、长广诸郡，魏时皆有之，《志》以为晋置，恐未尽然。或中废而复立耳。又改广魏曰略阳，南乡曰顺阳，吴之新都曰新安；其仍汉旧名者，八十五郡耳。又按本《志》，司州统郡国十二，兖州八，豫州十，冀州十三，幽州七，平州五，并州六，雍州七，凉州八，秦州六，梁州八，益州八，（扬）［宁］（编者校：《斠注》误"宁"为"扬"，今据上海古籍出版社点校本《廿二史考异》改正。）州四，青州六，徐州七，荆州二十二，扬州十八，交州七，广州十，合计之，止一百七十二，盖青州脱北海一郡。《晋地理志新补正》作仍蜀十二郡，较本《志》多建郁一郡；仍魏十七郡，多朝歌、义阳二郡。又考《地理志》仍汉旧郡自河南至郁林共九十，立此言九十三，误。内济阳本汉济阴改，范阳本汉涿郡改。又巴郡、巴西郡虽属汉置，今亦归蜀先主所立郡内。

以为冠带之国，尽有殷周之土。若乃敦庞于天地之始，昭晰于牺农之世，用长黎元，未争疆场。而玉环楛矢，夷裘风驾，南翚表贶，东风入律，光乎上德，奚远弗臻。然则星象丽天，山河纪地，端掖裁其弘敞，崤函判其都邑，仰观俯察，万物攸归。是以洛汭咸阳，宛然秦汉，晋滨河西，同知尧禹，于兹新邑，宅是镐京，五尺童子皆能口诵者，史官弗之书也。

【编者按】百衲本《晋书》此处不分段。

昔庖牺氏生于成纪，而为天

子，都于陈。神农氏都陈，而别营于曲阜。黄帝生于寿丘，而都于涿鹿。少昊始自穷桑，而迁都曲阜。

【编者按】《宋本晋书》"曲阜"为"阜"，无"曲"字。

颛顼始自穷桑，而徙邑商丘。高辛即号，建都于亳。孙卿子曰："不登高山，不知天之高；不临深溪，不知地之厚也。"大哉坤象，万物资生，载昆华而不坠，倾河海而宁泄。考卜惟王，乘飞驻轸，睨

【集释】何超《音义》：睨，五计反。
崦

【集释】何超《音义》：崦，音淹，又音掩。

山而镌勒，览曾城以为玩。时逢稽浸，道接陵夷，平王东迁，星离豆剖，当涂驭宇，瓜分鼎立。世祖武皇帝接千祀之余，当八尧之禅，

【斠注】《诸史拾遗》曰：谈泰云"八尧"二字后人多疑其误。案：梁简文帝文云：智高九舜，名出十尧。梁元帝檄文云：十尧九舜，曷足云也？沈约《为始兴王让仪同表》云：陛下道苞九舜，名过十尧。徐坚《初学记》引桓范《要论》云：责公者易虽一贤少谬，执难者众虽十尧犹乱。又引《韩子》云：尧舜生而在上位，虽有十桀而不能乱者，则势安也；桀纣生而在上位，虽有十尧舜而不能化之，则势乱也。《韩非子》亦云：非天时，虽十舜不能冬生一穗；逆人心，虽贲育不能尽人力。《旧唐书·张廷珪传》：十尧九舜未足称也。白居易策云：十轩九舜，千尧万禹，抑持扬摧，俱何足称。皮日休诗：翼卫两舜趋，钩陈十尧骤。古人属文于尧舜上加一数目不过极言其多，词章家任意增减，或云十尧或云千尧皆非有实，《晋志》出唐人之笔，所云八尧亦犹是也。又尧本作垚，世古作㐀，字形相似，八尧或是八世之讹。大昕谓唐、虞、夏、商、周、秦、汉、魏恰是八代，则后说为长。

先王桑梓，馨宇来归，斯固可得而言者矣。惠皇不虞，中州尽弃，永嘉南度，纶行建邺，九分天下而有二焉。

昔大禹观于浊河而受绿字，寰瀛之内可得而言也。天有七星，地有七表；天有四维，地有四渎。八紘之外，名为八极。地不足东南，天不足西北。八极之广，东西二亿三万一千三百里，南北二亿三万一千三百里。自地至天，半八极之数，自下亦如之。昔黄帝令竖亥

【集释】何超《音义》：竖亥，殊主反。

步自东极，至丁西极，五亿十万九千八百八步。史臣案：凡周天积百七万九百一十三里，径三十五万六千九百七十里。

【斠注】《廿二史考异》十九曰：此

古法径一周三之率，"七十"下当有"一"字。《天文志》"周天一百七万一千里，径三十五万七千里"，亦是古率，而率数与此小异。

所谓南北为经，东西为纬。天有十二次，日月之所躔；地有十二辰，王侯之所国也。或因生得姓，因功命土，祁、酉、燕、齐，在乎兹域。

昔黄帝旁行天下，方制万里，得百里之国万区，则《周易》所谓"首出庶物，万国咸宁"者也。昔在帝尧，叶和万邦，制八家为邻，三邻为朋，三朋为里，五里为邑，十邑为都，十都为师，州十有二师焉。夏后氏东渐于海，西被于流沙，南浮于江，而朔南暨声教，穷竖亥所步，莫不率俾，会群臣于涂山，执玉帛者万国。于是九州之内，

【集释】孙人龙《晋书考证》："〔按《日知录》：〕按《周礼·职方氏》疏曰：自神农以上有大九州：柱州、迎州、神州之等。至黄帝以来，德不及远，惟于神州之内分为九州。盖天下有九州，古之帝者皆治之。后世德薄，止治神州。神州者，东南一州也。此荒诞之说，固无足采，然中国之大，亦未有穷其涯域者。尹耕《两镇志》引《汉书·地理志》言：黄帝方制万里，画（埜）〔埜〕分州，得百里之国万区，而疑不尽于禹九州之内。且曰：以今观之，涿鹿，东北之极陬也，而黄帝以之建都；釜山，塞上之小山也，而黄帝以之合符。则当时藩国之在其西北者可知也。秦汉以来，匈奴他部，如尔朱、宇文之类，往往祖黄帝，称昌意后，亦一证也。厥后昌意降居，帝挚逊位。至于洪水之灾，天下分绝，而诸侯之不朝者有矣。以《书》考之，禹别九州，而舜又肇十二州，其分为幽、并、营者，皆在冀之东北，必其前闭而后通，前距而后服者也。而此三州以外，则舜不得而有之矣。此后世幅员所以止于禹迹九州之内，而天地之气亦自西北而趋于东南，日荒日闢，而今犹未已也。驺子之言虽不尽然，亦岂可谓其无所自哉。"

作为五服。天子之国，内五百里甸服，百里赋纳总，二百里纳铚，

【集释】何超《音义》：铚，丁乙反。

三百里纳秸

【集释】何超《音义》：秸，公八反。

服，四百里粟，五百里米。甸服外五百里侯服，百里采，二百里任，三百里候。

【集释】孙人龙《晋书考证》："监本侯误候，今改正。"

侯服外五百里绥服，三百里揆文教，二百里奋武卫。绥服外五百里要

【集释】何超《音义》：要，一遥反。

服，三百里夷，二百里蔡。要服外五百里荒服，三百里蛮，二百里流。讫于四海，弼成五服，五服至于五千里。

【集释】《马注》：此言夏制，自五百里甸服以下录《禹贡》文。

夏德中微，遇有穷之乱。少康中

兴，不失旧物。自孔甲之后，以至于桀，诸侯相兼，其能存者三千余国，

【编者按】《宋本晋书》"三千"为"二千"。

方于涂山，十损其七矣。成汤败桀于焦，迁鼎于亳，伊挚、

【集释】何超《音义》：挚，音至。

仲虺

【集释】何超《音义》：虺，火鬼反。

之徒，大明宪典。王者之制爵禄，公侯伯子男凡五等。天子之田方千里，公侯田方百里，伯七十里，子男五十里。不能五十里者，不达于天子，

【编者按】《宋本晋书》"不达于天子"为"不合于天子"。

附于诸侯，曰附庸。凡四海之内九州，州方千里。州建百里之国三十，七十里之国六十，五十里之国百有二十，凡二百一十国。名山大泽不以封，其余以为附庸间

【集释】何超《音义》：间，音闲。

田。八州，州二百一十国。天子之县内，百里之国九，七十里之国二十有一，五十之国六十有三，凡九十三国。名山大泽不以班，其余以禄士，以为间田。凡九州，千七百七十三国。天子之元士，诸侯之附庸，不与。天子百里之内以供官，千里之内以为御，千里之外设方伯。五国以为属，属有长；十国以为连，连有帅；三十国以为卒，卒有正；二百一十国以为州，州有伯。八州，八伯，五十六正，百六十八帅，三百三十六长。八伯各以其属属于天子之老二人，分天下为左右，曰二伯。千里之内曰甸，千里之外曰采，曰流。天子使其大夫为三监，监于方伯之国，国三人。天子之县，内，诸侯禄也；外，诸侯嗣也。

【集释】《马注》：与龙曰：此言殷制，自王者之制以下录《礼记·王制》文。

【编者按】《宋本晋书》此处断开，"武王归丰"另起一行。

武王归丰，监于二代，设爵惟五，分土惟三。封同姓五十余国，周公、康叔建于鲁卫，各数百里。太公封于齐，表东海者也。凡一千八百国，布列于五千里内。而太昊、黄帝之后，唐虞侯伯犹存。

【编者按】《宋本晋书》无"存"字。

大司徒以诸公之地封疆方五百里，其食者半；诸侯之地方四百里，其食者参之

【集释】何超《音义》：参之，音三。

【编者按】《宋本晋书》"参"为"三"。

一；诸伯

【编者按】《宋本晋书》"诸伯"为"诸侯"。疑误。

之地方三百里，其食者参之一。

【编者按】《宋本晋书》"参"为"三"。

诸子之地方二百里，其食者四之一；诸男之地方百里，其食者四之一。不易之地家百亩，一易之地家二百亩，再易之地家三百亩。五家为比，使之相保；五比为闾，使之相受；四闾为族，使之相葬；五族为党，使之相救；五党为州，

【集释】孙人龙《晋书考证》："按《日知录》：州有二名。《舜典》：'肇十有二州'，《禹贡》：'九州'，大名也。《周礼·大司徒》：'五党为州'，州（有）长注：'二千五百家为州。'《左传·僖十五年》：'晋作州兵'，《宣十一年》：'楚子入陈乡，取一人焉以归，谓之夏州'，《昭二十二年》：'晋籍谈、荀跞帅九州之戎'，《哀四年》：'士蔑乃致九州之戎'，《十七年》：'卫侯登城以望见戎州'，《国语》：'谢西之九州何如'，并小名也。陈祥道《礼书》：'二百一十国谓之州，五党亦谓之州；万二千五百家谓之遂，一夫之间，亦谓之遂。王畿谓之县，五鄙亦谓之县。'"

使之相賙；

【集释】何超《音义》：賙，音周。

五州为乡，使之相宾。小司徒以五人为伍，五伍为两，四两为卒，五卒为旅，五旅为师，五师为军。以起军旅，以作田役，以比追胥，以令贡赋。乃经土地而井牧其田野，九夫为井，四井为邑，四邑为丘，四丘为甸，四甸为县，四县为都。遗人则十里有庐，庐有饮食。三十里有宿，宿有路室，路室有委。五十里有市，市有候，候有馆，馆有积。遂人则五家为邻，五邻为里，四里为酂，

【集释】何超《音义》：酂，作管反。聚名，见《周礼》。

五酂为鄙，五鄙为县，五县为遂。大司马以九畿之籍，施邦国之政。方千里曰国畿，其外方五百里曰侯畿，又其外方五百里曰甸畿，又其外方五百里曰男畿，又其外方五百里曰采畿，又其外方五百里曰卫畿，又其外方五百里曰蛮畿，又其外方五百里曰夷畿，又其外方五百里曰镇畿，又其外方五百里曰藩畿。畿，田限也。自王城以外，面五千里为界，有分限

【集释】何超《音义》：分限，符问反。

者九也。于时治致太平，政称刑措，

【集释】《马注》：与龙曰：此言周制，录《周官》文。

民口千三百七十一万四千九百三十三，盖周之盛者也。其衰也，则礼乐征伐出自诸侯，强吞弱而众暴寡。春秋之初，尚有千二百

国，迄获麟之末，二百四十二年，弑君三十六，亡国五十二，诸侯奔走不得保其社稷者不可胜数，

【集释】《马注》：与龙曰：说本《史记·自序》。

而见于《春秋》经传者百有七十国焉。百三十九

【编者按】《宋本晋书》"百三十九"为"百三千九"。疑误。

知其所居，鲁、

【集释】《马注》：与龙曰：《左传·定四年》：命以伯禽，而封于少皞之虚。杜注：少皞虚，曲阜也，在鲁城内。

郑、

【集释】何超《音义》：郑，陟输反。《马注》：与龙曰：《春秋·隐元年》杜注：今鲁国邹县。

郑、

【集释】《马注》：与龙曰：《春秋·隐元年》杜注：郑在荥阳宛陵县西南。

宋、

【集释】《马注》：与龙曰：《春秋·隐元年》杜注：宋，今梁国睢阳县。

纪、

【集释】《马注》：与龙曰：《隐元年》杜注：纪国在东莞剧县。

卫、

【集释】《马注》：与龙曰：《隐元年》杜注：卫国在汲郡朝歌县。

西虢、

【集释】《马注》：与龙曰：《隐元年》杜注：西虢，国也。弘农陕县东南有虢城。

莒、

【集释】《马注》：与龙曰：《春秋·隐二年》杜注：莒国，今城阳莒县。

齐、

【集释】《马注》：与龙曰：说见东莞郡营陵县。

陈、

【集释】《马注》：与龙曰：《春秋·隐三年》杜注：今陈国陈县。

杞、

【集释】《马注》：与龙曰：《春秋·隐四年》杜注：杞国，本都陈留雍丘县。

【编者按】《宋本晋书》"杞"为"杞"。

蔡、

【集释】《马注》：与龙曰：《春秋·隐四年》杜注：今汝南上蔡县。

邢、

【集释】《马注》：与龙曰：《春秋·庄三十二年》杜注：邢国在广平襄国县。

郕、

【集释】《马注》：与龙曰：《春秋·隐五年》杜注：东平刚父县西南有郕乡。

晋、

【集释】《马注》：与龙曰：《春秋·定四年》：命以唐诰而封于夏虚。杜注：夏虚，大夏，今大原晋阳也。

薛、

【集释】《马注》：与龙曰：《春秋·隐十一年》杜注：鲁国薛县。

许、

【集释】《马注》：与龙曰：《春秋·隐十年》杜注：今颍川许昌县。

邓、

【集释】《马注》：与龙曰：说见义阳郡邓县。

秦、

【集释】《马注》：与龙曰：《左传·襄二十九年》杜注：秦本在西戎汧陇之西，及襄公佐周平王东迁而受其故地。

曹、

【集释】《马注》：与龙曰：《春秋·桓五年》杜注：曹国，今济阴定陶县。

楚、

【集释】《马注》：与龙曰：《左传·桓二年》杜注：楚国，今南郡江陵北纪南城也。

随、

【集释】《马注》：与龙曰：《左传·桓六年》杜注：随国，今义阳随县。

黄、

【集释】《马注》：与龙曰：《左传·桓八年》杜注：黄国，今弋阳县。

梁、

【集释】《马注》：与龙曰：《左传·桓九年》杜注：梁国在冯翊夏阳县。

虞、

【集释】《马注》：与龙曰：《左传·桓十年》杜注：虞国在河东大阳县。

郧、

【集释】何超《音义》：郧，音云。

《马注》：与龙曰：《左传·桓十一年》杜注：郧国在江夏郡云杜县。

小邾、

【集释】《马注》：与龙曰：《春秋·庄五年》：郳黎来朝。杜注：附庸国也，东海昌虑县东北有郳城。

徐、

【集释】《马注》：与龙曰：《春秋·僖三年》杜注：徐国在下邳僮县东南。

燕、

【集释】《马注》：与龙曰：《左传·庄三十年》杜注：燕国今蓟县。

鄀、

【集释】《马注》：与龙曰：《左传·僖二十五年》杜注：鄀本在商密，秦、楚界上小国，其后迁于南郡鄀县。杜又云：商密，今南乡丹水县。

麇、

【集释】《马注》：与龙曰：《左传·文十年》：麇子逃归。《一统志》：湖北郧阳府，春秋时麇国地。

舒、

【集释】《马注》：与龙曰：《春秋·僖三年》杜注：舒国，今庐江舒县。

庸、

【集释】《马注》：与龙曰：《左传·文十六年》杜注：庸，今上庸县，属楚之小国。

王勇《〈晋书·地理志〉校证》曰："案：'舒、庸'为一地，不当点断。前文言'百三十九知其所居'，若依原文标点则地名有一百四十个。舒庸，东夷国名，群舒之一。《春秋左传正义》卷十九《文公十二年传》：'楚令尹大孙伯卒。成嘉为令尹，群舒叛楚。'杜预注：'群舒，偃姓，舒庸、舒鸠之属。今庐江南有舒城。舒城西南有龙舒。'孔颖达正义：'《世本》：偃姓，舒庸、舒蓼、舒鸠、舒龙、舒鲍、舒龚，以其非一，故言属以包之。'又卷二十八《成公十七年经》：'楚人灭舒庸。'舒庸，在今安徽省舒城。"

郯、

【集释】《马注》：与龙曰：说见东海郡剡县。

莱、

【集释】《马注》：与龙曰：《左传·宣七年》杜注：莱国，今东莱黄县。

吴、

【集释】《马注》：与龙曰：《左传·宣八年》杜注：吴国，今吴郡。

越、

【集释】《马注》：与龙曰：《左传·宣八年》杜注：越国，今会稽山阴县。

有穷、

【集释】《马注》：与龙曰：《左传·襄四年》杜注：有穷，国名。说见安丰郡安风县。

三苗、

【集释】《马注》：与龙曰：《左传·昭元年》杜注：三苗，[饕餮]，放三危者。家舅周翼高云：乾隆中始考定三危之地为康、卫、藏，在蜀徼之西，其地多苗种云。

瓜州、

【集释】《马注》：与龙曰：《左传·襄十四年》杜注：瓜州地在今燉煌。

有虞、

【集释】《马注》：与龙曰：《左传·哀元年》：逃奔有虞。杜注：虞，舜后诸侯也，梁国有虞县。

东虢、

【集释】《马注》：与龙曰：《左传·隐元年》杜注：虢叔，东虢也。虢国今颍阳县。

共、

【集释】何超《音义》：共，音恭。

《马注》：与龙曰：《左传·隐元年》杜注：共国，今汲郡共县。

宿、

【集释】《马注》：与龙曰：《春秋·隐元年》杜注：宿，小国。东平无盐县。

申、

【集释】《马注》：与龙曰：《左传·隐元年》杜注：申国，今南阳宛县。

夷、

【集释】《马注》：与龙曰：《左传·隐元年》杜注：夷国在城阳庄武县。

向、

【集释】《马注》：与龙曰：《春秋·隐二年》杜注：谯国龙亢县东南有向城。

南燕、

【集释】《马注》：与龙曰：《左传·隐五年》杜注：南燕国，今东郡燕县。

滕、

【集释】《马注》：与龙曰：《春秋·隐七年》杜注：滕国在沛国公丘县东南。

凡、

【集释】《马注》：与龙曰：《春秋·隐七年》杜注：汲郡共县东南有凡城。

戴、

【集释】《马注》：与龙曰：《春秋·隐十年》杜注：戴国，今陈留外黄县东南有戴城。

息、

【集释】《马注》：与龙曰：《左传·隐十一年》杜注：息国，汝南新息县。

郜、

【集释】何超《音义》：郜，音告。

《马注》：与龙曰：《春秋·隐十年》杜注：济阴城武县东南有郜城。

芮、

【集释】《马注》：与龙曰：《左传·桓三年》杜注：芮国在冯翊临晋县。

魏、

【集释】《马注》：与龙曰：《桓三年》杜注：魏国，河东河北县。

淳于、

【集释】《马注》：与龙曰：《左传·桓五年》杜注：淳于，城阳淳于县。

榖、

【集释】《马注》：与龙曰：《春秋·桓七年》杜注：榖国在南乡筑阳县北。

巴、

【集释】《马注》：与龙曰：《左传·桓九年》杜注：巴国在巴郡江州县。

州、

【集释】《马注》：与龙曰：《左传·桓十一年》杜注：州国在南郡华容县东南。

蓼、

【集释】《马注》：与龙曰：《桓十一年》杜注：蓼国，今义阳棘阳县东南湖阳城。

罗、

【集释】《马注》：与龙曰：《左传·桓十二年》杜注：罗，熊姓国，在宜城县西山，后徙南郡枝江县。

赖、

【集释】《马注》：与龙曰：《左传·桓十三年》杜注：赖国在义阳随县。按《郡国志》：褒信侯国，有赖亭，故赖国。《文献通考》：赖国在褒信县。《一统志》：褒信县，今息县东北；赖亭，

在今商城县南，皆属汝宁府光州。杜预谓在随县，则去光州甚远，不知何据？

牟、

【集释】《马注》：与龙曰：《春秋·桓十五年》杜注：牟国，今泰山牟县。

葛、

【集释】《马注》：与龙曰：《桓十五年》杜注：葛国在梁国零陵县东北。

谭、

【集释】《马注》：与龙曰：《春秋·庄十年》杜注：谭国在济南平陵县。

萧、

【集释】《马注》：与龙曰：《左传·庄十二年》杜注：萧，宋邑，今沛国萧县。又《庄二十三年》杜注：萧，附庸国。

遂、

【集释】《马注》：与龙曰：《庄十三年》杜注：遂国在济北蛇丘县东北。

滑、

【集释】《马注》：与龙曰：《春秋·庄十六年》杜注：滑国都费，河南缑氏县。

权、

【集释】《马注》：与龙曰：《春秋·庄十八年》杜注：权，国名，南郡当阳县东南有权城。

郱、

【集释】《马注》：与龙曰：《春秋·庄三十年》杜注：纪，附庸国。东平无盐县东北有郱城。

霍、

【集释】《马注》：与龙曰：说见下。

耿、

【集释】《马注》：与龙曰：《左传·

闵元年》杜注：平阳皮氏县东南有耿乡，永安县东北有霍大山，皆姬姓。

江、

【集释】《马注》：与龙曰：《春秋·僖二年》杜注：江国在汝南安阳县。

冀、

【集释】《马注》：与龙曰：《左传·僖二年》杜注：冀，国名，平阳皮氏县东北有冀亭。

弦、

【集释】《马注》：与龙曰：《春秋·僖五年》杜注：弦国在弋阳轪县东南。

道、

【集释】《马注》：与龙曰：《左传·僖五年》杜注：道国在汝南安阳县南。《汉书·地理志》作阳安。应劭云：阳安县有道亭。

柏、

【集释】《马注》：与龙曰：《僖五年》杜注：柏，国名，汝南西平县有柏亭。

微、

【集释】《马注》：与龙曰：未详。按《春秋左传·庄二十八年》，冬，筑郿。杜注：郿，鲁下邑。《公》《穀》作微。《水经注》：济水又[北]迳微乡东。京相璠曰：微在东平寿张县北三十（重）[里]，有故微乡，鲁邑也。《一统志》：今泰安府东平州西有微乡城。

鄑、

【集释】《马注》：与龙曰：《春秋·僖十四年》杜注：鄑国，今琅邪鄑县。

厉、

【集释】《马注》：与龙曰：《僖十五年》杜注：义阳随县北有厉乡。

项、

【集释】《马注》：与龙曰：《春秋·僖十七年》杜注：项国，今汝阴项县。

密、

【集释】《马注》：与龙曰：说见雍州安定郡阴密县。

任、

【集释】《马注》：与龙曰：《左传·僖二十一年》杜注：任，今任城县。

须句、

【集释】《马注》：与龙曰：《僖二十一年》杜注：须句在东平须昌县西北。

颛臾、

【集释】《马注》：与龙曰：《僖二十一年》杜注：颛臾在泰山南武阳县东北。

顿、

【集释】《马注》：与龙曰：《左传·僖二十三年》杜注：顿国，今汝阴南顿县。

管、

【集释】《马注》：与龙曰：《左传·僖二十四年》杜注：管国在荥阳京县东北。

雍、

【集释】《马注》：与龙曰：《僖二十四年》杜注：雍国在河内山阳县西。

毕、

【集释】《马注》：与龙曰：《僖二十四年》杜注：毕国在长安县西北。

丰、

【集释】《马注》：与龙曰：当作酆。《僖二十四年》杜注：酆国在始平鄠县。

邢、

【集释】何超《音义》：邢，羽俱反。《马注》：与龙曰：《僖二十四年》

杜注：河内野王县西北有邢城。《水经注》：邢水南流迳邢城西，故邢国也。城南有邢台。京相璠《春秋土地名》：野王西北三十里有故邢城、邢台。

【编者按】《宋本晋书》"邘"为"邢"。疑误。

应、

【集释】《马注》：与龙曰：《僖二十四年》杜注：应国在襄阳城父县西南。

蒋、

【集释】《马注》：与龙曰：《僖二十四年》杜注：蒋在弋阳期思县。

茅、

【集释】《马注》：与龙曰：《僖二十四年》杜注：高平昌邑县西有茅乡。

胙、

【集释】《马注》：与龙曰：《僖二十四年》杜注：东郡燕国西南有胙亭。

夔、

【集释】《马注》：与龙曰：《春秋·僖二十六年》杜注：夔，楚同姓国，今建平秭归县。

介、

【集释】《马注》：与龙曰：《春秋·僖二十九年》杜注：介在城阳黔陬县。

焦、

【集释】《马注》：与龙曰：《春秋·襄二十九年》杜注：焦在陕县。《水经注》：陕县大城中有小城，故焦国也。

沈、

【集释】《马注》：与龙曰：《春秋·文三年》杜注：汝南郡平舆县北有沈亭。

六、

【集释】《马注》：与龙曰：《文三年》杜注：六国，今庐江六县。

巢、

【集释】《马注》：与龙曰：《春秋·文十二年》杜注：巢，吴、楚间小国，庐江六县东有居巢城。

根牟、

【集释】《马注》：与龙曰：《春秋·宣九年》杜注：根牟，东夷国也。今琅邪阳都县东有牟乡。

唐、

【集释】《马注》：与龙曰：《春秋·宣十二年》杜注：唐，属楚之小国。义阳安昌县东南有上唐乡。

黎、

【集释】《马注》：与龙曰：《春秋·宣十五年》杜注：上党壶关县有黎亭。

【编者按】2006年在山西黎城县西关村西周晚期大墓中发现有"黎侯"铭文青铜圆壶。

郇瑕、

【集释】何超《音义》：郇，相伦反。《马注》：与龙曰：《左传·成六年》杜注：郇瑕，古国名，河东解县西北有郇。顾炎武云：《左传》有二瑕，诸大夫皆曰"必居郇瑕"，在今临晋县；其一见僖公三十年，烛之武谓秦伯曰"许君焦瑕"，在今闅乡县。郦道元以郇瑕之瑕为詹嘉处瑕之瑕，误。

寒、

【集释】《马注》：与龙曰：《左传·襄四年》杜注：寒国，北海平寿县有寒亭。

有鬲、

【集释】何超《音义》：鬲，音革。
《马注》：与龙曰：《襄四年》杜注：今平原鬲县。
斟灌、
【集释】《马注》：与龙曰：《襄四年》杜注：乐安寿光县东南有灌亭。
【编者按】百衲本《晋书》"斟灌"为"灌斟"。

斟寻、
【集释】《马注》：与龙曰：《襄四年》杜注：北海平寿县东南有斟亭。京相璠曰：斟亭西去灌亭九十里。
过、
【集释】何超《音义》：过，古和反。
《马注》：与龙曰：《襄四年》杜注：东莱掖县北有过乡。
有过、
【集释】《马注》：与龙曰：误重出。
戈、
【集释】《马注》：与龙曰：《襄四年》杜注：戈在宋、郑之间。
偪阳、
【集释】何超《音义》：偪阳，音逼。
《马注》：与龙曰：《春秋·襄十年》杜注：今彭城傅阳县。
郙、
【集释】何超《音义》：郙，音诗。
《马注》：与龙曰：《春秋·襄十三年》杜注：任城亢父县有郙亭。
铸、
【集释】《马注》：与龙曰：《左传·襄二十三年》杜注：铸国，济北蛇丘县所治。
豕韦、

【集释】《马注》：与龙曰：《左传·襄二十四年》杜注：东郡白马县东南有韦城。
唐杜、
【集释】《马注》：与龙曰：《左传·襄二十四年》杜注：唐、杜，二国名。殷末，豕韦国于唐，周成王灭唐，迁之于杜，为杜伯，今京兆杜县。《水经注》：沈水又东北迳下杜城，即杜伯国也。
杨、
【集释】《马注》：与龙曰：《春秋·闵二年》：齐人迁阳。杜注：阳，国名。《汉书·地理志》：城阳郡阳都。应劭曰：故阳国。
【编者按】《马注》所本正文该字为"阳"，故有此分析，恐误。

豳、
【集释】《马注》：与龙曰：《左传·襄二十九年》杜注：豳，周之旧国，在新平漆县东北。《汉书·地理志》：栒邑县。有豳乡。
郐、
【集释】何超《音义》：郐，古外反。
《马注》：与龙曰：《左传·僖三十三年》杜注：郐城，故郐国，在荥阳密县东北。
观、
【集释】《马注》：与龙曰：《左传·昭元年》杜注：观国，今顿丘卫县。
扈、
【集释】《马注》：与龙曰：《昭元年》杜注：扈在始平鄠县。《书序》曰：启与有扈战于甘之野。

邳、

【集释】《马注》：与龙曰：《昭元年》杜注：邳，今下邳县。

胡、

【集释】《马注》：与龙曰：《左传·昭四年》杜注：胡国，汝阴县西北有胡城。

黎、

【集释】《马注》：与龙曰：《昭四年》杜注：黎，东夷国名，说见魏郡黎阳县。

大庭、

【集释】《马注》：与龙曰：《左传·昭五年》杜注：鲁城内有大庭氏之虚。孔疏：炎帝号神农，亦曰大庭氏。

骀、

【集释】《马注》：与龙曰：《左传·昭九年》杜注：骀在始平武功县所治釐城。

岐、

【集释】《马注》：与龙曰：《昭九年》杜注：岐在扶风美阳县西北。

【编者按】《宋本晋书》"岐"为"歧"。

邶、

【集释】何超《音义》：邶，音佩。

《马注》：与龙曰：各本皆讹作邺。《说文》：邶，故商邑，自河内朝歌以北是也。《郡国志》：河内朝歌。有邶国。《一统志》：今河南府汤阴县东南有邶城。

钟吾、

【集释】《马注》：与龙曰：《左传·昭二十七年》杜注：钟吾，小国。《汉书·地理志》：东海郡司吾。应劭曰：《左传》：执钟吾子。

蒲姑、

【集释】《马注》：与龙曰：《左传·昭九年》杜注：乐安博昌县北有蒲姑城。按《史记》作薄姑。

昆吾、

【集释】《马注》：与龙曰：《左传·昭十八年》杜注：昆吾，夏伯也。说见濮阳国濮阳县。

房、

【集释】《马注》：与龙曰：《左传·昭十三年》杜注：汝南有吴防县。顾炎武云：房、防二字，《史记》《汉书》多通用。

密须、

【集释】《马注》：与龙曰：《左传·昭十五年》杜注：密须在安定阴密县。

甲父、

【集释】《马注》：与龙曰：《左传·昭十六年》杜注：甲父，古国名。高平昌邑县东南有甲父亭。

鄅、

【集释】何超《音义》：鄅，音羽。

《马注》：与龙曰：《左传·昭十八年》杜注：鄅国，今琅邪开阳县。

桐、

【集释】《马注》：与龙曰：《左传·定二年》杜注：桐，小国。庐江舒县西南有桐乡。

亳、

【集释】《马注》：与龙曰：《左传·庄十二年》：公子御说奔亳。杜注：蒙县西北有亳城。又《昭九年》：肃慎、燕、亳。孔疏：亳，小国。江慎修云：

亳，无考。姚培谦云：《史记·秦本纪》：宁公与亳战，亳王奔戎。皇甫谧曰：西戎之国也。

韩、

【集释】《马注》：与龙曰：《左传·僖二十四年》杜注：韩国在河东郡界。郑氏曰：姬姓国，为晋所灭。旧说韩国在韩城县南。顾炎武云：《水经注》引王肃言，方城县有韩侯城，今固安县即汉之方城。王符《潜夫论》：昔周宣王时有韩侯，其国近燕，故《诗》云"溥彼韩城，燕师所完"。今顺天府固安县有韩城，当以此为是。与龙按：顾说甚允。

赵。

【集释】《马注》：与龙曰：说见荥阳郡中牟县下。

三十一国尽亡其处，

【斠注】《晋地理志新补正》曰：沅案：钱氏《春秋舆地考》一百八十有四国，夷狄亦与，考其国都，则中国之阙者十六，夷狄之阙者十一。

祭、

【斠注】《晋书地理志新补正》曰：沅案：杜注《释例》：祭城在河南，上有敖仓，周公后所封。《史记·正义》称《括地志》，敖仓在郑州荥阳县西一十五里。今郑州东北一十五里有祭城是也。今考郑州别有祭，《左传·桓十一年》：祭封人仲足。杜注：祭，郑地，陈留长垣县东北有祭城。二祭虽俱在郑境，相去甚远。

【集释】《马注》：与龙曰：《春秋·隐元年》杜注：祭，国；伯，爵也。《汇纂》云：《路史》周圻内管城东北有古祭城。今开封府郑州东北十五里有祭伯城。

极、

【斠注】《晋书地理志新补正》曰：沅案：《穀梁传》曰：极，国也。注：今兖州府鱼台县西有极亭。《唐十二分野图》：极国在费西南。

【集释】《马注》：与龙曰：《春秋·隐二年》杜注：极，附庸小国。《汇纂》云：今兖州府鱼台县西有极亭。

荀、

【斠注】《晋书地理志新补正》曰：沅案：《汉地理志》（左）［右］（编者校：《斠注》误为"左"，今据《汉志》改。）扶风有栒邑。注：臣瓒曰：《汲郡古文》"晋文（编者校：《汉志》"文"为"武"。）公灭荀，以赐大夫原氏黡，是为荀叔"。又云"文公城荀"。则荀当在晋之境内，不得在扶风界内。今河东有荀城，古荀国。师古曰：瓒说是也。此栒读与荀同。

【集释】《马注》：与龙曰：《左传·桓九年》杜注：荀，国名。《汉书·地理志》右扶风有栒邑。臣瓒曰：《汲郡古文》：晋文公灭荀，以赐大夫原氏。《水经注》：古水出临汾西，又西南迳荀城东，古荀国也。

贾、

【集释】《马注》：与龙曰：《桓九年》杜注：贾，国名。《博物记》：临汾县有贾乡，贾伯邑。

贰、

【集释】毕沅《新补正》：沅案：杜预注：又国名记贰，匿姓，在随州，南楚灭之。

《马注》：与龙曰：《左传·桓十一年》杜注：贰，国名。《汇纂》云：贰国在今随州应山县境。

轸、

【斟注】《晋书地理志新补正》曰：沅案：杜预注：轸，国名，又国名记轸，亦偃姓，在楚东南，楚灭之。《考略》：轸在德安府应城县西。

【集释】《马注》：与龙曰：《左传·桓十一年》杜注：轸，国名。《汇纂》云：轸国在今德安府应城县西。

绞、

【斟注】《晋书地理志新补正》曰：沅案：《桓十三年》：伐绞之役，楚师分涉于彭。杜注：彭水在新城魏昌县。《水经注》：沔水又南迳筑阳县东，又南，筑水注之。杜预以为彭水也。筑水又南（编者校：陈桥驿复校本《水经注疏》卷二十八，"南"为"东"。）迳筑阳县故城南，县故楚附庸也。徐文靖《山河两戒考》：楚附庸，临彭水，疑即绞。又《春秋地图》：绞在汉水之北。

【集释】《马注》：与龙曰：《桓十一年》杜注：绞，国。《汇纂》云：绞在今郧阳府西北。

於余丘、

【斟注】《晋书地理志新补正》曰：沅案：於余丘，《公羊传》：邾娄之邑也。

【集释】《马注》：与龙曰：《春秋·庄二年》杜注：於余丘，国名。孔疏《公》《谷》皆以於余丘为邾之别邑。《春秋舆图》谓在沂州府兰山县境。

阳、

【斟注】《晋书地理志新补正》曰：沅案：《汉地理志》：城阳阳都县，故阳国。《左传》杜注：在东海阳都县。《斟注》案：本《志》阳都属琅邪国。

【集释】《马注》：与龙曰：阳，已见前，疑当作杨，形似致讹。《左传·襄二十九年》杜注：杨属平阳郡。

箕、

【集释】《马注》：与龙曰：《春秋·僖三十三年》：败狄于箕。杜注：大原阳邑县南有箕城。《一统志》：在今太原府太谷县东三十里。

英氏、

【斟注】案《左传》：僖十七年伐英氏。《史记·陈杞世家》曰：皋陶之后或封英。《通志略》：英氏，偃姓，皋陶之后。

【集释】《马注》：与龙曰：《春秋·僖十七年》杜注：英氏，楚舆国。《史记》：封皋陶之后于蓼六，一本作英六。《索隐》曰：英后改号曰蓼也。《一统志》：今六安州英山县东北有古英氏城。

毛、

【斟注】《晋书地理志新补正》曰：沅案：《左传》：狄伐周，获原伯、毛伯。杜注：原、毛皆采邑，毛城在河南也。

【集释】《马注》：与龙曰：《左传·僖二十四年》杜注：毛，采邑。《汇纂》云：毛城在今河南宜阳县境。

聃、

【集释】何超《音义》：聃，奴甘反，又他酣反。

《马注》：与龙曰：未详。按疑即白羽，脱一白字。《左传·昭十八年》：迁许于析，实白羽。杜注：于《传》时，白羽改为析。《僖二十五年》：秦人过析隈。杜注：楚邑，一名白羽，今南乡析县。

【编者按】马与龙所本此处"聊"字为"羽"字，故有其论。

莘、

【斠注】《晋书地理志新补正》曰：沅案：《郡国志》：郃阳县有古莘国。散宜生为文王求有莘氏女以献纣即此。《括地志》：在同州河西县南二十里。

【集释】何超《音义》：莘，所臻反。

《马注》：与龙曰：《左传·僖二十八年》杜注：有莘，故国名。《括地志》云：陈留县东五十里有莘城，即古莘国。

偪、

【斠注】《晋书地理志新补正》曰：沅案：偪或以为即周之偪阳，非是。偪，姞姓；偪阳，妘姓。

【集释】《马注》：与龙曰：未详。

封父、

【斠注】《晋书地理志新补正》曰：沅案：《通典》陈留郡封邱注：古封国。《唐书·世家系表》汴州封邱县有封父亭，即封父国所都。

【集释】《马注》：与龙曰：《左传·定四年》杜注：封父，古诸侯也。《一统志》：今开封府封丘县，古封父国。

仍、

【斠注】《晋书地理志新补正》曰：沅案：毛苌《诗序》：《云汉》，仍叔美宣王也。仍氏世为周大夫。古仍、任通用，仍叔，《穀梁》作任叔。昭二十二年，王师军于氾，于解，次于任人。当即仍叔之仍也。《斠注》案：有仍为夏时诸侯，与仍叔之仍异。《左传·昭公四年》：夏桀为仍之会，有缗叛之。注：仍、缗皆国名。《竹书纪年》：帝癸十一年，会诸侯于仍。

【集释】与龙曰：《春秋·桓五年》杜注：仍叔，天子之大夫。与龙按：如毕说，仍当在今洛阳县境。

有仍、

【斠注】《通志·略》云：仍氏即有仍氏，夏之诸侯。

【集释】《马注》：与龙曰：《左传·昭二十八年》杜注：有仍，古诸侯也，今地阙。

崇、

【斠注】《晋书地理志新补正》曰：沅案：《帝王世纪》：鲧封崇伯，国在丰、镐之间。周有崇国，晋赵穿袭崇。皇甫谧又谓：虞夏商周皆有崇国。《通典》：崇国在京兆府鄠县。《氏族略》：其地在鄠县东。［《斠注》案：］（编者校：此处脱"案"，下为《斠注》语。）《文献通考》同。

【集释】《马注》：与龙曰：《左传·宣元年》杜注：崇，秦之舆国。《帝王世纪》所封崇伯国在丰、镐之间。

鄟、

【斠注】《晋书地理志新补正》曰：沅案：《左传·成六年》：取鄟。杜注：附庸国。《昭二十六年》盟于鄟陵，或即鄟国。凌氏曰：鄟在兖州府境。

【集释】何超《音义》：鄟，音专。

《马注》：与龙曰：《春秋·成六年》杜注：鄟，附庸国也。顾祖禹《方舆纪要》：在今沂州府郯城县东北。

庸、

【斠注】《晋书地理志新补正》曰：沅案：庸已见前，此当属荣或舒庸之误。韦昭《国语注》：荣，国名。马融曰：周同姓，畿内诸侯，为卿大夫也。《左传·昭二十（三）[二]年》：王崩于荣锜氏。杜注：河南巩县有荣锜涧。舒庸，《文献通考》：其国在庐江。

姺、

【斠注】《晋书地理志新补正》曰：沅案：《说文》：姺，殷诸侯为乱，疑姓也。《春秋传》曰：商有姺、邳。《吕氏春秋》：有侁氏，以伊尹为媵送女。《汉书》：殷之䎡（编者校：一本"䎡"为"兴"。）也，以有娀及有㜪。师古曰：㜪音诜。

【集释】何超《音义》：姺，苏典反。《马注》：与龙曰：《左传·昭元年》：商有姺、邳。杜注：二国，商诸侯。《汇纂》云：《竹书纪年》"商外壬元年，姺人、邳人叛"。即此。今地阙。

奄、

【斠注】《晋书地理志新补正》曰：沅案：郑康成《尚书注》：奄在淮夷之北。《说文》：郁国在鲁。《括地志》：兖州曲阜县奄里，即奄国之地。《皇览》：奄里在鲁城内。《山河两戒考》：《汉律历志》：成王元年，命伯禽俾侯于鲁之岁。《竹书》：成王二年，奄人、徐人及淮夷人于邶以叛。四年，王师伐淮夷，遂入奄。五年，王在奄，迁其君于蒲姑。封鲁在五年之前，则奄不得在鲁城之内明矣。孔安国曰：周公归政之明年，淮夷、奄国又叛，成王东伐淮夷，遂灭奄，而徙其君。据《竹书》，成王七年周公复政于王，是迁奄已在二年之前。《定四年传》：因商奄之民，命以伯禽。《竹书》：成王八年，命鲁侯禽父迁庶殷于鲁，所谓命以伯禽者指此，非谓先灭奄而因以命鲁也。《斠注》案：毕氏据《左氏传》商奄即奄，而本《志》乃以奄、商奄列为两国，未知何据。

【集释】《马注》：与龙曰：《左传·昭元年》：周有徐、奄。杜注：《书序》曰：成王伐淮夷，遂践奄。徐，即淮夷。《郡国志》：鲁有古奄国。《一统志》：今曲阜县东奄里，古奄国也。

商奄、

【斠注】《斠注》案：毕氏据《左氏传》商奄即奄，而本《志》乃以奄、商奄列为两国，未知何据。

【集释】《马注》：与龙曰：《左传·定四年》杜注：商奄，国名也。与四国流言，或迸散在鲁。服虔云：商奄，鲁也。

褒姒、

【斠注】《晋书地理志新补正》曰：沅案：《元和郡县志》：[襃城本汉]襃中县，古襃国也。《斠注》案：襃国，姒姓。《志》文举国名而及具姓，于例不合。

【编者按】《宋本晋书》"褒"为"襃"。百衲本《晋书》"褒"为"襃"。

蓐、

【斠注】蓐见《左传·昭元年》，曰实沈、[姒]（编者校：《左传集解》此处为"沈、姒"，此处脱"姒"。）、蓐、黄，实守其祀。杜注：四国台骀之后。

【集释】《马注》：与龙曰：《左传·昭元年》：沈、姒、蓐、黄。杜注：四国台骀之后。按并当在今太原府境。

【编者按】马与龙所本《晋书·地理志》此处断句为"褒、姒蓐"。

有缗、

【斠注】《晋书地理志新补正》曰：沅案：杜预注：缗，国名。《古史》：太昊元妃生倍伐，降处缗渊，为蔑姓，夏以封舜。《山海经》"季釐之国有缗渊"是也。《左传·僖十三年》：齐侯伐宋围缗。杜注：缗，宋邑。《地理志》：山阳郡有东缗县，或云即有缗国。

【集释】何超《音义》：缗，音旻。

《马注》：与龙曰：《左传·昭四年》：夏桀为仍之会，有缗叛之。杜注：仍、缗皆国名。《僖二十三年》杜注：缗，宋邑。高平昌邑县有东缗城。《一统志》：今兖州府金乡县东北二十里，东缗故城，本夏时缗国。

阙巩、

【斠注】《晋书地理志新补正》曰：沅案：《郡国志》：河南尹有巩县。注：巩，伯国。【斠注】案：《左传·昭十五年》：阙巩之甲。注：阙巩国所出铠。《路史·国名纪》六：阙巩，周世侯伯之国。梁履绳《左通补释》曰：案《路史·国名纪》五以巩伯国为周族卿之，采此说当是，即昭二十二年之巩简公也。《补正》未确。

飂、

【斠注】飂见《左传·昭二十九年》，曰昔有飂叔安。杜注：古国也。《古今人表》作廖，《路史·国名纪》三曰：飂，高阳氏，后己姓也。今唐之湖阳一作颷。顾栋高《春秋大事表》曰：飂，古国，其地后为州蓼之蓼。

【集释】何超《音义》：飂，音留。

《马注》：与龙曰：《汉书·地理志》：南阳郡湖阳县，故廖国。师古曰：廖，音力救反。《左氏传》作飂字，其音同耳。

豷、

【斠注】《晋书地理志新补正》曰：沅案：《书传》云：三（豷）[鬷]（编者校：《二十五史补编》本毕沅《新补正》"豷"为"鬷"。），国名。

【集释】何超《音义》：豷，子红反。

《马注》：与龙曰：《昭二十九年》杜注：豷，水上夷，皆董姓。

穷桑。

【斠注】《晋书地理志新补正》曰：沅案：杜预注：穷桑，少（吴）[昊]（编者校：《二十五史补编》本毕沅《新补证》"吴"为"昊"。）之号也，在鲁北。《尸子》：少昊金天氏邑于穷桑。注：穷桑，国名。《拾遗记》穷桑又曰桑邱氏，六国时有桑邱子。

【集释】孙人龙《晋书考证》："注又穷桑下脱一巩字，今增入。"

《马注》：与龙曰：《昭二十九年》杜注：穷桑地在鲁北。

蛮夷戎狄不在其间。五伯

【集释】何超《音义》：五伯，音霸。迭兴，总其盟会。陵夷至于战国，遂有七王，韩、魏、赵、燕、齐、秦、楚。又有宋、卫、中山，不断如线，

【集释】何超《音义》：线，息练反。

如三晋篡

【集释】何超《音义》：篡，初宦反。夺，亦称孤也。

《司马法》广陈三代，曰：古

者六尺为步，步百为亩，亩百为夫，夫三为屋，屋三为井。井方一里，是为九夫，八家共之。一夫一妇受私田百亩，公田十亩，是为八百八十亩，余二十亩为庐舍，出入相友，

【集释】毕沅《新补正》：沅案：一作交。

守望相助，疾病相救。民受田，上田夫百亩，中田夫二百亩，下田夫三百亩，岁受耕之，爰自其处。其家众男为余夫，亦以口受田如此。士工商家受田，五口乃当农夫一口。有赋有税，税谓公田什一及工商衡虞之入

【集释】孙人龙《晋书考证》："监本入误人，今改正。"

毕沅《新补正》：沅案：一作人。

也，赋供车马甲兵士从之役。民年二十受田，六十归田。种穀必杂五种，以备灾旱。田中不得有树，以妨五穀。环庐种桑柘，菜茹有畦，

【集释】何超《音义》：畦，户圭反。

瓜瓠果蓏

【集释】何超《音义》：果蓏，郎果反。

植于疆埸，鸡豚狗豕无失其时。间有序，乡有庠，序以明教，庠以行礼。司马之法，官设六军之众，因井田而制军令。地方一里为井，井十为通，通十为成，成方十里。成十为终，终十为同，同方百里。同十为封，封十为畿，畿方千里。故井四为邑，邑四为丘，丘十六井，有戎马一匹，牛三头。四丘为甸，甸六十四井也，有戎马四匹，兵车一乘，牛十二头，甲士三人，卒七十二人。是谓乘车之制。一同百里，提封万井，除山川、坑岸、城池、邑居、园囿、街路三千六百井，定出赋六千四百井，戎马四百匹，兵车百乘，此卿大夫菜地之大者也，

【集释】孙人龙《晋书考证》："监本采作菜。案《礼运》：大夫有采以处其子孙。《前汉地理志》：大夫韩武子食采于韩原。《集韵》：采音採。又《正韵》：《周礼天官》'八则'注：公卿大夫采邑，音菜。《孟子》：元士受地视子男。注：所受采地之制，音菜。《前汉食货志》注：采，官也，因官食地，故曰采地。今改正。"

是谓百乘之家。一封三百六十六里，提封十万井，定出赋六万四千井，戎马四千匹，兵车千乘，此为诸侯之大者也，谓之千乘之国。天子畿内方千里，提封百万井，定出赋六十四万井，戎马四万匹，兵车万乘，戎卒七十二万人，故天子称万乘之主焉。

【集释】《马注》：与龙曰：因井田而制军令，以下说见《汉书·刑法志》。

秦始皇既得志于天下，访周之败，以为处士横议，诸侯寻戈，四夷交侵，以弱见夺，于是削去五等焉。

【编者按】《宋本晋书》此处断开，下为另起一行。

汉兴，创艾亡秦孤立而败，于是割裂封疆，立爵二等，功臣侯者百有余邑。于时民罹秦、项，户口彫弊，大侯不过万家，小者五六百户，而尊王子弟，大启九国。古者有分土而无分民，若乃大者跨州连郡，

【编者按】《宋本晋书》此处无"大者"二字。

小则十有余城，以户口为差降，略封疆之远近，所谓分民自汉始也。起雁门以东，尽辽阳，为燕、代。常山以南，太行

【集释】何超《音义》：太行，胡郎反。

左转，渡河、济，渐于海，为齐、赵。穀、泗以注，奄有龟、蒙，为梁、楚。东带江、湖，薄会稽，为荆、吴。北界淮濒，略庐、衡，为淮南。波汉之阳，亘九疑，为长沙。诸侯比境，周市三垂，外接胡越。天子自有三河、东郡、颍川、南阳，自江陵以西至巴蜀，北至

【集释】《马注》：与龙曰：至当作自。《史记》：北自云中。

【编者按】《宋本晋书》"周市三垂"为"周匝三垂"。

云中，西至陇西，与京师内史，凡十五郡。

【集释】《马注》：与龙曰：起雁门以东至此，见《史记·汉兴以来诸侯年表》。

文帝采贾生之议分齐、赵，景帝用朝错之计削吴、楚。

【编者按】《宋本晋书》"朝错"为"鼌错"。

武帝施主父之册，下推恩之令，使诸侯王得分户邑以封子弟，不行黜陟，而藩国自析。自此以来，齐分为七，赵分为六，梁分为五，淮南分为三。皇子始立者大国不过十余城，长沙、燕、代虽有旧名，皆亡南北边矣。自文景与民休息，至平帝元始二年，民户千二百二十三万三千六十二，

【斠注】《魏志·陈群传》注曰：案《汉书·地理志》云：元始二年天下户口最盛，汝南郡为大郡，郡有三十余万口。

口五千九百五十九万四千九百七十八，其地东西九千三百二里，南北万三千三百六十八里。

【集释】《马注》：与龙曰：民户至此，见《汉书·地理志》。

大率十里一亭，

【集释】孙人龙《晋书考证》："按《风俗通》，'汉家因秦，大率十里一亭。亭，留也，盖行旅宿会之所。'《日知录》：十里一亭，盖必有居舍，如今之公署。郑康成《周礼·遗人》注曰：'若今亭有室矣。'故霸陵尉止李广宿亭

下。张禹奏请平陵肥牛亭部处，上以赐禹，徙亭他所。而《汉书》注云'亭有两卒：一为亭父，掌开闭扫除；一为求盗，掌逐捕盗贼'是也。又必有城池，如今之村堡。《韩非子》：'吴起为魏西河守，秦有小亭临境，起攻亭，一朝而拔之。'《汉书》：'息夫躬归国，未有第宅，守居邱亭。奸人以为侯家富，常夜守之。'《匈奴传》：'见畜布野而无人牧者，怪之，乃攻亭。'《后汉书·公孙瓒传》'卒逢鲜卑数百骑，乃退入空亭'是也。又必有人民，如今之镇集。汉封功臣有亭侯是也，亦谓之下亭，《风俗通》'鲍宣州牧行部多宿下亭'是也。其都亭，则如今之关厢。司马相如往临邛，舍都亭。严延年母止都亭，不肯入府。《后汉书》：'陈王宠有强弩数千张，出军都亭。''会稽太守尹兴使陆续于都亭赋民饘粥。''酒泉庞娥刺杀仇人于都亭。'《吴志》：'魏使邢贞拜权为吴王，权出都亭候贞。'是也。京师亦有都亭。《后汉书》：'张纲埋其车轮于洛阳都亭；窦武召会北军五校士屯都亭；何进率左右羽林五营士屯都亭；王乔为叶令，帝迎取其鼓置都亭下。'是也。蔡质《汉仪》：'洛阳二十四街，街一亭；十二城门，门一亭，人谓之旗亭。'《史记·三代世表》褚先生言'与方士考功会旗亭下'是也。后代则但有邮亭、驿亭之名，而失古者居民之义矣。"

亭有长。

【集释】孙人龙《晋书考证》："按《史记·建元以来侯者表》：张章父为长安亭长，失官。是亭长亦称官也。又《宋书》：五家为伍，伍长主之；二伍为什，什长主之；十什为里，里魁主之；十里为亭，亭长主之。是宋时犹仍其制矣。"

十亭一乡，乡有三老，

【集释】孙人龙《晋书考证》："按《汉高帝纪》：'二年二月，令举民年五十以上，有修行，能帅众为善，置以为三老，乡一人。择乡三老一人，为县三老，与县令、丞、尉以事相教，复勿繇戍。'《日知录》云：'汉世之于三老，命之以秩，颁之以禄，而文帝之诏，俾之各率其意以导民。当日为三老者，多忠信老成之士也，上之人所以礼之者甚优，是以人知自好，而贤才亦往往出于其间。新城三老董公遮说汉王为义帝发丧，而遂以收天下；壶关三老茂，上书明戾太子之冤，史册炳然，为万世所称道。近世之老人，则听役于官，而靡事不为，故稍知廉耻之人不肯为此，而愿为之者大抵皆奸猾之徒，欲倚势以凌百姓者也。其与太祖设立老人之初意悖矣。'"

有秩、啬夫、

【集释】孙人龙《晋书考证》："按《汉书·张敞传》注：颜师古曰'乡有秩者，啬夫之类也。'则此二字当连下啬夫游徼各一人读。""按《汉书·百官表》：啬夫职听讼，收赋秩。《宋书》：啬夫主争讼。《日知录》：汉时啬夫之卑，犹得以自举其职。故爰延为外黄乡啬夫，仁化大行，民但闻啬夫，不知郡县。而朱邑自舒桐乡啬夫，官至大司农。病且死，属其子曰：'我故为桐乡吏，其民爱我，必葬我桐乡，后世子孙奉尝我不如桐乡民。'及死，其子葬之桐乡西郊外，民共为起冢立祠，岁时祠祭，至今不绝。二君者，皆其县人也，必易地而官，易民而治，岂其然哉？"游徼各一人。县大率方百里，民稠则减，稀则旷，乡、亭亦如之。皆秦制也。

【集释】孙人龙《晋书考证》："按《管子书》'择其贤民，使为里君'，故《日知录》曰：'此其制不始于秦汉也。自诸侯兼并之始，而管仲、芮敖、子产之伦，所以治其国者，莫不皆然。而《周礼·地官》，自州长以下，有党正、族师、闾胥、比长。自县正以下，有鄙师、酂长、里宰、邻长。则三代明王之治，亦不越乎此也。夫惟于一乡之中，官之备而法之详，然后天下之治，若网之在纲，有条而不紊。'至于今日一切荡然，无有存者。且守令之不足任也，而多设之监司，监司之又不足任也，而重立之牧伯，积尊累重，以居乎其上，而下无与分其职者。虽得公廉勤干之吏，犹不能以为治，而况托之非人者乎？"

光武中兴，不踰前制，东海王彊以去就有礼，故优以大封，兼食鲁郡二十九县，其余称为宠锡者，兼一郡而已。至桓帝永寿三年，户千六十七万七千九百六十，口五千六百四十八万六千八百五十六，

【中华校】永寿三年户千六十七万七千九百六十口五千六百四十八万六千八百五十六 《后汉书·郡国志》在本志校记中称《续汉志》注云："永寿二年，户千六百七万九百六，口五千六万六千八百五十六人。"

斯亦户口之滋殖者也。献帝建安元年拜曹操为镇东将军，封费亭侯。

【编者按】《宋本晋书》此处断开，后另起一行。

魏文帝黄初三年，初制封王之庶子为乡公，嗣王之庶子为亭侯，

【中华校】嗣王之庶子为亭侯 各本无"亭"字，殿本有，今从殿本，与《魏志·文帝纪》合。

【集释】孙人龙《晋书考证》："按《通典》，'献帝建安初，封曹操为费亭侯。亭侯之制自此始也。'《日知录》谓：恐不然，《灵帝纪》以解渎亭侯入继，《桓帝纪》封单超等五人为县侯，尹勋等七人为亭侯。列传中为亭侯者甚多，大抵皆在章和以后。丁綝言能薄功微，得乡亭厚矣。樊宏愿还寿张，食小乡亭。则建武中似已有亭侯矣。"

《马注》：与龙曰：《魏志》：嗣王之庶子为亭侯，公之庶子为亭伯。此《志》脱一亭字，下文衍一侯字。

公侯之庶子为亭伯。

【编者按】《宋本晋书》此处断开，后另起一行。另杨光辉在《汉唐封爵制度》第一章第一节注释五中对"公侯之庶子"的侯字有辨析，《通典》卷三十一《职官典》十三为"公之庶子"，应本《三国志·文帝纪》。杨光辉认为日本学者守屋美都雄《关于曹魏爵制的几点考证》（《东洋史研究》20卷4期）一文中将"黄初三年之制"定性为"宗室推恩爵制"是正确的，但是根据侯字就推论侯以下可以推恩下去而五等形式完备是错误的。详见其述。

刘备章武元年，亦以郡国封建诸王，或遥采嘉名，不由检土地所出。其户二十万，男女口九十万。

【编者按】《宋本晋书》此处断开，后另起一行。

孙权赤乌五年，亦取中州嘉号封建诸王。其户五十二万三千，男女口二百四十万。

【集释】《马注》：与龙曰：以上蜀、吴户口数与《后汉书·郡国志》注异。
　　周一良《晋书批校》（未刊稿）：《通典》七食货典注作户五十二万，男女口二百三十万。

【编者按】《宋本晋书》此处断开，后另起一行。

晋文帝为晋王，命裴秀等建立五等之制，

【斠注】《通典》三十一曰：晋亦有王、公、侯、伯、子男六等之封。注引《晋令》曰：有开国郡公、县公、郡侯、县侯、伯子男及乡亭、关内、关外等侯之爵。

惟安平郡公孚邑万户，制度如魏诸王。其余县公邑千八百户，地方七十五里；大国侯邑千六百户，地方七十里；次国侯邑千四百户，地方六十五里；大国伯邑千二百户，地方六十里；次国伯邑千户，地方五十五里；大国子邑八百户，地方五十里；次国子邑六百户，地方四十五里；男邑四百户，地方四十里。

【中华校】男邑四百户地方四十里《校文》：上载侯伯子封地皆有大国次国之分，不应男国无区别。《御览》一九九引《魏志》咸熙元年晋王奏建五等，男地方三十五里，邑四百户；次国男地方二十五里，邑二百户。则知男国本亦分大次，此《志》盖有脱文。

【斠注】《晋书校（文）［证］》（编者校：此下所引文字为丁国钧《晋书校证》地理志部分，收入《二十五史三编》，恐此处"文"应为"证"。）》二曰：惟《志》载公侯伯子封地皆以五里递杀，以此推之，则大国男应四十里，而次国男当三十五里。今《御览》引《魏志》谓男三十五里，次国男二十五里，恐亦有讹字。

【编者按】《宋本晋书》此处断开，后另起一行。

武帝泰始元年，封诸王以郡为国。邑二万户为大国，置上中下三军，兵五千人；邑万户为次国，置上军下军，兵三千人；五千户为小国，置一军，兵千五百人。

【斠注】《书钞》七十一引《晋起居注》太始二年诏作"小国一军兵二千人"，与本《志》异。《通典》十九亦作下国五千户，一军，兵千五百。

王不之国，官于京师。罢五等之制，公侯邑万户以上为大国，五千户以上为次国，不满五千户为小国。

【集释】《通鉴》胡注：时以平原、汝南、琅邪、扶风、齐为大国，梁、赵、乐安、燕、安平、义阳为次国，余国为小国。

杨光辉《汉唐封爵制度》第一章第三节注释六："我以为这一记载不确，理由有四：一、荀勖于咸宁年间与武帝讨论是否罢废问题，说明五等爵于此时仍未废。二、武帝即位后，令傅玄制乐，在《惟庸蜀》中'言文帝既平万乘之蜀，封建万国，复五等爵也。'因此，对已入乐制的先帝创始之举，定不会轻易加以否定并罢废的。三、太康中剧阳子魏舒逊位，诏以舍人四人为剧阳子舍人；刘寔初封循阳子，累进为伯、侯，至元康初卒；贾充于太康初进封八千户郡公，均是五等爵直至太康年间尚存的明证。四、泰始初，郡公最高户邑数为三千户，故文中的'公侯邑万户'殊不可解，或为'王'之误；或当是《职官志》中'其公之制度如五千户国，侯之制度如不满五千户国'以置军的转抄之误。"

顾江龙《〈晋书·地理志〉"公国相"、"侯相"、"侯国"解》："考《晋志》县下小注，有一些县注明：'侯国'，或'侯相''公国相'，结合纪传分析，凡是不立令长、改立公国相、侯相的县都是实际开国的五等县公、县侯的封地。不开国的县公侯及伯子男仅领取租税，封地仍由县令长管理。发生在咸宁三年的这个变化，即是'罢五等之制'的实质内容。对《晋志》'侯国'小注的分析相当出人意料。汉代列侯封地不叫县而叫侯国，朝廷置侯相一人进行管理。《汉书·地理志》（下文简称《汉志》）与《续汉书·郡国志》（下文简称《续汉志》）各依本志断限一一标明当时的侯国。而《晋志》'侯国'小注，

竟然全部见于《续汉志》同名县下——原来唐初史臣在参考《续汉志》时无意间将其抄录。"

太康元年，平吴，

【集释】《通鉴》胡注：《考异》曰：《宋书·州郡志》云："太康元年，天下一统，凡十六州，后又分雍、梁为秦，分荆、扬为江，分益为宁，分幽为平，而为二十矣。"按杜佑《通典》："平吴，分十九州：司、兖、豫、冀、并、青、徐、荆、扬、凉、雍、秦、益、梁、宁、幽、平、交、广。"今从之。杜佑曰：司州治洛阳。兖治廪丘，今濮阳郡雷泽县。豫治项，今淮阳郡项城县。冀治房子，今赵郡县。并治晋阳。青治临菑。徐治彭城。荆初治襄阳，后治江陵。扬治寿春，后治建业。凉治武威。分三辅为雍，治京兆。分陇山之西为秦，治上邽。益治成都。分巴、汉之地为梁，治南郑。分云南为宁，治云南。幽治涿。分辽东为平，治昌黎。交治龙编。分合浦之北为广，治番禺。

大凡户二百四十五万九千八百四十，

【斠注】《通典》七作"八百四"，无"十"字。又曰：蜀炎兴元年则魏景元四年，是岁魏灭蜀，至晋太康元年凡十八年，户增九十八万六千三百八十一，口增八百四十九万九百八十二，则当三国鼎峙之时，天下通计户百四十七万三千四百三十三，口七百六十七万二千八百八十一，以奉三主，斯以勤矣。《魏志·陈群传》注曰：《晋太康三年地记》：晋户有三百七十七万。《斠注》案：三年在平吴后二年，奄有江南之地，故又增至一百三十余万口也。

口一千六百一十六万三千八百六十三。而江左诸国并三分食一，

【集释】丁国钧《晋书校证》曰：太始二年《帝纪》明云皆食本户十分之一，此恐有误。

杨光辉《汉唐封爵制度》认为江左当为江右。

元帝渡江，太兴元年，始制九分食一。

【编者按】严耕望《中国地方行政制度史——魏晋南北朝地方行政制度（上）》对东晋都督区也有论述，摘录如下，供参考。"东晋仍分区置都督区，惟承西晋末叶之制，以刺史兼充，不用别人。"主要有如下几个都督区：（1）扬州都督区，兼督豫州，或加江州，或加兖州。（2）荆州都督区，都督以荆州刺史兼充，镇江陵。荆州都督区通常统辖荆益宁雍梁五州，为上流重镇。时或兼统江州，时或兼统交广。（3）江州都督区，通常多自成一督，虽时或统隶于扬州都督，或统隶于荆州都督，然非经制。江州都督始仅督本州，建元中，江州都督兼统辖零郡之始。江州都督区，除本州以外，常包括荆州之汉水以东诸郡及豫州以西南诸郡。温峤为都督江州刺史，镇武昌；上言宜镇寻阳。朝廷未许。（本传）其后陶侃庾亮皆都督荆江诸州领二州刺史，镇武昌。（《成帝纪》及本传）庾冰亦以荆江诸州都督江州刺史，居武昌。（本传）太元中，桓伊为都督江州刺史，请移州还镇豫章，诏令移州寻阳。（本传）其后多镇寻阳。（4）徐州都督区，大体言之，其督区为徐青兖三州。此诸州郡惟徐州及扬州之晋陵郡为实土。其镇地，先为淮阴，即下邳，继镇广陵，还镇京口，后复进镇下邳，又迁镇广陵。终镇京口。为京师东北之重镇。（5）豫州都督区，豫州侨置于扬州，故所督皆扬州之郡。其督区为今安徽省中南部。本都督为京师西北之重镇。初多镇芜湖。永和二年，谢尚镇芜湖，四年进寿春，九年还镇历阳，十一年又进镇马头。其后谢万、袁真复镇寿阳。宁康元年，移镇姑孰。太元十年，朱序戍马头；十二年，桓石虔戍历阳。其后庾准庾楷兄弟及刁逵魏咏之皆镇历阳。义熙二年，刘毅戍姑孰。诸葛长民领淮南太守，是又镇寿阳。义熙十三年，刘义庆亦镇寿阳。大抵镇历阳时间最多，进则马头、寿阳，退则姑孰、芜湖也。（6）会稽都督区，常都督浙东五郡，即会稽、临海、东阳、永嘉、新安，五郡皆属扬州，故此一都督自统隶于扬州都督。（7）沔中都督区，以襄阳为中心，包括南阳、新野、义阳、义成等七郡或八九郡，多镇襄阳。以其位于沔水（汉水）中流，故称沔中。又以其地区在沔水以北者远较以南者多，故一称沔北。且有沔北沔中分置两督者。自统隶于荆州都督无疑。（8）益州都督区，东晋初，置巴东监军，领益州刺史。周抚、周楚、周仲孙三世在益州四十余年，其都督区委益宁二州及梁州之三四郡。荆州都督几例督益宁或梁益，则此一督区与荆州都督之关系于此可见。（9）广州都督区，交广亦常为一督区，以广州刺史兼充都督。此区统于荆州都督，然孔汪以下，都督荆州者皆不及交广，则此交广都督又独立为区矣。

司州。案《禹贡》豫州之地。及汉武帝，初置司隶校尉，所部三辅、三河诸郡。其界西得雍州之京兆、冯翊、扶风三郡，北得冀州之河东、河内二郡，东得豫州之弘农、河南二郡，郡凡七。

【集释】《马注》：与龙曰：《志·总叙》云：梁、益、荆、扬、青、益、兖、徐、幽、并、冀十一州，交阯、朔方二刺史，合十三部。说与《汉志》合。此又云司隶校尉所部三辅、三河诸郡是十四部矣。《续汉·百官志》云：汉兴，但遣丞相史分刺诸州。《汉书·田叔传》云"使刺三河"是也。《百官志》又云：武帝初，置刺史十三人，秩六百石。又云：司隶校尉一人，比二千石，武帝初置，掌察举百官以下及京师近郡犯法者，成帝省，建武中复置，并领一州。是司隶领州非西汉制也。《汉地理志》河内、河南二郡下虽并有属司隶之文，然自成帝省司隶后，必与三辅诸郡同为丞相史使刺，可知至东京始定制，司隶所部郡七，见《百官志》，西京无是制也。

【编者按】《宋本晋书》"河内二郡"为"河内一郡"。疑误。

位望隆于牧伯，

【中华校】位望隆于牧伯 "隆"，各本作"降"，宋本作"隆"，今从宋本。

银印青绶。

【集释】《马注》：与龙曰：《百官志》：司隶校尉比二千石，成帝更刺史为牧，秩二千石。按：成帝时已省司隶，武帝时又无牧，是所谓位望降于牧伯，亦东京制耳。

及光武都洛阳，司隶所部与前汉不异。魏氏受禅，即都汉宫，司隶所部河南、河东、河内、弘农并冀州之平阳，合五郡，置司州。

【斠注】《元和郡县图志》五曰：陈留王以司隶校尉所掌置司州。《晋地理志新补正》曰：按《十三州志》，京师之州，司隶校尉掌焉，故曰司州。

晋仍居魏都，乃以三辅还属雍州，

【集释】《马注》：王先谦曰：三辅，汉末改隶雍州，三国魏同，见《续汉·百官志》注及《魏志·张既传》。与龙曰："乃以三辅还属雍州"八字应移于"晋仍居魏都"上斯合。《文选》傅季友《为宋公谒五陵表》注：《太康地记》曰：司州，司隶校尉治，汉武帝初置，其界本西得雍州之地，今以三辅为雍州。

分河南立荥阳，分雍州之京兆立上洛，废东郡立顿丘，遂定名司州，以司隶校尉统之。

【集释】《马注》：《通典》：晋司州理洛阳。

州统郡一十二，

【集释】毕沅《新补正》：沅案：今考州领郡十二。

《马注》：毕沅曰：《通典》云：领郡十一。与龙曰：《通典》误。

县一百，

【斠注】《东晋疆域志》曰：东晋凡统旧郡四，附见郡五，河南、荥阳、弘农、华山、汲郡、河内、阳平、魏郡、顿丘。周家禄《校勘记》曰：按篇中所载止九十九，疑有误。

户四十七万五千七百。

【中华校】县一百户四十七万五千七百　下所列为县九十九，户四十九万二千四百。两数不合，各州颇有此类情况，以后不具校。

【集释】王勇《〈晋书·地理志〉校证》曰："案：统计司州下所辖十二郡的户数，合计为'户四十八万六千一百'，既非'户四十七万五千七百'，亦非校勘记所言'户四十九万二千四百'。"

【编者按】司州治洛阳县，在今河南洛阳市东北白马寺东汉魏洛阳故城。

河南郡汉置。统县十二，

【集释】程廷祚《证今》曰："在今河南。"

毕沅《新补正》：沅案：《通典》云：领县十一。今考所统县亦十二，未知《通典》何据。

方恺《新校》：方恺曰：据此知晋时有匽师、穀城、新郑三县，皆当从《续汉志》属河南郡。

汪兆镛《稿本晋会要》：河南尹，补东垣县。兆镛按：《宋州郡志》，二汉、《晋太康志》河南郡皆有东垣县，今《晋志》无。

《马注》：与龙曰：《通典》误。今补偃师、新郑，为统县十四。

户一十一万四千四百。置尹。

【斠注】《汉志》曰：河南郡，故秦三川郡，高帝更名。《续汉志》注：建武十五年《宋志》作五年。改曰河南尹。《东晋疆域志》曰：东晋领县十三，《沈志》云东晋末领县十一。无成皋县，增东垣、西东垣二县。《晋地理志新补正》曰：二汉河南郡有原武县，魏收《地形志》云晋罢。

【集释】《马注》：王先谦曰：后汉河南尹，三国魏因之。与龙曰：永嘉以后，司州沦没。《宋书·州郡志》：武帝置司州，领河南，少帝景平初，司州复没。《魏书·地形志》郡属洛州。

【编者按】河南郡治洛阳县，在今河南洛阳市东北白马寺东汉魏洛阳故城。

洛阳置尉。五部、三市。

【斠注】《晋地理志新补正》曰：沅案：陆机《洛阳记》：大市名金市，在大城西，南市在大城南，马市在大城东。《寰宇记》：金市在临商观西，兑为金，故曰金市；马市在东，旧置丞焉。又《水经注》云：马市即嵇康为司马昭所害之处。

【集释】程廷祚《证今》曰："今河南附郭县。"

《马注》：与龙曰：《洛阳记》：南市一本作羊市。《文选》曹子建《赠白马王彪诗》注：陆机《洛阳记》曰：承明门，后宫出入之门。吾尝怪"谒帝承明庐"，问张公，云：魏明帝作建始殿，朝会皆由承明门。又陆士衡《赠冯文熊诗》注：《洛阳记》曰：太子宫在太宫东薄室门外，中有承华门。又《答张士然诗》注：《晋宫阁名》曰：洛阳宫有春王圃。

徐金星《汉魏洛阳故城保护、考古研究的回顾与展望——纪念东汉建都1970周年》："洛阳大市及白马寺遗址。北起内城闾阖门遗址西的东西退水渠，南至陇海铁路南侧，东至今白马寺齐云塔东，西至白马寺镇到平乐村的南北公路。""租场、牛马市等遗址。位于保驾庄与寺里碑村之间，西临内城东垣，东至寺里碑村到保驾庄的车道。"

孔祥军《校注》："置尉五部三市；中华本标点为'置尉。五部、三市'。今检《文选》卷十六潘安仁《闲居赋》'其西则有元戎禁营，玄幙绿徽'条李善注引陆机《洛阳记》：'五营校尉，前后左右将军府，皆在城中。'则'置尉五部'乃是'五营校尉'之意，不当点破。中华本误。"

东西七里，南北九里。

【斠注】《晋地理志新补正》曰：[《元和郡县图志》五曰：]按（陆机）《洛阳记》云：洛阳城东西七里，南北九里，洛阳城内宫殿、台观、府藏、寺舍，[晋、魏之代，]凡有一万一千二百一十九门。自[永嘉之乱，]刘曜入洛元帝渡江，官署里闾鞠为（茅）[茂]草。（编者校：此条从《太平寰宇记》录出，疑属戴延之《洛阳记》。）

孔祥军《校注》："检《艺文类聚》卷六十三《橹》引陆机《洛阳记》：'洛阳城，周公所制。东西十里。南北三十里。'与此不同，未详孰是。"

【集释】《马注》：与龙曰：《郡国志》注引《元康地道记》曰：城里南北九里七十步，东西六里十步，为地三百顷一十二亩有三十六步。

阎文儒《洛阳汉魏隋唐城址勘查记》"注释和参考文献"中注释："若用最近[1950年代]洛阳晋墓出土的骨尺来折算，每晋尺等于 0.24 米。则南北长 9 里 7 步，折合 3972 米；东西长 6 里 10 步，折合 2604 米。"

东有建春、

【斠注】《晋地理志新补正》曰：沅案：《晋宫阙簿》：上东门，洛阳东面门也，在寅地，晋改为建春门。

【集释】《马注》：与龙曰：《水经注》：穀水迳建春门石桥下，即上东门也，一曰上升门，晋曰建阳门。按郦《注》，建阳门即建春门，盖后避讳，改春为阳。

中国社会科学院考古研究所洛阳汉魏故城工作队《汉魏洛阳城建春门遗址的发掘》：汉上东门、魏晋以至北魏建春门遗址在"今洛阳市偃师县韩旗屯村的东北"。

东阳、

【集释】《马注》：毕沅曰：案《晋书》，东面最北曰东上门，后改为东阳门。

清明

【集释】《马注》：与龙曰：《水经注》：穀水又迳青阳门东，故清明门也，亦曰税门，亦曰芒门。又北迳东阳门东，故中东门也。

三门，

【斠注】《洛阳伽蓝记序》曰：东面有三门：北头第一门曰建春门。《文选·宋孝武宣贵妃诔》注引《河南郡境界簿》：洛阳县东城第一建春门。《寰宇记》引《舆地志》：上东门，晋改为建春门。次南曰东阳门，案：《寰宇记》引《舆地志》误以东阳为建春之改名。次南曰青阳门。注云"魏晋曰青明门，高祖改为青阳门"。

南有开阳、

【斠注】《晋地理志新补正》曰：开

阳门，《晋宫阙簿》：在巳上。《汉官仪》：此门始成，未有名，夜有一柱飞来在楼上，后琅邪开阳县上言南门一柱忽然飞去，莫知所在，光武使视之即是也，因以名焉。

【集释】中国社会科学院考古研究所洛阳工作队《汉魏洛阳故城太学遗址新出土的汉石经残石》："河南省偃师县佃庄公社东大郊大队太学村，地当汉魏洛阳故城开阳门外御道东，是汉魏太学所在地。"注释："《后汉书·蔡邕传》注引《洛阳记》：'太学在洛城南开阳门外。'《洛阳伽蓝记》卷三'报德寺'条：'开阳门御道东有汉国子学堂。'"

【编者按】《宋本晋书》"东有建春、东阳、清明三门，南"无。

平昌、宣阳、

【斠注】《晋地理志新补正》曰：宣阳门，《晋宫阙簿》云西汉有小苑门在午上，晋改曰宣阳门，一云移门即宣阳门也。薛综注：《东京赋》曰：谇门，冰室门也。

【集释】《通鉴》胡注："宣阳门，洛城南面东来第四门，亦谓之谇门。""西阳门，即洛城宣阳门也，城西面南头第一门；或曰：西阳门，即第二门西明门也。"

《马注》：与龙曰：《水经注》：谷水又东迳宣阳门南，故〔小〕（编者校：据陈桥驿复校本《水经注疏》增"小"字。）苑门也。

建阳

【集释】《马注》：与龙曰：《水经注》：谷水又东迳开阳门南，《晋宫阁名》曰：故建阳门也。据此，则建阳门即开阳门。

孔祥军《校注》："'建阳'当作'津阳'。"

四门，

【斠注】《洛阳伽蓝记序》曰：南面有（三）〔四〕门：东头第一门曰开阳门。次西曰平昌门。次西曰宣阳门。

【集释】《马注》：与龙曰：《水经注》：谷水又东迳平昌门南，故平门也。郦《注》又云：宣阳门左，旧平城门所在，今塞，北对洛阳南宫。蔡邕曰：平城门，正阳之门，门之最尊者。按平城门之塞在后魏时，应补入此门，以足十二门之数。

西有广阳、

【斠注】《晋地理志新补正》曰：广阳门，《汉宫阙簿》：广阳门西面有三门，门在申上。《水经注》称郭缘生《述征记》，广阳门西南有刘曜垒、试弩棚，西北有斗鸡台、射雉观。

西明、

【斠注】《晋地理志新补正》曰：西明门，《河南十二县境簿》：蚕观在广阳门次北，汉曰有雍门，在酉上，晋改曰西明。

【集释】《通鉴》胡注："西明门，洛城西面南头第二门也。"

《马注》：与龙曰：《水经注》：谷水南出迳西阳门，旧汉氏之西明门也，亦曰雍门矣。又南迳西明门，故广阳门也。顾祖禹云：广阳门，后魏主弘改曰西明门。据此，则《志》西明当作西阳为是。

阊阖

【斠注】《晋地理志新补正》曰：阊阖门，《河南十二县境簿》：又次北曰上西门，在戌上，晋改曰阊阖门。《汉官仪》，上西门所以不纯白者，汉家厄于戌，故以丹漆镂之。

【集释】《通鉴》胡注："阊阖门，洛城西面北头门。"

胡三省《通鉴释文辩误》曰："史炤《释文》曰：阊阖，门名，在河南洛阳之西。（海陵本同）余按《水经注》曰：《礼》，天子有五门，谓皋门、库门、雉门、应门、路门。魏明帝上法太极，遂起太极殿于汉崇德殿之故处，改雉门曰阊阖门。史炤以为在洛阳之西，盖以八方之风，西方曰阊阖；又《晋志》，洛阳城西有广阳、西门、阊阖三门；殊不考天门曰阊阖，魏明帝法天以名宫门也。是时盖斩同于宫门外。"

三门，

【斠注】《洛阳伽蓝记序》曰：西面有四门：南头第一曰西明门。注云"汉曰广阳门，魏晋因而不改，高祖改为西明门"。次北曰西阳门。注云"魏晋曰西明门，高祖改为西阳门"。次北曰阊阖门。次北曰承明门。注云"承明者，高祖所立"。

北有大夏、

【斠注】《晋地理志新补正》曰：大夏门，《晋宫阙簿》：夏门北面有二门，其西汉曰夏门，晋改为大夏门，在亥上。陆机《与弟书》曰：大夏门有三层楼，高百尺。

广莫

【斠注】《晋地理志新补正》曰：广莫门，《晋宫阙簿》：汉穀门，晋改为广莫门，正在丑上。陆机《洛阳记》：洛城十二门，南北九里，城内宫殿、台观有阎闼，左右出入城内皆三道，公卿、尚书从中道，凡人左右出入不得相逢，夹道种榆柳以荫行人。《晋书》：洛阳十二门皆有双阙石桥，桥跨阳渠水。

二门。

【斠注】《洛阳伽蓝记序》曰：北面有二门：西头曰大夏门。东头曰广莫门。

司隶校尉、河南尹及百官列城内也。

【斠注】两汉旧县。《新斠注地理志》四曰：雒阳在今河南府城东北二十里，《括地志》在洛阳县东北二十六里，《元和志》东二十里。挚虞曰：古之周[南]，今之洛阳也。《斠注》案：元魏于洛阳诸门率仍其旧心（编者校："心"疑为"名"之误。），清明、广阳、西阳均改易新名，复于西面增立承明门至南面极西之建阳门，衒之不载，殆其时已堙废矣。《水经注》引《太康地道记》曰：尸乡，故殷汤所都者也，亦曰汤亭，田横死于是亭，故改曰尸乡。毕沅《晋太康地记》曰：按《郡国志》匽师有尸乡，晋省匽师入雒阳，故列此。

【集释】《通鉴》胡注："云龙门，洛阳宫城正南门；万春门，东门也。""津阳门，洛阳城南面东头第二门。""金墉城在洛阳城西北角。""据《晋书·五行志》，洛阳城东有豆田壁。""洛阳城中太尉、司徒两坊间，谓之铜驼街，魏明帝置铜驼于阊阖南街，即此。陆机《洛阳记》曰：洛阳有铜驼街，汉铸铜驼二枚，在宫南四会道相对。俗语曰：'金马门外集众贤，铜驼陌上集少年。'""张方故垒在洛阳西七里。"

汪兆镛《稿本晋会要》：狄泉在城内太仓西南，东宫西北。皇甫谧《帝王世纪》曰：狄泉本殷之墓地，今城中有殷王冢。又云太仓中大冢，周景王也。

《马注》：与龙曰：三国魏县。按三国魏、蜀、吴各郡县具见王先谦《〈后汉书·郡国志〉集解》，兹悉依据，鲜所更易，以后仿此不复申载也。《郡国志》注引《晋元康地道记》：城东北隅周威烈王冢。有金墉城，三国魏所筑。永和十一年，桓温救洛阳，屯故太极殿前，寻徙屯金墉。太和五年，秦王猛克洛阳，使邓羌戍金墉。有石梁坞。永嘉末，将军魏浚聚流民，屯洛北石梁坞。刘琨承制假浚河南尹。太宁三年，刘曜将刘岳攻后赵，拔孟津、石梁二戍，即此。《州郡志》：武帝北平关、洛，置河南郡，领洛阳。少帝景平初，复没。《地形志》：洛州洛阳郡洛阳，晋属河南。《一统志》：金墉城，今洛阳县东；石梁坞，今洛阳县东故洛城东洛水北；洛阳故城，今河南废洛阳县东北二十里。

【编者按】洛阳县故城，在今河南洛阳市东北十五公里处洛河北岸白马寺镇白马寺村东汉魏故城。根据考古发掘，洛阳城遗址大部分在今洛阳市郊和偃师市境，除位于今洛阳市部分，其东则位于今偃师市首阳山街道西半部，其西北位于今孟津县境平乐镇翟泉村、金村一带。金墉城位于今孟津县平乐镇金村村东一带，南北长约1080米，东西宽约255米，由三座小城毗连。

河南周东都王城郏鄏也。

【斠注】两汉旧县。《寰宇记》一曰：后汉及魏晋皆理于今河南县苑城。《续汉志》注王隐《地道记》曰：王城去雒城四十里，鄏在县西南，有鄏亭。《史记·周本纪·正义》：《括地志》曰：故王城一名河南城，本郏鄏，周公所筑，在洛州河南县北九里苑内东北隅。自平王以下十二王皆都此城，至敬王乃迁都成周，至赧王又居王城。《帝王世纪》云：王城西有郏鄏陌。《水经·洛水注》引杜预《释地》同。《左传》云成王定鼎于郏鄏。京相璠《地名》云：郏，山名；鄏，邑名。《水经·穀水注》引作地邑也。《说文解字》曰：郏鄏，河南县直城门官陌地也。

【集释】何超《音义》：郏鄏，夹、辱二音。

《通鉴》胡注：《水经注》：河南县城东十五里有千金堨。《洛阳记》曰：千金堨旧堰穀水，魏时更修此堰，谓之千金堨。堨，阿葛翻。

程廷祚《证今》曰："在今河南府西北。"

《马注》：王先谦曰：平王东迁，至景王十一世，皆居于此。敬王迁洛阳，王城遂废。考王封弟揭于河南，复居于此。是为西周。桓公、王赧亦自洛阳徙居西周。见《周纪》。与龙曰：注说见《汉志》。三国魏县。《州郡志》：武帝置河南郡，领河南，景平初复没。《地形志》：新安郡河南，晋属河南。《一统志》：故城今洛阳县西北五里。

【编者按】《宋本晋书》"郏鄏"为"郊鄏"。疑误。河南县故城，在今河南洛阳市西工区西涧河东岸王城公园一带。

巩

【集释】《通鉴》胡注："巩县，属河南郡，有东訾城。《左传》：单子取訾。杜预曰：在巩县西南。《晋地道记》曰：在县之东。訾，子斯翻。""《水经注》：河水过河南巩县，北有山临河，谓之崟原丘。其下有穴，谓之巩穴，言潜通〔淮〕浦，北达于河。直穴有渚，谓之鲔渚。鲔，于轨翻。"

程廷祚《证今》曰："在今河南府巩县西南三十里。"

《马注》：与龙曰：三国魏县。《左传·僖二十四年》杜注：河南巩县。《郡国志》云有东訾聚，注引《晋地道记》曰在县之东。又云有坎欿聚，注引《晋地道记》在南。《州郡志》：武帝置河南郡，领巩，景平初复没。《地形志》：北豫州成皋郡巩，晋属河南。《一统志》：故城今巩县西南三十里。

周孝王封周桓公孙惠公于巩，号东周，故战国时有东、西周号。芒山、首阳其界也。

【斠注】两汉旧县。《史记·赵世家·正义》：《括地志》曰：《史记》：周显王二年，西周惠公封少子班于巩为东周，其子武公为秦所灭。郭缘生《述征记》云：巩县本周巩伯邑。《晋地理志新补正》曰：《史记·索隐》考王封其弟于河南为桓公，卒，子威公立，卒，子惠公立。长子曰西周公，又封少子于巩，仍袭父号曰东周惠公。据此，《志》孝王应作考王，然封少子班于巩者，乃西周惠公，事距考王时已久，安得云考王所封耶？又误以袭父号之惠公为西周惠公，皆非也。东周惠公属桓公之曾孙。《元和郡县图志》五曰：北邙山在偃师县北二里，西自洛阳县界，东入巩县界，旧说云北邙山是陇山之尾，乃众山总名连岭，修亘四百余里。首阳山在偃师县西北二十五里。《读史方舆纪要》四十八曰：巩城在今县西南三十里，《水经·洛水注》下《太康地记》曰：坎欿聚在巩西。《续汉志》注：《地道记》曰：訾在县之东。

【集释】《马注》：王先谦曰：《周纪》：西周惠公封少子班于巩，号东周惠公，而班之兄仍父爵，居王城，为西周武公。韩、赵分周地为二之后，显王虽在成周，特建空名。盖东周、西周之名前后三变。平王东迁后，丰镐为西周，河南为东周；考王封桓公后，河南为西周，洛阳为东周；惠公封班后，河南为西周，巩为东周也。与龙曰：注说见《汉志》。

【编者按】巩县故城，在今河南巩义市西南。

河阴

【斠注】《史记·周本纪·正义》：《括地志》曰：河阴县城本汉平阴县，在洛州洛阳县东北五十里。《十三州志》云：在平津大河之南也。魏文帝改曰河阴。《读史方舆纪要》四十八曰：平阴城在孟津县东一里。

【集释】程廷祚《证今》曰："在今河南府巩县孟津县东。"

《马注》：王先谦曰：汉末改平阴曰河阴。与龙曰：三国魏县。《左传·昭二十三年》：晋师在平阴。杜预注：今河阴县。《州郡志》云：武帝置河南郡，领河阴，《晋太康地志》有。《地形志》：洛州河阴郡河阴，晋置。《一统志》：故城今孟津东。

【编者按】 河阴县故城，在今河南孟津县东北。

新安 函谷关所居。

【斠注】 汉属弘农郡。《宋州郡志》曰：新安，《晋太康地志》属河东。成孺《校勘记》云新安不得属河东郡，东为南字之误。《元和郡县图志》五曰：函谷故关在新安县东一里，汉武帝元鼎三年为杨仆徙关于新安。《晋地理志新补正》曰：按郭缘生《续征记》：新安县，汉之函谷关也，今犹谓之新关，项羽坑秦卒于新安城南即此地。魏明帝景初元年，河南尹卢延上言，成皋函谷二里六十步，宜却函谷关于崤下。弘农太守杜恕议，以东徙潼关著郡下，省函谷关，徙崤关卢氏县下。正始元年，弘农太守孟康上言，移函谷关，（再）［更］（编者校：《二十五史补编》本《晋书地理志新补正》"再"为"更"。）号大崤关，又为金关。《地理志》云：今按此关正始元年废也。

【集释】 《通鉴》胡注：《水经注》：河南新安县东有千秋亭，亭东有雍谷溪，回岫萦纡，石路阻峡，故亦有峡石之称。

方恺《新校》：方恺曰：又《州郡志》司州刺史下云：新安，《晋太康地志》属河东。疑《州郡志》传写之讹，此河东当作河南。吴翊寅案：《郡国志》弘农郡有新安，云"涧水出"。魏收《地形志》：新安，二汉属弘农，晋属河南。沈约《州郡志》言《晋太康地志》属河东，误也。

《马注》：三国魏县，属弘农。《郡国志》：新安。刘注：有孝水。见潘岳《西征赋》。《州郡志》云：武帝置河南郡，领新安。与龙按：汉、魏以来，河东郡属县并在河以北，新安县居河南，不应属河东。《宋志》：河东当为河南之讹。《地形志》：洛州新安郡新安，晋属河南。《一统志》：故城今渑池县东搭泥镇。

【编者按】 新安县故城，在今河南义马市市区西南下石河村。

成皋 有关，郑之武牢。

【斠注】 两汉旧县。《续汉志》作成睪。（编者校：中华书局点校本《续汉书》"中华校"曰：成皋。汲本"睪"作"睾"，殿本作"臯"，注同。黄山谓"睪"亦可通"皋"。）《史记·项羽本纪·正义》：《括地志》曰：成皋故县在洛州汜水县西南二里。又《秦本纪·正义》：《括地志》曰：洛州汜水县，古东虢国，亦郑之制邑，汉之成皋，亦（编者校：《括地志辑校》"亦"作"即"。）周穆王虎牢城。《读史方舆纪要》四十七曰：成皋城在汜水县西北。《史记·高祖本纪·正义》：《晋太康地记》曰：秦建敖仓于成皋。《御览·水部》：《地道记》曰：济自大伾入河，与河水斗。大伾在成皋，古成皋兼包巩县之界，溢出为荥水。

【集释】 何超《音义》：成皋，音高。

《通鉴》胡注："河南成皋县，郑之虎牢也。《穆天子传》曰：七萃之士，生捕虎，即献天子，天子畜之东虢，号曰虎牢。其后刘裕复中原，置河南四镇，虎牢其一也。""据《水经》，黄马坂在成皋县，河水迳其北，谓之黄马关。""宋白曰：虎牢，古东虢国，春秋为郑之制邑，汉为成皋县。《穆天子传》：天子猎于郑，有虎在葭中，七萃之士禽之以献，命畜之东虢，号曰虎牢。后为成皋县，北临黄河。后汉为成皋关，后魏为东中郎将府，唐为汜水县。"

程廷祚《证今》曰："在今开封府汜水县。"

《马注》：王先谦曰：《左哀二年传》：孟献子请城虎牢以逼郑。《河水注》：秦以为关，汉乃县之。与龙曰：《汉志》作虎牢，此作武，避唐讳。三国魏县。《左传·隐五年》杜注：北制郑邑，今河南成皋县也，一名虎牢。《黥布传·索隐》引《太康地记》云：秦建敖仓于成皋，又立庾，故亦云敖庾也。《州郡志》：武帝置荥阳郡，领成皋。《地形志》：北豫州荥阳郡成皋，晋属河南。《一统志》：故城今开封府汜水县西北。

【编者按】成皋县故城，在今河南荥阳市西北汜水镇西。

缑氏有刘聚，周大夫刘子邑。有延寿城、仙人祠。

【斠注】两汉旧县。《水经·洛水注》曰：刘水出半石东山，西北流，迳刘聚，三面临涧，在缑氏西南。又曰：休水又迳延寿城南。注云：缑氏县治，故滑费，春秋滑国所都也。城有仙人祠，谓之仙人观。又休水［流］（编者校：陈桥驿复校本《水经注疏》此处有"流"字。）潜通，重渊又发，侧缑氏原，《开山图》谓之缑氏山也。亦云，仙者升焉。言王子晋控鹄（编者校：陈桥驿复校本《水经注疏》此处考证"鹄"为"鹤"字。录此姑存一说。）斯阜。其家得遗屣。俗亦谓之抚父堆，堆上有子晋祠。《元和郡县图志》五曰：缑氏山在县东南二十九里王子晋得仙处。《史记·夏本纪·正义》：《括地志》曰：刘累故城在洛州缑氏县南五十五里，乃刘累之故地也。《寰宇记》：灵星鸥即延寿城。《嵩山记》曰：此鸥道士浮（邱）［丘］公接王子晋登仙之所也。《读史方舆纪要》四十八曰：缑氏城在偃师县南二十里。

【集释】程廷祚《证今》曰："在今河南府偃师县南二十里。"

《马注》：与龙曰：注说见《汉志》。三国魏县。《左传·隐十一年》杜注：河南缑氏县。《郡国志》注引干宝《搜神记》曰：有延寿城。《史记·高纪·集解》：瓒曰：轘辕，险道名，在缑氏东南。《索隐》：按《十三州志》云：河南缑氏县，以山为名，一云轘辕，为九十二曲，是险道也。《州郡志》：武帝置河南郡，领缑氏。《地形志》：洛阳郡缑氏，晋属河南。有缑氏城。《一统志》：今河南府偃师县南二十里故城村。

【编者按】缑氏县故城，在今河南偃帅市东南府店镇北二里。

阳城有鄂阪关。此邑是为地中，夏至景尺五寸。

【集释】《马注》：与龙曰：注说见《周礼》郑众注，亦见《御览》引《太康地记》。

有阳城山、箕山，许由墓在焉。

【斠注】两汉属颍川郡。《御览》：《晋太康地记》曰：河南阳城县是为土中，夏至之景尺有五寸，所以为候。《水经·颍水注》曰：县南对箕山，山上有许由冢，尧所封也。故太史公曰：余登箕山，其上有许由墓焉。《史记·夏本纪·正义》：《括地志》曰：阳城县在箕山北十三里。《元和郡县图志》五曰：鄂岭坂在缑氏县东南三十七里。《晋八王故事》曰：范阳王保于鄂坂，后于其上置关。《斠注》案：范阳王虓自冀州济河西迎惠帝，此关必其时所置。《李矩传》作堮坂。《读史方舆纪要》四十八曰：阳城废县在登封县东南四十里。堮岭在县东南三十里，本箕山也。《续汉志》注：《地道记》曰：颍水出阳城山。

【集释】《通鉴》胡注：杜佑曰：堮岭在河南登封县，登封，故嵩阳也。堮，五各翻。

程廷祚《证今》曰："在今河南府登封县东南四十里。"

《马注》：惠栋曰：郦元云：有许由庙，碑阙尚存，颍川太守朱宠所立。与龙曰：注说见《史记》。三国魏县，属颍川。《左传·宣十年》杜注：颍水出河南阳城，至下蔡入淮。《郡国志》注引《晋地道记》：颍水出阳城山。按惠帝时，杜锡为阳城太守。永嘉末，荀组以褚翜督新城、阳城等郡，见《褚翜传》。盖二县皆尝置郡。《地形志》：阳城郡阳城，晋属河南，后罢。《一统志》：今登封县南。

【编者按】阳城县故城，在今河南登封市东南二十四里告成镇。

新城有延寿关。故戎蛮子之国。

【斠注】《汉志》曰：新成，惠帝四年置。《续汉志》作新城。《元和郡县图志》五曰：伊关县，汉为新成县，伊阙故关在县北四十五里，何进入关之一。《读史方舆纪要》四十八曰：新城在河南府南七十五里。

【集释】程廷祚《证今》曰："在今河南府南七十五里。"

《马注》：《左昭十六年传》：楚子使然丹诱戎蛮子嘉。杜注：河南新城县东南有蛮城。三国魏县。《史记·周本纪》：得高都。《集解》徐广曰：今河南新城县高都城也。《州郡志》：武帝置河南郡，领新城。《地形志》：北荆州新城郡新城，晋属河南。《一统志》：今洛阳县南。

【编者按】新城县故城，在今河南伊川县西南平等乡北古城。

陆浑 故蛮子国，楚庄王伐陆浑是也。

【斠注】两汉属弘农郡。《水经·伊水注》曰：故蛮子国也，县有鄤聚，今名蛮中是也。汉惠帝四年置县。《读史方舆纪要》四十八曰：陆浑城在嵩县北三十里。

【集释】程廷祚《证今》曰："在今河南府嵩县北三十里。"

《马注》：与龙曰：《汉志》注：春秋迁陆浑戎于此。三国魏县。《左传·昭四年》杜注：河南陆浑县。《州郡志》：陆浑，《晋太康地志》属河南。《地形志》：新城郡北陆。按陆下夺浑字。《一统志》：陆浑，东魏置。北陆浑县故城，今嵩县东北伏流城北二十里。

【编者按】陆浑县故城，在今河南嵩县东北。

梁 战国时谓为南梁，别少梁也。

【斠注】《御览》一百五十九引《十三州志》曰：战国梁属魏，秦置三十六郡属三川郡，汉为河南郡之梁县。《新斠注地理志》四曰：梁在今汝州东。

【集释】程廷祚《证今》曰："在今汝州西南四十五里。"

《马注》：与龙曰：注说见《水经·汝水注》。三国魏县。《左传·哀四年》杜注：河南梁县。《州郡志》：武帝置河南郡，领梁。《地形志》属汝北郡。《一统志》：故城今汝州西四十里。

【编者按】梁县故城，在今河南汝州市西南汝河南岸。

阳翟

【斠注】两汉属颍川郡。《续汉志》注：《汲冢书》：禹都阳城。《古史考》曰郑厉公入栎，即此也。《晋地道记》曰：阳翟去洛阳二百八十六里。《读史方舆纪要》四十七：阳翟城今禹州治。《寰宇记》七《地道记》曰：钓台下有陂，俗谓之钓台陂。

【集释】程廷祚《证今》曰："今开封府禹州。"

《马注》：与龙曰：三国魏县。属颍川。《春秋·桓十五年》杜注：河南阳翟县。《郡国志》注引《地道记》曰：阳翟去洛阳二百八十里，属河南。有韩王故垒，今禹州西北之小韩城是。《李矩传》：矩屯荥阳，后移新郑，刘聪遣从弟畅屯于韩王故垒，相去七里。《州郡志》颍川太守下云：阳翟，晋属河南。《地形志》：郑州阳翟郡阳翟，晋属河南。有阳翟城。《一统志》：故城今开封府禹州治。

【编者按】阳翟县故城，即今河南禹州市治。

[穀城]

【集释】方恺《新校》：方恺曰：郭璞《山海经》穀水注云：今穀水出穀阳谷，东北至穀城县入洛河。《寰宇记》又云西晋省穀城县入河南，盖援本《志》望文生义耳。吴翊寅案：《地理志》：穀城，《禹贡》瀍水出。师古曰：即今新安。《郡国志》穀城有函谷关，本《志》云"新安，函谷关所居"，是西晋时穀城省并入新安矣。郭璞注有穀城县，盖东晋复置。

【编者按】方恺《新校》在此处增补穀城县属河南郡。穀城县故城，在今河南洛阳市西北。孔祥军《校注》认为穀城县废于晋初。

[偃师]

【集释】方恺《新校》：方恺曰：案《续汉郡国志》刘昭注引皇甫谧《帝王世纪》曰：尸乡在偃师县西三十里。《水经注》引《太康地道记》同。《寰宇记》谓：偃师，晋并入洛阳。

《马注》：与龙曰：三国魏县。《史记·五帝本纪·集解》皇甫谧曰：都亳，今河南偃师是。按此，则县晋太康后犹存。又《郡国志》：偃师有尸乡。《史记·殷本纪》：放之于桐宫。《正义》引《晋太康地记》云：尸乡南有亳阪，东有城，太甲所放处也。是可为晋太康时有偃师县之证。《寰宇记》：县晋并入洛阳。盖晋末乃省并耳。此《志》失载，今据《帝王世纪》补录。《一统志》：故城今开封府偃师县治。

徐金星《汉魏洛阳故城保护、考古研究的回顾与展望——纪念东汉建都1970周年》："[晋文帝]崇阳陵位于今偃师市潘村、杜楼二村以北枕头山墓地，坐北朝南。""[晋武帝]峻阳陵位于今偃师市南蔡庄北，俗称'峻陵儿地'的山坡上。"

【编者按】方恺《新校》及《马注》在此处增补偃师县属河南郡。偃师县故城，在今河南偃师市东。孔祥军《校注》认为偃师县废于晋初。

[新郑]【集释】《通鉴》胡注："《水经注》：华水东迳棐城北，即北林亭也。春秋诸侯会于棐林以救郑，遇于北林。按林乡故城在新郑北；又有白鹰陂，在长社东北，林乡西南。""新郑县，汉属河南郡，晋省，其地当在荥阳郡界。周宣王弟郑桓公本封京兆之郑县；其子武公邑于虢、郐之间，遂为郑国。《左传》郑庄公曰：'吾先君新邑于此，'后遂为新郑县，以别京兆之郑。"

方恺《新校》：方恺曰：《左氏·隐十一年传》：吾先君新邑于此。杜预注云：此今河南新郑。

《马注》：与龙曰：三国魏县。《史记·五帝本纪·集解》皇甫谧曰：有熊，今河南新郑是也。按此，则县晋太康后犹存。《元和志》：县晋始省。盖晋末乃省耳，此《志》失载，今为补录。《地形志》：广武郡苑陵，有新郑城。《一统志》：故城今开封府新郑县北。

【编者按】方恺《新校》及《马注》在此处增补新郑县属河南郡。新郑县故城，即今河南新郑市。

荥阳郡泰始二年置。
【集释】程廷祚《证今》曰："今河南开封府。荥俗作荣，非。"

方恺《新校》：方恺曰：又本书《魏舒传》，迁宜阳、荥阳二郡太守在文帝时。宜阳郡或至武帝时已废，荥阳郡则非泰始二年始置明矣。

《马注》：与龙曰：三国魏置荥阳郡，后省，晋复置。说见总叙。《州郡志》：武帝北平关洛，置司州，领荥阳。晋武帝泰始元年，分河南立。《地形志》属北豫州。

统县八，户三万四千。

【斠注】劳格《校勘记》曰：《水经·济水注》：魏正始三年，岁在甲子，被癸丑诏书，割河南郡（县）（编者校：陈桥驿复校本《水经注疏》此处考证应删去"县"字。）自巩、阙以东，创建荥阳郡。并户二万五千。以李胜为郡守。《魏略·李胜传》亦云：累迁荥阳太守，《魏书·曹爽传》注。又《三国志·傅嘏传》拜荥阳太守，《孙礼传》迁荥阳都尉，《晋书·魏舒传》为荥阳太守亦在魏世，则是郡非晋置明甚。然《宋书·州郡志》亦云太始元年分河南立，岂魏后废而晋复立耶？荥字当从火作荥，此从水作荥，误。《东晋疆域志》曰：《沈志》东晋末年凡领县九，增成皋一县。

【集释】方恺《新校》：方恺曰：案《左氏·襄十八年传》：遂涉颍，次于旃然。杜注：旃然水出荥阳成皋县，东入汴。《昭五年传》：子太叔劳诸索氏。杜注又云：河南成皋县东有大索城。一县不应两属，未详孰是。又魏收《地形志》注：成皋，晋属河南，后属荥阳。疑杜预时已改属此郡，后人误用本《志》改窜《昭五年》注文耳。

【编者按】荥阳郡治荥阳县，在今河南荥阳市东北。

荥阳地名敖，秦置敖仓者。

【斠注】两汉属河南郡。《元和郡县图志》八曰：敖山，荥泽县西十五里。《寰宇记》作西二十里。宋武帝《北征记》曰："敖山，秦时筑仓于山上，汉高祖亦因敖仓傍山筑道下汴水。"即此山也。《史记·殷本纪·正义》：《括地志》曰：荥阳故城在郑州荥泽县西南十七里，殷时敖地也。又《项羽本纪·正义》：《括地志》曰：敖仓在郑州荥阳县西十五里，（县）[石]（编者校：《括地志辑校》"县"字考订为"石"字。）门之东，北临汴水，南带三皇山，秦时置仓于敖（仓）[山]（编者校：《括地志辑校》"仓"字为"山"字。）云。《新斠注地理志》四曰：《书》仲丁迁于嚣。《史记》作隞，皇甫谧曰：河南敖仓是。臣瓒曰：敖（君）[仓]（编者校：《斠注》作"君"，不通，据上下文应为"仓"。）在荥阳西北山上临河大仓是也。考《诗》"薄狩于敖"，即此。是敖正字，嚣通字，隞别字。《读史方舆纪要》四十七曰：荥阳城在今县北。

【集释】程廷祚《证今》曰："今县。"

《马注》：与龙曰：注说见《郡国志》。三国魏县，属河南。《左传·隐元年》杜注：虢国，今荥阳县。有大栅坞。《水经·济水注》：晋荥阳民张卓、董迈等遭荒，鸠聚流杂保固，名为大栅坞。《州郡志》：武帝置荥阳郡，领荥阳。《地形志》：荥阳郡荥阳，晋属。有荥阳城。《一统志》：汉故城，今开封府荥泽县西南十七里，魏太和中移治大栅城，即今荥阳县治。

【编者按】《续汉书·郡国志》荥阳条下中华校曰："'荥阳'，汲本、殿本'荥'作'荣'。按：段玉裁谓荥泽、荥阳，古无作荣者，浅人任意窜易，以为水名当作'荣'，不知泲水名荥，自有本义，于绝小水之义无涉也。"荥阳县故城，在今河南荥阳市东北。

京郑太叔段所居。

【斠注】两汉属河南郡。《史记·项羽本纪·正义》：《括地志》曰：京县故城在郑州荥阳县东南二十里，郑之京邑。又《郑世家·正义》：《晋太康地记》云：郑太叔段所居邑。《水经·济水注》：《地道记》曰：京有大索、小索亭。《汉书》京、索之间也。

【集释】程廷祚《证今》曰："在今荥阳县东南三十里。"

《马注》：与龙曰：三国魏县，属河南。《左传·隐元年》杜注：荥阳京县。《州郡志》：武帝置荥阳郡，领京。《地形志》：荥阳郡京，晋属。《一统志》：今荥阳县东南二十里。

【编者按】京县故城，在今河南荥阳市东南豫龙镇王寨村东南。

密故周畿内。

【斠注】两汉属河南郡。《元和郡县

图志》五曰：密，古密国也。《春秋》：诸侯伐郑，围新密。《读史方舆纪要》四十七曰：密城在今县东南三十里。本《寰宇记》。《东晋疆域志》曰：《寰宇记》：晋太始二年，分河南置阳翟郡，以密县属焉。《斠注》案：《晋书·地理志》不言阳翟曾作郡，未知乐史何据。

【集释】程廷祚《证今》曰："在今密县东南三十里。"

《马注》：王先谦曰：《周语》：有密，康公玉灭之，后属郑，为新密，亦曰新城。战国属韩，秦昭襄王拔之，复入韩，秦攻之，又与韩王会与此。见《秦纪》。与龙曰：阳翟郡，元魏兴和中置，《寰宇记》误。三国魏县，属河南。《春秋·僖六年》杜注：荥阳密县。《荀藩传》：洛阳陷没，藩出奔密，王浚承制，奉藩为留台太尉。《州郡志》：武帝置荥阳郡，领密。《地形志》：荥阳郡密，治容城。《一统志》：故城今密县东南三十里。

【编者按】密县故城，在今河南新密市东南。

卷有博浪长沙，张良击秦始皇处。

【中华校】有博浪长沙张良击秦始皇处 毕沅《晋书地理志新补正》（以下简称毕校）谓徧检诸地志，皆云博浪沙在阳武。疑此十二字注本在"阳武"下，错简入卷县耳。

【斠注】两汉属河南郡。《史记·始皇本纪》作博浪沙。《汉志》作博狼沙。《水经·渠水注》曰：清沟水又东，北迳沈清亭，历博浪泽。注云：疑即博浪亭也。服虔曰：博浪，阳武南地名也。《水经注刊误》曰：博浪、阳武，沙水二名。昔张良为韩报仇于秦，以金椎击秦始皇不中，中其副车于此。《水经注释》二十二曰：一清按：《汉书·张良传》注引服虔曰：博浪，河南阳武南地名，今有亭。《史记·索隐》曰："服虔云博浪地名在阳武南"，而《晋志》荥阳郡卷县下云有博浪长沙。道元既以博浪为泽水所钟，又是长沙，故云沙水二名，但所引服说全与《史》《汉》注异，未知所据。《晋地理志新补正》曰：按《续汉志》河南郡阳武下注：秦始皇东游至阳武博浪沙中为盗所惊。《晋地道记》：阳武有博浪沙，张良击秦始皇处。《元和志》：博浪沙在阳武县东南五里。徧检地志，博浪沙皆在阳武。此云在卷，未识何据？疑此十二字注本在"阳武"下，错简入卷县耳。

【集释】何超《音义》：卷，丘圆反。程廷祚《证今》曰："今原武县。"

《马注》：王先谦曰：《渠水注》：服虔云：博浪，阳武南地名也，今有亭。《寰宇记》：在阳武县东南五里。与龙曰：三国魏县，属河南。《春秋·二十三年》杜注：荥阳卷县。《州郡志》：武帝置荥阳郡，领卷。《地形志》：荥阳郡卷，晋属。有卷城。《一统志》：故城今怀庆府原武县西北。

【编者按】卷县故城，在今河南原阳县西原武镇西北圈城。

阳武

【斠注】两汉属河南郡。《元和郡县图志》十六曰：阳武县西南至郑州百里。《晋地理志新校正》曰：按《郡国县道记》，县晋时废。

【集释】《通鉴》胡注：阳武县，汉

属河南郡，晋属荥阳郡，唐属郑州。

《马注》：与龙曰：《寰宇记》云"阳武，晋废"，盖晋乱后废耳。三国魏县，属河南。《州郡志》：武帝置荥阳郡，领阳武。《史记·世家第二十五·正义》引《晋地理记》云：阳武县有博浪沙。《地形志》：广武郡阳武，晋属荥阳。有阳武城。《一统志》：故城今阳武县东南。

【编者按】 阳武县故城，在今河南原阳县东南二十八里黄河北岸。

苑陵

【斠注】 两汉属河南郡。《水经·渠水注》曰：华水又东迳棐城北。注云：即北林亭也。服虔曰：北林，郑南地。京相璠曰：荥阳苑陵县。《史记·魏世家·正义》：《括地志》曰：宛陵故城在郑州新郑县东北三十八里，本郑旧县也。《寰宇记》九作东北三十里。又曰：晋末省。《斠注》案：《续汉志》作菀陵，《春秋正义》作宛陵，《水经·洧水注》亦作苑陵。苑、宛古字通，菀俗字。

【集释】 程廷祚《证今》曰："在今新郑县东北三十八里。苑俗作宛，非。"

方恺《新校》：方恺曰：又《隐元年经》：郑伯克段于鄢。杜注：在荥阳宛陵县西南。苑、宛古通。［吴翊］寅案：《地形志》：苑陵，二汉属河南，晋属汝阳。有新郑城、郑庄公庙。据此是新郑晋时已经并入苑陵矣，汝阳当是荥阳之讹。

《马注》：与龙曰：三国魏县，属河南。《春秋·隐元年》杜注：荥阳宛陵县。按杜注宛为苑之讹。《州郡志》：武帝置荥阳郡，领苑陵。《地形志》：广武郡苑陵，晋属汝阳。汝字当为荥字之讹。《一统志》：故城今开封府新郑县东北三十八里。

【编者按】 苑陵县故城，在今河南新郑市东北三十六里龙湖镇古城师村东。

中牟六国时，赵献侯都。

【斠注】 两汉属河南郡。《读史方舆纪要》四十七曰：中牟旧城在今县东六里。《汉志》曰：中牟，赵献侯自耿徙此。《廿二史考异》七曰：臣瓒《音义》引《春秋传》《汲郡古文》，证此中牟非赵地，《春秋正义》《史记集解》皆载其说，师古以其与班氏异，故不取。《新斠注地理志》四曰：《春秋传》：晋卫鞅伐卫，围中牟。《论语》：佛肸以中牟叛，《晏子春秋》：晏子之晋，至中牟。《水经注》：魏徙大梁，赵以中牟易魏之中牟，始为卫地，即为晋所取。三卿分晋属之赵则非此中牟也。臣瓒曰：中牟当在漯水之上。按：今彰德府汤阴县西五十里有牟山，献侯所徙或所处与此中牟南北相隔几六百里，非也。此七字疑为后人所加。《斠注》案：本《志》承用班氏之说，《水经·渠水注》同。

【集释】 程廷祚《证今》曰："今县。"

《马注》：王先谦曰：《渠水注》：昔赵献侯自耿都此。班固云：赵自邯郸徙焉。赵襄子时，佛肸以中牟叛，田英将褰裳赴鼎处也。薛瓒注《汉书》云：中牟在春秋为郑地，三卿分晋，则在魏邦。赵自漳北，不及此也。《春秋传》：卫侯如晋过中牟。非卫适晋之次也。《汲郡古文》云：齐伐赵东鄙，围中牟。

此中牟不在赵东，当在漯水之上矣。按《春秋》，齐伐晋夷仪，晋车千乘在中牟，卫侯过中牟，中牟人欲伐之。服虔不列中牟所在。杜预云：今荥阳有中牟，回远，疑为非也。然地（形）[理]（编者校：陈桥驿复校本《水经注疏》，"形"字为"理"。）参差，土无常域。兵车所指，迂纡难知。自魏徙大梁，赵以中牟易魏，故赵之南界，极于浮水，匪直专漳也。赵自西取后止中牟，齐师伐其东鄙，于宜无嫌。而瓒径指漯水，空言中牟所在，非论证也。全祖望云：有河南之中牟，有河北之中牟。张守节以邺西牟山为赵中牟者近之。《管子》所谓筑五鹿、中牟、邺者，三城相接也，然则非独荥阳有之矣。赵一清云：孔颖达《正义》：三家分晋，河南之中牟，魏分也，非赵得都之。献侯所治，非河南之中牟也。此言晋车在中牟。[哀五年]，赵鞅伐魏，围中牟。《论语》佛肸为中牟宰，与献侯所都，必非河南中牟，当于河北别有一地耳。《纪要》中牟城在汤阴县西五十里，此即河北之中牟也。先谦按：道元引班云"自邯郸徙"，盖文有误。《赵世家》：献侯即位，治中牟。此《汉志》所本，但与赵地不相连属。全、赵二氏以为赵所治中牟当在河北，诚为笃论。《韩非·外储说》：晋平公问赵武云："中牟，三国之股肱，邯郸之肩髀。"是矣。道元辗转解释，未免曲徇之失也。与龙曰：三国魏县，属河南。《左传·僖三十年》杜注：荥阳中牟县。《州郡志》：武帝置荥阳郡，领中牟。《地形志》：广武郡中牟，晋属荥阳。《一统志》：故城今中牟县东。

【编者按】中牟县故城，在今河南中牟县东。

开封宋逢池在东北，或曰蓬泽。

【斠注】两汉属河南郡。《汉志》作逢池在东北，或曰宋之逢泽。注：臣瓒曰：《汲郡古文》，梁惠王发逢忌之薮以赐民。今浚仪有逢陂忌泽是也。《汉书补注》曰：《晋志》作蓬泽，字既讹误，又倒宋于逢池上，似非其义。《史记·秦本纪·正义》：《括地志》曰：逢泽亦名逢池，在汴州浚仪县东南十四里。《寰宇记》作开封县东北十四里。《水经注》：鲁沟南际富城，东南入百尺陂，即古之逢泽。《读史方舆纪要》四十七曰：开封废县在今开封府南五十里，蓬陂即蓬泽，在祥符县东南二十四里。

【集释】《通鉴》胡注：蓬关，在陈留浚仪县。

程廷祚《证今》曰："今府治当作开封。"

《马注》：王先谦曰：按逢泽盖先属宋，战国入魏。《秦策》云：魏伐邯郸，因退为逢泽之遇也。《秦纪》亦云，率师会诸侯逢泽；汉世改称蓬池，班氏或之以存疑也。与龙曰：三国魏县，属河南。《左传·哀十四年》杜注：荥阳开封县。《州郡志》：武帝置荥阳郡，领开封。《地形志》：梁州开封郡开封，晋属荥阳。有开封城。《一统志》：故城今祥符县南五十里。

【编者按】开封县故城，在今河南开封市祥符区西南。

弘农郡 汉置。统县六，户一万四千。

【斠注】《新斠注地理志》三曰：(宏)[弘]农郡，武帝元鼎四年置。《本纪》：元鼎三年冬，徙函谷关于新安，以故关为(宏)[弘]农县。然则置郡亦当在三年矣，"四"字疑误。《宋志》作元鼎六年立。《晋地理志新补正》曰：按《通典》，魏避汉献帝讳改为恒农，晋复为(宏)[弘]农郡。《东晋疆域志》曰：晋末领县五，无湖、华阴，增卢氏。

【集释】程廷祚《证今》曰："在今河南、陕西之(竟)[境](编者校：原为"竟"，今改为"境"。下同。)。"

《马注》：与龙曰：汉末避灵帝讳改恒农，三国魏复为弘农，后魏避显文帝讳又改恒农，非魏避汉献讳也。《州郡志》：武帝置弘农郡，景平初复没。《地形志》属陕州。

【编者按】弘农郡治弘农县，在今河南灵宝市东北。

弘农 本函谷关。汉武帝迁于新安县。

【斠注】两汉旧县。《史记·项羽本纪、老庄申韩列传·正义》：《括地志》曰：函谷关在陕州桃林县西南十二里，秦函谷关也。《图记》云：西去长安四百余里，路在谷中，故以为名。《元和郡县图志》二曰：案秦函谷关在汉弘农县，即今灵宝县西南十一里故关是也。今大路在北，本非钤束之要。汉武帝元鼎三年，《水经·河水注》四作四年。杨仆为楼船将军，本宜阳人，耻居关外，上疏请以家僮七百人徙关于新安。武帝从之，即今新安县东一里函关故关是也。又卷六曰：函谷故城在灵宝县南十里，秦函谷关城，汉弘农县也。《西征记》曰：函谷关城，路在谷中，深险如函，故以为名。其中劣通[行路](编者校：中华书局点校本《元和郡县图志》注引《考证》：王琦引下有"行路"二字，此脱。据补。)，[东西](编者校：中华书局点校本《元和郡县图志》有"东西"二字，此脱。据补。)十五里。关去长安四百里。《斠注》案：《元和志》华阴县下云，函谷关即今灵宝县西南十一里故关；新安县下则云，在灵宝县西南十二里；灵宝县下则云，函谷故城则灵宝县南十里。一书之中而歧误至此。《寰宇记》亦作在灵宝县西南十二里，《水经·河水注》：《地道记》曰：(宏)[弘]农亭在(宏)[弘]农县东十三里。

【集释】《马注》：王先谦曰：《汉书·武纪》：徙函谷关于新安，以故关为弘农县。《荀子》所谓秦有松柏之塞也。与龙曰：三国魏县。《寰宇记》引《晋地道记》：汉弘农，本函谷关，有桃林也。《河水注》引《太康地记》：桃林在阌乡南谷中。《州郡志》：武帝置弘农郡，领弘农。《地形志》：陕州西恒农郡，晋属恒农。《一统志》：故城今陕州灵宝县南。

【编者按】弘农县故城，在今河南灵宝市东北黄河南岸。

湖 故曰胡，汉武更名湖。

【斠注】汉属京兆尹，后汉属(宏)[弘]农郡。《水经·河水注》四引《晋书地道记》《太康地记》并言胡县也，汉武帝改作湖。桃林在(闅)[阌]乡南谷中，《后汉书》注：故城在今虢州湖城县西南。《元和志》作在南二里。《日知录》三十一曰：晋有二瑕。其一，僖公三十年，"烛之武见秦伯曰：'许君焦、瑕，朝济而夕设板焉。'"《解》："焦、瑕，晋河外五城之二邑。"文公十二年，"晋人、秦人战于河曲，秦师夜遁，侵晋人瑕。"《解》以河曲为河东蒲坂县南，则瑕必在河外。十三年，"晋侯使詹嘉处瑕，以守桃林之塞。"按《汉书·地理志》：湖故曰胡，武帝建元元年更名湖。《水经》：河水又东迳湖县故城北。郦氏《注》云：《晋书地道记》《太康记》并言胡县，汉武帝改作湖，其北有林焉，名曰桃林。古"瑕"、"胡"二字通用。《礼记》引《诗》："心乎爱矣，瑕不谓焉。"郑氏注云：瑕之言胡也。瑕、胡音同，故记用其字。是瑕转为胡，又改为湖，而瑕邑即桃林之塞也，今为（闅）[阌]乡县治。《读史方舆纪要》四十八曰：湖城在（闅）[阌]乡县东四十里。

【集释】《马注》：王先谦曰：此郑武公所灭之胡国。见《纪年》及《韩非子》。后因置县故受是名。与龙曰：注说见《汉志》。《河水注》引《晋地道记》《太康记》并言胡县也。汉武帝改做湖。三国魏县。《地形志》西恒农、陈南二郡领胡城，云萧衍置。《隋志》：河南郡阌乡县，旧曰湖城。《元和志》：湖城县本汉湖县。《一统志》：故城今阌乡县东。

【编者按】湖县故城，在今河南灵宝市西。

陕 故虢国，周分陕东西，二相主之。

【斠注】两汉旧县。《史记》曰：自陕以西，召公主之；自陕以东，周公主之。《续汉志》注：杜预曰：虢都上阳在县东[南]（编者校：中华书局点校本《后汉书》此处补"南"字。中华校曰：按《左传·僖五年》"晋侯围上阳"，杜注：上阳，虢国都，在弘农陕县东南。今据补。）。有虢城。《元和郡县图志》六曰：陕，本汉县，历代不改，州理城即古虢国城。《西征记》曰：陕县，周、召分职处，南倚山原，北临黄河，悬水百余仞，临之者皆为悚慄。《新斠注地理志》三曰：陕，故虢国，南虢也，在今陕州西。《括地志》：在陕县西二里。

【集释】《通鉴》胡注：陕县在大河之南，考之《水经》，则陕县故城在大河之北二城之间，谓之陕津。《左传》：秦伯伐晋，自茅津济，封殽尸而还。茅津即陕津也。姚秦并、冀二州，治蒲阪。陕，式冉翻。

程廷祚《证今》曰："今河南府属州。"

《马注》：王先谦曰：此虞虢之虢。《左传》杜注：虢公败戎于桑田，在县东北桑田亭。《河水注》：昔周召分陕，以此城为东西之别。与龙曰：三国魏县。《左传·隐元年》杜注：西虢国也，弘农陕县东南有虢城。《通鉴》：太和五年，苻坚以洛州刺史邓羌镇金墉城，以桓寅为弘农太守，代羌戍陕城。《州郡志》：武帝置弘农郡，领陕。《地形志》：陕州弘农郡北陕，晋曰陕。《一统志》：故城今陕州治。

【编者按】陕县故城，在今河南三门峡市西湖滨区西北陕县老城。

宜阳

【斠注】两汉旧县。《新斠注地理志》三曰：宜阳在今宜阳县东北十四里。《通典》《后汉书》注并云在福昌县东。《括地志》：在福昌县东十四里。

【集释】《通鉴》胡注："《水经注》：洛水过卢丘县南，又东迳一合坞南。城在川北原上，高二十丈，南、北、东三箱，天险峭绝，惟筑西面，即为全固。一合之名，起于是矣。刘曜之攻河南也，晋将军魏该奔于此。《该传》曰，一泉坞在宜阳。""乙泉戍，即魏该所保乙泉坞也，在宜阳县西南，洛水之北原上。"

《马注》：与龙曰：三国魏县。《通鉴》：永和十年，秦苻坚以赵俱为洛州刺史，镇宜阳。《州郡志》：武帝置弘农郡，领宜阳。《一统志》：故城今河南府宜阳县西。

【编者按】宜阳县故城，在今河南宜阳县西四十八里韩城镇。

黾池

【斠注】两汉旧县。《元和郡县图志》五曰：渑池本韩地。《水经·洛水注》曰：故渑池县治，南对金门岛，水南五里，旧宜阳县治也。《汉志》曰：景帝中二年初，城徙万家为县。

【集释】何超《音义》：黾池，黾，一作渑，同。俱音沔。

《通鉴》胡注：秦以雅为弘农太守，屯蠡吾城。据《载记》，蠡吾城当在宜阳之西。宋白曰：蠡吾城，后魏初犹属弘农，唐以来为渑池县理所。余按蠡吾自是汉清河国界亭名，此乃蠡城，非蠡吾城也。《通鉴》盖承《晋书》之误。

胡三省《通鉴释文辩误》曰："史炤《释文》曰：蠡吾县之城，在高阳国，属冀州。余按《地志》，高阳国固自有蠡吾县；但刘裕伐秦，命王镇恶自崤、渑入关辅，既进军渑池，遣毛德祖袭蠡吾城，考其地里之远近，则此蠡吾城非高阳国之蠡吾县明矣。据《晋书·载记》，蠡吾城当在宜阳之西。宋白《续通典》曰：魏贾逵为渑池令，理蠡城。蠡城，后魏初犹属弘农，西魏移渑池县于今福昌县西六十五里。唐之福昌县本宜阳县蠡吾城，盖即蠡城也。"

程廷祚《证今》曰："今河南府永宁县。"

方恺《新校》：方恺曰：黾池，杜氏《僖三十二年》注作渑池。吴翊寅案：二汉《志》作黾，《魏志》作渑。

《马注》：与龙曰：三国魏县，移治蠡城。见《魏志·贾逵传》。《左传·僖二十二年》杜注：弘农渑池县。《州郡志》：武帝置弘农郡，领黾池。《一统志》：故城今渑池县西。

【编者按】黾池县故城，在今河南洛宁县西。

华阴华山在县南。

【斠注】汉属京兆尹，后汉属（宏）[弘]农郡。《续汉志》注：《地道记》曰：秦之华阴，潼关是也。太华山在县西南。《御览》三十九辛氏《三秦记》曰：华山在长安东三百里。薛综注曰：《西京赋》曰：华山对河东首阳山，黄河流于二山之间。《史记·夏本纪·正义》：《括地志》曰：华山在华州华阴县南八里。《元和郡县图志》二曰：本魏之阴晋邑。[秦]（编者校：据中华书局点校本《元和郡县图志》补"秦"字。）改曰宁秦。汉高八年，更名华阴。《东晋疆域志》曰：华阴，东晋属华山郡。

【集释】《通鉴》胡注：华阴县，前汉属京兆，后汉、晋属弘农郡，唐属华州。华，户化翻。

程廷祚《证今》曰："今西安府属县。"

方恺《新校》：方恺曰：案：本书《载记》：晋华山太守董迈降姚兴。胡三省云：晋分弘农之华阴、京兆之郑、冯翊之夏阳置华山郡。考杜氏《隐十一年》注谓郑在京兆，《桓九年》注谓梁在冯翊夏阳，杜氏《春秋释例》谓渭水至弘农华阴县入河，郭璞注《尔雅》《山海经》华山皆言华阴属弘农，疑此郡置在东晋中年也。

《马注》：与龙曰：注说见《汉志》。《郡国志》注引《晋地道记》：山在县西南。《左文十三年传》：晋侯使詹嘉处瑕，以守桃林之塞。杜预注：桃林，今弘农华阴县东潼关。《水经·河水》：又南至华阴潼关。郦《注》云：郭缘生《记》：魏武征韩遂、马超，连兵此地。今际河之西，有曹公垒。道东原上，云李典营。义熙十三年，王师曾据此垒。《西征记》：入函道六里，有旧城，北临大河，南对高山，姚氏置关以守峡。宋武帝入长安，檀道济、王镇恶，或据山为营，或平地结垒，为大小七营，滨带河险，姚氏亦保据山原陵阜之上，尚传故迹矣。三国魏县。《文选·雪赋》注引《抱朴子·释鬼篇》曰：冯夷，华阴人，以八月上庚日度河，溺死，天帝署为河伯。《地形志》：华州华山郡华阴，晋属恒农。《一统志》：故城今同州府华阴县东南。

【编者按】华阴县故城，在今陕西华阴市东。

上洛郡 泰始二年，分京兆南部置。

【中华校】分京兆南部置 "部"，各本作"郡"，宋本作"部"，今从宋本。

【集释】《通鉴》胡注：上洛县，汉属弘农郡，汉元鼎四年置，居洛水上，因以为名；晋初，改为京兆南部；武帝泰始二年，分京兆南部置上洛郡。杜佑曰：上洛，汉长利县。

程廷祚《证今》曰："今陕西商州。"

《马注》：与龙曰：《州郡志》有上洛太守，下云《晋太康地志》分京兆立上洛郡，属司隶。《永初郡国》侨寄魏兴。《水经·丹水注》引《晋地道记》：郡在洛上，故以为名。《地形志》：洛州上洛郡，晋武帝置。

统县三，

【集释】《马注》：毕沅曰：《寰宇记》：晋泰始三年，分上洛地〔于今县东北八十里〕置拒扬县，旋省。又分商县地置丰阳县，因丰阳川为名，旋废。

户万七千。

【斠注】《水经·渭水注》：《地道记》曰：郡在洛上，故以为名。《宋志》曰：《晋太康地志》分京兆立上洛郡，属司隶。《通典》云晋初为京兆南部，后置上洛郡。《斠注》案：注文"南郡"当从《通典》作"南部"，"郡"字误也。

【编者按】上洛郡治上洛县，在今陕西商州市治。

上洛峣关在县西北。

【斠注】汉属（宏）[弘]农郡。后汉上雒县属京兆尹。《水经·渭水注》：《土地记》曰：蓝田县有峣关，地名峣柳，道通荆州。又《地道记》曰：峣关当在上洛县西北。《史记·曹相国世家·正义》：《括地志》曰：蓝田关在雍州蓝田县东南九十里，即秦峣关也。《旧唐书·地理志》曰：上洛言在洛水之上故名。《读史方舆纪要》三曰：上洛，今陕西商州治。《元和郡县补志》一曰：案上洛县地，晋分置拒阳县。《寰宇记》一百四十一曰：晋太始三年，分上洛地于今县东北八十里置拒阳县，旋省。《斠注》案：拒阳不见于《志》，盖省县在太康三年以前也。

【集释】何超《音义》：峣，音尧。

《通鉴》胡注：《晋地道记》曰：关当上洛县西北。

程廷祚《证今》曰："今州及洛南县地。"

《马注》：与龙曰：《史记·高纪·索隐》：《左传》云"将通于少习"，杜注以为商县武关。《晋太康地理志》：武关当冠军县西峣关，在武关之西。《渭水注》：埿水又西迳峣关北，历峣柳城，魏置青埿军于城内，亦谓之青埿城。秦二世三年，汉高祖入自武关，攻秦，赵高遣将拒于峣关。三国魏县，属京兆。《地形志》：上洛郡上洛，晋属。《一统志》：故城今商州治。

葛蓬天《西晋司州上洛郡西北辖界辨正》："峣关秦时已见记载，直到北魏、西魏，一直是武关道上要塞。唐宋以来多谓峣关在蓝田县东南约90里处，与唐宋蓝田关为一地，即当今牧护关处（《史记》卷五四《曹相国世家·正义》引《括地志》等）。《中国历史地图集》上所绘峣关位置，当亦依此传统说法。但是峣关近峣柳城（今蓝田县城）、地当蓝田县南20里的峣山，见于《水经注》《汉书·高帝纪》《史记·留侯世家》等书明文记载，《括地志》等唐宋地志的说法是不足凭信的（详见辛德勇《〈水经·渭水注〉若干问题疏证》，载《中国历史地理论丛》总第3辑）。依此，《中国历史地图集》上西晋司州上洛郡的西北辖界应向西北伸延几十里，抵达今蓝田县城南20里左右的古峣山。"

【编者按】上洛县故城，在今陕西商洛市治商州区夜村镇孝义戴街古城村。

商秦相卫商鞅邑。

【斠注】汉属（宏）[弘]农郡，后汉属京兆尹。《元和郡县补志》一曰：案汉商县地，晋分置丰阳，以川名。《寰宇记》一百四十一曰：晋太始三年，分商县之地置丰阳县，寻废。《斠注》案：丰阳不见于《志》，盖省县在太康三年以前也。《新斠注地理志》三曰：商在今商州东九十里。《寰宇记》：故城在商州东十九里。《括地志》：商州东八十里商洛县本商邑，契所封也。秦相卫鞅邑，孝公二十二年封之。

【集释】何超《音义》：鞅，于两反。

程廷祚《证今》曰："今商南及山阳二县地。"

《马注》：与龙曰：注说见《秦纪》。三国魏县，属京兆。《左传·文十年》：杜注：上雒商县。《丹水注》：丹水自商县东南，历少习，出武关。京相璠曰：楚通上洛阨道也。《旧唐书·地理志》：

晋分商县置丰阳。《十六国春秋》：苻健皇始二年，置荆州于丰阳。苻坚建元十六年，以荆州领襄阳，而移洛州居丰阳。《地形志》：上庸郡商，晋属。《一统志》：故城今商州东八十里。

【编者按】商县故城，在今陕西丹凤县西五里古城。

卢氏熊耳山在东，伊水所出。

【斠注】两汉属（宏）[弘]农郡。《东晋疆域志》曰：卢氏，东晋属（宏）[弘]农。《水经·洛水注》：鸥渠水南出鸥渠山，即荀渠山也。荀渠盖熊耳之殊称。故《地说》曰：熊耳之山，地门也。《续汉志》注：《地道记》曰：伊水东北入洛。《史记·夏本纪·正义》：《括地志》曰：熊耳山在虢州卢氏县南五十里，洛水所经。又曰：伊水源出虢州卢氏县东峦山，东北流入洛。《新斠注地理志》三曰：熊耳山在今卢氏县东南七十里，今伊水出县东南一百六十里闷顿（领）[岭]（编者校："领"应为"岭"，今改），东流迳嵩县南伊阳县北，至偃师县南入洛。《山海经》：蔓渠之山，伊水出焉。《水经》：伊水出南阳鲁阳县[西]（编者校：此处脱"西"字。今据补。）蔓渠山。蔓渠即闷顿，声相近传呼之误耳。《淮南子》又云：上魏山。《括地志》又云：峦山，别异名也。《斠注》案：荀渠为蔓渠传写之讹。

【集释】《马注》：王先谦曰：《地理志》曰：出熊耳山，即麓大同，陵峦互别耳。先谦按：此谓蔓渠亦兼熊耳之名矣。《一统志》云：伊水出卢氏县东南百六十里之峦山，一名闷顿岭，即蔓渠也。《卢氏县志》云：熊耳虽有伊源之名，而无流衍之迹，此误以上洛之熊耳当之。

与龙曰：三国魏县。《州郡志》京兆太守下云：卢氏，《太康地志》属上洛。又司州刺史下云：武帝置弘农郡，领卢氏。景平初复没。《一统志》：故城今陕州卢氏县治。

【编者按】卢氏县故城，即今河南卢氏县治。

平阳郡故属河东，魏分立。

【集释】程廷祚《证今》曰："今山西平阳府。"

《马注》：与龙曰：三国魏郡，属晋州。

统县十二，户四万二千。

【斠注】《魏志·三少帝纪》：正始八年，分河东之汾北十县为平阳郡。

【编者按】平阳郡治平阳县，在今山西临汾市西南金殿镇。

平阳旧尧都。侯国。

【斠注】两汉属河东郡。《续汉志》注：《地道记》曰：平阳有尧城。《史记·外戚世家·正义》：《括地志》曰：平阳故城，即晋州城西面，今平阳故城东面也。《城记》云：尧筑也。《新斠注地理志》三曰：在今平阳府城西南。《晋地理志新补正》曰：按《十六国春秋》：刘元海僭号称汉，初理于蒲子，后徙平阳，又于此置大昌郡，以蒲子属焉。

【集释】程廷祚《证今》曰："今附郭临汾县。"

《马注》：与龙曰：注说见《汉志》注应劭说。三国魏县。《左昭二十八年传》：赵朝为平阳大夫。杜注：平阳平阳县。《十六国春秋》：永嘉三年，刘渊都此，有西平城。《通鉴》：永嘉六年，刘聪以其子骥为征西将军，筑西平城居之。胡《注》：在平阳西。《地形志》：晋州平阳郡平阳，晋属，州治。与龙按：魏晋州治白马城。《汾水注》：汾水又南迳白马城西，今平阳郡治。又南迳平阳县故城东。董祐诚云：《寰宇记》：刘元海筑平阳城。《御览》引和苞《汉赵记》"石勒攻平阳小城"，是前赵时已有改易是也。《一统志》：故城今临汾县西南。

【编者按】平阳县故城，在今山西临汾市西南十八里汾河西岸金殿镇。

在《晋书·地理志》中，有十处县下注明"侯国"，有二十七或二十八处县下注明"侯相"，之间区别尚不清楚。杨光辉、王安泰等都有论及，但意见不一，详见下引。后文中出现"侯国""侯相"者均不另注。

杨光辉《汉唐封爵制度》第一章第四节中对"县侯"有辨析：

"列侯爵中的乡、亭侯，与五等爵中的'侯'的区别比较明显，然易混淆者是县侯。西晋封爵制度条文多有阙略，'县侯'与'侯'的区别，只能从零散稀少的史料中加以归纳：

一、列侯户邑无定数。五等爵之侯，大国邑千六百户，次国邑千四百户，又有封疆里数。凡户邑数与此不符的侯，均属于列侯。如京陵县侯王浑，'泰始初，增封邑千八百户'，即是列侯中的县侯。

二、列侯均在侯号前冠以'县''乡''亭'名称，即某某县侯，某某乡侯，某某亭侯，而五等爵之侯则直接称为某某侯，如睢陵侯、朗陵侯、济川侯、广陵侯等等。

三、五等爵在元康元年（291年）前，仅在咸熙元年和泰始元年封授，对象均为西晋开国功臣。凡在这二次授封以外所封之侯，皆是列侯。西晋列侯爵大致包括四类人：一是曹魏之功臣后裔在晋任官者。如京陵县侯王浑、丰乐亭侯杜预、贞陵亭侯王戎、都亭侯李重，其封爵皆是袭父祖之魏列侯爵。二是西晋建立后立有新功者。如平吴后所封的襄武县侯王濬，上庸县侯唐彬，奉高县侯马隆、成武侯周浚（虽无县侯字样，然其食邑为六千户，故为列侯）。三是五等爵功臣的支庶诸子。泰始初，规定五封爵原为县侯者，皆传封次子为亭侯。四是列侯功臣支庶。如平吴后，王浚之子因父功封杨乡亭侯，邑千五百户；张华之子因父功封亭侯；杜预子亦封亭侯。

将以上三项标准综合在一起考虑，我们即可判明列侯与五等爵的侯之界限而不至于出现混淆了。"

王安泰则认为上庸县侯唐彬等为五等爵县侯。

姚乐《〈晋书·地理志〉县级封国考论》在分析了县级封国后认为："《晋志》中标注为封国的县级政区无一是五等封国，列国所对应的公、侯，皆是位次五等爵的一般县公、县侯。"

杨 故杨侯国。

【斠注】《寰宇记》四十三《地道记》曰：杨，故杨侯国，晋灭之，以赐大夫羊舌肸。汉以为县，属河东郡，后汉同。魏置平阳郡，杨县属焉。《续汉志》注：《地道记》曰：梁城去杨县五十里，叔向邑也。《晋地理志新补正》曰：按杜预昭二十八年《左传》注作杨氏县。《新斠注地理志》三曰：在今平阳府洪洞县东南五十里。《括地志》：今晋州洪洞县也。《寰宇记》：故城在临汾县东南十八里。《武帝本纪》曰：杨氏。应劭曰：杨侯国。《水经注》：晋大夫僚安之邑。

【集释】程廷祚《证今》曰："在今洪洞县东南十八里。杜：一作扬（编者校：此处《证今》所用底本"杨"为"扬"。）氏。"

方恺《新校》：方恺曰：左氏《僖十五年传》：明年，其死于高梁之墟。杜注：在平阳杨氏县西南。又《昭二十八年传》：僚安为杨氏大夫。注：平阳杨氏县。疑杨县当作杨氏。《僖九年》高梁注在平阳县西南，脱县名矣。又《二十四年》高梁注作杨，脱氏字。

《马注》：王先谦曰：应劭云杨侯国。先谦按：周宣王子尚父封于杨，见《唐书·宰相世系表》。晋灭之，以赐大夫羊舌氏，见《元和志》。杨侯逼而逃楚，见《扬雄传》。与龙曰：《左襄二十九年传》：虞、虢、焦、滑、霍、扬、韩、魏。杜注：八国皆晋所灭，扬属平阳郡。又《昭二十八年传》：僚安为杨氏大夫，杜注：平阳杨氏县。与龙按：杜《注》盖蒙《传》文而衍一氏字，非云杨氏县也，《僖二十四年》注云"平阳杨县"可证。三国魏县。有梁城，去县五十里，叔向邑也，见《郡国志》注。《地形志》：晋州永安郡杨，晋属平阳，治杨城。《一统志》：故城今洪洞县东南十五里范村。

【编者按】杨县故城，在今山西洪洞县东南十六里范村东古县。

端氏　韩、魏、赵既为诸侯，以端氏封晋君也。

【斠注】两汉属河东郡。《史记》曰：赵成侯十六年，与韩、魏分晋，封晋君于端氏。肃侯元年，夺晋君，端氏徙处屯留。《读史方舆纪要》四十三曰：端氏城在沁水县东九十里。《新斠注地理志》作四十五里。

【集释】《马注》：与龙曰：注说见《汉志》注引《史记》。三国魏县，属河东。《地形志》：建州安平郡端氏，晋属平阳。《一统志》：故城今泽州府沁水县东北。

【编者按】端氏县故城，在今山西沁水县东郑庄镇西城村。

永安　故霍伯国。霍山在东。

【斠注】汉彘县，属河东郡。《续汉志》曰：永安，故彘，阳嘉三年更名。《元和郡县图志》十二曰：霍山一名太岳，在县东三十里。《禹贡》曰：壶口、雷首，至于太岳。郑玄注曰：今河东彘县霍太山是也。

【集释】《通鉴》胡注：永安本汉彘县，属河东郡，顺帝改曰永安；晋属平阳郡；隋、唐晋州之霍邑县本永安县也。郦道元曰：永安，故霍伯之都也，县有霍太山。

程廷祚《证今》曰："今霍州及汾西县地。"

《马注》：与龙曰：《汉志》作霍大山。《左闵元年传》：晋灭霍。杜注：平阳永安县东北有霍大山。《水经·禹贡山水泽地》篇：太岳山在永安县。又《汾水注》：太岳山，《禹贡》所谓岳阳也，即霍太山矣。三国魏县。《地形志》：永安郡永安，晋属平阳。有霍山祠。《一统志》：故城今霍州治。

【编者按】西安碑林博物馆存"永安侯墓石"，石上横书"晋永安侯墓"。永安县故城，即今山西霍州市治。

蒲子

【斠注】两汉属河东郡。应劭曰旧邑。颜师古曰：重耳所居也。《新斠注地理志》曰：蒲子在今隰州东北。《括地志》：故城在隰川县北四十五里。《史记·正义》：隰川县蒲邑故城是也。《寰宇记》在隰川县东北一里。

【集释】《通鉴》胡注：蒲子县，即晋公子重耳所居蒲城也；汉属河东郡，晋属平阳郡。刘昫曰：唐隰州治隰川县，汉蒲子县地。杜佑曰：隰州隰川、蒲县，汉蒲子县地。

程廷祚《证今》曰："在今隰州北四十五里。"

《马注》：与龙曰：三国魏县。《左传·庄二十八年》杜注：平阳蒲子县。《十六国春秋》：永嘉元年，刘渊僭号称汉，初治于蒲子，后徙平阳，又于此置大昌郡，以蒲子属焉。《地形志》：汾州治蒲子城。《一统志》：故城今隰州东北。

【编者按】蒲子县故城，在今山西隰县北城北村。

狐讘

【斠注】《史记·建元以来侯者年表》《汉书·景武昭宣功臣年表》均作瓡讘，颜注曰：瓡读与狐同。又《王子年表》：刘息封瓡侯。颜注曰：瓡即瓠字也。《说文解字》作狐讘。《元和郡县图志》十二曰：汉狐讘县属河东郡，后汉省，魏初复置狐讘县，属河东郡。又曰：狐讘故县城在永和县西南三十五里。董祐诚《水经注图说残稿》曰：《寰宇记》云曹魏别置狐讘县是魏晋之狐讘，已非汉旧。

【集释】何超《音义》：讘，之辄反，又而涉反。

《马注》：与龙曰：三国魏县。《寰宇记》：狐讘，后魏大延二年省。《一统志》：故城今隰州永和县西南。

【编者按】狐讘县故城，在今山西永和县西南。

襄陵公国相。

【斠注】两汉属河东郡，魏改属平阳郡。《续汉志》注：《地道记》曰：晋武公从曲沃徙此。《新斠注地理志》三曰：《寰宇记》：故城在今临汾县东南四十里。应劭曰：襄陵在西北。《水经注》：晋襄公陵也，在今襄陵县南十五里。《方舆纪要》同。

【集释】《通鉴》胡注：襄陵县，汉属河东郡，晋属平阳郡。师古曰：晋襄公之陵，因以名县。据《水经注》，襄陵在平阳东南。

《马注》：与龙曰：三国魏县。《地形志》：平阳郡襄陵，晋属。治襄陵城。《一统志》：故城今平阳府襄陵县东南十五里。

【编者按】襄陵县故城，在今山西襄汾县北十五里古城庄。

绛邑 晋武公自曲沃徙此。

【斠注】两汉属河东郡。《史记·秦本纪·正义》：《括地志》曰：绛州曲沃县有曲沃故城，土人以为晋曲沃新城。《元和郡县图志》十二曰：曲沃县本晋旧都，绛县地也，汉以为绛县。后汉加邑字，属郡不改。晋改属平阳郡。《读史方舆纪要》四十一曰：绛城在曲沃县西南二里。《新斠注地理志》三曰：《诗谱》：穆侯徙于绛。盖穆侯先徙都，至晋武公自曲沃并晋仍居之耳。

【集释】《通鉴》胡注：绛县，故晋都也，汉属河东郡，晋属平阳郡。刘昫曰：唐绛州曲沃县，汉绛县地。

程廷祚《证今》曰："在今翼城县东南十五里。"

《马注》：王先谦曰：《水经·浍水注》：浍水西迳翼城南。《诗谱》言，晋穆侯孙孝侯，改绛为翼。后献公又命为绛。晋景公谋去故绛，遂居新田。又谓之绛，即绛阳也。盖在绛、浍之阳。县南对（二）[绛]（编者校：据陈桥驿复校本《水经注疏》，"二"应为"绛"。）山，面对二水。先谦按：据此，翼城是故绛，汉县即新田矣。与龙曰：注说见《汉志》。《郡国志》注引《晋地道记》：晋武公自曲沃徙此。三国魏县。《左传·隐五年》杜注：平阳绛邑县有蒙坑，在汾东，东西三百余里，径路不通。后魏渡汾西，筑围以拒姚兴，败之于蒙坑之南。见《魏书·安同传》。《地形志》：北绛郡北绛，晋属平阳，曰绛，后罢。《一统志》：蒙坑在今曲沃县北四十里；绛邑故城，今曲沃县西南。

【编者按】绛邑县故城，在今山西侯马市东与曲沃县之间浍河北岸台地上的凤城古城遗址。

濩泽析城山在西南。

【斠注】两汉属河东郡。《新斠注地理志》三曰：《寰宇记》：阳城县西三十里。《方舆纪要》同。应劭曰：泽在县西。《元和志》：泽在阳城县西北十三里。《水经·沁水注》曰：析城山在濩泽南。《元和郡县图志》十五曰：析城在县西南七十五里。

【集释】何超《音义》：濩泽，乌获反。析城，音锡。

《马注》：与龙曰：注说见《汉志》。三国魏县，属河东。《地形志》：建州安平郡濩泽，晋属平阳。又秦宁郡领西濩泽。《寰宇记》：后魏兴安二年，移濩泽县于今阳城县理。《一统志》：晋濩泽故县，后魏为西濩泽，在今泽州府阳城县西泽城村。

【编者按】濩泽县故城，在今山西阳城县西北二十五里泽城村。

临汾公国相。

【斠注】两汉属河东郡。《史记·秦本纪·正义》：《括地志》曰：临汾故城在绛州正平县东北二十五里。《读史方舆纪要》四十一曰：临汾城在太平县南二十五里。

【集释】程廷祚《证今》曰："在今乡宁、太平二县界。"

《马注》：与龙曰：三国魏县。《左传·僖十六年》杜注：平阳临汾县有子奇垒。《元和志》：后秦姚兴遣弟平字子奇与将军狄伯支等步骑四万伐魏，攻平阳陷之，遂据柴壁。魏军大至，截汾水以守之，平等败死，四万人皆为秦虏。与龙按：此即蒙坑战事，互见绛邑县下。《地形志》：平阳郡临汾，晋属。《一统志》：蒙坑，今太平县东三十里；临汾故城，今绛州东北。

【编者按】临汾县故城，在今山西襄汾县南六十余里晋城村。

县级政区下注"公国相"分析详见本书濮阳国濮阳下"编者按"。下同。

北屈 壶口山在东南。有南屈，故称北。

【斠注】两汉属河东郡。《元和郡县图志》十二曰：壶口山在县西南五十里。又引《左传》曰：蒲与二屈。注曰：二屈，今平阳郡北屈县是也。《水经注图说残稿》曰：《魏书·地形志》：平阳郡禽昌，二汉属河东，即汉晋之北屈也。北屈徙治，世无知者，盖狐谖、北屈近接西河，其移治必在同时，晋以后皆因魏旧。魏世祖所置禽昌乃魏晋移治之北屈。《读史方舆纪要》四十一曰：北屈废县在吉州东北二十一里。《斠注》案：《汉志》《水经》《禹贡·山水泽地》篇均作在北屈东南，盖《元和志》误作西南也。

【集释】《通鉴》胡注："北屈县，汉属河东郡，晋属平阳郡，春秋晋公子夷吾所居邑也。宋白曰：慈州夹城县，本汉北屈县地。师古曰：屈，音居勿翻。""《班志》《禹贡》壶口山在北屈县东南。《水经注》：北屈西距河十里，孟门山在河上。襄盖自北屈渡河而屯杏城。《五代志》：汾州昌宁县有壶口山。宋白曰：慈州吉乡县，汉北屈县，今县北二十一里古城，即汉理。""有乾城。隋并禽昌入襄陵。又据《姚兴载记》，乾壁即乾城。"

程廷祚《证今》曰："在今吉州东北二十一里。"

《马注》：与龙曰：注说见《汉志》及《注》。三国魏县。《左传·庄二十八年》杜注：平阳北屈县。《地形志》：平阳郡禽昌，晋之北屈也。《一统志》：故城今平阳府吉州东北。

【编者按】北屈县故城，在今山西吉县北三十里麦城村。

皮氏

【集释】《马注》：王先谦曰：战国魏地，秦惠文王取之，复入魏，秦围之。见《秦纪》。

故耿国。

【斠注】两汉属河东郡。《汉书补注》曰：耿，姬姓。晋灭之，事见《左闵传》杜注。《续志》刘注：《尚书》：祖乙徙耿。有耿城。《史记·殷本纪、秦本纪·正义》：《括地志》曰：故耿城，今名耿仓城，在绛州龙门县东南十二里，故耿国也。《都城记》云：耿，赢姓国。《秦始皇本纪·正义》：《括地志》曰：皮氏故城在绛州龙门县西。《史记·河渠书·正义》：《括地志》曰：自秦汉魏晋，皮氏县皆治此。《史记·晋世家·索隐》引任昉《地记》曰：皮氏县汾水南耿城是故耿国也。《水经·河水注》三曰：皮氏县故城在龙门东南。《元和郡县图志》十二曰：故耿国在皮氏县南十二里。《寰宇记》作县西一里八十步。《读史方舆纪要》四十一曰：皮氏城在龙门县西一里。

【集释】程廷祚《证今》曰："今河津县。"

《马注》：与龙曰：注说见《汉志》。《左传·闵二年》：晋灭耿。杜注：平阳皮氏县东南有耿乡。《水经·汾水注》：介山即汾山。文颍言在皮氏县东南。《晋太康地记》及《地道记》与《永初记》并言子推所逃隐于是山，即实非也，余按子推所隐者，绵山也。杜预曰：在西河界休县者是也。三国魏县。《地形志》：东雍州高凉郡龙门，故皮氏，晋属平阳。《一统志》：故城今绛州河津县西二里。

【编者按】皮氏县故城，在今山西河津市西阳村乡（即太阳）。

河东郡秦置。

【集释】程廷祚《证今》曰："今山西平阳府地。"

《马注》：与龙曰：三国魏郡。《地形志》：属秦州，治蒲坂。

统县九，

【集释】《马注》：与龙曰：晋尝置监盐县。《涑水注》：涑水西南迳监盐县故城。杜预曰：猗氏有盐池。后罢尉司，分猗氏、安邑，置县以守之。按县旋省。

户四万二千五百。

【斠注】《史记·秦本纪》曰：昭襄王二十一年置。

【编者按】河东郡治安邑县，在今山西夏县西北禹王城。

安邑旧舜都。

【斠注】两汉旧县。《御览》一百六十三《晋太康地志》曰：安邑有司盐都尉，别领兵五千。《水经·涑水注》曰：安邑，禹都。《寰宇记》四十六《晋太康地记》曰：舜受禅安邑，或云蒲阪。《史记·秦本纪·正义》：《括地志》曰：安邑故城在绛州夏县东北十五里，本夏之都。《寰宇记》五作在夏县西北一里。《读史方舆纪要》四十一曰：安邑故城在今县西二里。《斠注》案：本《志》注文"舜都"当作"禹都"。《续汉志》注：《地道记》曰：［巫］（编者校：据《汉书·地理志》补"巫"。）咸山在安邑南。

【集释】《马注》：与龙曰：《郡国志》安邑注引《帝王世纪》曰：县西有鸣条陌。与龙按：《孟子》曰：舜卒于鸣条。以《帝王世纪》说证之，此《志》与《孟子》合。三国魏县。《地形志》：陵州河北郡北安邑，晋曰安邑，属河东。《一统志》：故城今解州夏县北。

【编者按】《新中国考古五十年》：夏县禹王城即古安邑，也是秦汉河东郡治。安邑县故城，在今山西夏县西北十五里禹王城。

闻喜故曲沃。晋武公自晋阳徙此。

【斠注】两汉旧县。《汉志》曰：故曲沃，晋（成侯）［武公］（编者校：详见《汉书·地理志》、王先谦《汉书补注》。）自晋阳徙此。武帝元鼎六年行过，更名。《新斠注地理志》三曰：《元和志》《寰宇记》并云故城在闻喜县西南八里。唐固曰：下平曰衍，有溉曰沃。旧本成侯作武公。考《诗谱》云：晋成侯南徙，居曲沃。孔颖达《正义》引此亦作成侯，故依改之。王念孙曰：晋成侯自晋阳徙曲沃，晋武公自曲沃徙绛。

【集释】程廷祚《证今》曰："今县。"

《马注》：王念孙曰：据《诗谱》，自晋阳徙曲沃者乃成侯，非武公也。《汉地理志》及《水经·涑水注》并作武公，皆后人依误本妄改耳。与龙曰：三国魏县。《左传·隐五年》杜注：河东闻喜县有燕熙城。《通鉴》：太元十一年，西燕慕容永立慕容忠为帝，至闻喜闻慕容垂已称尊号，不敢进，筑燕熙城居之。东雍州正平郡闻喜，晋属河东。《一统志》：故城今绛州闻喜县治桐城镇。

【编者按】闻喜县故城，即今山西闻喜县治桐城镇。

垣王屋山在东北，沇水所出。

【斠注】劳格《校勘记》曰：《太康地志》云：河南郡有东垣县。毕氏云：《晋志》无东垣县。《斠注》案：魏收《地形志》：东垣县，二汉、晋属河东。考《汉书·地理志》《续汉书·郡国志》有垣县，无东垣县。《晋志》河东郡有垣县，云王屋山在东北，沇水所出。《斠注》案：张湛《列子·汤问》注：王屋在河东垣县。郭璞《山海经》三《北山海经》注：王屋之山在河东东垣县。或以东字为衍文，误。又《郡国志》：垣县在壶丘亭。杜预《左氏·襄元年传》注云：河东东垣县东南有壶丘。则垣县即东垣县，但二汉名垣县，晋名东垣，《志》属河东，《太康地志》属河南，为稍异耳，非别有东垣县也。《斠注》案：东垣县盖太康三年后改隶河东，晋初则属河南也。《山海经》曰：王屋之山，（联）〔灓〕（编者校：据袁珂《山海经校注》改。郭璞此处注：灓音辇。）水出焉。郭注谓（联）〔灓〕、沇声相近，即沇水也。《史记·夏本纪·正义》：《括地志》曰：王屋山在怀州王屋县北十里。《古今地名》云：山方七百里，山高万仞，本冀州之河阳山也。又引《括地志》曰：沇水出怀州王屋县北十里王屋山顶崖下，石泉（停）〔渟〕（编者校：据《括地志辑校》，"停"应为"渟"。）不流，其深不测，至〔济源〕（编者校：据《括地志辑校》，此处有"济源"。）县西北二里平地其源重发，而东南流为（氾）〔沛〕（编者校：据《括地志辑校》，"氾"被考证为"沛"。）水。《元和郡县图志》五曰：王屋县汉为垣县地。王屋山在县北十五里，周回一百三十里，高三十里。《禹贡》"底柱、析城，至于王屋"是也。《读史方舆纪要》四十一曰：垣县城在垣曲县西北二十里。本《括地志》。

【集释】《通鉴》胡注：按魏收《地形志》，洛州新安郡有东垣县。注云：二汉、晋属河东；后属。宋白曰：宋武入洛，更置东垣、西垣二县。《新唐书·地理志》：河南府新安县，高祖武德初析置东垣县。则知东垣在新安界。

程廷祚《证今》曰："今垣曲县。《襄元年》注作东垣县，误。"

方恺《新校》：方恺曰：杜注《左氏传》"襄元年，寔（编者校："寔"即"置"。）诸瓠邱（编者校："邱"即"丘"。）。"云：河东东垣县有壶邱（编者校："邱"即"丘"。）。郭注《山海经》：王屋山，今在河东东垣县。《州郡志》称《太康地志》有东垣县，是此郡垣县当作东垣县。吴翊寅案：《州郡志》司州河南领东垣，云二汉、《晋太康地志》有东垣县。今考《汉志》，河东郡有垣县，无东垣，亦不属河南，疑《沈志》当云属河东也。

《马注》：与龙曰：注说见二汉《志》。《史记·魏世家》：城安邑、王垣。《索隐》：徐广曰：垣县有王屋山，故曰王垣。《夏本纪·索隐》引《水经》云：自河东垣县王屋山东流为沇水，至温县西北为济水。三国魏县。《郡国志》注引《博物记》曰：山在东，状如垣。《左传·襄元年》杜注：河东东垣县。《汉书·曹参传》《三国魏志·杜几传》俱作东垣。《通鉴》：晋恭帝元熙元年，司马道恭自东垣率三千人屯金墉城。胡注云：参考汉、晋《志》，河东郡有垣县，无东垣。孝武太元十一年冯该斩苻丕于东垣。此时已有东垣之名。与龙按：《汉书》《三国·魏志》《左传》杜注久有东垣之目，胡氏说如此，岂以《前书》《志作》东垣皆为后人妄增欤？《州郡志》司州刺史下云：武帝置河南郡，领东垣，景平初复没。又云《晋太康地志》有东垣县。《地形志》：洛州新安郡东垣，晋属河东。《隋书·地理志》：晋垣县，后魏置邵郡及白水县，属东雍州。《一统志》：故城今垣曲县西。

【编者按】垣县故城，在今山西垣曲县东南小浪底库区内。

汾（阳）[阴]公国相。

【中华校】汾阳公国相 毕校及方恺《新校晋书地理志》以后简称方校。均谓"汾阳"当作"汾阴"。按："公国相"，各本作"公相国"，"相国"二字误倒，宋本不误，今从宋本。

【斠注】两汉《志》有汾阴县，元本作"公国相"。《晋地理志新补正》曰：按《十六国春秋》：刘元海省汾阴入蒲阪县。汾阴，《晋地志》作汾阳，盖传写之误。

【集释】程廷祚《证今》曰："汾阴，今万泉县。"

方恺《新校》：方恺曰：又案郭注《尔雅》"濆大出尾下"条、郭注《山海经》"跂踵之山"条皆云：今河东汾阴县有濆水。杜氏《文六年传》：改蒐于董。《注》亦谓河东汾阴县有董亭。本《志》作汾阳，疑误。吴翊寅案：汾阳，二汉《志》皆作汾阴，本《志》乃传写之讹。

《马注》：与龙曰：当作汾阴。三国魏县，曰汾阴。谢钟英云：《魏志·郭淮传》：咸熙中，郭正封汾阳子。孟容谓《后汉志》有汾阴无汾阳。《晋志》有汾阳无汾阴，而注家于汾阴、汾阳并云在荥河县北，疑咸熙中改汾阴为汾阳也。与龙按：《魏志·徐晃传》作汾阴。《左传·文六年》杜注"河东汾阴县"，是自魏至晋有汾阴县。水北曰阳，名当符实，《魏志·郭淮传》汾阳即汾阴之讹，此《志》亦误作阳。《寰宇记》：汾阴县，后汉至晋不改，刘元海省汾阴入蒲坂县，后魏太和十一年，复置汾阴县于后土城。《地形志》：秦州北乡郡汾阴，晋属河东。《一统志》：故城今蒲州府荥河县北。

【编者按】此处汾阳应为汾阴。汾阴县故城，在今山西万荣县西南黄河东岸庙前村北古城。

大阳吴山在西。周武王封西周太伯后于此。

【斠注】两汉旧县。《史记·酷吏列传·正义》：《括地志》曰：大阳今陕州河北县是，亦属河东郡也。《水经·河水注》：《晋太康地记》曰：大阳县有虞原，所谓北虞也。《元和郡县图志》六曰：平陆县本汉大阳县地。吴山，即吴坂也，伯乐遇骐骥驾盐车之地。其坂自上及下，七山相重。《读史方舆纪要》四十一曰：大阳城在平陆县东五十里。《新斠注地理志》三曰：在今解州平陆县东北。应劭曰：在大河之阳。《括地志》：故虞城在河北县东北五十里虞山之上，周武王封太伯后于此，封周章弟虞仲也。古字"虞""吴"同用。段氏玉裁曰：《吴世家》：武王封周章弟虞仲于周之北故夏虚，是为虞公。《史记》公字今讹仲，非也。《史记》云，求太伯虞仲之后。此云太伯后者，太伯无子，虞仲为太伯。后史兼言之，此专言之，皆可以明兄弟相后之义也。周章既君吴矣，又君虞仲于虞者，广太伯之后，即广虞仲之后也。周家禄《校勘记》曰：下西周衍文。

【集释】《通鉴》胡注："大阳县，属河东郡。《地理志》曰：北虢也。应劭曰：在大河之阳，唐并入陕州河北县界。""《唐志》，陕州陕县有大阳故关，春秋之茅津也。"

程廷祚《证今》曰："今平陆县。"

《马注》：与龙曰：《汉志》：大阳，吴山在西，上有吴城，周武王封太伯后于此，是为虞公。《河水注》：虞山东北有虞原，原上道东有虞城，武王封太伯后虞仲于此。《郡国志》：大阳有吴山，上有虞城。刘《注》引《帝王世纪》曰：舜嫔于虞，虞城是也。《史记·周本纪·正义》引《晋太康地记》云：虞西百四十里有芮城。三国魏县。《左传·桓十年》杜注：虞国在河东大阳县。《通鉴》：永嘉二年，刘渊徙都蒲子，诏将军曹武屯大阳以备蒲子。《地形志》：陕州河北郡大阳，晋属河东。有虞城。《一统志》：故城今解州平陆县东北五十里。

【编者按】大阳县故城，在今山西平陆县西南。

猗氏古猗顿城。

【斠注】两汉旧县。《孔丛子》曰：鲁人猗顿适西河，大畜牛羊于猗氏之南。《水经注》：猗氏县南对泽，即猗顿故居。《寰宇记》曰：(晋)［西魏］(编者校：详见中华书局点校本《太平寰宇记》。)恭帝二年，改猗氏为(柔)［桑］(编者校："柔"应是"桑"，此处误，详见中华书局点校本《太平寰宇记》。)泉县。《读史方舆纪要》四十一曰：猗氏城在今县南二十里。本《寰宇记》。《续汉志》注：《地道记》曰：《左传·文十三年》，詹嘉处瑕，在猗氏县东北。

【集释】何超《音义》：猗，乙奇。

程廷祚《证今》曰："在今县西十五里。"

《马注》：与龙曰：三国魏县。《地形志》：猗氏，晋属河东。《一统志》：故城今蒲州府猗氏县南二十里。

【编者按】猗氏县故城，在今山西临猗县南二十里铁匠营村。《中国文物地图集·山西分册》定临猗县南二十里铁匠营村东约30米处为北魏时期的北猗氏故城。

解有盐池。

【斠注】两汉旧县。《元和郡县图志》十二曰：盐池在县东十里。女盐池在县西北三里。东西二十五里，南北二十里。盐味少苦，不及县东大池盐。《读史方舆纪要》四十一曰：解城在临晋县东南十八里。本《元和志》。

【集释】程廷祚《证今》曰："在今临晋县东南十八里。"

《马注》：与龙曰：三国魏县。《左传·僖十五年》杜注：河东解县。《地形志》：南解，晋曰解。《寰宇记》：汉解县，后魏改曰北解。《一统志》云：《涑水注》：涑水经解县故城南。按后魏南解，今虞乡县，涑水在其北；北解今临晋县，涑水在其南。况《地理志》南解有桑泉城，今为临晋县地；北解有张扬城，今为虞乡县地。则今本《魏志》

南、北二字必传写舛误，而互易也。故城今临晋县西南五姓湖北。

【编者按】解县故城，在今山西临猗县西南三十里城东、城西两村之间。

蒲坂有历山，舜所耕也。有雷首山，夷齐居其阳，所谓首阳山。

【斠注】两汉旧县。《新斠注地理志》三曰：蒲反在今蒲州府城东五里。《括地志》：今蒲州南二里河东县界故城是也。应劭曰：秦始皇东巡见长阪（编者校：一说"阪"为"坂"。），故加反云。孟康曰：本蒲也，晋文公以赂秦，后秦人还蒲，魏人喜曰蒲反矣，谓秦名之，非也。《宋州郡志》、《晋太康地记》及《地道记》曰：首山在蒲阪，与胡县相连。《御览》三十九戴延之《西征记》曰：今河东蒲阪南，又谓首阳山，亦有夷齐祠。又一百八十《西征记》曰：潼关北去蒲坂城六十里，城中有舜庙，城外有宅井、二妃潭，南去城二十里有山，舜所耕，山上亦有庙。《水经·瓠子水注》曰：郑玄曰：历山在河东，今有舜井。皇甫谧或言今济阴历山是也。与雷泽相比，余谓郑玄之言为然。又《河水注》曰：涑水出河北雷首山。阚骃《十三州志》曰：山，一名独头山，夷、齐所隐也。又河水南对首阳山。注：《春秋》所谓首戴也，夷齐之歌所以曰："登彼西山矣"。上有夷齐之庙，前有二碑，并是后汉河南尹广陵陈导、雒阳令徐循与处士平原苏腾、南阳何进等立。《史记·五帝本纪·正义》：《括地志》曰：蒲州河东县雷首山，一名中条山，亦名历山，亦名首阳山，亦名蒲山，亦名襄山，亦名甘枣山，亦名猪山，亦名独头山，亦名薄山，亦名吴山，此山西起雷首山，东至吴阪，凡十一名，随州县分之。《御览》四十五《隋图经》曰：雷首在河东有九名：历山、首山、薄山、襄山、甘枣山、渠猪山、猪山、独头山、陑山等名也。《新斠注地理志》三曰：尧山，中条山也，在蒲州府城东南十五里。首山即雷首山，亦曰首阳山，在府城南三十里。《方舆纪要》四十一曰：雷首山在蒲州东南十五里，历山州东南百里。与此亦异。马融曰：首阳山在蒲阪，华山之北，河曲之中，伯夷所隐也。考古夷齐所隐首阳有三说：曹大家《幽通赋》注谓在陇西，即陇西郡首阳县，在今兰州府渭源县西二十里；戴延之《西征记》谓在洛阳东北，《水经注》曰或云夷、齐饿死在此，今河南府偃师县西北二十里；一言在此。但夷齐之歌自称西山，而蒲阪之山，无西山之目。案：夷、齐作歌时不必有西山之目，但在此山之西亦可谓之西山也。惟自唐以后皆推本马融，建祠定祀，证古者因循莫改，殊难辨其真正焉。又武帝元封六年作首阳宫，文颖以为亦在此。

【集释】程廷祚《证今》曰："在今蒲州东南五里。"

毕沅《新补正》：沅案：《十六国春秋》：刘元海省汾阴入蒲坂县。汾阴，《晋地志》作汾阳，盖传写之误。

《马注》：与龙曰：注说并见《郡国志》注。三国魏县。《春秋·文十二年》杜注：河东蒲坂县。《十六国春秋》：苻坚建元七年置雍州，治蒲坂。《州郡志》司州刺史下云，蒲坂，《晋太康地志》属河东。《地形志》：蒲坂。有雷首山。《一统志》：故城今蒲州府城东南。

【编者按】蒲坂县故城，在今山西永济市西南蒲州镇蒲州古城遗址。

河北

【斠注】两汉旧县。《史记·晋世家·索隐》曰：河东河北县，古魏国。《元和郡县图志》十二曰：故城在芮城县北五里。《读史方舆纪要》四十一曰：河北城在芮城县东北七里。

【集释】程廷祚《证今》曰："在今芮城县东北七里。"

《马注》：与龙曰：三国魏县。《左传·桓三年》杜注：河东河北县。《寰宇记》：姚秦于此置河北郡。《地形志》：陕州河北郡河北，晋属河东。《一统志》：故城今解州芮城县东北里许。

【编者按】河北县故城，在今山西芮城县西二十里郑村。谭其骧主编《中国历史地图集》定其在今山西芮城县西，与此位置相同。另有一说在今山西芮城县东北五里龙泉村与柴村之间。

汲郡 泰始二年置。统县六，户三万七千。

【斠注】《晋地理志新补正》曰：按：朝歌，晋武帝改为汲郡，非晋始立，微误。《东晋疆域志》曰：汲郡东晋领县可考者一，朝歌。

【集释】程廷祚《证今》曰："在今河南。"

毕沅《新补正》：沅案：汲郡本名朝歌，泰始二年改名，云置误。

《马注》：与龙曰：《州郡志》钟离太守下云：朝歌令，本属河内，晋武帝分河内为汲，又属焉。《元和志》谓晋武改朝歌为汲者，误。《地形志》：汲郡，晋武帝置，治城头。按城头疑枋头之讹。

【编者按】汲郡治汲县，在今河南卫辉市西南汲城。

汲 有铜关。

【斠注】两汉属河内郡。《水经·清水注》曰：汲县，故汲郡治，晋太康中立。《史记·秦本纪·正义》：《括地志》曰：汲故城在卫州所理汲县西南二十五里。孟康云：汉汲县，今郚城是也。《斠注》案：如郦氏说是，汲县中废，至太康复立。《十六国疆域志》曰：汲有卫关。杨难敌救蒲阪，自卫关北济，虎惧，引退。《通鉴》注称《晋书·地理志》：汲县有卫关。与今本不同。又《图经》称《晋地道记》，汲县有铜关，即卫关也。

【集释】《马注》：与龙曰：注说见《郡国志》注引《晋地道记》。三国魏县，属河内。《史记·周本纪·正义》曰：按《汲冢书》，晋咸和五年，汲郡汲县发魏襄王冢，得古书册七十五卷。《地形志》：汲治汲城。《一统志》：故城今卫辉府汲县西南。

【编者按】汲县故城，在今河南卫辉市西南二十里汲城。

朝歌 纣所都。

【斠注】两汉属河内郡。《水经·淇水注》曰：淇水南流东屈，迳朝歌城南。注云：《晋书地道记》曰：本沬邑也。殷王武丁，始迁居之，为殷都也。纣都为《禹贡》冀州大陆之野，即此矣。《水经注释》九曰：一清案：《禹贡锥指》曰：《殷本纪》曰：武乙复去亳，徙河北。此即纣都朝歌也，武丁自邺南复迁于亳，至武乙则又自亳迁于朝歌。《淇水注》引《晋书地道记》谓武丁迁居沬邑，盖误以武乙为武丁耳。《通鉴地理通释》引《括地志》曰：《帝王世纪》云：帝乙复济河，北徙朝歌，其子纣仍都焉。《玉海》（《诗地理考》）引《括地志》：朝歌故城在卫州东北七十三里，卫县西二十三里，谓之殷虚。《读史方舆纪要》四十九曰：朝歌城在淇县东北。

【集释】程廷祚《证今》曰："在今卫辉府淇县东北。"

《马注》：与龙曰：注说见《汉志》。三国魏县，属河内。《左传·隐元年》杜注：汲郡朝歌县。《州郡志》司州刺史下云：朝歌，《晋太康地志》属汲郡。《地形志》：朝歌。有朝歌城。《一统志》：故城今淇县北。

【编者按】朝歌县故城，即今河南淇县治。

共故国。

【集释】《马注》：王先谦曰：《纪年》，周厉王奔彘，共伯和摄行天子事，太子靖为王，共伯和归国，即此。《庄子·让王》篇，共伯得乎共首。《荀子》所谓共头也。共是山名，故国氏焉，后灭于卫。

北山，淇水所出。

【斠注】两汉属河内郡。《元和郡县图志》十六曰：周共伯国。《水经·清水注》曰：汉高帝八年，封卢罢师为共严侯国，即共和之故国也。共和既归帝政，逍遥于共山之上，山在国北，所谓共北山也。《新斠注地理志》四曰：在今辉县东北九里。《后汉书》注：故城在共城县东。孟康曰：共伯为周三公者也。北山今曰共山，在今卫辉东北十里。《说文》：淇水出共北山，一曰出隆虑西山。《山海经》：淇水出沮洳山。《水经》：淇水出隆虑大号山。《淮南子》：淇出大号。注：大号山在河内共县北，或曰在隆虑西。今大号山亦曰隆虑山，在彰德府林县西北二十五里。盖淇水有二原也。

【集释】《通鉴》胡注：据《水经注》，重门城，在河内共县故城西北二十里。

程廷祚《证今》曰："今卫辉府辉县。"

《马注》：王先谦曰：《说文》：淇水出共北山，一曰出隆虑西山。先谦按：隆虑、共相距颇远，非一山二名，故道元《淇水注》但浑举之而已。许氏兼采二说，实则大号之源为正也。与龙曰：三国魏县，属河内。《左传·隐元年》杜注：汲郡共县。《地形志》：林虑郡共，晋属汲。《一统志》：故城今辉县治。

【编者按】共县故城，在今河南辉县市治老辉县城外古城。

林虑

【斠注】《水经·洹水篇》曰：洹水东过隆虑县北。注云：县北有隆虑山，县因山以取名。应劭曰：殇帝曰隆，故改从林。《元和郡县图志》十六曰：林虑本汉隆虑县，属河内郡，后避殇帝讳，改曰林虑，属朝歌郡，晋属汲郡。《新斠注地理志》四曰：今彰德府林县。《斠注》案：《元和志》云殇帝改林虑属朝歌郡，朝歌置郡在魏文帝时，吉甫误。

【集释】程廷祚《证今》曰："今彰德府林县。"

孙人龙《晋书考证》："林虑或作隆虑。按《字典》，隆虑在河内，无虑在辽东，取虑在临淮，且虑在辽西，昌虑在海东。隆音林，取音趣，且音苴。今仍监本。"

《马注》：与龙曰：三国魏县，属河内。《左传·成十七年》杜注：汲郡林虑县。陈藏器《本草》引王隐《晋书》：庚衮入林虑山，食木实，饵石蕊（编者校：一本"蕊"为"藁"。），得长年也。《地形志》：林虑郡林虑，晋属汲郡。《一统志》：故城今彰德府林县治。

【编者按】林虑县故城，在今河南林州市市区老城关镇偏北。

获嘉故汲中乡。汉武帝行过时，获吕嘉首，因改名。

【斠注】两汉属河内郡。《元和郡县图志》十六曰：获嘉故城在新乡县西南十里。《读史方舆纪要》四十九曰：获嘉城在新乡县西南十二里。

【集释】《通鉴》胡注：新乐亦当在荥阳界。宋白曰：卫州新乡县治古新乐城。新乐城，十六国时，燕将乐安王臧所筑。

《马注》：与龙曰：注说见《汉志》。三国魏县，属河内。有新乐城，《清水注》：清水又东迳新乐城，城在获嘉县故城东北，即汲之新中乡也。晋太和五年，燕慕容玮使弟臧城新乐，即此。《地形志》：获嘉，晋［属］，后省。太和二十三年复，治新洛城。有获嘉城。《一统志》：故城今卫辉府新乡县西南十二里。

【编者按】获嘉县故城，在今河南新乡市西南十四里张固城村。

修武晋所启南阳，秦改名修武。

【斠注】两汉属河内郡。《水经·清水注》：王隐说曰：河内，殷国也，周名之为南阳，秦始皇改曰修武。《元和郡县图志》十六曰：修武本殷之宁邑。《韩诗外传》曰：武王伐纣，勒兵于宁，改曰修武。《斠注》案：臣瓒谓《韩非书》"秦昭王越赵长平，西伐修武"，时秦未兼天下，修武之名久矣，以驳应劭秦改修武之说，王隐及本书承应劭亦误。

【集释】程廷祚《证今》曰："今怀庆府属县。"

方恺《新校》：方恺曰：《左氏·隐十一年传》注：攒茅、隤二邑在修武，属汲郡。与本《志》合。《山海经·西山经》郭注：今河内修武县北黑山，亦出清水。《水经注·清水篇》引京相璠曰：河内修武有隤城。疑西晋末改属也。

汪兆镛《稿本晋会要》：兆镛按：《山海经·西山经》郭璞注：今河内修武县。《水经·清水注》引京相璠曰：河内修武县。又《续汉郡国志》：修武亦属河内，《晋志》属汲郡，恐误。

《马注》：与龙曰：注说见《汉志》注应劭说，师古谓瓒说是也。三国魏县，属河内。《左传·隐十一年》杜注：修武县属汲郡。《地形志》曰：南修武。《一统志》：故城今获嘉县治。

【编者按】修武县故城，即今河南获嘉县治。

河内郡汉置。

【集释】程廷祚《证今》曰："今河南怀庆府。"

《马注》：与龙曰：三国魏郡。《地形志》：属怀州。

统县九，户五万二千。

【斠注】《汉志》：高帝元年为殷国，二年更名。《元和郡县图志》十六曰：汉河内郡理怀，晋河内郡理野王。《东晋疆域志》曰：河内郡东晋领县可考者一：野王。

【集释】 方恺《新校》：方恺曰：《续汉书·郡国志》河内郡有武德县。《石勒载记》：勒攻冠军将军梁巨于武德。《水经注·沁水篇》引阚骃言：（沛）[济]（编者校："沛"似为"济"。陈桥驿复校本《水经注疏》为"济"。）水至武德入河。疑此县西晋时尚存。

《马注》：与龙曰：《汉书·沟洫志》：至于大伾。注：郑氏曰："山一成为伾，在修武、武德界。"[张晏曰]："臣瓒以为今修武、武德无此山。"按据臣瓒说是晋初有修武、武德二县，此《志》修武属汲郡，而无武德县，未知何时省也。

【编者按】 河南郡治野王县，在今河南沁阳市治。

野王 太行山在西北。

【斠注】 两汉旧县。《史记·夏本纪·正义》：《括地志》曰：太行山在怀州河内县北二十五里。《新斠注地理志》四作在怀庆府北二十里。《水经注·禹贡山水泽地》篇亦云：太行山在野王西北。《元和郡县图志》十六曰：《禹贡》曰：太行、恒山，至于碣石。注曰：二山连延，东北接碣石。河内本春秋时野王邑，汉以为县。《读史方舆纪要》三曰：野王今怀庆府治河内县是。《晋地理志新补正》曰：按《寰宇记》：晋徙河内郡治此。

【集释】 程廷祚《证今》曰："今附郭河内县。"

《马注》：与龙曰：注说见《汉志》。三国魏县。《左传·隐十一年》杜注：野王县属河内。有沙城。《通鉴》：太元八年，慕容垂留辽东鲜卑可足浑谭集兵于河内之沙城。《地形志》：野王有太行山。《一统志》：故城今怀庆府河内县治。

【编者按】 野王县故城，即今河南沁阳市治。

州 故晋邑。

【斠注】 两汉旧县。《新斠注地理志》四曰：在今武陟县西沁水之南。《春秋传》：晋以州赐郑公孙段。《史记》：韩宣子徙居州。即此地。

【集释】 程廷祚《证今》曰："在今府东南五十里。"

《马注》：与龙曰：注说见《春秋·昭二年传》。三国魏县。《左传·隐十一年》杜注：州县属河内。《地形志》：武德郡州，晋属河内。《一统志》：故城今河内县东南四十里。

【编者按】 州县故城，在今河南温县东北二十六里武德镇。

怀

【斠注】 两汉旧县。《汉书补注》曰：《禹贡》覃怀在此，见《书》孔传，后但称怀。武王伐纣，至怀而坏，见《荀子·儒效》篇。《史记·夏本纪·正义》：《括地志》曰：故怀城在怀州武陟县西十一里。《元和志》同。又《魏世家·正义》：《括地志》曰：故怀城在怀州获嘉县东北二十五里。获嘉，古修武也。

【集释】 程廷祚《证今》曰："在今武陟县西南十一里。"

《马注》：与龙曰：三国魏县。《左传·隐十一年》杜注：怀县属河内。有殷城。《沁水注》：朱沟又东迳殷城北。郭缘生《述征[记]》曰：河之北岸河内怀县有殷城。《纪年》云：秦师伐郑，次于怀城殷，即是城也。昔刘曜以郭默为殷州刺史，督缘河诸军事治此。《地形志》：武德郡怀，晋属河内。有怀城。《一统志》：故城今有武陟县西南。

【编者按】怀县故城，在今河南武陟县西南。

平皋邢侯自襄国徙此。

【斠注】两汉旧县。《史记·魏世家·正义》：《括地志》曰：平皋故城本邢（邱）〔丘〕邑，汉置平皋县，在怀州武德县东南二十里。《后汉书》注、《寰宇记》并云在县西。以其在河之皋地也。《读史方舆纪要》四十九曰：平皋城在怀庆府城东南七十里。

【集释】程廷祚《证今》曰："在今府东南七十里。"

《马注》：与龙曰：注说见《汉志》注应劭说。师古云：应说非也。三国魏县。《左传·宣六年》杜注：河内平皋县。《地形志》：武德郡平皋，曾属河内。有平皋城。《一统志》：故城今温县东二十里。

【编者按】平皋县故城，在今河南温县东北平皋。

河阳

【斠注】两汉旧县。《水经·河水注》：《晋太康地道记》曰：河阳别县，非温邑也。《史记·夏本纪·索隐》：黄义仲《十三州记》：河阳县在（于）河上，即孟津是也。《御览》一百六十一《冀州图经》曰：河阳在河内郡南六十四里。《寰宇记》：故城在今县西北三十五里。《读史方舆纪要》四十九曰：河阳城在河内县西南三十里。《新斠注地理志》四作在孟县西南三十里。

【集释】《通鉴》胡注：《水经注》：孟津又曰富平津。杜佑曰：富平津在河阳县南。

程廷祚《证今》曰："在今孟县西南二十里。"

《马注》：与龙曰：三国魏县。《春秋·僖二十八年》杜注：河内有河阳县。有东阿垒。《通鉴》：升平三年，泰山太守诸葛攸率水陆军击燕，入自石门，屯于河渚，燕将军慕容评等与攸战于东阿。《地形志》：河阳，晋后罢，孝昌中复。《一统志》：东阿垒，今孟县东南；河阳故城，今孟县西三十里。

【编者按】河阳县故城，在今河南洛阳市吉利区吉利乡冶戍城。

沁水

【斠注】两汉旧县。《读史方舆纪要》四十九曰：沁水城在济源县东北。

【集释】程廷祚《证今》曰："在今济源县界。"

《马注》：与龙曰：三国魏县。《春秋·隐十一年》杜注：沁水县属河内。郭璞《三苍解诂》："沁，音狗沁之沁"；黄山云："狗沁之沁"，两沁字皆呭之讹。《地形志》：沁水，治沁城。《一统志》：故城今济源县东北。

【编者按】沁水县故城，在今河南济源市东北四十里王寨村。

轵故周原邑。

【斠注】两汉旧县。《汉志》注：孟康曰：原乡，晋文公所围，是也。《补注》：徐松曰：太行山八陉，第一曰轵关陉，盖以县命名。《史记·秦本纪、吕后本纪·正义》：《括地志》曰：故轵城在怀州济源县东南十三里，七国时魏邑。

【集释】何超《音义》：轵，音纸。

《通鉴》胡注：轵关在河内轵县。轵，音只。

程廷祚《证今》曰："在今济源县南十三里。"

《马注》：与龙曰：三国魏县。《左传·隐十一年》杜注：轵县属河内。《地形志》：轵治轵城。《一统志》：故城今济源县南十三里。

【编者按】轵县故城，在今河南济源市东南十二里轵城镇。

山阳

【斠注】两汉旧县。《史记·秦始皇本纪·正义》：《括地志》曰：山阳故城在怀州修武县西北，太行山东南。《读史方舆纪要》四十九曰：山阳县在修武县西北六十里。《新斠注地理志》四作西北三十五里。

【集释】《通鉴》胡注：魏奉汉献帝为山阳公，国于河内山阳县之浊鹿城。

程廷祚《证今》曰："在今修武县西。"

《马注》：与龙曰：三国魏县。《左传·僖二十四年》杜注：河内山阳县。《地形志》：汲郡山阳，晋属河内。《一统志》：故城今修武县西北三十五里。

【编者按】山阳县故城，在今河南焦作市山阳区新城街道墙南村北侧山阳故城遗址。

温故国也，苏忿生封。

【斠注】《汉志》曰：温县，故国，己姓，苏忿生所封。《史记·周本纪·正义》：《括地志》曰：故温城在怀州温县西三十里上苑村北温城遗址，汉晋为县，本周司寇苏忿生之邑。《左传》云：周与郑人苏忿生十二邑，温其一也。《元和郡县图志》六曰：温县本周畿内司寇苏公之邑，春秋周襄王赐晋文公，汉以为县。《读史方舆纪要》四十九曰：温城在今县西南三十里。

【集释】程廷祚《证今》曰："今县。"

《马注》：与龙曰：注说见《汉志》。三国魏县。《左传·隐三年》杜注：河内温县。《宣帝纪》：河内温县孝敬里人。今温县城内东南隅有司马故宅。《地形志》：武德郡温，晋属河内。《一统志》：东魏移治故城东北七十里，汉故城在今温县西南三十里。

【编者按】温县故城，在今河南温县西南三十里上苑村北温城遗址。

广平郡魏置。

【集释】程廷祚《证今》曰："在今直隶。"

方恺《新校》：刘庠案：本《志》前篇言：魏氏受禅，即都汉宫，司隶所部河南、河东、河内、弘农并冀州之平阳，合五郡，置司州。无广平郡，而广平郡下仍又言魏置，则魏时司州有六郡矣。吴翊寅案：《郡国志》注：建武十三年，省广平国，以其县属钜鹿。《州郡志》亦言：建武十三年省并钜鹿，魏分钜鹿、魏郡复为广平。又《地形志》曲梁县云：魏黄初二年，复置郡治。洪氏《疆域志》因之。是广平省于建武立于黄初矣。然据《三国·魏志》，建安十七年，割广平之广平、任城以益魏郡，则广平之省当在建安末。《沈志》言建武中省，盖本范书《光武纪》，而不言何时复立，疏矣。

《马注》：与龙曰：黄初二年，以魏郡西部置，见《三国·魏志》。《地形志》：汉平干国，宣帝改为广平国，后汉省，魏黄初二年复，改治曲梁城。统县十五，户三万五千二百。

【斠注】《宋志》曰：汉武帝征和二年，立为平干国。宣帝五凤二年，改为广平。光武建武十三年，省并钜鹿。魏分钜鹿、魏［郡］（编者校：据中华书局点校本《宋书》补"郡"字。）复为广平。江左侨立郡，晋成帝咸康四年省，后又立。《魏志·文纪》：黄初二年，以魏郡西部为广平郡。

【编者按】谭其骧主编《中国历史地图集》两晋太康二年图将广平郡治定在广平县，即今河北鸡泽县东南旧城营。孔祥军《校注》将广平郡治定在曲梁县，即今河北永年县东南广府镇。

广平

【斠注】汉旧县。后汉属钜鹿郡。《宋志》曰：南渡以朝阳县境立。《读史方舆纪要》十五曰：广平故城在今县北。

【集释】程廷祚《证今》曰："在今广平府邯郸县西南二十里。"

《马注》：与龙曰：三国魏县。《地形志》：广平，晋后罢，太和二十一年复，治广平城。《一统志》：故城今广平府鸡泽县东二十里。

【编者按】广平县故城，在今河北鸡泽县东南二十里旧城营。

邯郸 秦置为郡。

【斠注】两汉属赵国。《元和郡县图志》十五曰：邯郸本卫地，后属晋，七国时为赵郡，秦灭赵以为邯郸郡。魏以为县，属广平郡。

【集释】《马注》：与龙曰：三国魏县。《左传·定十年》杜注：邯郸，广平县也。《州郡志》弘农太守邯郸令下云：《晋太康地志》无此县。按《州郡志》宁浦太守下引《晋太康地志》有"武帝太康七年改合浦属国都尉立"之文，是所据者太康末之籍，疑太康末尝省县，此《志》盖从杜预说也。《郡国志》：邯郸，刘注引张华曰：赵奢冢在邯郸西山上，谓之马服山。《地形志》：广平郡邯郸，晋属，后属魏。又魏尹临漳县，有邯郸城。《一统志》：东魏并入临漳，故城今邯郸县西南十里。

【编者按】邯郸县故城，在今河北邯郸市区。

易阳

【斠注】两汉属赵国。颜师古曰：在易水之阳。《读史方舆纪要》十五曰：在广平府西四十里。

【集释】《通鉴》胡注：易阳县，汉属赵国，魏、晋属阳平郡。刘昫曰：唐洺州临洺县，古易阳县也，隋开皇六年更名。

方恺《新校》：方恺曰：刘逵《魏都赋》注：温水在广平都易县。都易字疑有误。（编者校："都"疑为"郡"。）《郡国志》注作易阳是也。

《马注》：与龙曰：三国魏县。《州郡志》：南（太）［泰］（编者校：据中华书局点校本《宋书》，"太"应为"泰"。）山太守下云：易阳，《晋太康地志》属广平。《郡国志》注引《魏都赋》注曰：温泉在易阳，世以治疾，洗百病。《地形志》：魏尹易阳，晋属广平。有易阳城。《一统志》：故城今永年县西十五里。

【编者按】易阳县故城，在今河北永

年县东南。

武安

【斠注】汉属魏郡，魏属广平郡。《寰宇记》五十六曰：武安故城在今县西南五里。《读史方舆纪要》四十九曰：武安故城在今县西南五十里。

【集释】毕沅《新补正》：沅案：《太平寰宇记》：魏黄初三年，分武安立临水县。

《马注》：与龙曰：三国魏县。有天井关，在今武安县西八十里。《慕容垂载记》：垂顿于邺之西南，月余不进。永谓垂诡道伐之，乃摄诸军还杜太行轵关。垂进师入自天井关。《地形志》：魏尹武安，晋属广平。《一统志》：故城今彰德府武安县西南。

【编者按】武安县故城，在今河北武安市西南。

涉

【斠注】两汉作沙县，属魏郡。《新斠注地理志》七曰：沙郡，《国志》亦作沙，《魏都赋》注同，唯《水经注》作涉，表离石侯刘绾更封涉侯亦作涉，字形相承相近互异。《读书杂志》曰：《水经·清漳水》"东过涉县"是善长所见，《汉志》本作涉不作沙。赵东潜谓《汉志》本作沙县，至三国时始有涉名者，误。《魏武帝纪》：涉长梁岐。则涉乃汉时旧名，非自三国时始。

【集释】方恺《新校》：方恺曰：又注云：龙山在广平沙县。即本《志》之涉，《志》误也。吴翊寅案：《郡国志》：魏郡沙，侯国。刘昭引《魏都赋》注曰：有龙山。是沙县不当作涉矣。《地理志》魏郡有沙县，惟《王子侯表》作涉侯。《魏武纪》《水经注》《元和志》《寰宇记》并作涉，王氏《杂志》以沙为传写之讹，恐非。

《马注》：与龙曰：三国魏县。刘逵《蜀都赋》注：龙山在广平沙县。按刘尚沿汉旧称沙也。《元和志》：涉县，晋属广平郡，后省。《地形志》：并州襄垣郡刘陵，有涉城。盖并入刘陵。《一统志》：故城今涉县西北二里。

【编者按】涉县故城，在今河北涉县西北二里、清漳河东岸。

襄国 故邢侯国都。

【斠注】两汉属赵国。《史记·项羽本纪·正义》：《括地志》曰：邢州城本汉襄国县，秦置三十六郡，于此置信都县，属钜鹿郡，项羽改曰襄国，立张耳为常山王，理信都。《地理志》曰：故邢侯国也。《帝王世纪》云：邢侯为纣三公，以忠谏被诛。《史记》云：周武王封周公旦之子为邢侯。《左传》云：凡蒋邢茅，周公之胤也。《新斠注地理志》十五曰：在今顺德府城西北三十里。

【集释】程廷祚《证今》曰："今顺德府治邢台县。"

《马注》：与龙曰：注说见《汉志》。三国魏县。《左传·隐五年》杜注：广平襄国县。《元和志》：永嘉六年，石勒都此，至季龙徙都于邺，以此为襄国郡。有土山。冉闵攻石祗于襄国，为土山地道。有石门山。《十六国春秋》：石勒遣石季龙进据石门。《地形志》：北广平郡襄国，晋属，后并任。太和二十年复。有襄国城。《一统志》：土山在今顺德府城内，石门在今邢台县西南九十里，襄国故城今顺德府邢台县西南百泉村。

【编者按】襄国县故城，在今河北邢台市桥东区王快镇百泉村。

南和

【斠注】汉旧县，后汉属钜鹿郡。《元和郡县图志》十五曰：石赵属襄国郡。

【集释】《马注》：与龙曰：三国魏县。有张相村，石赵张宾故里也。《地形志》：北广平郡南和，晋属，后并任。太和二十年复。有南和城，一名嘉和城。《一统志》：张相村，今南和县西八里。故城今南和县治。

【编者按】南和县故城，即今河北南和县治。

任

【斠注】汉旧县，后汉属钜鹿郡。颜师古曰：本晋邑也。郑皇颉奔晋，为任大夫。《读史方舆纪要》十五曰：古任城在今任县东南。《晋地理志新补正》曰：案《寰宇记》：后赵石氏于此置苑乡县，季龙又改名清苑县。

【集释】《通鉴》胡注：魏收《志》，广平郡任县有苑乡城。宋白曰：任县，后汉南䜌县地，后赵石氏于此置苑乡县，唐为任县，属邢州。

程廷祚《证今》曰："今顺德府任县东南。"

《马注》：与龙曰：三国魏县。《左传·襄三十年》杜注：任县今属广平郡。《元和志》：张城，一名渚阳城。[《石勒传》]"晋将王浚遣石季龙盟（段）[就]六（恭）[眷]于渚阳。"《地形志》：北广平郡任，晋属。有苑乡城、张相祠。《一统志》：苑乡城，今任东北十八里。

任县故城，今任县东南。

【编者按】任县故城，在今河北任县东十五里东固城。

曲梁

【斠注】汉旧县，后汉属魏郡。《读史方舆纪要》十五曰：曲梁城在永年县东北。

【集释】《通鉴》胡注：《水经注》：曲梁县，属广平郡；曹魏置广平郡，治曲梁城。刘昫曰：唐洺州永年县，汉曲梁县地也。

程廷祚《证今》曰："在今广平府永年县东北。"

方恺《新校》：方恺曰：又本书《程卫传》：卫广平曲周人。案曲周，前汉属广平，后汉属钜鹿，疑晋初仍属广平，本《志》不载，未详。吴翙寅案《州郡志》云：曲周，《太康地志》属广平，作曲周梁，本《志》曲下脱周字。

《马注》：与龙曰：三国魏县。《左传·宣十五年》杜注：广平曲梁县。《州郡志》：南太（编者校："太"应为"泰"）山太守下云：曲周，《晋太康地志》属广平，作曲梁。有廉颇台。《十六国春秋》：冉闵遇慕容恪于廉台，十战皆败。《元和志》即廉颇台，在洺州南十里。按唐洺州，今永年县。《地形志》：广平郡曲梁，晋属。《一统志》：故城今广平府永年县治。

【编者按】曲梁县故城，在今河北永年县东南四十五里广府镇。

列人

【斠注】汉旧县，后汉属钜鹿郡。《读史方舆纪要》十五曰：列人城在肥乡县北三十里列人堤上。

【集释】《通鉴》胡注：列人县，汉属钜鹿郡，魏、晋属广平郡，其地在邺城东北。魏收《地形志》：魏郡临漳县有列人城；又别有列人县，亦属魏郡。

《马注》：与龙曰：三国魏县，属钜鹿。《地形志》：魏尹列人，晋属广平。《一统志》：故城今肥乡县东北。

【编者按】列人县故城，在今河北肥乡县东北。

肥乡

【斠注】《水经·浊漳水注》曰：漳水又东迳肥乡县故城北。注云：《晋书地道记》曰太康中立，以隶广平郡。《元和郡县图志》十五曰：汉邯郸县地，魏黄初二年分邯郸、列人等县立肥乡，属广平郡。《斠注》案：肥乡立县，《元和志》与《地道记》互异，未知孰是。

【集释】《通鉴》胡注：魏收曰：天平初，并入魏郡临漳县。隋复分置肥乡县，唐属洺州。

毕沅《新补正》：沅案：《太平寰宇记》：魏黄初二年，分邯郸等二县立肥乡县。

《马注》：与龙曰：三国魏县。按《元和志》说无他证，当以《地道记》为是。《州郡志》：魏郡太守肥乡令，《晋太康地志》属广平。有新兴城。《慕容垂载记》：垂攻拔邺，分遣老弱于魏郡肥乡，筑新兴城以置辎重。《地形志》：魏尹临漳。有肥乡城。《元和志》：后魏省入临漳。《一统志》：新兴城俗呼为白塔营，在肥乡东南。肥乡故城今肥乡县西。

【编者按】肥乡县故城，在今河北肥乡县西南。一说在县西天台山村西南葛孽故城。

临水

【斠注】《元和郡县图志》十五曰：汉武安县地，魏黄初三年，分武安立临水县，属广平郡。以城临滏水故曰临水。《读史方舆纪要》四十九曰：临水城在磁州西北三十里。

【集释】《马注》：与龙曰：三国魏县。《地形志》：魏尹临水，晋属广平。《一统志》：故城今磁州西北。

【编者按】临水县故城，在今河北邯郸市峰峰矿区区治临水镇。

广年侯相。

【斠注】汉旧县，后汉属钜鹿郡。《读史方舆纪要》十五曰：广年城在永年县境。

【集释】《马注》：与龙曰：三国魏县，属钜鹿。《地形志》：广年，晋永嘉后废，太和二十年复，治广年城。《一统志》：故城今永年县西北。

【编者按】广年县故城，在今河北永年县东北三十四里故城村。

斥漳

【斠注】汉旧县，后汉属钜鹿郡。《水经·浊漳水注》曰：应劭曰：其国斥卤故曰斥漳。《读史方舆纪要》十五曰：斥漳城在威县西南。

【集释】方恺《新校》：方恺曰：又斥漳，《郡国志》《地形志》皆作斥章。

《马注》：与龙曰：二汉《志》作斥章。三国魏县，属钜鹿。《地形志》：魏尹斥章，晋属广平。《一统志》：故城今曲周县东南。

【编者按】斥漳县故城，在今河北曲周县东南。

平恩

【斠注】《水经·浊漳水注》曰：又东北迳平恩县故城西。注云：应劭曰：县故馆陶之别乡，汉宣帝地节三年置。《元和郡县图志》十五曰：平恩本汉旧县，属魏郡，魏省，寻复置。《读史方舆纪要》十五曰：平恩城在曲周县东南五十里。

【集释】《马注》：与龙曰：三国魏县。《地形志》：广平郡平恩，晋属，治平恩城。《一统志》：故城今临清州邱县西。

【编者按】平恩县故城，在今河北曲周县东南西呈孟。

阳平郡 魏置。统县七，户五万一千。

【斠注】《宋志》曰：阳平，本县名，属东郡，魏分东郡及魏郡为阳平郡。《元和郡县图志》十六曰：魏黄初三年，置阳平郡。《斠注》案：《魏志·文纪》在黄初二年，《元和志》误。《东晋疆域志》曰：阳平郡东晋领县可考者一：东武阳。

【集释】程廷祚《证今》曰："在今直隶山东之境。《僖十四年》注作平阳，误。"

《马注》：与龙曰：黄初二年，以魏郡东部置，见《三国·魏志》。《元和志》：前燕慕容㥄分置贵乡郡，寻废。《地形志》：阳平郡治馆陶城。

赵万里《汉魏南北朝墓志集释》卷一《成晃碑》（元康元年七月十六日）："阳平人也。"《乐生墓志》（元康三年八月十七日）："阳平乐生。"

【编者按】谭其骧主编《中国历史地图集》西晋太康二年图将阳平郡治定在元城县，在今河北大名县东。孔祥军《校注》将阳平郡治定在馆陶县，在今河北馆陶县。

元城 汉元后生邑。

【斠注】两汉属魏郡。《新斠注地理志》七曰：在今大名府城东十里。《晋地理志新补正》：案《元和志》：元城，魏武侯公子元食邑于此，因名。恐不以元后所生，故此注似误。《斠注》案：《元和志》用应劭之言，毕氏失考。《续汉志》注：《地道记》曰：元城县南有琐阳城。

【集释】《通鉴》胡注：杜预曰：阳平元城县有沙亭。

程廷祚《证今》曰："今大名府附郭县。"

《马注》：与龙曰：《元和志》说本应劭，见《汉志》注，然此注自言元后生邑，未误也。三国魏县。《左传·僖二十三年》杜注：阳平元城县。《地形志》：魏尹元城，晋属阳平。《一统志》：故城今大名府元城县东。

【编者按】元城县故城，在今河北大名县东。

馆陶

【斠注】两汉属魏郡。《元和郡县图志》十六曰：馆陶本春秋时晋地冠氏邑，陶（邱）[丘]在县西北七里。赵时置馆于其侧，因为县名。汉属魏郡，魏文帝改属阳平郡。石赵移阳平郡理此。《汉书补注》曰：春秋晋冠氏邑，齐取之，见《左哀传》。《读史方舆纪要》三十四曰：

冠陶故城在今县西南四十里。

【集释】程廷祚《证今》曰："今东昌府馆陶及冠县。"

《马注》：与龙曰：三国魏县。《左传·哀十五年》杜注：阳平馆陶县。有苏康垒。《通鉴》：太元十七年，丁零翟钊遣将翟都侵馆陶，屯苏康垒。胡注：苏康，人姓名，垒在县西南。《地形志》：阳平郡馆陶，晋属。有馆陶城。李兆洛云：故城今东昌府馆陶县西南。

《中国历史地理信息系统释文》（未刊稿）：《续山东考古录》卷五《东昌府下·馆陶县》王汝涛点注："汉、后汉、魏、晋馆陶县：汉置县，治春秋时晋之冠氏邑，即今聊城地区冠县城西12.5公里之东古城镇。"即今馆陶县东偏南之东古城。另光绪《山东通志》卷三十六《古迹三》：馆陶县，"馆陶县故城，在县西南三十五里。春秋晋冠氏邑。汉置县，属冀州魏郡，今名南馆陶。"王文楚按：南馆陶，今馆陶县治，谓汉馆陶县，即今馆陶县，与上引王汝涛说不同，不从。

【编者按】馆陶县故城，即今河北馆陶县治南馆陶镇。谭其骧主编《中国历史地图集》西晋太康二年图幅持南馆陶镇说。另还有一说为今山东冠县西北东古城镇。

清（泉）［渊］

【中华校】清泉　《考异》：本"清渊"，避唐讳改。

【斠注】两汉清渊县，属魏郡。《廿二史考异》十九曰：本清渊，避唐讳改。敦煌郡渊泉作"深泉"，亦避唐讳。《读史方舆纪要》三十四曰：清渊故城在临清州东南五十里。

【集释】《通鉴》胡注：清渊县，汉属魏郡。应劭曰：清河在县西北。晋属阳平郡，后魏分置临清县；后齐废临清县入清渊。唐避高祖讳，改清渊为临清，属贝州。

方恺《新校》：方恺曰：《郡国志》《地形志》清泉皆作清渊，本《志》作于唐太宗时，避讳改，非真名也。

《马注》：与龙曰：三国魏县。《地形志》：阳平郡清渊，晋属。有清渊城。《一统志》：故城今临清州西南。

【编者按】清泉县当为清渊县。清渊县故城，在今河北临西县南。

发干

【斠注】两汉属东郡。《史记·外戚世家·正义》：《括地志》曰：发干故城在博州堂邑县西南二十三里。《寰宇记》同《元和志》作西北二十七里。《读史方舆纪要》三作在堂邑县西南五十里。

【集释】方恺《新校》：方恺曰：又《州郡志》：发干令，汉旧名，属东郡，《太康地志》无。《地形志》言晋属阳平，疑太康时省，惠帝后复置。

《马注》：与龙曰：三国魏县，属东郡。《州郡志》东安太守下云：发干，《太康地志》无。按《地形志》：阳平郡发干，晋属。有发干城。此《志》盖从《地形志》也。南燕时侨置幽州于此。《一统志》：故城今东昌府堂邑县西南。

《中国历史地理信息系统释文》（未刊稿）：今地当在山东冠县东千户营西南侯家附近。《史记》卷四十九《外戚世家·正义》引《括地志》云："发干故城在博州堂邑县西南二十三里。"按：唐堂邑县即今冠县东千户营，以此所载里距推考，约在千户营西南侯家附近。

孔祥军《〈晋书·地理志〉政区断代考》："按：今检《宋书·州郡志》（下简称《宋志》）：'（发干）《太康地志》无。'据毕沅考证《晋太康地志》所录地志断代年限为太康三年（详毕沅《晋太康三年地志王隐晋书地道记总序》），则太康三年时无发干县。又《魏书·地形志》（下简称《后魏志》）：'发干，二汉属东郡，晋属（阳平郡）。'则其后发干县似于太康三年后复置且属阳平郡，而确年乏考。"

【编者按】发干县故城，在今山东冠县东千户营西南侯家附近。

东武阳

【斠注】两汉属东郡。《汉书补注》：钱大昭曰：泰山有南武阳，故此云东。《水经·河水注》五曰：《地理志》曰：漯水出东武阳。应劭曰：县在武水之阳，然则漯水亦或武水矣。《读史方舆纪要》三十四曰：东武阳城在朝城县东南。

【集释】《通鉴》胡注：东武阳县，汉属东郡，魏、晋属阳平郡，后魏去"东"字为武阳县。唐贞观初，废武阳入魏州莘县，开元七年复置，改为朝城县。杜佑曰：魏郡莘县南有东武阳城。

方恺《新校》：方恺曰：又《地形志》：阳平郡武阳，晋属东郡，曰东武阳，后改属。本《志》此县既属阳平，则应曰武阳，若仍称东武阳，则应属东郡，始与《地形志》合。

《马注》：与龙曰：三国魏县。《通鉴》：永嘉元年，苟晞击汲桑于东武阳。《一统志》：故城今曹州府朝城县西。

【编者按】东武阳县故城，在今山东莘县西南四十二里朝城镇。

阳平

【斠注】两汉属东郡。《宋志》曰：晋属顿丘。《斠注》案：阳平盖由阳平郡改隶顿丘。《魏地形志》曰：永嘉后并乐平。《读史方舆纪要》三十四曰：阳平县在莘县西。

【集释】《通鉴》胡注：阳平县，汉属东郡，魏、晋分属阳平郡，而阳平郡治在魏郡东北。宋白曰：魏州莘县，汉为阳平县，后赵移阳平理馆陶县。

程廷祚《证今》曰："今东昌府莘县。"

《马注》：与龙曰：三国魏县。《州郡志》顿丘太守下云：阳平，晋属顿丘。按《地形志》：阳平郡阳平，晋属，永嘉后并乐平，太和二十一年复。有阳平城。此《志》盖从《地形志》也。《一统志》：故城今东昌府莘县治。

《中国历史地理信息系统释文》（未刊稿）；《续山东考古录》卷五《东昌府下·莘县》："阳平县，即今治。"王汝涛点注："阳平，汉置县，治莘邑故城，即今莘县城。晋永嘉间（317－312）并入乐平县。"

【编者按】阳平县故城，即今山东莘县治。

乐平

【斠注】《续汉志》：乐平本属东郡，故清，章帝中始更今名。《水经·河水注》五曰：章帝建初中更从今名。《读史方舆纪要》三十四曰：在堂邑县东南三十里。本《寰宇记》。《寰宇记》五十九：

《地道记》曰：乐平东南有夷仪山，有城北故塞。（编者校：中华书局点校本《太平寰宇记》五十九引《晋地道记》云："乐平东南有夷仪岭，道通襄国，夷仪山在城北故塞。"）

【集释】《通鉴》胡注：《晋志》阳平郡有乐平县，前汉东郡之清县也，后汉章帝改曰乐平。

程廷祚《证今》曰："今东昌府堂邑县东南三十里。《成十七年》注作乐县，误。"

方恺《新校》：方恺曰：又《州郡志》：乐平令，前汉曰清，属东郡，章帝更名，《晋太康地志》无。《地形志》言晋属阳平，盖亦非太康旧制矣。

《马注》：与龙曰：三国魏县。《左传·成十七年》杜注：阳平乐平县。《州郡志》钟离太守下云：乐平，《晋太康地志》无。按《地形志》：阳平郡乐平，晋属。治乐平城。此《志》盖从杜预《注》及《地形志》。《一统志》：故城今堂邑县东南。

《中国历史地理信息系统释文》（未刊稿）：《太平寰宇记》卷五十四《河北道三》：堂邑县，"乐平故城，本汉清县也。在县东南三十里。"王文楚按：堂邑县，即今冠县东千户营，是清县即东汉乐平县，在今冠县东千户营东南三十里。《续山东考古录》卷四《东昌府上·堂邑县》："清县故城，在东南二十许里。"王汝涛点注：清县，"汉置清县，后汉建初中（76—83）改称乐平县，遗址当在今聊城市西南15公里张炉集乡一带。"王文楚按：在今聊城市西南张炉集，与上引《寰宇记》所载合，即汉清县，东汉建初中改置乐平侯国，三国魏黄初初年改置乐平县。

【编者按】乐平县故城，在今山东聊城市西南三十里张炉集镇一带。

魏郡 汉置。统县八，户四万七百。

【斠注】汉属冀州，魏属司隶。《水经·浊漳水注》曰：高帝十二年置，后分魏郡置东西部都尉，故曰三魏。《东晋疆域志》曰：魏郡东晋领县可考者一：黎阳。

【集释】程廷祚《证今》曰："在今直隶河南之境。"

《马注》：与龙曰：三国魏，属于冀州。《后赵录》：石虎建武元年迁都邺。《宫殿记》：升平初，慕容儁改司州为中州，置司隶校尉。太和末，苻坚置冀州于此。《地形志》：太平初改为尹。

【编者按】魏郡治在邺县，在今河北临漳县西南邺镇村。

邺

【集释】《马注》：与龙曰：《州郡志》：江左避愍帝讳，改邺为临漳。按《愍帝纪》：改邺为临漳在建兴元年。《通鉴考异》云：《三十国春秋》：愍帝名子业，或作邺。

魏武受封居此。

【斠注】两汉旧县。《文选》干令升《晋纪总论》注：干宝《晋纪》曰：上讳业，当作邺。故改邺为临漳。漳，水名也。《斠注》案：邺改临漳，《志》无明文，当在建兴之末，故《宋志》云江左避愍帝讳也。《元和郡县图志》十六曰：故城在邺县东五十步。《新斠注地理志》

七曰：在今彰德府临漳县西二十里。

【集释】《通鉴》胡注：《水经注》：邺城西北有三台，皆因城为之基，汉建安十五年魏武所起。中曰铜台，高十丈，其后石虎更增二丈；南则金雀台，高八丈；北则冰井台，亦高八丈。

毕沅《新补正》：沅案：《晋书》建兴三年，避怀帝讳，改邺为临漳。

方恺《新校》：方恺曰：邺，晋愍帝讳也。《州郡志》云：江左避讳改曰临漳。本《志》或于此断为太康地名，则当别见后篇，概从删削，似缺晋典。

《马注》：与龙曰：注说见《魏志》。三国魏县。《通鉴》：咸康元年，石虎迁都于邺。升平元年，慕容儁都之。苻秦灭燕，为冀州治。太元十年，慕容垂取之。有九华宫，在今临漳县西故邺城东北隅。《后赵录》：石虎建武二年，建九华宫，以三三为位，故谓之九华。注：沈约诗"徘徊九华宫"，即此。有明光宫。《通鉴》：永和七年，刘显攻邺，军于明光宫。胡注：石氏所建。有华林园。魏武筑芳林园，后避齐王讳改曰华林。《通鉴》：太元九年，慕容垂围邺，饮于华林园，秦人出兵掩之，垂仅以得免。胡注：洛都、邺都皆有华林园，邺之华林则魏武所筑也。有梁期城。《漳水注》：《地理风俗记》曰：邺北五十里有梁期城。晋永兴元年，骠骑王浚遣乌丸渴末迳至梁期。候骑到邺，成都王颖遣石超讨末，为末所败于此也。《地形志》：魏尹邺，晋属。《一统志》：故城今彰德府临漳县西。

【编者按】邺县故城，在今河北临漳县西南四十里邺镇村。徐光冀《邺城遗址》："邺城遗址位于河北省临漳县境内，地跨香菜营、倪辛庄、习文三乡，范围约50平方公里。遗址由两座相连的城址组成，分称邺北城和邺南城。"杨泓《魏晋南北朝时代考古》："邺北城是曹操封魏王时的都城……已确定四面城垣和七座城门中六座的位置。由东垣建春门通往西垣金明门的东西大道将全城分成南北两部分，道南为里坊区，道北部分自东至西分为三区，分别相当于文献中的戚里、宫殿区和铜雀园。也探明了由南城垣中央的中阳门至宫殿区的中轴大道。"

长乐

【斠注】《元和郡县图志》十六曰：尧城在洹水县，本汉内黄县地，皆于此置长乐县。

【集释】程廷祚《证今》曰："在彰德府东界。"

《马注》：毕沅曰：晋分内黄置长乐县，见《寰宇记》。三国魏无。《左传·成十七年》杜注：魏郡长乐县。《洹水注》：洹水又东迳长乐县故城南。按《晋书·地理志》曰：魏郡有长乐县也。与龙按：郦《注》所引当即臧荣绪《晋书》。《一统志》：晋长乐县，北齐并入临漳，故城今彰德府安阳县东。

【编者按】长乐县故城，在今河南安阳市东四十里。

魏

【斠注】两汉旧县。应劭曰：魏武侯之别都。《读史方舆纪要》十五曰：魏县城在大名府西三十里。

【集释】《马注》：与龙曰：三国魏县，有昌城，见《地形志》昌乐县下。永和六年，赵将张贺度等会于昌城，将攻冉闵于邺，见《冉闵载记》。《地形志》：魏尹魏，晋属。《一统志》：昌城，今大名府南乐县南；魏县，故城今大名府大名县西。

【编者按】魏县故城，在今河北大名县西南。

斥丘

【斠注】两汉旧县。《水经·洹水篇》曰：又北迳斥（邱）[丘]县故城西。注云：县西南角有斥（邱）[丘]，盖因（邱）[丘]以氏县，故乾侯矣。《读史方舆纪要》十五曰：斥（邱）[丘]城在成安县东南十三里。

【集释】程廷祚《证今》曰："在今广平府成安县东南十三里。"

《马注》：与龙曰：三国魏县。《春秋·昭二十八年》杜注：魏郡斥丘县。《文选》陆士衡《赠冯文罴诗》注引阚骃《十三州记》曰：斥丘县在魏郡东八十里。《地形志》：临漳县。有斥丘城。《一统志》：高齐改置成安县，而斥丘县废，故城今广平府成安县东南。

【编者按】斥丘县故城，在今河北成安县东南。

安阳

【斠注】《史记·殷本纪·正义》：《括地志》曰：相州安阳[县]，本盘庚所都，即北蒙殷墟，南去朝歌城百四十[六]里。《秦本纪、项羽本纪·正义》：《括地志》曰：安阳县，七国时魏宁新中邑，秦昭[襄]《元和郡县志》十六下有襄字。王拔之，更名安阳，城即今相州外城是也。《元和郡县图志》十六曰：汉初废，以其地属汤阴县，晋于今理西南三里改置安阳县，属魏郡。

【集释】《马注》：毕沅曰：秦昭襄王攻魏宁新中邑，更名安阳。汉初废，以其地属荡阴，晋分置安阳县。见《寰宇记》。与龙曰：《汉书·恩泽安阳侯上官桀表》注云：荡阴盖尝析置安阳县。三国魏无。《州郡志》魏郡太守下云：安阳，《晋太康地志》有。《史记·秦本纪·集解》：徐广曰：魏郡有安阳县。《洹水注》《魏土地记》：邺城南四十里有安阳城。《地形志》邺县下云：天平初并安阳属之。《一统志》：故城今彰德府安阳县南。

【编者按】安阳县故城，在今河南安阳市南。

荡阴

【斠注】《元和郡县图志》十六曰：汤阴（水）[县]，本七国时魏汤阴邑，汉以为县，属河内郡，县有荡水，因取名焉。晋属魏郡。《读史方舆纪要》四十九曰：荡阴城在今汤阴县西南。

【集释】《通鉴》胡注：按《水经注》：汤阴县因汤水为名。宋白曰：古汤阴县在汤水南，初废安阳县入汤阴，隋又废汤阴入安阳，则安阳、汤阴二县接境也。师古曰：荡，音汤。

《马注》：与龙曰：三国魏县。《惠帝纪》：永兴元年，讨成都王颖，六军败绩于荡阴。《石季龙载记》：石遵次于荡阴，戎卒九万。有浣衣里。《寰宇记》引《邺中记》：惠帝师败荡阴，千官皆走，嵇绍以身捍主见害，血溅御衣，及事宁，左右欲浣之，帝曰：此嵇侍中血，勿去也。因名此里为浣衣里。《地形志》邺县下云：天平初，并荡阴属之。《一统志》：浣衣里，今汤阴县西南七里浣衣村；荡阴故城，今汤阴县西南。

【编者按】荡阴县故城，在今河南汤阴县。

内黄黄池在西。

【斠注】两汉旧县。《水经·淇水注》曰：《郡国志》曰：县有黄泽。注云：《地理风俗记》曰：陈留有外黄，故加内。《元和郡县图志》十六曰：黄泽在县西北五里。《读史方舆纪要》十六曰：内黄旧城在今县西北十八里。

【集释】程廷祚《证今》曰："今大名府属县。"

《马注》：与龙曰：注说见《汉志》注应劭说，臣瓒、师古已正其误。三国魏县。《春秋·襄十九年》杜注：魏郡内黄县。《地形志》临漳县下云：天平初，并内黄置。《一统志》：故城今内黄县西北。

【编者按】内黄县故城，在今河南汤阴县东北六十一里故城。

黎阳故黎侯国。

【斠注】两汉旧县。《水经·河水注》五曰：晋灼曰：黎山在其南，河水迳其东，其山上碑云：县取山之名，取水之阳，以为名也。今黎山之东北故城，盖黎阳县之故城也。《元和郡县图志》十六曰：黎阳县，古黎侯国。《读史方舆纪要》十六曰：黎阳废县在浚县西二里。

【集释】程廷祚《证今》曰："今大名府濬县。"

《马注》：与龙曰：注说见《河水注》。《汉书·地理志》注引晋灼曰：黎山在其南，河水经其东。其山上碑云：县取山之名，取水在其阳，以为名。《春秋·定十四年》杜注：魏郡黎阳县，燕尝置黎阳郡。有孙就栅，在今浚县西北。《通鉴》：太和十年，刘牢之攻后燕黎阳太守刘抚于孙就栅。有枋头，在今浚县西南八十里。《淇水注》：淇水又南历枋堰，旧淇水口。建安九年，魏武于水口下大枋木以成堰，遏淇水东入白沟，以通漕运，时人号其处为枋头。《通鉴》：永嘉六年，石勒自葛陂北行至东燕，闻汲郡向冰聚众数千壁枋头，勒使支雄自文石津缚筏潜渡取其船，勒引兵自棘津济河袭冰，大破之。《苻坚载记》：自邺如枋头，谯诸父老，改枋头为永昌县，复之终世，其后仍为枋头。有谷口戍，在今濬县西南。《通鉴》太元十年，苻丕就谷枋头，将归邺城，龙骧将军檀玄击之，战于谷口。《地形志》：黎阳郡黎阳，晋属魏郡。《一统志》：故城今卫辉府浚县东北。

【编者按】黎阳县故城，在今河南浚县东北。

顿丘郡泰始二年置。统县四，户六千三百。

【斠注】《宋志》曰：顿丘，汉属东郡，魏属阳平，晋武帝泰始二年，分淮阳置顿丘郡。又曰：江左屡省置。《东晋疆域志》曰：顿（邱）[丘]郡，东晋领县可考者一：卫。

【集释】程廷祚《证今》曰："今直隶大名府地。"

《马注》：与龙曰：司州下云：废东郡立顿丘。《地形志》：顿丘郡，晋武帝置。

【编者按】顿丘郡治顿丘县，在今河南清丰县西南十七里固城集。

顿丘

【斠注】两汉旧县。《元和郡县图志》十六曰：顿（邱）〔丘〕因县东北顿（邱）〔丘〕以为名。《水经·淇水注》曰：《皇览》曰：顿（邱）〔丘〕，城门名，（编者校：陈桥驿《水经注疏》《水经注校证》此处原文为："顿丘者，城门名顿丘道"。）盖因（邱）〔丘〕而为名，故曰顿（邱）〔丘〕。《寰宇记》五十六曰：顿（邱）〔丘〕县在卫县西北二里。《读史方舆纪要》十六曰：顿丘城在清丰县西南二十五里。

【集释】《通鉴》胡注：顿丘县，汉属东郡；武帝泰始元年，分置郡。

程廷祚《证今》曰："在今清丰县西南二十里。"

《马注》：与龙曰：三国魏县，属阳平。《州郡志》：新昌太守顿丘令，魏属阳平。《地形志》：黎阳郡顿丘，晋属顿丘。《一统志》：故城今大名府清丰县西南。

【编者按】顿丘县故城，在今河南清丰县西南十七里固城乡驻地固城。

繁阳

【斠注】两汉属魏郡。《史记·赵世家·正义》：《括地志》曰：繁阳故城在相州内黄县东北二十七里。《寰宇记》作县东二十六里。应劭云：繁水之北故曰繁阳。《读史方舆纪要》十六曰：繁阳城在内黄县东北二十七里。

【集释】《马注》：与龙曰：三国魏县，属魏郡。《地形志》：魏尹繁阳，晋属顿丘。《一统志》：故城今彰德府内黄县东北。

【编者按】繁阳县故城，在今河南内黄县西北。

阴安

【斠注】两汉属魏郡。《史记·外戚世家·正义》：《括地志》曰：阴安故城在魏州顿（邱）〔丘〕县北六十里也。《读史方舆纪要》十六曰：阴安城在清丰县西北二十五里。

【集释】《马注》：与龙曰：三国魏县，属魏郡。《州郡志》晋熙太守下云：阴安，《晋太康地志》属顿丘。《地形志》：顿丘郡阴安，晋属。有阴安城。《一统志》：故城今大名府清丰县北。

【编者按】阴安县故城，在今河南清丰县西北十八里古城乡驻地古城。

卫

【斠注】汉畔观县，属东郡，后汉更名卫县。

【集释】程廷祚《证今》曰："在今濬县西五十里。"

方恺《新校》：方恺曰：《左氏·僖二十三年传》：出于五鹿。杜注：今卫国县西北有地名五鹿。《三国·魏志》：建安十七年，以东郡之卫国益魏郡。《地形志》：卫国，晋属于顿丘。《州郡志》：卫国令，《晋太康地志》有。案据各书，本《志》卫下脱国字。《春秋·文元年》：公孙敖会晋侯于戚。杜注：在顿丘卫西。亦有讹脱也。《水经注·河水篇》引京相璠曰：今卫国县西北三十里有五鹿，地今属顿丘县。

《马注》：与龙曰：三国魏县，属阳

平。《州郡志》顿丘太守下云：卫国令，《晋太康地志》有。《水经》：沔水又东北右过卫国县南。全祖望云：按东汉置晋皆名卫县，不名卫国县也，拓跋氏始称卫国县，经文及注所引京相璠《土地名》但当称曰卫县，此是后人妄加。与龙按：官本《水经》作河水又东北过卫县南，不误也。《汉书·地理志》注：应劭云：畔观，世祖更名卫国。（编者校：应劭云原文为"夏有观扈，世祖更名卫国"。"畔观"为《汉书·地理志》正文。）《魏志·武纪、乐进传》《宋书·州郡志》《魏书·地形志》并相沿称卫国。《地形志》注有卫国城，然《郡国志》云："卫，公国，本观故国"，卫下不联国字。《光武纪》：姬常为卫公。《第五种传》：种为卫相。《左昭元年传》：夏有观、扈。杜预注：观国今顿丘卫县。知卫为国名，后废国即称卫县，其称卫国以氏县者沿应说而误也，此《志》只作卫，无国字，足符《汉志》，得其实矣。《地形志》：顿丘郡卫国，晋属。《一统志》：故城今曹州府观城县西。

【编者按】卫县故城，在今河南清丰县南。

永嘉之后，司州沦没刘聪。

【集释】《马注》：与龙曰：永嘉五年，聪破洛阳。

聪以洛阳为荆州，

【斠注】洪亮吉《十六国疆域志》曰：案《晋地理志》，司州统郡十二，渊以平阳为雍州，聪复以洛阳为荆州，聪又分置左右司隶部，则左司隶盖部司州平阳诸郡，右司隶盖部荆州河南诸郡也。

及石勒，复以为司州。

【斠注】《十六国疆域志》曰：今考石赵司州凡领旧郡八，新置郡二，共郡十：襄国、魏郡、广平、阳平、河内、汲郡、上洛、平阳、顿（邱）〔丘〕。实只九郡。

【集释】《马注》：与龙曰：咸和三年，石勒以洛阳为南部。

石季龙又分司州之河南、河东、弘农、荥阳，兖州之陈留、东燕

【集释】《马注》：周家禄《校勘记》曰：东燕当作东平。与龙曰：周说非也。《志》说本《后赵录》，惠帝光熙中置东燕国，《志》兖州篇末失载，说见后兖州濮阳国补录燕县下。

为洛州。

【斠注】《十六国疆域志》曰：洛州领旧郡六，新置郡一，盖又增出濮阳也。陈留，本《志》下文云：石季龙改陈留为建昌，仍为旧郡之一。周家禄《校勘记》曰：东燕当作东平。

【集释】《马注》：与龙曰：在咸康元年。

元帝渡江，亦侨置司州

【集释】胡阿祥《东晋南朝侨州郡县考表》："（司州）暂寄徐（江苏苏北）、合肥（安徽合肥市西）、荥阳（河南荥阳市北），移襄阳（湖北襄樊市）。"

于徐，

【集释】胡阿祥《东晋南朝侨州郡县考表》："'徐'，多以为指徐州临淮国徐县（江苏泗洪县南）。今按徐县在其时淮河之北，元帝渡江之后已失于北……如此，侨置司州之'徐'，当指尚未沦陷之徐州江北部分。"

非本所也。

【斠注】《东晋疆域志》曰：司州凡统

侨郡五，实郡有侨县者一：（宏）〔弘〕农、河东、河南、河内、东京兆、广平。

【集释】《马注》：与龙曰：江左侨置司州，其属郡当有顿丘。徐州篇云：元帝置顿丘郡，属南徐州。钱大昕云：顿丘郡当属司州是也。说见徐州。

后以弘农人流寓寻阳

【集释】胡阿祥《东晋南朝侨州郡县考表》："寻阳（江西九江市西南）。"

者侨立为弘农郡。

【斠注】《东晋疆域志》曰：弘农郡领县可考者一：弘农。

【集释】《马注》：与龙曰：《州郡志》南河东太守下云：弘农，江左立侨郡，后并省为县。

胡阿祥《东晋南朝侨州郡县考表》："弘农侨郡，东晋分侨寻阳、上明二地。……又《宋志》三荆州刺史南河东太守云：'孝武孝建二年……弘农、临汾并松滋'，弘农注云：'江左立侨郡，后并省为县'，松滋注云：'疑是有流民寓荆土，故立。'据此，弘农先为侨郡，后省为县，属河东侨郡；孝建中又并入侨上明之松滋县。""弘农郡侨置地在上明（湖北松滋市西北）。"

又以河东人南寓者，于汉武陵郡孱陵

【集释】何超《音义》：孱陵，士限反，又士连反。

县界上明地侨立河东郡，

【集释】《马注》：与龙曰：《州郡志》：南河东太守，河东郡，秦立。晋成帝咸康三年，征西将军庾亮以司州侨户立。按此云侨立河东郡，无南字是也。《荆州篇》作南河东，彼误。

胡阿祥《东晋南朝侨州郡县考表》："河东郡侨置地在上明（湖北松滋市西北）。"

统安邑、闻喜、永安、临汾、弘农、谯、松滋、大戚

【集释】《马注》：钱大昕曰：大戚者广戚也，见《宋志》。隋避炀帝讳改广为大，唐初史臣不能更正，遂若晋人预避隋讳矣。

八县。

【中华校】大戚　《考异》：大戚即广戚，隋避炀帝讳改。

【斠注】《宋志》曰：南河东太守，晋成帝咸康三年，征西将军庾亮以司州侨户立。《斠注》案：桓冲为荆州刺史，都督司州河东军事即指此。《读史方舆纪要》三曰：上明，今湖广松滋县西有故城。《寰宇记》一百四十六曰：咸康三年，以松滋流户在荆土者立松滋县，以隶河东郡。《廿二史考异》十九曰：大戚即广戚，隋避炀帝讳改。

并寄居焉。

【集释】《马注》：与龙曰：《州郡志》云：宋初八县，孝武以广戚并闻喜，弘农、临汾并松滋，安邑并永安。《一统志》：松滋故城今荆州府松滋县西，余县并在今松滋境。

永和五年，桓温入洛，复置河南郡，属司州。

【斠注】《东晋疆域志》曰：《沈志》：太和、隆安，司州还复湮陷。牧司之任，示举大纲而已。县邑户口，不可具知。武帝北平关、洛，河南底平（编者校：中华书局点校本《宋书·州郡志》"平"为"定"。），置司州刺史，治虎牢，领河

南、荥阳、（宏）[弘]农实土三郡。其他如汲郡、河内等曾入版图者亦附焉。又曰：李矩为司州刺史治荥阳，自毛穆之以后皆镇洛阳。又曰：河南郡，《沈志》侨立治襄阳。《图经》：河南废郡在今襄阳县北，统侨县五：河南、新城、河阴、阳城、缑氏。

【集释】《马注》：与龙曰：哀帝兴宁三年，又陷于慕容晞。帝奕太和五年，燕荆州刺史慕容筑以洛阳降于（符）[苻]秦。孝武太元五年，（符）[苻]坚以（符）[苻]晖为豫州牧，镇洛阳。九年，秦乱，洛阳归晋。安帝隆安三年，姚兴陷洛阳，以子绍为豫州牧镇之。义熙十二年，刘裕伐秦，姚洸以洛阳降晋。《州郡志》：武帝北平关、洛，置司州刺史，治虎牢，领河南、荥阳、弘农实土三郡，又有河内、东京兆二侨郡。少帝景平初，司州复没。《魏书·地形志》：太宗置洛州，太和十七年改为司州，东魏天平初复曰洛州。

兖州。案《禹贡》济河之地，舜置十二牧，则其一也。《周礼》："河东曰兖州。"《春秋元命包》云："五星流为兖州。兖，端也，

【中华校】兖端也 "端"各本作"瑞"，今从宋本作"端"。

信也。"又云："盖取兖水以为名焉。"汉武帝置十三州，以旧名为兖州，自此不改。

【斠注】《晋地理志新补正》曰：按《宋志》：兖州，魏、晋治廪（邱）〔丘〕。《东晋疆域志》曰：武帝平河南，治滑台。

州统郡国八，县五十六，

【斠注】《东晋疆域志》曰：南渡凡领旧郡八，增置郡一，县可考者二十三。

户八万三千三百。

【编者按】兖州治廪丘县，在今山东郓城县西北水堡。

陈留国汉置。

【集释】程廷祚《证今》曰："在今河南直隶之境。"

《马注》：与龙曰：三国魏国，治陈留。石赵改为建昌郡，说见本州篇末。《地形志》属梁州。

统县十，

【集释】《通鉴》胡注：考城县属陈留郡，前汉梁国之甾县也，章帝更名；晋省。后魏置考阳县及北梁郡；北齐郡县并废，为城安县；隋改曰考城县，属梁郡；至唐，属曹州。

劳格《校勘记》曰：《州郡志》云：扶沟，《太康地志》属陈留。《地形志》亦云：扶沟，晋属陈留。是陈留所统者非仅十县也。《州郡志》又云：晋惠帝分陈留为济阳国，领考城、《太康地志》无。鄄城二县。案《元敬虞皇后传》济阳外黄人，是外黄亦属济阳矣。赵王伦子封济阳王。见伦本传。

方恺《新校》：方恺曰：扶沟，《志》缺。又《地形志》：圉城，晋曰圉，属陈留，后罢。《州郡志》言《太康记》无此县。未详孰是。本书江统、江逌《传》皆陈留圉人，是晋初当有是县，或太康末始省欤？又蔡豹，陈留圉城人，见《豹传》。又《蔡谟传》：谟，陈留考城人。考城，东汉县，疑晋时尚存。吴翊寅案：《州郡志》：晋惠分陈留为济阳国，领县二：考城、鄄城。又《太康地志》陈留无考城县。

《马注》：与龙曰：《史记·陈丞相世家·集解》：徐广曰：户牖，今为东昏县，属陈留。按《左传·哀十三年》杜注：户牖，陈留外黄县西北东昏城是。据此则晋初省县入外黄。徐广所云岂晋末尝复立后旋省欤？今补录扶沟县为统县十一。

【编者按】西晋初改为陈留国，移治小黄县。西晋末复为郡，移治仓垣城。谭其骧主编《中国历史地图集》西晋太康二年图定为陈留郡。陈留国治小黄县，在今河南开封市祥符区东北。

户三万。魏武帝封。

【中华校】魏武帝封 《考异》：袁廷梼曰，"武帝"当作"元帝"，即常道乡公也。晋受禅，封为陈留王。

【斠注】《汉志》曰：武帝元狩元年置。注：臣瓒曰：留属陈，故称陈留，

盖留本郑邑，为陈所并。《宋志》曰：晋惠分陈留为济阳国。又曰：中原乱废，成帝咸康四年复立。《廿二史考异》十九引袁廷梼曰："武帝"当作"元帝"，即常道乡公也。晋受禅，封为陈留王，追谥元皇帝。《晋地理志新补正》曰：按《郡国志》陈留郡又有圉县。《地形志》云：后汉、晋属陈留，后罢。此《志》不录或以此，然《地形志》襄邑亦云晋属陈留，后罢，今《志》又有襄邑县，未知何故。《东晋疆域志》曰：东晋领县可考者六：陈留、封丘、长垣、雍丘、襄邑、外黄。

【集释】毕沅《新补正》：沅案：《沈志》：晋乱郡废，至成帝延康三年复立。

《马注》：毕沅曰：魏武帝未尝封陈留，注误。与龙曰：晋封魏废帝为陈留王，注武帝当即废帝之讹。

小黄

【斠注】两汉旧县。《史记·高祖本纪·正义》：《括地志》曰：小黄故城在汴州陈留县东北三十三里。《寰宇记》同。《读史方舆纪要》三作陈留县东北三十里有小黄故城。

【集释】《马注》：与龙曰：三国魏县。《地形志》：陈留郡小黄，晋属。有小黄城。《一统志》：故城今开封陈留市祥符区东北。

【编者按】小黄县故城，在今河南开封市祥符区东北。

浚仪

有洪沟，汉高祖、项羽欲分处。

【斠注】两汉旧县。《水经·济水注》曰：杜预曰：蒗然水出荥阳成皋县，东入汳。亦谓之鸿沟水，盖因汉、楚分王，指水为断故也。《获水注》曰：获水又东历洪沟东注，南北各一沟，沟首对获，世谓之鸿沟。盖沟名音同，非楚汉所分也。《水经注释》二十三曰：鸿沟，《史记年表》作洪渠，《汉书音义》作洪沟，《晋志》亦作洪沟，则鸿、洪字体本通，故有指此洪沟为鸿沟者，善长特起而纠正之。《续汉志》注：《地道记》曰："仪封人，此县也。"（编者校：一本为"仪封人县人"。）《读史方舆纪要》四十七曰：浚仪（周）[废]（编者校：据《读史方舆纪要》，此处"周"应是"废"，迳改。）县在祥符西北。

【集释】《通鉴》胡注：仓垣城，在陈留浚仪县。《水经》：汴水出浚仪县北，东迳仓垣城南，即大梁县之仓垣亭也，城临汴水。

《马注》：与龙曰：三国魏县。《渠水注》：渠水迳梁王吹台东。有阴沟、鸿沟之称焉。项羽与汉高分王，指是水以为东西之别。《陈留风俗传》曰：县有仓颉、师旷城，上有列仙之吹台。梁王增筑以为吹台。晋世丧乱，乞活凭居，消堕故基，遂成二层。上基犹方四五十步，高一丈余，世谓之乞活台。有大梁。《郡国志》：浚仪本大梁。《史记·魏世家》：徙治大梁。《集解》：徐广曰：今浚仪。《汉书·张耳传》：大梁人。臣瓒曰：今陈留大梁城也。有仓垣城。《汳水注》：汳水东迳仓垣城南，即浚仪县之仓垣亭也。城临汳水，陈留相毕邈治此。征东将军苟晞之西也，邈走归京，晞使司马东莱王赞代据仓垣，断留运漕。按永嘉三年，诏将军王堪等讨石勒，勒至黎阳，堪退保仓垣。四年，勒围陈留太守王瓒于仓垣。五年，苟晞以洛阳饥困，请迁都仓垣。后（符）〔苻〕坚、姚兴并尝置兖州刺史于此，见雍州篇。义熙十二年，刘裕伐秦，克仓垣。宋元嘉二年，魏滑稽陷仓垣。《地形志》：陈留郡浚仪，晋属。有仓垣城。《一统志》：仓垣城在今祥符县东南六里。浚仪故城，今祥符县西北。

【编者按】浚仪县故城，即今河南开封市。

封丘

【斠注】两汉旧县。《元和郡县图志》七曰：汉以延乡为封丘县。

【集释】程廷祚《证今》曰："今开封府属县。"

《马注》：与龙曰：三国魏县。《春秋·成五年》杜注：陈留封丘县。《地形志》：陈留郡封丘，晋属。治封丘城。《一统志》：故城今卫辉府封丘县治。

【编者按】封丘县故城，在今河南封丘县西南。

酸枣 乌巢地在东南。

【斠注】两汉旧县。《水经·济水注》引圈称曰：酸枣以棘名邦，故曰酸枣。《读史方舆纪要》四十七曰：酸枣城在延津县北十五里。《水经·济水注》：《晋太康地记》曰：乌巢泽在酸枣之东南，昔曹太祖纳许攸之策破袁绍军处也。

【集释】《通鉴》胡注：据《帝纪》，文石津在河北。又据永嘉六年，勒自葛陂北行，至东燕，使孔苌自文石津潜渡枋头，取向水船，则文石津在东燕之东北，枋头之东南。

程廷祚《证今》曰："在今开封府延津县北十五里。"

《马注》：与龙曰：《济水注》引《晋太康地志》：乌巢泽在县之东南。三国魏县。《左传·隐元年》杜注：陈留酸枣县有延津、棘津。《河水注》：河水东至酸枣县西，濮水东出焉。汉孝文时，河决酸枣，东溃金堤（编者校：陈桥驿复校本《水经注疏》，"堤"为"隄"。），大发卒塞之。今无水。河水又东北，通谓之延津。石勒之袭刘曜，途出于此，以河冰泮为神灵之助，号是处为灵昌津。河水又迳东燕县故城北（编者校：此句陈桥驿复校本《水经注疏》为："又东过燕县北"。）。河水于是有棘津之名，亦谓之石济津，故南津也。《春秋》：晋伐曹，自南河济，即此也。又徐广《晋纪》：石勒自葛陂寇河北，袭汲人向冰于枋头，济自棘津。田融以为即石济南津也。有文石津。永嘉四年，石勒为王瓒所破，退屯文石津。六年，勒闻汲郡向冰聚众壁枋头，使支雄等自文石津缚筏潜渡袭取其船，勒自棘津渡河击冰，破之。《地形志》：司州东郡酸枣，晋属陈留。有酸枣城。《一统志》：延津，今延津县北；棘津，在县北，今并湮。文石津，在县东北，亦湮。酸枣故城，今延津县北十五里。

【编者按】酸枣县故城，在今河南阳原县东北。一说在延津县西南，实指同一方位。

济阳

【斠注】两汉旧县。《水经·济水注》曰：济水又东，迳济阳县故城南。注：故武父城也。又引圈称《陈留风俗传》曰：县故宋地也。《读史方舆纪要》四十七曰：济阳城在兰阳县东五十里。

【集释】程廷祚《证今》曰："今开封府兰阳县。"

《马注》：钱大昕曰：晋时有济阳郡，《宋志》谓晋惠分陈留为济阳国者是也。《晋志》以《太康地志》为断，故不列济阳国，其所领县今无考矣。洪颐煊曰：《蔡谟传》陈留考城人，其子《宋书·蔡廓传》云济阳考城人。是陈留后分为济阳之证。《谢玄传》有济阳太守郭满。与龙曰：三国魏县。《春秋·隐二年》杜注：陈留济阳县。《地形志》：梁州阳夏郡济阳，晋属陈留。有济阳城。《一统志》：故城今开封府仪封县北。

【编者按】济阳县故城，在今河南兰考县东北。

长垣故匡城，孔子所厄也。

【斠注】两汉旧县。《御览》一百五十八：《地道记》曰：长垣，古卫故匡城，孔子所厄处也。《元和郡县图志》七曰：长垣故城在开封县北二十里。又卷八曰：匡城县，古卫之匡邑。《论语》：子畏于匡。至汉为长垣县地，自汉至后魏不改，故匡城在县西南一十里。《读史方舆纪要》十六曰：长垣故城在今县东北三十五里。

【集释】程廷祚《证今》曰："今大名府属县。"

《马注》：与龙曰：三国魏县。《春秋·桓三年》杜注：陈留长垣县，晋属陈留，有匡城、长垣城。《一统志》：故城今大名府长垣县东北。

【编者按】《宋本晋书》"故匡城"的"匡"缺笔为"匡"。长垣县故城，在今河南长垣县东北。

雍丘故杞国。

【斠注】两汉旧县。《汉志》曰：周武王封禹后东楼公。《水经·睢水注》曰：县旧杞国，楚灭（相）［杞］（编者校：据陈桥驿复校本《水经注疏》，"相"应为"杞"，迳改。），秦以为县。《元和郡县图志》七曰：雍丘亦古之雍国及杞国。《读史方舆纪要》四十七曰：雍邱城今杞县治。

【集释】程廷祚《证今》曰："今开封府杞县。"

《马注》：与龙曰：注说见《汉志》。三国魏县。《春秋·隐四年》杜注：陈留雍丘县。《祖逖传》：逖为豫州刺史，镇雍丘，数遣军要截石勒。《地形志》：梁州阳夏郡雍丘，晋属陈留。《一统志》：今开封府杞县治。

【编者按】《宋本晋书》"故杞国"为"故杞国"。雍丘县故城，即今河南杞县治。

尉氏

【斠注】两汉旧县。应劭曰：古狱官曰尉氏，郑之别狱也。臣瓒曰：郑大夫尉氏之邑，故遂以为邑。

【集释】《通鉴》胡注：师古曰：郑大夫尉氏，亦以掌狱之官，故为族耳，应说是也。

《马注》：与龙曰：三国魏县。《地形志》：梁州开封郡尉氏，晋属陈留。治尉氏城。《一统志》：故城今尉氏县治。

【编者按】尉氏县故城，即今河南尉氏县治。

襄邑

【斠注】两汉旧县。《汉志》注：师古曰：圈称云：襄邑，宋地。本承匡襄陵乡也。《读史方舆纪要》五十曰：襄邑废县今州治。《续汉志》注：《地道记》曰：承匡城在县西。《左传》：文十一年，会晋郤缺于承（匡）[筐]。

【集释】程廷祚《证今》曰："今归德府睢州。"

《马注》：毕沅曰：《郡国志》陈留郡有圉县，《地形志》云"后汉、晋属陈留，后罢"。此《志》不录或以此，然《地形志》襄邑亦云"晋属陈留，后罢"，今《志》又有襄邑县，未知何故？与龙曰：《州郡志》弘农太守下云：圉，《晋太康地志》无此县。《志》盖从《太康志》也。三国魏县。《左传·桓十八年》杜注：陈留襄邑县。《地形志》：梁州阳夏郡、南兖州梁郡并云襄邑，晋属陈留。《一统志》：今归德府睢州西一里。

【编者按】襄邑县故城，即今河南睢县治。

外黄

【斠注】两汉旧县。《史记·项羽本纪·正义》：《括地志》曰：故圉城即外黄之地，在雍（邱）[丘]县东。张晏曰：魏郡有内黄县，故加外也。臣瓒曰：县有黄沟故名。《读史方舆纪要》四十七：外黄城在杞县东北六十里。

【集释】《通鉴》胡注："外黄县，自汉以来属陈留郡。贤曰：外黄故城在今汴州雍丘县东。"《水经注》：陈留小黄县有黄乡。杜预曰：外黄县东有黄城，兵乱之后，城邑丘墟，故曰黄墟。"

程廷祚《证今》曰："在今开封府杞县东北六十里。"

方恺《新校》：方恺曰：又案本书《元敬虞皇后传》：后为济阳外黄人。《隐逸范粲传》又云：粲，陈留外黄人。《志》列外黄于此，未详孰是。

《马注》：与龙曰：三国魏县。《左传·隐元年》杜注：陈留外黄县。《汉书·地理志》注：臣瓒曰：县有黄沟，故氏之也。《地形志》无，阳夏郡济阳县有外黄城。《一统志》：故城今开封府杞县东。

【编者按】外黄县故城，在今河南兰考县东南。

[扶沟]

【集释】《马注》：洪亮吉曰：扶沟县，《沈志》引《太康地志》属陈留，《晋地理志》无，盖太康后所省。与龙曰：三国魏县。按《州郡志》陈郡太守下云：《永初郡国》有扶沟，后汉、《晋太康地志》属陈留。《地形志》：郑州许昌郡扶沟，晋属陈留，真君七年并长平属焉。有扶沟城。是扶沟县自汉晋至后魏犹存，此《志》缺漏未载。今据《太康地志》《州郡志》《地形志》补录。《一统志》：故城今陈州府扶沟县东北五十里。

【编者按】此处《马注》增补扶沟。扶沟县故城，在今河南扶沟县东北四十四里老涡河右岸古城。

濮阳国故属东郡，晋初分东郡置。

【集释】《通鉴》胡注：濮阳，卫墟，汉属东郡，晋初分置濮阳国。

程廷祚《证今》曰："在今直隶山

东之境。《志》云晋初分东郡置。杜氏俱作东郡。"

毕沅《新补正》：沅案：《晋地理志》无燕县，或尚沿后汉时旧名耳。《沈志》又云：赵王伦篡位，废太孙为（淮）[濮]阳王，王寻废，郡名遂不改。

方恺《新校》：方恺曰：《州郡志》：南濮阳太守，本东郡，晋武帝咸宁二年，以封子允，以东不可为国名，东郡（是）[有]（编者校：中华书局点校本《宋书》"是"为"有"。）濮阳县，故曰濮阳国。濮阳，汉旧名也。允改封淮南，还为东郡。赵王伦篡位，废太孙臧为濮阳王，王寻废，郡名遂不改。据沈约说，是晋武帝改东郡为濮阳，非分置也。《地形志》：东郡，秦置，晋改濮阳，后复。其属县曰东燕、曰白马，皆晋属濮阳，后属东郡；曰酸枣、曰长垣，皆晋属陈留，后属东郡。又有濮阳郡，云晋置，其属县曰廪丘、曰濮阳、曰鄄城，皆晋属濮阳；曰城阳，晋属济阴，后属濮阳。据魏收说，是晋复立东郡之后与濮阳郡分统诸县也。《左传》注隐五年之燕县，《定八年》《哀十六年》注亦有东郡燕县。方恺曰：《庄十四年》之鄄城县，《僖十三年》《宣十二年》之濮阳县，《成十六年》《襄二十六年》之廪丘县，《襄二十四年》之白马县，皆云属东郡，据杜预说。又本书《文苑·成公绥传》：绥，东郡白马人。方恺曰：是但有东郡，别无濮阳郡也。《太康地志》鄄城、白马、燕三县属濮阳；廪丘、濮阳二县未详所属。据沈约所引《太康志》说是但有濮阳郡，别无东郡也。各说互淆，巧历不能算，是非不可决。若燕县，则西晋时仍在，诸说俱同。又案《水经注·瓠子河》篇：京相璠曰：清丘在今东郡濮阳县东南三十里，魏都尉治。又曰：今东郡廪丘县南有羊角城。又曰东郡廪（邱）[丘]县南三十里有故郕都。又曰今东郡廪丘县东八十里有故运城。参考众说，似西晋时两郡俱存也。又本书《郑袤附传》："子默，武帝时为东郡太守"，《刘乔传》："河间王颙以乔长子祐为东郡太守"，《郗鉴附传》："叔隆为东郡太守"。在赵王伦专政之前，《魏浚传》："浚，东郡东阿人"，又可为西晋时有东郡之证。乃本《志》司州前言废东郡立顿丘，后篇又不载复立东郡，不详何据。

《马注》：与龙按：杜预注《左传》：廪丘、濮阳、白马、鄄城、燕五县并云属东郡。《太康地志》《地形志》于诸县并云属濮阳。今考杜预注《左传》在太康初年，盖其时允初封，以濮阳为国名，故预犹沿旧称。《志》作濮阳国，是从《太康地志》《地形志》也。《地形志》属司州。

顾廷龙《大晋龙兴皇帝三临辟雍皇太子又再莅之盛德隆熙之颂跋》在对碑阴题名的统计中，发现咸宁四年（278年）十月前兖州有东郡名。

统县四，

【集释】《通鉴》胡注："汉东郡燕县，古南燕国，晋省，而故城犹在，曰东燕城；后魏立东燕县，属陈留郡。刘昫曰：唐滑州胙城县，汉南燕县。燕，于贤翻。"

《马注》：与龙曰：今补录燕县为统县五。

户二万一千。

【斠注】《宋志》曰：本东郡，晋武帝咸宁二年，以封子允，以东不可为国名，东郡有濮阳县，故曰濮阳国。濮阳，汉旧名也，允改封淮南，还曰东郡。赵王伦篡位，废太孙臧为濮阳王，王寻废，郡名遂不改。《晋地理志新补正》曰：按《沈志》，濮阳王允后改封淮南，此还为东郡。杜预《左传·庄十三年》注："东郡鄄城"，《襄二十四年》注："东郡白马县"，盖在允徙封之后。《东晋疆域志》曰：东晋领县可考者二：廪丘、鄄。《诸史考异》二曰：按其时当有东郡。杜预《左氏·隐五年》注：东郡燕县。《定八年》注：东郡燕县东北有瓦亭城。《成十六年》注：东郡廪（邱）〔丘〕县东有郓城。《襄二十六年》注：东郡廪（邱）〔丘〕县故城是。《成公绥传》东郡白马人，《魏浚传》东郡东阿人，《郗隆传》补东郡太守。《宋书·州郡志》：《永初郡（县）〔国〕》兖州有东郡、濮阳、陈留三郡。《地理志》有濮阳国而无东郡是史之脱。劳格《校勘记》曰：《州郡志》：《永初郡国》有东燕郡，江左分濮阳立，领燕县、白马、平昌、考城凡四县。燕，前汉曰南燕，后汉曰燕，并属东郡。《太康地志》属濮阳。又《地形志》：东郡东燕，晋属濮阳，后属。是濮阳又有燕县，《晋志》不载，疑误脱也。或据胡身之《通鉴音注》以为晋初省燕县，故《晋志》不载。《斠注》案：此说非也。杜预《春秋土地名》凡四引东郡燕县。《隐五年》燕，《僖二十四年》胙，《定八年》瓦，《哀二十六年》平阳。《水经·河水注》：河水自酸枣东北过延津，又东迳东燕县故城北。《通鉴》：《晋纪》。永嘉六年，石勒自葛陂至东燕。胡身之曰：两汉《志》东郡有燕县，无东燕县，其即是欤？《元和郡县志》："晋安帝时，东郡燕县流人入钟离者于钟离置燕县"，又《潘岳传》："弟燕令豹"，皆晋有燕县之证。胡氏所言殊误。又东燕郡当置于惠帝时。《惠纪》："光熙元年九月进东嬴公腾为东燕王"，则东燕置郡当亦在是时，腾于永嘉元年改封新蔡，而东燕郡不废。《毛虎生传》："督东燕四郡，领东燕太守"，是晋有东燕之证。《志》既失载燕县，因并其立郡事，而亦不书，未免遗漏。又《州郡志》以东燕为江左分立亦未免失考。江东初立，国境不逾淮，沇州诸郡沦陷，刘石虽兵威屡加，亦随得随失，又何暇画野分疆析置郡县乎？至胡身之《通鉴音注》于永嘉二年则云汉东燕县，晋省而故城尤在，曰东燕城，后魏立东燕县，属陈留；于太和四年则云祖逖在豫州时所置，两说自相牴牾，不足引以为证也。上司州篇云：石季龙分司州之河南、（宏）〔弘〕农、荥阳，兖州之陈留、东燕为洛州，则东燕置郡在本《志》亦有明文。《东晋疆域志》曰：东燕郡领县三：燕、白马、平昌。

【编者按】 濮阳国治濮阳县，在今河南濮阳县西南故县村。

濮阳古昆吾国。

【集释】《马注》：与龙曰：注说（在）〔见〕《郡国志》。

师延为纣作靡靡之乐，既而投此水。

【集释】《马注》：与龙曰：注说见《济水注》。

公国相。

【斠注】两汉属东郡。《水经·睢水注》曰：河水旧东决（编者校：按陈桥驿复校本《水经注疏》定"决"为"流"。）迳濮阳城东北。注云：故卫也，帝颛顼之墟，本陶唐氏火正阏伯之所居，亦夏伯昆吾之都。《史记·楚世家·正义》：《括地志》曰：昆吾故城在县西三十里，台在县西百步，即昆吾墟也。《读史方舆纪要》十六曰：濮阳废县今开州治。《释名》曰：箜篌，师延所作靡靡之乐也，后出于桑间濮上之地，盖空国之侯所存也，师涓为晋平公鼓焉。《礼记·乐记》郑注曰：濮水之上地有桑间者，亡国之音于此之水出也。昔殷纣使师延作靡靡之乐已，而自沈于濮水，后师涓过焉，夜闻而写之，为晋平公鼓之，是之谓也。毕沅《释名疏证》曰：郑《注》惟言鼓之，不言所鼓之器。《史记·乐书》载此事尤详，言卫灵公舍其地，夜半闻鼓琴声，召师涓写之，既至晋见平公，及置酒，令师涓坐师旷之旁，援琴鼓之，未终，师旷止之。据此言鼓琴非空侯也，成国以空侯为师延所作，未知何本。

【集释】程廷祚《证今》曰："今大名府开州。"

《马注》：与龙曰：三国魏县，属东郡。《春秋·僖十三年》杜注：东郡濮阳县。《地形志》：濮阳郡濮阳，晋属。《一统志》：故城今大名府开州西南。

【编者按】濮阳县故城，在今河南濮阳县西南十六里故县村。

县下注明公国相，应该是指此县为五等爵的县公。《晋书·武帝纪》泰始元年（265年）冬十二月丁卯"封魏帝为陈留王。魏氏诸王皆为县侯"，在本书县下注明为公国相者有几个是曹魏宗室。如濮阳国廪丘，原魏东平王曹徽之子曹翕（一说歙）袭爵，晋降封，濮阳国鄄城，原魏济北王曹志，晋降封，至太康九年卒，再有颍川郡邵陵，原魏齐王曹芳，晋降封邵陵，至太始十年卒。

廪丘公国相。有羊角城。

【斠注】汉属东郡，后汉属济阴郡。《水经·瓠子水注》：王隐《晋书地道记》曰：廪丘者，春秋之所谓齐邑矣。又曰：县南瓠北有羊角城。《春秋传》曰：乌余取卫羊角，遂袭我高鱼，有大雨。京相璠曰：卫邑也，今东郡廪丘县南有羊角城。高鱼，鲁邑也，今廪丘东北有故高鱼城，俗谓之交鱼城，谓羊角（城）为角逐［城］，皆非。《读史方舆纪要》三曰：今东昌濮州范县东南有廪（邱）［丘］故城。《斠注》案：杜氏《左传·成十六年》《襄二十六年》注皆云：东郡廪（邱）［丘］县，则西晋时廪（邱）［丘］以由濮阳改隶东郡，与京相璠之说同，洪筠轩谓史脱东郡是也。

【集释】《通鉴》胡注：廪丘县，前汉属东郡，后汉属济阴，晋属濮阳郡，为兖州刺史治所。贤曰：廪丘故城在今濮州雷泽县北。

程廷祚《证今》曰："今东昌府濮阳范县东南。"

《马注》：与龙曰：《左传·襄二十六年》：齐乌余以廪丘奔晋，袭卫羊角，取之。杜注：廪丘，今东郡廪丘县故城是；羊角，今廪丘县所治羊角城是。三国魏县，属东郡。《地形志》：濮阳郡廪丘，晋属。《一统志》：故城今曹州府范县东南。

【编者按】廪丘县故城，在今山东郓城县西北。一说即县西北三十八里水堡。

白马有瓠子堤。

【斠注】汉属东郡。《御览》百六十《西征记》曰：古有神白马，因以名县。《史记·高祖本纪·正义》：《括地志》曰：白马故城在滑州卫南县西南二十里。戴延之《西征记》云：白马城，故卫之漕邑。《元和郡县图志》八曰：白马因白马津为名。《读史方舆纪要》十六曰：白马废县今滑县治。《斠注》案：《成公绥传》东郡白马人，是当时尚有东郡。《水经·河水注》五曰：汉兴三十有九年，孝文时，河决酸枣，东溃金堤，大发卒塞之。故班固云：文埋野枣（编者校：按陈桥驿复校本《水经注疏》"野枣"为"枣野"。），武作《瓠歌》，谓断此口也。又曰：河水东北流而迳濮阳县北，为濮阳津城北十里有瓠河口，有金堤、宣房堰。又《瓠子河》篇曰：瓠子河出东郡濮阳县北。注云：县北十里即瓠河口，亦谓之瓠子堰。

【集释】《通鉴》胡注："白马县，汉属东郡，晋属濮阳国，唐为滑州治所。""《水经注》：东郡白马县有凉城，河水迳其北；有神马亭，西去白马津可二十许里，实中层峙，南北二百步，东西五十许步。"

程廷祚《证今》曰："在今大名府滑县东南。"

《马注》：与龙曰：注说见《河水注》。三国魏县，属东郡。《左传·襄二十四年》杜注：东郡白马县。《州郡志》陈留太守下云：白马令，汉属东郡。《晋太康地志》属濮阳。有白马津。慕容德欲退保黎阳。其夕流渐冻合，是夜济师，旦，魏师至而冰泮，若有神焉。遂改为天桥津。有滑台城。慕容德自邺都于滑台，见《德载记》。有凉城。《河水注》：白马渎又东北迳白马县之凉城北。《耆旧传》云东郡白马县之神马亭也。《州郡志》兖州刺史下云：武帝平河南，治滑台。《地形志》：司州东郡白马，晋属濮阳。《一统志》：白马津今滑台县北；凉城今滑县东北；滑台城今滑县治；白马故城今卫辉府滑县东二十里。

【编者按】白马县故城，在今河南滑县东三十六里白马墙。

鄄城公国相。

【斠注】两汉属济阴县。《水经·河水注》五曰：河水又东迳鄄城县北。注云：故城在河南十八里沇州旧治。《读史方舆纪要》三十四曰：鄄城废县在濮州东二十里。

【集释】程廷祚《证今》曰："在今东昌府濮州东二十里。"

《马注》：与龙曰：三国魏县，属东郡。《春秋·庄十四年》杜注：鄄，卫地，今东郡鄄城也。《州郡志》南濮阳太守下云：鄄城县，《晋太康地志》属濮阳。《晋八王故事》曰：东海王越治鄄城，城无故自坏七十余丈，越恶之，移治濮阳。慕容燕置东郡于此。苻秦为兖州治。《地形志》：司州濮阳郡鄄城，晋属。《一统志》：故城今曹州府濮州东二十里。

【编者按】鄄城县故城，在今山东鄄城县北二十四里旧城镇。

[燕]

【集释】程廷祚《证今》曰："在今卫辉府胙城县。杜有，《志》无。"

《马注》：与龙曰：三国魏县，属东郡。按《左传·隐五年》杜注：南燕国，今东郡燕县。《州郡志》南兖州刺史下云：燕县，后汉属东郡。《太康地志》属濮阳。《文选》：潘岳《闲居赋》：昆弟班白。注引王隐《晋书》曰：兄御史释，弟燕令豹。是晋太康中濮阳有燕县也。《惠帝纪》：光熙元年进东嬴公腾爵为东燕王。永嘉二年，诏车骑将军王堪屯东燕以拒石勒。本《志》司州篇末云：石季龙分兖州之陈留、东燕为洛州。《地形志》：司州东郡东燕，晋属濮阳。有燕城。据此则晋惠帝末置东燕国，后省国为县，并燕县入之，以属濮阳，而后魏因之也。《志》以太康为断，故不录东燕国，县亦并缺漏不载，今据《太康地志》《左传》注补录。《一统志》：故城今卫辉府延津县北故胙城东。

【编者按】《马注》在此处增补燕。燕县故城，在今河南延津县东北。一说即县东北三十五里大城。谭其骧主编《中国历史地图集》西晋太康二年图中燕县下又标东燕。

济阴郡

【中华校】济阴郡　原作"济阳郡"。《考异》：汉无济阳郡，盖"济阴"之误。《卞壶传》济阴冤句人，《宋书·州郡志》于城武、离狐二县并云《晋太康地志》属济阴。按：《左传·隐公七年》杜注及《郄诜传》并可证。今据改。

汉置。

【集释】程廷祚《证今》曰："今山东兖州府地。"

《马注》：钱大昕曰：考汉所置郡，无济阳，盖济阴之讹。《宋志》：南济阴太守，领成武、冤句、单父、城阳四县。《永初郡国》又有句阳、定陶。杜预《左传》注：曹国，今济阴定陶县。则此九县属济阴无可疑矣。与龙曰：钱说是也。三国魏郡。作济阴，见《魏志》。《晋太康地志》作济阴，见《宋志》。《地形志》作济阴，属西兖州。

顾廷龙《大晋龙兴皇帝三临辟雍皇太子又再莅之盛德隆熙之颂跋》在对碑阴题名的统计中，发现咸宁四年（278年）十月前兖州有济阴郡名。

统县九，

【集释】方恺《新校》：方恺曰：此济阳郡当作济阴。今考洪氏亮吉《东晋疆域志》济阳郡下云：《沈志》晋惠分陈留为济阳国。济阴郡下云：案《晋志》兖州有济阳郡，领定陶等九县。此济阳实济阴之讹，而惠帝分置之济阳则《志》反阙之。洪氏说是也。又案《左传·隐八年》注：济阳句阳县东北有垂亭。此刊本因《晋志》误也。《尔雅》：再成为陶（邱）[丘]。郭璞注：今济阴定陶城中。《左·桓四年》注：曹国今济阴定陶是也。本书《郄诜传》：诜，济阴单父人。《卞壶传》：壶，济阴冤句人。足证阳为阴之误。吴翊寅案：钱氏《考异》曰：汉无济阳郡，盖济阴之误。今考《州郡志》，于城武、离狐二县并云《晋太康地志》属济阴，可证济阳当作济阴。杜佑《通典》云：济阴郡，晋为济阳郡。非也。

《马注》：毕沅曰：《元和志》：考城，

晋属济阴郡。按沈约云：《太康地志》无，当是惠帝时（编者校：此处脱"分陈留为济阳国时"。）所复置也。

孔祥军《〈晋书·地理志〉政区断代考》："《晋志》有济阳郡。按：曹魏作济阴郡，宋本《晋志》作'济阳郡'，中华书局标点本《晋书》校勘记据钱氏《考异》及《宋志》《左传》杜注以为当作'济阴郡'，并改《晋志》正文为'济阴郡'，方恺《新校〈晋书地理志〉》、吴士鉴《晋书斠注》皆同之，并误。今检《左传·隐公七年》经文杜注有济阴城武县，据笔者考证杜注所存郡县断代为太康元年（详拙作《〈魏书·地形志〉考异十则》），则太康元年仍作济阴郡。《宋志》：'城武令，前汉属山阳，后汉、《晋太康地志》属济阴。'则太康三年仍作济阴郡。而《通典》卷一百七十七《州郡七》：'曹州……汉改为梁国……宣帝更名定陶，后为济阴郡。后汉因之。晋为济阳郡。'又《舆地广记》卷七京东西路都督兴仁府望济阴县条：'二汉置济阴郡，晋为济阳郡。'又《舆地广记》卷七京东西路东辅洪州畿楚丘县条：'汉为已氏县，属梁国。后汉属济阴郡。晋属济阳郡。'则晋时确改'济阴郡'为'济阳郡'，而当在太康三年以后，中华书局标点本《晋书》误改。"

户七千六百。

【斠注】济阴郡，汉景帝立。劳格《校勘记》曰：《考异》曰：汉无济阳郡，盖济阴之误。《卞壸传》济阴冤句人。《州郡志》于成武、离狐二县并云《晋太康地志》属济阴，可证今《志》作济阳乃传写之误。（编者校：《廿二史考异》此处还有：惠帝分陈留为济阳国，领济阳、考城诸县，与此郡全不相涉，《晋志》亦失书。）案《州郡志》又云：南济阴太守，二汉、晋属兖州。杜预《左氏集解》：济阴成武县东南有郜城，隐十年。济阴句阳县东北有垂亭，隐八年。曹济阴定陶县，桓九年。皆可证阳字之误。《通典》云：济阴郡晋为济阳郡。案《乐安王鉴传》：以济阴万一千二百一十九户改为广阳国，立齐王冏子冰为王，是改济阴为广阳，非改为济阳也。《通志》误。郭璞《穆天子传》六注：漯水，今济阴漯阴县。漯阴即《续汉志》之湿阴县，本《志》亦失载。（编者校：此处郭璞段，劳格《校勘记》原文是正文不是注文，此处内容与原文也有差别，详见如下："郭璞《穆天子传》六注：漯水，今济阴漯阴县。济阴当作济南。漯阴即湿阴。《汉书·地理志》属平原。《郡国志》作湿阴。湿当作漯，古漯字。"）《东晋疆域志》曰：东晋领县可考者二：成阳、单父。《斠注》案：下文明云明帝以郗鉴为刺史，寄居广陵，置濮阳、济阴、高平、太山等郡。《郗诜传》云济阴单父人，《卞壸传》云济阴冤句人，是晋有济阴郡，且濮阳以下四郡皆为太康以前旧郡，故江左同置侨治，况陈留国本有济阳县，则此郡阳字实为阴字之误。《东晋疆域志》亦云：济阳实济阴之误。而惠帝分置之济阳，则《志》反阙之，是也。又《元和郡县图志》十一曰：汉武帝改葘县为考城县，至晋属济阴郡。《宋州郡志》谓济阳太守，晋惠帝分陈留为济阳国，领考城、《太康地志》无。鄄城二县。故《惠帝本纪》：永宁元年十二月封齐王同子英为济阳王。愈可知太康三年以前但有陈留国即济阴郡，至永宁元年始分陈留为济阳，是本《志》之当为济阴郡确然无疑矣。《元敬虞皇后传》济阳外黄人，是外黄亦于惠帝时由陈留改隶。《赵王伦传》子馥封济阳王。

【编者按】济阴郡治定陶县，在今山东定陶县西北。

定陶汉高祖封彭越为梁王，都此。

【斠注】两汉属济阴郡。《水经·济水注》曰：南济自冤句来，东北迳定陶恭王陵，南又迳定陶县故城南，侧城东注。县故三飂国也。《元和郡县图志》十一曰：故城在济阴县东北四十七里。《读史方舆纪要》三十三曰：陶城在今定陶县西。

【集释】程廷祚《证今》曰："今曹州定陶县西。"

《马注》：与龙曰：注说见《汉书》。三国魏县。《春秋·桓五年》杜注：济阴定陶县。《宋书·符瑞志》：晋武帝泰始元年十二月，青龙见济阴定陶。《地形志》：济阴郡定陶，晋属。有定陶城。《一统志》：故城今曹州府定陶县西北二里。

【编者按】《宋本晋书》"彭越"为"彭城"，疑误。定陶县故城，在今山东定陶县西北四里。

乘氏故侯国。

【斠注】汉属济阴郡。应劭曰：《春秋》败宋师于乘（邱）〔丘〕。《水经·济水注》亦云，乘氏县，故宋乘（邱）〔丘〕邑。《读史方舆纪要》三十三曰：乘氏城在曹县东北五十里。

【集释】《马注》：与龙曰：三国魏县。《地形志》：济阴郡乘氏，晋属。《一统志》：汉故县，今钜野县界，后魏徙置于今曹州府治，而故城废。

【编者按】乘氏县故城，在今山东巨野县西南。

句阳

【斠注】两汉属济阴郡。应劭曰：《左氏传》句渎之丘也。《寰宇记》十三曰：句阳故城在乘氏县北三十五里。《读史方舆纪要》三十三曰：句阳城在曹县东北五十里。

【集释】程廷祚《证今》曰："在今曹县北三十里。"

《马注》：与龙曰：三国魏县。《春秋·隐八年》杜注：济阴句阳县。《地形志》无。《一统志》：故城今菏泽县北句阳店。

【编者按】句阳县故城，在今山东菏泽市西北小留镇东北。

离狐

【斠注】《元和郡县图志》十一曰：汉离狐县属东郡，后汉属济阴郡，魏离狐郡，晋属济阴郡。《魏地形志》曰：离狐，晋乱置。郡治。《斠注》案：据《元和志》则上文济阳郡当作济阴郡无疑。《读史方舆纪要》三十二曰：离狐城在单县西北。

【集释】《马注》：与龙曰：三国魏县。《州郡志》：北济阴太守离狐，《太康地志》属济阴。《地形志》：济阴郡离狐，晋属。有离狐城。《寰宇记》：离狐故城在南华县西北三十三里，后魏移今县地。《一统志》：故城今大名府东明县东南。

【编者按】离狐县故城，在今河南濮阳县东南。

宛句

【中华校】宛句 《卞壸传》作"冤句"，《汉书·地理志》在本志校记中以后简称《汉志》。上、《续汉志》三、《宋书·州郡志》在本志校记中以后简称《宋志》。一、《魏书地形志》在本志校记中以后简称《后魏志》。二、《隋书地理志》在本志校记中以后简称《隋志》。中并作"冤句"。

【斠注】两汉《志》作冤句，属济阴郡。《汉书地理志补注》曰：冤、宛古通用。《斠注》案：宛当作冤，《水经·济水注》亦作冤朐。《读史方舆纪要》三十三曰：冤句城在曹州西南四十里。

【集释】何超《音义》：宛句，上於元反，下音昫。

《马注》：与龙曰：三国魏县，作冤句，见本书《山涛传》。《地形志》：济阴郡冤句，晋属。治冤句城。《一统志》：故城今曹州府菏泽县西南。

【编者按】宛句县故城，在今山东曹县西北。

己氏

【斠注】汉属梁国，后汉属济阴郡。《读史方舆纪要》三十三曰：县城在曹县东南四十里。

【集释】《马注》：与龙曰：三国魏县，作己（编者校：《马注》所本"己"误为"巳"，今改正，本条下同。）氏，见《魏志》。《史记·殷本纪·索隐》□《皇览》曰：伊尹冢在济阴己氏平利乡。《地形志》：沛郡己氏，晋属济阴。《一统志》：故城今曹县东南。

【编者按】《宋本晋书》"己"为"巳"。己氏县故城，在今山东曹县东南四十六里楚天集。

成武有楚丘亭。

【斠注】汉属山阳郡，后汉属济阴郡。《汉志》曰：有楚丘亭。齐桓公所城，迁卫文公于此。子成公徙濮阳。《汉书补注》：陈奂曰：成武楚丘，《春秋》戎伐凡伯于楚（邱）[丘]，是也。卫文所徙之楚丘，在东郡濮阳县西白马县东。郑志答张逸问曰：楚（邱）[丘]在河沛间，疑在今东郡，然则郑不从班说矣。《续汉志》注：《地道记》曰：成武县有郪城。

【集释】程廷祚《证今》曰："今县。"

《马注》：与龙曰：《泗水注》：陂水又东迳山阳郡成武县之楚丘亭北。赵一清云：此即班固误以为卫文公所迁之楚丘，程氏公说《春秋分记》以为即"戎伐凡伯于楚丘"之地也。《春秋·隐七年》杜注：楚丘，卫地，在济阴成武县西南。三国魏县。《州郡志》：徐州北济阴郡成武，《晋太康地志》属济阴。《地形志》：徐州北济阴郡城武，晋属济阴。治郪城。《一统志》：故城今城武县治。郪城在县东南七十里。

【编者按】成武县故城，即今山东成武县治。

单父故侯国。

【斠注】汉属山阳郡，后汉属济阴郡。《元和郡县图志》七曰：单父，故鲁邑，后汉以为侯国。《汉书补［注］（编者校：此处脱"注"字。）》曰：《吕览》作亶父。《读史方舆纪要》三十二曰：单父城在今单县城南半里。

【集释】何超《音义》：单父，善、甫二音。

《马注》：与龙曰：三国魏县。按《州郡志》：故北济阴太守，孝武立，领离狐。《地形志》：北济阴郡，刘骏置，魏因之。治单父城。领离狐，晋乱置。郡治。据此则晋末省单父，改置离狐，宋孝武又置北济阴郡于此也。《一统志》：故城今单县南一里。

【编者按】单父县故城，即今山东单县治。

城阳舜所渔，尧冢在西。

【斠注】《寰宇记》十三曰：城阳，晋氏南迁之后，济阴郡移理于此。《史记·项羽本纪·正义》：《括地志》曰：濮州雷泽县本汉郕阳，在州东九十一里。《地理志》云：城阳属济阴郡，本汉"汉"字恐误。郕伯国，姬姓之国。又《五帝本纪·正义》：《括地志》曰：姚墟在濮州雷泽县东十三里。《孝经·援神契》云：舜生于姚墟，即东郡也。《水经·瓠子水篇注》曰：《史记》武王封弟叔武当从《括地志》作季载。于成。应劭曰：其后迁于成之阳，故曰成阳。《帝王世纪》曰：尧葬济阴成阳西北四十里，是为穀林。《墨子》以为尧［堂高三尺，土阶三等，北教八狄，］（编者校：此处按照陈桥驿复校本《水经注疏》补入"堂高三尺，土阶三等，北教八狄"一段。"堂高三尺，土阶三等"今本《墨子》不载，而《史记·太史公自序》引之。）道死，葬蛩山之阴。《山海经》曰：尧葬狄山之阳，一名崇山。二说各殊，以为成阳近是尧冢也。又引《地理志》曰：成阳有尧冢、灵台，今成阳城西二里有尧陵。《御览》八十《续述征记》（编者校：陈桥驿复校本《水经注疏》卷二十四载此段话时，《续述征记》则为郭缘生《述征记》。）曰：自汉迄晋，二千石及丞、尉，多刊石，叙述尧即位至永嘉三年，二千七百二十有一载，记于尧妃祠。（编者校：《御览》五百六十引《续述征记》此处"尧妃祠"作《尧碑》。）《新斠注地理志》六曰：《吕氏春秋》：尧葬穀林。皇甫谧曰：穀林即成阳。《墨子》：尧葬蛩山之阴。蛩、穀亦声相近也。《檀弓》：齐穀王姬之丧。郑康成曰：穀当为告，是古字。蛩既与穀通，而穀又与告通。《史记·五帝本纪·正义》：《括地志》曰：尧陵在濮州雷泽县西三里。《斠注》案：城阳当从《史记》《汉志》、郦《注》作成阳，证以《隶释》"成阳灵台碑"，可知汉县本作成阳也，惟《集古录》引《皇览》亦作城阳。《读史方舆纪要》三十三曰：城阳城在曹州东北六十里。

【集释】《马注》：与龙曰：注说并见《郡国志》注。二汉《志》作成阳。三国魏县。《地形志》：司州濮阳郡城阳，晋属济阴。《一统志》：城当作成，故城今濮州东南，与曹州接界。

【编者按】城阳县故城，在今山东菏泽市东北五十二里胡集镇东南一里。

高平国故属梁国，晋初分山阳置。

【集释】《通鉴》胡注：高平县，旧属梁国，晋为高平国。泗水迳其西，有高平山。山东西十里，南北五里，高四里。其山最高，顶上方平山，县亦取名焉。

程廷祚《证今》曰："在今山东江南之境。"

方恺《新校》：方恺曰：高平属邑在汉均属山阳，晋改山阳为高平。本《志》云"故属梁国，晋初分山阳置"，文有讹夺。又案太康以前并无高平王，似不当作国，互见鲁郡下。

《马注》：与龙曰：《汉书·地理志》：山阳郡，故梁。《郡国志》同。《州郡志》：高平太守，故梁国，汉景帝分为山阳国，武帝建元五年为郡，晋武帝太始元年更名。《地形志》高平郡下说略同。据此，则晋初改山阳郡为高平国也。此注云故属梁国，又云分山阳置，并误。三国魏曰山阳郡。

统县七，户三千八百。

【斠注】 劳格《校勘记》曰：晋武改山阳为高平，非分山阳置高平也。《志》误。《水经·济水注》曰：汉景帝中六年，分梁为山阳国；武帝天汉四年更为昌邑国，以封昌邑王髆。贺废国除，以为山阳郡。后更为高平郡，后汉沇州治。《续汉志》曰：兖州山阳郡，昌邑刺史治。《宋志》曰：汉武帝建元五年为郡，晋武帝泰始元年更名。去州陆二百二十，去京都陆一千三百三十。《斠注》案：郦《注》后更为高平郡，即指晋初分置而言，下文又厕以后汉沇州治一语，读者不察，几疑高平置郡在后汉之先矣。《东晋疆域志》曰：东晋领县可考者四：高平、金香、湖陆、钜野。

【编者按】 高平国治昌邑县，在今山东巨野县南后昌邑南。

昌邑侯相。有甲父亭。

【斠注】 汉属山阳郡。《元和郡县图志》十曰：昌邑故城在金乡县西北四十二里。《方舆纪要》三十二作四十里。其中城周十余里，外城周三十余里。曰（编者校："曰"字疑为"又"字，或衍文当删。）《续汉志》曰：有甲父亭。《春秋左氏传·昭十五年》：赂以甲父之鼎。杜注：甲父，古国名，在县东南。

【集释】 程廷祚《证今》曰："在今兖州府金乡县西北四十里。"

《马注》：与龙曰：注说见《郡国志》。三国魏县，属山阳。《春秋·庄三十二年》杜注：高平昌邑县。《一统志》：宋省县入金乡，故城今济宁州金乡县西北四十里。

【编者按】 昌邑县故城，在今山东巨野县南五十八里后昌邑南昌邑故城。

钜野鲁获麟所。

【斠注】 两汉属山阳郡。《水经·济水注》曰：何承天曰：钜野，湖泽旧县，故城正在泽中，故欲置戍于此城，城之所在则钜野泽也。衍东北出为大野矣。注云：昔西狩获麟于是处也。《史记·孔子世家·正义》：《括地志》曰：获麟堆在郓州钜野县东十二里。《春秋》哀公十四年《经》云：西狩获麟。《国都城记》云：钜野故城东十里泽中有土台，广轮四五十步，俗云获麟堆，去鲁城可三百余里。《读史方舆纪要》三十三曰：获麟堆在嘉祥县西二十五里。

【集释】 程廷祚《证今》曰："在今

兖州府嘉祥、钜野二县界。"

《马注》：与龙曰：注说见《郡国志》注。三国魏县，属山阳。《春秋·桓七年》杜注：高平钜野县有洪口。《济水注》：济水故渎又北，右合洪水，水上承钜野薛训渚，历泽西北［流］（编者校：陈桥驿复校本《水经注疏》熊会贞此处补一"流"字。朱作"渚"，全、赵、戴删此字，熊会贞认为是"流"。），又北迳阚乡城西。又北，与济渎合。自渚迄于北口，［一］百二十里，名曰洪水。桓温以太和四年，率众北入，掘渠通济。至义熙十三年，刘武帝西入长安，又广其功。自洪口以上，又谓之桓公渎。宋因。《地形志》：任城郡钜野，晋属高平。《一统志》：故城今曹州府钜野县南。

【编者按】钜野县故城，在今山东巨野县东北。

方与

【斠注】两汉属山阳郡。晋灼音房豫。《汉书补注》曰：春秋宋邑，见《楚策》。后入魏为郡。《楚世家》云：大宋、方与，二郡也。《读史方舆纪要》三十二曰：方与城在鱼台县城北。

【集释】何超《音义》：方与，房、预二音。

程廷祚《证今》曰："今兖州府鱼台县。"

《马注》：与龙曰：三国魏县，属山阳。《左传·隐元年》杜注：高平方与县。宋因。《地形志》：高平郡方与。有方与城。《一统志》：今济宁州鱼台县北。

【编者按】方与县故城，在今山东鱼台县西北十六里古城集。

金乡

【斠注】《元和郡县图志》十曰：金乡本汉东缗县，即古之缗国城。《陈留风俗传》曰：东缗县者，故阳武户牖乡。后汉于今兖州任城县西南七十五里置金乡县。《续汉志》属山阳郡。注引《晋地道记》曰：县多山，所治名金山。山北有凿石为冢，深十余丈，隧长三十丈，傍却入为室（编者校："室"一说为"堂"。）三方，云得白兔不葬，更葬南山，凿而得金，故曰金山。故冢今在。或云汉昌邑所作，或云秦时。《水经·济水注》曰：县城北有金乡山。

【集释】《马注》：与龙曰：三国魏县，属山阳。宋因。《地形志》：高平郡金乡，晋属。《一统志》：故城今金乡县治。

【编者按】金乡县故城，在今山东嘉祥县南三十四里阿城铺。

湖陆

【中华校】湖陆 原作"陆湖"。《举正》：当作"湖陆"，见《左传·襄公十九年》杜注。《斠注》：《水经·济水、泗水注》亦作"湖陆"。按《汉志》上、《续汉志》三谓本曰湖陵，莽改湖陆。今据乙正。

【斠注】《汉志》作湖陵，属山阳郡。后汉章帝改湖陆，仍属山阳。《左传》襄十九年杜注、《水经·济水、泗水篇》亦作湖陆。《寰宇记》十四曰：湖陵故城在鱼台县东南一里。《斠注》案：本《志》作陆湖，为湖陆之误。《桓温传》云"军次胡陆"可证也。《读史方舆纪要》二十九曰：湖陵城在沛县北五十里。《续汉志》注：《地道记》曰：湖陆县西有费亭城，魏武帝初所封。

【集释】《通鉴》胡注：湖陆县，前汉曰湖陵，属山阳郡，章帝更名湖陆；晋分属高平郡。贤曰：湖陆故城在今兖州方与县东南。

程廷祚《证今》曰："今徐州沛县。汉曰湖陵，莽改湖陆。《志》作陆湖，似误。"

劳格《校勘记》曰：当作湖陆。

《马注》：与龙曰：按诸地志并作湖陆，此当作湖陆，传写误倒。三国魏县，属山阳，作湖陆，见《吕虔传》。《十六国春秋》：（符）[苻]坚建元十五年，以毛盛为兖州刺史，镇湖陆。《地形志》：高平县。有湖陆城。盖省入高平。《一统志》：故城今鱼台县东南六十里。

【编者按】湖陆县故城，在今山东鱼台县东南。

高平侯国。

【斠注】汉橐县，属山阳郡。后汉章帝改高平，仍属山阳郡。《水经·泗水注》曰：泗水南进迳高平山。注云：山东西十里，南北五里，高四里，与众山相连，其山最高顶上方平，故谓之高平山，县亦取名焉。《读史方舆纪要》三十三曰：高平城在钜野县东南。

【集释】程廷祚《证今》曰："在今兖州府鱼台、金乡二县界。"

《马注》：与龙曰：三国魏县，属山阳。宋因。《地形志》：高平郡高平，晋属。《一统志》：故城今兖州府邹县西南。

《中国历史地理信息系统释文》（未刊稿）：《续山东考古录》卷二十五《济宁直隶州·鱼台县》；《魏书·地形志》，高平县有高平山，《元和郡县志》作承注山，界今县与济宁州、邹县之间。泗水自邹县南流，迳两城山之西。两城山连承注山十余里，其南有平山，势若列屏。高平山当在是矣。橐城当在其南不远。《后汉书·东平宪王传》章怀注：高平故城在邹县西南。盖本邹与鱼台、任城三县接界处也。王汝涛点注："橐县，汉置县，后汉建初元年改称高平县。遗址在今微山县驻地夏镇西北一百零四里两城乡两城村。"即今微山县西北两城乡。

【编者按】高平县故城，在今山东微山县西北一百零四里两城乡。

南平阳侯国。有漆亭。

【斠注】两汉属山阳郡。《汉书补注》：钱大昭曰：泰山有东平阳，故此云南。《读史方舆纪要》三十二曰：南平阳城在邹县西三十里，漆城在县北。《左传·襄公二十一年》：邾庶其以漆、闾邱来奔。杜预曰：南平阳县东北有漆乡。《定十五年》城漆即此。漆乡西北有显闾亭即古闾邱也。

【集释】程廷祚《证今》曰："在今兖州府邹县西三十里。《哀二十七年》注作西平阳，误。"

《马注》：与龙曰：注说见《郡国志》。三国魏县，属山阳。《春秋·襄十一年》杜注：高平南平阳县，东北有漆乡。宋因。《地形志》：高平郡平阳，晋曰南平阳。有平阳城。《一统志》：故城今邹县治，县北有漆城。

《中国历史地理信息系统释文》（未刊稿）；《续山东考古录》卷十八《兖州府上·邹县》："南平阳县，即今治。"王汝涛点注："南平阳县，春秋鲁平阳邑，秦置平阳县，属薛郡。汉改今名，刘宋改称平阳县，遗址即今邹县城。"

【编者按】南平阳县故城，即今山东邹城市治。

任城国汉置。

【集释】程廷祚《证今》曰："山东兖州府济宁州。"

《马注》：与龙曰：三国魏国。《州郡志》高平太守下云：任城，江左省郡为县。《地形志》：任城郡，晋永嘉后罢。神龟三年分高平置。

【编者按】《八琼室金石补正》收录泰始八年（272年）十二月十五日《任城太守羊夫人孙氏碑》中有"任城太守"字样，任城此时当为郡。

统县三，户一千七百。

【斠注】《续汉志》：任城国。注云：章帝元和元年分东平为任城。《晋地理志新补正》曰：江左省郡为县。

【编者按】任城国治任城县，在今山东微山县西北仲浅。

任城古任国。

【斠注】汉属东平国，后汉属任城国。《汉志》曰：故任国，太昊后，风姓。《水经·济水注》曰：夏后氏之任国也，在亢父北。《读史方舆纪要》三十三曰：任城废县今济宁州治。

【集释】《通鉴》胡注：任城县，前汉属东平国，后汉章帝元和元年分东平为任城国，而任城县属焉；晋氏南渡，省任城郡为任城县，属高平郡。

程廷祚《证今》曰："今州治。"

毕沅《新补正》：沅案：任城县晋亦属任城，江左省郡为县。

《马注》：与龙曰：注说见《郡国志》。三国魏县。《州郡志》高平太守下云：《永初郡国》有任城县，后省。《地形志》：任城郡任城，晋属。有任城。《一统志》：故城今济宁州治。

【编者按】任城县故城，在今山东微山县西北一百二十二里仲浅南任城遗址。

亢父

【斠注】汉属东平国，后汉属任城国。《汉书补注》曰：战国齐地。《齐策》云：径亢父之险。《史记·高祖本纪·正义》：《括地志》曰：亢父，县也，沛公屯军于此。又《项羽本纪、曹相国世家·正义》：《括地志》：亢父故城在兖州任城县南五十一里。《读史方舆纪要》三十三曰：亢父城在济宁州南五十里。

【集释】何超《音义》：亢父，上古郎反，下音甫。

程廷祚《证今》曰："在州南五十里。"

《马注》：与龙曰：三国魏县。《春秋·襄十三年》杜注：任城亢父县，宋因，属高平。《地形志》：任城郡亢父，晋属。有亢父城。《一统志》：故城今济宁州南五十里。

【编者按】亢父县故城，在今山东济宁市西南四十里喻屯镇东南八里。

樊

【斠注】汉属东平国，后汉属任城

国。《史记·周本纪·正义》：《括地志》曰：汉樊县城在兖州瑕邱县西南二十五里。《地理志》云：樊县，古樊国，仲山甫所封也。《新斠注地理志》十五曰：在今兖州府城西南二十里。

【集释】《马注》：与龙曰：三国魏县。《州郡志》南鲁郡太守下云：樊县，《晋太康地志》属任城。元嘉十八年，以樊并西安。《一统志》：故城今兖州府滋阳县西南。

《中国历史地理信息系统释文》（未刊稿）：《续山东考古录》卷十八《兖州府上·滋阳县》王汝涛点注："樊县，汉置县，刘宋废。遗址在今兖州镇西南三十二里黄屯乡堌城。"王文楚按：今兖州县西南黄屯镇东南之堌城，正与《史记·正义》引《括地志》记载合，即是。

【编者按】樊县故城，在今山东兖州市西南二十六里黄屯镇南六里堌城。

东平国 汉置。

【集释】程廷祚《证今》曰："在今山东。"

《马注》：与龙曰：《史记·夏本纪·索隐》引张华《博物志》云：兖州东平郡即《尚书》之东原也。三国魏国，宋因，治无盐。《地形志》同。

统县七，户六千四百。

【斠注】《汉志》曰：故梁国，景帝中六年别为济东国，武帝元鼎元年为大河郡，宣帝甘露二年为东平国。《东晋疆域志》曰：东晋领县可考者一：平陆。周家禄《校勘记》曰：五当作七。

【编者按】东平国治须昌县，在今山东东平县西宿城西侧东平故城。

须昌

【斠注】汉属东郡，后汉属东平国。《汉志》云：故须句国，太昊后，风姓。《水经·济水注》曰：京相璠曰：须朐，一国二城两名，盖迁都须昌，朐是其本，秦以为县。《读史方舆纪要》三十三曰：须昌城在东平州西北十五里。

【集释】程廷祚《证今》曰："在今兖州府东平州西北十五里。"

《马注》：与龙曰：三国魏县。《春秋·桓十一年》杜注：东平须昌县。《州郡志》：须昌，《晋太康地志》属东平。宋因，治郡下。《地形志》：东平郡须昌，晋属。治须昌城。《一统志》：故城今泰安府东平州西北十五里。

【编者按】须昌县故城，在今山东东平县治西十六里宿城西侧东平故城。

寿张 有蚩尤祠。

【斠注】汉属东郡。《水经·汶水注》曰：《春秋》之良县也，汉曰寿良。应劭曰：世祖叔父名良，故光武改曰寿张也。又《济水注》：《皇览》曰：蚩尤冢在东郡寿张县阚乡城中。冢高七尺（编者校：一说为"丈"。），常十月祠之，有赤气出，如［匹］（编者校：此处脱"匹"。）绛［帛］（编者校：此处脱"帛"。）。民名为蚩尤旗。《续汉志》注：《地道记》曰：寿张有蚩尤祠，狗城。（编者校：中华书局点校本《后汉书》在此处有中华校："'狗城'按，《前志》东郡寿良县有'朐城'，此作'狗城'，'狗'与'朐'疑形近而误，当从《前志》。"）《读史方舆纪要》三十三曰：寿张故城在今县东南五十里。

【集释】程廷祚《证今》曰："今兖州府属县。"

《马注》：与龙曰：三国魏县。宋曰寿昌，治郡下。《地形志》：济州东平郡寿张，晋属兖州东平，《一统志》：故城今东平州西南。

《中国历史地理信息系统释文》（未刊稿）：《水经注》卷二十四《汶水注》："汶水西南流，迳寿张故城北，《春秋》之良县也。县有寿聚，汉曰寿良。……汶水又西流入济。"王文楚按：汶水上流，即今汶河上游，下流古道由东平县南西南流，入于古济水，汶、济二水于今东平县西南运河处会合，故秦张县、汉寿张县应在今东平县西南东平湖西岸运河东岸。清《嘉庆重修一统志》卷一百七十九《泰安府·古迹》云："寿张故城，在东平州西南。"按清东平州，即今东平县。

【编者按】寿张县故城，在今山东东平县西南。

范

【斠注】两汉属东郡。《读史方舆纪要》三十四曰：范城在今县东南二十五里。《续汉志》注：《地道记》曰：秦亭在范县西北。

【集释】程廷祚《证今》曰："今东昌府属县。"

《马注》：与龙曰：三国魏[县]（编者校：此处当脱"县"字。），属东郡。《春秋·庄二十一年》杜注：东平范县。宋因，治郡下。《地形志》：济州东平郡范，晋属兖州东平，治秦城。《一统志》：故城今曹州府范县东南二十里。

【编者按】范县故城，在今山东梁山县西北赵堌堆乡前范城村。

无盐

【斠注】两汉旧县。《水经·汶水注》曰：其右一汶，西流迳无盐之故城南。注云：旧宿国也。齐宣后之故邑。所谓无盐丑女也。《元和郡县图志》十曰：无盐故城在须昌县东三十六里。《读史方舆纪要》三十三曰：无盐城在东平州东二十里。

【集释】《通鉴》胡注：无盐县，属东平国，唐属济州界。

程廷祚《证今》曰："在今兖州府东平州东二十里。"

《马注》：与龙曰：三国魏县。《春秋·隐元年》杜注：东平无盐县，宋因。《地形志》：东平郡无盐，晋属。有无盐县。《一统志》：故城今泰安府东平州东二十里。

【编者按】无盐县故城，在今山东东平县治东南十里无盐。

富城

【斠注】两汉旧县。《续汉志》作富成。《新斠注地理志》十五曰：今东平州。

【集释】《马注》：与龙曰：三国魏县。《地形志》：东平郡富城，晋属。有富城。李兆洛云：故城今东平州地。谢钟英云：据《泲水注》，当在今肥成县西南。

【编者按】富城县故城，在今山东肥城市西南。

东平陆

【斠注】两汉旧县。《水经·汶水注》

曰：汶水又西南迳东平陆县故城北。注云：应劭曰：古厥国也。《元和郡县图志》十曰：中都县本鲁国邑，一名殷密城，汉以为东平陆县。《新斠注地理志》十五曰：在今兖州府汶上县西北。

【集释】《马注》：与龙曰：三国魏县，宋曰平陆，治郡下。又阳平太守，领乐平，寄治下平陆。《地形志》：东平郡平陆，晋曰东平陆，治平陆城。《一统志》：宋初曰平陆。元嘉中改置乐平县。故城今兖州府汶上县北。

《中国历史地理信息系统释文》（未刊稿）：《续山东考古录》卷十九《兖州府下·汶上县》："东平陆县故城，当在县北、汶水南。"王汝涛点注：汉东平陆县，治齐平陆邑，"遗址在今汶上县汶上镇北12公里里处。"故城则在今汶上县北12公里汶河之南岸。

【编者按】东平陆县故城，在今山东汶上县北二十四里。

刚平

【斠注】汉刚县，属泰山郡，后汉属济北国。《史记·秦本纪·正义》：《括地志》曰：故刚城在兖州龚邱县界。《廿二史考异》十九曰：《续汉志》济北国有刚县，前汉属泰山郡。《左传·哀八年》"齐人归阐"，杜预注"在东平刚县北"，是晋时仍名刚也。而《隐五年》"卫师入郕"，注又云"东平刚父县西南有郕乡"，此《志》又云刚平，未审孰是。《读史方舆纪要》三十一曰：刚城在宁阳县东北三十五里。

【集释】程廷祚《证今》曰："在今兖州府宁阳县东北三十五里。《汉志》作刚，杜作刚父，未详。《哀八年》注作刘，谬。"

方恺《新校》：方恺曰：《郡国志》：济北国有刚县。杜氏《哀八年》注：东平刚县北有阐亭。字亦作冈。《水经注》：汶水西南过冈县北。京相璠曰：冈县西四十里有阐亭。刚、冈通。《隐五年传》：郕人侵卫。注：东平刚父县西南有郕乡。父字衍。《地形志》：刚，晋曰刚平，后改。

《马注》：毕沅曰：《地形志》：汉刚县，晋曰刚平。与此《志》同。杜预《左传》注则作东平刚父县，未知孰是。方恺曰：刚字亦作冈。与龙曰：杜预《左传·隐五年》注：东平刚父县。《哀八年》注作东平刚县。此《志》盖从《地形志》之说。三国魏曰刚，见《魏志》。《地形志》：东平郡刚，晋曰刚平，后改治刚城。《一统志》：故城今宁阳县东北三十里堽城坝。

《中国历史地理信息系统释文》（未刊稿）：《续山东考古录》卷十八《兖州府上·宁阳县》："刚县故城在东北三十里。"王汝涛点注："刚县，汉置县，治刚邑，遗址即今宁阳县城东北15公里大汶河南岸冈城镇。"按今宁阳县东北冈城里位于今汶河（即《水经》之汶水）南，即是。

【编者按】刚平县故城，在今山东宁阳县北三十五里堽城镇西堽城西。

济北国汉置。

【集释】程廷祚《证今》曰："在今山东。"

《马注》：三国魏国，宋因。《地形志》属济州。

统县五，户三千五百。

【斠注】《水经·济水注》曰济水又迳卢县故城北。注云：济北郡治也。汉和帝永元二年分泰山置，盖以济水在北故也。《元和郡县图志》十曰：济北理硣磝城，其城西临黄河，晋末为河水所毁，移理河北博州界。《东晋疆域志》曰：东晋领县可考者二：卢、东阿。

【集释】毕沅《新补正》：沅案《地形志》：肥城县，后汉属济北，晋罢。

【编者按】谭其骧主编《中国历史地图集》西晋太康二年图将济北国治定在卢子城，在今山东平阴县西黄河东岸。又有观点将济北国治定在卢县，在今山东肥城市北，即今山东济南市长清区西南广里。

卢扁鹊所生。

【集释】何超《音义》：扁鹊，蒲殄反。

程廷祚《证今》曰："在今济南府长清县西南二十五里。"

《马注》：与龙曰：《史记》：扁鹊，勃海郡郑人，善医。《集解》：徐广曰：郑当为鄚，县名，今属河间正义。扁鹊家于卢，因命之曰卢医。刘逵《蜀都赋注》：扁鹊，卢人。引（杨）[扬]（编者校："杨"应为"扬"。）雄《法言》：扁鹊，卢人，而医多卢。按：合《史记》观之，扁鹊盖生于鄚，而居于卢，此云所生与《史记》相违矣。

县西有石门。

【斠注】汉属泰山郡，后汉属济北国。《水经·济水注》曰：《地理志》曰：县有济水祠，水有石门，以石为之，故济水之门也。今济北卢县故城西南六十里有故石门，去水三百步，盖水渎流移故侧岸也。京相璠曰：石门，齐地。《寰宇记》十九曰：卢城在长清县南五十里。《读史方舆纪要》三十一曰：卢城在长清县西南二十五里。

【集释】《马注》：与龙曰：《济水注》：卢县故城西南六十里有故石门。三国魏县。《春秋·隐三年》杜注：济北卢县。《州郡志》：卢，《晋太康地志》属济北。有石寨城。义熙二年，南燕将封融奔魏，集群盗袭石寨（编者校：中华书局点校本《晋书》，"寨"字为"塞"。）城，见《慕容超载记》。宋因。《地形志》：齐州太原郡卢，晋属济北。有卢城。《一统志》：后魏济州济北郡有卢县，盖侨置，非旧县也。故城今济南府长清县南二十五里。石门在长清县西南，今圮于河。石寨城今长清县西南。

《中国历史地理信息系统释文》（未刊稿）：《续山东考古录》卷三《济南府下·长清县》王汝涛点注："卢县，汉置县，曾一度为济北国都，治卢邑，即今济南市长清县城西南26公里孝里镇广里村。高齐废。"王文楚按：今长清县西南孝里铺，即为孝里镇，其西南广里镇，即为广里村。

【编者按】卢县故城，在今山东济南市长清区西南五十里广里。

临邑

【斠注】两汉属东郡。《通典》曰：故城在卢县东。《寰宇记》十三作卢县东马防城是也。《读史方舆纪要》三十一曰：临邑城在今县北三十五里。

【集释】《马注》：与龙曰：三国魏县，属东郡。《州郡志》：《永初郡国》有临邑。《晋太康地志》属济北。大明元年省。《地形志》：济北郡临邑，晋属。有临邑城。《一统志》：故城今泰安府东阿县北。

《中国历史地理信息系统释文》（未刊稿）：宣统《山东通志》卷三十五《古迹二》东阿县："临邑县故城，在县北。汉置县，属东郡，亦曰马防城，今为铜城驿。"《续山东考古录》卷七《泰安府下·东阿县》王汝涛点注："汉临邑县，汉置县，治马防城，即今东阿县驻地铜城镇。刘宋大明元年（457年）省，后魏复置，高齐复省。"即今东阿县（铜城镇）。

【编者按】 临邑县故城，即今山东东阿县治。

东阿

【斠注】 汉属东郡。《水经·瓠子水注》：《春秋经书》：冬，及（编者校：一说"及"字误，应为"会"字。）齐侯盟于柯。杜预曰：东阿即柯邑也。《史记·列传四·索隐》：《太康地理志》曰：阿即东阿也。《宋州郡志》云：东阿，"二汉属东郡，晋无。"《元和郡县图志》十曰：晋太康后省。《斠注》案：《魏浚传》东郡东阿人，是当时未省此县或史文追述旧望，在改隶济北之前。《宋志》云晋无者，亦据太康后言之耳。《读史方舆纪要》三十三曰：东阿故城在今县西二十五里。《寰宇记》作二十里。

【集释】 程廷祚《证今》曰："在今兖州府东阿县西二十五里。"

劳格《校勘记》曰：《州郡志》云："二汉属东郡，晋无。"与此异。《魏浚传》东郡东阿人，似东阿仍属东郡矣。

《马注》：与龙曰：毕沅曰：《元和志》：县太康后省。方恺曰：本书《魏浚传》，东郡东阿人，与《志》异，必有一误。与龙曰：《浚传》盖沿旧称。《州郡志》云：东阿，二汉属东郡，晋无。《元和志》之说本此。三国魏县，属东郡。《春秋·隐四年》杜注：济北东阿县。《史记·列传四·索隐》引《太康地志》：阿即东阿也。《宋永初郡国》有东阿，大明二年省，见《州郡志》。《地形志》：济北郡东阿，晋属。有东阿城。《一统志》：故城今兖州府阳毂县东北五十里阿城镇。

《中国历史地理信息系统释文》（未刊稿）：《续山东考古录》卷七《泰安府下·东阿县》："汉东阿县故城，在西四十里，今隶阳毂。"王汝涛点注："东阿县，秦置县，汉因之。治阿邑，即今阳谷县阳谷邑东北25公里小运河右岸阿城镇。"即今阳谷县东北运河右岸阿城镇。

【编者按】 东阿县故城，在今山东阳谷县东北五十里阿城镇。

毂城有乌下聚。

【中华校】 乌下聚　马与龙《晋书地理志注》后简称马校："乌"当作"寪"。《续汉志》三作"寪下聚"，刘昭注引《左传·僖公二十六年》杜注作"寪下"。

【斠注】 后汉属东郡。《史记·项羽本纪·正义》：《括地志》曰：毂城故城在济州东阿县东二十六里。

【集释】 程廷祚《证今》曰："在今兖州府东阿县。"

《马注》：与龙曰："乌"当作"寪"，形似而讹。《郡国志》作寪下聚。刘注引《左传·僖二十六年》杜预注：县西有地名寯下。按《春秋》作鄟，杜注作鄟下聚。今东阿县西南有鄟下聚。三国魏县。《春秋·庄七年》杜注：济北穀城县。《州郡志》：穀城，《晋太康地志》属济北。宋因。《地形志》：东济北郡穀城，晋属济北。《一统志》：故城今泰安府东阿县治。

【编者按】《宋本晋书》"乌下聚"无"下"字。穀城县故城，在今山东平阴县西南四十二里东阿镇。

蛇丘有下讙亭。

【斠注】汉属泰山郡，后汉属济北国。《水经·汶水注》曰：蛇水又西南迳铸城西。注云：《左传》所谓蛇渊囿也。故京相璠曰：今济北有蛇丘城，城下有水，鲁囿也。又曰：蛇水又西南迳夏晖城南。注云：《经》书：公会齐侯于下讙是也。今俗谓之夏晖城，盖《春秋左传》桓公三年，公子翚如齐，齐侯送姜氏于下讙，非礼也。世有夏晖之名矣。《斠注》案：《续汉志》亦作下讙，与《春秋经传》《水经注》同。《志》作下灌，误。《读史方舆纪要》三十二曰：蛇丘城在宁阳县西北。

【集释】程廷祚《证今》曰："在今兖州府宁阳县西北。"

《马注》：与龙曰：灌当作讙，形似致讹。按《桓三年》杜注：济北蛇丘县西有下讙亭。三国魏县。《州郡志》：蛇丘，《晋太康地志》属济北。宋因。《地形志》：东济北郡蛇丘，晋属济北。《一统志》：故城今肥城县南。

【编者按】蛇丘县故城，在今山东肥城市东南。一说在今山东宁阳县西北铸城。

泰山郡汉置。

【集释】程廷祚《证今》曰："在今山东。"

《马注》：与龙曰：三国魏郡，宋因。《地形志》：郡治钜平。

统县十一，户九千三百。

【斠注】《汉书补注》：全祖望曰：故属秦齐郡，楚汉之际属齐国，寻为济北国，五月复属齐国，分置济北、博阳二郡。高帝四年属汉，改博阳曰泰山，仍属齐国。文帝二年，别属济北国，四年复故，十六年复属济北国。景帝四年复故，五年复属济北国。武帝元鼎元年，献泰山及其旁邑，其国如故。后元二年，并济北入泰山。《东晋疆域志》：东晋领县可考者一：山茌。

【编者按】泰山郡治奉高县，在今山东泰安市东故县村。

奉高南有明堂。

【斠注】两汉旧县。《元和郡县图志》十曰：汉武帝封禅，分嬴、博二县立奉高县。《御览》五百三十六《太康地记》曰：奉高者，以事东岳帝王禅代之处也，故有明堂，在县西南四里。汉武帝立太坛于东山以祭天，示增高也。《水经·汶水注》曰：奉高县，汉武帝元封元年（编者校，此处一说漏"立"字。）以奉泰山之祀，泰山郡治也。《水经·汶水注》曰：环水又东南迳明堂下。注云：汉武帝元封元年，封泰山，降坐明堂于山之东北阯。武帝以古处险狭而不显也，欲治明堂于奉高傍，而未晓其制。济南人公玉带上黄帝时《明堂图》，《图》中有一殿，四面无壁，以茅盖之，通水，圜宫垣为复道，上有楼，从西南入，名曰昆仑。天子从之，入以拜祀上帝焉。于是上令奉高作明堂于汶上，如带《图》也。《读史方舆纪要》三十一曰：奉高废县在泰安州东北十七里。

【集释】《马注》：与龙曰：台（编者校：《马注》的底本，"明堂"为"明台"。），官本作堂，是二汉《志》并云有明堂。三国魏县，宋因。《地形志》：奉高有故明堂基。《一统志》：故城今泰安府泰安县东北十五里。

【编者按】奉高县故城，在今山东泰安市东三十八里岱岳区故县村。

博有龟山。

【斠注】两汉旧县。《水经·汶水注》曰：龟山在博县北十五里。《春秋·定公十年》：齐人来归龟阴之田是也。《新斠注地理志》八曰：在今泰安府城东南三十里。

【集释】程廷祚《证今》曰："今济南府泰安州。"

《马注》：与龙曰：注说见《郡国志》。三国魏县，宋因。《地形志》：博平，晋曰博。有博平城。《一统志》：故城今泰安府东南。

《中国历史地理信息系统释文》（未刊稿）：《续山东考古录》卷六《泰安府上·泰安县》："博县故城，在东南三十里，今旧县村。"王汝涛点注："周、齐博邑，遗址为今泰安市区东南12公里郊区丘家店镇旧县村，汉置博县，唐为乾封县。"即今泰安市东南旧县。

【编者按】博县故城，在今山东泰安市东南二十四里旧县。

嬴

【斠注】两汉旧县。《汉书补注》曰：春秋战国齐邑。始见《左桓传》及《孟子》。《读史方舆纪要》三十一曰：嬴城在泰安州东南五十里。

【集释】程廷祚《证今》曰："在今济南府泰安州东南五十里。"

《马注》：与龙曰：三国魏县。《春秋·桓三年》杜注：泰山嬴县。宋因。《地形志》：嬴有嬴城。《一统志》：故城今莱芜县西北四十里。

【编者按】嬴县故城，在今山东莱芜市治西北三十二里莱城区城子县村。

南城

【中华校】南城　原作"南武城"。《考异》：《景献羊皇后、惠羊皇后、羊祜传》《宋书·羊欣、羊元保传》并云泰山南城人，宋、齐、隋《志》皆称"南城"，惟《晋志》多一"武"字，殆因下文有"南武阳"而衍一"武"字。按：钱说是，今据删。

【斠注】《廿二史考异》十九曰：按《续汉志》，泰山郡南城县故属东海，《汉书》本作"南成"，后汉始加土旁。不知何时增入"武"字。考《景献羊皇后、惠羊皇后、羊祜传》《宋书·羊欣、羊元保传》并云泰山南城人，武帝分泰山郡置南城郡，封羊祜为泰山郡公，亦以县得名也。宋、齐《州郡志》《隋地理志》皆称南城，无云"南武城"者，惟《晋志》多一"武"字，殆因下文有南武阳县，相涉而误耳。杜预注《哀十四年传》云"泰山南城县西北有舆城"，其注《襄十九年经》"城武城"，则云"泰山南武城县"，二文似相抵牾；然刘昭注《续汉志》引《襄十九年》注亦云南城县，初无"武"字，则杜注此条"武"字亦后人所增也。南城本《春秋》武城之地，《史记》亦有南武城之称，见《仲尼弟子列传》。但晋世只称南城，不名南武城。《读史方舆纪要》三十三曰：南武城故城在费县西南九十里。

【集释】程廷祚《证今》曰："在今兖州府费县西南九十里。后汉曰南城，杜亦作南城。"

方恺《新校》：刘庠案：《郡国志》：泰山南城，故属东海，有东阳城。《左氏·襄十九年》：城武城。杜注：泰山南武城县。而《哀八年》：吴师伐晋，既克武城，又克东阳。《史记》：曾参，南武城人。章怀《后汉》注：南城，曾子父所葬。是南城即南武城也。又《哀十四年》：丘舆。杜注云：泰山南城县西北有舆城县。据杜预注，左氏皆作南城，不作南武城可证。《襄十九年》杜注之泰山南武城县，言泰山之南有武城县也。方恺曰：本书两羊皇后及羊祜《传》皆云泰山南城人，无武字。刘庠案：《羊祜传》：诏以泰山之南武阳、牟、南城、梁父、平阳五县为南城郡。封祜为南城侯。祜卒，仍听复本封。今《志》无南城郡，而泰山郡下又无南城县。《晋志》以南城为南武城，误也。

汪兆镛《稿本晋会要》：兆镛按：《水经·漯水注》引京相璠曰：今泰山南武城县。是《晋志》不误也。

《马注》：钱大昕曰：《武帝纪》：诏以泰山之南武阳、牟、南城、梁父、平阳五县为南城郡。按南城置郡以封羊祜，祜固辞不拜，郡亦旋废，故《地理志》不载此郡。与龙曰：三国魏县，曰南城。《哀十四年》注又云：泰山南城县。宋因，曰南城。《地形志》：北徐州东泰山郡南城，晋属泰山。有武城。《一统志》：故城今沂州府费县西南六十里。

《中国历史地理信息系统释文》（未刊稿）：《元和郡县图志》卷十一《河南道七》：沂州费县，"南城县城，在县南九十里。"按唐费县，即今费县。《嘉庆重修一统志》卷一百七十七《沂州府·山川》："南城山，在费县西南八十里。"同书《沂州府·关隘》："关阳镇巡司，在费县西南八十里。"王文楚按：今费县西南关阳司，即《嘉庆重修一统志》所载之关阳镇巡司，其北山脉，当是南城山，关阳司西南，今平邑县南温凉河南岸有故县，与记载南城县故址里距正合，当是汉代南城故址无疑。

【编者按】《宋本晋书》"南城"为"南武城"。南城县故城，在今山东平邑县南七十里故县城北南武故城。

梁父侯国。有菟裘聚。

【斠注】两汉旧县。颜师古曰：以山名县也。《寰宇记》二十一曰：梁父故城在泗水县北，菟裘故城在县北五十五里。《读史方舆纪要》三十二曰：梁父城在泗水县北四十里。《春秋左氏传·隐十一年》杜注云：菟裘，鲁邑也，在梁父县南。

【集释】程廷祚《证今》曰："在今兖州府泗水县西北。"

【编者按】梁父县故城，在今山东新泰市西七十五里天宝镇古城村北梁父故城遗址。

山茌茌山在东北。

【斠注】《汉志》《续汉志》《说文解字》皆作茌县。应劭曰：茌山在东北。《斠注》案：本《志》承用应氏之说。《读史方舆纪要》三十一曰：山茌城在长清县东北三十里。《斠注》案：本《志》山茌当作山茌。

【集释】何超《音义》：山茌，仕疑反。

《马注》：与龙曰：应劭说见《汉志》注。三国魏县，见《魏志·明纪》。《通鉴》：升平二年，燕泰山太守贾坚屯山茌。有东太原城，亦曰升城。义熙中侨置太原县于此。宋因，属青州太原郡。《地形志》：齐州太原郡山茌，晋属泰山。《一统志》：故城今济南府长清县东北。

《中国历史地理信息系统释文》（未刊稿）；《续山东考古录》卷三《济南府下·长清县》："茌县故城在东南三十里，今张夏镇。"王汝涛点注："即今济南市长清县东南19公里透明山西、北大沙河之阳、张山之下张夏镇。"即今长清县东南张夏镇。

【编者按】山茌县故城，在今山东济南市长清区东南三十八里张夏镇。

新泰故曰平阳。

【斠注】《东晋疆域志》曰：新泰，《沈志》"魏立，属泰山"。《地形志》亦云魏置。今考《晋太康地志》云：县旧名平阳，泰始中镇南当作征南。将军羊祜以县人表改为新泰，属泰山郡。晋惠帝割属东安郡。《水经注·洙水下》：晋武帝太康九年，改平阳为新泰，然则云魏立者，误也。劳氏《校勘记》以为非，晋置亦误。《廿二史考异》十九曰：《汉志》泰山郡有东平阳县，云"东"者，别于河东之平阳、山阳之南平阳也。《续汉志》无此县，盖尝未并省，未审何时重立。《春秋·宣八年》："城平阳"，杜预注："今泰山有平阳县"，即此平阳矣。其改名新泰，据《水经注》在晋武帝元康九年。元康惠帝年号，或太康之讹。

【集释】程廷祚《证今》曰："在今泰安州新泰县西。《志》云：故曰平阳。此即杜所谓泰山有平阳县者也。"

毕沅《新补正》：沅案：羊祜及惠皇后《传》，皆云泰山南城人。《晋书·地理志》泰山有南武城，无南城，此尚沿汉旧名耳。

劳格《校勘记》曰：案《元和郡县志》云：太始中，镇南将军羊祜表改为新泰县。吴兰亭云：祜，泰山南城人，非平阳人。祜于泰始中自车骑将军贬平南将军，咸宁二年，除征南大将军，未尝为镇南，且杜预注《左传》在祜卒后，如已改新蔡，何以复云平阳乎？武帝疑惠帝之误。又云《州郡志》：新泰令，魏立，属泰山。《地形志》亦云魏置，则又似非晋置也。

方恺《新校》：方恺曰：又《左传·宣八年》杜注：今泰山有平阳县。知新泰之改或在武帝末。《州郡志》东莞郡下云：新泰令，魏立，属泰山。杜氏亲当其时，不应舍新号取旧名，沈说似误，本《志》缺更名年分，亦失考证矣。刘庠案：《地理沿革图》马氏徵麟云：《左》：宣公八年，城平阳。杜注：今泰山有平阳县。案：《州郡志》兖州高平郡有平阳县，疑此县太康初有之，不知废于何时，而南宋复立，改属高平也。吴翊寅谨案：平阳改名新泰，据《水经注》在晋武元康九年。元康非武帝年号，或以为太康之误，或以为武帝当作惠帝。而《州郡志》《地形志》皆以为魏立，与郦《注》亦不相合。《元和郡县志》又云：泰始中，镇南将军羊祜表改为新泰县。则杜预注《传》在祜卒后，不当复云今有平阳。众说分歧，未详孰是。沈、魏二《志》尚多舛误。《元和志》可无论矣。郦《注》云"元康中改"说盖可从。

《马注》：与龙曰：《汉志》曰东平阳。三国魏曰平阳，见《魏志·高堂隆、鲍勋等传》。《州郡志》《地形志》并言新泰魏立，误。《元和志》：泰始中，羊祜表改为新泰县。据《羊祜传》作平阳，杜《注》亦云平阳，知改名在太康末也。惠帝改属徐州东安郡，说见徐州篇末。宋因。《地形志》：北徐州东泰山郡新泰，晋属泰山。《一统志》：故城今泰安府新泰县西北。

【编者按】新泰县故城，即今山东新泰市治。

南武阳有颛臾城。

【斠注】两汉旧县。《汉书补注》：徐松曰：东郡有东武阳，故加南。《读史方舆纪要》三十三曰：在今费县西北八十里。《寰宇记》二十三曰：故颛臾城在费县西北八十里。

【集释】程廷祚《证今》曰："在今兖州府费县界。"

《马注》：与龙曰：注说见《郡国志》注。三国魏县。《左传·僖二十一年》杜注：颛臾在泰山南武阳县东北。宋因，曰武阳。《地形志》：北徐州东泰山郡武阳，晋为南武阳，属泰山。《一统志》：故城今沂州府费县西北七十里。

《中国历史地理信息系统释文》（未刊稿）：《续山东考古录》卷二十《沂州府上·费县》："南武阳县故城，在西北九十里，颛臾城西南十里。"清《嘉庆重修一统志》卷一百七十七《沂州府·关隘》：平邑寨巡司，"在费县西北九十里。"王文楚按：清平邑寨，即今平邑县，此东颛臾，正合上引记载，则汉置南武阳县于今平邑县。

【编者按】南武阳县故城，即今山东平邑县治。

莱芜有原山。

【斠注】两汉旧县。《汉志》曰：原山，甾水所出，东至博昌入泲。《水经·汶水注》曰：莱芜县在齐城西南，原山又在县西南六十许里。又《淄水注》曰：应劭《十三州记》曰：太山莱芜县，鲁之莱柞邑。《元和郡县图志》十曰：莱芜本汉县，至晋废。《斠注》案：本《志》有莱芜县，当是江左始废。

【集释】程廷祚《证今》曰："今济南府属县。"

《马注》：与龙曰：注说见《郡国志》。三国魏县。《左传·僖元年》杜注：泰山莱芜县。《元和志》《寰宇记》俱云莱芜县晋废。《地形志》泰山郡牟县、东清河郡贝丘县并有莱芜城。《一统志》：汉晋间，莱芜县尝西徙于今泰安府莱芜县界。汉县故城今济南府淄川县东南六十里。

《中国历史地理信息系统释文》（未

刊稿）：《续山东考古录》卷十五《青州府上·博山县》：汉"莱芜县故城，在东五十五里，今城子庄，亦名古城庄。"王汝涛点注："遗址在今淄博市淄川区城子庄村。"王文楚按：清博山县，即今淄市西南博山区，其东城子村，即汉代莱芜县故址。

【编者按】莱芜县故城，在今山东淄博市西南淄川区东南四十八里城子村莱芜故城。

牟故牟国。

【中华校】牟　原作"东牟"。《考异》："东"字衍。《汉志》上、《续汉志》三，泰山郡有牟县，即春秋牟国，与东莱之东牟非一地。《羊祜传》"诏以泰山之南武阳、牟、南城、梁父、平阳为南城郡"，是晋时已名牟县也。按：《宋志》一、《左传·桓公十五年》注"泰山牟县"，均亦无"东"字，今据删。

【斠注】《廿二史考异》十九曰："东"字衍。考两汉《志》，泰山郡有牟县，即春秋牟国也，与东莱之东牟非一地。《羊祜传》"诏以泰山之南武阳、牟、南城、梁父、平阳五县为南城郡"，是晋时亦名牟县也。《读史方舆纪要》三十一曰：牟城在莱芜县东二十里。

【集释】程廷祚《证今》曰："在今济南府莱芜县东二十里。后汉曰牟。杜同。"

方恺《新校》：方恺曰：杜氏《隐六年》注：泰山牟县东南有艾山。《地形志》同。是泰山属邑为牟，非东牟也。汉东牟县属青州东莱郡，不当在此，互见青州东莱郡。刘庠案：《羊祜传》：泰山郡亦作牟，不作东牟。《晋志》以牟为东牟，误也。

《马注》：与龙曰：注说见《郡国志》。三国魏县，曰牟。按二汉、宋、魏诸《志》并曰牟。《春秋·隐六年》杜注：泰山作牟县。宋因。《地形志》：牟有牟城。《一统志》：故城今泰安府莱芜县东二十里。

【编者按】《宋本晋书》"牟"为"东牟"。牟县故城，在今山东莱芜市东二十里赵家泉村牟城遗址。

钜平有阳关亭。

【斠注】《斠注》：两汉旧县。《水经·汶水注》曰：汶水又西南迳阳关故城西。注云：本钜平县之阳关亭矣，阳虎据之以叛，伐之，虎焚莱门而奔齐者也。《新斠注地理志》八曰：在今泰安府城西南。

【集释】程廷祚《证今》曰："在今兖州府宁阳县东北九十里。"

《马注》：与龙曰：注说见《郡国志》。三国魏县。《春秋·桓六年》杜注：泰山钜平县，宋因。《地形志》：钜平治平乐城。有钜平城。《一统志》：故城今泰安县西南五十里。

陈兴武《通行本〈二十四史〉勘评选》曰："案：《史记》卷三十三《鲁周公世家》：'阳虎居阳关（服虔曰：阳关，鲁邑）。'卷四十三《赵世家》：'九年，赵梁将，与齐合军攻韩，至鲁关下（《正文》曰：刘伯庄云，盖在南河鲁阳关。按：汝州鲁山县，古毂阳县）。'卷四十六《田敬仲完世家》：'六年，鲁伐我，入阳关（徐广曰：在钜平，《正义》曰：《括地志》云，鲁阳关故城在兖州博城县南二十九里，西临汶水也。）'又本书卷一百二《刘聪载记》：'其青州刺史曹嶷攻汶阳关、公丘，陷之。'卷一百十三《苻坚载记上》：'屯骑校尉石越率精骑一万出鲁阳关。'均作'阳关'，不作'阳关亭'。"

【编者按】钜平县故城，在今山东泰安市南。谭其骧主编《中国历史地图集》西晋太康二年图将其定点在今大汶河北岸泰安市境内。另一说在山东泰安市宁阳县治东北三十五里，在磁窑镇的西太平和前丁家庙两村，此说将点定在今大汶河南岸。两说所指的大体范围是一致的。

惠帝之末，

【集释】《马注》：与龙曰：惠帝分陈留为济阳国，宋因之，说见陈留郡济阳县下，此《志》未载。

兖州阖境沦没

【斠注】《东晋疆域志》曰：考南渡初，兖州全境沦没。太和中，东燕等郡暂复，仍失。至义熙末刘裕平慕容超后，兖州始有实土，如泰山、济北等郡是也。

石勒。后石季龙改陈留郡为建昌郡，

【集释】《马注》：毕沅曰：《陶侃传》：子瞻历庐江、建昌二郡太守。

属洛州。

【集释】《马注》：与龙曰：《志》说见《后赵录》。按慕容燕、苻秦皆尝据兖州地。东晋祖逖尝克取兖州境内地，说见各郡县下。又苻坚、姚兴并以兖州刺史镇仓垣，见雍州篇。

是时遗黎南渡，元帝侨置兖州，寄居京口。

【斠注】《东晋疆域志》曰：《沈志》，中原乱，北州流民多南渡。晋成帝立南兖州寄治京口，案：《元和志》十亦作成帝立南兖州。凡统侨郡七：陈留、濮阳、高平、泰山、鲁郡、东燕、乐陵。

【集释】《马注》：与龙曰：《州郡志》南兖州下云：中原乱没，北州流民多南渡。晋成帝立南兖州寄治京口。是侨置兖州在成帝时，此云元帝置，与《宋志》异。

明帝以郗鉴为刺史，寄居广陵，置濮阳、济阴、高平、太山等郡。

【集释】《马注》：与龙曰：此即《宋志》之南濮阳、南济阴、南高平、南泰山等郡，今地并阙。《宋志》云：元嘉八年，以江南为南徐州，割兖州之九郡侨在江南者属焉。是其地并在江以南也。

胡阿祥《东晋南朝侨州郡县考表》："濮阳郡侨置地在旧晋陵郡界（江苏镇江、金坛、常州、无锡等市一带）。济阴郡侨置地在旧晋陵郡界（江苏镇江、金坛、常州、无锡等市一带）。高平郡侨置地在旧晋陵郡界（江苏镇江、金坛、常州、无锡等市一带）。"

【编者按】《马注》所据底本，太山为泰山。

后改为南兖州，

【集释】《马注》：钱大昕曰：《宋志》：南兖州，南字出于史臣追称，欲示别于淮北之兖也。晋自永嘉之乱，中原沦陷，元帝称制建康，侨置徐、兖、青、豫诸州郡于扬州之域，以处中原流民。初无实土，及桓温当国，始有土断之令。然自元帝至孝武百有余年，侨州侨郡未有加南字者。安帝义熙中，刘裕灭南燕，收复徐、青、兖故土，乃立北徐、北青、北兖州以治之，而侨立之州名则犹如故。其时兖州但以刺史治广陵，或治淮阴，而遥领淮北实郡。义熙末，乃以兖州刺史治滑台，而二兖始分。然侨立之州，犹不称"南"。至永初受禅以后，始诏除"北"加"南"。《宋书》：永初元年，诏诸旧郡县，以北为名者悉除，寓立于南者，听以南为号。此诏载于《本纪》，可谓信而有徵矣。不独郡县，即州名亦从此始改。试即《武帝纪》一篇言之。初云推高祖为使持节、都督扬、徐、兖、豫、青、冀、幽、并八州诸军事、徐州刺史。义熙元年云徐、青二州刺史，又云解青州，加领兖州刺史。至义熙四年，授扬州刺史、徐、兖二州刺史如故。此在南燕未灭之前，未尝有南北之分也。五年，诏加公北青、冀二州刺史，于是始有北青州矣。九年，公表请依界土断，惟徐、兖、青三州居晋陵者不在断例。此徐、兖、青即侨立之州，而不加南字。十二年，以徐州之彭城、沛、兰陵、下邳、淮阳、山阳、广陵，兖州之高平、鲁、泰山十郡封公为宋公。十三年，又以十郡益宋国。此皆侨置之州郡，而俱不系南字。然则东晋之世侨立州郡无南字可识矣。此篇所举濮阳诸郡，即徐州篇之南濮阳诸郡，而不系以南是为允当。惟云改为南兖州则误，与徐州篇同。试检南渡诸帝《纪》，授徐、兖二州刺史多矣，曾有称南兖、南徐者乎？诸臣《传》中授侨立郡国守相者多矣，曾有称南东海太守、南琅邪内史乎？一部《晋书》纪传之文，无有与《志》应者，而千二百年来曾无悟其失者，何也？《宋志》南兖州篇云：晋成帝立南兖州，寄治京口。时又立南青州及并州。此条所云似东晋时已有南字，其实出于史臣追称，欲示别于淮北之兖、青也。冀州篇云：江左立南冀州。青州篇云：义熙五年，北青州治东阳城，而侨立南青州如故。后省南青州，而北青州直曰青州。此二条南冀字一见，南青字再见，要皆史家变文示别，非当时有此称。唐人修晋史，因此致误，要非《宋志》之失，唐人读史不审耳。与龙曰：钱说甚悉。按此篇前举濮阳等郡不系以南，是唐人亦有知晋侨置郡无南字者，而此云南兖州，徐州篇更云南濮阳等郡，则矛盾疏舛，为此《志》全部之通病。盖《志》出众臣手成书，之后题以御制，遂不复加检校也。

胡阿祥《东晋南朝侨州郡县考表》："考兖州侨置有二，一为东晋迄陈之兖州（又称南兖州），一为宋齐梁之北兖州①兖州（南兖州）之侨置，前后变化甚大。《元和郡县图志》卷一〇河南道兖州峄山：'晋建武初，兖州寄理山上。……中宗假（郗）鉴龙骧将军、兖州刺史，镇邹山'，邹山即峄山；又《南齐志》上南兖州：'晋元帝过江，建兴四年，扬声北伐，遣宣城公裒督徐、兖二州，镇广陵。其后或还江南，然立镇自此始也。'据此，兖州寄理峄山；同时又于广陵立兖州，是为侨兖州立镇之始。其后州镇迁徙无定，据《晋志》上兖州、《晋书·郗鉴传》《南齐志》上南兖州、《考异》卷二二晋书王恭传与卷二五南齐志《隋志》下江都郡：遗黎南渡，元帝侨置兖州，寄居京口；明帝世在合肥，以郗鉴为刺史，太宁三年，又镇广陵，后或还京口，或治盱眙，或居山阳，或镇广陵，或在下邳，或在淮阴，盖无一定。而侨立之徐、兖二州刺史，常以一人领之；或又以青、兖二州刺史由一人领之，太元十二年，朱序以青、兖二州刺史镇淮阴，此青、兖同镇之始。晋末，兖州镇广陵，乃定治，历宋、齐、梁、陈基本不变。"

或还江南，或居盱眙，

【集释】何超《音义》：盱眙：上况于反，下与之反。

或居山阳。后始割地为境，常居广陵，南与京口对岸。

【斠注】《东晋疆域志》曰：《通典》，晋末以广陵控接三齐，故青、兖二州刺史皆镇于此。《元和志》：晋建武初，兖州寄理峄山上。洛阳倾覆，郗鉴获归，州乡人士并宗附之，遂共推鉴为主，与千余家避难于峄山。中宗假鉴龙骧将军、兖州刺史镇邹山。后为石勒所侵，逼鉴率文武自峄山奔下邳。《廿二史考异》十九曰：按晋南渡后，侨置徐、兖、青诸州，俱不加"南"字。刘裕灭南燕，收复青、徐故土，乃立北青、北徐州，而侨置之名如故。是时侨境亦收复，不别立北兖州，但以刺史治广陵，或治淮阴，而遥领淮北实郡。义熙末，乃以兖州刺史治滑台，而二兖始分。然侨立之州，犹不称"南"。至永初受禅以后，始诏除"北"加"南"。沈休文《州郡志》谓晋成帝立南兖州，寄治京口，时又立南青州及并州，此特据后来之名追称之，非当时有南兖、南青之名也。此《志》乃谓成帝后改南兖州，则自郗鉴以后领兖州刺史者，纪传一一可考，曷尝有称南兖者乎？盖唐初史臣误仞宋代追称为晋时本号，著之正史，沿讹者千有余年，至予始觉其谬，愿读史者共审之。《斠注》案：《宋志》，太原令，晋安帝义熙中土断立，属太山。此太山属县之可考者。

咸康四年，于北谯界立陈留郡。

【斠注】《宋志》作晋成帝咸（和）〔康〕四年复立。《寰宇记》曰：陈留废郡在安丰县东北五里。《东晋疆域志》曰：陈留郡领县可考者八：浚仪、酸枣、小黄、雍丘、白马、襄邑、尉氏、长垣。按：东晋时堂邑亦侨立陈留郡，后郡废，所领县又并入秦郡。《宋书》檀韶、向弥等《传》所谓北陈留也，与此自别。

【集释】《马注》：与龙曰：《州郡志》陈留太守下云：中原乱废，晋成帝咸康四年复立，寄治谯郡长垣县界。

胡阿祥《东晋南朝侨州郡县考表》："陈留郡侨置地在长垣（安徽亳州市东）。"

安帝分广陵郡之建陵、临江、如皋、宁海、蒲涛五县置山阳郡，

【集释】胡阿祥《东晋南朝侨州郡县考表》："考《宋志》一南兖州刺史海陵太守，则分此诸县立者为海陵郡，非山阳郡。"

属南兖州。

【斠注】《读史方舆纪要》二十三曰：建陵废县在泰州东北七十里，宁海废县

在如皋县东北，蒲涛废县在通州西。《廿二史考异》十九曰：以《宋志》考之，安帝义熙中，分广陵立山阳郡，所统者山阳、盐城、本盐渎，安帝改。东城、左乡四县也；又分广陵立海陵郡，所统者则建陵、临江、如皋、宁海、蒲涛五县也。《志》误。

【集释】《马注》：与龙曰：海陵、山阳二郡，又见徐州篇。按东晋尝立东燕郡。《州郡志》南兖州刺史下云：东燕郡，江左分濮阳所立也，领燕县、白马、平昌、考城凡四县。此《志》未载。《州郡志》：兖州，武帝平河南，治滑台，文帝元嘉十三年，治邹山，又寄治彭城。二十年，省兖州，分郡属徐、冀州。三十年复立，治瑕丘。宋末失淮北，侨立兖州，寄治淮阴。《地形志》：兖州，刘义隆治瑕丘，魏因之。《一统志》：晋省瑕丘入南平阳。宋兖州治瑕丘，而不置县。

胡阿祥《东晋南朝侨州郡县考表》："东燕郡侨置地在旧晋陵郡界（江苏镇江、金坛、常州、无锡等市一带）。山阳郡侨置地在射阳境，山阳（江苏淮安市）。"

豫州。案《禹贡》为荆河之地。《周礼》："河南曰豫州。"豫者舒也，言禀中和之气，性理安舒也。

【斠注】《御览》一百五十八《晋太康地记》曰：豫州之分，其人得中和之气，性安舒，其人和，今俗多宽慢。

《春秋元命包》云："钩钤星别为豫州。"地界，西至华山，东至于淮，北自济，南界荆山。秦兼天下，以为三川、河东、南阳、颍川、砀、泗水、薛七郡。汉改三川为河南郡，武帝置十三州，豫州旧名不改，以河南、河东二郡属司隶，又以南阳属荆州。先是，

【集释】傅云龙《殿本晋书考证》曰：监本自"薛七郡"三字起至"先是"二字俱误作小注，今改正。

改泗水曰沛郡，改砀郡曰梁，改薛曰鲁，分梁、沛立汝南郡，分颍川立淮阳郡。后汉章帝改淮阳曰陈郡。

【斠注】《续汉志》曰：章和二年改。《宋志》曰：陈郡，章帝元和三年更名。

魏武分沛立谯郡，

【斠注】《水经·淮水注》曰：魏黄初中，文帝以酂城、山桑、铚置谯郡。《水经注释》三十曰：一清案：《晋志》云魏武分沛立谯郡，《宋志》云魏明帝分立，又引王粲诗以证是建安中立，然则武帝是也。注以为黄初，盖文帝受禅之后建立五都，谯亦其一耳。

魏文分汝南立弋阳郡。及武帝受命，又分颍川立襄城郡，分汝南立汝阴郡，合陈郡于梁国。

【斠注】《元和郡县图志》八曰：魏虽都洛，而宫室府库犹在许昌。又析颍川，增置襄城郡。晋咸和二年，征西庾亮表成帝曰："颍川、襄城本是一郡，户口今少，请还合颍川。"从之。《宋州郡志》作成帝咸康二年省襄城，还并颍川。《晋地理志新补正》曰：按《宋志》：豫州，魏治汝南安城，晋平吴后治陈国。**【斠注】**案：《元和志》谓襄城郡立于魏时，与本《志》异，庾亮本传加征西将军在咸和八年陶侃薨后，似以从《宋志》作咸康为是。

【集释】谭其骧《〈晋书地理志新补正〉批校》（未刊稿）曰：《通典》治项，据《方镇年表》当治许昌。

州统郡国十，

【集释】顾廷龙《大晋龙兴皇帝三临辟雍皇太子又再莅之盛德隆熙之颂跋》在对碑阴题名的统计中，发现咸宁四年（278年）十月前豫州有陈国名。"陈国。按《晋地志》无，《汉地理志》淮阳国注：高帝十一年置，孟康曰：孝明帝更名陈国。《宋书·〔地理〕〔州郡〕志》：咸宁中复以陈国、汝南、南顿增封为次国。"

县八十五，

【斠注】《东晋疆域志》曰：南渡凡统旧郡十，增置郡五，改实郡为侨郡一。

户十一万六千七百九十六。

【集释】孙人龙《晋书考证》："按后细数计之县八十五实八十六，户四十一万六千七百九十六实九万五千六百九十六，此必与司州有一县相出入是以致

误，但不可考正矣。"

【编者按】豫州治陈县，即今河南淮阳县治。

颍川郡 秦置。

【集释】程廷祚《证今》曰："今河南开封府。"

《马注》：与龙曰：三国魏郡，宋因。《地形志》属郑州。

统县九，

【集释】方恺《新校》：方恺曰：《郡国志》注引皇甫谧《帝王世纪》曰："魏文帝登禅于曲蠡之繁阳亭，为县曰繁昌。"今颍川繁昌是也。《州郡志》："繁昌令，汉旧名，本属颍川，魏分颍川为襄城，又属焉。晋乱省襄城郡，以此县属淮南。"案：繁昌实为魏置，非汉旧名，沈说似误。又《州郡志》："西华，汉旧县，属汝南，晋初省。惠帝永康元年复立，属颍川。"本书《荀勖传》"子藩，元康中封西华县公"，是此县至西晋尚存也。本《志》前后篇俱不载。吴翊寅案：《地形志》颍川领曲阳县，云后汉属下邳，晋罢，后复属颍川。本《志》后篇亦不载。

《马注》：张熷曰：晋荀藩封西华县公。与龙曰：《宋志》云：西华，江左度陈郡。曲阳，《晋太康地志》无。又云《永初郡国》无曲阳，是曲阳之复在宋时也。

户二万八千三百。

【斠注】《宋志》曰：去州一千，去京都陆一千八百。《水经·颍水注》：秦始皇十七年灭韩，以其地为颍川郡，盖因水以著称名也。《东晋疆域志》：东晋领县可考者三：许昌、长社、长平。《晋地理志新补正》曰：按《宋志》晋惠帝永康元年，复立西华县，属颍川。又曲阳县，《地形志》"前汉属东海，后汉属下邳，晋罢，后复属颍川"，此《志》无之，疑属东晋以后复县及移属也。

【编者按】颍川郡治许昌县，在今河南许昌市东许昌县盆里村西古城。

许昌 汉献帝都许。魏禅，徙都洛阳，许宫室武库存焉，改为许昌。

【斠注】两汉许县。《汉志》曰：许，故国，姜姓，四岳后，太叔所封，二十四世为楚所灭。《水经·洧水注》曰：及魏承汉历，遂改名许昌。

【集释】程廷祚《证今》曰："在今许州东三十里。"

《马注》：与龙曰：三国魏县。《春秋·隐十一年》杜注：颍川许昌县。《州郡志》：《永初郡国》有许昌。《地形志》：许昌郡许昌，晋属颍川。《一统志》：故城今许州西南。

【编者按】许昌县故城，在今河南许昌市东三十六里许昌县张潘镇盆里村西古城。

长社

【斠注】两汉旧县。《续汉志》注曰：长社县本名长葛。《地道记》曰：社中树暴长，汉改名。《水经·洧水注》曰：郑之长葛邑也，后社树暴长，故曰长社。魏颍川郡治也。《读史方舆纪要》四十七曰：长社故城在长葛县西一里。

【集释】程廷祚《证今》曰："今长葛县。"

《马注》：与龙曰：三国魏县。《春

秋·隐五年》杜注：颍川长社县北有长葛城。《通鉴》：元熙元年，司马楚之以长社降魏。《州郡志》：《永初郡国》有长社。《地形志》：长社。有长葛城。《一统志》：故城今长葛县西。

【编者按】长社县故城，在今河南长葛市东北十八里老城镇。

颍阴

【斠注】两汉旧县。《水经·颍水注》曰：颍水又南迳颍乡城西，颍阴县故城在东北。《史记·绛侯周勃世家·正义》：《括地志》曰：颍阴故城在陈州南顿县西北。《寰宇记》十曰：在南顿县西三十里。《读史方舆纪要》四十七曰：颍阴县在禹州东南四十里。

【集释】程廷祚《证今》曰："在今许州界。"

《马注》：与龙曰：三国魏县。《左传·文九年》杜注：颍川颍阴县有洧仓城，在今许州城东北。《石勒载记》：东海王越讨勒，越薨，世子毗出自洛阳，勒逆毗于洧仓，执毗。《州郡志》：《永初郡国》有颍阴。《地形志》：郑州治颍阴城。《一统志》：故城今许州治。

赵万里《汉魏南北朝墓志集释》卷一《荀岳暨妻刘简训墓志并阴》（永安元年四月十八日）："颍川颍阴县。"

【编者按】西安碑林博物馆藏"张永昌墓碑"，碑上刻"晋故谯郡功曹（史）[吏]镇南将军颍阴张君永昌之神柩"，其夫人墓碑上刻"夫人天水赵氏，泰始四年七月三日造"，时间在268年。另河南偃师县出土"荀岳墓志"，亦称"颍川颍阴县"，时间在西晋元康五年（295年）。颍阴县故城，即今河南许昌市治。

临颍公国相。

【斠注】两汉旧县。《读史方舆纪要》四十七曰：临颍故城在今县西北十五里。

【集释】程廷祚《证今》曰："在今县西北十五里。"

《马注》：与龙曰：三国魏县。宋因。《地形志》：临颍，真君七年并颍阴。《一统志》：故城今临颍县西北十五里。

【编者按】临颍县故城，在今河南临颍县北十四里固厢。

郾

【斠注】两汉旧县。《史记·楚世家·正义》：《晋太康地记》曰：蓼国先在南阳，故县今豫州郾县界故胡城是。《水经·汝水注》曰：汝水自定陵来，东南迳郾县故城北，故魏下邑。《史记·礼书·正义》：《括地志》曰：率道县南九里有故郾城，汉惠帝改曰宜城也。

【集释】何超《音义》：郾，一健反。

《马注》：与龙曰：三国魏县。《地形志》：豫州颍川郡曲阳。有郾城。《一统志》：县东晋省，故城今郾城县西南十五里。

【编者按】郾县故城，在今河南漯河市郾城区西南五里沙河南岸古城。

邵陵公国相。

【斠注】两汉《志》作召陵，属汝南郡。颜师古曰：即桓公伐楚，次于召陵者也。《新斠注地理志》五曰：召陵在今许州郾城县东三十五里。《后汉书》注：故城在郾城县东。《史记·正义》：东四十里。《元和郡县志》：四十五里。《说文解字》作邵。《寰宇记》亦作四十五里。

【集释】 程廷祚《证今》曰："在今郾城县东四十五里。"

《马注》：与龙曰：三国魏县，属汝南，作召陵，见《魏志·文纪》及《曹真传》。《春秋·桓二年》杜注：颍川召陵县。《州郡志》：邵陵，《晋太康地志》属颍川。宋因。《地形志》：豫州颍川郡邵陵。有邵陵城。《一统志》：故城今郾城县东三十五里。

【编者按】 邵陵县故城，在今河南漯河市召陵区东三十里召陵寨。

鄢陵公国相。

【斠注】《汉志》作傿陵。《续汉志》作鄢陵。春秋时曰鄢。注云：春秋郑公叔所保，故曰"克段于鄢"。《汉五行志》亦作鄢陵。《读史方舆纪要》四十七曰：鄢陵旧城在今县西南四十里。

【集释】 何超《音义》：鄢，于晚反。

程廷祚《证今》曰："在今县西南四十里。鄢今作鄢。"

孙人龙《晋书考证》："鄢陵一作傿陵。按《路史·国名纪》：鄢地有三，楚鄢都，襄阳之宜城也；郑伯克段于鄢，开封之鄢陵也；若穆叔如莒及鄢陵，则沂之安陵也。《正字通》：荆州之鄢音焉，鄢城之鄢音偃。《汉地志》作傿，《集韵》：傿与隁同，又同鄢，而与鄢别。今从汲古阁本。"

《马注》：与龙曰：三国魏县。《春秋·隐元年》杜注：颍川鄢陵县。《州

郡志》：《永初郡国》有鄢陵。《地形志》：许昌郡鄢陵，晋属颍川。有鄢陵城。《一统志》：故城今开封府鄢陵县西北。

【编者按】 鄢陵县故城，谭其骧主编《中国历史地图集》定点在今河南鄢陵县西北十八里古城村、田岗村一带。《中华人民共和国地名词典·河南省》一说东汉前期因水患，古鄢城（即古城村）毁，迁县治于今鄢陵县县治安陵镇，后三国魏、晋因之。按照此说，鄢陵国故城，即今河南鄢陵县治。姑存二说。

新汲

【斠注】 两汉旧县。《水经·洧水注》曰：汉宣帝神爵二年，置于许之汲乡曲洧城，以河内有汲县，故加新也。城在洧水南隈上。《读史方舆纪要》四十七曰：新汲县在洧川县南。

【集释】 程廷祚《证今》曰："在今洧川县南。"

《马注》：与龙曰：三国魏县。《左传·文元年》杜注：颍川新汲县。《州郡志》：《永初郡国》有新汲。《地形志》：许昌郡新汲，晋属颍川。有新汲城。《一统志》：故城今陈州府扶沟县西南二十里。

【编者按】 新汲县故城，在今河南扶沟县西南二十里汲下。

长平

【斠注】 汉属汝南郡，后汉属陈国。《晋地理志新补正》曰：案《寰宇记》长葛县俗亦呼为长平城。今按未知何时所改。《东晋疆域志》曰：晋初省，惠

帝永康元年复立。《斠注》案：此本于《魏书·地形志》。《史记·秦始皇本纪·正义》：《括地志》曰：长平故城在陈州宛邱县西六十六里。《读史方舆纪要》四十七曰：长平城在陈州西六十里。《新斠注地理志》五曰：长平在今西华县东北十八里。《后汉书》注：故城在宛邱县西北。

【集释】《通鉴》胡注：贤曰：长平故城，在今陈州宛丘县西北。

程廷祚《证今》曰："在今陈州西六十里。"

《马注》：与龙曰：三国魏县，属陈郡。《春秋·宣十一年》杜注：颍川长平县。《州郡志》：陈郡太守长平令，《晋太康地志》属颍川。《哀帝纪》：兴宁元年，慕容尘攻陈留太守袁披于长平。《地形志》：北扬州陈郡长平，晋属颍川。有长平城。《一统志》：故城今陈州府西华县东北十八里。

【编者按】长平县故城，在今河南西华县东北十八里田口乡董城村。

汝南（郡）[国]

【集释】程廷祚《证今》曰："在今河南。"

方恺《新校》：方恺曰：《左传·襄四年》注：繁阳在汝南铜阳县南。据杜说，南顿当属汝阴，铜阳当属本郡，互见汝阴下。

《马注》：与龙曰：三国魏郡。东晋时徙治上蔡县悬瓠城。《通鉴》：兴宁二年，燕季洪等攻汝南，败晋兵于悬瓠。胡注：《水经注》曰悬瓠城也，汝南郡治。宋因。《地形志》：治上蔡。

汉置。统县十五，户二万一千五百。

【斠注】《汉书补注》：全祖望曰：故属秦颍川、南阳二郡。楚汉之际属楚国。高帝四年属汉，分置。《宋志》曰：去州水一千陆百，去京都水三千，陆一千五百。《东晋疆域志》曰：东晋领县可考者一：西平。

【编者按】汝南郡应为汝南国。谭其骧主编《中国历史地图集》西晋太康二年图定名为汝南国。汝南国治新息县，在今河南息县。

新息

【斠注】两汉旧县。《说文解字》作鄎。《水经·淮水注》曰：《左传》息侯伐郑，郑泊败于者也。应劭曰：息后徙东，故加新也。《新斠注地理志》五曰：在今息县北三十里。

【集释】程廷祚《证今》曰："在今汝宁府息县北三十里。"

《马注》：与龙曰：三国魏县。《左传·隐十一年》杜注：汝南新息县。《州郡志》汝南郡有南新息、北新息，并云汉旧县。《地形志》南新息属东豫州汝南郡。《一统志》：宋改新息曰南新息，又分置北新息，故城今光州息县东。

【编者按】新息县故城，即今河南息县治。

南安阳

【斠注】《宋志》曰：安阳，汉旧县，晋武太康元年改为南安阳。《魏地形志》曰：晋罢，后复。《史记·五帝本纪·正义》：《括地志》曰：安阳故城在豫州新息县西南八十里。应劭曰：古江国也。《地理志》亦云：安阳，古江国也。

【集释】《马注》：与龙曰：阳安县注"故江国有江亭"六字当移置此。说见阳安县下。三国魏县，曰安阳。《春秋·僖二年》杜注：汝南安阳县，盖沿旧称之。《州郡志》：安阳，晋太康元年改为南安阳。宋因。《地形志》：义阳郡安阳，晋罢，后复。《一统志》：故城今汝宁府正阳县西南。一说在霍邱县南曹墩附近，一说在霍邱县西南许集村。

【编者按】南安阳县故城，在今河南正阳县西南五十四里陡沟镇。

安成侯相。

【斠注】汉旧县。《续汉志》作安城。《史记·秦本纪·正义》：《括地志》曰：安城故城在豫州汝阳县东南十七里。又《魏世家·正义》引作七十一里。《新斠注地理志》五曰：安成在今汝宁府城东南七十里。

【集释】《马注》：与龙曰：三国魏县，宋因，作安城。《地形志》：汝南郡安城，晋属。《一统志》：故城今汝县东南。

【编者按】安成县故城，在今河南汝南县东南四十二里汝河南岸北胡村。史为乐主编《中国历史地名大辞典》认为在今河南汝南县东南七十里汝河南岸北胡村。但根据《中华人民共和国地名词典·河南省》七十里当为东南四十二里之误。另一说《中国文物地图集·河南分册》则定在今河南正阳县东北五十二里寒冻镇固城寺村，此处曾出土"假司马印"铜印以及"安城陶尉"封泥等。姑存此说。

慎阳

【斠注】两汉旧县。《水经注释》二十一曰：按《汉志》慎阳县，师古曰："慎"字本作"滇"，音真。阚骃云：永平五年失印更刻，遂误以水为心。《元和郡县图志》九曰：本汉县，晋属汝南国。《斠注》案：本《志》作郡不作国，惟晋初有汝南王亮，似当作汝南国也。《读史方舆纪要》五十曰：慎阳废县在真阳县北四十里。

【集释】《马注》：与龙曰：三国魏县。《州郡志》：慎阳，《永初郡国》作真阳。《地形志》：义阳郡领真阳。又安阳县有真阳城，盖后魏县已徙置。《一统志》：故城今正阳县北四十里。

【编者按】慎阳县故城，在今河南汝南县南四十里常兴镇东南木屯村。《中国文物地图集·河南分册》定在今河南正阳县北四十里文殊河北，即今汝南县境，史为乐主编《中国历史地名大辞典》一说则定在河南正阳县北江口集。姑存此说。

北宜春

【斠注】汉宜春县，后汉改曰北宜春。《水经·汝水注》曰：豫章有宜春，故加北。《史记·外戚世家·正义》：《括地志》曰：宜春故城在豫州汝阳县西六十七里。《寰宇记》十一作在县西南。《读史方舆纪要》五十曰：宜春城在府西南九里。

【集释】《马注》：与龙曰：三国魏县。按县盖东晋孝武时省。孝武时凡县有春字并改为阳。《一统志》：故城今汝阳县西南六十里。

【编者按】北宜春县故城，在今河南汝南县西南六十五里和孝镇林楼村。

朗陵

【斠注】两汉旧县。《元和郡县图志》九曰：朗陵故城在朗山县西南三十五里。晋何曾所封之邑也。《读史方舆纪要》五十曰：朗陵城在确山县西南三十五里。确山即朗山。

【集释】程廷祚《证今》曰："在今汝宁府确山县。"

《马注》：与龙曰：三国魏县。《左传·成六年》杜注：汝南朗陵县，宋因。《元和志》：后魏真君二年，置安昌县于此。《一统志》：故城今确山县西南三十五里。

【编者按】朗陵县故城，在今河南确山县西南三十六里任店镇南。

阳安故江国。有江亭。

【斠注】两汉旧县。《读史方舆纪要》五十曰：阳安城在息县西南十里。《新斠注地理志》五曰在确山县北。

【集释】程廷祚《证今》曰："在今汝宁府息县西南十里。杜作安阳，《志》又有南安阳。"

《马注》：与龙曰：《汉志》安阳县注：应劭云：故江国，今江亭是。《淮水注》：淮水东迳安阳县故城南，江国也，今其地有江亭。按汉安阳县，晋为南安阳，见《州郡志》。注误入此，当移前南安阳县下。又《汉志》阳安注：应劭曰：阳安县有道亭。《左传·僖五年》杜注：道国在汝南安阳县。按：杜注安阳二字误倒。三国魏县，宋因。《地形志》：汝南郡阳安，晋属。《一统志》：故城今确山县东北，其南即道亭。

【编者按】阳安县故城，在今河南确山县东北古城村北。

上蔡

【斠注】两汉旧县。《史记·周本纪·正义》：《括地志》曰：豫州北七十里，上蔡县，古蔡国，县西南十里有故蔡城，县东有蔡冈，因名。《水经·汝水注》曰：九江有下蔡，故称上。

【集释】《马注》：与龙曰：三国魏县。《左传·隐四年》杜注：汝南上蔡县。宋因。《元和志》：魏神龟二年，于上蔡故县置临汝县。与龙按：《地形志》临汝县下云：刘裕置，魏因之。豫州下云：刘义隆置司州，治悬瓠城，黄兴中改。又汝南郡上蔡县下云：州郡治是宋徙上蔡治悬瓠，而于上蔡故县改置临汝也。《一统志》云：悬瓠为南北朝相争要地，宋徙上蔡治悬瓠，后魏因之。而故县废城今上蔡县西。悬瓠城，今汝宁府治。

【编者按】上蔡县故城，在今河南上蔡县西南。

平舆故沈子国。有沈亭。

【斠注】两汉旧县。《新斠注地理志》五曰：《郡国志》云姬姓。《史记·管蔡世家》：武王封弟季载于冉。《春秋传》作聃。《唐书·宰相世系表》《广韵》并云：文王第十子冉季食采于沈，即汝南平舆沈亭。字亦为邥。按古聃字从冉，耽字从冘，（耽）[聃]、（冘）[耽]（编者校：根据陈桥驿复校本《水经注疏》，"耽"、"冘"二字误。）同字。沈字亦从冘，故得与邥字通，是沈即季载之国矣。《元和郡县图志》九曰：平舆故城在汝阳县东北六十里。《寰宇记》十一作在县东。《读史方舆纪要》五十曰：平舆城在汝宁府城东南。

【集释】程廷祚《证今》曰："在今汝宁府城东南。"

《马注》：与龙曰：注说见《汉志》注。三国魏县。《春秋·文三年》杜注：汝南平舆县北有沈亭。宋属司州南汝南郡。《地形志》：平舆。有平舆城。《一统志》：故城今汝阳县东南六十里。

【编者按】《宋本晋书》"故沈子国"为"故沈子"。百纳本《晋书》为"故沈子国"。平舆县故城，在今河南平舆县西北四十八里古城。

定颍

【斠注】《水经·沅水注》曰：汉安帝永初二年，分汝南郡之上蔡县置定颍县。《读史方舆纪要》五十曰：定颍城在上蔡县北。

【集释】《马注》：与龙曰：三国魏县。《一统志》：县宋省，故城今西平县东。

【编者按】定颍县故城，在今河南西平县东北、洪河南岸。

灈阳

【斠注】两汉旧县。《晋地理志新补正》曰：按《宋志》作瞿阳县。《地形志》：二汉为泸阳，后改。今考二汉《志》皆作灈阳，灈、泸音同，古字通也。《读史方舆纪要》五十曰：灈阳城在遂平县东南。

【集释】方恺《新校》：方恺曰：灈阳，刊本或作瞿阳，误。吴翊寅案：《后汉书·吴汉传》：灈阳侯。注云：灈阳，县名，属汝南郡，在灈水之阳，因以为名。《说文》：灈水出汝南吴房入

溱。《水经注》同。《州郡志》作瞿阳，亦误，俗本作瞿，毕沅已校正。

《马注》：毕沅曰：此《志》俗本作灈阳，今改正。与龙曰：三国魏县。宋因，作瞿。《地理志》：瞿阳有瞿阳城。《一统志》：故城今遂平县东南。

【编者按】《宋本晋书》"灈阳"为"瞿阳"。误。灈阳县故城，在今河南遂平县东。

南顿

【斠注】两汉旧县。《汉志》曰：故顿子国，姬姓。《水经·颍水注》曰：《左传》所谓顿迫于陈而奔楚，自顿徙南，故曰南顿。劳格《校勘记》曰：《梁王肜传》：咸宁中，以陈国、汝南南顿增封（编者校：《丛书集成》本劳格《校勘记》无"增封"二字。）为次国。是南顿当属梁国，本《志》失载。《读史方舆纪要》三曰：南顿今河南商水县是。

【集释】程廷祚《证今》曰："今开封府商水县。杜作汝阴南顿县，疑误。"

《马注》：与龙曰：三国魏县。《州郡志》云：南顿，汉旧县，何故属汝阳，晋武帝改属汝南。按《太康地志》、王隐《地道》无汝阳郡。与龙按：《左传·僖二十三年》杜注：汝阴南顿县。是南顿县晋初尝属汝阴。何承天《志》谓故属汝阳，当即汝阴之讹。《地形志》云：晋属汝南。此《志》不从杜注，而从宋、魏二《志》也。宋属南顿郡。《地形志》：北扬州南顿郡南顿，晋属汝南。有南顿城。《一统志》：故城今陈州府项城县北五十里。

【编者按】南顿县故城，在今河南项

城市西南十四里南顿镇东北。

汝阳

【斠注】《元和郡县图志》九曰：汉旧县，属汝南郡，晋属汝南国。《斠注》案：本《志》作郡不作国。《水经·颍水注》曰：颍水自西华来，南过女阳县北，县故城南有汝水枝流，故县得厥称。《读史方舆纪要》四十七曰：汝阳城在商水县西北。劳格《校勘记》曰：《州郡志》：汝阳太守，《太康地志》、王隐《地记》无此郡。应是江左分汝南立。咸康三年省并汝南，后又立。领汝阳、武津二县。武津何不注置立？案《汝阳王熙传》：初封汝阳公，讨刘乔有功进爵为王。则汝阳置郡当在惠帝时，《沈志》云江左分立，未详所据。

【集释】《马注》：与龙曰：三国魏县。惠帝光熙中尝置郡。按惠帝元康中，封汝南王亮子熙为汝阳公。光熙初，晋爵为王。郡应此时立，后属省置也。宋属汝阳郡。《地形志》：汝阳郡汝阳，晋属汝南。《一统志》：故城今商水县北。

【编者按】汝阳县故城，在今河南商水县县治西北。

吴房故房子国。

【斠注】两汉旧县。《史记·吴太伯世家·正义》：《括地志》曰：吴房县在州西北九十里。《项羽本纪·正义》引孟康云：吴王阖庐弟夫槩奔楚，封于此，为唐（编者校：中华书局点校本《史记》"唐"为"堂"。）谿氏，本房子国，以封吴，故曰吴房。《续汉志》注：《地道记》曰：吴房有吴城。《读史方舆纪要》五十曰：吴房城今遂平县治。

【集释】程廷祚《证今》曰："今汝宁府遂平县。"

方恺《新校》：方恺曰：吴房，杜氏作吴防，见《昭十三年》注。防、房古通。

《马注》：与龙曰：孟康说见《汉志》注。三国魏县。《左传·昭十三年》杜注：汝南有吴防县，即防国。按：房、防字古通用。《元和志》：后魏置遂宁县于此县。李兆洛云：故城今汝宁府遂平县西四十里。

【编者按】吴房县故城，即今河南遂平县治。

西平故柏国。

【集释】《马注》：与龙曰：注说见《郡国志》。

有龙泉，水可以淬刀剑。

【斠注】两汉旧县。应劭曰：故柏国，今柏亭，所谓"江、黄、道、柏"者是也。《水经·㴲水注》：《晋太康地记》曰：县有龙泉水，可以砥砺刀剑，特坚利，故有坚白之论矣。《寰宇记》十一曰：故西平城在县西七十里。《新斠注地理志》五曰：西平在今县北四十五里。

【集释】《水经·㴲水注》："其西吕墟，即西陵亭也。西陵平夷，故曰西平。"

程廷祚《证今》曰："今汝宁府属县。"

《马注》：与龙曰：三国魏县。《左传·僖五年》杜注：汝南西平县。宋因。《地形志》：汝南郡西平，晋属。《一统志》：故城今西平县西四十五里。

【编者按】《宋本晋书》"故柏国"为"故相国"。误。西平县故城，在今河南西平县西七十里。根据《中华人民共和国地名词典·河南省》，西平县七十里大约近今舞钢市境，或在舞钢市境。《中国文物地图集·河南分册》定春秋的柏国故城在今舞钢市尹集镇北谢古洞南侧。

襄城郡泰始二年置。

【集释】《通鉴》胡注：襄阳县，汉属颍川郡，武帝泰始二年分立襄城郡。

程廷祚《证今》曰："在今河南。"

劳格《校勘记》曰：《州郡志》云：魏分颍川为襄城郡。与此微异。

《马注》：与龙曰：《州郡志》云：魏分颍川为襄城郡。晋成帝咸康二年省并颍川。《地形志》云：襄城郡，晋武帝置。按此《志》盖从《地形志》也。后魏复置郡。又广州亦有襄城郡。

胡运宏、胡阿祥《中华本〈晋书·地理志〉考异》："豫州襄城郡置立时间有误。按：《晋志》云襄城郡'泰始二年置'。清吴增仅《三国郡县表附考证》'襄城郡'条考证略云：建安元年曹操始兴屯田，州郡例置田官。襄城有典农中郎将。咸熙元年罢屯田官，诸典农皆为太守。其时野王有典农，原武有典农，而据《晋书·宗室传》，有野王太守、原武太守，野王、原武曹魏时并无郡，其为典农所改无疑，然则襄城亦为典农所改无疑也，其置郡当在魏末。又《宋志》扬州刺史淮南太守繁昌令条：'魏分颍川为襄城。'又豫州刺史颍川太守条：'魏分颍川为襄城郡。'可知，襄城郡当曹魏时分颍川郡所置，不当为晋泰始二年置，《晋志》误。"

统县七，户一万八千。

【斠注】《水经·汝水注》曰：汝水又东南迳襄城县故城南。王隐《晋书地道记》曰：楚灵王筑。《春秋·襄公二十六年》：楚伐郑，涉氾而归。杜预曰：涉汝水于氾城下也。晋襄城郡治。京相璠曰：周襄王居之，故曰襄城。《诸史考异》二曰：《宋书·州郡志》：魏分颍川为襄城郡，晋成帝咸康二年，省襄城还并颍川。不得云泰始二年置也。

【编者按】襄城郡治襄城县，在今河南襄城县。

襄城侯相。有西不羹城。

【斠注】两汉属颍川郡。《水经·汝水注》：《晋地道记》曰：襄城故城，楚灵王筑。《史记·楚世家·正义》：《括地志》曰：不羹故城在许州襄城县东三十里。《地理志》云：此乃西不羹者也。《水经·汝水注》：《东观汉记》曰：车骑马防增封侯国襄城羹亭，即此亭也。

【集释】程廷祚《证今》曰："在今开封府襄城县南。"

《马注》：与龙曰：注说见《汉志》。三国魏县，属颍川。《地形志》：广州襄城郡襄城，晋属。《一统志》：故城今许州襄城县治西。

【编者按】襄城县故城，即今河南襄城县治。

繁昌魏文受禅于此。

【斠注】《宋志》曰：汉旧名，本属颍川。魏分颍川为襄城，又属焉。晋乱，［省］（编者校：据中华书局点校本《宋书》，此处补"省"字。中华校：晋乱省襄阳郡，各本并脱"省"字，句不可通。成孺《宋书州郡志校勘记》云："疑'晋乱'下夺'省'字。"按成《校》是，今补。）襄城郡，以此县属淮南，割于湖为境。《水经·颍水注》曰：颍水迳繁昌故县北。注云：曲蠡之繁阳亭也。《魏书·国志》曰：文帝以汉献帝延康元年，行至曲蠡，登坛受禅于是地，改元黄初，其年以颍阴之繁阳亭为繁昌县。城内有三台，时人谓之繁昌台，坛前有二碑，故其石铭曰：遂于繁昌筑灵台也。《斠注》案：《宣本纪》云：增封颍川之繁昌、鄢陵、新汲、父城。是魏时繁昌尚属颍川，至泰始初始改隶襄城也。《读史方舆纪要》四十七曰：繁昌城在临颍县西北三十里。

【集释】程廷祚《证今》曰："在今开封府临颍县西北三十里。"

方恺《新校》：方恺曰：繁昌疑当从皇甫氏说属颍川，见前。《魏志》称襄城郡晋置，繁昌晋属，岂西晋末移属，皇甫氏不及见耶？本书《五行志》："惠帝永宁元年，齐王冏举义军。军中有小儿出于襄城繁昌县。"亦同魏说。吴翊寅案：《州郡志》繁昌本属颍川，魏分颍川为襄城，又属焉。是魏已属襄城，皇甫说未可从。

《马注》：与龙曰：注说见《三国志·魏文纪》。三国魏县，属颍川。《地形志》：广州襄城郡繁昌，晋属。有繁昌城。《一统志》：故城今临颍县西北。

【编者按】繁昌县故城，在今河南临颍县西北二十八里繁城回族镇。

郏

【斠注】汉属颍川郡。《后汉书·臧宫传》作郏。

【集释】程廷祚《证今》曰："今汝州属县。"

《马注》：与龙曰：三国魏县，属颍川。《左传·昭元年》杜注：郏县属襄城。《地形志》：广州南阳郡垬城。有垬城。《一统志》：后魏改郏县于此。故城今汝州郏县治。

【编者按】郏县故城，即今河南郏县治。

定陵侯相。

【斠注】两汉属颍川郡。《读史方舆纪要》五十一曰：定陵城在舞阳县北。《续汉志》注：《地道记》曰：高陵山，汝水所出。（编者校：中华书局点校本《后汉书》此处有中华校："'高陵山，汝水所出'。按：张森楷《校勘记》谓案《前志》，颍川、汝南俱有定陵，此定陵下但云'有东不羹'，其高陵云云在汝南定陵下，今于此处注之，非是。"）

【集释】程廷祚《证今》曰："在今南阳府舞阳县。"

《马注》：与龙曰：三国魏县，属颍川。《左传·僖三十年》杜注：泜水出鲁阳县东，经襄城定陵入汝。《州郡志》云：淮南太守定陵令，汉旧名，本属襄城。《一统志》云：《地形志》：皇兴中，改置北舞阳县。永安中，置定陵郡治焉。故城今南阳府舞阳县北十五里。

【编者按】定陵县故城，在今河南舞阳县东北五十里后古城。

父城侯相。

【斠注】两汉属颍川郡。《史记·白起、王翦列传·正义》：《括地志》曰：汝州郏城县东四十里《寰宇记》作东南。有父城，即服虔云：城父，楚北境者也。又许州叶县东北四十五里亦有父城故城，即杜预云：襄城城父县者也。此二城父城之名耳。王先谦《水经注校本》曰：《后汉书·冯异传》云：颍川父城人。章怀注云：父城故城在今许州叶县东北。汝州郏城县有父城，亦或谓之城父。《元和郡县志》云：父城，故殷时应国。《左传》：楚大夫城，城父以居太子建是也。杜元凯恐后人误以此城父为迁许之旧，故云即襄城之城父，明以别于沛郡也。《史记·正义》云：颍川父城县，沛郡城父县，据郡属县，其名自分。斯言最核也。《斠注》：案《宣·本纪》云：增封颍川之繁昌、鄢陵、新汲、父城，是魏时父城尚属颍川，至泰始初，始改隶襄城也。《读史方舆纪要》五十一曰：父城在郏县西四十里。

【集释】程廷祚《证今》曰："在今汝州郏县西四十里。或作城父，误。《僖二十四年》注作襄阳城父县，非。"

方恺《新校》：刘庠案：《左氏·僖二十四年》：邘、晋、应、韩。杜注：应国在襄阳城父县。又《昭十九年》：大城城父。杜注：城父今襄城城父县。此二城父皆当作父城。而《僖二十四年》之襄阳乃襄城之讹，盖父城两汉皆属颍川郡，晋分颍川置襄城，故父城属襄城。春秋本名城父，而汉、晋作父城者，以汉时沛郡有城父，故改为父城。此《志》沛郡无城父，而谯郡有之，当即沛郡分属者也。《左·僖二十三年》：遂取焦、夷。杜注：夷一名城父，今谯郡城父县。据此，则杜预之时，谯未为封国，然考《晋书·谯刚王传》，刚王于武帝受禅时即封谯，后亦无徙封之事，则杜注误矣。

《马注》：与龙曰：三国魏县，属颍川。《左传·僖二十四年》杜注：襄城父城县。《一统志》：县东晋后废。故城今汝州宝丰县东四十里。

【编者按】父城县故城，在今河南宝丰县东三十六里李庄乡古城。

昆阳公国相。

【斠注】两汉属颍川郡。《水经·汝水注》曰：《后汉·郡国志》有昆阳县，盖藉水以氏县也。《汉志》注：应劭曰：昆水出南阳。《读史方舆纪要》五十一曰：昆阳城在叶县北二十五里。

【集释】程廷祚《证今》曰："在今南阳府叶县南。"

《马注》：与龙曰：三国魏县，属颍川。《左传·襄十六年》杜注：襄城昆阳县。《地形志》：广州汉广郡昆阳，晋属襄城。有昆阳城。《一统志》：故城今南阳府叶县治。

【编者按】昆阳县故城，即今河南叶县治。

舞阳宣帝始封此邑。

【斠注】两汉属颍川郡。《史记·魏世家·正义》：《括地志》曰：舞阳故城在叶县东十里。《新斠注地理志》以此说为非。《元和郡县图志》八曰：舞阳本汉旧县，属颍川郡，在舞水之阳因名。汉封樊哙、魏封司马宣王并为舞阳侯，皆此邑，自汉至晋不改。《斠注》案：《志》文属襄城，而《元和志》谓汉旧县属颍川郡，自汉至晋不改，盖未知后又改属襄城也。《读史方舆纪要》五十一曰：舞阳城在今县西。《东晋疆域志》曰：《通典》临汝郡下云：晋属河南、舞阳两郡地。则舞阳又曾作郡也。《元和志》：咸和二年，征西庾亮表曰：颍川、襄城本是一郡，请还合颍川。从之。

【集释】《马注》：与龙曰：三国魏县，属颍川。《宣帝纪》：明帝即位，改封舞阳侯。《一统志》：故城今舞阳县西。

【编者按】舞阳国故城，在今河南叶县南二十八里旧县东十里。

汝阴郡魏置郡，后废，

【集释】程廷祚《证今》曰："在今江南、河南之境。《志》云：武帝分汝南立。"

毕沅《新补正》：沅案：前豫州下云：晋武帝分汝阳立汝阴郡，此安得云魏置？

方恺《新校》：方恺曰：又案：《州郡志》：南顿令，汉旧县，何志故属汝阳，晋武帝改属汝南。沈约案：《晋太康地志》、王隐《地道》无汝阳郡，窃疑汝阳当作汝阴。

《马注》：与龙曰：魏景初二年，以沛郡十县属汝阴郡，见《三国志·魏明纪》。按《后汉书·陈球传》：球子琮，汝阴太守。盖汉末已置郡。

泰始二年复置。

【集释】《马注》：与龙曰：惠帝分置新蔡郡，见本州篇末。《地形志》：属北扬州。

统县八，户八千五百。

【斠注】《宋志》曰：晋武帝分汝南立，成帝咸康二年，省并新蔡，后复立。《水经·颍水注》曰：女阴县在汝水之阴，故以汝水纳称。注云：城西有一城，故陶丘乡也，汝阴郡治城外。《魏地形志》曰：汝阴郡，晋武帝始治社亭城。劳格《校勘记》曰：《本纪》：泰始元年，封皇叔父骏为汝阴王，则汝阴置郡当在元年，《志》云二年，误。

【编者按】汝阴郡治汝阴县，在今安徽阜阳市。

汝阴故胡子国。

【斠注】两汉属汝南郡。《水经·颍水注》曰：颍水又东南流迳胡城东。注云：故胡子国也。杜预《释地》曰：汝阴县西北有胡城。《读史方舆纪要》二十一曰：汝阴废县，今颍州治。《续汉志》注：《地道记》曰：汝阴有陶丘乡，《诗》所谓汝坟。

【集释】程廷祚《证今》曰："在今颍州西北。"

《马注》：与龙曰：注说见《汉志》。三国魏县，属汝南。宋因。《地形志》汝阴郡汝阴，晋属。《一统志》：故城今颍州府治。

【编者按】汝阴县故城，即今安徽阜阳市治。

慎故楚邑。

【斠注】两汉属汝南郡。《水经·颍水注》曰：县故楚邑，白公所居以拒吴。《春秋左传》，哀公十六年，吴人伐慎。《元和郡县图志》七曰：颍上县本汉慎县地，属汝南郡，自汉迄宋不改。《斠注》案：本《志》慎属汝阴，不属汝南，盖晋初已改属矣。《读史方舆纪要》二十一曰：慎县城在颍上县西北。本《后汉书》《通典》《寰宇记》。

【集释】 程廷祚《证今》曰："在今颍州颍上县西北。"

《马注》：与龙曰：注说见《颍水注》。三国魏县，属汝南。《左传·哀十六年》杜注：汝阴慎县。《州郡志》南汝阴太守下云：慎，《太康地志》属汝阴。《一统志》：宋改置县于淮南，而故县废。故城今颍上县西北四十里江口镇。

【编者按】 慎县故城，在今安徽颍上县西北四十里、颍河北岸江口镇汤圩孜村附近。

原鹿

【斠注】 两汉属汝南郡。《水经·淮水篇》曰：淮水又东过原鹿县南。注云：县即《春秋》之鹿上也。《读史方舆纪要》二十一曰：原鹿城在太和县西。

【集释】 程廷祚《证今》曰："在今亳州太和县西。"

《马注》：与龙曰：三国魏县，属汝南。《春秋·僖二十一年》杜注：汝阴有原鹿县。《一统志》：故城今阜阳县南。

【编者按】 原鹿县故城，在今安徽阜南县西南十里、谷河南岸公桥乡阮城村原鹿古城址。

固始

【斠注】 汉寖县，属淮阳国；后汉改固始，属汝南郡。《宋志》曰：晋成帝咸康二年，并新蔡，后又立。《水经·颍水注》曰：汝水别渎又东迳固始县故城东北。注引《地理志》：故寖（编者校：中华书局点校本《汉书》"寖"为"寑"。）也，寖丘在南，故藉丘名县。建武二年，司空李通又慕叔敖受邑，故光武以嘉之，更名固始。《史记·夏本纪·正义》：《括地志》曰：光州固始县，本春秋时蓼国。《寰宇记》十一《晋太康地记》曰：孙叔敖本期思城人，为楚令尹。《图经》云：祠庙隳坏，托梦于固始县令段光复立祠庭。

【集释】 程廷祚《证今》曰："今汝宁府属县。"

《马注》：与龙曰：三国魏县，属汝南。《左传·宣十二年》杜注：汝阴固始县。《州郡志》：新蔡太守固始令。有武丘，本名丘头。三国魏甘露三年，改为武丘。《废帝纪》：太和五年，桓温部将竺瑶破袁瑾于此，惠帝改属新蔡郡，见《州郡志》。宋属新蔡郡。《地形志》：豫州新蔡郡固始，晋属汝阴。《一统志》：故城今陈州府沈丘县东南三十里。

【编者按】 固始县故城，在今安徽临泉县治。

鲖阳

【斠注】 汉属汝南郡。《汉志》注：应劭曰：在鲖水之阳。《水经·汝水注》曰：葛陂水东出为鲖水。《宋志》曰：晋成帝咸康二年，省并新蔡，后又立。《魏地形志》同。《新斠注地理志》五曰：在今新蔡县东北。本《通典》《后汉书》注。

【集释】 何超《音义》：鲖阳，音纣。

《通鉴》胡注：《续汉书·郡国志》，

汝南郡鮦阳县有葛陂。贤曰：葛陂，在今豫州新蔡县西北。

程廷祚《证今》曰："在今汝宁府新蔡县。杜作汝南鮦阳县。"

毕沅《地形志》：沅案：《地形志》：司马衍并入新蔡，后复。

方恺《新校》：方恺曰：《左氏·僖二十三年传》：城顿而还。杜氏注：今汝阴南顿县。据杜说，此郡之鮦阳当与汝南之南顿互易也，见前。

《马注》：与龙曰：三国魏县，属汝南。《左传·襄四年》杜注：汝南鮦阳县。按杜盖沿旧属称之。惠帝改属新蔡郡。成帝咸康二年省并新蔡，后又立。见《州郡志》。宋属新蔡郡。《地形志》：新蔡郡鮦阳，晋属汝阴。《一统志》：故城今汝宁府新蔡县东北七十里。

【编者按】鮦阳县故城，在今安徽临泉县西五十里鮦城镇。

新蔡

【斠注】两汉属汝南郡。《续汉志》注：《地道记》曰：新蔡有大吕亭，故吕侯国。《晋地理志新补正》曰：按《沈志》：晋成帝咸康二年省并新蔡，后复立。固始县同。

【集释】程廷祚《证今》曰："今汝宁府属县。"

《马注》：与龙曰：三国魏县，属汝南。《左传·昭四年》杜注：汝阴新蔡县。有葛陂，在今新蔡县北七十里。《石勒载记》：攻掠豫州诸郡临江而还，屯于葛陂。惠帝改属新蔡郡。见《州郡志》。宋属新蔡郡。《地形志》：新蔡郡新蔡，晋属汝阴。《一统志》：故城今新蔡县治。

【编者按】新蔡县故城，即今河南省新蔡县治。

宋侯相。

【斠注】《续汉志》曰：宋，公国，周名郪丘，汉改为新郪，章帝建初四年，徙宋公于此。《魏志·明帝纪》：景初二年，分沛国宋县属谯郡。《斠注》案：本《志》属梁国，当为晋初所改隶。

【集释】《马注》：与龙曰：三国魏县，属谯郡。宋因。《地形志》：北扬州汝阴郡宋，晋属。《一统志》：故城今颍州府太和县北七十里。

【编者按】宋县故城，在今安徽省太和县北、茨河南岸。史为乐主编《中国历史地名大辞典》定在安徽太和县北六十里倪邱镇附近。

褒信

【斠注】《元和郡县图志》九曰：本汉鄎县地，后汉分立褒信县，属汝南郡。晋属汝阴郡。《晋太康地记》亦作褒。《寰宇记》曰：宋武帝北征，改为苞信县。《读史方舆纪要》五十曰：褒信城在息县东北七十里。

【集释】程廷祚《证今》曰："今汝宁府光州界。"

《马注》：与龙曰：三国魏县，属汝南。《左传·哀十六年》杜注：汝阴褒信县。《州郡志》：新蔡太守苞信令，《晋太康地志》属汝阴，作褒。《一统志》：故城今光州息县东北七十里。

【编者按】《宋本晋书》"褒信"为"襃信"。褒信县故城，即今河南息县东北七十里包信镇。

梁国汉置。

【集释】程廷祚《证今》曰："在今河南。"

《马注》：与龙曰：三国魏国。宋因，治下邑。《地形志》属南兖州，治睢阳。

统县十二，

【集释】方恺《新校》：方恺曰：案本书《武帝纪》：泰始元年，封从叔父斌为陈王，故杜氏《隐三年》有陈国陈县、《成十六年》有陈国武平县之注。刘庠案：《水经·□》（编者校：今本《水经注》应是卷二十三"阴沟水"。核对原文，应是"过水又东迳鹿邑城北"。）水注》：又东迳鹿邑城。引杜预亦作陈国武平。方恺曰：至咸宁三年，徙斌为西河王，国除为郡，故《州郡志》言"项城令，《太康地志》属陈郡"。本书《梁王肜传》：咸宁中，以陈国、汝南、南顿增封，盖割数县增梁国耳，非谓遂废陈郡也。若如本《志》竟删陈郡，则汝南何以不删，《太康志》何以仍有陈郡？后篇但言惠帝分梁国置陈，疑非确证。

《马注》：毕沅曰：《寰宇记》云：《太康地记》梁国有乌县。乌即䣕之讹。与龙曰：䣕县不见于宋、魏二《志》，姑阙之。又《史记·货殖列传·集解》：徐广曰：今梁国薄县。按《郡国志》注引杜预曰：蒙县西北有薄城。杜不云薄县，是太康时省县之证。徐广所云岂晋末复置后复省欤？今删复出之长平及惠帝复立之阳夏，是梁国应统县十。

户一万三千。

【斠注】《宋志》曰：去州路一百六十，去京都水九百。《汉志》曰：故秦砀郡，高帝五年为梁国。《东晋疆域志》曰：东晋领县可考者三：睢阳、蒙、项。劳格《校勘记》曰：《太康地记》云：梁国有䣕县。今《志》无此县，疑误。咸和中，寇难南逼，户口南渡，因置斯郡，治于涂口。《志》失载。

【编者按】梁国治睢阳县，在今河南商丘市睢阳区古城街道南。

睢阳春秋时宋都。

【斠注】两汉旧县。《汉志》曰：故宋国，微子所封。《史记·梁孝王世家·索隐》：《晋太康地记》曰："睢阳城方十三里，梁孝王筑，以鼓唱节柝而后下和之者，称睢阳曲。今踵以为故，所以乐家有睢阳曲，盖采其遗音也"。《史记·项羽本纪·正义》：《括地志》曰：宋州外城本汉睢阳县也。《新斠注地理志》十五曰：睢阳今归德府城。《续汉志》注：《地道记》曰：《昭二十一年》：御诸横。横亭在睢阳县南。

【集释】《通鉴》胡注：司马彪《郡国志》，睢阳县有卢门亭，城内有高台，甚秀广，巍然介立，超焉独上，谓之蠡台。杜预曰：卢门，宋城南门也。《续述征记》曰："回道似蠡，故谓之蠡台"。蠡，如字；若如《述征记》之说，音卢戈翻。

程廷祚《证今》曰："今归德府治。"

《马注》：与龙曰：注说见《汉志》。三国魏县。《史记·索隐》引《晋太康地记》：宋王偃之时，诸侯皆曰桀宋。桀宋，言其似桀也。《郡国志》注：有卢门亭。《春秋·隐元年》杜注：梁国睢阳县有蠡台。殷浩迁姚襄于梁国蠡台，见《襄载记》。《睢水注》：蠡台即虎圈台也。晋太和中，桓温入河，命豫州刺史袁真开石门。鲜卑坚戍此台，真顿甲坚城之下，不果而还。《地形志》：梁郡睢阳，晋属。《一统志》：蠡台，今商丘县城内。睢阳故城，今归德府商丘县南。

【编者按】 睢阳县故城，在今河南商丘市睢阳区古城街道南。

蒙

【斠注】 两汉旧县。《新斠注地理志》十五曰：在今归德府城北四十里。

【集释】《通鉴》胡注：漆丘盖在梁郡蒙县。昔庄周为蒙漆园吏，后人因以漆丘名城。

程廷祚《证今》曰："在今归德府东北三十五里。"

《马注》：与龙曰：三国魏县。《左传·庄十二年》杜注：梁国有蒙县。《苟晞传》：晞自仓垣徙屯蒙城，置行台。宋属谯郡。《地形志》：南兖州谯郡蒙，晋属梁国。《一统志》：故城今商丘县东北。

【编者按】 蒙县故城，在今河南商丘市北梁园区老蒙墙寺村。

虞

【斠注】 两汉旧县。《水经·获水注》曰：获水又东迳虞县故城北。注云：古虞国，少康所奔也。《史记·五帝本纪·正义》：《括地志》曰：宋州虞城，大襄国所封之邑。杜预曰：舜后诸侯也。《读史方舆纪要》五十曰：虞城在今虞城县南三里。

【集释】 程廷祚《证今》曰："今归德府虞城县。"

《马注》：与龙曰：三国魏县。《左传·哀元年》杜注：梁国有虞县。《地形志》：南兖州沛郡萧县，治虞城。《一统志》：故城今虞城县西南三里。

【编者按】 虞县故城，在今河南虞城县北二十九里利民镇西南三里。

下邑有砀山，山有文石。

【斠注】 两汉旧县。《水经·获水注》曰：获水又东迳砀县故城北。注云：应劭曰：县有砀山，山在东，出文石。《史记·项羽本纪·正义》：《括地志》曰：宋州砀山县，本下邑县也，在宋州东一百五十里。按：今下邑在宋州东一百一十里。《元和郡县图志》七曰：后汉无下邑县，魏复立，晋、宋属梁郡。又曰：砀，文石也，以其山出文石故以名县。《读史方舆纪要》五十曰：下邑故城在夏邑县西南。

【集释】 程廷祚《证今》曰："今归德府下邑县。"

《马注》：与龙曰：按《汉志》：梁国砀县，山出文石。《郡国志》同。《元和志》：晋以砀县并入下邑。三国魏县。《左传·哀七年》杜注：梁国下邑县有谯城。祖逖进据大邱城，遂克谯城而居之，见《元和志》。宋因。《地形志》：徐州砀郡，治下邑城。《一统志》：故城今徐州府砀山县东。

【编者按】 下邑县故城，在今安徽砀山县治东一里。

宁陵故葛伯国。

【斠注】 汉属陈留郡，后汉属梁国。

《元和郡县图志》七曰：晋属宋郡，改属谯郡。《斠注》案：晋无宋郡，宁陵系属梁国，亦未改属谯郡也。

【集释】程廷祚《证今》曰："今归德府属县。"

《马注》：与龙曰：孟康说见《汉志》注。三国魏县。《史记·魏豹传》：封为宁陵君。《索隐》：晋灼曰：宁陵，梁国县也，即今宁陵是。《春秋·桓十五年》杜注：梁国宁陵县有周坞。《汳水注》：汳水又东迳周坞侧。晋义熙中，刘公遣周超之自彭城缘汳故沟，斩树穿道七百余里，以开水路，停泊（编者校：戴本为"泊"。陈桥驿复校本《水经注疏》定为"薄"。详见该书。）于此。故兹坞流称矣。汳水又东迳葛城北，故葛伯之国也。《州郡志》：谯郡太守零陵令，《晋太康地志》属梁。《地形志》：谯郡宁陵，晋属梁国。《一统志》：故城今归德府宁陵县南。

【编者按】宁陵县故城，在今河南宁陵县治城关回族镇南。

穀熟

【斠注】《水经·淮水注》曰：沟水又迳亳城北。注云：《帝王世纪》曰：穀熟为南亳，即汤都也。《十三州志》曰：汉武帝分穀熟置。《元和郡县图志》七曰：穀熟县，汉于此置薄县，后汉改置穀熟县。《晋地理志新补正》曰：按《寰宇记》：穀熟，魏文帝时废。盖至晋时复立。《斠注》案：阚骃既云汉武分穀熟置，则其时已有穀熟县。光武建武二年，又封更始子歆为侯国，是《元和志》云后汉改置误也。《读史方舆纪要》五十曰：穀熟城在归德府东南四十里。

【集释】程廷祚《证今》曰："今归德府东南。"

《马注》：与龙曰：后汉县，三国魏省。《春秋·文十四年》杜注：梁国穀熟县。盖晋初复置。《州郡志》徐州马头太守下云：穀熟，晋属梁。《一统志》：县后魏省，故城今商邱县东南。

【编者按】穀熟县故城，在今河南虞城县西南三十二里谷熟镇。

陈

【斠注】汉县，为淮阳国治。后汉为陈国治。《宋志》曰：《晋太康地志》陈令，属梁。无复此县。又《晋地志》：惠帝永康中复立。《寰宇记》十《地道记》曰：陈城西南角有淮阳城，汉淮阳国城也。《水经·渠水注》：故陈国也。又《沙水注》：《地道记》曰：陈城南道东有宛邱，渐欲平。又曰：陈城北有故沙，名之为死沙，又曰：莘北有穀水。

【集释】程廷祚《证今》曰："今开封府陈州。"

毕沅《新补正》：沅案：《续汉志》陈郡有柘城，晋太康中废。

方恺《新校》：方恺曰：《尔雅》：陈有宛丘。郭璞注：今在陈郡陈县。《王隐传》：陈郡陈人。

《马注》：与龙曰：三国魏县，属陈国。《左传·隐三年》杜注：今陈国陈县。按此《志》从《太康志》也。《一统志》：后魏省入项县，故城今陈州府淮宁县治。

【编者按】陈县故城，即今河南淮阳县治。

项

【斠注】两汉属汝南郡。《魏地形志》曰：晋豫州治项。《元和郡县图志》八曰：汉项县属汝南郡，晋属陈国。《斠注》案：本《志》项属梁国，《元和志》云晋属陈国，盖惠帝分梁国立陈郡之后，项又改属陈郡，本《志》所载乃太康时建置耳。惟《元和志》陈国当作陈郡。《续汉志》注：《地道记》曰：项有公路城，袁术所筑。

【集释】程廷祚《证今》曰："今开封府项城县。后汉属汝南。杜作汝阴项县。"

方恺《新校》：方恺曰：又案杜氏《僖十七年》注：项国汝阴项县。盖陈王斌立国时，项属汝阴，及太康时还为陈郡，而项属陈或其时始更名项城，总之此县始终不属于梁国也。

《马注》：与龙曰：三国魏县，属汝南。《春秋·僖十七年》杜注：汝阴项县。按县盖尝属汝阴。《州郡志》云：陈郡太守项城令，《晋太康地志》属陈郡。《地形志》云：项，晋属梁国。与龙按：沈约云：陈郡，晋初并。梁王（肜）[肜]薨，还为陈。是复为陈郡在惠帝时。《地形志》说是。有项关。永嘉五年，刘聪遣王弥等陷洛阳。弥东屯项关。见《弥传》。《地形志》：北（杨）[扬]（编者校：马注所用底本为"杨"，误，今改。）州陈郡项，晋属梁国。《一统志》：项关，今项城县西北五十里。项县故城，今项城县东北槐坊店。

【编者按】项县故城，即今河南沈丘县治。

（长平）

【中华校】长平 马校：县已见前颍川郡，此误复出。

【斠注】《晋地理志新补正》曰：按《地形志》晋初省，惠帝永康元年复。西华县亦同。今考《晋志》无西华县。周家禄《校勘记》曰：按叙云：统县八十五，今篇中有八十六县，盖长平一县误分为二也。

【集释】方恺《新校》：方恺曰：又《殷浩传》：浩，陈郡长平人。

《马注》：与龙曰：按《州郡志》云：陈郡太守领长平，前汉属汝南，后汉属陈，《晋太康地志》属颍川。《地形志》云：陈郡领长平，前汉属汝南，后汉属陈国，晋属颍川。晋初省，惠帝永康元年复。考二汉、宋、魏诸《志》，晋只一长平县，《地形志》谓晋初省者。省县盖在太康后，对永康时言之曰晋初也。永康复置，改属陈郡，宋、魏因之。故《殷浩传》云：陈郡长平人，是据永康后言之，不与此《志》颍川郡长平相应，亦其失也。《志》据太康为断，颍川既有长平县，此又出一长平，误一。惠帝分梁为陈。长平本属颍川，复置，改属陈郡，是梁国未尝有长平县，误二。《志》既据太康时录长平于颍川，且不录惠帝分立之陈郡矣，何以录惠帝复置之长平县，误三。当删去此县，于篇末惠帝分立陈郡下载明为合，不然晋几有两长平县矣？

胡阿祥《东晋南朝侨州郡县考表》："新平县，《汉志》下淮阳国属县，《续汉志》二属陈国。陈国后废入梁国，而此县不见于《晋志》上梁国。考《晋志》豫州梁国领有长平县，又颍川郡亦领有长平县；梁国之'长平'当为'新平'之讹。"

胡运宏、胡阿祥《中华本〈晋书·地理志〉考异》："豫州梁国长平县当删。按：《晋志》豫州条云：'及武帝受命……合陈郡于梁国。'……可见，晋初合陈郡入梁国时，长平县当随属梁国，然据《宋志》所引《太康地志》，长平县又改属颍川郡，故梁国下长平当删。"

【编者按】谭其骧主编《中国历史地图集》在太康二年为限的西晋图中梁国无长平县。当删。

阳夏

【斠注】汉属淮阳国，后汉属陈国。《读史方舆纪要》四十七曰：阳夏城今太康县治。《斠注》案：《寰宇记》十引《地道记》云：惠帝永康中，复立阳夏县。岂太康三年以后中废乎？

【集释】方恺《新校》：方恺曰：又《州郡志》引《太康地志》：陈令，属梁。无复阳夏县。又《晋地志》：惠帝永康中，复立阳夏。本书何曾、谢鲲、袁悦之、袁瑰《传》，皆陈国阳夏人。盖西晋初阳夏属陈，太康末废，惠帝复立也。

《马注》：与龙曰：三国魏县，属陈国。按《州郡志》南汝阴太守阳夏令下云：《晋太康地志》无复此县。又《晋地志》：惠帝永康中复立。《地形志》：梁州阳夏郡阳夏，后汉属陈国，晋初并梁。惠帝复。《袁悦传》：陈郡阳夏人。据此，则太康时县已省，惠帝复置，属陈郡也。《志》以太康为断，即不得录此县，当删之，而补载于篇末是。永嘉五年，石勒攻陈留太守王瓒于阳夏，即此。《一统志》：故城今太康县治。

【编者按】阳夏县故城，即今河南太康县治。

武平

【斠注】后汉属陈国。

【集释】程廷祚《证今》曰："今归德府鹿邑县。《志》云：后汉章帝改淮阳曰陈郡。陈、武平属（马）[焉]（编者校：原文"焉"误为"马"）。杜同。"

《马注》：与龙曰：三国魏县，属陈国。《左传·成十六年》杜注：陈国武平县。按杜于武平犹沿旧称，属陈国，盖偶未检耳。《地形志》：南兖州陈留郡武平。有武平城。《一统志》：县晋后省，魏复置。故城今归德府鹿邑县西北四十里。

【编者按】武平县故城，在今河南鹿邑县西北四十一里邱集乡庙王庄。

苦东有赖乡祠，老子所生地。

【斠注】汉属淮阳国，后汉属陈国。《水经·阴沟水注》：《郡国志》曰：春秋之相也。《魏志·明帝纪》：景初二年，分陈郡苦县属谯郡。《宋志》曰：苦县，成帝咸康三年，更名父阳。《御览》一百八十《濑乡记》曰：老子祠在濑乡曲仁里。谯城西出十里，老子平生时教化学仙故处也。汉桓帝修建屋宇为老子庙，庙北二里李夫人祠是老子所生旧宅也。《水经·阴沟水注》：涡水又北迳老子庙东。注云：庙前有二碑在南门外，汉桓帝遣中官管霸祠老子，命陈相边韶撰文。涡水之侧又有李母庙，庙在老子庙北，庙前有李母冢，冢东有碑，是永兴元年谯令长沙王阜所立，云老子生于曲、涡间。《元和郡县图志》七曰：玄元皇帝祠，县东十四里。《斠注》案：本《志》苦县属梁国当为晋初所改，《元和志》云晋属梁郡当作梁国。《读史方舆纪要》五十曰：苦县在鹿邑县东七十里。《续汉志》注：《地道记》曰：苦城南三十里有平城。

【集释】《通鉴》胡注：苦县，属陈郡。《水经注》：宁平城在沙水北，本前汉淮阳国之宁平县也；后汉改淮阳为陈国。晋省宁平县，而故城犹在。贤曰：宁平故城，在今亳州谷阳县西南。

方恺《新校》：方恺曰：又案本书《陈頵传》：頵，陈国苦人，仕为郡督邮，太守刘享拔为主簿。据此，则郡督邮实陈郡之督邮也，刘享实陈郡之太守也。頵后劾案沛王韬狱。韬以咸宁元年封，不得谓太康（诗）［时］（编者案："诗"应为"时"。）无陈郡，至惠帝始分置也。

《马注》：与龙曰：注说见《汉志》注引《晋太康地记》。三国魏县，属谯郡。有宁平城。《东海王越传》：石勒追及于苦县宁平城。《渠水注》：沙水东迳宁平县故城南。《晋阳秋》称，东海王越之东奔也，石勒追之，焚尸于此。数十万众，敛手受害。勒纵骑围射，尸积如山。王夷甫死焉。惠帝改属陈郡。《陈頵传》：陈国苦人。《州郡志》陈郡太守领父（编者校：胡阿祥《宋书州郡志汇释》"父"定为"谷"，详见其考证。）阳，本苦县，晋成帝咸康三年更名。《地形志》：南兖州陈留郡谷阳。有苦城。《一统志》：故城今鹿邑县东十里。

【编者按】苦县故城，即今河南鹿邑县治。

沛国汉置。

【集释】程廷祚《证今》曰："在今江南。"

《马注》：与龙曰：三国魏国。《州郡志》：徐州沛郡，旧属豫州，江左改配。钱大昕云：《蔡谟传》：都督徐兖青三州扬州之晋陵豫州之沛郡诸军事。按成帝咸康七年四月，"实编户，王公以下皆正土断白籍"。沛郡改配徐州，当在咸康七年以后，故《蔡谟传》犹系豫州。《地形志》属徐州。

统县九，户五千九十六。

【斠注】《汉志》曰：沛郡，故秦泗水郡。高帝更名。《水经·睢水注》曰：高帝四年更名。《宋志》曰：旧属豫州，江左改配。去州路六十，去京都一千。《东晋疆域志》曰：东晋领县可考者三：萧、相、沛。

【集释】方恺《新校》：方恺曰：杜氏《隐七年》注：滕国在沛国公丘县东南。本书《贾充传》：咸宁三年，更以沛国之公丘益其封。本《志》公丘属鲁国，未详孰是。

【编者按】《宋本晋书》"五千九十六"为"五千九十七"。沛国治相县，在今安徽淮北市西北。

相

【斠注】两汉旧县。《水经·睢水注》曰：相县，故宋地也。秦始皇二十三年以为泗水郡。汉高帝四年改沛郡治。《史记·高祖本纪、曹相国世家·正义》:《括地志》曰:故相城在符离县西北九十里。《魏志·明帝纪》:景初二年,分沛国相县为汝阴郡。《斠注》案:本《志》相县仍属沛国,当是晋初所改。《读史方舆纪要》二十一曰:相城在宿州西北九十里。

【集释】《太平寰宇记》卷十七符离县:"相山碑在县北九十里相山南。按碑辞云:晋武帝太康五年,县令有国诸侯祀界内山川。时相山属沛国。"

程廷祚《证今》曰:"今凤阳府宿州。"

《马注》:与龙曰:三国魏县。《春秋·桓十五年》杜注:沛国相县。宋因。《地形志》:沛郡相,晋属。有相城。《一统志》:故城今凤阳府宿州西北。

赵万里《汉魏南北朝墓志集释》卷一《张朗碑并阴》(永康元年十一月十五日):"沛国相人也。"

【编者按】相县故城,在今安徽淮北市西北。史为乐《中国历史地名大辞典》定为今安徽淮北市西北相山区相山南麓。

沛 汉高祖所起处。

【斠注】两汉旧县。《魏志·明帝纪》:景初二年以沛为沛王国。《续汉志》曰:沛有泗水亭。注云:亭有高祖碑,班固为文,见固《集》。《地道记》曰:沛有许城。《左传·定八年》:郑伐许。

【集释】何超《音义》:沛,博盖反。

《马注》:与龙曰:注说见《汉书·高纪》。三国魏县。《郡国志》注引《晋地道记》有许城。宋因。《地形志》:沛国沛,晋属。有沛城。《一统志》:故城今徐州沛县东。

【编者按】沛县故城,即今江苏沛县治。

丰

【斠注】两汉旧县。《魏志·明帝纪》:景初二年,以丰国为沛王国。《斠注》案:晋承魏旧,魏亦承后汉也。《续汉志》注:《地道记》曰:去国二百六十,州六百,雒千二十五里。

【集释】程廷祚《证今》曰:"在今徐州萧县西北十里。"

《马注》:与龙曰:《地形志》:北济阴郡丰,晋属沛国。有丰城。《一统志》:故城今丰县治。

【编者按】丰县故城,即今江苏丰县治。

(竺)[竹]邑

【中华校】竺邑 方校:《武陔传》,"沛国竹邑人",此作"竺邑",似误。《斠注》:《魏志·明纪》《胡质传》引虞预《晋书》《宋书·州郡志》《水经·睢水注》引李奇说皆作"竹邑"。"竺邑"即"竹邑",本汉县,有《竹邑侯张寿碑》。按:《汉志》上、《续汉志》二、《后汉书·明八王传》《吴志·薛综传》《隋志》下彭城郡符离下注并作"竹"。

【斠注】汉竹县,后汉加邑字。《魏志·明帝纪》:景初二年,分沛国竹邑为汝阴郡。本书《武陔传》:陔,沛国竹邑人。《魏志·胡质传》注引虞预《晋书》:武周,沛国竹邑人。《宋州郡志》亦作竹邑。《斠注》案:竺邑即竹邑，本汉县。有《竹邑侯张寿碑》。《水经·睢水注》引李奇曰亦作竹邑。魏景初二年，隶于汝阴。本《志》仍属沛国，当为晋初所改。《读史方舆纪要》二十一曰：竹邑城在宿州北。

【集释】方恺《新校》：方恺曰：本书《武陔传》：陔，沛国竹邑人。此作竺邑，似误。

《马注》：与龙曰：三国魏县，曰竹邑。《州郡志》南沛太守下云：竹邑，晋属沛。《地形志》：睢州南济阴郡，治竹邑城。按《魏书·灵徵志》：延兴元年，于徐州竹邑戍得蓍。《南齐书》：建元二年，徐州刺史崔文仲拔魏竹邑戍。是后魏废县为戍也。《一统志》：故城今凤阳府宿州北二十五里。

【编者按】谭其骧主编《中国历史地图集》西晋太康二年图定名为竹邑。竺邑县应为竹邑县。竹邑县故城，在今安徽宿州市北二十里埇桥区老符离集。

符离

【斠注】两汉旧县。《史记·曹相国世家·正义》：《括地志》曰：徐州符离县城，汉竹邑县也。《魏志·明帝纪》：景初二年，分沛国符离县为汝阴郡。《斠注》案：本《志》仍属沛国，当为晋初所改。《新斠注地理志》六曰：在今宿州东北。

【集释】《马注》：与龙曰：三国魏县。《地形志》：睢州睢南郡斛城县，有扶离城。盖即符离故县。《一统志》：县东晋后废，故城今宿州治。

【编者按】符离县故城，在今安徽宿州市东北三十八里埇桥区灰古镇。

杼秋

【斠注】汉属梁国，后汉属沛国。《魏志·明帝纪》：景初二年，以沛杼秋为沛王国。《读史方舆纪要》二十九曰：杼秋城在萧县西七十五里。本《寰宇记》。

【集释】何超《音义》：杼秋，音绪。

《马注》：与龙曰：三国魏县。《州郡志》南沛太守下云：杼秋，《晋太康地志》属沛。《一统志》：故城今徐州府砀县东六十里。

【编者按】杼秋县故城，在今安徽砀山县东南及萧县西北处。一说在萧县西北黄口镇北老黄口。

洨

【斠注】两汉《志》均作洨。《魏志·明帝纪》：景初二年，分沛国洨县为汝阴郡。《宋志》及《水经·淮水注》亦作洨。《寰宇记》十七曰：在虹县西南七十八里。《斠注》案：本《志》作汶，为洨之误。本《志》仍属沛国，当为晋初所改。《读史方舆纪要》二十一曰：洨城在灵壁县南。

【集释】何超《音义》：洨，胡交反。

孙人龙《晋书考证》："监本误汶。按《前汉·地理志》：沛郡有洨县。注：洨水所出，南入淮。音爻。今改正。"

方恺《新校》：方恺曰：汶，属辽东，此当作洨，刊本讹误也。

《马注》：与龙曰：三国魏县。《州郡志》南彭城太守下云：洨，晋属沛。《地形志》：睢州谷阳郡连城县。有潼城。《寰宇记》：濠城即汉洨县。《一统志》：东晋后废。故城今凤阳府灵壁县南五十里。

【编者按】洨县故城，在今安徽固镇

县东四十八里濠城。

虹

【斠注】《续汉志》注：《地道记》曰：《左传·昭八年》"大蒐于红"。《水经·获水注》：杜预曰：沛国萧县西有红亭。即《地理志》之疘县也。《水经注刊误》曰：虹为蟥蛛音，户公切。《汉书·地理志》：沛郡疘县，莽曰贡。师古曰：疘亦音贡，是与虹字有别。《郡国志》作红县，斯则司马彪之异词，非班固之实录也。《魏志·明帝纪》：景初二年，分沛国虹县为汝阴郡。《斠注》案：本《志》仍属沛国，当为晋初所改。《寰宇记》十七曰：故虹城在县南一百里。《读史方舆纪要》二十一曰：虹城在今虹县西七十里。

【集释】何超《音义》：虹，音绛。

孙人龙《晋书考证》："按《后汉·郡国志》：沛国虹。《字典》：县名，在泗州。"

《马注》：与龙曰：三国魏县。《郡国志》注引《晋地道》：《左传·昭（十）[八]（编者校："十"应为"八"。）年》：大蒐于红。惠栋云：红亭在泰山奉高县。王隐说非。《一统志》：县东晋后废。故城今泗州五河县西。

【编者按】虹县故城，在今安徽五河县西北五十二里东刘集镇附近。

萧

【斠注】两汉旧县。《水经·获水注》曰：县本萧叔国附庸，楚灭之。《魏志·明帝纪》：景初二年，分沛国萧县为汝阴郡。《斠注》案：本《志》仍属沛国，当为晋初所改。

【集释】《马注》：洪亮吉曰：《图经》称《晋书地道记》：萧城周十四里。与龙曰：三国魏县。《左传·庄十二年》杜注：沛国萧县。宋因。《地形志》：沛国萧，晋属。有萧城。《一统志》：故城今徐州府萧县西北。

【编者按】萧县故城，在今安徽萧县西北。

谯（郡）[国] 魏置。

【集释】程廷祚《证今》曰："在今江南、河南之境。注作谯国。"

方恺《新校》：方恺曰：案本书《谯刚王逊传》：武帝受禅，封世嗣谯国，至东晋末。故杜注《左传》隐二、襄元、昭六等年皆作谯国。此作谯郡，误。杜注亦有作谯郡者，俗本援此改窜也。

《马注》：与龙曰：总叙及本州篇首并云魏武立，是汉末立，不得云魏置。《州郡志》云：谯郡，何志魏明帝分立。王粲诗：既入谯郡界。粲是建安中亡，非明帝立明矣。三国魏郡，东晋侨置谯郡，治蒙。宋因。《地形志》：南兖州。《魏书》：正始四年，营田大使范绍以谯城形要之所，更立一州，名曰南兖。

【编者按】谯郡应为谯国。谭其骧主编《中国历史地图集》西晋太康二年图定为谯国。至东晋亡后国除。

统县七，

【集释】《马注》：与龙曰：东晋分谯县地侨置长垣县。宋因之，后魏废。

户一千。

【斠注】《宋志》曰：去京师水二千，陆一千二百。《水经·阴沟水注》曰：

魏立谯郡，沇州治。《斠注》案：本《志》属豫州，当是晋初改隶。《读史举正》曰：谯郡当为国。《斠注》案：《左传·昭六年》杜注：乾溪在谯国城父县南。又《谯刚王逊传》：武帝受禅，封谯王。《东晋疆域志》：东晋领县可考者二：谯、山桑。按：义熙十三年以十郡益封刘裕为宋王，内云徐州之北谯、北梁，则二郡在晋末皆属徐州。《宋书·武帝纪》：永初三年，以徐州之梁还属豫州。疑谯郡还属亦当在此时也。

【编者按】谯国治谯县，在今安徽亳州市。

谯

【斠注】汉属沛郡。《汉书补注》曰：《周纪》：武王封神农后于焦。《通典》云：即此。《读史方舆纪要》五十曰：谯城在夏邑县北三十一里。本《寰宇记》。

【集释】程廷祚《证今》曰："今亳州。"

方恺《新校》：方恺曰：本书两夏侯后《传》皆称沛国谯人，此亦当作谯国，刊本误沛。

《马注》：与龙曰：三国魏县。《左传·僖二十三年》杜注：焦，今谯县。《州郡志》：南谯太守，谯令，《晋太康地志》属谯。《地形志》：南兖州。治谯城。《一统志》：县后魏废，故城今颍州府亳州治。

【编者按】谯县故城，即今安徽亳州市治。

城父

【斠注】汉属沛郡，后汉属汝南郡。《续汉志》曰：春秋时曰夷。《左氏传》云：楚迁许于夷，实城父。《读史方舆纪要》二十一曰：城父城在亳州东南七十里。

【集释】程廷祚《证今》曰："在今亳州东南七十里。"

《马注》：与龙曰：三国魏县。《左传·僖二十三年》杜注：谯郡城父县。《州郡志》：南谯太守，成父令，《晋太康地志》属谯。《地形志》：南兖州陈留郡浚仪县。有城父城。《一统志》：故城今亳州东南城父村。

【编者按】城父县故城，在今安徽亳州市东南七十里城父镇南城父故城址。

酂

【斠注】汉属沛郡，后汉属沛国，魏属谯郡。《汉书地理志补正》曰：酂，沛县国。从邑虘声，与南阳之酇，形声俱别。师古谓沛郡之酂，亦有赞音，乃后来借酇为酂之故，非本音也。考班固《泗水亭铭》云：文昌四友，汉有萧何，序功第一，受封于酂。酂与何叶？班氏汉人，必知本朝故实。江统《徂淮赋》亦云：戾酂而倚轩，实萧公之故国。戴规《辨字》、姚察《训纂》并从其说，定为不谬。《读史方舆纪要》五十曰：酂县城在永城县西南。

【集释】何超《音义》：酂，才何反。

程廷祚《证今》曰："在今永城、亳州之界。"

《马注》：与龙曰：三国魏县。《左传·襄元年》杜注：谯国酂县。《州郡志》：历阳太守酂令，《晋太康地志》属谯。《一统志》：县后魏废，故城今归德府永城县西南酂县乡。

【编者按】酂县故城，在今河南永城市西四十八里酂城镇。

山桑

【斠注】汉属沛郡，后汉属汝南郡。《水经·阴沟水注》曰：北肥水又东迳山桑县故城南。注云：今城内东侧犹有山亭桀立，陵阜高峻，非洪台所拟。《十三州志》所谓山生于邑，其亭有桑，因以氏县者也。《魏志·明帝纪》：景初二年，分沛国山桑县为汝阴郡。《斠注》案：本《志》山桑属谯郡，当是晋初所改。《读史方舆纪要》二十一曰：山桑城在蒙城县北三十七里。

【集释】《通鉴》胡注：山桑县，前汉属沛郡，后汉属汝南郡，晋属谯郡。按山桑，六朝兵争，为涡阳之地，唐为亳州蒙城县地。

《马注》：与龙曰：三国魏县。《州郡志》：南谯太守，山桑令，《晋太康地志》属谯。《穆帝纪》：永和九年，殷浩进次山桑。姚襄叛，反击浩，浩退保谯城。《元和志》：檀公城，本山桑县城，宋檀道济为征北将军居此因名。《一统志》：县东晋废，故城今颍州府蒙城县北。

【编者按】山桑县故城，在今安徽蒙城县北三十六里坛城镇。

龙亢

【斠注】汉属沛郡，后汉属沛国。《魏志·明帝纪》：景初二年，分沛国龙亢县为汝阴郡。《宋志》曰：龙亢，《太康地志》属谯郡。《斠注》案：当于汝阴废郡时改隶。《寰宇记》十二曰：龙亢城在穀熟县西南五十里。《新斠注地理志》六曰：在今怀远县西北八十五里。《续汉志》注：《地道记》曰：《左传·隐二年》：入向城，在龙亢县东南。韩㴩《涧泉日记》曰："升平四年，陈留郡雍丘县周闸，妻活，浔阳太守谯国龙埛县柏逸字茂长小女。"墓（传）［砖］。（编者校：此处"传"当是"砖"。）《地理志》无龙埛县，或亢，埛音近而讹。

【集释】何超《音义》：龙亢，古郎反。

程廷祚《证今》曰："今凤阳府怀远县。"

《马注》：与龙曰：三国魏县，属沛国。《春秋·隐二年》杜注：谯国龙亢县。《州郡志》：历阳太守，龙亢令，《晋太康地志》属谯。《地形志》：谯州，龙亢郡，萧衍置，魏因之。《一统志》：县东晋后废。梁普通六年，赵景悦拔魏龙亢城，因置郡。故城今凤阳府怀远县西北七十五里龙亢集。

【编者按】龙亢县故城，在今安徽怀远县西北七十里龙亢镇。

蕲

【斠注】汉属沛郡，后汉属沛国。《水经·淮水注》曰：涣水又东南迳蕲县故城南。注云：《地理志》曰故甀乡也。《史记》作甄，《汉志》作䎽。《魏志·明帝纪》：景初二年，分沛国蕲县为汝阴郡。《斠注》案：本《志》蕲属谯郡，当是晋初所改。《读史方舆纪要》二十一曰：蕲县城在鹿邑县东北。

【集释】《马注》：与龙曰：三国魏县，属沛国。《郡国志》注引《史记》曰：高祖击黥布于会甀。徐广曰：在县西。宋因。《地形志》：谯郡蕲，晋属。又谯州蕲城郡蕲城县。有蕲城。《一统志》：故城今宿州南。

【编者按】蕲县故城，在今安徽宿州市南四十四里蕲县镇。

铚

【斠注】《元和郡县图志》七曰：临涣本汉铚县，属沛郡，后汉属沛国，魏属谯郡。《魏志·明帝纪》：景初二年，分沛国铚县为汝阴郡。《斠注》案：本《志》属谯郡，当是晋初所改。《元和志》言魏属谯郡，误也。《汉书补注》曰：齐邑百里奚乞食于此，见《秦纪》。《读史方舆纪要》二十一曰：铚城在宿州南四十六里。

【集释】《马注》：与龙曰：三国魏县。《州郡志》：南谯太守铚令，《晋太康地志》属谯。梁普通中，克魏铚城，置临涣郡。魏改置涣北县。《一统志》：故城今宿州西南四十里。

【编者按】铚县故城，在今安徽濉溪县西南七十里临涣镇东。

鲁（郡）[国] 汉置。

【集释】程廷祚《证今》曰："今山东兖州府。后汉曰鲁国。杜同。"

方恺《新校》：方恺曰：本书《索靖传》：惠帝即位之前为鲁相。考晋初诸王，无封鲁者，岂相为太守之误耶？又案《武帝纪》：受禅之始，封石苞乐陵郡公、陈骞高平郡公、贾充鲁郡公、裴秀钜鹿郡公。核之本《志》，乐陵、高平、钜鹿皆称国，盖缘此得名，然独于鲁则称郡，本《志》例不合矣。《武帝纪》：太康五年夏四月，任城、鲁国池水赤如血。又《纪》《志》不合也。又《新蔡王腾传》有钜鹿太守，则与《索靖传》之鲁相例又不合。杜预《春秋释例》隐元年作鲁国。

《马注》：与龙曰：三国魏郡。按《志》郡当作国。贾充所封，见《充传》。杜预《左传》注皆作鲁国。宋因，属兖州。《地形志》：属兖州。

孔祥军《吴增仅〈三国郡县表附考证〉误谬例举》："据《太平寰宇记》卷21'河南道兖州'条'晋改为鲁郡'，则入晋后方改国为郡。"

【编者按】鲁郡应为鲁国。谭其骧主编《中国历史地图集》西晋太康二年图定为鲁国。永嘉年间，鲁公贾湛死于战乱，国除为郡。

统县七，

【集释】《马注》：与龙曰：官本"七"作"二"。

户三千五百。

【斠注】《汉志》曰：故秦薛郡。《水经·济水注》：始皇二十四年置。高后元年为鲁国。全祖望曰：言高后元年为鲁，误。《宋志》曰：光武改属任城，江左属兖州。《东晋疆域志》曰：东晋领县可考者一：邹。

【编者按】鲁国治鲁县，在今山东曲阜市。

鲁曲阜之地，鲁侯伯禽所居。

【斠注】两汉旧县。《汉志》曰：伯禽所封。《元和郡县图志》十曰：曲阜本汉鲁县，即春秋时鲁国，其后或为鲁国或为鲁郡，而县属焉。曲阜在县治鲁城中，委曲长七八里。《续汉志》注：

《地道记》曰：五父衢在路城东。《水经·泗水注》：《地道记》曰：孔子葬于鲁城北泗水上。

【集释】程廷祚《证今》曰："今曲阜县。"

《马注》：与龙曰：注说见二汉《志》。三国魏县。宋因。《地形志》：鲁郡鲁，晋属。有鲁城。《一统志》：故城今兖州府曲阜县治。

《中国历史地理信息系统释文》（未刊稿）：《续山东考古录》卷十八《兖州府上·曲阜县》："鲁县故城在东二里，今故城村。"王汝涛点注："鲁县，汉置，遗址即今曲阜市鲁国故城。"

【编者按】鲁县故城，即今山东曲阜市治。

汶阳

【斠注】两汉旧县。颜师古曰：即《左传》所云"公赐季友汶阳之田"者也。《读史方舆纪要》三十二曰：汶阳城在曲阜县东北四十里。

【集释】程廷祚《证今》曰："在今曲阜县东北四十里。"

《马注》：与龙曰：三国魏县。《春秋·桓十二年》杜注：鲁国汶阳县。宋因。《地形志》：鲁郡汶阳，晋属。有汶阳城。《一统志》：故城今宁阳县东北。

《中国历史地理信息系统释文》（未刊稿）：《元和郡县图志》卷十《河南道六》：龚丘县，"故汶阳城，在县东北五十四里"。王文楚按：唐龚丘县，即今宁阳县。《续山东考古录》卷十八《兖州府上·宁阳县》："汶阳县故城，在东北四十五里，今城上村。"王汝涛点注："汶阳县，汉置，遗址当在今宁阳县城东北27公里里蒋集乡境内。"所记正与《元和郡县图志》相合，今宁阳县东北蒋集镇。

【编者按】汶阳县故城，在今山东宁阳县东北蒋集镇。

卞

【斠注】两汉旧县。《元和郡县图志》十曰：汉卞县之地，即《春秋》之虚杅地。《读史方舆纪要》三十二曰：卞城在泗水县东五十里。

【集释】程廷祚《证今》曰："在今泗水县东五十里。杜：汴一作弁。"

《马注》：与龙曰：三国魏县。《春秋·隐元年》杜注：鲁国卞县。《一统志》：后魏并入邹县，故城今泗水县东。

《中国历史地理信息系统释文》（未刊稿）：《续山东考古录》卷十八《兖州府上·泗水县》：汉"卞县故城，在东稍南五十里"。王汝涛点注：汉卞县，"遗址即今泗水城东21公里里泉林镇卞桥村"。今泗水县东卞桥。

【编者按】卞县故城，在今山东泗水县东四十二里泉林镇卞桥。

邹有绎山。

【斠注】《汉志》作驺，云故邾国，曹姓。《续汉志》亦作驺。《水经·泗水注》：《春秋左传》所谓峄山也。邾，文公之所迁，今城在邹山之阳。孔子生于此，后乃县之因邹山之名以氏县也。京相璠曰：《地理志》峄山在邹县北。邑之所依以为名也，山东西二十里。《夏本纪·正义》：《括地志》曰：峄山在兖州邹县南二十二里。《邹山记》云：邹山，古峄山，言络绎相连属也。秦李斯

《峄山碑》亦作峄。《汉书补注》：段玉裁曰：峄当作绎，与下邳葛峄山从山者不同。

【集释】《通鉴》胡注："刘荟《邹山记》曰：邾城，在鲁国邹县邹山之南，去山二里。《左传》文十三年，邾迁于绎，即此城也。""《水经注》：峄山在邹县北，峄邑之所依以为名也。山东西二十里，高秀独出，积石相临，殆无土壤。石间多孔穴，洞达相通，往往有如数间屋处，其俗谓之'峄孔'。遭乱，辄将家入峄，外寇虽众，无所施害。晋永嘉中郗鉴保此山。今山南有大峄，名曰邹公峄，《诗》所谓'保有凫峄'。峄，音亦。"

程廷祚《证今》曰："今县。"

《马注》：与龙曰：注说见《郡国志》。《史记·始皇本纪》：上邹绎（编者校：一说"绎"为"峄"。）山。立石，与鲁诸儒生议封禅望祭山川之事。《正义》：《晋太康地记》云：为坛于泰山以祭天，示增高也。为墠于梁父以祭地，示增广也。祭尚玄酒而俎鱼。墠皆广长十二丈。坛高三尺，阶三等，而树石泰山之上，高三丈一尺，广三尺，秦之刻石云。《泗水注》：漷水又过鲁国邹山东南，而西南流。晋永嘉中，太尉郗鉴将乡曲保此山，胡贼攻守不能得。三国魏县。《春秋·隐元年》杜注：鲁国邹县。宋因。《地形志》：鲁郡邹，晋属。《一统志》：故城今邹县东南二十六里。李兆洛云：后魏县，今邹县治。

【编者按】邹县故城，在今山东邹城市东南二十二里峄山镇东北、峄山南麓至郭山之间纪王城的邾国故城遗址。中国科学院考古研究所山东工作队《山东邹县滕县古城址调查》：纪王城，在邹县城南稍东约有10.5公里，据考古调查，结合文献推定，最早为东周邾国故城，被楚所灭，"其后，秦置邹县，属薛郡，汉属鲁国，东汉因之。晋属鲁郡，为邹县。南北朝刘宋、元魏俱因之。到北齐省平阳入邹。"即今邹县东南纪王城。

蕃故小邾之国。

【中华校】蕃 各本作"番"，今从宋本作"蕃"，与《汉志》下、《续汉志》二合。

【斠注】两汉《志》作蕃，属鲁国。《宋志》曰：晋惠帝元康中度。蕃音皮。《斠注》案：番即蕃之省文，惟《元和志》九谓古滕国与本《志》异。《水经·泗水注》引应劭曰：县故小邾邑也。《新斠注地理志》十五曰：在今兖州府滕县东南。

【集释】程廷祚《证今》曰："在今滕县。"

方恺《新校》：方恺曰：番当作蕃。吴翊寅案《续汉志》作蕃，音屏藩之藩。《左传·襄四年》：战狐骀。杜注：鲁国蕃县东南有目台亭。陆德明云：番，本或作蕃。《州郡志》亦作蕃，云音皮。汉末太傅陈蕃子逸为鲁相，改蕃为番，并改音皮也。

《马注》：与龙曰：《汉志》注：应劭云：邾国也。三国魏县。《左传·襄五年》杜注：鲁国番县。宋属彭城郡，作蕃。《地形志》：徐州蕃郡蕃，晋属鲁国。有蕃城。《一统志》：故城今滕县治。

《中国历史地理信息系统释文》（未

刊稿）：《续山东考古录》卷十九《兖州府下·滕县》：汉"蕃县故城在城西，今治其东偏也。"王汝涛点注："汉蕃县，汉置，遗址即今滕州城西侧。后魏为蕃郡治。后汉、晋、刘宋、后魏、高齐蕃县见此注。"即今滕州市。

【编者按】蕃县故城，即今山东滕州市治。

薛奚仲所封。

【斠注】两汉旧县，属鲁。《汉志》曰：夏车正奚仲所国，后迁于邳，汤相仲虺居之。《宋志》曰：晋惠帝元康中度。《斠注》案：本《志》沿《太康地记》，故尚属鲁。《水经·泗水注》曰：漷水又西迳薛县故城北。注：《晋太康地记》曰：奚仲冢在东南二十五里山上。《续汉志》注：《地道记》作二十里。应劭曰：邳在薛。又《地道记》曰：仲虺城在薛城西三十里。《史记·项羽本纪、平津侯列传·正义》：《括地志》曰：故薛城，古薛侯国也，在滕国县界，黄帝之所封。《读史方舆纪要》三十二曰：薛城在滕县南四十里。

【集释】程廷祚《证今》曰："在今滕县南四十里。"

《马注》：与龙曰：三国魏县。《左传·隐十一年》杜注：鲁国薛县。《郡国志》引《地道记》：夏车正奚仲所封，冢在东南二十五里山上。《泗水注》：仲虺城在城西三十里。《太康地记》：奚仲冢在东南二十五里山上。百姓为之神灵也。奚仲迁于邳，后仲虺居之。以为汤左相。〔其后〕当周爵称侯，后见侵削，〔为〕霸者所绌为伯，任姓也。宋属彭城郡。《州郡志》：彭城太守薛令，汉旧县，属鲁，晋惠帝元康中度。《地形志》：徐州彭城郡薛，晋属鲁国。有薛城。《一统志》：故城今滕县东南四十五里。

《中国历史地理信息系统释文》（未刊稿）：《山东邹县滕县古城址调查》：二，薛城，"在滕县城南，官桥镇之西南约2公里，城东南约0.5公里处有薛河，城西部约0.75公里有小苏河"，薛的历史很久，周代小国，战国时为齐所灭，"秦置薛县，属鲁国。"薛县遗址与文献记载相符，按滕县即今滕州市，薛县在今滕州市东南官桥西南四里薛河北岸。

【编者按】薛县故城，在今山东滕州市南四十里官桥镇南薛河北岸的薛国故城。

公丘

【斠注】汉属沛郡，后汉属沛国。《魏志·明帝纪》：景初二年，以沛公丘为沛王国。《斠注》案：《贾充传》：咸宁三年，以沛国之公（邱）〔丘〕属鲁国，故本《志》改属鲁郡。《新斠注地理志》六曰：在今滕县西南十五里。

【集释】程廷祚《证今》曰："在今滕县及江南徐州界。后汉公丘属沛国。杜同。"

《马注》：与龙曰：三国魏县，属沛国。《春秋·隐七年》杜注：沛国公丘县。与龙按：公丘虽以益鲁国，而仍属沛，故杜预云沛国公丘县。东汉时以鲁国益东平，而鲁郡仍不废，亦其例也。《志》因《贾充传》语遂以公丘属鲁当误。宋、（卫）〔魏〕（编者校："卫"似应"魏"。）二《志》并无。《一统志》：晋后废，故城今滕县西南十四里。

《中国历史地理信息系统释文》（未

刊稿）：《元和郡县图志》卷九《河南道五》：滕县，"公丘故城，在县西南十五里。夏侯婴初为滕令，故号滕公。"按唐滕县，即今滕州市，是秦代滕县在今滕州市西南十五里。《春秋》隐公七年杜预注："滕国在沛国公丘东南。"是则滕县在公丘东南。《山东邹县滕县古城址调查》："此次所调查的'滕城'在今滕县西南约十四里，方向南偏西约五十二度。另一在滕县城西南约十五里，方向约七十二度的庄里村西调查到一处堌堆遗址，包含了自龙山文化直至汉代的遗存，俗称为'城顶'，传为公丘故城址，但并未见城墙痕迹。'滕城'正居其东南。如果庄里'城顶'为汉代公丘，则正符合了晋人杜预的意见，滕城在公丘之东南。也符合了唐人李吉甫的意见，古滕国在滕县西南十四里的滕城。"即今滕州市西南庄里。

【编者按】公丘县故城，在今山东滕州市西南十五里庄里村。

弋阳郡魏置。

【集释】程廷祚《证今》曰："今河南汝宁府地。"

《马注》：与龙曰：三国魏郡。宋属南豫州。《地形志》属东豫州。

统县七，户一万六千七百。

【斠注】《宋志》曰：弋阳本县名，属汝南，魏文帝分立。《晋地理志新补正》曰：《沈志》晋惠帝又分弋阳为西阳国。《陶侃传》为荆州刺史，领西阳、江夏、武昌。是西阳国又曾经属荆州。《陈颙传》以西阳太守蒋巽代之。《庾亮传》西阳太守。《樊峻、庾翼传》为西阳太守。按《西阳王羕传》：咸和初，降为弋阳县王。盖国废后，西阳复为郡耳。疑此郡自晋置后本未尝废，《地理志》失载也。《东晋疆域志》曰：弋阳郡东晋领县可考者五：弋阳、西陵、期思、安丰、松滋。

【编者按】弋阳郡治弋阳县，在今河南潢川县西北。

西阳故弦子国。

【斠注】两汉属江夏郡，魏属弋阳郡。《寰宇记》一百二十七曰：故西阳城在光山县西二十里。晋太康十年，封汝南王亮子美美为羕之讹。为西阳公。惠帝改封西阳郡王，居此县。永嘉乱后，县并移至故邾城上流五里，其城遂废。《读史方舆纪要》三曰：今黄州府东南百三十里西阳故城是。沈约云："晋惠帝分弋阳郡为西阳国，属豫州，宋尝改属郢州，治西阳县。"疑惠帝以后，弋阳还魏旧治。刘昫曰：吴分江夏置蕲春郡，晋改曰西阳郡。《元和郡县图志》九曰：光州，《春秋》时弦子国之地，在秦属九江郡，在汉为西阳，属江夏。晋安帝立光城县，理于此。《斠注》案：西晋承用汉县，惟由江夏改属弋阳。西阳国置于太康以后，故《志》不载。《唐志》以为吴之蕲春郡，晋改西阳郡，不知晋初先改弋阳郡，其后又为西阳国耳。光城县不见于《志》，乃东晋所置。

【集释】《通鉴》胡注："西阳县，春秋弦子之国，汉为县，属江夏郡，晋属弋阳郡。汉和帝永元末，巫蛮反，讨降之，徙置江夏西阳诸蛮是也。宋白曰：光州光山县，本汉西阳县。夏，户雅翻。""西阳县，汉属江夏郡，魏分属弋阳郡，晋惠帝分弋阳西阳国，江左废国为郡。"

方恺《新校》：方恺曰：案《汉地理志》：轪，故弦子国。杜氏《左传·僖五年》注同。《水经注》亦云：江水东迳轪县故城南，故弦国也。是汉、晋人皆为弦国在轪。本《志》谓在西阳。吴氏卓信《汉书地理志补注》云：《地道记》以为在西阳，非也。杜氏《通典》《舆地广记》并主其说，非是。

《马注》：与龙曰：三国魏县。《江水注》：江水又东迳西阳郡南，郡治即西阳县也，《晋书地道记》以为弦子国。江水又东迳轪县故城南，故弦国也。按《汉志》：轪，故弦子国。郦元盖两存其说。《郡国志》刘昭注亦引《地道记》。与龙按：晋西阳县非汉县地也。二汉西阳县在今黄冈县地，三国魏时侨置西阳县，属弋阳郡，晋因之，即此《志》县也。宋改置光城县，属光城左郡，在今光山县西。《州郡志》：光城左郡，大明中分弋阳立，领光城。《淮水注》：黄水又东迳晋西阳城南，又东迳光城南，光城元左郡治。（编者校：陈桥驿复校本《水经注疏》此处定为："南光城郡治"。"元左"二字删，详见其考证。）郦《注》言晋西阳所以别于汉县。据此则魏晋之西阳县至宋改置光城县，而旧县废。《一统志》于黄冈县、光山县并云汉置西阳，实则光山之西阳乃魏所侨置。李兆洛以二汉西阳在今光山县、晋弋阳郡之西阳在今黄冈县，则互误矣。

【编者按】《宋本晋书》"故弦子国"为"故弘子国"。误。西阳县故城，在今河南光山县西。

轪

【斠注】两汉属江夏郡。《汉志》曰：故弦子国。《元和郡县图志》九曰：轪县故城在仙居县北四十里，弦国之都也。《读史方舆纪要》七十六曰：轪县城在蕲水县西北四十里。

【集释】何超《音义》：轪，音大。

程廷祚《证今》曰："在今光州界。"

《马注》：与龙曰：三国魏县。《春秋·僖五年》杜注：弋阳轪县。与龙按：晋轪县非汉县地也。二汉轪县在今蕲水县地。魏侨置轪县在今光山县西北。晋因之。《一统志》：县永嘉后废。宋元嘉中改置乐安府，属光城左郡。

【编者按】轪县故城，在今河南光山县西北。

蕲春

【斠注】两汉属江夏郡。《宋志》曰：吴立为郡，晋武帝太康元年，省为蕲春县，而属于弋阳，后属新蔡。《元和郡县图志》二十七曰：蕲春因蕲水以为名，晋改为蕲阳县。《寰宇记》一百二十七曰：《晋太康地记》云：蕲春改属弋阳郡。惠帝时属西阳郡，孝武改为蕲阳，属新蔡郡。《斠注》案：下文州序云孝武改蕲春为蕲阳，《志》作蕲春，此据太康以前地志也。《读史方舆纪要》七十六曰：蕲春废县今蕲州治。

【集释】何超《音义》：蕲，音祈。

《马注》：与龙曰：二汉县，三国魏置郡，以县属，后入吴，见《三国志》。太康元年省郡，见《州郡志》。《寰宇记》引《晋太康地记》：县属弋阳郡。孝武帝改曰蕲阳。宋曰蕲阳，属西阳郡。《一统志》：齐改曰齐昌。后魏因之，属北江州齐昌郡。故城今黄州府蕲州西北。

【编者按】蕲春县故城，在今湖北蕲春县西南二十六里、蕲水东岸下土门。

邾

【斠注】两汉属江夏郡。《宋志》曰：晋武帝太康元年，改蕲春之安丰为高陵及邾县，皆属武昌。《斠注》案：本《志》邾属弋阳，盖元年以后改隶也。《史记·高祖本纪·索隐》：《太康地志》曰：楚灭邾，迁其人于江南，因名县。《续汉志》注：《地道记》曰：楚灭邾，徙其君此城。《元和郡县图志》二十七曰：故邾城在黄冈县东南一百二十里，古邾国也，为楚所灭，汉以为县。《读史方舆纪要》七十六曰：邾城本黄州府治。

【集释】《通鉴》胡注：邾城在江北，汉江夏郡邾县之故城也。楚宣王灭邾，徙其君于此，因以为名，今黄州城是也。杜佑曰：黄州东南百二十里，临江与武昌相对，有邾城，此言唐黄州治所也。

《马注》：与龙曰：三国吴县，属蕲春。又尝并江夏，咸和中复立，属西阳郡。《江水注》：江水又东迳邾县故城南。晋咸和中，庾翼为西阳太守，分江夏立。四年，豫州刺史毛宝、西阳太守樊俊（编者校：《庾亮传》"俊"作"峻"，《晋书·成帝纪》作"俊"。）共镇之。为石虎将张格度所陷，自尔丘墟焉。《一统志》：故城今黄州府治西北。

【编者按】邾县故城，在今湖北黄冈市北十里、长江东岸禹王城。

西陵

【斠注】《元和郡县图志》二十七曰：黄州，秦属南郡，二汉为江夏郡西陵县地，魏为重镇，至晋为西阳国，封子弟为王。又曰：西阳故城在黄冈县东南一百三十里。《斠注》案：西阳国本《志》不载，盖立于惠帝时，故太康三年以前《地志》尚称西陵县也。《东晋疆域志》曰：《晋书》义熙八年西陵太守朱龄石。按：此则西陵又曾作郡，旋又省也。

【集释】《马注》：与龙曰：按三国魏侨置西陵县，当在今光州境，寻废。此汉西陵县，晋复置也。《水经注》：江水又东迳西陵县故城南，《史记》秦昭王遣白起伐楚取西陵者也。二汉并属江夏郡，宋属西阳郡。《一统志》：梁废，故城今黄冈县西北。

【编者按】西陵县故城，在今湖北武汉市新洲区西、举水西岸。

期思

【斠注】两汉属汝南郡。《水经·淮水篇》曰：淮水又东过期思县北。注云：县故蒋国，周公之后也，楚灭之以为县。《读史方舆纪要》五十曰：期思城在固始县西北七十里。本《寰宇记》。

【集释】程廷祚《证今》曰："在今固始县西北七十里。"

《马注》：与龙曰：三国魏县。《左传·僖二十四年》杜注：弋阳期思县，宋属弋阳郡。《地形志》：东豫州长陵郡安宁县。有期思城。《寰宇记》：县梁时废。《一统志》：故城今光州固始县西北。

【编者按】期思县故城，在今河南淮滨县东南二十六里期思镇。

弋阳

【斠注】两汉属汝南郡。《史记·楚世家·正义》：《括地志》曰：黄国故城，汉弋阳县也。秦时黄都，嬴姓。《寰宇记》一百二十七曰：弋阳故城在定城县西二里。《读史方舆纪要》五十曰：弋阳城在光州东北。

【集释】程廷祚《证今》曰："在今光州西十二里。"

《马注》：与龙曰：三国魏县，为郡，见《舆地广记》。宋因。《地形志》：弋阳郡弋阳。有弋阳城。《一统志》：故城今光州西。

【编者按】弋阳县故城，在今河南潢川县西北十二里隆古乡西。

安丰郡 魏置。统县五，户一千二百。

【斠注】《宋志》曰：安丰太守，魏文帝分庐江立，江左侨立，晋安帝省为县，属弋阳。《斠注》案：本《志》于寻阳太守下又云：晋武帝立安丰郡，前后两歧。《水经·决水注》曰：安丰县故城，今边城郡治，晋立安丰郡。《斠注》案：郦《注》以为晋立，恐是魏立之讹。

【集释】程廷祚《证今》曰："在今江南。"

方恺《新校》：方恺曰：《州郡志》云：寻阳，本县名，汉属庐江，吴立蕲春郡，寻阳县属焉。晋武帝太康元年，省蕲春郡，以寻阳属武昌，改蕲春之安丰为高陵及邾县，皆属武昌。安丰下又云：县名，后汉属庐江。晋武帝立为安丰郡。《水经注》引《晋书地道记》云：安丰，安丰郡之属县也。与《沈志》寻阳下说不合，未详孰是。

《马注》：王先谦曰：三国魏置安丰郡，寻废。谢钟英曰：《魏志·王基传》：基为安丰太守。时在正始八年。《齐王芳传》注引《魏略》：张特迁安丰太守。时在嘉平五年。而《吴志》书丁奉庐江安丰人，陈武庐江松滋人，是魏末废安丰入庐江。《宋志》云魏文分庐江置安丰，又于寻阳安丰县下云晋武帝立安丰郡，前后互异，即安丰郡尝置复废之明证也。与龙曰：《州郡志》弋阳太守下云：安丰令，旧郡，晋安帝并为县。又安丰太守下云：江左侨立，晋安帝省为县，宋末复立，属南豫州。

【编者按】安丰郡治安风县，在今安徽霍邱县西南。

安风

【斠注】汉属六安国，后汉属庐江郡，魏置安丰郡，治安丰，晋仍之。《读史方舆纪要》二十一曰：安风城在霍丘县西南二十里。

【集释】《通鉴》胡注：安丰县，后汉属庐江郡。魏分庐江为安丰郡，其地为唐之寿州安丰、霍丘县。

《马注》：与龙曰：三国魏县，属庐江。《淮水注》：穷水出六安国安风县穷谷。《左传》楚司马沈尹戌与吴师遇于穷者也。京相璠曰：今安风有穷水。《史记·夏本纪·正义》引《晋地记》云：河南有穷谷。盖本有穷氏所迁也。《左传》杜注：有穷，国名。姚培谦云：即《水经注》安风县穷谷也。按东晋时改为安丰县，属弋阳郡。《州郡志》云："弋阳太守领安丰，旧郡，晋安帝并为县。"是也。《一统志》：县东魏废。汉安风县故城，今颍川府霍丘县西南二十里。东晋省郡，改置安丰县，在今霍丘县西南百三十里。

【编者按】安风县故城，在今安徽霍邱县西南。一说在霍邱县曹墩附近，一说在霍邱县西南许集村。

雩娄

【斠注】两汉属庐江郡。《水经·决水篇》曰：决水出庐江雩娄县南大别山北，过其县东。注云：县故吴地也。《春秋左传·襄公二十六年》，楚子、秦人侵吴及雩娄，闻吴有备而还是也。《晋书》：《地道记》曰：在安丰县之西南即其界也。《读史方舆纪要》二十一曰：雩娄城在霍丘县西南八十里。本《寰宇记》。

【集释】何超《音义》：雩娄，况于反。

程廷祚《证今》曰："在今颍州霍丘县西南八十里。"

《马注》：与龙曰：三国魏县，属庐江。《左·襄二十六年》杜注：雩娄今属安丰郡。《决水注》引《地道记》：县在安丰县之西南。按东晋后废。有马头山。在商城县南一百五十里。《桓宣传》：宣将数千家欲南投寻阳，营于马头山。《州郡志》：边城左郡太守，元嘉二十五年，以豫部蛮民立，领雩娄。下云：《晋太康地志》属安丰。《一统志》：故城今光州商城县东北。

【编者按】《宋本晋书》"雩娄"为"雩娄"。雩娄县故城，在今河南固始县东南、史河西岸。

安丰侯相。

【斠注】汉属六安国，后汉属庐江郡。《水经·沘水注》：《地道记》曰：安丰县，俗名安城。《宋志》曰：晋武帝太康元年，改蕲春之安丰为高陵及邾县，皆属武昌。《斠注》案：本《志》仍称安丰，不称高陵，盖元年以后又复原名，由武昌改属安丰郡也。《寰宇记》一百二十九曰：废安丰县在霍邱县东南三十八里。《读史方舆纪要》二十一曰：安丰城在州西南六十里。

【集释】程廷祚《证今》曰："在今凤阳府寿州西南六十里。"

《马注》：与龙曰：三国魏县，属庐江。《一统志》：东晋徙置县于霍丘县地，而旧县废。故城今固始县东。

【编者按】安丰县故城，在今河南固始县东南。

蓼

【斠注】汉属六安国，后汉属庐江郡。《汉志》曰：故国，皋繇后，为楚所灭。《晋地理志新补正》曰：按《元和志》：蓼，东晋以后省。《读史方舆纪要》二十一曰：蓼县城在霍丘县西北。

【集释】程廷祚《证今》曰："在今颍州霍丘县西北。"

《马注》：与龙曰：三国魏县，属庐江。《左传·文五年》杜注：安丰蓼县。《元和志》：县东晋后省。《一统志》：梁复置，东魏改置固始，旧县遂废，故城今固始县东北。

【编者按】蓼县故城，在今河南固始县东北蓼城岗。

松滋侯相。

【斠注】汉属庐江郡，后汉省。《宋

志》曰：《晋太康地志》属安丰。《寰宇记》一百二十九曰：松滋城在霍丘县东十五里。又曰：晋武平吴，以荆州有松滋县，遂改为宿松。

【集释】《通鉴》胡注：松滋县，属庐江郡，后汉省；晋属安丰郡。刘昫曰：唐寿州霍山县，汉松滋县地。今江陵府松滋县，乃是吴乐乡之地，晋氏南渡后，以松滋流民侨立松滋县，非古松滋也。

《马注》：与龙曰：宿松之名始见于《隋志》，乐史之言殆未徵实。三国魏县，属庐江。《一统志》：故城今颍州府霍丘县东十五里。

【编者按】松滋县故城，在今安徽霍邱县东。

惠帝分汝阴立新蔡，

【斠注】《东晋疆域志》曰：新蔡，《沈志》晋惠帝分汝阴立。东晋领县四：新蔡、鲖阳、固始、苞信。

【集释】《马注》：与龙曰：惠帝封弟清和王子箟为新蔡王，领县见前汝阴郡各县下。

分梁国立陈郡，

【斠注】《晋地理志新补正》曰：按《沈志》云：郡初并，梁王肜薨，后还为陈。则事在永康二年后，与此《志》言惠帝分立陈郡及《地形志》同。杜预《隐三年·左传》注即云：陈国陈县；《陈频传》亦云陈国苦人，皆沿后汉旧名也。袁悦之、殷浩等《传》即云：陈郡阳夏、长平人。《东晋疆域志》曰：陈郡东晋领县可考者二：西华、谷阳。

【集释】《马注》：与龙曰：惠帝所立陈郡，领县见前梁国各县下。又《州郡志》云：晋惠帝永康元年，复立西蕃县属颍川，江左度陈郡。此《志》未载。

胡阿祥《东晋南朝侨州郡县考表》："'（惠帝）分梁国立陈郡。'此语不确。旧有陈郡，西晋初废入梁国，惠帝时复置耳。"

分汝南立南顿。

【斠注】《东晋疆域志》曰：南顿郡，《沈志》故属汝南，晋惠帝分立，东晋领县二：南顿、和城。

【集释】《马注》：与龙曰：《州郡志》：南顿太守，晋惠帝分汝南立。又和成令，何云江左立。此《志》未载。钱大昕云：《惠帝纪》进西阳公羕爵为王。按《地理志》西阳县属弋阳郡，别无西阳郡之名，盖《志》之漏也。以《羕传》考之，元康初，羕由西阳县公进封郡王。惠帝还洛，以汝南之期思、西陵益其国。永嘉初，复以邾、蕲春益之。期思、西陵、邾、蕲春四县原属弋阳，则西阳即弋阳所分矣。《羕传》以期思、西陵系之汝南，是此二县又尝改隶汝南，亦《志》所不载也。毕沅云：《沈志》：晋惠帝分弋阳为西阳国，属豫州。《陶侃传》：侃为荆州刺史，领西阳、江夏、武昌。是西阳国后改属荆州。《陈频传》：以西阳太守蒋巽代之。《庾亮传》：西阳太守樊峻。《庾翼传》：翼为西阳太守。按：西阳王羕，咸和初降为弋阳县王，盖国废为郡，《志》失载也。与龙按：惠帝光熙中立汝阳郡，说见前汝南郡汝阳县下，《志》亦未载。

胡阿祥《东晋南朝侨州郡县考表》："豫州南顿郡帖治陈郡（河南沈丘），说见吴应寿《东晋南朝的双头州郡》。"

永嘉之乱，豫州沦没石氏。

【集释】《马注》：与龙曰：愍帝建兴元年，左丞相睿以祖逖为豫州刺史。元帝建武元年，祖逖取谯城。太兴三年，祖逖进屯雍丘。四年，逖卒，以其弟约代之。《州郡志》：晋元帝永昌元年，刺史祖约自谯城退还寿春。此《志》雍州篇云苻坚以豫州刺史镇许昌。灭燕之后，豫州刺史治洛阳，以许昌置东豫州。姚兴以豫州牧镇洛阳。赫连勃勃以豫州牧镇李闰。《地形志》：豫州治（县）〔悬〕（编者校："县"应为"悬"。迳改。）瓠城。

元帝渡江，以春穀县侨立襄城郡及繁昌县。

【斠注】《东晋疆域志》曰：《司马休之传》：休之为襄城太守，镇历阳，则郡又当侨置历阳。《读史方舆纪要》二十七曰：春穀城在繁昌县西南。宋白曰：在南陵县西北一百五十里。

【集释】《马注》：与龙曰：《州郡志》淮南太守领繁昌。晋乱，襄城郡以此县属淮南，割于湖为境。《一统志》：襄城郡，义熙中废。

胡阿祥《东晋南朝侨州郡县考表》："襄城郡侨置地在春穀（安徽繁昌县境）芜湖界，安徽青阳县东北。襄城，当是晋末安帝后省，《晋书·刘敬宣传》'安帝反攻，征拜冠军将军、宣城内史，领襄城太守'是也。"

成帝乃侨立豫州于江淮之间，居芜湖。

【斠注】《东晋疆域志》曰：豫州州治。《沈志》：元帝永昌元年，刺史祖约始自谯城退还寿春。成帝咸和四年，侨立豫州，庾亮为刺史，治芜湖。咸康四年，毛宝为刺史，治邾城。按《赵诱传》：诱子胤迁西豫州刺史，是在成帝咸和、咸康中，时豫州治邾城，较芜湖为西，或当时名之为西豫州也。六年，荆州刺史庾翼镇武昌，领豫州。八年，庾怿为刺史，又镇芜湖。穆帝永和元年，刺史赵胤镇牛渚。二年，刺史谢尚镇芜湖，四年，进寿春，九年，尚又镇历阳，十一年，进马头。升平元年，刺史谢奕戍谯。哀帝隆和元年，刺史袁真自谯退守寿春。简文咸安元年，刺史桓冲戍姑熟。孝武太元十年，刺史朱序戍马头。十二年刺史，桓石虔戍历阳。《刁逵传》逵为豫州刺史，亦镇历阳。安帝义熙二年，刺史刘毅戍姑熟。十三年，刺史刘义庆镇寿阳。又曰：乐史称《金陵记》：姑熟之南、淮曲之阳置豫州。《图经》：南豫州城在芜湖县东二里，今之五面场是也。凡统侨郡及实郡在侨县者曰：历阳、南谯、襄城、马头、颍川、南汝阴、晋熙、汝南、西阳、秦郡、南新蔡。

【集释】《马注》：与龙按：《志》但言成帝侨立豫州，居芜湖，余皆未载。

胡阿祥《东晋南朝侨州郡县考表》："豫州侨置地州治迁徙无定，先侨芜湖（安徽芜湖市东），移邾城（湖北黄冈市西北）、武昌（湖北鄂州市），又移芜湖、牛渚（安徽当涂县北长江南岸），再还芜湖；又进寿春（安徽寿县），移历阳（安徽和县），进马头（安徽怀远南淮河南岸）及谯（安徽亳州市），又还寿春，再迁历阳、姑熟（安徽当涂），又进马头、移姑熟，割成实土，常治寿阳（安徽寿县）。"

时淮南入北；乃分立丹杨侨立淮

南郡，居于湖。

【集释】《马注》：与龙曰：《州郡志》：中原乱，胡寇屡南侵，淮南民多南度。成帝初，苏峻、祖约为乱于江淮，胡寇又大至，民南渡江者转多，乃于江南侨立淮南郡及诸县，晋末遂割丹杨之于湖县为淮南境。

又以旧当涂县流人渡江，侨立为县，

【集释】《马注》：与龙曰：《州郡志》淮南太守领当涂，晋成帝世，与逡道俱立为侨县，晋末分于湖为境。与龙按：东晋侨立淮南郡，至晋末土断，始分割于湖、无（编者校：南监本"无"作"芜"。）湖二县为境，领当涂、繁昌及襄垣、上党、定陵、逡道等县，并见《州郡志》。

并淮南、庐江、

【集释】《马注》：与龙曰：庐江郡，东晋以前属扬州。

安丰

【集释】《马注》：与龙曰：《州郡志》：安丰太守，江左侨立，晋安帝省为县，宋末复立。

胡阿祥《东晋南朝侨州郡县考表》："安丰侨郡，省为县后属弋阳，则当侨于江北，在旧寻阳界内。""安丰郡侨置地在寻阳（湖北黄梅西南）。"

并属豫州。宁康元年，移镇姑孰。

【斠注】《读史方舆纪要》三曰：故孰即今太平府治。

【集释】《马注》：与龙曰：《州郡志》：咸安元年，刺史桓冲戍故孰。此《志》云宁康元年，前后稍差。《州郡志》又云：太元十年，刺史朱序戍马头。十二年，刺史桓石虔戍历阳。安帝义熙二年，刺史刘毅戍姑孰。宋武帝欲开拓河南，绥定（南）（编者校：中华书局点校本《宋书》，此"南"字衍，迳删。）豫土。九年，割扬州大江以西、大雷以北悉属豫州，豫基址因此而立。十三年，刺史刘义庆镇寿阳。永初二年，分淮东为南豫州，治历阳；淮西为豫州。与龙按：江左侨立豫州于江淮间，地居南北之交，刺史所镇，进退之际，足觇国势，故《宋志》书之最详，此《志》乃略之，惟载芜湖、于湖、姑孰三地，按之事实亦殊疏谬也。

孝武改蕲春县为蕲阳县，

【集释】《马注》：与龙曰：《元和志》：以郑太后讳故改。

因新蔡县人于汉九江王黥布旧城并置南新蔡郡，

【集释】何超《音义》：黥，渠京反。

《马注》：与龙曰：《州郡志》：南新蔡太守，江左立，领苞信、慎、宋等县。李兆洛云：并在今黄梅县西。

胡阿祥《东晋南朝侨州郡县考表》："新蔡郡侨置地在黥布旧城（湖北黄梅西）。"

属南豫州。

【斠注】《宋志》曰：南新蔡太守，江左立，去州水二百。《元和郡县图志》曰：九江故城在黄梅县西南七十里，汉九江王黥布所筑。《东晋疆域志》曰：南新蔡郡统县三：苞信、慎、宋。《廿二史考异》十九曰：按晋世无南豫之名，宋武经略中原，以豫州镇寿阳而遥领淮北诸实郡，豫犹未分，至永初受禅后，分淮东西为二乃有南豫之称，此

《志》亦误以宋人追称为晋时本号也。《宋志》江州有南新蔡，即是此郡晋属豫州，至宋改属江州耳。《斠注》案：《宋志》南谯太守，晋孝武太元中，于淮南侨立。马头太守，属南豫州，故淮南当涂县地，晋安帝立，属县有零县令，亦安帝立，本《志》均失载。

【集释】《马注》：与龙曰：东晋侨置州郡皆无南字，已见钱大昕说。

又于汉庐江郡之南部置晋熙郡。

【斠注】《宋志》曰：晋熙郡，晋安帝分庐江立。《元和郡县补志》六曰：皖县属庐江。《斠注》案：晋初仍属庐江郡。安帝改置怀宁县，兼置晋熙郡。又曰：汉皖县地，晋安帝置新冶县，属晋熙郡。《东晋疆域志》曰：凡领县二：怀宁、新冶。

【集释】《马注》：与龙曰：《州郡志》：晋熙太守，晋安帝分庐江立，领怀宁、新冶，并晋安帝立。按：怀宁，汉皖县，今安庆府潜山县治。新冶，《寰宇记》云即大雷戍。义熙六年，刘裕讨卢循，自雷池进军大雷，今望江县治。《志》于所领县竟不之载。又南豫州历阳太守，晋惠帝永兴元年，分淮南立，属扬州。安帝割属豫州，《志》于此不载割属之文。又《江水注》：涂水西北流迳汝南侨郡故城南，咸和中，寇难南逼，户口南渡，因置斯郡，治于涂口。又《州郡志》：南豫州南谯太守，晋孝武太元中，于淮南侨立郡县。南汝阴太守，江左立。《志》皆不载。与龙按：《州郡志》南豫州下明言，永初二年，分淮东为南豫州；淮西为豫州。是宋之南豫州，东晋时为豫州。宋之南谯、南汝阴，即东晋侨立之谯郡、汝阴郡。而《志》顾不叙录，亦疏漏之其也。

胡阿祥《东晋南朝侨州郡县考表》："晋熙郡侨置地在怀宁（安徽潜山）。"

冀州。案《禹贡》《周礼》并为河内之地，舜置十二牧，则其一也。《春秋元命包》云："昴毕散为冀州，分为赵国。"其地有险有易，帝王所都，乱则冀安，弱则冀强，荒则冀丰。舜以冀州南北阔大，分卫以西为并州，燕以北为幽州，周人因焉。及汉武置十三州，以其地依旧名为冀州，历后汉至晋不改。

【集释】《马注》：毕沅曰：《通典》：晋冀州理房子。与龙曰：《地形志》晋冀州理信都是也，《通典》误。

州统郡国十三，

【集释】顾廷龙《大晋龙兴皇帝三临辟雍皇太子又再莅之盛德隆熙之颂跋》在对碑阴题名的统计中，发现咸宁四年（278年）十月前冀州有赵郡名。"赵郡。按晋《地志》无，后汉《郡国志》赵国注：'秦邯郸，高帝改名。'今直隶赵州当其地也。"

县八十三，

【中华校】县八十三 "三"，各本作"二"，今从殿本作"三"，与实领县数合。

【斠注】周家禄《校勘记》曰：实八十三。

户三十二万六千。

【集释】孙人龙《晋书考证》："县八十三，监本误作县八十二，户三十一万六千，监本误作户三十二万六千。今俱按细数改正。"

王勇《〈晋书·地理志〉校证》曰："案：冀州'户三十二万六千'，殿本作'户三十一万六千'，钜鹿国'户一万四千'，殿本作'一万四千'，可从。统计冀州所辖除钜鹿国的其他十二个郡国总户为三十万二千，若加上钜鹿国户一万四千则总数为户三十一万六千，实际辖户统计与冀州总户数相合。"

【编者按】《宋本晋书》"县八十三"为"县八十二"。"户三十二万六千"为"户三十万六千"。冀州治信都县，在今河北冀州市。

赵国 汉置。统县九，户四万二千。

【斠注】《汉志》曰：赵国，故秦邯郸郡。始皇十六年置，见《纪》。高帝四年为赵国。《表》作三年封张耳。景帝三年复为邯郸郡，五年复故。

【集释】程廷祚《证今》曰："在今直隶。"

《马注》：与龙曰：三国魏国。《地形志》：属殷州。

【编者按】王东洋《〈晋辟雍碑·碑阴〉所反映的几个问题》：据《晋辟雍碑·碑阴》，有"礼生赵郡赵京叔武"及"弟子赵国张余玄波"等题名，认为"咸宁四年（278年），赵郡与赵国是同时并存的。"编者按：本《志》有赵国，无赵郡。赵国治房子县，在今河北高邑县西南。

房子

【斠注】汉属常山郡，后汉属常山国。《汉书补注》曰：故曰房，周穆王东至此，见《穆天子传》郭注。战国中山邑，后属魏，见《赵世家》。《读史方舆纪要》三曰：今真定府赵州高邑县西南十五里有房子故城。本《寰宇记》。《续汉志》注：《地道记》曰：房子有砾塞、中谷塞。

【集释】《马注》：与龙曰：三国魏县。《地形志》：赵郡房子，晋属。有房子城。《一统志》：故城今赵州高邑县西南，俗城仓垣城。

【编者按】房子县故城，在今河北高邑县西南十五里富村镇古城村、仓房村附近。

元氏

【斠注】汉属常山郡，后汉属常山国。《元和郡县图志》十七曰：元氏本赵公子元之封邑，故城在今县西北十五里。《新斠注地理志》七曰：在今县西北二十里。《续汉志》注：《地道记》曰：元氏有石塞、三公塞。

【集释】《马注》：与龙曰：三国魏县。《地形志》：赵郡元氏，晋属。有元氏城。《一统志》：故城今正定府元氏县西北。

【编者按】元氏县故城，在今河北元氏县西北十九里殷村镇故城村。

平棘

【斠注】汉属常山郡，后汉属常山国。《元和郡县图志》十七曰：平棘本春秋时棘蒲邑，汉初为棘蒲，后改为平棘。《新斠注地理志》七曰：棘蒲，魏邑。《靳歙传》所谓安阳以东至棘蒲者是平棘，在安阳西数百里，本赵邑，不得合而为一。《读史方舆纪要》十四曰：平棘废县今赵州治。

【集释】程廷祚《证今》曰："今真定府赵州。"

《马注》：与龙曰：三国魏县。《左传·哀四年》杜注：赵国平棘县。《地形志》：赵郡平棘，晋属。有平棘城。《一统志》：故城今赵州南。

【编者按】平棘县故城，在今河北赵县东南三里固城村。史为乐主编《中国历史地名大辞典》定为今河北赵县东南三里县前村。

高邑 公国相。

【斠注】汉鄗县，属常山郡，后汉改作高邑，属常山国。《元和郡县图志》十七曰：高邑，本六国时赵房子邑之地。《寰宇记》六十曰：高邑故城在柏乡县北二十一里。

【集释】程廷祚《证今》曰："在今真定府柏乡县北二十二里。"

《马注》：与龙曰：三国魏县。《地形志》：赵郡高邑，晋属。有高邑城。《元和志》：高邑故城在柏乡县北二十里。《一统志》：今柏乡县北。

赵万里《汉魏南北朝墓志集释》卷一《冯恭石椁题字》："晋故太康三年二月三日己酉赵国高邑导官令大中大夫冯恭字元恪"。

【编者按】高邑县故城，在今河北柏乡县北二十二里固城店镇。

中丘

【斠注】汉属常山郡，后汉属赵国。《新斠注地理志》七曰：在今顺德府内（邱）[丘]县西。《寰宇记》：今内（邱）[丘]县也。《十三州志》：《山海经》，蓬山，（邱）[丘]在其间，故曰中（邱）[丘]。《晋地理志新补正》曰：按《元和志》晋于此立中（邱）[丘]郡。《十六国春秋》：石季龙改为赵安县。《续汉志》注：《地道记》曰：中（邱）[丘]有石门塞、烧梁关。

【集释】《马注》：与龙曰：三国魏县。《史记·陈余传·索隐》引郭景纯注《山海经》云：泜水出常山中（邱）[丘]县。按：郭注据《汉书·地理志》言之也。《寰宇记》：晋于县立中丘郡，后魏省入柏人。《地形志》：南赵郡中丘，晋属赵国。有中丘城。《一统志》：故城今顺德府内邱县西十里。后魏故县今内邱县治。

【编者按】中丘县故城，在今河北内丘县西十里。

柏人

【斠注】两汉旧县。《元和郡县图志》十五曰：柏人，春秋时晋邑，战国属赵，秦灭赵属钜鹿郡，故城在尧山县西北十二里。《读史方舆纪要》十五曰：柏人城在唐山县西十二里。

【集释】《通鉴》胡注：魏收《地形志》：南赵郡柏人县。有柏乡城。《九域志》曰：柏乡故城，春秋时晋鄗邑。《五代志》：隋文帝开皇十六年，置柏乡县，属赵郡。

程廷祚《证今》曰："在今顺德府唐山县西十二里。"

《马注》：与龙曰：三国魏县。《左传·哀四年》杜注：赵国柏人县。有柏乡城。《通鉴》：太元九年，赵郡人赵粟起兵柏乡，以应苻丕将邵兴。有南栾城。《寰宇记》：后赵石季龙建武六年，分柏人立南栾县。按章怀《后汉书》注所谓南栾在柏人东北者盖即后赵所改置，非汉县故治也。《地形志》：南赵郡柏人，晋属。有柏人城、柏乡城。《一统志》：柏乡城，今柏乡县西南。柏人故城，今唐山县西。

【编者按】柏人县故城，在今河北隆尧县西亦城。

平乡

【斠注】后汉属钜鹿郡。《史记·秦始皇本纪·正义》：《括地志》曰：邢州平乡县城本钜鹿，"离围赵王歇"即此城。

【集释】《马注》：与龙曰：三国魏县，属钜鹿。《宋书·瑞符志》：晋太康二年，白兔见赵国平乡。《通鉴》：太元九年，慕容垂以陈留王绍行冀州刺史，屯广阿。《魏书》：太常三年，诏叔孙建镇广阿。《地形志》：南赵郡平乡，晋后罢，景明二年，复治钜鹿城。有平乡城。《一统志》：广阿城今隆中县东。平乡故城今平乡县西北六里大老营南。后魏故城今平乡县治。

【编者按】平乡县故城，在今河北平乡县西南二十八里油召乡大老营村。

下曲阳故鼓子国。

【斠注】后汉属钜鹿郡。应劭曰：晋荀吴灭鼓，今鼓聚昔阳亭是也。《水经注》：泜水东迳肥垒县之故城南，又东迳昔阳城南，本鼓聚。《十三州志》曰：今其城，昔阳亭是矣。京相璠曰：白狄之别也。下曲阳有鼓聚。《读史方舆纪要》十四曰：下曲阳城在晋州西五里。《晋地理志新补正》曰：按：杜预《昭十二年·左传》注云：钜鹿下曲阳。则下曲阳晋亦属钜鹿，此《志》属赵国，俟考。

【集释】《通鉴》胡注：此赵国之下曲阳县也。有柏肆坞，隋开皇十六年置柏肆县，后废入常山藁城县。《魏书·

帝纪》作"钜鹿之柏肆坞"。

　　程廷祚《证今》曰："在今真定府藁城县及晋州。后汉属钜鹿郡。杜同。"

　　方恺《新校》：方恺曰：《左传·昭十二年》杜注：钜鹿下曲阳县。有肥垒城。《十五年》注：鼓聚同。

　　《马注》：与龙曰：注说见《郡国志》。三国魏县，属钜鹿。《左传·昭十二年》杜注云：钜鹿下曲阳县。盖晋初尚仍旧也。有柏肆坞，本汉藁城县，晋未筑坞于此。《通鉴》：隆安元年，拓拔珪攻信都，欲北还，慕容宝悉发其众屯于曲阳之柏肆，营于滹沱北以邀之。《地形志》：定州钜鹿郡曲阳，晋属赵国，曰下曲阳。《一统志》：故城今正定府晋州西。

　　【编者按】下曲阳县故城，在今河北晋州市西七里鼓城村。

郻

　　【斠注】两汉属钜鹿郡。《水经·浊漳水注》曰：衡水又北迳郻县故城东。注云：《竹书纪年》秦封卫鞅于郻，改名曰商，故王莽改曰秦聚。《地理风俗记》曰：县北有郻阜，盖县氏之。《读史方舆纪要》十二曰：鄡县城在束鹿县东北二十里。《水经注释》曰：一清按案：《后汉书·光武帝纪》注引《竹书纪年》云：卫鞅封郻。《续志》：钜鹿郡郻县。《汉志》作鄡。师古曰：音苦幺反，鄡字是郻字之误。观《班志》绵曼水下分注作郻，可见若卫鞅封邑在（宏）[弘]农之商县，《地理志》云秦相卫鞅邑也，然则何得云在钜鹿之地乎？全氏曰：萧该误音郻为鄡，臧矜又误音为鄡，按鄡是太原之邑，郻是钜鹿之邑，并属赵，秦何由得取其地以封鞅乎？王莽以郻为秦聚固非，道元谓莽以郻为秦聚尤（缪）[谬]。《通典》《旧唐书》作鄔，《寰宇记》作鄢，亦非。《新斠注地理志》七曰：段氏玉裁曰：郻与豫章郻阳县字不同。《玉篇》《广韵》可证。真定国绵蔓水（编者校："水"字疑衍，当删。）下，斯洨水东至郻入河。则字从俗体，不可入彼正此。卢氏文弨曰：仲尼弟子郻单。郻，当本作郻。《檀弓》县亶，即此郻字。《斠注》案：《魏地形志》云：郻，二汉、晋属钜鹿。今本《志》已改属赵国，《魏志》误也。

　　【集释】何超《音义》：郻，口尧反。

　　方恺《新校》：方恺曰：又《地形志》：郻作鄡（编者校：中华书局点校本《魏书》此处有专门论述，认为"鄡"字误，当作"郻"。详见其述。）云二汉、晋属钜鹿。案《说文》邑部：郻在钜鹿，从邑，枭声。盖郻为正体，惟不属赵国耳。

　　《马注》：与龙曰：三国魏县，属钜鹿。定州钜鹿郡下云：郻，晋属，有郻城，盖尝后改属也。《一统志》：故城今保定府束鹿县东。

　　【编者按】郻县故城，在今河北辛集市东南新城镇东北。

钜鹿国秦置。

　　【集释】方恺《新校》：方恺曰：案本书《武帝纪》，分封诸王无钜鹿之号，本书《新蔡王腾传》有钜鹿太守崔曼，是为郡名无疑，互见鲁郡下，不当作国。下曲阳、郻当属此郡，见前。又《水经注》浊漳水篇引阚骃《十三州志》

曰：杨氏县北四十里［有敬］（编者校：此处脱"有敬"。）武亭，故县也。《郡国志》杨氏属钜鹿，则晋时此郡下当有杨氏县，本《志》缺载。又案本书《卫恒传》，恒序《四体书势》云："今钜鹿宋子有耿球碑"。宋子本汉县，据此知西晋县仍在，本《志》缺载

《马注》：与龙曰：三国魏郡。《地形志》属定州。

统县二，

【集释】毕沅《新补正》：沅案：《元和郡县志》：藁城县，晋省。

《马注》：与龙曰：《地形志》：殷州钜鹿郡宋子，二汉属，后罢。永安二年复，治宋子城。按魏收不云晋属，则卫恒所云今钜鹿宋子，实犹指《汉志》为言耳。徐广注《史记》亦有用《汉地理志》郡县而加今字者。

户一万四十。

【斠注】《水经·浊漳水注》曰：秦始皇二十五年灭赵，以为钜鹿郡，汉景帝中元年为广平郡，武帝征和二年以封赵敬肃王子为平干国，世祖中兴更为钜鹿也。《水经注释》曰：或曰为乃属字之误。《读史举正》曰：钜鹿国当为郡。

【编者按】《马注》所用底本为"户一万四千"。钜鹿国治廮陶县，在今河北宁晋县西南。

廮陶

【斠注】两汉旧县。《寰宇记》曰：在宁晋县南二十九里。《读史方舆纪要》三曰：廮陶，今赵州宁晋县西南二十五里故城是。《晋地理志新补正》曰：按《寰宇记》［魏］（编者校：此处脱"魏"。）县，晋省。《斠注》案：或省于太康三年以后。

【集释】何超《音义》：廮陶，上婴并反，下音遥。

《马注》：与龙曰：三国魏县。有杨城。《寰宇记》：晋省杨氏县入廮陶。慕容宝永康元年，赵王麟攻杨城。《地形志》：钜鹿郡廮陶，晋属，治廮陶城。《一统志》：故城今赵州宁晋县西南。

【编者按】廮陶县故城，在今河北宁晋县西南。

钜鹿

【斠注】两汉旧县。《读史方舆纪要》十五曰：钜鹿城今平乡县城也。

【集释】《马注》：与龙曰：三国魏县。《地形志》：南赵郡钜鹿，晋属钜鹿。又平乡县治钜鹿城。《寰宇记》：后魏景明中，移钜鹿于旧县东三十里，移平乡县治此。《一统志》：故城今顺德府平乡县治。

【编者按】钜鹿县故城，在今河北平乡县西南的平乡镇。

安平国汉置。

【集释】《通鉴》胡注：信都县，汉属信都国，后汉属安平国，晋同。

方恺《新校》：方恺曰：《地形志》：长乐郡，汉信都，晋改。又堂阳、南宫，晋属安平，后属长乐。信都、下博，晋属长乐。广川，晋属广川，后属长乐。又云武邑郡，晋武帝置。武邑、武遂、灌津，晋属安平，后属武邑。阜城，晋属渤海，后属武邑。《水经注·浊漳水篇》：衡漳又东，迳武邑县故城北。晋武帝封子于县，以为王国。后分武邑、武遂、观津为武邑郡，治此。本

书《武帝纪》：太康五年二月景寅，立南宫王子砧为长乐王。太康十年冬十月壬子，徙南宫王承为武邑王。又《牵秀传》：秀，武邑观津人。参考两书，晋实有长乐、武邑二郡，即在太康之后，亦当别见下篇，本《志》绝不载及，未详何据。又案洪氏亮吉《东晋疆域志》引《元和郡县志》晋置武强县，属武强郡，并云今考武强郡误，当从《地形志》作武邑郡也。盖晋武置武邑郡，又置武强县以属之。今案《水经注·河水篇》：又东北，迳长乐郡武彊（编者校："彊"为"强"异体字。陈桥驿复校本《水经注疏》"武彊"定为"枣强"。详见熊会贞考证。）县故城东。长乐，故信都，晋太康五年改从今名。则武彊当属长乐，《元和志》有脱误。

《马注》：与龙曰：三国魏县。《河水注》：张甲河右渎，又东北，迳长乐郡枣彊（编者校："彊"为"强"异体字。）县故城东。《州郡志》广川太守下云：明帝更名乐安，安帝延光中，改曰安平，晋武帝太康五年，又改为长乐。又勃海太守下云：长乐令，晋之长乐郡也。《地形志》长乐郡下亦云：安帝改曰安平，晋改。《武帝纪》：太康五年，立南宫王子祐为长乐王。按晋太康时既改为长乐，此《志》即应作长乐国，惟《州郡志》平原太守广宗令下云：《晋太康地志》属安平。又《地形志》：武邑郡之武遂、灌津、武邑，长乐郡之堂阳、扶柳，广宗郡之广宗、经，并云晋属安平，盖皆沿旧称也，《志》殆因此遂误作安平国，亦不审甚矣。

统县八，

【集释】《马注》：与龙曰：今补录堂阳、南宫二县，应统县十。

户二万一千。

【斠注】《水经·浊漳水注》曰：长芦水又东屈北迳信都县故城西。注云：信都，郡治也。汉高帝六年置，明帝永平十五年更名乐城，安帝延光中改曰安平。《晋地理志新补正》曰：按《晋书》太康五年，改安平为长乐国，封安平王孚曾孙祐为王。十年割武遂、武邑、观津三县为武邑国，以封南宫王承为武邑王。惠帝时，承薨无后，省还长乐。《宋志》曰：去州陆一百六十，去京都陆一千九百八十。

【编者按】安平国治信都县，在今河北冀州市。

信都

【斠注】汉属信都国，后汉属安平国。《水经·河水注》五曰：河水右渎，又东北，迳长乐郡枣彊县故城东。注：长乐，故信都也，晋太康五年改从今名。《水经注释》五曰：一清案：长乐郡不见《晋志》。《地形志》云：晋改。《斠注》案：长乐盖即以信都为郡治，枣彊疑即同时所置县。又《宋志》有索卢令，江左立。《读史方舆纪要》十四曰：信都废县今冀州治。《晋地理志新补正》曰：按《寰宇记》：魏黄初中，冀州刺史自邺徙理信都。西晋末，石赵自信都徙理襄国。至季龙，州徙于邺。慕容儁平冉闵，冀州又徙理于信都。苻坚克慕容晖，州又徙理与邺。后慕容垂据中山，复移冀州于信都。

【集释】《马注》：与龙曰：三国魏县。按魏、晋并为冀州治。石赵、慕容燕皆置冀州于此。《地形志》：长乐郡信都，晋属。《一统志》：故城今冀州治。

【编者按】信都县故城，即今河北冀州市治。

下博

【斠注】汉属信都国，后汉属安平国。《水经·浊漳水注》云：应劭曰：泰山有博，故此加下。《读史方舆纪要》十四曰：下博城在故深州城南二十里。

【集释】《马注》：与龙曰：三国魏县。《地形志》：长乐郡下博，晋属。《一统志》：故城今深州南。

【编者按】下博县故城，在今河北深州市东南三十里下博。

武邑

【斠注】汉属信都国，后汉属安平国。《晋地理志新补正》曰：按《寰宇记》晋太康十年于此置武邑郡。《牵秀传》：武邑观津人。

【集释】汪兆镛《稿本晋会要》补武邑郡并下三县武邑、观津、武遂。武遂，兆镛按：《水经·浊漳水注》云晋武帝分武邑、武隧、观津为武邑郡。遂字从《晋志》。惠帝之后，冀州沦没与石勒。

《马注》：洪亮吉曰：《元和志》：晋置武强县，属武强郡。考武强郡误，当从《地形志》作武邑郡也。方恺曰：《河水注》：又东北，迳长乐郡武强县故城东。则武强当属长乐。与龙曰：三国魏县。《漳水注》：漳水又东北迳武邑郡南，魏所置也。衡漳又东，迳武邑县故城北，晋武帝封子于县，以为王国，后分武邑、武隧、观津为武邑郡，治此。赵一清云：宜以后说为正。与龙按：

《邵续传》云：兄子武邑内史存。又云：帝假存武邑太守。是武邑尝立郡也。《志》于本州篇末自惠帝叙起，则此当别为武邑国。《地形志》：武邑郡，晋武帝置，领武遂、灌津、武邑。并云晋属安平，盖以武邑郡废省耳。《一统志》：故城今武邑县治。

【编者按】武邑县故城，即今河北武邑县治。

武遂

【斠注】汉属河间国，后汉属安平国。《元和郡县图志》十七曰：武强县本汉武隧县地，晋于此置武强县，属武强郡。又曰：武隧故城在武强县东三十一里。《宋志》曰：武强，江左立。《晋地理志新补正》曰：按《郡国县道记》晋（时）［于此］（编者校：此处衍"时"，又脱"于此"。）置武强县。《斠注》案：晋未置武强郡，《元和志》云属武强郡，疑是武邑郡之讹。《读史方舆纪要》十四曰：武遂城在武强县东北三十里。

【集释】《马注》：与龙曰：三国魏县。太康十年，改属武邑国，后省国，还属，说见前。《地形志》：武邑郡武遂，晋属安平。《一统志》：故城今深州武强县东北沙窪村。

【编者按】武遂县故城，在今河北武强县西北沙洼村。

观津侯相。

【斠注】汉属信都国，后汉属安平国。《汉书补注》曰：战国魏地，齐、宋败魏于此，见齐、魏《世家》。《史记·魏世家·正义》：《括地志》曰：观津城在冀州枣阳县东南二十五里。《元和郡县图志》十七曰：观津城在武邑县东南二十五里。《读史方舆纪要》十四作武邑县东南三十三里。

【集释】《马注》：与龙曰：三国魏县。太康十年，改属武邑国，后省国，还属，说见前。《牵秀传》：武邑观津人。《地形志》属武邑郡，作灌津，云晋属安平。《一统志》：故城今冀州武邑县东南。

【编者按】 观津县故城，在今河北武邑县东二十五里观津。

扶柳

【斠注】 汉属信都国，后汉属安平国。《史记·吕后本纪·正义》：《括地志》曰：扶柳故城在冀州信都县西三十里。《水经·浊漳水注》曰：县有扶泽，泽中多柳，故曰扶柳。《读史方舆纪要》十四曰：扶柳城在冀州西南六十里。

【集释】《马注》：与龙曰：三国魏县。《汉书·地理志》注：阚骃云：其地有扶泽，泽中多柳，故曰扶柳。《地形志》：长乐郡扶柳，晋属安平国。《一统志》：故城今冀州西南六十里。

【编者按】 扶柳县故城，在今河北冀州市西北扶柳城。

广宗侯国。

【斠注】 后汉属钜鹿郡。《水经·河水注》五引田融曰：赵武帝十二年立建兴郡，治广宗，置建始、兴德五县隶焉。《淇水注》九：广宗县故城引田融曰：赵立建兴郡于城内，置临清县于水东，自赵石始也。《斠注》案：石赵郡县不见于本州序末，故附注于此。

【集释】《通鉴》胡注：广宗县，汉属钜鹿郡，晋属安平国。

《马注》：与龙曰：官本"国"作"相"。三国魏县。《州郡志》：广宗，《晋太康地志》属安平。有建始城。有兴德城。《河水注》：张甲左渎迳广宗县故城西，又北迳建始县故城东。田融云：赵武帝十二年立建兴郡，治广宗，置建始、兴德五县隶焉。全祖望云：《五代志》：燕太傅长史田融著《赵书》。赵一清云：赵武帝，石虎也。《通鉴·晋纪》有建兴人史科。有临清城。有水东城。《淇水注》：清河东北迳广宗县故城南。田融言，赵立建兴郡于城内，置临清县于水东，自赵石始也。清河又北，迳信成县故城西。赵置水东县于此城，亦曰水东城。有末柸城。《十六国春秋》：鲜卑段末柸筑城，与石勒相持，因名（木）[末]（编者校：《马注》"末"误为"木"。）柸城。《元和志》：城在清和县东北。有上白城。《石勒载记》：勒攻乞活李（伟）[恽]（编者校：《马注》"恽"误为"伟"。）于上白石。《季龙载记》：李农奔广宗，率乞活数万家保于上白。《地形志》：司州广宗郡广平，晋属安平。有广平城。有建始城。有建德城。《明统志》云：建德即兴德之讹。《一统志》：水东城，今清河县西北。上白城，今威县南。广宗故城，今威县东。

【编者按】《宋本晋书》"侯国"为"侯相"。广宗县故城，在今河北威县东。

经

【斠注】《水经注释》曰：一清按：

《续志》安平国经，西有漳水。《地理志》无经县，钜鹿郡堂阳县下云：尝分为经县。盖前汉已置是县，旋废，而后汉复置之。《读史方舆纪要》十五曰：经县故城在广宗县东二十里。

【集释】《马注》：与龙曰：三国魏县。《史记·赵世家·集解》徐广曰：安平经县，西有漳水，津名薄洛津。《地形志》：广宗郡经，属安平，真君二年并南宫，后复。又殷州钜鹿郡西经县，永安二年分经县置。《元和志》：汉、晋之经县即后魏之西经县。《一统志》：故城今顺德府广宗县东。

【编者按】经县故城，在今河北广宗县东北二十里。

[堂阳]

【集释】《马注》：与龙曰：三国魏县。《魏志》：司马朗、高堂隆并为堂阳令。本书《石鉴传》：封堂阳子。《地形志》：冀州长乐郡堂阳，后汉、晋属安平国，后属。与龙按：据《地形志》，晋初应有此县，今补录焉。《一统志》：故城今顺德府新河县西。

【编者按】此处《马注》增补堂阳。堂阳县故城，在今河北新河县西北滏阳河北。

[南宫]

【集释】《马注》：与龙曰：三国魏县。《地形志》：冀州长乐郡南宫，后汉、晋属安平国，后属。谢钟英云：《舆地广记》：南宫县，晋省。与龙按：《舆地广记》盖从此《志》而为之说耳。今据《地形志》补录。《一统志》：故城今冀州南宫县西北。

【编者按】此处《马注》增补南宫县。南宫县故城，在今河北南宫市西北三里北旧城。

[枣强]

【集释】《中国历史地图集释文·河北卷》（未刊稿）："《晋书·地理志》安平国没有枣强县记载，今据《太平寰宇记》卷六十三补。主要依据有下列几点：1. '故枣强城，汉为邑理，故城在今县西南十五里，后汉省，魏复置，高齐天保七年，自故城移枣强县于今县东北十八里广川城置……'（《太平寰宇记》卷六十三）按这里讲的魏系指三国魏而非北魏，其理由，一是系在后汉下紧跟着的叙述；二是若是北魏，则一定会在此处交代清楚，例如同卷在枣强县沿革下讲：'枣强县本汉旧县地……慕容垂于此置广川郡，后魏孝文太和十一年废郡，高齐天保七年省广川县，因移枣强县理此城，属长乐郡。' 2. 吴增仅、杨守敬：《三国郡县考证附考表》安平郡有枣强。3. 《读史方舆纪要》卷十四：'枣强县，汉县，属清河郡，后汉省，魏复置，仍属清河郡，晋省，义熙中复置，属广川郡。''枣强故城，汉县治此……晋太元中，慕容垂徙治于废广川城，后魏复还旧治，隋以后因之。'按：前者云'晋省，义熙中复置'系抄自《晋书》，与后者引文又矛盾，晋太元系指376年到396年，而义熙系指405年到418年，如是义熙中复置，那么太元中又何从徙治于废广川城呢？岂不是矛盾。综上所引资料，参看《清统志》，分析《太平寰宇记》所载史实，应指三国魏，据此前提，再看晋太元中徙治，义熙中复置等史料，认为晋太康三年时（282年），安平国应有枣强县。"

【编者按】谭其骧主编《中国历史地图集》在西晋太康二年图增补枣强县。枣强县故城，在今河北枣强县东南东故县村。

平原国 汉置。统县九，户三万一千。

【斠注】《汉书补注》曰：《河水注》：高帝六年置。全祖望云：故属秦齐郡，高帝分置属齐国，景帝后以支郡收。

【集释】程廷祚《证今》曰："在今山东。"

《马注》：与龙曰：三国魏郡。宋因。《地形志》属济州。

【编者按】平原国治平原县，在今山东平原县西南。

平原

【斠注】两汉旧县。《汉书补注》曰：春秋齐地，战国入赵，为公子胜封邑，见《平原君传》。《读史方舆纪要》三十一曰：刘昫曰：平原旧城在今县西南五十里。《续汉志》注：《地道记》曰：平原有笃马河。

【集释】《马注》：与龙曰：三国魏县。宋因。《地形志》：冀州安德郡平原，真君三年并鬲，太和二十一年复。《一统志》：故城今济南府平原县南。

《中国历史地理信息系统释文》（未刊稿）；《续山东考古录》卷三《济南府下·平原县》王汝涛点注："平原县，汉置，遗址在今平原县西南13公里王庙乡张官店村东。刘宋元嘉十七年（440年）并入鬲县。后魏太和二十一年（497年）复置，仍原址。高齐移今治。"所述汉平原县址，与《旧唐书·地理志》合，即今平原县西南张官店。

【编者按】平原县故城，在今山东平原县西南二十六里张官店。

高唐

【斠注】两汉旧县。《元和郡县图志》十六曰：高唐本齐邑。《读史方舆纪要》三十四曰：高唐废县今州治。

【集释】方恺《新校》：方恺曰：《地形志》：高唐，二汉、晋属平原，后罢。《水经注·漯水篇》杜预曰：祝阿县西北有高唐城。据此知，太康之初高唐已罢并祝阿矣。

《马注》：与龙曰：《寰宇记》：高唐县，晋后废，改置于汉灵县界。按郦《注》引杜预语，则高唐改置疑在晋初也。三国魏县。有斗城。《十六国春秋》：孝武太元中，张愿屯祝阿之瓮口。后燕慕容隆讨之，至斗城，愿兵奄至，隆击却之，遂进战于瓮口，愿败走。宋因。《地形志》：南清河郡高唐，晋属平原。《一统志》：故城今禹城县西南。

《中国历史地理信息系统释文》（未刊稿）；《续山东考古录》卷三《济南府下·禹城县》："高唐县故城，在西南五十里。"王汝涛点注："高唐县，汉置，晋乱，废。治齐故高唐邑，遗址在今禹城县驻地西南19公里伦镇西。"即在今禹城县西南伦镇西。

【编者按】高唐县故城，在今山东禹城市西南。《中国文物地图集·山东分册》定东周和汉高唐县故城在今山东禹城市西南伦镇小城子坡村南三里。

茌平

【斠注】《元和郡县图志》十曰：济州理碻磝城，本秦东郡之茌平县地，其城西临黄河，晋末为河水所毁，移理河北博州界。又曰：茌平故城在聊城县东五十三里。《读史方舆纪要》三十四曰：故茌平城在今县西二十里。

【集释】《通鉴》胡注：碻磝城，即汉东郡茌平县故城，其西南即河津，谓之碻磝津。后魏置济州于碻磝城。杜佑曰：碻磝，即今济阳郡城。碻，口交翻；磝，音敖。杨正衡曰：碻，五劳翻；磝，口劳翻。毛晃曰：碻，丘交翻；磝，牛交翻。或曰：碻，音确；磝，音爻。

何超《音义》：茌平，仕疑反。

《通鉴》胡注：茌平县，前汉属东郡，后汉属济北国，晋属平原国。应劭曰：在茌山之平地者也。意其地当在唐齐州、博州界。刘昫曰：茌平县并入唐博州聊城县。被，皮义翻。师古曰：茌，音仕疑翻。

《马注》：与龙曰：三国魏县，属济北。《州郡志》：茌平，《晋太康地志》属平原。有马牧。惠帝永兴中，汲桑、石勒起于此。《河水注》：昔石勒之隶师懽，屯耕于茌平，闻鼓角鞞铎之声于是县也。《十六国春秋》：勒年二十余，为并州刺史司马腾所执，卖充军赏，与茌平人师懽为奴，每屯耕于野，常闻鞞铎音。有碻磝城。《河水注》：河水迳碻磝城西。《述征记》曰：碻磝，津名也。魏立济州治此，即故茌平县也。《晋书》：永和八年，姚襄屯碻磝津。宋因。

《地形志》：平原郡茌平，晋属，治鼓城。有茌平城。《一统志》：故今东昌府茌平城西。

《中国历史地理信息系统释文》（未刊稿）：《续山东考古录》卷四《东昌府上·茌平县》："茌平县故城，在西南五十许里。"王汝涛点注："茌平县，秦置县，因位于茌山下平地得名，治所即今茌平县城西南20.5公里韩集乡高垣墙村。汉因之。""《元和志》：'汉茌平城西临黄河，晋末为河水所毁，移理河北博州界（晋无博州，据唐时言之）。'按所徙未详。疑徙于石勒布鼓城，即后魏治所也。《读史方舆纪要》称'徙于今治西三十三里'，无据。"所载与上引《元和志》合，是也。今茌平县西南高垣墙庄，即是。王文楚按：《魏书》卷一百零六《地形志中》：平原郡茌平县，"治鼓城，有茌平城"所云"有茌平城"，即秦汉旧茌平县城，北魏已徙治于鼓城，即布鼓城，《续山东考古录》云"鼓城一曰布鼓城"，所谓"疑石勒布鼓城，即后魏治所也"，是也。《续山东考古录》王汝涛点注："后魏泰常八年（423年）因县城圮于水，徙治布鼓城，即茌平县城东南二十二里郝集乡土城村。"王文楚按：云"北魏泰常八年徙"，无据，云徙于今茌平县东南土城村则是。

【编者按】茌平县故城，在今山东茌平县西南。《中国文物地图集·山东分册》定汉茌平县故城在今山东茌平县韩集乡高垣墙村、南新村。晋末治所迁移，移至今山东茌平县东南土城村。

博平

【斠注】汉属东郡。《读史方舆纪要》三十四曰：博平故城在今县西北三十里。

【集释】毕沅《新补正》：沅案：《元和郡县志》：汉属东郡，晋移属。

《马注》：与龙曰：三国魏县。《州郡志》魏郡太守下云：博平，晋属平原。《地形志》：平原郡博平，晋属。有博平城。《一统志》：故城今博平县西北三十里。

《中国历史地理信息系统释文》（未刊稿）：《续山东考古录》卷四《东昌府上·博平县》："博平县故城，在西北三十里。"王汝涛点注：汉博平县，"遗址在今茌平县萧家庄乡王菜瓜村西1公里处。"

【编者按】博平县故城，在今山东茌平县西北肖家庄乡王菜瓜村西二里。

聊城

【斠注】汉属东郡。《元和郡县图志》十六曰：聊城县本春秋时聊摄地。《读史方舆纪要》三十四曰：古聊城在今东昌府西北十五里。

【集释】《通鉴》胡注：聊城县，汉属东郡，晋属平原郡，唐为博州治所。

程廷祚《证今》曰："在今东昌府治。"

《马注》：与龙曰：三国魏县。《左传·昭公二十年》杜注：平原聊城县。《州郡志》魏郡太守下云：晋属平原。有博固城。《寰宇记》：聊城县博固城，或谓之布鼓城，石勒时筑，在大河之曲。《地形志》：平原郡聊城，晋属。又西聊，孝昌中分聊城置，治聊城。《一统志》：博固城，今聊城县东北。聊城故城，今聊城县西北十五里。

《中国历史地理信息系统释文》（未刊稿）：《续山东考古录》四《东昌府上·聊城县》："聊城县故城，在西北7.5公里，今聊古庙。"王汝涛点注："汉置聊城县，治故聊邑，即今聊城市区西北十五里处聊古庙遗址。"

【编者按】聊城县故城，在今山东聊城市西北二十二里东昌府区阎寺街道西南聊古庙遗址。

安德

【斠注】两汉旧县。《读史方舆纪要》三十一曰：安德今陵县，在济南府西北二百四十里。

【集释】《马注》：与龙曰：三国魏县。宋因。《地形志》：安德郡安德，晋属平原。《一统志》：故城今济南府陵县治。

【编者按】安德县故城，在今山东平原县东北。

西平昌

【斠注】汉平昌县，后汉作西平昌。《宋志》：《晋太康地志》曰：西平昌。《读史方舆纪要》三十一曰：平昌城在德平县东北一里。

【集释】《马注》：与龙曰：三国魏县。宋因。《地形志》：沧州安德郡平昌，晋属平原，曰西平昌，治平昌城。《一统志》：故城今德平县西南三十里。

《中国历史地理信息系统释文》（未刊稿）：《旧唐书》卷三十九《地理志二》：德州平昌县，"汉县，属平原郡。

故城在今东三十里。"王文楚按：唐平昌县，即今临邑县东北德平，五代唐改为德平县。《续山东考古录》卷三《济南府下·德平县》："汉平昌故城，在东南三十里。"与《旧唐书·地理志》记载相符，今临邑县东北德平东南古城，乃汉代平昌侯国。《太平寰宇记》卷六十四《河北道十三》：德州德平县，"本汉平昌县，属平原郡。故城在今县西南三十里，即汉理所，后汉改为西平昌，后魏永熙二年，又除西字，移于今县东南废平昌县城，高齐天保七年，又移于今理。隋开皇三年改属沧州，十六年属德州。今为德平县。"后汉改为西平昌县，此既云"后魏永熙二年移于今县东南平昌故城"，实为还治西汉平昌旧址，《魏书》卷一百零六《地形志上》：平昌县，"治平昌城。"即汉平昌城是也，故云故城，在县东南，非"县西南"，故前者之"西南"为"东南"之误，后汉改为西平昌侯国，治所随即移治于德平西南三十里，上引《太平寰宇记》所谓在今县西南三十里，"后汉改为西平昌"者也。《续山东考古录》卷三《济南府下·德平县》：后汉"西平昌县故城，在西南三十里，旧以为前汉平昌城，非"。所说甚是。以此方位推考，约在今德平西南前屯附近。

【编者按】西平昌县故城，在今山东临邑县北德平镇西南。

般

【斠注】两汉旧县。颜师古曰：《尔雅》说九河曰钩般，郭璞以为水曲如钩流般桓也。《新斠注地理志》八曰：在今德平县东北二十里。《后汉书》注：故城在平昌县东。《寰宇记》：在德平县东北二十五里，九河有钩盘河，县以此名也。古字般、盘通用。

【集释】《马注》：与龙曰：三国魏县。宋因。《地形志》：沧州安德郡般，晋属平原，治般城。《一统志》：故城今德平县东北。

《中国历史地理信息系统释文》（未刊稿）：《太平寰宇记》卷六十四《河北道十三》：德州德平县，"故般城，汉县，废城在今县东北二十五里。高齐天保七年省。"王文楚按：唐宋德平县，即今临邑县东北德平，则汉般县在今德平东北二十五里，旧《山东全省州县自治区域图》德平东北有盘城孟庄、盘城李庄，孟庄即今乐陵市西南孟家、李庄即今商河县西北后李家，今定位于乐陵市西南孟家。

【编者按】般县故城，在今山东乐陵市西南。

鬲

【斠注】两汉旧县。《寰宇记》六十四《郡国县道记》云：古鬲国，妘姓，咎陶之后。《史记·曹相国世家·正义》：《括地志》曰：故鬲城在德州安德县西北十五里。《读史方舆纪要》三十一曰：鬲县城在德平县东十里。

【集释】程廷祚《证今》曰："在今济南府德平县东十里。"

傅云龙《殿本晋书考证》曰：此下监本有放字。按《宋书》有平昌，有般，有鬲，从汲古阁本删放字。

《马注》：与龙曰：三国魏县。《左传·襄四年》杜注：平原鬲县。宋因。《地形志》：安德郡鬲，晋属平原，治临齐城。《一统志》：故城今德州北。

《中国历史地理信息系统释文》（未刊稿）：《续山东考古录》卷二《济南府中·德州》：汉鬲县故城，在东南二十五里，"《州志》云：'东南二十五里武家庄掘井，得城墙一段，即古鬲城。'"王汝涛点注："其遗址在今德州地区平原县驻地西北19公里王村店乡境内，详址待考。"即今平原县西北王村店。

【编者按】 鬲县故城，在今山东德州市东南。史为乐主编《中国历史地名大辞典》定鬲县故城在今山东平原县西北武家庄。根据2008年的行政区划，此地即今德州市东南二十五里武家庄。

乐陵国汉置。

【集释】《通鉴》胡注：乐陵县，汉属平原郡，晋分为乐陵国，唐为县。宋白曰：棣州阳信县，魏属乐陵国，晋斩汲桑于此，属沧州。

方恺《新校》：方恺曰：石苞封乐陵郡公，子孙世爵至西晋末，见本书《本传》，不应再作王国。

《马注》：王先谦曰：建安中置郡。三国魏因之。《宋志》云：晋武帝分平原立。按晋武当为魏武之讹。与龙曰：宋因。《地形志》属沧州。

统县五，户三万三千。

【斠注】《宋志》曰：去州一百四十，去京都陆一千八百。《斠注》案：本《志》序文注言：乐陵，魏武所置，《宋志》言晋武帝分平原立，均与此互异。

【编者按】 乐陵国治厌次县，在今山东阳信县东南。

厌次

【斠注】《水经·河水注》五曰：商河又东北迳富平县故城北。注：《地理志》侯国也。应劭曰：明帝更名厌次。《十三州志》曰：明帝永平五年改曰厌次。《斠注》案：《史记·高祖功臣侯者年表》：高帝六年，封元顷改为侯国。徐广《音义》曰《汉书》作爰类，是知厌次旧名非始明帝盖复故耳。《晋地理志新补正》曰：按《寰宇记》晋乐陵国理此。《读史方舆纪要》三十一曰：厌次废县今武定州治。

【集释】 何超《音义》：厌次，一琰反。中华书局点校本《晋书》"中华校"曰：厌次注：一琰反 "一"原作"二"，今据《帝纪》六"猒次"音改。

《通鉴》胡注：厌次，本前汉平原郡之富平县，后汉明帝更名厌次，晋分属乐陵，为治所。丁度《集韵》：厌，于琰翻。《九域志》曰：相传秦始皇东游，厌气碣石，次舍于此，因以为名。魏收曰：乐陵郡厌次县有富城，邵续居之。

《马注》：与龙曰：三国魏县。《州郡志》：厌次，《晋太康地志》属乐陵。《史记·索隐》卷十八：厌次，《晋书地道记》属平原，后乃属乐陵国。有马岭城。《河水注》：马岭城在河曲之中，东海王越斩汲桑于是城。全祖望云：实是并州乞活之田甄、田兰所斩，非越也。宋因。《地形志》：乐陵郡厌次，晋属，治马岭城。《一统志》：晋县治马岭城，今武定府阳信县东。

《中国历史地理信息系统释文》（未刊稿）：《史记》卷一百二十六《滑稽列传》：齐人东方朔。《正义》引《括地志》："富平故城在仓州阳信县东南四十里，汉县也。"王文楚按：隋唐富平县故城在今阳信县西南西程子坞，北宋移治今阳信县，则富平县故城在今阳信县西程子坞东南四十里。《续山东考古录》卷八《武定府上·惠民县》王汝涛点注：汉富平县，"即今惠民县城东20公里桑落墅镇。"王文楚按：今惠民县东南桑落墅镇，正在阳信县西南西程子坞东南，即是。东汉永平五年改名厌次县。

【编者按】 厌次县故城，在今山东阳信县东南。史为乐主编《中国历史地名大辞典》定厌次县故城在今山东阳信县东南三十五里。

阳信

【斠注】 两汉属勃海郡，魏属乐陵国。《史记·孝文帝本纪·正义》：《括地志》曰：阳信故城在沧州无棣县东南三十里。《读史方舆纪要》十三曰：阳信城在庆云县东南三十里。

【集释】 《马注》：与龙曰：三国魏县。《州郡志》：阳信，《晋太康地志》属乐陵。宋因。《地形志》：乐陵郡阳信，晋属，治阳信。《一统志》：故城今海丰县界。

《中国历史地理信息系统释文》（未刊稿）：《太平寰宇记》卷六十五《河北道十四》：沧州无棣县，"汉阳信县地，今县东南三十里阳信故城存。高齐天保七年，自此城移于今阳信县东马岭城置。"王文楚按：唐宋无棣县治今庆云县东北，则阳信县故城在其东南三十里。《续山东考古录》卷八《武定府上·海丰县》："阳信县故城在北十七里，今信城，俗又称信阳城。"王汝涛点注："汉置县治信城，即今无棣县城北8公里信阳乡驻地车里村（曾名信阳城）。"即今无棣县北车里，与《寰宇记》记载合。

【编者按】 阳信县故城，在今山东无棣县东北信阳乡。《中国文物地图集·山东分册》定西汉阳信县故城在今山东无棣县东南信阳乡谢家村西南约五百米（即一里）。

漯沃

【斠注】 《斠注》案：《汉志》湿沃县，属千乘郡。漯沃当即湿沃。《御览》一百六十二引《十道记》：蒲台本汉温沃县。温盖湿之误。《水经·河水注》五引河水又东北为漯沃津。注引《地理风俗记》曰：千乘县西北五十里有大河，河北有漯沃城故县也。《读史方舆纪要》三十一曰：湿沃城在蒲台县东南。

【集释】 何超《音义》：漯，他合反。

孙人龙《晋书考证》："漯沃，《隋志》作濕。按《前汉地理志》：漯水出东郡东武阳县。又汉有漯阴侯。漯阴，县名，属平原郡。而《水经注》又云濕水出累头山。《说文》：濕水即《禹贡》'孟子济漯'之漯。盖濕乃漯本字，或省作漯，后以濕为干溼之溼，而漯又转为濕字耳。今仍监本。"

《马注》：与龙曰：《汉志》作（湿）〔溼〕沃。三国魏县。《州郡志》：湿沃，《晋太康地志》属乐陵。《河水注》：《地理风俗记》曰：魏改为后部亭，今俗遂名之曰右辅城。宋因。《地形志》：乐陵郡湿沃，晋复属，治乱城。《隋志》：

（滳）［滴］（编者校：钱大昕《廿二史考异》卷三三曰："滳"当作"滴"，读如商。下同。）河县有后魏漯沃县。《一统志》云：后魏未尝改置县，疑在（滳）［滴］河县地者，三国时复置也。故城今商河县境。

《中国历史地理信息系统释文》（未刊稿）：《续山东考古录》卷九《武定府下·滨州》："《水经注》：《地理风俗记》曰：'千乘西北五十里有大河，河北有漯沃城（按即湿沃城），故县也。'……《一统志》称在今蒲台县西北，固是，但蒲台西北大清河，正古河渠。漯沃城在河北，当在滨州南。"王汝涛点注："汉漯沃县，亦称湿沃县，汉置，后省入千乘。……遗址在今滨州市滨城镇旧滨城稍西处。"王文楚按：清滨州，即今滨州市滨城镇，据此，在今滨州市滨城西不远处。

【编者按】漯沃县故城，在今山东滨州市滨北街道西。

新乐

【斠注】《水经·淇水注》曰：清河又东迳乐亭北。注云：《地理志》之临乐县故城也。《晋书地道志》：《太康地记》乐陵国有新乐县，即此城矣。《读史方舆纪要》十三曰：在今南皮县东南四十里。

【集释】《马注》：与龙曰：三国魏县。《淇水注》：无棣沟又东，迳乐亭北，《地理志》之临乐县故城也，王莽更名乐亭。《晋书地道记》：《太康地记》：乐陵国有新乐县，即此城矣。宋因。《州郡志》：徐州南平昌太守新乐令，二汉无，魏分平原为乐陵郡，属冀州，而新乐县属焉。晋江左立乐陵郡及诸县，后省，以新乐县属此。与龙按：宋有南新乐县，此江左侨立之县也。其乐陵太守新乐令，为魏晋旧县，即前汉勃海国临乐县改置也。故城今河间府宁津县北。

【编者按】新乐县故城，在今河北南皮县东南。

乐陵有都尉居。

【斠注】两汉属平原郡。《元和郡县图志》十七曰：乐陵县本燕将乐毅攻城所筑。《读史方舆纪要》三十一曰：乐陵故城在今县南二十里。

【集释】方恺《新校》：方恺曰：《水经注·河水篇》：乐陵县，伏琛、晏谟言平原邑，今分为郡是也，互见鲁郡下。

《马注》：与龙曰：三国魏县。宋因。《地形志》：乐陵郡乐陵，晋属。有乐陵城。《一统志》：故城今武定府乐陵县西北三十里。

《中国历史地理信息系统释文》（未刊稿）：《续山东考古录》卷九《武定府下·乐陵县》："乐陵故城，在东南二十五里，今魏王城。"王汝涛点注：汉乐陵县，"遗址在今乐陵县城东南16公里刘武官乡驻地刘武官村西北城子后南。"王文楚按：今乐陵市东南刘武官，乐陵县当在其西北之城子后，城子后地不可考，故定位于刘武官。

【编者按】乐陵县故城，在今山东乐陵市东南。史为乐主编《中国历史地名大辞典》定西汉乐陵县故城在今山东乐陵市东南二十五里刘武官西北城子后南（魏王城）。

勃海郡 汉置。

【集释】《马注》：与龙曰：三国魏郡。《地形志》：世祖改为沧水郡。太和二十一年复。

统县十，户四万。

【斠注】《汉志》：勃海郡，高帝置。颜师古曰：在勃海之滨，因以为名。《汉书补注》全祖望曰：高帝分置，属赵。景帝后以支郡收。武帝元狩三年属燕国。昭帝元凤元年复故。《续志》：后汉改属冀州。

【编者按】勃海郡治南皮县，在今河北南皮县东北。

南皮

【斠注】两汉旧县。《水经·淇水注》曰：《十三州志》曰：章武有北皮亭，故此曰南皮也。《新斠注地理志》八曰：在今县东北。

【集释】《马注》：与龙曰：三国魏县。《汉书·地理志》注：阚骃曰：章武有北皮亭，故此云南。《地形志》：（渤）［勃］（编者校：中华书局点校本《魏志》"渤"为"勃"，据改。下同。）海郡南皮，晋属。有（渤）［勃］海城。《一统志》：故城今天津府南皮县东北。

【编者按】南皮县故城，在今山东南皮县东北。

东光

【斠注】两汉旧县。《读史方舆纪要》十三曰：东光旧城在今县东二十里。

【集释】《马注》：与龙曰：三国魏县。《地形志》：（渤）［勃］海郡东光，晋属。《一统志》：故城今河间府东光县东。

【编者按】东光县故城，在今河北东光县东二十里。

浮阳

【斠注】两汉旧县。《水经·淇水注》曰：清河东北流，浮水故渎出焉。《斠注》案：《史记》：赵之南界有浮水焉，是县有浮阳之名。《读史方舆纪要》十三曰：浮阳县今沧州治。

【集释】《马注》：与龙曰：三国魏县。有合口镇。《通鉴》：孝武帝太元十三年，燕慕容楷将兵会慕容隆于合口。安帝隆安二年，魏主珪命拓拔遵镇合口。《漳水注》：衡漳水又东北入清河，谓之合口。又迳南皮县之北皮亭，而东北迳浮阳县西。《地形志》：沧州浮阳郡浮阳，晋属勃海。西接漳水，衡水入焉，今谓之合口。有浮水。《一统志》：故城今沧州东南四十里。

【编者按】浮阳县故城，在今河北沧县东南四十里旧州镇。

饶安

【斠注】《汉志》：勃海郡千童县。应劭曰：灵帝改曰饶安。《汉书补注》曰：据应劭说改饶安，而《续志》无饶安，疑脱。《读史方舆纪要》十三曰：饶安城在沧州东北三十里。

【集释】《马注》：与龙曰：三国魏县。《地形志》：浮阳郡饶安，晋属（渤）［勃］海。又沧州治饶安城。《一统志》：故城今南皮县东南八十里。

【编者按】饶安县故城，在今河北盐山县西南千童镇（旧县）。

高城

【斠注】《汉志》及《水经·淇水注》均作高成，《续志》作高城。《读史方舆纪要》十三曰：高城故城在盐山县南六里。

【集释】《通鉴》胡注："盐山，在勃海高城县；隋改高城曰盐山县，宋白曰：盐山在县南八十里。匹䃅与琨结盟，同奖晋室；既杀琨，而匹䃅之势亦衰，终为石勒禽矣。""贤曰：高城故城，在今沧州盐山县南。"

胡三省《通鉴释文辩误》曰："史炤《释文》曰：漂榆津在辽西。余按《水经》：清河，东北过漂榆邑，入于海。注曰：漂榆故城，俗谓之角飞城。《赵记》云：石勒使王述煮盐于角飞。《魏土地记》：勃海郡高城县东北一百里，北尽漂榆，东临巨海，民皆煮盐为业。则漂榆津当在勃海界。"

《马注》：与龙曰：三国魏县。有盐山。《石勒载记》：段匹䃅率其部众将奔邵续，勒将石越邀（编者校：中华书局点校本《晋书·载记第四·石勒上》"邀"为"要"。）之于盐山。有漂榆邑。《石季龙载记》：以桃豹为横海将军、王华为渡辽将军，统舟师十万出漂榆津。《淇水注》：清水又东迳漂榆邑故城南，俗谓之角飞城。《赵记》云：石勒使王述煮盐于角飞。《魏土地记》曰：高城县东北一百里，北尽漂榆，东临巨海，民咸煮海水籍（编者校：陈桥驿复校本《水经注疏》"籍"为"藉"。）盐为业，即此城也。《地形志》：浮阳郡高城，晋属勃海，治高城。《一统志》：故城今盐山县东南。盐山今盐山县东南。漂榆今天津县北。

【编者按】高城县故城，在今河北盐山县东南宣惠河南岸故城。

重合

【斠注】两汉旧县。《元和郡县图志》十七（编者校：中华书局点校本《元和郡县图志》应为卷"十八"。）曰：重合故城，乐陵县东二百步，汉重合县。《读史方舆纪要》十三曰：重合城在吴桥县西南二十里。

【集释】《马注》：与龙曰：三国魏县。《地形志》：沧州安德郡重合，晋属勃海，治重合城。《一统志》：故城今武定府乐陵县西。

《中国历史地理信息系统释文》（未刊稿）：《太平寰宇记》卷六十五《河北道十四》：沧州乐陵县，"重合城，汉县故城，在今县东二百步。《汉书》有功臣封重合侯，即此地。高齐天保七年省。"又乐陵县序云："唐贞观元年，自乐陵故城移县于今所。"是汉重合故城与唐、宋初乐陵县同地，为唐贞观元年所徙治。《续山东考古录》卷九《武定府下·乐陵县》："《一统志》称乐陵西北二十五里有乐陵故城，正重合故地，即唐县也。"王汝涛点注："唐贞观元年（627年）移治鬲津县城，即今乐陵城西北11公里西段乡张元标村。"据此，汉重合故城在今乐陵县西北张元标村。

【编者按】重合县故城，在今山东乐陵市西北。

东安陵

【斠注】《元和郡县图志》十七曰：安陵本汉蓚县地，晋立安陵县，属勃海郡，本蓚县之安陵，故一为名。《读史方舆纪要》十三曰：安陵城在景州东十七里。

【集释】《马注》：与龙曰：三国魏无。《地形志》：（渤）〔勃〕海郡安陵，晋置，属。《寰宇记》：晋安陵县即汉安县旧理。《一统志》：故城今河间府吴桥县西北。

【编者按】东安陵县故城，在今河北吴桥县北十五里南运河东岸安陵村东。

蓨

【斠注】汉脩县，属信都国，后汉属勃海郡。《汉书补注》曰：《景纪》《周亚夫传》作条，《晋志》作蓨，《魏志》作脩，高肇诸《传》仍作蓨，盖蓨、脩通用。《史记·绛侯周勃世家·正义》：《括地志》曰：故蓨城俗名南条城，在德州蓨县南十二里。《水经·淇水注》曰：清水又东北，迳邸阁城东，城临侧清河。注云：晋脩县治。《读史方舆纪要》十三曰：废蓨县今景州治。《斠注》案：郦《注》及《元和志》皆云晋脩县，是本作脩，而后人改为蓨也。

【集释】何超《音义》：蓨，音调。

毕沅《新补正》：沅按：《元和郡县志》：本汉条县，晋改条为脩。

《马注》：与龙曰：三国魏县。《州郡志》广川太守下云：蓨县，晋属（渤）〔勃〕海。《地形志》作（修）〔脩〕，（渤）〔勃〕海郡（修）〔脩〕，晋属。《一统志》：故城今景州南，一名亚夫城。按《汉书·周亚夫传》作条。

《中国历史地图集释文·河北卷》（未刊稿）："康熙《河间府志》卷四古迹晋邸阁城：'《水经注》，清河又东北

迳邸阁城东，城临侧清河。晋脩县治。城内有县长鲁国孔翊碑。'按善长之注，既言南北两脩，又指此城为晋脩治，而不复证为汉脩与脩市之旧，则邸阁晋置明矣。善长当元魏末，脩县治犹仍晋旧。《景州新志》云：九城，旧志一名古城，在城东九里，有邸阁。九城何所取意，呼旧城转讹其音为九耳，犹之其称古城矣。"

【编者按】蓨县故城，在今河北景县东九里安陵镇古城村。

广川侯相。

【斠注】汉属信都国，后汉属清河国。《水经·淇水注》曰：阚骃曰：县中有长河为流，故曰广川。《读史方舆纪要》十四曰：广川城，《县道记》在枣强县东北十八里。

【集释】《通鉴》胡注：《水经注》：清河自广川东北流，迳历县故城南，前汉信都国之属县也。应劭曰：广川县西北三十里有历城亭，故县也。今亭在县东津济之所，谓之历口渡。

方恺《新校》：方恺曰：《地形志》：广川，晋属广川，后属长乐。枣强，前汉县，后汉罢，晋复属广川。索卢，晋属广川。似西晋时曾分立广川郡，并置索卢县，而《州郡志》广川太守下绝不载西晋立此郡。于广川县则云：前汉属信都，后汉属清河，魏属勃海，晋还清河。于枣强县则云：前汉属清河，后汉、晋江左无。魏、沈二说互异，本《志》以广川县属勃海，既不隶广川、长乐，又不属清河，未详何据。

《马注》：与龙曰：三国魏县。《州郡志》广川太守下云：广川县，后汉属

清河，魏属勃海，晋还清河。何志广川江左所立。按此则还属清河当在江左时，故此《志》从魏晋旧属勃海也。有姚弋仲垒。《通鉴》：成帝咸和八年，石虎使姚弋仲帅其众徙居清河之滠头。《淇水注》：清河北迳广川县故城南，水侧有羌垒，姚氏之故居也，今广川县治。《元和志》：枣强县外城即姚弋仲故垒。《县道记》：慕容垂于枣强县置广川郡。与龙按：《地形志》云：长乐郡枣强县，后汉罢，晋复，属广川。又索卢、广川二县并云晋属广川。今考晋有长乐，无广川郡。又《州郡志》广川太守下云：枣强，后汉、晋、江左无。据《淇水注》姚氏故居今广川县治，《元和志》谓即枣强县外城，《县道记》言慕容垂于枣强置广川郡，是慕容垂置广川郡时并置枣强县，又兼领索卢、广川等县。后魏废郡，以诸县隶长乐。魏收于县下并云晋属广川，则误以慕容燕为晋也。此《志》于本州篇末亦未及载。《地形志》属长乐郡。《一统志》：故城今冀州枣〔强〕（编者校：此处脱"强"字。）县东三十里。

《中国历史地图集释文·河北卷》（未刊稿）："广川，汉置，北齐废。《寰宇记》卷六十三冀州枣强县：'按《县道记》云，今枣强县东北十八里有广川王故城，慕容垂于此置广川郡，后魏孝文太和十一年废郡，高齐天保七年省广川县，因移枣强县理此城，属长乐郡，隋开皇二年，又自故城移枣强于今理。'又云：'广川故城，汉为县，故城在今县东北。'按：唐宋枣强县即今县东之前旧县，其东北有广川镇（见1∶200万底图），地今属景县，二者相去道里与乐史记同，即是。光绪《畿辅通志》卷一百五十九古迹六亦云：广川故城'当在今景州（今景县）境内之广川镇'，是也。《清统志》冀州古迹谓广川故城在枣强县东三十里故县村，误甚。"

【编者按】广川县故城，在今河北景县西南广川镇。还有一说即《释文》所否定的一说，在今河北枣强县东王均乡故县村。此两处都可以泛指为枣强县东，但以第一说较符合记载。

阜城

【斠注】汉昌成县，属信都国，后汉阜城县，属安平国。《水经·浊漳水注》曰：《地理志》，信都有昌成县。阚骃曰：昌成本名阜城矣。《寰宇记》六十三《地道记》曰：晋改阜邑为阜城。《斠注》案：信都国，后汉明帝改乐成，安帝改安平，故先改属乐成，后又改属安平也。昌成，后汉改阜城县，不知何时又改阜邑，《地道记》所云必非无本。《读史方舆纪要》十三曰：阜城故城在今县东二十里。

【集释】《马注》：与龙曰：前汉县，后汉、三国、魏无，晋复置。《地形志》：武邑郡阜城，晋属（渤）〔勃〕海。《一统志》：故城今河间府阜城县东。

【编者按】阜城县故城，在今河北阜城县东古城镇。

章武国泰始元年置。

【集释】《马注》：与龙曰：三国魏郡。按《志》总序云：魏武置。《三国魏志·杜畿传》云：子恕，嘉平元年免官，徙章武郡是也。此又云泰始元年置，与总序异。《地形志》云：晋置章武国。《志》殆从其说而致误。《地形志》属瀛州。

统县四，户一万三千。

【斠注】《廿二史考异》十九曰：按序称，魏武置十二郡，章武其一也。杜恕坐事，徙章武郡在魏嘉平元年，是章武郡不始于晋矣。《斠注》案：《元和郡县图志》三亦承本《志》之误谓为晋置。

【编者按】章武国治在东平舒县，在今河北大成县。

东平舒

【斠注】汉属勃海郡，后汉属河间郡。颜师古曰：代郡有平舒，故此加东。《新斠注地理志》八曰：今顺天府大城县。

【集释】《水经·浊漳水注》：枝渎"又东迳东平舒县故城南。代郡有平舒城，故加东。"

方恺《新校》：方恺曰：东平舒或作东平野。误，今正。

《马注》：与龙曰：三国魏县，属河间。《地形志》：平舒，晋曰东平舒。有章武城。《一统志》：故城今顺天府大城县治。

【编者按】东平舒县故城，即今河北大城县治。1982 年版《中国历史地图集》西晋太康二年图将东平舒县定点在今河北青县北。未详。

文安

【斠注】严观《元和郡县补志》三曰：文安县属勃海郡，后汉属河间国。晋泰始五年，属章武国。

【集释】《马注》：与龙曰：三国魏县，属河间。《地形志》：章武郡文安，晋属。有文安城。《一统志》：故城今文安县东北柳河镇。

【编者按】文安县故城，在今河北文安县东北二十五里大柳河镇。

章武

【斠注】两汉属勃海郡。《宋志》曰：江左立，属广川。《水经·淇水注》曰：浮水又东迳章武县之故城北。注云：晋太始中立章武郡治此。《斠注》案：章武郡不始于晋，见上文注。《史记·外戚世家·正义》：《括地志》曰：章武，沧州鲁城县。《读史方舆纪要》十一曰：章武城在大城县南四十七里。

【集释】《马注》：与龙曰：三国魏县，属河间。《地形志》河间太守下云：章武，《晋太康地志》属章武国。《地形志》：沧州浮阳郡章武，晋属章武，治章武城。《一统志》：故城今天津府沧州东北。

《中国历史地图集释文·河北卷》（未刊稿）："章武县，汉至东魏于今黄骅县西北伏漪城。汉置，北齐省。《寰宇记》卷六十五沧州清池县：'废乾符县在州北一百里，本汉章武县地，属渤海郡。今县东南，盐山县西北章武故城是也。'按宋初沧州清池县即今沧州市东南之东关镇，其北百里有废乾符县故县址，即今黄骅县西北乾符。盐山县今之盐山县东北旧城。据上所云，章武故城在今乾符东南，盐山旧城西北。明清以来诸地志记载章武县故城，说法不一，或谓在沧州（沧州市）东北，或云在盐山县西北，皆不详所在。光绪《畿辅通志》卷一百五十六古迹三引《盐山县志》章武辨云，在盐山县治北四十里之故县村。所指方位虽与乐史记载相符，亦缺乏足够资料证实，尚难信据。《考古》1965年第二期《渤海湾西岸古文化遗址调查》一文曰：黄骅县伏漪城（见其附图一）遗址出土两件有'武市'的戳记，可能和汉代章武县有关。考其方隅，与乐史记合。故从之。《汉书·地理志》后序记赵地，章武河之北也，如在黄骅县西南故城，不但不在大河之北，且距大河之南甚远，故在伏漪城为宜。"

"章武县，汉至东魏于今黄骅县西南故县村。原稿以黄骅县西北伏漪城当之，其理由是此城遗址出土有'武市'戳记的陶器，然其缺点是：1. 此点与《寰宇记》云在盐山县（今盐山县东北，黄骅县西南之旧城，见《河北省地图集》）西北不合。2. 据《水经·淇水注》'浮水故渎东北迳高城县之苑乡城北，又东迳章武县之故城南。……又东北迳柳县故城南'，柳县故城在今盐山县东北五十里。章武县划在黄骅县似乎距浮水远了些。3. 伏漪城据《畿辅通志》引《长芦盐法志》已有记载，但也许讲不清是什么故城。光绪《畿辅通志》引《盐山县志》谓盐山县北之故县村为章武县故城。故县村今1：20万图黄骅县图幅有，在今黄骅县西南，正是旧城（即宋《寰宇记》之盐山县。）西北，与《水经注》记载吻合，可从。"

【编者按】章武县故城，一说在今河北黄骅市西北，1982年版《中国历史地图集》西晋太康二年图定点于此。一说在今河北黄骅市西南故县村，史为乐主编《中国历史地名大辞典》定点于此。

束州

【斠注】汉属勃海郡，后汉属河间郡。《读史方舆纪要》十三曰：束州城在河间府东北六十里。

【集释】《马注》：与龙曰：三国魏县，属河间。《地形志》：章武郡束州，晋属。有束州城。《一统志》：故城今河间府河间县东北。

《中国历史地图集释文·河北卷》（未刊稿）："西晋至北魏之束州县在今河间县束城东南。《寰宇记》卷六十六束城县：'……今县东北十四里有束州故城，即汉为理所，西晋移束州于城南三十五里，魏明帝孝昌二年复理汉故城。'按：西晋至北魏县治则在今束城东南，即汉县故城南三十五里。"

【编者按】束州县故城，在今河北河间市东北束城镇东南。

河间国汉置。

【集释】程廷祚《证今》曰："在今直隶河间府。"

《马注》：与龙曰：三国魏郡。《地形志》属瀛州。

统县六，户二万七千。

【斠注】《汉志》曰：故赵。文帝二年，别为国。《元和郡县补志》三曰：春秋时属燕国，秦为河间郡，汉为河间国，后汉初并入信都国，和帝永元二年复置，晋因之。

【编者按】河间国治乐城县，在今河北献县东南。

乐城侯相。

【斠注】两汉《志》作乐成。《宋志》《魏志》同，作城。《晋地理志新补正》曰：乐城，桓帝改为乐陵，魏文帝复旧名。《新斠注地理志》十五曰：在今河间献县西南十里。

【集释】《马注》：与龙曰：官本国作相。三国魏县。《地形志》：河间郡乐城，晋属，治河间城。《一统志》：故城今河间府献县东南。

【编者按】乐城县故城，在今河北献县东南。

武垣

【斠注】汉属涿郡，后汉属河间郡。应劭曰：垣水出良乡。东入桃。《史记·赵世家·正义》：《括地志》曰：河间武垣县，今瀛州城也。《读史方舆纪要》十三曰：武垣城在河间府西南三十八里。

【集释】《马注》：与龙曰：《地形志》河间太守下云：武垣，《晋太康地志》属河间。有乞活城。《东海王越传》：东嬴公腾镇邺，携并州将田甄等部将万余人至邺，遣就穀冀州，号为乞活。《寰宇记》：腾掠羯人万余户于山东，值岁俭，恐其有叛，不听入州郡，筑此城以居之，任自乞活。《晋书》"乞活帅陈仵归晋"，即此地也。《地形志》：河间郡武垣，晋属。有武垣城。《一统志》：乞活城今河间县北六里。武垣故城，今河间县西南。

【编者按】武垣县故城，在今河北河间市南二十五里。

鄚侯相。

【斠注】汉属涿郡，后汉属河间郡。《汉书补注》曰：战国赵地，惠文王与燕，见《赵世家》。《读史方舆纪要》十三曰：莫州城唐开元中改作莫。在任邱县北三十里。

【集释】程廷祚《证今》曰："在今任丘县。"

《马注》：与龙曰：三国魏县。《左传·昭七年》杜注：河间鄚县。《地形志》：河间郡鄚，晋属。有鄚城。《一统志》：故城今任邱县北。

【编者按】鄚县故城，在今河北任丘市北鄚州镇。

易城

【中华校】易城　《汉志》上、《续汉志》二、《后魏志》上及《后汉书·刘虞传》无"城"字。

【斠注】汉易县，属涿郡，后汉属河间郡。《斠注》案：晋之易城当为易县改名。

【集释】方恺《新校》：方恺曰：《水经注》但有易县，无易城县。《地形志》易县下云：前汉属涿，汉、晋属河间，后属高阳。亦不书晋改易城，本《志》岂别有据耶？《五行志》亦作易城。

《马注》：与龙曰：三国魏县，曰易。有凉马台。《后燕录》：慕容垂自凉马台结筏而渡。《地形志》：高阳郡易，晋属河间。《一统志》：凉马台，今雄县西北三十里。易县故城，今保定府雄县西北。

【编者按】易城县故城，在今河北雄县西北十五里古贤村，这个定点是根据1961年《河北省地图集》，但是1962

年恢复容城县建置时，古贤村划归容城县，故准确地说易城县故城在今河北容城县东南古贤村。

中水

【斠注】汉属涿郡，后汉属河间郡。应劭曰：在易、滱水之间，故曰中水。《读史方舆纪要》十三曰：中水废县在献县西北三十里。

【集释】《马注》：与龙曰：三国魏县。《州郡志》广川太守下云：中水，《晋太康地志》属河间。《地形志》：河间郡中水，晋属。《一统志》：故城今河间府献县界。

【编者按】中水县故城，在今河北献县西北三十里。

成平

【斠注】汉属勃海郡，后汉属河间郡。《宋志》作城平。《寰宇记》六十六曰：成平故城在景城县南二十里。

【集释】《马注》：与龙曰：三国魏县。《州郡志》河间太守下云：城平，《晋太康地志》属河间。《地形志》：章武郡成平，晋属河间，治（京）［景］（编者校：详见中华书局点校本《魏书》之中华校。）城。《一统志》：故城今交河县东。

【编者按】成平县故城，在今河北沧县西崔尔庄镇西景城南二十里，已近泊头市境。

高阳国泰始元年置。

【集释】程廷祚《证今》曰："今直隶保定府。"

方恺《新校》：方恺曰：《地形志》：扶舆，前汉属涿，后汉罢，晋复属高阳。前汉、晋曰樊舆，后罢。案《魏志》各县有云"晋县，后罢"者，本《志》或存或否，又未详断于何年，后人读此无可依据，姑志于此，以俟博学。又《地形志》：乐乡，前汉县，后汉罢，晋复属高阳。《志》皆不载。

《马注》：与龙曰：三国魏无。《地形志》属瀛州。

统县四，

【集释】《马注》：与龙曰：按《地形志》高阳郡领扶舆，前汉、晋曰樊舆。又乐乡，前汉属信都，后汉罢，晋复属。据此，则晋高阳国有樊舆、乐乡二县，疑复置在太康后，然《志》于本州篇末亦缺未载。

户七千。

【斠注】《宋志》曰：高阳，前汉县，属涿，后汉属河间。晋武帝泰始元年，分涿为范阳，又属焉。后又分范阳为高阳，江左屡省置。

【编者按】高阳国治博陆县，在今河北蠡县南十五里潴龙河南岸。

博陆

【斠注】《汉书·霍光传》注：文颖曰：博大陆平，取其嘉名，无此县也。师古曰：盖亦取乡聚之名以为国号，非必县也。《斠注》案：后汉亦无此县。

【集释】《马注》：与龙曰：三国魏无。《州郡志》扬州刺史下云：博陆，晋属高阳。《地形志》曰：博野。有博陆城。《一统志》：故城今保定府蠡县南十五里。

【编者按】博陆县故城，在今河北蠡县南十五里潴龙河南岸。

高阳

【斠注】汉属涿郡，后汉属河间郡。应劭曰：在高河之阳。《新斠注地理志》七曰：在今县东南七十里。

【集释】程廷祚《证今》曰："今县。"

《马注》：与龙曰：三国魏县，属河间。《地形志》：高阳郡高阳，晋复。有高阳城。《一统志》：故城今高阳县东。

【编者按】高阳县故城，在今河北高阳县东旧城。

北新城侯相。

【斠注】汉属中山国，后汉属涿郡。《史记·赵世家·正义》：《括地志》曰：北新城故城在易州遂城县西南二十里。《读史方舆纪要》十二曰：北新城废县在安肃县西南二十里。

【集释】《马注》：与龙曰：三国魏县，属涿郡。《州郡志》高阳太守下云：新城，《晋太康地志》属高阳，曰北新城。《地（理）[形]（编者校："理"应为"形"。）志》：高阳郡新城，晋曰北新城。《一统志》：故城今安肃县西南二十里。

【编者按】北新城县故城，在今河北徐水县西南二十里。

蠡吾

【斠注】汉属涿郡，后汉属中山国。《水经·滱水注》曰：滱水东北迳蠡吾故城南。注云：《地理风俗记》曰：县故饶阳之下乡者也，自河间分属博陵。《读史方舆纪要》十二曰：蠡吾城在蠡县东二里。

【集释】《何超》音义：蠡，音礼。

《马注》：与龙曰：三国魏县，属中山。《州郡志》魏郡太守下云：蠡吾，《晋太康地志》属高阳。《地形志》：高阳郡蠡吾，晋属。有蠡吾城。《一统志》：故城今博野县西南。

【编者按】蠡吾县故城，在今河北博野县西南。

博陵郡 汉置。统县四，户一万。

【斠注】《水经·滱水注》曰：汉质帝本初元年继孝冲为帝，追尊父翼陵曰博陵，因以为县，又置郡焉。汉末罢，还安平，晋太始年复为郡。

【集释】方恺《新校》：方恺曰：《续汉·郡国志》无博陵国，本《志》但言汉置，不载已废复立，似有遗脱。西晋无博陵王，惟王浚嗣父沈爵为博陵郡公，盖公国也。吴翊寅案：汲古阁本作博陵郡，不作博陵国，此据殿本、汲古阁本已校正。

《马注》：与龙曰：汉桓帝置。汉末罢，还安平，晋太始复为郡，见《滱水注》。三国魏无。《地形志》属定州。

【编者按】《宋本晋书》"博陵郡"为"博陵国"。博陵郡治安平县，在今河北安平县治。谭其骧主编《中国历史地图集》西晋太康二年图定名为博陵国。

安平

【斠注】汉属涿郡，后汉属安平国。《新斠注地理志》七曰：在今县西。

【集释】《马注》：与龙曰：三国魏县，属安平。《州郡志》高阳太守下云：安平，《晋太康地志》属博陵。《地形志》：博陵郡安平，晋属，治安平城。

《一统志》：故城今深州安平县治。

【编者按】安平县故城，即今河北安平县治。

饶阳

【斠注】汉属涿郡，后汉属安平国。应劭曰：在饶河之阳。《读史方舆纪要》十四曰：饶阳故城在今县东北二十里。本《括地志》《寰宇记》。

【集释】《马注》：与龙曰：三国魏县，属安平。《史记·赵世家·集解》徐广曰：今饶阳在河间。按晋末盖尝移属也。有鲁口城。《元和志》：司马宣王征公孙渊，凿滹沱入派水以运粮，因筑此城。盖滹沱有鲁沱之名，因号鲁口。穆帝永和六年，慕容（隽）[儁]（编者校："隽"应为"儁"。）击后赵，至无终，赵将王午、邓恒弃蓟城走保鲁口。《地形志》：博陵郡饶阳，晋属。有鲁口城、饶阳城。《一统志》：故城今饶阳县东北二十里。

【编者按】饶阳县故城，在今河北饶阳县东北二十里。

南深泽

【斠注】汉属涿郡。《续汉志》曰：安平国南深泽，故属涿。《廿二史考异》曰：中山有深泽县，故云南以别之。《元和志》：定州深泽县，本汉南深泽县，以涿郡有深泽县，故此加南以别之，然则中山之深泽有南字，涿郡之深泽无南字矣。以里望准之中山，实在涿郡之南。《寰宇记》六十曰：《郡国县道记》云：深泽县二十五里，有南深泽故城。《读史方舆纪要》十二曰：南深泽城在深泽县东南五十七里。

【集释】《通鉴》胡注：深泽县，前汉属涿郡，后汉属安平国，晋属博陵郡。宋白曰：深泽县以界内水泽深广为名。

《马注》：与龙曰：三国魏县，属安平。《地形志》：博陵郡深泽，晋属，曰南深泽。《一统志》：故城今定州深泽县东南。

【编者按】南深泽县故城，在今河北深泽县东南二十五里故城。

安国

【斠注】汉属中山国。《新斠注地理志》十五曰：在今保定府祁州东南。

【集释】《马注》：与龙曰：三国魏县，属中山。《地形志》：博陵郡安国，晋属。有安国城。《一统志》：故城今保定府祁州南。

《中国历史地图集释文·河北卷》（未刊稿）："安国县，汉至晋在今博野县东南。汉置，北齐废。《纪要》卷十二、《清统志》保定府古迹安国故城下引旧志，并称汉安国故城在祁州（今安国县）东南六里（以地望推之，即今县东南之安国城村），考诸史籍，实有未谛。《水经·滱水注》：'滱水历（安国）县东分为二水，一水枝分，东南流经解渎亭南……又东南迳安郭亭南，汉武帝元朔五年，封中山靖王子刘传富为侯国。'杨守敬《水经注疏》云：'守敬按《汉志》中山国有安国县，《史》《汉表》并作安郭，郦意盖以国、郭通用，而《汉表》在涿郡。《地形志》，安国有安国城，是安国县后魏有移徙，《注》之安郭亭在安国县东，为前汉之城无疑。其地尤与涿郡相接，可知安郭先属涿郡，后度中山。'其说实是，则汉晋安国县即《水经注》之安郭亭，应在今县东南（见《清统志》保定府古迹），古滱水之南，今安国县东南之安国城村，乃北魏徙置也。……安郭亭位置隶属于博野县东南。"

【编者按】安国县故城，在今博野县东南。史为乐主编《中国历史地名大辞典》将西汉至晋安国县定在今河北安国市东南六里安国城。

清河国 汉置。

【集释】《马注》：与龙曰：三国魏郡。宋因。《地形志》属司州。

统县六，户二万二千。

【斠注】《汉书补注》全祖望曰：故属秦钜鹿郡，高帝分置，仍属赵国。景帝中三年，别为清河国。武帝建元六年复故，元鼎三年复为国。宣帝地节四年复故。元帝初元二年复为国，永光元年复故。平帝元始二年，莽又分清河地为广宗国，其郡如故。《宋志》曰：桓帝建和二年，改曰甘陵，魏复旧。《晋地理志新补正》曰：按《寰宇记》，永嘉乱后，石赵移郡理平晋城，苻秦移理武城。《县道记》：慕容垂于清河郡枣强县置广川郡。

【编者按】清河国治清河县，在今山东临清市东。

清河

【斠注】《御览》一百六十二《图经》曰：清河县，秦为厝县，汉为信（城）[成]（编者校：中华书局点校本《汉书》"城"为"成"，据改。）县。《元和郡县志》十六曰：清河本汉信成县地，属清河郡。后汉省信成县置清河县，至隋不改。《晋地理志新补正》曰：按《寰宇记》，晋省甘陵县，于厝县西南七里置清河县。《斠注》案：据《图经》及《元和志》，是后汉清河县为汉信成县地，晋之清河又为汉甘陵县地，均非故清河县也。《读史方舆纪要》三曰：清河今广平府西北故甘陵城是也。

【集释】《马注》：与龙曰：三国魏县。《州郡志》清河太守下云：清河，《晋太康地志》有。《寰宇记》云：后汉甘陵国除，复为县。后魏又移清河县，并清河郡于故厝城中。又云：汉清阳县并入甘陵，晋省甘陵，于此置清河郡，理清阳县。今考前汉清河郡，后汉为国，桓帝改曰甘陵，建安中仍为清河郡，见《献帝纪》。三国魏因之，见《魏志》。前汉厝县，后汉安帝改曰甘陵，见《郡国志》。三国魏改曰清河，见《魏志》。而晋初，清河郡、县皆承魏旧也。前汉清阳县，据《淇水注》，则后汉清河国、桓帝时甘陵国皆治焉。盖后汉省清阳县，而郡治如故。《河水注》：《地理风俗记》曰：甘陵郡东南十七里，有清河故城者，世谓之鹊城也。按甘陵郡即桓帝之甘陵国，鹊为厝之转音。即后汉甘陵县，三国魏为清河县，是自前汉以来，清河郡治清阳县与厝县城相距十七里。郡县名虽屡易，而所治并相沿未徙。以此互证，知乐史谓晋置者谬也。《地形志》：清河郡清河，晋属。《一统志》：故城今东昌府清平县南。

《中国历史地图集释文·河北卷》（未刊稿）："西晋清河县在今临清县东。《寰宇记》贝州清河县：'《郡国记》曰，隋清阳城内有汉清河王庆陵，在今郡东南三十里，故厝城是也。后汉安帝改名甘陵，仍为甘陵国都，后国除，复为县，晋省，于厝县西南七里置清河县，魏又为清河县并清河郡于故厝城中。高齐天保七年，又移清河县于故信成。'如前所述，汉厝城即东汉甘陵县，则西晋移置清河县于其西南七里，其地今属临清市东。北魏又移置于故厝城中，东魏因袭不改。"

【编者按】清河县故城，在今山东临清市东。

东武城

【斠注】两汉旧县。《元和郡县图志》十六曰：东武城县本七国时赵邑。《史记》曰"赵平原君胜封东武城"，即此地也。《晋地理志新补正》曰：按《寰宇记》，晋太康中，去东字。《读史方舆纪要》十五曰：东武城故城今清河县治。

【集释】《马注》：与龙曰：三国魏县。《地形志》：武城，晋曰东武城。有武城。《一统志》：故城今临清州武城县西。

《中国历史地图集释文·河北卷》（未刊稿）："东武城县，汉至晋在今武城县西'旧县寺'北十里。汉置，晋太康中去东字，为武城县。《旧唐书》贝州武城：'汉曰东武城，旧治古夏城，调露元年移于今治。'《寰宇记》卷五十八贝州武城县：故武城在县北十里。《隋区宇图》云：'夏禹七代孙芸封公子武于此建国。后汉光武封济南安王德为武城侯。前秦苻坚封长子为清河王，移居武城，即此城也。'唐调露元年，移于永济渠北义王桥西二里置，今县外城基是也。按调露元年移治之县，在今城武县西十里余'旧县寺'（见《山东全省州县自治区域图》），则此前之县址应在其北十里。"

【编者按】东武城县故城，在今河北故城县西南。此地原属山东武城县，1964年划归河北故城县。所以今地在1964年前可称为山东武城县（县治在今山东武城县老城镇）西"旧县寺"北十里。

绎幕侯相。

【斠注】两汉旧县。《读史方舆纪要》三十一曰：绎幕城在平原县西北二十里。本《寰宇记》。

【集释】《马注》：与龙曰：三国魏县。《宋书·符瑞志》：晋咸宁元年，甘露［降］（编者校：此处脱"降"字。）清河绎幕。《地形志》：安德郡绎幕，晋属清河。《一统志》：故城今济南府平原县西北。

《中国历史地理信息系统释文》（未刊稿）：《太平寰宇记》卷六十四《河北道十三》：德州平原县，"绎幕故城，汉县，在今县西北二十里是也。高齐省入平原县。"《续山东考古录》卷三《济南府下·平原县》王汝涛点注："绎幕县，汉置，遗址在今平原县城西北14.5公里王梁铺乡境内，高齐省入平原县。"所云古绎幕县址与《太平寰宇记》记载合，今平原县西北王杲铺，即是。

【编者按】绎幕县故城，在今山东平原县西北王杲铺镇。

贝丘

【斠注】两汉旧县。应劭曰：齐襄所田也。《新斠注地理志》七曰：在今清平县西南十里。《元和志》故城在临清县东南五十里，城内有（邱）[丘]高五丈，周回六十八步，城因此名。《寰宇记》作在临清县东南十五里者非。

【集释】方恺《新校》：方恺曰：《郡国志》作贝（邱）[丘]（编者校：此处"邱"应为"丘"，下同。）。前汉、宋、魏《志》《水经注》同。应劭以此县为即左氏齐襄公田于贝（邱）[丘]故地，见《地理志》注。《水经注·河水篇》或本作具（邱）[丘]者误。

《马注》：与龙曰：三国魏县。《地形志》：清河郡贝丘，晋属。《一统志》：故城今东昌府清平县西南。

《中国历史地理信息系统释文》（未刊稿）：《续山东考古录》卷十《临清直隶州》王汝涛点注："贝丘县，汉置，高齐省，遗址在今临清市区东南9公里处京杭运河右岸辛庄乡驻地辛庄村南2公里近古村西。"在今临清市东南辛庄南四里，是也。

【编者按】贝丘县故城，在今山东临清市东南十五里大辛庄南。《中国文物地图集·山东分册》定汉代贝丘县故城在今山东临清市大辛庄近古村西南五百米。

灵

【斠注】两汉旧县。《汉书补注》曰：《通鉴》胡注：灵县殆即卫之灵丘。《寰宇记》五十四曰：故灵城在高唐县西二十里。《读史方舆纪要》三十四曰：灵县城在博平县东北四十里。《续汉志》注：《地道记》曰：灵有鸣犊关。

【集释】《马注》：与龙曰：三国魏县。《地形志》作零，济州南清河郡零，晋属清河，治零城。《一统志》：故城今东昌府高唐州西南。

《中国历史地理信息系统释文》（未刊稿）：《续山东考古录》卷五《东昌府下·高唐州》："灵县故城在南三十里，今南镇。"王汝涛点注："汉灵县，汉置县，治故灵丘邑，即今高唐县城南15公里南镇。后汉建武元年（25年）（编者校：建武元年为建武六年（30年）之误。）省，永元九年（97年）复置。"

【编者按】灵县故城，在今山东高唐县南南镇。

鄃

【斠注】两汉旧县。《汉书补注》曰：鄃居河北，见《河渠书》。吕后封吕它，景帝封栾布为侯国。《表》作俞字，通。《寰宇记》六十四曰：故鄃在平原县西。《读史方舆纪要》三十四曰：鄃县城在夏津县东北三十里。

【集释】何超《音义》：鄃，式朱反。

《马注》：与龙曰：三国魏县。《地形志》：济州南清河郡鄃，晋属清河，治鄃。《一统志》：故城今济南府平原县西南。

《中国历史地图集释文·山东卷》（未刊稿）："鄃县汉至东魏在今平原县西南五十里。《清统志》济南府'鄃故城在平原县西南。……据地志鄃故城在平原县西南五十里。'《续山东考古录》作平原县西南三十里。据《清统志》平原故城在今县西南三十里，《续录》恐误，今从《括地志》，唐县即今县。"

【编者按】鄃县故城，在今山东平原县西南。

中山国汉置。
【集释】程廷祚《证今》曰："在今直隶。"
《马注》：与龙曰：三国魏国。孝武太元八年，后燕慕容垂都此，置中山尹。《地形志》属定州。
统县八，户三万二千。
【斠注】《汉志》曰：高帝郡，景帝三年为国。
【集释】方恺《新校》：方恺曰：刘逵《魏都赋注》：真定属中山郡，故安属范阳，今见属中山郡。杜氏《释例》：北岳，中山曲阳县西北恒山也。本《志》尽属他郡，不详所据。
【编者按】中山国治卢奴县，在今河北定州市。

卢奴

【斠注】两汉旧县。应劭曰：卢水出右北平东入河。《水经·滱水注》：《十三州志》曰：中山治卢奴。《元和郡县图志》十七曰：后燕慕容垂都中山，改卢奴为毋违县。（编者校："毋"与"弗"通，"毋违"当是"弗违"。）《新斠注地理志》十五曰：今定州。
【集释】《通鉴》胡注：《魏书·地形志》：中山郡治卢奴。郦道元曰：卢奴城内西北隅有水，渊而不流，南北一百步，东西百余步。水色正黑曰卢，不流曰奴，故城以此得名。
《马注》：与龙曰：三国魏县。《滱水注》：卢奴城内西北隅有水，俗名黑水池。池水东北际水，有汉中山王故宫处，遗基尚存。赵石建武七年，始筑小城，立宫造殿。后燕因其故宫，建都中山小城之南，更筑隔城，兴复宫观，今府榭犹传故制。《元和志》：慕容垂都中山，改卢奴县为弗违县。后魏平燕，又改为卢奴。有承营。孝武太元九年，后燕慕容楷追丁零翟真，真败趋中山，屯于承营。宋白《续通典》：定州东南有承营坞。《地形志》：卢奴，神䴥中置新城宫。《一统志》：故城今定州治。
【编者按】卢奴县故城，即今河北定州市治。

魏昌

【斠注】《元和郡县图志》十七曰：七国时中山苦陉县，属中山国。章帝改为汉昌，魏文帝改曰魏昌。《寰宇记》六十曰：故魏昌城在祁州东北二十八里。《读史方舆纪要》十四曰：在无极县东北二十八里。
【集释】《通鉴》胡注："魏昌县，属中山郡，本苦陉，汉章帝改为汉昌，魏文帝改为魏昌，唐为定州唐昌县。魏收《地形志》：中山毋极县有廉台。盖晋省无极县，廉台遂在魏昌界。""无极县，汉属中山国，晋省。'无'，本作'毋'。唐武后万岁通天二年，始改'毋'字为'无'；此当作'毋'。"
《马注》：与龙曰：三国魏县。有廉台。《元和志》：慕容恪与冉闵战于魏昌廉颇台，闵大败。《地形志》：中山郡魏昌，晋属。有魏昌城。《一统志》：故城今正定府无极县东北。
【编者按】魏昌县故城，在今河北无极县东北。

新市

【斠注】两汉旧县。应劭曰：鲜虞子国。《读史方舆纪要》十四曰：新市城在真定府西北四十里。

【集释】《通鉴》胡注："新市县，自汉以来属中山。刘昫曰：新市，古鲜虞子国，唐为定州新乐县。杜佑曰：唐镇州治真定县，汉新市县故城在东北。"

程廷祚《证今》曰："在今真定府西北四十里。"

《马注》：与龙曰：三国魏县。《左传·昭十二年》杜注：中山新市县。《通鉴》：安帝隆安元年，魏主珪围后燕中山，中山饥甚，慕容麟率众出据新市。《地形志》：中山郡新市，晋属。有新市城。《一统志》：故城今新乐县西南。

【编者按】新市县故城，在今河北正定县东北新城铺镇。

安喜

【斠注】汉安险县。《续汉志》曰：安熹，章帝更名。《水经·滱水注》云：汉章帝改曰安憙。《中山记》曰：县在唐水之曲，山高岸险，故曰安险；邑丰民安，（故）〔改〕曰安憙。《寰宇记》六十二曰：安喜故城在今县东三十里。《读史方舆纪要》十四曰：安喜废县今定州治。

【集释】《马注》：与龙曰：三国魏县。《地形志》：中山郡安喜，晋属。有安喜城。《一统志》：故城今定州东三十里。

【编者按】安喜县故城，在今河北定州市东南。

蒲阴

【斠注】《续汉志》曰：蒲阴本曲逆，章帝更名。《水经·滱水注》曰：《晋书地道记》蒲阴县有阳安关，盖（阳安）〔安阳〕关都尉治。《读史方舆纪要》十二曰：蒲阴废县今祁州治。

【集释】毕沅《新补正》曰：沅案：本汉安国县地。《魏志·后妃传》：明帝追封后父毛嘉为安国侯。

《马注》：与龙曰：三国魏县。《郡国志》注引《晋地道记》：有（阳安）〔安阳〕关。《地形志》：北平郡蒲阴，晋属中山。有蒲阴城。《一统志》：故城今保定府完县东南。

【编者按】蒲阴县故城，在今河北顺平县东南。

望都

【斠注】两汉旧县。张晏曰：尧山在北，尧母庆都山在南，登尧山见都山，故以为名。《一统志》曰：故城今望都县西北三十里。《水经·滱水注》：《晋书地道记》曰：望都县有马溺关。县又有委粟关。《续汉志》注引作马安关。

【集释】程廷祚《证今》曰："今保定府庆都县。"

《马注》：与龙曰：三国魏县。《左传·昭十三年》杜注：中山望都县。《地形志》：北平郡望都，晋属中山。《一统志》：故城今望都县西北三十里。

【编者按】望都县故城，在今河北望都县西北。

唐

【斠注】两汉旧县。应劭曰：故尧国也。唐水在西。《元和郡县图志》十七曰：本春秋时鲜虞邑。《水经·滱水注》:《十三州志》曰:唐县故城在国北七十五里。骃所说北则非也。《一统志》曰:故城今唐县东北。

【集释】程廷祚《证今》曰:"今保定府属县。"

《马注》:与龙曰:三国魏县。《春秋·昭十二年》杜注:中山有唐县。《地形志》:中山郡唐,晋属。《一统志》:故城今唐县东北。

【编者按】唐县故城,在今河北唐县东北。

北平

【斠注】两汉旧县。《汉书补注》曰:赵简子筑北平距燕,见《赵世家》。《读史方舆纪要》十二曰:北平废县在完县东二十里。

【集释】《马注》:与龙曰:三国魏县。《地形志》:北平郡北平,晋属中山。有北平城。《一统志》:故城今保定府满城县西。

【编者按】北平县故城,在今河北保定市满城区北。

常山郡 汉置。

【集释】《马注》:与龙曰:三国魏郡。《地形志》属定州。

统县八,户二万四千。

【斠注】《元和郡县图志》十七曰:汉高帝三年,置恒山郡,因恒山为名,后避文帝讳,改曰常山。两汉恒山太守皆理于元氏,晋理于真定。又十五曰:内(邱)[丘]县,古邢国地,在汉为中(邱)[丘]县,属常山郡。晋于此立中邱郡,石赵改为赵安县。《斠注》案:本《志》无中(邱)[丘]郡,常山郡下亦无此县,恐太康三年以后所置,故《志》文阙略。

【编者按】常山郡治真定县,在今河北正定县西南。

真定

【斠注】《元和郡县图志》十七曰:真定本名东垣,属中山国。高帝十一年改曰真定,属恒山郡。武帝改为真定国。后汉复为县,属常山郡。后燕慕容垂都之后,徙理卢奴。《斠注》案:汉真定国仍置真定县,非后汉复为县也。《新斠注地理志》十五曰:在今真定府城南八里。

【集释】《马注》:与龙曰:三国魏县。《寰宇记》引《晋地道记》:常山郡移理于真定。《州郡志》广陵太守下云:真定,晋属常山。《地形志》:常山郡真定,晋属。《一统志》:故城今正定府正定府治。

《中国历史地图集释文·河北卷》(未刊稿):"真定县魏晋在今正定县西南十八里。……魏晋移真定于今正定县西南十八里,常山郡自元氏移治之。《元和志》恒州:'两汉恒山太守皆理于元氏,晋理于真定。即今常山故城是也。'《舆地广记》真定府真定县:'本东垣邑,汉高帝改曰真定,魏晋为郡治,在今县南。'《纪要》真定府真定县:'常山城在西南十八里,或曰即汉常山郡城也。'谭其骧按:汉常山郡初治真定,在今县南八里,元鼎后移治元氏,此西南十八里之常山城,当即魏晋时之常山郡,亦即真定县治所在。"

【编者按】真定县故城,在今河北正定县西南十八里。

石邑

【斠注】后汉常山国无石邑县，而《元和郡县图志》十七误云：战国时中山邑，汉于此置石邑县，属常山郡，后汉至隋不改。《史记·赵世家·正义》：《括地志》曰：石邑故城在恒州鹿泉县南三十五里。《读史方舆纪要》十四曰：石邑城在获鹿县西南。

【集释】《通鉴》胡注：《隋地理志》，恒山郡石邑县有飞龙山。《括地志》：封龙山，一名飞龙山，在恒山鹿泉县南四十五里。

《马注》：与龙曰：三国魏县，见《魏志》。有封龙山。《史记》：赵武灵王取石邑封龙。《怀帝纪》：永嘉三年，石勒寇常山，安北将军王浚使鲜卑骑救之，大破石勒于飞龙山。《地形志》：常山郡石邑，晋属。有石邑城。《一统志》：故城今获鹿县东南。

【编者按】石邑县故城，在今河北鹿泉市东南南故邑村北。《中国文物地图集·河北分册》疑隋以前石邑故城在今河北鹿泉市南铜冶镇北故邑村西500米处北故邑古城址。

井陉

【斠注】两汉旧县。应劭曰：井陉山在南。《元和郡县图志》十七曰：井陉县，六国时赵地。

【集释】何超《音义》：陉，音邢。

《马注》：与龙曰：三国魏县。有井陉关。《通鉴》：孝武太元十八年，后燕慕容（缵）［瓒］（编者校："缵"应为"瓒"。）等出井陉，攻晋阳。二十年，魏主珪伐后燕，潜自晋阳，开韩信故道，出井陉趋中山。《地形志》：常山郡井陉，晋属。《一统志》：故城今井陉县北。

【编者按】井陉县故城，在今河北井陉县西北南陉、北陉一带。

上曲阳 恒山在县西北，有坂号飞狐口。

【斠注】汉旧县，后汉属中山国。《水经·滱水注》曰：秦罢井田，因以立县。城在山曲之阳，是曰曲阳；有下，故此为上矣。《史记·赵世家·正义》：《地道记》曰：恒山在上曲阳县西北百四十里。《御览》三十九引《常山图经》同。《括地志》曰：上曲阳故城在定州曲阳县西五里。《读史方舆纪要》十四曰：上曲阳城在曲阳县治西四里。《续汉志》注：《地道记》曰：上曲阳，县北行四百二十五里，恒多山坂，号［飞］（编者校：此处脱"飞"字。）狐口。

【集释】方恺《新校》：方恺曰：据杜说则恒山在中山曲阳，而郭璞注《尔雅》北岳说与本《志》同，岂太康以后割隶耶？

《马注》：与龙曰：三国魏县。《魏书》：太和六年，发州郡五万人治灵丘道。按自代郡灵丘南越太行至中山即飞狐道也。有鸿上关。《水经》：滱水又东南过中山上曲阳县北。注：滱水自倒马关南流与大岭水合。又东，左合悬水。又东流历鸿山，世谓是处为鸿头，疑即《晋书地道记》所谓鸿上关者也。《通鉴》：隆安二年，魏王珪发卒万人治直道。自望都凿恒岭至代五百余里。胡注：恒岭，恒山之岭也，在上曲阳西北，即倒马关路，《晋书地道记》谓之鸿上关。《地形志》：中山郡上曲阳，晋属常山。《一统志》：故城今定州曲阳县西。

【编者按】上曲阳县故城，在今河北曲阳县西数里。

蒲吾

【斠注】两汉旧县。《汉书补注》曰：战国赵番吾邑，有番吾君，见《赵世家》。《史记·赵世家、苏秦列传·正义》：《括地志》曰：番吾故城在恒州房山县东二十里。番、蒲古今字异耳。《读史方舆纪要》十四曰：蒲吾城在平山县东南二十里。

【集释】《马注》：与龙曰：三国魏县。有石勒城。《浊漳水注》：桃水南迳蒲吾县故城西，又东南流迳桑中县故城北，世谓之石勒城，盖赵氏增城之，故擅其目，[俗]（编者校：陈桥驿复校本《水经注疏》：朱脱"俗"字，赵同，戴增，删也字。会贞按：《大典》本、明抄本并有"俗"字。"俗又谓之高功城也"。）又谓之高功城。《地形志》：中山郡蒲吾，晋属。《一统志》：故城今正定府平山县东南。

《中国历史地图集释文·河北卷》（未刊稿）："汉至东魏蒲吾县在今平山县东南'蒲吾'。《纪要》卷十四真定府平山县蒲吾城：'县东南二十里。战国时曰番吾，为赵之重地。……汉置蒲吾县，晋及后魏县皆治此。隋大业初，省入井陉县。'按今平山县东偏南有'蒲吾'（见光绪《畿辅舆地全图》），即是。《河北省分县详图》1：20万地形图石家庄幅在今平山县东南。"以1994年《河北省普通地图集》核之，此地今已没在黄壁庄水库中。

【编者按】蒲吾县故城，在今河北平山县东南，已没在黄壁庄水库中。

南行唐

【斠注】两汉旧县。《汉书补注》曰：战国赵地，惠文王城[之]（编者校：此处脱"之"字。），见《世家》。《读史方舆纪要》十四：南行唐城在今行唐县北。《寰宇记》六十一《晋太康地记》曰：故行唐县西北有仙人岩。

【集释】《马注》：与龙曰：三国魏县。《寰宇记》引《晋太康地志》：县北二十里有夫人城，即王神女所筑。《地形志》：行唐，晋曰南行唐。《一统志》：故城今行唐县北。

【编者按】南行唐县故城，在今河北行唐县东北故郡。

灵寿

【斠注】两汉旧县。《世本》曰：中山武公居顾，桓公徙灵寿。《元和郡县图志》十七：灵寿县本中山国都也。《新斠注地理志》曰：故城在今县西北。本《寰宇记》。

【集释】《马注》：与龙曰：三国魏县。《地形志》：常山郡灵寿，晋属。《一统志》：故城今灵寿县西北。

【编者按】灵寿县故城，即今河北灵寿县治。

九门候相。

【斠注】两汉旧县。《元和郡县图志》十七曰：九门县本战国时赵邑。《读史方舆纪要》十四：九门城在藁城县西北二十五里。

【集释】《马注》：与龙曰：三国魏

县。《地形志》：常山郡九门，晋属。有常山城、九门城、安乐垒。《一统志》：故城今藁城县西北。

【编者按】九门县故城，在今河北藁城市西北九门。

惠帝之后，

【集释】《马注》：毕沅曰：《郡国县道记》：惠帝于安平国武遂县立武强县。《志》失载。与龙曰：惠帝时省武邑郡，还属长乐，说见前武邑县下。《志》于武邑郡置省并失载。

冀州沦没于石勒。勒以太兴二年僭号于襄国，称赵。

【集释】《通鉴》胡注：时以河内、魏、汲、顿丘、平原、清河、钜鹿、常山、中山、长乐、乐平、赵国、广平、阳平、章武、勃海、河间、上党、定襄、范阳、渔阳、武邑、燕国、乐陵二十四郡为赵国。准《禹贡》，魏武复冀州之境，南至孟津，西达龙门，东至于河，北至塞垣。

后为慕容儁所灭，慕容氏又为苻坚所灭。孝武太元八年，坚败，其地入慕容垂。垂僭号于中山，是为后燕。后燕卒灭于魏。

【集释】《马注》：与龙曰：慕容垂置广川郡，领枣强、广川、索卢等县。说见前广川县下，《志》未及载。又《州郡志》冀州之魏郡、河间、顿丘、高阳、勃海各太守下并云江左屡省置，是江左侨立冀州时即侨立诸郡。又江左立乐陵郡，说见前新乐县下。此《志》但于徐州篇末附见侨立之冀州，而本州篇末不叙侨立诸郡，是阙漏也。《寰宇记》：魏黄初中，冀州刺史自邺徙理信都。西晋末，石赵徙理襄国，季龙徙州于邺，慕容儁又徙信都，苻坚又徙州于邺，慕容垂移州于信都。《地形志》云：冀州，魏晋治信都，晋世邵续治厌次，慕容垂治信都。魏皇始二年，平信都，仍置。

幽州。案《禹贡》冀州之域，舜置十二牧，则其一也。《周礼》："东北曰幽州。"

【斠注】《御览》一百六十二《晋地道记》曰：舜以冀州南北广大，分燕地北地为幽州。又曰：幽州，因幽都以为名。《寰宇记》六十九《地道记》曰：夏殷省燕并冀。又为冀州之域，周复置幽州。又曰：《山海经》有幽都之山，今列于北荒矣。

《春秋元命包》云："箕星散为幽州，分为燕国。"言北方太阴，故以幽冥为号。武王定殷，封召公于燕，其后与六国俱称王。及秦灭燕，以为渔阳、上谷、右北平、辽西、辽东五郡。汉高祖分上谷置涿郡。武帝置十三州，幽州依旧名不改。其后开东边，置玄菟、乐浪等郡，亦皆属焉。

【斠注】《汉志》曰：玄菟郡，武帝元封四年开。注：应劭曰：故真番朝鲜胡国。乐浪郡，武帝元封三年开。注：应劭曰：故朝鲜国也。《斠注》案：《汉书·武帝纪》及《朝鲜传》皆云：朝鲜降，以为乐浪、临屯、（元）[玄]（编者校："元"应为"玄"。）菟、真蕃四郡。臣瓒注：《茂陵书》：临屯郡治东暆，真番郡治霅县。今《汉志》但有（元）[玄]菟、乐浪二郡，而东暆属乐浪，考《昭帝纪》始元五年罢真番郡，其以临屯并乐浪则未知何时也。

元凤元年，改燕曰广阳郡。

【斠注】《汉志》元凤元年为广阳郡，宣帝本始元年更为国。《后汉书·光武纪》建武十三年二月，省并西京十三国，广阳属上谷。《续汉志》曰：永平八年复。

幽州所部凡九郡，至晋不改。

【斠注】《晋书地理志新补正》曰：按《通典》理范阳郡涿县。

幽州统郡国七，

【集释】顾廷龙《大晋龙兴皇帝三临辟雍皇太子又再莅之盛德隆熙之颂跋》在对碑阴题名的统计中，发现咸宁四年（278年）十月前幽州有渔阳郡名。"渔阳。按晋《地志》无，汉《地理志》：'秦置，莽曰通路，属幽州'。"

县三十四，户五万九千二十。

【集释】孙人龙《晋书考证》："监本二百误作二十，各本同，今按后细数改正。"

王勇《〈晋书·地理志〉校证》曰："案：幽州'户五万九千二十'，殿本作'户五万九千二百'。广宁郡'户三千九百五十'，殿本作'户三千九百三十'，可从。统计幽州所辖除广宁郡外的其他六个郡国的总户数凡'户五万五千二百七十'，若加上广宁郡户三千九百三十则总户数为户五万九千二百，实际辖户统计与幽州总户数相符。"

【编者按】幽州治涿县，在今河北涿州市。

范阳国汉置涿郡。魏文更名范阳郡。

【集释】《马注》：王先谦曰：汉涿郡，三国魏因之。王观为涿郡太守，孙礼、卢毓、刘放并涿郡人，见《魏志》。此《志》云魏文更名范阳，《通典》亦云魏改涿为范阳，《寰宇记》遂谓黄初七年改，并误。

武帝置国，封宣王弟子绥为王。

【集释】《马注》：与龙曰：三国魏曰涿郡，《地形志》：幽州范阳郡。

统县八，户一万一千。

【斠注】《元和郡县补志》三曰：秦为上谷郡地，汉为涿县，高帝六年分置涿郡，魏黄初七年改曰范阳郡。《斠注》案：《水经·圣水注》曰：晋太始元年改曰范阳郡。此郡字为国之误，绥于是年受封也。

【编者按】范阳国治涿县，在今河北涿州市。

涿

【斠注】两汉属涿郡。《水经·圣水注》曰：涿之为名，当受涿水通称矣，故郡县氏之。

【集释】《马注》：与龙曰：三国魏县。《地形志》：范阳郡涿，晋属。有涿城。《一统志》：故城今顺天府涿州治。

【编者按】涿县故城，即今河北涿州市治。

良乡

【斠注】两汉属涿郡。

【集释】《马注》：与龙曰：三国魏县。《地形志》：燕郡良乡，晋属范阳，治良乡城。《一统志》：故城今房山县东。

【编者按】良乡县故城，在今北京市房山区东南。《新中国考古五十年》：西晋良乡县在今北京市"房山区窦店西侧燕中都城旧址"。

方城

【斠注】汉属广阳国，后汉属涿郡。《汉书补注》曰：战国燕地，赵拔之，见《赵世家》。《史记·赵世家·正义》：《括地志》曰：方城故城在幽州固安县南十七里。《新斠注地理志》十五曰：在今顺天府固安县西南。

【集释】《马注》：与龙曰：三国魏县。《地形志》：范阳郡方城，晋属。有方城。《一统志》：故城今固安县南。

【编者按】方城县故城，在今河北固安县西南。

长乡

【斠注】《寰宇记》七十曰：阳乡县故城，汉为县，故城在固安县西北二十七里，是后汉省，晋复置为长乡。《斠注》案：《水经·圣水篇注》引《太康地记》：涿有长乡。盖长乡本隶于涿，其后析而置县也。《魏地形志》作苌乡。

【集释】方恺《新校》：方恺曰：《地形志》：苌乡，晋属范阳。此长乡疑当作苌乡。

《马注》：与龙曰：三国魏无。《地形志》：有苌乡城。《一统志》：故城今固安县西北。

【编者按】长乡县故城，在今河北固安县西北。

遒

【斠注】两汉遒县属涿郡。《水经注·巨马水篇》亦作遒。《说文解字》遒亦作逎。《读史方舆纪要》十二曰：遒县城在涞水县北。

【集释】何超《音义》：遒，子由反。

《马注》：与龙曰：《汉志》作逎。

三国魏县。《地形志》：范阳郡遒，晋属。有南北二遒城。《一统志》：故城今易州涞水县北。

【编者按】遒县故城，即今河北涞水县治。

故安

【斠注】两汉属涿郡。

【集释】《通鉴》胡注：固安县，汉属涿郡；魏、晋改涿郡曰范阳，固安曰故安。刘昫曰：唐易州易县，古故安县地。

方恺《新校》：方恺曰：故安，据刘逵注《三都赋》当属中山，见前。《地形志》故安作固安。吴翊寅案：《郡国志》作故安，是也。

《马注》：与龙曰：盖晋尝移属中山，旋复，属范阳。三国魏县。《寰宇记》引《晋地道记》：县属范阳国。《段匹磾传》：建武初，讨石勒，进屯固安。《地形志》作固安（《（塊）[地]形志》作固安）。有固安城。《一统志》：故城今易州东南。

【编者按】故安县故城，在今河北易县东南东固安。

范阳

【斠注】两汉属涿郡。应劭曰：在范水之阳。《元和郡县图志》十七曰：范阳故城，秦范阳县也，在易县东南二十六里。《读史方舆纪要》十一曰：范阳废县今涿州治。

【集释】《马注》：与龙曰：三国魏县。《地形志》：范阳郡范阳，晋属。有范阳城。《一统志》：故城今保定府定兴县南四十里故城镇。

【编者按】范阳县故城，在今河北定兴县西南固城镇。

容城侯相。

【斠注】汉属涿郡。《读史方舆纪要》十二曰：容城故城在今县西北三十里。

【集释】《马注》：与龙曰：汉县，后省。三国魏无。《地形志》：范阳郡容城，晋属，后罢。魏太和中复。《一统志》：故城今容城县西北。

【编者按】容城县故城，在今河北容城县北十五里北城子村。

燕国汉置。孝昭改为广阳郡。

【集释】程廷祚《证今》曰："今直隶顺天府。"

毕沅《新补正》：沅案：《通典》：汉高帝分置燕国，又分燕置涿郡及广阳国，后汉为涿、广阳两郡地，魏更名范阳郡，晋为燕、范阳二国。据此，则燕国晋所复置，非汉旧矣，此注云汉置，微误。

《马注》：与龙曰：三国魏国。愍帝建兴后，没于石勒。穆帝永和六年，前燕慕容儁都此，其后前秦苻坚、后燕慕容垂相继有此地。《地形志》：幽州燕郡。

统县十，

【集释】《马注》：与龙曰：三国魏有渔阳郡。《燕王机传》：咸宁初，以渔阳郡益其国。郡盖并燕，其渔阳县当亦于是时省。石赵时复置渔阳郡县，说见本州篇末。《前燕录》：慕容儁永和十四年，以久旱，罢渤海郡为兴集县，河间郡为宁集县，广平、魏郡为兴平县，东莱、北海郡为育黎县，吴郡为吴县，悉隶燕国。

户二万九千。

【斠注】《汉志》曰：广阳国，高帝燕国，昭帝元凤元年为广阳郡，宣帝本始元年更为国。《元和郡县补志》三曰：后汉建武十三年省入上谷郡，永元八年复置广阳郡，为幽州刺史治。曹魏太和六年为燕国，晋初因之，建兴后没于石勒，永和六年前燕慕容儁尝都此，其后前秦苻坚、后燕慕容垂相继有其地。

【编者按】燕国治蓟县，在今北京市市区西南。

蓟

【斠注】汉属广阳国，后汉属广阳郡。《汉志》曰：故燕国，召公所封。《汉书补注》曰：《乐记》，武王封黄帝之后于蓟。《说文》云：封于郯，读若蓟。上谷有郯县，是郯即蓟也。《读史方舆纪要》三曰：蓟即汉广阳国故都。《新斠注地理志》十五曰：今顺天府城。

【集释】何超《音义》：蓟，音计。

程廷祚《证今》曰："在今府治东。"

孙人龙《晋书考证》："按《礼记·乐记》：'武王克殷反商，未及下车而封黄帝之后于蓟。'《疏》云：今涿郡蓟县是也。即燕国之都。孔安国、司马迁及郑皆云：燕祖召公与周同姓，黄帝姓姬，召公盖其后也。此以蓟、燕为一国，而召公即黄帝之后。《日知录》谓《史记·周本纪》：'武王封帝尧之后于蓟，封召公于北燕。'《正义》曰：'周封五等之爵，蓟、燕二国俱武王立，因燕山蓟丘为名，其地足自立国，后蓟微燕盛，乃并蓟居之。'其说为长。"

《马注》：与龙曰：三国魏县。愍帝建兴二年，陷于石勒。穆帝永和二年，慕容儁攻，拔蓟城。有铜马门。慕容儁铸铜为马因名，见《寰宇记》。《地形志》：燕郡蓟，晋属。《一统志》：故城今顺天府大兴县西南。

【编者按】蓟县故城，在今北京市市区西南。《新中国考古五十年》：根据1965年在八宝山西出土的《西晋幽州刺史王浚夫人华芳墓志》文字，今北京石景山区"会城门附近即蓟城西墙所在"，其"左近白云观的所谓'蓟丘'……只可能是西晋蓟城"。

安次侯相。

【斠注】汉属勃海郡，后汉属广阳郡。《读史方舆纪要》十一曰：安次废县在东安县西北。

【集释】《马注》：与龙曰：三国魏县。《州郡志》清和太守下云：安次，《晋太康地志》属燕国。《巨马水注》：司空刘琨守此以拒石勒。《地形志》作安城。燕郡安城，晋属。有安次城。《一统志》：故城今东安县西北四十里。

【编者按】安次县故城，在今河北廊坊市西北。

昌平

【斠注】汉属上谷郡，后汉属广阳郡。《水经·㶟水注》：《魏土地记》曰：蓟城东北百四十里有昌平城。《史记·齐悼惠王世家·正义》：《括地志》曰：昌平故城在幽州东南六十里也。《新斠注地理志》十三曰：在今州东南。本《通典》《后汉书》注。

【集释】《马注》：与龙曰：三国魏

县。《地形志》军都县有昌平城，盖魏省县入军都。《一统志》：故城今昌平州东南。

【编者按】昌平县故城，在今北京市昌平区东南。

军都有关。

【斠注】汉属上谷郡，后汉属广阳郡。《汉书补注》曰：秦县，一作浑都，见《绛侯世家·索隐》。《旧唐书·地理志》曰：昌平县北十五里有军都陉，西北三十五里有纳款关，即居庸故关也，亦谓之军都关。《水经·湿余水注》曰：湿余水历山南，迳军都县界，谓之军都关。注引《续汉书》曰：尚书卢植隐上谷军都山是也。《新斠注地理志》十三曰：军都城在昌平州东南四十五里。

【集释】《通鉴》胡注：贤曰：今幽州昌平县有军都山，在西北。

《马注》：与龙曰：《湿余水注》：居庸关在沮阳城东六十里。湿余水导源关山，南流历（过）[故]（编者校：据陈桥驿复校本《水经注疏》，此处"过"为"故"。）关下。其水历山南，[迳]（编者校：据陈桥驿复校本《水经注疏》，此处脱"迳"字。）军都县界，又谓之军都关。三国魏县。《寰宇记》引《晋太康地记》：军都县属燕国。《地形志》：燕郡军都，晋属。有军都关。《一统志》：故城今昌平州西。

【编者按】军都县故城，在今北京市昌平区西南十七里土城村。

广阳

【斠注】汉属广阳国，后汉属广阳郡。《史记·五帝本纪·正义》：《括地志》曰：广阳故城在今幽州良乡县东北三十七里。《读史方舆纪要》十一曰：广阳城在良乡县东八里。

【集释】《马注》：与龙曰：三国魏县。《地形志》：燕郡广阳，晋属。有广阳城。《一统志》：故城今良乡县东北十里。

【编者按】广阳县故城，在今北京市房山区良乡镇东北。《中国考古六十年：1949—2009》据考古资料，定汉广阳县在今北京房山区良乡（地区）镇东九里广阳城村东南。

潞

【斠注】两汉属渔阳郡。《汉志》作路，《续汉志》作潞。《读史方舆纪要》十一曰：废潞县今通州治。

【集释】《马注》：与龙曰：三国魏县，属渔阳。有临泃城。石赵置，以临泃水为名，亦曰临渠城。《前燕录》：慕容儁二年，慕容霸伐赵，收安乐北平兵粮，与其主儁会于临渠。《沟水注》：沟水经临河城北，屈迳其东，即此城也。有戾陵堨。魏征北将军刘靖以嘉平二年立，靖子骁骑将军（宏）[弘]以晋元康五年修，刊石立表，见《鲍丘水注》。《地形志》：渔阳郡潞，晋属燕国。《一统志》：故城今通州东。

【编者按】潞县故城，在今河北三河市西南城子村。

安乐国相。蜀主刘禅封此县公。

【斠注】两汉属渔阳郡。《新斠注地理志》十四曰：在今通州西北。本《寰宇记》。

【集释】方恺《新校》：方恺曰：安

国当作安乐。《水经注·沽水篇》云：沽水又南，迳安乐县故城东。《晋书地道记》云：晋封刘禅为侯国。此刊本之讹，互见荆州上庸郡。吴翊寅案：汲古本亦作安乐，云国相，蜀主刘禅封此县公，是本不作安国也。此据殿本未校正。

傅云龙《殿本晋书考证》曰：《魏志》《蜀志》俱云封安乐公，似宜改国为乐。（编者校：此处殿本为"安国"。故有此论。）

《马注》：官本考证曰：《魏志》《蜀志》俱云封安乐公。似宜改国为乐。与龙曰：三国魏县，曰安乐，属渔阳。《沽水注》：沽水南迳安乐县故城东。《晋书地道记》曰：晋封刘禅为公国。按刘禅封在魏末，《地道记》云晋封，盖误。《地形志》渔阳郡潞县下云：真君七年并安乐属焉。《一统志》：故城今顺义县西南。

【编者按】《宋本晋书》"安乐"为"安国"。安乐县故城，在今北京市顺义区西北。县下注明为国相者，仅有此一例，为燕国安乐，安乐公刘禅封爵约在景元五年三月丁亥，至泰始七年薨。似应为五等爵中的县公，疑此处脱公字，注应为公国相。《晋书·武帝纪》："泰始元年冬十二月己巳赐山阳公刘康、安乐公刘禅子弟一人为驸马都尉。"

泉州侯相。

【斠注】两汉属渔阳郡。《水经·鲍（邱）［丘］水注》曰：泉州故渠上承滹沱水于泉州县，故以泉州为名。《读史方舆纪要》十一曰：泉州在武清县东南四十里。

【集释】《马注》：与龙曰：三国魏县，属渔阳。《地形志》渔阳郡雍奴县下云：真君七年并泉州属。有泉州城。《一统志》：故城今武清县东南。

【编者按】泉州县故城，在今天津市武清区西南城上村。

雍奴

【斠注】两汉属渔阳郡。《水经·鲍（邱）［丘］水注》曰：鲍（邱）［丘］水又合曰梁水，自是水之南，南极滹沱，西至泉州雍奴，东极于海，谓之雍奴薮。《读史方舆纪要》十一曰：雍奴城在武清县东。

【集释】《马注》：与龙曰：三国魏县，属渔阳。《地形志》：渔阳郡雍奴，晋属燕国。［有］雍奴城。《一统志》：故城今武清县东。

【编者按】雍奴县故城，在今天津市武清区西北。一说在今河北香河县西南土门楼村。

狐奴

【斠注】两汉属渔阳郡。《魏志·明帝纪》：景初二年，省渔阳郡之狐奴县，复置安乐县。《斠注》案：本《志》安乐、狐奴两县并设，盖晋初复置狐奴也。《新斠注地理志》十四曰：在顺义县东北二十里。

【集释】《马注》：与龙曰：汉县，属渔阳。三国魏无。《一统志》：故城今顺义县东北。

【编者按】狐奴县故城，在今北京市顺义区东北。

北平郡秦置。

【集释】方恺《新校》：方恺曰：《地

形志》幽州渔阳郡下无终、土垠、徐无三县，注皆言晋属右北平郡。杜预《释例》言北平无终，无右字，未详《魏志》何本。刘庠案：本《志》北平无右字，而上篇乃云秦灭燕以为渔阳、上谷、右北平、辽西、辽东五郡，两汉皆有右北平郡，而北平二字则中山国之县名，本《志》北平郡下既云秦置，则当有右字为是。

《马注》：与龙曰：三国魏郡，曰右北平。按秦置右北平郡，汉、魏并因之，晋改为北平。《地形志》渔阳郡下云：真君七年并北平郡属焉。

统县四，户五千。

【斠注】《水经·鲍（邱）[丘]水注》曰：始皇二十二年，灭燕置。《晋地理志新补正》曰：按《寰宇记》，晋改右北平曰北平。《水经·濡水注》：《地道记》曰：北平有鸿上关。

【编者按】北平郡治徐无县，在今河北遵化市东。

徐无

【斠注】两汉属右北平郡。《水经·鲍（邱）[丘]水注》：《魏土地记》曰：右北平城东北百一十里有徐无城。《读史方舆纪要》三曰：徐无今直隶蓟州玉田县东故城是也。

【集释】《马注》：与龙曰：三国魏县。《地形志》：渔阳郡徐无，晋属右北平。有徐无城。《一统志》：故城今遵化州西。

【编者按】徐无县故城，在今河北遵化市东。

土垠

【斠注】两汉属右北平郡。《读史方舆纪要》十一曰：土垠废县在丰润县西北六十里。

【集释】《马注》：与龙曰：三国魏县，有鸿上关。《濡水注》：濡水又东历鸿山，世谓是处为鸿头，疑即《晋书地道记》所谓鸿上关者也。关尉治北平。《地形志》：渔阳郡土垠，晋属右北平。有北平城。《一统志》：故城今遵化州丰润县东十里南关城。

【编者按】土垠县故城，在今河北唐山市丰润区东。

俊靡

【斠注】两汉属右北平郡。《说文解字》作浚靡。《读史方舆纪要》十一曰：俊靡废县在丰润县北。

【集释】《马注》：与龙曰：三国魏县。《一统志》：县东晋后省入徐无，故城今遵化州西北。

【编者按】俊靡县故城，在今河北兴隆县东南。

无终

【斠注】两汉属右北平郡。《水经·鲍（邱）[丘]水注》曰：蓝水迳无终县故城东。注：故城，无终子国也。《魏土地记》曰：右北平城西北百三十里有无终城。《读史方舆纪要》十一曰：无终城在玉田县治西。

【集释】《通鉴》胡注：无终，春秋无终子之国，自汉以来，为县，属右北平。刘昫曰：唐蓟州玉田县，汉无终县地。

孙人龙《晋书考证》："按《汉书·地理志》：'故无终子国。浭水西至雍奴入海。'《史记》：'项羽封韩广为辽东王，都无终。'《后汉书》：'吴汉将二十骑先驰至无终。'韦昭《国语解》：'无终，山戎之国，今为县，在北平。'《水经注》：'蓝水出北山，东迳无终县故城东，故城，无终子国也。'《魏氏土地记》曰：'右北平城西北百三十里，有无终城。'《日知录》谓：汉无终县为今玉田县固无可疑者，然《左传·襄公四年》：'无终子使孟乐如晋，因魏庄子纳虎豹之皮，以请和诸戎。'《昭公元年》：'晋中行穆子败无终及群狄于太原。'《汉书·樊哙传》：'击陈豨，破得綦母卬、尹潘军于无终、广昌。'则去玉田千有余里，岂无终之国先在云中代郡之境，而后迁于右北平欤？"

《马注》：与龙曰：三国魏县。有燕山。《通鉴》：成帝咸康四年，石虎伐段辽，辽北平相杨裕登燕山以自固。《地形志》：渔阳郡无终，晋属右北平。有无终城。《一统志》：燕山，今玉田县西北二十五里。无终故城今遵化州西。

【编者按】无终县故城，即今天津市蓟县治。

上谷郡秦置，郡在谷之上头，故因名焉。

【集释】《马注》：与龙曰：注说见《圣水注》引《晋地道记》。三国魏郡。《地形志》：上谷郡，天平中置，属东燕州。

统县二，户四千七十。

【斠注】《水经·圣水篇》曰：圣水出上谷。注曰：故燕地，秦始皇二十三年置上谷郡。《地道记》曰：郡在谷之头，故因以上谷名焉。《史记·绛侯周勃世家·正义》：《括地志》曰：上谷郡故城在妫州怀戎县东北百一十里。

【编者按】上谷郡治沮阳县，在今河北怀来县东南。

沮阳

【斠注】两汉旧县。《水经·㶟水注》曰：清夷水又西，迳沮阳县故城北。注：秦上谷郡治此。汉至晋皆因之。《读史方舆纪要》十七曰：沮阳城在保安州东。

【集释】何超《音义》：沮阳，七余反。

《马注》：与龙曰：三国魏县。《一统志》：故城今宣化府怀来县南。

【编者按】沮阳县故城，在今河北怀来县东南。

居庸

【斠注】两汉旧县。《水经·湿余水篇》曰：湿余水出上谷居庸关东。注云：关在沮阳城东南六十里居庸界。

【集释】《马注》：与龙曰：三国魏县。有赤城。《沽水注》：沽水迳赤城东。建武三年，并州刺史王霸为燕所败，退保此城。后魏登国三年，燕将慕容麟击禽贺讷于赤城。《地形志》：居庸，孝昌中陷，天平中置。《一统志》：赤城今赤城县治。居庸故城今延庆州东。

【编者按】居庸县故城，即今北京市延庆区治。

广宁郡故属上谷，太康中置郡，都尉居。

【集释】《通鉴》胡注：广宁县，汉属上谷郡，晋武帝太康中，分立广宁郡；唐属妫州界。

《马注》：与龙曰：三国魏无。《㶟水注》：㶟水东迳下洛县故城南。魏燕州广宁县，广宁郡治。《魏书·穆罴传》：太和十六年，除燕州刺史，镇广宁。《地形志》东燕州下云：太和中分恒州东部置燕州，孝昌中陷。

统县三，户三千九百五十。

【斠注】《汉志》广宁县属上谷郡，后汉因之。《水经·㶟水注》：于延水又迳太宁县故城南。《地理志》云广宁也。

【集释】毕沅《新补正》：沅案：一本五十作三十。

【编者按】谭其骧主编《中国历史地图集》西晋图中广宁郡注"280—289年间分上谷郡置"。广宁郡治下洛县，在今河北涿鹿县。

下洛

【斠注】两汉下落县，属上谷郡。《水经·㶟水注》亦作下洛。《读史方舆纪要》三曰：下洛今直隶保安州西百里故城。

【集释】《马注》：与龙曰：三国魏县，作下落，属上谷。有广宁城，汉故县也，亦曰大宁。《通鉴》：成帝咸和二年，石虎击代王纥那于句注陉北，纥那兵败，徙都大宁以避之。《延水注》：延水东迳大宁县故城南。《地理志》云：广宁也。魏氏《土地记》：下洛城西北百三十里有大宁城。按后魏广宁郡治此，见《㶟水注》。后陷。《一统志》：故城今保安州西。

【编者按】下洛县故城，即今河北涿鹿县治。

潘

【斠注】两汉属上谷郡。《水经·㶟水注》：《十三州记》曰：广平城东北百一十里有潘县。《魏土地记》曰：下洛城西南四十里有潘城。《新斠注地理志》十三曰：在今宣化府保安州西南。

【集释】《马注》：与龙曰：三国魏县，属上谷。《御览》引《晋太康地志》：潘属广宁。《一统志》：故城今保安州西南。

【编者按】潘县故城，在今河北涿鹿县西南。

涿鹿

【斠注】两汉属上谷郡。应劭曰：黄帝与蚩尤战于涿鹿之野。《水经·㶟水注》：《魏土地记》云：下洛城东南六十里有涿鹿城。《新斠注地理志》十三曰：在今保安州东南。《水经·㶟水注》：《晋太康地记》曰：涿鹿城东一里有阪泉，上有黄帝祠。又曰：阪泉亦地名也。泉水东北流，与蚩尤泉会，水出蚩尤城，［城］（编者校：此处脱"城"字。）无东面。

【集释】《通鉴》胡注：《魏土地记》：下洛县东南六十里有涿鹿城。盖在唐妫州界。

《马注》：与龙曰：三国魏县，属上谷。《一统志》：故城今保安州南。

【编者按】涿鹿县故城，在今河北涿鹿县东南。

代郡秦置。

【集释】《马注》：与龙曰：三国魏

郡。《后燕录》：慕容垂建兴二年，代郡人许谦以郡附刘显。三年，赵王麟破谦，徙其民于龙城，遂废代郡。《魏书·灵徵志》：神䴥三年，白鹿见代郡倒剌山。《本纪》：太和十一年，肆州之代郡饥。按此则后魏尝置代郡属肆州。又《李元护传》：叔怴为东代郡太守。《一统志》：后魏太和中迁洛，以平城为代郡，故以此为东代郡也。与龙按：《地形志》恒州下云：天兴中置司州，治代郡平城。太和中改，是天兴中已徙代郡于平城。

统县四，【集释】《马注》：与龙曰：《一统志》云：晋复置高柳县，此《志》未载。

户三千四百。【斠注】《汉书补注》钱坫曰：始皇二十三年置。《初学记》八黄义仲《十三州记》曰：代郡故城。卢植说，初置筑时，方就板干，夜自移西南五十里大泽中，自设结苇为九门，于是就以为城，周旋七里。

【编者按】代郡治代县，在今河北蔚县东北。

代

【斠注】两汉旧县。应劭曰：故代国。《汉书补注》曰：战国代灭于赵。楚汉之际赵王歇都，见《项羽传》。《读史方舆纪要》三曰：代县今大同府蔚州治是。

【集释】《马注》：与龙曰：三国魏县。有桑乾城。裴松之《三国志注》：桑乾县，今北房居之，号为索干之都。《漯水注》：魏氏《土地记》曰：代城北九十里有桑乾城。又云祁夷水东北得飞狐谷，即广野君所谓杜飞狐之口也。苏林据郦公之说言在上党，即实非也。如淳言在代，是矣。晋建兴中，刘琨自代出飞狐口，奔于安次，即于此道也。《魏土地记》曰：代城南四十里有飞狐关。又云：到剌山［水注之］（编者校：此处脱"水注之"。），水出到剌山西。山甚层峻，未有升其岭者。《魏土地记》曰：代城东五十里有到剌山，山上有佳大黄也。《一统志》：故城今宣化府蔚州东。

【编者按】代县故城，在今河北蔚县东北。

广昌

【斠注】汉旧县，后汉属中山国。《晋地理志新补正》曰：按广昌，后汉属中山国，魏封乐进为广昌侯即此，后废，晋又属代郡。《水经·漯水注》：《魏土地记》曰：代南二百里有广昌城。《新斠注地理志》十三曰：今易州广昌县。《史记·正义》：故城在飞狐县北七里。《十三州志》：在平舒东九十里。

【集释】《马注》：与龙曰：三国魏县，属中山。有青岭。《通鉴》：太元二十一年，燕主垂留范阳王德守中山，引兵密发，踰青岭，经天门，凿山通道，出魏不意，直指云中。胡注：青岭在代郡广昌县南，所谓五回道也。其南层崖刺天，盖即天门也。《一统志》：故城今易州广昌县北。

【编者按】广昌县故城，在今河北涞源县北。

平舒

【斠注】两汉旧县。《汉书补注》曰：

战国燕地，与赵，见《赵世家》。《水经·㶟水注》：徐广曰：平舒，在代。《魏土地记》曰：代城西九十里有平舒城。《新斠注地理志》十三曰：今大同府浑源州。

【集释】《通鉴》胡注：代郡之平舒，当在唐蔚之北界。

《马注》：与龙曰：三国魏县。《慕容儁载记》：穆帝升平元年，匈奴单于贺赖头降于儁，处之代郡平舒城。《地形志》：东燕州上谷郡平舒，孝昌中陷，天平中置。《一统志》：故城今大同府广灵县西。

【编者按】平舒县故城，在今山西广灵县西。

当城

【斠注】两汉旧县。《史记·高祖本纪·正义》：《括地志》曰：当城在朔州定襄县界。黄义仲《十三州记》曰：当城在高柳东八十里。县当常山，故曰当城。《水经·㶟水注》：应劭：颜师古《注》引误作阚骃。当桓都山作城，故曰当城。《读史方舆纪要》四十四曰：当城在大同府东南。

【集释】《马注》：与龙曰：三国魏县，作当城。《㶟水注》：连水又北，迳当城县故城西。案《志》作富城，盖形似致讹。《一统志》：县晋后废。故城今宣化府蔚州东。

【编者按】《宋本晋书》"当城"为"富城"。疑误。《马注》所据底本"当城"为"富城"，故有所辩证。当城县故城，在今河北蔚县东北。

辽西郡 秦置。

【集释】《马注》：与龙曰：三国魏郡。按曹魏辽西郡治阳乐，在柳城东、辽水西，说见阳乐县下。惠帝时陷于鲜卑。《十六国春秋》：冯弘太兴元年省郡，慕容皝（编者校："皝"字不清楚，据《辽史》补。）徙置辽西郡。《地形志》：属平州。

统县三，

【集释】《汇编（东北卷）》："西晋时，《晋志》谓辽西郡只有阳乐、肥如、海阳三县。但据《晋书载记》和《通鉴》等书，辽西郡尚有令支、临渝二县。"

户二千八百。

【斠注】《水经·濡水注》：《地理风俗记》云：秦始皇二十二年置。《晋地理志新补正》曰：按：《十六国春秋》冯（宏）[弘]太兴元年省辽西郡。

【编者按】辽西郡治阳乐县，在今辽宁义县西南。

阳乐

【斠注】两汉旧县。《水经·濡水注》：《地理风俗记》曰：阳乐，故燕地，辽西郡治。《魏土地记》曰：海阳城西南有阳乐城。《读史方舆纪要》三曰：阳乐在今大宁废卫故柳城郡东。

【集释】《通鉴》胡注：阳乐县，属辽西郡。贤曰：阳乐，在今平州东。

《马注》：与龙曰：三国魏县。《濡水注》：《风俗记》云：阳乐，故燕地，辽西郡治。秦始皇二十二年置。《魏土地记》云：海阳城西南有阳乐城。与龙按：郦《注》引《魏土地记》之说不云故城，是不以海阳西南之阳乐城为汉县也。《三国·魏志》：曹公征蹋顿，直指柳城。《鲜卑传》：蹋顿据辽西之土。《后汉书·赵苞传》：苞为辽西太守，迎母到郡，道经柳城。是汉辽西郡治在柳城以东，知汉阳乐县亦在柳城之东、辽水之西。晋惠帝时，辽西郡陷于鲜卑。泰安中，移置郡于令支县，非故地矣。令支，汉旧县，晋惠帝时亦陷于鲜卑。泰安二年，封鲜卑务勿尘为辽西公，以令支为国都。其后慕容儁取令支置辽西郡。义熙三年，慕容懿以令支降魏。《地形志》：辽西郡阳乐，晋属。真君七年，并令支属焉。《一统志》：汉阳乐县今永平府东北口外，西晋末移于肥如东界，在今抚宁县西。

《汇编（东北卷）》："《通鉴》晋愍帝建兴元年（313年），明白记载：'阳耽为辽西太守，慕容翰破段氏于阳乐，获之。'是至晋末，阳乐仍为辽西郡治。阳乐今辽宁省义县西偏南古城子沟。"

【编者按】阳乐县故城，在今辽宁义县西南城子沟。

肥如

【斠注】两汉旧县。《水经·濡水注》曰：玄水迳肥如县故城南。注：应劭云：晋灭肥，肥子奔燕，燕封于此，故曰肥如。《读史方舆纪要》十七曰：肥如城在永平府西北三十里。《通典·州郡》八《晋太康地记》曰：肥如县有碣石山，碣然而立在海旁，故名。

【集释】《马注》：与龙曰：三国魏县。后燕慕容熙以幽州刺史治此，高云以幽、蓟二州牧镇此，见《志》平州篇末。北燕冯弘泰兴二年，子崇以肥如降魏。《地形志》：平州治肥如城。又云辽西郡肥如，晋属。有令支城。《一统志》：故城今永平府卢龙县北。

《汇编（东北卷）》："《汉志》肥如县注：'玄水东入濡水……又有卢水南入玄。'《水经注》：'玄水出肥如县东北玄溪，西南流迳……肥如故城南……西南流右会卢水。'玄水今青龙河，卢水今沙河（清时名汤图河）。可知肥如县应位于两河交会处稍北。今河北省迁安县东万军山。"

【编者按】肥如县故城，在今河北迁安市东北。

海阳

【斠注】两汉旧县。《水经·濡水注》：《魏土地记》曰：令支城南六十里有海阳城。《读史方舆纪要》十七曰：海阳城在永平府南三十里。

【集释】《马注》：与龙曰：三国魏县。有夕阳城。《后燕录》：慕容宝封高云为夕阳公。有乐安城。《通鉴》：成帝咸康六年，石虎具船万艘，自河通海，运穀于乐安城，欲以击燕。穆帝永和初，石虎使将军邓恒屯乐安，（攻治）［治攻］（编者校："攻治"应为"治攻"。）具，为取燕之计。燕以慕容霸戍徒河，恒不敢犯。《濡水注》：濡水东迳乐安亭。《地形志》：辽西郡海阳，晋属。《一统志》：夕阳城今滦州西南。乐安亭今乐亭县东北。海阳故城今滦州西南。

《汇编（东北卷）》："《汉志》海阳县下原注：'龙鲜水东入封大水，封大水、缓虚水皆南入海。'《水经注》：'濡水从塞外来，东南过辽西令支县北，又东南过海阳县西南入于海。'并引《魏土地记》：'令支南六十里有海阳城。'

据《嘉庆一统志》（卷一七永平府一山川）考订，知龙鲜水为今徒河上流西支，封大水为今徒河上流东支，缓虚水今沙河，濡水今滦河。同书（卷一八永平府二古迹）又说，海阳故城在滦州（今滦县）西南。是海阳县位于今滦县西南。《水经注》濡水下：'新河又东与清水会，水出海阳县。'近人熊会贞注：'按《地形志》，海阳有清水，今清河，出滦州西五子山东。'查《乐亭县志》（卷一地理山川）：'清河源出滦州西五子山东五里……流迳州南八里，曰八里河；又经料马台……至龙溪……分为二派：东派……至古河庄西；又南十余里，至滦境大庄窝河口入海。'清水即青河，亦即清河。根据它的流迳，比对1∶75万《北京市天津市图》，海阳县相当于今河北省滦县西南兴隆庄。"

【编者按】海阳县故城，在今河北滦县西南。

[令支]

【集释】《通鉴》胡注：令支县，汉属辽西，故孤竹君之国，晋省，段氏据之为国都。应劭曰：令，音铃。裴松之曰：支，其儿翻。师古曰：令，又音郎定翻。杜佑曰：令支，今北平郡卢龙县即其地。

《汇编（东北卷）》："两汉、魏、晋县，均属幽州。《水经注》濡水'东南流迳令支县故城东，南流迳孤竹城西，左合玄水'，缓虚水'出新安平县东北，东南流迳令支城西，西南流与新河合，南流注于海'；又引《魏土地记》谓，'令支城南六十里有海阳城'。濡水今滦河，缓虚水今沙河，玄水今青龙河，海阳城今滦县西南兴隆庄（见海阳考证）。依此以求，比对今图（1∶75万《北京市天津市图》），因置令支于兴隆庄北六十里的今迁安县西南'赵店子'。这与《嘉庆一统志》所说'令支故城在迁安县西'相符，而《方舆纪要》谓'在迁安县东'，恐误。令支今河北省迁安县西南赵店子。"

【编者按】根据《汇编（东北卷）》，补录令支县。令支县故城，在今河北迁安市西南赵店子。

[临渝]

【集释】《汇编（东北卷）》："两汉、魏、晋县，属辽西郡。《汉志》临渝县注：'渝水首受白狼，东入塞外，又有侯水北入渝。'白狼下脱一水字，为今大凌河；侯水似为今牤牛河，自北而南入大凌河。故西汉的临渝县应在今朝阳市东北，作不定点处理。《郡国志》临渝县下，刘昭注谓，碣石山'在县南'。又说是右北平郡郦成县海边山。无论如何，后汉临渝已迁入关内，可无疑义。自来考后汉以后临渝地理者，有两种不同意见：一说在今河北省抚宁县东20里的榆关站，如宋许亢宗《行程录》、洪皓《松漠纪闻》、张棣《金虏图经》和《明一统志》诸书均是；一说在今山海关，如《临渝县志》《嘉庆一统志》等书是。此外顾祖禹持折中态度（《方舆纪要》卷一七直隶八永平府抚宁县）既同意前说，又保留后说。我们认为后汉以后的临渝在山海关。理由有：（一）临渝关或简称渝关，为隋、唐幽、平二州东北边防重镇，《隋书·高祖纪》《旧唐书·契丹传》和《新唐书·贾循传》

诸书中记载'出塞'、'渝关都山'和'南负海，北属长城'的地形，与今从山海关西去的长城一线完全符合。（二）临渝或渝关是关城而不是驿站，《隋志》和宋白《续通典》载有'关官'与'渝关关城'可证。（三）宋白又称：'关城下有渝水入大海，其关东临海……三面皆海，北连陆。'这一描述，只能是就今山海关至前所以南和八里铺、望夫石至贺家屯一带的地形而言，而决非今抚宁县东20里的渝关站。（四）东晋时，'章武郡临海，船通过辽西临渝'（见汤球《十六国春秋辑补》卷九八《北燕录》）。直到明初，山海关东南一二十里的芝麻湾仍'为征倭曾行之道'（《海运摘抄》卷二）。（五）《通典》记载，临渝关在卢龙县城东180里，《武经总要》亦载，卢龙郡东北至渝关守捉190里（《太平寰宇记》引同）。以今日里数计之，从卢龙县到渝关站直径不过80里，相差太远；而山海关为150里，大致相符。综上所述，后汉一直到唐，临渝关或渝关在今山海关，应与宋辽金元明时期设在今抚宁县东二十里的渝关站区别开来。因此，将东汉、魏、晋的临渝县定在今山海关，较符合历史事实。临渝县今山海关。"

【编者按】根据《汇编（东北卷）》，补录临渝县。临渝县故城，一说在今河北抚宁县东北渝关，一说在今河北秦皇岛市山海关。谭其骧主编《中国历史地图集》西晋图定点在今河北抚宁县东北渝关。

惠帝之后，幽州没于石勒。

【斠注】《晋地理志新补正》曰：按《寰宇记》，石勒僭号襄国，于蓟置幽州，于州置燕郡。石氏败，历慕容儁都之，儁为苻坚所灭，坚乱，慕容垂得其地，州郡之名如故。

【集释】《马注》：与龙曰：《赵录》：石虎建武四年，有段辽渔阳太守马鲍降。是其时有渔阳郡也。《地形志》渔阳郡渔阳县下云：晋罢，后复。按《地形志》渔阳郡各县下无言晋属者，他郡县下亦无言晋属渔阳者，本《志》盖因此不列渔阳郡，然石赵时则有渔阳郡，《志》于此失载也。《濡水注》有三藏川、三藏水。《通鉴·晋纪》：成帝四年，燕王皝遣慕容恪伏精骑七千于密云山，大败麻秋于三藏口。赵一清云：即三藏水所会之口，在今古北口塞外，赵时属渔阳郡境。

及穆帝永和五年，慕容儁僭号于蓟，是为前燕。七年，儁移都于邺。

【斠注】《廿二史考异》十九曰：按《本纪》永和八年儁僭帝号，于中山称燕，与此不同。考《载记》儁以永和五年僭即燕王位，其时尚都龙城，未得蓟也，其徙都蓟盖在永和六年。次年克中山，又次年克邺，僭帝号，然犹都蓟城也。儁之迁邺当在升平二年以后，《志》未得其实。

【集释】《马注》：周家禄曰：儁移都在升平中，其克邺则在永和七年耳，文有误。

周家禄《晋书校勘记》曰：儁当作儁，校见《总目》及《帝纪》。

儁死，子（晖）为苻坚所灭。坚败，地复入慕容垂，是为后燕。垂死，宝迁于和龙。

【集释】《马注》：与龙曰：说见平州篇末。钱大昕曰：《谢安传》：都督扬、豫、徐、兖、青五州、幽州之燕国诸军事。《谢玄传》：都督徐、兖、青三州、扬州之晋陵、幽州之燕国诸军事。江左侨置燕国，惟见此二条，而《地理志》未之及焉。考《宋书·州郡志》南徐州淮陵下云：《永初郡国》又有下相、广阳二县，广阳当是燕国属县。义熙土断后，省燕国，并入淮陵郡也。《寰宇记》：石勒于蓟置幽州燕郡，历慕容儁、苻坚、慕容垂，州郡之名如故。与龙曰：慕容熙以幽州刺史镇令支，高云以幽、蓟二州牧镇肥如，见《志》平州篇末。《地形志》：幽州治蓟城。

平州。案《禹贡》冀州之域，于周为幽州界，汉属右北平郡。后汉末，公孙度自号平州牧。及其子康、康子文懿并擅据辽东，东夷九种皆服事焉。魏置东夷校尉，居襄平，而分辽东、昌黎、玄菟、带方、乐浪五郡为平州，

【集释】《马注》：谢钟英曰：《三国魏志·蒋济传》注：太和六年，明帝遣平州刺史田豫乘海攻辽东，时辽东五郡为公孙渊所据，豫遥领刺史耳。《志》谓魏分五郡为平州，误。

后还合为幽州。及文懿灭后，有护东夷校尉，居襄平。咸宁二年十月，分昌黎、辽东、玄菟、带方、乐浪等郡国五置平州。

【斠注】《廿二史考异》十九曰：按：《帝纪》：泰始十二年二月，分幽州五郡置平州。年月不合。考《卫瓘传》，瓘除征北大将军、都督幽州诸军事。至镇，表立平州，后兼都之。则分立平州之议出于瓘，瓘以泰始七年八月被命之镇，是平州当置于泰始，不当在咸宁也。

【集释】方恺《新校》：方恺曰：本书《武帝纪》：太康三年八月，罢平州、宁州。本《志》但纪宁州，不纪平州。又后篇云：平州初置，慕容廆为刺史。考之《武帝纪》及《慕容氏载记》，咸宁二年立州之后至太康三年州罢，其时廆方寇掠昌黎、肥如，至太康十年始降，是平州复立必在十年以后，《纪》《志》不相谋和，当有缺误也。

周家禄《晋书校勘记》曰：按《武帝纪》，分幽州五郡置平州在泰始十年。

《马注》：毕沅曰：《晋书·本纪》在泰始十年。《卫瓘传》：瓘表立平州。又《本纪》：太康三年秋八月，罢平州刺史三年一奏事。

统县二十六，户一万八千一百。

【中华校】户一万八千一百 "八千"，各本作"六千"，今从殿本作"八千"，与统计户数相符。

【集释】孙人龙《晋书考证》："监本八误六，各本同，今按后细数改正。"

【编者按】平州治襄平县，在今辽宁辽阳市。

昌黎郡 汉属辽东属国都尉，魏置郡。

【集释】方恺《新校》：方恺曰：《地形志》：营州昌黎郡，晋分辽东置。此云魏置，不详孰是。

《马注》：三国魏为辽东属国。《魏志·少帝纪》：正始五年，鲜卑内附，置辽东属国，立昌黎县以居之是也。《地形志》：晋分辽东置昌黎郡。《志》总叙云武帝置昌黎郡，此又云魏置郡，则误。《地形志》：属营州。

统县二，

【集释】《马注》：与龙曰：今补录险渎县，为统县三。

《汇编（东北卷）》："西晋时，《晋志》谓昌黎郡改属平州，也只有昌黎、宾徒二县。但据《晋书载记》和《通鉴》等书，昌黎郡亦尚有棘城、龙城、险渎、徒河四县。"

户九百。

【集释】《马注》：毕沅曰：八百，一本作九百。（编者校：毕本为"八百"，

故有此论。)

【编者按】昌黎郡治昌黎县,在今辽宁义县。

昌黎

【斠注】《汉志》:辽西郡交黎县东部督尉治。应劭曰:今昌黎。《续汉志》属辽东属国。今本误作昌辽。《魏志》三《少帝纪》:正始五年,置辽东属国,立昌黎县以居之。《读史方舆纪要》三曰:今直隶大宁废卫故柳城东南有昌黎废县。《续汉志》注:何法盛《晋书》曰:昌黎有青城山。

【集释】《通鉴》胡注:慕容廆先居徒河之青山,后徙棘城,今自棘城徙都龙城。杜佑曰:营州柳城郡,古孤竹国也,春秋为山戎、肥子二国地。汉徒河之青山,在郡城东百九十里。棘城,即颛顼之虚,在郡城东南百七十里。慕容皝以柳城之北、龙山之南,福德之地,遂迁都龙城,号新宫为和龙宫。柳城县有白狼山、白狼水,又有汉扶犁县故城在东南。其龙山,即慕容皝祭龙所也;有饶乐水,汉徒河县城。

《马注》:与龙曰:三国魏县,属辽东属国。有棘城,在今锦州府义州西北。《慕容廆传》:廆曾祖莫护跋居辽西,从宣帝征公孙氏,拜率义王,建国于棘城之北。廆以大棘城即帝颛顼之墟也。元康四年,乃移居之。《前燕录》:永嘉五年,廆东击连津,得所掠民三千余家,徙之棘城,立辽东郡。又建兴中,幽州丧乱,中国流民归廆者数万家,廆乃立郡以统流民,冀州人为冀阳郡,豫州人为成周郡,青州人为营(邱)[丘](编者校:中华书局点校本《晋书·慕容廆载记》"邱"为"丘"。)郡,并州人为唐国郡。慕容皝永和十四年,以久旱,罢成周、冀阳、营(邱)[丘]等郡。按慕容廆居大棘城,所置诸郡当在昌黎郡境。《郡国志》注引何法盛《晋书》有青城山,有徒河城。相传虞舜时已有此城。二汉县,三国魏省入昌黎郡界,慕容氏复置。太康十年,慕容廆迁于徒河之青山,见《前燕录》,在今锦县西北。《地形志》:真君八年,并徒河,属广兴县。有西乐城,今锦县治,慕容皝置县,见《前燕录》。《辽史·地理志》:永乐县本慕容西乐县地。有集灵故县,慕容皝所置,在今宁远州西南。《地形志》:营州昌黎郡龙城,真君八年,并昌黎属焉。《一统志》云:魏晋置平州,治昌黎,即和龙。与龙按:《大辽水注》:白狼水迳昌黎城西。白狼水即今大凌河,昌黎城当在今锦州府义州西北境,此汉之昌黎也,《汉志》作交黎,《郡国志》作昌辽,皆即此魏昌黎县。周济云:在今锦州府宁远州东北三十里,此魏正始中(编者校:此字不清楚,观字形似为"中"。)所置之昌黎也,晋因之。《地形志》云并昌黎入龙城,是魏晋之昌黎县,但与和龙接壤耳。

《汇编(东北卷)》:"前汉县,后汉改名为昌黎,与宾徒、徒河同时分隶辽东属国,三国魏隶昌黎郡(辽东属国所改),晋因于魏而改昌黎郡属平州。《汉志》交黎县注:'渝水首受塞外,南入海。'据《水经注》引《汉志》原文,应是:渝水首受白狼水,自塞外南入海。《汉志》交黎县注又称:'东部都尉治',《水经注》引:'应劭曰:今昌黎也.'这是前汉交黎到后汉改为昌黎的确证。此地既为东部都尉治,必位于辽西郡东部。但据《水经注》记载白狼水的流迳,先昌黎而后黄龙城(今朝阳市),这里的昌黎显然是后魏时的昌黎。否则,郦道元所记白狼水流迳先后次序有颠倒。《通鉴》载,晋成帝咸康二年(336年),慕容皝'帅其弟军师将军评等自昌黎东,践冰而进,凡三百余里,至历林口……(趣)[趋]平郭。'(《晋书载记·慕容皝传》作"自昌黎践凌而进",无"东"字。)是昌黎从汉到晋,肯定在辽西郡东部近海一带,而《水经注》又载昌黎东南尚有女罗、营邱两城。女罗城当位于今义县东南王民屯对岸(详隋女罗城考证),因此,置交黎(昌黎)于今义县比较恰当。杨守敬将昌黎定在紧靠海岸的今绵县,使昌黎东南女罗、营邱两城均无法位置。交黎(昌黎)今辽宁省义县。"

【编者按】宾徒县故城,即今辽宁义县治。

宾徒

【斠注】《汉志》作宾从,属辽西郡。《续汉志》作宾徒,属辽东属国。

【集释】《马注》:与龙曰:三国魏县,属辽东属国。顾祖禹云:故县今太宁卫东南。与龙按:即今喀喇沁旗东南。

《汇编(东北卷)》:"前汉县,后汉分隶辽东属国,三国魏隶昌黎郡(辽东属国所改),晋因于魏而改昌黎郡属平州。《汉志》作宾从,《郡国志》和《晋志》均作宾徒。清人惠栋、钱坫、王先谦等考订应作宾徒,今从之。西晋昌黎郡领有昌黎、宾徒、徒河等县。昌黎今义县,宾徒或与相去不远,以亦与徒河有关,则宾徒极有可能介于昌黎、徒河之间。据《汉志》狐苏县注:'唐就水至徒河入海。'《奉天通志》谓小凌河'古名唐就水',又载小凌河支流南流迳营城子(一作英城子),注谓有故城遗址,建置无考。因定宾徒于此,其方位与昌黎、徒河(今锦州市)的关系均合。宾徒今辽宁省锦州市北英城子。"

【编者按】宾徒县故城,在今辽宁锦州市北。

[险渎]

【集释】《马注》:与龙曰:二汉县,属辽东属国。三国魏无。《史记·朝鲜列传》:都王险。《集解》:徐广曰:昌黎有险渎县也。按昌黎置郡在晋初,说见郡下。险渎县属昌黎,盖晋初置昌黎郡时所复置。此《志》缺,今据徐广说补录。《一统志》:故城今锦州府广宁县东南滨海之地。

《汇编(东北卷)》:"前汉县,后汉改属辽东属国,魏、晋省。《汉志》险渎县应劭注:'朝鲜王满都也,县依水险,故曰险渎。'臣瓒注:'王险城在乐浪浿水以东;此自是险渎也。'险渎,后汉改属辽东属国,而辽东属国所隶各县,都在辽河以西,不可能单有险渎一县远在朝鲜半岛。险渎与王险城,显然是两个地方,应劭误为一地,臣瓒虽已辨明为两地,但未指出险渎究在何处。晋人徐广谓'昌黎有险渎'。咸和八年(333),慕容皝初嗣位,其弟'(慕容)仁劝(慕容)昭举兵废皝。皝杀昭,遣使按验仁之虚实,迁仁于险渎。仁知事发,杀觥使,东归平郭'(参看《晋书》一〇九)。此事《通鉴》记载:'(觥)遣使按验,仁兵已至黄水。'胡注:'黄水当在汉代东郡险渎县。'从慕容仁'东归平郭'的行程看,黄水可能是辽河下游某一支流或即指辽河下游。今台安县东南20里孙城子村东城子岗发现了汉代古城遗址,其他东距辽河8里,西距柳河2里,当即险渎遗址。险渎今辽宁省台安县东南20里孙城子。"

【编者按】《马注》《汇编(东北卷)》都在此处补录险渎县。险渎县故城,在今辽宁台安县东南。

[棘城]

【集释】《汇编(东北卷)》:"小地名,始见于曹魏,属昌黎郡昌黎县。晋改县,仍属昌黎郡。参看《晋书·载记·慕容廆传》及谢钟英《补三国疆域志补注》。顾祖禹谓,棘城'在营州东南百七十里'(《方舆纪要》卷一八直隶九大宁卫),《嘉庆一统志》谓'在义州西北'(卷六五锦州府二古迹)。营州今朝阳市,义州今义县。但据《晋书·载记·慕容皝传》,东晋时段辽攻慕容皝,分两路:一从西北柳城(今朝阳市),一从东南徒河(今锦州市),南北夹攻他的根据地棘城。从当时段氏用兵情况和地望看,与其将棘城置于今义县西北,不如置于县西之'砖城子'。棘城今辽宁省义县西砖城子。"

【编者按】《汇编(东北卷)》在此处补录棘城县。棘城县故城,在今辽宁义县西。

[龙城]

【集释】《汇编(东北卷)》:"两汉、三国魏县,晋改名龙城,城址略向北移。《三国魏志·武帝纪》记载,后汉建安十二年(207年),曹操北征乌桓,以田畴为向导,引军出卢龙塞,经过白檀、平刚,'东指柳城,未至二百里'。同书《田畴传》也说:'出卢龙,历平刚,登白狼堆,去柳城一百余里。'平刚即今辽宁省凌源县,白狼堆相当于今辽宁省喀左县(大城子)西南的桃花池。依此以推,则柳城约在今朝阳市附近。《后汉书·赵苞传》柳城下,刘昭注:'柳城故城在今营州南。'又《太平寰宇记》卷七一引《十六国春秋·载记·慕容皝传》有云:'柳城之北,龙山之西,筑龙城,构新宫,改柳城为龙城。'《资治通鉴》全同,但《水经注》及《辽志》误将'西'字改作'南'字。龙城和营州即今朝阳市,已经成定论,龙山无疑是位于今朝阳市东南15里的凤凰山(参看民国十九年《朝阳县志》卷十二和卷十五考证)。柳城既为西部都尉治,它的地理位置就应在西南而不在东南。根据最近发掘,考古工作者已证实龙城在今朝阳市西南八里堡(金殿士《辽宁朝阳西大营子唐墓》,见《文物》,1959年第5期),而稍后,又在市西南20余里的十二台营子附近发现有汉墓,出土一罐五铢钱,断定为一汉城遗址,与上述历史文献记载柳城在方位吻合。因此,将两汉、三国、魏的柳城定在十二台营子,晋以后的龙城定在今朝阳市。"

【编者按】《汇编(东北卷)》在此处补录龙城县。龙城县故城,即今辽宁朝阳市西南八里堡。

[徒河]

【集释】《汇编（东北卷）》："前汉县，后汉与宾徒分隶辽东属国，三国、魏不见记载，晋隶昌黎郡而改属平州。《汉志》狐苏县注：'唐就水至徒河入海。'《奉天通志》认为唐就水即今小凌河。《嘉庆一统志》谓徒河故城在锦县（今锦州市）西北，而陈澧认为即在锦县（今锦州市）。兹取陈说。据《晋书·载记·慕容廆传》所载入居辽西几次迁徙的情况，可知棘城在北而徒河在南。《通典》有'汉徒河之青山在郡城东百九十里'的记载，而《太平寰宇记》却写作：'徒河废城在郡东北，有山曰青山，在东北九十里；棘城在郡东南一百七十里。'《奉天通志》从而错误地得出结论：'棘城在南，徒河在北。'其时《太平寰宇记》有讹夺，'东北九十里'显然是'东百九十里'之误，原文应改作：徒河废城在郡东百九十里，北有山曰青山。始与当时史实和地理形势相符合。"

【编者按】《汇编（东北卷）》在此处补录徒河县。徒河县故城，即今辽宁锦州市治。

辽东国秦立为郡。汉光武以辽东等属青州后，还幽州。

【集释】《马注》：与龙曰：三国魏郡。《地形志》属营州，治固都城。

统县八，户五千四百。

【斠注】《水经·大辽水注》曰：秦始皇二十二年，灭燕置辽东郡。

【集释】《通鉴》胡注：无虑县，前汉属辽东，后汉属辽东属国，晋省。应劭曰：虑，音闾，《周礼》所谓"其山镇巫闾"是也。

方恺《新校》：方恺曰：《山海经·海内东经》潦水下郭璞注：潦阳县属潦水。案：潦疑通作辽。《地理志》辽东郡有辽阳县也。吴翊寅案：《说文》潦训雨水大貌。其辽东字作辽。《山海经》作潦者，古文假借，郭注不改字，非晋有潦阳县也。《郡国志》：辽阳属玄菟郡。本《志》并阙，附纪于此。

《汇编（东北卷）》："后汉末，公孙度割据辽东，自号平州牧，对郡县设置，有所变动。……景初二年（238年），魏灭公孙渊，'置东夷校尉居襄平，而分辽东、昌黎、玄菟、带方、乐浪五郡为平州；后还合幽州'。又分望平属玄菟郡（《晋志》）。据吴增仅《三国郡县表》所列，魏辽东郡领襄平、汶、安市、西安平、新昌、平郭、沓（东沓）、北丰8县。谢钟英《三国疆域表》补辽隧，共9县。《晋书地理志》：'咸宁二年十月，分昌黎、辽东、玄菟、带方、乐浪等郡国五置平州。'而《武帝纪》则称'泰始十年二月，分幽州五郡置平州'。两处记载稍有出入。《晋书·卫瓘传》：'（泰始时瓘）除征北大将军、都督幽州诸军事、幽州刺史……至镇表立平州'，'咸宁初拜尚书令'。可见置平州应在泰始十年。又，咸宁三年（277年）九月司马蕤封'辽东王'，太康四年（283年）徙莱王，不久即被杀（《武帝纪》）。此后晋代再无辽东王封号，辽东封国自公元277年至283年，仅存在7年，此前、此后都是辽东郡，郡治襄平城在今辽阳市老城区……辽东陷入高丽后称辽东城。《通鉴》卷八七载，永嘉三年（309年）'辽东太守庞本，素与（东夷校尉李）臻有隙，乘虚袭杀臻，遣人杀（臻子）成于无虑'。是取消封国后已改为郡的证明。西晋图标准年代为太康三年（282年），仍以辽东国上图。"

【编者按】辽东国治襄平县，在今辽宁辽阳市。

襄平 东夷校尉所居。

【斠注】两汉属辽东郡。《新斠注地理志》十四曰：今奉天府城。

【集释】《马注》：与龙曰：三国魏县。永嘉后属慕容氏，亦谓之辽东城。慕容廆使其子翰镇辽东，即此城也。《前燕录》：慕容皝以杜群为辽东相，安辑遗民，置和阳、武次、西乐三县。《地形志》：辽东郡襄平，晋属。《一统志》：故城今奉天府辽阳州北。

《汇编（东北卷）》："《水经·辽水注》叙辽水'迳襄平故城西，秦始皇二十五年灭燕置辽东郡，治此。汉高帝八年，封纪通为侯国。王莽之昌平也。'颜师古《汉书·匈奴传》注也说：'襄平即辽东所治也。'关于襄平遗址何在，《辽东志》卷一断定：'襄平城辽阳城西北隅。'然而《读史方舆纪要》及嘉庆《一统志》又断定襄平应在辽阳城北或西北70里。杨守敬《水经注疏》及傅斯年《东北史纲》沿用此说。《东北通史》及《满洲历史地理》又改订在今辽阳市。新中国成立后，辽宁省博物馆的同志们，配合基本建设，对辽阳老城和老城以外进行发掘清理工作，测定汉代'襄平城和现在辽阳城的位置大小规模，都是差不多的。'（李文信、孙守道《周汉魏晋时代的辽宁史迹》，载《辽宁日报》1962年7月21、24日）即谓，汉襄平与今辽阳市老城在同一位置。襄平今辽宁省辽阳市老城。"

【编者按】襄平县故城，即今辽宁辽阳市治。

汶

【斠注】两汉属辽东郡。《汉志》作文，《续汉志》作汶。《斠注》案：《魏志》三《少帝纪》：正始元年，以辽东汶、北丰县民流徙渡海。晋初汶县盖承汉魏之旧。

【集释】《马注》：与龙曰：三国魏县。《通鉴》胡注：故城在平郭西。谢钟英云：今盖平县西。

《汇编（东北卷）》："文，前汉县，后汉改作汶，魏晋因之。《三国魏志·齐王芳纪》：'正始元年春，以辽东汶、北丰县民流徙渡海，规齐郡之西安、临菑、昌国县界为新汶、南丰县，以居流民。'由此推断，汶县在辽东半岛近海之地，不然流民当从陆路徙于辽西，而不至渡海流徙于齐郡（今山东）。《方舆纪要》卷三七根据所引《通鉴》卷九五胡注'汶城在平郭之西'的文字，断言文县在'盖州卫西'。但核对胡注，原文为'汶，古汉县，属辽东郡，《前书》作文'，并无'在平郭之西'等文字。而且明盖州卫（今盖县）距海甚近，自此以西，不可能再置一县。再看《通鉴》本文，是记载公元333年慕容皝兄弟相争的战事：'皝以高诩为广武将军，将兵五千与庶弟建武将军幼、稚、司马辽东佟寿等共讨仁，与仁战于汶城北。皝军打败，幼、稚军皆为仁所获；寿尝为仁司马,遂降于仁。'这一战役,《晋书》卷一〇九记载:'仁尽众拒战,幼等大败,皆殁于仁。'当时高翊以玄菟太守加署广武将军,统军自北而南,仁以有备之师,'尽众拒战',必然在平郭以北或东北。据《人民日报》1964年4月12日报道,在盖县东北60多里汤池附近英守沟,发现一座汉代古城,'城垣虽然毁坏,但尚能看出方形轮廓'。……这一遗址正在平郭(今熊岳)东北100多里,又北距安市(今海城)70余里,当即汶县遗址。"

【编者按】汶县故城,在今辽宁营口市大石桥市汤池镇英守沟村。

居就

【斠注】汉旧县。《读史方舆纪要》三十七曰:鹤野城在辽东都指挥使司西八十里,汉居就县地,晋因之。

【集释】《马注》:与龙曰:前汉县,三国魏无。《通鉴》:成帝咸和九年,慕容皝讨辽东,至襄平、居就、新昌等县,皆降。《一统志》:故城今辽阳州西南。

《汇编(东北卷)》:"依据近年考古发现,辽阳县东南90里,汤河东岸亮甲山有一座汉代故城。汤河比沙河更大,且更靠近辽阳市,当即汉代室伪水,汤河源分水岭即室伪山。亮甲山汉代古城即居就县遗址(参见《辽宁史迹资料》52—53页)。居就今辽宁省辽阳县亮甲山。"

【编者按】居就县故城,在今辽宁辽阳县东南河栏镇亮甲村西北。

乐就

【集释】《马注》:与龙曰:三国魏无,今地阙。李兆洛云:当在今奉天府境。

《汇编(东北卷)》(第8页):"(《晋志》)中乐就为晋代新设。……有人以对音为根据,认为即辽代乐郊县(今沈阳),实不足信。因今沈阳地区在晋代仍属玄菟郡范围。……因此,乐就不可考。"

【编者按】乐就县故城,今地无考。

安市

【斠注】《斠注》案:《汉志》《续汉志》辽东郡属县均作安市,此作安平,乃安市之讹。《新斠注地理志》十四曰:在奉天府盖平县东北七十里。

【集释】《马注》:与龙曰:三国魏县,曰安市。按当作安市。字形相涉致讹。《一统志》:安市县,晋初因之,故城今盖平县东北七十里。

《汇编(东北卷)》:"前后汉、魏、晋均属辽东郡。《汉志》望平县注:'大辽水出塞外,南至安市入海。'《水经》叙大辽水过房县后'又东过安市,西南入于海'。这一句,又可以断为'又东过安市西南,入于海'。总之,大辽水入海口应在安市县城稍西南。《辽志》:'铁州,本汉安市县,高丽为安市城。'《明一统志》《辽东志》《盛京通志》等书都推断汤池堡(今营口县汤池镇)为汉安市县,即木《辽志》所说。……唐安市州,考古发掘已证明即今海城东南15里英城子古城,方位与《水经》记载大辽水入海的形势吻合。然而唐安市州为高丽占据辽东时修筑的山城,名称因袭汉安市。汉代城址一般不修在山上，与唐安市州未必同在一地，也可能因为安市地近辽、海，汉代即在山上筑城，以避水患，故暂作同点处理。安市今辽宁省海城县东南15里英城子古城。"

【编者按】安市县故城，在今辽宁海城市东南。

西安平

【斠注】两汉属辽东郡。《汉书补注》：何焯曰：涿郡有安平，故此加西。《读史方舆纪要》三十七曰：西安平城在盖州卫东南。

【集释】《马注》：与龙曰：三国魏县。有安平口。《吴志》：孙权遣谢宏、陆恂封高丽王宫为单于，恂等到安平口。即此县海口也。《通鉴》：成帝咸康七年，石虎将王华帅舟师自海道袭燕安平，破之，即此。后入高丽为泊汋城。《唐书·地理志》：安东府南至鸭绿江北泊汋城七百里，故安平县也。《一统志》：故城今辽阳州城东。谢钟英云：当在今盖平县东南。与龙按：据《唐志》：当在今鸭绿江北近海处。

《汇编（东北卷）》："前后汉、魏、晋均属辽东郡。《汉志》玄菟郡西盖马注：'马訾水……西南至西安平入海。'《通典》卷一八六：'马訾水，一名鸭绿江……西南至安平城入海。'贾耽《道里记》：安东府'南至鸭绿江北泊汋城七百里，故汉西安平县也'。1961年8月，辽宁文物工作干部训练班在九连城瑗河尖村发现一座古城，根据出土文物判断为西汉以来古城，高丽、辽金时期，此城尚存，当为西安平遗址。该遗址对河不足5里，又有九连城古城，当即唐代泊汋城（参见《辽宁史迹资料》53—54页）。西安平今辽宁省丹东市九连城瑗河尖古城。"

【编者按】西安平县故城，在今辽宁丹东市东北九连城镇瑗河尖古城。

新昌

【斠注】两汉属辽东郡。《读史方舆纪要》十七曰：新昌城在今辽东海州卫境。

【集释】《马注》：与龙曰：三国魏县。《通鉴》：成帝咸和九年，慕容仁遣兵袭新昌，（都）[督]（编者校："都"疑为"督"。）护王寓击走之，遂徙新昌入襄平。有平郭城。元帝太兴四年，慕容廆以其子翰镇辽东、仁镇平郭。成帝咸和八年，仁还平郭，举兵而西。咸康二年，皝袭仁于平郭，自昌黎东，践冰而进，凡三百余里。至历林口，舍辎重，轻兵趋平郭，遂擒仁。七年，皝使子恪镇平郭。《地形志》：辽东郡新昌，晋属。《一统志》：平郭在今盖平县南。新昌故城今奉天府海城县东。

《汇编（东北卷）》："前汉属辽东郡，后汉、魏同。……《通鉴》卷九十五载，晋成帝咸和九年，慕容皝与弟仁相杀，入襄平，'居就、新昌等县皆降'。不久慕容仁自平郭'遣兵袭新昌，督护新兴王寓击走之，遂徙新昌入襄平'。这些战乱过程，都说明新昌在平郭于襄平之间，距襄平、居就、辽队均不远。《金志》：东京路澄州'临溟县，镇一：新昌'。临溟为澄州依郭县，故址在今海城。《方舆纪要》与《清一统志》都推断汉新昌县与金新昌镇同地，在海城东，方位与古代文献中新昌大致相合。今海城、鞍山一带汉墓、汉代文物出土较多，说明这一带是汉代居民较密的地方（参见《考古学报》1956 年的第一期《考古学上汉代以前的东北疆域》及《辽宁日报》1962 年 7 月 21 日《周汉魏晋时代的辽宁史迹》），其中海城东北 30 余里向阳寨和大屯都有汉代遗址。兹将向阳寨暂定为汉新昌县所在。新昌今辽宁省海城县东北 30 余里向阳寨。"

【编者按】新昌县故城，在今辽宁海城市东北。

力城

【集释】《马注》：与龙曰：三国魏无。按疑当作方城。《宋书·符瑞志》：晋武帝泰始元年，木连理生辽东方城。今地阙。李兆洛云：当在今盛京境。

《汇编（东北卷）》（第 8 页）："（《晋志》）中力城为晋代新设。……力城在《好大王碑》中与北丰并提，但其前后文缺字与不可辨认的字颇多，仍不能考证力城地理方位。……因此，力城不可考。按，王健群《好大王碑研究》认为：'高句丽好大王之世，尚未占据辽东、浑江一线，为其西鄙，故力城、北丰当于浑江以东求之'（吉林人民出版社 1984 年版，143－144 页）。"

【编者按】力城县故城，今地无考。

乐浪郡 汉置。

【集释】《马注》：与龙曰：三国魏郡。东晋后没于高句骊。《前燕录》：辽东张统据乐浪、带方二郡，与高句骊乙弗理相攻，廆为之置乐浪郡，以统为太守。《地形志》：乐良郡，晋曰乐浪，后改，罢。正光末复，治连城，属营州。与龙按：《地形志》营州治和龙城，即《大辽水注》所谓黄龙城，魏营州治者也。乐良郡治连城，疑即《大辽水注》所谓河连城。准其地望，尚相属，非汉晋旧郡地矣，疑即慕容氏所置也。

《汇编（东北卷）》："三国及西晋时期，原乐浪郡南部都尉治下 7 县改属带方郡，但岭东濊貊居地则由乐浪、带方二郡共同管辖。与此同时，乐浪郡西北境介于今大同江及清川江之间的几个县似已不复存在。""魏时曾设平州，治襄平，旋废。晋武帝泰始十年（274 年）复设平州，辖昌黎、辽东、玄菟、带方、乐浪等 5 郡国，仍治襄平。永嘉后移治昌黎（今辽宁省义县）。晋代乐浪郡统县 6，即朝鲜、屯有、浑弥、遂城、镂方、驷望。乐浪郡的迁徙始于晋愍帝建兴元年（313 年），是年，据《通鉴》卷八八所记：'辽东张统据乐浪、带方二郡，与高句丽王弗利相攻，连年不解。乐浪王遵说统帅其民千余家归（慕容）廆，廆为之置乐浪郡，以统为太守，遵参军事'。迁徙以后的乐浪郡当在棘城（今义县北）附近。《通鉴》卷九一晋元帝太兴二年（319 年）：'高句丽将如奴子据于河城，廆遣将军张统掩击，擒之，俘其众千余家，以崔焘、高瞻、韩恒、石琮归于棘城，待以客礼'。此将军张统即前据乐浪、带方二郡之张统，慕容廆遣统出征，统以战俘归还棘城，可见此时的乐浪郡侨置于棘城附近。又《通鉴》卷九六晋成帝咸康四年（338 年）：'朝鲜令孙泳帅众拒赵，大姓王清等密谋应赵，泳收斩之。同谋数百人惶怖请罪，泳皆释之，与同拒守。乐浪太守鞠彭以境内皆叛，选乡里壮士二百余人共还棘城'，亦为当时乐浪郡和朝鲜县均寄治棘城附近之一证。咸康八年（342年），慕容皝迁都龙城（今辽宁省朝阳市），乐浪、带方二郡似仍在棘城一带。《通鉴》卷九九，晋穆帝永和十年（354年）记燕主儁所封诸王中有宁北将军度为乐浪王，温为带方王。"

统县六，

【集释】方恺《新校》：方恺曰：《水经注·浿水篇》引阚骃《十三州志》曰：浿水县在乐浪东北，镂方县在郡东。今《志》无浿水县，岂《水经注》有误耶？《郡国志》亦有浿水县。吴翊寅案：《说文》：浿水出乐浪镂方，东入海。从水，贝声。一曰出贝水县。《地理志》同《水经注》引阚骃《志》，当不误，本《志》阙此县，未详何时省并也。《郡国志》浿水作洱水，非是。

《汇编（东北卷）》："浿水县，两汉属乐浪郡，魏晋省。许慎《说文解字》十一篇上：'浿水出乐浪镂方，东入海，一曰出浿水县。'……《水经》卷一四则谓：'浿水出镂方县，东南过临浿县，东入于海。'……实际许慎所称出自浿水县之浿水才是汉代所谓浿水，即今清川江。浿水县既为浿水所自出，自应位于今清川江上游流域。兹暂定两汉浿水县在近朝鲜慈江道熙川郡迤东院站一带，注记不定点。"

户三千七百。

【斠注】《汉志》曰：武帝元封三年开。

【编者按】乐浪郡治朝鲜县，在今朝鲜平壤市西南。

朝鲜 周封箕子地。

【斠注】两汉旧县。《水经·浿水注》曰：即乐浪郡治，汉武帝置。《新斠注地理志》十四曰：朝鲜城即王险城，在鸭绿江东，箕子之故国也。《括地志》：平壤城即王险城，古朝鲜也。

【集释】《马注》：与龙曰：注说见《汉志》注。三国魏县。永嘉后没于高丽。义熙末，其主高琏居平壤城，一曰长安城。《史记·朝鲜传》：都王险。《索隐》：瓒云：王险城在乐浪郡浿水之东也。《地形志》：平州北平郡朝鲜，晋属乐浪，后罢。延和元年，徙朝鲜民于肥如，复置属焉。按后魏朝鲜县在今永平府卢龙县东，非汉旧县也。《括地志》：高丽王险城，即古朝鲜。《一统志》：王险城即平壤城，今朝鲜平安道治。

《汇编（东北卷）》："两汉、魏晋乐浪郡皆治朝鲜，朝鲜县乃箕子及卫满朝鲜所都之王险城。王险城与朝鲜县同在一地，而王险城位于浿水（今大同江）左岸，抑位于浿水右岸，至今尚无定论。一说主在浿水右岸，即今大同江北岸。如《水经注》卷一四浿水下郦注谓王险城为'今高句丽之国治，余访番使，言城在浿水之阳。其水西流，迳故乐浪朝鲜县（即乐浪郡治，汉武帝置）而西北流。'在郦氏这段注文的影响下，《括地志》《通典》等均肯定王险城在浿水右岸。日人白鸟库吉、箭内亘亦以今大同江北之平壤城拟古之王险城（《满洲历史地理》1/46）。另说则主王险城位于浿水左岸。《史记·朝鲜传》《索隐》引：'臣瓒云：王险城在乐浪郡浿水以东也'，杨守敬氏据此在所撰《王险城考》一文中说明，所谓'在浿水之东者，必其城当浿水东南流曲处，故不言南而言东，言东，则其不在浿水北可知矣'（见《晦明轩稿》卷上31—32页）。在上述两说之外，尚有第三说，为日人今西龙所倡，见所著《洌水考》一文附论二。今西认为全盛时代之乐浪郡治自当治于交通便利且为军事重镇之王险城，即今大同江北平壤地方。或谓全盛时代之乐浪郡治亦位于今大同江以南，其说殊误。须知江北之地，自高句丽时代至今日，或为国都，或为别都，或仅为重要城市之一，变故迭经，城郭亦曾多次修筑，在此情况下，乐浪时代之遗迹遂破坏无余。今日决不应因其地不见乐浪时代之遗迹而遽断定当地向来即无乐浪时代的任何遗存。现江南方面之汉代遗迹，除大同江面土城洞以外，在颇为广阔的地面上，仅有乐浪时代遗留下来的许多坟墓。茔域之广，坟墓之多，恰好说明全盛时代乐浪郡治生息之繁，人口之众，决非大同江面一狭小土城所能容尽。由此可以判断，全盛时代之乐浪郡治必在今之平壤，亦即箕子及卫满朝鲜所建都之王险城。今西进而说明，土城方面确曾出土种种重要遗物，然不能据以推断此土城即为全盛时代之乐浪郡治，今西认为此土城大约原为置于江北之王险城的别城，其后乐浪就衰，在高句丽劫持下，不得不将郡治由江北移至江南之土城。迁移时期不见于史，度在后汉末年或西晋初年。当时平壤地方已为高句丽所侵据，但乐浪在其旧治陷落后仍得残存，大同江面的土城就是此残存时期的乐浪郡治。上述三说以今西氏说比较合理，但乐浪郡治于汉末晋初由今大同江北迁至江南云云，并无文献足征，故是否得实，尚待博考。兹仍采第二说，姑置前汉以来之乐浪郡治及倚郭之朝鲜县于今平壤市西南一里余之土城洞。自1909年起，特别是1916年以后，曾在此地进行过大规模发掘，先后出土的文物有'乐浪太守章'、'乐浪大尹章'的封泥；有'乐浪太守掾王光'、'五官掾王盱'的私印；有'兴平二载四月贯氏造寿郭'的方砖和'太晋元康'等铭识的瓦当；也还有'朝鲜令印'、'朝鲜右尉'的封泥与'朝鲜丞田肱'著名的木简；更有乐浪郡25县中除吞列、华骊2县外其他23县之'令'或'丞'、'尉'的封泥，这些封泥显然是各县案牍申报到郡之后经过拆封而遗留下来的。朝鲜县今朝鲜平壤市西南一里余之土城洞。"

【编者按】朝鲜县故城，在今朝鲜平壤市西南一里余土城洞。

屯有

【斠注】两汉旧县。

【集释】《马注》：与龙曰：三国魏县。李兆洛云：故城今朝鲜平壤城南。汪士铎云：在今朝鲜丰德郡。与龙按：据《三国·魏志》：公孙康分屯有以南荒地为带方郡，而屯有仍属乐浪。李说盖近是。

《汇编（东北卷）》："屯有以南即为带方郡。《三国志·魏志·韩传》：'建安中，公孙康分屯有县以南荒地为带方郡，遣公孙模、张敞等收集遗民，兴兵伐韩濊，旧民稍出。'杜佑《通典》卷一八五边防一弁辰条称：'献帝建安中，公孙康分屯有、有盐县以南荒地为带方郡'，并于屯有、有盐县下加注称：'屯有、有盐，并汉辽东属县，今并为东夷地。'案：两汉未曾在辽东郡置有盐县，杜书误。关于屯有县故址所在，向有三说，或置于黄海道的黄州，或置于黄州东南的凤山郡，或置于京畿道临津江下游的丰德（丰德在开城西南方）。今取黄州说，其地在凤山郡土城内即带方郡治以北，与屯有以南即为带方郡的方位相合。又黄州本高句丽时代的冬忽，一云于冬于忽（见《东国舆地纪胜》卷四一黄州建置沿革）。于为'上'之义，'忽'为'城'之义，'冬于'或即'屯有'的音讹。屯有今朝鲜黄海道黄州。"

【编者按】屯有县故城，即今朝鲜黄海北道黄州。

浑弥

【斠注】两汉旧县。

【集释】《马注》：与龙曰：三国魏县。汪士铎云：故县今朝鲜平山郡境。

【编者按】浑弥县故城，在今朝鲜平安南道肃川附近。

遂城 秦筑长城之所起。

【斠注】两汉旧县。《汉志》作遂成，《续汉志》作遂城。《读史方舆纪要》三十八曰：遂成废县在朝鲜平壤南境。《史记·燕世家·索隐》：《晋太康地记》曰：遂城县有碣石山，长城所起。吴承志《汉书地理志水道图说补正》曰：长城即凤凰城，遂城由此得名。

【集释】《马注》：与龙曰：三国魏县。《一统志》：故城今平壤城南境。

《汇编（东北卷）》："平壤西南土城所出封泥作遂成，是城应作成。……《通典》卷一八六边防二称：'碣石山在汉乐浪郡遂城县，长城起于此山。今验长城东截辽水而入高丽，遗址犹存。'……《太康地志》称：'乐浪遂成县有碣石山，长城所起（《史记·夏本纪》《索隐》所引）。'……两汉时期……遂成县在浿水南，应位于今清川、大同两江之间。……汪士铎《汉志释地略》置遂成县于江西郡咸从县（《二十五史补编》本1/1247），兹从之。咸从县今名咸从里，其西距海甚近。遂成县今朝鲜平壤市西南江西迤西之咸从里。"

【编者按】遂城县故城，在今朝鲜平壤市西南江西迤西之咸从里。核之今地图，应在今平安南道新兴里附近。

镂方

【斠注】《斠注》：两汉旧县。《水经·浿水注》：《十三州志》曰：镂方县在郡东。《新斠注地理志》十四曰：在今辽东之东。

【集释】《马注》：与龙曰：三国魏县。汪士铎云：故县今朝鲜平山郡境。

《汇编（东北卷）》："《说文解字》一一篇上：'浿水出乐浪镂方县，东南过于临浿县。'临浿县名不见于其他文献，可能系'浿水县'之误。……杨守敬定镂方县于今朝鲜咸镜南道永兴以南（见所撰《汪士铎汉志释地驳议》及《前汉地理图》《续汉郡国图》）。朝鲜人李丙焘修订杨说，置镂方县于今大同江支流三登江流域，位于今平安南道成川、阳德二郡间。案：李说校切实。镂方县今朝鲜平南道成川、阳德二郡之间，不定点。"

【编者按】镂方县故城，在今朝鲜平安南道成川、阳德之间。

驷望

【斠注】两汉旧县。

【集释】《马注》：与龙曰：三国魏县。有丸都城。《通典》：汉建安中，高丽伊夷模更作新都于丸都山下，在沸流水之东。《魏志》：幽州毋丘俭讨高丽，进军沸流水上，悬车束马，以上丸都，屠其城，既而复都于此。《通鉴》：成帝咸康八年，慕容皝击高丽，入丸都，毁其城。《唐书·地理志》：自鸭绿江口舟行百余里，以小舫泝流东北行凡五百二十里，而至丸都城。与龙按：沸流江即浿水江，在今朝鲜江东郡西南，合于大同江。如《通典》说，丸都在沸流水东，则《唐志》之鸭绿江当改作浿水江，于地望始合。故城在朝鲜江东郡东北界，然据慕容皝击高丽，其时高句丽城在今兴京城北，而慕容翰曰从南道击之丸都，不足取也。是丸都又在兴京界，与《唐志》所云由鸭绿江泝流而至者相合。疑慕容时高句丽徙都，鸭绿江源之城，尝移丸都之名于彼也。汪士铎云：驷望故城，今朝鲜江东郡境。

《汇编（东北卷）》："两汉及晋乐浪郡均有驷望县。张楚金《翰苑》雍公叡注引'汉书地志曰，长岑、驷望，封箕子县也（《辽海丛书》本页17下）'。今《汉书·地理志》无此文。如驷望为箕子封县之一，则当晋世乐浪郡省并以后六县中仍有驷望县，则该县当距郡治不远。汪士铎《汉志释地略》置驷望县于今平安南道江东郡（《二十五史补编》本1/1247），兹据以在江东附近注记，不定点。"

【编者按】驷望县故城，在今朝鲜平壤市东南。一说在平安南道江东郡附近。

玄菟郡 汉置。

【集释】程廷祚《证今》曰："今朝鲜境。"

《马注》：与龙曰：三国魏郡。东晋后没于高句丽。《三国·魏志》云：汉武初，以沃沮城为玄菟郡，后为夷貊所侵，徙治句丽西北。《吴书》：玄菟郡在辽东东北二百里是也。《一统志》云：《汉志》高句丽县为小辽水所发源，今兴京北近浑河之源，盖即汉高句丽县地。高句丽国本在县东南，去辽东千里，汉置县，取其名耳。玄菟郡虽初治沃沮，寻徙句丽。《方舆纪要》谓公孙度始改置郡于辽东之北，治高句丽县。非是。与龙按：《一统志》朝鲜高句丽城下云：在咸兴府东北，汉县，为玄菟郡治，后汉因之，公孙度置玄菟郡于辽东东北二百里，晋因之。说与此异，盖彼误。李兆洛谓晋玄菟郡在今朝鲜咸镜道咸兴府东北，尤误。

《汇编（东北卷）》："《晋书·地理志》记玄菟郡统高句丽、望平、高显3县，户口3200，以与《后汉书·郡国志》有关记载相较，增加一望平县，而西盖马、上殷台、侯城、辽阳4县皆已省。在所省4县中，仅辽阳省于晋，其他3县皆省于魏。是曹魏末年之玄菟郡辖有高句丽、高显、辽阳、望平，凡4县。至于两晋，早在公孙康割据辽东时，始分平州置幽州，治襄平，辖昌黎、辽东、玄菟、乐浪、带方等5郡。

后废平州，以所属还合于幽州。晋武帝泰始十年（274年），复置平州，平州刺史例兼东夷校尉，治襄平。玄菟仍为平州属郡之一。晋元帝大兴三年（320年），以慕容廆为平州刺史，由是平州所属诸郡均受慕容氏管辖，州治亦移于棘城（今辽宁省义县北）。慕容廆及其子燕王慕容皝与高句丽互相攻伐，玄菟郡为双方争夺重点之一。据《三国史记·高句丽纪》美川王三年（302年）：'王率兵三万侵玄菟郡，虏获八万人，移之平壤'，此平壤当系丸都之误。又美川王十六年（315年），高句丽军攻破玄菟城，'杀获甚众'。晋成帝咸康五年（339年），慕容皝击高句丽，兵及新城（今抚顺城北高尔山），高句丽王钊（《丽纪》作故国原王）乞盟，乃还（见《通鉴》卷九六）。咸康八年（342年），慕容皝迁都龙城（今辽宁省朝阳市），同年，依其兄慕容翰之议出兵击高句丽……遂入丸都……毁丸都而还（见《通鉴》卷九七）。……高句丽王钊虽于公元343年遣其弟称臣入朝于燕（见《通鉴》卷九七，标点本页3053），然南苏水流域仍为高句丽所占领。晋穆帝永和元年（345年），燕王皝使慕容恪攻高句丽，拔南苏，置戍而还。在南苏置戍之际，玄菟郡又在慕容氏治下。苻秦灭燕，于公元380年复分幽州置平州，平州刺史镇龙城，领…玄菟…凡6郡。公元384年，慕容垂立国，是为后燕，翌年，慕容垂命带方王慕容佐镇龙城，是年六月，高句丽寇辽东，佐遣司马郝景救之，为高句丽所败，高句丽遂陷辽东、玄菟，但二郡旋经慕容农收复。《通鉴》卷一一一晋安帝隆安四年（400年）记事称：'……燕王盛……拔新城、南苏二城……'此役因未尝置戍，故三城得而复失。……安帝义熙元年，燕王熙伐高句丽……不克而还。（《通鉴》卷一一四，标点本3579页）。自此辽东及玄菟故地盖已陷入高丽。"统县三，户三千二百。

【斠注】《汉志》曰：武帝元封四年开。《水经·大辽水篇》曰：又玄菟高句骊县有辽山。注云：县故高句丽胡之国也。汉武帝元封三年，平右渠，置玄菟郡于此。《读书杂志》曰：作三年是也。《武纪》《朝鲜传》并作三年。《史记·朝鲜传》《汉纪》并同。《读史方舆纪要》三十七曰：（元）［玄］（编者校："元"当为"玄"。）菟城在沈阳中卫东北。

【编者按】玄菟郡治高句丽县，在今辽宁沈阳市东。

高句丽

【斠注】两汉《志》作高句骊。《读史方舆纪要》三十八曰：高句骊城在朝鲜咸兴府东北，汉县为（元）［玄］菟郡治，后汉因之，晋初高句丽亦曰句丽。陈寿曰：（元）［玄］菟郡初治沃沮，后为夷貊所侵，徙郡句丽西北。公孙氏据辽东置（元）［玄］菟郡，于辽东东北二百里，盖因旧名非复故治也。晋元［玄］菟郡仍治高句丽县，盖因公孙度所置耳。

【集释】何超《音义》：句丽，上古侯反，下音离。

《马注》：与龙曰：三国魏县。有新城。有南苏城。《通鉴》：成帝咸康五年，慕容皝击高句丽，兵及新城。穆帝永和元年，燕王皝使慕容恪攻高句丽，拔南苏城，置戍而还。安帝隆安二年，慕容盛袭高句丽，拔新城、南苏二城，开境七百余里。有南陕。慕容皝自南陕伐高句丽，见《载记》。有木底城。安帝义熙初，慕容熙攻木底城不克而还。成帝咸康八年，慕容皝击高句丽。有二道，北道平阔，南道险狭。慕容翰曰：虏以常情料之，必谓大军从北道，当重北而轻南，今以锐兵从南道击之，出其不意，丸都不足取也，别遣偏师从北道，纵有蹉跌，其腹心已溃，四支无能为矣。皝从之，潜将劲兵四万（趣）〔趋〕（编者校："趣"疑为"趋"。）南道，高丽王钊败遁。《通鉴》胡注：新城，高句丽之西鄙，西南傍山，东北接南苏、木底等城。南陕在辽东之东南，南苏、木底诸城又在南陕之东。《一统志》云：从北丰而进者为北道，从南陕入木底城而进者为南道，并在今兴京界。高句丽故城今兴京城北。

《汇编（东北卷）》："杨守敬《三国郡县图》及《晋地理图》均置玄菟郡高句骊县于今铁岭东南方，北为范河，南为懿路河。辽宁省博物馆编《辽宁史迹资料》（1962年初稿，页54—5□。）比定第三玄菟郡治于今抚顺市劳动公园内之古城址。日人白鸟库吉、箭内亘等认为第三玄菟郡治当在今沈阳城或其附近（《满洲历史地理》1/96—8）；渡边三三又以抚顺城东丘陵地带之永安台为第三玄菟郡治所在地。……若以今辽阳（汉辽东郡治）以北百三四十里计方位里程，则玄菟郡城当在今沈阳市区。……（沈阳）上柏官屯汉代古城，即玄菟郡第三郡治所在，历后汉至两晋，玄菟郡城均在此处；高句丽占领时期称玄菟城。玄菟郡再度北徙之后附郭之高句丽县亦在此地。高句丽今辽宁省沈阳城东上柏官屯。"

【编者按】高句丽县故城，在今辽宁沈阳市东上柏官屯。

望平

【斠注】两汉属辽东郡。《读史方舆纪要》三十七曰：析木城在海州卫东南四十里。

【集释】《马注》：与龙曰：三国魏县，属辽东。《一统志》云：《大辽水注》：大辽水自塞外东流，直辽东望平县西。按此则汉县，盖在辽河之东，故晋初改属玄菟郡也。故城今锦州府广宁县东北一百五十里。

《汇编（东北卷）》："前后汉属辽东，魏改属玄菟，晋因魏制。《水经注》：'辽水亦言出砥石山，自塞外东流，直辽东之望平县西，王莽之长说也，屈而西南流，迳襄平故城西。'郦道元注《水经》时，辽东已陷入高丽，故称襄平故城。杨守敬等根据这一记载对照辽河大转弯的形势，定望平于铁岭西境。《奉天通志》定于开原县中固村。……今新民县安平堡一带符合这些特点（参见辽河变迁的说明）。"《汇编（东北卷）》（第22页至第23页）："……吴增仅《三国郡县表》则谓'望平故属辽东，晋志属玄菟，疑破渊后移来（《二十五史补编》，总页2915）'，是谓望平之入玄菟当在魏明帝景初二年（238年）或稍后。望平今辽宁省新民县安平堡南大古城子。"

【编者按】望平县故城，在今辽宁新

民市安平堡南大古城子。

高显

【斠注】汉属辽东郡，后汉属（元）[玄]菟郡。

【集释】《马注》：与龙曰：三国魏县。今地阙。徐养原云：疑在今奉天府开元县境。

《汇编（东北卷）》："（前汉）高显在两县（辽阳、候城）东北，为辽东郡极东北的一个县，辖境与玄菟郡相接。……吕吴调阳《汉书地理志详释》则定在铁岭县治。开原、铁岭一带迄今没有发现汉代古城址，而铁岭县为辽代银州及唐延津州所在，历史久远，又距沈阳较近，兹暂定高显于铁岭县境。""前汉属辽东郡，后汉安帝永初元年（107年）与候城、辽阳改属玄菟郡。三国两晋仍旧。……今地为辽宁省铁岭县治。"

【编者按】高显县故城，即今辽宁铁岭市治。

带方郡 公孙度置。

【集释】方恺《新校》：方恺曰：《三国·魏志·东夷传》：建安中，公孙康分屯有县以南荒地为带方郡。本《志》作公孙度疑误。

《马注》：与龙曰：三国魏郡。景初二年，公孙氏灭郡，遂入魏，东晋后没于高句丽，郡废。

《汇编（东北卷）》："带方郡属平州，辖带方、列口、南新、长岑、提奚、含资、海冥七县，七县疆域不出今朝鲜黄海道的中部和西部。带方郡北接乐浪郡的屯有县，今定其地为黄州。带方、乐浪接界之处，为黄州东南、凤山东北、瑞兴西北之慈悲岭山脉（参看李丙焘《真番郡考》，原载《史学杂志》第40编第5号，周一良中译文载《禹贡》第2卷第10期，见36－37）。带方郡的废弃当与乐浪郡同时。《三国史记》卷二四百济纪责稽王即位之年（286年）：'高句丽伐带方，带方请救于我。'《晋书·惠帝纪》元康元年（291年）：'免东安王繇及东平王楙，繇徙带方'，可见带方当时仍为晋所有。《资治通鉴》卷八八，晋纪十，载：'辽东张统据乐浪、带方二郡，与高句丽王乙弗利相攻，连年不解，乐浪王遵说统帅其民千余家归（慕容）廆，廆为之置乐浪郡，以统为太守，遵参军事。'乙弗利即高丽美川王乙弗，《通鉴》系此事于晋愍帝建兴元年（313年），为美川王十四年。《三国史记》卷一七丽纪美川王同年冬，'侵乐浪郡，虏获男女二千余口'，明年秋九月，'南侵带方郡'，带方为高丽所并即在此年。又明年（315年）春，'攻破玄菟城，杀获甚众'。无待赘言，这正是高丽势力向南扩张的时期。张统归慕容廆后，廆初侨置乐浪、带方二郡于棘城（今辽宁义县北）附近。晋成帝咸康八年（342年），慕容廆之子皝迁都龙城（今辽宁朝阳），此两侨郡似仍留棘城一带。"

胡运宏、胡阿祥《中华本〈晋书·地理志〉考异》："平州带方郡置立有误。按：《晋志》云带方郡为'公孙度置'，而……《太平寰宇记》卷一七二'三韩国'条亦载：'建安中，公孙康分屯有、有盐二县以南荒地为带方郡。'是带方郡为公孙康置，非公孙度置，

《晋志》误。"

统县七，户四千九百。

【斠注】《斠注》案：《魏志·东夷传》曰：建安中，公孙康分屯有县以南荒地为带方郡，此作公孙度置，误也。

【编者按】带方郡治带方县，在今朝鲜黄海北道凤山土城内。

带方

【斠注】两汉属乐浪郡。《读史方舆纪要》三十八曰：带方城在朝鲜平壤南。

【集释】《马注》：与龙曰：三国魏县。有恒州城。《辽史·地理志》：晋时高丽创造宫阙于此，国人谓之新国。五世孙钊，当晋康帝建元初为慕容皝所败，宫室焚荡，盖此处云。《地形志》：乐良郡带方，晋属带方，后罢。光正末，复属。与龙按：后魏良乡郡，非汉晋乐浪旧郡地，说见乐浪郡下。其属县带方亦非汉晋旧县地也。《一统志》：恒州城在渌州城西南二百里。渌州城今朝鲜平壤西境。带方故城今朝鲜平安道平壤南境。

《汇编（东北卷）》："两汉带方县，到汉末开县为郡。……《汉书·地理志》乐浪郡含资县下班固自注，'带水西至带方入海'，带水为今载宁江，另有说明。1913年，日人谷井氏于黄海道凤山郡文井面昭封里第一号古墓中（在沙里院东南铁路旁）发现了带有'带方太守张抚夷'等款识的方砖。……砖铭说明：……葬年在戊申，即晋武帝太康九年（288年）（参看《朝鲜古迹图谱》第一册图版36—42页，解说第一册12—16页）。在古墓旁边的土城内，又发现印有汉灵帝'光和五年（182年）韩氏造宅［?］'的方砖（参照日本朝鲜都督府昭和五年度《古迹调查报告》第一册附录《乐浪带方鲜时代纪年砖集录》；梅原末治《朝鲜北部出土纪年砖集录》）。据此有人推断文井面土城内即两汉的带方县，兹从其说并以土城为魏、晋带方郡的治所。土城内又称唐土城或古唐城，《东国舆地胜览》卷四一凤山郡古迹下谓在：'郡西十二里，土筑，周四里，高二十四尺。土城内傍唐城川，川东西流，至三支（地名）北流入月唐江。'月唐江是载宁江的别名，载宁江即古之带水。带方县今朝鲜黄海道凤山土城内。"

【编者按】带方县故城，在今朝鲜黄海北道凤山土城内。

列口

【斠注】两汉属乐浪郡。《汉书补注》曰：武帝灭朝鲜，杨仆兵先至此，见《朝鲜传》。《读史方舆纪要》三十八曰：列口城在朝鲜王京西南。胡氏曰：列口，洌水入海之口也。

【集释】《马注》：与龙曰：汉县，属乐浪。三国魏省。《郡国志》注引郭璞注《山海经》曰：列，水名，在辽东。《通鉴》胡注：洌水入海之口也。《一统志》：故城今朝鲜京畿道城西南。

《汇编（东北卷）》："列口之名，最初见《史记》《汉书》两朝鲜传，楼船将军杨仆自齐过海东征朝鲜，'坐兵至列口……'。索隐引'苏林曰，列口，县名，度海先得之'。《资治通鉴》卷二一，汉武帝元封三年记事'列口'下胡

注：'班注，列口县属乐浪郡。……余谓其地当列水入海口'。《班志》吞列县原注称：'分黎山，列水所出，西至黏蝉入海'。自日人今西龙发现后汉时黏蝉长所立平山神祠碑后，现已确知汉之列水为今大同江，是黏蝉与列口二县皆在大同江附近。由于杨兵驻洌口，在王险城南，又，后汉末年，分乐浪郡南部置带方郡，以列口改属带方，而黏蝉仍属乐浪，可知黏蝉在北，列口在南。今西龙在所撰《洌水考》一文中以今朝鲜黄海道之殷栗当古之列口县，并引《三国史记·地理志》：'栗口一云栗川，今殷栗县'以明栗、列音近，栗口当因古称列口而得名。是以今之殷栗当古之列口，理证俱足。《读史方舆纪要》卷三八吞列城下，谓列口在朝鲜王京（今汉城）西南，误。又王先谦《后汉书集解》卷二三下郡国志五乐浪列口县下注，'先谦曰，前汉县，三国魏省，晋复置，属带方郡，见《一统志》。'是王氏依《一统志》认为三国时魏省列口县，晋复置，属带方郡。列口县今朝鲜黄海道殷栗郡。"

【编者按】列口县故城，在今朝鲜黄海南道殷栗。

南新

【集释】《马注》：与龙曰：三国魏县，曰乐都。《汉志释地》：晋改乐都为南新。谢钟英云：即《汉志》之吞列县，当在朝鲜京畿道城西南。《一统志》云：在京畿道城东南。

《汇编（东北卷）》："两汉乐浪郡均有昭明县。《汉书·地理志》班注：'南部都尉治'。《晋书·地理志》带方郡七县有南新，无昭明，可能因晋人讳昭字（文帝名昭），而昭明又在乐浪郡的南部，故改昭明为南新。杨守敬氏尝谓汉罢真番郡后，以其地并于乐浪，所并部分后又分出，立为带方郡。杨氏也推断乐浪南部都尉所治之昭明县即故真番郡所治之雪县（见《晦明轩稿》叶80下）。杨氏此说，大约得实。关于昭明县或南新县今地所在，朝鲜人李丙焘在其所撰《真番郡考》一文中（原文见《史学杂志》第40编第5号页72－73，周一良中译文载《禹贡》第2卷第10期页37－38）有如下论列：'最近在此方面之研究大放光明，即发现乐浪郡南部都尉治所，后没于带方郡之昭明县遗址是也。所发现者为有文字之砖数块，其地为黄海道信川郡北部面西湖里，其文为太康四年三月昭明王某造，及元兴三年三月廿日昭明王某造。……昭明县之位置从来学者以为疑问，或谓在今春川一带，据此砖文始可决定在信川方面也。据《东国舆地胜览》（信川条）信川郡本高句丽之升山县其山川条又有牛山（大小二山，在郡东十五里）、牛山浦之名。牛山译朝鲜语为（↑引）（so-moc），昭明或系（↑引）之对音，升山亦一音之转。砖铭一作太康四年，太康乃西晋武帝年号，当公元283年；一作元兴三年，乃东晋安帝年号，当公元404年。……带方郡属县中当有昭明县而无之，惟新加南新一县，昭明与南新或一地而前后两名。然据砖名则通带方郡灭亡前后，昭明之名尚存，似不可解也。惟昭明恰位于黄海道中央，则与带方、列口诸县同属带方郡无疑。'李氏论列理证尚足，姑从其说将昭明或南新县定在今朝鲜黄海道信川西湖里。"

【编者按】南新县故城，在今朝鲜黄海南道信川西湖里。

长岑

【斠注】两汉属乐浪郡。《辽志》曰：崇州隆安军，本汉长岑县地。

【集释】《马注》：与龙曰：三国魏县。今地阙。李兆洛云：故城今奉天府承德县东，盖据《辽志》。周济云：带方郡在乐浪南，而长岑远在乐浪之北。盖郡屡经移徙，靡得其详矣。与龙按：当在今朝鲜南境。

《汇编（东北卷）》："《后汉书·崔骃传》：'因察骃高第，出为长岑长，骃自以为远去不得意，遂不之官而归。'李贤在长岑长下注：'长岑县属乐浪郡，其地在辽东。'李注'在辽东'三字误。贾耽《道里记》记登州东北海行入高丽、渤海道称：'过乌牧岛、贝江口椒岛，得新罗西北之长口镇（见《新唐书·地理志》）。'日人今西龙在所撰《洌水考》一文中认为长口镇可能与朝鲜黄海道长渊郡之长山串有关，即今长渊郡之海安面。今西龙又谓今大同江口之椒岛东与旧丰川郡隔海相对，郡北五韩里有长岑山，似系古乐浪、带方郡所属长岑县一名之残存。但旧丰川郡距椒岛极近，与《道里记》中所称'过乌牧岛、贝江口椒岛'之过字不合，故今西龙倾向于比定今长渊郡海安面为古之长岑县。朝鲜人李丙焘则认为'长岑县乃与列口并列之县名，当今松禾郡。朝鲜近世有名地理学者金正浩（古山子）所著《东邱线表图》乾卷丰川（并于松禾）之地尚有长岑山之名可以为证。取今日地图较之，长岑山当今松禾郡真风面之远周山'（见《史学杂志》第40编第5号，页63－64，中译文见《禹贡》第2卷10期，页33－34）。案松禾郡在长渊郡以北，相距不远。兹取李说将长岑县注记于今黄海道松禾郡。"

【编者按】长岑县故城，即今朝鲜黄海南道松禾。

提奚

【斠注】两汉属乐浪郡。

【集释】《马注》：与龙曰：三国魏县。今地阙。李兆洛云：当在今朝鲜境。

【编者按】提奚县故城，在今朝鲜黄海北道平山附近。

含资

【斠注】两汉属乐浪郡。《续汉志》作贪资。《读史方舆纪要》三十八曰：贪资城在朝鲜王京南境。

【集释】《马注》：与龙曰：三国魏县。《一统志》：故城今朝鲜京畿道城南境。

《汇编（东北卷）》："含资县，《汉书·地理志》及《后汉书·郡国志》均列于乐浪郡下，《晋书·地理志》则列于带方郡下，其改属自当在公孙康置带方郡之时。《汉书·地理志》含资县下班注，'带水西至带方入海'。带方县在今黄海道凤山郡的唐土城，带水为今月唐江，下游称载宁江。含资县在凤山郡以东的瑞兴郡。从前一般人多以汉江当古之带水，清《嘉庆重修一统志》卷五五〇下谓含资县在国城（指汉城）南境。杨守敬《前汉地理图》与《后汉郡国图》置含资县于今江原道宁越以北，而在汪士铎《汉志释地驳议》一文中又泛称含资当在熊津江左右。朝鲜丁镛的《大韩疆域考》以为：'含资者，当是今伊川、安峡、朔宁、涟川等临津始大之地。'日人津田左右吉所撰《三韩疆域考》一文置含资县于今忠清北道的忠州（《朝鲜历史地理》1/31－4）。白鸟库吉、箭内亘的意见与津田同（《满洲历史地理》1/36）。考证含资县今地所在的唯一资料是《三国志·魏志·东夷传》裴注引自《魏略》的一段文字：'初右渠未破时，朝鲜相历谿卿以谏右渠不用，东之辰国。……至王莽地皇时……。辰锴因将户来出诣含资县，县言郡，郡即以锴为译，从芩中乘大船入辰韩……'这段引文说明：①则辰国在东而朝鲜在西；②辰韩的廉斯部最接近乐浪郡的含资县；③从乐浪到辰韩，要经过芩中，这里有河，可以乘船往来。……朝鲜人李丙焘在所撰《真番郡考》（载《史学杂志》第 40 编第 5 号，周一良中译文载《禹贡》第 2 卷 7 及 10 期）一文中根据辰韩为马韩及今月唐江（一名瑞兴江）为古带水的论证，定含资县于今黄海道凤山郡东南之瑞兴郡。其说理证俱足，殆为不易之论，兹从之。含资县今朝鲜黄海道瑞兴郡。"

【编者按】含资县故城，即今朝鲜黄海北道凤山东南瑞兴。

海冥

【斠注】两汉属乐浪郡。《辽志》曰：兴州兴中军，本汉海冥县地。

【集释】《马注》：与龙曰：三国魏县。今地阙。李兆洛云：当在今朝鲜境。

《汇编（东北卷）》："海冥县，两汉属乐浪郡，《晋书·地理志》列为带方郡七县之一。《汉书·地理志》班固自注：'莽曰海恒。'杨守敬所撰《汉志释地驳议》一文中称，原属乐浪而后改属带方之海冥等七县均在真番故地。案：真番旁近辰国，即今朝鲜黄海道地区。兹姑置海冥于今海州一带。《辽史·地理志二》谓兴州本汉海冥县地，误。海冥今朝鲜平安南道江东郡附近，注记不定点。"

【编者按】海冥县故城，即今朝鲜黄海南道海州北。

[晋平郡

【集释】《马注》：与龙曰：三国魏无。晋太康末置。本书《东夷传》：夫余国，太康六年，为慕容廆所袭破，走保沃沮。有司奏护东夷校尉鲜于婴失于机略，诏免婴，以何龛代之。明年，夫余后王依罗求还复旧国。龛遣督邮贾沈以兵送之，廆又要之于路，沈与战，大败之，依罗得复国。《宋书》：百济国本与高骊俱在辽东之东千余里，其后高骊略有辽东，百济略有辽西，百济所治谓之晋平郡晋平县。魏收云：百济为夫余别种。按百济之名始见于晋代，据沈约云，其所治为晋平郡晋平县，则郡县之立当在太康末贾沈以兵送夫余后王复国时也。既立郡县，即为晋之土宇，特其后旋失耳。此《志》以太康为断，应有此郡县，本《志》未载，今为补录。

《汇编（东北卷）》：晋世，鲜卑慕

容氏渐强，夫余初倚晋与之抗衡；至东晋，终成为慕容氏与高句丽附庸。《晋书·夫余传》谓夫余"武帝时，频来朝贡。"武帝泰始十年（274年），置平州刺史东夷校尉，驻辽东郡之襄平，夫余由此处于东夷校尉管辖之下。此后11年，武帝太康六年（285年），夫余"为慕容廆所袭破，其王依虑自杀，子弟走保沃沮。帝为下诏曰：'夫余王世守忠孝，为恶虏所灭，甚愍念之。若其遗类足以复国者，当为之方计，使得存立。'有司奏护东夷校尉鲜于婴不救夫余，失于机略。诏免婴，以何龛代之。明年，夫余后王依罗遣诣龛，求率见人还复旧国，仍请援。龛上列，遣督邮贾沉以兵送之。廆又要之于路，沉与战，大败之。廆众退，罗得复国。尔后每为廆掠其种人，卖于中国。帝愍之，又发诏以官物赎还。下司、冀二州，禁市夫余之口"（参看同书卷一〇八《载记八》）。

东晋穆帝时，夫余又为慕容廆之子慕容皝所袭破。《晋书，载记九》："永和三年，慕容皝遣其世子儁与恪率骑万七千东袭夫余，剋之，虏其王及部众五万余口以还。"《通鉴》卷九七系此事于永和二年（346年），且所记较《载记》加详："初，夫余居于鹿山，为百济所侵，部落衰散，西徙近燕，而不设备。燕王皝遣世子儁帅慕容军、慕容恪、慕舆根三将军万七千骑袭夫余。儁居中指授，军事皆以任恪，遂拔夫余，虏其王玄及部落五万余口而还。皝以玄为镇军将军，妻以女。"《通鉴》言及夫余原居鹿山，后为百济所侵，西徙近燕，此语颇关重要。日人池内宏疑文中百济系高句丽之讹，又推断鹿山或为今哈尔滨市东南阿什河流域之某山，西徙新都当在今农安附近（见所撰《夫余考》，《满鲜地理历史研究报告》13/90），说似允当而实证未足。案《辽史·地理志二》称，"通州安远军节度，本扶余国王城，渤海号扶余城，太祖改龙州，圣宗更今名。"据此则辽之通州应为《通鉴》所记西徙近燕之夫余王城故址所在，其地今为吉林省四平市西侧之一面城古城，参看辽图说明书通州条。惟西徙年代不得而详，揆以《通鉴》文中"近燕"二字，慕容皝于晋成帝咸康三年（337年）自称燕王，西徙之年当为是年以后之某年。

夫余被慕容皝袭破以后又得复国，故《魏书·文成帝纪》纪太安三年（457年）十二月，"于阗、扶余等五十余国遣使朝献"。

统县一，户阙。]

【编者按】《马注》在此处补晋平郡。晋平郡治晋平县，今地无考。

[晋平]

【集释】《马注》：与龙曰：本夫余国地，后为百济所治。三国魏无。晋太康末置，说见郡下。《一统志》：夫余国地在今奉天府开原县。与龙按：晋平县，据《宋书》云，为百济所治，在辽西，当在今开元县西辽水之西。

【编者按】《马注》在此处补晋平县。晋平县故城，今地无考。

平州初置，以慕容廆为刺史，

【集释】《马注》：与龙曰：前燕慕容氏始建国于棘城之北。元康四年，迁于徒河之青山，复移居定都大棘城。太兴四年，晋遣谒者授慕容廆平州牧。

遂属永嘉之乱，廆为众所推。及其孙儁移都于蓟。

【集释】《马注》：与龙曰：《前燕录》：慕容儁光寿元年，自蓟迁邺。按：苻秦灭燕，分幽州置平州，镇龙城，见《志》雍州篇，此篇却未叙及。

其后慕容垂子宝又迁都于和龙，

【集释】《马注》：与龙曰：《前燕录》：咸康七年，慕容皝以柳城之北、龙山之南福地也，使唐国内史阳裕筑龙城。八年，迁都龙城，改柳城为龙城县。（编者校：据《前燕录》，改柳城为龙城县在咸康七年。）永和元年，号新宫，曰和龙。《通鉴》胡注：慕容廆置唐国郡。有东庠。慕容皝十二年，赐大臣子弟为官学生者号高门生，立东庠以行乡饮之礼，每月临至，考试优劣。有承乾殿。皝宴群臣于此。有新昌殿。慕容盛谮群臣于此。有白雀园。慕容盛长乐元年，有雀素身绿首，栖于东园，因改曰白雀园。有景云山、逍遥宫、甘露殿、曲光海、清凉池，皆慕容熙所造，并见《前燕录》。按东庠、承乾殿、新昌殿，并在今朝阳县故龙城内。白雀园、景云山等并在朝阳县故龙城外和龙城，亦曰黄龙城，见《大辽水注》。《一统志》：在今土默特旗右翼西，即承德府朝阳县治。

自幽州至于庐溥镇以南地入于魏。

【集释】《马注》：与龙曰：庐溥镇，当在今承德府境。又乐浪、玄菟、带方三郡地，自西晋后没于高句丽。《志》缺，未载。按《通典》：汉末有扶余人高姓者，据玄菟等郡地，国号高句丽。《魏志》：正始五年，幽州刺史毋丘俭破高句丽，地复入魏，晋初因之，寻复为高句丽国。成帝咸康八年，其王高钊为慕容皝所破，至曾孙琏益强，都平壤城。安帝义熙九年，遣使表献，以琏为使执节都督营州诸军事、征东将军、高句丽王、乐浪公。宋初加琏征东大将军、都督平州诸军事。元嘉时，琏遣使入贡于魏，魏封为高句丽王。

慕容熙以幽州刺史镇令支，

【斠注】《十六国疆域志》曰：幽州统旧郡五：燕郡、渔阳、范阳、广宁、代郡、上谷。实为六郡。

【集释】何超《音义》：令支，上来定反，下巨支反。

《马注》：与龙曰：令支城，见辽西郡阳乐县下。

青州刺史镇新城，

【斠注】《十六国疆域志》曰：青州统郡可考者二：齐郡、济南。

【集释】《马注》：与龙曰：新城，见玄菟郡高句丽县下。

并州刺史镇凡城，

【斠注】《十六国疆域志》曰：并州统郡四：太原、西河、雁门、五原。

【集释】《马注》：与龙曰：《通鉴》：咸康四年，慕容皝拓境至凡城。五年，石虎使将军张举、李农率众三万攻燕凡城，皝使将军悦绾守凡城，授兵一千，举等攻之经旬，不能克，乃退。《濡水注》：卢龙东越青陉至凡城二百许里。《一统志》：故城今承德府平泉州境。

营州刺史镇宿军，

【斠注】《十六国疆域志》曰：按《地理志》：熙以幽州刺史镇令支，冀州刺史镇肥如，是熙时幽、冀、营三州皆在辽西一郡，今幽、冀二州仍从垂时治中山及蓟，而以辽西郡归营州，与石赵时同。营州凡统旧郡二、新置郡一：北平、辽西、唐郡。又曰：按宿军疑后燕时所立县。

【集释】《通鉴》胡注：营州不在《晋太康地志》十九州之数。《晋地理志》：咸宁二年，分昌黎、辽东、玄菟、带方、乐浪等郡国五，置平州；至慕容熙据和龙，始于宿军置营州，以刺史镇之；拓跋魏置营州于和龙。勒时未有营州也。《郡国志》：营州地当营室分，故曰营州。

《马注》：与龙曰：今地阙。

冀州刺史镇肥如。

【斠注】《十六国疆域志》曰：冀州凡统旧郡十九、新置郡四：中山、魏郡、河内、贵乡、汲郡、黎阳、广平、阳平、襄国、钜鹿、赵郡、长乐、武邑、平原、勃海、河间、章武、高阳、博陵、清河、广川、常山。按：此止二十二郡，尚少一郡。

【集释】《马注》：与龙曰：肥如县属辽西郡。

高云以幽、冀二州牧镇肥如，并州刺史镇白狼。

【斠注】《水经·大辽水注》曰：石城川水北屈迳白鹿山西。注：即狼山也。《魏土地记》曰："黄龙城西南有白狼河，东北流附城东北下。"即是也。

【集释】《马注》：与龙曰：《通鉴》：太元十五年，北平人吴柱聚众千余，破北平郡，转寇广都，入白狼城。胡注：白狼县，前汉属右北平郡，后汉、晋省，燕时当属北平郡。《地形志》：营州建德郡，治白狼城。《一统志》：在今承德府建昌县南。

后为冯跋所篡，跋僭号于和龙，是为后燕，

【集释】何超《音义》：跋，蒲拨反。

《马注》：与龙曰：《载记》：冯跋为北燕，此云后燕，误。

卒灭于魏。

【集释】《马注》：与龙曰：《地形志》：营州治和龙城。按《通鉴》：安帝义熙三年，慕容懿以令支降魏，魏以为平州牧。《魏书》：延和元年，冯崇以辽西内属，时崇镇肥如，魏以崇为幽、平二州牧，盖自是肥如始有平州之名。《地形志》：平州治肥如城。

并州。案《禹贡》盖冀州之域，舜置十二牧，则其一也。

【斠注】《魏书·地形志》曰：并州，汉、晋治晋阳，晋末治台壁。《元和郡县图志》十三曰：《舜典》曰：肇十有二州。王肃注曰：舜为冀州之北太广，分置并州，至夏复为九州，省并州合为冀州。

《周礼》：正北曰并州，其镇曰恒山。《春秋元命包》云："营室流为并州，分为卫国。"州不以卫水为号，又不以恒山为称，而云并者，盖以其在两谷之间也。

【斠注】《元和郡县图志》十三引此数语出《太康地记》。

汉武帝置十三州，并州依旧名不改，统上党、太原、云中、上郡、雁门、代郡、定襄、五原、西河、朔方十郡，又别置朔方刺史。后汉建武十一年，省朔方入并州。灵帝末，羌胡大扰，定襄、云中、五原、朔方、上郡等五郡并流徙分散。建安十八年，省入冀州。二十年，始集塞下荒地立新兴郡，

【斠注】《续汉志》注：《魏志》曰：建安二十年省云中、定襄、五原、朔方，置一县领其民，合以为新兴郡。

后又分上党立乐平郡。魏黄初元年，复置并州，自陉岭以北并

【集释】毕沅《新补正》：沅案：一作并。（编者校：毕沅所本"并"为"並"，故有此论。）

弃之，至晋因而不改。

【斠注】《晋地理志新补正》曰：按：

《通典》：并州理晋阳。

【集释】《马注》：与龙曰：陉北之地，汉末乱废，三国魏弃之，晋初复置郡县，说见雁门郡下。《志》云晋因而不改，误也。

并州统郡国六，

【集释】《马注》：与龙曰：《史记·匈奴传》：因河为塞。《索隐》引《太康地记》：秦塞自五原北九里谓之造阳，东行终利贲山南，汉阳西是也。《匈奴传》又云：圁洛之间。《索隐》引《地理志》：圁水出上郡白土县西。韦昭云：圁当为圆。《续郡国志》及《太康地理志》并作圁字。按：据此则晋太康中当有五原郡及上郡也，其属县则不可考矣。《十六国春秋》：刘聪建元元年，刘曜攻上郡，太守张禹奔允吾。《愍帝记》有上郡太守籍韦，是晋初复置上郡之证。《文选》：干令升《晋纪论》注引《晋纪》云：御史大夫郭钦上书复上郡，帝不听。合诸书记以观，晋初盖尝置五原、上郡，而旋省，其太康后之上郡非复汉旧郡地也。

县四十五，户五万九千三百。

【集释】孙人龙《晋书考证》："户五万九千二百各本俱作五万九千三百，今按细数改正。"

【编者按】并州治晋阳县，在今山西太原市西南晋源区东北古城营。

太原国秦置。

【集释】程廷祚《证今》曰："在今山西。"

《马注》：与龙曰：三国魏郡。按怀帝永嘉六年，为刘渊所据，国废为郡。建兴四年，属石赵。后属苻秦。孝武

（大）［太］（编者校："大"应为"太"。）元十一年，属西燕。十九年，属后燕。《地形志》：并州太原郡。

赵万里《汉魏南北朝墓志集释》卷一《左棻墓志并阴》（永康元年四月二十五日）："父熹，字彦雍，（大）［太］原相弋阳太守。"

统县十三，户一万四千。

【斠注】《史记·秦本纪》：庄襄王四年初置太原郡，始皇置三十六郡仍为太原郡。《汉书·地理志》：太原郡领二十一县。《元和郡县图志》十三曰：魏文帝黄初元年，改太原郡为太原国。《斠注》案：本《志》既云太原国，当云魏置，不当云秦置。

【集释】毕沅《新补正》：沅案：两汉《志》皆有虑虒县，《元和郡县志》云晋省。

【编者按】太原国治晋阳县，在今山西太原市西南晋源区东北古城营。

晋阳侯相。

【斠注】两汉旧县。《新斠注地理志》三曰：晋阳在今太原县北三里。《寰宇记》并州平晋县即晋阳城也。《晋地理志新补正》曰：按《寰宇记》：晋阳旧城，《故老传》晋并州刺史刘琨筑。

【集释】程廷祚《证今》曰："今太原府太原县。"

《马注》：与龙曰：三国魏县。《左传·襄十八年》杜注：太原晋阳县。有蒙山。《前赵录》：刘聪嘉平二年，刘曜及宾六须战于汾东，兵败，掠晋阳百姓，踰蒙山遁走。有蓝谷。《通鉴》：晋永嘉六年，刘曜败入晋阳，猗卢追之，战于蓝谷。胡注：在蒙山西十里。《地形志》：太原郡晋阳，晋属。《一统志》：蒙山今太原府太原县西北五里。蓝谷，今太原县西七里。晋阳故城，今太原县治。

【编者按】晋阳县故城，在今山西太原市西南晋源区东北古城营。《中国文物地图集·山西分册》："晋阳古城遗址（晋源街道，从春秋到明），1961年至今，经过多次调查发掘……城址方向大致呈北偏东。汾河自北向南穿过其东部。"

阳曲

【斠注】两汉旧县。《汉志》注：应劭曰：河千里一曲，《御览》一百六十一引"河"上有"黄"字。当其阳，故曰阳曲也。《元和郡县图志》十三曰：按：此前阳曲县今忻州定襄县是也。后汉末移于太原县北四十五里阳曲故城是也。《读史方舆纪要》四十曰：阳曲故城在太原府西北五十里，魏晋时治此。

【集释】《马注》：惠栋曰：《晋地道记》云：黄河千里一曲，此当其阳，故曰阳曲。与龙曰：三国魏县。《地形志》：肆州永安郡阳曲，晋属太原。《一统志》：后汉末，徙置阳曲县于前汉晋阳、汾阳、狼孟三县地。与龙按：《汾水注》：汾水又南迳阳曲城。即后汉末徙置之城也。今太原府阳曲县东北四十五里。

赵万里《汉魏南北朝墓志集释》卷一《贾充妻郭槐柩铭》（元康六年）："太原阳曲人也。"

【编者按】阳曲县故城，在今山西太原市西北阳曲镇。另一说在今山西阳曲县东北故县村。

榆次

【斠注】两汉旧县。《汉书地理志补注》曰:《汲冢周书》:昔烈山氏帝榆罔之后,其国为榆州,曲沃灭榆州,其社存焉,谓之榆社,地次相接者为榆次。《水经·洞过水注》曰:榆次县故涂水乡,晋大夫智徐吾之邑。《汉书》曰榆次,《十三州志》以为涂阳县矣。《读史方舆纪要》四十曰:榆次故城在今县治西北。

【集释】程廷祚《证今》曰:"今太原府榆次县西北。"

《马注》:与龙曰:三国魏县。《左传·昭二十八年》杜注:太原榆次县。有洞过水,有武灌城。《洞过水注》:其水又西南流,迳武灌城北。刘琨之为并州也,刘曜引兵邀击之,合战于洞过,即是水也。按《晋书》:刘曜攻晋阳,刘琨使张乔拒之于武灌,乔败死。琨屯榆次,与左右数十骑,携妻子奔赵郡,遂如常山。有鹅城。《晋阳秋》:永嘉元年,洛阳步广里地陷,有二鹅,苍者飞冲天,白者不能飞。刘曜以为己瑞,筑此城以应之。《地形志》:榆次,真君九年并晋阳。又中都县有榆次城。董祐诚云:洞过水亦曰洞涡水,自今乐平县西迳寿阳榆次,至徐沟县入河。《一统志》:鹅城,今徐沟县西南二十里。榆次故城,今榆次县西。

【编者按】榆次县故城,即今山西晋中市治。

于离

【斠注】两汉旧县。《汉书补注》:李兆洛曰:当在今汾州府境。

【集释】《马注》:与龙曰:三国魏县。

【编者按】于离县故城,今地无考。《山西省历史地图集》:"于离县始治于西汉,属太原郡。此县由西汉至十六国时期延续500余年,但始终没有留下多少记载,有说县治在今汾阳、离石境,有说在汾州府境,但不管汾阳还是离石,均非太原郡境,难以确指,今将县名放在今汾阳市北太原郡境,不作定点。留其名而略其境。"

盂

【斠注】两汉旧县。《新斠注地理志》三曰:今平定州盂县。《后汉书》注:今盂县。《元和志》:故城在阳曲县东北十里。《寰宇记》:东北八十五里。

【集释】何超《音义》:盂,音于。

程廷祚《证今》曰:"在今太原府东北八十里。"

《马注》:与龙曰:三国魏县。《左传·昭二十八年》杜注:太原盂县。《一统志》:故城今太原府阳曲县西南八十里。

【编者按】盂县故城,在今山西省阳曲县东北大盂镇。

狼盂

【斠注】两汉旧县。《汉书补注》曰:战国赵地,秦庄襄王取之,复入赵,始皇取之,见《秦纪》《始皇纪》。《水经·汾水篇》曰:洛阴水又西,迳狼盂县故城西(编者校:陈桥驿复校本《水经注疏》"西"为"南"。)。注云:王莽之狼调也,俗谓之狼马涧。《史记·秦本纪·正义》:《括地志》曰:狼盂故城在并州阳曲县东北二十六里。《元和志》

《寰宇记》均作东北三十六里。《斠注》案：狼马、狼孟盖一声之转。《读史方舆纪要》四十曰：狼孟城在太原府北七十里。

【集释】《马注》：与龙曰：三国魏县。《汾水注》：城左右夹涧幽深，南面大壑，俗谓之狼马涧。《一统志》：故城今阳曲县东北六十里。

【编者按】狼孟县故城，即今山西阳曲县治。《中国文物地图集·山西分册》："战国到西晋的狼孟城址在今山西阳曲县治黄寨镇黄寨村东约100米。位于山顶。平面呈长方形，东北长约360米，东西宽约180米。"

阳邑

【斠注】两汉旧县。《元和郡县图志》十三曰：阳邑故城在太谷县东南十五里。《寰宇记》四十《地道记》曰：少山即太谷水所出，经祁县界。

【集释】程廷祚《证今》曰："在今太原府太谷县。"

《马注》：与龙曰：三国魏县。《春秋·僖三十三年》杜注：太原阳邑县。《地形志》：太原郡阳邑，晋属。《一统志》：故城今太谷县东南十五里。

【编者按】阳邑县故城，在今山西太谷县东十六里阳邑乡阳邑村。

大陵

【斠注】两汉旧县。《汉书补注》曰：战国赵地，见《赵世家》。《魏地形志》曰：太原郡受阳。有大陵城。《史记·赵世家·正义》：《括地志》曰：大陵城在并州文水县北十三里，汉大陵县。《寰宇记》亦云十三里。《元和郡县图志》十三曰：大陵城，汉大陵县也，在文水县东北十里。《读史方舆纪要》四十曰：大陵城在文水县东北二十里。

【集释】《马注》：与龙曰：三国魏县。《一统志》：故城今文水县东北二十五里，周十余里。

【编者按】大陵县故城，在今山西文水县东北武陵村。史为乐主编《中国历史地名大辞典》和《山西省历史地图集》都将大陵故城定在今交城县西南大陵庄。两地相距不远，约二三里地，但分属两县。

祁

【斠注】两汉旧县。《元和郡县图志》十三曰：祁本春秋晋大夫祁奚之邑，故城在祁县东南十五里。《寰宇记》作东南五里。《读史方舆纪要》四十曰：故祁城在今县东南七里。

【集释】程廷祚《证今》曰："在今太原府属县。"

《马注》：与龙曰：三国魏县。《左传·昭二十八年》杜注：太原祁县。《寰宇记》引《晋书地道记》：少山即（大）[太]谷水所出，经祁县界。《地形志》：太原郡祁，晋属。有祁城。《一统志》：今祁县东南五里。

【编者按】祁县故城，在今山西祁县东南祁城村东。

平陶

【斠注】两汉旧县。《元和郡县图志》十三曰：汉平陶县属太原郡，后汉隶西河郡。《水经注图说残稿》曰：《魏地形志》：太原郡平遥。有平遥城。盖避陶作遥，又改治也。《元和志》：汉平陶县城在文水县西南二十五里。《斠注》案：今县治移而西，当在今县南。案《续汉志》平陶仍属太原，并未改隶西河。《元和志》不知何据。

【集释】《马注》：与龙曰：三国魏县。有大干城。《元和志》：刘元海筑，令兄延年镇之，其俗谓长兄大干，因以为名。《地形志》作平遥，太原郡平遥，晋为平陶。有平遥城。《一统志》：故城今文水县西南。大干城，今文水县南十里。

【编者按】平陶县故城，在今山西文水县西南二十里平陶村。

京陵

【斠注】两汉旧县。《读史方舆纪要》四十二曰：京陵城在平遥县东七里。本《元和志》，《寰宇记》作东北七里。《水经注图说残稿》曰：京陵，两汉《志》《晋志》县属太原郡，《魏书·地形志》太原郡平遥有京陵城，是魏省京[陵]城改置平遥也，在今平遥东。注以为春秋九原之地。《日知录》辨其非，而以太平西南二十五里九原山当之。

【集释】《马注》：与龙曰：三国魏县。《一统志》：故城今汾州府平遥县东南。

【编者按】京陵县故城，在今山西平遥县东北京陵村。

中都

【斠注】两汉旧县。《汉书补注》曰：中都，春秋晋邑，见《左昭传》。战国属赵，见《秦纪》。《史记·秦本纪·正义》：《括地志》曰：故县在汾州平遥县西南十二里，即西都也。《元和志》在平遥县西十二里。《寰宇记》同。《读史方舆纪要》四十曰：中都城在太原县东十五里。

【集释】方恺《新校》：方恺曰：《左传·昭二年》：执陈无宇于中都。汉以为县，别无徙治之文，乃杜预《注》谓介休县南中都城是，不言今中都县属太原，是西晋县并入介休矣。本书《孙楚、孙盛传》太原中都人，似晋初其县尚存，未详孰是

《马注》：与龙曰：三国魏县。《通鉴》：永兴元年，刘渊遣刘曜寇太原，取中都。《地形志》：太原郡邬县。有中都城。《一统志》：今平遥县西北。

【编者按】中都县故城，在今山西平遥县西南。史为乐主编《中国历史地名大辞典》定在今山西平遥县西南桥头。

邬

【斠注】两汉旧县。《水经·汾水注》曰：侯甲水又西，合婴侯之水，迳邬县故城南，晋大夫司马弥牟之邑也。《水经注图说残稿》曰：《魏书·地形志》：太原郡邬，二汉、晋属。有邬城。介休下亦有邬城，盖两县之交，亦后魏徙治之证。在今介休县东北。《读史方舆纪要》四十二曰：邬城在介休县东北二十七里。

【集释】何超《音义》：邬，一古反。

程廷祚《证今》曰："在今汾州府介休具东北二十七里。"

方恺《新校》：方恺曰：《尔雅》：燕有昭余祁。郭璞注：今太原鄡陵。本《志》缺陵字。（编者校：方恺此条疑有误，误以"邬"为"鄡"。故有此论。核之《尔雅》，郭璞注此处"鄡"为

"邬"。）

《马注》：与龙曰：三国魏县。《左传·昭二十八年》杜注：太原邬县。《地形志》：太原郡邬县。有邬城。《一统志》：故城今介休县东北三十里邬城店。

【编者按】邬县故城，在今山西介休市东北三十里邬城店村。

上党郡秦置。

【集释】程廷祚《证今》曰："在今山西。"

《马注》：与龙曰：三国魏郡。《地形志》：秦置，治壶关城。前汉治长子城。董卓作乱，治壶关。慕容儁治民安城，后迁壶关。魏皇始元年，治民安。真君中复治壶关。

统县十，户一万三千。

【斠注】《汉书补注》曰：先属韩，降赵，后入秦，庄襄王四年因之，见《秦纪》。《舆地纪胜》十八曰：上党郡，城在芜湖西南五十里。晋孝武宁康二年，上党百姓南渡，即芜湖地侨立上党郡，今芜湖有上党城。又曰：宁康中侨立上党郡及襄垣县，治芜湖。《东晋疆域志》曰：《图经》：晋宁康中侨立上党郡，改芜湖，立襄垣、定陵、逡遒三县。义熙中省上党郡为县。《斠注》案：此江左上党侨郡之可考者。

【集释】方恺《新校》：方恺曰：《地形志》：猗氏，晋属上党。本《志》属河东。

毕沅《新补正》：沅案：《元和郡县志》：汉猗氏县属上党，至晋省。又郭璞注《山海经》：汾水或言出榖远县。《郡国志》榖远亦属上党。

【编者按】上党郡治潞县，在今山西潞城市东北古城村。

潞

【斠注】两汉旧县。《续汉志》注：《上党记》曰：潞，浊漳也，县城临潞。《读史方舆纪要》四十二曰：潞城在今县东北四十里。

【集释】程廷祚《证今》曰："今潞安府潞城县。"

《马注》：与龙曰：三国魏县。有台壁。《浊漳水注》曰：潞县北对故台壁。慕容垂伐慕容永于长子，军次潞川。永帅（编者校：陈桥驿复校本《水经注疏》"帅"为"率"。）精兵拒战，阻河自固，垂镇台壁，一战破之，即是处也。有黄阜山。《元和志》：刘聪将綦毋豚败晋将崔恕于黄阜。《地形志》：襄垣郡刘菱，晋曰潞，属上党。有潞城。《一统志》：故城今潞安府潞［城］县（城）（编者校："潞县城"应为"潞城县"。）东北四十里。黄阜，今潞城县西北二十五里。

【编者按】潞县故城，在今山西潞城市东北四十里古城村。

屯留

【斠注】两汉旧县。《汉书补注》曰：春秋晋邑，作纯留。《史记·秦本纪·正义》：《括地志》曰：屯留故城在潞州长子县东北三十里，汉屯留（编者校：贺次君《括地志集校》此处补"县，古留"三字。）［县，古留］呄国也。《读史方舆纪要》四十二曰：屯留城在今县东南十里。

【集释】《通鉴》胡注：师古曰：屯，

音纯。

程廷祚《证今》曰："今潞安府属县。"

《马注》：与龙曰：三国魏县。《左传·襄十八年》杜注：纯留，今属上党郡。《地形志》：上党郡屯留，晋属。有屯留城。《一统志》：今屯留县南十里。

【编者按】潞县故城，在今山西屯留县南十二里古城村。

壶关

【斠注】两汉旧县。《水经·浊漳水注》曰：县有壶口关，故曰壶关。《读史方舆纪要》四十二曰：壶关旧城在今县东南五十里。《御览》五十三《晋太康地记》曰：壶关县有羊肠坂。

【集释】程廷祚《证今》曰："今潞安府属县。"

《马注》：与龙曰：三国魏县。《左传·宣十五年》杜注：上党壶关县有黎亭。《地形志》：上党郡壶关，晋属。《一统志》：故城今长治县治。

【编者按】壶关县故城，在今山西长治市北三十五里故驿村。《山西省历史地图集》定在今山西长治市治。

长子

【斠注】两汉旧县。《汉书补注》曰：春秋晋地，见《左襄传》。战国属赵，见《赵策》。一作尚子。入魏，韩取之，见《纪年》。韩以与赵，见《世家》。《新斠注地理志》三曰：在今长子县西。《晋地理志新补正》曰：按《十六国春秋》，慕容永僭号于此，称西燕，为慕容垂所灭。

【集释】《通鉴》胡注：师古曰：长，读如长短之长，陆德明读如长幼之长。

程廷祚《证今》曰："在今潞安府长子县西南。"

《马注》：与龙曰：三国魏县。《左传·襄十八年》杜注：长子，今属上党郡。《地形志》：上党郡长子，晋属。有长子城。《一统志》：故城今长子县西。

【编者按】长子县故城，在今山西长子县西南。《中国文物地图集·山西分册》："战国长子古城址在今长子县县治丹朱镇西孟家庄村西南。"

泫氏

【斠注】两汉旧县。《汉书补注》曰：战国属赵，献子城之，见《纪年》。《读史方舆纪要》四十三曰：泫氏城在高平县东十里。《新斠注地理志》三作高平县北二十里。

【集释】何超《音义》：泫氏，工玄反，又乎犬反。

《通鉴》胡注：贤曰：泫氏，今泽州高平县。刘昫曰：泽州陵川县，汉泫氏县。高平，汉泫氏县地。师古曰：泫，音工玄翻。

李慈铭《晋书札记》曰："泫氏自汉及晋皆属上党，未尝属于太原。泫氏今山西泽州府高平县。"

方恺《新校》：方恺曰：又泫氏，《地形志》作玄氏。注云：晋属上党。

《马注》：与龙曰：三国魏县。《史记·白起传·集解》：徐广曰：泫氏，今在上党郡也。《地形志》作玄氏，建州长平郡玄氏，晋属上党。《一统志》：故城今泽州府高平县治。

【编者按】泫氏县故城，即今山西高

平市治。

高都

【斠注】两汉旧县。《汉书补注》曰：战国魏地，秦拔之，见《秦纪》。亦云韩邑，见《淮南子》高注。《读史方舆纪要》四十三曰：高都城在泽州东三十里。《水经·沁水注》：《地道记》曰：高都县有太行关，丹溪为关之东谷，途自此去，不复由关矣。

【集释】《通鉴》胡注：余按今泽州晋城县有太行关，关内有天井泉三所，即天井关也。

《马注》：与龙曰：三国魏县。有天井关，有白水。《沁水注》：白水东南流，历天井关。蔡邕曰：太行山上有天井关。太元十五年，晋征虏将军朱序破慕容永于太行，遣军至白水，去长子百六十里。《通鉴》：西燕主永引兵向洛阳，朱序自河阴北济河击破之，追至白水。按：太元中，慕容永分上党置建兴郡，治高都城，见《地形志》。永又复置阳河县，《魏土地记》：建兴郡治阳河县，是也，见《沁水注》。《地形志》：建州高都郡高都，晋属上党。《一统志》：故城今凤台县东。

【编者按】高都县故城，在今山西晋城市区。

铜鞮

【斠注】两汉旧县。《御览》一百六十三《太康地记》曰：铜鞮，故晋大夫羊舌赤邑，时号赤为铜鞮伯华。《括地志》曰：故城在铜鞮县东十五里。《读史方舆纪要》四十三曰：铜鞮废县今沁州治，其旧城在今州南十里。

【集释】何超《音义》：鞮，音低。

程廷祚《证今》曰："在今沁州南十里。"

《马注》：与龙曰：三国魏县。《左传·昭二十八年》杜注：上党铜鞮县。汉以为县。《地形志》：乡郡铜鞮，晋属上党。有铜鞮城。《一统志》：今沁州南。

【编者按】铜鞮县故城，在今山西沁县南三十五里古城。

（湼）[涅]

【斠注】汉曰涅（氏）（编者校："涅氏"应为"涅"。详见周振鹤《汉书地理志汇释》。），后汉曰涅。颜师古曰：涅水出焉，故以名县，后汉改涅县。《读史方舆纪要》四十三曰：涅县城在武乡县西七十里。

【集释】毕沅《新补正》：沅案：《元和郡县志》：晋于此置武乡县，属乐平郡，石氏分上党沾、（湼）[涅]二县置武乡郡，县属焉。

《马注》：与龙曰：三国魏县。《北山经》：谒戾之山。郭璞注：今在上党郡（湼）[涅]县。《元和志》：石氏以沾、涅二县属武乡郡，后魏改曰阳城。《地形志》：乡郡阳城，晋属上党，曰（湼）[涅]，永安中改。有（湼）[涅]城。《一统志》：故城今沁州武乡县西五十五里。

【编者按】（湼）[涅]县故城，在今山西武乡县西北故城镇。《宋本晋书》："湼"字为"涅"字。孔祥军《校注》取"涅"字为是。

襄垣

【斠注】两汉旧县。《新斠注地理志》三曰：在今襄垣县北。

【集释】《通鉴》胡注：襄垣县，属上党郡。宋白曰：襄垣，赵襄子所筑，因以为名。

《马注》：与龙曰：三国魏县。有安民城。《通鉴》：永和十一年，上党人冯鸯逐燕太守段刚，据安民城。胡注：永嘉中，刘琨遣张倚所筑，以安上党之民因名。《地形志》：乡郡襄垣，晋属上党。有襄垣城。《一统志》：安民城在今襄垣县北十里，襄垣故城今潞安府襄垣县北。

【编者按】襄垣县故城，在今山西襄垣县北东故县。《山西历史地图集》定在今山西襄垣县北西故县。两地距离约三里。

武乡

【斠注】《元和郡县图志》十三曰：榆社县本汉（涅）[涅]氏县地，晋于今县西北置武乡县，属上党郡。石赵时改属武乡郡。《读史方舆纪要》四十三曰：武乡城在今县东北。

【集释】《通鉴》胡注：武乡县，晋置，属上党郡；后石勒分置武乡郡。刘昫曰：唐潞州武乡县，汉河东之垣县也。唐辽州榆社县，分晋武乡县置。

方恺《新校》：方恺曰：又《地形志》乡县，晋属上党。疑即武乡，有脱字也。

《马注》：与龙曰：三国魏无。《后赵录》：石勒所居武乡北原山下草木皆有（编者校：《十六国春秋辑补》"有"为"变"。）铁骑之象（编者校：《十六国春秋辑补》"象"为"形"。），家园中生人参，花叶甚茂。赵王三年，勒召武乡耆旧赴襄国，语及平生，以武乡比之丰沛。《地形志》乡郡下云：石勒分上党置武乡郡，后罢，延和二年置。乡县下云：郡治。晋属上党。有武乡城、榆社城。有古麻池，即石勒与李阳所争池。《石勒载记》：勒与李阳邻居，岁常争[沤]麻（地）[池]（编者校："地"应为"池"。中华书局点校本《晋书》中华注："麻池"前疑脱"沤"。）。《元和志》：石勒沤麻池在榆社县北三十里。《一统志》云：《地形志》之武乡城即石勒所置武乡郡也，今辽州榆社县治。《地形志》之榆社城取汉时枌榆社之义，即晋初所置武乡县也，今榆社县西北。

【编者按】武乡县故城，在今山西武乡县北三十里社城镇。《中国文物地图集·山西分册》："晋至唐社城旧址在今山西武乡县社城镇社城村东一百米。"

西河国 汉置。

【集释】程廷祚《证今》曰："今山西汾州府地。"

《马注》：与龙曰：汉郡，治离石。三国魏郡，治兹氏。《元和志》：魏黄初三年，于汉兹氏县界置西河郡。《水经》：原公水出兹氏县。郦《注》：县故秦置也。县有司马缪王司马子政庙（编者校：此处《马注》所据戴本。另一本为"县有西河缪王司马子政庙"。），碑文云：西河旧处山林，汉末扰攘，百姓失所。魏兴，更开疆宇，分割太原四县以为邦邑。按：四县即此《志》离石等四县也。四县本属西河，而云太原者，盖汉末废西河郡，此四县并入太原，魏复置西河，又由太原分属也。《地形志》

属汾州，治兹氏城。

统县四，户六千三百。

【斠注】《汉志》曰：西河郡，武帝元朔四年置。《元和郡县图志》十三曰：本汉兹氏县，曹魏于此置西河郡，晋改为国。《水经·原公水注》：魏黄初二年，分太原，复置西河郡。《后汉书·顺帝纪》注：西河本理平定县，永和五年徙离石。曹魏于兹氏置郡，盖非汉之旧治矣。《晋地理志新补正》曰：按《元和志》：西河国，晋惠帝时为刘元海所攻破，郡遂废。

【集释】毕沅《新补正》：沅案：《元和郡县志》：十军县，晋省。

方恺《新校》：方恺曰：《文选·雪赋》注引张华《博物志》：西河郡鸿门县有火井祠，火从地出。案：鸿门，前汉属西河，《郡国志》无，疑晋复置也。《郡国志》注引《古今注》曰：建武十一年十月，西河、上郡属魏。郭璞注《山海经·西山经》鹿台之山云：今在上郡。本《志》无上郡，附纪于此。

【编者按】西河国治离石县，在今山西离石市

离石

【斠注】两汉旧县。《水经·河水注》曰：离石水出离石北山，南流迳离石县故城西，下入隰成。《元和郡县图志》十四曰：离石，汉末荒废，魏黄初复置，后陷刘元海，石勒改为永石郡。《读史方舆纪要》三曰：离石今汾州府永宁州治。

【集释】《通鉴》胡注：左国城，盖匈奴左部所居城也。据《晋书载记》，光武建武之初，南单于入居西河之美稷，今离石左国城，单于所徙庭也。《水经注》曰：左国城在汾州之右，介休县西南。杜佑曰：左国城在石州离石县。宋白曰：离石县东北有离石水，因以为名。

毕沅《新补正》：沅案：《前赵记》：今离石，左国单于所徙庭是也。

李慈铭《晋书札记》曰："《载记》曰：建武初，南单于入居西河美稷，今离石左国城即单于所徙庭也。案：后汉西河郡本治离石，《晋志》西河统四县，尚以离石居首，离石今汾州府之永宁州及临县地。左国城在永宁州东北二十余里，左部城在孝义县南，美稷废县在汾阳县西北，明元海家世所居，不出今汾州府境。故元海初为离石都尉，此据《前赵录》，《载记》作北部，盖误。后始僭位，亦都离石，其不当作泫氏明矣。"

《马注》：与龙曰：三国魏县。按惠帝以刘渊为离石都尉。永兴元年，为刘渊所据。太兴元年，石勒改为永石郡，后废。后燕置离石护军。后魏明帝置离石镇。有左国城，在今永宁州东北二十里。《载记》：刘元海至左国城，刘宣等上大单于之号，都离石。有卢城，在今永宁州北六十里。《元和志》：晋并州刺史刘琨所筑，以攻刘曜。《一统志》：有吐京故县，赫连勃勃置吐京护军，后魏时置吐京郡，即今石楼县治。离石故城，今汾州府永宁州治。

【编者按】离石县故城，即今山西离石市治。

隰城

【斠注】《汉志》作隰成，后汉省。

《晋地理志新补正》曰：按《地道记》：晋改兹氏为隰城县。《斠注》案：隰城本汉县，盖省并兹氏入隰城，非改也。《读史方舆纪要》四十二曰：隰城故城在汾州府西七十里。

【集释】李慈铭《晋书札记》曰："《晋书》于石氏慕容、苻、姚诸人，皆先举其所居郡县，而后系之曰羯人，或鲜卑人，或氐人，或羌人，独于刘元海曰新兴匈奴人，仅举郡而无县，于例既不画一。且《四夷传》言魏武分匈奴为五部，左部居太原故兹氏县，北部居新兴县。此县字衍。《元海载记》亦云左部居太原兹氏，北部居新兴。元海为左部人，世为左贤王，领左部帅，则当为兹氏人，非新兴人矣。兹氏，魏时改属西河郡，晋时西河为国，移治兹氏，改兹氏曰隰城。是元海当曰西河隰城匈奴人，于例方合。""兹氏，两汉《志》皆属太原。晋时所属既移，县名又改，故《四夷传》曰：'太原故兹氏县'，加一故字，明尔时已无此县也。……兹氏今山西汾州府汾阳县及孝义县地。"

《马注》：与龙曰：三国魏县，曰兹氏。有八门城。《元和志》：刘元海遣将乔嵩攻西河，筑营自固，营有八门，故名。《地形志》：西河郡隰城，晋属。《一统志》：八门城，今汾阳县北。隰城故城，今汾阳县治。

【编者按】隰城县故城，即今山西汾阳市治。

中阳

【斠注】两汉旧县。《汉书补注》曰：战国赵地，秦取之，秦昭襄、赵惠文王会此，见《秦纪》。《水经·文水注》曰：《晋地道记》曰：《太康地记》西河有中阳城。《元和郡县图志》十三曰：孝义县本汉兹氏县地，曹魏移西河郡中阳县于今理，永嘉后省入隰城。《读史方舆纪要》四十二曰：中阳城在今孝义县西北。

【集释】《马注》：与龙曰：三国魏县。《元和志》：曹魏移汉中阳县于兹氏界。《文水注》引《晋地道记》《太康地记》，西河有中阳城，旧县也。《河水注》：中阳县故城，东翼汾水，不滨于河。按《文水注》之中阳城，汉旧县城也，《河水注》所云东翼汾水者，曹魏徙置之中阳县也。《一统志》：故城今宁乡县西。

【编者按】中阳县故城，即今山西孝义市治。《山西历史地图集》将中阳县故城定在今孝义市西北，在今山西汾阳市境，汾阳市西南巩村。《中国文物地图集·山西分册》在汾阳市巩村东南约300米有一汉代城址。但不确定是中阳县故城。

介休

【斠注】两汉《志》作界休，属太原郡。《元和郡县图志》十三曰：县本秦汉之旧邑。《魏书·地形志》：晋乱，罢。《读史方舆纪要》四十二曰：介休城在今县东南十五里。《御览》一百六十一《晋地道记》云：縠远今名孤远，后代语讹耳。《斠注》案：《寰宇记》：晋省縠远县入介休。

【集释】程廷祚《证今》曰："今介休及灵石县地。'介'《后汉志》作'界'。"

方恺《新校》：方恺曰：介休，杜

注《左氏传》或作界休，亦作介休，盖古通。

《马注》：与龙曰：三国魏县。《左传·桓二年》杜注：西河界休县。按《志》作介，盖从《地形志》。有縠远县。有左部城，在今孝义县南。《前赵录》：魏武分匈奴左部居兹氏。《汾水注》：汾水之右有左部城，其城侧临汾水，盖刘渊为晋都尉时所筑。《地形志》：西河郡介休，晋属。有介休城。《一统志》：故城今界休县东。

【编者按】介休县故城，在今山西介休县东南。

[縠远]

【斠注】《御览》一百六十一《晋地道记》云：縠远今名孤远，后代语讹耳。《斠注》案：《寰宇记》：晋省縠远县入介休。

【集释】《晋书》卷五十六：泰始之初，又增为四。于是刘猛内叛，连结外虏。近者郝散之变，发于縠远。

《通鉴》胡注：縠远县，汉属上党郡，晋省，盖其地犹存旧县名也。刘昫曰：縠远，今沁源县。宋白曰：汉縠远故县，在沁源县南百五十步，孤远故城是也。

《一统志》卷一百五十八：縠远故城在沁源县南门外。

【编者按】谭其骧《中国历史地图集》在太康二年（281年）图的西河国增补縠远县。西晋初縠远县仍存。縠远县故城，即今山西沁源县治。

乐平郡泰始中置。

【集释】《通鉴》胡注：并州有乐平郡，武帝泰始中置，唐之辽州也。

程廷祚《证今》曰："今山西太原府地。"

方恺《新校》：方恺曰：本书《武帝纪》：乐平王延祚以太康元年八月己未封。事在平吴凯旋后三月，则此郡当作国。

《马注》：与龙曰：三国魏郡。按《清漳水注》：后汉分沾县为乐平郡。《地形志》：乐平郡，后汉献帝置。《志》总叙及并州下并云魏武置乐平郡是（已）[矣]，此又云泰始中置，《通典》从之，殊误。《地形志》治沾城。

【编者按】谭其骧主编《中国历史地图集》西晋图在281年定为乐平国。司马延祚封乐平王后不久即死，因无子国除。

统县五，户四千三百。

【斠注】《元和郡县图志》十三曰：汉沾县，属上党郡，晋于此置乐平郡，沾县属焉。晋孝明帝于今仪州和顺县重置乐平郡及县。《斠注》案：《水经·浊漳水注》曰：后汉分沾县为乐平郡，治沾县，是乐平置郡始于后汉矣。

【编者按】乐平郡治沾县，在今山西昔阳县西南。

沾

【斠注】《水经注图说残稿》曰：二《汉志》沾属上党郡，《晋志》属乐平郡，其故城在今乐平县西南。《读史方舆纪要》四十作在乐平县西南三十里。《斠注》案：《元和志》乐平县城即沾县城，《寰宇记》和顺县亦沾县地。

【集释】程廷祚《证今》曰："在今乐平县东。"

《马注》：与龙曰：三国魏县。《左传·昭十二年》杜注：乐平沾县。《清漳水注》引《晋太康地记》：乐平县，旧名沾县，汉之故县矣。《地形志》：太原郡沾，晋属乐平。《一统志》：后魏孝昌二年，改沾县曰乐平，以乐平移迁沾城。故城今平定州乐平县西南三十里。

【编者按】 沾县故城，在今山西昔阳县西南。史为乐主编《中国历史地名大辞典》定在今山西昔阳县西南三十余里西寨乡附近。《山西省历史地图集》则将西晋沾县定在今山西昔阳县治。

上艾

【斠注】 汉属太原郡，后汉属常山国。《新斠注地理志》三曰：上艾今平定州。

【集释】《通鉴》胡注："《五代志》，太原郡石艾县有蒙山。魏收曰：石艾县，即汉、晋之上艾县也。《晋志》，上艾县，属乐平郡。又据《五代志》，晋阳县有蒙山。此盖蒙山跨晋阳、石艾二县界也。""蓝谷，在蒙山西南。"

《马注》：与龙曰：三国魏县，属常山。《地形志》作石艾，乐平郡石艾，晋属。《一统志》：故城今平定州境。

【编者按】 上艾县故城，即今山西平定县治。《山西历史地图集》和史为乐主编《中国历史地名大辞典》都将今地定在今山西平定县南新城村。

（寿）[受]阳

【斠注】《水经·洞过水注》曰：《晋太康地记》：乐平郡有受阳县。卢谌《征艰赋》所谓历受阳而总辔者也。《元和郡县图志》十三曰：寿阳县本汉榆次县地，西晋于此置受阳县，属乐平郡，永嘉后省，后魏太武帝徙受阳之户于大陵城南置受阳县，属太原郡。受阳县即今文水县是也。隋开皇十年改受阳为文水县，又于受阳故城别置受阳县，属并州，即今县是也。大业三年，罢州为太原郡，县仍属焉。武德三年置受州县，改属焉。贞观八年废受州县，属并州。十一年更名寿阳。《斠注》案：《元和志》言受阳建置改隶甚详，至唐贞观十一年始有寿阳之名，是本《志》寿阳当为受阳之讹，况《水经注》尚作受阳不作寿阳也。

【集释】《通鉴》胡注：寿阳山，在乐平寿阳县，魏收《地形志》作"受阳县"，此县盖晋置也。宋白曰：寿阳县，本汉榆次县地，晋置寿阳县。

方恺《新校》：方恺曰：又寿阳，《地形志》作受阳，注：晋属乐平。

《马注》：与龙曰：当作受阳。董祐诚云：《地形志》太原郡受阳有大陵城，中都有寿阳城，是魏移晋受阳于大陵，又移中都于榆次，以受阳入之也。与龙按：董说是，《地形志》中都之寿阳为受阳之讹，《元和志》及此《志》并承其误耳。《地形志》：太原郡受阳，晋属乐平。《一统志》：今平定州寿阳县治。

【编者按】 寿阳县应为受阳县。谭其骧主编《中国历史地图集》以及《山西历史地图集》都认为晋时此县名受阳县，此处寿阳应为受阳。受阳县故城，在今山西寿阳县西南。

轑阳

【斠注】《元和郡县图志》十三曰：仪州，秦为上党郡地，后汉于此置阳阿县，属上党郡，晋改为辽阳，属乐平郡。

【集释】何超《音义》：辽，音老。

方恺《新校》：方恺曰：《水经注·清漳水篇》：辽水出辽河西北辽山，南流迳辽河县故城西南。《地形志》作辽阳。

《马注》：与龙曰：三国魏县，曰辽河，属上党，见《元和志》。《史记·始皇本纪·正义》引《十三州志》云：橑阳，上党西北百八十里也。《寰宇记》云：后汉于（涅）[涅]县置阳阿，晋改为辽阳。与龙按：阳阿，本二汉旧县地，亦悬隔，乐史说非也。有五指山。李穆叔《赵记》：辽阳东北有五指山，岩石孤耸，上有一手一足之迹，其大如箕，指数俱全。《地形志》作辽阳，乐平郡辽阳，晋属。有辽阳城。《一统志》：五指山今辽州东，辽阳故城今辽州治。

【编者按】辽阳县故城，即今山西左权县治。

乐平

【斠注】《水经·清漳水注》：《晋太康地记》曰：乐平县旧名沾县，汉之故县。《斠注》案：如王隐说，乐平盖析沾县而置。《史记·赵世家·正义》：《括地志》曰：乐平城治县东昔阳城，服姓，白狄别种也。

【集释】《马注》：与龙曰：三国魏县。《寰宇记》引《晋地道记》：乐平东南有夷仪，道通襄国。夷仪山在城北故塞。《地形志》：乐平郡乐平，晋属。《一统志》：故城今乐平县治。

【编者按】乐平县故城，即今山西昔阳县治。《山西历史地图集》则将西晋乐平县定在今山西昔阳县东东冶头镇。

雁门郡秦置。

【集释】《马注》：与龙曰：三国魏徙郡南度句注，治广武，见《魏志·牵招传》。晋因之，复置马邑等县于陉北。《通鉴》：永嘉四年，刘琨表封拓跋猗卢为代公，猗卢以封邑去国悬远，乃帅部落自云中入雁门，从琨来求陉北之地，琨乃徙马邑、阴馆、楼烦、繁畤、崞五县之民于陉南更立城邑。《通鉴考异》：琨与丞相笺曰：雁门郡有五县在陉北。胡注：陉北，石陉关之北也，事亦见《魏书》。《地形志》属肆州。

统县八，

【集释】方恺《新校》：方恺曰：《北史·魏穆帝纪》云：晋怀帝进帝大单于，封代公。帝以封邑去国[悬]（编者校：此处脱"悬"。）远，从刘琨求句注陉北地。琨大喜，乃徙马邑、阴馆、楼烦、繁畤、崞五县人于陉南。刘庠案：本《志》上篇序云："黄初元年复置并州，自陉岭以北并弃之，晋因而不改。"《魏纪》所言似是此五县为琨所有，故能徙其人而献其邑，琨以前非晋所有也。方恺曰："更立城邑尽献其地"，据此知西晋中年五县俱在，本《志》删阴馆、楼烦二县，未详。又《水经注·汾水篇》引《十三州志》曰：出武州之燕京山，亦管涔之异名也。武州汉县属雁门郡。阙《志》无故县字，疑晋时尚存。又《州郡志》云：阴馆，前汉作阴观，后汉、晋作阴馆。《水经注·（湿）[㶟]（编者校："湿"应为"㶟"。）水篇》引

《十三州》：剧阳在阴馆县东北一百三里。又《十三州志》：善无县南七十五里有中陵县。《水经注·河水篇》：善无县故城，《十三州志》云旧定襄郡治也。又引《十三州志》云武县在善无西百五十里。又《（湿）[㶟]水篇》引《十三州志》曰：班氏县在郡西南百余里。狋氏县在高柳南百里。吴翊寅案：《郡国志》班氏、狋氏、高柳三县皆属代郡，惟阴馆、楼烦、武州、剧阳四县属雁门郡。又善无、中陵二县皆属定襄，云故属雁门，阙《志》皆不言故县，疑晋尚存，未详何时省并改属，本《志》俱删，恐有缺误。

《马注》：与龙曰：今补阴馆、楼烦二县，为统县十。

户一万二千七百。

【斠注】《汉书补注》曰：赵武灵王置雁门郡，见《匈奴传》。秦因之。

【集释】毕沅《新补正》：沅案：一本作六百。

【编者按】雁门郡治广武县，在今山西代县西南。

广武

【斠注】汉属太原郡。《寰宇记》四十九曰：《冀州图》云广武县城在句注陉南口之南二十里。《读史方舆纪要》三曰：广武，今太原府代州西十五里有故城。《斠注》案：《通典》《元和志》并云在雁门县西南。

【集释】《马注》：与龙曰：三国魏县。《州郡志》南兖州刺史下云：广武，《晋太康地志》属雁门。《地形志》：雁门郡广武，晋属。又原平县有广武城。《一统志》：故城今代州西十五里。

【编者按】广武县故城，在今山西代

县西南十五里古城村。

崞

【斠注】两汉旧县。《说文解字》曰：崞山在雁门。《水经·㶟水注》曰：崞川水出崞县故城南，县南面（元）[玄]（编者校："元"应为"玄"。）岳，右背崞山，处二山之中，故萦以崞张为名。其水西出山为崞口，下入繁（峙）[畤]（编者校："峙"应为"畤"。）。《元和郡县图志》十四曰：崞县汉末荒废，晋初又置。《读史方舆纪要》四十曰：崞县故城在今县西三十五里。

【集释】何超《音义》：崞，音郭。

《马注》：与龙曰：汉县，三国魏无，晋复置。永嘉五年，刘琨移县于陉南，以故县与拓跋猗卢。《通鉴》胡注：汉崞县为北齐北显州平寇县，今县虽存，非古县。《地形志》：恒州繁畤郡崞山，晋曰崞，属雁门。《一统志》：后魏崞山县已非崞县旧治，故城今大同府浑源州西。

【编者按】崞县故城，在今山西浑源县西。史为乐主编《中国历史地名大辞典》定为今山西浑源县西十五里麻庄。《山西历史地图集》定为今山西浑源县西二十里毕村。

汪陶

【斠注】汉旧县。《续汉志》作汪。陶孟康曰：汪音汪。《寰宇记》四十曰：汉末荒废，晋初又置。《读史方舆纪要》四十四曰：汪陶废县在应州西。

【集释】何超《音义》：汪陶，上于往反，亦作汪，下音摇。

孙人龙《晋书考证》："汪陶，一

本作㶟陶。按㳡音枉，与汪同。《后汉·郡国志》：汪陶，县名，属雁门。《前汉志》作㳡，亦作㳠。今从监本。"

《马注》：与龙曰：三国魏县。有新平城。《魏书》：穆帝登平城西山观望地势，乃更南百里，于㶟水之阳黄瓜堆筑新平城，晋人谓之小平城。使长子六修镇之，统领南部。《通鉴》作黄花城。《一统志》：县永嘉后废，故城今山阴县东。黄花城在今山阴县北。

【编者按】㳡陶县故城，在今山西应县西。《宋本晋书》㳡为㳠。谭其骧主编《中国历史地图集》定为汪陶。周振鹤《汉书地理志汇释》定为㳡。

平城

【斠注】两汉旧县。《元和郡县图志》十四曰：云州在汉雁门郡之平城县。汉末大乱，自定襄以西云中、雁门、西河遂空，曹公鸠集荒散，又立平城县，属新兴郡。晋又改属雁门。晋乱，刘琨表［封］（编者校：《元和郡县志》此处有"封"字，此处脱。）猗卢为代王，都平城。《读史方舆纪要》四十曰：平城废县在代州西南。

【集释】《马注》：与龙曰：汉县，三国魏无，晋复置，见《元和志》。《通鉴》：愍帝建兴元年，代公猗卢城盛乐，以为北都治，故平城为南都。又作新平城于㶟水之阳。《魏书》：穆帝六年，修故平城以为南都。太祖天兴元年，迁都平城，始营宫室，建宗庙，立社稷。《元和志》：魏都平城，东至上谷军都关，西至河，南至中山隘门寨，北至五原，地方千里以为甸服。按魏置司州牧及代尹，延和元年改为万年尹，太和十

七年迁都洛阳，改曰恒州代郡，见《地形志》。有燕昌城，在今大同县北。《㶟水注》：《燕书》：建兴十一年，慕容垂北至参合，寝疾，舆过平城北四十里，疾笃，筑燕昌城而还北，俗谓之老公城。有参合陂，在今阳高县东北。有蟠羊山，在今阳高县东。《通鉴》：晋太元二十年，燕慕容宝伐魏，魏军至参合陂西。燕军在陂东，营于蟠羊山南水上。魏主珪潜进，旦日登山，下临燕营，大败之。《地形志》：恒守代郡平城，晋属雁门。《一统志》：猗卢所都平城在今山阴县北，汉县故城今大同县东。

【编者按】平城县故城，在今山西代县东北七里平城村。

葰人

【斠注】汉属太原郡。《史记·绛侯周勃·世家》有霍人。《正义》云：即葰人也。《括地志》曰：葰人故城在代州繁畤县界，汉葰人县也。按《樊哙列传》作靃人，其音亦同。《读史方舆纪要》四十曰：葰人城在繁畤县北。

【集释】何超《音义》：葰人，沙瓦反。

孙人龙《晋书考证》："葰人或云葰，音绥，非也。按《仪礼》注：葰通作荽，谓薑属，可以香口者也。《前汉·地理志》：太原葰人。《广韵》：县名，音琐若。司马相如《上林赋》：实叶葰茂。则又训木，音俊矣。"

《马注》：与龙曰：前汉县，后汉省，三国魏无，晋复置。《一统志》：县永嘉后废，徙置繁畤县于此，故城今代州繁畤县南。

【编者按】葰人县故城，在今山西繁

時县东北。《中国文物地图集·山西分册》在山西繁峙县东北圣水头村东500米有约6万平方米的汉代文化层区域。

繁峙

【斠注】两汉旧县。《元和郡县图志》十四曰：繁峙，汉末匈奴侵寇，旧县荒废，晋又置繁峙县。

【集释】《马注》：与龙曰：汉县，三国魏无，晋复置。永嘉五年，刘琨移县于陉南。《通鉴》胡注：汉繁峙县在武州川，今县虽存，非古县地。《地形志》：恒州繁畤郡繁畤，晋属雁门。按后魏县即刘琨所移，在今繁峙县东。《一统志》：故城今大同府浑源州西。

【编者按】繁峙县故城，在今山西浑源县西南。《山西历史地图集》将此点定于更西的山西应县东北城下庄。

原平

【斠注】汉属太原郡，后汉改属雁门郡。《史记·赵世家·正义》：《括地志》曰：原平故城在代州崞县南三十五里。

【集释】《马注》：与龙曰：三国魏县。《地形志》：雁门郡原平，晋属。又秀容县。有原平城。《一统志》：故城今崞县南。

【编者按】原平县故城，在今山西原平市东、滹沱河西岸。

马邑

【斠注】两汉旧县。《御览》一百六十三《晋太康地记》曰：秦时建此城辄崩不成，有马周旋驰走反复，父老异之，因依以筑城遂为马邑。《元和郡县图志》十四曰：马邑县汉末荒废，建安中又置，属新兴郡，晋又属雁门郡，晋末又废。《寰宇记》四十曰：晋乱其地为猗卢所据，怀帝时刘琨表猗卢为大单于，封代公，徙马邑，晋末又废。《读史方舆纪要》四十四曰：马邑城，旧志在朔州东北。

【集释】《马注》：与龙曰：汉县，三国魏无，晋复置。按《元和志》：曹公立马邑县，属新兴郡，晋改属雁门，说与《魏志》及阚骃《十三州志》异，今不从。有西山。《通鉴》：太元十二年，慕容垂击刘显，显奔马邑西山。按永嘉五年，刘琨移县于陉南。《通鉴》胡注：汉马邑县，唐之大同军是其地，今县虽存，非古县地。《一统志》：汉县今朔平府朔州城外西北隅古城是。

【编者按】马邑县故城，即今山西朔州市治。

[楼烦]

【集释】《马注》：与龙曰：前汉县，汉末废，三国魏无。《魏书·穆帝纪》：三年，帝从刘琨求句注陉北之地，琨乃徙马邑、阴馆、楼烦、繁畤、崞五县之民于陉南更立城邑。亦见《通鉴》。按此则晋初雁门郡有楼烦县，此《志》缺漏，今据《魏书》及《通鉴》补录。胡三省云：楼烦，匈奴之所居，其地在北河之南，今岚州楼烦郡非古楼烦也。《地形志》：雁门郡原平县。有楼烦城。《括地志》：在今时崞县东北，盖晋所徙。《一统志》：汉县在今雁门关北。

【编者按】《马注》在此处补楼烦县。楼烦县故城，在今山西宁武县北一带。

[阴馆]

【集释】《马注》：王先谦曰：阴馆县，汉末废。晋咸宁元年句注碑云："盖北方之险有卢龙、飞狐，句注为之首，天下之阻，所以分别内外也。"汉高祖伐匈奴，踰句注，困于平城，谓此地也。与龙曰：三国魏无。据《魏书》及《通鉴》刘琨徙五县于陉南，则五县前在陉北，盖晋咸宁后复置，即应有阴馆县，今据以补录。胡三省云：汉阴馆县在句注西北。《地形志》：原平县。有阴馆城。盖晋所徙。《一统志》：汉故城今代州西北四十里。

【编者按】《马注》在此处补阴馆县。阴馆县故城，在今山西朔州市东南五十五里夏关城村。

新兴郡魏置。

【集释】方恺《新校》：方恺曰：《地形志》永安郡下云：后汉建安中置新兴郡。《郡国志》注引《魏志》云：建安二十年，省云中、定襄、五原、朔方置一县，领其民，合以为新兴郡。此作魏置，未详。

《马注》：与龙曰：当云汉末置，三国魏郡。阚骃《十三州志》：建安中，魏武集荒郡之户以为县，聚之九原界。《寰宇记》：汉末于太原阳曲县地置九原县，即汉汾阳县旧地也，魏武立新兴郡于此。元康中改曰晋昌郡，寻废。《地形志》：永安中改曰永安郡，属肆州。统县五，户九千。

【斠注】《魏志》曰：建安二十年省云中、定襄、五原、朔方置一县，领其民，合以为新兴郡。《元和郡县图志》十四曰：岚州，秦为太原郡地，在汉即太原郡之汾阳县地，建安中曹公纠率散亡立新兴郡，晋末陷刘元海。

李慈铭《晋书札记》曰："《三国志·魏武帝纪》：建安二十年，省云中、定襄、五原、朔方郡，郡置一县，领其民，合以为新兴郡。明所统有四县也。《续汉志》注引脱两郡字，遂不可解。……阚骃《十三州志》《元和郡县志》所言略同。其所领县仍有定襄、云中之名，改五原为九原，亦仍秦时之旧，以九原为郡治，汉时五原郡，所统本有九原、五原两县。而九原、定襄皆移置于太原阳曲县界，非汉时故地矣。汉故阳曲县，为今忻州地，非今太原郭下之阳曲县也。晋时新兴郡统县五，惠帝改为晋昌郡，今山西忻州及所属定襄县保德州、太原之岢岚州及岚县、大同府之大同县、宁武府之五寨县，皆其地也。"

【编者按】新兴郡治九原县，在今山西忻州市。

九原

【斠注】两汉属五原郡。《水经·河水注》曰：河水自河阴来，东迳九原县故城南，始皇置九原郡治此。《新斠注地理志》十三曰：在今榆林府城东北鄂尔多斯界内黄河东北岸。《元和志》：敬本古城，在中受降城北四十里。郑虔《军录》曰：城周一万八百七十二步。贾耽《古今述》曰：以地里求之，前代九原城也。

【集释】孙人龙《晋书考证》："按《礼记·檀弓》：赵文子与叔誉观乎九原。《水经注》以为在京陵县。《汉志》太原郡京陵。师古曰：即九京。因《记》文或作九京而傅会之，尔不知文子曰：是全要领以从先大夫于九京。方氏曰：九京即九原，指其冢之高曰京，指其地之广曰原。但古者卿大夫之葬必在国都之北，不得远涉数百里而葬于今之平遥也。《志》以为太平之西南二十五里有九原山，近是。"

毕沅《新补正》：沅案：《太平寰宇记》：后汉末于太原阳曲县地置九原县。

《马注》：与龙曰：三国魏县。《地形志》：永安郡定襄，真君七年并九原属焉。《一统志》：建安中所立九原县，今忻州治。新兴郡故城，今忻州南三十里。

【编者按】九原县故城，即今山西忻州市治。

定襄

【斠注】汉属定襄郡，后汉属云中郡。《史记·匈奴列传·正义》：《括地志》曰：定襄故城在朔方善阳县北三百八十里。《读史方舆纪要》四十曰：定襄城在今县西南。

【集释】胡三省《通鉴释文辩误》曰："史炤《释文》曰：盛乐，《汉书》作成乐，城名，在并州新兴郡。（海陵本同。）余按成乐县，前汉属定襄郡，后汉属云中郡；至献帝建安二十年，以塞下诸郡寇乱荒残，省云中、定襄、五原、朔方郡，郡置一县，领其民，合以为新兴郡。故新兴郡有定襄、云中二县，而成乐古城之地，弃之塞外矣。拓跋氏既盛强，尽据幽州塞外之地，猗卢遂据盛乐故城。史炤但知《晋志》新兴郡有定襄县，遂以为盛乐城在并州新兴郡；殊不知魏、晋新兴郡之定襄县，《唐志》及《元丰九域志》忻州之定襄县是也，乃汉之阳曲县地。汉成乐古城，拓跋氏以为盛乐宫，后置盛乐郡。《魏土地记》：云中城东八十里有成乐城。云中城在阴山河曲。宋白《续通典》曰：汉定襄郡盛乐县在阴山之阳，黄河之北，后魏所都盛乐是也。"

毕沅《新补正》：沅案：《元和郡县志》：后汉末移阳曲县于并州太原县界，仍于此置定襄县。

《马注》：与龙曰：三国魏县。《地形志》：永安郡定襄，晋属新兴。有定襄城。《一统志》：后汉阳曲县地，建安中置定襄县，故城今忻州定襄县治。

【编者按】定襄县故城，在今山西定襄县东南三里待阳村。

云中

【斠注】两汉属云中郡。《新斠注地理志》十三曰：在今榆林府神木县东北鄂尔都斯界内黄河东北岸。《括地志》《寰宇记》并云：故城在榆林县东北四十里。《御览》一百六十四《晋太康地记》曰：自北地郡北行九百里，五原塞即此地。后汉光禄徐自为出五原塞数百里，筑城障，列亭至庐朐山。即今县北光禄塞也。

【集释】《马注》：与龙曰：三国魏县。《地形志》：永安郡定襄，真君七年，并云中属焉。《一统志》：后汉雁门郡原平县地，建安中置云中县。故城今代州崞县西南七十里。

【编者按】云中县故城，在今山西原平市西南。《山西历史地图集》定点在山西原平市西南楼板寨。

广牧

【斠注】两汉属朔方郡。《读史方舆纪要》六十一曰：广牧城在废夏州东北。

【集释】《通鉴》胡注：广牧县，汉属朔方郡；汉末省朔方，置广牧县于陉南，属新兴郡，非广牧县故地也。

《马注》：与龙曰：三国魏县。《石勒载记》：刘琨遣将军姬澹讨勒，琨次广牧为声援。《地形志》作广收，属朔州附化郡。《一统志》：建安中移置广牧县于陉南，即汉榆次县地，今平定州寿阳县北。

【编者按】广牧县故城，在今山西寿阳县西北三十里古城村。《山西历史地图集》则定点在寿阳县古城村更西北的今山西盂县西东梁乡附近。

晋昌

【斠注】此县当为晋初所立。

【集释】《马注》：与龙曰：三国魏无。《地形志》：永安郡定襄，真君七年并晋昌属焉。《一统志》：故城今忻州定襄县西北。

【编者按】晋昌县故城，在今山西忻州市忻府区东北。

惠帝改新兴为晋昌郡。

【斠注】《廿二史考异》十九曰：新兴郡治九原，此并州之晋昌也。《志》又云：惠帝元康五年，分敦煌、酒泉为晋昌郡，此凉州之晋昌也。同时有两晋昌郡，或有一误。

【集释】《通鉴》胡注：肆卢川，在朔方塞内，后拓跋氏于其地置肆卢郡，真君七年，并入秀容郡。魏收《地形志》：秀容郡秀容县。有肆卢城。

《马注》：与龙曰：凉州之晋昌郡乃张轨所置，是时中原丧乱，张氏据河西，因增置郡县，而《志》凉州篇以属之惠帝。又李暠所置会稽县亦属之惠帝，殊失其实耳。《一统志》：东晋时尝置肆卢郡领肆卢、平寇、三堆等县。《地形志》：肆卢治新会城。又秀容有肆卢城。平寇属永安郡，真君七年，郡废，并入秀容郡。三堆，真君七年并入平寇县。与龙按：肆卢等县，《地形志》不云晋属肆卢，故《志》未载。

及永兴元年，刘元海僭号于平阳，称汉，于是并州之地皆为元海所有。元海乃以雍州刺史镇平阳，幽州刺史镇离石。及刘聪攻陷洛阳，置左右司隶，各领户二十余万，万户置一内史，凡内史四十三人，单于左右辅各主六夷。又置殷、卫、东梁、西河阳、北兖五州，以怀安新附。

【斠注】《十六国疆域志》曰：殷州。《水经注》：河内怀县有殷城。《图经》：在今武陟县东南。昔刘曜以郭默为殷州刺史，督缘河诸军事治此。乐史《寰宇记》：获嘉县，西晋曾立为殷州。此言西晋即指刘聪时卫州。《斠注》案：聪所置卫州当在朝歌县东。《梁州图经》称《前赵录》，嘉平元年，聪以彭天护为梁州刺史。西河阳州，《斠注》案：《列女传》王广仕、刘聪为西阳州刺史，《前赵录》同。西阳州疑即西河阳，或《地志》及《列女传》必有一误。

刘曜徙都长安，其平阳以东地入石勒。勒平朔方，又置朔州。

【斠注】《十六国疆域志》曰：石赵

朔州统郡一：朔方。

自惠、怀之间，离石县荒废，勒于其处置永石郡，又别置武乡郡。

【斠注】《十六国疆域志》曰：按《太平御览》称《后赵录》，太和二年，秦陇悉平，遂置永石郡于西河国。《元和志》：西河国，晋惠帝时为刘元海所攻破，郡遂废，是后赵有永石郡无西河国也。凡领县四：离石、隰城、中阳、介休。武乡郡凡领县三：武乡、（沾）〔沾〕（编者校：《斠注》误"沾"为"沽"。）、（涅）〔涅〕。

【编者按】《宋本晋书》"永石郡"为"水石郡"。疑误。

及苻坚、姚兴、赫连勃勃，并州并徙置河东，

【集释】《马注》：与龙曰：并镇蒲坂，见下雍州。

又姚兴以河东为并、冀二州云。

【集释】《马注》：与龙曰：慕容永尝置建兴郡阳阿县，说见上党郡高都县下，《志》缺未载。

雍州。案《禹贡》黑水、西河之地，

【集释】《马注》：与龙曰：孔安国云：西距黑水，东距河。龙门之河在冀州西。与龙按：《禹贡》雍州承梁州言之，梁州东距华阳，西距黑水，雍州东距西河，西亦距黑水，盖二州西境并以黑水为界也。周秦以来至于后魏，言黑水者若隐若显，自后说滋歧矣，寻绎旧说，按之今地以为怒水者近是说，详见拙著《经地异同辨》。怒水源出今西藏卫地东南，流千余里至交州入海，观怒水流域，而《禹贡》雍、梁二州之西境可瞭然矣。

舜置十二牧，则其一也。以其四山之地，故以雍名焉。

【斠注】《水经·渭水注》曰：应劭曰：四面积高曰雍。

亦谓西北之位，阳所不及，阴气雍阏也。

【中华校】阴气雍阏也 "阴"下原有"阳"字。《斠注》：《类聚》六、《御览》一六四引《太康地记》均无"阳"字。按无"阳"字是，今据删。

【斠注】《类聚》六引《太康地记》作阴气雍阏，故取名焉。《御览》一百六十四引作雍遏。

【集释】何超《音义》：雍阏，拥、遏二音。

《周礼》：西曰雍州。盖并禹梁州之地。周自武王克殷，都于丰镐，雍州为王畿。及平王东迁洛邑，以岐、丰之地赐秦襄公，则为秦地，累世都之，至始皇遂平六国。秦灭，汉又都之。及武帝置十三州，其地以西偏为凉州，其余并属司隶，不统于州。后汉光武都洛阳，关中复置雍州。后罢，复置司隶校尉，统三辅如旧。献帝时又置雍州，自三辅距西域皆属焉。

【集释】《马注》：与龙曰：《百官志》引《献帝起居注》：建安十八年，京兆、冯（翌）[翊]（编者校："翌"应为"翊"。）、扶风并属雍州。《魏志》：张既为雍州刺史。是时不置凉州，自三辅距西域皆属雍州。

魏文帝即位，分河西为凉州，分陇右为秦州，

【集释】《马注》：与龙曰：《志》秦州下又云：魏置秦州，中间暂废。按秦州之名不见于《三国志》。《州郡志》云：晋武帝置秦州。是魏无秦州也。《通典》：曹魏有秦州，盖因此《志》而误。

改京兆尹为太守，冯翊、扶风各除左右，仍以三辅属司隶。

【集释】《马注》：与龙曰：《魏志·仓慈传》注引《魏略》：颜斐为京兆太守，常为雍州十郡最。据此，魏京兆属雍州，盖汉末以三辅属雍州，魏因而不改也，《志》误。

晋初于长安置雍州，

【斠注】《晋地理志新补正》曰：按《通典》：晋雍州理京兆。

【集释】《马注》：与龙曰：魏雍州治京兆长安，晋因之，《志》误。

统郡国七，

【集释】《马注》：与龙曰：按魏雍州领十郡，见王先谦《郡国志集解》。晋

初增置始平，合为十一郡。《杜轸传》为池阳令，为雍州十一郡最可证，盖晋初雍州领郡如此。

县三十九，户九万九千五百。

【编者按】雍州治长安县，在今陕西西安市西北。

京兆郡 汉置。

【集释】程廷祚《证今》曰："今陕西西安府。"

《马注》：与龙曰：与龙曰：三国魏郡。建兴后，刘聪、石勒、苻健、姚苌、赫连勃勃迭据其地。《地形志》：治霸城。永熙三年迁都于此，为西魏。

统县九，

【集释】《马注》：与龙曰：《地形志》：咸阳郡灵武县，前汉属北地，后汉罢，晋复。《一统志》：晋徙灵武县于今咸阳县东。此《志》失载。

户四万。

【斠注】《魏志》三《少帝纪》：正始五年，复秦国为京兆郡。

【编者按】京兆郡治长安县，在今陕西西安市西北。

长安

【斠注】两汉旧县。《新斠注地理志》二曰：长安，高帝五年置，《汉兴以来将相名臣年表》作六年。在今西安府城西北十五里，俗呼之为杨家城，即汉长安故城。《元和郡县图志》：故城在长安县西北十三里。《方舆纪要》同。

【集释】《通鉴》胡注："石桥，在长安城洛门东北，有石桥。《水经注》曰：石桥水南出马岭山，积石据其东，骊山距其西，其水北迳郑城西，水上有桥，东去郑城十里，故世以桥名水。《三辅黄图》曰：洛门，长安城北出东头第一门。""横门，长安城北出西头第一门。"

程廷祚《证今》曰："今县。"

《马注》：与龙曰：三国魏县。按《惠帝纪》：永兴元年，张方劫帝幸长安。《怀帝纪》：永嘉六年，雍州刺史贾疋迎秦王邺入长安即帝位。《载记》：太兴元年，刘曜徙都长安。永和七年，苻健入长安都之。太元十一年，姚苌僭号于长安，改名常安。《通鉴》：义熙十三年，刘裕执姚泓留子义真镇长安。十四年，赫连勃勃克长安，置南台。《魏书》：始光三年，奚斤克长安。永兴三年，迁都长安。有太极殿。《载记》：苻健即位于太极殿。《前周地图记》：太极殿，晋愍帝之宫，后姚兴重建。有韭园。《载记》：苻坚将李办等屯于韭园。有逍遥园。《载记》：建兴初，刘聪将赵染袭长安，入外城，既而退遁逍遥园。《后秦录》：姚兴居鸠摩罗什于逍遥园，引诸沙门听什演说佛经。有曲牢堡。《通鉴》：太元十六年，苻登攻后燕，京兆太守韦范于段氏堡，不克，进据曲牢。《地形志》：京兆郡长安，晋属。《一统志》：太极殿，今长安县西北故城中。韭园，今长安县西。逍遥园，今长安县西北。曲牢堡，今咸阳县南三里。长安故城，今西安府长安县西北十三里。

【编者按】长安县故城，在今陕西西安市西北。

杜（陵）[城]

【斠注】两汉旧县。《汉宣帝纪》曰：

元康二年，以杜东原上为初陵，更名杜县，曰杜陵。《史记·高祖本纪·正义》；《括地志》曰：杜陵故城在雍州万年县东南十五里。《寰宇记》同。《元和志》作二十里。《读史方舆纪要》五十三曰：杜陵城在西安府东南十五里。《晋地理志新补正》曰：按《地形志》云晋曰杜城，今考霸城亦晋改名，今《志》已曰霸城，而此杜陵犹仍旧名，一改一不改，作《志》者之失也。

【集释】程廷祚《证今》曰："在今咸宁县境。《襄二十四年》注作杜县，误。"

方恺《新校》：方恺曰：《地形志》：杜，二汉、晋属京兆，二汉曰杜陵，晋曰杜城，后改。《州郡志》：杜令，二汉曰杜陵，魏改。两《志》虽异，然西晋不当称杜陵也。本书《忠义王育传》有杜令王攸。《左传·襄二十四年》注作京兆杜。当从沈说，本书《杜预传》云预京兆杜陵人，误沿汉代旧名也。

《马注》：与龙曰：三国魏县。《左传·襄二十四年》杜注：京兆杜县。《地形志》：京兆郡杜，晋曰杜城。按晋讳陵，故去陵，《志》仍作杜陵，误。《一统志》：故城今咸宁县东南。

【编者按】此处杜陵应为杜城。杜城县故城，在今陕西西安市长安区东杜陵南五里。

霸城

【斠注】两汉霸陵县。《水经·渭水注》曰：故渠上承霸水，东北迳霸城县故城南。又引应劭曰：霸，水上地名。在长安东二十里，即霸城是也。《魏地形志》：霸城县，晋改。《读史方舆纪要》五十三曰：霸陵城在西安府东三十里。《续汉志》注：《地道记》曰：枳道亭在霸水西。

【集释】《马注》：与龙曰：三国魏县，曰霸陵。《州郡志》京兆太守下云：南霸城。《晋太康地志》曰：霸城。有北山故县。《寰宇记》：姚兴置北山县。《地形志》：霸城，汉曰霸陵，晋改。《一统志》：北山故县，今咸宁县东南。霸城故城，今咸宁县东。

【编者按】霸城县故城，在今陕西西安市东北。

蓝田

【斠注】两汉旧县。宋敏求《长安志》十六《晋太康地记》曰：蓝田出美玉，故曰蓝田。《读史方舆纪要》五十三曰：蓝田故城在今县治西十一里。《长安志》作故城在今县西三十里。《续汉书》注：《地道记》曰：蓝田有虎侯山。

【集释】《马注》：与龙曰：三国魏县。有晓柳城。《元和志》：晓柳城亦谓之青泥城。桓温伐苻健，使将军薛珍击青泥城，破之。《地形志》：京兆郡蓝田，晋属。《一统志》：晓柳城，今蓝田县治。蓝田故城，今蓝田县西三十里。

【编者按】蓝田县故城，在今陕西蓝田县西。

高陆

【斠注】《水经·渭水注》曰：高陵县，《晋太康地志》谓之高陆。《元和郡县图志》二曰：高陵本秦旧县，孝公置。汉属左冯翊。魏文帝改为高陆。《括地志》《通典》并云：故城在高陵县西南一里。《长安志》作在县西一里。

【集释】程廷祚《证今》曰："今高陵县。陆字疑误。"

《马注》：与龙曰：三国魏县曰高陵，属冯（翌）[翊]（编者校："翌"应为"翊"）。《左传·襄十四年》杜注：京兆高陆县。《地形志》：冯（翌）[翊]郡高陆，晋属京兆。《一统志》：故城今高陵县西南。

【编者按】高陆县故城，在今陕西西安市高陵区西南。《中国文物地图集·陕西分册》定在今陕西高陵县西南古城北一百米。

万年故栎阳县。

【斠注】两汉属左冯翊。吴卓信《汉书地理志补注》曰：《黄图》：置万年县于栎阳大城内。《史记·秦本纪·正义》：《括地志》曰：栎阳故城，一名万年城，在雍州东北百二十里。汉七年，分栎阳城内为万年县。又《项羽本纪·正义》：《括地志》曰：栎阳故城，一名万年城，在雍州栎阳东北二十五里。秦献公之城栎阳即此也。又《高祖本纪·正义》：《括地志》曰：秦栎阳故宫在雍州栎阳县北三十五里，秦献公所造。《三辅黄图》云：高帝都长安，未有宫室，居栎阳宫也。《史记·秦本纪·索隐》：《晋太康地记》曰：时在栎阳故城内，其时若畦，故曰畦畤。《元和郡县图志》一曰：万年本汉旧县。后汉省栎阳入万年。故城在今栎阳县东北三十五里。《寰宇记》作二十五里。《新斠注地理志》二曰：在临潼县东北七十五里。

【集释】《马注》：与龙曰：三国魏县曰高陵，属冯（翌）[翊]。《元和志》：

高帝分栎阳置万年县，理栎阳城。后汉省栎阳入万年。《地形志》：冯（翌）[翊]郡万年，晋属京兆。《一统志》：今临潼县东北七十里。

【编者按】万年县故城，在今陕西西安市阎良区武屯乡古城村。

新丰

【斠注】两汉旧县。《水经·渭水注》曰：池水又迳新丰县故城东，故丽戎地也。高祖王关中，分置丰民以实兹邑，故名之为新丰。《史记·秦始皇本纪·正义》：《括地志》曰：《左传》云，晋献公伐骊戎。杜注云，在京兆新丰县。其后秦灭之以为邑。《元和郡县图志》二曰：故城在昭应县东十八里。《读史方舆纪要》五十三曰：新丰城在临潼县东十五里。

【集释】程廷祚《证今》曰："今临潼、渭南二县地。"

《马注》：与龙曰：三国魏县。《左传·庄二十八年》杜注：京兆新丰县。《地形志》：京兆郡新丰，晋属。《一统志》：故城今临潼县东北三十里零水侧。

【编者按】新丰县故城，在今陕西西安市临潼区东北零水侧。史念海主编《西安历史地图集》将西晋时期新丰县定在零水侧更西一些，已经在今陕西渭南市境。

阴般

【斠注】《汉志》作阴槃，《续汉志》作阴盘，皆属安定。《元和郡县图志》三曰：今邠州宜禄县西二十三里阴盘故城是也。地有阴槃驿。《廿二史考异》十九曰：宋敏求《长安志》：临潼县东新丰故城，即高帝为太上皇所立。后汉灵帝末，徙安定郡阴盘县，寄治于此城。今亦谓之阴盘城。《读史方舆纪要》五十三曰：阴盘城在临潼县东。《晋地理志新补正》曰：按郭缘生《述征记》：阴槃县，旧属安定郡，遇乱徙于新丰。《帝王世纪》：赫连定以胜光二年又自京兆移此，属平凉郡。

【集释】《通鉴》胡注：魏收《地形志》：阴盘县，汉属安定郡；晋属京兆郡；鸿门、戏水皆在县界。余按汉京兆与冯翊以渭水为界，安定在冯翊之北，晋安得割安定之阴盘以属京兆邪？此魏收之误也。《水经注》：冷水迳阴盘、新丰两原之间，北流注于渭。汉灵帝建宁三年，改新丰为都乡，封段颎为侯国。后立阴槃城。其水际城北出，谓是水为阴槃水。又北绝漕槃沟，注于渭，是则李含所屯之阴盘也。《五代史志》：隋废后魏平凉郡入阴盘县。《地形志》，泾州有平凉郡，治阴盘县。一《志》之间，两阴盘并载而不觉其误，以是见史学之难精也。刘昫曰：唐泾州良原县，隋阴盘县，是即汉安定之阴盘县。宋白曰：京兆昭应县东十三里，有汉新丰县故城，亦谓之阴盘城。后汉灵帝末，移安定阴盘县寄理于此，是即京兆之阴盘也。

《马注》：钱大昕曰：即汉之阴槃也，两汉皆属安定。与龙曰：三国魏县。《地形志》：京兆郡阴槃，晋属。顾祖禹云：故城今临潼县东。

【编者按】阴槃县故城，在今陕西西安市临潼区东北。《中国文物地图集·陕西分册》认为秦骊邑即汉新丰县故城，在今陕西西安市临潼区东北新丰镇沙河村南侧。

郑周宣王弟郑桓公邑。

【斠注】两汉旧县。《宋志》曰：侨立，亦属京兆。《通鉴地理通释》引《括地志》曰：郑故城在华州郑县西北三里。《新斠注地理志》同。《汉书地理志补注》曰《史记·索隐》引《世本》云：郑桓公居棫林，徙拾。宋忠注：棫林与拾皆旧地名，自封桓公，乃名为郑耳。《读史方舆纪要》五十四曰：郑城在华州北。《诗谱》：周宣王封母弟友于宗周畿内咸林之地。《世本》作棫林，咸、棫字形相近而误。《东晋疆域志》曰：郑，东晋属华山郡。

【集释】《马注》：与龙曰：三国魏县。《地形志》：华州华山郡郑，晋属京兆。有郑城。《一统志》：今华州北。

【编者按】郑县故城，即今陕西渭南市华州区治。

冯翊郡汉置，名左冯翊。

【集释】程廷祚《证今》曰："今陕西西安府同州。"

《马注》：与龙曰：三国魏县，曰冯（翌）[翊]。《地形志》：雍州冯（翌）[翊]郡。

统县八，

【集释】方恺《新校》：方恺曰：《续汉志》冯翊云阳下刘昭注有荆山，引《帝王世纪》曰：荆山在冯翊怀德之南。《帝王世纪》皇甫谧著，是其时当有怀德，《志》缺。

《马注》：王先谦曰：怀德，《寰宇记》谓故城在富平县西南，汉末及三国时因汉旧名立县于此，未言属何郡？吴增仅云：旋立旋省也。与龙曰：《地形志》言云阳，晋罢。此《志》遂略而不载。《帝王世纪》所云冯（翌）[翊]怀德，盖依《汉志》言之耳。

户七千七百。

【斠注】《汉志》曰：冯翊，高帝、元帝属塞国，二年更名河上郡，九年罢，复为内史。武帝建元六年，分为左内史，太初元年更名。《晋地理志新补正》曰：按冯翊郡有云阳县。《元和志》：魏司马宣王抚慰关中，于云阳置抚夷护军。刘、石、苻、姚因之。《地形志》又云：晋罢，后复。

【编者按】冯翊郡治临晋县，在今陕西大荔县。

临晋 故大荔，秦获之，更名。有河水祠，祠临晋水，故名。

【斠注】两汉属左冯翊。《史记·秦本纪》：厉共公六年，伐大荔，取其王城。徐广云：今临晋。《史记·匈奴传·正义》：《括地志》曰：同州冯翊县乃朝邑县，本汉临晋县地，古大荔戎国，今朝邑县东三十步故王城即大荔王城。《元和郡县图志》二曰：旧说秦筑高垒以临晋国，故曰临晋。晋武帝改为大荔县。《读史方舆纪要》三曰：临晋，今西安府同州朝邑县西南二里故城是。《汉书补注》曰：河水祠。《郊祀志》：宣帝置。《括地志》：大河祠在朝邑县南三十里。《斠注》案：本《志》仍汉之旧尚作临晋。《元和志》谓：晋武改大荔或在太康三年以后。

【集释】何超《音义》：大荔，力计反。

程廷祚《证今》曰："在今州城南。"

《马注》：毕沅曰：《元和志》：晋武帝改临晋为大荔。与龙曰：按《左传·桓三年》杜注：冯翊临晋县。是晋初为临晋县。《元和志》之说未审也。三国魏县。有香城。《通鉴》：晋义熙十三年，刘裕伐秦，王镇恶帅水军自河入渭，趋长安。秦将姚难自香城引兵而西。胡注：香城在渭水之北，蒲津之口。《魏书·安定王燮传》：世（祖）[宗]（编者校：中华书局点校本《魏书》"祖"为"宗"。）初，除华州刺史。《表》曰：州治李润堡，居冈饮涧，井谷秽杂。未若冯翊，面华渭，包原（隰）[泽]（编者校：中华书局点校本《魏书》"隰"为"泽"。），井浅池平，樵牧饶广。遂诏听移。按后魏移华阴县于此。《隋书·地理志》：冯翊，后魏曰华阴，西魏改武乡，置武乡郡。《一统志》：故城今同州府治。

【编者按】临晋县故城，即今陕西大荔县治。

下邽 秦武公邽戎，置有上邽，故加"下"。

【斠注】《新斠注地理志》二曰：下邽在今西安府渭南县北。《四夷县道记》：故城在今县东南二十五里。考今渭南县北五十里有下邽镇，即《县道记》所称之县，非汉县也。《水经注》：渭水迳下邽县故城南，与竹水合。是县在渭、竹二水之间矣。应劭曰：秦武公伐邽戎，置有上邽，故称下。苏林音邽为圭。余按：武公伐邽戎，不闻迁其人于此，因邽戎而置县未免辽远不关。《封禅书》：栎阳雨金，秦献公自以为得金瑞，故作畦畤栎阳而祀白帝。疑畦字从圭，而邽字亦从圭，此下邽之邽当为畦畤之畦也。段氏玉裁曰：陇西有上邽故曰下邽，地势有高下也。邽古畦切。《读史方舆纪要》五十三曰：下邽城在渭南县北五十里。

【集释】何超《音义》：下邽，音圭。《通鉴》胡注：下邽县，前汉属京兆；后汉省，并入郑县；桓帝复置；晋属冯翊郡。应劭曰：有上邽，故称下，秦武公伐邽戎置。宋白曰：《四夷县道记》：下邽县东南二十五里有下邽故城，在渭水北。师古曰：邽音圭。

《马注》：与龙曰：本应劭说，见《汉志》注。三国魏县，属京兆。有渭南故县。《十六国春秋》：苻坚甘露二年，置渭南县。《地形志》：冯翊郡莲勺。有下邽城。《一统志》：渭南故县，今西安府渭南县东南。下邽故城，今渭南县东北。

【编者按】下邽县故城，在今陕西渭南市临渭区东北故市镇南四里故县村，今渭河北岸。

重泉

【斠注】两汉属左冯翊。《汉书补注》曰：秦邑，简公城之，见《秦纪》。庄熊罴请穿洛，溉重泉，见《河渠书》。《史记·河渠书·正义》：《括地志》曰：重泉故城在同州蒲城县东南四十五里。《新斠注地理志》二曰：《三秦记》：故城在冯翊西北三十里。

【集释】《马注》：与龙曰：三国魏县。《地形志》：华州华山郡华阴。有重泉城。《一统志》：故城今同州府蒲城县东南五十里。

【编者按】重泉县故城，在今陕西蒲城县东南五十里重泉村。《中国文物地图集·陕西分册》定秦至汉的重泉故城在今蒲城县钤铒乡北晋城村东一百米。

频阳秦厉公置，在频水之阳。

【斠注】两汉属左冯翊。《水经·沮水注》曰：故频阳宫也，秦厉公置。有汉武帝殿，以石架之。县在山南，故曰频阳。《史记·秦本纪·正义》：《括地志》曰：频阳故城在雍州同官县界，故频阳县城也。《元和郡县图志》二曰：美原县，秦汉频阳之地，以县西北十一里有频山，秦厉公于山南立县，故曰频阳。《寰宇记》三十一曰：频阳故城在美原县南三里。《读史方舆纪要》五十三曰：频阳城在富平县东北六十里。《新斠注地理志》二曰：应劭曰：县之左右无水，城北有频山，当在频水之阳也。六十里作五十里。

【集释】《通鉴》胡注：频阳县，属冯翊郡，秦厉公置。应劭曰，在频水之阳。杜佑曰，京兆同官县，汉祋祤县，晋为频阳县。

毕沅《新补正》：沅案：苻秦时置土门护军，又于祋祤故城北铜官川置铜官护军。

《马注》：与龙曰：三国魏县。《长安志》：苻秦时置土门护军于此。《地形志》：冯翊郡频阳，晋属。《一统志》：今西安府富平县东北五十里。

【编者按】频阳县故城，在今陕西富平县东北美原镇西南五里古城村。

粟邑

【斠注】两汉属左冯翊。《元和郡县

图志》二曰：粟邑故城在白水县理西北二十八里。《新斠注地理志》二作在今白水县西北三十里。

【集释】《马注》：与龙曰：三国魏县。有马兰山。《通志》：晋元康六年，马兰羌、卢水胡反攻，杀北地太守张损，都尉张光以百余人戍马兰山，力战得免。《地形志》：华州白水郡白水。有粟邑城。《一统志》：马兰山，今白水县西北六十里。粟邑故城，今同州府白水县西北八十里。

【编者按】粟邑县故城，在今陕西白水县西北。

莲芍

【斠注】两汉属左冯翊。如淳曰：音辇酌。《水经·沮水注》曰：沮水自频阳来，又东经莲芍县故城北。《十三州志》曰：县以草受名也。《两汉志》作莲勺。《元和郡县图志》二曰：汉莲勺县故城在下邽县东二十二里。《读史方舆纪要》五十三曰：莲勺城在渭南县北七十里。

【集释】何超《音义》：莲勺，上力善反，下音酌。中华书局点校本《晋书》中华校云：莲勺　正文"勺"作"芍"。

《马注》：与龙曰：三国魏县。《寰宇记》引《地道记》：县属冯翊。《地形志》：冯翊郡莲（勺）［芍］（编者校：中华书局点校本《魏书》"勺"为"芍"。），晋属。《一统志》：故城今西安府渭南县东北七十里。

【编者按】莲芍县故城，在今陕西渭南市临渭区东北。

郃阳

【斠注】两汉属左冯翊。《魏地形志》曰：晋属冯翊，后罢。《史记·高祖本纪·正义》：《括地志》曰：郃阳县故城在同州河西县三里。魏文侯十七年，攻秦至郑而还，筑在郃水之阳也。《寰宇记》二十九作在今夏阳县南三里故城是也。《新斠注地理志》二曰：在今郃阳县东四十里。

【集释】程廷祚《证今》曰："今县。"

《马注》：与龙曰：三国魏县。《左传·文二年》杜注：冯翊郃阳县。有姚武壁。《寰宇记》：苻坚二十一年，姚苌奔渭北，西州豪族推为盟主，僭号于此，以武功立，因名。《一统志》：故城今同州府郃阳县东南。

【编者按】郃阳县故城，在今陕西合阳县东南夏阳南三里。

夏阳 故少梁，秦惠文王更名。梁山在西北。

【斠注】《史记·秦本纪》：惠文君十一年，更名少梁曰夏阳。两汉属左冯翊。《史记·秦本纪·正义》：《括地志》曰：同州韩城县南二十二里少梁故城，古少梁国。《都城记》曰：梁，伯国，嬴姓之祖，与秦同祖。秦穆公二十二年灭之。《东晋疆域志》曰：夏阳，东晋属华山郡。

【集释】程廷祚《证今》曰："在今郃阳县东四十里。"

《马注》：与龙曰：三国魏县。《左传·桓九年》杜注：冯翊夏阳县。《地形志》：华州华山郡夏阳，晋属冯翊。《一统志》：故城今韩城县南。

【编者按】夏阳县故城，在今陕西韩城市南十五里西少梁。

扶风（郡）[国]

【集释】程廷祚《证今》曰："今陕西凤翔府。"

方恺《新校》：方恺曰：又案《太康地志》既有秦国，应断于太康之末，此《志》有秦、宁二州，则应断于太康之初。今考扶风王骏以咸宁三年徙封，太康七年薨，子畅嗣，十年徙，始改国名秦，是此《志》既不从《太康地志》作秦国，亦应称扶风国，郡字误。

《马注》：与龙曰：《寰宇记》：晋太康八年改为秦国。按《左传》杜注于雍、美阳等县并云扶风，无称秦国者。《州郡志》：郿、陈仓等县并云《晋太康地志》属秦国，无称属扶风者。《寰宇记》引《地道记》亦云汧县属秦国。又《州郡志》池阳令下云《太康地志》属京兆。宋敏求《长安志》引《太康地记》则云扶风池阳县。诸说岐异。今考《州郡志》会稽太守始宁令下称《太康三年地志》，他处则概称《太康地志》废。《太康三年地志》止于太康三年，而太康末别有地志。《州郡志》盖两引之也。杜预注《左传》在太康中年，以《太康三年地志》为本，故称扶风。《州郡志》据《太康地志》，故称秦国，则《寰宇记》谓太康八年改为秦国者应为不谬。池阳之改属京兆当即在此时，而《长安志》所引或为《太康三年地志》，故仍属扶风耳。至本州篇末又云：惠帝改扶风国为秦国，与《太康地志》异，知其误矣。

胡运宏、胡阿祥《中华本〈晋书·地理志〉考异》："雍州扶风郡当为扶风国。按：据《晋书·武帝纪》，泰始元年，封司马亮为扶风王；咸宁三年，改封亮为汝南王，汝阴王骏为扶风王；太康七年，扶风王骏薨；太康十年，徙扶风王畅（骏之子）为顺阳王。可知，从泰始元年（265年）至太康十年（289年），扶风均为王国，《晋志》断于太康时期，因此扶风当为国，不当为郡。"

【编者按】扶风郡应为扶风国。谭其骧《中国历史地图集》太康二年西晋图定为扶风国。

汉武帝以为主爵都尉，太初中更名右扶风。

【集释】《马注》：与龙曰：三国魏郡，曰扶风。《地形志》：雍州扶风郡。

统县六，户二万三千。

【斠注】《晋地理志新补正》曰：按《寰宇记》：晋太康八年改为秦国。《元和志》：扶风盩厔县，后汉省，晋武帝时复立。今考晋扶风无盩厔县，盖武帝后又废。《地形志》又云：盩厔、好畤皆晋废，后复。按：《秦献王柬传》以太康十年徙封于秦，似秦国非改于八年也。《寰宇记》：元康中复置好畤县。《索綝传》云为好畤令。盖好畤废于太康三年以前，故《志》不载。

【编者按】扶风国治郿县，在今陕西眉县东。

池阳 汉惠帝置。有嶻嶭山。

【斠注】属左冯翊。《宋志》曰：《晋太康地志》：属京兆侨立，亦属京兆。《斠注》案：本《志》属扶风，盖由京兆改隶。《新斠注地理志》曰：池阳，惠帝四年置，在今三原县东北《方舆纪要》五十三作西北。二十里。《后汉书》注：故城在泾阳县西北。《元和郡县志》在西北二里。应劭曰：在池水之阳。今其地无其水，巀嶭山在北，今呼之为嵯峨山，在今西安府泾阳县北五十里。《仓颉篇》：壑大阜在县北。壑与巀嶭字声相近，即此。《长安志》十九：《晋太康地记》曰：扶风池阳县有鬼谷先生所居。

【集释】何超《音义》：巀嶭，上昨结反，下五结反。

《通鉴》胡注：三原在汉冯翊池阳县界。宋白曰：苻坚于巀嶭北置三原护军，后周置三原县。

方恺《新校》：方恺曰：《州郡志》：池阳令，《晋太康地志》属京兆。本《志》属扶风，未详孰是。

《马注》：与龙曰：《郡国志》注引《地道记》曰：池阳有巀嶭山，在北。有鬼谷先生所居。按《史记》：鬼谷在颍川阳城，与《地记》不同。三国魏县，属冯翊。有石安原，在今泾阳县南。《前秦录》：皇始二年，苻健攻杜洪于宜秋，还登石安原，而叹曰："美哉，斯原！"有终焉之志。有咸阳故郡，今泾阳县治，苻坚甘露二年置。有泾阳故县，在今泾阳县东南。《长安志》：苻秦时移置于此。有三原故城，在今三原县东北。《元和志》：苻秦于巀嶭山置三原护军。《地形志》：咸阳郡池阳，晋属扶风。《一统志》：故城今西安府泾阳县西北。

【编者按】池阳县故城，在今陕西泾阳县西北。

鄜成国渠首受渭。

【斠注】两汉属右扶风。《水经·渭水注》曰：渭水又东，会成国故渠。渠，魏尚书左仆射卫臻征蜀所开也，号成国渠，引以浇田。《元和郡县图志》二曰：鄜本秦县。成国渠在县东北九里。《水经注释》十九曰：一清案：《汉志》鄜县成国渠，北至上林入蒙（茏）[笼]渠。盖西京已有是渠，卫公振更修治之。《新斠注地理志》二曰：鄜在今凤翔府鄜县东北十五里。《后汉书》注：今鄜县。《元和志》：故城在今县东十五里。成国渠在今鄜县东十里。如淳以为在陈仓，非也。《寰宇记》二十七《地道记》曰：省漦以并鄜。盖取漦之南境、渭之南以并鄜，非省县也。案：本《志》无漦县，则县亦省也。又二十三《地道记》曰：郁夷省并鄜。盖因王莽之乱，郁夷之人寄理鄜界，因并于鄜。《晋地理志新补正》曰：《寰宇记》：郁夷省并鄜县，晋太康中于此置陇关县。《斠注》案：《宋州郡志》：《晋太康地记》曰，鄜县属秦国。今本《志》尚属扶风郡，盖据太康三年以前地志。考《秦献王柬传》，以十年徙封于秦，故鄜改属秦国，然则此地记亦不以三年为断限也。

【集释】毕沅《新补正》：沅案：《太平寰宇记》：晋元康中，复置好畤县。

方恺《新校》：方恺曰：《州郡志》：鄜县令，《晋太康地志》属秦国。案：本书《武帝纪》，秦王柬以太康十年徙封，本《志》后篇以为惠帝更扶风为秦国，未详何据。

《马注》：与龙曰：三国魏县。《州郡志》：扶风太守鄜县，《晋太康地志》

属秦国。按：说见郡下。有陇关故城，在陇州西五十里。晋太康中曾于此置陇关县。按：县寻废，故《志》不载。《地形志》：岐州武都郡平阳，有郿坞。《一统志》：故城今凤翔府郿县东北。

【编者按】郿县故城，在今陕西眉县东十五里、渭水北岸。

雍侯相。有五畤、太昊、黄帝以下祠三百三所。

【斠注】两汉属右扶风。《水经·渭水注》：《晋太康地记》曰：雍县，虢叔之国。又《地道记》曰：雍县，秦德公所居，西虢地也。《新斠注地理志》二曰：雍，今凤翔府城。《括地志》：故城在雍县南七里。《读史方舆纪要》五十五曰：雍城在凤翔府城南。《水经·渭水注》曰：雍有五畤祠，以上祠祀五帝。昔秦文公田于汧、渭之间，梦黄蛇自天下属地，其口止于鄜衍，以为上帝之神，于是作鄜畤，祀白帝焉。秦宣公作密畤于渭南，祀青帝焉。灵公又于吴阳作上畤，祀黄帝；作下畤，祀炎帝焉。献公作畦畤于栎阳而祀白帝。汉高帝问曰：天有五帝，今四，何也？博士莫知其故。帝曰：我知之矣，待我而五。遂立北畤，祀黑帝焉。《水经注释》曰：一清案：此注有讹误。《地理志》云，雍有五畤，太昊、黄帝以下祠三百三所。《郊祀志》云，秦襄公攻戎救周，列为诸侯而居西，自以为［主］（编者校：此处脱"主"字）少昊之神，作西畤，祀白帝。文公东猎汧、渭之间，梦黄蛇自天下属地，其口止于鄜衍。于是作鄜畤，用三牲郊祭白帝焉。自未作鄜畤，雍旁故有吴阳武畤，雍东有好畤，皆废而无祀。德公卜居雍，雍之诸祠自此兴。后宣公作密畤于渭南，祭青帝，灵公于吴阳作上畤，祭黄帝；作下畤，祭炎帝。献公作畦畤栎阳而祀白帝。高祖立黑帝祠，名曰北畤。除武畤、好畤非秦所立，襄公居西垂，宫在陇西，则西畤非雍可知。文公鄜畤在鄜县，献公畦畤在栎阳，是又不在雍也。雍之五畤，《封禅书》云，惟雍四畤上帝为尊。《索隐》曰，雍有五畤，而言四者，顾氏以为兼下文"上帝"为五，非也。西畤、鄜畤皆非雍，密畤并上畤、下畤、畦畤是为四，并高祖增黑帝而五也。小司马以畦畤当雍四畤之一，而《寰宇记》凤翔府天兴县有三畤原，引《封禅书》鄜畤、密畤、吴（畤）［阳］（编者校："畤"应为"阳"。）上畤，而云三畤在此（编者校：陈桥驿复校本《水经注疏》"此"为"北"。）原，亦谓之周原。则反遗却雍之下畤矣。章怀《后汉书·冯衍传》注不列指四畤之目，其义终莫能明。顾祖禹以为五畤者，鄜、密、吴阳上、下、北，亦非也。又按：三畤，秦畤也，五畤，汉畤也，此三五之名所由分。《汉书补注》曰：《郊祀志》雍有百有余庙。又云旧祠二百三所。此三百疑二百之误。

【集释】《通鉴》胡注：《新唐书·地理志》：京兆醴泉县有武将山。《水经注》：扶风杜阳县有五将山。又按唐杜佑，凤翔府岐山县有五将山。

程廷祚《证今》曰："今府治。"

《马注》：与龙曰：说见《汉书·地理志》。三国魏县。《左传·隐六年》杜注：扶风雍县。有五将山，在今岐山县东北。《通鉴》：太元十年，慕容冲攻长安，苻坚奔五将山。《地形志》：岐州平秦郡雍，晋属右扶风。《一统志》：故城今凤翔府凤翔县南。

【编者按】雍县故城，在今陕西凤翔县南古城。《中国文物地图集·陕西分册》根据考古报告，将春秋至战国中期秦国都城雍城遗址范围定在今陕西省凤翔县纸坊、石家营、城关、南指挥、长青乡（镇）这个区域内。

汧吴山在西，古文以为汧山。

【斠注】两汉属右扶风。《元和郡县图志》二曰：汧源县本汉汧县，岍山在县西六十里，北与陇山接。《禹贡》"导汧及岐"是也。又吴山县下云：吴山在县西南五十里。《晋地理志新补正》曰：按《寰宇记》：汧县，永嘉后废。《新斠注地理志》二曰：汧在今陇州东南五里。《史记正义》：陇州汧源县，汉汧县地。《通典》：汉汧县在今汧原县南。《元和郡县图志》：县在汧水之北。《史记·夏本纪·正义》：《括地志》曰：汧山在陇州汧源县六十里。其山东临岐、岍，西接陇冈，汧水出焉。《水经注刊误》曰：《汉志》扶风汧县有"吴山在西，古文以为汧山。"《周礼》：雍州之镇曰岳山。郑云，吴岳也。按《经典释文》：《尚书音义》曰：汧音牵，又作汧山。马本作开。《释名》曰：吴山谓之开山。盖刘熙，郑康成弟子，而康成，马融弟子也，故同马本作开山。《汉书补注》：段玉裁曰：凡云古文以为者，古者五经皆谓之古文，此古文即谓《禹贡》。不言《禹贡》汧山在西，而云吴山，古文以为汧山者，今曰吴山古曰汧山，以今缀古，兼载之。陈奂曰：吴

山，《禹贡正义》引作吴岳，周人以汧为雍州镇，尊之曰岳。《斠注》案：本《志》以吴山即汧山，而《元和志》分为二山，属于两县，盖与《唐六典》同。《新斠注地理志》引阎若璩曰：岍山在陇州西四十里。《唐六典》陇右道名山曰秦岭者，是吴岳山，在陇州南八十里。《唐六典》关内道名山曰吴山者，实非一山。《寰宇记》三十二曰：《晋太康地记》曰：汧县有蒲谷乡，弦中谷乃雍州之蒲也。又《地道记》曰：汧县属秦国，汉故城在今县南，汉置陇关，西当戎翟，今名大震关，在今县西。《斠注》案：汧县盖与郿及陈仓同于太康十年改属秦国，本《志》尚沿《三年地志》也。

【集释】《马注》：与龙曰：说见《汉书·地理志》。三国魏县。有方山原，在今陇州西南。《姚兴载记》：隆安初，武都氐屠飞、啖铁等叛。杀秦陇东太守姚回，屯据方山以叛。有长蛇戍，在今陇州东南。《后秦录》：永和元年，杨盛兄子倦寇长蛇，姚泓使姚光讨倦于陈仓，倦奔散关。《水经注》谓之长蛇戍。有隃糜故城，在今汧阳县东。阚泽《县道记》：隃糜县，晋省，并汧县。《前秦录》：苻坚建元四年，苻双、苻武以上邽安定叛，乘胜至榆眉。《通鉴》：永嘉六年，赤亭羌姚弋仲东徙榆眉。胡注：榆眉即汉隃糜县。《一统志》：故城今陇州南。

【编者按】汧县故城，在今陕西陇县南三里、汧水南岸。

陈仓

【斠注】两汉属右扶风。《史记·秦

本纪·正义》:《括地志》:《晋太康地志》云,秦文公时,陈仓人猎得兽若彘,不知名,牵以献之,逢二童子,童子曰:此名为媦,常在地中食死人脑。即欲杀之,拍捶其首,媦亦语曰:二童子名陈宝,得雄者王,得雌者霸。陈仓人乃逐,二童子化为雌雉,上陈仓北坂为石。秦祠之。《寰宇记》三十曰:陈仓在宝鸡县东二十里。《读史方舆纪要》五十五作陈仓城在宝鸡县东北二十里。《晋地理志新补正》曰:按《寰宇记》,县晋末废,姚秦时于县界置苑川县。《斠注》案:《宋州郡志》:《晋太康地记》曰,陈仓县属秦国。盖于郿县同时移属,故本《志》尚属扶风也。

【集释】《马注》:与龙曰:三国魏县。《史记·秦本纪》:得陈宝。《索隐》臣瓒云:陈仓县有宝夫人祠,岁与叶君神会也。《寰宇记》引《周地图记》:后魏大统十六年,省苑川,复为陈仓县。《一统志》:故城今宝鸡县东二十里。

【编者按】陈仓县故城,在今陕西宝鸡市东。《中国文物地图集·陕西分册》定秦至西晋陈仓县故城在今陕西宝鸡市金台区陈仓乡代家湾村西北、渭河北岸。

美阳岐山在西北,周太王所邑。

【斠注】两汉属右扶风。《汉志》注曰:"《禹贡》岐山在西北。中水乡,周太王所邑。"《史记·周本纪·正义》:《括地志》曰:故周城,一名美阳城,在雍州武功县西北二十五里,即太王城也。《新斠注地理志》二曰:美阳在今凤翔府扶风县北二十五里,地名崇正镇。《后汉书》注:故城在武功县北七里,岐山在今凤翔府岐山县东北五十里。《括地志》:岐山在岐山县东北十里。《说文解字》作郂或为岐。薛综曰:山有两岐,因以名。《元和郡县图志》二曰:岐山亦名天柱山。《汉书补注》:段玉裁曰:此谓雍州"荆岐既旅,道沔及岐"之岐。周太王、文王因岐山为郂邑。《汉书》言山之字作岐,言地之字作郂。

【集释】《通鉴》胡注:《水经注》:扶风美阳县有中亭水,亦谓之中亭川,在美阳县西。

程廷祚《证今》曰:"在今扶风县西北。"

毕沅《新补正》:沅案:《太平寰宇记》称《郡国县道记》曰:杜阳县,晋省。又云隃糜县,晋省。

《马注》:与龙曰:三国魏县。《左传·昭四年》杜注:扶风美阳县。《地形志》扶风郡领美阳。又岐州武功郡美阳,晋属扶风。《寰宇记》:后魏太和十一年,移废县于古漦城中,后改武功为美阳县。钱坫云:今武功县西北七里美阳城,乃后魏徙置也,汉县在今扶风县北二十五里崇正镇。

【编者按】美阳县故城,在今陕西扶风县北法门镇美阳村。《中国历史地图集》定点在今陕西武功县西北武功镇西七里。《中国文物地图集·陕西分册》定战国至北周美阳县故城在今陕西扶风县北法门镇法门寺村美阳村东侧。史为乐主编《中国历史地名大辞典》定战国至晋的美阳县治所在今陕西扶风县北二十里法门镇。

安定郡汉置。

【集释】程廷祚《证今》曰："今陕西平凉府。"

《马注》：与龙曰：三国魏郡。《地形志》：属泾州。

统县七，户五千五百。

【斠注】《汉志》下曰：安定郡，武帝元鼎三年置。《汉书补注》：全祖望曰：分陇西置。《廿二史考异》曰：盖析北地置。《晋地理志新补正》曰：安定郡又有安定、泾阳、抚夷、祖居、爰得、三水、高平七县。《地形志》：后汉（置）[晋]（编者校：中华书局点校本《魏书·地形志》安定县下云：前汉属，后汉、晋罢，后复。）罢，后复。

【集释】毕沅《新补正》：沅案：《晋太康地记》：安定郡领临泾、朝那、乌氏、鹑觚、阴密、西川六县。无都卢县，与此异。

【编者按】安定郡治临泾县，在今甘肃镇原县东南。

临泾

【斠注】两汉旧县。《读史方舆纪要》三曰：临泾，今平凉府镇原县东六十里有故城。

【集释】《马注》：与龙曰：三国魏县。《宋书·符瑞志》：晋太康四年，白鸠见安定临泾。《寰宇记》引《太康地记》：安定郡领临泾县。有义渠故城，在今庆阳府宁州西北。《后赵录》：石勒太和二年，刘引攻长安，石虎驰救，大破引于义渠。有孙丘谷，在今镇原县东南。《通鉴》：太元十一年，苻丕平凉太守金熙与姚苌将姚方（城）[成]（编者校：中华书局点校本《资治通鉴》"城"为"成"。）战于孙丘谷，败之。《地形志》：泾州安定郡临泾，晋属。又泾州治临泾城。《一统志》：故城今泾州镇原县西二里。

【编者按】临泾县故城，在今甘肃镇原县东南五十里屯字镇。

朝那

【斠注】两汉旧县。应劭曰：《史记》故戎那邑也。《元和郡县图志》三曰：百泉县，本汉朝那县地，故城在今县理西四十五里。《读史方舆纪要》五十八曰：朝那故城在平凉府东南。

【集释】程廷祚《证今》曰："在今府治东南。"

《马注》：与龙曰：三国魏县。《左传·襄十四年》杜注：安定朝那县。《寰宇记》引《太康地志》：安定郡领朝那县。有马毛山，在今平凉县西。《通鉴》：太元十九年，姚兴遣尹纬将兵与秦主登战，秦兵大败，登奔平凉，入马毛山。胡注：赫连定之败魏，亦据马髦山以禽奚斤，盖平凉之险要处也。有苟头原，在今平原县东。《通鉴》：太元十四年，苻登攻姚苌将吴忠于平凉，克之，进据苟头原以逼安定。有我罗城。义熙五年，赫连勃勃攻姚兴，敕奇堡、黄石固、我罗城皆拔之。李兆洛云：敕奇堡，今平凉县北；黄石固，今平凉县北十里；我罗城在黄石固东。《地形志》：安定郡朝那，晋属。《一统志》：后魏徙治于今灵台县西北九十里。汉县故城今平凉县西北。

【编者按】朝那县故城，在今宁夏彭阳县西三十四里古城镇。《中国文物地图集·宁夏回族自治区分册》据考古资料定汉朝那县故城在今宁夏彭阳县古城镇。

乌氏

【斠注】两汉旧县。《续汉志》作乌枝。《史记·匈奴列传·正义》：《括地志》曰：乌氏故城在泾州安定县东三十里，周之故地。后入戎，秦惠王取之，置乌氏县也。又《郦商传·索隐》本作焉氏。《新斠注地理志》十二曰：在今平凉府华亭县西北。《续汉书》注：《地道记》曰：乌枝有乌水出薄落谷。

【集释】方恺《新校》：方恺曰：乌氏本作乌氏，误。《地理志》注：师古曰：氏，音支。本书《张轨传》：轨，安定乌氏人是也。

《马注》：与龙曰：《汉志》作乌（氏）［氐］（编者校：中华书局点校本《汉书》"氏"为"氐"）。师古读（氏）［氐］为枝。三国魏县。《寰宇记》引《太康地记》：安定郡领乌氏县。《淮南子》：泾出薄洛之山。高诱注：一名幵头山。《广雅》：薄落谓之幵头。曹宪音牵。按又名牵屯。《西秦录》：乞伏结权自高平迁于牵屯。按在今平凉县西。有都卢山。《元和志》云：一名可蓝山。《汉志》：乌（氏）［氐］县，都卢山在西。《夏录》：赫连定胜（元）［光］（编者校："元"应为"光"。）二年，畋于阴盘，登苛（编者校："苛"疑为"可"。）蓝山。《寰宇记》：可蓝山与（笄）［幵］头山相连，亦泾水源。按在今平凉县西南。有瓦亭关，在今固原州南。《苻登载记》：登次于瓦亭，据胡空堡与姚苌相持。李贤《后汉书注》：乌支县有瓦亭故关。有泾阳故城，在今平凉县西四十里。《惠帝纪》：元康六年，氐、羌叛，氐帅齐万年称帝，围泾阳。有土楼城，在今固原州北。《河水注》：高平川水迳东西二土楼故城门北。《通鉴》：太元十六年，乞伏乾归没弈干，没弈干奔他楼城。按即土楼也。《地形志》：安定郡乌（氏）［氐］，晋属。《一统志》：县后魏徙，废。故城今平凉县西南。

【编者按】乌氏县故城，在今宁夏固原市东南与今甘肃平凉市崆峒区交界处。都卢山即可蓝山，在今宁夏固原市东南蒿店乡附近，而《汉志》"乌氏县，都卢山在西"，所以乌氏县应在都卢山以东，即大约在甘肃平凉市境崆峒区内。所以谭其骧主编《中国历史地图集》将定点定在今甘肃平凉市崆峒区境内。

都卢

【斠注】《斠注》案：《寰宇记》三十二引《晋太康地记》安定郡领六县，无都卢，疑是太康三年以后所置。

【集释】《马注》：与龙曰：三国魏无。李善《文选注》曰：都卢国，其人善缘高。按：晋以此名县，岂尝置其国人于斯地欤？李兆洛云：故县当在今甘肃境。

【编者按】都卢县故城，在今宁夏固原市南。史为乐主编《中国历史地名大辞典》定西晋都卢县在今宁夏隆德县东北。此两说所指位置大约在今宁夏固原市南的六盘山以东附近区域。

鹑觚

【斠注】《汉志》作鹑孤，属北地郡。后汉作鹑觚，属安定郡。《魏地形志》作鹑鵤［觚］（编者校：中华书局点校本《魏书》及其中华校定"鹑"为"觚"。详见其考。)。《路史·国名纪》引《括地志》曰：鹑觚，密氏，姞姓。今阴密城，在泾州之安定郡。《寰宇记》三十四曰：废鹑觚县在宜禄县西四十里。《读史方舆纪要》五十八曰：鹑觚，今灵台县治。

【集释】《马注》：与龙曰：三国魏县，属新平。《地形志》：泾州赵平郡鹑觚，晋属安定。有鹑觚原。《一统志》：故城今平凉府灵台县东北、泾川县南一带。后魏县即今灵台县治。

【编者按】鹑觚县故城，在今甘肃灵台县东北泾川县南一带。谭其骧主编《中国历史地图集》西晋太康二年图定点在今甘肃灵台县东北，但已经进入甘肃泾川县界，在黑河北岸，故城是在今甘肃泾川县境内。

阴密殷时密国。

【斠注】汉旧县。《续汉志》有阴盘县。注云：旧有阴密县，未详所并。《史记·周本纪·正义》：《括地志》曰：阴密故城在泾州鹑觚县西，其东接县城，即古密国也。《读史方舆纪要》五十八曰：阴密城在灵台县西五十里。《新斠注地理志》十二曰：应劭曰：密须，姞姓之国。杜预同。考密有二，一姬姓，河南郡密县也；一姞姓，此是也。《国语》云：密须之亡由伯姞。韦昭注《世本》云：密须，姞姓。

【集释】《通鉴》胡注：阴密，古密人之国，《诗》所谓"密人不恭，敢拒大邦"者也。自汉以来为县，属安定郡。

程廷祚《证今》曰："今灵台县。"

《马注》：与龙曰：说见《汉书·地理志》。前汉县，三国魏复置。《左传·昭十五年》杜注：安定阴密县。《地形志》属泾州平凉郡。《一统志》：故城今泾州灵台县西五十里。

【编者按】阴密县故城，在今甘肃灵台县西南百里村。《中国文物地图集·甘肃分册》据考古资料定密须国都城在今甘肃灵台县百里城乡百里城址。

西川

【斠注】《廿二史考异》十九曰：两汉无此县。

【集释】《马注》：与龙曰：三国魏县。《元和志》：曹魏改三水县为西川县。有都尉。《傅玄传》：泰始四年，玄《疏》言："宜更置一郡于高平川，因安定西（川）〔州〕（编者校：中华书局点校本《晋书》此处"川"为"州"。）都尉募民充之，以通北道。《一统志》：故城今平凉府固原州境。"

【编者按】西川县故城，在今陕西旬邑县西北。

北地郡秦置。

【集释】《马注》：与龙曰：三国魏郡。顾野王《舆地志》云：汉末，北地但有富平、泥阳二县。魏晋亦然。按《后汉书·顺帝纪》：永和六年，徙北地，居冯翊。《地形志》：北地郡，魏文帝分冯翊之裦祠置。盖后魏既徙郡寓冯翊，魏文又复分置。《宋书·傅弘之传》云：北地，汉末失土，寄寓冯翊，置泥阳、富平二县。《舆地志》说盖本于此，本《志》亦因之，然晋初实复有秦郡故地，说详见各县下。《舆地志》所云晋亦然者未足据也。

统县二，

【集释】方恺《新校》：方恺曰：《郡国志》北地郡有弋居县。《地形志》云：弋居，晋罢，后复。本书《索靖传》：子綝以首迎大驾功封弋居伯。是西晋此县仍在，本《志》前后篇俱不载，疑缺。又本书《傅玄传》弟祇封灵川县公。考晋无灵川县，惟《郡国志》北地郡有灵川县，祇又为北地人，则灵川之误无疑矣。此郡下亦不载，未详。（编者校："灵川"应为"灵州"。下同。）

《马注》：与龙曰：《北山经》：高是之山。郭璞注：今在北地灵丘县。按灵丘，《汉地理志》属代郡。《水经》云：滱水出代郡灵丘县高氏山是也。以属北地，疑遗。今补录弋居、灵州、灵武三县，为统县五。

户二千六百。

【斠注】《汉书补注》：全祖望曰：故秦郡，楚、汉之际属雍国。高帝二年属汉。《元和郡县图志》二曰：华原县本汉祋祤县地，魏、晋皆于其地置北地郡。《晋地理志新补正》曰：按汉北地郡有弋居县。《地形志》云：晋罢，后复。《斠注》案：《宋书·傅（宏）[弘]（编者校："宏"应为"弘"。）之传》云：晋武帝太康三年，复立灵州县。本《志》统县内不载灵州，盖据三年以前地志也。

【编者按】北地郡治故城，今地无考。1982年版《中国历史地图集》西晋太康二年图将北地郡治定在今陕西铜川市耀州区，未详所据。三国魏时割冯翊郡之祋祤县为实土，建北地郡，祋祤县在今陕西铜川市耀州区东。史为乐主编《中国历史地名大辞典》认为北魏时，北地郡移治泥阳县，在今陕西富平县西北。

泥阳

【斠注】两汉旧县。应劭曰：泥水出郁郅县北蛮中。《元和郡县图志》二曰：泥阳故县在华原县东南十七里。《读史方舆纪要》五十七曰：泥阳城在宁州东南五十里。《续汉志》注：《地道记》曰：泥水出郁郅北蛮中。

【集释】《马注》：与龙曰：三国魏县。《南史·傅弘之传》：北地，汉末寄冯翊，置泥阳县。与龙按：《汉书·地理志》：北地郡泥阳。注：应劭曰：泥水出郁郅北蛮中。《郡国志》：泥阳。刘昭《注》引《地道记》曰：泥水出郁郅北蛮中。是晋初泥阳县即汉县旧地之证。《地形志》：北地郡泥阳，晋属。按北魏县故城，今西安府耀州东南。汉县故城，今甘肃庆阳府宁州东南。

【编者按】泥阳县故城，在今陕西铜川市耀州区东南。

富平

【斠注】两汉旧县。《寰宇记》三十三曰：晋移富平县于怀德城。又曰：富平故城在乐蟠县西八十里。《新斠注地理志》十二曰：在今宁夏府灵州西南。《后汉书》注、《元和志》并云故城在回乐县西南。

【集释】《通鉴》胡注：富平县，属北地郡。河滨，大河之滨也。《水经》：河水过富平县西。唐胜州河滨县，隋榆林县地。杜佑曰：富平，本汉旧县，后汉移富平于今彭原郡界，富平故城是也。按：灵州乃汉富平县地，今京兆富平县西南有汉怀德县地。

毕沅《新补正》：沅案：《长安志》：晋徙县于今富平县西南十一里怀德城。

《马注》：与龙曰：三国魏县。《傅弘之传》：北地，汉末寄冯翊，置富平县。《宋书·符瑞志》：晋太康四年，白兔见北地富平。《寰宇记》：富平县，前汉理在今灵州回乐县界。后汉理在今宁州彭原县界。晋移于今县西南怀德城。后魏大统五年，自怀德城移于今耀州东南五十里。《地形志》：雍州北地郡富平。有北地城。又幽州西北地郡富平，晋属北地。与龙按：《寰宇记》所云晋移于今县西南怀德城者，疑非晋初之富平县也。《地形志》雍州北地郡富平云有北地城者即汉末徙寄冯翊之北地郡。幽州西北地郡富平云晋属北地，知晋初复立富平县于汉旧县地矣。当以《地形志》为得其实。《一统志》：怀德故城，今富平县西北十里。汉县故城，今宁夏府灵州西南。

【编者按】富平县故城，在今陕西富平县西南石川河北岸古城，此古城即古之怀德城。

[弋居]

【集释】《马注》：与龙曰：二汉县，三国魏无。方恺云：《地形志》弋居，晋罢，后复。本书《索靖传》：子綝以首迎大驾功封弋居伯。是西晋此县仍在。本《志》不载，疑缺。与龙按：《地形志》北地郡之云阳县、西北地郡之彭阳县、安武县并云晋罢，后复。复非在晋也，然据《索靖传》，晋初盖复立弋居县，晋乱后乃罢耳。今为补录。李兆洛云：汉县故城，当在今甘肃庆阳府境。

【编者按】《马注》在此处增补弋居县。弋居县故城，今地无考。

[灵州]

【集释】《马注》：与龙曰：二汉县，三国魏无。《宋书·傅弘之传》：弘之北地泥阳人。傅氏旧属灵州，汉末郡境为虏所侵失土，寄寓冯翊，置泥阳、富平二县。灵州废不立，故傅氏悉属泥阳。晋武帝太康三年，复立灵州县，傅氏还属灵州。弘之高祖，晋司徒祇，后封灵州公，不欲封本县，故祇一门还复泥阳。又傅隆、傅亮《传》并云：北地灵州人。按宋无北地郡灵州县，盖沿晋旧称之。据此则晋北地郡当有灵州县。此《志》失载。今据《宋书》补录。《地形志》：西北地郡富平。有灵州城。《一统志》：汉灵州故城，今宁夏府灵州境。

【编者按】《马注》在此处增补灵州县。谭其骧主编《中国历史地图集》太康二年西晋图称定点无考。灵州县故城，今地无考。

[灵武]

【集释】《马注》：与龙曰：三国魏无。《地形志》：咸阳郡灵武，前汉属北地，后汉罢，晋复。按晋复置灵武当即在太康中复立灵州县时也。此《志》失载，今据《地形志》补录。李兆洛云：北魏县当在今西安府境。汉县故城在今宁夏府宁朔县西北。

【编者按】《马注》在此处增补灵武县。灵武县故城，今地无考。

始平郡泰始二年置。

【中华校】始平郡泰始二年置

"二",各本作"三",今从宋本作"二",与《宋志》三合。

【集释】《通鉴》胡注:武帝泰始二年,分扶风,置始平郡,领槐里、始平、武功、鄠、蒯城等县。

程廷祚《证今》曰:"今陕西西安府地。"

《马注》:与龙曰:《地形志》:扶风郡,真君年中并始平郡属焉。

统县五,户一万八千。

【斠注】《宋志》作泰始二年分京兆、扶风立。《元和郡县图志》一曰:兴平县,本汉平陵县,魏文帝改为始平,晋武帝改置始平国,领槐里县。《晋地理志新补正》曰:按《寰宇记》又谓,魏黄初元年改为始平国,因原以为名。《斠注》案:上文雍州序云:统郡国七,而自京兆以下七郡均作郡不作国,以《元和志》《寰宇记》证之,知始平郡当作始平国,可以订《志》之误。

【编者按】谭其骧主编《中国历史地图集》太康二年西晋图即标为始平国。司马裕咸宁三年(277年)封始平王,当月死,司马迪嗣王。太康十年(289年)司马迪徙汉王,永康元年(300年)死。始平郡治槐里县,在今陕西兴平市东南。

槐里 秦曰废丘,汉高帝更名。有黄山宫。

【斠注】两汉属右扶风。周曰犬(邱)[丘],懿王都之,秦更名废(邱)[丘],高帝三年更名。汪远孙校本据《史记·高纪》:"二年更名",云"三"当为"二"。有黄山宫,孝惠二年建。《史记·外戚世家·正义》:《括地志》曰:犬(邱)[丘]故城在雍州始平县东南十里。《水经·渭水注》曰:世谓之大槐里,晋太康中始平郡治。又曰:渭水又东北迳黄山宫南,即《地理志》所谓县有黄山宫者也。《东方朔传》曰:武帝微行,西至黄山宫,故世谓之游城也。《寰宇记》二十七曰:犬丘城,魏黄初元年,于故城置扶风郡,至晋太始中郡徙郿,改此城为始平国。《读史方舆纪要》五十三曰:槐里城在兴平县东南十一里。《新斠注地理志》作十里。《新斠注地理志》二曰:今宫在兴平县西南三十里马嵬坡,土人往往于故址得宫瓦,有"黄山"二字。《元和志》:宫在兴平县西南三十里。

【集释】《通鉴》胡注:宋白曰:汉槐里县故城,在唐岐州兴平县东南七里。

《马注》:与龙曰:三国魏县,属扶风。《州郡志》顺阳太守下云:槐里,《晋太康地志》属始平。有马嵬城。《长安志》:姚苌时,扶风王骈以数千人保此。《寰宇记》:马嵬驿有端正树存焉。《地形志》:扶风郡槐里,晋属始平。《一统志》:马嵬城,今兴平县西二十五里。槐里故城,今西安府兴平县东南十里。

【编者按】槐里县故城,在今陕西兴平市东南。史为乐主编《中国历史地名大辞典》定在今陕西兴平市东南十里南佐村附近。

始平

【斠注】《宋志》曰:魏立。《晋地理志新补正》曰:按《寰宇记》:茂陵,晋并入始平县。

【集释】《马注》:与龙曰:三国魏

县，属扶风。《州郡志》秦州刺史始平太守下云：始平，《晋太康地志》有。《寰宇记》：魏改平陵县为始平。有茂陵城，汉县，晋并入始平，苻坚时移始平县于茂陵城。《地形志》：扶风郡始平，晋属始平。《一统志》：平陵故城，今咸阳县西北十五里。

【编者按】始平县故城，在今陕西咸阳市西北。史为乐主编《中国历史地名大辞典》定在今陕西咸阳市西北十八里。

武功

【集释】程廷祚《证今》曰："今县。"

《马注》：与龙曰：三国魏县，属扶风。《州郡志》始平太守下云：武功，《晋太康地志》属始平。《左传·昭四年》杜注：始平武功县。有中亭。《惠帝纪》：元康九年，孟观伐氐，战于中亭，获齐万年。《地形志》：扶风郡盩厔，真君七年，并武功属焉。《一统志》：今乾州武功县，本美阳县之中亭川也。武功故城，今武功县西南三十里。

太一山在东，古文以为终南。

【斠注】汉属右扶风，后汉初废入郿，永平八年复置。《新斠注地理志》二曰：武功今郿县。《元和志》：武功在渭水南，今郿县是。《寰宇记》：故城在郿县东四十里。太壹山，今亦曰太白山，在郿县东南四十里。《水经注》：武功太白，去天三百，即此山也。终南，《毛诗传》云中南，《淮南子》作终隆。古字终、中通用，南、隆古字通用，南、隆声相转。考山在今郿县南者曰终南，在今西安府城南者，古止称南山，从未被以终南之名，后人不知，乃以陕西省迤南一带山并曰终南，而别太白为终南之一峰。其说始自唐柳宗元一辈人，其不遵奉班氏之旨，诋舛甚矣。《御览》三十八《关中记》云：终南山一名中南，言在天中居都之南也。《元和郡县图志》二作终南山在郿县南三十里。

【集释】《通鉴》胡注："《三秦记》：太白山，在武功县南，去长安三百里。俗云'武功太白，去天三百。'《新唐书·地理志》：太白山在凤翔府郿县。""南山即太白山。中南、太白，本一山也。"

《马注》：与龙曰：说本《汉志》注。按汉武功县在今郿县东，终南山在其东，后汉永平时移置武功县于故斄城，魏晋因之，终南山不在其境，《志》仍承《汉志》注语，误矣。

【编者按】武功县故城，在今陕西咸阳市西南杨陵区永安村。

鄠古国，夏启所伐。

【斠注】两汉属右扶风。王念孙《读书杂志》曰：国上当有扈字。《说文》：扈，夏后同姓所封。《新斠注地理志》二曰：鄠，今西安府鄠县。《元和志》：故城在今县北二里。《水经·渭水注》曰：甘水北迳甘亭西，亭在水东，鄠县南。夏启伐有扈作誓于是亭。《斠注》案：《水经注》以鄠、扈为一地，与姚察《训纂》"户、扈、鄠三字一也"之说合，盖古今字异音同也。《长安志》八《晋地道记》曰：司竹都尉治鄠县，其园周百里以供国。

【集释】程廷祚《证今》曰："今县。《僖十五年》注作京兆鄠县，疑误。"

《马注》：与龙曰：说本《汉志》。三国魏县，属扶风。《左传·僖二十四年》杜注：始平鄠县。《州郡志》秦州刺史西京兆太守下云：鄠，《晋太康地志》属始平。有长城戍。有悬钩。《渭水注》：骆谷水北流迳长城西。《通鉴》：晋永和五年，梁州刺史司马勋出骆谷，破赵长城戍，壁于悬钩。王应麟云：悬钩在长城戍东，地险固，内控骆谷之口，外通雍、豫之境。《地形志》：京兆郡鄠，晋属始平。《一统志》：长城戍，今盩厔县东南。鄠县故城，今西安府鄠县北二里。

【编者按】鄠县故城，在今陕西户县北二里。

蒯城

【斠注】《史记·蒯成列传·正义》：《舆地志》曰：蒯成县，故陈仓县之故乡聚名也，周缓所封。晋武帝咸宁四年，分陈仓立蒯成县，属始平郡。又《高祖功臣侯年表·蒯成·索隐》云：《晋书地道记》：属北地。《斠注》案：始平郡置于咸宁三年，陈仓本属扶风，至咸宁四年始分陈仓立蒯城县，改隶始平也。成为城之省文，王隐谓蒯成属北地，或咸宁以后改隶。

【集释】何超《音义》：蒯城，苦坏反。

方恺《新校》：方恺曰：案：两汉《志》别无蒯城县，魏、宋《志》亦不载，当是晋始置县，旋即并省。然命名之义殊不可解，惟《说文》邑部："扶风鄠有郿乡"，岂蒯城即郿城，因字相近而误耶？录此备考。《史记·傅靳蒯成列传》：蒯成侯缓者。《索隐》：蒯者，乡名。案《三苍》云："蒯乡在城父县，音裴"。《汉书》作郿，从崩，从邑。今书本并作蒯，音营蒯之蒯，非也。苏林音（薄）［簿］催反。晋灼案：《功臣表》，属长沙。崔浩音（薄）［簿］坏反。《楚汉春秋》作凭成侯，则裴、凭声相近，此得其实也。又《正义》引《括地志》云：蒯亭在河南西十四里苑中。综考《索隐》诸说，是其音当从邑崩声为正。《史记正义》引《括地志》作蒯亭，《舆地志》作蒯成，《晋志》作蒯城，并误。

《马注》：与龙曰：城当作成。三国魏无。《说文》：鄠有蒯乡。《一统志》：故城今凤翔府宝鸡县东。

【编者按】蒯城县故城，在今陕西宝鸡市东。即在今宝鸡市陈仓区区治虢镇镇西。但谭其骧主编《中国历史地图集》西晋图定在今宝鸡市西。

新平郡 汉置。

【集释】程廷祚《证今》曰："今陕西西安府邠州。"

《马注》：与龙曰：三国魏郡。《地形志》：泾州新平郡，后汉献帝建安中置。

统县二，户二千七百。

【斠注】《晋地理志新补正》曰：按《寰宇记》：晋武帝分漆县置幽邑县。苻秦时改漆，取郡名为新平县。姚苌乱，郡、县俱废。《斠注》案：《续汉志》注引袁山松《书》曰：兴平元年，分安定鹑觚、右扶风之漆置新平郡。本《志》漆尚属新平，鹑觚还隶安定，不详何时所改。

【编者按】新平郡治漆县，在今陕西郴县。

漆漆水在西。

【斠注】两汉属右扶风。《新斠注地理志》二曰：漆，今邠州地。《通典》《括地志》并云：邠州新平郡，汉漆县。《后汉书》注：故城在今新平县是也。今漆水亦曰新平水，出白土原东、陈阳原西，下流入于泾。又有漆水出麟游县西漆溪，下流合岐水入渭。《山海经》：㕍次之山，漆水出焉，北流注于渭。《水经》：漆水出杜阳县俞山，东北入于渭。《史记·夏本纪·正义》：《括地志》曰：漆水源出岐州普润县东南岐山漆溪，东入渭。

【集释】程廷祚《证今》曰："今州。"

《马注》：与龙曰：说本《郡国志》注引《地道记》。三国魏县。《左传·襄二十九年》杜注：新平漆县。《寰宇记》：苻秦时改漆，取郡名为新平县。《苻坚载记》：太元十年，姚苌攻新平，太守苟辅固守。初，石季龙末，清河崔悦为新平相，为郡人所杀。坚禁锢新平人，缺其城角以耻之。新平酋望深以为惭，故相率（拒）[距]（编者校：中华书局点校本《晋书》"拒"为"距"。）苌，以立忠义。有胡空堡，在今邠州南。《载记》：苻坚败，其将军胡空、徐嵩各聚众据险筑堡以自固。《通鉴》：太元十二年，苻登自瓦亭进据胡空堡。《元和志》：新平县本汉漆县。姚苌之乱，郡县不立。后魏于今县西南十里陈汤原上置白土县，属新平郡。《一统志》：故城今邠州治。

【编者按】漆县故城，即今陕西彬县治。

（汾）[栒]邑

【斠注】两汉栒邑，属右扶风。《寰宇记》三十四曰：栒邑故城在三水县东二十五里。《后汉书》注、《元和志》并同。《新斠注地理志》二曰：栒即邠字之通用也。段氏玉裁曰：栒邑，公刘所邑，有豳乡，今陕西邠州栒邑、漆二县。《斠注》案：汾邑当是邠邑之误，此郡与汾水无涉，不当作汾。

【集释】方恺《新校》：方恺曰：关中无汾水，未详汾邑何所取义。《方舆纪要》：栒邑，汉置，晋仍为栒邑县，属新平郡。疑原本作栒邑，顾氏犹及见之，后讹为汾邑耳。吴翊寅案：栒与豳古相通借，字亦作邠，又误作汾也。

《马注》：与龙曰：按汾为邠之讹。三国魏无。《寰宇记》：晋武帝分漆县置豳邑县。《一统志》：故城今邠州三水县西。

【编者按】汾邑县当为栒邑县。栒邑县故城，在今陕西旬邑县东北。谭其骧主编《中国历史地图集》定为栒邑县。史为乐主编《中国历史地名大辞典》定邠邑县故城在今陕西旬邑县东北二十五里职田镇。

惠帝即位，改扶风国为秦国。

【斠注】《元和郡县图志》二曰：魏文帝除右字为扶风，晋太康八年为秦国。

【集释】《通鉴》胡注：[惠]帝即位，改扶风为秦国，以封秦王柬。

《马注》：与龙曰：《太康地志》已有秦国，非惠帝改也。说详扶风郡下，《志》误。又《寰宇记》：晋元康中，于汉好畤县东南二里复置好畤县。张熷云：索绅为好畤令，见《绅传》，《志》失载。《一统志》：故城今乾州东北。

胡阿祥《东晋南朝侨州郡县考表》："《宋志》一南兖州刺史秦郡太守云：'晋武帝分扶风为秦国'，两《志》异。考《晋书·秦献王柬传》云：'太康十年，徙封于秦，邑八万户'；按柬为西晋首封秦王者，则改扶风为秦国在晋武太康十年前，《晋志》误。更考《元和郡县图志》卷二关内道凤翔府：扶风郡，'晋太康八年为秦国'。"

徙都。

【中华校】徙都　疑此二字因涉下文"徙都长安"而误衍。

【集释】《马注》：与龙曰：《帝纪》：惠帝永兴元年，张方迁帝于长安。愍帝建兴元年，即位于长安。《志》脱不具。建兴之后，雍州没于刘聪。及刘曜徙都长安，改号曰赵，

【集释】《马注》：与龙曰：《愍帝纪》：建兴四年，刘曜陷长安。《前赵录》：刘曜光初二年，徙都长安，复置司隶校尉。

以秦、凉二州牧镇上邽，

【集释】《马注》：与龙曰：县属秦州天水郡。

朔州牧镇高平，

【斠注】《读史方舆纪要》三曰：高平，今平凉府镇原县。

【集释】《马注》：与龙曰：汉县。《地形志》：高平县，晋罢，后复。《河水注》：高平川水即苦水也。按苻秦时置牧官都尉于高平。姚兴时，使没弈（千）[于]（编者校：中华书局点校本《晋书》"千"为"于"。）镇高平。义熙二年，赫连勃勃伪猎高平川，袭杀没弈（千）[于]而并其众。《西秦录》：乞伏国仁五世有祐邻者，晋泰始初率户五（万）[千]（编者校：中华书局点校本《晋书》"万"为"千"。）迁高平川。《一统志》：高平故城今固原州治。

幽州牧镇北地，并州刺史镇蒲坂。

【集释】《马注》：与龙曰：县属司州河东郡。

石勒克长安，复置雍州。

【斠注】《十六国疆域志》曰：雍州凡得旧郡七、增置郡一：京兆、冯翊、扶风、安定、赵平、北地、始平、兴平。

【集释】《马注》：与龙曰：咸和四年，石勒改司隶，复置雍州。

石氏既败，苻健僭据关中，又都长安，是为前秦。于是乃于雍州置司隶校尉，以豫州刺史镇许昌，

【斠注】《十六国疆域志》曰：豫州领汉郡一、魏郡一：河东、荥阳。

【集释】《马注》：与龙曰：县属豫州颍川郡。

秦州刺史镇上邽，

【斠注】《十六国疆域志》曰：秦州领汉郡一、晋郡一、又新置郡一：陇东、天水、略阳。

荆州刺史镇丰阳，

【斠注】《十六国疆域志》曰：荆州领汉郡一、魏郡一、晋郡二：襄阳、南阳、顺阳、新野。又曰：按荆、徐、扬

三州，苻坚时尚皆属晋，或攻得一二郡即便立州及州治所在以领之，非若青州等郡，云苻坚氏平燕，尽有其地也。《寰宇记》曰：丰阳县，晋泰始三年分商县地置，因丰阳川以为名。

【集释】《通鉴》胡注：上洛县，汉西都属弘农郡，东汉属京兆，武帝泰始二年，分置上洛郡，丰阳川在郡界。《续汉志》南阳郡析县有丰阳城，后魏太安二年，置丰阳县，《左传》所谓"司马起丰析"即其地。刘昫曰：唐商州丰阳县，汉商县地，晋分商县置丰阳县，因丰阳川为名。

《马注》：与龙曰：《前秦录》：苻健皇始二年，置荆州于丰阳。《旧唐书·地理志》：晋分商县置丰阳，以山川为名。《寰宇记》：丰阳县，晋泰始二年置，寻废。《通鉴》胡注：丰阳，汉上洛县地也。按故县在今商州山阳县境。

洛州刺史镇宜阳，

【斠注】《十六国疆域志》曰：洛州领汉郡一、晋郡一：上洛、（宏）[弘]农。

【集释】《马注》：与龙曰：县属司州弘农郡。

并州刺史镇蒲坂。

【斠注】《十六国疆域志》曰：并州领汉郡七、晋郡一、石赵新置郡二、护军一：太原国、上党、武乡、西河、雁门、五原、新兴、乐平、上郡、朔方、云中护军。

苻坚时，分司隶为雍州，

【集释】《马注》：与龙曰：《十六国春秋》：苻秦甘露二年，分司隶为雍州。

分京兆为咸阳郡，

【斠注】《十六国疆域志》曰：司隶所领京兆、冯翊、扶风、咸阳、平凉、始平、新平、安定、北地九郡。京兆尹置县一：长安。《元和志》：咸阳郡，苻坚于汉渭城县地置。

【集释】《马注》：与龙曰：按苻秦时，又分安定为平凉郡。《苻丕载记》：有平凉太守金熙。《苻登载记》：登攻姚苌将吴忠于平凉。又《元和志》：苻坚时，于长城原置长城县，属长城郡；于役栩故城置宜君护军；又置安定县，《志》并失载。《一统志》：长城郡，今鄜州南。宜君护军，今宜君县西南。

洛州刺史镇陕城。

【集释】《马注》：与龙曰：陕县属司州弘农郡。按《前秦录》：苻坚甘露二年，以苻双为雍州刺史，镇安定。《志》失载。

灭燕之后，分幽州置平州，镇龙城，

【斠注】《十六国疆域志》曰：平州领汉郡四、魏郡二：昌黎、辽东、乐浪、（元）[玄]菟、带方、辽西。

【集释】《马注》：与龙曰：即和龙，见平州篇末。

幽州刺史镇蓟城，

【斠注】《十六国疆域志》曰：幽州领汉郡四、晋郡一：燕国、范阳、北平、广宁、代郡。

【集释】《马注》：与龙曰：县属幽州燕国。

河州刺史镇枹罕，

【斠注】周家禄《校勘记》曰：枹误为抱。（编者校：周家禄《校勘记》所用底本"枹"为"抱"，故有此论。）《十六国疆域志》曰：河州领汉郡三、晋郡二、前凉郡一：金城、武始、南安、陇西、晋兴、广武。《斠注》案：《载记》以彭越为平西将军、凉州刺史镇枹罕，是凉州亦当镇枹罕，或凉为河之讹。又《载记》坚以毛兴为河州刺史镇枹罕，是枹罕确为河州治所。惟又以李俨为河州刺史镇武始，则或为一时之制也。

【集释】《马注》：与龙曰：枹罕，见凉州篇。

并州刺史镇晋阳，

【集释】《马注》：与龙曰：县属并州太原郡。

豫州刺史洛阳，

【集释】《马注》：与龙曰：县属司州河南郡。

兖州刺史镇仓垣，

【斠注】《十六国疆域志》曰：兖州领汉郡四：陈留、东燕、济阴、濮阳。

【集释】《马注》：与龙曰：仓垣城，见兖州陈留国浚仪县下。

雍州刺史镇蒲坂。

【斠注】《十六国疆域志》曰：雍州领汉魏旧郡三、晋新置郡二：河东、平阳、河内、汲郡、顿（邱）[丘]。

于是移洛州居丰阳，

【集释】《通鉴》胡注：参考前邓羌以洛州刺史镇洛阳，则是时洛州刺史犹治洛阳。是后北海公重以豫州刺史及平原公晖以豫州牧镇洛阳，洛州刺史始移治丰阳。

以许昌置东豫州，

【斠注】《十六国疆域志》曰：东豫州领汉郡六、魏晋郡五：颍川、汝南、襄城、汝阴、梁国、陈郡、沛国、谯、鲁郡、弋阳、安丰。

以荆州刺史镇襄阳，

【集释】《马注》：与龙曰：县属荆州襄阳郡。

徐州刺史镇彭城。

【斠注】《十六国疆域志》曰：徐州领汉郡五：彭城国、东海、琅邪、广陵、临淮。

【集释】《马注》：与龙曰：县属徐州彭城国。

既而姚苌灭苻氏，

【集释】《马注》：与龙曰：太元十一年，姚苌据长安。

是为后秦。及苌子兴克洛阳，以并、冀二州牧镇蒲坂，

【斠注】《十六国疆域志》曰：并州、冀州共统旧郡四、新置郡一：河东、河北、（宏）[弘]农、华山、平阳。

豫州牧镇洛阳，兖州刺史镇仓垣，

【斠注】《十六国疆域志》曰：豫州凡统郡可考者四：河南、荥阳、颍川、新蔡。兖州统郡可考者一：陈留。

分司隶领北五郡，置雍州刺史镇安定。

【斠注】《十六国疆域志》曰：司隶校尉部领京兆、冯翊、扶风、始平、咸阳五郡。雍州领汉郡四、新置郡三、都尉部一：安定、北地、新平、平凉、长城、平原、赵兴、中部都尉。

【集释】《马注》：与龙曰：按《元和志》：姚苌置洛川县，以县界有洛川水为名。又姚兴置中部县，后魏文帝移入杏城。《志》并失载。《一统志》：洛川县今鄜州洛川县北。中部县今中部县南。

及姚泓为刘裕所灭，其地寻入赫连勃勃。勃勃僭号于统万，

【集释】《马注》：与龙曰：《载记》：赫连勃勃自称大夏，改元凤翔。发夷夏十万人营起都城。自言方统一天下，君临万邦，可以统万为名。

是为夏。置幽州牧于大城，

【斠注】《十六国疆域志》曰：《水经注》：赫连龙升七年，改筑大城，名曰统万城。《斠注》案：此则统万城即大城，勃勃既以幽州牧镇大城，则改筑统万，后亦属幽州。可知《晋地志》先言僭号于统万，后言置幽州牧于大城，二语微误。考自统万建后，《夏录》及《载记》不更言及大城，是大城为统万城之一证，道元所言真可据矣。凡统都城一、余城十：统万城、代来城、三交城、契吴城、太后城、黑城、吴儿城、赫连城、薄骨律镇城、白马骝城、疑即薄骨律镇城之讹，但乐史已两列，故仍之。饮汗城。

【集释】《马注》：与龙曰：《河水注》：奢延水出奢延县西南赤沙阜，东北流，迳其县故城南。赫连龙升七年，于是水之北，黑水之南，遣将作大匠梁公叱干阿利改筑大城，名曰统万城。蒸土加功，雉堞虽久，崇墉若新。《地形志》：始光四年，平为统万镇。按汉奢延县在今榆林府怀远县西，统万城当在其境。

又平刘义真于长安，

【集释】《马注》：与龙曰：《元和志》：赫连勃勃破刘义真于长安，遂虏其人，筑城以居之，号吴儿城。按在今绥德州西北。

遣子璝镇焉，号曰南台。以朔州牧镇三城，

【集释】何超《音义》：璝，公回反。

《马注》：与龙曰：《石勒载记》：北羌［薄］（编者校：此处应根据中华书局点校本《晋书》补句大的全名"薄句大"。）句大等扰北地、冯翊，与石斌相持。句大奔马兰山。郭敖等悬军追北，为羌所败。斌将余众保三城。《赫连勃勃载记》：义熙三年，勃勃进讨姚兴三城以北诸戍。《地形志》：广武县。有三城。《一统志》：在今延安府肤施县东。

秦州刺史镇杏城，

【斠注】《十六国疆域志》曰：《晋书安帝纪》：义熙十二年，勃勃攻姚泓，秦州陷之。《斠注》案：《夏录》：安定城溃，赫连昌奔秦州。而《魏书》及《北史》则并云奔上邽，明秦州自义熙十二年后已移镇上邽也。

【集释】《通鉴》胡注：魏收《地形志》：澄城县。有杏城。师古曰：澄城，汉冯翊之徵县也。徵，音惩。据《载记》，杏城在马兰山北。杜佑曰：姚苌置杏城镇，在今坊州西七里

《马注》：与龙曰：《姚襄载记》：襄徙北屈，将图关中，进屯杏城。《魏书》：昭帝初，自杏城以北八十里，迄长城原，夹道立碣，与晋分界。《寰宇记》：杏城在中部县西南五里。又杏城镇，姚苌置，在郡东七里。《地形志》北华州治杏城。《一统志》：今鄜州中部县西南。

雍州刺史镇阴密，

【斠注】《十六国疆域志》曰：案

《载记》：勃勃以子昌为雍州刺史镇阴密，乃未得长安时事。及既建南台，改刺史为牧，则雍州不得尚镇阴密。《晋地志》第据初制而言，盖误也。又案：梁州牧镇安定，雍州刺史镇阴密，相去太近，勃勃既得长安，不容舍京兆、扶风而远治阴密，又势所必然也。凡统县可考者二：长安、霸城。

【集释】《马注》：与龙曰：县属安定郡。

并州刺史镇蒲坂，

【斠注】《十六国疆域志》曰：并州统县可考者三：蒲坂、汾阴、永安。

梁州刺史镇安定，

【斠注】《十六国疆域志》曰：凉，今本误作梁。统县可考者七、城二：安定、高平、鹑觚、阴密、平凉、定阳、阴槃、贰城、侯尼城。

【集释】《马注》：与龙曰：县，苻坚置。有马鞍陂。《通鉴》：义熙十二年，秦将姚绍自安定击赫连勃勃，于马鞍陂破之。《一统志》：安定故城，今泾州北十五里。

北秦州刺史镇武功，

【斠注】《十六国疆域志》曰：北秦州统县可考者三：武功、雍城、郿城。

【集释】《马注》：与龙曰：县属始平郡。

豫州牧镇李闰，

【中华校】李闰　《姚苌载记》《魏书·安定王燮传》皆作"李润"。

【斠注】《十六国疆域志》曰：豫州统县可考者一、城二：郿城、李闰城、甘泉城。

【集释】《马注》：与龙曰：李润堡。《魏书·安定王燮传》：《除华州刺史表》曰：州治李润堡。居冈饮涧，井谷秽杂。《通鉴》胡注：李润，地名，在邢望南。李延寿云：冯翊东有李润镇。

荆州刺史镇陕，

【斠注】《十六国疆域志》曰：荆州领县可考者三：陕、湖、临晋。

其州郡之名并不可知也。

【斠注】《十六国疆域志》曰：今考雍、秦等五州治所，虽均系旧县，而郡名则并不可考，是当时不以郡统县，可知今县名亦惟据见于诸书者录入，不敢滥及。又考诸州治所虽见地志，而余县所属别无明文，今略就州治所近，而以旧时郡境区之。雍州既镇长安，则京兆郡地当属雍州，以此类推，则冯翊郡地当属豫州，扶风郡地当属北秦州，安定郡地当属凉州，（宏）〔弘〕农郡地当属荆州，河东郡地当属并州，天水郡地当属秦州。地志阙略，非敢臆断，亦本《晋地志》等书类推耳。又曰：按朔方、云中、上郡、五原等郡，自汉末至东晋久已荒废，赫连氏虽据有其地，然细校诸书，自勃勃至昌定世类皆不置郡县，《元和志》胜州下：赫连氏之后迄于周代，往往置镇不立州郡。惟以城为主，战胜克敌，则徙其降虏筑城以处之故。今《志》夏国疆域，惟以州统城，而未著其所在郡县以别之，与《志》他国异焉。

然自元帝渡江，所置州亦皆遥领。初以魏该为雍州刺史，镇酂城，

【斠注】《读史方舆纪要》三曰：酂城，今襄阳光化县东有故城。

【集释】《马注》：与龙曰：县属荆州

顺阳郡。

胡阿祥《东晋南朝侨州郡县考表》："雍州侨置地在酂城（湖北老河口市西北），寻省。又立，寄襄阳（湖北襄樊市）。"

寻省，侨立始平郡，寄居武当城。

【集释】《马注》：与龙曰：《州郡志》：雍州始平太守。晋分京兆、扶风侨立，治襄阳。今治武当。按《志》误以宋治为晋治。

胡阿祥《东晋南朝侨州郡县考表》："则始平先寄武当城，后移寄襄阳，与《宋志》异。当依《宋志》。""《宋志》三雍州刺史始平太守：'后分京兆、扶风侨立，治襄阳。今治武当。'""始平郡侨置地在襄阳（湖北襄樊市），移武当（湖北丹江口市西北），成实土。"

有秦国流人至江南，改堂邑

【集释】《马注》：与龙曰：堂邑郡，见徐州篇末。

为秦郡，侨立尉氏县属焉。

【斠注】《廿二史考异》十九曰：按《宋志》：安帝改堂邑县为秦郡，此《志》系于元帝。考王国宝、毛泰为堂邑太守，并在安帝时，则堂邑之改秦郡是安帝非元帝审矣。尉氏为陈留属县，考义熙中檀韶、向弥、檀祇并为秦郡太守，北陈留内史虞（邱）「丘」进亦以秦郡太守督陈留郡事，则陈留侨郡亦在堂邑界，当是义熙九年土断时省陈留郡，以其县入秦郡也。

【集释】《马注》：与龙曰：《州郡志》南兖州秦郡下云：晋安帝改堂邑为秦郡，领尉氏令。又义成令，江左立。此《志》失载。

胡阿祥《东晋南朝侨州郡县考表》："秦国侨置地堂邑（江苏六合北）。"

康帝时，庾翼为荆州刺史，迁镇襄阳。其后秦雍流人多南出樊沔，孝武始于襄阳侨立雍州，

【集释】《马注》：与龙曰：《州郡志》：雍州刺史，晋江左立，胡亡氏乱，雍、秦流民多南出樊、沔，晋孝武始于襄阳侨立雍州，并立侨郡县。

仍立京兆、

【集释】《马注》：与龙曰：《州郡志》：京兆太守，永和侨立，寄治襄阳。朱序没氐。孝武太元十一年复立。

始平、

【集释】《马注》：与龙曰：说见上。

扶风、河南、

【集释】《马注》：与龙曰：《州郡志》扶风太守下云：侨立，治襄阳。又河南太守下云：侨立，治襄阳。按此二郡，《州郡志》但云侨立，无"晋及江左"字，与此《志》异。

广平、义成、

【集释】《马注》：与龙曰：《州郡志》：广平太守，江左侨立，治襄阳。又云义成太守，晋孝武立，治襄阳。领义成，晋孝武立。按义成县，《志》失载。

北河南

【集释】《马注》：与龙曰：《州郡志》北河南太守下云：晋孝武太元十年，立北河南郡，后省。

七郡，

【集释】毕沅《新补正》：沅案：义阳领平氏、襄乡二县。

《马注》：与龙曰：毕沅曰：《州郡志》雍州有北上洛、北京兆、义阳三郡。北上洛，晋孝武立。北京兆，领北

蓝田、霸城、山北三县，并云景平中立。义阳，晋安帝立。又北上洛领酆（编者校：中华书局点校本《宋书》"酆"为"丰"。）阳、阳亭、北拒阳，并云安帝立。《志》无此三郡。与龙曰：《州郡志》始平太守下云：平阳子相，江左平阳郡民流寓立。《志》未载。并属襄阳。

【斠注】《御览》一百六十八《南雍州记》曰：永嘉之乱，三辅豪族流于樊、沔，侨于汉侧，立雍州，因人所思以安百姓也。《宋志》曰：京兆，初侨立，寄治襄阳。朱序没氐。孝武太元十一年复立。始平，侨立，治襄阳，领县有平阳。江左平阳郡民流寓，立此。广平，江左侨立，治襄阳。义成，晋孝武立，治襄阳，领县义成，亦晋孝武立。北河南，晋孝武太元十年立，后省。西京兆太守，晋末三辅流民出汉中侨立。西扶风太守，晋末三辅流民出汉中侨立。《东晋疆域志》曰：雍州。《沈志》：晋江左立。统侨郡六：京兆、扶风、始平、南上洛、北上洛、义阳。《斠注》案：洪氏据《宋志》，故与本《志》异。《宋志》云：义阳，晋安帝立，非尽孝武帝时制也。

【集释】《马注》：与龙曰：按属当作治。

襄阳故属荆州。

凉州。案《禹贡》雍州之西界，

【集释】《马注》：与龙曰：按黑水以北皆雍州之西界也。

周衰，其地为狄。秦兴美阳甘泉宫，本匈奴铸金人祭天之处。匈奴既失甘泉，又使休屠、浑邪王等居凉州之地。

【集释】《马注》：与龙曰：《水经注》都野泽引《地道记》：凉州有龙形，故曰卧龙城。南北七里，东西三里，本匈奴所筑也。

二王后以地降汉，汉置张掖、酒泉、敦煌、武威郡。其后又置金城郡，谓之河西五郡。汉改周之雍州为凉州，盖以地处西方，常寒凉也。地势西北邪出，在南山之间，南隔西羌，西通西域，于是号为断匈奴右臂。献帝时，凉州数有乱，河西五郡去州隔远，于是乃别以为雍州。

【集释】《马注》：与龙曰：《后汉书》：献帝兴平元年，分凉州河西四郡为雍州。李注：四郡谓金城、酒泉、敦煌、张掖也。按《三国志·魏·庞淯传》注引《魏略》云：武威太守张猛杀刺史邯郸（尚）[商]（编者校：中华书局点校本《三国志》"尚"为"商"。）盖武威郡旋亦属雍州，故《志》云河西五郡。

末又依古典定九州，乃合关右以为雍州。

【集释】《马注》：与龙曰：说本《魏志·武纪》。

魏时复分以为凉州，刺史领戊己校尉，护西域，如汉故事，至晋不改。

【集释】《马注》：与龙曰：魏凉州治武威姑臧。《通典》：晋凉州理武威。统郡八，县四十六，户三万七百。

【编者按】凉州治姑臧县，在今甘肃武威市凉州区。

金城郡汉置。

【集释】《马注》：与龙曰：三国魏郡。《元和志》：前凉张寔移治金城。咸康元年，张骏改属河州。按说见下。《地形志》属河州。

统县五，户二千。

【斠注】《汉书·昭帝纪》：始元六年，以边塞阔远，取天水、陇西、张掖各二县置金城郡。《元和郡县图志》三十九曰：后汉建武十三年，省金城入陇西郡。明帝永平元年复立。永熹末，熹当作嘉。前凉张轨分立晋兴郡，张寔徙金城县，即今州理是也。西秦乞伏乾归都苑川、南凉秃发乌孤都广武皆此地也。

【集释】方恺《新校》：方恺曰：《地形志》河州金城郡有大夏县。注云：二汉属陇西，晋属晋兴。不言中废复置。《水经注·河水篇》：大夏水又东迳大夏县故城南。《晋书地道记》曰：县有禹庙。案后篇张氏分置晋兴郡，统大夏县，援据魏、郦两书，此县自汉至晋不改，是未立晋兴以前，或属金城，或属陇西，中篇不应删去。又《水经注》阚骃曰：白石县在狄道西北二百八十五里。又后篇张寔分金城之令居、枝阳二县，又立永登县为广武郡，是令居、枝阳皆仍汉县之旧。又汉允吾县，属金城郡。阚骃曰：允吾县西四十里有小晋兴城。疑晋亦仍汉旧，均不当删。又案河西诸郡至惠帝以后，张氏、苻氏、吕氏、沮渠氏迭为雄长，更增郡县，故本书《载记》所纪诸地名往往不见此篇，未可据以论难，今就可考者录之左方，疑者缺焉。

【编者按】谭其骧主编《中国历史地图集》西晋太康二年的图上，将金城郡划在秦州范围内。金城郡治榆中县，在今甘肃榆中县西北。

榆中

【斠注】两汉旧县。《寰宇记》一百五十一曰：榆中故城在五泉县东。《一统志》曰：故城今金城县西北，在黄河之北。

【集释】《马注》：与龙曰：三国魏县。《西秦录》：乞伏乾归更始二年，攻秦金城郡，拔之，以乞伏务和为东金城太守。按：其时郡移治金城县，故以此为东金城也。有苑川城。有西城。《西秦录》：晋泰始初，乞伏国仁五世祖佑（编者校：汤球《十六国春秋辑补》"佑"为"祐"，又作"拓"。）邻居高平川（编者校：汤球《十六国春秋辑补》"川"为"州"。）。子结（编者校：汤球《十六国春秋辑补》"结"作"诘"。）权徙（编者校：汤球《十六国春秋辑补》"徙"作"迁"。）于牵屯。子利那嗣。利那子述延破别部莫侯于苑川，自牵屯徙居之。咸和四年，述延子傉大寒迁于麦田。子司繁迁于度坚山。苻坚使司繁镇勇士川。司繁卒，国仁以晋太元十年自称秦、河二州牧，分其地置武城、武阳、安固、武始、汉阳、天水、略阳、漒川、甘松、匡朋、白马、苑川十二郡。筑勇士城居之。改元建义元年。苻登署（编者校：汤球《十六国春秋辑补》，"署"亦为"拜"。）国仁苑川王。国仁弟乾归太初元年迁于金城。太初八年迁都西城。十三年又迁苑川。《河水注》：麦田山在安定北界，山之东北有麦田城。又苑川水出勇士县之子城南山。北迳牧师苑，故汉牧苑之地。有东西二苑城，相去七里，西城即乞伏所都也。《地形志》：河州金城郡榆中，晋属。《通鉴》胡注：榆中故城在兰州东五十里。顾祖禹云：杜佑谓榆中即故大、小榆谷者，非也。《一统志》云《寰宇记》谓榆中即大、小榆谷，《明统志》又谓在兰州西二百里，皆误。故城今兰州府金县西北。苑川城今金县东北。

【编者按】榆中县故城，在今甘肃榆中县西北黄河南岸。史为乐主编《中国历史地名大辞典》定榆中县故城在今甘肃兰州市城关区东岗镇一带。此两处所指位置大体一致，相距不远。

允街

【斠注】两汉旧县。《汉志》曰：宣帝神爵二年置。《寰宇记》一百五十二曰：允街故城在昌松县东南，其城极险阻，沮渠蒙逊增筑防戍，今尚坚完。《读史方舆纪要》六十三曰：允街城在庄浪卫东南。

【集释】《马注》：与龙曰：三国魏

县。《寰宇记》：允街城地势极险，沮渠蒙逊增筑以为防戍之所，迄今尚坚完如新。《凉镇志》：其城至元明时始圮废。有街亭城。有阳非亭。《通鉴》：隆安元年，秃发乌孤治兵广武，进攻凉金城。吕光遣将军窦苟击之，战于街亭，凉兵大败。太元元年，苻坚遣苟苌等伐凉，济自石城津，凉将马建自阳非退屯清塞。《河水注》：湟水东南流迳街亭城南，又东南迳阳非亭西北。有琵琶山，在今平番县西北。《元和志》：北凉沮渠蒙逊拥众南保琵琶山。董祐诚云：街亭城，今凉州府平番县西北。阳非亭在县西。《一统志》：允街故城今平番县南。

【编者按】允街县故城，在今甘肃永登县南红城镇西、庄浪河西岸。史为乐主编《中国历史地名大辞典》定允街县故城在今甘肃兰州西北红古区花庄一带。此两说有距离，今取前说。《中国文物地图集·甘肃分册》据考古资料定汉允街县故城在今甘肃永登县南红城镇玉山村西约500米玉山城址。

金城

【斠注】两汉旧县。《新斠注地理志》十二曰：今兰州府城。

【集释】《马注》：与龙曰：三国魏县。《元和志》：前凉张（实）［寔］（编者校："实"应为"寔"。）移金城郡治此。《通鉴》：太元十三年，乞伏乾归称河南王，迁都金城。十四年，苻登以乾归为金城王。十九年，乾归自称秦王，迁都西城。有石城津，在今皋兰县西北。《河水注》：河水东迳石城南，谓之石城津。阚骃曰：在金城西北。太元初，苻秦伐凉军于西河，苟苌济自石城津。有嶂嵬城，在今皋兰县南。《通鉴》：义熙四年，乞伏乾归子炽磐畏秦之攻袭，筑城于嶂嵬山而据之。七年，乾归以子木弈干为武威太守，镇嶂嵬城。《隋志》：金城县旧曰子城。《一统志》：后魏省金城县，寻复置子城县，移金城郡来治。汉县故城今兰州府皋兰县西南四十里。

【编者按】金城县故城，在今甘肃兰州市西北西固区西固城、黄河南岸。

白土

【斠注】两汉属上郡。《史记·匈奴列传·正义》：《括地志》曰：白土故城在盐州白池东北三百九十里。《水经·河水注》二引《十三州志》曰：左南津西六十里有白土城，城在大河之北，而为缘河济渡之处。《读史方舆纪要》六十四曰：白土城在西宁镇南，或曰县本曹魏所置。《水经注图说残稿》曰：二汉《志》白土皆属上郡，非此城也。晋金城郡有白土。《三国志》正始九年，叛羌屯河关。白土故城则汉末已有城矣，当在今巴燕戎格厅治。《史记·列传》五十《索隐》：《晋太康地记》曰：白土县有圁水。

【集释】《马注》：与龙曰：三国魏县。《史记索隐·列传》五十引《地理志》云：圁水出上郡白土县。韦昭云：圁当为圖。《郡国志》及《太康地志》并作圖字。按据此则上郡白土县，晋太康时犹存矣。《寰宇记》：前凉张骏八年，改为永固县。《通鉴》：太和二年，张天锡讨李俨，遣将军张统向白土。义熙八年，乞伏炽磐攻南凉，三河太守吴阴于白土克之。《河水注》：东迳临津城北、白土城南。河水又东，迳邯川城南。《元和志》：前凉张天锡置邯川城。后魏孝昌二年，于城置广威县。《地形志》：泾州新平郡白土，晋属金城。《通鉴》胡注：后魏新平之白土乃汉上郡之白土，晋金城之白土乃左南西之白土，各是一处。《五代志》：邠州新平县旧曰白土，此汉上郡及后魏之白土也。南凉之白土当在唐鄯州界。与龙按：胡氏谓晋金城之白土乃左南西之白土是矣，谓后魏新平之白土乃汉上郡之白土，则非也。汉白土县，圁水所出，见《水经·河水注》，在今榆林府神木县北，汉末徙置于河关，见《三国·魏志》，晋因之。南凉及后魏更各徙置耳。《一统志》：后魏徙县在今陕西邠州治。晋县故城今西宁府西宁县东南。邯川城，今西宁县东南。董祐诚云：白土故城，当近今巴燕戎格厅治。邯川城，在今巴燕戎格厅所属土司境。

【编者按】白土县故城，在今青海化隆回族自治县东南、黄河北岸。

浩亹

【斠注】两汉旧县。颜师古曰：浩，水名也，亹者，水流峡山岸深入门也。《元和郡县图志》三十九曰：浩亹故城在广武县西南一百三十里。《读史方舆纪要》三曰：今西宁东有浩亹城。

【集释】何超《音义》：浩亹，上古合反，下音门。

《马注》：与龙曰：三国魏县。《后凉录》：吕光龙飞元年，五龙见于浩亹，群臣咸贺，劝光称号。《南凉录》：秃发乌孤太初三年，使从叔吐若留镇浩亹。其后，乞伏炽磐以子元基为晋兴太守，镇浩亹。按前凉置晋兴郡、湟河郡，后凉置乐都郡，并在县境，说见本州篇末。有龙支堡，在今碾伯县南。《通鉴》：隆安二年，秃发乌孤破羌酋梁饥于西平，饥退屯龙支堡，乌孤进攻，拔之。有廉川城，在今碾伯县东，近庄浪界。《通鉴》：太元二十年，乌孤击降乙弗折掘等部，筑廉川堡居之。隆安三年，乌孤徙乐都，使从弟洛回镇廉川。有白草岭，在今大通县北，近甘州界。《河水注》鲜谷塞东南有白岭，盖即白草岭。《西秦录》：乞伏炽磐建弘六年，太子暮末出貂渠谷，攻河西白草岭、临松郡，皆破之。《隋志》：浩亹县，后周废。《一统志》：后魏废入广武，故城今碾伯县东，接平番县界，与西大通堡相近。董祐诚云：在今平番县南，近庄浪厅治。与龙按：浩亹河今曰大通河，县在大通河之北。

【编者按】浩亹县故城，在今甘肃永登县西南。史为乐《中国历史地名大辞典》定为在今甘肃永登县西南河桥镇。

西平郡 汉置。

【集释】方恺《新校》：刘庠案：《志》以西平郡为汉置，非也。

《马注》：与龙曰：按汉建安中置，见《魏志·武纪》及杜畿、张既《传》。《河水注》谓黄初中立者，非也。三国魏郡。隆安中，南凉都此，说见西都县下。《元和志》：西平郡，后魏初为鄯善镇，孝昌二年改置鄯州。

《地形志》：郡、县并阙。

统县四，户四千。

【斠注】《水经·河水注》二曰：魏黄初中，立西平郡，凭倚故亭，增筑南、西、北三城以为郡治。《元和郡县图志》三十九曰：后汉献帝建安中，分金城置西平郡。南凉秃发乌孤又以河南地为浇河郡。《水经注图说残稿》曰：《元和志》后汉献帝立西平郡，与《注》言魏黄初中立者小异。《晋地理志新补正》曰：按《通典》：永嘉后，秃发乌孤初称西平王，其弟利鹿孤复都此。

【编者按】西平郡治西都县，在今青海西宁市。

西都

【集释】《马注》：与龙曰：三国魏县。《通鉴》：太元十二年，吕光西平太守康宁自称匈奴王。隆安元年，秃发乌孤自称西平王。三年，以广武公傉檀镇西平，既而利鹿孤代立，徙治西平。五年，更称河西王。元兴元年，傉檀代立，还居乐都。《一统志》：故城今西宁府西宁县东南。

【编者按】西都县故城，即今青海西宁市治。

临羌

【斠注】两汉属金城郡。《水经·河水注》二曰：湟水又东迳临羌新县故城南。注：阚骃曰：临羌新县在郡西百八十里，城有东、西门，西北隅有子城。《水经注图说残稿》曰：临羌徙治年代无考，《注》言故城当魏晋间所徙也。《注》引《十三州志》在郡西，郡即西平郡城，当在今西宁县西边外接青海境。《读史方舆纪要》六十四曰：临羌城在西宁卫二百八十里。

【集释】《通鉴》胡注：阚骃曰：金城临羌县西有卑禾羌海。郦道元曰：古西零之地也。

《马注》：与龙曰：三国魏县。《河水注》：湟水东迳临羌县故城北。《一统志》：故城今西宁县西。

【编者按】临羌县故城，在今青海湟源县东南。史为乐主编《中国历史地名大辞典》定西汉临羌县在今青海湟中县北，魏晋间东移至今湟水北岸多巴镇。

长宁

【斠注】《水经·河水注》二曰：长宁水南迳长宁亭东。注云：城有东、西门，东北隅有金城，在西平西北四十里。《十三州志》曰六十里，远矣。《水经注图说残稿》曰：《注》言在西平西北四十里，当在今西宁县西北北川土司境。

【集释】方恺《新校》：方恺曰：《水经注·河水篇》：一水迳长宁亭南，东入长宁水。又牛心川水北迳西平亭西，东北入湟水。魏黄初中，立西平郡。阚骃亦言长宁亭北有养女岭，西平亭北有土楼神祠，是为二亭名，晋时未立县，此作西都、长宁二县，未详何据。刘序案：阚骃言见《水经·河水篇》"又东过金城允吾县北"下。

《马注》：与龙曰：三国魏县。《前凉录》：永嘉五年，张（实）［寔］讨曹祛于西平，自姑臧西南出石驴，据长宁。《通鉴》：义熙五年，折掘奇镇据石驴山以叛。胡注：石驴山在姑臧西南、长宁川西北。《一统志》：县本汉临羌县地。董祐诚云：县后魏或属鄯州，今本《地形志》阙也。

【编者按】 长宁县故城，在今青海大通回族土族自治县东南长宁乡。

安夷

【斠注】 两汉属金城郡。《水经·河水注》二曰：湟水又东迳安夷县故城。注：城有东、西门，在西平亭东七十里。阚骃曰：四十里。《水经注图说残稿》曰：此安夷城在湟水南，二汉《志》县属金城郡，《晋志》属西平郡，秃发利鹿孤镇安夷盖即此城，当在今西宁县，东接碾伯县界。明《西宁卫志》以卫东七十里平戎驿当之。

【集释】《通鉴》胡注：阚骃《志》，金城安夷县东有勒姐河，与金城河合。勒姐岭盖勒姐河所出之山也。汉时，勒姐羌居之，因以为名。姐，子也翻，又音紫。

《马注》：与龙曰：三国魏县。《通鉴》：隆安三年，秃发乌孤以其弟利鹿孤镇安夷。有勒且水。《河水注》：勒且水北流迳安夷城东，而北入湟水。《通鉴》：义熙十一年，沮渠蒙逊败西秦兵于浩亹。西秦王炽磐遣将军折斐等据勒且岭，蒙逊击擒之。《一统志》：勒且岭今西宁县东。安夷故城，今西宁县东七十里。

【编者按】 安夷县故城，在今青海西宁市东、海东市乐都区西。史为乐主编《中国历史地名大辞典》定安夷县在今青海平安县（海东市平安区）西。

武威郡 汉置。

【集释】《马注》：与龙曰：三国魏郡。按永宁以后，前凉、后凉、北凉皆尝都此。《地形志》：凉州武威郡。统县七，户五千九百。

【斠注】《汉志》下曰：武威郡，故匈奴休屠王地，武帝太初四年开。《水经注释》四十曰：齐氏召南曰：《本纪》元狩二年置武威、酒泉郡，《志》云武威郡太初四年开，则不同时矣，疑当以《纪》为是。一清按：《功臣表》：昆邪以元狩二年封，则《志》误也，善长又误仍之。《晋地理志新补正》曰：按《郡国志》武威郡有鹯（编者校：二十五史补编本《晋书地理志新补正》为"鹯"。中华书局点校本《续汉书》为"鸇"。"鸇"为是。）阴、阴密二县，晋罢，后复。

【集释】 方恺《新校》：方恺曰：说详金城下。

【编者按】 武威郡治姑臧县，在今甘肃武威市。

姑臧

【斠注】 两汉旧县。《寰宇记》一百五十二王隐《晋书》曰：此城匈奴所筑，旧名盖藏（编者校：中华书局点校本《太平寰宇记》、二十五史补编本《晋书地理志新补正》"藏"均为"臧"。）城，后人语讹为姑臧城。《读史方舆纪要》六十三曰：姑臧废县今凉州卫治。《续汉志》注：《地道记》曰：姑臧，南山，谷水所出。

【集释】《通鉴》胡注：休屠县，汉属武威郡，因休屠王城以为名也；晋省县。《水经注》：姑臧城西有马城，东城即休屠县故城也。屠，直于翻。

《马注》：与龙曰：三国魏县。《前凉录》：光熙元年，张轨大城姑臧。太宁元年，张茂复大城姑臧。《水经·禹贡山水泽地所在注》：休屠泽与横水合，水出姑臧城下，武威郡，凉州治。王隐《晋书》曰：凉州有龙形，故曰卧龙城，南北七里，东西三里，本匈奴所筑也。及张氏之世居也，又增筑四城箱各千步。东城殖园果，命曰讲武场；北城殖园果，命曰玄武圃，皆有宫殿。中城内作四时宫，随节游幸。并旧城为五，街衢相通，二十二门。《元和志》：姑臧城不方，有头尾两翅，名为鸟城。有天梯山，在今武威县南八十里。《前凉录》：太兴三年，京兆人刘弘［者］（编者校：汤球《十六国春秋辑补》：弘后有"者"字。），挟左道，客居天梯第五山，然灯悬镜于山穴中，为光明以惑百姓。《吕光载记》：麟嘉元年，段业疗疾于天梯［山］（编者校：据中华书局点校本《晋书》此处有"山"字。），作表志诗。《魏书》：太延五年，议讨沮渠牧犍，李顺等言：自温圉河以西，至于姑臧城南，天梯山上，冬有积雪，深至丈余，春夏消释，下流成川，引以灌溉。有洪池岭，在今武威县东南。《张重华传》：石虎将麻秋伐凉，略地晋兴、广武，越洪池岭，至于曲柳，姑臧大震。有石头。《通鉴》：晋太宁元年，刘曜军河上，扬声欲百道俱济，直抵姑臧。张茂出屯石头。胡注：石头在姑臧城东。有五涧水，在今武威县东。《水经·都野泽注》：清水涧俗谓五涧水，出姑臧城东，西北流，注马城河。《南凉录》：秃发傉檀弘昌五年，姚兴以凉州授傉檀，傉檀进次五涧，遂入姑臧。后魏改置林中县。《一统志》：故城今凉州府武威县治。

【编者按】姑臧县故城，即今甘肃武威市治。

宣威

【斠注】两汉旧县。《新斠注地理志》十二曰：在今镇番县南。

【集释】《马注》：与龙曰：三国魏县。有马城河。《水经·都野泽注》：马城河东北迳宣威县故城南，又东北迳平泽、晏然二亭东，又东北迳武威县故城东。《寰宇记》：姑臧县有祖厉城，一名马城。又有鹯阴城，在县东，皆五凉时侨置，非汉县也。按祖厉等县当在今镇番县境。《一统志》：故城今镇番县南。

【编者按】宣威县故城，在今甘肃民勤县西南。史为乐主编《中国历史地名大辞典》定在今甘肃民勤县西南薛百乡。

（揖）［揟］次

【斠注】两汉旧县。《汉书补注》曰：一作且次，见《三国·魏书》。《廿二史考异》十九曰：当作揟次，孟康读揟，为子如切。汉隶胥、咠二字多相乱，故讹为揖。隋开皇初改广武曰邑次，又因揖次同音而讹也。《新斠注地理志》十二曰：在今凉州府古浪县北。

【集释】《马注》：与龙曰：《汉志》作揟次。三国魏县。《张骏传》：太宁元年，有黄龙见于揟次之嘉泉。《吕光载记》：魏安人焦松迎张天锡子大豫于（揖）［揟］次（编者校：中华书局点校本《晋书》“揖次”为“揟次”。），陷昌松郡。《地形志》凉州昌松郡揟次下云：一作揖次。《一统志》：故城今西套厄鲁特旗界，在古浪县北。

【编者按】揖次县应为揟次县。揟次县故城，在今甘肃古浪县北，确地无考。史为乐主编《中国历史地名大辞典》定在今甘肃古浪县西北。谭其骧主编《中国历史地图集》定名为揟次。

仓松

【斠注】两汉旧县。《汉志》作苍松，《续汉志》作仓松。《元和郡县图志》四十曰：昌松县本汉苍松县，属武威郡，后凉置昌松郡，县属焉。《初学记》八引黄义仲《十三州记》亦作苍松。《读史方舆纪要》六十三曰：苍松废县在庄浪卫西。《续汉书》注：《地道记》曰：仓松，南山，松陕水所出。

【集释】《通鉴》胡注：“《五代志》：武威郡昌松县，后魏置昌松郡；后周废郡，以揟次县入焉。”“昌松，即汉仓松县地，本属武威郡，盖河西张氏分置郡也。吕光后以郭麐言，改昌松为东张掖郡。”

孙人龙《晋书考证》：“昌松，各本俱误作仓松。按本《志》以郭麐谶改昌松为东张掖郡。今改正。”

毕沅《新补正》：沅案：《十六国春秋》：后凉吕光麟嘉四年，以郭麐言谶改为昌松，兼于此立东张掖郡。

《马注》：与龙曰：三国魏县。《张天锡传》：自率三万人次仓松伐李俨。《后凉录》：吕光太安二年，以郭麐谶言改昌松为东张掖郡。姚兴弘始五年，以阎松为仓松太守。有鸾鸟城。《通鉴》：永和三年，赵将麻秋等伐凉，张重华使谢艾拒之，艾军于神鸟，即此。李贤《后汉书注》：鸾鸟故城在昌松县北。有魏安城。《后凉录》：吕光太安元年，秃发思复鞬送天锡子大豫于魏安，魏安人焦松等起兵，迎大豫为主，攻拔昌松郡。《通鉴》胡注：魏安县在昌松县界，盖曹魏所置，而《晋志》不见。《寰宇记》：魏安城在昌松县东，本汉（朴）［扑］（编者校：中华书局点校本《汉书》“朴”为“扑”。中华书局点校本《太平寰宇记》“朴”为“扑”。此处“朴”应为“扑”。）劇县，后为魏安。《隋志》：昌松有后魏魏安郡。有漠口，在今古浪县南。《南凉录》：秃发傉檀嘉平元年，姚兴使其子弼等来伐，济自金城，进次漠口。按《地形志》昌松郡莫口县，即此昌松郡，即县改置。《一统志》：汉（朴）［扑］（编者校：中华书局点校本《汉书》“朴”为“扑”，《大清一统志》“朴”为“朴”。此处“朴”应为“扑”。）劇县，前凉改置魏安郡，在今古浪县东。仓松故城今古浪县西。

【编者按】仓松县故城，在今甘肃武威市东南。

显美

【斠注】汉属张掖郡，后汉属武威郡。《新斠注地理志》十二曰：在今永昌县东。

【集释】《马注》：与龙曰：三国魏县。《十六国春秋》：吕隆神鼎元年，秃发傉檀攻昌松太守孟祎于显美。又傉檀嘉平三年，沮渠蒙逊来伐，至于显美。有金昌城。《通鉴》：太元元年，苻坚遣苟苌、梁熙等伐凉，攻缠缩城，拔之。张天锡遣将军常据率众三万军于洪池，自将众五万，军于金昌城。胡注：金昌城在赤岸西北。《水经注》：河水自左南而东迳赤岸北，亦谓之河夹岸。《寰宇记》：昌松县有金吕城，晋将马隆所筑，依于金吕山因名。按金吕即金昌之讹。在今永昌县北。《隋志》：显美县，后周废。《一统志》：故城今永昌县东。

【编者按】显美县故城，在今甘肃永昌县东。

骊靬

【斠注】两汉属张掖郡。《张迁传》作犛靬，《西域传》作黎靬，《匈奴传》作黎汗，《说文解字》作丽靬。《汉书补注》曰：音同，通用。犛靬即大秦国，盖以其降人置县。《新斠注地理志》十二曰：在今凉州府永昌县南。

【集释】何超《音义》：骊靬，上力驰反，下音虔。

《马注》：与龙曰：三国魏县，属张掖。《张祚传》：遣其将和昊伐骊靬戎于南山，大败而还。《一统志》：故城今永昌县南。

【编者按】骊靬县故城，在今甘肃永昌县西南。《中国文物地图集·甘肃分册》根据考古资料定汉骊靬故城在今甘肃永昌县西南焦家庄乡楼庄子村者来寨。

番（和）[禾]

【斠注】两汉属张掖郡。《元和郡县图志》四十曰：北凉沮渠蒙逊立为番禾郡。《晋地理志新补正》曰：按《吕光载记》：番禾太守吕超。《秃发傉檀载记》亦言武兴、番禾、武威、昌松四郡。《读史方舆纪要》六十三曰：番禾城在永昌卫西。

【集释】何超《音义》：番和，白干反。本作禾。

毕沅《新补正》：沅案：《吕光载记》：番禾太守吕超。则番禾后又升作郡。

《马注》：与龙曰：三国魏县，曰番和，属张掖，后凉置番禾郡于此。《十六国春秋》：吕纂咸宁元年，封弟弘为番禾郡公。姚兴弘始五年，以郭将为番禾太守。《地形志》凉州有番和郡。按《元和志》：后魏罢郡置军。说与《地形志》稍异。《一统志》：故城今永昌县西。

【编者按】《宋本晋书》"番和"为"番禾"。番和县应为番禾县。番禾县故城，即今甘肃永昌县治。谭其骧主编《中国历史地图集》太康二年西晋图定名为番禾。

张掖郡 汉置。

【集释】《马注》：与龙曰：三国魏郡。永宁后属张轨，后凉末段业据此，为北凉沮渠蒙逊所杀，蒙逊于隆安五年都此，义熙八年迁姑臧。《元和志》：后魏太武八年，平凉置张掖军。废帝二年，改军置甘州。《隋志》：后周复，改置张掖郡。《地形志》阙。

统县三,

【集释】 方恺《新校》：方恺曰：本书《武帝纪》：泰始三年四月，张掖太守焦胜上言氐池县大柳谷（编者校：一本此处有"口"字。疑脱。）（[吴翊寅案:]两汉皆有氐池县，属张掖郡。）有玄石一所。《吕光载记》有张掖属县（邱）[丘]池令尹兴。岂十六国时改邸池为（邱）[丘]池耶？说详金城下。又本书《儒林传》崔游为文帝相府舍人，出为氐池长。

《马注》：与龙曰：《宋书·符瑞志》：泰始四年，张掖太守焦胜言，玄池县大柳谷口青龙见。按玄池即氐池之讹。此《志》及《宋志》皆无此县，盖旋省也。

户三千七百。

【斠注】《汉志》下曰：张掖郡，故匈奴昆邪王地，武帝太初元年开。应劭曰：张国臂掖，故曰张掖也。《廿二史考异》七曰：按《武帝纪》：元鼎六年分武威、酒泉郡置张掖、敦煌郡。敦煌为酒泉所分，则张掖必武威所分矣。四郡之地虽皆武帝所开，然先有武威、酒泉，而后有张掖、敦煌。以内外之词言之，武威、酒泉当云元狩二年开，张掖、敦煌当云元鼎六年分某郡置，不必云开也。昆邪来降在元狩间，而《志》以为太初。张掖乃武威所分，而《志》以张掖属元年，武威属四年，皆误。《汉书地理志补注》曰：《武纪》明言分武威置，然则非昆邪所属。《晋地理志新补正》曰：按《吕光载记》张掖所属有（邱）[丘]池县。

【编者按】 张掖郡治永平县，在今甘肃张掖市西北。

永平

【斠注】《元和郡县图志》四十曰：本汉觻得县，属张掖郡。本匈奴觻得王所居，因以名之。晋改名永平县。《读史方舆纪要》三曰：永平，今甘州卫治是。

【集释】《马注》：与龙曰：三国魏县，曰觻得。有临松城，有祁连城，并前凉所置郡，说见本州篇末。有西安城，凉所置郡，在今张掖县东南。《十六国春秋》：吕光龙飞二年，郭麛叛，西安太守石元良率兵赴难。段业神玺二年，徙治张掖，遂筑西安城以臧莫孩为太守。沮渠蒙逊永安元年，求为西安太守，遂起兵攻张掖，杀业而代之。有金泽县，在今张掖县南。《前凉录》：建元元年，张骏田于建西，蹈[玉]（编者校：汤球《十六国春秋辑补》"蹈"后多"玉"字。）石县，改（蹈）[玉]（编者校：汤球《十六国春秋辑补》"蹈"为"玉"。）石为金泽县。《后凉录》：张掖金泽县有麟见，吕光以为己瑞，改元麟嘉。有苕藋，在张掖县东南。《南凉录》：秃发傉檀嘉平四年，伐北凉，五道俱进，至番和（编者校：汤球《十六国春秋辑补》"和"为"禾"。）、苕藋。《北凉录》：沮渠蒙逊元始二年，西如苕藋，袭卑和、乌啼二虏，破之。《一统志》：县西魏为甘州治，后周仍为郡治。今甘州府张掖县西北。

【编者按】 永平县故城，在今甘肃张掖市西北。史为乐主编《中国历史地名大辞典》定为在今甘肃张掖市西甘肃张掖市西北。

北四十里。

临泽 汉昭武县，避文帝讳改也。

【中华校】避文帝讳改也 "文"，原误作"景"，今改正。

【斠注】《新斠注地理志》十二曰：昭武在今甘州府西北。《斠注》案：景帝为文帝之误

【集释】《马注》：与龙曰：三国魏县，曰昭武。有蓼泉。《北凉录》：沮渠蒙逊元始八年，太史令张衍曰：今岁临泽城西当有破兵。李歆袭蒙逊，引兵入都渍涧。《西凉录》：嘉兴四年，李歆次都渍涧，蒙逊自浩亹来拒，战于怀城，败绩。歆勒兵复战，败于蓼泉，为蒙逊所杀。《新唐书》：甘州西百二十里有蓼泉守捉城行都司。蓼泉在甘州卫西九十里，都渍涧在其西。《一统志》：蓼泉今张掖县西九十里，临泽故城今张掖县西北。

【编者按】临泽县故城，在今甘肃临泽县东北昭武村。

屋兰 汉因屋兰名焉。

【斠注】两汉旧县。《新斠注地理志》十二曰：在今山丹县西北。

【集释】《马注》：与龙曰：三国魏县。《一统志》：县后魏废，故城今山丹县西北。

【编者按】屋兰县故城，在今甘肃张掖市甘州区西南碱滩镇古城村。《中国文物地图集·甘肃分册》据考古资料定今甘肃张掖市甘州区西南碱滩镇古城村为汉屋兰故城。

西郡 汉置。

【集释】钱大昕《十驾斋养新录》曰："按司马彪《郡国志》：日勒、删丹属张掖郡。是此郡由张掖分，而汉末不闻有西郡之名，即总序所述汉魏增置亦无之。"

方恺《新校》：刘庠案：两汉均无西郡，而《志》以为汉置，非也。方恺曰：说详金城下。

《马注》：与龙曰：《舆地广记》：后汉分张掖日勒置西郡。三国魏郡。《后凉录》：苻坚建元二十一年，吕光自西域还凉州，西郡太守索泮（编者校：汤球《十六国春秋辑补》"索泮"为"宋泮"。）城守（编者校：汤球《十六国春秋辑补》"城守"为"守城"。）不下，光攻杀之。《北凉录》：段业神玺二年，遣沮渠蒙逊攻光西郡太守吕纯，执纯以归。蒙逊永安八年，败秃发傉檀于均石，进攻西郡太守杨统于日勒，拔之。《隋志》删丹有后魏西郡永宁县，盖今本《地形志》有阙略也。

统县五，户一千九百。

【斠注】《续汉志》张掖郡注云：献帝分置西郡。《斠注》案：钱氏《养新录》云汉末不闻有西郡之名，失考。

【编者按】西郡治日勒县，在今甘肃山丹县东南。史为乐主编《中国历史地名大辞典》将西郡定点在今甘肃永昌县西北定羌庙东十里。

日勒

【斠注】两汉属张掖郡。《读史方舆纪要》六十三曰：日勒城在山丹卫东南。

【集释】《通鉴》胡注：日勒县，汉

属张掖郡，后分置西郡，治日勒。贤曰：日勒故城，在今甘州删丹县东南。

《马注》：与龙曰：三国魏县。《一统志》：后魏改曰永宁。《隋志》删丹有后魏西郡永宁县，即此故城。今甘州府山丹县东南。

【编者按】 日勒县故城，在今甘肃山丹县东南。史为乐主编《中国历史地名大辞典》定点在今甘肃永昌县西北定羌庙东十里。

删丹

【斠注】 两汉属张掖郡。《元和郡县图志》四十曰：按焉支山一名删丹山，故以名县。《续汉志》属西郡。《读史方舆纪要》六十三曰：删丹废县即今山丹卫治。

【集释】 毕沅《新补正》：沅案：《太平寰宇记》：晋分删丹立兰池、万岁、仙提三县。

《马注》：与龙曰：三国魏县，属张掖。有氐池故县。《后凉录》：吕光麟嘉二年，张掖督邮傅耀（编者校：汤球《十六国春秋辑补》："耀"为"曜"。）考覈郡县，氐池令尹兴杀之。《南凉录》：秃发乌孤太初三年，段业为吕纂所侵，乌孤于张掖遣利鹿孤救之，纂惧，烧氐池、张掖穀麦而去。《通鉴》胡注：氐池故县在张掖县界。按：氐池汉故县，盖后凉时复置也，故城在今张掖县东南。有金山。北凉尝置郡，在今山丹县南。《前凉录》：吕光龙飞二年，沮渠蒙逊起兵攻拔临松屯据金山。《北凉录》：沮渠蒙逊元始五年，西祀金山，至苕藋，循海而西，复如金山以归。永安十年，以伯父罗仇子成都为金山太守。有弱水。《汉书·地理志》：删丹县，桑钦以为导（编者校：中华书局点校本《汉书》"导"为"道"。）弱水自此，西至酒泉合黎。《西秦录》：乞伏炽磐永康八年，使征西将军他子击吐谷浑觅地于弱水南，大破之，觅地降，拜弱水护军。《元和志》：弱水在山丹山南山下。《隋志》云：张掖郡删丹县，后魏曰山丹。《一统志》：故城今山丹县东南。

【编者按】 删丹县故城，即今甘肃山丹县治。

仙提

【斠注】 《寰宇记》一百五十二曰：晋分删丹置兰池、万岁、仙提三县。

【集释】 《马注》：与龙曰：三国魏无。《旧唐书·地理志》：晋分删丹置仙提县，炀帝并入删丹。《一统志》：故城今山丹县东十里仙提铺。

【编者按】 仙提县故城，在今甘肃山丹县东南十里仙提。《中国文物地图集·甘肃分册》据考古资料定点在今甘肃山丹县东南位奇镇十四堡村西北1.8公里处。

万岁

【斠注】 《读史方舆纪要》六十三曰：万岁城在山丹卫东南。

【集释】 《马注》：与龙曰：三国魏无。《通鉴》：隆安五年，利鹿孤遣将袭沮渠蒙逊，至万岁、临松。《寰宇记》：张掖县有千秋城、万岁城，皆窦融所筑，以扼边夷。《旧唐书·地理志》：晋分删丹置万岁县，炀帝并入删丹。《一统志》：故城今山丹县地。

【编者按】万岁县故城，在今甘肃山丹县东南。史为乐主编《中国历史地名大辞典》定在今甘肃山丹县东南陈户乡北。

兰池一云兰绝池。

【斠注】《初学记》八王隐《晋书》曰：兰池县属陇西郡。《斠注》案：《志》属凉州之西郡，不属秦州之陇西郡，岂先后有改隶之事欤？

【集释】《马注》：与龙曰：三国魏无。《前凉录》：建兴二年，兰池长赵婴于青涧水中得玉玺。《旧唐书·地理志》：晋分删丹置兰池县，炀帝并入删丹。《一统志》：故城今山丹县地。

【编者按】兰池县故城，在今甘肃山丹县东北。

酒泉郡 汉置。

【集释】《马注》：与龙曰：三国魏郡。义熙初，李暠都此，称西凉，后属北凉。《元和志》：后魏太武平沮渠氏，以酒泉为军，属燉煌镇。孝昌中，改镇立瓜州，复置酒泉郡。《地形志》：瓜州郡、县并阙。

统县九，户四千四百。

【斠注】《汉志》下酒泉郡，武帝太初元年开。《汉书补注》全祖望曰：故匈奴昆邪王地，武帝元狩二年开。据《匈奴传》则初置止酒泉一郡，武威亦稍后之，今从《本纪》。《元和郡县图志》四十曰：武帝元狩二年，昆邪王杀休屠王，并将其众来降，以其地为武威、酒泉郡。以城下有泉，其味若酒，故名酒泉。初属张轨，后凉吕光复据有其地。

【集释】方恺《新校》：方恺曰：说详金城下。

【编者按】酒泉郡治福禄县，在今甘肃酒泉市。

福禄

【斠注】《斠注》案：《汉志》酒泉郡禄福县。《续汉志》作福禄。《郃阳令曹全碑》云：拜酒泉禄福长。《魏志·庞淯传》云：禄福长尹嘉。注引皇甫谧《列女传》云：禄福赵君安之女。是后汉仍称禄福，惟刘昭《续志》误为倒文。本书《张重华传》封中坚将军谢艾为福禄伯，亦作福禄，岂晋时始改为福禄耶？《新斠注地理志》十二曰：今肃州。

【集释】《马注》：与龙曰：三国魏县。《后凉录》：吕光自西城还凉州，酒泉太守宋皓城守不下，光攻杀之。《北凉录》：段业天玺二年，酒泉太守王德叛，自称河州刺史，业遣沮渠蒙逊讨，破之。蒙逊永安二年，李暠遣唐瑶攻酒泉，获太守益生。《西凉录》：李暠建初元年，自燉煌迁都酒泉。《北凉录》：蒙逊元始八年，杀暠子歆于临泽，进克酒泉。后魏太延五年，灭北凉，沮渠牧（健）〔犍〕（编者校："健"应为"犍"。）弟酒泉太守无讳奔燉煌，还据酒泉。二年，魏遣奚眷讨之，无讳战败，遂弃酒泉，渡流沙，据鄯善。有铜驼山。《北凉录》：永安九年，酒泉南有铜驼山，人言犯之者辄天雨雪。沮渠蒙逊遣工取之，得铜万斤。有昆仑山。《前凉录》：马岌为酒泉太守上言："酒泉南山即昆仑之体也，周穆王见西王母乐而忘归，即谓此山。上有石室王母堂，珠玑镂饰，焕若神宫。《禹贡》昆仑在临羌之西，即此明矣，宜立西王母祠以裨朝廷无疆之福。"骏从之。与龙按：《汉书·地理志》：金城临羌县西北塞外有西王母石室、昆仑山。此马岌所说本，然岌竟以《禹贡》昆仑傅会之，则误。《禹贡》昆仑非昆仑山，《汉志》亦未牵合《禹贡》也。《一统志》：昆仑山，今肃州西南。福禄故城，今肃州治。

【编者按】福禄县故城，即今甘肃酒泉市治肃州区。

会水

【斠注】两汉旧县。阚骃曰：众水所会，故曰会水。《禹贡锥指》曰：会水县故城在今肃州卫东北。

【集释】《马注》：与龙曰：三国魏县。有合黎山。《水经·禹贡山水泽地所在》篇：合黎山在酒泉会水县东北。《后凉录》：吕光遣吕纂讨段业，战于合黎。《一统志》：合黎山，今高台县北，东接张掖界。会水故城，今肃州高台县西北百二十里镇夷城西北。

【编者按】会水县故城，在今甘肃高台县西北。定点在今高台县境，黑河西岸，古长城北。史为乐主编《中国历史地名词典》则定点在今金塔县西北双古城遗址，位置更往北一些。《中国文物地图集·甘肃分册》据考古资料称在双古城遗址处有汉代城址遗迹。

安弥

【斠注】两汉旧县。汉曰绥弥，后汉改曰安弥。《读史方舆纪要》三曰：今肃州西境有废安弥城。

【集释】《马注》：与龙曰：三国魏县。《后凉录》：吕光自西城还，凉州刺史梁熙遣其子胤率众拒之于酒泉，光将彭晃与战于安弥，败之。沮渠蒙逊永安七年，袭李暠于酒泉，至安弥，去城六十里，李暠乃觉。《一统志》：城今肃州东。

【编者按】安弥县故城，在今甘肃酒泉市东。

骍马

【斠注】《寰宇记》一百五十二曰：骍马戍。传云："昔有骍马二匹，为匈奴掠去。数载自还。"以其地为边防，因此以立（要）[戍]（编者校："要"应为"戍"。）名也。《读史方舆纪要》六十三曰：骍马城在肃州卫西。

【集释】何超《音义》：骍，息营反。

《马注》：与龙曰：三国魏无。《通鉴》胡注：骍马县，盖魏、晋间所置。《后凉录》：吕光太安元年，攻克酒泉，进次凉兴，王穆奔骍马，骍马令郭文斩之。《一统志》：故城今安西府玉门县界。

【编者按】骍马县故城，在今甘肃玉门市东南清泉乡白土梁村骟马城遗址。

乐涫

【斠注】两汉旧县。《读史方舆纪要》六十三曰：乐涫城在肃州卫东二百五十里。

【集释】何超《音义》：涫，音官。

《马注》：与龙曰：三国魏县。《后

凉录》：吕光龙飞二年，沮渠男成自福禄奔乐涫，进攻建康。《西凉录》：李暠建初元年，以张体顺为建康太守，镇乐涫。《元和志》：后魏太武帝，平凉改县为戍，隶敦煌镇。《一统志》：故城今肃州高台县西北。

【编者按】乐涫县故城，在今甘肃酒泉市东南。

表氏

【斠注】两汉旧县。《汉志》作表是。《续汉书》作表氏。《新斠注地理志》十二曰：在今肃州高台县西。

【集释】《马注》：与龙曰：三国魏县。按《后周书》史宁系建康表氏人，据此，后魏时县当属建康郡也。《一统志》：故城今高台县西。

【编者按】表氏县故城，在今甘肃高台县西。

延寿

【斠注】后汉置。《读史方舆纪要》六十三曰：延寿城在肃州卫西南。

【集释】《通鉴》胡注：《晋书·地理志》酒泉郡有延寿县，当是后改为万岁。宋白曰：隋炀帝并万岁入删丹县，属张掖郡。

《马注》：与龙曰：三国魏县。《宋书·符瑞志》：晋武帝泰始二年，白鸠见酒泉延寿。有石脂水。《郡国志》注引《博物记》：县南有山，石出泉水，大如筥篦，注地为沟。其水有肥，如煮肉泪，羕羕永永，如不凝膏，然之极明，不可食，县人谓之石漆。《元和志》：石脂水在玉门县东南一百八十里。泉中有苔如肥肉，然之极明。周武帝宣政中，突厥围酒泉，取此脂燃火，焚其攻具，得水逾明，酒泉赖以获济。《通志》：今赤金所东南一百八十里有石油泉，土人取以燃灯，即石脂水也。与龙按：近世取此石油炼之，售入内地以作燃料，利甚普焉。《一统志》云：据《元和志》，石脂水在玉门县东南一百八十里，延寿县当在其地。

【编者按】延寿县故城，在今甘肃玉门市东南。

玉门

【斠注】两汉旧县。阚骃曰：汉罢玉门关屯，徙其人于此。

【集释】《马注》：与龙曰：三国魏县。《西凉录》：李暠庚子元年，东伐凉兴，并击玉门以西诸城，皆下之。有凉宁故郡。《前凉录》：永和九年，张祚废张灵曜为凉宁侯。《北凉录》：沮渠蒙逊永安元年，所部凉宁、酒泉二郡叛降西凉。《地形志》有凉宁郡。按《周书》，魏大统十二年，瓜州张保据州叛，遣令狐整救凉州，至玉门郡。《隋志》：玉门县，后魏置会稽郡。《元和志》：玉门，汉旧县，后魏孝明帝改为玉门郡。《一统志》：故城今玉门县东。

【编者按】玉门县故城，在今甘肃玉门市东南。史为乐主编《中国历史地名大辞典》将汉以来所治玉门县定点为今甘肃玉门市赤金镇稍东。

沙头

【斠注】两汉旧县。《汉志》作池头，《续汉志》作沙头。《读史方舆纪要》六十三曰：沙头城在肃州卫西二百五十里。

【集释】《通鉴》胡注：沙头县本属酒泉郡，惠帝分属晋昌郡。

《马注》：与龙曰：三国魏县。《北凉录》：天玺二年，酒泉太守王德叛，沮渠蒙逊讨之，追至沙头，破之。《一统志》：故城今玉门县西南。李兆洛云：当在今玉门县北少西一百十里苏赖河之南。

【编者按】沙头县故城，在今甘肃玉门市西北、疏勒河南。

敦煌郡 汉置。

【集释】《通鉴》胡注：瓜州，敦煌郡也。考之《晋志》，张氏置沙州于敦煌，未尝置瓜州。又考之《唐志》，沙洲敦煌郡，本瓜州，武德五年曰西沙州，贞观七年曰沙州。瓜州晋昌郡，武德五年，析沙州之常乐置。盖李暠兴于敦煌，自称秦、凉二州牧，其后迁于酒泉，以敦煌为瓜州；至唐复以敦煌为沙州，以晋昌为瓜州，而瓜州分为二州矣。

程廷祚《证今》曰："今嘉峪关以西之地。"

《马注》：与龙曰：三国魏郡。《十六国春秋》：咸康元年，张骏于郡置沙洲。隆安元年，改敦煌郡为商州。苻坚建元十二年，吕光自西凉还，敦煌太守姚静以郡降。段业神玺二年，敦煌太守孟敏以郡降，敏卒，众推李暠为敦煌太守，后徙都酒泉。《魏书》：真君三年，沮渠无讳走，渡流沙，李暠孙宝据敦煌，遣使内附。《元和志》：后魏于郡置敦煌镇，明帝罢镇立瓜州。《地形志》瓜州郡、县阙。

统县十二，

【集释】方恺《新校》：方恺曰：案：后篇言惠帝元康五年，分敦煌郡五县，酒泉之沙头县，又别立会稽、新乡，凡八县为晋昌郡。则新乡为元康时立，不应先见中篇。

《马注》：与龙曰：应删惠帝所立新乡县，为统县十一。

户六千三百。

【斠注】《汉志》下曰：敦煌郡，武帝后元年分酒泉置。《汉书补注》：齐召南曰：《武纪》，敦煌与张掖并元鼎六年置。又太初元年书"蝗从东方飞至敦煌"，则置郡久矣。朱一新曰：后元元年，称后元盖当时通称。《元和郡县图志》四十曰：汉武帝元鼎六年，分酒泉置敦煌郡。前凉张骏于此置沙州，后三年复改为敦煌郡。凉武昭王初都于此，后又迁于酒泉。《晋地理志新补正》曰：按《寰宇记》：苻坚时，徙江汉流人万余户于敦煌，有徙中州不辟田畴民七千余户于此。

【集释】毕沅《新补正》：沅案：《十六国春秋》：凉武昭王元年，分敦煌之凉兴、乌泽、晋昌之宜禾三县置凉兴郡。

《马注》：毕沅曰：《寰宇记》：凉武昭王遂以南人置会稽郡，以中州人置广夏郡。与龙曰：《西凉录》：李暠建初二年，分南人五千户置会稽郡，中州人五千户置广夏郡，余万五千户分置武威、武兴、张掖三郡，筑城于燉煌南子城（编者校：汤球《十六国春秋辑补》"城"为"亭"。），以威南虏。

【编者按】敦煌郡治敦煌县，在今甘肃敦煌市西。

昌蒲

【斠注】《读史方舆纪要》三曰：昌蒲在今沙州废卫西。

【集释】《马注》：与龙曰：三国魏无。今地阙。李兆洛云：当在今安西州敦煌县境。

【编者按】昌蒲县故城，即今甘肃北蒙古族自治县治。

敦煌

【斠注】两汉旧县。《水经·禹贡山水泽地所在注》曰：杜林曰：燉煌，古瓜州。

【集释】《马注》：与龙曰：三国魏县。有凉兴城。《十六国春秋》：吕光太安元年，攻克酒泉，进次凉兴。段业天玺中，分敦煌之凉兴、乌泽、晋昌之宜禾三县为凉兴郡。进李暠都督凉兴以西诸军事。李暠庚子元年，东伐凉兴。《元和志》敦煌县郭下云：本汉旧县。《一统志》：凉兴城在废瓜州西一百七十里。敦煌故城，今安西府治。与龙按：废瓜州在今敦煌县境。又按《一统志》安西府渊泉下云：雍正五年置安西卫，为安西厅治。乾隆二十四年，以安西、柳沟二卫地改置渊泉县，为安西府治。二十七年，移府治于敦煌，以渊泉隶焉。敦煌县下云：雍正四年置沙州卫。乾隆二十五年，改置敦煌县，二十七年为安西府治。《一统志图》有安西府沙州卫，而多渊泉、敦煌二县，盖《志》从乾隆之制，《图》仍雍正之旧，执《图》以证《志》，则安西府治有东、西易位之讹。近世地图相沿不改，今为辨正之。

【编者按】敦煌县故城，在今甘肃敦煌市西，党河西岸。

龙勒

【斠注】两汉旧县。《读史方舆纪要》六十四曰：龙勒城在沙州西。

【集释】《马注》：与龙曰：三国魏县。《元和志》《寰宇记》并云后魏改曰寿昌县。《一统志》云：据《隋志》，盖后魏于县置寿昌郡，非改县名也。故城今安西府治西。谢钟英云：今敦煌县西一百五十里。

【编者按】龙勒县故城，在今甘肃敦煌市西南南湖乡东的沙滩上。史为乐主编《中国历史地名大辞典》定点在今甘肃敦煌市西南一百五十里破城子。

阳关

【斠注】《读史方舆纪要》六十四曰：阳关故城在故龙勒县西，因故阳关为名。

【集释】《马注》：与龙曰：三国魏无。按《汉志》龙勒县有阳关、玉门关，皆都尉治。《西域传》，孝武击破匈奴右地始置酒泉、武威、张掖、敦煌四郡，据两关焉。《元和志》玉门故关在龙勒县西北一百一十八里，谓之北道，西趋车师前庭及疏勒。此西域之门户也。寿昌县本汉龙勒县，阳关在寿昌县西六里，以居玉门关之南，故曰阳关，谓之南道，西趋鄯善、莎车。《后凉录》：苻坚建元二十一年，吕光平龟兹东还，自高昌至玉门。《西凉录》：李暠庚子元年，遣将军宋繇击玉门已（编者校："已"疑是"以"。）

西诸城，皆下之，遂屯玉门阳关，广田积谷。有流沙。《张骏传》：其将杨宣越流沙，伐龟兹、鄯善。《魏书》：真君三年，沮渠无讳度流沙，据鄯善。《周书》：鄯善西北有流沙数百里，夏日有热风，为行人之患。颜师古《汉书》注：流沙在敦煌西八十里。郭义恭《广志》：流沙在玉门关外，南北二十里，东西数百里。有三断石，名曰三陇。《一统志》：故城今安西府治西南一百三十里。

【编者按】 阳关县故城，在今甘肃敦煌市西南南湖乡西的古董滩、红山口一带。《中国文物地图集·甘肃分册》据考古资料定汉晋阳关遗址在今甘肃敦煌市西南阳关镇南工村西1公里。

效谷

【斠注】 两汉旧县。《汉志》注：师古曰：《廿二史考异》曰：此班氏本，文非小颜注也。桑钦书唐初已失传，师古曰三字衍。本鱼泽障也。桑钦说：孝武元封六年，济南崔不意为鱼泽尉，教力田，以勤效得谷，因立为县名。《读史方舆纪要》三曰：今废沙州卫东北有效谷废城。

【集释】 《通鉴》胡注：效谷县，自汉以来，属敦煌郡。后周并入敦煌县。《马注》：与龙曰：三国魏县。《十六国春秋》：段业时，沙州刺史孟敏署李暠为效谷令。按《隋志》：后周并效谷郡入敦煌郡，又并效谷县入鸣沙县。据此则后魏尝有效谷县也。《一统志》：故城今安西府治西。

【编者按】 效谷县故城，在今甘肃瓜州县西南。史为乐主编《中国历史地名大辞典》定点在今甘肃敦煌市东北四十里郭家堡乡墩湾村。此两处所指方向一致，但之间有一定距离。

广至

【斠注】 两汉旧县。《新斠注地理志》十二曰：今敦煌县地。

【集释】 《马注》：与龙曰：三国魏县。《隋志》：后周并凉兴、大至、冥安、渊泉为凉兴县。按大至即广至，是后魏时县尚存。《一统志》：故城今渊泉县西。谢钟英云：《元和志》：常乐县东至沙州一百五十里，本汉广至县地。按乾隆二十五年改沙州卫为敦煌县，广至当在敦煌县西。

【编者按】 广至县故城，在今甘肃瓜州县南。谭其骧主编《中国历史地图集》定点在今甘肃瓜州县西南。《中华人民共和国地名词典·甘肃省》定点在今甘肃瓜州县东南五十二里破城子村。

宜禾

【斠注】 汉宜禾都尉治。《寰宇记》一百五十三曰：宜禾故城在晋昌县西北界。《新斠注地理志》十二曰：今镇西府哈密通判治所。

【集释】 《通鉴》胡注："班《志》：敦煌郡广至县昆仑障，宜禾都尉治，晋分为宜禾县，属晋昌郡。刘昫曰：瓜州常乐县，汉广至县；魏分广至置宜禾县；李暠于此置凉兴郡，隋废，置常乐镇，武德五年，改镇为县。""段业分敦煌之凉兴、乌泽，晋昌之宜禾为凉兴郡。至宇文氏，并晋之广至、宜安、渊泉，合为凉兴县；隋、唐瓜州之常乐县即其地也。"

《马注》：与龙曰：三国魏县。《寰宇记》：宜禾故城，汉宜禾都尉所居，在晋昌县西北界。《元和志》：宜禾县，后魏改置常乐郡。谢钟英云：故城今敦煌东一百五十里。

【编者按】宜禾县故城，即今甘肃瓜州县治。

冥安

【中华校】冥安 "冥"原作"宜"。毕校：应作"冥安"，《元和郡县志》以县界冥水为名。按：毕说是，今据改。下同。

【斠注】《新斠注地理志》十二曰：冥安在今安西州西南。《斠注》案：两汉冥安县属敦煌郡。此作宜安必为冥安之讹。应劭云：冥水出，北入其泽。《元和郡县图志》四十亦云：以县界冥水为名，是未有以冥为宜者。

【集释】《马注》：与龙曰：《汉志》作冥安。冥、宜形似致讹。三国魏县。《隋志》冥安后周并入凉兴县，是后魏时县尚存。汪士铎云：故县今敦煌县北。

【编者按】冥安县故城，在今甘肃瓜州县东南。《中国文物地图集·甘肃分册》据考古资料定汉冥安县城遗址在今甘肃瓜州县东南锁阳城镇南坝村东南8公里。

（深）［渊］泉

【中华校】深泉 《考异》："渊泉"作"深泉"，避唐讳。

【斠注】《汉志》渊泉县。颜《注》引阚骃曰：地多泉水，故以为名。《斠注》案：唐人避讳，故改渊为深。《续汉志》有拼泉县，即渊泉县之改名。《新斠注地理志》十二曰：在今安西州东南。

【集释】《马注》：与龙曰：三国魏县。《后汉书》注：渊泉故城在今晋昌县北。《一统志》：今安西州东旧柳沟尉东。李兆洛云：在州东一百二十里。

【编者按】深泉县应为渊泉县。渊泉县故城，在今甘肃瓜州县东。谭其骧主编《中国历史地图集》定名为渊泉。《中国文物地图集·甘肃分册》据考古资料定汉渊泉县在今甘肃瓜州县东三道沟镇四道沟村北侧。

伊吾

【斠注】《元和郡县图志》四十曰：后汉顺帝时，以伊吾旧膏腴之地置伊吾司马，至魏立伊吾县，晋立伊吾都尉。《通典》：晋昌县北有伊吾城。《读史方舆纪要》六十五曰：伊吾废县今哈密卫治。

【集释】《通鉴》胡注：有伊吾关。

《马注》：与龙曰：三国魏无。《一统志》：今渊泉县北。

【编者按】伊吾县故城，在今甘肃瓜州县北。李并成《魏晋时期寄理敦煌郡北界之伊吾县城考》认为魏晋时期敦煌郡北界寄理的伊吾县城在安西（编者校：安西县即瓜州县。）敦煌交接处的芦草沟古绿洲北部残存的巴州古城。

（新乡）

【集释】《马注》：方恺曰：新乡为

元康时立，不应见于此。与龙曰：三国魏无。按本州篇末云：惠帝元康五年立新乡县，属晋昌郡，《志》以太康为断，误登此于敦煌郡，当删之，说详见本州篇末。

【编者按】新乡县故城，在今甘肃瓜州县东南。谭其骧主编《中国历史地图集》西晋太康二年图不把新乡作为县级政区定点。当删。

乾齐

【斠注】两汉属酒泉郡。《读史方舆纪要》六十三曰：乾齐城在肃州卫西北。

【集释】《马注》：与龙曰：三国魏县，属酒泉。《一统志》：故城今玉门县西南。

【编者按】乾齐县故城，在今甘肃玉门市玉门镇附近。《中国文物地图集·甘肃分册》据考古资料称在今甘肃玉门市玉门镇中渠村东南1公里处有一魏晋古城遗址。

西海郡 故属张掖，汉献帝兴平二年，武威太守张雅请置。统县一，户二千五百。

【斠注】《史记·列传六十三·正义》：《晋太康地记》曰：河北得水为河，塞外得水为海也。张穆《蒙古游牧记》十六曰：额济纳，旧土尔扈特部，汉为居延县地，后汉初因之，安帝时改置张掖居延属国，别领居延一城，献帝建安末立为西海郡。《补注》云：秋涛案此从《续汉志》所载，《晋地理志》则云汉献帝兴平二年，立郡之年二书不同。洪氏亮吉曰：盖请立于兴平中，至建安末始置也。

【集释】《马注》：钱大昕曰：《郡国志》：张掖居延属国居延。刘昭注：献帝建安末，立为西海郡。按《献帝起居注》：建安十八年复。《禹贡》：九州雍州部已有西海郡，是立郡不在建安末也。与龙曰：当以此《志》为是。三国魏郡。《地形志》阙。

【编者按】西海郡治居延县，在今内蒙古额济纳旗东南。

居延

【集释】《马注》：与龙曰：三国魏县。顾祖禹云：居延故城在甘肃镇西北一千二百里。居延海在故城东北。

泽在东南，

【集释】《马注》：与龙曰：李兆洛云：今甘州府张掖县东北一千五百里。与龙按：在今蒙古额济纳旧土尔扈特旗境。

《尚书》所谓流沙也。

【斠注】汉属张掖郡。后汉安帝时改置张掖居延属国，别立居延一城。献帝兴平二年立西海郡。《水经·禹贡山水泽地所在》曰：流沙地在张掖居延县东北。注云：居延泽在其县故城东北，《尚书》所谓流沙者也，形如月生五日也。《寰宇记》一百五十二曰：居延城在张掖县东北。《蒙古游牧记》十六《补注》云：秋涛案：《汉志》言居延泽在县东北，《至元志》称居延故城亦云泽在东北，而《晋志》独云泽在东南，南字误也。《新斠注地理志》十二曰：在今甘州府城东北一千五百里。

【集释】《马注》：与龙曰：《太康地志》：流沙形如月初生五六日。高诱《吕览注》：流沙在敦煌西八百里。郭义恭《广志》：流沙在玉关外，有居延泽。与龙按：有敦煌县西之流沙，在玉门关外。《魏书》：沮渠无讳渡流沙据鄯善者是也。有张掖县西北之流沙，即居延海也。

【编者按】居延县故城，在今内蒙古额济纳旗东南。

元康五年，惠帝分敦煌郡之宜禾、伊吾、冥安、深泉、广至等五县，分酒泉之沙头县，又别立会稽、新乡，

【集释】《马注》：与龙曰：《隋志》：后魏置会稽郡。周并会稽、新乡、延兴为会稽县。是会稽、新乡二县后魏时犹存。《通典》：瓜州南至新乡镇一百八十里即此。《一统志》：今安西府渊泉县东南。

凡八县为晋昌郡。

【斠注】《文选·答魏子悌诗》注：王隐《晋书》曰：惠帝以敦煌上界阔远，分立晋昌郡。《读史方舆纪要》六十三曰：会稽城在玉门故城西汉沙头县地。

【集释】《通鉴》胡注：惠帝分敦煌、酒泉置晋昌郡。杜佑曰：晋昌，汉冥安县地。

《马注》：与龙曰：《十六国春秋》：苻坚建元二十一年，吕光自西域还，晋昌太守李纯迎降。段业神玺二年，晋昌太守王德以郡降李暠。庚子元年，晋昌太守唐瑶移檄六郡，推暠为沙州刺史。沮渠蒙逊元始十年，晋昌太守唐契叛，遣世子政德攻克之。《周书》：魏大统十二年，瓜州民张保叛，晋昌人吕兴等害郡守郭肆，以郡应保。《元和志》：瓜州，晋惠帝置晋昌郡，周武帝改为永兴郡。《一统志》：故城今渊泉县东。

永宁中，

【斠注】《元和郡县图志》四十曰：晋惠帝永宁元年。

【集释】《马注》：与龙曰：永宁当作永嘉。《前凉录》张轨上表请置武兴郡、晋兴郡并在永嘉五年。

张轨为凉州刺史，镇武威，上表请合秦雍流移人于姑臧西北，置武兴郡，

【斠注】《元和郡县图志》四十曰：嘉麟县本汉宣威县地，前凉张轨于此置武兴郡，后凉吕光改置嘉麟县。《读史方舆纪要》三曰：武兴，今凉州卫西北有故城。

【集释】《马注》：与龙曰：《后秦录》：姚兴弘治三年，姚硕德至姑臧，表以姜纪为武兴太守。《元和志》：武兴郡，吕光改置嘉麟县，后废。《地形志》有武兴郡。

统武兴、

【集释】《马注》：与龙曰：《一统志》：故城今凉州府武威县北。

大城、

【集释】《马注》：与龙曰：《隋志》：番和县，开皇中并广城县入焉。按广城即大城也，故城当在今凉州府永昌县境。

乌支、

【集释】《马注》：与龙曰：官本作焉支，是。《十六国春秋》作焉支。《地形志》作燕支，属番和郡。《一统志》：故城今永昌县西。

襄武、

【集释】《马注》：与龙曰：《地形志》武威郡有襄武县，近本讹作襄城。《隋志》姑臧有后魏置襄武县，盖后改置也，故城当在今武威县西北境。

晏然、

【集释】《马注》：与龙曰：《后秦录》：姚硕德表以姜纪为武威太守，屯据晏然。《水经·禹贡山水泽地》篇都野泽注：马城水东北迳宣威县故城南，又东北迳平泽、晏然二亭东，又东北迳武威县故城东。《地形志》武兴郡有晏然县、马城县。与龙按：《水经注》之晏然亭即晋晏然县，故址当在今凉州府镇番县境。

新鄣、

【集释】《马注》：与龙曰：《地形志》番和郡领彰县。《隋志》：番和县，开皇中并障县入焉。即此县也。李兆洛云：当在今永昌县境。

平狄、司监

【集释】《马注》：与龙曰：二县见《前凉录》，故址当在今凉州府北境。

等县。

【斠注】《元和郡县图志》四十曰：汉鸾鸟县，张天锡改置武兴县。

又分西平界置晋兴郡，

【斠注】《元和郡县图志》三十九曰：前凉张轨分西平置晋兴郡，张天锡以晋兴、西平二郡辽远分为广源郡。后凉吕光改西平为西河郡。南凉秃发乌孤自称武威王，徙都于此。弟傉檀迁于姑臧，后复理于此，为乞伏炽磐所并。《读史方舆纪要》六十曰：晋兴城在兰州西南百七十里。《水经注图说残稿》曰：《晋志》张轨分置晋兴郡，《一统志》云小晋兴，盖即晋兴郡治之晋兴县，后魏废。《注》引阚骃说，城在允吾县西四十里。

统晋兴、

【集释】《马注》：与龙曰：《西秦录》：乞伏乾归太初十三年降于利鹿孤，利鹿孤迎之，置于晋兴。《河水注》：湟水东南迳小晋兴城北。阚骃曰：允吾县西四十里有小晋兴城。《一统志》云：即晋兴郡之晋兴县，犹沛郡沛县之为小沛也。《后凉录》：吕光主簿尉佑以允吾叛，败奔兴城。《通鉴》胡注：城在允吾之西、白土之东，疑即小晋兴也。故城今西宁府碾伯县东南。

枹罕、

【集释】《马注》：方恺曰：本书《五行志》有永嘉五年枹罕令严根。与龙曰：汉故县，三国魏县，惠帝时置枹罕护军。《十六国春秋》：张骏咸和二年，刘曜将刘胤攻凉枹罕，护军辛晏降之，遂失河南地。苻坚建元三年，克枹罕，以彭越为凉州[刺史]（编者校：此处脱"刺史"。），镇枹罕。七年，徙凉州治金城，以李俨子辨为河州刺史，领晋兴太守，镇枹罕。西秦乞伏乾归太初二年，枹罕羌彭奚念来附，以为北河州刺史。更始元年，以屋引破光为河州刺史，镇枹罕。乞伏炽磐永康元年，迁都枹罕。《地形志》河州镇枹罕。《元和志》后魏置枹罕镇。《一统志》：故城今兰州府河州治。董祐诚云：汉故城当在今河州南。

永固、

【集释】《通鉴》胡注：白石县，前汉属金城郡，后汉属陇西郡。贤曰：白石山在今兰州。宋白曰：河州凤林县，本汉白石县地，张骏八年，改为永固县。

《马注》：与龙曰：三国魏白石县地。《旧唐书》：张氏改白石为永固。《一统志》：故城今河州西南。

临津、

【集释】《马注》：与龙曰：《河水注》：临津溪水自南山北迳临津城西。《一统志》：故城今河州西北。董祐诚云：当在今循化厅西北土司境。

【编者按】《宋本晋书》无"临津"。

临鄣、广昌、

【集释】《马注》：与龙曰：二县见《前凉录》，今地并阙。

大夏、

【集释】《通鉴》胡注：大夏县，汉属陇西郡；张轨分属晋兴郡，后又分置大夏郡。《水经注》，大夏县故城，在枹罕县西南，北临洮水。刘昫曰：河州大夏县，汉古县也，取县西大夏水以名之。

《马注》：与龙曰：汉故县，三国魏废。《河水注》：大夏川水东北迳大夏县故城南。《晋书地道记》曰：县有禹庙，禹所出也。与龙曰：据《地道记》，晋有此县，当是惠帝时复置也。有阿干岭。《通鉴》胡注：在晋兴郡大夏县东南、洮水西北。全祖望云：慕容廆思其兄吐谷浑，因作阿干之歌。盖胡俗称其兄曰阿步干。阿干者，阿步干之省也。今兰州阿干峪、阿干河、阿干城、阿干堡，皆因阿干之歌得名。与龙按：《元和志》：胡语长兄为大干。又按阿干岭，《三国志》作沃干阪。《明统志》：自凉州济河，必度此岭，乃至狄道。《地形志》：河州金城郡大夏，晋属晋兴。《一统志》：故城今河州东南。董祐诚云：当在河南，东南接狄道州界。

遂兴、罕唐、

【集释】《马注》：与龙曰：二县见《前凉录》，今地并阙。

左南

【集释】《通鉴》胡注："张轨置左南县，属晋兴郡。阚骃《十三州志》曰：石城西一百四十里，有左南城，河水迳其南，曰左南津。""阚骃《十三州志》曰：左南城在金城白土县东六十里。《晋志》：张氏置晋兴郡，左南县属焉。是县盖亦张氏所置也。"

《马注》：与龙曰：《前凉录》：张重华使谢艾进次临河，麻秋率众来拒，艾遣张瑁从左南缘河而截其后。《河水注》：河水又迳左南城南。《十三州志》曰：石城西一百四十里有左南城，津亦取名焉。有河夹岸。《后赵录》：麻秋袭张重华将张瑁于河陕。按即河夹岸。《河水注》：大河又东迳赤城。此即河夹岸也。《秦州记》曰：枹罕有河夹岸，岸广四十丈。义熙中，乞伏于此河上作飞桥，桥高五十丈，三年乃就。《一统志》：故城今西宁府碾伯县东南。董祐诚云：当在今巴燕戎格厅东、大夏河口之北。又云：河夹岸当在今河州东北大夏、洮河二口之间。

等县。

【斠注】《水经·河水二》注：《十三州志》曰：枹罕县在郡（金城郡）西二百一十里。又曰：水自南山北迳临津县西。《晋地理志新补正》曰：白土，《寰宇记》：前凉张骏八年，改为永固县。《水经注图说残稿》曰：张轨置晋兴郡，有临津县。《魏书·地形志》县阙，当在今循化厅西北土司境。《读史方舆纪要》三曰：晋兴在今兰州西南。又六十曰：枹罕废县今河州治，大夏城在河州东北八十里，临津城在河州西北百二十里。又六十四曰：左南城在西宁镇东南。《十三州志》：石城西百四十里有左南城。《斠注》案：枹罕、大夏，两汉旧县，不知何时所省。

是时中原沦没，元帝徙居江左，轨乃控据河西，称晋正朔，是为前凉。

【集释】《马注》：与龙曰：前凉都姑臧。

及张寔，分金城之令居、

【集释】《马注》：与龙曰：汉故县，三国魏县。《一统志》：故城今凉州府平番县西北。董祐诚云：当在今土司境。

枝阳

【集释】《通鉴》胡注：枝阳县，汉属金城郡，晋张寔分属广武郡。刘昫曰：唐兰州广武县，汉枝阳县。杜佑曰：唐会州会宁县，汉枝阳县。

毕沅《新补正》：沅案：一作阳。（编者校：毕沅所本"阳"为"杨"。故有此论。）

《马注》：与龙曰：汉故县，三国魏县，并作阳。《前凉录》作杨枝，彼误。《西秦录》：乞伏乾归太初十一年，遣弟益州攻枝杨、鹯武、允吾三郡，皆克之。《一统志》：故城今平番县南，接皋兰县界。董祐诚云：当在今庄浪厅南。

二县，又立永登县，

【集释】《马注》：与龙曰：《河水注》：涧水又南迳永登亭西，即县治也。《一统志》：故城今平番县西南。

合三县立广武郡。

【斠注】《十六国疆域志》：广武属秦州，领县五：广陵、令居、枝阳、永登、振武。《水经·河水注》二曰：逆水又东南迳广武城西。《水经注图说残稿》曰：《元和郡县志》：广武本汉枝阳县，前凉置广武郡。《隋书·地理志》后魏置广武县并郡，《魏书·地形志》无之，城当在今平番县南，近庄浪厅治。《寰宇记》一百五十一曰：前凉张骏三年，分晋兴置广武郡。《斠注》案：与本《志》异，疑有误。《读史方舆纪要》三曰：枝阳，今靖房卫西南有故城。又六十四曰：广武城在西宁镇东北。《斠注》案：令居、枝阳二县两汉属金城郡，本《志》不载，是晋初已省，不知何时复置。张寔又分二县立广武郡也。

【集释】《马注》：与龙曰：说见《前凉录》，在建兴四年。又《南凉录》：太元十九年，吕光署秃发乌孤为鲜卑大都统、广武县侯。乌孤筑廉川堡都之。光又封乌孤为光武郡公。太初元年，乌孤曜兵广武，攻凉金城，克之。《西秦录》：乞伏炽磐永康三年，袭南凉，克之，以赵恢为广武太守。四年，沮渠蒙逊攻，拔广武。《河水注》：逆水由东南迳广武城西，故广武都尉治。《元和志》：广武县，本汉枝阳县，前凉置广武郡，开皇三年罢郡。《一统志》：故城今平番县东南。董祐诚云：当在今平番县南，近庄浪厅治。

张茂分武兴、

【集释】《马注》：与龙曰：武乡当作武兴。《前凉录》作武兴。《通鉴》建武元年，胡注引此作武兴。

金城、西平、安故

【集释】《马注》：与龙曰：汉故县，三国魏废，盖前凉复置也。《前凉录》作安固，兼置郡。《州郡志》：益州安固太守，张氏于凉州立。《地理志》：陇西之属县也。《十三州志》曰：县在郡南四十七里。《一统志》：故城今兰州府狄道州。

胡阿祥《东晋南朝侨州郡县考表》："安固郡……并张氏于凉州始立，确地无考。据《晋书·张轨传附子寔传》及《通鉴》卷九〇建武元年，有安固太守贾骞，胡注云：'《晋志》曰：张茂分武兴、金城、西平、安故四郡为定州。盖张氏分金城、西平二郡地置安故郡也。按安故县，二汉属陇西郡。……安故郡，盖即汉之一县置郡'，其地在今甘肃临洮县南。安固侨郡，或即安故郡之侨置邪？张氏始则称晋正朔，故东晋可侨置其所置郡县，至于十六国北朝之州郡县，东晋南朝例不侨立。"

为定州。

【斠注】《十六国疆域志》以金城、西平属凉州，止列武兴、安故二郡。《水经·河水注》二曰：洮水北迳安故县故城西。《水经注图说残稿》曰：二汉《志》县并属陇西郡，晋省。《十六国春秋》：前凉复置兼置郡。西秦亦曰安固郡。《魏书·地形志》无之，是县废也。《读史方舆纪要》六十曰：安故城在临洮府西南百六十里。《斠注》案：安故置郡当在张茂之前，故茂得分为定州地也。

【集释】《通鉴》胡注：盖张氏分金城、西平二郡地置安故郡也。按安故县，二汉属陇西郡。《水经注》：洮水自临洮县东流，又屈而北流，迳安故县故城西，又北迳狄道县故城西。狄道，时已置武始郡；安故郡，盖即汉之一县置郡。

《马注》：与龙曰：说见《前凉录》，在永昌元年。

张骏分武威、武兴、西平、张掖、酒泉、建康、

【集释】《通鉴》胡注：建康郡，张骏置，属凉州。《新唐书·地理志》：甘州张掖县西北九十里有祁连山，北有建康军，盖张氏置郡地也。

《马注》：与龙曰：《后凉录》：吕光太安元年，张大豫求救于岭西诸郡，建康太守李隰起兵应之。龙飞二年，沮渠男成自乐涫进攻建康，推太守段业为主，称凉州牧、建康公。《一统志》：故城今肃州府高台县南。

西海、

【编者按】《宋本晋书》无"西海"。

西郡、湟河、

【集释】何超《音义》：湟，音皇。

《马注》：与龙曰：《南凉录》：秃发

乌孤太初二年，败梁饥于西平，湟河太守张稠以郡降。夏赫连昌承光二年，伐西秦，攻其沙州刺史屈连虔于湟河，不克。《河水注》：河水又东北迳黄河城南，西北去西平二百一十七里。《通典》：廓州，前凉以其地为湟河郡。《张猛龙颂》有凉黄河太守。董祐诚云：诸书无黄河郡，则黄河郡即湟河郡也。《寰宇记》引《周地图记》：湟河郡，后魏真君十六年，置洮河郡，属鄯州。《地形志》阙。《一统志》：故城今西宁府碾伯县东。董祐诚云：据《水经注》，当在今西宁县东南巴燕戎格厅西境。

晋兴、广武

【集释】《马注》：与龙曰：须武，《前凉录》作广州。按皆为广武之讹。

【编者按】《宋本晋书》"广武"为"须武"。

合十一郡

【集释】《马注》：与龙曰：一字当衍。

为凉州，

【中华校】张骏分武威武兴西平张掖酒泉建康西海西郡湟河晋兴广武合十一郡为凉州　原缺"西海"，"广武"误作"须武"，今据《后魏书·张骏传》补改。

【斠注】《十六国疆域志》曰：凉州，统十一郡实止十郡。为凉州。武威领县九：姑臧、祖厉、宣威、揖次、仓松、显美、骊靬、鹯阴、番禾。武兴领县八，与本《志》同。西平领县四：西都、临羌、长宁、安夷。张掖领县四：永平、临泽、屋兰、氐池。酒泉领县七：福禄、会水、安弥、骍马、表氏、延寿、玉门。建康领县一：乐涫。西郡领县五：日勒、删丹、兰池、万岁、仙提。湟河领县无考。晋兴领县九：晋兴、枹罕、永固、临津、临漳、广昌、遂兴、罕唐、左南，较本《志》少大夏一县，盖张骏时置大夏郡也。须武领县无考。又有广源郡领县无考。《读史方舆纪要》三曰：建康，今甘州卫西北二百里有故城。湟河，今西宁卫南二百八十里废廓州是。须武，亦西宁卫境。又六十三曰：建康城在甘肃镇西二百里。《名胜志》：高台所西南四十里有故建康城。《斠注》案：《魏书·张寔传》：须武作广武，又多一西海郡，而洪氏不列西海而列广源。据《元和志》，广源为张天锡分兴晋、西平二郡置，尚在其后，非张骏时之十一郡也。又《李玄盛传》有河湟太守，即张氏之湟河误为倒文。

【集释】《通鉴》胡注："王隐《晋书》曰：凉州城东西三里，南北七里，本匈奴所筑。及张氏之世，又增筑四城，箱各千步；东城命曰讲武场，北城名曰玄武圃，皆殖园果，有宫殿。广夏门、洪范门，皆中城门也。""青角门，盖凉州中城之东门也。谦光殿，张骏所起；自以专制河右而世执臣节，虽谦而光，故以名殿。"

《马注》：与龙曰：说见《前凉录》，在咸康元年。

周家禄《晋书校勘记》曰：十一郡当作十郡。

兴晋、

【集释】《马注》：与龙曰：《前秦录》：（符）[苻]坚建元七年，李俨子辨为河州刺史，领晋兴太守，镇枹罕。

按晋兴郡治枹罕，今兰州府河州治。

金城、武始、

【集释】《马注》：与龙曰：说见秦州篇末。

南安、

【集释】《马注》：与龙曰：郡原属秦州。

永晋、

【集释】《马注》：与龙曰：未详。

大夏、

【集释】《马注》：与龙曰：《前凉录》：永和二年，石赵将麻秋克金城，进攻大夏，大夏护军梁式执太守宋晏，以城应之。太和二年，张天锡袭李俨，克大夏郡。与龙按：郡旋废。后魏皇兴三年复置，后复为县，见《地形志》。

武成、

【集释】《马注》：与龙曰：《前凉录》：永和三年，赵将麻秋来伐，武城太守张悛固守枹罕。武城即武成也。西秦乞伏国仁亦置武城。《一统志》：故城今兰州府河州东。

汉中为河州，

【斠注】《魏书·张寔传》：武成作武城。《元和郡县图志》二十九曰：张骏二十一年，以州界辽远，分置河州。后乞伏炽磐又自金城郡都于此。本书《张骏传》云：东界六郡置河州。《寰宇记》一百五十四曰：分兴晋等六郡置河州。六郡均为八郡之讹。又曰：张骏十八年，分武始、兴晋、广武置大夏郡及县，取县西大夏水为名。十八年与《元和志》作二十一年不合，必有一误。《十六国疆域志》曰：河州凡统旧郡三，增置郡五。兴晋领县无考。金城领县六：允吾、金城、榆中、允街、白土、浩亹。武始领县一：狄道。南安领县三：獂道、新兴、中宁。永晋领县无考。大夏领县一：大夏。武成领县无考。汉中领县八：南郑、蒲池、襃中、沔阳、成固、南乡、黄金、兴道。

【集释】《马注》：与龙曰：说见《前凉录》，在咸康元年。

敦煌、晋昌、高昌、西域都护、戊己校尉、玉门大护军三郡、三营为沙州。

【中华校】敦煌晋昌高昌西域都护戊己校尉玉门大护军三郡三营为沙州原缺"高昌""戊己"误作"张茂以"，今据《后魏书·张骏传》增改。

【斠注】《十六国疆域志》曰：敦煌郡后又别属，凡统旧郡可考者二，增置郡三。晋昌领县七：伊吾、冥安、渊泉、广至、沙头、会稽、新乡。西海领县一：居延。高昌领县一：田地。祁连领县二：祁连、汉阳。临松领县一：临松。又曰：分"敦煌、晋昌"至"为沙州"二十五字文法不甚可解，疑有错误。疑敦煌、晋昌四字下脱西海二字。《水经注图说残稿》曰：《晋志》，前凉以敦煌、西域都护等三郡、三营为沙州，在今安西州界中之沙州。《斠注》案：《魏书·张寔传》曰：骏分敦煌、晋昌、高昌、西域都护、戊己校尉、玉门大护军三郡、三营为沙州。是三郡为敦煌、晋昌、高昌，三营为西域、戊己、玉门。志文既脱高昌、戊己四字，复羼以张茂以三字，殊为舛误，当从《魏书》本传订正之。

《元和郡县图志》四十曰：晋成帝咸和中，张骏置高昌郡。是三郡确有高昌也。

【集释】《马注》：钱大昕曰：《张骏传》：又分州西界三郡置沙州，东界六郡置河州。与此《志》异。与龙曰：按《前凉录》：咸康元年，张骏分敦煌、晋昌、高昌三郡及西域都护、戊己校尉、玉门大护军三营为沙州，以杨宣为刺史，崔说甚明，此《志》误作张茂。又脱高昌郡及戊己二字，当以崔氏说正之。《前凉录》又云：初，戊己校尉赵真不附于骏，骏击擒之，以其地为高昌郡。《后凉录》：苻坚建元二十一年，吕光平龟兹东还，自高昌至玉门，敦煌、晋昌二郡迎降。《元和志》：敦煌郡，前凉张骏于此置沙州，因鸣沙山为名。《西秦录》：乞伏炽磐永康七年，以木奕干为沙州刺史，镇乐都。建弘七年，呼卢古等攻沙州刺史出连虔于湟河。八年，以沙州刺史麴景镇西平。《水经》：河水又东过陇西河关县北。注：河水又迳沙州北。段国曰：浇河西南百七十里有黄沙。若人委干糒于地，周回数百里，沙洲于是取号焉。《地理志》：汉宣帝神爵二年，置河关县，盖取河之关塞也。董祐诚云：郦《注》又引《沙州记》，有吐谷浑河桥，有彊台山，有垫江源。是当时西平、湟河诸郡皆属沙州，盖乞伏氏所移置，诸地志皆不载，赖存郦《注》犹可考证。其沙州治似即汉河关县也。与龙按：高昌郡当在今敦煌县西玉门故关之西。张氏置沙州取鸣沙山为名，当在今安西府敦煌县。乞伏氏移置沙州，当在今西宁府西南黄河之南贵德厅之东界。

周家禄《晋书校勘记》曰：疑当作张茂以敦煌、晋昌、西域都护校尉、玉门大护军三郡、三营为沙州。

张骏假凉州都督，摄三州。

【斠注】《晋地理志新补正》曰：按《元和志》：晋成帝咸和中，张骏于高昌壁置高昌郡。

【集释】《马注》：与龙曰：《前凉录》：咸康元年，张骏自称大都督（编者校：《资治通鉴》"将军"前多一"大"字。）、将军、假梁王、督摄三州事。与此《志》异也。

张祚又以敦煌郡为商州。

【斠注】《十六国疆域志》曰：商州凡统旧郡一，增置郡二：敦煌、凉兴、延兴。

【集释】《马注》：与龙曰：《前凉录》：永和十年，张祚改敦煌郡为商州。

永兴中，置汉阳县以守牧地，张玄靓改为祁连郡。

【斠注】《十六国疆域志》曰：祁连领县二：祁连、汉阳。《读史方舆纪要》三曰：祁连今甘州卫西北有故城。

【集释】《马注》：与龙曰：《前凉录》：咸和五年，张骏以侯亮为祁连令。隆和元年，张玄靓改商州为祁连郡。与龙按：此《志》云永兴中置汉阳县，无祁连县，疑咸和中改置祁连县，后因为郡也。《魏书》：李宝父翻为祁连、晋昌二郡守。《地形志》阙。《一统志》：故城今甘州府张掖县东南一百四十里洪水堡之南三十里，故址犹存。

张天锡又别置临松郡。

【斠注】《十六国疆域志》曰：临松领县一：临松。《读史方舆纪要》三曰：临松在甘州卫东南。

【集释】《马注》：毕沅曰：《沮渠蒙逊载记》斩吕光临松令井祥，则临松又有县。与龙曰：《通鉴》胡注引《五代志》曰：临松县有临松山，后周并入张掖县。《十六国春秋》：张轨永嘉四年，张掖临松山有石如张掖字，掖字渐磨灭，而张字分明。太和三年，张天锡置临松郡。吕光龙飞二年，沮渠蒙逊起兵进攻临松郡，屯据金山。秃发傉檀嘉平三年，伐蒙逊，掠临松千余户。蒙逊元始十二年，乞伏炽磐子暮末出貊渠谷，攻临松郡，徙民而还。《寰宇记》：后魏临松郡故城在临松山下。《一统志》：故城今甘州府张掖县南。又前凉尝置魏安郡，说见武威郡仓松县下。又置凉宁郡，说见酒泉郡玉门县下。张轨尝置祖厉县，《元和志》前凉张轨收其县人，于武威县侧近别置祖厉县。又前凉尝置金剑县，《寰宇记》大夏县南二十里有金剑城，一名金柳城，前凉置金剑县于此。又张骏尝置金泽县，说见张掖郡永平县下。又前凉敦煌郡有凉兴、乌泽二县。又段业分敦煌、晋昌置凉兴郡，说见前敦煌县下。《志》并漏。与龙按：祖厉县当在今镇番县北境。《一统志》：金剑故城今河州西南。

【编者按】黎大祥《甘肃武威发现北凉"临松令印"》："临松为郡县名，郡、县设在林松山下的南古城（今甘肃民乐县），在甘州（今张掖）'城南一百里，前凉张天锡（363－376）置临松郡，北凉沮渠蒙逊（401－432）改临松县。'前后约四十余年。"

天锡降于苻氏，

【集释】《马注》：与龙曰：前凉始晋，永宁初至太元元年，地入苻秦。《十六国春秋》：苻坚建元十二年，遣苟苌等伐凉，张天锡出降，坚以梁熙为凉州刺史，镇姑臧。

其地寻为吕光所据。

【斠注】《十六国疆域志》曰：按后凉所统郡县大略兼张氏所析之五州，而凉州外不闻别建州号，则诸郡并统于凉州，可知其前后，以旧郡为主，所分新郡各分附于下。凡统旧郡六，增置郡二十一，又新置郡四，新改郡一，护军三：武威、武兴、西平、昌松、番禾、金城、西河、乐都、晋兴、张掖、西安、西郡、酒泉、敦煌、晋昌、凉兴、西海、高昌、祁连、建康、临松、三河、浇河、湟河、陇西、广武、武始、临池、中田护军、宁戎护军、北部护军。

吕光都于姑臧

【集释】《马注》：与龙曰：《十六国春秋》：苻坚建元二十一年，吕光平龟兹，还置安弥，武成太守彭济执梁熙迎光，光遂入据姑臧，是为后凉。

后，以郭䴢言谶，改昌松为东张掖郡。

【斠注】《元和郡县图志》四十曰：本汉苍松县，属武威郡，后凉置昌松郡。《通鉴·晋纪》注曰：吕光改昌松为东张掖郡，寻复为昌松郡。《晋地理志新补正》曰：仓松。按《十六国春秋》：后凉吕光麟嘉四年，以郭䴬言讖改为昌松，兼于此立东张掖郡。

【集释】《通鉴》胡注：浇河，吐谷浑之地，吕光开以为郡，隋、唐之廓州即其地也。浇，坚尧翻。水洄洑曰浇。此郡盖置于洮河洄曲处。杜佑曰：浇河城在廓州达化县贺兰山。刘昫曰：廓州，隋浇河郡，治广威县，即后汉烧当羌之地，前凉置湟河郡，后魏置石城郡，废帝因县内化隆谷置化隆县，后周置廓州，唐天宝元年，改为广威县，管下有达化县。吐浑浇河城，在县西百二十里。杜佑曰：浇河城，吐谷浑阿豺所筑。

《马注》：与龙曰：说见《后凉录》，在太安二年。《通鉴》胡注：寻复为昌松郡。又后凉尝置西安郡，说见张掖郡永平县下。又置番禾郡，说见番禾县下。又置乐都郡、浇河郡。《载记》：隆安元年，秃发乌孤攻破金城，吕光遣将军窦句来伐，大破之，降光乐都、湟河、浇河三郡。是乐都、浇河二郡皆后凉所置。《元和志》谓南凉秃发以西平河南地为浇河郡者，犹未究其始也。《河水注》：浇河故城东北去西平二百二十里。《隋志》：浇河郡，后周武帝逐土谷浑以置枹罕总管府。据此，则晋末郡没于吐谷浑，此《志》并失载。《一统志》：浇河故城今河州积石关外。董祐诚云：在今西宁县西南，近贵德厅治。与龙按：据《河水注》当在今西宁县西南二百二十里。

及吕隆降于姚兴，

【集释】《马注》：与龙曰：后凉始晋太元十年至隆安二年，地入姚秦。

《后秦录》：姚兴弘始五年，吕隆以秃发、沮渠二寇交逼，表请内徙，兴乃遣齐难迎隆，以王尚为凉州刺史。

其地三分。武昭王为西凉，建号于敦煌。

【斠注】《寰宇记》一百五十三曰：《十六国春秋》云：凉武昭王元年，分敦煌之凉兴、乌泽、晋昌之宜禾三县置凉兴郡。《斠注》案：西凉置郡，除凉兴外，《寰宇记》云以南人置会稽郡，以中州人置广夏郡，其可考者附注于此。

【集释】《马注》：与龙曰：唐祖李暠，故《志》称武昭王，西凉都酒泉，始晋隆安四年，至宋永初元年，地入北凉。又西凉尝置会稽、广夏、武威、武兴、张掖诸郡，说见敦煌郡下，《志》并失载。

秃发乌孤为南凉，

【集释】《马注》：与龙曰：南凉，始晋隆安元年，至义熙十年，地入西秦。

建号于乐都。

【斠注】《水经注释》曰：一清案：《后汉书·马武传》：又战于洛都谷。章怀注云：湟水一名洛都水，洛都即乐都也。《水经注图说残稿》曰：《汉书·赵充国传》：夜引兵至落都。即乐都也。后凉有乐都太守田瑶。则郡即吕氏所置。南凉秃发乌孤大城乐都而居之。《读史方舆纪要》六十四曰：乐都城在西宁镇西北二百三十里。

【集释】《马注》：与龙曰：《南凉录》：秃发傉檀弘昌五年，姚兴使傉檀代王尚为凉州刺史，傉檀遂自乐都迁于姑臧。嘉平三年，南还乐都。《河水注》：湟水又东迳乐都城南。董祐诚云：后凉有乐都太守田瑶，则郡即吕氏所置。后魏置鄯州，领县并阙。隋唐为湟水县地。与龙按：乞伏国仁为西秦，有河南地，初都苑川，说见金城郡榆中县下。《西秦录》：乞伏乾归更始四年，徙都谭（交）[郊]。永康三年，徙于枹罕，是年灭南凉。子暮末永弘三年，其地皆入于吐谷浑。西秦，始晋太元十年，至宋元嘉七年，为赫连定所灭，地属吐谷浑。又西秦尝置秦兴郡、兴国郡、武威郡。《通鉴》：义熙七年，乞伏乾归徙鲜卑于度坚城，以子勃勃为秦兴太守以镇之。徙羌众于叠兰城，以兄子阿柴为兴国太守镇之。以自木奕干为武威太守镇嵚岅城。胡注：谭（交）[郊]在治城西北。叠兰在大夏县西南嵚岅东北。

《一统志》：谭（交）[郊]今河州西北，叠兰今河州东南，此《志》于乞伏氏竟未一载。

沮渠蒙逊为北凉，建号于张掖。

【集释】何超《音义》：沮渠，子余反。

《马注》：与龙曰：北凉，始晋隆安元年，至宋元嘉十六年，地入后魏。《北凉录》：沮渠蒙逊初都张掖，永安十二年，攻破姑臧，元始五年，自张掖迁都姑臧。与龙按：北凉尝置金山郡，说见武威郡番禾县下，《志》亦未载。

而分据河西五郡。

【集释】《马注》：与龙曰：《地形志》：凉州，神麚中为镇，太和中复。

秦州。案《禹贡》本雍州之域，魏始分陇右置焉，刺史领护羌校尉，中间暂废。

【斠注】《元和郡县图志》三十九曰：魏分陇右为秦州，因秦邑以为名，后省入雍州。

【集释】《马注》：与龙曰：秦州之名不见于《三国志》。《宋书·州郡志》亦不言魏置秦州。

及泰始五年，又以雍州陇右五郡及凉州之金城、梁州之阴平，合七郡置秦州，镇冀城。

【斠注】《寰宇记》一百五十作太始元年。《元和郡县图志》三十九曰：武帝泰始中又立秦川郡，与州同理。《斠注》案：本《志》失载秦川郡，盖所据乃《太康三年地志》，以是年罢秦州并雍州，或秦川郡于是时暂废也。

【集释】《马注》：与龙曰：说见《州郡志》。

太康三年，罢秦州，并雍州。七年，复立，

【集释】《马注》：与龙曰：《州郡志》秦州刺史下云：太康三年并雍州，惠帝元康七年复立。与此《志》稍异。

镇上邽。

【斠注】《晋地理志新补正》曰：按《宋志》秦州治天水冀县。《诸史考异》二曰：案"七年"上脱"元康"二字，见《宋书·州郡志》。

统郡六，

【集释】谭其骧《〈晋书地理志新补正〉批校》（未刊稿）曰：下列陇西、南安、天水、略阳、武都、阴平六郡，而金城郡列于凉州下，是则《晋志》所录乃太康七年以后改制，非太康三年以前旧制也。

县二十四，户三万二千一百。

【集释】孙人龙《晋书考证》："各本同。按后细数计之，实三万一千一百二十，是一千讹为二千，而一百之下又脱二十两字。其疏如此，宜改正。"

【编者按】秦州治冀县，在今甘肃甘谷县东。

陇西（郡）[国] 秦置。

【集释】程廷祚《证今》曰："在今陕西巩昌、临洮二府之境。"

方恺《新校》：方恺曰：又案本书《高密文献王泰传》，泰以武帝受禅封陇西王，至惠帝时始改高密。《武帝本纪》则于泰始元年封泰陇西，至惠帝元康九年六月，又言太尉陇西王泰薨，虽与《本纪》稍异，然太康之初则陇西为王国无疑，此作郡误。

《马注》：与龙曰：三国魏郡，属雍州。《地形志》属渭州。

统县四，

【集释】方恺《新校》：方恺曰：《续汉·郡国志》：陇西郡有枹罕县。本书《五行志》：永嘉五年，枹罕令严根妓产一龙一女一鹅。《州郡志》：河关令，《太康地志》属陇西。又《郡国志》陇西有安故县。阚骃《十三州志》：县在郡南四十七里。疑西晋时尚有此县。本书《艺术·王嘉传》：嘉，陇西安阳人。《志》缺。

汪兆镛《稿本晋会要》：陇西郡下补西县。兆镛按：《史记·秦本纪·集解》：皇甫谧云：西山在今陇西之西县。《太平寰宇记》：晋武帝时，氐豪杨定求割天水之西县。今《晋志》陇西、天水二郡均无西县。

《马注》：与龙曰：二汉安阳县属汉中，汉末省，魏复立，属魏兴，晋太康元年更名安康，见《州郡志》。是晋陇西郡无安阳县，安康亦不属陇西，《嘉传》疑误。今补录河关县、彰县，应统县六。

户三千。

【斠注】《水经·河水注》曰：秦昭王二十八年置。《御览》一百六十五《晋地道记》曰：汉阳有大阪名陇坻，亦曰陇山，郡处其山，故曰陇西。《晋地理志新补正》曰：按《通典》，前凉张寔置广武郡，又分置武始郡，西秦乞伏国仁都苑川，南凉秃发乌孤都广武，皆此地也。王隐《晋书》：兰池县属于陇西郡。《斠注》案：《宋书·州郡志》引《晋太康地记》：河关县属陇西郡。今本《志》无此县，疑是太康三年以后所置。

【编者按】《宋本晋书》"户三千"为"户四千"。陇西郡应为陇西国。谭其骧主编《中国历史地图集》西晋太康二年图定名为陇西国。司马泰封陇西王于泰始元年（265年），永平九年（299年）司马泰死。陇西国治襄武县，在今甘肃陇西县东南。

襄武

【斠注】两汉旧县。《读史方舆纪要》三曰：襄武，今巩昌府城东南五里襄武故城。

【集释】《马注》：与龙曰：三国魏县。《地形志》陇西郡领襄武。

【编者按】襄武县故城，在今甘肃陇西县东南。

首阳

【集释】《马注》：与龙曰：三国魏县。《地形志》陇西郡领首阳。《一统志》：故城今兰州府渭源县东北。

鸟鼠山在东。

【斠注】两汉旧县。《汉志》曰：鸟鼠同穴山在西南。《类聚》九十五《晋太康地记》曰：鸟鼠山在陇西首阳县西南。鼠尾短，形如家鼠，入山四尺，鼠在内鸟在外，如同牝牡。《水经·渭水注》：《地说》曰：鸟鼠山，同穴之枝干也。渭水出其中，东北过同穴枝间。又《禹贡山水泽地所在》曰：鸟鼠同穴山在陇西首阳县西南。注云：郑玄曰：鸟鼠之山，有鸟焉，与鼠飞行而处之。又有止而同穴之山焉，是二山也。鸟名为鵌，似鵽而黄黑色，鼠如家鼠而短尾，穿地而共处，鼠内而鸟外。孔安国曰：共为雌雄。《元和郡县图志》三十九曰：鸟鼠山今名青雀山，在渭源县西七十六里。渭水所出凡有三源，并下其同穴，鸟如家雀，色小青，其鼠如家鼠，色小黄。《斠注》案：《汉志》《水经注》及《地记》均言山在县西南，与《志》言在东者不合，盖本《志》承用《汉志》而误改西南为东也。《新斠注地理志》十二曰：今兰州府渭原县东北。《续汉志》注：《地道记》曰：首阳有三危山，三苗所处。

【编者按】首阳县故城，在今甘肃渭源县北。

临洮

【斠注】两汉旧县。《汉书补注》曰：

秦县，始皇迁民于此，见《本纪》。蒙恬筑长城起此至辽东，见《本传》。《新斠注地理志》十二曰：今巩昌府岷州。

【集释】《马注》：与龙曰：三国魏县。有宕昌城，在今岷州南，古西羌地。《后秦录》：姚兴弘治六年，伐仇池，入宕昌。有侯和城。《张骏传》：石勒杀刘曜，骏复河南地，置武卫、石门、侯和、漒川、甘松五屯护军。《前秦录》：苻坚建元三年，王猛讨叛羌，遣将军王抚守侯和。《河水注》：洮水又东迳洪和山南，城在四山中。顾祖禹云：洪和即侯和。《地形志》洪和郡属河州。有甘松，在今洮州厅西南。《张骏传》：咸和中，骏置甘松护军。《载记》：太元十年，乞伏国仁置甘松郡。有漒川城。《张骏传》：置漒川护军。《载记》：太元十年，乞伏国仁置漒川郡。义熙十一年，乞伏炽磐攻漒川，沮渠蒙逊攻石泉以救之，炽磐引还。《通鉴》：晋元熙元年，秦左卫将军匹达等讨彭义和于漒川。有沓中。《载记》：义熙十一年，乞伏炽磐攻漒川，师次沓中。《通鉴》胡注：沓中即沙漒之地。有度周川。《通鉴》：晋隆安二年，西秦乞伏益州与吐谷浑王视罴战于度周川。胡注：在临洮塞外龙涧之西。有莫何川。《通鉴》：义熙元年，乞伏乾归击吐谷浑，大破之。视罴世子树洛干帅众奔莫何川。胡注：在西倾山东北。有长柳川、渴浑川、尧杆川。《通鉴》：义熙九年，河南王乞伏炽磐击吐谷浑支旁于长柳川，房旁而还。又击破吐谷浑别（绕）[统]（编者校：原书误"统"为"绕"，今改正。）于渴浑川。义熙十三年，西秦安东将军木奕干击吐谷浑树洛干，破其弟阿柴于尧杆川。《地形志》河州临洮郡下云：晋县，属陇西。真君六年改置。《一统志》漒川亦谓之洮漒，亦谓之沙漒。洮水出（强）[彊]（编者校：原书误"彊"为"强"，今改正。）台山，兼漒川之名，在今洮州厅西南。度周诸川，皆洮水支流，随地异名者。并在今洮州厅西。临洮故城今巩昌府岷州治。董祐诚云：侯和城即今洮州厅治。

【编者按】临洮县故城，即今甘肃岷县治。

狄道

【斠注】两汉旧县。颜师古曰：其地有狄种，故云狄道。《魏地形志》曰：晋分陇西置武始郡，县属焉。《元和郡县图志》三十九曰：狄道本汉县，晋改为武始县。《斠注》案：本《志》尚作狄道，或太康三年以后始改武始，增置郡县也。《读史方舆纪要》六十曰：狄道故城在今临洮府治西南。

【集释】《马注》：与龙曰：三国魏县。有桑城。《载记》：太兴三年，刘曜陷安定，南阳王保迁于桑城。《河水注》：洮水东北迳桑城县。《地形志》河州武始郡领狄道。《一统志》：故城今兰州府狄道州西南。明《临洮府志》云：狄道县南一里许有旧土城，俗名番城，即故城也。桑城今狄道州南。董祐诚云：当在今狄道州西南土司境。

【编者按】狄道县故城，即今甘肃临洮县治。

[河关]

【集释】《水经·河水注》：河关县，

"盖取河之关塞也"。

《马注》：方恺曰：《州郡志》：河关令，《太康地志》属陇西。与龙曰：河关，汉故县，三国魏县。《州郡志》秦州陇西太守下云：河关令，《晋太康地志》属陇西。《后凉录》：吕光龙飞二年，讨西秦，克河关，后没于吐谷浑。与龙按：本州篇末云惠帝分陇西之狄道、临洮、河关，而陇西郡下无此县，盖误脱也。今为补录。《一统志》：故城今兰州府河州西。董祐诚云：当在今贵德厅东。

【编者按】《马注》在此处增加河关县。河关县故城，在今甘肃积石山保安族东乡族撒拉族自治县西北。谭其骧主编《中国历史地图集》西晋图将其定点在今甘肃积石山保安族东乡族撒拉族自治县西北黄河南岸。史为乐主编《中国历史地名大辞典》定点在今甘肃积石山保安族东乡族撒拉族自治县西北长宁驿古城。另一说在今青海贵德县西南。

[彰]

【集释】《马注》：与龙曰：彰县，《郡国志》作鄣。三国魏县。《蜀志·梁习传》作漳，并属陇西郡。《水经注》作彰。《地形志》渭州广宁郡领彰县。《元和志》：县晋永嘉后始废。与龙按：县于永嘉后废，魏复徙置，晋太康中应有此县，今为补录。《一统志》：故城今巩昌府鄣县西南。

【编者按】《马注》在此处增加彰县。彰县故城，治所确址无考。

南安郡 汉置。

【集释】《通鉴》胡注：《水经注》：汉灵帝分豲道为南安郡。赤亭水出郡之东山赤谷，西流迳城北，南入渭水，谓之赤亭川。

方恺《新校》：刘庠案：两汉有南安县，属犍为（部）[郡]（编者校："部"当是"郡"之误。迳改。），而无南安郡，本《志》南安郡下注云汉置，非也。

《马注》：与龙曰：《渭水注》：渭水东迳豲道县故城南。汉灵帝中平五年，别为南安郡。三国魏郡，属雍州。咸康元年，张骏分属河州，说见凉州篇末。《地形志》曰：南安阳，属渭州。

统县三，户四千三百。

【斠注】《续汉志》五汉阳郡注：《秦州记》曰：中平五年，分置南安郡。《宋志》曰：南安太守分立。《斠注》案：魏当作汉。

【编者按】南安郡治豲道县，在今甘肃陇西县东南。

豲道

【斠注】汉属天水郡，后汉属汉阳郡。《宋志》作桓道。《汉书补注》曰：秦孝公斩戎之豲王，见《秦记》。《匈奴传》所谓陇西有翟豲之戎也。《史记·匈奴列传·正义》：《括地志》曰：豲道故城在渭州襄武县东南三十七里。《读史方舆纪要》五十九曰：豲道城在陇西县东南二十五里。

【集释】何超《音义》：豲，音丸。

《马注》：与龙曰：三国魏县。《宋书·符瑞志》：太康二年，木连理十三生南安豲道。《十六国春秋》：乞伏国仁建义二年，南安秘宜降，拜为秦州刺史。炽磐建弘七年，赫连昌遣其叔韦代攻南安，拔之。《地形志》作桓道。谢钟英云：在今巩昌府宁远县东南四十二里。

【编者按】獂道县故城，在今甘肃陇西县东南。

新兴

【斠注】汉獂道县地，后汉中平五年，析置新兴县。《读史方舆纪要》五十九曰：新兴城在巩昌府西南二十里。

【集释】《马注》：与龙曰：三国魏县。《渭水注》引《地道记》：新兴县，南安之属县也。《地形志》属渭州广宁郡。《一统志》：故城今宁远县西南。

【编者按】新兴县故城，在今甘肃武山县西北。《中华人民共和国地名词典·甘肃省》定在今甘肃武山县西北鸳鸯镇漳河、榜沙河交汇处之南。《中国文物地图集·甘肃分册》据考古资料定汉新兴故城在今甘肃武山县西北鸳鸯镇颉家门村东500米。

中陶

【斠注】《宋志》曰：何志魏立。《晋太康地志》有。

【集释】《马注》：与龙曰：三国魏县。《地形志》南安阳郡领中陶。《一统志》：故城今陇西县东北。

【编者按】中陶县故城，在今甘肃武山县西北。《中华人民共和国地名词典·甘肃省》定在今甘肃武山县西北鸳鸯镇榜沙河入渭河处之北。

天水郡 汉武置，孝明改为汉阳，晋复为天水。

【中华校】晋复为天水 "晋"当作"魏"。魏时有天水郡，见《三国志·姜维传》及注、《杨阜传》《曹真传》《张既传》《阎温传》。

【集释】方恺《新校》：方恺曰：《州郡志》天水太守下新令，《晋太康地志》有。

《马注》：与龙曰：三国魏郡，属雍州。按汉阳郡，三国魏复，曰天水，见《通鉴》胡注。《三国志》亦可证，此云晋复，盖因《地形志》而误。

统县六，户八千五百。

【斠注】《汉志》曰：武帝元鼎三年置。《续汉志》曰：汉阳郡，永平十七年更名。《元和郡县图志》三十九曰：汉武帝分陇西置天水郡，后汉建武、永平之后改天水曰汉阳，晋复改汉阳为天水郡。《读史举正》曰：天水郡，汉有西县。又武都郡有上禄县，今《志》无。《斠注》案：《宋志·氐胡传》：杨定称藩于孝武帝，求割天水之西县、武都之上禄为仇（地）［池］郡，是晋曾立此二县也。《斠注》案：《宋志》亦云西县魏晋属天水。

胡阿祥《东晋南朝侨州郡县考表》："《宋志》三雍州刺史南天水太守西县令：'前汉属陇西，后汉属汉阳，即天水，魏、晋属天水。'当是西晋初废，故不见诸《晋志》。"

【编者按】天水郡治冀县，在今甘肃甘谷县东。

上邽

【斠注】汉属陇西郡，后汉属汉阳郡。《水经·渭水注》曰：上邽，故邽戎国也。秦武公十年伐邽，县之，旧天水郡治。《新斠注地理志》十二曰：在今秦州东南四十里。

【集释】《马注》：与龙曰：三国魏县。《郡国志》注引《秦州记》曰：县北有利山，川中平地有土堆，高五丈，生细竹，翠茂殊常。二杨树大数十围，百姓祀之。《州郡志》略阳太守下云：上邽令，《晋太康地志》属天水。刘曜以秦、凉二州牧镇此，苻坚以秦州刺史镇此，见前雍州篇。有绵诸城，在今秦州东。《通鉴》：元帝大兴二年，南阳王保故将陈安退保绵诸。有竹岭，在今秦州西南。《通鉴》：安帝元兴三年，西秦乞伏乾归及杨盛战于竹岭。胡注：上邽西南有南山竹岭。《地形志》天水郡上封下云：晋属，犯太祖讳改。《元和志》：上邽，后魏避道武讳改曰上封，后废为镇。钱玷云：故城今秦州东南四十里。

【编者按】上邽县故城，即今甘肃天水市治。

冀秦州故居。

【斠注】汉旧县，后汉为汉阳郡治。《说文解字》冀下曰：天水有冀县，是汉时作冀。《元和郡县图志》三十九曰：本冀戎地，秦伐冀戎而置县焉。《斠注》案：本州序云：秦始五年置秦州，镇冀城。《志》文据《太康三年地志》，故称为故居也。《读史方舆纪要》五十八曰：冀城在伏羌县东。

【集释】《马注》：与龙曰：说见本州篇首。三国魏县。按刘曜、苻坚以秦州镇上邽，赫连夏以秦州镇杏城，故此云故居。《元和志》：后魏以冀为当亭。《一统志》：故城今巩昌府伏羌县南。

【编者按】冀县故城，在今甘肃甘谷县东。

始昌

【斠注】《水经·漾水注》：《晋书地道记》曰：天水，始昌县故[西]城（东）也。《水经注刊误》曰：城西当倒互作西城，汉西县。

【集释】《马注》：与龙曰：三国魏县，曰西。按当作西。《宋书·符瑞志》：太康元年，白鹿见天水西县。《州郡志》雍州南天水太守下云：西县令，魏晋属天水。《水经·漾水注》云：杨廉川水东南流，迳西县故城北。隗嚣奔西城，从杨广。广死，嚣（穷愁）[愁穷]（编者校：据陈桥驿复校本《水经注疏》改"穷愁"为"愁穷"。）城守。又云：西汉水西南迳始昌峡。《晋书地道记》曰：天水始昌县，故西城也。《后汉书》：隗嚣奔西城。李贤注云：西城，县名，一名始昌。与龙按：西城与始昌相近，而非一地，《水经注》甚明。李贤谓西城一名始昌，说未审也。始昌县见于《地道记》，则西县改置始昌当在东晋时。《州郡志》明言西县晋属天水。《氐胡传》：晋太元中，氐豪杨定求割天水之西县属仇池郡，尤为晋西县属天水之证。此《志》以太康为断，当作西县，而于本州篇末载明改置始昌县，庶于全书之例不乱也。《史记·五帝本纪》：申命和仲居西土。《集解》：徐广曰：今天水之西县也。又《秦本纪·集解》：徐广曰：皇甫谧云西山在今陇西之西县。按此则县晋初又尝属陇西。《地形志》：汉阳郡黄瓜县。有始昌城。《一统志》：西县故城，今秦州西南。始昌县故城，今巩昌府西和县北。

【编者按】始昌县故城，在今甘肃礼县东北。

新阳

【斠注】汉略阳县地，魏析置，属汉阳郡。《读史方舆纪要》五十九曰：新阳城在秦安县西。

【集释】《通鉴》胡注：《晋志》，新阳县属天水郡。何承天曰：魏立。《水经注》：渭水过冀县，又东出岑峡，入新阳川。新阳县盖置于此。

《马注》：与龙曰：三国魏县，曰新。《州郡志》天水太守下云：新令，魏立，《晋太康地志》有。《渭水注》作新阳，云因新阳川为名。《一统志》：故城今秦州秦安县西南。

【编者按】新阳县故城，在今甘肃天水市西北、渭河北岸。

显新汉显亲县。

【斠注】后汉显亲县，属汉阳郡。《寰宇记》一百五十曰：显亲故城在成纪县东南。《读史方舆纪要》五十九曰：显亲城在秦州东南十里。

【集释】《水经·渭水注》：瓦亭水西南出显亲峡，又西南迳显亲县故城东南。

《马注》：与龙曰：三国魏县，曰显亲，见《阎温传》。《西秦录》：太初六年，休官权千成请降，乞伏乾归署为东秦州刺史、显亲公。《地形志》：天水郡显新，晋属。《一统志》：故城今秦安县西北。

【编者按】显新县故城，在今甘肃秦安县西北。

成纪

【斠注】汉旧县，后汉属汉阳郡。《水经·渭水注》曰：故帝太皞庖牺所生之处也。《读史方舆纪要》五十九曰：成纪废县今秦州治。刘昫曰：成纪县旧治小坑川。

【集释】《通鉴》胡注：成纪县，自汉以来属天水郡，治小坑川；唐并显亲县入成纪县，移成纪县治显亲川。

《马注》：与龙曰：三国魏县。有南安峡，在今秦安县南。《通鉴》：安帝隆安四年，后秦将姚硕德伐西秦，入自南安峡。胡注：在陇城县界。邹安鬯云：成纪故城今秦安县北八十里。

【编者按】成纪县故城，在今甘肃静宁县西南。《中国文物地图集·甘肃分册》据考古资料定汉成纪县故城在今甘肃静宁县西南治平乡刘河村南500米。

略阳郡本名广魏，泰始中更名焉。

【集释】《马注》：与龙曰：三国魏郡，曰广魏，属雍州。《州郡志》：略阳太守，《晋太康地志》属天水。何志故曰汉阳，魏分立曰广魏，武帝更名。《地形志》：秦州领略阳郡。

统县四，户九千三百二十。

【斠注】《宋志》曰：略阳太守，《晋太康地志》属天水。成孺《校勘记》云：晋泰始中，已改魏广武郡为略阳郡，太康时已不得属天水，何况略阳、天水各自为郡，略阳太守何得属天水耶？《晋地理志新补正》曰：按《地形志》云戎邑、绵诸、陇城、阿阳四县皆晋置。

【编者按】略阳郡治临渭县，在今甘肃天水市麦积区东北。

临渭

【斠注】汉陇县地，魏析置，为广魏郡治。《读史方舆纪要》五十九曰：临渭城在秦安县东南八十里。

【集释】《马注》：顾祖禹曰：魏析陇县置。与龙曰：三国魏县。《州郡志》益州安固太守下云：临渭令，《晋太康地志》属略阳。《一统志》：故城今秦安县东南八十里。

【编者按】临渭县故城，在今甘肃天水市麦积区东北。

平襄

【斠注】汉属天水郡，后汉属汉阳郡。《水经·渭水注》曰：故襄戎邑地。《寰宇记》一百五十曰：平襄城在大潭县南一百三十里。《读史方舆纪要》五十九曰：平襄故城在伏羌县西南三十里。

【集释】《马注》：与龙曰：三国魏县。《一统志》：故城今巩昌府通渭县西南。

【编者按】平襄县故城，在今甘肃通渭县西。

略阳

【斠注】汉略阳道，属天水郡。后汉属汉阳郡。《读史方舆纪要》五十九曰：略阳城在秦安县东北六十里。

【集释】《马注》：与龙曰：三国魏县。《州郡志》略阳太守下云：略阳令，《晋太康地志》属略阳。有兴国城。《通鉴》：义熙七年，乞伏乾归以兄子阿柴为兴国太守。胡注：兴国城在略阳界。《地形志》：略阳郡陇城县。有略阳城。《一统志》：故城今秦州秦安县西北九十里。兴国城在秦安县东北境。

【编者按】略阳县故城，在今甘肃秦安县东北六十二里陇城镇。《中国文物地图集·甘肃分册》据考古资料定北魏陇城县在今甘肃秦安县东北陇城镇陇城故城。

清水

【斠注】《宋志》曰：前汉属天水，后汉为天水汉阳，无此县。《晋太康地志》属略阳，侨立属始平。《读史方舆纪要》五十九曰：清水故城在今县西。

【集释】《通鉴》胡注：《元丰九域志》：清水县在秦州东九十里。有白沙镇，县西又有白石堡。

毕沅《新补正》：沅案：《地形志》又云戎邑、绵诸、陇城、阿阳四县皆晋置。

《马注》：与龙曰：三国魏无。《州郡志》雍州顺阳太守下云：清水令，《晋太康地志》属略阳。有陇城。《刘曜载记》：曜围陈安于陇城。《地形志》：陇城县。有陇城。有白石城，在今清水县西北四十里。《通鉴》：义熙九年，乞伏炽磐攻休官奚权小郎于白石川，大破之，进据白石城。《地形志》：略阳郡清水，前汉属天水，后汉罢，晋复。《一统志》：晋清水县非汉清水县故地，晋县在今清水县西。陇城即汉陇县，在今清水县北。

【编者按】清水县故城，在今甘肃清水县西北。

武都郡 汉置。

【集释】 程廷祚《证今》曰："在今陕西汉中府临羌州界。"

《马注》：与龙曰：三国蜀郡，属益州。《华阳国志》：武都郡，蜀平，属雍州。太康八年，氐傁齐万年反。郡罹其寇，晋民流徙入蜀及梁州。永嘉初，天水氐傁杨茂搜率种人保据其郡。《寰宇记》：至（扬）[杨]（编者校："扬"当为"杨"。迳改。）难，当为宋所灭，宋因。《地形志》属南秦州，治石门县。

姚师濂《〈华阳国志〉、〈晋书地理志〉互勘》曰："武都郡……《常志》云：'武都郡，蜀平，属雍州，太康六年还梁州'。《晋志》不载，惟秦州篇云：'太康三年罢秦州并雍州，七年复立'。参合观之，则武都于泰始五年随梁州之阴平改属秦州，太康三年罢秦州并雍州，武都又随属雍州，至六年始还梁州，七年遂又改属秦州也。"

统县五，

【集释】 方恺《新校》：方恺曰：《州郡志》：武都郡上禄令，汉旧县，后省，晋武帝太康三年又立。又案常璩《华阳国志》：武都郡，蜀平，属雍州，太康六年还梁州。校本《志》前篇太康三年罢秦州并雍州，故常璩以为武都暂属秦州，未几即属雍，故直言属雍州，及七年秦州复立，而武都前一年已归梁，故不言及秦州，本《志》仍隶秦部，未详。又《华阳国志》武都郡下有泉街、平乐、修武（编者校：任乃强校注本《华阳国志校补图注》"修武"为"修城"。注见其下。）、嘉陵、上禄五县，今皆不载，未详。

《马注》：与龙曰：谢慧文云：县疑晋初省，东晋复置，由陇西改隶武都。与龙按：《志》本州篇末亦失载，今补录上禄县，为统县六。

户三千。

【斠注】《华阳国志》二曰：武都郡本广汉西部都尉治，元鼎六年别为郡。建兴七年，诸葛亮平武都、阴平二郡，还属益州。蜀平，属雍州，太康六年还梁州。《元和郡县图志》三十九曰：元鼎六年，开白马氐，以其地为武都郡。魏文帝徙武都于美阳，即今好畤县界。后诸葛亮使将攻武都、阴平，遂克定二郡，其地始入于蜀。蜀平后，晋复以为郡。及永嘉南迁，中原背叛，武都又为氐杨茂搜所据。《晋地理志新补正》曰：按《寰宇记》：愍帝末，刘曜入长安，氐、羌相率降伏。其后有氐豪茂搜勇健，为群氐所推，王于武都之地。自茂搜之（元）[玄]（编者校："元"应为"玄"。迳改。）孙盛立，乃分诸氐、羌为立，辖二十部，护军各为镇戍，不置郡县。又云：晋武帝时氐豪杨定拥众仇池，称藩于晋，求割天水之西县、武都之上禄县为仇池郡。沈约《宋志》武都有上禄，汉旧县，后省，晋武帝太康三年又立。今考《晋书·地理志》不载此县，盖武帝后废。《读史方舆纪要》五十九曰：武都城在成县西北，或曰在故仇池城东南。《斠注》案：《华阳国志》一曰：元康六年广汉益州，当作广益梁州。更割雍州之武都、阴平、荆州之新城、上庸、魏兴以属焉。本《志》荆州序末但言新城三郡，不言武都二郡，然在惠帝时，武都又属雍州，正在太康三年罢秦州之后元康七年复秦州之前，或曾以武都属梁州也。又《华阳国志》

云：东源出武都氐道县漾山为漾水。郭璞《山海经注》云：嶓冢在今武都氐道县南。常璩、郭璞皆晋人，而本《志》无氐道县，疑为太康以后所置。

【编者按】 武都郡治下辩县，在今甘肃成县西北。

下辩

【斠注】《汉志》作下辩道。《续汉志》亦作下辩。《华阳国志》二曰：下辩县，郡治，一曰武街。《元和郡县图志》二十二曰：同谷县本汉下辩道地，属武都郡。故氐白马王国。《读史方舆纪要》三曰：下辩今巩昌府成县是也。

【集释】《通鉴》胡注：下辩县，属武都郡。师古曰：辩，皮苋翻。刘昫曰：辩，步苋翻。下辩，唐为成州同谷县。

《马注》：与龙曰：三国蜀县。《华阳国志》：愍帝建兴中，氐帅（扬）[杨]（编者校："扬"当为"杨"。迳改。）难敌与弟坚头分部曲。难敌号左贤王，屯下辩，坚头屯河池。《蜀录·李稚传》：氐王杨茂搜子难敌、坚头为刘曜所破，奔葭萌。守将李稚受其赂遗，遣还武都。难敌遂据险不服，稚与兄玙攻难敌，由白水桥进攻下辩，玙弟玝攻阴平。难敌遣军拒玝，而玙、稚径至下辩武街，难敌绝其归路，四面攻之，皆为氐众所杀。《水经·丹水注》：浊水又东，迳武街城南，故下辩县治也。李玙、李稚袭武街，为氐所杀于此矣。今广业郡治。有鹫峡。太和六年，苻坚遣苻雅等伐仇池，至鹫峡，与杨纂战于峡中。《通鉴》胡注：在仇池之北，宋因。《地形志》：修武郡下辩，晋属武都郡。《通典》：后魏下辩为下阪。《隋志》：后周废下阪入修城。《一统志》：故城今阶州成县西三十里。鹫峡今成县西北。

【编者按】 下辩县故城，在今甘肃成县西北。

河池

【斠注】 两汉旧县。《华阳国志》二曰：一名仇池。《读史方舆纪要》五十九曰：河池废县今徽州治。《续汉志》注：《地道记》曰：河池有泉街水。

【集释】《通鉴》胡注：河池县，属武都郡。唐为武州盘隄县

《马注》：与龙曰：三国蜀县。永嘉后没于氐。《隋志》：河池县，后魏曰广化，置广化郡。《一统志》：今秦州徽县西十五里。

【编者按】 河池县故城，在今甘肃徽县西北。

沮

【斠注】 两汉旧县。孙潜《〈水经·沔水注〉校本》曰：今略阳县东有沮县故城。

【集释】 胡三省《通鉴释文辩误》曰："史炤《释文》曰：沮，水名，出汉中。余按班《志》：沮水出武都沮县东狼谷中，东流合为汉水。阚骃曰：以其初出沮洳然，故曰沮水；县亦受名焉。《水经》：沮水出武都沮县东狼谷中，又东南迳沮水戍西，而东南流注汉，曰沮口。以此言之，沮水不出汉中也。"

《马注》：与龙曰：三国蜀县。《元和志》：兴州即汉沮县，晋永嘉末，氐

人杨茂搜据武都,自后郡县荒废。《一统志》:故城今汉中府略阳州东一百十里。

【编者按】沮县故城,在今陕西略阳县东、沮水东岸。

武都

【斠注】汉旧县。《新斠注地理志》十二曰:在今阶州成县西。

【集释】《马注》:与龙曰:三国蜀县。《华阳国志》:武都县东,汉水所出。有天池泽。《水经·漾水注》:汉水又屈迳瞿堆南,高二十余里,《开山图》谓之仇夷,上有平田百顷,因以百顷为号。《宋书·氐胡传》:汉末陇右豪族杨腾子驹居仇池。至晋太元中,杨定求割天水之西县、武都之上禄为仇池郡。《齐书》(编者校:即《南齐书·氐传》。):氐所治处名洛谷。有历城。《漾水注》:建安水又东迳兰坑城北,建安城南,其地故西县之历城也。杨定自陇右徙治历城,即此。去仇池一百二十里,后改为建安城。《地形志》东益州洛聚郡有武都。按非故县地也。《一统志》:洛谷在今成县西八十里。历城在今成县北。武都故城今阶州成县西。李兆洛云:在成县西八十里。按如李说即洛谷地,然旧县当距仇池不远耳。

【编者按】武都县故城,在今甘肃西河县西南、西汉水北岸。

故道

【斠注】两汉旧县。《元和郡县图志》二十二曰:两当,(编者校:此处《元和郡县志》还有:"本汉故道县地,属武都郡。")永嘉之后,地没氐、羌,县名绝矣。《读史方舆纪要》五十六曰:故道城即今凤县治。

【集释】《马注》:与龙曰:三国蜀县。永嘉后没于氐。《漾水注》:两当水西南迳故道城东。魏征仇池,筑以置戍。《郡国志》注引干宝《搜神记》曰:有(奴)[怒]特祠,秦置旄头骑起此。《史记·秦本纪·集解》:徐广曰:今武都故道有怒特祠。《一统志》:故城今汉中府凤县西北。按据《渭水注》当在今凤县东北、大散关之西南,汉高祖从故道袭陈仓即此。

【编者按】故道县故城,在今陕西宝鸡市渭滨区西南、大散关东南。

[上禄]

【集释】《马注》:与龙曰:三国蜀无。《华阳国志》武都郡有上禄县。《州郡志》武都太守下云:上禄,汉旧县,后省。晋武帝太康三年又立。按沈约《志》序云:今惟以《续汉郡国》校《太康地志》,是所谓太康三年又立者,即据《太康地志》也。又《氐胡传》:太元中,杨定求割武都之上禄为仇池郡。是晋自太康三年立上禄县,至太元中犹存,今据以补录。《一统志》:故城今阶州成县西南。顾祖禹云:在成县西一百二十里。

【编者按】《马注》在此处补上上禄县。上禄县故城,在今甘肃成县西南。

阴平郡

【集释】《马注》:与龙曰:三国蜀郡,属益州。《州郡志》北阴平太守下云:《晋太康地志》故广汉属国都尉。

按：永嘉后没于杨氏。宋升明初，魏以杨广香为阴平公、葭芦镇（至）［主］（编者校："至"应为"主"，迳改。）。齐以广香为沙州刺史，进西秦州刺史。魏神龟元年，以氐酋杨定为阴平王。梁天监初，以杨崇祖子孟孙为沙州刺史、阴平王。魏孝昌中，杨法琛据阴平附魏，废帝元年，以为黎州刺史。二年，与种人相攻，成山刺史赵昶分其部落更置州郡以处之。宋因，曰北阴平，属梁州。

泰始中置。

【集释】《马注》：与龙曰：按阴平郡，故广汉属国都尉，见《州郡志》。魏武改置阴平郡，见前总序。蜀建兴七年，郡入蜀，见《蜀志》。此云泰始中置，误。

统县二，

【集释】方恺《新校》：方恺曰：又有甸氐、刚氐二县。刘庠案：甸氐、刚氐，两汉皆属广汉。

姚师濂《〈华阳国志〉、〈晋书地理志〉互勘》曰："阴平郡……按《常志》云：'永平后，羌虏数反，遂置为郡。属县四，阴平、甸氐、武平、刚氐。'又云：'元康六年还属梁州。'疑阴平晋初入秦州，太康三年罢秦州并雍州而郡亦罢，而元康六年亦应从武都例改为永康。六年还梁州后不复立郡，故《晋志》不载。及惠帝永平中始更因羌乱置郡，而属县增二，已非魏、蜀之旧矣。《常志》之武平或犹是平武之衍也。"

户三千。

【斠注】《华阳国志》二曰：阴平郡本广汉北部都尉，永平后羌虏数反，遂置为郡。刘先主之入汉中也，争二郡武都、阴平。不得。建兴七年，诸葛亮始命陈戒平之，魏亦遥置其郡，属雍州。《廿二史考异》十九曰：按《志》叙魏武置郡十二，阴平居其一；而益州篇云：刘禅建兴二年，分广汉属国为阴平郡；此又云泰始中置，一卷之中三处互异。《斠注》案：如《华阳志》所言，是汉明帝后已置郡矣。魏武所置乃侨郡，已开东晋侨置之先。

【编者按】沈仲常《四川昭化宝轮镇南北朝时期的崖墓》：20世纪50年代在四川昭化（今广元）宝轮院23号崖墓出土"阴平太守"龟钮铜印，刻字草率，可能是殉葬用印。阴平郡治阴平县，在今甘肃文县西北。

阴平

【斠注】《宋志》曰：《晋太康地志》：阴平郡阴平县。注云：宙底。当是故宙底为阴平。《华阳国志》二曰：阴平县，郡治，汉曰阴平道。《元和郡县图志》二十二曰：本汉之阴平道，属广汉郡，晋为阴平县，属阴平郡。永嘉末，地陷李雄，县遂废。《读史方舆纪要》七十三曰：阴平城在龙安府东北五十里。

【集释】《马注》：与龙曰：三国蜀县。《州郡志》：阴平令，前汉、后汉属广汉属国，名宙底。《华阳国志》：永嘉末，郡民毛深等逐太守王鉴，相率降李雄。晋民尽出蜀，氐羌为杨茂搜所占有。宋因，属北阴平。《元和志》：后魏平蜀，置曲水县。《一统志》：故城今阶州文县西北。

【编者按】阴平县故城，在今甘肃文县西北。

平（广）[武]

【中华校】平广　《考异》：《宋志》，"平武，蜀立，本曰广武，晋武帝太康元年更名"。此志作"平广"，误。按：广武见《蜀志·廖化传》；晋改平武，又见《元和郡县志》。

【斠注】《华阳国志》二作平武。《廿二史考异》曰：《宋书·州郡志》：北阴平领阴平、平武二县。平武，蜀立，本曰广武，晋武帝太康元年更名。此《志》作平广，亦误。《东晋疆域志》亦云平广，误。《元和志》云晋于江油置平武县。

【集释】毕沅《新补正》：沅案：《元和郡县志》：晋于江油置平武县，属阴平郡。乐史同。

方恺《新校》：方恺曰：《州郡志》北阴平太守平武令，蜀立，曰广武，晋武帝太康元年更名。此作平广，字之误也。《华阳国志》亦作平武。

《马注》：李兆洛曰：系平武之讹。《一统志》亦讹作平广。与龙曰：三国蜀县，曰广武，《志》当作平武，盖涉广武而讹。《华阳国志》：武都郡平武县有关尉。自景谷有步道，径江油左儋出涪，邓艾伐蜀道也。宋因。《一统志》：故城今龙安府平武县东北。

《中国历史地理信息系统释文》（未刊稿）：《嘉庆重修大清一统志》第146册，卷399《龙安府·古迹》："平武故城，在平武县东北。三国汉置平广县，属阴平郡。晋改曰平武。梁末李文智据此。自立为藩王。西魏仍为平武县，而别置江油县，龙州治焉。隋亦曰平武县，属平武郡。唐贞观八年省入江油。按：《水经注》，平武城为清水所经，今清水在府东北界，旧志以为城在府西三十里，误。"按：《水经》卷20《漾水注》："白水以东南，清水左注之。……水出平武郡东北矖累亘下，南迳平武城东，屈迳其城南，又西历平洛郡江南，屈而南，迳南阳侨郡东北……又东南迳小剑戍北，西去大剑戍三十里。"杨疏云："今曰黄沙江，出平武县东北摩天岭。"按核之今图，清水即今之下寺河，《大清一统舆图》为黄沙江。刘琳《华阳国志校注》："《水经注·漾水》：'白水又东南，清水左注之……水出于平武郡（按治今平武县东南）东北矖累亘下，南迳平武城东，屈经其城南。'清水即今发源于青川县西北摩天岭的清江河（又名黄沙江）。据此，平武故城在今青川县西南、清江河西岸，即今之青溪镇。"然其时青溪镇为西魏时所置马盘县治（见马盘县考）。不能再为平武县治。然除青溪镇外，唯一适合于"南迳平武城东，屈经其城南"者，为下寺河上游"工农（关庄上）"，下寺河经其东，又折而经其南。然南距青溪镇，不到9公里。见《四川省地图集》（1981年）。西魏、北周、隋唐有平武、马盘二县治近在20里之内，似有不尽合理。王仲荦《北周地理志》谓在"今四川平武县东二十里平武故城"。此古城在涪江北岸与《水经注》记载不合。今姑作在"工农（关庄上）"处。

【编者按】平广县应为平武县。平武县故城，在今四川平武县东北。谭其骧主编《中国历史地图集》第三册定名为平武县，定点在四川平武县东北。史为乐主编《中国历史地名大辞典》还有一说在今四川青川县西南清溪镇。

惠帝分陇西之狄道、临洮、河关，又立洮阳、

【集释】《马注》：与龙曰：《河水注》：洮水又东北流，迳洮阳曾城北。《沙州记》曰：罿城东北三百里有曾城，城临洮水者也。后没于羌。魏太和十五年，长孙百年攻洮阳、泥和二戍，克之。魏乱复陷。《一统志》：故城今巩昌府洮州厅西南。董祐诚云：洮州厅西南七十里故城是。

遂平、

【集释】《马注》：与龙曰：今地阙。

武街、

【集释】《马注》：与龙曰：《河水注》：滥水又西北，迳武街城南。惠帝分狄道置。《张骏传》：骏收河南地，置武街屯护军，后废。《一统志》：故城今兰州府狄道州东。

始兴、第五、真仇

【集释】《马注》：与龙曰：今地并阙。

六县，合九县置狄道郡，

【斠注】《水经注图说残稿》曰：二汉《志》，狄道并属陇西郡。《晋志》惠帝置狄道郡。前凉置武始郡。《太平寰宇记》：晋惠帝时，以狄道为降狄道。《十三州志》云：降狄道今曰武始。《斠注》案：《水经·河水注》二曰：洮水又北迳降狄道故城西。原本有降字，戴氏本据《汉书》删去降字，似未审。晋时作降狄道也。《读史方舆纪要》三曰：洮阳今洮州卫治。武街今岷州卫境。又六十曰：武街城在渭源县西。《水经注》：武阶城在汉狄道县东、白石山西北，或曰即武街。

【集释】胡三省《通鉴释文辩误》曰："史炤《释文》曰：洮阳，零陵邑，属荆州。余按《汉书·地理志》，零陵郡固有洮阳县；但此洮阳在陇西，时属姚秦。《地理志》所谓洮水出西羌中，东至陇西，入河。《沙州记》：罿城东北三百里有曾城，城临洮水，汉章帝建初二年，羌攻南部都尉于临洮，上遣马防、耿恭救之，诸羌退聚洮阳，即此城也。洮水出罿台山，迳吐谷浑中而东入塞。'罿'一作'漒'，故其地亦谓之漒川，亦谓之沙漒。晋惠帝置洮阳县，属狄道郡，以其地在洮水之阳也。即《通鉴》上下文而参观《前志》，则知此洮阳决非零陵邑矣。是后一百二十卷宋文帝元嘉四年注，则又曰：洮阳地属零陵，诸羌之地也。是但因通鉴本文中招慰洮阳诸羌之语，故以为诸羌之地。一百三十七卷齐武帝永明八年注，则又曰：洮阳，零陵邑，齐时为吐谷浑戍兵处。是又但因《通鉴》本文有吐谷浑王伏连筹修泥和、洮阳二城置戍之语，又以为吐谷浑戍兵处，终不悟零陵之为误也。"

属秦州。张骏分属凉州，又以狄道县立武始郡。

【斠注】《读史方舆纪要》六十曰：武始城在临洮府北七十里，汉狄道县地。前凉张骏以狄道置武始郡，置城于此。

【集释】毕沅《新补正》：沅案：《十六国春秋》：张骏十八年，又分武始、晋兴、广武置大夏郡及县，取县西大夏水为名。

《马注》：与龙曰：《前凉录》：张骏建元元年，置狄道县，分属凉州。又以狄道立武始郡。《河水注》：洮水又北，

迳狄道故城西。阚骃曰：今曰武始也。《地形志》武始郡属河州。按西秦乞伏氏尝置广宁郡，说见陇西郡彰县下。又置甘松郡、漒川郡，说见临洮县下。又立东秦州，见南安郡獂道县下。太元中，氐杨氏尝置仇池郡，见武都郡武都县下。《志》皆未载。

江左分梁为秦，寄居梁州，

【斠注】《廿二史考异》十九曰：按孝武立秦州，寄治襄阳，安帝世始治梁州之汉中南郑耳。据《宋志》，江左又侨立安固、怀宁二郡，属南秦，《志》却未及。《宋志》曰：安固，张氏于凉州立，晋哀帝时流民入蜀，侨立此郡领县。有桓陵令，亦张氏立。《东晋疆域志》曰：又考义熙十三年，刘裕置东秦州。《宋书·刘义真传》：领东秦州刺史。是东晋秦州有三，然实郡则止阴平一郡耳。

又立氐池为北秦州。

【斠注】《东晋疆域志》曰：按杨氏据仇池，常奉晋正朔，故晋得立北秦州，此《志》不录入者亦与凉州张氏同例。《读史方舆纪要》三曰：氐池即仇池，今陕西成县西北百里有仇池城。

【集释】《马注》：钱大昕曰：又东晋侨置郡县无南北字。与龙曰：《州郡志》梁州刺史下云：江左于襄阳侨立梁州。谯纵时，又治汉中。《州郡志》益州怀宁太守下云：秦、雍流民，晋安帝立。本属南秦，领治平、西平、万年三县，寄治成都。此《志》未载。《地形志》：秦州治上封城。

胡阿祥《东晋南朝侨州郡县考表》："则北秦之名，东晋已有之，盖自义熙三年授杨盛始矣。"

梁州。案《禹贡》华阳黑水之地，

【集释】《马注》：与龙曰：《禹贡》：《传》云：东据华山之南，西据黑水。今汉中、巴郡、汶山、蜀郡、汉嘉、江阳、朱提、涪陵、阴平、广汉、新都、梓潼、犍为、武都、上庸、魏兴、新城，皆古梁州之地。与龙按：《禹贡》梁州承豫州言，盖华阳在其东，与豫州为界。其东南与荆州为界，荆州西北据荆山，南及衡阳，则梁州之东南界已可知矣。其南不言所止，然黑水在其西，入于南海，即今怒江言黑水，而梁州之西、南二界可见也。其北与雍州为界。《禹贡》梁州之疆域如此。

舜置十二牧，则其一也。

【斠注】《水经·洹水注》：《晋书地道记》曰：梁州南至桓水，西底黑水，（北）〔东〕（编者校："北"应为"东"。）限（杆）〔扞〕（编者校："杆"应为"扞"。）关。

梁者，言西方金刚之气强梁，故因名焉。《周礼·职方氏》以梁并雍。汉不立州名，以其地为益州。

【斠注】《宋志》曰：汉以梁为益，治广汉雒县。

及献帝初平六年，

【中华校】及献帝初平六年　赵一清《水经注释》三三：全祖望谓初平只四年，无六年，当作元年。

【集释】《马注》：与龙曰：按《华阳国志》《水经注》皆云初平元年。

以临江县属永宁郡。

【斠注】《续汉志》注：谯周《巴记》曰：初平六年，赵颖《宋志》作赵韪。分巴为二郡，欲得巴旧名，故郡以垫江为治，〔安〕（编者校：此处脱"安"字。）汉以下为永宁郡。《御览》一百六十七谯周《巴郡地记》曰：献帝初平六年，临江县属永宁郡。建安中改永宁为巴东郡，临江仍旧焉。《斠注》案：初平无六年，本《志》及《巴记》均当作元年，下文益州序言初平元年立永宁郡可证。《水经·江水注》作元年。

建安六年，刘璋改永宁为巴东郡，分巴郡垫江置巴西郡。

【斠注】《水经·江水注》曰：汉献帝初平元年，分巴为三郡，于江州，则永宁郡治也。至建安六年，刘璋纳蹇（眉）〔胤〕（编者校：陈桥驿复校本《水经注疏》"眉"为"胤"。迳改。）之讼，复为巴郡。《水经注释》三十三曰：全氏曰：案善长言三巴建置皆本常璩，不知其误。《华阳国志》曰：初平元年，征东中郎将赵韪建议，（曰）〔白〕（编者校：陈桥驿复校本《水经注疏》"曰"为"白"。）刘璋分巴，韪欲得巴旧名，取垫江以上为巴郡，治安汉；以江州至临江为永宁郡，以朐忍至鱼复为固陵郡。而用庞羲为巴郡。建安六年，璋以蹇（允）〔胤〕（编者校："允"一说为"胤"。）讼争巴名，乃改永宁为巴郡，以固陵为巴东，而改庞羲为巴西，是为三巴。考初平元年，刘璋尚未嗣位，赵韪亦未为征东，其误一也。韪欲得巴旧名，而乃以予庞羲，其误二也。建安五年，羲已屯阆中，则是固陵太守非巴也，其误三也。不知赵韪但分巴为二，至蹇（允）〔胤〕讼后始分为三。谯周《巴记》曰：初平六年，赵韪分巴为二，韪欲得巴旧名，故郡以垫江为治，而割安汉以下为永宁郡。建安六年,以塞(允)[胤]讼,分巴为三,以永宁为巴东,阆中为巴西,垫江为巴郡,是乃三巴分置之次第也。但初平仅四年,无六年,是则谯氏之误。再考刘璋嗣位,以赵韪为征东乃兴平元年,正分巴之岁也,误以为初平,亦郦氏之疏也。建安六年,赵韪诛,故再分巴。诸家皆未细覈其岁时耳。又曹氏亦尝分三巴。刘璋之末,巴郡入于张鲁,故璋虽有巴郡太守严颜屯江州,似仅保一城而已。鲁降曹氏,巴郡亦随之而入,建安二十年分其地为三,以夷帅朴胡为巴东,杜护为巴西,任约为巴郡,旋为先主所并,故史志不详。《斠注》案:本《志》巴郡下统县有垫江,与谯周《巴记》合,疑此处垫江二字为阆中之讹。

【集释】何超《音义》:垫,音牒。

《马注》:钱大昕云:韪,安汉人,故欲移巴郡于安汉也。全祖望云:建安六年,赵韪诛,故再分巴。谢钟英云:时易韪建议所得巴郡名为巴西,羲仍为太守,非别有巴西郡也。与龙按:《常志》说三巴,证诸书志,最可凭信,为《水经》郦注所本。此《志》说本《郡国志》巴郡所引谯周《巴记》,实误。

刘备据蜀,又分广汉之葭萌、

【集释】何超《音义》:葭萌,上音加,下亡行反。

涪城、梓潼、白水四县,改葭萌曰汉寿,又立汉德县,以为梓潼郡;割巴郡之宕渠、宣汉、

【集释】《马注》:与龙曰:一本作安汉,误。

汉昌三县置宕渠郡,寻省,

【斠注】《华阳国志》一曰:宕渠郡,延熙中置,九年省。《元和郡县补志》四曰:建安二十三年,蜀先主分置宕渠郡,寻省。延熙中又置,寻又省。《斠注》案:如《元和志》言,则宕渠两次置郡,本《志》于延熙又置漏载。《水经·江水注》曰:巴水出晋昌郡宣汉县。注云:县南去郡七百余里。

以县并属巴西郡。

【集释】《马注》:与龙曰:《寰宇记》:建安二十二年,先主分巴郡置宕渠郡,寻省。《华阳国志》:宕渠郡,延熙中置,以广汉王士为太守。郡建九年省。

泰始三年,分益州,立梁州于汉中,

【斠注】《宋志》曰:魏景元四年平蜀,复立梁州,治汉中南郑。《华阳国志》一曰:魏咸熙元年平蜀,始分益州巴、汉七郡置梁州,治汉中,以相国参军中山耿黼为刺史。《寰宇记》一百三十三王隐《晋书》曰:魏未克蜀,分广汉、巴、涪陵以北七郡为梁州,理汉中之沔阳。历晋太康中,州又移理汉中郡。《文选·江赋》注:臧荣绪《晋书》曰:华阳黑水惟梁州部巴东(部)[郡](编者校:核对《文选》,"部"应为"郡",迳改。)。《斠注》案:相国参军为司马氏属官,平蜀之后即置梁州。《宋志》及《华阳志》之言可信。平蜀在景元四年,次年即延熙元年,本《志》误作泰始三年。《武帝纪》亦无此事。梁州部治,《宋志》云在南郑,王《书》云在沔阳,互异。以王《书》太康中移理汉中郡证之,或先治沔阳,后治南郑,南郑即郡治也。又《水经注》

引《晋书地道记》云：今汉中、巴郡、汶山、蜀郡、汉嘉、江阳、朱提、涪陵、阴平、广汉、新都、梓橦、犍为、武都、上庸、魏兴、新城皆古梁州之地。此指梁、益未分之前言之，且其中有归秦州、荆州统属者。

改汉寿为晋寿，

【集释】《马注》：与龙曰：按太康元年改，说见晋寿县下。此蒙上文不著太康元年，亦误。

又分广汉置新都郡。

【集释】毕沅《新补正》：沅案：《通典》：晋梁州理南郑。

《马注》：与龙曰：按新都郡下云：泰始二年置。又《州郡志》巴东公相鱼阳令下云：晋（未）〔末〕（编者校："末"误为"未"。迳改。）平吴时，峡中立武陵郡，有鱼阳、黔阳县，咸宁元年并省。此《志》未及载。

梁州统郡八，县四十四，

【中华校】县四十四　各本作"县三十三"，今殿本作"县四十四"，与统计实数合。

【斠注】孙人龙《晋书考证》："四十四，监本误作三十三，今改正。"

周家禄《校勘记》曰：实四十四。《寰宇记》一百三十三曰：历晋太康中，州又移理汉中郡，领郡八。《东晋疆域志》曰：东晋凡领旧郡十，增置郡六：汉中、魏兴、晋昌、新城、上庸、梓橦、晋寿、广汉、遂宁、涪郡、巴郡、巴西、宕渠、新巴郡、汶阳、北巴郡，县七十八。又曰：州治。《沈志》：魏景元四年平蜀，复立梁州，治汉中南郑，而益州治成都。李氏据梁、益，江左于襄阳侨立梁州，李氏灭，复旧。谯纵时

又失，汉中刺史治魏兴，纵灭，刺史还治汉中之苞中县，所谓南城也。东晋末又移理城固。

【集释】《马注》：与龙曰：官本作四十四，是。

【编者按】《宋本晋书》"县四十四"为"县三十八"。

户七万六千三百。

【集释】孙人龙《晋书考证》："户七万六千三百，今以细数统计之，实有八万零八百，未知何故错误至此。"

【编者按】梁州治南郑县，在今陕西汉中市。

汉中郡秦置。

【集释】《通鉴》胡注：梁州刺史、汉中太守俱治南郑。杜佑曰：汉汉中郡故城，在唐梁州南郑县东北

程廷祚《证今》曰："今陕西汉中府。"

《马注》：与龙曰：三国蜀郡，属益州。宋因。《地形志》梁州领汉中郡。

统县八，户一万五千。

【斠注】《华阳国志》二曰：汉中郡，本附庸国。周赧王二年，秦惠文（三）〔王〕（编者校："王"误为"三"，据下文等迳改。）置郡，因水名也。《元和郡县图志》二十二曰：春秋战国时属楚，楚怀王时，秦惠文王取汉中地以为汉中郡。后汉末，张鲁据汉中，改为汉宁郡，曹公讨平之，复为汉中郡。《魏志·武帝纪》：建安二十年，复汉宁郡为汉中郡。《续汉志》注引《袁山松书》误作建安二十年复置汉宁郡。《后汉书·刘焉传》注又误作置汉宁郡。《东晋疆域志》曰：东晋领县同。《沈志》

称《晋地记》云：孝武太元十五年，梁州刺史周［琼］（编者校：此处脱琼字。）表立。疑是李氏所省，李氏平后复立。

【集释】毕沅《新补正》：沅案：《沈志》：汉献帝二十年，魏武平张鲁，复汉宁郡为汉中。疑是此前改汉中曰汉宁也。乐史称王隐《晋书》云：魏末克蜀，分广汉、巴、涪陵以北七郡为梁州，理汉中之沔阳。后李特据蜀，汉中又陷，及桓温平蜀，梁州刺史复理汉中郡。

汪兆镛《稿本晋会要》：兆镛按：《水经·江水注》：晋昌郡，隶梁州，晋太康中立，治汉中县。今《晋志》梁州无晋昌郡及汉中县。又《地道记》云：梁州南至桓水，西底黑水，东限扜关，今汉中、巴郡、汶山、蜀郡、汉嘉、江阳、朱提、涪陵、阴平、广汉、新都、梓潼、犍为、武都、上庸、魏兴、新城皆古梁州地。原统郡八、武帝并郡一，惠帝增郡四，共郡十二，县六十。

姚师濂《〈华阳国志〉、〈晋书地理志〉互勘》曰："汉中郡，《常志》所载六县，《晋志》尚多黄金、兴道二县。又成固，《常志》作城固，黄金、兴道不为雄据，故《常志》不载也。"

【编者按】汉中郡治南郑县，在今陕西汉中市。

南郑

【斠注】两汉旧县。《汉书补注》曰：秦躁公时南郑反，盖其地入蜀，故惠公伐蜀取南郑，见《秦纪》。《水经·沔水注》曰：晋咸康中，梁州刺史司马勋，断小城南（编者校：陈桥驿复校本《水经注疏》"南"为"东"。）而三分之一，以为梁州汉中郡南郑县治。《华阳国志》二曰：南郑县，郡治。《新斠注地理志》十一曰：在今汉中府城东二里。《后汉书》注：故城在今县东北。《晋地理志新补正》曰：按《沈志》云：何志晋穆帝又立南汉县。

【集释】《马注》：与龙曰：三国蜀县。按：愍帝建兴二年没于李雄，穆帝永和三年复属晋，孝武宁康元年又陷苻坚，太元九年复归晋。《沔水注》：南郑大城周四十二里，城内有小城，南凭津流。宋因。《地形志》：汉中郡南郑，晋属。《一统志》：故城今汉中府城东。

【编者按】南郑县故城，即今陕西汉中市治。

蒲池

【集释】《马注》：与龙曰：三国蜀县。《华阳国志》：汉中郡有蒲池县。李兆洛云：当在今汉中府境。

【编者按】蒲池县故城，确址无考。有四种说法，范围集中在今陕西汉中市周围的县。一、吴镇锋《陕西地理沿革》和新编《陕西省志·行政建置志》认为"在今（陕西）佛坪县及宁陕县西部蒲河一带"。这同民国刘元吉在《洋县志校勘记·纪事沿革考辩》中所提一致。此位置在今汉中市东北方向。二、任乃强在《华阳国志校补图注》中认为"当在今宁强县界"。此位置在今汉中市西南方向。三、刘琳在《华阳国志校注》中认为"疑在今（陕西）洋县附近"。此位置也在今汉中市东北方向。四、郭鹏《蜀汉魏晋时期蒲池县址考——兼正唐代孙樵太康刻石录文之误》（载《陕西史志》"第五届蜀道及石门摩崖石刻研讨会论文"）认为"蜀汉以至西晋，蒲池县当在今（陕西）留坝县东北至太白县一带斜谷内"。此位置在今汉中市北方。

襃中

【斠注】两汉旧县。《华阳国志》二曰：襃中县，孝昭帝元凤六年置，本都尉治也。《元和郡县图志》二十二曰：古襃国也。晋义熙末，朱龄石平蜀，梁州刺史理此，仍改苞中县。

【集释】《马注》：与龙曰：三国蜀县。《沔水注》：沔水东北流，迳成固南城北。义熙九年，索邈为果州刺史，自成固治此，故谓之南城。钱大昕云：六朝无果州之名，必是梁州之讹。《通鉴》是年有索邈为梁州刺史。邈于遐字形相涉。又《宋志》：谯纵时刺史治魏兴，谯纵灭，还治苞中，县所谓南城也。索邈为刺史正在谯纵初平之后，《宋志》有成固无苞中，然则郦《注》之成固南城其即苞中欤？与龙按：钱说是也。《寰宇记》：晋义熙中，梁州刺史理此，仍改为苞中县。《地形志》：襃中郡襃中，晋属汉中。《一统志》：故城今襃城县东南。

【编者按】襃中县故城，在今陕西汉中市汉台区西北打钟寺。《宋本晋书》"襃"为"褒"，百衲本《晋书》"襃"为"襃"。

沔阳

【斠注】两汉旧县。应劭曰：沔水出武（昌）〔都〕（编者校：中华书局点校本《汉书》中华校："景佑、殿本'昌'

都作'都'。"）东南入江。如淳曰：此方人谓汉水为沔水。《华阳国志》二曰：沔阳县，州治。《读史方舆纪要》五十六曰：沔阳城在沔县西南三十里。

【集释】《马注》：与龙曰：三国蜀县。刘逵《蜀都赋注》：丙穴在汉中沔阳县。《郡国志》注引《华阳国志》曰：有定军山。按：《华阳国志》：沔阳县，蜀丞相诸葛亮葬定军山。《沔水注》：亮薨，百姓野祭。步兵校尉习隆、中书〔郎〕（编者校：此处原文脱"郎"，今补。）向充共表，立庙沔阳，近其墓。钟士季征蜀，柱驾设祠。宋因。《地形志》：华阳郡沔阳，晋属汉中。《一统志》：故城今沔县东南。

【编者按】沔阳县故城，在今陕西勉县东。

成固

【斠注】两汉旧县。《宋志》《南齐志》《魏志》作城固。《水经·沔水注》曰：沔水即黄水也，东北流，迳成固南城北。注云：城在山上，或言韩信始立，或言张良创筑，未知定所制矣。《读史方舆纪要》五十六曰：城固旧城在今县东八里。《晋地理志新补正》曰：按《元和志》，晋平谯纵后，梁州刺史尝理于此。

【集释】《马注》：与龙曰：三国蜀县。有胡城。《沔水注》：汉水东迳胡城南。义熙十五年，城上有密云细雨，五色昭彰，晓而云霁，乃觉城崩，半许沦水，出铜钟十二枚，刺史索邈奉送洛阳。宋因，作城固。《地形志》：汉中郡城固，晋属。《一统志》：故城今成固县西北。

【编者按】成固县故城，在今陕西城

固县东。

西乡

【斠注】《宋志》曰：本名南乡，晋武帝太康三年更名。《通典》云：西乡，晋置。《寰宇记》一百三十八曰：太康二年，改南乡为西乡。《水经注释》二十七曰：一清按：《寰宇记》：洋州西乡县有平西城。《后汉书》：班超平定西域有功，封定远侯，晋置西乡县于此城。

【集释】毕沅《新补正》：沅案：《沈志》：蜀先主分城固立南乡县。

《马注》：与龙曰：三国蜀县，曰南乡。《州郡志》：益州宁蜀太守西乡令，蜀立，曰南乡。晋武帝太康二年更名。宋因。谢钟英云：故城今西乡县南十五里。

【编者按】西乡县故城，在今陕西西乡县南十五里。

（黄金）

【斠注】《元和郡县图志》二十二曰：黄金县本汉安阳县地，属汉中郡，后魏文帝于此分置黄金县。《寰宇记》一百三十八曰：黄金废县在洋州东北百三十里。《斠注》案：本《志》已有黄金县，是不始于后魏也，后字衍。《读史方舆纪要》五十六曰：黄金废县在洋县东南百六十里。

【集释】方恺《新校》：方恺曰：案《元和志》：黄金县，本汉安阳县地，后魏文帝于此分置黄金县。《水经注》但有黄金戍，《元和志》盖本郦说，据此则县不当始立于晋。又《地形志》：兴势，延昌三年置。《元和志》兴道县下云：后魏宣武帝分置兴势县。贞观二十三年，改为兴道县。窃谓黄金、兴势在三国时仅为屯戍之地，置县之说惟见于此，本《志》与魏、郦不合，未详何据。至兴道，实以唐初避世字嫌名而改，不特非晋县，亦非魏、周县也。又案《华阳国志》汉中但六县，无黄金、兴道，本《志》似误。吴翊寅案：《隋志》汉川郡有兴势、黄金二县，《唐志》兴势作兴道，是隋末尚未改兴道也。又此二县据《元和志》皆后魏分置，《志》误显然。唐史臣修《晋书》于地理最不精核，此以后魏为曹魏，尤属疏谬。

《马注》：与龙曰：三国蜀无。《张光传》：贼王如余党李运、杨虎等，自襄阳入汉中，光遣参军晋邈率众于黄金拒之。即此姑存之。《一统志》：故城今洋县东北。

【编者按】此处黄金县应为黄金戍，当删。谭其骧主编《中国历史地图集》西晋太康二年图无黄金县。黄金戍故城，在今陕西洋县东八十五里。

（兴道）

【斠注】《通典》曰：蜀分成固立兴势。《元和郡县图志》二十二曰：兴道本汉成固县，后魏宣武帝分置兴势（山）[县]（编者校："县"原误为"山"。迳改。）。贞观二十三年，改兴道县。《斠注》案：本《志》已有兴道县，是为晋改名，尚在后魏改兴势之前，至贞观复改为兴道，乃用晋旧名耳。《元和志》误也。《读史方舆纪要》五十六曰：兴道废县今洋县治。

【集释】《马注》：毕沅曰：《通典》：蜀分成固立兴势县，今名盖晋所改。按《元和志》云：兴道县，后魏分成固置兴势县于此。《寰宇记》：后魏正始中，移晋昌郡于兴势县，废帝改为傥城郡。《魏书》：正始二年，将军赵遐破梁军于傥城，即此。方恺曰：兴道实以唐初避世字嫌名而改，不特非晋县，亦非魏、周县也，本《志》似误。与龙曰：三国蜀无，《通典》说未详所据，姑存之。考《沔水注》：小城固城北百二十里有兴势坂。《蜀志·王平传》：平曰：宜［先］遣护军刘敏据兴势。此即谓兴势坂也。《地形志》晋昌郡龙亭县下云：有镇势山。此即兴势山，亦即兴势坂也。又兴势县下云：延昌三年置。盖兴势坂尝立兴势县。后魏正始中，移晋昌郡于其县，旋改置龙亭县，后又改为傥城郡，而延昌三年别置兴势县也。《一统志》：故城今洋县治。

【编者按】此处兴道县当删。谭其骧主编《中国历史地图集》西晋太康二年图无兴道县。唐贞观时兴势县改名兴道县，西晋时汉中郡无兴道县。而太康元年，宁浦郡连道县改名兴道县，详见本书广州宁浦郡下。

梓潼郡蜀置。

【集释】《马注》：与龙曰：三国蜀郡，属益州。宋因，属益州。

统县八，户一万二百。

【斠注】《东晋疆域志》曰：《沈志》称《太康地志》，刘氏分广汉立。东晋分出晋寿，置晋寿郡，领县五。《续汉志》注：《地道记》曰：梓潼五妇山，弛水出。建安二十二年，刘备以为郡。《晋地理志新补正》曰：按《永初郡国志》，梓潼郡又有新兴县。徐云：义熙九年立。按《宋志》梓潼郡又有西浦令，徐志义熙九年立。

【集释】方恺《新校》：方恺曰：又案《州郡志》邵欢令，《永初郡国》、何、徐并有，不注置立，疑自蜀立曰昭欢，晋改也。据沈说，此县避讳更名必自西晋，本《志》缺载，惟后篇孝武分立晋寿郡统邵欢，不言置自何代，未详。

姚师濂《〈华阳国志〉、〈晋书地理志〉互勘》曰："梓潼郡，《晋志》统县八，《常志》称统县六。其梓潼、涪县（《晋志》做涪城。）、晋寿、白水则《晋志》所有，另少《晋志》之武连等四县，而益以广汉、德阳。按广汉、德阳，《晋志》属广汉郡，可知非晋旧域矣。"

【编者按】梓潼郡治梓潼县，在今四川梓潼县。

梓潼

【斠注】两汉属广汉郡。《华阳国志》二曰：梓潼县，郡治，武帝元鼎元年置。《元和郡县图志》三十三曰：蜀先主分广汉置梓潼郡，以县属焉。《御览》一百六十六引《蜀记》及《郡国志》《十道志》，梓潼均作梓橦。《御览》八百二十五《晋太康地记》曰：梓潼县出仆子盐。

【集释】《马注》：与龙曰：三国蜀县。宋因。《寰宇记》：西魏于此置潼川郡，移县于郡南三十里，改为安寿县。《一统志》：故城今绵州梓潼县治。

【编者按】梓潼县故城，即今四川梓潼县治。

涪（城）

【斠注】两汉涪县，属广汉郡。《元和郡县图志》三十三曰：晋孝武徙梓潼于此。《华阳国志》二曰：涪县去成都三百五十里。《读史方舆纪要》七十一曰：涪城废县在潼川州西北五十里。《晋地理志新补正》曰：涪城。［毕沅］按：《元和志》晋孝武于此侨置西充国、益昌二县。

【集释】《通鉴》胡注：广汉梓潼之涪，今绵州，今人犹谓州为涪陵。

方恺《新校》：方恺曰：又《州郡志》涪令下并无晋改涪城之条，不详何据。《华阳国志》亦作涪。吴翊寅案：《隋志》涪城，西魏所改，晋不当有城字。

《马注》：与龙曰：三国蜀县，曰涪，见《蜀志》。宋因。《一统志》：故城今绵州东北旧州城东五里。

《中国历史地理信息系统释文》（未刊稿）：邹逸麟按：《华阳国志》卷2《汉中志》："梓潼郡，本广汉属县也。……建安……二十二年分广汉置梓潼郡。……梓潼县，郡治。……涪县。"（刘琳《华阳国志校注》）《晋志》作"涪城"，《华阳国志》《宋志》仍作"涪"，《清统志》谓晋改名，恐无据，姑作改名于晋太康三年（282年）。《嘉庆重修大清一统志》第151册，卷414《绵州直隶州·古迹》："涪县故城，在州东五里。"绵州1912年后改为绵阳县。《元和郡县志》卷33《剑南道下》："绵州，本汉广汉郡之涪县，后魏废帝二年徙梓潼郡理梓潼旧城，于此别置潼州。梓潼旧城，在今剑州界。隋开皇五年改潼州为绵州，因绵水为名也。大业三年改为金山郡，武德元年复为绵州。按州理城，汉涪县也，去成都三百五十里。依山作固，东据天池，西临涪水，形如北斗。……管县八：……巴西，望，郭下。本汉涪县地，属广汉郡。先主据蜀，立梓潼郡，以县属焉。晋孝武帝徙梓潼郡于此。后魏改为巴中县，隋开皇元年避庙讳，改为巴西县。……涪江水经县西，去县五十步。"据刘琳《华阳国志校注》考证，涪县故城即"今绵阳市东一里，涪江东岸开元场。……是皆汉涪县、唐宋巴西县故城在开元场之证。"

胡运宏、胡阿祥《中华本〈晋书·地理志〉考异》："梁州梓潼郡涪城县当作涪县。按：《晋志》梁州条云：'刘备据蜀，又分广汉之葭萌、涪城、梓潼、白水四县，改葭萌曰汉寿，又立汉德县，以为梓潼郡。'梓潼郡下亦有涪城县。然《汉志》《续汉志》广汉郡下均作涪县，《宋志》益州刺史梓潼太守下有涪令，《华阳国志·汉中志》梓潼郡下亦作涪县，《三国志·蜀志·杜微传》《尹默传》《李譔传》均作梓潼涪人。是无称涪城者。今考《元和郡县志》剑南道梓州涪城县：'本汉涪县地，隋开皇十六年改置涪城县。'是知汉晋时涪县，入隋后方改名涪城，唐史臣以涪城为晋县，误也。《晋志》梓潼郡下涪城当为涪。"

【编者按】涪城县应为涪县。涪县故城，在今四川绵阳市涪城区东开元场。谭其骧主编《中国历史地图集》西晋太康二年图定名为涪县。

武连

【集释】《马注》：与龙曰：三国蜀

无，今地阙。李兆洛云：当在今绵州境。

胡运宏、胡阿祥《中华本〈晋书·地理志〉考异》："梁州梓潼郡武连县当删。按：《隋书·地理志》（以下简称《隋志》）普安郡武连县：'旧曰武功，置辅剑郡。西魏改郡曰安都，县曰武连。开皇初郡废。'《旧唐书·地理志》剑州武连县：'汉梓潼县地。宋置武都郡及下辨县，又改下辨为武功。后魏改为武连也。'《元和郡县志》剑南道剑州武连县：'本汉梓潼县地，宋元嘉中于县南五里侨立武都郡下辨县，又改下辨侨置武功县。周明帝改武功为武连县。'《太平寰宇记》剑南东道剑州武连县：'汉为梓潼县，宋置武都郡于此，并置下辩县，又改下辩为武功县。后魏废帝二年，改名武连县。'据上，武连非西晋时县，《华阳国志·汉中志》梓潼郡下亦无武连县，《晋志》梓潼郡下武连当删。"

【编者按】武连县故城，今地无考。胡阿祥认为西晋时无武连县。

（黄）[万] 安

【斠注】《寰宇记》八十三曰：本涪县地。晋于梓潼水尾万安故城置万安县，晋末乱，移就潺亭。《读史方舆纪要》六十七曰：万安城在罗江县西南，晋置县于此。《斠注》案：《志》作黄安，疑为万安之讹。

【集释】方恺《新校》：是本《志》黄安即万安，字相近而误也。黄安，西魏所置，见《隋志》，不得列为晋县。吴翊寅案：《隋志》：万安，旧曰潺亭，西魏改名焉。《寰宇记》云晋置，殆不足据。又《隋志》黄安旧曰华阳，西魏改今，《晋志》有黄安，误也。又《州郡志》万安令下又言二汉、晋无，《寰宇记》不详何据。

《马注》：与龙曰：三国蜀无。《州郡志》梓潼太守万安令下云：徐志旧县，二汉、晋并无。按既云旧县，曷云二汉、晋无也？晋字当□（编者校：此处一字不清楚或为"删"字）。宋因。《一统志》：故城今绵州西南。（编者校：《马注》所据底本县名为万安。）

《中国历史地理信息系统释文》（未刊稿）：邹逸麟按：《宋书》卷38《州郡志四》："梓潼太守，《晋太康地志》刘氏分广汉立。本属梁州。文帝永嘉十六年度益州。……万安，徐志旧县，二汉晋并无。"《太平寰宇记》卷83"绵州，巴西郡，今理巴西县。……罗江县，西南七十八里。本涪县地。晋于梓潼水尾万安故城置万安县。晋末乱，移就潺亭，今县城是也。梁置万安郡。隋开皇二年废郡为县。天宝元年改为罗江县。……万安故城，后魏恭帝元年又于此置万安郡。隋罢郡，复徙万安县于此"。《晋志》无"万安县"，《宋志》亦曰"徐志旧县，二汉晋并无"。故《读史方舆纪要》卷67："罗江县……晋末置万安县，属梓潼郡，宋齐因之。梁末移治潺亭，改曰潺亭县。西魏复曰万安。隋废郡，县属绵州。"《隋书》卷二十九《地理志上》："金山郡……万安，旧曰潺亭，西魏改名焉，置万安郡，开皇初郡废。"《隋志》普安郡有黄安县："旧曰华阳，西魏改焉。"由此可见，《晋志》"黄安"仍"万安"之刊误。是晋时已有万安也。还有一说，万安县故城在今德阳县北罗江镇。《嘉庆重修大清一统志》第151册，卷414《绵州直隶州·古迹》："万安故城，在罗江县西。……旧志：万安驿在县西一里，晋时县置于此。"当即今德阳县东北罗江镇。

胡运宏、胡阿祥《中华本〈晋书·地理志〉考异》："梁州梓潼郡黄安县当删。按：《隋志》普安郡黄安县：'旧曰华阳，西魏改焉，又置黄原郡。开皇初郡废。'《元和郡县志》剑南道剑州黄安县：'本汉梓潼县地，宋于此置华阳县，属南安郡。后魏禅帝改为南安县，周武帝改为黄安县。'《太平寰宇记》剑南东道剑州普成县：'本汉梓潼县地。《周地图》，梁置梁安县，属南梁州。武帝天和中改为黄安县，唐末改为普成县。'此三志虽有出入，但黄安非西晋时县无疑，《华阳国志·汉中志》梓潼郡下亦无黄安县，《晋志》梓潼郡下黄安当删。"

【编者按】黄安县应为万安县。谭其骧主编《中国历史地图集》西晋图无黄安县。疑晋置万安县。万安县故城，在今四川梓潼县北。胡阿祥认为西晋时无黄安县，此处黄安县当删。

汉德

【斠注】《东晋疆域志》曰：《沈志》：徐云旧县。按：二汉并无汉德县。《晋太康地志》、王隐并有，疑是刘氏所立。

【集释】《马注》：与龙曰：三国蜀县。按：三国蜀于县立梓潼郡，见本州上篇。又《蜀录》：李寿汉兴元年，分汉德县以为梓潼郡。《华阳国志》：汉德县有剑阁道三十里，至险。按《华阳国志》原作德阳县，廖寅校刊改作汉德，云德阳县自在《蜀志》中，不得属梓潼。今考《华阳国志》广汉郡已有德阳县，又准诸地望，剑阁在汉德为合，然《郡国志》德阳注引此文是刘昭所见本即作德阳，岂刘注为因误欤？宋因。《一统志》：故城今保宁府剑州东北。

【编者按】汉德县故城，在今四川剑阁县南汉阳镇。

晋寿

【斠注】《东晋疆域志》曰：《沈志》称《晋起居注》：武帝太康元年，改梓潼之汉寿曰晋寿。汉寿之名疑是蜀立。何志云晋惠帝立，非也。《读史方舆纪要》六十八曰：晋寿城在广元县东。《斠注》案：上文州序云：蜀改葭萌曰汉寿，泰始三年，改汉寿为晋寿。是晋寿即两汉之葭萌也。《水经·漾水注》云：太康中又曰晋寿，与《宋志》同。

【集释】《通鉴》胡注："葭萌县，汉属广汉郡，蜀改为汉寿县，属梓潼郡；晋又改汉寿曰晋寿。"

《马注》：与龙曰：三国蜀县，曰汉寿。《地形志》晋寿县下云：晋惠帝置。与龙按：《华阳国志》：晋寿县本葭萌城，刘氏更曰汉寿。《漾水注》云：葭萌，刘备改曰汉寿，太康中又曰晋寿。与沈约说合。魏收盖因何志而误。宋因，属晋寿郡。《地形志》：益州东晋寿郡晋寿，晋属梓潼。《一统志》：故城今保宁府昭化县南。李兆洛云：在今广元县东南五十里。

【编者按】晋寿县故城，在今四川广元市西南、嘉陵江东岸。

剑阁

【斠注】《读史方舆纪要》六十八曰：剑阁城在剑州东北五十二里，当小剑山之北。祝穆曰：汉广汉郡葭萌县地，蜀先主以霍峻为梓潼太守，始置剑阁县。《斠注》案：下文云永嘉中又于晋寿置剑阁，然梓潼郡下已有此县，是非永嘉时所置矣。

【集释】 方恺《新校》：方恺曰：后篇言桓温置晋昌郡，又于晋寿置剑阁县，是剑阁为东晋所置，不应前后复见。《华阳国志》云：有剑阁道三十里，至险。有阁尉。据此知西晋为地名，并未立县也。

《马注》：顾祖禹曰：《舆地记》：蜀先主置剑阁县。今据《华阳国志》，蜀无此县也。与龙曰：三国蜀无。按本州篇末云，桓温平蜀，又于晋寿置剑阁县。盖晋县寻废，桓温复置也。有大剑山、小剑戍。张载至蜀省父，道经剑阁，著铭。益州刺史表上其文，武帝遣使镌之于剑阁焉。《漾水注》：清水东南，迳小剑戍北，西去大剑三十里，连山绝险，飞阁通衢，故谓之剑阁。张载铭曰：一人守险，万夫趑趄，信然。故李特至剑阁而叹曰：刘氏有如此地，而面缚于人，岂不奴才也？《元和志》：大剑山亦曰梁山。有千人岩。绝壁高数千丈，即剑山之危峰，见数百里外。岩下有石壁，红色，方如座席，即张载勒铭处。《寰宇记》：诸葛武侯相蜀，于梓潼县地立剑阁。以大剑山至此有隘束之路，故曰剑门。大剑山东北三十里有小剑山。《十六国春秋》：苻坚使杨安伐蜀，破二剑，是也。有掌天山。《元和志》：在临津县西南六十里。晋太安元年，遣护卫博讨李特，特遣李荡自掌天山要博，博为伏兵所围。《一统志》：掌天山，今剑州东南，接南部县界，东北十里邻汉口。又置枳城郡，寻废。宋因。《一统志》：故城今重庆府涪州西。

【编者按】 剑阁县故城，在今四川剑阁县东南剑门关镇。

白水

【斠注】 两汉属广汉郡。《水经·漾水注》曰：白水自阴平道来，东南迳白水县故城东，合西谷水、东流水、刺稽水、清水，下入葭萌。《新斠注地理志》十一曰：在今昭化县西北。

【集释】《马注》：与龙曰：三国蜀县。《史记·列传第三十五·集解》：晋灼曰：白水，今广魏县也。按广魏为广汉之讹。晋灼盖沿旧属称之。《州郡志》：白水令，《晋太康地志》属梓潼。《郡国志》注引《山海经》曰：白水出蜀，而东南入江。郭璞曰今在县。宋因，属晋寿郡。《一统志》：后魏于县置南白水郡，属益州。故城今昭化县西北一百里景谷废县之北。

【编者按】 白水县故城，在今四川青川县东北、白龙江西岸。

广汉郡 汉置。

【集释】《马注》：与龙曰：三国蜀郡。属益州。《华阳国志》曰：本治绳乡，元初二年移涪，后治雒城。按绳乡即乘乡。《江水注》：高帝置广汉郡于乘乡。《州郡志》益州广汉太守下云：《晋太康地志》属梁州。《一统志》：太康末罢新都郡，广汉迁治雒。

统县三，

【集释】《马注》：方恺曰：《州郡志》广汉太守下有：郪县令，汉旧县。阳泉令，蜀分绵竹立。皆不言晋省。本《志》缺，未详。与龙曰：今补录郪县、阳泉县为统县五。

姚师濂《〈华阳国志〉、〈晋书地理志〉互勘》曰："广汉郡，《常志》记属县八，雒、绵竹、什邡、新都、五城、郪县、广汉、德阳。按是书前梓潼郡属已有广汉、德阳，不应重出，必有一误。《晋志》泰始二年置新都郡（见梁州篇），属县四，雒、什方（即什邡）、绵竹、新都。广汉郡属县三，广汉、德阳、五城。梁州篇云：太康六年九月罢新都郡并广汉郡。是广汉有七县矣。然犹少《常志》一县，郪殆后置耶？《常志》云：'刘氏延熙中，分广汉四县置东广汉郡，咸熙初省。泰始末又分置新都郡，太康省。'刘氏同时更分置南广郡。《廿二史考异》称《晋志》皆不及。按《晋志》益州篇云：'刘禅建兴二年……分广汉立东广汉郡。魏景元中蜀平，省东广汉郡。'是《志》惟不及南广耳。其称建兴、景元，亦有异乎延熙、咸熙。"

户五千一百。

【斠注】《宋志》曰：去州陆六百，去京都水九千九百。《水经·江水注》曰：洛水又南迳洛县故城南。注云：广汉郡治也。汉高祖六年乃分巴、蜀置广汉郡于乘乡。安帝永初二年，移治涪城，后置洛县。《华阳国志》乘乡作绳乡。《元和郡县图志》三十一曰：秦为蜀郡，汉分蜀郡为广汉郡。又曰：户，晋四万。《斠注》案：常璩时较晋初户增至三万四千余。

【集释】《马注》：毕沅曰：一本作五千一百。（编者校：《马注》所本为三万一千，故有此论。）

【编者按】广汉郡治广汉县，在今四川射洪县南。

广汉

【斠注】两汉旧县。《东晋疆域志》曰：《沈志》遂宁郡复有此县，疑广汉县大（编者校："大"疑为"乃"。《东晋疆域志》原书为"大"。）桓温平蜀后立，遂宁、宁蜀二郡皆得广汉县地，宁蜀又寄治广汉也。《读史方舆纪要》七十一曰：广汉废县在射洪县东南百里。《晋地理志新补正》曰：按《寰宇记》，晋孝武于此立晋兴县。

【集释】《马注》：与龙曰：三国蜀县。有黄虎城。义熙四年，刘敬宣讨谯纵，溯涪而上至黄虎，去成都五百里。《通鉴》胡注：黄虎近涪城，或在郪江口。宋因，属益州遂宁郡。《一统志》：黄虎城，今潼川府射洪县界。广汉故城今遂宁县东北。

【编者按】广汉县故城，在今四川射洪县南柳树镇。

德阳

【斠注】《元和郡县图志》三十一曰：本汉绵竹县地，后汉分绵竹县立德阳，属广汉郡。《读史方舆纪要》七十一曰：德阳废县在射洪县东南三十里。

【集释】毕沅《新补正》：沅案：《太平寰宇记》：穆帝永和十一年，于此置遂宁郡，更立小溪、巴兴县属焉。

《马注》：与龙曰：三国蜀县。《州郡志》益州遂宁太守下云：德阳令，

《晋太康地志》属广汉。《寰宇记》：遂州盖德阳之旧垒东，与巴郡为界，谯纵乱后，移于石坪，其地多废。宋因。《一统志》：故城今遂宁县东南。

《中国历史地理信息系统释文》（未刊稿）：邹逸麟按：《嘉庆重修大清一统志》第151册，卷414《绵州直隶州·古迹》："德阳故城，旧志：在梓潼县北。后汉分梓潼县置，属广汉郡。后移于今遂宁县故广汉界，废此为亭。魏景元四年，邓艾从阴平由斜径，经汉德阳亭，趋涪出剑阁西百里即此。盖魏晋时广汉之德阳尚存，故谓此为汉德阳也。故城正当马阁山下。去龙安府二百里。今县乃唐分雒县置。取汉晋故名耳。按《蜀志》，张飞自荆州由垫江入定巴西，蜀将张裔拒之德阳陌下。其时德阳已在广汉。《华阳国志》：梓潼、广汉二郡皆有德阳县，属梓潼者，有剑阁道三十里至险。《晋志》梓潼有汉德，广汉有德阳。《元和志》《寰宇记》皆谓后汉分广汉置德阳，在遂州界。在剑州界者，有汉德故城，一名黄芦城。历考诸书如此。疑后汉本分广汉置德阳县，未尝迁徙，其时在梓潼郡界。《邓艾传》谓之汉德阳者，即《华阳国志》梓潼郡之德阳，实与广汉之德阳无涉也。然而旧志考据细，仍存之以备一说。"据《三国志》卷28《魏志·邓艾传》："景元三年……四年秋……从阴平由邪经，经汉德阳亭，趋涪，出剑阁西百里。去成都三百里。"此汉德阳亭，当为东汉德阳县治。刘琳《华阳国志校注》："所谓汉德阳亭即东汉德阳旧县，在今江油东北之雁门坝一带。县境当有今剑阁县及江油县东北部。……大约在东汉末，县移于广汉县南界，旧县遂废为亭。《蜀志·张裔传》：建安十九年张飞由垫江（今合川）入，刘璋派张裔率军拒飞于德阳之陌下（地名）。可见其时德阳县已南徙。此德阳县故城即今遂宁县治。"《嘉庆重修大清一统志》第149册，卷409《潼川府二·故迹》："德阳废县，在遂宁县东南。后汉置，属广汉郡。晋初因之。后改属遂宁郡。宋齐因之。周废。《蜀志·张裔传》：张飞自荆州由垫江入。璋授裔兵，拒飞于德阳陌下。《寰宇记》云：遂州盖德阳之旧垒，东与巴郡为界，谯纵乱后，移于石坪，其地多獠。《华阳国志》：县有青石祠。盖在遂宁东南，蓬溪之南，旧青石县界。"民国《遂宁新志》卷7《学校》："德阳书院，邑南十八里德阳陌上。光绪元年举人陈列彩……等募修。至光绪三十一年改为公立国民学校。""德阳小学校在龙凤乡。"可知德阳陌即在龙凤乡。今遂宁市东南有龙凤场，当是。

【编者按】德阳县故城，在今四川遂宁市船山区东南十八里龙凤场。

五城

【斠注】《宋志》曰：伍城，当作五。晋武帝咸宁四年立，太康六年省，七年又置。何志刘氏立。《元和郡县图志》三十三曰：玄武县本先主所立五城县也，属广汉郡。《寰宇记》八十二曰：废五城县在玄武县东二里。李膺《蜀记》云：五城在三嵎山之东。《斠注》案：《水经·羌水注》：涪水西迳广汉五城县为五城水，是县以水得名也。《读史方舆纪要》七十一曰：伍城废县在中江县治南三里。伍当作五。

【集释】《通鉴》胡注："唐梓州之玄武县也。《华阳国志》云：汉时立仓于此，发五县人，尉部主之，后因以为五城县。有五城山。""《水经注》：涪水自南安郡南流，其枝流西迳广汉五城县为五城水，又西至成都入于江。又曰：江水东绝绵、洛，迳五城界至广都北岸，南入于江，谓之五城水口，斯为北江。按《五代志》，蜀郡玄武县，旧曰伍城。玄武县，唐属梓州。"

《马注》：与龙曰：三国蜀县，作伍城。《州郡志》广汉太守下云：伍城令，晋武帝咸宁四年立，太康六年省，七年又立。宋因。《一统志》：故城今中江县东。

《中国历史地理信息系统释文》（未刊稿）：邹逸麟按：《清嘉庆重修大清一统志》第149册，卷407《潼川府二·古迹》："五城故城，在中江县南。……旧志：旧玄武县，在今县西南二里址存。"《元和郡县志》卷33《剑南道下》："梓州……秦并天下，是为蜀郡。汉高帝分置广汉郡，今州即汉广汉郡郪、广汉二县地也。宋于此置新城郡，梁武陵王萧纪于郡置新州，隋开皇末改为梓州，因梓潼水为名。州城，宋元嘉中筑，左带涪水，右挟中江，居水陆之冲要。……管县九：……郪县，郭下。……玄武县，东至州一百一十五里。本先主所立五城县也，属广汉郡。后魏平蜀，立玄武郡，以县属焉。隋开皇三年改五城为玄武县，因玄武山为名也，属益州。武德三年割属梓州。……内江水本名中江，经县南。去县百步。"《太平寰宇记》卷82梓州"梓潼郡，理郪县。……玄武县，州西一百十五里。本汉五城县地。《华阳国志》：汉时立仓，发五城县人尉部主之。后因以为县。晋武改为五城县，属东广汉郡，在五城山。隋开皇三年置玄武县，隶益州。唐贞观元年割入梓州。……废五城县，在县东二里。李膺《蜀记》云：五城在三崛山东"。玄武县，宋大中祥符五年改为中江县。《元和志》谓中江经县南百步。又据《清嘉庆重修大清一统志》第148册，卷406《潼川府一·山川》：中江"又名凯江"。当即今凯江，则玄武县治即今中江县治。今从《寰宇记》作在中江县东二里。

【编者按】五城县故城，在今四川中江县东二里。

[郪]

【集释】《通鉴》胡注：郪县，汉属广汉郡，晋省立。《五代史志》：郪县旧曰伍城，隋大业改曰郪县，唐为梓州治所。宋白曰：汉旧郪县城在今县南九十里，临江。郪王城基址见在，以郪江为县名。郪，音妻，又千私翻。

《马注》：与龙曰：三国蜀县。《华阳国志》：李特克成都，众饥，李骧将民入郪城食穀芋。按《州郡志》广汉太守下云：郪，汉旧县。《王长文传》云：广汉郪人。是晋有此县，此《志》失载，今据以补录。宋因。《一统志》：今三台县南。

《中国历史地理信息系统释文》（未刊稿）：邹逸麟按：《华阳国志》卷3《蜀志》广汉郡有郪县。刘琳《华阳国志校注》："《晋志》脱此县。"《南齐书》卷15《州郡志下》：广汉郡有郪县。《清嘉庆重修大清一统志》第149册，卷407《潼川府二·古迹》："郪县故城，在三台县南。汉置。"《太平寰宇记》卷82梓州"梓潼郡，理郪县。……郪县，按《国志》云：汉高帝六年置广汉郡，管县六：郪县是其一也。旧县在今县南九里，临江郪王城基址见存。"据《元和郡县志》卷33《剑南道下》："梓州……州城，宋元嘉中筑，左带涪水，右挟中江，居水陆之冲要。……管县九：……郪县，郭下。本汉旧县，属广汉郡，因郪江水为名也。……四面危绝。涪江水，经县东，去县四里。"则唐宋郪县，即今三台县治无疑。《读史方舆纪要》卷71潼川州："废郪县……宋白曰：故郪城在县南九十里，临江。一名郪王城，盖以郪江名也。……《城邑考》：州城唐宋以来故址，状如蛇盘，与西川龟城对峙。明天顺、成化中修筑。"今三台县南三十公里有郪江地名，当是。即隋飞乌县治。

【编者按】此处《马注》增补郪县。郪县故城，在今四川三台县南郪江镇。

[阳泉]

【集释】《马注》：与龙曰：三国蜀县。《蜀志·先主传》：《劝进表》有故议郎阳泉侯刘豹。《州郡志》广汉太守下云：阳泉令，蜀分绵竹立。是晋应有此县，今据以补录。《一统志》：故城今绵州德阳县西。

《中国历史地理信息系统释文》（未刊稿）：邹逸麟按：《嘉庆重修大清一统志》第151册，卷414《绵州直隶州古迹》："阳泉故城，在德阳县西。蜀汉分绵竹县置，属广汉郡。晋废，后复置。宋齐因之。后周移晋熙郡治此。隋初郡还治晋熙，此城遂废。"

【编者按】此处《马注》增补阳泉县。阳泉县故城，在今四川德阳市旌阳区西北孝泉镇。谭其骧主编《中国历史地图集》认为阳泉县西晋废。

新都（郡）[国] 泰始二年置。

【集释】方恺《新校》：方恺曰：又《诸王传》有新都王，太康四年薨，则此当国。吴翊寅案：《武帝纪》：咸宁三年，立皇子该为新都王。太康四年，新都王该薨。《武十三王传》亦云：太康四年薨，无子，国除。本《志》新都郡，泰始二年置，是始立为郡，继为国，后省为县，惟咸宁三年前当称郡耳。《州郡志》云太康六年省为县，岂国除之后复改为郡，至六年始省并广汉耶？或《沈志》误也。

《马注》：与龙曰：三国蜀无。《州郡志》广汉太守新都令下云：晋武帝为王国，太康六年省为县，属广汉，亦见本州篇末。按《寰宇记》谓蜀置新都郡说无据，非也。

统县四，户二万四千五百。

【斠注】《华阳国志》三曰：泰始末又置新都郡，太康省，末年又置。又曰：至晋属县五，户二万。《斠注》案：本州序云：泰始三年，分广汉置新都郡，《志》作二年，必有误。

【编者按】新都郡应为新都国。谭其骧主编《中国历史地图集》第三册西晋太康二年图即以新都国命名。司马该咸宁三年（278年）封新都王，太康四年（283年）死，因无子国除。新都国治雒县，在今四川广汉市北。

雒

【斠注】两汉属广汉郡。《汉志》曰：章山，雒水所出，南至新都谷入湔。《斠注》案：泰始二年置新都郡，雒县当于是时改隶。《新斠注地理志》十一曰：在今成都府汉州南。

【集释】《马注》：与龙曰：三国蜀县，属广汉。宋因，属广汉。《一统志》：故城今成都府汉州北。

【编者按】雒县故城，在今四川广汉市北。

什方

【斠注】两汉属广汉郡。《汉志》作汁方，《表》作汁仿。《史记·留侯世家》作什方，《表》作汁邡。《华阳国志》三作什仿。《续汉志》《水经·江水注》作什邡。《斠注》案：什方当亦于泰始二年改隶。

【集释】方恺《新校》：方恺曰：什方当从《郡国志》《州郡志》作什邡。

《马注》：与龙曰：三国蜀县，作什邡，属广汉。宋因，作什邡，属广汉。《一统志》：故城今什邡县南。

【编者按】什方县故城，即今四川什邡市治。

绵竹

【斠注】两汉属广汉郡。《续汉志》注：《地道记》曰：绵竹有紫岩山，绵水之所出焉。《新斠注地理志》十一曰：故城在德阳县北三十五里。本《寰宇记》。

【集释】《通鉴》胡注：赤祖，地名，当在绵竹东。

方恺《新校》：方恺曰：又《州郡志》广汉太守下有郪县令，汉旧县。阳泉令，蜀分绵竹立，皆不言晋省。本《志》缺，未详。又本书《王长文传》：长文，广汉郪人。此两郡俱缺，未详。

《马注》：与龙曰：三国蜀县，属广汉。宋因，属益州南阴平郡。《一统志》：县自古为由涪入成都必经之要道。又为涪江所经，当在今绵州、德阳之间。

《中国历史地理信息系统释文》（未刊稿）：邹逸麟按：《华阳国志》卷3《蜀志》："广汉郡，高帝六年置。王莽改曰就都，公孙述名曰子同。……绵竹县，刘焉初所治。"《宋书》卷38《州郡志四》：益州"北阴平太守，《晋太康地志》：故广汉属国都尉。何志蜀立。《永初郡国》曰北阴平，领阴平、绵竹、平武、资中、胄旨五县。何、徐直曰阴平，领二县与此同。……寄治州下。阴平令……平武令。"《嘉庆重修大清一统志》第151册，卷414《绵州直隶州·古迹》："绵竹故城，在德阳县北。汉置。后汉中平五年黄巾乱，益州从事贾龙迎州牧刘焉移治绵竹。三国汉炎兴元年诸葛瞻拒邓艾至涪，前锋破，退往绵竹，遂战死，即此。《元和志》：绵竹故城在绵竹县东五十里。《寰宇记》：在德阳县北三十五里。按：县自古为由涪入成都必经之要道，又为涪江所经，当在今引经绵竹、德阳间，隋改雒县为绵竹，皆非故地也。"刘琳《华阳国志校注》定于"今德阳黄许镇"。与记载合。今德阳县北有黄许。从之。

【编者按】绵竹县故城，在今四川德阳市旌阳区北黄许镇北。《中国考古六十年：1949－2009》据考古资料，定德阳市旌阳区黄许镇北3公里绵远河西岸台地的绵竹城遗址为汉晋绵竹县故城。

新都

【斠注】两汉属广汉郡。《宋志》曰：晋武帝为王国，太康六年省为县，属广汉。《斠注》案：本《志》属新都郡，盖又改隶。《读史方舆纪要》六十七曰：新都旧城在今县治东二里。

【集释】《马注》：与龙曰：三国蜀县，属广汉。《郡国志》注引《华阳国志》曰：有金堂山，水通巴汉。宋因，属广汉。《一统志》：故城今新都县东二里。

【编者按】新都县故城，即今四川成都市新都区治。

涪陵郡 蜀置。

【集释】《马注》：与龙曰：三国蜀郡，属益州。《华阳国志》：三巴既分，于是涪陵谢本白璋，求以丹兴、汉发二县为郡。初以为巴东属国，后遂为涪陵郡。《江水注》：江水又东，迳涪陵故郡北，后乃并巴郡，遂罢省。《元和志》：黔州本汉涪陵县地，后汉献帝时分为四县，置蜀国都尉，蜀先主又增置一县，改为郡。晋永嘉后，地没蛮獠，经二百五十六年至宇文周保定四年，涪陵蛮帅田思鹤以地内附，因置宁州。建德三年，改为黔州。

杨光华《两晋南北朝涪陵郡置废、州属、领县杂考》："西晋后期涪陵郡已由渠州还属益州，至南齐时仍属益州。涪陵郡在成汉前期仍由晋朝控制，在成汉后期成为争战之地，建置难以持久，最后被少数民族首领控制。东晋平定成汉后，在巴郡枳县设涪陵郡，属于侨郡，但不久恢复了实郡，以后各朝仍置涪陵郡。"

统县五，户四千二百。

【斠注】《水经·延江水注》：魏武分邑，立为涪陵郡。《水经注释》三十六曰：全氏曰：《晋志》又言涪陵是刘璋置。刘璋之末，巴郡入于张鲁，鲁降曹氏，更入魏，因置三巴，见于《魏书》。则魏或尝立涪陵郡未可知也。《元和郡县图志》三十曰：春秋时属巴国，秦为巴郡地，汉为涪陵郡地，蜀先主以为涪陵郡。《东晋疆域志》曰：按蜀置郡本理丹兴。《寰宇记》称《太康地记》云：省丹兴县，郡移理汉复。《元和志》：晋永嘉后，地没蛮夷。桓温定蜀，以涪郡理枳县城。乐史又云：东晋桓温定蜀，别立枳县于今涪陵郡东北一十里邻溪（日）[口]（编者校："日"当为"口"。迳改。），又置故枳城郡，寻废。今考《沈志》，枳县属巴郡，则涪陵郡所治之枳自属桓温定蜀后别立，乐史之言盖有所本。又《元和志》：涪州城本秦枳县城，乐温、宾化二县本汉枳县地。是桓温所立涪郡治枳县者系秦枳县城，巴郡所统者则汉枳县也。涪陵所统旧县已没蛮夷。凡领县一：枳。

【集释】方恺《新校》：方恺曰：刘逵《蜀都赋注》：涪陵、丹兴二县出丹砂。案：洪氏亮吉《东晋疆域志》：蜀置涪陵郡，本理丹兴。《太平寰宇记》称《晋太康地记》云：省丹兴县，郡移理汉复。本《志》无丹兴，盖从《太康地记》说也。《华阳国志》云：丹兴，蜀时省。又有汉发县，属涪陵郡，疑即汉复也。

姚师濂《〈华阳国志〉〈晋书地理志〉互勘》曰："涪陵郡……《常志》载涪陵、丹兴、汉平、万宁、汉发五县，汉发当即《晋志》之汉复，惟《常志》有丹兴，无汉葭，《晋志》反之。按《常志》云：'丹兴，蜀时省'，故《晋志》不及。不知《晋志》之汉葭即置丹兴故地否？至《晋志》称涪陵蜀置，汉葭要非蜀有也。"

杨光华《两晋南北朝涪陵郡置废、州属、领县杂考》："晋、宋涪陵郡的领县数目难以确认，但涪陵县及其以北的汉葭、汉平县当为其辖县。"

【编者按】涪陵郡治汉复县，在今贵州沿河土家族自治县西北。

汉复

【斠注】《华阳国志》一作汉发县。《斠注》案：疑为汉复之讹。《读史方舆纪要》三曰：汉复，今涪州南九十里故城是。

【集释】方恺《新校》：吴翊寅案：又《华阳志》以涪陵为郡治，与《寰宇记》引《太康志》异。

《马注》：与龙曰：三国蜀县。《寰宇记》云：蜀先主立。又引《晋太康地记》：晋省丹兴县，涪陵移理汉复。《通鉴》胡注：汉复北至涪陵九十里。《一统志》：故城今西阳州彭水县南。

【编者按】汉复县故城，在今贵州沿河土家族自治县西北洪渡。史为乐主编《中国历史地名大辞典》又持一说"在今重庆酉阳土家族苗族自治县西北一百八十里龚滩镇"。

涪陵

【斠注】两汉属巴郡。《华阳国志》一曰：涪陵县，郡治。《元和郡县图志》三十曰：涪陵本汉旧县，蜀治涪陵郡。《新斠注地理志》十二曰：今重庆府涪州。

【集释】《通鉴》胡注：涪陵郡之涪陵，则今涪州涪陵县也。

《马注》：与龙曰：三国蜀县。刘逵《蜀都赋注》：灵寿木出涪陵县。《一统志》：故城今彭水县治。

【编者按】涪陵县故城，即今重庆彭水苗族土家族自治县治郁山镇。

汉平

【斠注】《华阳国志》一曰：汉平县，延熙十三年置。《读史方舆纪要》六十九曰：汉平废县在涪州东百二十里。

【集释】《马注》：与龙曰：三国蜀县。《江水注》：江水又东，迳汉平县。《一统志》：故城今重庆府涪州东南。

【编者按】汉平县故城，在今重庆武隆县西北。史为乐主编《中国历史地名大辞典》存两说，位置方向大致一致，一说是重庆武隆县西北大溪河注入乌江处，一说是重庆武隆县西北白马场或者鸭江场。

汉葭

【集释】方恺《新校》：吴翊寅案：本《志》汉葭即《华阳志》之汉发，建安中旧县也。葭与发形近而讹。

《马注》：与龙曰：三国蜀县。《华阳国志》：建安六年，刘璋分涪陵置。《寰宇记》引《太康地记》：汉葭在涪陵郡东百里。《一统志》：故城今彭水县东。与龙按：当在今酉阳州境。

【编者按】汉蒗县故城，在今重庆黔江区西。

万宁

【斠注】《华阳国志》一曰：万宁县，汉孝灵帝时置，本名永宁。

【集释】《马注》：与龙曰：三国蜀县。《郡国志》涪陵县下引《巴记》曰：灵帝分涪陵置永宁县。《华阳国志》：蜀先主改为万宁。《寰宇记》引《晋太康地记》：县在郡南，水道九百里。谢钟英云：《寰宇记》谓县盖今费州是。按：宋费州，今贵州思南府东北。

【编者按】万宁县故城，今地无考。

巴郡秦置。

【集释】程廷祚《证今》曰："今四川重庆府。"

《马注》：与龙曰：三国蜀郡，属益州。宋因，属益州。

统县四，

【集释】方恺《新校》：方恺曰：《州郡志》南宕渠太守下宕渠令，二汉、《晋太康志》属巴郡。吴翊寅案：二汉《志》宕渠属巴郡，本《志》属巴西郡。毕沅辑《太康地志》有巴西、巴东二郡，无巴郡，疑辑本有误脱。《州郡志》巴郡下所领四县与本《志》同。

《马注》：与龙曰：当移入巴西之宕渠，为统县五。

姚师濂《〈华阳国志〉、〈晋书地理志〉互勘》曰："巴郡……《常志》称其属县七，除江州枳县、临江、垫江等四县见于《晋志》外，余平都、乐城、

常安，蜀延熙时省，故未录。"

户三千三百。

【斠注】《宋志》曰：去州内水一千八百，陆五百，外水二千二百，去京都水六千。《东晋疆域志》曰：领县同。《水经·江水注》曰：秦惠王遣张仪等救苴侯于巴，仪贪巴、苴之富，因执其王以归，置巴郡。

【编者按】巴郡治江州县，在今重庆市市区、嘉陵江南。

江州

【斠注】两汉旧县。《华阳国志》一曰：江州县，郡治。《水经·江水注》曰：江州县，故巴子之都也。《新斠注地理志》十二曰：今重庆府城西。

【集释】程廷祚《证今》曰："今府治。"

《马注》：与龙曰：三国蜀县。《左传·桓九年》杜注：巴郡江州县。《郡国志》注引《华阳国志》曰：帝禹之庙铭存焉。有清水穴，巴人以此为粉，则膏泽鲜芳，贡粉京师，因名粉水。刘逵《蜀都赋注》：随江东至巴郡江州县，往往有荔枝。宋因。《一统志》：故城今重庆府巴县西。

【编者按】江州县故城，在今重庆市市区、嘉陵江南。

垫江

【斠注】两汉旧县。《说文解字》作䢴江，段玉裁注曰：䢴江县为嘉陵江、渠江、涪江会合之地，水如衣之重复，故曰䢴江，浅人讹作昏垫之垫。《华阳国志》一曰：垫江县，郡西北中水四百里。《续汉志》注：《巴记》：建安六年，

刘璋分巴，以永宁为巴东郡，垫江为巴西郡。《斠注》案：此说与本州序文同，是垫江属巴西郡在后汉季年。《宋志》谓刘禅建兴十五年复旧，盖由巴西迁属巴郡。

【集释】《马注》：与龙曰：三国蜀县。刘逵《蜀都赋》注：桃枝，竹属，出垫江县。《蜀录》：李雄玉衡六年，复于阳关更置垫江县，亦属巴郡。《华阳国志》：巴楚数相攻伐，故置扞关、阳关及沔关。宋因。《一统志》：故城今重庆府合州治。

【编者按】 垫江县故城，即今重庆合川区治。

临江

【集释】《斠注》：两汉旧县。《水经·江水注》：《华阳记》曰：县在枳东四百里，东接朐忍。《读史方舆纪要》六十九曰：临江废县，今忠州治。

【集释】《马注》：与龙曰：三国蜀县。《华阳国志》：临江县，枳东四百里，接朐忍，县有盐官。宋因。《一统志》：故城今忠州治。

【编者按】 临江县故城，即今重庆忠县治。

枳

【斠注】 两汉旧县。《水经·江水注》：《华阳记》曰：枳县在江州巴郡东四百里，治涪陵水会。《读史方舆纪要》六十九曰：废枳县今涪州治。胡三省曰：汉之涪陵，今彭水县也，今之涪陵乃汉枳县也。《寰宇记》：枳县城在巴县北百十五里，误也。《晋地理志新补正》曰：按《寰宇记》，桓温定蜀，别立枳县于涪陵郡东北一十里，邻（汉）[溪]（编者校："汉"当为"溪"。）口。又置枳城郡，寻废。

【集释】《马注》：与龙曰：三国蜀县。《郡国志》注引《华阳国志》曰：有明月峡、广德（峡）[屿]（编者校：中华书局点校本《后汉书》此处"峡"为"屿"。迳改。）者是也。《寰宇记》：《四夷县道记》云：自涪陵郡西泝蜀江十五里有鸡鸣峡，上有枳城，即汉枳县也。李雄据蜀，后乱废。宋因。《一统志》：故城今重庆府涪州西。

《八琼室金石补正》收录《杨阳墓碣》，中有"晋故巴郡察孝骑都尉枳杨府君之神道。君讳阳，字世明，涪陵太守之曾孙。隆安三年岁在己亥十月十一日立"字样。陆增祥曰："右碣四川重庆出土。杨阳枳人，当在今涪州境上。"

杨光华《两晋南北朝涪陵郡置废、州属、领县杂考》："涪陵郡曾寄治于巴郡枳县，但枳县始终都属于巴郡，而不曾为涪陵郡属县。""一是寄治于巴郡枳县的涪郡（或作枳城郡）——实为涪陵郡，治地为秦枳县城，在乌江西岸，今涪陵区城区。二是从秦枳县城沿长江西上，鸡鸣峡南岸的汉枳县城荒废，桓温定蜀后，迁枳县治于乌江东岸邻溪口。三是《水经注》提出了两个枳县治，乌江西、鸡鸣峡南岸的枳县城，即汉枳县城，乌江东的枳县，应为桓温定蜀后别立于邻溪口的枳县。四是诸志都没有记载东晋将巴郡枳县西迁之事。""古枳县城不在涪州（今涪陵区城区）；古枳县城在巴县（今重庆市城区）的北边、东北或西边，桓温伐蜀，将枳县迁移到邻溪，古枳县城便荒废；桓温迁枳县城于邻溪，按《四夷县道记》邻溪在涪陵郡（今涪陵区）东北一十里，则桓温是自巴县北（或东北）一百十五里东迁枳县城于涪州乌江东岸。"

【编者按】枳县故城，在今重庆涪陵区北、乌江入江口东岸。郦道元《水经注》所指在今重庆涪陵区西十五里，北临长江。东晋永和三年（347 年）平蜀，移治于重庆涪陵区东十里邻溪口。《中国文物地图集·重庆分册》据考古资料定汉枳县故城在今重庆涪陵区区治荔枝街道长江南岸马鼻梁山顶上。

巴西郡蜀置。

【中华校】蜀置　毕校：谯周《巴记》，建安六年刘璋分巴郡垫江以上为巴郡。据此，则巴西郡刘璋时分置。

【集释】《马注》：与龙曰：汉末置说见涪陵郡下，此云蜀置，误。三国蜀郡，属益州。《寰宇记》：晋李雄之乱，巴西荒芜，太守理无定处。宋因。

统县九，

【集释】方恺《新校》：方恺曰：《州郡志》有宣汉令，不言置立。《水经注·江水篇》云：巴水出晋昌郡宣汉县，郡隶梁州，晋太康中立。案后篇言晋昌郡为桓温立，然惠帝时已分巴西置宕渠郡，统宕渠、汉昌、宣汉二县，是晋昌郡虽未必为太康时置，而宣汉县则立于惠帝之前属巴西郡无疑矣。前后不符，不详何解。吴翊寅案：《郡国志》宣汉，刘昭注引《巴汉记》曰和帝分宕渠之东置。又汉昌，永元中置。刘昭注引《巴记》曰分宕渠之北而置之。是汉昌、宣汉，《续汉志》同属巴郡。《州郡志》南宕渠太守下有宣汉令，云前汉无，后汉属巴郡，《晋太康地志》无。据《水经注》及本《志》后篇，则宣汉县太康中尚存，惠帝时改属宕渠，并未省并。《沈志》云《太康地志》无，非也。本《志》不载，疑有缺误，此汉旧县，亦非晋立。

《马注》：与龙曰：当删苍溪、岐惬二县，又移去宕渠县于巴郡，为统县六。

姚师濂《〈华阳国志〉、〈晋书地理志〉互勘》曰："巴西郡……《常志》称其属县七，然所及者仅阆中、南充国、安汉、平州四县，其余宕渠、汉昌二县则隶宕渠郡，以常氏时有宕渠郡也。"

户一万二千。

【斠注】《晋地理志新补正》曰：按谯周《巴记》：巴西郡，刘璋时分置。徐志以为晋武帝时立，非。《东晋疆域志》曰：东晋分出宕渠、新巴二郡，凡领县六：西充国、苍溪、岐惬、南充国、安汉、平州。

【编者按】巴西郡治阆中县，在今四川阆中市。

阆中

【斠注】两汉属巴郡。《华阳国志》曰：阆中县，郡治。《御览》四十四《阆山图经》曰：阆山四合于郡，故曰阆中。《晋地理志新补正》曰：按《寰宇记》：晋立巴郡于阆中，更析置晋安县。《御览》九百六十六《晋令》曰：阆中县置守黄甘吏一人。

【集释】《马注》：与龙曰：三国蜀县。《史记·司马相如传·集解》：郭璞曰：巴西阆中县有渝水，獠人居其上，皆刚勇好舞。汉高募此以平三秦，后使乐府习之，名巴渝舞也。《漾水注》：汉水又南，迳阆中县东。又东南，得东水口，水出巴岭，南历獠中，谓之东游水。李寿之时，獠自牂牁入，所在诸郡，布满山谷。《寰宇记》：宋因。《一统志》：故城今保宁府阆中县治。

【编者按】 阆中县故城，即今四川阆中市治。

西充国

【斠注】 《东晋疆域志》曰：汉充国县，《沈志》称《晋太康地志》有西、南二充国，属巴西。《寰宇记》八十三曰：李雄乱后，其城荒废。《元和郡县图志》三十三曰：本汉涪县地，晋孝武帝于此侨置西充国县，属巴西郡。《斠注》案：如《元和志》言，东晋之西充国侨置涪县地，非复其旧也。

【集释】 《马注》：与龙曰：三国蜀县。刘逵《蜀都赋注》：巴西充国县有盐井数十。《州郡志》：西充国令，《晋太康地志》属巴西。《寰宇记》：宋因。李兆洛云：故城今南部县西北四十里。

【编者按】 西充国县故城，在今四川南部县西北。

（苍溪）

【斠注】 《元和郡县补志》四曰：本汉阆中县地，后汉永和中，于县北巴岳山侧置汉昌县，属巴郡。晋属巴西郡。又分置苍溪县。《读史方舆纪要》六十八曰：苍溪故县在今县西南。

【集释】 方恺《新校》：方恺曰：又案苍溪、岐惬二县，《汉志》无，《沈志》《常志》俱不载，未详何时置立。今考《隋志》云：巴西郡苍溪，旧曰汉昌，开皇末改名焉。阑入晋置，可云俱绝。

《马注》：与龙曰：三国蜀无。《一统志》：苍溪故县，即今苍溪县治。旧志称：宋元嘉八年，并县入汉昌，在今苍溪县西南。今考《宋志》无此县，而《隋志》《旧唐志》《寰宇记》皆言隋始改汉昌为苍溪，疑修《晋志》者以隋县误入，后人又因此附会也。与龙按：此县当删。

【编者按】 晋时无苍溪县。谭其骧主编《中国历史地图集》西晋图无此县，当删。史为乐主编《中国历史地名大辞典》定苍溪县故城在今四川苍溪县西南东青镇。未知所据。

（岐惬）

【集释】 方恺《新校》：方恺曰：又案苍溪、岐惬二县，《汉志》无，《沈志》《常志》俱不载，未详何时置立。又《隋志》无岐惬，疑即岐坪县旧名。《唐书·地理志》：苍溪、岐坪皆属阆州，不闻晋有岐惬县。

《马注》：与龙曰：三国蜀无，今地阙。李兆洛云：当在今保宁府境。与龙按：岐惬县不见于诸地志，惟《隋志》有岐坪县。《寰宇记》：后魏废帝改宋安县为岐平，在阆州东北一百六十里。准其地望，即今苍溪县东北一百里。疑岐惬即岐坪，坪、惬字形相涉而讹。据《一统志》谓修《晋志》者以隋苍溪县误入，则岐惬即岐坪，亦隋县，而与苍溪相联属，因并误入此。与苍溪县皆当删去也。

【编者按】 晋时无岐惬县。谭其骧主编《中国历史地图集》西晋图无此县，当删。史为乐主编《中国历史地名大辞典》定岐惬县故城在今四川苍溪县东北一百里岐坪镇。未知所据。

南充国

【斠注】《华阳国志》一曰：南充国县，和帝时置。《续汉志》曰：充国，永元二年分阆中置。《巴记》曰：初平四年，复分为南充国县。《斠注》案：南充国置于和帝时，或后有并省，至初平四年，复分为南充国耳。《宋志》作初平六年。

【集释】《马注》：与龙曰：三国蜀县。《州郡志》西充国令下云：《晋太康地志》有西、南二充国，属巴西。谯州《巴记》：初平元年，分充国为南充国。宋因。《一统志》：故城今保宁府南部县治。

【编者按】南充国县故城，即今四川南部县治。

汉昌

【斠注】《续汉志》曰：汉昌，永元中置。注：《巴记》曰：分宕渠之北而置之。《华阳国志》一曰：汉昌县，和帝时置。《元和郡县图志》三十三曰：昌明县本汉涪县地，晋孝武帝白白沙戍移汉昌县侨理于此，仍属巴西郡。《读史方舆纪要》六十八曰：汉昌城，今巴州治。《斠注》案：《宋州郡志》引《晋太康地记》："巴东有汉昌县"，本《志》汉昌属巴西，疑《宋志》误西为东。《东晋疆域志》据《寰宇记》建安二十一年分朐忍立汉丰，以为汉昌为汉丰之误，恐非是。

【集释】《马注》：与龙曰：三国蜀县。刘逵《蜀都赋注》：巴西汉昌县，多野蜂蜜蜡。《寰宇记》：《四夷县道记》云：李寿时有群獠十余万从南越入蜀汉间，散居山谷，因斯流布在此地，后遂为獠所据。历代羁縻，不置郡县。宋因。《一统志》：故城今巴州治。

【编者按】汉昌县故城，即今四川巴中市治。

宕渠

【斠注】两汉属巴郡。《宋志》曰宕渠。《晋太康地记》属巴郡。《斠注》案：本《志》属巴西，盖由巴郡改隶。《水经·潜水篇》云：潜水出巴郡宕渠县。注云：县以延熙中分巴立宕渠郡，盖古賨国也。今有賨城。《御览》一百六十八《十道志》曰：本汉宕渠县，晋惠帝永宁中，李特王蜀，其地属焉。《寰宇记》一百三十八曰：后汉建安二十三年，蜀先主分巴郡置宕渠县，寻省。后主延熙中又置，寻省。晋惠帝又置。《读史方舆纪要》六十八曰：宕渠城在渠县东北七十里。

【集释】《通鉴》胡注：宕渠县，汉属巴郡，自蜀以来，属巴西郡。贤曰：宕渠故城，在今渠州流江县东北。宕，徒浪翻。

《马注》：与龙曰：三国蜀县。《华阳国志》：永兴元年，李雄复置宕渠郡。《寰宇记》：李寿乱后，地为诸獠所侵。宋因，属益州南宕渠郡。《一统志》：故城今顺庆府渠县东北九十里。

《中国历史地理信息系统释文》（未刊稿）：邹逸麟按：《华阳国志》卷1

《巴志》:"宕渠郡……宕渠县,郡治。"《嘉庆重修大清一统志》第 149 册,卷 409《绥定府二·古迹》:"宕渠故城,在渠县东北。"《太平寰宇记》卷 138:"渠州……流江县……汉宕渠县城在今县东北,俗号为车骑城。"按宋流江县即今渠县。刘琳《华阳国志校注》:宕渠县下注:"《后汉书·吴汉传》李贤注:宕渠,山名,因以名县,故城在今流江县东北,俗名车骑城。唐宋地志皆云在流江县(今渠县)东北七十里。即今渠县土溪公社南岸之城坝。其地距渠县城约八十里,这一带汉代文物最多,冯绲父冯焕之神道碑今在,汉砖遍地皆是。"今从之。今渠县东北土溪公社南渠江南岸。

【编者按】宕渠县故城,在今四川渠县东北土溪乡渠江南岸城坝古城。

安汉

【斠注】两汉属巴郡。《御览》一百六十七《十道志》曰:春秋、战国并为巴子国,秦魏王当作惠王。灭巴蜀,是为巴郡地,汉、晋皆为安汉县。《寰宇记》:符阳县本汉县,属巴郡,晋、宋废为宣汉县。《斠注》案:本《志》序文云:割巴郡之宕渠、宣汉、汉昌。序末云:罢宕渠郡,统宕渠、汉昌、宣汉。是安汉确为宣汉之讹。《新斠注地理志》十二曰:在今顺庆府城北三十五里。

【集释】《马注》:与龙曰:三国蜀县。宋因。《旧唐书·地理志》云:宋于安汉故城置南宕渠郡。《一统志》:故城今南充县北。

《中国历史地理信息系统释文》(未刊稿):邹逸麟按:《华阳国志》卷 1《巴志》:"巴西郡……宣汉县,今省。"《晋书》卷 14《地理志上》:"梁州……刘备据蜀……割巴郡之宕渠、宣汉、汉昌三县置宕渠郡。寻省,以县并属巴西郡。……惠帝复分巴西置宕渠郡,统宕渠、汉昌、宣汉三县,并以新城、魏兴、上庸合四郡以属梁州。寻而梁州郡县没于李特,永嘉中又分属杨茂搜,其晋人流寓于梁益者,仍以二州立南北阴平郡。及桓温平蜀之后,以巴汉流人立晋昌郡,领长乐、安晋、延寿、安乐、宣汉、宁都、新兴、吉阳、东关、永安十县;又置益昌、晋兴二县,属巴西郡……"惠帝时宕渠郡领宣汉县,则惠帝时已复置。《嘉庆重修大清一统志》第 149 册,卷 409《绥定府二·古迹》:"通川故城,今府治。后汉分宕渠东境置宣汉县。晋南渡后,又尝侨置宣汉县,分属南宕渠魏兴郡。而此其故县也。刘宋置巴渠郡治此。后魏改县曰石城。隋改通川,皆为州郡治。明初省入。《明统志》谓废通川县在达州西二十里。元省入。误。"清绥定府治,即今四川达州市。

【编者按】安汉县故城,在今四川南充市北。宣汉县故城,即今四川达州市治。谭其骧主编《中国历史地图集》西晋太康二年图安汉与宣汉并存。

平州

【斠注】《史记·高祖功臣侯年表·平州·索隐》云:《晋书地道记》属巴郡。《蜀志·法正传》曰:分平、资中、德阳,三道并侵。《三国志考证》六曰:考《郡国志》资中、德阳皆汉旧县,惟无平县,平即平州也。《宋志》谓:晋太康元年,以野民归化立平州者,非盖汉建安中巴西郡已有平州。《斠注》案：王隐谓平州属巴郡，岂由巴西改隶巴郡欤？《宋志》又作平周。

【集释】《马注》：与龙曰：《史记·索隐》卷十八平州：《晋书地道记》属巴郡。按：盖后改属也。宋因。今地阙。李兆洛云：当在今四川省境。

【编者按】平州县故城，今地不可考。史为乐主编《中国历史地名大辞典》定平州县故城即今四川平昌县治。未知所据。

巴东郡汉置。

【集释】程廷祚《证今》曰："今四川夔州府。"

《马注》：与龙曰：三国蜀郡，属益州。《华阳国志》：建安六年，以固陵为巴东。先主入益州，改为江关都尉。建安二十一年，改为固陵郡。章武元年，复为巴东。宋因。

统县三，

【集释】方恺《新校》：方恺曰：洪氏亮吉《东晋疆域志》巴东郡汉丰县下云：《太平寰宇记》：建安二十一年，蜀汉先主分朐䏰县西北界立。以汉上丰盛为名。《沈志》称何志不注置立。《太康地志》巴东有汉昌县，疑是。今考汉昌属巴西郡，《太康地志》所云汉昌当属汉丰之误。据此则西晋即有汉丰，《晋地理志》失载也。又《华阳国志》巴东郡有汉丰县，建安二十一年置。洪说是也。又刘逵《蜀都赋注》：盐池出巴东北新井县，互见荆州。

《马注》：与龙曰：今补录汉丰县，为统县四。

姚师濂《〈华阳国志〉、〈晋书地理志〉互勘》曰："巴东郡，《常志》称属县五，但除《晋志》所有鱼复、朐忍（一作朐䏰，与《晋志》同。）、南浦三县外，只多汉丰，合之才四县耳。"

户六千五百。

【斠注】《宋志》曰：《太康地志》：巴东属梁州，惠帝太安二年度益州，穆帝永和初平蜀，度属荆州。去州水一千三百，去京都水四千六百八十。《元和郡县图志》三十三曰：先主又以固陵为巴东郡。又《补志》四曰：后汉初平元年，分置固陵郡。建安六年改名巴东，属益州。晋太始三年分属梁州。太安三年仍属益州。永和初改属荆州。《斠注》案：《志》属梁州，盖据《太康地志》，至《元和志》谓先主又以固陵为巴东郡，乃仍建安之旧也。《东晋疆域志》曰：东晋领县四，增置汉丰。

【编者按】巴东郡治鱼复县，在今重庆奉节县东白帝城。

鱼复

【中华校】鱼复 各本作"鱼腹"，今从宋本作"鱼复"。《汉志》上、《续汉志》五、《华阳国志》一、《后汉书·张堪传》《蜀志·先主传》并作"鱼复"。

【斠注】两汉《志》作鱼复，属巴郡。《汉书补注》曰：鱼复在周为南蛮国，见《逸周书》，后属庸。《续汉志》注：古庸国。《左传》文十［六］（编者校：中华书局点校本《后汉书》此处增加"六"字。）年，鱼人逐楚师是也。《华阳国志》一曰：鱼复县，郡治。公孙述更名白帝，章武二年，改曰永安，咸熙初复。《水经·江水注》亦作鱼复，云故鱼国也。《宋志》曰：刘备章武二年改为永安，太康元年复旧。《寰宇记》一百四十八曰：鱼腹县在奉节县西十五里。《读史方舆纪要》三曰：鱼复今夔州府治。《斠注》案：县以鱼复浦得名，腹当作复。《华阳志》作咸熙初复，与《元和志》作太康元年异。

【集释】 程廷祚《证今》曰："在今奉节县东五里。杜又云今巴东永安县，《志》无。"

《马注》：与龙曰：三国蜀县，曰永安。《左传·文十六年》杜注：鱼复今巴东永安县。按杜盖沿旧言之。刘逵《蜀都赋注》：三峡巴东永安县有高山相对，向去可二十丈左右，崖甚高，人谓之峡，江水过其中。《水经·江水注》：《晋地道记》曰：入汤口四十三里有石，煮以为盐，石大者升，小者如拳，煮之，水竭盐成。盖蜀火井之伦，水火相得乃佳矣。宋因。《一统志》：故城今夔州府奉节县东北。

《中国历史地理信息系统释文》（未刊稿）：邹逸麟按：《华阳国志》卷1《巴志》："鱼复县，郡治，公孙述更名曰白帝，章武二年改曰永安，咸熙初复。"《宋书》卷37《州郡志三》："巴东公相，谯周《巴记》云：初平元年，荆州帐下司马赵韪建议分巴郡诸县安汉以下为永宁郡。建安六年刘璋改永宁为巴东郡，以涪陵县分立丹兴、汉葭二县，立巴东属国都尉，后为涪陵郡。《晋太康地志》，巴东属梁州，惠帝太安二年度益州，穆帝永和初平蜀，度属荆州。《永初郡国志》无巴渠、黾阳二县。领县七：鱼复侯相，汉旧县，属巴郡，刘备章武二年，改为永安，晋武帝太康元年复旧。"今从作晋太康元年（280年）复名鱼复。《晋书》卷14《地理志上》：巴东郡，首县鱼复。《华阳国志》卷1《巴志》："巴东郡……鱼复，郡治。"《清嘉庆一统志》第146册，卷398《夔州府二·古迹》："鱼复故城，在奉节县东北。《旧唐书·地理志》：汉鱼复县，今奉节县北三里赤岬城是也。"刘琳《华阳国志校注》："鱼复……西汉为县，属巴郡。江关都尉治此。东汉因。刘璋时属巴东郡，蜀、晋因。鱼复县故城在今奉节县东十三里白帝山上。公孙述改名白帝城。……宋以前县皆治此。宋真宗时乃移于今奉节县治。"《水经》卷33《江水注》："江水东迳赤岬城西，是公耿述所造，因山据势，周回七里，一百四十步……南连基白帝山，甚高大，不生树木，其石悉赤，土人云，如人袒胛，故谓之赤岬山。……江水又东迳鱼复县故城南，故鱼国也。……《地理志》：江关都尉治。公孙述名之曰白帝，取其王巴蜀。章武二年刘备为吴所破，改白帝为永安，巴东郡治也。汉献帝初平元年分巴为三郡，以鱼复为故陵郡。蹇胤诉刘璋，改为巴东郡，治白帝山，城周二百八十步，北缘马岭，接赤岬山，其间平处，南北相去八十五丈，东西七十丈，又东傍东瀼溪。"据上述，汉以来鱼复县治白帝城，无疑。《旧唐书》卷39《地理志二》："夔州……奉节，汉鱼复县，属巴郡，今县北三里赤岬城是也。"不从。当即今四川奉节县东白帝城。

【编者按】 鱼复县故城，在今重庆奉节县东白帝城。

朐䏰

【斠注】两《汉志》作朐忍，属巴郡。《华阳国志》一曰：朐忍县，郡旧脱此字，今补正。治。《水经·江水注》引《华阳记》亦作朐忍。《寰宇记》一百四十七曰：朐䏰城在万户城西三十一里。《晋地理志新补正》曰：按《寰宇记》：建安二十一年，蜀先主于此置汉丰县，以汉上丰盛为名。《蜀典》曰：《太平御览》引《十三州志》：（朐）[朐]䏰，虫名，夔州多此虫，遂以名县。云安之西三十里万户驿下横石滩上。土人云，驿之左右，（朐）[朐]䏰故地也。其音当读蠢闰。《汉书》注引云：（朐）[朐]䏰县，（朐）[朐]音蠢，䏰音闰。其地下湿，多（朐）[朐]䏰虫，因以名县。按（朐）[朐]䏰，《曹全碑》《巴郡太守张纳功德叙碑》《西岳华山庙碑》《水经注》《雍劝阙》均作朐忍。《汉地理志》小颜音劬，《后汉·郡国志》与《地理志》同。《说文新附》"（朐）[朐]"字注云："朐䏰，虫名。汉中有（朐）[朐]䏰县，从肉句声。考其义当作'润蠢'。如顺切。""䏰"字注云："（朐）[朐]䏰也，尺尹切。"按（朐）[朐]䏰在巴东郡西二百九十里。徐氏云：汉中，中字误衍。《三国志》注引《英雄记》：屯（朐）[朐]䏰。裴音云：上蠢，下如振反。《读史方舆纪要》六十九曰：朐忍城在云阳县西四十里。

【集释】何超《音义》：朐䏰，蠢、润二音。

《马注》：与龙曰：三国蜀县。《华阳国志》：朐忍县，郡西二百九十里。宋因。《一统志》：故城今云阳县西四十里万户坝。

《中国历史地理信息系统释文》（未刊稿）：邹逸麟按：《清嘉庆一统志》第146册，卷398《夔州府二·古迹》："朐忍故城，在云阳县西。……《后汉书》注：朐忍故城，今云安县西万户故城是也。《旧唐书·地理志》：万户城，在云安县西三十里。旧志：宋为万户驿，今名万户坝。"《水经》卷33《江水注》："江水又东，左迳朐忍县故城南……县治故城，跨其山阪，南临大江。"王仲荦《北周地理志》亦谓即今地云阳县西万户城。按今图无万户城。《宋书》卷37《州郡志三》："巴东公相，谯周《巴记》云：初平元年，荆州帐下司马赵韪建议分巴郡诸县安汉以下为永宁郡。建安六年刘璋改永宁为巴东郡，以涪陵县分立丹兴、汉葭二县，立巴东属国都尉，后为涪陵郡。《晋太康地志》，巴东属梁州，惠太安二年度益州，穆帝永和初平蜀，度属荆州。《永初郡国志》无巴渠、毦阳二县。领县七：……朐忍令。"《南齐书》卷5《州郡志下》：巴东郡领朐忍县。

【编者按】《新中国考古五十年》：重庆云阳旧县坪遗址为朐忍县址。《重庆云阳旧县坪台基基础建筑发掘简报》："旧县坪遗址是三峡重庆库区一处重要的古代文化遗址，位于连接云阳新老县城公路南侧的双江镇建民村，西南距云阳新县城双江镇约12公里。"《中国文物地图集·重庆分州》定旧县坪遗址为战国、汉、六朝、唐时期。另此处出土有"朐忍丞印"。朐䏰县故城，在今重庆云阳县东二十里左右双江镇建民村。

南浦

【斠注】《宋志》曰：南浦县，刘禅建兴八年，益州牧阎宇表改羊渠立南浦。《华阳国志》一曰：吴平巴东后，省羊渠，置南浦。又曰：郡南三百里，晋初置（编者校：任乃强校注《华阳国志校注补图》此处增"武陵郡"。）主夷。《斠注》案《华阳志》与《宋志》异，恐误。《读史方舆纪要》六十九曰：南浦城今万县治。

【集释】《马注》：与龙曰：三国蜀县。《华阳国志》、谯周《巴记》并云晋立。羊渠不详，何志吴立。《江水注》：阳溪北流迳巴东郡之南浦侨县西。宋因。《一统志》云：参考诸书，南浦本在江北，晋平吴，改置于江南，故《水经注》曰侨县也。故城今云阳县东北。

【编者按】南浦县故城，即今重庆万州区治。《长江三峡历史地图集》定西晋南浦县在今湖北利川市南坪镇。

[汉丰]

【集释】《马注》：方恺曰：《华阳国志》：巴东郡汉丰县，建安二十一年置。洪亮吉云：《寰宇记》：建安二十一年，蜀先主于朐䏰置汉丰县，以汉上丰盛为名。《州郡志》荆州巴东公相下云：《太康地志》巴东有汉昌县，疑是。今考汉昌属巴西郡，《太康地志》所云汉昌当属汉丰之误。与龙曰：三国蜀县。《宣帝纪》：曹真伐蜀，帝自西城斫山开道，溯沔而上，至于朐忍，拔其新丰。谢钟英云：巴东无新丰县，盖汉丰之讹。是也。此《志》未载，今据《华阳国志》《太康地志》补录。李兆洛云：故城今夔州府开县东二里。

胡运宏、胡阿祥《中华本〈晋书·地理志〉考异》："梁州巴东郡下缺汉丰县。按：《宋志》荆州刺史巴东公相汉丰令：'何志不注置立。'……《太平寰宇记》山南西道开州：'后汉建安二十一年，分朐䏰西北界，于今州南二里置汉丰县，属固陵郡，蜀先主改固陵为巴东郡，晋、宋、齐以来，并属巴东郡。'……《水经·江水注》：'（江水）东南流迳汉丰县东。'杨守敬按：'蜀先主置县，属固陵郡，后属巴东郡，晋、宋、齐、梁因之。在今开县南二里。'综上，是西晋有汉丰县，《晋志》失载，误。"

【编者按】《马注》此处补汉丰县。汉丰县故城，即今重庆开县治。

太康六年九月，罢新都郡并广汉郡。

【斠注】《东晋疆域志》：广汉郡，东晋领县七：雒、什方、郪、新都、绵竹、阳泉、五城。

【集释】《马注》：与龙曰：说见新都郡下。

惠帝复分巴西置宕渠郡，统宕渠、汉昌、宣汉

【集释】孙人龙《晋书考证》："割巴西之宕渠、安汉、汉昌三县置宕渠郡。监本安汉作宣汉。各本同。按《汉书》即有安汉县，而本《志》下文巴西郡有宕渠、安汉二县。又《宋志》宕渠郡有宣汉无安汉，则合而核之，此巴西之误安汉为宣汉无疑也。臣龙官按：梁州巴西安汉本汉县，今云割巴西之宕渠、宣

汉、汉昌置宕渠郡,则似宣汉即安汉。而《宋书》梁州巴西安汉为本置,魏兴之宣汉与巴渠之宣汉则桓温平蜀后所侨置,若南宕渠之宣汉又宋时新立也。又《宋书》益州巴西有安汉,又有南宕渠之宣汉。则《宋志》之颠错因元嘉互废而重出耳。"

《马注》:与龙曰:一本作安汉,误。按宣汉县,后汉和帝置,属巴郡,三国蜀属宕渠,旋属巴西,晋初省,疑惠帝时复立也。《一统志》:今四川省达州治。

姚师濂《〈华阳国志〉、〈晋书地理志〉互勘》曰:"宕渠郡……按《常志》卷一云:'宕渠郡,延熙中置,以广汉王士为太守。郡建九年省,永兴元年李雄复置,今遂为郡。'不载惠帝置郡事。意梁州郡县皆莫于李特,而李雄立郡即因晋制,故常氏略之,而《晋志》亦不录也。惟郡亦非蜀、晋旧制,晋、蜀郡属有安汉县,据《常志》则安汉时为巴西属县矣。"

胡阿祥《东晋南朝侨州郡县考表》:"按此郡东汉建安中刘备分巴西郡置,治宕渠。其后时有废置。惠帝时盖复置也。""宕渠郡侨地疑在汉中(陕西秦岭南一带)。"

三县,

【斠注】《元和郡县补志》四曰:蜀先主分置宕渠郡,寻省。延熙中又置,寻又省。晋惠帝又置。又卷五曰:宣汉,本汉旧县,晋初省,惠帝复置,属宕渠郡。《斠注》案:《志》文既云统宕渠三县,证以惠帝复置宣汉属宕渠郡,则罢宕渠当为置宕渠之讹。《寰宇记》曰:李寿乱后,地为诸獠所侵,郡县悉废。《东晋疆域志》曰:东晋领县三:宕渠、汉兴、宣汉。

【集释】《马注》:与龙曰:按宕渠郡,李雄复置,在惠帝永兴元年,见《华阳国志》。此《志》谓惠帝分巴西置,误。又《蜀录》:李寿汉兴元年,割巴郡之宕渠、宣汉、汉昌三县置宕渠郡,寻省,以县并属巴西郡。据此,则宕渠郡自蜀汉至晋省置屡矣。

并以新城、魏兴、上庸合四郡经属梁州。

【斠注】《华阳国志》一曰:元康六年,广汉(编者校:刘琳《华阳国志校注》,此处刘认为应脱一"还"字。)益州,当作广益梁州。更割雍州之武都、阴平、荆州之新城、上庸、魏兴以属焉。凡统郡一十一。当作二。按:巴汉七郡者,巴一,巴东二,涪陵三,巴西四,宕渠五,汉中六,梓潼七也。所广益者,武都八,阴平九,新城十,上庸十一,魏兴十二。故梁州之统郡一十二也。《斠注》案:武都、阴平割隶梁州,《志》无明文可据,此以补其阙。上文但云惠帝,不言元康六年,亦《志》之疏也。惟《华阳国志》二又云:武都,太康六年还扬州。太康当为元康之讹。

寻而梁州郡县没于李特,

【斠注】《十六国疆域志》曰:梁州统旧郡六,增置郡三:汉中、梓潼、广汉、德阳、巴西、宕渠、阴平。实止七郡。

【集释】《通鉴》胡注:李特盖又分广德立德阳郡。

永嘉中又分属杨茂搜,其晋人流寓于梁益者,仍于二州立南北二阴平郡。

【斠注】《宋志》曰：北阴平太守。《晋太康地志》故广汉属国都尉，何志蜀分立。《斠注》案：北阴平为蜀立，其时必尚有南阴平郡，故永嘉中言仍立也。《读史方舆纪要》三曰：南阴平，今四川龙安府东百里有阴平故城。

【集释】《马注》：与龙曰：《州郡志》梁州南阴平太守下云：徐志无南字，云阴平旧民流寓立。《寰宇记》：德阳县北有南阴平乡，即故郡也。《一统志》：今绵州德阳县西北。《一统志》：晋永嘉后，阴平没于氐，仍于梁、益二州侨置南、北二阴平郡，时共有四阴平，此则梁之北阴平也，仍置阴平县为郡治。今绵州梓潼县西北一百六十里。

胡阿祥《东晋南朝侨州郡县考表》："梁州侨置地几经迁移，襄阳（湖北襄樊市），移魏兴（陕西安康市西北），[还旧治]，又移襄阳，[还旧治]，又寄治魏兴，[还旧治]。""据此，梁、益二州各有南、北二阴平郡，是阴平侨郡有四：①梁州北阴平郡。《宋志》三梁州刺史北阴平太守：'《永初郡国》曰北阴平，领阴平、绵竹、平武、资中、胄旨五县。何、徐直曰阴平，领二县与此同。……寄治州下'；二县一为阴平，二为平武。'寄治州下'即寄治梁州治，时梁州治汉中（陕西汉中市）。……②梁州南阴平郡。《宋志》三梁州刺史南阴平太守：'《永初郡国》唯领阴平一县。徐志无南字，云阴平旧民流寓立，唯领怀旧一县。何无。今领县二'，即阴平、怀旧……其侨地，《读史方舆纪要》卷三历代州域形势·晋云：'南阴平，今四川龙安府（四川平武东）东百里有阴平故城。'③益州北阴平郡，《宋志》四益州刺史北阴平太守：'《永初郡国》、何志，秦、梁、益并无。领县四'，即阴平、南阳（"徐志本南阳白民流寓立"）、桓陵（"徐志本安固郡民流寓立"）、顺阳（"徐志本南阳民流寓立"）……又《通鉴》卷一四八天监十四年：'魏之伐蜀也，军至晋寿，蜀人震恐。傅竖眼将步兵三万击巴北，上遣宁州刺史任太洪自阴平间道入其州'，胡注：'此阴平非邓艾所由之阴平，今利州之阴平是也。'……④益州南阴平郡。《宋志》四益州刺史南阴平太守：'永嘉流寓来属，寄治苌阳（四川德阳市西北）。领县二'，即阴平、绵竹（"汉旧县，属广汉"）。"

及桓温平蜀之后，以巴汉流人立晋昌郡，

【斠注】《水经·江水注》：巴水出晋昌郡宣汉县巴岭山。注云：郡隶梁州，晋太康中立，治汉中。《东晋疆域志》曰：考《水经注》，晋昌郡隶梁州，晋太康中立。《沈志》称：何承天《志》又云晋元帝立。当以《晋书·地理志》为是。《斠注》案：郦《注》作太康中立，误，当是太元之讹。又《寰宇记》引臧荣绪《晋书·穆帝记》，永和八年，平西将军周抚攻涪，八月戊午，克之，斩萧敬文，益州平，以蜀流人立宁晋、晋昌二郡。则又以为晋昌置于永和八年矣。

【集释】毕沅《新补正》：沅案：晋昌郡太康中置，《晋志》谓建在桓温平蜀后，盖误。

《马注》：与龙曰：孝武时吉挹领晋昌太守，为苻坚所破。《州郡志》新兴太守下云：《永初郡国》、何、徐云新兴、吉阳、东关三县属晋昌郡。何云晋元帝立，本巴、汉流民。宋末省晋昌郡，立新兴郡，以晋昌郡之长乐、安晋、延寿、安乐属魏兴郡，宣汉属巴渠郡，宁都属安康郡。按此云桓温平蜀后立，与《州郡志》稍异。

胡阿祥《东晋南朝侨州郡县考表》："据《宋志》三，则长乐、安晋、延寿、宣汉、宁都等乃'蜀郡'流民，新兴'巴东夷人'，吉阳'本益州流民'，东关'本建平流民'，据此可知汉中当时流民成分之复杂。""晋昌郡侨地在长乐（陕西石泉东南）。"

领长乐、

【集释】《马注》：与龙曰：说见上。《一统志》：故城今兴安府石泉县治。

安晋、

【集释】《马注》：与龙曰：说见上。李兆洛云：当在陕西境。与龙按：当在兴安府境。

延寿、

【集释】《马注》：与龙曰：说见上。李兆洛云：当在陕西境。与龙按：当在兴安府境。

安乐、

【集释】《马注》：与龙曰：说见上。《州郡志》：宋末省晋昌，以安乐属魏兴郡。又魏兴太守领县十三。注云：疑。按实只县十二，盖缺安乐县也。《齐志》：梁州晋昌郡有安乐县。李兆洛云：当在陕西境。

宣汉、

【集释】《马注》：与龙曰：说见上。按此侨置之县，非宕渠郡之宣汉县也。《江水注》：巴水出晋昌郡宣汉县巴岭山，县南去郡八百余里。今地阙。据《江水注》当在今达州郡，去旧县治不远。

宁都、

【集释】《马注》：与龙曰：说见上。《沔水注》：汉水东迳晋昌郡之宁都县南，县治松溪口。《一统志》：今兴安府汉阴县东。

新兴、

【集释】《马注》：与龙曰：《州郡志》新兴太守下云：今亦无复新兴县。按县盖宋末省，今地阙。

吉阳、

【集释】《马注》：与龙曰：说见上。《州郡志》：吉阳令，本益州流民。《一统志》：《郧阳府志》：上（士）[土]（编者校：《马注》"土"误为"士"。迳改。）城在竹溪县西五十里，即吉阳故址。

东关、

【集释】《马注》：与龙曰：说见上。《州郡志》：东关令，本建平流民。《一统志》：《郧阳府志》：下土城在竹溪县北五里，即东关故址。

永安

【集释】《马注》：与龙曰：《州郡志》新兴太守下云：《永初郡国》有永安县，何、徐无。按县盖宋永初后省，今地阙。

十县；又置益昌、

【集释】《马注》：与龙曰：《州郡志》：巴西太守益昌令，徐志不注置立。《一统志》：故城今安县东北九十里。

晋昌二县，属巴西郡；

【斠注】《元和郡县图志》三十三曰：西昌县本汉涪县地，孝武帝于此侨置益昌县。又曰：青石县本晋之晋兴县，本属巴郡，脱西字。既置遂宁，乃割属焉。

【编者按】《宋本晋书》无"属"。

于德阳界东南置遂宁郡，

【斠注】《东晋疆域志》曰：《元和志》，东晋分置遂宁郡于广汉县地。《寰宇记》，晋分德阳置遂宁郡，属益州，盖德阳之旧垒也。西北接涪县东乡之横山，东极青石，与巴郡为界。谯纵乱后，移于石岬。凡领县五：巴、德阳、广汉、晋兴、小溪。《斠注》案：《寰宇记》作穆帝永和十一年置遂宁郡。

【集释】《马注》：与龙曰：《寰宇记》：穆帝永和十一年，于德阳置遂宁郡，更立小溪，巴兴县属焉。《元和志》：遂州方义县本晋小溪县，永和十一年置。《州郡志》：益州遂宁太守领巴兴、德阳、广汉、晋兴四县。《隋志》：遂宁郡青石县旧曰晋兴。《一统志》云：晋遂宁郡置广汉县，汉时县名与郡同者类加小字以别之。《水经注》：涪水南至小广魏，与梓潼〔水〕（编者校：一说此处应有"水"。）合。小广魏即广汉。《水经》本曹魏时人所作，故改汉为魏也。《齐志》之小汉盖缘小广汉为名，而中省广字。梁之小溪即齐之小汉。汉、溪字形相似而讹。巴兴故城，今潼川府蓬溪县西六十里。晋兴故城，今蓬溪县南一百二十里。与龙按：据诸地志，晋遂宁郡领四县，此《志》未及悉载。

又于晋寿置剑阁县，

【集释】《马注》：与龙曰：说见梓潼郡剑阁县下。

属梁州。后孝武分梓潼北界立晋寿郡，

【集释】《马注》：与龙曰：宋因。

胡阿祥《东晋南朝侨州郡县考表》："据《宋志》三梁州刺史晋寿太守：'孝武太元十五年，梁州刺史周琼表立。'"

统晋寿、白水、邵欢、

【集释】《马注》：与龙曰：三国蜀县。《州郡志》晋寿太守下云：邵欢令，疑是蜀立，曰昭欢，晋改也，今地阙。李兆洛云：当在今保宁府境。

兴安

【集释】《马注》：与龙曰：《元和志》：晋孝武分晋寿县置兴安县。隋改为绵谷县。《一统志》：今保宁府广元县治。

四县；

【斠注】《宋志》曰：《晋地记》云，晋寿郡，孝武太元十五年，梁州刺史周馥表立，而益州南晋寿郡悉有此诸县。南晋寿，惠帝立。又南汉中郡下云：梁州刺史周琼表立。馥、琼二字必有一误。一去州陆一千二百，去京都水一万。《东晋疆域志》曰：邵欢，《沈志》《永初郡国》、何、徐并有，不注置立，疑自蜀立，曰昭欢，晋改也。兴安，《元和郡县志》，东晋孝武太元十五年，分晋寿县置。按：吉甫于金牛县下又云：晋孝武帝置绵谷县，误，盖兴安县至隋开皇中始改为绵谷也。

梓潼郡

【编者按】严耕望《中国地方行政制度史——魏晋南北朝地方行政制度

（上）》引用《晋书·殷仲堪传》中"以益州所统梁州三郡人丁一千番戍汉中"条云："按晋世巴西、梓潼、宕渠三郡本属梁州，而为益州所督。……据此……此三郡之号令选用专与督将，几与本州无涉。"

徙居梓潼，罢剑阁县；
【斠注】《东晋疆域志》曰：按县当并入晋寿。

又别置南汉中郡，
【斠注】《东晋疆域志》曰：南汉中郡，《沈志》称《晋地记》，孝武太元十五年，梁州刺史周琼表立。盖汉中郡民流寓于此，故立后，郡旋废，至宋大明三年复立也。《宋志》：南汉令，晋穆帝立，故属汉中。《斠注》案：此汉中当是南汉中。
【集释】《马注》：钱大昕曰：东晋侨置之郡无南字。与龙曰：徐志北汉中民流寓。

分巴西、梓潼为金山郡。
【集释】《马注》：与龙曰：检诸地志，晋无金山郡。《隋志》：大业初，改绵州为金山郡，与《此》志异，疑此以隋郡误入也。

及安帝时，又立新巴、
【集释】《马注》：与龙曰：按此《志》不载所领三县。宋因。今地阙。李兆洛云：当在今四川保宁府境。
【编者按】《宋本晋书》"又立新巴"，在"新"下有一小注"一作清"。百衲本《晋书》无此"一作清"。

汶阳二郡，
【斠注】《水经·沮水注》曰：沮水又东南迳汶阳郡。注云：北即高安县界。郡治锡城县，居郡下城，故新城之下邑，义熙初，分新城立。《廿二史考异》十九曰：按《宋志》，荆州有汶阳郡，先属梁州，即此郡也。但何承天《志》云新立，似非晋所置。《南齐书·蛮传》云桓温割以为郡，又不当安帝时。《东晋疆域志》曰：《宋志》，新巴郡，晋安帝分巴西立，领县三：新安、晋城、晋安。《魏地形志》亦云：司马德宗置汶阳郡，领县三：僮阳、沮阳、高安。《元和郡县补志》四曰：远安县本汉临沮县地，属南郡，晋改高安县，属汶阳郡。《斠注》案：高安为汶阳郡属县之一，《志》所不载。据《州郡志》、《齐书·蛮传》及《元和志》似汶阳郡实置于晋时，惟本《志》与《水经注》均言在安帝时，恐承天"新立"二字未必指宋初义熙，在晋末亦可云"新立"也。

又有北新巴、
【集释】《马注》：与龙曰：今地阙。

华阳、南阴平、北阴平四郡，
【斠注】《廿二史考异》十九曰：按华阳郡，《宋志》云《永初郡国》、何志并无，徐志新立，则非晋所立矣。上文称晋人流寓于梁、益者，仍于二州立南、北二阴平郡，此复举南阴平，北阴平，亦似重出。
【集释】毕沅《新补正》：沅案：《晋太康地志》：北阴平，故广汉属国都尉。有平武令，蜀立，曰广武，晋武帝太康元年更名。

其后又立巴渠、怀安、宋熙、白

水、上洛、北上洛、南宕渠、怀汉、新兴、安康等十郡。

【斠注】《廿二史考异》十九曰：按十郡之名并见《宋志》，然巴渠、怀安、宋熙、北上洛，彼《志》皆云新立，则非晋所置矣。且宋熙之名，不应晋末先有之也。白水郡，《永初郡国》、何志，皆无之，徐志始有，则亦宋所立，非晋置矣。怀汉，宋孝建二年立；新兴，宋末省晋昌郡立；安康，亦宋末立，皆非晋置，盖《晋志》叙江左侨置州郡，多不可信。《斠注》案：《宋志》又有北巴西郡，云晋末所立。《东晋疆域志》云：领县二：阆中、汉昌，此又在十郡之外者，疑亦是永初新立。

【集释】《马注》：与龙曰：按上文，汶阳、华阳、南阴平及此十郡并见《宋书·州郡志》梁州篇，或云新立，或云宋末立，皆宋所置郡也，诸地志莫言晋置，此《志》误入，当并删去。又按晋穆帝尝置南汉县，《州郡志》宋兴太守领南汉，何志晋穆帝立。故属汉中，流寓来配。又晋孝武尝置绵谷县、汉昌县。《元和志》金斗县本广汉葭萌县地，晋孝武分置绵谷县。又昌明县，晋孝武侨置汉昌县于此，仍属巴西郡。又晋安帝尝置新兴县、西浦县，《州郡志》梓潼太守，《永初郡国》有新兴，徐云义熙九年立；西浦，徐志义熙九年立，此《志》皆缺而未载也。《寰宇记》：谯纵时，晋失汉中，刺史寄治魏兴郡，纵灭刺史，还治汉中之苍中县，东晋末又移理城固。《州郡志》：梁州刺史治南郑。

益州。案《禹贡》及舜十二牧俱为梁州之域，周合梁于雍，则又为雍州之地。《春秋元命包》云："参伐流为益州，益之为言陁也。"言其所在之地险陁也，

【斠注】《蜀典》曰：《释名》，益，陁也，所在之地险陁也。《春秋元命（苞）[包]》云：觜参流为益州。益之为言隘也，谓物类并决，其气急切决烈矣。刘熙益陁之说盖源于此。

亦曰疆壤益大，故以名焉。始秦惠王灭蜀，置郡，以张若为蜀守。

【集释】《马注》：与龙曰：说见《华阳国志》。

及始皇置三十六郡，蜀郡之名不改。

【斠注】《元和郡县图志》三十一曰：秦惠王元年，蜀人来朝。八年，因五丁伐蜀，灭之，封公子通为蜀侯，于（城）[成]都置蜀郡，以张若为守，因蜀山以为郡名也。始皇三十六郡，蜀郡不改。其理本在青衣江。

汉初有汉中、巴、蜀。高祖六年，分蜀置广汉，凡为四郡。武帝开西南夷，更置犍为、牂柯、越巂、益州四郡，

【斠注】《汉书·西南夷传》：武帝建元六年，置犍为郡。又二十四年为元鼎六年，置牂柯郡（又）[及]（编者校："又"应为"及"，迳改。）越巂郡、沈黎郡、文山郡、武都郡。又二年为元封二年，置益州郡。《地理志》作犍为郡元鼎六年开。《华阳国志》三曰：元鼎六年，分广汉置犍为郡。元封元年，分犍为置牂柯郡。卷三又误作元鼎二年。

二年，分牂柯置益州郡。六年，以广汉西部、当有脱。蜀南部为越巂郡。廖寅考证曰：此文先后舛驳特甚，必经宋人改窜，遂不可通耳。《斠注》案：《华阳国志》三又云：犍为郡，武帝建元六年立，与《西南夷传》同。《宋志》云：犍为，汉武帝建元六年开，与《地理志》《华阳志》同。

【编者按】《宋本晋书》"牂柯"为"牂牁"。

凡八郡，遂置益州统焉。益州盖始此也。

【斠注】《水经·江水注》：《地理风俗记》曰：汉武帝元朔二年，改梁赵本有州字。曰益州，以新启犍为、牂柯、越巂州之疆壤益广，故以名焉。初治广汉之雒县，后乃徙此。《元和郡县图志》三十一曰：因分雍州之南置益州。

及后汉，明帝以新附置永昌郡，

【斠注】《后汉书·明帝纪》曰：永平十二年，益州徼外哀牢夷王相率内属，于是置永昌郡，罢益州西部都尉。《西南夷传》曰：罢益州西部所领六县合为永昌郡，置哀牢、博南二县。《续汉志》注作永平二年，脱去十字。《华阳国志》四曰：汉孝明帝永平十二年，哀牢柳狼遣子奉献，明帝乃置郡。

【集释】《马注》：与龙曰：说见《郡国志》。

安帝又以诸道置蜀、广汉、犍为三郡属国都尉，

【斠注】《斠注》案：《续汉志》注云：犍为，永初元年以为属国都尉。蜀郡，延光元年以为属国都尉，《安帝纪》

则云延光二年。广汉属国都尉，《续汉志》注但云安帝时。

【集释】《马注》：与龙曰：说亦见《郡国志》。

及灵帝又以汶江、蚕陵、广柔三县立汶山郡。

【斠注】《斠注》案：汶山郡，汉武帝元鼎六年立，宣帝地节三年罢。刘昭《续汉志补注》云：安帝延光三年复。是废于地节，复于延光，不得云灵帝立也，惟《后汉·冉駹夷传》亦云灵帝时复，分蜀郡北部为汶山郡。

【集释】《马注》：与龙曰：说见《后汉书·西南夷传》。

献帝初平元年，刘璋分巴郡立永宁郡。

【中华校】初平元年刘璋分巴郡立永宁郡 《考异》：刘焉以兴平元年卒，子璋始为益州牧，则初平元年璋尚未牧益州，"初平"当为"兴平"之讹。

建安六年，改永宁为巴东，以巴郡为巴西，又立涪陵郡。二十一年，刘备分巴郡立固陵郡。蜀章武元年又改固陵为巴东郡，巴西郡为巴郡，

【斠注】《廿二史考异》十九曰：按《华阳国志》："初平元年，征东中郎将安汉赵颍《三国志》作赵韪。建议分巴为二郡。颍欲得巴旧名，故白益州牧刘璋，以垫江以上为巴郡，庞羲为太守，治安汉；以江州至临江为永宁郡，朐忍至鱼复为固陵郡，巴遂分矣。建安六年，鱼复蹇允白璋争巴名，璋乃改永宁为巴郡，以固陵为巴东，徙羲为巴西太守，是为三巴。"然则固陵郡亦刘璋所分，特初分三郡时，以故巴郡为永宁，治江州。而移巴郡之名于安汉，出于赵颍私意，故永宁、固陵二郡民起而争之，由是巴郡复还其旧，而以新置之巴郡为巴西，固陵为巴东，此三巴创设之本末也。《水经注》云："汉献帝初平元年分巴为三郡"，可证三郡之分始于刘璋，而三郡俱有巴名则在建安六年，此《志》云云非其实矣。又考刘焉以兴平元年卒，子璋始为益州牧，则初平元年璋尚未牧益州，诸书俱属之刘璋，未免有误，或初平当为兴平之讹乎？谯周《巴记》："初平六年，初平纪元止于四年，此云六年，误。赵颍分巴为二郡，欲得巴旧名，故郡以垫江为治，安汉以下为永宁郡。建安六年，刘璋分巴，以永宁为巴东郡，垫江为巴西郡。"今按晋、宋二《志》，安汉并属巴西，不属巴东，《宋志》"垫江汉旧县，建安六年度巴西，刘禅建兴十五年复旧"，盖初平以安汉、垫江属新置之巴西郡，建安六年改新巴郡为巴西，则两县俱隶巴西矣。又考晋、宋二《志》，巴郡领县四，江州、临江、垫江、枳，惟垫江由巴西改属，乃在蜀后主之世，若临江、江州皆永宁郡之旧县，而后来并属之巴郡，岂非永宁后改巴郡之明证乎？《三国志》，张飞至江州，破璋将巴郡太守严颜，是巴郡仍治江州也。法正与刘璋笺，言："张益德数万之众已定巴东"，又云"今此全有巴东，广汉、犍为过半已定，巴西一郡复非明将军之有"，是巴郡之外又有巴东、巴西，刘璋时已然矣。而《华阳国志》云："巴东郡，先主入益州，改为江关都尉。建安二十一年，以朐忍、鱼复、羊渠及宜都、巫、北井六县为固陵郡。章武元年，朐忍徐

（惠）［虑］（编者校：《马注》《斠注》所本均为"惠"，钱大昕改为"虑"，今据钱本改。）、鱼复塞机以失巴名，上表自讼，先主听复为巴东。"此则蜀先主之世，又改固陵，复以郡人言，仍称巴东也。《斠注》案：《水经·江水注》：章武二年，刘备为吴所破，改白帝为永安，巴东郡治也，与此《志》作元年者亦异。

【集释】《马注》：与龙曰：三巴已见梁州，此复出且误，详见梁州篇内。

又分广汉立梓潼郡，

【集释】《马注》：与龙曰：梓潼郡属梁州，说见前，此误复出。

分犍为立江阳郡，

【斠注】《华阳国志》二曰：梓潼郡本广汉属县也。建安二十二年，分广汉置梓潼郡。又卷三曰：江阳郡，本犍为枝江都尉，建安十八年置郡。《水经·梓潼水注》曰：故广汉郡，公孙述改为梓潼郡，刘备嘉霍峻守葭萌之功，又分广汉以北别为梓潼郡，以峻为守。《斠注》案：江阳郡非章武元年置，详本《志》总序注。

【集释】《通鉴》胡注：江阳县，汉属犍为郡，刘蜀分置江阳郡，隋并入陵州隆山县，唐为眉州彭山县。

《马注》：与龙曰：汉末刘璋置，说见郡下。

以蜀郡属国为汉嘉郡，

【集释】《马注》：与龙曰：灵帝改置，说见郡下。

以犍为属国为朱提郡。

【集释】《马注》：与龙曰：建安二十一年置，说见郡下。

刘禅建兴二年，改益州郡为建宁郡，

【斠注】《斠注》案：《蜀志》事在建兴三年，《志》文误作二年。

广汉属国为阴平郡，

【集释】《马注》：与龙曰：阴平郡非刘禅改置，说见秦州阴平郡下，《志》误。

分建宁永昌立云南郡，

【集释】《马注》：与龙曰：说见《蜀志》。

分建宁牂柯立兴古郡，

【集释】《马注》：与龙曰：按兴古郡分牂柯置，说见宁州郡下。

【编者按】《宋本晋书》"牂柯"为"牂牁"。

分广汉立东广汉郡。魏景元中，蜀平，省东广汉郡。

【集释】《马注》：与龙曰：《华阳国志》：东广汉郡，咸熙初省。《寰宇记》：郪县、伍城县并属东广汉郡。

及武帝泰始二年，分益州置梁州，

【斠注】《文选·江赋注》：臧荣绪《晋书》曰：益州，梁州之南地，部蜀郡。《晋地理志新补正》曰：按《通典》，晋益州理成都。

【集释】《马注》：与龙曰：梁州篇二年作三年。

【编者按】《宋本晋书》"分益州置梁州"前有"蜀"。百衲本《晋书》无"蜀"。

以汉中属焉。七年，又分益州置宁州。益州

【集释】《马注》：毕沅曰：《通典》

晋益州理成都。

统郡八，县四十四，户十四万九千三百。

【编者按】益州治成都县，在今四川成都市。

蜀郡秦置。

【集释】《马注》：与龙曰：三国蜀郡。按：惠帝泰安元年为李雄所据，穆帝永和三年平之，孝武宁康元年陷苻秦，太元八年还属晋。宋因。

统县六，户五万。

【斠注】《水经·江水注》曰：秦惠王二十七年，遣张仪、司马错等灭蜀，遂置蜀郡。《晋地理志新补正》曰：按《沈志》，晋武帝太康中改曰成都国，后复旧。《华阳国志》三曰：蜀郡，州治，户晋六万五千。《元和郡县图志》三十一曰：晋武帝改蜀郡为成都国，以王子颖为王。《斠注》案：《武帝纪》，太康十年，立颖为成都王，故本《志》据《太康三年地志》尚称蜀郡，不称蜀国也。《华阳国志》户六万五千，较《志》多一万五千，盖常璩所据视晋初户籍已增此数也。《东晋疆域志》曰：东晋蜀郡又分置晋原、宁蜀二郡，凡领县四：成都、郫、繁、牛鞞。

【集释】方恺《新校》：方恺曰：《水经注》江水篇：晋太康中，以蜀郡为王国，更名成都内史。刘庠案：成都王颖受封在太康十年，见《武帝纪》。《颖传》亦言太康末受封，以前似未闻有封于蜀者。郦《注》太康中当作太康末。吴翊寅谨案：《州郡志》亦言晋武帝太康中改曰成都国，后复旧。本《志》曰蜀郡，是据太康初年未改以前也。

【编者按】蜀郡治成都县，在今四川成都市。

成都

【斠注】两汉旧县。《华阳国志》三曰：成都县，郡治。《水经·江水注》曰：江水又东，迳成都县。注云：县以汉武帝元鼎二年立。

【集释】胡三省《通鉴释文辩误》曰："史炤《释文》曰：少，失邵切。少城治成都，太城治益州。汉武开西南夷，置益州郡，治滇池，更汉、三国，分置改置不一。今太城治益州，未详益州所置也。（海陵本同。）余按成都有太城、少城二城，皆秦张仪所筑。仪既筑太城，后一年，又筑少城。太城，成都子城也。少城唯西南北三壁，东即太城之西墉。秦置蜀郡，晋武帝太康中，改曰成都国，改蜀郡太守曰成都内史。成都治少城者，成都内史治少城也；益州治太城者，益州刺史治太城也。史炤蜀人，岂无文献之足徵！既不能尚友古人，又不能亲师取友，求其说而不得，乃颠倒《通鉴》本文，以为少城治成都、太城治益州，又泛引武帝所置之益州郡，终不得其说，疏缪甚矣！"

《马注》：与龙曰：三国蜀县。《江水注》：晋太康中，蜀郡为王国，更为成都内史。益州刺史治。宋因。《一统志》：故城今成都府成都县治。

【编者按】成都县故城，即今四川成都市治。

广都

【斠注】两汉旧县。《华阳国志》三

曰：广都，郡西三十里，元朔二年置。《新斠注地理志》十一曰：在今成都府城东南四十里。《东晋疆域志》曰：广都，东晋属宁蜀郡。

【集释】《马注》：与龙曰：三国蜀县。永和中分置宁蜀郡，说见本州篇末。宋因，属宁蜀郡。《一统志》：故城今华阳县东南。

【编者按】广都县故城，在今四川成都市双流区东南三十里华阳镇（即中兴场）。谭其骧主编《中国历史地图集》西晋太康二年图定点在今四川成都市双流区东北。

繁

【斠注】两汉旧县。《后汉书·臧宫传》注曰：繁，江名，因以为县。《华阳国志》三曰：繁县，郡北九十里。《读史方舆纪要》六十七曰：繁城在新繁县东北三十里。《水经·江水注》：《晋太康地记》曰：江沱在繁县。

【集释】《通鉴》胡注：繁县，属蜀郡。刘昫曰：唐彭州九陇县，汉繁县地。宋白曰：益州新繁县，本汉繁县。

《马注》：与龙曰：三国蜀县。宋因。《一统志》：故城今新繁县东北。

【编者按】繁县故城，在今四川成都市新都区西北新繁镇。

江原

【斠注】两汉旧县。《华阳国志》三曰：江原县去郡一百二十里。《东晋疆域志》曰：江原，东晋属晋原郡。《元和郡县图志》三十一曰：晋原本汉江原县，李雄时改为汉原，晋为晋原。《斠注》案：本《志》尚称江原，乃据《太康三年地志》，尚未为李氏所据也。晋原为穆帝改郡后之治所。《新斠注地理志》十一曰：在今崇庆州东南三十里。

【集释】《马注》：与龙曰：三国蜀县。《元和志》：江原县，李雄分置汉原郡，说见本州篇末晋原郡下。宋因，属晋原郡。《一统志》：故城今崇庆州东。

【编者按】江原县故城，在今四川崇州市东南江源镇东、羊马河东岸。

临邛

【斠注】两汉旧县。《华阳国志》三曰：临邛县，郡西南二百里。《元和郡县图志》三十一曰：临邛，晋末李雄乱后为獠所侵。《晋地理志新补正》曰：按《寰宇记》：魏废，晋穆帝平李子仁，于益州唐隆县地又置临邛县。《斠注》案：本《志》有临邛县，是魏末尝废或晋初复置耶？《东晋疆域志》曰：临邛，东晋属晋原郡。《读史方舆纪要》七十一曰：临邛废县今邛州治。

【集释】《马注》：与龙曰：三国蜀县。《郡国志》注引《博物记》曰：有火井，深二三丈，在县南百里。宋因，属晋原郡。《一统志》：故城今邛州治。

【编者按】临邛县故城，即今四川邛崃市治。

郫

【斠注】两汉旧县。《汉书补注》曰：望帝治汶山下邑曰郫，见《蜀王本纪》。《华阳国志》三曰：郫县，郡西北六十里。《元和郡县图志》三十一曰：郫县本郫邑，秦灭蜀，因而县之，不改。又曰：故城在今县北五十里。

【集释】何超《音义》：郫，音皮。

《通鉴》胡注：郫县属蜀郡。李膺

《益州记》：郫县故城在今县北。刘昫曰：唐益州温江县，汉郫县地。

《马注》：与龙曰：三国蜀县。《李雄载记》：雄自称益州牧，都郫城。有郫水。《江水注》：又东北迳郫县下。江水又东迳成都县。县有二江，双流郡下。顾祖禹云：郫江在成都府城南十里，大江之支流也，亦曰汶江。自灌县分流经郫县，历府城西折而南，又东合于流江，亦谓之内江。任豫《益州记》：郫江为内江，流江为外江是也。晋永宁元年，李特据广汉，进攻成都，益州刺史罗尚屡败，乃阻长围，缘郫水作营，连延七百里。《载记》：尚缘水作营，自都安至犍为七百里。盖自郫江南达大江，缘水为险也，特潜渡江击尚，水上军皆散走。蜀郡太守徐俭遂以少城降。或据《水经注》以绵水为尚所阻之郫江误矣。流江在府城北，亦自大江分流，过府城北，折而南，合于郫江。一名外江。《山堂杂论》云：外江、内江之名，凡三大江为外水，涪为内水，此不易者也。湔水入雒为外江，流江入江为内江，此自成都一府言之也。郫江对大江而言则大江为南江，郫江为北江。对流江而言，则流江又为外江，郫为内江，此即成都一城言之也。流江实兼内外之城。《元史·河渠志》：沱湔为外江，郫江为内江。宋因。《一统志》：故城今郫县北。

【编者按】郫县故城，即今四川郫县治。

犍为郡汉置。

【集释】《马注》：与龙曰：三国蜀郡，作犍为。宋因。（编者校：《马注》所据底本"犍"为"楗"。）

统县五，

【集释】毕沅《新补正》：沅案：《沈志》：晋安帝义熙十年立（治）［治］官县。

《马注》：与龙曰：《唐书·地理志》：晋于犍为郡置西江阳郡。《寰宇记》云：晋永和中置。《一统志》：故城今资州井研县治。

户一万。

【斠注】《华阳国志》三作统县五，户两万。《宋志》曰：去州陆九十，去京都水一万。《元和郡县图志》三十一曰：秦为蜀郡地，汉武地分置犍为郡，李雄据蜀，夷獠内侵，因兹荒废。又曰犍为故城在彭山县西北五里，汉犍为郡也。武帝建元六年，分巴、蜀二郡立犍为郡。

【编者按】犍为郡治武阳县，在今四川眉山市彭山区东。

武阳

【斠注】两汉旧县。《华阳国志》三曰：武阳县，郡治。《水经·江水篇》曰：又东南迳犍为武阳县。注云：县故大夜郎国，汉武帝建元六年开，置郡县。太初四年，益州刺史任安城武阳。《晋地理志新补正》曰：按《寰宇记》，晋永和中置西江阳郡。《周地图》云：晋孝武太元中，益州刺史毛璩置西城戍以为扞防。《读史方舆纪要》三曰：武阳今梅州彭山县东十里有故城。

【集释】《通鉴》胡注：彭模，即汉犍为郡武阳县之彭亡聚也，岑彭死处。《水经注》：江水自武阳东至彭亡聚，谓之平模水，亦曰外水。平模去成都二百里，在今眉州彭山县。

毕沅《新补正》：沅案：《元和郡县志》：魏后定蜀，于此置晋宁县。

《马注》：与龙曰：三国蜀县。有彭模，在今彭山县东十里。《桓温传》：军次彭模，自将步卒直指成都。《李势载记》：桓温伐势，次青衣，势将昝坚与温异道，还自沙头津北渡。《谯纵传》：朱龄石讨谯纵，师次彭模，去成都二百里。按彭模一名平模，见《水经·江水注》。《州郡志》云：江阳太守刘璋分犍为立。中失本土，寄治武阳。领常安县，晋孝武立。又云东江阳太守，何志晋安帝初，流寓入蜀。《一统志》：江阳郡在彭山县东十五里。武阳故城在眉州彭山县东十里。李兆洛云：常安故县当在今眉州境。

《中国历史地理信息系统释文》（未刊稿）：邹逸麟按：《嘉庆重修大清一统志》第150册，卷410《眉州·古迹》："武阳故城，在彭山县东十里。……《后汉书注》：武阳故城在今眉州隆山县东。《寰宇记》：在彭山县东北十五里。"《华阳国志》卷3《蜀志》："犍为郡，孝武建元六年置。时治鳖……元光五年郡移治南广。太初四年益州刺史任安城武阳。孝昭元年郡治僰道，后遂徙武阳。……武阳县，郡治。"刘琳《华阳国志校注》："《元和志》卷三一：'汉昭帝时，犍为郡自僰道移理武阳。'按《汉志》仍治僰道，则移理武阳，当在东汉。"又云："武阳县，前文云秦伐蜀，蜀王退走武阳死，当是秦已置县。两汉、蜀、晋因。辖今彭山、新津、仁寿、井研、眉山等县及双流南部。《后汉书》李贤注：'武阳故城在今眉州隆山县（按：今彭山县）东。'（《光武纪》）又曰：'犍为故城在今眉州隆山县西北。'（《安帝纪》）是以犍为郡城与武阳县城为二。《元和志》卷三二：'犍为故城在（彭山）县西北五里，汉犍为郡也。《寰宇记》卷七四：'故武阳城在（彭山）县东北十五里，相传云秦惠王时张仪所筑。'亦与李贤注合。唐、宋彭山县城在今城南（今城南一里余有地名老城墙，有城墙遗迹，又这一带曾出土大量窖藏'开元通宝'应是唐宋至明嘉靖前旧城），则犍为郡故城应在今城西北三、四里，蔡家山之西麓。武阳故城则应在今彭山双河公社一带。当地今传说双河公社江家浩古代有一座大城。其地当双江镇（江口）之北、府河之西岸、牧马山之南麓，在今彭山县城东北十四、五里。与《寰宇记》所说吻合。又《水经注·江水》：'江水（指今府河）自武阳东至彭亡聚。'按彭亡聚即今双江镇。府河在这一带是自东北向西南流，《水经注》所叙江水流向不确。然由此可见武阳故城在彭亡聚之上游。今江家浩正在双江镇上游，与《水经注》合。又《续汉志》武阳县注引《南中志》：'县南二十里彭望山。'彭望山即今双江镇东之仙女山（见前文注），与江家浩之南约八、九里，道里与《续汉志》注不合（疑《续汉志》注'二十里'有误），但方向一致。此皆可证武阳故城应在江家浩一带。《方舆纪要》《清统志》等不取《寰宇记》之说，而谓武阳故城在今彭山县东十里，有的学者据此定为今双江镇，误。双江镇仍汉之彭亡聚，晋称合水，有平模城，非武阳县治。其地控两江之口，形势险要，然地势逼窄，前临江水，后抵山崖，至今一条长街，总计街道房屋，最宽处不过二十米，绝非立县城之所。"从刘考，定于今彭山县东北、岷江之东、府河之西双河。

【编者按】武阳县故城，在今四川眉山市彭山区东。

南安

【斠注】两汉旧县。《华阳国志》三曰：南安县，郡东四百里。《元和郡县图志》三十三曰：李雄据蜀后夷獠居之，所谓铁山生獠也。又曰：咨官县本汉南安县地，晋义熙十年置冶官县，属犍为郡。隋后误以冶为咨也。《东晋疆域志》曰：东晋无牛鞞县，增冶官县。《宋志》云：安帝义熙十年立。《读史方舆纪要》七十二曰：南安废县在夹江县西北二十五里。

【集释】《通鉴》胡注：南安县，属犍为郡，有鱼涪津。唐眉州青神县，汉南安县地。宋白曰：荣州应灵县、资官县、嘉州龙游，皆汉南安县。

《马注》：毕沅曰：《州郡志》：犍为太守下云：（治）［冶］（编者校：中华书局点校本《宋书》"治"为"冶"。）官令，晋安帝义熙十年立（治）［冶］官县。《寰宇记》：义熙中，分南安置资官县，即《沈志》之（治）［冶］官也。与龙曰：三国（属）［蜀］（编者校："蜀"误为"属"，今改正。）县。《华阳国志》：南安县，郡东四百里，治青衣江南。有峨眉山，去县八十里。《孔子地图》言有仙药。《水经·青衣水注》：青衣水迳平乡谓之平乡江。《益州记》：平乡江东迳峨眉山，在南安县界，去成都南千里。然秋日澄清，望见两山相峙，如蛾（编者校：一说"蛾"为"峨"。）眉焉。刘逵《蜀都赋注》：五屼，山名也。一山有五重，当犍为南安县之南也。《元和志》，李雄窃据，此地荒废。宋因。《一统志》：故城今嘉定府夹江县西北二十里南安镇。

【编者按】南安县故城，即今四川乐山市治。

僰道

【斠注】两汉旧县。应劭曰：故僰侯国也。《华阳国志》三曰：僰道县在南安东四百里，距郡百里。《元和郡县图志》三十一曰：僰道本汉旧县，永嘉后荒废。《水经·江水注》曰：县本僰人居之，《地理风俗记》曰：夷中最仁，有仁道，故字从人。《新斠注地理志》十一曰：今叙州府城。

【集释】何超《音义》：僰，白北反。

毕沅《新补正》：沅案：《元和郡县志》：李雄窃据，此地空废。南安亦同。

《马注》：与龙曰：三国蜀县。《华阳国志》：僰道县在南安东四百里，距郡百里，治马湖江会，水通越嶲。本有僰人。有荔芰、薑、蒟。滨江有兵兰，李冰所烧之崖有五色，赤白映水玄黄。鱼从楚来，至此而止，畏崖映水也。《元和志》：戎州即僰道县，晋李雄窃据，此地空废。宋因。《一统志》：故城今叙州府宜宾县西南中方乡，接庆符县界。

【编者按】僰道县故城，在今四川宜宾市西南。

资中

【斠注】两汉旧县。《元和郡县图志》三十一曰：李雄之乱，夷獠居之。《新斠注地理志》十一曰：今资州。

【集释】《马注》：与龙曰：三国蜀县。《元和志》：李氏据蜀，此县荒废。宋因。《一统志》：故城今资中资阳县北。

《中国历史地理信息系统释文》（未刊稿）：邹逸麟按：《嘉庆重修大清一统志》第151册，卷413《资州直隶州·古迹》："资中故城，在今资阳县。按《资阳图经》云：汉资中城，在县北，临中江水，今坏无余址。"《太平寰宇记》卷76："资州，资阳郡，今理盘石县。资阳县，本汉资中县，属犍为郡。后周明帝武成二年于资中故城置资阳县，以资水为名。隋开皇七年自此移州于盘石县，资阳仍属焉。"当资中县即治今资阳市治。

【编者按】资中县故城，即今四川资阳市治。

牛鞞

【斠注】两汉旧县。《华阳国志》三曰：牛鞞县，元鼎二年置。《水经·江水注》作元封二年置。《宋志》引何志晋穆帝度蜀郡。《新斠注地理志》十一曰：今简州西一里。

【集释】《通鉴》胡注：孟康曰：鞞，音髀。师古曰：音必尔翻。牛鞞县自汉以来属犍为郡。何承天曰：晋穆帝度属蜀郡。今简州西岸有古牛鞞戍城。

何超《音义》：鞞，音卑，又必尔反。

《马注》：与龙曰：三国蜀县。《江水注》：湔水又迳犍为牛鞞县为牛鞞水。昔罗尚乘牛鞞水，东征李雄，谓此水也。《元和志》：李雄据蜀，夷獠内侵，县因荒废。《州郡志》蜀郡太守下云：鞞县令，二汉、《晋太康地志》并曰牛鞞，属犍为。李兆洛云：故城今成都府简州西。

【编者按】牛鞞县故城，即今四川简阳市治。

汶山郡汉置，

【集释】《马注》：毕沅按：《后汉·冉駹夷传》：灵帝复分蜀郡北部为汶山郡。《太康地志》以为蜀汉复立，恐非。与龙曰：《蜀志·陈震传》：随先主入蜀为蜀郡北部都尉，因易郡名为汶山太守。《水经注》：绵虒道，蜀置汶山郡治此。是汉灵帝置郡，后复为都尉，而蜀复置郡。《太康地志》遗载灵帝置郡一节，而云刘氏又立，尚不误。三国蜀郡。宋因。

统县八，户一万六千。

【斠注】《宋志》曰：《晋太康地记》：汉武帝立，孝宣地节三年合蜀郡，刘氏又立。去州陆一百，去京都水一万。《汉志》：元鼎六年置文山郡。《水经·江水注》曰：分蜀郡北部置汶山郡。《华阳国志》三误作元封八年，云以北部冉駹为汶山郡，孝宣地节三年罢汶山郡。《水经注释》三十三曰：全氏曰：晋移汶山郡治于绵虒，故以汉治为故郡。《东晋疆域志》曰：东晋领县六，无升迁、广阳。

【集释】姚师濂《〈华阳国志〉、〈晋书地理志〉互勘》曰："汶山郡……《常志》所纪县十有一，曰卬（编者校：

"卭"应为"邛"。）都、台登、阐县（今省）、汉示（晋省）、会无、大筰（汉末省）、定筰、三缝、卑水、潜街（汉末置，晋初省）、安上（晋初省），皆与《晋志》异；而邛都、台登、会无、定筰、卑水五县，《晋志》隶越巂郡；定筰，《晋志》作定筰。"

【编者按】汶山郡治汶山县，在今四川茂县北。

汶山

【斠注】《诸史考异》二曰：上文灵帝又以汶江、蚕陵、广柔三县立汶山郡，今县作汶山，盖涉郡名而讹。《汉书·地理志》：汶江、蚕陵、广柔三县皆属蜀郡。《续汉志》作汶江道。《读史方舆纪要》六十七曰：汶山废县今茂州治。汶山亦当作汶江。

【集释】《马注》：与龙曰：三国蜀县，曰绵虒，见《水经·江水注》。《郡国志》绵虒道引《华阳国志》曰：有玉垒山，出碧玉，湔水所出。《一统志》：县东晋后废，故城今茂州保县古城坪。

【编者按】汶山县故城，在今四川茂县北。

升迁

【斠注】《宋志》曰：《晋太康地志》属汶山郡。《东晋疆域志》：升迁，东晋属宁蜀。《水经注释》三十三曰：一清案：《汉志》：陇西郡氐道县，《禹贡》养水所出；蜀郡湔氐道，《禹贡》岷山在西徼外，江水所出。《续志》同。二县名称久已各著，所出之水又异，自蜀汉号湔氐道曰氐道，晋改曰升迁，于是始相混淆矣。《斠注》案：《水经·江水注》又做昇迁。

【集释】《马注》：与龙曰：三国蜀县，曰氐道，见《水经·江水注》。宋因，属宁蜀郡。按宋升迁县，东晋末所置，晋汶山郡之升迁县后废。《一统志》：故城今松潘厅西北。

《中国历史地理信息系统释文》（未刊稿）：邹逸麟按：《嘉庆重修大清一统志》第 153 册，卷 419《松潘厅·古迹》："古湔氐道，在厅西北。……后为升迁县。"杨守敬《水经注疏》认为：汶关"当在今松潘厅西北，或谓即西北二十八里之虹桥关。"今图无虹桥关。刘琳《华阳国志校注》："以今地图按之，升迁故城应在岷江二源会流处之南，松潘之北，当即今元坝子。"

【编者按】升迁县故城，在今四川松潘县北。

都安

【斠注】《宋志》曰：蜀立。

【集释】《通鉴》胡注："《水经注》：观阪，在都安县。宋白曰：永康军导江县，蜀都安县地。""青城山，在汶山郡都安县，今在永康军青城县北三十二里。杜光庭作《青城山记》曰：岷山连峰接岫，千里不绝，青城乃第一峰也。"

《马注》：与龙曰：三国蜀县。刘逵《蜀都赋注》曰：金堤在岷山都安县西，堤有左右口，当成都西也。又曰岷山都安县有两山相对立如阙，号曰彭门。与龙按：刘注岷山即谓汶山郡。《禹贡》岷字，《史记·夏本纪》皆作汶。《华阳国志》：泰安中，汶山白马胡恣掠诸种，刺史皇甫晏讨之，军至都安，为牙门张弘等所杀。宋因。顾祖禹云：故城今灌县东二十里。

【编者按】都安县故城，在今四川都江堰市东南二十里导江铺。

广阳

【斠注】《元和郡县图志》三十二曰：本汉汶江县，晋改为广阳县，属汶山郡。《读史方舆纪要》六十七曰：广阳城在茂州西北五十里。

【集释】《马注》：与龙曰：三国蜀县，曰汶江。《郡国志》汶江道注引《华阳国志》曰：濊水、駹水出焉，多冰寒，盛夏凝冻不释。宋白《续通典》：晋改广阳于汶江县西北五十里。《寰宇记》：晋末县废。《一统志》：故城今茂州北。

《中国历史地理信息系统释文》（未刊稿）：邹逸麟按：《水经》卷33《江水注》："又有湔水入焉。水出緜虒道，亦曰緜虒县之玉垒山。……县即汶山郡治，刘备之所置也。"杨守敬疏："全云：按：宣帝地节中废汶山郡。蜀先主复置之，治汶江道。《晋书》以为灵帝立，刘昭补注《郡国志》曰，安帝延光三年复也。守敬按：灵帝复汶山郡，见《后汉书·西南夷传》，非始《晋志》也。《郡国志》以顺朝为断，无汶山郡，则谓安帝复者，误。《蜀志·陈震传》，震随先主入蜀，蜀既定，为蜀郡北部都尉，因易郡名，为汶山太守，是蜀置汶山郡之确证。盖后汉复郡旋省，蜀又置也。《宋志》引《太康地记》，汶山郡，宣帝地节三年合蜀郡，刘氏又立。不见后汉复郡事，略也。汉汶山郡治汶江道，据郦《注》则蜀郡治緜虒，晋改緜虒为汶山县，故汶山郡治汶山，即因蜀旧。"后汉何时又省汶山郡，无考。姑作中平五年（186年）。建安十九年（214年）刘备入蜀，作又复置汶山郡。緜虒县为汶山郡治。《晋书》卷14《地理志上》："益州……及灵帝又以汶江、蚕陵、广柔三县立汶山郡。……汶山郡，统县八：汶山……广阳……"《元和郡县志》卷32《剑南道中》："茂州，通化。……元鼎元年以冉駹为汶山郡，今州治即汉蜀郡汶江县也。周保定四年立汶州。隋开皇五年改会州，大业三年罢会州为汶山郡。武德三年改置南会州总管府。贞观八年改为茂州，以茂滋山为名。管县四：汶山，汶川，通化，石泉。汶山县，郭下。本汉汶江县地，晋改为广阳县，属汶山郡。隋开皇十八年改为汶山县，属会州。皇朝改属茂州。……汶江北自翼州南流，经县西二里。"《太平寰宇记》卷78茂州："通化郡，今理汶山县。……汶山县，本汉汶江县，属蜀郡。"《嘉庆重修大清一统志》第152册，卷415《茂州直隶州·古迹》："汶江故城，在州北。汉置县为蜀郡北部都督治。晋改置广阳县。隋改汶山，唐宋皆为茂州治。明初始省入州。……宋白《续通典》：晋置广阳县于汶江县西北五十里，周移置于石镜山南六十里，即今治也。"按：北周移广阳县于今茂县（凤仪镇）治，晋县在其西北五十里。今姑定于今茂县西北五十里沙坝。

【编者按】广阳县故城，在今四川茂县西北。

兴乐

【斠注】《宋志》曰：兴乐，二汉、

魏无。《晋太康地记》曰：元年更名，本曰白马，属汶（田）〔山〕（编者校："田"应为"山"。）。

【集释】毕沅《新补正》：沅案：何志汉旧县。检二汉益部，无白马县。

《马注》：与龙曰：《州郡志》南晋寿太守下云：兴乐令，何志汉旧县。检两汉益部无白马县。洪亮吉曰：白马县，蜀汉所立。与龙曰：洪说是。《一统志》云：因白马岭为名。三国蜀县。《华阳国志》：元康八年，汶山兴乐县黄石等与广柔平康羌有仇，遂叛宋，因属东晋寿郡。《一统志》：宋侨置兴乐县，非故地也，晋县故城今松潘厅西北。

《中国历史地理信息系统释文》（未刊稿）：邹逸麟按：《嘉庆重修大清一统志》第153册，卷419《松潘厅·古迹》："在厅西北。……《华阳国志》：元康八年汶山县兴乐县黄石等，与广柔、平康羌有仇，遂叛。宋时侨置，非故地矣。"刘琳《华阳国志校注》：兴乐县在今镇江关附近。

【编者按】兴乐县故城，在今四川松潘县西北。一说，在今四川松潘县南镇江关。

平康

【斠注】蜀汉置。《读史方舆纪要》七十三曰：平康废县在松潘卫西南。

【集释】《马注》：与龙曰：三国蜀县，见《蜀志·后主纪》。按晋元康中县尚存，属汶山，见《华阳国志》。后废。《一统志》：故城今松潘厅西南。

【编者按】平康县故城，在今四川松潘县西南。

蚕陵

【斠注】《续汉志》作八陵。《读史方舆纪要》七十三曰：蚕陵废县在叠溪守御军民千户所西百三十里。刘昫曰：汉蚕陵城在蚕陵山下。

【集释】《马注》：与龙曰：三国蜀县。《一统志》：县东晋后废，故城今松潘厅南二百三十里叠溪营西。

《中国历史地理信息系统释文》（未刊稿）：邹逸麟按：《嘉庆重修大清一统志》第153册，卷419《松潘厅·古迹》："蚕陵废县，在厅南叠溪营西。……《明统志》：在叠溪所城北三里。周改为翼针。"《水经》卷33《江水注》："江水自天彭关东经汶关，而历氐道北，汉武帝元鼎六年分蜀郡北部置汶山郡以统之。……《益州记》：自白马岭回行，二十余里至龙涸，又八十里至蚕陵县，又南下六十里至石镜，又六十余里而至北部。始百许步，又西百二十里至汶山故郡。"按里距，结合《明统志》谓在叠溪所城北三里。今《四川省地图集》松潘幅在茂汶县（今茂县）北较场南三里有叠溪城。其北三里即较场。

【编者按】蚕陵县故城，在今四川茂县西北较场乡南叠溪古城。《中华人民共和国地名词典·四川省》："1933年地震湮没叠溪古城，成堰塞湖，即今场西南叠溪海子。场东尚存古城门及蚕陵故里碑。"

广柔

【斠注】两汉属蜀郡。《水经·沫水篇》曰：沫水出广柔徼外。注云：县有石纽乡，禹所生也。《元和郡县图志》

三十二曰：广柔故城在汶川县西七十二里。

【集释】《马注》：与龙曰：三国蜀县。《华阳国志》曰：夷人营其地，方百里，不敢居牧。有过，逃其野中，不敢追，云畏禹神；能藏三年，为人所得，则共原之，云禹神灵佑之。谯周《巴记》：禹本汶山郡广柔人。《一统志》：故城今茂州汶川县西北。

《中国历史地理信息系统释文》（未刊稿）：邹逸麟按：《嘉庆重修大清一统志》第152册，卷415《茂州直隶州·古迹》："广柔故城，在汶川县西北。汉置县，属蜀郡。后汉因之。晋初属汶山郡。后废。《括地志》：在汶川县西七十二里。"《元和郡县志》卷32《剑南道中》："茂州，通化。……汶川县，北至州一百里。本汉绵虒县地，梁于此置汶川县，县西汶水，因以为名。仍于县置汶山郡。隋开皇三年罢郡，以县属汶州，汶州即茂州汶川县理是也。六年又属会州。武德中改隶茂州。玉垒山在县东北四里……大江水，一名汶江，至汶山故郡，乃广二百步。广柔故县在县西七十二里，汉县也，属蜀郡。禹本汶山广柔人。"刘琳《华阳国志校注》："唐汶川县即今县。据此，广柔故城当即今理县之薛城（隋唐薛城戍，唐宋为县，维（威）州治此。今汶川至薛城约七十里。"即今理县东北薛城。

【编者按】广柔县故城，在今四川理县东北。史为乐主编《中国历史地名大辞典》定在今四川理县东北桃坪乡古城村。

汉嘉郡蜀置。

【集释】《通鉴》胡注：青衣县，汉属蜀郡；后汉顺帝阳嘉二年，更名汉嘉；蜀立为汉嘉郡。刘昫曰：眉州青神县临青衣江，西魏置青衣县。青衣水出卢山徼外，东北流至武阳而合于江。杜佑曰：嘉州故夜郎国，汉武开置犍为郡，治龙游县，汉之青衣道也，在大江、青衣二水之会。

《马注》：与龙曰：三国蜀郡。《州郡志》晋原太守汉嘉令下云：刘氏立为郡，晋江右犹为郡，江左省为县。按《后汉书·西南夷传》：灵帝以蜀郡属国为汉嘉郡，此云蜀立，盖因《沈志》而误。

统县四，

【集释】《马注》：与龙曰：今补录灵关县，为统县五。

户一万三千。

【斠注】《晋地理志新补正》曰：按《沈志》：晋江左省汉嘉郡为县。

【集释】方恺《新校》：方恺曰：《水经注·沫水篇》：青衣水又东迳开邦县，故平乡也，晋初置。吴翊寅案：开邦，常璩《华阳志》作开刊。

【编者按】汉嘉郡治汉嘉县，在今四川雅安市名山区北。

汉嘉

【斠注】《水经·青衣水篇》曰：青衣水出青衣县西蒙山，东与沫水合。注云：县故青衣羌国也。汉武帝天汉四年，罢沈黎郡，分两部都尉，一治青衣，主汉民。建武十九年以为郡。安帝延光元年，置蜀郡属国都尉。青衣王子心慕汉制，上求内附。顺帝阳嘉二年，改曰汉嘉。《东晋疆域志》曰：汉嘉，东晋属晋原郡。《读史方舆纪要》七十二曰：汉嘉废县在名山县西。

【集释】《马注》：与龙曰：三国蜀县。《史记·彭越传》：处蜀青衣。《集解》：瓒曰：今汉嘉是也。《通鉴》：永和二年，桓温军至青衣。胡注：青衣县，汉属蜀郡，后汉更名汉嘉。《郡国志》注引《华阳国志》曰：有沫水自西来，出岷江，又从岷山西来入江，合郡下青衣江入大江，土地多山。宋因，属晋原郡。《一统志》云：旧志李雄乱后废，宋侨置县于今崇庆州界，非故地也。汉县故城，今雅州府雅安县北。

《中国历史地理信息系统释文》（未刊稿）：邹逸麟按：刘琳《华阳国志校注》："《续汉志》注引《华阳国志》：'沫水（指今宝兴河）从西来，合郡下青衣江（指今芦山河）。'又《水经注·沫水》引《华阳国志》：'二水（指沫水与青衣江）于汉嘉青衣县东合为一川，自下亦谓之青衣水。'据此，青衣县故城当即今芦山县治（今二水在芦苇山东南沙田相会）。"可从。

【编者按】汉嘉县故城，在今四川雅安市名山区北。又一说即名山区西北的芦山县治。

徙阳

【斠注】汉徙县属蜀郡，后汉属蜀郡属国。《汉书补注》曰：（能）〔徙〕（编者校："能"应为"徙"，迳改。），国名，见《西南夷传》。一作斯榆，见《司马相如传》。亦称斯都，见《蜀志·张嶷传》。《宋志》作枞阳。《东晋疆域志》：徙阳，东晋属晋原。《读史方舆纪要》七十二曰：徙阳废县在雅州西。

【集释】《马注》：与龙曰：三国蜀县，曰徙。《郡国志》注引《华阳国志》曰：出丹砂，雄、雌黄、空青、青碧。《州郡志》作枞阳。晋原太守下云：枞阳令，前汉枞县，《晋太康地志》有枞阳县，属汉嘉。《一统志》云：晋李雄乱后县废，宋侨置县于今崇庆州界，非故地也。晋县故城，今天全州东。

《中国历史地理信息系统释文》（未刊稿）：邹逸麟按：《嘉庆重修大清一统志》第147册，卷403《雅州府二·古迹》："徙阳废县，在天全州东。……晋曰徙阳，李雄乱后废，宋、齐《志》，晋源郡有徙阳，乃侨置于今崇庆州界，非故地也。其后讹曰始阳。《新唐志》雅州民有始阳镇兵。……盖即古徙阳之地。"今四川天全县东南有始阳，当是。

【编者按】徙阳县故城，在今四川天全县东。

严道

【斠注】汉属蜀郡，后汉属蜀郡属国。《华阳国志》三曰：秦灭楚，徙严王之族以实其地，因名。《史记·文帝本纪·正义》：《括地志》曰：严道今为县，即邛州所理县也，县有蛮夷曰道，故曰严道。《元和郡县图志》三十一曰：《李膺记》曰：自晋永嘉崩离，李雄窃据此地荒废二十纪，夷獠居之。《读史方舆纪要》七十二曰：严道废县今雅州治。

【集释】《马注》：与龙曰：三国蜀县。《郡国志》注引《华阳国志》曰：道〔通邛笮，〕至险，有长岭、若栋、八渡之难，杨母阁之峻。昔杨氏倡造作阁，故名焉。邛崃山本名邛莋，故邛人、筰人界也。岩阻峻回，九折乃至山上。凝水夏结，冬则剧寒。王阳行（步）[部]（编者校：据任乃强校注《华阳国志校补图注》"步"应为"部"，迳改。）至此退。《寰宇记》：晋永嘉分崩，李雄窃据，此地荒废。《一统志》：故城今雅安县西。

《中国历史地理信息系统释文》（未刊稿）：邹逸麟按：《嘉庆重修大清一统志》第147册，卷403《雅州府二·古迹》："严道故城，在荥经县治。秦置。……晋李雄乱后废。……唐武德三年始分置荥经县属雅州。自后因之。"刘琳《华阳国志校注》："按：今荥经城西五里有古城坪，尚有城墙一段。1977年附近发现一座战国古墓，出器物多件，中有一漆耳杯朱书'王邦'二字。古城坪当即古严道城。"今即作荥经县治。

【编者按】严道县故城，即今四川荥经县治。

旄牛

【斠注】汉属蜀郡，后汉属蜀郡属国。《读史方舆纪要》七十三曰：旄牛城在黎州守御所南。

【集释】何超《音义》：牦，音毛。

《马注》：与龙曰：三国蜀县。《郡国志》注引《华阳国志》曰：旄地也，在邛崃山表。邛人自蜀入，度此山甚险难，南人毒之。《州郡志》：沈黎太守旄牛令，《晋太康地志》属汉嘉。《一统志》：故城今清溪县南。

【编者按】旄牛县故城，在今四川汉源县南大渡河南岸一带，确址无考。

[灵关]

【集释】《马注》：与龙曰：二汉县属越嶲，三国蜀无。按《华阳国志》汉嘉郡县并阙，然考《郡国志》越嶲郡灵关道注引《华阳国志》曰：有铜山，又有利慈。是知《常志》有灵关县矣。《宋书·符瑞志》云：晋咸宁二年，黄龙见汉嘉灵关。更为晋初汉嘉郡有灵关县之证，盖晋初复置灵关，改属汉嘉，至东晋犹存也，晋末乱废。宋、魏二《志》皆无此县，《华阳国志》又阙汉嘉郡，修《晋史》者殆据《郡国志》蜀郡属国所领四县，注中皆引《华阳国志》，遂取以为晋汉嘉郡之四县，而未别加探讨耳。《水经》：沫水又东，至越嶲（编者校："嶲"一写作"巂"。）灵道县。郦《注》：灵道县一名灵关道。汉制，夷狄曰道。有利慈渚。晋太始九年，黄龙二见于利慈池（编者校：一说无"池"字。）。县令董玄之率（编者校：一本在此处有"吏"字。）民观之，以白刺史王浚，浚表上之晋朝，改护龙县也。沫水出岷山西，东流过汉嘉郡，南流，又东迳开刊县，故平乡也，晋初置。按护龙之称开刊之县，皆不见诸书志，盖后并省改耳，今据《郡国志》注所引《华阳国志》及《宋符瑞志》补录此县。胡渭云：汉嘉灵关盖后汉别置，非越嶲之灵关道。与龙按：具盖晋初复置，改属汉嘉郡，县治或有移徙，然非后汉别置也。故城今雅州府芦山县西北。

【编者按】《马注》在此处增补灵关县。两汉时期灵关道在今四川峨边彝族自治县南大凉山北麓。灵关县故城，今地无考。

江阳郡 蜀置。

【集释】《马注》：与龙曰：三国蜀郡。按《郡国志》：刘璋分犍为置江阳郡。《华阳国志》：本犍为枝江都尉，建安十八年，刘璋立郡。《州郡志》亦云刘璋分犍为立。此云蜀置，误。晋安帝时失土，侨置郡于武阳县界，说见犍为郡下。宋因。

周一良《晋书批校》（未刊稿）：《职官志》：中郡以上及江阳、朱提郡，郡各置部从事一人。

统县三，户三千一百。

【斠注】《宋志》曰：刘璋分犍为立，中失本土，寄治武阳。《元和郡县图志》三十三曰：本汉江阳县地，属犍为郡。晋穆帝于县置东江阳郡，领江阳县。《宋志》：东江阳下有绵水县，何志晋孝武立。《斠注》案：本《志》云江阳郡蜀置，盖西晋时本有江阳郡，承蜀之旧。其后没于李氏，自桓温灭蜀，复置此郡，乃加以东字耳。又案《华阳国志》三于江阳郡下有新乐县，云郡西二百八十里。元康五年置。置县在太康之后，故《志》不载。《东晋疆域志》：东晋领县四，无汉安，增常安、安乐，疑《华阳志》新乐即安乐之讹。《宋志》：常安，晋孝武立。

【集释】姚师濂《〈华阳国志〉、〈晋书地理志〉互勘》曰："江阳郡，《常志》称属县四。视《晋志》多新荣一县。元康五年置，故《志》不及也。《晋志》符县，《常志》作苻，亦有作符者。"

【编者按】江阳郡治江阳县，在今四川泸州市。

江阳

【斠注】两汉属犍为郡。《华阳国志》三曰：江阳县，郡治。《元和郡县图志》三十三曰：本汉江阳县地，晋于此置绵水县。《斠注》案：绵水盖重置东江阳郡后分设之县。《新斠注地理志》十一曰：今泸州。

【集释】《马注》：与龙曰：三国蜀县。《郡国志》［注］（编者校：此处脱注，今补。）引《华阳国志》曰：江、雒会，有方［山］兰祀，江中有大阙、小阙。惠栋云：有方山兰祀，诸本脱山字。宋因。《州郡志》东江阳太守下云：绵水令，何志晋孝武帝立。《一统志》：故城今泸州合江县西。江阳故城今泸州治。

《中国历史地理信息系统释文》（未刊稿）：邹逸麟按：《华阳国志》卷3《蜀志》："江阳郡，本犍为郡枝江都尉。建安十八年置郡。……江阳县，郡治。治江、洛会。"《晋书》卷14《地理志上》："江阳郡，蜀置。统县三：江阳、符、汉安。"《舆地纪胜》卷153泸州："东汉末刘璋立江阳为郡，以都尉广汉成存为太守。"注云：《华阳国志》在建安十八年。《舆地广记》：蜀章武元年立江阳郡。《寰宇记》云：晋于此立江阳郡。不同。而《宋志》云："江阳郡，刘璋分犍为立。则当作建安十八年。盖建安十九年赵云已定江阳，非刘璋所统，则刘璋置郡当在十八年。当从《华阳国志》及《宋志》。"《宋书》卷38《州郡志四》："江阳太守，刘璋分犍为立。中失本土，寄治武阳。"又"东江阳太守，何志晋安帝初，流寓入蜀，今新复旧土为郡。领县二：汉安、绵水。"无江阳县。《南齐书》卷15《州郡志下》："江阳郡，江阳、常安、汉安、绵水。"又"东江阳郡，汉安、安乐、绵水。"《嘉庆重修大清一统志》第150册，卷412《泸州直隶州·古迹》："按：《宋书·州郡志》云：江阳郡中失土，于东江阳郡，则曰今新复为郡。《元和志》作'晋穆帝置东江阳郡'，误。又齐、宋二《志》，郡皆治汉安，而无江阳。《水经注》亦以汉安为江阳郡治。疑宋齐时尝并江阳入汉安。至梁时始复置为泸州治。然隋唐诸志并不云江阳尝省，又不云汉安尝为郡治。未详。"《元和郡县志》卷33《剑南道下》："泸州……晋穆帝遣安西将军桓温将万人伐李子仁，军次江阳，亦谓此地也。后为獠所没。梁大通初，割江阳郡置泸川，魏置泸州，取泸水为名。隋大业三年改为泸川郡。"胡阿祥《六朝疆域与政区研究》："按东晋虽大部分时间保有宁州，其统治却较为松懈。……永和三年以后，东晋虽委任刺史，而实为爨氏称强。"从其说，姑作永和三年（347年）为爨氏所有。

东晋置绵水县在今四川长宁县东北飞泉。《元和郡县志》卷33《剑南道下》："泸州……秦并天下为巴郡地。武帝分置犍为郡，今州即犍为郡之江阳、符二县之地。按江阳即今州城是也。……晋穆帝遣安西将军桓温将万人伐李子仁，军次江阳，亦谓此地也。后为獠所没。"《太平寰宇记》卷88："泸州泸川郡，理泸川县。……秦为巴郡。汉为犍为郡之江阳、符二县。后汉因之。晋于此立江阳郡。宋齐因之。……废绵水县在汉江阳县地。晋置绵水县在绵水溪口，因以为县。"按：《元和志》《寰宇记》均谓"晋置"。杨守敬《隋书地理志考证附补遗》："按宋齐《志》益州东江阳郡俱有绵水县，《元和志》云晋置当是穆帝置。"据胡阿祥《六朝疆域与政区研究》："永和三年（347年）桓温西征灭李势后，复置宁州。"姑作晋穆帝永和三年（347年）置。《嘉庆重修大清一统志》第150册，卷412《泸州直隶州·古迹》："绵水废县，在江安县西。东晋置，属东江阳郡。宋齐因之。"据《寰宇记》云"晋置绵水县在绵水溪口，因以为名。"绵水溪，据《嘉庆重修大清一统志》第150册，卷412《泸州直隶州·山川》："绵溪，在江安县东南四十里，源出连天山，东北流入江。按舆图，县东南有怡乐溪，即此。"又云："连天山在江安县南七十里，回旋曲折，高耸连天，绵水出焉。"按今图怡乐溪长不到5公里，不宜当绵溪水。《中国历史地图集》东晋图幅考证定于怡乐溪口之怡乐镇，不确。今江安县位于长江与长宁河交会处，长宁河有支流岷溪河，源出江安县南，北流至飞泉（古河东）入长宁河。《舆地纪胜》卷153《潼川府路》：景物上"绵水，旧经云：自长宁军流至江安一百五十步与汶江合。江安古有绵水县，今为绵水乡，当是县去绵水必近也。"此绵水当即今长宁河，岷溪河与长宁河合流后可以互称，故今岷溪河即古绵溪河也。绵水县当在其附近。如从《旧唐志》《寰宇记》谓在绵水溪入江口，则乃为江安县治，岂能又是绵水县治？《读史方舆纪要》卷72江安县："绵水废县，在县西绵水溪口汶江中洲上。"民国《江安县志》卷13《古迹》：认为中洲就是中坝，江中沙洲不能建县，"去中坝里许，名小坝，面大江，背绵水，前豁后倚，古城当在是"。按今图，中坝为江安县北30余里大江中沙洲，去里许小坝，当亦在其间，与历代文献记载均不合。不可从。《元和志》谓："绵水县，汶江水经县东一十五里。"汶江水即长江。今姑定绵水县于长宁县东北长宁河东岸之飞泉，庶几与文献记载基本相合：一，汶江水（长江）在其东北十余里，二，位于绵溪河旁，三，在江安县西南。

【编者按】江阳县故城，即今四川泸州市治。

符

【斠注】汉属犍为郡，后汉改（苟）[符]（编者校：中华书局点校本《后汉书》"苟"已改为"符"。）节县。《水经·江水篇》曰：又东过符县北。（邪）[郦]（编者校：马注"郦"误为"邪"，今改。）注云：县故巴夷之地也。《华阳国志》三曰：符县，郡东二百里，元鼎二年置，治安乐水会。《水经·江水注》亦云元鼎二年立。《元和郡县图志》三十三曰：本汉符县地，晋穆帝于此置安乐县。《斠注》案：本《志》有符县，是西晋时尚承汉旧，迨东晋灭蜀始改安乐也。《读史方舆纪要》七十二曰：废符县在合江县南。

【集释】《马注》：与龙曰：三国蜀县，曰符节，见《蜀志》。《杨戏传》注：《华阳国志》：符县，郡东二百里，治安乐。《一统志》云：安乐县，《宋志》不载，《齐书·州郡志》东江阳郡有此县，盖齐所置也。符县，晋后废，故城今泸州合江县西。

《中国历史地理信息系统释文》（未刊稿）：邹逸麟按：《晋书》卷100《杜弢传》："祖植，有名蜀上，武帝时为符节令。"推测晋初泰始时尚未改名。《华阳国志》卷3《蜀志》："江阳郡……建安十八年置郡。……符县，郡江二百里。元鼎二年置。治安乐水会。"《嘉庆重修大清一统志》第150册，卷412《泸州直隶州·古迹》："废符县，在合江县西。"同书《泸州直隶州·山川》："安乐溪，在合江县东，自贵州仁怀县流入，今名小江。即古大涉水也。"即今赤水河。《华阳国志》谓"治安乐水会"，即今合江县治。《宋书·州郡志》东江阳郡无符县。《元和郡县志》卷33《剑南道下》："泸州……秦并天下为巴郡地。武帝分置犍为郡，今州即犍为郡之江阳、符二县之地。按江阳即今州城是也。……晋穆帝遣安西将军桓温将万人伐李子仁，军次江阳，亦谓此地也。后为獠所没。是晋穆帝后地入夷獠，符县当废。"今姑作废于哀帝兴宁元年（363年）。

【编者按】符县故城，即今四川合江县治。

汉安

【斠注】《华阳国志》三曰：汉安，郡东当有误。五百当有误。里。《元和郡县图志》三十一曰：本汉资中县地，后汉分置汉安县。李雄之后陷于夷獠。又三十三曰：江安县本汉江阳县地，李雄乱后没于夷獠，晋穆帝于此置汉安县。《斠注》案：西晋汉安县为汉资中县地，其后没于李氏，迨灭蜀以后重置，汉安则为汉江阳县地，非复旧治矣。

【集释】《马注》：与龙曰：三国蜀县。《州郡志》东江阳太守下云：汉安令，《晋太康地志》属江阳。《水经注》：江水迳汉安县北，江阳郡治也。《一统志》：故城今江安县东。按晋末江阳郡徙治汉安县，非旧县地也。

《中国历史地理信息系统释文》（未刊稿）：邹逸麟按：《嘉庆重修大清一统志》第150册，卷412《泸州直隶州·古迹》："汉安故城，在江安县东。后汉置县。……《元和志》：江安县东北至泸州五十里。本汉江阳县地，李雄乱后，没于夷獠。晋穆帝于此置汉安县。隋开皇十八年改为江安县。《九域志》县在泸州西南百十五里。按《元和志》道里与《九域志》不同，盖宋时移治也。"《水经》卷33《江水注》："又迳犍为牛鞞县为牛鞞水……县以汉武帝元封二年置。又东迳资中县，又迳汉安县，谓之绵水。"按：牛鞞水即今沱江，资中县即今资阳县治，则汉安县治当在今内江县。《元和郡县志》卷31《剑南道上》："资州……李雄之乱，夷獠居之。后魏废帝二年析武康郡之阳安县置资州，取资水为名也。隋大业三年改为资阳郡，武德元年复为资州。……管县八：内江县，西北至州九十八里。本汉资中县地，后汉分置汉安县。李雄之后，陷于夷獠。周武帝天和二年，于中江水滨置汉安戍，其年改为中江县，属资中郡。隋文帝避庙讳，改为内江县，属资州。皇朝因之。"《旧唐书》卷41《地理志四》："资州，上。隋资阳郡。武德元年改为资州……内江，汉资中县地。后汉于中江水滨置汉安戍。其年改为中江县，因其北江，乃云中。隋改为内江。汉安故城，今县治也。"《嘉庆重修大清一统志》第151册，卷413《资州直隶州·古迹》："内江旧县，在今内江县西二里。《寰宇记》：周天和二年于中江水滨置汉安戍。其年改为中江县。隋避讳改中为内。开皇二年徙于汉安故城，即今县也。按：后汉所置汉安县，在今泸州江安县东大江之南。《元和志》谓内江即后汉汉安县。《水经注》亦有牛鞞水迳汉安之文。疑后周之前，已尝侨置汉安县，但非后汉故县耳。今不可考。"而东晋汉安县当在今四川泸州市纳溪区境。《太平寰宇记》卷88"泸州泸川郡，理泸川县。……江安县，西南五十里。本汉江阳县。《晋中兴书》云：穆帝永和二年汉安獠反，又置汉安县于此。隋开皇十八年改汉安为江安。纳溪水源从牂柯生獠界流来入汶江"。《嘉庆重修大清一统志》第150册，卷412《泸州直隶州·古迹》："汉安故城，在江安县东。后汉置县。……《元和志》：江安县东北至泸州五十里。本汉江阳县地，李雄乱后，没于夷獠。晋穆帝于此置汉安县。隋开皇十八年改为江安县。《九域志》县在泸州西南百十五里。按《元和志》道里与《九域志》不同，盖宋时移治也。"据《元和志》《寰宇记》均谓在（泸）州西南五十里，又"汶江水经县北八十步"。当在今纳溪县境。今泸州市纳溪区西大渡，与上述条件正合。

【编者按】汉安县故城，在今四川内江市西。

朱提郡蜀置。

【集释】《马注》：与龙曰：《州郡志》：刘氏分犍为立。按盖汉末置也。三国蜀郡。《华阳国志》：自僰道至朱提有水、步道。水道有黑水及羊官水，至险难行。步道度三津，亦艰阻。故行人[为]（编者校：《马注》脱"为"，今据《华阳国志》补。）语曰："楢溪、赤木，盘蛇七曲。盘羊、乌栊，气与天通。看都濩（泚）[虒]，住柱呼尹，（降庲）[庲降]（编者校：《马注》"庲降"误倒为"降庲"，迳改。）贾子，左儋七里。"按惠帝太安二年改属宁州，见《州郡志》。宋因，属宁州。

周一良《晋书批校》（未刊稿）：《职官志》：中郡以上及江阳、朱提郡，郡各置部从事一人。

统县五，

【集释】《马注》：方恺曰：《华阳国志》南广郡属县四：南广、临利、常迁、新兴，《志》缺其三。与龙曰：《州郡志》：临利、常迁并江左立，新兴，何志不注置立，当亦在太康后耳。

姚师濂《〈华阳国志〉、〈晋书地理志〉互勘》曰："朱提郡，《晋志》属益州；属县五，朱提、南广、汉阳、南秦（《常志》作南泰）、堂狼（《常志》作堂螂）。《常志》南广县属南广郡，当是后置。别有南昌，合计仍符五县之数。"

户二千六百。

【斠注】《宋志》曰：去州七百二十，去京都水一万四千六百。《东晋疆域志》：后分出南广郡，东晋领县五，无南广，增临利。《水经·江水注》曰：水出宁州南广郡南广县。注云：县故犍为之属县也。汉武帝太初元年置，刘禅延熙中分以为郡。又《若水注》曰：建安二十年，立朱提郡。《元和郡县图志》三十二曰：本汉夜郎国地，在犍为郡南一千八百里。后汉省郡，诸葛亮南征复置朱提郡。《晋地理志新补正》曰：按《水经注》：刘禅即县立南广郡。今考南广郡废置盖屡，《宋志》言晋武帝分朱提置南广，盖魏平蜀后郡废，至是又置也。至惠帝末，益州经李特之乱，郡盖又废，故《王逊传》，元帝时逊为宁州刺史，以地势形，便上分牂柯为平夷郡，分朱提为南广郡，分建宁为夜郎郡，分永昌为梁水郡，又改益州为晋宁郡，则南广郡屡废而屡置可知。

【集释】方恺《新校》：方恺曰：《华阳国志》：南广郡，蜀延熙中置，建武九年省。建武为惠帝年号，是终武帝之世，南广置郡如故，本《志》不载，未详。又案《常志》，南广郡属县四：南广、临利、常迁、新兴，《志》缺其三，亦不可解。《州郡志》南广太守，晋武帝分朱提立。本书《王逊传》：逊于惠帝时分立南广郡，未详孰是。总之，《晋志》不当全删也。刘庠案：惠帝无建武年号，元帝初称建武，次年即改大兴，《华阳国志》建武九年当是元年之误。又南广，疑武帝时省并，王逊于惠帝时复立，至建武又省也，然无明证。吴翊寅案：《州郡志》：南广令，《晋太康地志》属朱提，是武帝太康中无南广郡之证。《州郡志》又言晋武帝分朱提立，疑武帝乃惠帝之讹。

《马注》：毕沅曰：一本作四百，误。

【编者按】朱提郡治朱提县，在今云南昭通市。

朱提

【斠注】汉属犍为郡，后汉属犍为属国。《水经·若水注》曰：朱提，山名也。应劭曰：在县西南，县以氏焉。《积古斋钟鼎［彝器］（编者校：据原书补"彝器"。）款识》曰："永建洗"文作朱禔。造禔字本从手旁，此从木作禔者。考苏林读朱提为朱匙，云北方人名匕为匙。《玉篇·木部》云：禔即匙字，是禔乃匙之别文，隶书手旁与木旁往往多乱也。《汉书补注》徐松曰：《爨龙颜碑阴》有功曹参军朱缇李融之。又作缇。《读史方舆纪要》七十曰：朱提废县在叙州府西南。

【集释】《马注》：与龙曰：三国蜀县。刘逵《蜀都赋注》：龙池在朱提南十里，地周四十七里。宋因。阮元云：故城当在今昭通府境。谢钟英云：今东川府北以扯汛即堂琅故县，以扯汛东北二百里为昭通府，证以《水经注》，即朱提故县也。

【编者按】朱提县故城，即今云南昭通市治。

南广

【斠注】两汉属犍为郡。《华阳国志》三曰：武帝太初元年置。《宋志》曰：南广太守，晋怀帝分朱提立，领南广、新兴、晋昌、常迁四县。《读史方舆纪要》三曰：南广今叙州府南溪县是也。《斠注》案：本《志》序文不言立南广郡，略也。

【集释】毕沅《新补正》：沅案：《水经注》：刘禅延（康）［熙］（编者校："康"应为"熙"。迳改。）中即县立南广郡。今考南广郡废置盖屡。《宋志》言晋武帝分朱提置南广，盖魏平蜀后郡废，至是又置也。至惠帝末，益州经李特之乱，郡盖又废。故《王逊传》，元帝时，逊为宁州刺史，以地势形便上分牂柯为平夷郡，分朱提为南广郡，分建宁为夜郎郡，分永昌为梁水郡，又改益州郡为晋宁郡。则南广郡屡废而屡置可知。

《马注》：与龙曰：三国蜀县，属南广。刘逵《蜀都赋注》：荔枝生朱提南广县。《水经·江水注》：南广县，故犍为之属县也。刘禅延熙中，分以为郡。《华阳国志》：蜀延熙中，置南广郡。晋建武元年省。元帝世，刺史王逊移朱提郡治南广，后刺史尹奉却［郡］（编者校：脱"郡"字，迳补。）还旧治。李雄定宁州，复置南广郡。《州郡志》云：南广令，《晋太康地志》属朱提。与龙按：据《太康地志》，南广郡之省当在晋初，其后怀帝及元帝世盖屡省置。《王逊传》亦云分朱提为南广郡。《元和志》协州即汉南广县也，其后蛮夷内侵，郡国荒废。宋因。《一统志》：故城今叙州府珙县西南。

【编者按】南广县故城，在今四川筠连县西南至云南盐津县一带，确址无考。

汉阳

【斠注】汉属犍为郡，后汉属犍为属国。《读史方舆纪要》七十曰：汉阳废县在庆符县西南。

【集释】《马注》：与龙曰：三国蜀县。《州郡志》：汉阳长，《晋太康地志》属朱提。宋因。《一统志》：故城今庆符县南。

【编者按】汉阳县故城，在今贵州威宁彝族回族苗族自治县、赫章县一带，确址无考。

南秦

【斠注】《宋志》曰：本名南昌，晋武帝太康元年更名。

【集释】《马注》：与龙曰：三国蜀县，曰南昌。《华阳国志》：朱提郡属县有南秦、南昌。《州郡志》：南秦长，本名南昌，晋武帝太康元年更名。说与常《志》异，今从《宋志》。宋因。今地阙。李兆洛云：故县当在今叙州府境。

【编者按】南秦县故城，在今云南镇雄县境，今地无考。

堂狼

【斠注】《汉志》作堂琅，属犍为郡。《宋志》曰：堂狼，后汉置，《晋太康地志》属朱提。《斠注》案：《续汉志》无堂狼县，本《志》朱提郡下云蜀置，是蜀汉复置，承用汉旧县也。《宋志》后汉二字误。《水经·若水注》三十六引袁休明《巴蜀志》作堂琅县。《华阳国志》四又作堂螂。《新斠注地理志》十一曰：余所得"汉安洗"亦作狼。

【集释】《通鉴》胡注：据《水经注》：螳蜋，即堂狼县也，前汉属犍为郡，后汉省。《郡国志》：犍为属国朱提县有堂狼山，山多毒草，盛夏之月，飞鸟过之不能得去。蜀置朱提郡，堂狼县属焉。

《马注》：与龙曰：三国蜀县。《华阳国志》：堂螂县，因山名也。出银、铅、白铜、杂药。有堂螂、附子。《水经·若水注》：朱提郡治西南二百里，得所绾堂琅县。晋明帝太宁二年，李骧等侵越（嶲）[巂]（编者校：陈桥驿校证本《水经注校证》"嶲"为"巂"。），攻台登县，宁州刺史王逊遣将军姚岳击之，战于堂琅，骧军大败，岳追之至泸水，赴水死者千余人。宋因。《一统志》：故城今东川府会泽县境。

【编者按】堂狼县故城，在今云南巧家县东老店子。

越（嶲）[巂]郡汉置。

【集释】《马注》：与龙曰：三国蜀郡。《郡国志》注引《地道记》曰：盐池泽在南。《州郡志》：惠帝太安二年，改属宁州，咸康四年分牂柯、夜郎、朱提、越巂四郡为安州，寻越巂后还益州。宋因。

统县五，

【集释】方恺《新校》：方恺曰：《水经注·沫水篇》：灵道县，一名灵关道。晋太始九年，黄龙二见于慈池。县令董（元）[玄]（编者校：据陈桥驿复校本《水经注疏》"元"为"玄"。迳改。）之率吏民观之，以白刺史王浚，浚表上之，晋朝改护龙县也。本《志》缺载。又《州郡志》：苏利，汉曰苏示，□（原缺一字）（编者校：缺字应为"蜀"，见胡阿祥《宋书州郡志汇释》苏利条下。）曰：苏利。本《志》既无苏利，又缺苏示，似应补。刘庠案：《汉书·地理志》越（嶲）[巂]郡有苏祁，疑即苏示之讹。吴翊寅案：《郡国志》作苏示，古祁、示字同声相借，据《州郡志》，疑后汉称苏示，晋始改苏利也。

《马注》：与龙曰：今补录苏祁县为统县六。

户五万三千四百。

【斠注】《宋志》曰：汉武帝元鼎六年立，故邛都国。《东晋疆域志》曰：东晋领县八，增置护龙、苏祁、晋兴三县。

【编者按】越巂郡应为越嶲郡。谭其骧主编《中国历史地图集》西晋太康二年图定为越嶲郡。越嶲郡治邛都县，在今四川西昌市东南。

会无

【斠注】两汉旧县。《读史方舆纪要》三曰：会无，今建昌行都司会川卫治是。《新斠注地理志》十一曰：今宁远府会理州西会川营是。

【集释】《马注》：与龙曰：三国蜀县。《华阳国志》：会无县路通宁州，渡泸得堂琅县。刘逵《蜀都赋注》：碧石生越嶲郡会无县，筇可作箭镞。有温水。《水经·若水注》：昔李骧败李流于温水。宋因。《一统志》：故城今宁远府会理州治。

【编者按】会无县故城，在今四川会理县西。

邛都

【斠注】两汉旧县。《华阳国志》三曰：邛都县，郡治。《史记·孝义帝本纪·正义》：《括地志》曰：邛都县本邛都国，汉为县，今巂州也。《西南夷传》云：滇池以北，君长以十数，邛都最大是也。《水经·若水注》曰：邛都县，汉武帝开邛莋置之。《读史方舆纪要》七十四曰：邛都废县在守御打冲河中前千户所。《新斠注地理志》十一曰：在宁远府东南。

【集释】《马注》：与龙曰：三国蜀县。宋因。《一统志》：故城今宁远府西昌县南。谢钟英云：在今西昌县西北百四十里打冲河东岸。

【编者按】邛都县故城，在今四川西昌市东南。

卑水

【斠注】两汉旧县。《华阳国志》三曰：卑水县去郡三百里。《读史方舆纪要》七十四曰：卑水废县在越嶲卫东南近马湖江。《新斠注地理志》十一曰：在今宁远府会理州东北。

【集释】《马注》：与龙曰：三国蜀县。《华阳国志》：县去郡三百里，水流通马湖。宋因。《一统志》：故县今会理州东北。谢钟英云：在会通河西境。

【编者按】卑水县故城，在今四川昭觉县东北。

定莋

【斠注】两汉《志》作定莋，文颖云即莋都。《华阳国志》三作定筰，云县在郡西。《读史方舆纪要》七十四曰：定筰废城在盐井卫治南。

【集释】何超《音义》：莋，音昨。

《马注》：与龙口：三国蜀县。宋因。作定莋。《一统志》：故城今宁远府盐源县南。

【编者按】定莋县故城，即今四川盐源县治。

台登

【斠注】两汉旧县。应劭曰：今台高。《汉书补注》曰：台高县名盖汉末所改，亦见《若水注》。《新斠注地理志》十一曰：在今宁远府冕宁县北。

【集释】《通鉴》胡注：台登县，属于越巂郡。《九州要记》曰：台登县有奴诺川，鹦鹉山、黑水之间，若水出其下；黄帝子昌意降居若水，即此。

《马注》：与龙曰：三国蜀县。《华阳国志》：县有孙水，一曰白沙江，入马湖水。宋因。《一统志》：故城今冕宁县东。

【编者按】台登县故城，在今四川冕宁县南。

[苏祁]

【集释】《马注》：与龙曰：三国蜀县。《蜀志·张嶷传》：有苏祁邑君冬逢。《州郡志》越巂太守下云：苏祁长，汉县曰苏示，□（编者校：此处缺字，《殿本考证》疑为"宋"。）曰苏祁。据此知县自汉至晋末未尝省也，今为补录。李兆洛云：故县今宁远府西昌县北八十里。

【编者按】《马注》此处增补苏祁县。苏祁县故城，在今四川西昌市西北礼州镇。

牂柯郡汉置。

【集释】《马注》：与龙曰：三国蜀郡。宋因，属宁州。

【编者按】《宋本晋书》"牂柯"为"牂牁"。谭其骧主编《中国历史地图集》西晋太康二年图定名牂柯郡。

统县八，

【集释】方恺《新校》：方恺曰：又《州郡志》：广谈长，《晋太康地志》属牂柯。

《马注》：与龙曰：今补录广谈县为统县九。

姚师濂《〈华阳国志〉、〈晋书地理志〉互勘》曰："牂柯郡……然《常志》称'晋元帝世太守建宁孟才以骄暴无恩，郡民王清、范朗逐出之，刺史王逊怒，分牂半为平夷郡，夜郎以南为夜郎郡，牂柯属县四，万寿、且兰、广谈、毋敛'。广谈不见《晋志》。毋敛与母敛相近，当即一县。至称分置二郡，在元帝时，则与《晋志》称永嘉者异。"

户一千二百。

【斠注】《汉志》：元鼎六年开。《华阳国志》三作元封元年分犍为置牂柯郡。《宋志》：去州一千五百，去京都水一万二千。《东晋疆域志》曰：后分出平夷、夜郎二郡。东晋凡领县五：万寿、且兰、毋敛、晋乐、丹南，改属宁州。《华阳国志》四曰：楚庄蹻出且兰，伐夜郎，且兰既克，夜郎又降。以牂柯击船，因名且兰为牂柯。又曰：晋户五千。《斠注》案：常璩时户已五千，较晋初加增矣。

【编者按】牂柯郡治万寿县，在今贵州瓮安县东北。

万寿

【斠注】《宋志》曰：晋武帝立。《华阳国志》四曰：万寿县，郡治。《读史方舆纪要》三曰：万寿，今遵义府治。邹汉勋《敩艺斋文存·贵阳沿革》曰：案万寿山在今石阡府西二十里乐桥，晋万寿县当在其左右，或即今之石阡府也，或曰即唐牂州治，在今余庆、瓮安之间。

【集释】《马注》：与龙曰：三国蜀无。《华阳国志》：县有万寿山。宋因。《一统志》：今贵州平越州境。

【编者按】 万寿县故城，在今贵州瓮安县东北。

且兰

【斠注】 两汉《志》作故且兰。《水经·温水注》曰：故且兰侯国也，一名头兰。《续汉志》故且兰下注引《晋地道记》曰：有沈水。《斠注》案：沈为沅之误。《汉地理志》武陵郡临沅下引应劭曰：沅水出牂柯入于江。《水经》亦云：沅水出牂柯故且兰县。注引班固云：无水首受故且兰，南入沅。考今无水出黄平州南金凤山南，即沅水发源之地。是汉、晋故且兰县当在黄平州西都匀府北。洪亮吉《沅水考》曰：前人以遵义为且兰，其说盖非。《晋地理志新补正》曰：按《太康地志》无此县。

【集释】 方恺《新校》：方恺曰：《州郡志》：且兰令，汉旧县，《晋太康地志》无。刘昭注《郡国志》故且兰县下引《地道记》曰：有沈（编者校：沈字考证详见钱林书《续汉书郡国志汇释》故且兰条下。）水。本《志》盖从《地道记》也。

《马注》：与龙口：三国蜀县，作故且兰。《州郡志》：且兰令，《晋太康地志》无。疑晋初省县，太康末复立也。宋因。《水经》：沅水出牂（牁）[柯]（编者校：陈桥驿复校本《水经注疏》及胡阿祥研究，定"牁"为"柯"。）且兰县。郦《注》：无水出故且兰，南流至无阳故县。又东南入沅。《温水注》：夜郎豚水东北流，迳谈藁县，东迳牂（牁）[柯]郡且兰县，谓之牂（牁）[柯]水。水广数里，县临江上。楚将庄蹻溯沅伐夜郎，椓牂（牁）[柯]击船，因名且兰为牂（牁）[柯]矣。武帝伐南越，发夜郎精兵，下牂（牁）[柯]江，会同番禺是也。牂（牁）[柯]水又东南迳毋敛县西。邹安鬯云：故县今平越州治。与龙按：旧说皆以且兰县为今平越州，实非也。平越州东有清水江，下流入沅，庄蹻溯沅至此，盖为且兰县东境，故《水经》云沅水出且兰县也。夜郎豚水为今北盘江，郦《注》：豚水东北流，迳谈藁县，东迳牂（牁）[柯]郡且兰县。又东南迳毋敛县西。谈藁今曲靖府陆凉州地，毋敛今贵阳府定番州西南，皆北盘江所经。若指且兰在今平越州，则东西易位，串流悬隔，将《汉志》、郦《注》皆无验矣。《汉志》牂（牁）[柯]郡注应劭曰：临牂（牁）[柯]江也。今据郦《注》"县临江上"之文，且兰故城当在今安顺府永宁州西南境。

【编者按】 且兰县故城，在今贵州福泉市西南。

谈指

【中华校】 谈指 原作"指谈"。《斠注》：两汉《志》《华阳国志》四并作"谈指"。按：《汉书·昭帝纪》《前汉纪》十六亦作"谈指"。今据乙正。

【斠注】 两汉旧县。《汉志》作"谈指"，《续汉志》《华阳国志》四作"谈指"。《斠注》案：本《志》盖误作指谈。《宋州郡志》又讹为谈（柏）[栢]（编者校：《马注》"栢"误为"柏"，迳改。）。《东晋疆域志》：东晋属夜郎郡。

《读史方舆纪要》七十曰：谈抵城在桐梓县西南。

【集释】方恺《新校》：方恺曰：指谈当作谈指。吴翊寅案：又《郡国志》谈指出丹。《州郡志》夜郎有谈（柏）〔栢〕令，云汉旧县，属牂柯，盖即谈指之讹。

《马注》：与龙曰：三国蜀县，作谈指。此《志》盖误倒。《华阳国志》夜郎郡有谈指县。《州郡志》作谈栢，属夜郎郡，云汉旧县，属（牂牁）〔牂柯〕（编者校：中华书局点校本《宋志》"牂牁"为"牂柯"。下同。）。按指、栢形似而讹。宋因。李兆洛云：当即今大定府治。

【编者按】谈指县故城，在今贵州贞丰县西北。《中国考古六十年：1949—2009》提到在今北盘江流域镇宁、贞丰境内发现一批汉晋的墓葬和遗址。编者认为恐与此处附近设县有关。

夜郎

【斠注】两汉旧县。《水经·温水注》曰：县故夜郎侯国也。唐蒙开以为县。《东晋疆域志》：夜郎，东晋属夜郎郡。《读史方舆纪要》三曰：夜郎今遵义府桐梓县东二十里有故城。

【集释】《马注》：与龙曰：三国蜀县，怀帝时立郡。《州郡志》：夜郎太守，晋怀帝永嘉五年，宁州刺史王逊分（牂牁）〔牂柯〕、朱提、建宁立。领夜郎、广谈、谈乐、谈栢四县。夜郎、广谈、谈栢故属（牂牁）〔牂柯〕。谈乐，江左立。按后没于李特。《华阳国志》：夜郎郡，夜郎国是也。夜郎县，郡治。有豚水，通广郁林。按即《水经注》之豚水也。宋因，属夜郎郡。汪士铎云：故城今安顺府郎岱厅治。阮元云：故县今霑益州，兼有宣威州地。

【编者按】夜郎县故城，在今贵州关岭布依族苗族自治县西。

毋敛

【中华校】毋敛 原作"毋剑"。《斠注》：两《汉志》《宋志》《华阳国志》四、《水经·温水注》皆作"毋敛"。按："剑"乃误字，今改。

【斠注】两《汉志》《宋志》《华阳国志》四、《水经·温水注》皆作毋敛。《东晋疆域志》曰：毋剑误。《新斠注地理志》十一引徐松《集释》谓在今定番州城东南。

【集释】方恺《新校》：方恺曰：毋剑当作毋敛。吴翊寅案：《郡国志》作毋敛，《州郡志》有故毋敛令，云汉旧县，此作剑，误。

《马注》：与龙曰：三国蜀县。《汉志》作毋敛。《华阳国志》作毋敛，曰有刚水。《水经注》：刚水西出牂（牁）〔柯〕毋敛县。宋因，曰故毋敛。谢钟英云：刚水即今定番州南之濛江。徐松云：故县今贵阳府定番州西南。

【编者按】毋敛县故城，在今贵州独山县附近。

并渠

【斠注】《敩艺斋文存·安顺沿革》曰：晋初增置并渠县，盖太康四年牂柯獠二千余落内附，以其地置。

【集释】《马注》：与龙曰：三国蜀无，今地阙。李兆洛云：当在今贵州境。

【编者按】并渠县故城，今地无考。

鳖

【斠注】两汉旧县。《水经·延江水注》曰：鳖县，故犍为郡治也。县有犍山，晋建兴元年，置平夷郡。《续汉志》注：《地道记》曰：鳖县不狼山，鳖水所出。《东晋疆域志》：鳖，东晋属平蛮郡。《读史方舆纪要》七十曰：废鳖县在桐梓县北。

【集释】何超《音义》：鳖，必世反，又必舌反。

《马注》：与龙曰：三国蜀县。《华阳国志》：鳖县，故犍为郡城也，元帝时改属平夷郡。宋因，属平蛮郡。《一统志》：故城今遵义府城西。

【编者按】《宋本晋书》"鳖"为"敝邑"二字。恐误。鳖县故城，在今贵州遵义市西。

平夷

【斠注】两汉旧县。《东晋疆域志》平夷改平蛮，属平蛮郡。《读史方舆纪要》七十曰：废平彝县在桐梓县西北。

【集释】《通鉴》胡注：怀帝永嘉五年，逊表分牂柯、朱提、建宁，立平夷郡，即汉平夷、鳖二县之地。鳖，孟康音鳖。

《马注》：与龙曰：三国蜀县，怀帝时立郡。《州郡志》：平蛮太守，晋怀帝永嘉五年，宁州刺史王逊分（牂柯）［牂牁］、朱提、建宁立平夷郡。后避桓温讳，改领平蛮，故名平夷。《华阳国志》：平夷县，元帝时为平夷郡治。《一统志》：故城今曲靖府平彝县境。

【编者按】平夷县故城，在今贵州毕节市以东、大方县以北的交界处。

［广谈］

【集释】《马注》：与龙曰：三国蜀县。《州郡志》夜郎太守下云：广谈长，《［晋］太康地志》属（牂柯）［牂牁］。《华阳国志》：牂（柯）［柯］郡有广谈县。吴增仅云，疑蜀建兴初立也。宋因，属夜郎郡。按此《志》失载，今据《［晋］太康地志》补录。李兆洛云：故县当在今云南境。

【编者按】《马注》此处增补广谈县。广谈县故城，在今贵州贵阳市西、安顺市平坝区东北、贵阳市清镇市北一带。

惠帝之后，李特僭号于蜀，称汉，益州郡县皆没于特。李雄又分汉嘉、蜀二郡立沈黎、

【集释】《马注》：与龙曰：《蜀录》：李雄五衡二年，南阳、汉嘉、涪陵远人相继而至，汉中之地皆为雄有，遂分汉嘉、蜀二郡立（沉）［沈］黎、汉原二郡。

汉原

【集释】《马注》：与龙曰：说见下晋原郡。

二郡。

【斠注】《十六国疆域志》曰：沈黎郡领县二：晋乐、旄牛。汉原郡领县二：汉原、临邛。《斠注》案：沈黎本汉郡。《武帝纪》：元鼎六年以蜀郡西部莋都置，天汉四年罢郡置都尉。《续汉志》同。《水经·江水注》误作元封四年，惟何时罢郡，《志》无可考，其后至李氏始复置也。

是时益州郡县虽没于李氏，江左并遥置之。

【斠注】《东晋疆域志》曰：东晋益州领旧郡五，增置郡五，县四十三。《通典》又云：东晋益州领郡二十九，宋、齐、梁并同。按《宋志》二十九郡内宋宁、宋兴、南宕渠、南晋寿等郡皆宋元嘉中始立，非东晋时所有，《通典》误。蜀郡、宁蜀、晋原、犍为、汶山、江阳、东江阳、越巂、平乐、沈黎。

【集释】胡阿祥《东晋南朝侨州郡县考表》："据《通鉴》卷八五至八九、卷九四等考之，惠帝太安二年，成王李雄陷成都，永兴九年益州刺史罗尚移屯巴郡（重庆市）；永嘉四年，罗尚卒于巴郡，诏以长沙太守下邳皮素代之；寻为罗尚子宇所杀，建平都尉暴重又杀宇，巴郡乱；三府官属表巴东监军南阳韩松为益州刺史，治巴东；此后益州刺史即寄理巴东（重庆奉节东）；东晋成帝咸和五年，巴东亦入成汉。按巴郡、巴东郡，《晋志》梁州属郡，以益州刺史治于梁州属郡，当属侨置；胡孔福《南北朝侨置州郡考》卷一亦云：'永安后寄理梁州之巴郡，后又移治巴东，所谓置益州刺史于巴东是也。'永和三年，桓温灭成汉，其地复为晋有，至是益州刺史始还治成都。其后东晋之世，益州又先后为范贲、苻坚、谯纵割据和占有。"

桓温灭蜀，其地复为晋有，省汉原、沈黎而立南阴平、晋原、宁蜀、

【集释】《马注》：与龙曰：《州郡志》宁蜀太守领广汉、广都、升迁、西乡四县。按疑即晋时属县也。

胡阿祥《东晋南朝侨州郡县考表》："《太平寰宇记》称臧荣绪《晋书·穆帝纪》：'永和八年，平西将军周抚攻涪，八月戊午克之，斩萧敬文，益州平，以蜀流人立宁蜀、晋昌二郡'；又《宋志》四益州刺史宁蜀太守领县四，广汉（"遂宁郡复有此县"）、广都（"汉旧县，属蜀郡"）、升迁（"《晋太康地志》属汶山"）、西乡（"本名南乡，属汉中，晋武帝太康三年更名"）；又云：'《永初郡国》及徐并有西垫江县，今无。'""宁蜀郡侨置地广都（四川双流）。"

始宁

【集释】《马注》：与龙曰：《州郡志》无。按《齐志》梁州有始宁郡，疑晋郡，宋废，齐复立也。李兆洛云：当在今四川境。

四郡焉。

【斠注】《东晋疆域志》曰：南阴平郡，《沈志》，永嘉流寓来属，寄治苌阳，领侨县二：阴平、绵竹。又曰：晋原郡，《沈志》，李雄分蜀郡为（晋）[汉]（编者校："晋"应为"汉"。迳改。）原，晋穆帝更名。《寰宇记》：永和三年改为晋原，东晋领县五：江原、临邛、徙阳、汉嘉、晋乐。

咸安二年，益州复没于苻氏。太元八年，

【集释】《马注》：与龙曰：钱大昕曰：太和当作太元，苻坚之败在太元八年，其后二年始复梁、益，史约略言之耳。

周一良《晋书批校》（未刊稿）：海西公太和年号在简文帝咸安之前，此处

有误，太和当是太元。

【编者按】《马注》及周《校》所本此处都是太和八年，故有此论。

复为晋有。

【斠注】《元和郡县图志》三十一曰：孝武帝太元八年平蜀。安帝时（焦）[谯]（编者校："焦"应为"谯"，迳改。）纵又据益州叛，朱龄石讨平之。

隆安二年，又立晋熙、

【集释】《马注》：与龙曰：《州郡志》：晋熙太守，秦州流民，晋安帝立。领晋熙、苌阳，并皆安帝立。《一统志》：晋熙故城，今绵州绵竹县治。苌阳故城，今德阳县西北。

遂宁、

【集释】《马注》：与龙曰：穆帝置遂宁郡，说见梁州篇末。盖后没于苻氏，安帝时复置，改属益州也。

晋宁

【集释】《马注》：与龙曰：说详见宁州篇末。盖郡寻没于苻氏，安帝复置，属益州。

三郡云。

【斠注】《东晋疆域志》：晋熙郡，《沈志》，秦州流民，晋安帝立，领县二：晋熙、苌阳。《廿二史考异》十九曰：按梁州篇称桓温平蜀之后于德阳界东南置遂宁郡，此复载于益州篇，或初置属梁州，后乃改属益州乎？又安帝立始康郡，义熙中时延祖尝为始康太守，《志》失载，此郡《东晋疆域志》曰：始康，领县四：始康、新城、谈、晋丰。

【集释】《马注》：与龙曰：按晋穆帝侨置临邛县，说见临邛县下。又置西江阳郡，说见犍为郡下。孝武侨立江阳郡，置常安县。安帝置东江阳郡，说见武阳县下。又立（治）[冶]官县，说见南安县下。又孝武置绵水县，说见江阳县下。穆帝侨置汉安县，说见汉安县下。又怀帝置南广郡，说见南广县下。又置夜郎、平夷二郡，说见二县下。又成帝咸康四年置安州，说见越嶲郡下。又《州郡志》：怀宁太守，晋安帝立，寄治成都。又朱提太守所领临利县，南广太守所领晋昌、常迁二县，牂（舸）[柯]太守所领晋乐、丹南二县，夜郎太守所领谈乐县，并云江左立，《志》并失载。

宁州。

【集释】 方恺《新校》：刘庠案：南监本《晋地理志》于益州后段直接宁州不提行，非是。

于汉魏为益州之域。泰始七年，武帝以益州地广，分益州之建宁、兴古、云南，交州之永昌，合四郡为宁州，

【集释】《马注》：与龙曰：《州郡志》：宁州，晋武帝太始七年，分益州南中之建宁、兴古、云南、永昌四郡立。按永昌原属益州，此《志》交州为益州之讹。《一统志》：晋宁州治味县。按《通典》载晋诸州治皆从此《志》，《一统志》则从《州郡志》也。

杨德华《论两晋时期宁州的设置及变动》："考《晋书·武帝纪》则云：泰始七年八月，'分益州之南中四郡置宁州'，可见地理志中'交州之永昌误'。"

统县四十五，

【斠注】《宋志》曰：去京都一万三千三百。《武帝纪》亦在七年，《华阳国志》四误作六年。《东晋疆域志》曰：东晋领旧郡六，增置郡十，建宁、晋宁、牂柯、平蛮、夜郎、朱提、南广、建都、兴古、西平、梁水、永昌、云南、东河阳、西河、兴宁，县七十九。《通典》：晋宁州理云南。

户八万三千。

【集释】 孙人龙《晋书考证》："户八万二千四百，监本误作八万三千，今按后细数改正之。"

【编者按】 宁州治滇池县，在今云南晋宁县东北。另一说治味县，在今云南曲靖市西北。

云南郡蜀置。

【集释】《马注》：与龙曰：三国蜀郡，属益州。《蜀志》：建兴三年，分建宁、永昌郡为云南。《郡国志》注引《地道记》：连山，无血水所出。宋因。统县九，户九千二百。

【斠注】《宋志》曰：云南，《晋太康地志》云故属永昌，何志刘氏分建宁、永昌立。去州一千五百，去京都水一万四千五百。《华阳国志》四曰：建兴三年，分建宁、越巂置云南郡。《宋志》又曰：兴宁太守，成帝分云南置，领县二：梇栋、青蛉。《斠注》案：兴宁郡，本《志》序文失载。《东晋疆域志》曰：后又分出东河、兴宁二郡。东晋云南郡领县三：云南、云平、姑复。

【集释】 姚师濂《〈华阳国志〉〈晋书地理志〉互勘》曰："云南郡……然《常志》所载只七县，其二县又别为河阳郡，故只云南、叶榆（《晋志》作楪榆）、遂久、弄栋（《晋志》作梇栋）、蜻蛉（《晋志》作青蛉）五县，盖后置也。"

【编者按】 云南郡治云南县，在今云南祥云县东南。

云平

【斠注】《宋志》曰：晋武帝咸宁五年立。《读史方舆纪要》一百十七曰：云平废县在云南县东。

【集释】《马注》：与龙曰：三国蜀无。宋因。《一统志》：故城今大理府云南县东。

【编者按】 云平县故城，在今云南宾川县境。

云南

【斠注】汉属益州郡，后汉属永昌郡。《华阳国志》四曰：云南县，郡治。《云南通志稿》曰：今云南县及太和县南境。又宾川、赵州亦有云南地。

【集释】《马注》：与龙曰：三国蜀县。《州郡志》：云南长，《晋太康地志》属云南。宋因。《一统志》：故城今云南县南八十里。

【编者按】云南县故城，在今云南祥云县东南云南驿。史为乐主编《中国历史地名大辞典》定在"今云南祥云县东南三十里，云南驿东北的果城"。

楪榆

【斠注】两汉属益州郡。《汉志》作弄栋。《续汉志》《说文解字》均作楪栋。《华阳国志》四、《水经·若水注》均作弄栋。《汉书补注》曰：弄，传写之误。《读史方舆纪要》一百十六曰：弄栋废县今姚州治。《敦艺斋文存·昆明考》曰：弄栋今姚州，定远、广通皆其境。《续汉志》楪栋（治）（编者校：此处"治"字恐衍。当删。）注：《地道记》曰：连山，无血水所出。

【集释】何超《音义》：楪栋，上音弄，下丁送反。

《马注》：与龙曰：三国蜀县。成帝时置兴宁郡于此。《州郡志》：兴宁太守，晋成帝分云南立。又云楪栋令，《晋太康地志》属云南。《华阳国志》：弄栋县，有无血水，水出连山。宋因，属兴宁郡。《一统志》：故城今楚雄府姚州治。

【编者按】楪栋县故城，在今云南姚安县北。

青蛉

【斠注】两汉属越巂郡，蜀汉属云南郡。《华阳国志》四作蜻蛉。《水经·若水注》曰：若水又南，迳云南郡之遂久县，青蛉水入焉，水出青蛉县西，东迳其下。注云：县以氏焉。《读史方舆纪要》一百十六曰：青蛉废县在大姚县北。《御览》八百九《晋太康地记》曰：云南青蛉县出碧。

【集释】何超《音义》：蛉，音零。

《马注》：与龙曰：三国蜀县。《州郡志》：青蛉令，《晋太康地志》属云南。《华阳国志》：蜻蛉县，山有碧鸡、金马，光影倏忽，民多见之。宋因，属兴宁郡。《一统志》：故城今大姚县治。

【编者按】青蛉县故城，即今云南大姚县治。

姑复

【斠注】两汉属越巂郡。《宋志》云南有东、西二古复县，即姑复分置。《读史方舆纪要》七十四曰：姑复废县在四川会川卫南。《续汉志》姑复下注：《地道记》曰：盐池泽在南。

【集释】《马注》：与龙曰：三国蜀县。《州郡志》：东古复长，《晋太康地志》属云南，云姑复。宋因。汪士铎云：在今元谋县西。谢钟英云：当在今大姚县东北。

【编者按】姑复县故城，在今云南永胜县境。

邪龙

【斠注】汉属益州郡，后汉属永昌郡。《水经·叶榆河注》曰：叶榆水又东南迳永昌邪龙县。注云：县以建兴三年，刘禅分隶云南，于不（韦）［违］（编者校：陈桥驿复校本《水经注疏》"韦"为"违"。迳改。）县为东北。《云南通志稿》曰：盖蒙化、永平、顺宁地。

【集释】《马注》：与龙曰：三国蜀县。阮元云：故县当在今蒙化、永平、顺宁等地。汪士铎云：当在今楚雄府南。与龙按：阮说以叶榆水为今西洱河，其下流即澜沧江。汪说则以叶榆水下流为今礼社江。按以郦《注》下文合观之，汪说是。盖郦《注》叶榆水，按之今日水道，多不能合，而汉县自无误。若强郦《注》以合今日水道，使汉县东西易位，则更误矣。

【编者按】邪龙县故城，在今云南巍山彝族回族自治县境。

楪榆

【斠注】汉叶榆县，属益州郡，后汉作楪榆，属永昌郡。《华阳国志》四亦作叶榆。《水经·叶榆河注》曰：县故滇池叶榆之国也。《御览》四十四《九州要记》曰：弔鸟山在叶检地。叶检则云南郡之废邑也。《寰宇记》七十九亦引作叶检。《斠注》案：叶为楪之异文，检为榆之讹字。《读史方舆纪要》一百十七曰：楪榆废县在大理府东北。《敦艺斋文存·昆明考》曰：叶榆今太和县北境及邓川州。

【集释】何超《音义》：楪榆，弋涉反。

《马注》：与龙曰：三国蜀县。《郡国志》注引《地道记》：有泽，在县东。《叶榆水注》：县东有叶榆泽，怀帝改属河阳郡。《华阳国志》：叶榆县有河州（编者校：任乃强校注《华阳国志校补图注》"州"为"洲"。）。又云：河阳郡，刺史王逊分云南置，有河阳县。《州郡志》：楪榆长，《晋太康地志》属云南。又云：东河阳太守，晋怀帝永嘉五年，宁州刺史王逊分永昌、云南立。领东河阳、楪榆二县。东河阳疑与郡俱立。与龙按：怀帝立河阳郡，宋曰东河阳，说见永昌郡比苏县下。宋因，属东河阳郡。《一统志》：东河阳故城今大理府太和县东，楪榆故城今太和县东北。

【编者按】楪榆县故城，在今云南大理市西北、洱海西岸。

遂久

【斠注】两汉属越巂郡。《读史方舆纪要》七十四曰：遂久废县在建昌前卫指挥使司西南。《云南通志稿》曰：遂久当在金沙江入边处。

【集释】《马注》：与龙曰：三国蜀县。《华阳国志》：遂久县有绳水。《一统志》：县晋后废。故城今宁远府盐源县西。

【编者按】遂久县故城，在今云南丽江市北。

永宁

【集释】《马注》：与龙曰：三国蜀无。《齐志》宁州有永宁县，今地阙。李兆洛云：当在今云南境。

【编者按】永宁县故城，在今云南宁蒗彝族自治县西北永宁。

兴古郡蜀置。

【集释】《马注》：与龙曰：三国蜀郡，属益州。《州郡志》：兴古太守，《晋太康地志》故（牂㧽）[牂柯]（编者校：《马注》所引为"牂㧽"。中华书局点校本《宋书》"牂㧽"为"牂柯"。下同。）。《水经·温水注》引《地道记》：刘禅建兴三年，分牂柯置兴古郡。治律高。宋因。

统县十一，

【集释】方恺《新校》：方恺曰：《州郡志》：西隋令，汉旧县，属（牂㧽）[牂柯]，《晋太康地志》属兴古，并作随。《华阳国志》西随县属梁水郡。盖梁水郡为刺史王逊分置，以县割属，初隶兴古也。刘昭注《郡国志》引《地道记》：西随县有麋水。吴翊寅案：本《志》无西随，当据补。

《马注》：与龙曰：今补录西（隋）[随]（编者校：此处误，似"隋"应为"随"。见《马注》下文。）县为统县十二。

姚师濂《〈华阳国志〉、〈晋书地理志〉互勘》曰："梁水郡，《常志》称亦王逊分置，县三，梁水、贲古、西随。《晋志》无郡，贲古另属宁州兴古郡。""兴古郡，《晋志》统具十一，《常志》无卧漏、毋掇、贲古、进乘四县，而《晋志》之宛温作温县，铎封作镡封，滕休作胜休，都篖作（唐都）[都唐]（编者校：此处"唐都"应为"都唐"。），未知孰是。"

户六千二百。

【斠注】《华阳国志》四曰：建兴三年分建宁、牂柯置兴古郡。《水经·温水注》曰：刘禅建兴三年，分牂柯置兴古郡，治温当作宛温。县。《晋书地道记》：治此。又曰：是以刘禅分兴古之盤（编者校：陈桥驿复校本《水经注疏》一说"盤"为"盘"。）南置郡于梁水县也。《水经注释》三十六谓梁水县与郡俱立此。云蜀置郡于梁水，盖蜀以前郡治不在梁水也，惟与治宛温之说相抵牾。《宋志》曰：梁水郡，晋成帝分兴古立。《斠注》案：《王逊传》分永昌为梁水郡事在明帝初年，《明帝纪》大宁二年有梁水太守爨亮，是梁水置郡必非在成帝时，盖逊先分永昌置梁水，或成帝时又分兴古地以属之耳。又曰：西隋令，汉旧县，属牂柯。《晋太康地志》属兴古，并作随。《斠注》案：本《志》牂柯、兴古二郡均无西随县，盖后又省废。《晋地理志新补正》曰：按《沈志》，永嘉五年，宁州刺史王逊分兴古之东立西平郡。何承天《志》所领西平、温江、都阳、晋绥、义成五县，俱晋成帝立。沈约云：此五县应与郡俱立。《东晋疆域志》：兴古郡东晋领县九：漏卧、宛暖、律高、贲古、汉兴、进桑、西安、句町、南兴。

【编者按】《宋本晋书》"户六千二百"为"户六千八百"。兴古郡晋武帝时治胜休县，在今云南玉溪市江川区北，后又治律高县，在今云南弥勒市南。

律高

【斠注】两汉属益州郡，蜀汉属兴古郡。《宋志》曰：晋武帝咸宁元年，分建宁郡修云、俞元二县间流民复立律高县。《读史方舆纪要》一百十四曰：律高废县在马龙州东。《云南通志稿》曰：

律高，今之广西州弥勒县也。

【集释】《马注》：与龙曰：《州郡志》：律高令，汉旧县，后省。与龙按：省县当在晋泰始中。《华阳国志》：律高县西有石室山，出锡；东南有监町山，出银、铅。宋因。谢钟英云：故县在今广西州弥勒县南，或谓在陆凉州者误。

【编者按】律高县故城，在今云南弥勒市南竹园镇。史为乐主编《中国历史地名大辞典》定点在今云南弥勒县（弥勒市）南一百里朋普。

句町

【斠注】两汉属牂柯郡。《汉书·西南夷传》作钩町。《华阳国志》四曰：句町县，故句町王国名也。《读史方舆纪要》一百十五曰：句町废县在通海县东北五里。《续汉志》注：《地道记》曰：句町有文众水。众当作象。

【集释】何超《音义》：句町，劬、挺二音。句又古侯反。

《马注》：与龙曰：三国蜀县。《华阳国志》：句町县，故句町王国名也。其置自濮，王姓毋。汉时受封至今。宋因。《一统志》：故城今临安府通海县东北。汪士铎云：今义兴府兴义县治。与龙按：当在广南府北境。

【编者按】句町县故城，在今云南广南县境，确址无考。

宛温

【斠注】两汉属牂柯郡。《华阳国志》四曰：兴古郡治。《宋志》曰：宛暖本名宛温，为桓温改。《读史方舆纪要》一百十四曰：宛温废县在亦佐县东北。《滇纪》：在亦佐县北二百里。

【集释】《马注》：与龙曰：三国蜀县。宋因。李兆洛云：在今兴义府普安厅西一百里。汪士铎云：今曲靖府罗平州北。与龙按：《郡国志》注：《南中志》云：县北三百里有盘江。即今北盘江也，汪说近是。

【编者按】宛温县故城，在今云南砚山县北。

漏卧

【斠注】两汉属牂柯郡，蜀汉属兴古郡。应劭曰：故漏卧侯国。《读史方舆纪要》一百十四曰：漏卧废县在罗平州南。

【集释】《马注》：与龙曰：三国蜀县。宋因。汪士铎云：故县在今广西州师宗县南境。

【编者按】漏卧县故城，在今云南罗平县境，确址无考。

毋（掇）[棳]

【中华校】毋掇 《汉志》上"掇"作"棳"，师古曰其字从木。《水经·温水注》亦作"毋棳"。

【斠注】两汉属益州郡。《汉志》作棳，《续汉志》作掇。师古曰：棳字从木。《水经·温水注》亦作毋棳。《宋志》曰：《晋太康地志》属兴古，刘氏改曰西丰，晋武帝泰始五年，复为毋掇。《（甘）[廿]二史考异》十三曰：《说文》掇从木，今从手误。《新斠注地理志》十一曰：今临安府宁州地。《续汉志》注：《地道记》曰：毋掇"有桥水，出桥山"。

【集释】何超《音义》：上音无，下之劣反。

《马注》：与龙曰：母（编者校：《马注》所本为母。故有此论。），官本作毋，是。《汉志》作无掇。三国蜀县，曰西丰，属梁水郡。《州郡志》：（母）[毋]掇令，汉旧县，属益州郡，《晋太康地志》属兴古。刘氏改曰西丰，晋武帝泰始五年复为（母）[毋]掇。按据此知刘氏改属梁水郡，因改曰西丰，晋初还兴古郡，复为毋掇也。《水经·温水注》：温水又东南，迳梁水郡南。刘禅分兴古之盘南置郡于梁水县也。按：《华阳国志》：梁水郡，刺史王逊分置，有梁水、贲古、西随等县。《州郡志》云：梁水太守，晋成帝分兴古立。又云：梁水令，与郡俱立。盖晋初梁水县与郡并省，至怀帝时复置也。宋因，属梁水郡。李兆洛云：故县今临安府宁州地。汪士铎云：在广西州弥勒县南。与龙按：当在弥勒县西南。

【编者按】毋掇县应为毋棳县。毋棳县故城，在今云南华宁县东南。谭其骧主编《中国历史地图集》西晋图定名为毋棳。

贲古

【斠注】两汉属益州郡，蜀汉属兴古郡。《读史方舆纪要》一百十四曰：贲古城在临安府东南。《续汉志》注：《地道记》曰：贲古"南乌山，出锡"。

【集释】《马注》：与龙曰：三国蜀县，曰西丰，属梁水郡。《一统志》：县东晋后废，故城今临安府东南。谢钟英云：当在临安府东。

【编者按】贲古县故城，在今云南蒙自县东南。

（滕）[胜]休

【斠注】两汉《志》作胜休，属益州郡。《南齐志》《华阳志》四、《水经·温水注》亦均作胜休。《宋志》作腾休，引《晋太康地志》属兴古，何志故属建宁，晋武帝从兴古治之，遂以属焉。《读史方舆纪要》一百十四曰：胜休城在临安府南。《续汉志》滕休下注：《地道记》曰：大河水东至毋（掇）[棳]（编者校："掇"应为"棳"，迳改。），入桥水。

【集释】《马注》：与龙曰：三国蜀县，作胜休，属梁水郡。成帝时，改属梁水郡。按此《志》滕当作腾。宋因，属梁水郡。与龙按：据《温水注》，县当在临安府北境。

【编者按】滕休县应为胜休县。胜休县故城，在今云南玉溪市江川区北。史为乐主编《中国历史地名大辞典》定点在今云南江川县北二十六里龙街。谭其骧主编《中国历史地图集》西晋图定名为胜休。

镡封

【中华校】镡封 "镡"，各本作"铎"。宋本及《音义》作"镡"，今从宋本。与《汉志》上、《续汉志》五、《宋志》四、《华阳国志》四、《水经·温水注》合。

【斠注】两汉《志》作镡封，属牂柯郡。《宋志》曰：《太康地志》属兴古。《华阳国志》四、《水经·温水注》亦作镡封。《斠注》案：本《志》作铎，为镡之误。《云南通志稿》曰：今广南北境西林县西隆州境。

【集释】何超《音义》：镡，大南反。《马注》：与龙曰：按铎当作镡，形似致讹。三国蜀县,做镡封,属梁水郡。《温水注》亦作镡。《州郡志》:镡封长,《晋太康地志》属兴古,成帝改属梁水郡。《华阳国志》:镡封县有温水。宋因,属梁水郡。汪士铎云:在今三板村北之马别河西。谢钟英云:在今广西州东。与龙按:据《水经注》,当在广西州东境、南盘江之南。

【编者按】镡封县故城,在今云南砚山县西北。

汉兴

【斠注】《宋志》曰:疑蜀汉所立。《东晋疆域志》曰:汉兴属宕渠,此县当是置郡时移属。

【集释】《马注》:与龙曰:三国蜀县。《州郡志》:汉兴令,《晋地志》有,属兴古郡。宋因,属益州南宕渠郡。谢钟英云:故县今临安府阿迷州南境。

【编者按】汉兴县故城,在今贵州兴义市境,确址无考。

进乘

【斠注】两汉属牂柯郡。《汉志》作进桑,《续汉志》作进乘。《水经·叶榆河注》曰:进桑县,牂柯之南部都尉治也,水上有关,故曰进桑关。《斠注》案:进乘为进桑之讹。《云南通志稿》曰:进桑在越南交冈境。又曰:古进桑当自越南府临洮县东北及广西镇安府皆是。

【集释】《马注》:与龙曰:三国蜀县。谢钟英云:据《水经·叶榆河注》,当在今阿迷州南境。

【编者按】进乘县故城,在今云南屏边苗族自治县东。

都(簀)[唐]

【斠注】《宋志》作都阳,引何志云成帝立。《东晋疆域志》曰:按《晋起居注》,太康二年置兴古之都唐县,疑是。《华阳国志》四曰:都唐县,故名都旧误云,今改正。梦县。《斠注》案:本《志》既有都唐,则县非成帝时立,或改都唐为都阳也。

【集释】何超《音义》:簀,音唐。

方恺《新校》:方恺曰:《州郡志》:都簀作都唐。吴翊寅案《州郡志》:西平太守都阳令,何志晋成帝立。沈约案:《晋起居注》太康二年置兴古之都唐县,疑是。据此则《沈志》作都阳,《晋起居注》作都唐也。

《马注》:与龙曰:三国蜀无。按簀当为唐,形似而讹。怀帝改曰都阳,属西平郡。又云:西平太守,晋怀帝永嘉五年,宁州刺史王逊分兴古之东立。何志晋成帝立,非也。领县五:西平、温江、都阳、晋绥、义成,何志并晋成帝立,按此五县应与郡俱立。按《华阳国志》:西平郡刺史尹奉以平盘南功进安西将军,乃割兴古云南(编者校:任乃强校注《华阳国志校补图志》认为"云南"是衍文,当删。)之盘江、来如、南零三县为郡。说与《宋志》异。《一统志》:西平故县,今曲靖府霑益州治。李兆洛云:西平等五县并在今曲靖府境。

姚师濂《〈华阳国志〉、〈晋书地理志〉互勘》曰:"西平郡,《常志》云:'刺史尹奉割兴古(云南)(编者校:任乃强校注《华阳国志校补图注》认为"云南"二字衍,当删。)之盘江、来如、南零三县为郡。'《晋志》无。当是永嘉后事，因尹奉刺史犹在王逊后也。《常志》云：'宁州，晋泰始六年初置'（卷四）。又云：'泰始六年以益州大，分南中四郡为宁州。……太康三年罢宁州'。又云：太安元年，'永昌从事江阳孙辨上南中形势……应复宁州，以相镇慰。冬十一月丙戌，诏书复置宁州，增统牂柯、益州、朱提，合（刺）〔七〕郡〔毅〕为刺史（编者校：任乃强校注《华阳国志校补图志》为"合七郡，毅为刺史"）。'诏书并见《晋书·惠纪》，是宁州以泰始六年置，太康三年罢，太安元年复置也。然《晋志》宁州篇云：'泰始七年分益州之建宁、兴古、云南，交州之永昌，合四郡为宁州。……太安二年惠帝复置宁州。'两次建置年月并与《常志》异，未知孰是。惠帝复置诏书在太安元年十一月，或建置实在二年，惟初置在泰始七年，则不知何据也。又按《晋志》不及罢州事，而《常志·大同志》更云：'太康五年罢宁州诸郡还益州'，是又与前称太康三年自相抵牾矣。"

【编者按】都篯县当为都唐县。都唐县故城，在今云南文山县境。谭其骧主编《中国历史地图集》西晋图定名为都唐。

[西随]

【集释】《马注》：与龙曰：三国蜀县，作西随，属梁水郡。《州郡志》：西隋，汉旧县，属（牂牁）〔牂柯〕，《晋太康地志》属兴古，并作随。《郡国志》注引《地道记》曰：糜水，西受徼外，东至糜泠，入尚龙溪。《水经》：叶榆水入牂（牁）〔柯〕郡西随县北为西随水。郦《注》：自西随至交趾，崇山接险，水路三千里。成帝改属梁水郡。宋因，属梁水郡。按县此《志》未载，今据《太康地志》补录。李兆洛云：故县今元江州东。

【编者按】《马注》此处增补西随县。西随县故城，在今云南金平苗族瑶族傣族自治县境。

建宁郡蜀置。

【集释】程廷祚《证今》曰："今云南曲靖府境。"

方恺《新校》：方恺曰：《州郡志》建宁太守下有同乐令，晋武帝立。本书《五行志》：孝武太元十四年，建宁郡铜乐县枯树断折，忽然自立相属。案《华阳国志》：晋宁郡本益州也，汉开为郡，治滇池。蜀建兴三年，丞相亮南征，以郡民李恢为太守，改曰建宁，治味县。后太守李遐，恢孙也，与前太守董僮、建宁爨量共叛，宁州刺史王逊表改为晋宁郡，属县七：滇池、同劳、同安、连然、建伶、毋单、秦臧。建宁郡属县十三：味、牧麻、同乐、穀昌、同瀬、双柏、存䭾、昆泽、漏江、谈槀、泠（邱）〔丘〕、修云、新定。太安二年，分为益州、平乐二郡，合县十三云云。据此，则《常志》所云晋宁、建宁二郡建置与本《志》不同，太安二年所分之益州郡仍在建宁十三县，与晋宁七县无涉。

《马注》：与龙曰：三国蜀郡，属益州。按：《蜀志》：建兴三年，改益州郡为建宁郡。《州郡志》说同。《郡国志》引《地道记》曰：建宁郡铜房山，米水所出。《华阳国志》：平乐郡，元帝割建宁之新定、兴迁二县，新立平乐、三沮二县，合四县为一郡。后太守董霸叛降李雄，郡县俱省。宋因。

姚师濂《〈华阳国志〉、〈晋书地理志〉互勘》曰："建宁郡，《常志》云：'晋太安二年分为益州、平乐二郡，县十三'。太安，惠帝年号，故益州（即晋宁）、平乐《晋志》不及也。十三县皆见《晋志》。宁州篇惟牧麻《常志》作升麻。《常志》升麻下云：'山出好升麻'，想县以此得名，《晋志》或误。《常志》谈豪，《晋志》作谈槀；伶丘，《晋志》作冷丘。平乐郡，《常志》云：'元帝建兴元年刺史割建宁新定、兴迁二县，新立平乐、三沮二县，合四县为郡。后太守建宁董霸叛降雄，郡县遂省，雄复为郡。'故《晋志》不及。按建宁乃愍帝年号，此与平夷郡同误。又按新定，《常志》又入建宁郡，不当重出。"

统县十七，

【集释】毕沅《新补正》：沅案：《沈志》：晋武帝复立同乐县，属建宁。

《马注》：与龙曰：今补录同乐县，为县十八。

户二万九千。

【斠注】《华阳国志》四曰：建兴三年五月，改益州为建宁，治味县。《宋志》曰：建宁太守，汉益州郡滇王国，刘氏更名。《东晋疆域志》曰：东晋领县十一，省新定、穀昌、连然、秦臧、双柏、俞元、修云、泠丘、滇池，增同并、万安。《宋志》：成帝分建宁立建都郡，领县六：新安、经云、永丰、临江、麻应、遂安。《晋地理志新补正》曰：按《沈志》同，并汉旧县，晋武帝咸宁五年省，哀帝复立。又江左复立万安、新兴二县。

【编者按】建宁郡治味县，在今云南曲靖市西北。

味

【斠注】两汉属益州郡，蜀汉为建宁郡治。《水经·温水注》曰：温水又迳味县。注云：县故滇国都也。《读史方舆纪要》一百十四曰：废味县或云在曲靖府西。

【集释】《马注》：与龙曰：三国蜀县。《州郡志》：建宁太守，汉益州郡滇王国，刘氏更名。领味县。《水经·温水注》：温水又西，迳昆泽县南。又迳味县，故滇国都也。诸葛亮讨平南中，刘禅建兴三年，分益州郡置建宁郡于此。宋因。《一统志》：故城今曲靖府南宁县西十五里，旧名洪范川，今其地名三岔，故城遗址尚存。阮元云：《温水注》又迳味县一段当在又迳昆泽之上。邹安鬯云：当在今云南府宜良县南。与龙按：《一统志》说近是。

【编者按】味县故城，在今云南曲靖市麒麟区西北十五里三岔（西山街道）。

昆泽

【斠注】两汉属益州郡。《云南通志稿》曰：昆泽当在今嵩明南及陆凉西之废芳华县。

【集释】《马注》：与龙曰：三国蜀县。宋因。邹安鬯云：故县今宜良县地。谢钟英云：当在今宜良县北。与龙按：据《水经注》，当在宜良县东。

【编者按】昆泽县故城，在今云南宜

良县北。

存（馻）［䣕］

【斠注】《汉志》作郁䣕，属犍为郡。《水经·存水篇》曰：出犍为郁䣕县。《水经注释》三十六曰：全氏曰：按《水经》皆用东汉郡县名，独郁䣕不见于《续志》，或者是和帝以后所并，作《经》时其县尚在。《读书杂志》曰：郁本作存，因䣕字而误加"阝"也。宋本《说文》"存䣕，犍为县。"而无郁字。《玉篇》始有之，而字书、韵书皆仍其误。《水经》作郁䣕，亦后人所改。《华阳国志》《晋书》尚作存䣕。且师古注䣕字有音，而郁字无音，则本作存明矣。【斠注】案：《玉篇》《广韵》讹䣕为鄢。《广韵》两载郁䣕、郁鄢县尤误。《读史方舆纪要》七十曰：郁䣕废县在叙州府西南。

【集释】何超《音义》：存䣕，亡嫁反。

《马注》：与龙曰：三国蜀县。《州郡志》建宁太守下云：存䣕，《晋太康地志》有。《华阳国志》：存馻县，雍闿反，结垒于县山。宋因。李兆洛云：故县今云南府宜良县西北百六十里。

【编者按】存䣕县故城，在今云南宣威市北。谭其骧主编《中国历史地图集》定名为存䣕。

新定

【斠注】《宋志》曰：《晋太康地志》有。

【集释】《马注》：与龙曰：三国蜀县。宋因。今地阙。

【编者按】新定县故城，在今贵州盘县、普安县北部一带。

谈槁

【斠注】两汉属牂柯郡。《宋志》曰：谈槁令，晋武帝立。《东晋疆域志》曰：【斠注】案：此则汉末三国时，县暂废，武帝复立。《云南通志稿》曰：谈槁在今南宁、平夷二县交河东。

【集释】《马注》：与龙曰：三国蜀无。《州郡志》：谈槁令，汉旧县，属牂（䍐）［柯］。宋因。李兆洛云：故县在曲靖府陆凉州境。

【编者按】谈槁县故城，在今贵州盘县西。槁又写成橐或稿。字义不同但常混用。谭其骧主编《中国历史地图集》西晋图用稿字。

（母）［毋］单

【斠注】两汉属牂柯郡。《水经·温水注》曰：温水又东南迳牂柯之毋单县。注云：建兴中，刘禅割属建宁郡。《新斠注地理志》十一曰：今澂江府宁州地。

【集释】何超《音义》：母、丹二音。

《马注》：（编者校：《马注》所本《晋书》为"毋单"。）与龙曰：三国蜀县。《州郡志》：毋单令，《晋太康地志》属建宁。《华阳国志》：毋单县，属晋宁郡。宋因。李兆洛云：故县今临安府宁州地。与龙按：当在宁州东北。

【编者按】母单县应为毋单县。毋单县故城，在今云南宜良县南。谭其骧主编《中国历史地图集》西晋图定名为毋单。

同濑

【斠注】两汉属益州郡。《汉志》作铜濑，《续汉志》作同濑，《水经·温水注》亦作铜濑。《斠注》案：《五行志》中：孝武太元十四年六月，建宁铜乐县枯树断折，忽然自立相属。《宋五行志》亦云：晋太元十四年，建宁铜乐县枯木自立。《州郡志》建宁太守下云：同乐令，晋武帝复立。《晋振威将军建宁太守爨宝子碑》亦称建宁同乐人。是同与铜为省叚字，惟本《志》失载此县。初疑同濑为同乐之讹，然《宋志》及《华阳国志》四均同乐、同濑分列，固明明两县也。《新斠注地理志》十一曰：今曲靖府陆凉州西北地。

【集释】《马注》：与龙曰：三国蜀县。《郡国志》注引《地道记》曰：铜虏山，米水所出。宋因。钱坫云：故县今曲靖府陆凉州西北地。

【编者按】同濑县故城，在今云南马龙县西南。

漏江

【斠注】两汉属牂柯郡。《宋志》曰：汉旧县，属牂柯。晋武帝立。《东晋疆域志》曰：按例当与谈橐同。《水经·叶榆河注》曰：叶榆水又东迳漏江县，伏流山下，复出蝮口，谓之漏江。《新斠注地理志》十一曰：今澂江府地。

【集释】《马注》：与龙曰：三国蜀无。刘逵《蜀都赋注》：漏江在建宁。有水道伏流数里复出，故曰漏江。宋因。阮元曰：漏江疑即今之杞麓湖。漏江故县即今通海县地。

【编者按】漏江县故城，在今云南泸西县境。

牧麻

【斠注】两汉属益州郡。《汉志》作牧（编者校：中华书局点校本《汉书》"牧"作"收"。）靡。《续汉志》作牧靡，注：李奇曰："靡音麻。"出升麻。《说文解字》同。《华阳国志》作升麻。《隶释·益州太守碑》"牧靡"字凡三见。《水经·若水注》曰：涂水出建宁郡之牧靡南山。注云：县、山并即草以立名。山在县东北乌句山南五百里。山生牧靡，可以解毒，百卉方盛，鸟多误食乌啄，口中毒，必急飞往牧靡山，啄牧靡以解毒。《斠注》案：牧麻与牧靡、收靡皆以形近而讹。段玉裁谓：收、升、牧三字同纽是也。《新斠注地理志》十一曰：今曲靖府寻甸州地。

【集释】《马注》：与龙曰：三国蜀县，作牧靡。《华阳国志》：建宁郡牧麻县，山出好升麻。宋因。汪士铎云：故县在今武定州境。与龙按：当在今武定州东。

【编者按】牧麻县故城，在今云南寻甸回族彝族自治县北。

穀昌

【斠注】两汉属益州郡。《读史方舆纪要》一百十四曰：苴兰城在云南府北十余里，相传庄蹻所筑，一名穀昌城。《汉志》益州郡有穀昌县，后汉因之。《华阳国志》：汉武遣将军郭昌平滇中，因名县为郭昌，以威夷人。孝章时始改曰穀昌，今《班志》作穀昌，则非章帝时改也。《汉书补注》曰：章为宣之误。《新斠注地理志》十一曰：今云南府城北十里。《云南通志稿》曰：今昆明呈贡地。

【集释】《马注》：与龙曰：三国蜀县。《州郡志》：穀昌长，《晋太康地志》属建宁。按太安二年，改属晋宁郡，说见本州篇末。宋因，属晋宁郡。《一统志》：故城今云南府昆明县北。

【编者按】穀昌县故城，在今云南昆明市官渡区东北。

连然

【斠注】两汉属益州郡。《元和郡县图志》曰：连然即滇国螳螂川地。《新斠注地理志》十一曰：今云南府安宁州。《云南通志稿》曰：安宁为汉连然，其南并入之三泊县，实兼有俞元县地。而安宁西之禄丰，亦连然地也。

【集释】《马注》：与龙曰：三国蜀县。《州郡志》：连然令，《晋太康地志》属建宁。按太安二年，改属晋宁郡。《华阳国志》：晋宁郡连然县有盐泉。宋因，属晋宁郡。顾祖禹云：故县今云南府安宁州境。

【编者按】连然县故城，即今云南安宁市治。

秦臧

【斠注】两汉属益州郡。《读史方舆纪要》一百十四曰：秦臧城在云南府西。《云南通志稿》曰：秦臧兼有今罗次、禄丰及武定、禄劝南境地。

【集释】《马注》：与龙曰：三国蜀县。《州郡志》：秦臧长，《晋太康地志》属建宁。按太安二年，改属晋宁郡。宋因，属晋宁郡。《一统志》：故城今云南府富民县境。汪士铎云：当即今禄丰县治。

【编者按】秦臧县故城，在今云南禄丰县东一带。

双柏

【斠注】两汉属益州郡。《新斠注地理志》十一曰：今云南府昆阳州地。

【集释】《马注》：与龙曰：三国蜀县。《州郡志》：双（栢）［柏］（编者校：中华书局点校本《宋书》"栢"为"柏"。）长，《晋太康地志》属建宁。按太安二年，改属晋宁郡。宋因，属晋宁郡。汪士铎云：故县今云南府昆阳州西北。

【编者按】双柏县故城，在今云南双柏县东南。

俞元

【斠注】两汉属益州郡。《华阳国志》四曰：县在河口洲上。《水经·温水注》曰：桥水上承俞元之南池。注云：县治龙池洲。《新斠注地理志》十一曰：今澂江府城。《云南通志稿》曰：《南齐书》晋宁七县，有俞元，诸志以为澂江江川。《斠注》案：当属今昆阳及旧三泊县南境，新兴、江川皆是昆阳、三泊北境，当分属连然、双柏为是。

【集释】《马注》：与龙曰：三国蜀县。《温水注》：桥水上承俞元之南池。县治龙池洲，周四十七里。《州郡志》兴古太守律高令下云：晋武帝（编者校：此处脱"咸宁元年"。）分修云、俞元二县间流民复立律高县。按县晋后省。《一统志》：故城今澂江府河阳县境。

【编者按】俞元县故城，在今云南澄江县境。

修云

【集释】《马注》：与龙曰：三国蜀县。按县晋后省。谢钟英云：顾祖禹谓澂江府江川县，汉时名碌云。《异城考》云：汉益州无碌云县，盖即修云之讹。

【编者按】修云县故城，在今云南弥勒市境。

泠丘

【斠注】《华阳国志》四作伶丘。《东晋疆域志》据《宋志》引《太康地志》谓泠丘即建伶。毕沅辑《晋太康地记》同。

【集释】《马注》：阮元曰：晋伶（邱）［丘］（编者校："邱"当为"丘"，迳改。）县即建伶。与龙曰：汉建伶县，三国蜀县，作伶丘，改属建宁郡，见《华阳国志》。《州郡志》：建伶令，汉旧县，属益州，《晋太康地志》属建宁。按据此则晋县当作建伶。太安二年，改属建宁郡。《一统志》：故城今云南府昆明县治北。

【编者按】泠丘县故城，在今云南富源县东南。谭其骧主编《中国历史地图集》定名为泠丘，定位在今云南富源县东南。一说泠丘即建伶，谭其骧主编《中国历史地图集》西晋图另有建伶县，建伶县故城在今云南晋宁县南。

滇池

【斠注】两汉属益州郡。《说文解字》：滇，益州池名。《汉书·西南夷传》曰：楚武王时，庄蹻至此王之。《新斠注地理志》十一曰：今云南府晋宁州。

【集释】何超《音义》：滇，丁田反。《马注》：与龙曰：三国蜀县。《州郡志》：滇池令，《晋太康地志》属建宁。太安二年改属晋宁郡。《华阳国志》：晋宁郡滇池县，故滇国也。《水经·温水注》：温水又西南迳滇池城，池在县西，周三百许里，上源深广，下流浅狭，似如倒流，故曰滇池。晋太元十四年，宁州刺史费统言：晋宁郡滇池县两神马，一白一黑，盘戏河水之上。《明统志》：有天女城，晋李毅之女秀代父领州时所筑。宋因，属晋宁郡。《一统志》：故城今云南府晋宁州东。

【编者按】滇池县故城，在今云南晋宁县东北晋城镇。

［同乐］

【集释】《马注》：方恺曰：《州郡志》建宁太守下有同乐令，晋武帝立。本书《五行志》：孝武太元十四年，建宁郡铜乐县枯树断折，忽然自立相属。与龙曰：三国蜀无。按《州郡志》云晋武帝立，不载始立之年，考此《志》下云，太康三年，武帝废宁州入益州，则同乐之立当在宁州未废以前也，今为补录。宋因。《齐书·州郡志》：宁州治建平郡同乐县。李兆洛云：故县今曲靖府南宁县西。

【编者按】《八琼室金石补正》收录《建宁太守爨宝子碑》，中有"君讳宝子，字宝子，建宁同乐人也。""太亨四年岁在乙巳四月"等字样。邓尔恒曰："碑在郡南七十里扬旗田，乾隆戊戌已出土。晋安帝元兴元年壬寅改元大亨，次年仍称元兴二年，乙巳改义熙。碑称大亨四年，殆不知大亨年号未行，故仍遵用之耳。"《马注》此处补录同乐县。同乐县故城，在今云南陆良县东北。

永昌郡 汉置。

【集释】毕沅《新补正》：沅案：《沈志》：晋怀帝永嘉五年，宁州刺史王逊分永昌、云南立东河阳郡，东河阳县疑与郡俱立。晋成帝复分河阳立西河郡，并立成昌、建安二县。

《马注》：与龙曰：三国蜀郡，属益州，晋成帝时省，说见本州篇末。《华阳国志》：永昌郡，古哀牢国。哀牢，山名也。章武初，诸郡叛乱，功曹吕凯奉郡丞蜀郡王伉保境六年。丞相亮南征，高其义，表曰：不意永昌风俗（编者校：任乃强《华阳国志校补图注》：依《三国志·吕凯传》补"敦直"二字。）乃尔。以凯为云南太守，伉为永康太守。凯子祥，太康中献光珠五百斤，还临本郡，迁南夷校尉。祥子元康末为永昌太守，值南夷作乱，乃南移永寿，去故郡千里。

统县八，户三万八千。

【斠注】《东晋疆域志》曰：东晋分出东河阳、西河等郡，凡领县七，省比苏。

姚师濂《〈华阳国志〉、〈晋书地理志〉互勘》口："永昌郡，《晋志》称治不韦，《常志》称今治永寿，盖元康因南夷作乱移治者。《常志》称与《晋志》皆统罢八县，惟《常志》有南里无南涪，《晋志》反之，不知是一县否也。"

【编者按】永昌郡治不韦县，在今云南保山市附近。

不韦

【斠注】汉属益州郡，后汉属永昌郡。《华阳国志》四曰：不韦县，故郡治。《水经·叶榆河篇》曰：叶榆河过不韦县。注云：县故九隆哀牢之国也。有牢山，盖秦始皇徙吕不韦子孙于此，故以不韦名。《后汉书·西南夷传》注：《蜀谱》《蜀志·吕凯传》注引作《蜀世谱》。曰：初，秦徙吕不韦子弟宗族于蜀汉。汉武帝时开西南夷，置郡县，徙吕氏以充之，因置不韦县。《水经注释》三十七曰：沈氏曰：常璩云武帝置不韦县，徙南越相吕嘉宗族于此，因名不韦以彰其先人之恶，非秦徙也。《读史方舆纪要》一百十八曰：不韦废县在永昌府东北。《敩艺斋文存·昆明考》曰：不韦，今永昌府保山县。

【集释】《马注》：与龙曰：三国蜀县。《水经·若水注》：禁水又北注泸津水，又东迳不韦县北而东北流，两岸皆高山数百丈，泸峰最为杰秀，孤高三千余丈。是山于晋太康中崩，震动都邑。水之左右，马步之径裁通，而时（编者校：陈桥驿复校本《水经注疏》引杨守敬按：明抄本、黄本"时"并作"特"。）有瘴气，三月、四月迳之必死，非此时犹令人闷吐。五月以后，行者差得无害。故诸葛亮《表》言：五月渡泸。《　·统志》：县晋有废，故城今永昌府北三十里凤溪山下保山县境。

【编者按】不韦县故城，在今云南保山市附近。一说在今保山市南十里汉营古城址，一说在今保山市东北。

永寿

【斠注】《华阳国志》四曰：永寿县，今郡治。

【集释】《马注》：与龙曰：三国蜀县。阮元云：《华阳国志》谓永寿县南去郡千里，当在今湾甸、镇康、耿马等土司境。

【编者按】永寿县故城，在今云南耿马傣族佤族自治县境。

比苏

【斠注】汉属益州郡，后汉属永昌郡，《宋志》作芘苏。《读史方舆纪要》一百十七曰：比苏废县在云龙州西。

【集释】《马注》：与龙曰：三国蜀县。《州郡志》：东河阳太守，晋怀帝永嘉五年，宁州刺史王逊分永昌、云南立。又云：西河[阳]（编者校：中华书局点校本《宋书》中华校在此处补"阳"字。）太守，晋成帝分河阳立，领县三。芘苏，《晋太康地志》属永昌。芘作比。成昌、建安并晋成帝立。按：据此则比苏县，怀帝改属河阳，成帝改属西河[阳]。又置河阳郡无东字，宋立西河阳，故此称东也。宋因，属西河[阳]郡。《一统志》：故城今大理府云龙州西。

【编者按】比苏县故城，在今云南云龙县境。

雍乡

【集释】《马注》：与龙曰：三国蜀县。《华阳国志》：永昌郡有雍乡县。李兆洛云：当在今云南境。

【编者按】雍乡县故城，今地无考。

南涪

【集释】方恺《新校》：方恺曰：南涪，《华阳国志》作南里。吴翊寅案：李㘭本、廖寅本《华阳国志》皆作南涪。

《马注》：与龙曰：三国蜀县。《华阳国志》：南涪县有翡翠、孔雀。李兆洛云：当在今云南境。

【编者按】南涪县故城，在今云南景洪市境。

（巂）[㠜] 唐

【斠注】汉属益州郡，后汉属永昌郡。《史记》曰：古为巂、昆明。《续汉志》注：巂唐本西南夷。《读史方舆纪要》一百十七曰：巂唐废县在云龙州南。《敩艺斋文存》昆明考曰：巂唐当在永平县西境、保山县北境、云龙州南境。

【集释】《马注》：与龙曰：三国蜀县。《郡国志》注引《华阳国志》曰：有（同）[周]水从徼外来。与龙按：《汉志》注云：周水首受徼外。《华阳国志》之同水即《汉志》注之周水，周、同形近而讹。钱坫以为即今怒江也。《一统志》：县晋咸康后废，故城今大理府云龙州南。

【编者按】巂唐县应为㠜唐县。谭其骧主编《中国历史地图集》西晋太康二年图定名为㠜唐县。㠜唐县故城，在今云南永平县西北，与保山市、云龙县交界处一带。一说在今保山市东北金鸡村。

哀牢

【斠注】《续汉志》曰：永平中置，故牢王国。《读史方舆纪要》一百十八曰：哀牢废县在永昌府西南。

【集释】《马注》：与龙曰：三国蜀

县。《华阳国志》：永昌郡，古哀牢国。哀牢，山名也。有哀牢县。《一统志》：故城今永昌府保山县东。

【编者按】哀牢县故城，在今云南盈江县境。

博南

【斠注】《水经·若水注》曰：永昌郡有兰仓水，出西南博南县。注云：汉明帝永平二年置。博南，山名也，县以氏之。《读史方舆纪要》一百十八曰：博南废县在永平县南。

【集释】《马注》：与龙曰：三国蜀县。《郡国志》注引《华阳国志》曰：西山高三十里，越山得兰沧水，有金沙，洗取融为金。有光珠穴。《若水注》：汉武帝时，通博南山道，渡兰仓津。与龙按：兰仓津即今澜沧江通博南山道。汉明帝永平十二年事见《后汉书·西南夷传》，《水经注》讹作武帝。刘逵《蜀都赋注》：永昌博南县出虎珀。《一统志》：故城今永平县东。

【编者按】博南县故城，在今云南永平县西南。史为乐主编《中国历史地名大辞典》定点在今云南永平县西南二十四里花桥。

太康三年，武帝又废宁州入益州，立南夷校尉以护之。

【斠注】《斠注》案：《武帝纪》作太康三年（八）〔七〕（编者校：中华书局点校本《晋书》校勘记取宋本说，"八"应为"七"。）月罢平州、宁州刺史三年一入奏事。而不言废宁州，此恐有误。《华阳国志》八曰：五年，罢宁州，诸郡还益州，置西夷校尉，持节如西夷，皆举秀才、廉良。是罢宁州为五年非三年也。《通鉴》从《华阳国志》作五年。

【集释】《马注》：与龙曰：《州郡志》：太康三年省宁州，立南夷校尉。《李毅传》：太康中为南夷校尉。

杨德华《论两晋时期宁州的设置及变动》：认为罢宁州在太康三年，而非五年。

太安二年，惠帝复置宁州，

【集释】《马注》：与龙曰：《李毅传》：太安元年，毛诜等叛，讨平之，以毅为宁州刺史。《州郡志》：宁州，晋惠帝太安二年复立，增（牂牁）〔牂牁〕、越嶲、朱提三郡。与龙按：此《志》不载惠帝增入三郡，而下文云分（牂牁）〔牂牁〕，分朱提、越嶲，几莫明三郡何以属宁州也？

杨德华《论两晋时期宁州的设置及变动》："《华阳国志·南中志》云：'太安元年（302年）秋，诜、叡（猛）逐俊以叛……冬十一月丙戌，诏书复置宁州。'而正式复置在太安二年。"

又分建宁以西七县

【集释】《马注》：与龙曰：即毂昌等县，说见建宁郡下。

别立为益州郡。永嘉二年，改益州郡曰晋宁，

【集释】《马注》：与龙曰：说见《州郡志》。《华阳国志》：宁州刺史王逊表改益州为晋宁郡。

姚师濂《〈华阳国志〉、〈晋书地理志〉互勘》曰："晋宁郡……而《常志》称'宁州别建为益州郡，后太守立遏，恢孙也。与前太守董僕，建宁爨量共叛，宁州刺史王逊表改益州为晋宁郡'；与《晋志》之称永嘉者异。亦犹平夷郡

之以永嘉为晋元时事也。《常志》所称七县，除滇池、连然、毋单、秦臧见于《晋志》建宁郡外，其同劳、同安、建令三县必系后置。因计《常志》所载建宁郡属十三县，皆《晋志》所有（惟《常志》升麻，《晋志》作牧麻），益以晋宁之四县，恰《晋志》建宁郡之十七县也。"

分牂柯立平夷、夜郎二郡。

【中华校】永嘉二年至夜郎二郡 《王逊传》："元帝加逊安南将军，刺史如故。逊表请改分牂柯为平夷郡，分建宁为夜郎郡，改益州为晋宁郡，事皆施行。"与此志不同。

【斠注】《东晋疆域志》曰：晋宁郡，《沈志》：惠帝永安二年，分建宁西七县为益州郡，怀帝更名，领县七：建伶、连然、滇池、穀昌、秦臧、双柏。《王逊传》改益州郡为晋宁郡事叙在元帝即位以后，微误。平蛮郡，《沈志》晋永嘉五年，本《志》作二年异。王逊分牂柯、朱提、建宁立平夷郡，《水经注》云：晋建兴元年置。后避桓温讳改。领县二：平蛮、鳖。夜郎郡，领县四：夜郎、广谈，案：《宋志》引《晋太康地记》：广谈县属牂柯郡，今本《志》无之，盖置于太康三年以后，其后增置夜郎郡，复移属于夜郎也。谈乐、谈指。《廿二史考异》十九曰：按《宋书·州郡志》：宁州，太安二年复立，增牂柯、越嶲、朱提三郡。《志》不载增领三郡，其失一也。《王逊传》，逊以地势形便上分牂柯为平夷郡，分朱提为南广郡，分建宁为夜郎郡，分永昌为梁水郡，又改益州郡为晋宁郡，事皆施行。《志》惟载平夷、夜郎，不及南广、梁水二郡，其失二也。且王逊以永嘉二年除宁州刺史，踰年乃至镇。《宋志》以为永嘉五年所分，与《逊传》相应，此《志》作二年，恐是转写之误。《斠注》案：《华阳国志》四作太安元年与本《志》二年只差一年。复置宁州，增统牂柯、益州、朱提，合七郡，为刺史。七郡者，增统三郡及原隶之云南、兴古、建兴、永昌也。又曰：元帝世，王逊分鳖、半当作平，下又脱夷字。为平夷郡，夜郎以南为夜郎郡当有但字。四县。又曰：平夷郡，晋元帝建兴当作武。元年置，又与永嘉五年之说不合。又曰：太安二年分建宁为益州、平乐二郡。又曰：平乐郡，元帝建兴当作武。元年，刺史当有王逊二字。割建宁当有之字。新定、兴迁本《志》无兴迁。《东晋疆域志》据《宋志》有新兴，江左立，亦不作兴迁。二县，新立平乐、三沮二县，合四县为一郡。后太守董霸降李雄，遂省。虽常璩、本书一作太安、一作建兴，自相牴牾，然本《志》亦失载。《东晋疆域志》以平乐郡属益州不属宁州，似误。又《斠注》案：《宋志》及《御览》一百七十一引《十道记》亦作永嘉五年分牂柯置夜郎郡，是《志》作二年者误也。《宋志》：东河阳太守，晋怀帝永嘉五年，宁州刺史王逊分永昌、云南立，领县二：东河阳、楪榆。东河阳郡盖与平夷等郡同时分立，本《志》亦失载。

【集释】毕沅《新补正》：沅案：平夷，后避桓温讳改平蛮。

《马注》：与龙曰：毕沅曰：《十三州志》分（牂柯）[牂柯]置夜郎郡，兼置（兖）[宁]（编者校："兖"应为"宁"。）州。与龙曰：平夷、夜郎二郡并永嘉五年立，说见益州（牂牁）〔牂柯〕平夷、夜郎两县下。又按怀帝五年立西平郡，领西平县，说见兴古郡都篖县下，此《志》未载。

姚师濂《〈华阳国志〉、〈晋书地理志〉互勘》曰："平夷郡，《晋志》无。《常志》称晋元帝建兴元年置，属县，平夷、鳖。按建兴乃愍帝年号，此误作元帝。则前所称晋元帝世分鳖为平夷郡，或不若《晋志》之作永嘉为得实也。夜郎郡，《晋志》无。《常志》称属县二，夜郎、谈指。谈指或《晋志》牂柯属县之指谈耶？"

【编者按】《宋本晋书》"牂柯"为"牂柯"。

然是时其地再为李特所有。

【集释】《马注》：与龙曰：《蜀录》：李雄玉衡二十四年，分宁州置交州，以霍彪为宁州刺史，爨琛为交州刺史。

其后李寿分宁州兴古、永昌、云南、朱提、越嶲、河阳

【集释】《马注》：与龙曰：河阳郡，怀帝立，说见云南郡楪榆县下，此《志》于上文未及载明。

姚师濂《〈华阳国志〉、〈晋书地理志〉互勘》曰："河阳郡，《常志》云：'刺史干逊分云南置，属县四。'然所录只河阳一县，不知何故。……盖永嘉后始有河阳，李氏有其地，因分置郡也。"

六郡为汉州。

【集释】《马注》：与龙曰：说见《蜀录》，李寿汉兴元年。

咸康四年，

【集释】谭其骧《〈晋书地理志新补正〉批校》（未刊稿）曰：咸康当作咸和。南中以咸和八年入李氏，若在咸康中，则晋室不得有所更置也。李寿分宁州为汉州在后，东晋分宁州为安州在前，此处叙事颠倒。《宋志》咸和亦误作咸康。

分牂柯、夜郎、朱提、越嶲四郡置安州。

【斠注】《十六国疆域志》曰：汉州统旧郡三，增置郡一。兴古领县六：漏卧、宛暖、律高、西安、句町、南兴。永昌领县七：不韦、永寿、雍乡、南涪、嶲唐、牢哀、博南。云南领县三：云南、云平、姑复。朱提领县四：朱提、堂狼、汉阳、南秦。越嶲领县八：会无、邛都、卑水、定筰、台登、护龙、苏利、晋兴。河阳领县二：河阳、楪榆。牂柯领县四：万寿、且兰、毋剑、并渠。夜郎领县四：夜郎、广谈、谈乐、谈指。《斠注》案：《宋志》云西河太守，晋成帝分河阳立，领县三：芘苏、成昌、（达）〔建〕（编者校：中华书局点校本《宋志》"达"为"建"。）安。此二县成帝新立。本《志》不载立西河郡。

【编者按】《宋本晋书》"牂柯"为"牂柯"。

八年，又罢并宁州，

【集释】《马注》：与龙曰：王鸣盛曰：按成帝罢安州在咸康七年。

以越嶲还属益州，

【集释】《马注》：与龙曰：说并见《州郡志》。按成帝置兴宁郡，说见云南郡楪栋县下。又置梁水郡，领梁水等县，说见兴古郡毋掇县下。又分河阳立西河郡，领比苏、成昌、建安三县，说

见永昌郡比苏县下。又晋尝置西平郡，说见兴古郡都（篸）〔唐〕县下。又《州郡志》：建都太守，晋成帝分建宁立，领县六：新安、经云、永丰、临江、麻应、遂安，并晋成帝立。又云：建宁太守领万安、新兴，夜郎太守领谈乐，并江左立。此《志》皆失载。省永昌郡焉。

【斠注】《成帝纪》作七年。《十六国疆域志》曰：按《蜀录》，汉兴六年，分宁州、兴古等六郡为汉州。今考李寿汉兴六年为晋康帝建元元年，安州系分宁、汉二州所置，不应汉州未立一年以前安州已省，疑《蜀录》及《晋地志》年月有一误也。

【集释】《马注》：与龙曰：宁州治建宁郡味县。《齐志》云：宁州治建平郡同乐县。道远土瘠，蛮夷众多，诸爨、氐强族，恃远擅命。《隋书·梁睿传》：睿上疏曰：梁南宁州刺史徐文盛，被湘东征赴荆州。土民爨瓒遂窃据一方，国家遥授刺史。《一统志》云：《梁书·本纪》：太宝元年，湘东王绎遣前宁州刺史徐文盛率兵拒任约。是时无南宁州之文，隋梁睿以关中有宁州，故加南字以别之。

晋书卷十五　志第五　地理下

青州　徐州　荆州　扬州　交州　广州

青州。案《禹贡》为海岱之地，

【集释】《马注》：与龙曰：《禹贡》：《传》：东北据海，西南据（编者校：一说"据"为"距"。）岱。按《禹贡》青州承兖州言，东北与西南以海岱为表，其西北与兖州界，东南与徐州界。

舜置十二牧，则其一也。舜以青州越海，又分为营州，则辽东本为青州矣。《周礼》："正东曰青州。"盖取土居少阳，其色为青，故以名也。

【斠注】《类聚》六《太康地记》曰：青州，东方少阳，其色青，其气清，岁之首，事之始也，故以为名。周之建国，表齐东海，居于青州，故吴季札观乐于鲁，闻齐之诗，曰泱泱乎大国之风也，其表东海者乎？

《春秋元命包》云："虚危流为青州。"汉武帝置十三州，因旧名，历后汉至晋不改。

【斠注】《宋志》曰：治临淄。江左侨立，治广陵。

【集释】《马注》：毕沅曰：《通典》：晋青州理临淄。

州统郡国六，

【集释】《马注》：与龙曰：今补北海国，为统郡国七。

县三十七，

【斠注】《东晋疆域志》曰：凡统旧郡八，增置郡一，县四十四。《斠注》案：东晋以高密、平昌、北海三郡改隶，又增置东牟一郡，合之齐、济南、乐安、东莱、长广五郡，凡为郡九。

户五万三千。

【编者按】青州治临淄县，在今山东淄博市东临淄区东北。

齐国　秦置郡。汉以为国。

【集释】程廷祚《证今》曰："今山东青州府。"

《马注》：与龙曰：《汉志》为郡，《续汉志》为国。三国魏国。宋因。《地形志》：青州齐郡。

景帝以为北海郡。

【中华校】景帝以为北海郡　马校：《汉志》有齐郡，有北海郡，《续汉志》有齐国，有北海国，未尝并改也。《志》无北海郡，此处"景帝以为北海郡"七字殊不连属。今合观下文"济南郡"诸县，知"青州""齐国"之后原列"北海""济南"二郡，因脱去"北海郡"原文及其属县，惟存平寿、下密、胶东、即墨四县；又脱去"济南郡"属县，惟存祝阿一县。而此"景帝以为北海郡"七字本"北海郡"下原文仅存未脱。后之校录者不加详察，漫以平寿等四县窜入"济南郡"下，以此七字窜入"齐国"下。按：马说是。晋有北海郡，《武纪》、《宗室传》、《文六王传》、《刘敏传》、《石垣传》、《王猛传》及《左传·庄公元年》杜注皆可证。

【集释】方恺《新校》：方恺曰：又《地形志》，下密、都昌、平寿、胶东四县，晋属齐郡，后属北海。《州郡志》北海太守下有都昌、平寿二县。又有胶东、下密二县，引《太康地志》云属北海，疑晋初属齐，太康时移属北海。本《志》列三县于济南，不载北海郡，又不载都昌县，疑误，说互见下。

《马注》：与龙曰：今补录北海郡于后。

顾廷龙《大晋龙兴皇帝三临辟雍皇太子又再莅之盛德隆熙之颂跋》在对碑阴题名的统计中，发现咸宁四年（278年）十月前青州有北海郡名。"北海，按《晋志》无，汉《地理志》：'景帝中二年置，属青州。'杨守敬《西晋地理图序》云：济南郡下补北海郡。注：'北海郡的为脱漏，钱竹汀增之致确。毕氏疑武帝以后改济南为北海，非也。'今观题名，知武帝时两郡已并置，足为钱、杨之明证也。"

沧州《〈晋书地理志〉无北海郡》："《晋书》卷一五《地理志》：青州，统郡国六，为齐国、济南郡、乐安国、城阳郡、东莱国和长广郡。城阳郡下说：'汉置，属北海，自魏置晋分北海而立焉。'城阳郡既由北海郡分出，则北海郡当与城阳郡并置。齐国下又说：'秦置郡，汉以为国，景帝以为北海郡'，似当时的齐国即由北海郡改称的。西晋齐国有五县，为临淄、西安、东安平、广饶、昌国。其中临淄、西安、昌国三县本东汉齐国旧县。广饶为西汉齐郡旧县，东汉省并，其末年复置，在今广饶县北。中隔寿光与西晋北海郡界相接。其本属北海郡的仅东安平一县。齐国五县中仅此一县为原来北海郡属县，就不能说齐国是由北海郡改名的。这里值得注意的仍是济南郡。西晋济南郡五县，为平寿、下密、胶东、即墨、祝阿。济南郡为西汉旧郡，东汉改称济南国。两汉济南国和郡皆治东平陵，在今章丘县西。今济南市就是因为济南郡和济南国的旧地而得名的。西晋济南郡所属五县，祝阿于东汉时属平原郡，位于今长清县东北，近在今济南市西南，当是西晋时由平原郡改隶济南郡的。至于其余平寿、下密、胶东、即墨四县，皆东汉时北海郡旧县，和济南郡之间还隔着齐国。相距如此之远，绝对不能是由北海改隶于济南郡的。晋时由北海郡分出城阳郡，此四县并未与东安平同时改隶于城阳郡，则北海郡仍当和城阳郡同时存在。《晋书·地理志》未载北海郡当系夺误。东汉北海郡共领十八县。西晋时，剧、营陵、安丘三县改隶东莞郡，淳于、高密、平昌、壮武、昌安五县改隶城阳郡。如前所说，平寿、下密、胶东、即墨四县，《晋书·地理志》列于济南郡下。其余诸县未见《晋书·地理志》道及，可能并省。东莞郡和城阳郡皆与北海郡相邻，改隶亦是常事，平寿等四县既不并入济南郡，自当仍为北海郡的属县。《晋书·地理志》不宜夺取。"

统县五，

【集释】方恺《新校》：方恺曰：《州郡志》：般阳令，《晋太康地志》属齐。《地形志》：盘阳，晋属齐郡。又案曹魏于齐郡下置新沓县，本书《山涛传》封新沓伯，终于太康四年。是新沓为伯国，不应删。

《马注》：与龙曰：今补录般阳、新沓，为统县七。

户一万四千。

【斠注】《诸史考异》二曰：案此文有脱误。《汉书·地理志》：齐郡，秦置；北海郡，景帝中二年置。非以齐郡为北海也。杜预《左氏·庄元年》注：北海都昌县有訾城。《襄六年》注：北海即墨县有棠乡。《襄四年》注：北海平寿县东有寒亭。又云北海平寿县东南有斟亭。王浚北海太守刘搏。晋初本有北海郡，而《志》失之。《斠注》案：《宋志》引《太康地记》：般阳属齐国，本《志》无此县，当是三年以后所立。

【集释】毕沅《新补正》：《晋太康地志》有般阳县，此不载，盖后省。

【编者按】齐国治临淄县，在今山东淄博市东临淄区东北。

临淄

【斠注】两汉旧县。《续汉志》作临菑。《汉志》曰：师尚父所封。臣瓒曰：临淄即营邱也。《史记·项羽本纪·正义》：《括地志》曰：临菑县一名齐城，古营邱之地，[吕望] 所封，齐之国都也。案：所封上疑有脱字。《寰宇记》误营邱为营陵。孙潜《〈水经·淄水注〉校本》曰：临淄故城在今青州府北五十里。

【集释】《通鉴》胡注：青州都督治所。

程廷祚《证今》曰："今县。"

毕沅《新补正》：沅案《太平寰宇记》临淄县下云，后汉为营陵县，晋复为临淄。今考《元和郡县志》，后汉营陵县属北海国，临淄县属于齐国，乐史并为一，恐误。

《马注》：与龙曰：三国魏县。《春秋·昭十二年》杜注：齐国临淄县。按县晋初为州治，永嘉末陷于石氏。宋因。《地形志》：齐郡临淄，晋属。《一统志》：故城今青州府临淄县北八里古城店。

赵万里《汉魏南北朝墓志集释》卷一《左棻墓志并阴》（永康元年四月二十五日）："齐国临菑人。""菑即淄。"

《中国历史地理信息系统释文》（未刊稿）：《元和郡县图志》卷十《河南道六》：临淄县，齐之都也，"秦立为县，城临淄水，故曰临淄。自汉至后魏，并属齐郡，高齐省"。又："县理即古临淄城也。汉齐郡亦理于此。"《山东临淄齐故城试掘简报》："齐故城为南北长方形，周四十华里，古城东临淄河，西临申水，现临淄城在古城南部城中心为古城南墙。古城西南角度有一小城，时代最早不过战国。出土汉代封泥还有一部分汉代器物。"王文楚按：今淄博市临淄区北东、西古城，即是也。

【编者按】临淄县故城，在今山东淄博市东临淄区东北十五里古城。

西安有棘里亭。

【斠注】两汉旧县。《宋志》曰：西安本属齐郡，齐郡过江侨立，后省。《春秋左传·昭十一年》杜氏注曰：渠邱今西安也。《读史方舆纪要》三十五曰：西安城在临淄县西三十里。

【集释】程廷祚《证今》曰："在今临淄县西三十里。"

《马注》：与龙曰：注说见《郡国志》注。三国魏县。《春秋·昭十年》杜注：齐国西安县。宋因。《地形志》：齐郡西安，晋属。《一统志》：故城今临淄县西三十里。

《中国历史地理信息系统释文》（未刊稿）：《齐乘》卷四《古迹》："西安城，临淄西三十里。"《读史方舆纪要》卷三十五《山东六》：临淄县，"西安城，县西三十里。……汉置西安县，属齐郡。"按元、明之临淄县，即今淄博市临淄区，以此推考，其地在今临淄区西北南高阳。《水经注》卷二十六《淄水》："时水又西北迳西安故城南。"王文楚按：时水即今临淄县西北乌河，南高阳位于乌河之北，正合《水经注》所载。

【编者按】西安县故城，在今山东淄博市临淄区西北三十里北高阳。

东安平

【集释】程廷祚《证今》曰："在今临淄县东界。"

《马注》：与龙曰：三国魏县。《春秋·庄二年》杜注：齐国东安平县。《州郡志》：安平令，晋曰东安平。《地形志》：齐郡安平，晋曰东平。《一统志》：故城今临淄县东十里。

女水出东北。

【斠注】汉属淄川国，后汉属北海国，魏属齐国。《读史方舆纪要》三十五曰：安平城在临淄县东十九里。《水经·淄水注》曰：女水出东安平之蛇（编者校：陈桥驿复校本《水经注疏》"蛇"字为"菟"。）头山，东北流，迳东安平县故城南，又迳城东。《续汉志》注：《地道记》曰：东安平有羌头山。

【集释】《马注》：与龙曰：《汉志》菑川国东安平下云：菟头山，女水出，东北至临淄入巨定。《续述征记》曰：女水至安平城南，伏流十五里，然后更流，北注阳水。又迳东安平城东，东北入巨淀。按此则女水迳东安平县南，又迳其东而东北流，非出县东北也。此《志》引《汉志》不全而误。《括地志》：菟头山，一名鼎足山。《慕容德载记》"北登社首，南望鼎足"即此。《一统志》：在今临淄县东南十五里。

《中国历史地理信息系统释文》（未刊稿）：《续山东考古录》卷十五《青州府上·临淄县》："东安平县故城，在东十里，又名石槽城。"王汝涛点注："东安平县，汉置，遗址在今淄博市临淄区驻地辛店镇东北12.5公里皇城乡驻地皇城营村。"

【编者按】东安平县故城，在今山东淄博市临淄区东北皇城营村。

广饶

【斠注】汉旧县。《读史方舆纪要》三十五曰：广饶城在乐安县东北二十里。

【集释】《马注》：与龙曰：三国魏县。宋因。《地形志》：齐郡广饶，晋属。《一统志》：前汉县，后省，晋复置。故城今乐安县东北。

《中国历史地理信息系统释文》（未刊稿）：《续山东考古录》卷十六《青州府中·乐安县》："广饶故城在东北二十里。"王汝涛点注："广饶县，汉侯国，后为县。后汉省，晋复置，高齐废。遗址当在今广饶县城东北12公里大营乡境内。"

【编者按】广饶县故城，在今山东广饶县东北二十里。

昌国

【集释】《马注》：与龙曰：三国魏县。宋因。《地形志》：齐郡昌国，晋属。又东清河郡武城县有昌国城，盖徙治而故城废也。《一统志》：在今济南府淄川县东北三十五里。

乐毅所封。

【斠注】两汉旧县。《汉书补注》曰：战国齐地，亦名昌城，见《赵世家》。《读史方舆纪要》三十一曰：昌国城在淄川县东北三十五里。

【集释】毕沅《新补正》：案《沈志》又有益都县，云魏立，而此《志》不录，盖晋省。

《马注》：与龙曰：说见《史记》。

《中国历史地理信息系统释文》（未刊稿）：《续山东考古录》卷一《济南府中·淄川县》："昌国故城，在东北四十里，又称昌城。"王汝涛点注："即今淄博市张店区丰水镇昌城村。"

【编者按】昌国县故城，在今山东淄博市张店区东南昌城。

[般阳]

【集释】《马注》：与龙曰：三国魏县。《州郡志》：般阳令，《晋太康地志》属齐。按此《志》失载。今据《太康地志》补录。宋因。《地形志》：齐郡盘阳，晋属。《一统志》：宋魏间徙县于今青州府临朐县东南。汉县，晋太康后废，而城存。《宋书·沈文秀传》：王元邈据般（编者校：中华书局点校本《宋书》"般"为"盘"。）阳城。《地形志》"东清河郡，治般阳城"是也。故城今济南府淄川县治。

《中国历史地理信息系统释文》（未刊稿）：《续山东考古录》卷二《济南府中·淄川县》："般阳县，即今县治。刘宋移般阳于今临朐境。"王汝涛点注："般阳县，汉置县，治淄川，即今淄博市淄川区淄川城。"

胡运宏、胡阿祥《中华本〈晋书·地理志〉考异》："青州齐国下缺般（盘）阳县。按：《元和郡县志》河南道淄州淄川县：'本汉般阳县也，属于济南郡。在般水之阳，故名。后汉属齐国，晋省。宋于此置贝丘县。'《太平寰宇记》与之同。……《晋志》失载。"

【编者按】《马注》此处补录般阳县。般阳县故城，在今山东淄博市西南淄川区淄川城。

[新沓]

【集释】《马注》：方恺曰：按曹魏于齐郡下置新沓县。本书《山涛传》封新沓伯，终于太康四年，是新沓为伯国。与龙曰：三国魏县。《魏志》：景初三年，以辽东东沓县民渡海，因规（编者校：一说"规"为"居"。）齐郡，故纵城为新沓县居之。按据《山涛传》进爵新沓伯，又涛子该嗣父爵，是晋当有此县，今为补录。顾祖禹云：故城今淄川县西六十里。

胡运宏、胡阿祥《中华本〈晋书·地理志〉考异》："青州齐国下缺新沓县。按：《三国志·魏书·齐王芳纪》：景初三年六月，'以辽东东沓县吏民渡海居齐郡界，以故纵城为新沓县，以居徙民。'……《晋志》齐国下无该县，误。"

【编者按】《马注》此处补录新沓县。新沓县故城，在今山东淄博市淄川区东北罗村镇。

[北海国汉景帝置

【集释】《马注》：与龙曰：《汉志》：北海郡注云：景帝中二年置。此《志》齐国下有"景帝以为北海郡"七字，盖北海国下原文错出于彼，然足为此《志》原有北海国之证。杜预《左传注》、沈约《宋志》皆云晋有北海，本书《五行志》：惠帝永宁元年，南安、巴西、江阳、太原、新兴、北海青虫食禾叶。《忠义传》：刘敏元，北海人。《通典》北海郡下云：晋为北海、乐安二国地。是晋北海为国，今据以补录焉。三国魏郡，晋太康后省并齐国，说见都昌县下。宋因，寄治州下。《地形志》：青州北海郡，治平寿城。

孔祥军《〈晋书地理志〉"济南郡"条考辨》："又《晋书》卷三《武帝纪》：'（泰始元年封皇从叔司马）陵为北海王。'则泰始元年有北海国。又《宋书》卷二十八《符瑞志中》：'泰始三年五月己卯，白（麐）[麐]见北海都昌，青州刺史沈文秀以献。'则泰始三年有北海国。又《左传·庄公元年》经文杜注有北海都昌县、《左传·襄公四年》杜注有北海平寿县、《左传·襄公六年》杜注有北海即墨县，则太康元年有北海国。"

统县五，

【集释】《马注》：与龙曰：今据杜预《左传注》及沈约所校《太康地志》得晋北海国统县五，补录焉。

孔祥军《〈晋书地理志〉"济南郡"条考辨》："按：魏末北海国领县七，晋初营陵移属青州郡，剧县移属徐州东莞郡，领县五。"

户。]

【集释】《马注》：与龙曰：阙。

【编者按】《马注》在此处补录北海国，为青州所统郡国之一。北海国治平寿县，在今山东昌乐县东南。谭其骧主编《中国历史地图集》西晋太康二年图定名为北海郡，治平寿。另谭其骧主编《中国历史大辞典·历史地理卷》称东汉移治剧县，即在今昌乐县西；北魏移治平寿。谭其骧主编《中国历史地图集》西晋太康二年图将剧县划在徐州东莞郡内。

[都昌]

【集释】程廷祚《证今》曰："在今莱州府昌邑县，后汉属北海国。杜同。"

《马注》：与龙曰：三国魏县。《春秋·庄元年》杜注：北海都昌县。按汉建安末，北海相孔融屯都昌，见《后汉书·孔融传》。《州郡志》北海太守都昌令并云寄治州下，盖宋以郡县徙治，知未徙前郡治在都昌，仍孔融之旧也。《郡国志》注引《地道记》曰：鄑城在县西。又按《地形志》北海郡领下密、都昌、平寿、胶东四县，并云晋属齐郡。钱大昕云：似此四县晋世当并于齐郡，后乃仍归北海也。与龙按：《齐王攸传》：太康三年，以攸子寔为北海王。《惠帝纪》：太安元年，废齐王冏弟北海王。实疑是时省北海国并入齐国故云，然此《志》无都昌县，今据杜预《左传注》补录。宋因。《一统志》：故城今莱州府昌邑县西二里。

《中国历史地理信息系统释文》（未刊稿）：《续山东考古录》卷十三《莱州府上·昌邑县》："都昌县，即今县治。"王汝涛点注：都昌县，汉高祖六年立都昌侯国，"遗址即今昌邑县都昌镇略偏西处。"

【编者按】程廷祚《证今》在《晋书》济南郡后增补都昌县。应归于本书北海郡。特录于此。都昌县故城，在今山东昌邑市西北。

[平寿

【斠注】汉属北海郡，后汉属北海国。《东晋疆域志》曰：据《地形志》，平寿，晋属齐郡，后属北海。是平寿由济南改属齐郡，又改北海也。《读史方舆纪要》三十六曰：平寿城在潍县西南三十里。

【集释】程廷祚《证今》曰："今莱州府潍县。"

《马注》：与龙曰：三国魏县。《左传·襄四年》杜注：北海平寿县。按平寿县，此《志》误入济南郡下，今补北海郡，据杜预《左传注》以县移入。宋因。《一统志》：故城今莱州府潍县西南。

古国，寒浞封此。]

【集释】何超《音义》：浞，仕角反。

《马注》：与龙曰：《郡国志》云：古寒国，浞封此。《志》引彼说而微误。

《中国历史地理信息系统释文》（未刊稿）：《太平寰宇记》卷十八《河南道十八》：潍州北海县，"废平寿县，在州西南三十里。……北齐天保七年废。"《续山东考古录》卷十三《莱州府上·潍县》："平寿故城，在西南三十里。"

【编者按】谭其骧主编《中国历史地图集》将平寿县定为北海郡治所在地，与《马注》所列不同。平寿县故城，在今山东昌乐县东南古城。

[下密

【斠注】汉属胶东国，后汉属北海国。《水经·潍水注》曰：潍水自北海密乡来，东北迳下密县故城西。应劭曰：密者，水名，是有下密之称。《读史方舆纪要》三十六曰：下密城在潍县西三十里。按《宋志》引《太康地记》及《魏地形志》，下密，晋属北海。是西晋有北海郡，下密由济南改属，故洪氏《疆域志》补此郡。

【集释】《马注》：与龙曰：三国魏县。《州郡志》：下密令，《晋太康地志》属北海。按下密县，此《志》误入济南郡下，今补录北海郡，据《太康地志》以县移入。《郡国志》注：《地道记》曰：[奚]（编者校：中华书局《后汉书》此处有"奚"字。）养泽在西，幽州薮。有莱山，莱主祠。宋因。《一统志》：故城今昌邑县东。

《中国历史地理信息系统释文》（未刊稿）：《续山东考古录》卷十三《莱州府上·平度州》王汝涛点注："下密县，汉置，遗址在今昌邑县都昌镇东南9公里围子镇密城镇。"即今昌邑县东南密城店。

有三石祠。]

【集释】《马注》：与龙曰：石当作户字，形相涉而讹。《汉志》下密有三户山。《郊祀志》：宣帝神爵元年，以方士言祠三户山于下密。

【编者按】下密县故城，在今山东昌邑市东密城镇。

[胶东侯国。]

【斠注】汉平度县地，后汉改置胶东，属北海国。《读史方舆纪要》三十五曰：今平度州治。《斠注》案：《东晋疆域志》据《地形志》，晋属齐郡，后属北海。是胶东由济南改属齐郡，又改北海也。

【集释】《马注》：与龙曰：三国魏县。《州郡志》：胶东令，《晋太康地志》属北海。此《志》误入济南郡下，今补录北海郡，据《太康地志》以县移入。宋因。《一统志》：故城今平度州治。

【编者按】胶东县故城，即今山东平度市治。

[即墨

【斠注】汉属胶东国，后汉属北海国。《史记·孝景纪·正义》：《括地志》曰：即墨故城在胶水县东南六十里，即胶东国。《读史方舆纪要》三十六曰：即墨故城在平度州东南六十里。《十七史商榷》四十六曰：天山即天宝山。《斠注》案：《东晋疆域志》据《沈志》引《太康地志》云属北海，当为太康三年以后改属，惟《魏地形志》又云即墨，晋属长广。何时所改不可考也。

【集释】程廷祚《证今》曰："今莱州府属县。"

毕沅《新补正》：沅案《太康地志》胶东、即墨、下密俱云属北海。《通典》北海郡下云晋为北海、乐安二国之地。疑晋初有北海郡无济南郡，俟考。

方恺《新校》：方恺曰：《州郡志》：即墨令，《太康地志》属北海。吴翊寅案：《地形志》：即墨，后汉属北海，晋属长广。本《志》属济南，未详孰是。

《马注》：与龙曰：三国魏县。《左传·襄六年》杜注：北海即墨县。《宋书·符瑞志》：晋武帝泰始五年，白兔见北海即墨。《州郡志》：即墨令，《晋太康地志》属北海。按即墨县，此《志》误入济南郡下，今补录北海郡，据杜预《左传注》《太康地志》及《宋志》以县移入。宋因。《地形志》：光州长广郡即墨，晋属。盖晋元康中改属长广郡。《一统志》：故城今平度州东南康王祠。

《中国历史地理信息系统释文》（未刊稿）：《齐乘》卷四《古迹》："古即墨城，胶水县东南六十里，正田单火牛城也，汉胶东国领八县，理此，俗曰朱毛城。"《续山东考古录》卷十三《莱州府上·平度州》："即墨县故城在东南六十里，又名朱毛城，俗曰康王城。"王汝涛点注："即墨县，汉置，为胶东国治，遗址在今平度县东南25公里古岘镇朱毛村南1公里处。"

有天山祠。]

【集释】《马注》：与龙曰：《汉志》：即墨，有天室山祠。《郊祀志》：神爵元年，祀天室山于即墨。此《志》脱一室字。

【编者按】即墨县故城，在今山东平度市东南古岘镇东南三里。

济南郡汉置。

【集释】程廷祚《证今》曰："在今山东。"

《马注》：与龙曰：三国魏国。宋因，治历城。《地形志》属齐州。

统县五，

【集释】《马注》：与龙曰：钱说是也，今移平寿、下密、胶东、即墨四县入北海郡，而补录东平陵、历城、於陵、隰阴、著并祝阿为统县六。

孔祥军《〈晋书地理志〉"济南郡"条考辨》："按：魏末领县十一，其中土鼓、台二县晋初见废，隰阴县来属，领县十。梁邹县咸宁后移属齐国，於陵县太康元年后废，东朝阳县太康二年移属乐安国，领县七。据《晋书》卷三《武帝纪》：'（泰始元年封皇从叔司马）遂为济南王……（咸宁三年徙）济南王（司马）耽为中山王。'则泰始元年至咸宁二年为济南国，后还为济南郡。"

【编者按】孔祥军认为，济南郡领十县，除下录六县外，还有东朝阳、菅县、邹平和梁邹。东朝阳、梁邹见本书乐安国下，据谭其骧主编《中国历史地图集》仍存乐安国下。菅县和邹平据谭其骧主编《中国历史地图集》补入济南郡辖县中。

户五千。

【集释】孙人龙《晋书考证》："济南郡。按《宋书》济南郡所领别有广、著、东平陵等县，而此下所领县自平寿、下密、胶东、即墨四县，则皆属之北海郡者。注亦称《太康地理志》无此郡名，未之详，姑志此以俟考。"

毕沅《新补正》：杜预《庄公十年·左传》注：济南郡有平陵县。《昭公十年》注：济南有於陵县。《魏书·地形志》：历城，晋属济南。《沈志》：平陵县，汉至晋并曰东平陵。《太平寰宇记》：永嘉末，济南自东平陵移理历城。又云邹平县，后汉及晋不改，永嘉之乱，其县始废。则西晋时有此诸县也。

方恺《新校》：方恺曰：又杜注《桓十八年》有济南历城，《庄十年》有济南平陵，《襄二十七年》有济南东朝阳，《昭十年》有济南於陵，《哀十年》有济南隰阴，本《志》惟列东朝阳于乐安国，余俱不载。又案《地形志》：历城、（著）［菩］（编者校：中华书局点校本《魏书·地形志》"著"字为"菩"。），晋皆属济南。平陵，晋属济南，曰东平陵。吴翊寅案：《州郡志》济南有广城令、著令、平陵令，皆云汉旧县。广城即历城之讹，平陵汉晋并曰东平陵，又见《郡国志》，本《志》俱缺，非是。本书《儒林·刘兆传》"兆，济南东平人"即此，《传》脱"陵"字耳。又乐史称《太康地志》云济南郡管县，管叔后又封于此。又乐史称邹平，自汉至晋不改，永嘉乱始废。本书《解系传》"系，济南著人"，是本《志》于济南应属之县反皆不载，又删去北海郡，以所属县移列济南，疏舛殊甚。或云魏平蜀，徙其豪将家于济河北，故改为济岷郡。

【集释】《马注》：钱大昕曰：《宋志》南兖州篇云：济岷郡，江左立，领营城、晋宁二县。又称何志有平原郡，领茌平、临菑、营城、平原四县。《起居注》"元嘉十一年，以平原之济岷、晋宁并营城"，是济岷郡废为县，并所领二县，改隶平原，在元嘉十一年以前也。又称徐志有南东平郡，领茌平、营城、临菑、平原等县。是元嘉以后，又并平原郡及所领县入南东平郡也。又称大明五年，以东平并广陵，则并南东平之名亦不存矣。济岷郡侨置并合之迹，《宋史》历历可考，修晋史者采无稽之谈，不一检照正史甚矣，其无识也。

胡阿祥《东晋南朝侨州郡县考表》："济岷郡侨置地在旧晋陵郡界（江苏镇江、金坛、常州、无锡等市一带）。"而《太康地理志》无此郡名，未之详。

【斠注】《宋志》曰：济南太守，汉文帝十六年，分齐立。晋世济嶓（编者校：中华书局点校本《宋志》"嶓"为"岷"。）郡，云魏平蜀，徙蜀豪将家于济、河，故立此郡。安帝义熙中土断，并济南。去州陆四百，去京都二千四百。《东晋疆域志》曰：东晋领县凡五：历城、著、东平陵、祝阿、於陵。《寰宇记》：晋永嘉之末，济南郡治自东平陵移于历城。《诸史考异》二曰：案《成帝纪》，咸和元年十二月，济嶓（编者校："嶓"疑应为"岷"。）太守刘闾杀下邳内史夏侯嘉叛降石勒。《宋书·州郡志》：济岷郡，江左立，领营城、晋宁二县。又云：济岷郡，安帝义熙中土断，并济南郡。《晋地理志新补正》曰：晋盖曾分济南立济嶓（编者校：二十五史补编本《晋书地理志新补正》"嶓"为"岷"。），非竟改济南作济嶓也，此注云改为济嶓（编者校：二十五史补编本《晋书地理志新补正》"嶓"为"岷"。）郡，似误。《斠注》案：《宋州郡志》：济南平陵令，汉旧县，至晋并曰东平陵。杜注《左氏传·庄十年》：济南有平陵县。《庄子外篇·骈拇》：《释文》：李［颐］云谓泰山也。一云陵名，今名东平陵，属济南郡。杜元凯、李弘范为西晋人，所言乃东晋县名，《志》文失载此县。钱氏《考异》亦谓晋有此县。《寰宇记》：邹平、於陵皆云自汉至晋不改。又云邹平，永嘉乱始废，是西晋有此二县，《志》亦失载。《廿二史考异》十九曰：按汉之济南治东平陵，今历城县地。领县十四，与此所领无一同者。《舆地记》云："晋以平寿为济南郡治，考其属邑，乃汉北海、平原、胶东地，非济南地也。"于钦《齐乘》引之。据此，似晋之济南郡与汉之济南，名同而实异矣。及读《宋志》，济南太守领广城、当作历城。朝阳、著、土鼓、逢陵、平陵即东平陵。六县，土鼓、逢陵二县下云"晋无"，则历城四县皆晋所有也；朝阳县下云："晋曰东朝阳，《太康地志》属乐安。"《晋地理志新补正》曰：杜预《襄公二十七年·左传》注：济南东朝阳县。与《太康地志》异。则历城诸县在晋俱属济南也；又北海太守领都昌、胶东、剧、即墨、下密、平寿六县，惟剧县下云：《晋太康地志》属琅邪，今《志》属东莞。其余五县不云改属，则晋时平寿诸县仍属北海也。又考杜预《左传集解》，济南郡有历城县，见《桓十八年》。有平陵县，见《庄十年》。有於陵县，《昭十年》。有隰（编者校：上海古籍出版社《廿二史考异》"隰"为"湿"。）阴县，《哀十年》。而平寿见《襄四年》。及即墨县《襄六年》。自属北海郡，北海又别有都昌县，《庄元年》。皆不与此《志》合。《武帝纪》泰始元年，封皇从叔父遂为济南王、凌为北海王，是北海与济南并置，今《志》有济南，无北海，始悟此《志》本有脱文，后人以北海所领之县连缀于济南郡下。或遂谓晋之济南不治历城，乃治平寿，岂其然乎？惟祝阿一县，杜元凯则（编者校：上海古籍出版社《廿二史考异》"则"为"明"。）云："今属济南郡"，《永初郡国志》济南郡亦有祝阿，则不当列于平寿四县之下，盖文字烂脱之余，后人妄为补缀耳。后读《魏书·地形志》，济南郡之历城、著、今本误作耆。平陵、朝阳四县俱云"二汉晋属"，句。太原郡之祝阿县，则云"二汉属平原、晋属济南"，正与予言合。惟北海郡之下密、都昌、平寿、胶东四县皆云"晋属齐郡，后属"，似此数县晋世尝并于齐郡，后乃仍归北海，然亦是齐郡，非济南也。《斠注》案：《续汉志》北海国下注引《地道记》有邓城、安邱二县，是晋初亦属于北海郡。《宋志》：般阳令，《晋太康地志》属齐。是晋初齐郡又有般阳县。

【集释】毕沅《新补正》：沅案《太康地志》恐无济南郡，今考此《志》，济南郡领县五，下密、胶东、即墨，《太康地志》云属北海；祝阿，《太康地志》无；唯平寿一县，两汉本属北海，则《太康地志》无济南郡可知，疑武帝以后始改北海为济南，但无明文可据耳。

方恺《新校》：方恺曰：又案《宋书·五行志》：西晋有北海郡。《晋书》诸王《传》，太康元年，以齐王攸子（实）[寔]（编者校：中华书局点校本《晋书》"实"为"寔"。）继广汉殇王后，改封北海王。是不特西晋有北海郡，并改为王国也。（编者校：此处疑脱"吴翊寅案"。）[吴翊寅案]：考《武帝纪》，太康元年十二月戊辰，广汉王赞薨，始以寔嗣，则王北海必在太康二三年间，正本《志》中篇应列年分，若谓《志》所列在太康元年平吴时，则赞方王广汉，何以不称国？杜注：北海都昌在《庄元年》，北海平寿在《襄四年》，北海即墨在《襄六年》。本书《隐逸·石垣传》垣自云北海剧人，郭璞《尔雅注》今北海剧县，《州郡志》引《太康志》则以剧属琅邪，总之不应删去北海也。

周家禄《晋书校勘记》曰：按《成帝纪》有济岷太守刘闿，可补《太康志》之阙。

《马注》：钱大昕曰：济岷郡，本江左立，则《太康地志》自不应有此郡。与龙按：如沈约说，已据《太康地志》以正晋世之误矣。此《志》更引晋世之语，而云改为济岷郡，又云未之详，徒滋疑误，仍当以沈说正之。

【编者按】济南郡治东平陵县，在今山东章丘市西。

（平寿古国。寒浞封此。）

【集释】程廷祚《证今》曰："平寿县后汉属北海郡。杜同。"

【编者按】平寿县属北海国，说见前。

（下密有三石祠。）

【编者按】下密县属北海国，说见前。

（胶东侯国。）

【集释】方恺《新校》：方恺曰：平寿、下密、胶东见前。

【编者按】胶东县属北海国，说见前。

（即墨有天山祠。）

【集释】程廷祚《证今》曰："即墨县后汉属北海郡。杜同。"

方恺《新校》：方恺曰：又案即墨以上四县皆在临淄以东，祝阿一县乃在齐西三百里，古人置郡领县，地境相连，不应复绝旷远至此。

《马注》：与龙曰：以上四县并当属北海郡，说见前。

【编者按】即墨县属北海国，说见前。

祝阿

【斠注】两汉属于平原郡。《续汉志》曰：祝阿，春秋时曰祝柯，《公羊传》作祝阿。《读史方舆纪要》三十一曰：祝阿城在禹城县西南十七里。

【集释】《通鉴》胡注：祝阿县，汉属平原郡，晋属济南郡。［张］愿自泰山进屯焉。刘昫曰：齐州禹城县，汉祝阿县，天宝元年，更名。宋白曰：祝阿，犹东阿也，古祝国黄帝之后。按古东阿，齐为东阿，汉为祝阿县，故城在今丰齐县东北二里；唐改禹城。

程廷祚《证今》曰："在今济南府禹城县西南十七里。"

方恺《新校》：方恺曰：祝阿，《太康地志》无，《左氏传·杜注·襄十九年》有济南祝阿，盖太康末省。

《马注》：与龙曰：三国魏县，属平原。《州郡志》济南太守下云：《永初郡国》济南又有祝阿，《晋太康地志》无。按县盖太康中省，后复置。宋因，属太原郡。《地形志》：太原郡祝阿，晋属济南。《一统志》：故城今济南府长清县东北。

《中国历史地理信息系统释文》（未刊稿）：《元和郡县图志》卷十《河南道十》：齐州丰齐县，"祝阿故城，在县东北二里。"按唐丰齐县，即今济南市西丰齐镇，镇东北古城，即汉祝阿县故城。《续山东考古录》卷三《济南府下·禹城县》，王汝涛点注："祝阿县，汉置县，治故祝阿邑，即今济南市槐荫区段店镇古城村。后魏皇兴元年（467年）移治阿阳城，即今禹城火车站西南杨城子村。唐天宝元年（742年）更名为禹城县。乾元元年（759年）因县城被水淹，移治迁善村，即今禹城县。"王氏所谓段店镇古城村，即上述丰齐镇东北古城。

【编者按】祝阿县故城，在今山东济南市槐荫区西段店镇西南古城。

[东平陵]

【集释】程廷祚《证今》曰："在今济南府东南七十里。杜作平陵。"

《马注》：与龙曰：三国魏县。《左传·庄十年》杜注：济南平陵县。按东平陵本春秋齐平陵邑，杜注盖沿旧称。《州郡志》：济南太守平陵令，汉旧县，至晋并曰东平陵。《地形志》：济南郡平陵，晋属。有平陵城。按《志》脱此县，今据杜注、《州郡志》《地形志》补录。又二汉、三国魏济南郡并治东平陵，晋郡当亦治此。《一统志》：晋永嘉后徙治历城。汉县故城今济南府历城县东七十五里。

《中国历史地理信息系统释文》（未刊稿）：《齐乘》卷四《古迹》："东平陵城，济南东七十里。古城在西南龙山镇相对，汉为东平陵县。"《续山东考古录》卷一《济南府上·历城县》王汝涛点注："平陵邑，遗址在今济南市章丘县明水镇西13公里，济青公路北侧，今名为东平陵故城。"

孔祥军《〈晋书·地理志〉"济南郡"条考辨》："又《魏志》卷十五：'初（司马）郎所与俱徙赵咨，官至太常，为世好士。'裴注：'（赵）咨字君初，子（赵）酆字仲子，晋骠骑将军，封东平陵公。'则至晋初仍作'东平陵'，至迟于太康元年前改为'平陵'。又《后魏志》：'平陵，二汉、晋属（济南郡），口：东平陵，后改。'则西晋时济南郡有平陵县。"

【编者按】《马注》此处增补东平陵县。东平陵县故城，在今山东章丘市西二十六里东平陵故城。根据孔祥军《〈魏书·地形志〉考异十则》判断，杜预注《春秋左传》所引用的政区和地名的断限为太康元年，所以认为太康元年后，东平陵县名应为平陵县。

[历城]

【集释】程廷祚《证今》曰："在今济南府附郭县。以上三县（编者校：《证今》三县的排列与《马注》不同，此三县为东平陵、於陵、历城。）后汉俱属济南郡。杜有，《志》不载。"

《马注》：与龙曰：三国魏县。《左传·桓十八年》杜注：济南历城县。《宋书·符瑞志》：太康三年，白龙二见济南历城。按《志》脱此县，今据杜注及《宋志》补录。宋因。《地形志》：济南郡历城，晋属。《一统志》：故城今历城县治西。

《中国历史地理信息系统释文》（未刊稿）：《续山东考古录》卷一《济南府上·历城县》："历城县故城，即今治西南隅。"王汝涛点注："即今济南市之历下区。"

【编者按】《马注》此处增补历城县。历城县故城，在今山东济南市历下区。

[於陵]

【集释】程廷祚《证今》曰："在今济南府长山县。"

毕沅《新补正》：沅案《太平寰宇记》於陵县，自汉置晋不改。今考此《志》无之，当属中叶后省。

《马注》：与龙曰：三国魏县。《左传·昭十年》杜注：济南於陵县。按《志》脱此县，今据杜注补录。《州郡志》济南太守下云《永初郡国》又有於陵县，盖县至永初后始省也。《地形志》：逢陵县有於陵城。《一统志》：故城今长山县西南。

《中国历史地理信息系统释文》（未刊稿）：《太平寰宇记》卷十九《河南道十九》：淄州长山县，"汉於陵县，在今县理南二十五里於陵故城是也。自汉至晋为於陵县地不改。"《续山东考古录》卷一《济南府上·长山县》："汉於陵故城，在南二十五里。"王汝涛点注："遗址在今邹平县城南20公里临池乡古城村西南1公里处。"

孔祥军《〈晋书·地理志〉"济南郡"条考辨》："又《舆地广记》卷六京东东路上淄州中长山县条：'长山县，本二汉於陵地，属济南郡，晋省之。'则太康元年后於陵县省，而确年乏考。"

【编者按】《马注》此处增补於陵县。於陵县故城，在今山东邹平县东南古城村南於陵故城。《中国文物地图集·山东分册》定汉代於陵县故城在今山东邹平县邻池镇古城村东南500米。

[（隰）［漯］阴]

【集释】程廷祚《证今》曰："在今济南府临邑县西十里。后汉属平原郡，杜曰济南。以上二县（编者校：《证今》所提二县为都昌、隰阴。），《志》俱不载。"

《马注》：与龙曰：三国魏县，属平原。《左传·哀十年》杜注：济南有隰阴县。按《志》脱此县，今据杜注补录。《地形志》：齐州东魏郡临邑县。有隰阴城。《一统志》：故城今临邑县西。

《中国历史地理信息系统释文》（未刊稿）：《续山东考古录》卷二《济南府中·济阳县》："漯阴县故城，在西南五十里。"王汝涛点注：漯阴县，汉置，晋省，"即今济阳县城西南20公里孙耿镇。"

【编者按】《马注》此处增补隰阴县。隰阴县应为漯阴县。漯阴县故城，在今山东济阳县西南孙耿。谭其骧主编《中国历史地图集》定名为漯阴县。又一说漯即湿。

[著]

【集释】《马注》：与龙曰：三国魏县。《解系传》：系，济南著人。《州郡志》：著令，汉旧县。《地形志》：济南郡著，晋属。有著城。颜师古《汉书注》云：著，韦昭误为菁龟之菁。按《志》脱此县，今据《州郡志》《地形志》补录。《一统志》：故城今济阳县西南。

《中国历史地理信息系统释文》（未刊稿）：《续山东考古录》卷二《济南府中·济阳县》："著县故城，在西二十里，今郭城。"

【编者按】《马注》此处增补著县。著县故城，在今山东济阳县西大郭城。

[邹平]

【集释】孔祥军《〈晋书·地理志〉"济南郡"条考辨》：邹平，按：魏属济南郡，《晋志》无此县。今检《晋书》卷三十三《何曾传》："（何）机为邹平令，性亦矜傲，责乡里谢鲲等拜，或戒之曰：'礼敬年爵，以德为主，令鲲拜势，惧伤风俗'，机不以为惭。"则晋初有邹平县。又《寰宇记》卷十九河南道淄州邹平县条："邹平县……本汉旧县属济南郡，后汉及晋不改，永嘉之乱其县遂废。"则邹平县西晋时属于济南郡。

【编者按】谭其骧主编《中国历史地图集》在济南郡下补入邹平县。邹平县故城，在今山东邹平县北。史为乐主编《中国历史地名大辞典》定点在今山东邹平县东北旧口，北宋景德元年后才移至济阳城（即今山东邹平县北孙镇）。史说疑误，汉晋邹平县治当在今山东邹平县北孙镇。

[菅]

【集释】《晋书·慕容载记》："晋南阳太守闾邱羡、宁朔将军邓启方率众二万来伐，师次菅城。"

孔祥军《〈晋书·地理志〉"济南郡"条考辨》："菅，按：魏属于济南郡，《晋志》无此县。今检杜预《春秋释例》卷六'哀六年赖'条：'或曰济南菅城南有赖亭。'则菅县历魏至晋未废，且属济南郡。"

【编者按】谭其骧主编《中国历史地图集》在济南郡下补入菅县。菅县故城，在今山东章丘市西北。

乐安国汉置。
【集释】程廷祚《证今》曰："在今山东。"（编者校：《证今》原文为乐安郡。）

《马注》：与龙曰：三国魏郡。宋乐安郡治千乘。《地形志》：青州乐安郡。统县八，

【集释】方恺《新校》：方恺曰：《前汉地理志》有利县，属齐郡；益县，属北海郡。《郡国志》二县皆属乐安国。《水经注》：济水又东北迳利县西。《水经注·巨洋水》：又东北迳益县故城东。

是两汉时利、益实两县名，本《志》并为一，不详改置，岂误刊耶？若作二县，则前注当云统县九。又《州郡志》：菴令，前汉属琅邪，后汉属泰山，《晋太康地志》属乐安。案：菴，《地理》《郡国志》均无此县，或疑为益、为盖，形相近而误，然所属郡名与两《志》异，恐尚有误字，盖县地境太远，益县为近是。吴翊寅案：《地理》《郡国》二志，盖县并属泰山，不属琅邪。益县前汉属北海，后汉属乐安。《州郡志》所列菴令不详何地，未可附会。吴翊寅案：《州郡志》：乐安，汉高立，名千乘。和帝永元七年更名。《郡国志》有千乘、乐安二县，《沈志》有千乘，无乐安，晋不当二县俱省也。

《马注》：与龙曰：八当作九，疑后人误并利、益为一县，因改九为八。

胡运宏、胡阿祥《中华本〈晋书·地理志〉考异》："青州乐安国缺盖县。按：《宋志》徐州刺史东安太守盖令：'前汉属琅邪，后汉属泰山，《晋太康地志》属乐安。'今《晋志》无盖县，误脱也。"

户一万一千。

【斠注】《宋志》曰：汉高立，名千乘。和帝永元七年更名。《东晋疆域志》曰：东晋领县凡三：千乘、临济、博昌。

【编者按】乐安国治高苑县，在今山东邹平县东北。

高苑
【斠注】汉高宛县属千乘郡，后汉属乐安国。《汉书补注》曰：战国齐地，见《齐策》。高帝封丙猜为侯国，见

《表》。《史表》作高苑。《寰宇记》十九曰：高苑故城在长山县北二十四里。《新斠注地理志》八曰：在今济南府新城县东。

【集释】《马注》：与龙曰：三国魏县。有商山。《慕容德载记》：立治于商山，置盐官于乌（帝）[常]（编者校：中华书局点校本《晋书》"帝"为"常"。）泽，以广军国之用。《地形志》：齐州东平原郡㶉县。有高苑城。李兆洛云：故城今济南府新城县东十二里。按商山在今新城县东南五十里。

《中国历史地理信息系统释文》（未刊稿）：《续山东考古录》卷一《济南府上·长山县》："高宛故城，在县北二十里，今宛城店，又名西高宛城。"王汝涛点注："高宛县，汉置县，后汉改为高苑，刘宋省。遗址在今惠民地区邹平县苑城乡驻地苑城村北，今称高苑故址遗址，亦称西高苑。"

【编者按】高苑县故城，在今山东邹平县东北苑城北。

临济有蚩尤祠。

【斠注】《宋志》曰：前汉曰狄。安帝永初二年更名。《续汉志》注：《地道记》曰：临济，本狄。《左传》：狄伐卫懿公。《读史方舆纪要》三十五曰：临济城在高苑县西北二里。

【集释】《马注》：与龙曰：三国魏县。《史记·田儋传》：狄人也。《集解》徐广曰：今乐安临济县也。宋因。《一统志》：故城今青州府高苑县西北。

《中国历史地理信息系统释文》（未刊稿）：《水经注》卷八《济水注》："东北过临济县南。县，故狄邑也，王莽更名利居。《东观汉纪》：安帝永初二年改从今名，以临济故。……晏谟《齐纪》云：有南北二城，隔济水，南城即被阳县之故城也，北枕济水。"《续山东考古录》卷十六《青州府中·高苑县》："狄县故城在西北二里。"王汝涛点注："狄县，春秋齐狄邑，后汉永初二年（108年）改称临济县，治狄邑，遗址在今高青县高城镇高城西北1公里处。"

【编者按】临济县故城，在今山东高青县东南高城镇西北二里狄城遗址。

博昌

【集释】程廷祚《证今》曰："在今青州府博兴县南二十里。"

《马注》：与龙曰："三国魏县。《左传·庄八年》杜注：乐安博昌县。《地形志》：乐陵郡阳信县。有博昌城。《一统志》：故城今博兴县南二十里。"

有薄姑祠。

【斠注】汉属千乘郡，后汉属乐安国。《水经·济水注》曰："《后汉郡国志》博昌县有薄姑城。"《地理书》曰："吕尚封于齐郡薄姑。薄姑故城在临淄县西北五十里，近济水。"又《潍水注》引薛瓒《汉书注》亦云："博昌有薄姑城。"《史记·周本纪·正义》：《括地志》曰："薄姑故城在青州博昌县东北六十里。"《读史方舆纪要》三十五曰："博昌城在博兴县南二十里。"

【集释】《马注》：与龙曰：《齐乘》：博昌故城在博兴南，或亦呼为薄姑城。《一统志》：今博兴县东北九十里有博昌镇，不知何代治也。

《中国历史地理信息系统释文》（未刊稿）：《续山东考古录》卷十五《青州

府上·博兴县》："博昌县古城在东南二十许里,今博昌镇。"王汝涛点注："汉置县,遗址在今博兴城东南10公里寨郝乡寨郝村南。"

【编者按】博昌县故城,在今山东博兴县湖滨镇寨郝村南。《中国文物地图集·山东分册》据考古资料定点在今山东博兴县湖滨镇寨郝村南三百米。薄姑城据考古定在今山东博兴县湖滨镇卞村北二里寨卞遗址。

利

【斠注】汉利县属齐郡,后汉属乐安国。《读史方舆纪要》三十五曰:利县城在博兴县东南四十里。

【集释】《马注》:与龙曰:原文误于下益字相联,各本皆同,后人遂以利益为一县谬矣,今为析正。(一)［三］(编者校:原文误"三"为"一",今改正。)国魏县。《一统志》:故城今博兴县东四十里(租)［利］(编者校:"租"为"利"之误。)城镇。

【编者按】此处《马注》分为利县和益国。利县故城,在今山东博兴县东南店子镇利城村东南。

(益)［益都］侯相。

【集释】方恺《新校》:方恺曰:《前汉地理志》有利县,属齐郡,益县属北海郡,《续汉书·郡国志》二县皆属乐安国。《水经注》:济水又东北迳利县西。《水经注》:巨洋水又东北迳益县故城东。是二汉时,利、益实二县名,本《志》并为一,不详改置,岂误刊耶,若作二县,则前注当云二县。

《马注》:与龙曰:三国魏县。《州郡志》东安太守下云:盖令,前汉属琅邪,后汉属泰山,《晋太康地志》属乐安。与龙按:盖县后汉属泰山,晋属东莞,见《左传·襄十八年》杜注。益县汉魏并属乐安,《晋太康地志》属乐安者当是益县必非盖县,而字讹作盖,与《魏志·国渊传》"乐安盖人"盖为益之讹者正同,沈约未察,遂引于"盖令,后汉属泰山"之下,误矣。然此知《太康地志》乐安国有益县也。《一统志》:故城今寿光县西二十里丰城店。

《中国历史地理信息系统释文》(未刊稿):《续山东考古录》卷十六《青州府中·寿光县》:"益县故城在南七里。"王汝涛点注:"益县,汉置县,遗址在今寿光县益城村。""西晋时乐安国领有益都县,方恺所说是也,《晋书·地理志》脱误。按《晋书·地理志》是以西晋太康初政区为准,其改置当在西晋初之泰始元年。""三国黄初元年(220年)改益侯国为益都县,属齐郡。青龙三年(235年)属齐国,景初三年(239年)改属齐郡,嘉平六年(254年)改属齐国。西晋泰始元年(265年)还属乐安国。"

【编者按】此处《马注》分为利县和益国。谭其骧主编《中国历史地图集》定名为益都县。益都县故城,在今山东寿光市南八里益城村。

蓼城侯国。

【斠注】汉属千乘郡,后汉属乐安国。

【集释】《水经·河水》:"又东北过蓼城县北,又东北过甲下邑,济水从西来注之,又东北入于海。"

《马注》：与龙曰：三国魏县。钱坫云：今地阙。当在今高苑县西北。

【编者按】蓼城县故城，在今山东利津县西南。

[梁]邹

【斠注】两汉梁邹县，属济南郡。《日知录》三十一曰：晋时县名多沿旧县。《解系传》"父修封梁邹侯"，《刘颂传》"追封梁邹县侯"，是有梁邹矣。《宋书》言：晋太康六年三月戊辰，乐安梁邹等八县陨霜杀桑麦。案：本书《五行志》下与《宋书》同。不知何故《晋书·地理志》于乐安国下单书一邹字，此史之阙文，而《齐乘》乃云晋省梁邹入邹县。夫本晋以前此地本无邹县而何从入之乎？盖不知而妄作者也。

【集释】方恺《新校》：方恺曰：本书《乐安平王鉴传》：咸宁初，以齐之梁邹益封。乃本《志》此国属县有邹，无梁邹。豫州鲁郡下又重出邹县，是知乐安属县必因汉旧名梁邹无疑，其故城为今济南府邹平县治，距乐安最近。邹县故城在今兖州府邹县东，中隔泰安一府，一字之误，（缪）[谬]（编者校："缪"当为"谬"。）及千里矣。顾亭林亦疑邹字上有缺文。

《马注》：钱大昕曰：当是梁邹县，史脱梁字。与龙曰：钱说是。三国魏县，曰梁邹，属济南乐安。《王鉴传》：咸宁初，以齐国之梁邹益封。盖于时改属乐安。《一统志》：故城今济南府邹平县治。

《中国历史地理信息系统释文》（未刊稿）：《水经注疏》卷八《济水篇》："泷水又西北至梁邹东南与鱼子沟水合。……泷水又西北迳梁邹县故城南，又北屈迳其城西。汉高祖六年，封武虎为侯国。其水北注济。其城之东北，又有时水，西北注焉。"《水经注疏》卷二十四《瓠子河篇》："时水西北至梁邹城，入于泲。"《水经注疏》卷二十六《淄水篇》："时水又西至石洋堰，分为二水，谓之石洋口，枝津西北至梁邹入济。"《续山东考古录》卷一《济南府上·邹平县》："梁邹故城，在东北二十里，今旧口镇。"王汝涛点注："梁邹县，汉置，晋省。遗址在今惠民地区邹平县城北7公里韩店乡驻地韩店东北5.5公里旧口村村西北。"王文楚按：韩店，即今邹平县北韩店，其东北11里旧口村，即汉梁邹县故城。

孔祥军《〈晋书·地理志〉"济南郡"条考辨》："按：魏属济南郡，《晋志》作'邹'属乐安国。今检《水经注》卷八郦道元引京相璠曰：'济南梁邹县有袁水者也。'又《水经注》卷十六载：'京相璠与裴司空彦季修《晋舆地图》、作《春秋地名》。'又《隋书·经籍志》：'《春秋土地名》三卷，晋裴秀、客京相璠等撰。'则郦道元所谓裴司空即裴秀，姚振宗《〈隋书·经籍志〉考证》以为'《晋书》裴秀传：（裴）秀为司空，作《禹贡地域图》十八篇，奏之。（京相）璠等是书盖作于其时，晋武帝泰始中也。'是，则郦道元所引京相璠语当是指西晋泰始时情况。则梁邹县至晋初仍属济南郡。又《晋书》卷三十八《司马鉴传》：'咸宁初，以齐之梁邹益封（司马）鉴。'又《宋书》卷三十三《五行四》：'太康六年……乐安梁邹等八县……陨霜伤桑麦。'则梁邹县西晋咸宁初割属齐郡，太康时又割属安乐国。《晋志》所谓'邹'当是'梁邹'之讹，中华书局标点本《晋书》失校。"

【编者按】梁邹县故城，在今山东邹平县东北韩店镇旧口村。

史为乐主编《中国历史地名大辞典》肯定乐安国有邹县，定西晋所置邹县治今山东高青县西南花沟镇。《汉书·地理志》千乘郡下有东邹，王先谦《汉书补注》曰："《续志》：后汉省。《一统志》：故城今青城县境。以在邹平东，故加东。《晋志》乐安国复领邹县，盖即古东邹，或以邹为邹平者，误。"编者认为此处史编有误。

史为乐主编《中国历史地名大辞典》又定点西晋济南郡梁邹县在今山东邹平县北四十里孙镇，又一说即今山东邹平县。编者认为史编此说恐亦误。

寿光

【集释】程廷祚《证今》曰："今青州府属县。"

《马注》：与龙曰：三国魏县。有乌常泽。《齐乘》：巨洋水又东北由黑冢泊入海。郭缘生《述征记》谓之乌常泛，齐人名湖为泛。冢即秦皇望海台也。晋慕容德置盐官于乌常泽即此。按在今寿光县东北五十里，今涸。《一统志》：故城今青州府寿光县东。

古斟灌氏所封国。

【斠注】汉属北海郡，后汉属乐安国。应劭曰：古斟灌，禹后，今灌亭是。《史记·夏本纪·正义》：《括地志》曰：斟灌故城在青州寿光县东五十四里。《水经·巨洋水注》曰：应劭曰：寿光有灌亭。杜预曰：在县东南，斟灌国也。

【集释】《马注》：与龙曰：《左传·襄四年》杜注：乐安寿光县东南有灌亭。北海平寿县东南有斟亭。《一统志》：斟灌城在寿光县东北四十里斟灌店。

《中国历史地理信息系统释文》（未刊稿）；《续山东考古录》卷十六《青州府中·寿光县》："寿光县故城在东北二十里，俗曰牟城。"王汝涛点注：汉寿光县，"遗址在今寿光县城东北22公里斟灌村，俗称东寿光（一说为牟城，即今寿光县城东北12公里寒桥乡后牟城村）。"

【编者按】寿光县故城，在今山东寿光市东北二十里牟城。

东朝阳

【斠注】汉朝阳县属济南郡。《续志》作东朝阳。应劭曰：在朝水之阳。《读史举正》曰：东朝阳，《左传·襄二十七年》"成请老于崔"。《注》：属济南。《读史方舆纪要》三十一：朝阳城在章丘县西北六十里。

【集释】程廷祚《证今》曰："今济南府章丘县界。后汉属济南郡。杜同。"

方恺《新校》：方恺曰：又据杜《注》东朝阳当属济南，《州郡志》引《太康志》则云属乐安。

《马注》：毕沅曰：杜预《春秋左传·襄二十七年》注：济南东朝阳县。沈约云《晋太康地志》朝阳属乐安，此《志》本《太康地志》。与龙曰：杜《注》在太康初年，盖犹沿旧属未改。三国魏县，属济南。有黄巾固，即今章丘县治。《后燕录》：慕容垂建兴二年，以慕容绍为青州刺史，镇历城。三年，绍为平原太守，辟间浑所逼退屯黄巾固，垂以为徐州刺史。《水经注》：（豚）〔百脉〕水北迳黄巾固，盖贼所屯，故固得名焉。宋因，曰朝阳，属济南。《地形志》：济南郡朝阳，晋属乐安。有朝阳城。《一统志》：故城今济南府章丘县西北。

《中国历史地理信息系统释文》（未刊稿）：《太平寰宇记》卷十九《河南道十九》齐州临济县："朝阳城，汉县名，应劭曰：在朝水之阳。今县东四十里。"东汉永平年间改为东朝阳县。王文楚按：唐及宋初临济县，即今章丘县西北临济村，则汉之朝阳县在章丘县临济村东四十里。《续山东考古录》卷一《济南府上·章丘县》王汝涛点注：朝阳县"遗址在今惠民地区邹平县码头乡东4.5公里甜水村村内。"所述正与《太平寰宇记》记载合，码头乡，今有东码头、西码头，县址在其东4.5公里甜水村。

【编者按】东朝阳县故城，在今山东邹平县西北码头乡。史为乐主编《中国历史地名大辞典》定点在今山东邹平县西北七十二里码头乡。孔祥军《〈晋书·地理志〉"济南郡"考辨》认为，太康二年，东朝阳县自济南郡移属于乐安国。

城阳郡

【集释】程廷祚《证今》曰："在今山东。"

方恺《新校》：吴翊寅案：本《志》城阳郡，汉置，属北海，自魏至晋分北海而立焉，则当先列北海郡领平寿、都昌、即墨、下密、胶东等县矣。

《马注》：与龙曰：三国魏郡。太康十年，改置东莞郡。《寰宇记》：晋太康十年，割莒县属东莞郡，惠帝以东莞郡移理莒城。

汉置，属北海，自魏至晋，分北海而立焉。

【集释】《马注》：与龙曰：《魏志》：建安三年，分琅邪、东海、北海为城阳、利城、昌虑郡。《州郡志》：高密太守。注云：城阳郡，前汉有，后汉无，魏复分北海立。按此《志》云汉置，又云属北海，义不可通，当有脱误。《寰宇记》言魏明帝复城阳郡亦误，当以《魏志》正之。

郡统县十，

【集释】钱大昕《十驾斋养新录》曰："营陵、安邱、广、剧、临朐五县皆属东莞，不属城阳。《志》以此十一县皆属城阳，亦误矣。"

方恺《新校》：方恺曰：《州郡志》：夷安、营陵、朱虚，引《太康地志》属城阳。营陵、朱虚互见徐州琅邪国。《地形志》：夷安，晋属城阳，后属高密。本《志》俱不载，而于后篇言惠帝分城阳之十一县置高密国内又有营陵、安邱、大、剧、临朐等县，是惠帝以前诸县俱属城阳可知，乃分营陵、朱虚、剧、安邱、临朐五县属东莞，疑有脱误，互见徐州东莞郡。

《马注》：与龙曰：今补录夷安，为统县十一。

户一万二千。

【斠注】《斠注》案：《汉志》：城阳国，故齐，文帝二年别为国。《续汉志》琅邪国下注云：建武中省城阳国，以其县属。是城阳属琅邪并未属北海，此注恐有误文。《宋志》亦云：光武建武十三年，并北海。于此注同。《东晋疆域志》曰：《晋志》所列济南郡五县，《沈志》《地形志》四县皆属北海，其即墨、下密则《沈志》称《太康地志》已属北海。是晋初本有北海郡可知。《斠注》案：《宋志》引《太康地志》"夷安县属城阳"，本《志》无此县，当是太康三年以后增置。

【编者按】城阳郡治莒县，在今山东莒县。

莒故莒子国。

【斠注】汉属城阳国，后汉属琅邪国。《汉志》曰：故国，盈姓，三十世为楚所灭。少昊后。陈奂云：少昊后三字当在故国下。《史记·楚世家·正义》：《括地志》曰：密州莒县，故莒子国。《地理志》云周武王封少昊之后嬴姓于莒，始都计斤，春秋时徙都莒也。《晋地理志新补正》曰：按《寰宇记》：魏明帝复城阳郡，莒县属焉，而城阳郡徙理东武。晋太康十年，割莒县属东莞郡，惠帝自东莞移理莒城。《南燕录》曰：慕容德以尚书潘聪为徐州刺史，镇莒城，又以桓遵为徐州刺史，亦理此。《读史方舆纪要》二十五曰：废莒县今莒州治。

【集释】程廷祚《证今》曰："今青州府属州。"

《马注》：与龙曰：惠栋曰：杜预《释例》：《谱》云：莒，嬴姓，少昊之后，周武王封兹舆于莒，初都许，后徙莒，今城阳莒县。与龙曰：三国魏县，属琅邪。《春秋·隐二年》杜注：城阳莒县。宋因，属东莞郡。《地形志》：南青州东莞郡莒，晋属城阳。有莒城。《一统志》：故城今沂州府莒州治。

【编者按】莒县故城，即今山东莒县治。

姑幕

【集释】程廷祚《证今》曰："在今青州府诸城县西四十里。"

《马注》：与龙曰：三国魏县。《春秋·文十二年》杜注：城阳姑幕县。《水经注》：浯水迳姑幕故城东。《地形志》：胶州东武郡姑幕，晋属城阳。《一统志》：故城今青州府诸城县西南五十里。

古薄姑氏国。

【斠注】汉属琅邪郡，后汉属琅邪国。《水经·潍水注》：阚骃曰：周成王时，薄姑与四国作乱，周公灭之，以封太公。《读史方舆纪要》三十五曰：姑幕城在诸城县西四十里。《史记·正义》：《太康地记》曰：城阳姑幕县有五色土，封诸侯，锡之茅土，用为社。

【集释】《马注》：与龙曰：《汉书·地理志》：姑幕县为都尉治，或曰薄姑。《博物记》：姑幕有潍水。入城东南五里有公冶长墓地。《地形志》：姑幕县有公冶长墓。《齐乘》据《博物志》《地形志》公冶长墓之说谓姑幕当在诸城。公鼐《姑幕辨》谓：《晋志》《通典》《十道记》、章怀太子俱以姑幕为薄姑，实非也。《地形志》：乐陵有薄姑城，《水经注》：济水迳薄姑城北。《一统志》：薄姑城在今博兴县东北。

《中国历史地理信息系统释文》（未刊稿）：《太平寰宇记》卷二十四《河南

道二十四》：密州莒县，"汉姑幕城，在县东北百六十里。"《续山东考古录》卷十七《青州府下·诸城县》："《博物记》曰：姑幕县东南五里有公冶长墓。今在县西北四十里锡山侧。"王汝涛点注："姑幕县，汉置，刘宋省，后魏复置，高齐省入东莞县。遗址当在今安丘县城南35公里石埠子乡境内。"

【编者按】姑幕县故城，在今山东安丘市东南石埠子村。

诸

【斠注】汉属琅邪郡，后汉属琅邪国。颜师古曰：《春秋》"城诸入（编者校：一本"入"为"及"。）郓"者。《读史方舆纪要》三十五曰：古诸城在诸城县西南三十里。

【集释】程廷祚《证今》曰："今青州府诸城县。"

《马注》：与龙曰：三国魏县，属琅邪。《春秋·隐四年》杜注：城阳诸县，宋因，属东莞郡。《地形志》：东莞郡诸，晋属城阳。《一统志》：故城今诸城县西南三十里季孙城。

《中国历史地理信息系统释文》（未刊稿）：《续山东考古录》卷十七《青州府下·诸城县》王汝涛点注：诸县，"遗址在今诸城市西积沟附近。"王文楚按：今诸城市西南积沟，与上引书所载里距相符，当是。

【编者按】诸县故城，在今山东诸城市西南。

淳于 故淳于公国。

【斠注】汉属北海郡，后汉属北海国。《史记·扁鹊仓公列传·正义》：《括地志》曰：淳于，国名，在密州安邱县东北三十里，古之斟灌国也。《春秋·公如曹传》云：冬，淳于公如曹。《水经注》云：淳于县，故夏后氏之斟灌国也。周武王以封淳于公，号淳于国也。《读史方舆纪要》三十五曰：淳于城在安邱县东北三十里。《斠注》案：淳于，元康十年改属高密国。

【集释】程廷祚《证今》曰："在今青州府安丘县东北三十里。"

《马注》：与龙曰：三国魏县。《春秋·隐二年》杜注：城阳淳于县。《州郡志》：淳于令，《晋太康地志》属城阳。宋因，属高密郡。《地形志》：胶州平昌郡淳于，晋属城阳。有淳于城。《一统志》：故城今安丘县东北三十里。

《中国历史地理信息系统释文》（未刊稿）：《续山东考古录》卷十七《东昌府·安丘县》："淳于故城在东北三十里，今杞城，《齐乘》亦作起城。"即今安丘县东北杞城。

【编者按】淳于县故城，在今山东安丘市东北。

东武

【斠注】汉属琅邪郡，后汉属琅邪国。《东晋疆域志》曰：按元康十年立平昌郡，东武又移属平昌。《新斠注地理志》九曰：东武今诸城县。

【集释】《马注》：与龙曰：三国魏县。《州郡志》：东武令，《晋太康地志》属东莞。按徐州篇云：太康十年，以莒、姑幕、诸、东武四县属东莞。此《志》盖据太康十年前尚属城阳。宋因，属平昌郡。《地形志》：高密郡东武，晋属城阳。《一统志》：故城今诸城县治。

《中国历史地理信息系统释文》（未刊稿）：《续山东考古录》卷十七《青州府下·诸城县》："东武县即今县治东南，有遗址。《水经注》：'潍水东北过东武城县西（当作东武县城西，字倒耳），县因冈为城，周三十里。又北，左合扶淇之水。晏谟、伏琛云：'东武城西二里潍水者，即扶淇之水也。'又北，右合卢水，水出琅邪横县故山，山在东武县东南，世谓之卢山。西北迳昌县故城西。又西北迳东武城县故城东。'据此是东武县城在潍水南、扶淇水东、卢水西，今治正其故地。"

【编者按】东武县故城，即今山东诸城市治。

高密

【集释】程廷祚《证今》曰："今莱州府属县。"

《马注》：与龙曰：三国魏县。《州郡志》：高密令，《晋太康地志》属城阳。宋因，属高密郡。《地形志》：高密郡高密，晋属城阳。有高密城。《一统志》：故城今莱州府高密县西南。

汉改为郡。

【中华校】高密汉改为郡 "郡"，各本作"都"，今从宋本作"郡"。据《汉志》下，高密为国。然《后汉书·张步传》载张步以张寿为高密太守，则汉末或新莽曾废国为郡。

【斠注】汉属高密国。《汉志》曰：高密国，故齐。文帝十六年别为胶西国。宣帝本始元年更为高密国。《续汉志》北海国下注曰：建武十三年省高密国，以其县属。应劭曰：县有密水，故有高密之名。《宋志》曰：江左立高密国，后为南高密郡。《读史方舆纪要》三十六曰：高密城在今县西南四十里。

【集释】《马注》：与龙曰：高密，故齐邑。《史记》：汉三年，齐王烹郦生，东走高密。文帝十六年，封齐悼惠王子（邛）[印]（编者校：中华书局点校本《史记》"邛"为"印"。迳改。）为胶西王，都高密。

《中国历史地理信息系统释文》（未刊稿）：《续山东考古录》卷十四《莱州府下·胶州》王汝涛点注："遗址在今高密县西南23公里田庄乡秦家店子村南，亦名城阴城。"

【编者按】高密县故城，在今山东高密市西南井沟镇城后刘家庄村东南四里城阴城遗址。

壮武

【斠注】汉属胶东国，后汉属北海国。《史记·孝文纪·正义》：《括地志》曰：壮武故城在莱州即墨县西六十里，古莱夷国。

【集释】程廷祚《证今》曰："今莱州府即墨县西六十里。壮俗作庄，非。"

方恺《新校》：方恺曰：《沿革图》：马氏曰：《左·隐元年》注城阳庄武县，今《志》作壮武。吴翊寅案：《郡国志》亦作壮武，疑今本《左氏传》杜注误。

《马注》：与龙曰：三国魏县。《左传·隐元年》杜注：城阳庄武县。按庄、壮形似致讹。张华封壮武侯即此。《一统志》云：《北史·房法寿传》：归魏，赐爵壮武侯。盖县废而城存。故城今即墨县西。

【编者按】壮武县故城，在今山东即墨市西蓝村镇古城村。

黔陬

【斠注】汉属琅邪郡，后汉属东莱郡。《汉志》曰：故介国也。《水经·胶水注》曰：高密郡侧有黔陬县。《寰宇记》二十四曰：黔陬废城在诸城县东北。《读史方舆纪要》三十六曰：黔陬城在高密县西六十里。《斠注》案：黔陬，元康十年，改属高密国。

【集释】何超《音义》：黔陬，上其廉反，又音琴。下子侯反。

程廷祚《证今》曰："在今莱州府高密县西六十里。"

《马注》：与龙曰：三国魏县。《春秋·僖二十八年》杜注：城阳黔陬县。《州郡志》：黔陬令，《晋太康地志》属城阳。宋因，属高密郡。《地形志》：高密郡黔陬，晋属城阳。有黔陬城。《一统志》：故城今胶州西南。

《中国历史地理信息系统释文》（未刊稿）：《续山东考古录》卷十四《莱州府下·胶州》王汝涛点注："黔陬县，汉置，治古介国国都，遗址在今胶州市胶城镇西南33公里岔村西侧，称东黔陬城。晋元康五年（295年）移于胶水之西，谓之西黔陬城，即今胶州市铺集镇西北3公里黔陬村。"王文楚按：汉黔陬县故城在今胶州市西南里岔村西侧，在胶水之东，又在拒艾水，即洋水（今胶州市南洋河）之西，是谓东黔陬，西黔陬在胶水西，相去四十里，在胶河之西，应在今胶州市西南黔陬，与《水经注》记载相合，但云"晋元康五年移治"，无据，不从。

赵万里《汉魏南北朝墓志集释》卷一《郑舒妻刘氏墓志》（无年月）："晋故大司农关中侯郑舒夫人城阳黔陬刘氏"。

【编者按】黔陬县故城，在今山东胶州市西南里岔镇西董家庄东半里。

平昌

【斠注】汉属于琅琊郡，后汉属北海国。《东晋疆域志》曰：平昌属城阳当是江左立郡时移属东燕。《斠注》案：本《志》下文元康十年平昌已改属平昌郡。《读史方舆纪要》三十五曰：平昌城在安丘县西南六十里。《寰宇记》作县南。

【集释】程廷祚《证今》曰："在今青州府安丘县界。"

《马注》：与龙曰：三国魏县。《春秋·昭四年》杜注：城阳平昌县。《州郡志》：平昌令，《晋太康地志》属城阳。按元康十年置平昌郡，说见本州篇末。宋因，属平昌郡。《地形志》：高密郡平昌，晋属城阳，治平昌城。《一统志》：故城今青州府安丘县南。

【编者按】平昌县故城，在今诸城市西北石桥子镇都吉台村。

昌安

【斠注】汉属高密国，后汉属北海国。《读史方舆纪要》三十五曰：昌安城在安邱县西南十里。《通典》：安邱外城也。《斠注》案：昌安，元康十年改属高密国。

【集释】《马注》：与龙曰：三国魏县。《州郡志》：昌安令，《晋太康地志》属城阳。宋因，属高密郡。《地形志》：平昌郡昌安，晋属城阳。有昌安城。《一统志》：故城今安丘县治。

《中国历史地理信息系统释文》（未刊稿）：光绪《山东通志》卷三十七《古迹》：安丘县，"昌安县故城，在县东南二十里。汉置县，属高密国。"《续山东考古录》卷十七《青州府下·安丘县》："昌安县故城在东南二十里。"

【编者按】《宋本晋书》此处"昌安"在"诸"之后，"淳于"之前。昌安县故城，在今山东安丘市东南王家古城。

[夷安]

【集释】《马注》：与龙曰：三国魏县。《州郡志》：夷安令，《晋太康地志》属城阳。按《志》脱此县，今据《太康地志》补录。宋因，属高密郡。《地形志》：高密郡夷安，晋属城阳。有夷安城。《一统志》：故城今莱州府高密县治。

【编者按】《马注》此处补夷安县。夷安县故城，即今山东高密市治。

东莱国汉置郡。

【集释】程廷祚《证今》曰："在今山东。"

《马注》：与龙曰：三国魏郡。《寰宇记》：东莱郡，后汉移理黄县，魏不改，晋武帝太康四年，徙辽东王蕤为东莱土，复埋掖。宋因。《地形志》：属光州。

【编者按】谭其骧主编《中国历史地图集》西晋图标准年代为太康二年（281 年），故图上为东莱郡。

统县六，

【集释】方恺《新校》：方恺曰：《郡国志》：郡属有东牟县。本书《怀帝纪》：永嘉元年，有东牟太守庞伉。本《志》郡既不载县，复移置泰山下，误矣，互见泰山郡。

《马注》：与龙曰：今补录牟平县，为统县七。

户六千五百。

【斠注】《汉书补注》全祖望曰：故属秦琅邪郡。高帝分置，属齐国。《东晋疆域志》曰：东晋领县七，增牟平一县。

【编者按】东莱国治掖县，在今山东莱州市。

掖侯相。

【斠注】两汉旧县。《汉书补注》曰：亦作夜，战国齐邑，田单所封，见《国策》。《晋地理志新补正》曰：按《寰宇记》：东莱郡，后汉移理黄县，魏不改，晋武帝太康四年，徙辽东王蕤为东莱王，复理掖。又按《寰宇记》：牟平，晋属东莱国。《地形志》：晋罢，后复。

【集释】程廷祚《证今》曰："今莱州府属县。"

方恺《新校》：方恺曰：本书《苏峻传》：峻，长广掖人。案：掖为东莱国治，不当移属长广，恐《传》误也。吴翊寅案：长广郡有挺县，《州郡志》引《太康地志》同。《苏峻传》长广掖人，掖即挺之讹字，非东莱之掖县。

《马注》：与龙曰：三国魏县。《左传·襄四年》杜注：东莱掖县有燕台，在今掖县东北二里。《寰宇记》：燕台，南燕慕容德移青州理掖城所筑。宋因。《地形志》：东莱郡掖州，郡治。《一统志》：故城今莱州府掖县治。

【编者按】掖县故城，即今山东莱州市治。

当利侯国。

【斠注】两汉旧县。《读史方舆纪要》三十五曰：当利城在莱州府西南三十六里。本《寰宇记》。

【集释】《马注》：与龙曰：官本"国"作"相"。三国魏县。宋因。《地形志》：长广郡当利，晋属东莱。有当利城。《一统志》：故城今掖县西南。

《中国历史地理信息系统释文》（未刊稿）：《续山东考古录》卷十三《莱州府·掖县》："当利县故城，在西南三十六里（《齐乘》作四十里。），今卢旺村。"王汝涛点注：当利县，汉置，"故城遗址在今莱州市莱州镇西南路旺侯家村西。"

【编者按】当利县故城，在今山东莱州市西南沙河镇路旺侯家村西250米。

卢乡

【斠注】两汉旧县。《寰宇记》十九曰：故城在胶水县西北五十里。《新斠注地理志》九曰：在今平度州西北五十里。

【集释】《马注》：与龙曰：三国魏县。《宋书·符瑞志》：晋武帝太康八年，木连理生东莱卢乡。宋因。《地形志》：东莱郡卢乡，晋属。《一统志》：故城今平度州西北。

《中国历史地理信息系统释文》（未刊稿）：《续山东考古录》卷十三《莱州府上·平度州》王汝涛点注："卢乡县，汉置，遗址在今平度县城关镇西北25公里长乐乡境内。"即今平度市西北长乐。

【编者按】卢乡县故城，在今山东平度市西北。

曲（城）[成]

【斠注】两汉作曲成县。《寰宇记》二十曰：晋改为曲城，在掖县东北六十里。《读史方舆纪要》三十五曰：曲成废县在莱州府东北六十里。

【集释】《马注》：与龙曰：二汉《志》并作曲成。三国魏县。宋因。《地形志》：东莱郡西曲城，晋曰曲城。《一统志》：故城今莱州府掖县东北。

《中国历史地理信息系统释文》（未刊稿）：《太平寰宇记》卷二十《河南道二十》：莱州掖县，"曲成故城，汉县，废城在今县东北六十里。"王文楚按：唐宋掖县，即今莱州市，今莱州市东北有城子，其东有东曲城，在今招远县西。莱州市东北城子，西南距莱州市治里数与记载正合，即汉代曲成县，北魏皇兴中改名为西曲城县，又分置东曲城县，即今东曲城是也。

【编者按】曲城县应为曲成县。曲成县故城，在今山东招远市西北蚕庄镇东曲城村。谭其骧主编《中国历史地图集》西晋太康二年图定名为曲成。《中国文物地图集·山东分册》定汉代曲城县故城在今山东招远市西北蚕庄镇东曲城村南200米曲城故城遗址。

黄

【集释】程廷祚《证今》曰："今登州府黄县东二十五里。"

《马注》：与龙曰：三国魏县。《春秋·宣七年》杜注：东莱黄县。宋因。《地形志》：东牟郡黄，晋属东莱。有黄城。《一统志》：故城今登州府黄县东南。

有莱山、松林莱君祠。

【斠注】两汉旧县。《元和郡县图志》十一曰：莱山在县东南二十里。《读史方舆纪要》三十六曰：故黄县在今黄县东二十五里。《寰宇记》作东南。《续汉志》注：《地道记》曰：黄县东二百三十里至海中，连岑有土道，秦始皇登此[山]（编者校：此处脱"山"字。）刻二碑。东二百三十里有始皇、汉武帝二碑。

【集释】《马注》：与龙曰：官本作莱君祠，（编者校：《马注》所本为"来君祠"，故有此注。）说见《汉书·地理志》。又《郊祀志》：宣帝改元神爵，祠莱山于黄。

《中国历史地理信息系统释文》（未刊稿）：《续山东考古录》卷十一《登州府·蓬莱县》王汝涛点注："汉黄县，秦置，即今龙口市城关镇东南12.5公里石良镇黄城集村。"

【编者按】黄县故城，在今山东龙口市东石良镇黄城集村。

惤侯国。有百支莱王祠。

【中华校】黄有莱山松林莱君祠惤侯国有百支莱王祠 "莱君祠"、"百支莱王祠"之"莱"，各本作"来"；"惤"，各本作"惥"，今从殿本作"莱""惤"，与《汉志》上合。

【斠注】两汉旧县。《续汉志》作惤，《汉志》《魏地形志》作惤，（编者校：中华书局点校本《魏书》"惤"为"惥"。）《宋志》作掔。《说文解字》曰：惤，布，出东莱。从巾，弦声。《寰宇记》二十曰：惤在今黄县西南二十五里，有惤故城存。《读史方舆纪要》三十六曰：惤城在黄县南百二十里。《汉志》："来王"作"莱王"。《续汉志》注：《地道记》曰：有百枝莱君祠。

【集释】何超《音义》：惤，音坚。

《通鉴》胡注：惤县，自汉以来属东莱郡，拓跋魏省。魏收《地形志》：东牟郡黄县。有惤城。师古曰：惤，音坚。

毕沅《新补正》：《太平寰宇记》牟平，晋属东莱国。《地形志》：晋罢，后复。

《马注》：与龙曰：官本作莱。（编者校：《马注》所本为"来君祠"，故有此注。）三国魏县。《郡国志》注引《地道记》曰：惤有百支（来）[莱]（编者校：中华书局点校本《后汉书》"来"为"莱"。）君祠。宋因。《地形志》：东牟郡惤，晋属东莱。有惤城。《一统志》：故城今黄县西南二十五里。

《中国历史地理信息系统释文》（未刊稿）：《续山东考古录》卷十一《登州府上·黄县》："惤县故城，在东南二十五里。"王汝涛点注："遗址在今龙口市黄县城西南12.5公里处。"

【编者按】惤县故城，在今山东龙口市东北马镇南仲家村东。

[牟平]

【集释】《马注》：与龙曰：三国魏县。《州郡志》东莱太守下云：牟平令，汉旧县。按《宋志》东莱所领县皆云汉旧，此《志》东莱郡属县皆同《宋志》，惟无牟平，盖误脱也。《齐王冏传》：封

（荀）［葛］（编者校：中华书局点校本《晋书》"荀"为"葛"，迳改。）旗牟平公。今据《州郡志》及《[囗]传》补录。《寰宇记》：牟平县，晋属东莱。李兆洛云：故县今登州府福山县东南十五里。

《中国历史地理信息系统释文》（未刊稿）：《续山东考古录》卷十一《登州府上·福山县》："牟平县故城，在西北三十里，今古县社（俗作古现）。"王汝涛点注："牟平县，汉县，因在牟山之阳，其地平坦，故名牟平。故城即今烟台市福山镇西北15公里古现镇。高齐天保七年（556年）移治马岭山南，遗址当在今蓬莱县东南6公里王乡境内。"王文楚按：唐宋清蓬莱县，即今蓬莱县，牟平县故城在蓬莱县东南九十里，即在福山县西北三十里，今福山县西北古现即是。

【编者按】《马注》此处增牟平县。牟平县故城，在今山东烟台市福山区西古现镇三十里堡村南二百米。

长广郡 咸宁三年置。统县三，户四千五百。

【斠注】《宋志》曰：去州五百，去京都一千九百五十。《东晋疆域志》曰：《沈志》《晋太康地志》故属东莱。《起居注》：咸宁三年，以齐东部郡为长广郡。东晋领县四，增昌阳一县。《沈志》：元康八年分长广立。《廿二史考异》十九曰：按《三国志·何夔传》"太祖时迁长广太守"，则汉末已有长广郡，但晋之长广郡止领三县，而夔上言所领六县，似晋时郡境视魏为削矣。

【集释】毕沅《新补正》：沅案《地形志》，二汉属东莱，后罢。晋惠帝复，后属长广。《太平寰宇记》：晋无昌阳县。又称顾野王曰：晋惠帝元康八年，复立昌阳县，属长广郡。

《马注》：与龙曰：三国魏无。按汉末置长广郡，见《魏·何夔传》，盖后省为县，晋复置也。宋因。《地形志》：属光州。

《中国历史地理信息系统释文》（未刊稿）：晋初未省时之昌阳县，在今山东文登市西南城东。《太平寰宇记》卷二十《河南道二十》：莱州莱阳县，"本汉昌阳县，属东莱郡。置在昌水之东，故名。昌阳有盐官。后汉属郡不改。晋无昌阳县。按此前昌阳县理在文登县西南三十里昌阳故城是也。"又同书卷登州文登县："昌阳汤，在县南四十里，周回十二步，南流入黑水。此县都有温汤七所。"又云"昌山，按《宋永初山川记》云昌阳有昌水。"王文楚按：唐文登县，即今文登市，今市南有昌阳河，南流入母猪河，昌阳水即昌水，母猪河即黑水，昌阳水流迳城东之南，正在昌水之阳，为昌阳古城址无疑。而元康八年复置之昌阳县，在今山东莱阳市东南西城阳。《续山东考古录》卷十一《登州府上·栖霞县》王汝涛点注："晋元康八年（298年）复置，遗址在今莱阳县市驻地东南11公里昌山之前，富水河北，今称'昌阳遗址'。唐永徽元年（650年）县城圮于水，迁治今之莱阳城。五代后唐同光元年（923年）改昌阳县为莱阳县，以城处莱山（旌旗山）之阳得名。"王文楚按：今莱阳市东南富水河北昌山之北有西城阳，正合上述所说，即是。

【编者按】长广郡下应补昌阳县。昌

阳县故城，在今山东莱阳市东南照旺庄镇后发坊村南。长广郡治不其县，在今山东青岛市城阳区北。

不其侯国。

【斠注】汉属琅邪郡，后汉属东莱郡。《汉书补注》曰：武帝幸此，见《纪》。如淳注：不其，山名，因以为县。《寰宇记》二十作不期。《读史方舆纪要》三十六曰：不其城在即墨县西南二十七里。

【集释】《马注》：与龙曰：三国魏县，属东莱。《州郡志》：不其令，《晋太康地志》属长广。宋因。《地形志》：长广郡不其，晋属。《一统志》：故城今莱州府即墨县西南不其社。

《中国历史地理信息系统释文》（未刊稿）：《续山东考古录》卷十四《莱州府下·即墨县》："不其县故城，在西南二十七里，今不其社。"王汝涛点注：汉不其县，"遗址在今青岛市崂山区驻地北16.5公里城阳镇北侧。"

【编者按】不其县故城，在今山东青岛市城阳区治北。

长广

【斠注】汉属琅邪郡，后汉属东莱郡。

【集释】《通鉴》胡注：长广县，前汉属琅邪郡，后汉属东莱郡。晋武帝咸宁三年，置长广郡，长广县属焉。隋废长广郡及县，更名胶水县；唐属莱州。

《马注》：与龙曰：三国魏县，属东莱。《州郡志》：长广令，《晋太康地志》属长广。《齐乘》：县即故中郎城，石勒时中郎将石同筑，以防海。宋因。《地形志》：长广郡长广，晋属。《一统志》：故城今登州府莱阳县东。

《中国历史地理信息系统释文》（未刊稿）：《太平寰宇记》卷二十《河南道二十》：莱州莱阳县，"故长广城，亦汉县，属琅邪郡。后汉改属东莱郡。高齐天保七年因长广郡自胶东城入中郎城，复移长广县于胶东城，此城遂废。故城在今县东五十里。"王文楚按：莱阳县即今莱阳市，是汉长广县在今莱阳市东五十里。以此推考，约在今莱阳市东山前店。

【编者按】长广县故城，在今山东莱阳市东山前店镇。

挺

【斠注】汉属胶东国，后汉属北海国。《续汉志》误作拒。《读史方舆纪要》三十六曰：挺城在莱阳县南七里。

【集释】《马注》：与龙曰：三国魏县，属北海。《郡国志》注引《地道记》曰：［奚］（编者校：中华书局点校本《后汉书》此处增"奚"字。）养泽在西，幽州薮。有莱山，莱王祠。《州郡志》：挺令，《晋太康地志》属长广。宋因。《地形志》：长广郡挺，晋属。《一统志》：故城今莱阳县南七里。

《中国历史地理信息系统释文》（未刊稿）：《续山东考古录》卷十二《登州府下·莱阳县》："挺县故城，在南七里。"王汝涛点注："挺县：汉置，遗址在今莱阳县城厢镇南3公里之古城村，今称'挺城遗址'。高齐天保七年（556年）省入长广县。"王文楚按：今莱阳市南古柳树，正合记载，当是。

【编者按】挺县故城，在今山东莱阳

市南。《中国文物地图集·山东分册》定点在今山东莱阳市南古柳街道中古城东南一百五十米处。

惠帝元康十年,

【中华校】惠帝元康十年 《举正》:元康只九年。

又置平昌郡。

【斠注】《宋志》曰:平昌太守,故属城阳,魏文帝分城阳立,后省,晋惠帝又立。《读史举正》曰:元康止九年,明年正月朔即改元永康。《东晋疆域志》曰:平昌郡,东晋领县凡五:安丘、平昌、东武、琅邪、朱虚,疑与宋同。《晋地理志新补正》曰:按《安德陈太后传》:父广为平昌太守。

【集释】《通鉴》胡注:平昌县,汉属城阳国,魏文帝分城阳立平昌郡,后省。晋惠帝又立平昌郡。其地今属密州安丘县界。

《马注》:与龙曰:《寰宇记》称顾野王曰:晋惠帝元康八年,复立昌阳县,属长广郡。《志》失载。与龙曰:《州郡志》:昌阳令,晋惠帝元康八年,分长广县立。《一统志》:县在今莱阳县东南二十五里。

胡阿祥《东晋南朝侨州郡县考表》:"据《宋志》二青州刺史平昌太守,治安丘,领安丘、东武、平昌诸县。又《考异》卷二二晋书文苑伏滔传云:'案《地理志》……惠帝元康十年置平昌郡,亦不言所领何县,以《宋志》考之,则安丘、平昌、东武、琅邪、朱虚五县,皆隶平昌也。又考《三国志》,孙礼历平昌太守,则魏时亦尝置平昌郡'。"
"平昌郡侨置地在京口(江苏镇江市)一带。"

又分城阳之黔陬、壮武、淳于、昌安、高密、平昌、营陵、安丘、大、

【集释】方恺《新校》:方恺曰:又后篇,大剧若为一县,则只十县,若分剧为一县,则大字断非县名,疑刊本有误。附记于此。吴翊寅案:大疑盖字之讹,据《志》当是城阳郡分六县、东莞郡分五县也,后篇平昌下疑脱东莞之三字。

汪兆镛《稿本晋会要》:营陵上脱"东莞之"三字。

《马注》:钱大昕曰:大亦县名,即东莞之广县也,隋人避炀帝讳改广为大,唐初史臣不能更正。周家禄曰:营陵以下皆徐州东莞郡属县,大疑当作盖,盖、剧二县为十一县。与龙曰:钱说是也。

剧、

【集释】周家禄《晋书校勘记》曰:大、剧,未详。

临朐十一县

【集释】《马注》:钱大昕曰:《志》以此十一县皆属城阳,误。

为高密国。

【中华校】又分城阳之黔陬壮武淳于昌安高密平昌营陵安丘大剧临朐十一县为高密国 《考异》:营陵以下五县皆隶东莞,不隶城阳,恐有脱文。又东莞有广县,此云"大"者,疑避隋炀讳改。

【斠注】《东晋疆域志》曰:东晋领县凡六:黔陬、淳于、高密、夷安、营陵、昌安,疑与宋同。《廿二史考异》

十九曰：按营陵以下五县皆隶东莞，不隶城阳，恐有脱文也。东莞有广县，此云"大"者，疑亦避隋炀讳改之。周家禄《校勘记》：营陵上宜冠徐州东莞，以别于城阳。

【集释】毕沅《新补正》：沅案《晋书·本纪》：永嘉元年，东莱人王弥反，东牟太守庞伉、长广太守宋罴并遇害。是永嘉时又有东牟，未知何时所立也。

《马注》：与龙曰：按本书永嘉元年有东牟太守庞伉，《魏书·张幸传》为慕容超东牟太守。《一统志》云：东牟为郡当始自晋，不应有郡而无县，而晋、魏《志》皆残缺，其废置及郡治迁移皆不可考矣。

【编者按】东牟郡故城，今地无考。谭其骧主编《中国历史地图集》定点在今山东牟平县治。

自永嘉丧乱，青州沦没石氏。东莱人曹嶷为刺史，造广固城，

【集释】毕沅《新补正》：沅案《齐地记》：晋永嘉五年，东莱曹嶷为刺史所筑，有大涧甚广，因之为固，谓之广固城。初，南燕慕容德议所都，尚书潘聪曰：青、齐沃壤，号曰东秦，地方二千，户余十万。广固者，曹嶷之所营，山川峻阻，为帝王之都。德从之。

《马注》：与龙曰：《水经·淄水注》：浊水东北流迳广固城西，城在广县西北四里，四周绝涧，阻水深隍，晋永嘉中，东莱人曹嶷所造也。水侧山际有五龙口。义熙五年，刘武帝伐慕容超于广固也，以藉险难攻，兵力劳弊。河间人玄文说裕云：昔赵攻曹嶷，望气者以为渑水带城，非可攻拔，若塞五龙口，城当必陷。石虎从之，嶷请降。降后五日大雨，雷电震开。后慕容恪之攻段龛，十旬不拔，塞口而龛降，降后无几，又震开之。今旧基犹存，宜试修筑。裕塞之，超及城内男女皆悉脚弱，病者大半，超遂出奔，为晋所擒也。然城之所跨，实凭地险，其不可固城者在此。《一统志》：今青州府益都县西北八里尧山之阳。

后为石季龙所灭。季龙末，辽西段龛自号齐王，据青州。

【斠注】《元和郡县图志》十曰：广固县在益都县西十里。晋永嘉五年，东莱牟平人曹嶷为刺史所筑，有大涧，甚广固，故谓之广固。《通典》作在县西四里。

慕容恪灭赵，克青州。苻氏平燕，尽有其地。

【斠注】《十六国疆域志》曰：青州领汉郡五、魏郡一、晋郡二：齐郡、济南、乐安、高密、平昌、东莱、东牟、长广。

及苻氏败后，刺史苻朗以州降。朝廷置幽州，以别驾辟间浑为刺史，镇广固。隆安四年，为慕容德所灭，遂都之，是为南燕，复改为青州。

【斠注】《斠注》案：《安帝纪》：隆安三年六月，慕容德陷青州，害龙骧将军辟间浑，遂僭即皇帝位。此作四年，误也。《元和郡县图志》十曰：慕容德议所都，尚书潘聪曰："广固者，曹嶷之所营，山川阻峻，足为帝王之都。"德从之。

【集释】《通鉴》胡注：晋氏南渡，

侨立幽、冀、青、并四州于江北；秦围幽州刺史田洛于三阿，是其证也。孝武太元之季，复取齐地，徙幽、冀二州于齐，是后镇齐者，率领青、冀二州刺史。浑领幽州刺史，盖自北而南，未纯为晋臣，使领幽州而镇广固也。

胡阿祥《东晋南朝侨州郡县考表》："考辟闾浑乃以北平原太守领幽州刺史镇广固，《晋书·孝武帝纪》：太元十七年'夏四月，齐国内史荀喆杀乐安太守辟闾濬，据青州反，北平原太守辟闾浑讨击之'是也。""北平原郡侨置地在广固（山东青州市西北）。"

德以并州牧镇阴平，

【斠注】《十六国疆域志》曰：并州统郡可考者一：东海。

幽州刺史镇发干，

【斠注】《十六国疆域志》曰：按德仍晋幽州旧名置。又发干属琅邪，阴平属东海，故以二郡分隶二州，此发干即元帝所置发干戍。《晋志》阳平郡有发干县，诸地志以为德幽州治所。今考德虽分置五州，实皆不出青、徐二州境，且晋本于徐土置幽州，德盖又仍晋之旧，无容远至阳平所属之发干也。统郡可考者一：琅邪。

徐州刺史镇莒城，

【斠注】《十六国疆域志》曰：徐州统郡可考者二：东莞、宿豫。

青州刺史镇东莱，

【斠注】《十六国疆域志》曰：青州统郡五：燕都尹即齐郡、济南、北海、东莱、东牟、平原、勃海。实为七郡。

【集释】《马注》：与龙曰：下文云慕容超移青州于东莱郡，则其先青州不在东莱也，此有脱误。

兖州刺史镇梁父。

【斠注】《十六国疆域志》曰：兖州统郡三：泰山、济北、东燕。

慕容超移青州于东莱郡，后为刘裕所灭，留长史羊穆之为青州刺史，筑东阳城而居之。

【斠注】《水经·淄水注》曰：阳水又东迳东阳城东南。注云：义熙中，晋青州刺史羊穆之筑此。《通典》曰：东阳城即北海郡东城。《元和郡县图志》十曰：至慕容超，宋武帝克伐（编者校：中华书局贺次君点校本《元和郡县图志》"克伐"作"伐克"。）之，以沈文秀为青州刺史，守东阳城，为魏将慕容白曜所陷，遂入后魏。《读史方舆纪要》三曰：东阳，今青州府治益都县。

【集释】《马注》：与龙曰：《水经·淄水注》曰：以在阳水之阳，即谓之东阳城，世以浊水为西阳水故也。《元和志》：义熙五年，刘裕克广固，毁其城隍，而改筑东阳城为州治。《一统志》：今青州府治。

自元帝渡江，于广陵侨置青州。

【集释】胡阿祥《东晋南朝侨州郡县考表》："青州侨置地在广陵（江苏扬州市西北）。"

【编者按】南京博物馆《扬州古城1978年发掘简报》：东晋广陵城在"扬州市北郊蜀岗的古城遗址"。

至是始置北青州，镇东阳城，

【集释】《马注》：与龙曰：于钦《齐乘》：府城五门，周三十里，俗称南阳城。北城为东阳城，东西长，南北狭，两城相对，抱阳水如偃月，因水以为隍。

以侨立州为南青州。而后省南青州，而北青州直曰青州。

【斠注】《廿二史考异》十九曰：按晋无南青州之名说，已见前，此亦误。承《宋志》追称以为本号也，省青州入兖州在永初受禅以后，不应阑入晋史。《东晋疆域志》曰：《晋志》以侨州为南青州者误。

【集释】《通鉴》胡注：晋氏南渡，侨置青州于江北；裕平广固，置北青州于东阳，而江北之青州如故。今向弥以北青州刺史戍碻磝，东阳之青州亦如故。

《马注》：与龙曰：说见《州郡志》。宋孝武孝建二年，移治历城。大明八年，还治东阳。《地形志》：魏青州治东阳。

徐州。案《禹贡》海岱及淮之地，

【辑释】《马注》：与龙曰：《禹贡》：《传》云：东至海，北至岱，南及淮。按《禹贡》徐州承青州言，盖东以海，北以岱与青州为界，南以淮与扬州为界，其西与兖、豫二州为界。

舜十二牧，则其一也。于周入青州之域。《春秋元命包》云："天氏流为徐州。"盖取舒缓之义，或云因徐丘以立名。秦兼天下，以置泗水、薛、琅邪三郡。楚汉之际，分置东阳郡。汉又分置东海郡，改泗水为沛，改薛为鲁，分沛置楚国，以东阳属吴国。景帝改吴为江都，武帝分沛、东阳置临淮郡，改江都为广陵。

【辑注】《水经·淮水注》曰：景帝四年，更名江都。武帝元狩三年，更曰广陵。

及置十三州，以其地为徐州，统楚国及东海、琅邪、临淮、广陵四郡。宣帝改楚为彭城郡，

【辑注】《史记·楚元王世家》曰：地节二年，中人上书告楚王谋反，王自杀，国除。入汉为彭城郡。

【集释】顾廷龙《大晋龙兴皇帝三临辟雍皇太子又再莅之盛德隆熙之颂跋》在对碑阴题名的统计中，发现咸宁四年（278年）十月前徐州有楚国名。"楚国。按晋《地志》无，汉《地理志》：高帝置，宣帝地节元年更为彭城郡，属徐州。"

后汉改为彭城国，以沛郡之广戚县来属，改临淮为下邳国。

【辑注】《续汉志》注曰：永平十五年，更为下邳国。

【集释】何超《音义》：下邳，符悲反。

及太康元年，复分下邳属县在淮南者置临淮郡，分琅邪置东莞郡。

【辑注】《宋志》曰：晋武帝太始元年，分琅邪立。咸宁三年，复以合琅邪。太康十年复立。《辑注》案：本《志》下文云太康中置，与此文均以复立之年为始置之年，而此文又误十年为元年。《宋志》云太始元年分立，咸宁三年复合琅邪，其叙沿革较详。

【集释】何超《音义》：东莞，音官，又音丸。

《马注》：与龙曰：毕沅曰：《通典》：晋徐州理彭城。

州凡领郡国七，

【辑注】《宋志》曰：后汉治东海郯县，魏、晋、[宋]（编者校：中华书局点校本《宋书》此处有"宋"字。）治彭城。明帝世，淮北没寇，侨立徐州，治钟离。

县六十一，户八万一千二十一。

【编者按】徐州治彭城县，在今江苏徐州市。

彭城国汉以为郡。

【集释】程廷祚《证今》曰："今江南山东之境。"

《马注》：与龙曰：三国魏国。宋因。《地形志》：徐州彭城郡。

统县七，户四千一百二十一。

【辑注】《元和郡县图志》九曰：秦

为泗水郡，汉改沛郡。又分沛郡立楚国。宣帝地节元年，案：据《史记》当作二年。更为彭城郡。《宋志》曰：黄龙元年，又为楚国，章帝还为彭城。去京都水一千三百六十，陆一千。《东晋疆域志》曰：东晋领县可考者五：彭城、吕、番、薛、留。

【编者按】彭城国治彭城县，在今江苏徐州市。

彭城

【集释】程廷祚《证今》曰："今徐州。"

毕沅《新补正》：沅案《元和郡县志》：彭城，州理城。

《马注》：与龙曰：三国魏县。《春秋·成十七年》杜注：彭彭城县。《元和志》：晋封刘裕为宋公，都此。有寒山，在今铜山县东南十八里。《刘遐传》：建武初，沛人周抚以彭城叛降石勒，遐讨抚，战于寒山，抚败走。有戏马台，在今铜山县南。《水经·泗水注》：今彭城南有项羽凉马台。按即戏马台。《齐书》：晋义熙中，刘裕至彭城，九日大会宾僚，赋诗于此。宋因。《地形志》：彭城郡彭城，晋属。《一统志》：故城今徐州府治。

故殷伯太彭国。

【斠注】《汉志》属楚国，后汉属彭城国。《汉志》曰：古彭祖国。《史记·楚世家·正义》：《括地志》引《外传》云：殷末，灭彭祖国也。《魏志·明帝纪》曰：景初二年，以彭城为沛王国。《汉书补注》曰：《世本》，尧封彭祖于彭。彭祖即陆终氏第三子篯铿，号为大彭氏。《读史方舆纪要》二十九曰：彭城废县今徐州治。

【集释】《马注》：与龙曰：《国语》：大彭为商伯。

【编者按】《宋本晋书》"太彭国"为"大彭国"。彭城县故城，即今江苏徐州市治。

留张良所封。

【斠注】汉属楚国，后汉属彭城国。《汉书补注》曰：春秋宋邑，见《左哀传》。《读史方舆纪要》二十九曰：留城在沛县东南五十里。

【集释】程廷祚《证今》曰："今徐州境。"

《马注》：与龙曰：《郡国志》注引《西征记》曰：城中有张良庙。三国魏县。《左传·襄元年》杜注：留县今属彭城郡。宋因。《地形志》：彭城郡留，晋属。有留城。《一统志》：故城今徐州府沛县东南。

【编者按】留县故城，在今江苏沛县东南微山湖西岸。

广戚

【斠注】汉属沛郡，后汉属彭城国。《魏志·明帝纪》曰：景初二年，以广戚为沛王国。《斠注》案：本《志》属彭城国，当为晋初所改。《读史方舆纪要》二十九曰：广戚城在沛县东北四十里。

【集释】《马注》：与龙曰：三国魏县，属沛国。《州郡志》南河东太守下云：广戚，《晋太康地志》属彭城。《地形志》：留县。有广戚城。《一统志》：故城今沛县东南。

【编者按】广戚县故城，在今江苏沛

县东南。

傅阳

【斠注】 汉属楚国，后汉属彭城国。《汉志》曰：故偪阳国。《读史方舆纪要》三十二曰：偪阳城在峄县南五十里。

【集释】 程廷祚《证今》曰："在今兖州府峄县南五十里。"

《马注》：与龙曰：三国魏县。《春秋·襄十年》杜注：彭城傅阳县。《地形志》：彭城郡吕。有偪阳城。《一统志》：故城今兖州府峄县南五十里。

《中国历史地理信息系统释文》（未刊稿）：《续山东考古录》卷十九《兖州府下·峄县》："傅阳县故城在南五十里。"王汝涛点注：汉傅阳县，治偪阳故城，"遗址在今枣庄市台儿庄区侯孟乡驻地东4公里。"

【编者按】 傅阳县故城，在今山东枣庄市南。《中国文物地图集·山东分册》定点在今山东枣庄市台儿庄区"张山子镇侯塘村东南邻"。

武原

【斠注】 汉属楚国，后汉属彭城国。《寰宇记》十七曰：武原废城在下邳县北。《读史方舆纪要》二十二曰：武原城在邳州西北八十里。

【集释】《马注》：与龙曰：三国魏县。《地形志》东徐州武原郡武原，晋属彭城。有武原城。《一统志》：故城今邳州西北。

【编者按】 武原县故城，在今江苏邳州市西北。史为乐主编《中国历史地名大辞典》定点在今江苏邳州市西北泇口乡。但是根据《读史方舆纪要》"武原城在邳州北八十里"，这个位置应该在今江苏省邳州市西北泇口乡更北的梁王城遗址所在的良王城，姑存此说。

吕

【斠注】 汉属楚国，后汉属彭城国。《汉书补注》曰：春秋宋邑，见《左襄传》。《读史方舆纪要》二十九曰：吕城在徐州东五十里。

【集释】 程廷祚《证今》曰："在今徐州北五十里。"

《马注》：与龙曰：三国魏县。《春秋·襄元年》杜注：吕梁今属彭城郡。有吕梁，在今铜山县东南五十里。《水经注》：泗水之上有石梁焉，故曰吕梁也。《晋太康地记》曰：水出磬石，《书》所谓泗滨浮磬者也。泗水冬春浅涩，常排沙通道。晋太元九年，左将军谢玄于吕梁遣督护闻人奭用工九万，拥水立七拕，以利运漕者。朱谋㙔云：拕当作堨。宋因。《地形志》：彭城郡吕，晋属。有吕梁城。《一统志》：故城今铜山县北。

【编者按】 吕县故城，在今江苏徐州市铜山区东南伊庄镇吕梁村。

梧

【斠注】 汉属楚国，后汉属彭城国。《新斠注地理志》十五曰：或云梧即鄐。似非鄐，今兖州府泗水县地太远。

【集释】《马注》：与龙曰：三国魏县，今地阙。李兆洛云：当在今徐州府境。

【编者按】 梧县故城，在今安徽淮北市杜集区石台镇梧桐村。

下邳国

【集释】程廷祚《证今》曰："在今江南。"

《马注》：与龙曰：三国魏郡。宋因。《地形志》属东徐州。

汉置为临淮郡。

【集释】《马注》：与龙曰：按汉临淮郡治徐县，后汉永平中废。此《志》临淮郡县云：汉置，章帝以合下邳。

统县七，户七千五百。

【斠注】《宋志》曰：前汉本临淮郡，武帝立，明帝改为下邳。晋武帝分下邳之淮南为临淮，而下邳如故。去州水二百，陆一百八十。去京都水一千一百八十，陆八百。《东晋疆域志》曰：东晋领县可考者四：下邳、良城、僮、睢陵。

【集释】毕沅《新补正》：沅案《通典》：东晋又分置宿迁郡。

【编者按】下邳国治下邳县，在今江苏睢宁县西北。

下邳

【集释】程廷祚《证今》曰："今邳州。"

《马注》：与龙曰：三国魏县。《郡国志》注引戴延之《西征记》曰：有沂水，自城西西南注泗，别下回城南，亦注泗。旧有桥处，张良与黄石公会此桥。《州郡志》：下邳令，《晋太康地志》属下邳。《元帝纪》：监徐州诸军事，镇下邳。《苻坚载记》：坚以王显为扬州刺史，戍下邳。《水经注》：泗水东南迳下邳县故城西。城有二（编者校：陈桥驿复校本《水经注疏》"二"为"三"。）重，大城中有大司马石苞、镇东将军胡质、司徒王浑、监军石崇四碑。小城，晋中兴北中郎将荀羡、郗愔所治也。宋因。《地形志》：下邳郡下邳，晋属。《一统志》：故城今徐州府邳州东三里。谢钟英云：当在今宿迁县西一百里旧邳州是。

葛峄山在西，古峄阳也。

【集释】何超《音义》：峄，音亦。

《马注》：与龙曰：说本《汉书·地理志》。

韩信为楚王，都之。

【斠注】汉属东海郡，后汉属下邳国。葛峄山，《汉志》作葛峄山，《续汉志》注曰山出名桐。《元和郡县图志》九曰：下邳，本夏时邳国，至秦曰下邳县。汉属东海郡。峄阳山在县西六里。《寰宇记》十七曰：晋太康当作泰始。元年，自徐州移下邳国治此，封安平王子晃为王。《新斠注地理志》九曰：在今邳州东三十里。

【集释】《马注》：与龙曰：说本《汉书》。

【编者按】下邳县故城，在今江苏睢宁县西北古邳镇北侧，现没于地下。

淩

【斠注】《宋志》曰：北（陵）〔淩〕（编者校：中华书局点校本《宋书》，"陵"已经被校为"淩"。）令，二汉无，《晋太康地志》属下邳，本名（陵）〔淩〕。而广陵郡旧有（陵）〔淩〕县，晋武帝太康二年，以下邳之（陵）〔淩〕县非旧土而同名，改为北淩。《斠注》案：据此淩当作陵，且应称北陵。《寰宇记》十七曰：淩县，永嘉后省。《读史方舆纪要》二十二曰：淩城在宿迁县东南五十里。

【集释】毕沅《新补正》：沅案：凌，后汉属广陵。

方恺《新校》：据此则下邳之陵当作北陵，广陵或当另有陵县，互见广陵。吴翊寅案：汲古本陵县作凌，《郡国志》广陵有凌县，下邳无。本《志》广陵无凌县，下邳有，当从《州郡志》为正。

《马注》：与龙曰：三国魏县，属广陵。《水经注》：泗水又东迳凌栅南。《西征记》曰：旧凌县之治也。《州郡志》南彭城太守下云：北陵令，《晋太康地志》属下邳，本名陵。按凌、陵字形相涉而异。《寰宇记》：陵县，永嘉后省。《一统志》：今宿迁县东南。

【编者按】凌县故城，在今江苏泗阳县西北十六里。《中国文物地图集·江苏分册》根据考古资料定点在今江苏泗阳县"众兴镇凌城村北约五百米"，"今城址面貌不可辨"。谭其骧主编《中国历史地图集》定名为凌县。

良城侯相。

【斠注】两汉作良成，汉属东海郡，后汉属下邳国。颜师古曰：《左氏传》所谓晋侯会吴子于良，即此是。《读史方舆纪要》二十二曰：良城在邳州北六十里。

【集释】程廷祚《证今》曰："在今邳州北六十里。"

《马注》：与龙曰：三国魏县，作良成。《左传·昭十三年》杜注：下邳有良城县。《州郡志》：良城令，《晋太康地志》属下邳。宋因。《地形志》：下邳郡良城，晋属。《一统志》：故城今邳州北。

【编者按】良城县故城，在今江苏邳州市东。一说在江苏邳州市东北陈楼镇以北。史为乐主编《中国历史地名大辞典》定点在今江苏新沂市西南，沂水东。根据《读史方舆纪要》"在今邳州北六十里"核之今地图，位置大约在今江苏邳州市西北泇口乡，姑存此说。

睢陵

【斠注】汉属临淮郡，后汉属下邳国。《魏地形志》曰：彭城郡睢陵，晋乱属济阴。《斠注》案：本《志》以太康三年为断，尚属下邳，不知何时改属彭城。《寰宇记》十七曰：睢陵废城在下邳县东南。《读史方舆纪要》二十一曰：睢陵城在盱眙县西六十里。

【集释】何超《音义》：音虽。

《马注》：与龙曰：三国魏县。《州郡志》南兖州盱眙太守下云：睢陵令，《晋太康地志》无。按此《志》有睢陵，岂太康初县尚存，后寻废欤？《地形志》：有睢陵城。《一统志》：故城今睢宁县治。

【编者按】睢陵县故城，即今江苏睢宁县治。

夏丘

【斠注】汉属沛郡，后汉属下邳国。

【集释】《马注》：与龙曰：三国魏县。《地形志》：睢州临潼郡夏丘。有夏丘城。《一统志》：故城今江苏泗州治。

【编者按】夏丘县故城，即今安徽泗县治。

取虑

【斠注】汉属临淮郡，后汉属下邳国。《汉书补注》：徐松曰：《左传》释文，如淳读取为娵（编者校："娵"应为"陬"。），訾虑为邾娄。《寰宇记》十七曰：取虑故城在下邳县西南。《读史方舆纪要》二十一曰：取虑城在虹县北百二十里。

【集释】程廷祚《证今》曰："在今凤阳府虹县界。"

《马注》：与龙曰：三国魏县。《左传·昭十六年》杜注：下邳取虑县。《地形志》：睢州治取虑城。《一统志》：故城今徐州府睢宁县西南。

【编者按】取虑县故城，在今安徽灵璧县东北。史为乐主编《中国历史地名大辞典》定点在今安徽灵璧县东北七十四里高楼乡潼郡村。还有一说，据《读史方舆纪要》"在虹县北百二十里"推测取虑县在今江苏睢宁县境内。

僮

【斠注】汉属临淮郡，后汉属下邳国。《汉书补注》曰：秦县，灌婴攻之，见《婴传》。《寰宇记》十七曰：僮城在虹县东北七十里。《读史方舆纪要》二十一作在虹县西北七十里。

【集释】程廷祚《证今》曰："在今凤阳府虹县界。"

《马注》：与龙曰：三国魏县。《春秋·僖三年》杜注：下邳僮县。《州郡志》：僮令，《晋太康地志》属下邳。宋因。《地形志》：下邳郡僮，晋属。《一统志》：故城今泗州东北。

【编者按】僮县故城，在今安徽泗县东北。史为乐主编《中国历史地名大辞典》定点在今安徽泗县东北骆庙乡僮城村。

东海郡

【集释】程廷祚《证今》曰："在今江南山东之境。"

《马注》：与龙曰：三国魏郡。宋因。《地形志》属海州。

汉置。统县十二，户一万一千一百。

【斠注】《汉书补注》：全祖望曰：故秦郡，楚汉之际改名郯郡，属楚国。高帝五年属汉，复故，仍属楚国。《宋志》曰：去州水一千，陆六百七十。泰始七年，又立东海县，属东海郡。《斠注》案：本《志》失载东海县。《东晋疆域志》曰：东晋领县可考者三：襄贲、赣榆、利成。

【编者按】东海郡治郯县，在今山东郯城县西北。

郯

【集释】何超《音义》：郯，音谈。

《马注》：与龙曰：三国魏县。《史记集解》卷十七：初置泗水都郯。徐广曰：属东海。《地形志》：东徐州郯郡，治郯城。李兆洛云：故城今沂州府郯城县西南三十里。

《中国历史地理信息系统释文》（未刊稿）：《续山东考古录》卷二十《沂州府上·郯城县》："郯县故城，在城北有遗址（《县志图》：北门外有郯子东城、郯子西城，实一城耳。）。县、府《志》并称今城北古城为古郯国，秦、汉郯城县。"王汝涛点注："汉郯县故城，即郯国故城遗址。"又云："周郯国故城遗址，在今郯城北约有 100 米处。遗址为四边形，周长 4670 米。北、西二面城墙保存尚好，城址轮廓清晰，城基宽约 40 米，残墙最高达 4 米，由黄土夯成。遗址内出曾出土过石斧、绳纹陶片、陶鬲等文物。"

故郯子国。

【斠注】两汉旧县。《水经·沂水注》曰：县故旧鲁也，东海郡治。秦始皇以郯郡。汉高帝二年更从今名。《汉志》云：郯，故国，少昊后，盈姓。《史记·秦本纪》：嬴姓，分封以国为姓，有徐氏、郯氏、莒氏。嬴与盈古通。《读史方舆纪要》三十三曰：郯城今郯城县西南百里。

【编者按】郯县故城，在今山东郯城县西北。《中国文物地图集·山东分册》定点在今山东郯城县郯城镇北关外一百米处。

祝其

【集释】程廷祚《证今》曰："在今淮安府赣榆县界。"

孙人龙《晋书考证》："按：夹谷，《春秋·定公十年》：'夏，公会齐侯于夹谷。'《传》曰：'公会齐侯于祝其，实夹谷。'杜预解及服虔注《史记》，皆云在东海祝其县。刘昭《志》、杜佑《通典》因之，遂谓夹谷山在今赣榆县西五十里。《日知录》谓赣榆在春秋为莒地，与齐、鲁之都相去各五六百里，何必若此之远？当时景公之观不过曰'遵海而南，放于琅邪'而已，未闻越他国之境。《金史》云：'淄川有夹谷山。'《一统志》云：'夹谷山在淄川县西南三十里，旧名祝其山，其阳即齐鲁会盟之处，萌水发源于此。'《水经注》：'萌水出般阳县西南甲山。'是以甲山为夹谷也，而《莱芜县志》则又云：'夹谷在县南三十里，接新泰界。'未知其何所据，然齐、鲁之境正在莱芜；东至淄川，则已入齐地百余里。二说俱通。又按《水经注》莱芜县曰：'城在莱芜谷，当路（岨）[阻] 绝，两山间道由南北门。旧说云：齐灵公灭莱，莱民播流此谷，邑落荒芜，故曰莱芜。《禹贡》所谓莱夷也。'夹谷之会，齐侯使莱人以兵劫鲁侯，宣尼称'夷不乱华'是也。是则会于此地，故得有莱人，非召之东莱千里之外也。不可泥祝其之名，而远求之海上矣。"

《马注》：与龙曰：三国魏县。《左传·昭七年》杜注：东海祝其县。《一统志》：故城今海州赣榆县南。

羽山在县之西。

【斠注】两汉旧县。《汉书补注》曰：《周纪》：封黄帝之后于祝。服虔曰即祝其。《水经·淮水注》：《地理志》曰：羽山在祝其县东南。又《禹贡·山水泽地所在》曰：羽山在东海祝其县南。《史记·五帝本纪·正义》：《括地志》曰：羽山在沂州临沂县界。《御览》四十二《十道志》曰：羽潭一名羽池，潭东有羽山。《斠注》案：《汉志》亦作在南，本《志》西为南之误。《寰宇记》二十二曰：故祝其城在怀仁县南四十二里平地。《太康志》云：在郯东九十里。《新斠注地理志》九曰：在今沂州府城东南五十里。

【集释】《马注》：与龙曰：《汉书·地理志》：祝其县，《禹贡》羽山在南。《水经注》：游水又北迳羽山西，又北迳祝其城西。郭璞《山海经》注：羽山在东海祝其县西南。按此《志》云在县之西，微误。

【编者按】祝其县故城，在今江苏连云港市赣榆区西北。史为乐主编《中国历史地名大辞典》定点在今江苏连云港市赣榆区西北夹谷山附近。《中国文物地图集·山东分册》定点在今江苏连云港市赣榆区西班庄镇古城村南。

朐

【斠注】两汉旧县。《水经·淮水注》曰：淮水又迳朐山西。注云：山侧有朐县故城。《寰宇记》二十二曰：故朐城在朐山县西南。《读史方舆纪要》二十二曰：朐山废县今海州治。

【集释】《马注》：与龙曰：三国魏县。《水经·淮水注》：朐县东北海中有大洲，谓之郁州。晋隆安五年，孙恩自广陵浮海而北，刘裕蹑之于郁州。《地形志》：海州琅邪郡朐县，晋曰临朐，萧衍改为招远。有朐城。《一统志》：故城今江苏省海州南。

【编者按】朐县故城，在今江苏连云港市海州区西南。史为乐主编《中国历史地名大辞典》定点在今江苏连云港市海州区西南锦屏山侧。

襄贲

【斠注】两汉旧县。《汉书补注》曰：战国鲁地，后属楚，《荀子》说齐相所谓"楚有襄贲、开阳以临吾左"也。《读史方舆纪要》三十三曰：襄贲城在沂州西南百二十里。

【集释】何超《音义》：襄贲，音肥。

《马注》：与龙曰：三国魏县。宋因。《一统志》：故城今沂州府兰山县西南百二十里。

《中国历史地理信息系统释文》（未刊稿）：《续山东考古录》卷二十《沂州府上·郯城县》："襄贲县故城，在西稍北六十里，今长城店。"王汝涛点注：襄贲县遗址，"在今苍山县驻地下庄南21公里长城镇。"

【编者按】襄贲县故城，在今山东兰陵县南。

利城

【斠注】《汉志》作利成，《水经·淮水注》同，《续汉志》作利城。《寰宇记》二十二曰：利城故城在今怀仁县西六十里。《读史方舆纪要》二十二曰：在今赣榆县西六十里。

【集释】《马注》：与龙曰：三国魏县。《水经注》：游水自朐县又北迳利城（编者校：陈桥驿复校本《水经注疏》"城"为"成"。）故城东，故利乡也。《一统志》：故城今海州赣榆县西。

《中国历史地理信息系统释文》（未刊稿）：《续山东考古录》卷二十《沂州府上·兰山县》："利成县故城，在东一百里，又名盐官城。"王汝涛点注："利成县故城遗址，在今临沭县蛟龙镇之利成村东2.5公里处。遗址东西长2500米，南宽约2000米。"

【编者按】利城县故城，在今江苏连云港市赣榆区西。谭其骧主编《中国历史地图集》定点在今江苏连云港市赣榆区西，与山东临沭县界相邻。《中国文物地图集·山东分册》定点在今山东临沭县"蛟龙镇前利城村东二百米"。此两处距离很近。

赣榆

【斠注】汉属琅邪郡，后汉属东海郡，建初五年复。《宋志》曰：魏省，晋武帝太康元年复立。《寰宇记》二十二曰：晋太康中复立，寻又省。又曰：晋移赣榆治艾不城。《东晋疆域志》曰：《沈志》言太康元年复立，不言后又省。《元和郡县图志》十一曰：赣榆故城一名盐仓城，在怀仁县东北三十里。《寰宇记》引《郡国县道记》作三十一里。《续汉志》赣榆注：《地道记》曰：海中去岸百九十步，有秦始皇碑，长一丈八尺，广五尺，厚八尺三寸；一行十三字。潮水至加其上三丈，去则三尺见也。（编者校：中华书局点校本《汉书》此处有中华校："'潮水至加其上三丈'。按何焯校本'丈'改'尺'。"）

【集释】何超《音义》：赣榆，音感。

程廷祚《证今》曰："今淮安府属县。"

《马注》：与龙曰：三国魏无。《左传·昭十九年》杜注：东海赣榆县。《地形志》：东海郡赣榆，晋属。《一统志》：故城今赣榆县东北。

【编者按】赣榆县故城，在今江苏连云港市赣榆区东北，东临海。《中国文物地图集·江苏分册》根据考古资料定点在今江苏连云港市赣榆区北"海头镇盐仓城村南"。

厚丘

【中华校】厚丘　各本作"原丘"，殿本作"厚丘"，今从殿本，与《汉志》上、《续汉志》三、《水经·沭水注》《寰宇记》二二合。下同。

【斠注】《斠注》案：两汉《志》《水经·沭水注》均作厚丘，此作原丘，误。（编者校：《斠注》所本为原丘，故有此论。）《寰宇记》二十二曰：厚丘城在沭阳县北六十里。按《地理志》厚丘在郯城东一百里。《读史方舆纪要》二十二曰：厚（邱）［丘］城在沭阳县北四十六里。

【集释】程廷祚《证今》曰："在今东昌府范县东南。《成九年》注作廪丘，非。"

《马注》：与龙曰：三国魏县。《一统志》：故城今沭阳县西北四十里。

【编者按】厚丘县故城，在今江苏沭阳县北四十里厚镇村。《中国文物地图集·江苏分册》在此处载考古发现有汉至南北朝时期的遗址。

兰陵

【斠注】两汉旧县。《续汉志》注《地道记》曰：兰陵，故鲁次室邑。《列女传》有漆室之女，或作"次室"。《寰宇记》二十三曰：晋惠帝分兰陵置兰陵郡。兰陵县城在承县东六十里。《读史方舆纪要》三十二曰：兰陵城在峄县东六十里。

【集释】《马注》：与龙曰：三国魏县。《文选·沈休文安陆昭王碑文》注引王隐《晋书》曰：徐州部东海郡兰陵县。有桃山，在今滕县东。晋太和六年，苻坚将作难，攻兰陵太守张闵子于桃山。《地形志》：兰陵郡兰陵，晋属东海。《一统志》：故城今兖州府峄县东五十里。

《中国历史地理信息系统释文》（未刊稿）：《续山东考古录》卷二十《沂州府上·兰山县》：王汝涛点注："鲁次室邑即楚之兰陵邑，在今苍山县西南

27公里之兰陵镇。"

【编者按】兰陵县故城，在今山东兰陵县西南兰陵镇兰陵村周围。

承

【斠注】两汉旧县。《寰宇记》二十三曰：惠帝分承置兰陵郡。《元和郡县图志》十一曰：承，春秋时鄫国也。《读史方舆纪要》三十二曰：承城在峄县西北一里。

【集释】程廷祚《证今》曰："在今兖州府峄县东南。"

《马注》：与龙曰：三国魏县。《左传·宣四年》杜注：东海丞县。宋因，属兰陵郡。《地形志》：兰陵郡承，晋属东海。有承城。《一统志》：故城今峄县西北一里。

《中国历史地理信息系统释文》（未刊稿）：《续山东考古录》卷十九《兖州府下·峄县》："承县故城，在西北一里。"

【编者按】承县故城，在今山东枣庄市南峄城区治西一里。《中国文物地图集·山东分册》定点在今山东枣庄市峄城区"峄城镇徐楼村西北岳台子南"。谭其骧主编《中国历史地图集》西晋太康二年图定名为承。

昌虑

【斠注】两汉旧县。《寰宇记》二十三曰：晋惠帝分昌虑置兰陵郡。《读史方舆纪要》三十二曰：昌虑城在滕县东南六十里。

【集释】程廷祚《证今》曰："在今兖州府滕县东南六十里。"

《马注》：与龙曰：三国魏县。《春秋·庄五年》杜注：东海昌虑县。宋因，属兰陵郡。《地形志》：兰陵郡昌虑，晋属东海。《一统志》：故城今滕县东南六十里。

《中国历史地理信息系统释文》（未刊稿）：《续山东考古录》卷十九《兖州府下·滕县》："昌虑故城，在东南五十九里。"王汝涛点注："昌虑县，汉置，隋废，遗址当在今滕州市东南羊庄镇境。"

【编者按】昌虑县故城，在今山东滕州市东南。《中国文物地图集·山东分册》定点在今山东滕州市东南"羊庄镇土城北侧"。

合乡

【斠注】两汉旧县。《寰宇记》二十三曰：晋惠帝分合乡置兰陵郡。《读史方舆纪要》三十二曰：合乡城在峄县西北。

【集释】程廷祚《证今》曰："在今兖州府北界。"

《马注》：与龙曰：三国魏县，作合城。《春秋·襄十九年》杜注：东海合乡县。宋因，属兰陵郡。《地形志》：兰陵郡合乡，晋属东海。《一统志》：故城今滕县东。

《中国历史地理信息系统释文》（未刊稿）：《元和郡县图志》卷九《河南道五》：徐州滕县，"合乡故城，在县东二十三里。即《论语》所谓互乡也。"王文楚按：唐滕县，即今滕州市，则汉合乡县，在今滕州市东二十三里。《续山东考古录》卷十九《兖州府下·滕县》："合乡县故城，在东二十三里，今讹梁城，一称城头。"王汝涛点注：合乡县，汉置，"高齐废，遗址当在今滕州市城关镇东，东沙河南境，详址待考。"王文楚按：城头西南距滕州市三十余里，与上引《元和志》不合，而东沙河西距滕州市约二十里左右，当是。

【编者按】合乡县故城，在今山东滕州市东北。

戚

【斠注】两汉旧县。《寰宇记》二十三曰：惠帝分戚置兰陵郡。《史记·高祖本纪·正义》：《括地志》曰：沂州临沂县有汉戚县故城。《读史方舆纪要》三十二曰：戚城在滕县西南五十里。

【集释】《马注》：与龙曰：三国魏县。《史记索隐》卷十八：戚，《晋地道记》属东海。《一统志》：故城今滕县南七十里。

【编者按】戚县故城，即今山东微山县治。

琅邪国

【集释】程廷祚《证今》曰："在今山东。"

《马注》：与龙曰：三国魏国。《元和志》：自永嘉后，琅邪陷于胡寇。宋因。《地形志》属北徐州。

秦置郡。统县九，户二万九千五百。

【斠注】《宋志》曰：去州陆四百，去京都水一千五百，陆一千一百。《东晋疆域志》曰：东晋领县可考者三：费、即丘、阳都。《元和郡县图志》十一曰：琅邪，秦郡，因琅邪山以为名。晋武帝咸宁二年，改封东海王睿为王。元帝于郡城置发干戍，以南军镇之。

《斠注》案：《元帝本纪》帝生于咸宁二年，安得于是年改封，盖《武本纪》于咸宁三年徙东莞王伷为琅邪王，乃元帝之祖，且非东海。《元和志》谬误殊甚。

【集释】毕沅《新补正》：沅案《地形志》，营陵、安（邱）［丘］、朱虚，晋皆属琅邪。（编者校：此注毕沅放在本郡所统县之后，现前移到郡后。）

方恺《新校》：方恺曰：《地形志》：营陵、朱虚，晋属琅邪。据《州郡志》引《太康地志》，则属城阳。今《志》两县俱属东莞，未详所本。

【编者按】琅邪国治开阳县，在今山东临沂市北十五里。

开阳侯相。

【斠注】汉属东海郡，后汉属琅邪国。《宋志》曰：晋侨立，犹属琅邪，安帝度属彭城。《汉志》曰：故鄅国也。《读史方舆纪要》三十三曰：开阳城今沂州北十五里。

【集释】程廷祚《证今》曰："在今兖州府沂州北十五里。"

《马注》：与龙曰：三国魏县。《春秋·昭十八年》杜注：琅邪开阳县。《一统志》：今沂州府兰山县北十五里古城社。

《中国历史地理信息系统释文》（未刊稿）：《齐乘》卷四《古迹》：开阳城，"今曰鄅城。沂州北十五里，故鄅国。"《嘉庆重修一统志》卷一百七十七《沂州府·古迹》：开阳故城，在兰山县北，春秋时鄅国，"《旧志》：有古城社，在州东北十五里，即古开阳也。"《续山东考古录》卷二十《沂州府上·兰山县》王汝涛点注："鄅国国都遗址，在今临沂城北 7.5 公里南坊乡之郚故城村。"

【编者按】 开阳县故城，在今山东临沂市北十五里。《中国文物地图集·山东分册》定点在今山东临沂市北"南坊镇郚古城村周围"。

临沂

【斠注】 汉属东海郡，后汉属琅邪国。《斠注》案：《宋志》：成帝咸康元年，分江乘地立。临沂乃侨县也。《读史方舆纪要》三十三曰：临沂废县今沂州治。

【集释】 程廷祚《证今》曰："今兖州府沂州。"

《马注》：与龙曰：三国魏县。《春秋·隐七年》杜注：琅邪临沂县。《地形志》：即丘县。有临沂城。《一统志》：故城兰山县北五十里临沂社。

《中国历史地理信息系统释文》（未刊稿）：《续山东考古录》卷二十《沂州府上·兰山县》："临沂县故城，在北五十里，今临沂社。"即今费县东临沂庄。

【编者按】 临沂县故城，在今山东费县东汪沟镇临沂庄。

阳都

【斠注】 汉属城阳国，后汉属琅邪国。应劭曰：齐人迁阳，故阳国是。《读史方舆纪要》三十五曰：阳都城在沂水县南。

【集释】《通鉴》胡注：贤曰：阳都故城在今沂州沂水县南；又曰，在承县南。

程廷祚《证今》曰："在今青州府沂水县南。"

《马注》：与龙曰：三国魏县。《春秋·宣八年》杜注：琅邪阳都县。《州郡志》南琅邪太守下云：阳都，《晋太康地志》属琅邪。《史记索隐》卷十八阳都，《晋书地道记》属琅邪。《十六国春秋》：永和九年，段龛据青州，置徐州于阳都。十二年，徐州刺史荀羡攻阳都，克之。《一统志》：故城今沂水县南。

《中国历史地理信息系统释文》（未刊稿）：《续山东考古录》卷二十一《沂州府下·沂水县》王汝涛点注："阳国国都遗址，即汉之阳都县故城遗址，在今沂南县驻地南 19 公里砖埠乡之黄疃、汪家庄之间。遗址内曾出土商周和汉代文物。"王文楚按：今沂南县南砖埠子东黄疃即是。

【编者按】 阳都县故城，在今山东沂南县南、汶河西岸。《中国文物地图集·山东分册》根据考古资料定点在今山东沂南县南四十里"砖埠镇孙家黄疃村北"。

缯

【斠注】 汉属东海郡，后汉属琅邪国。《汉书补注》曰：《说文》："鄫，姒姓，国在东海。"缯、鄫字同。《史记·孔子世家·正义》：《括地志》曰：故鄫城在沂州承县。《寰宇记》二十三曰：故鄫城在承县东八十里。《斠注》案：缯即鄫。《读史方舆纪要》三十二曰：鄫城在峄县东八十里。

【集释】 何超《音义》：缯，才陵反。

程廷祚《证今》曰："在今兖州府峄县东八十里。"

方恺《新校》：方恺曰：马氏曰：《左·哀七年》注：今琅邪鄫县。今《志》作缯。

《马注》：与龙曰：三国魏县。《春秋·庄九年》杜注：琅邪缯县。又《僖十四年》《襄四年》注并云：琅邪鄫县。陆氏云：本或作缯，似绫反。《地形志》：即丘县。有缯城。《一统志》：故城今兖州府峄县东八十里。

《中国历史地理信息系统释文》（未刊稿）：《续山东考古录》卷十九《兖州府下·峄县》王汝涛点注：缯县，汉置县，"遗址在今苍山县向城乡鄫城村，今称鄫城故城。"

【编者按】 缯县故城，在今山东兰陵县西北。《中国文物地图集·山东分册》定点在今山东苍山县（兰陵县）"向城镇鄫城前村北"。

即丘

【斠注】 汉属东海郡，后汉属琅邪国。《水经·沭水注》曰：沭水又南迳东海郡即丘县。注云：故春秋之祝丘也。阚骃曰：即、祝，鲁之音，盖字承读变矣。《读史方舆纪要》三十三曰：即邱城，在今沂州东南五十里。本《寰宇记》。

【集释】 《马注》：与龙曰：三国魏县。《州郡志》：即丘令，《晋太康地志》属琅邪。宋因。《地形志》：琅邪郡即丘，晋属。有即丘城。《一统志》：故城今沂州府兰山县东南。

《中国历史地理信息系统释文》（未刊稿）：《续山东考古录》卷二十《沂州府上·兰山县》："即丘县故城，在东南五十里，俗曰禹王城。"

【编者按】 即丘县故城，在今山东临沂市河东区东南禹王城。史为乐主编《中国历史地名大辞典》定点在今山东郯城县东北禹王城。此处今已划入临沂市河东区。《中国文物地图集·山东分册》据考古发现定今山东临沂市河东区东南韩家埠村附近为禹王城遗址。

华

【斠注】 汉属泰山郡，后汉并入费县，晋复置。《读史方舆纪要》三十三曰：华城在费县西北六十里。

【集释】 程廷祚《证今》曰："在今兖州府费县西北。"

《马注》：与龙曰：前汉县，三国魏无。《春秋·隐九年》杜注：琅邪华县。《水经·洧水注》：黄水东南流迳华城西。《史记》：白起攻魏，拔华阳。司马彪曰：华阳，亭名，嵇叔夜常采药于山泽，学琴于古人，即此亭也。《一统志》：故城今费县东北六十里华城。

《中国历史地理信息系统释文》（未刊稿）：《续山东考古录》卷二十《沂州府上·费县》王汝涛点注："华县遗址在今费县城东北20公里方城镇东古城村一带。"

【编者按】 华县故城，在今山东费县东北古城里。

费鲁季氏邑。

【斠注】 汉属东海郡，后汉属泰山郡。《汉志》曰：故鲁季氏邑。《寰宇记》二十三曰：故费城在费县西北二十里。《读史方舆纪要》三十三作费城今费县西南七十里。

【集释】 何超《音义》：费，音秘。

程廷祚《证今》曰："今兖州府属县。"

《马注》：与龙曰：三国魏县，属泰

山。《春秋·隐八年》杜注：琅邪费县。《州郡志》：费令，《晋太康地志》属琅邪。宋因。《地形志》：琅邪郡费，晋属。有费城。《一统志》：宋县移理枋城，后魏县移理阳口山。晋县故城今费县西北二十里。

《中国历史地理信息系统释文》（未刊稿）：《嘉庆重修一统志》卷一百七十七《沂州府·古迹》："费县故城，在今县西北二十里。"

【编者按】费县故城，在今山东费县西北、浚河北岸。《中国文物地图集·山东分册》据考古发现定点在今山东费县西北"上冶镇古城里村"，核之今地图，在上冶镇宁国庄东南。1964年版《山东省地图集》宁国庄东北有西鄪城。

东安

【斠注】汉属城阳国，后汉属琅邪国。《宋志》曰：《晋太康地志》属东莞，晋惠帝分东莞立。《寰宇记》二十三曰：故城在朐山县西八十三里。《新斠注地理志》九曰：在今海州西北八十里。

【集释】《马注》：与龙曰：三国魏县。《州郡志》东安太守下云：东安，故县名，《晋太康地志》属东莞。按说见东莞郡下。元康中，分东莞置东安郡。《地形志》：盖县。有东安城。《一统志》：故城今沂水县南三十里。

《中国历史地理信息系统释文》（未刊稿）：《续山东考古录》卷二十一《沂州府下·沂水县》："东安县故城，在南三十五里，今东安社。"王汝涛点注："城阳国东安县，故城遗址在今沂水县南15公里姚店子乡前城子、后城子、黄崖头三村之间。遗址南北长约1000米。"今沂水县西南姚家店子东偏南后城子即其地。

【编者按】东安县故城，在今山东沂水县南。《中国文物地图集·山东分册》据考古发现定点在今山东沂水县南"许家湖镇后城子村东北"。

蒙阴

【集释】方恺《新校》：方恺曰：蒙阴见东莞。

程廷祚《证今》曰："在今青州府蒙阴县西。杜作东莞蒙阴县。"

《马注》：与龙曰：前汉县，三国魏无。《一统志》：故城今蒙阴县西南十五里。

《中国历史地理信息系统释文》（未刊稿）：《续山东考古录》卷二十一《沂州府下·蒙阴县》："晋蒙阴县故城，在东南十里，今公家城。"王汝涛点注："晋蒙阴县故城遗址，在今蒙阴县城东南5公里蒙阴镇之公家城子村。"王文楚按：今蒙阴县东南前城子与记载相合，是也，蒙阴县当在西晋泰始元年改属琅邪国时所徙治。

山在西南。

【斠注】汉属泰山郡。杜氏《春秋传·庄公九年》注曰：东莞蒙阴西北有夷吾亭。《斠注》案：《志》属琅邪，不属东莞，杜氏所言或太康三年以后所改。《玉海·诗地理考》引《括地志》曰：蒙山二字孙辑本意增。在沂州临沂县。

【集释】《马注》：与龙曰：《汉书·地理志》：《禹贡》蒙山在西南。按此《志》脱一蒙字。

【编者按】蒙阴县故城，在今山东蒙阴县东南十里公家城子村。

东莞郡太康中置。

【集释】《通鉴》胡注：沈约《志》：武帝太康元年，分琅邪立东莞郡。《晋志》：东莞，故鲁郓邑。刘昫曰：唐沂州沂水县，汉东莞县地。宋白曰：春秋莒、鲁争郓。杜预《注》云：城阳姑幕县南，有员亭，即郓也，俗变其字耳。《十三州志》云：有东、西二郓，鲁昭公所居者为西郓，兖州东平郡是也；莒、鲁所争者为东郓，汉东莞县是也。莞，音官。

程廷祚《证今》曰："今山东青州府地。"

方恺《新校》：方恺曰：又《州郡志》东莞太守，晋武帝太始元年，分琅邪立，咸宁三年，复以合琅邪，太康十年，复立。本《志》既先列东莞郡，后篇又言太康十年分属四县，与《沈志》又异，然咸宁三年既并入琅邪，则杜预以太康五年薨，预存时，不应仍有东莞，恐《沈志》误也。吴翊寅案：本《志》言太康元年分琅邪置东莞与《沈志》异，疑《沈志》太康十年为元年之讹。

《马注》：与龙曰：三国魏郡，后省。按《魏志》建安三年置东莞郡。《水经·沂水注》：魏黄初中立为东莞郡。《通鉴》胡注云：魏既分而复合于琅邪，晋又分置。与龙按：郡自建安以至太康，分合以屡，其间各县移属容有先后之异，故东安县，沈约谓《太康地志》属东莞；蒙阴县，杜预谓属东莞，而此《志》并属琅邪。沈约谓朱虚，《太康地志》属城阳；安丘、剧二县，《太康地志》属琅邪。又东莞、营陵、安丘、朱虚四县，《地形志》并云晋属琅邪，而此《志》并属东莞，《志》并不云郡置于建安，而云太康中置，盖据最后言之，今此郡下诸县宜悉从此《志》为是。宋因。《地形志》属南青州。

胡运宏、胡阿祥《中华本〈晋书·地理志〉考异》："徐州东莞郡非为'太康中置'。按：考《三国志·魏书·臧霸传》有东莞太守尹礼，事在东汉建安初；又《胡质传》，黄初中，'为常山太守，迁任东莞'。是东莞置郡由来已久，《晋志》'太康中置'云云，误。"

统县八，户一万。

【集释】方恺《新校》：方恺曰：杜注《隐元年·左氏传》有东莞剧县，《庄元年》有东莞临朐，《襄十八年》有东莞盖，与本《志》同。乃本《志》青州后篇又尽属城阳，又与《太康地志》《地形志》各异，不详孰是。又《左传·庄九年》注有东莞蒙阴，此属琅邪，又复不同，尤不可解。本书《孝友·王裒传》：裒，城阳营陵人。此属东莞，未详。互见琅邪城阳下。

毕沅《新补正》：沅案又云：晋太康十年，割莒县入东莞郡，惠帝自东莞移理营城。

【斠注】《宋志》曰：晋武帝泰始元年，分琅邪立。咸宁三年，复以合琅邪。太康十年，复立。去州陆七百，去京都水二千，陆一千四百。《廿二史考异》十九曰：按《三国志》，太祖禽吕布，以尹礼为东莞太守；《臧霸传》。黄初中，胡质为东莞太守；《胡质传》。明帝时，张缉为东莞太守，《张既传》。而司马晃为东莞太守亦在魏代，《晋书》本传。则汉末至魏已有东莞郡矣。晋武帝即位之初，封叔父伷为东莞王，是晋初本有东莞郡，非太康始置也。案：《宋志》作泰始元年立，与本《志》作太康亦不合。但咸宁三年徙东莞王伷为琅邪王，即以东莞益其国，自后东莞不为郡者九年，至太康四年伷薨，而后东莞复为郡耳。北海之剧（编者校：上海古籍出版社整理本《廿二史考异》此处有"县"字。），《晋志》隶东莞，而《太康地志》属琅邪者，太康之初东莞并于琅邪也。案《宋志》：太康十年复立东莞，尚在四年之后，盖伷薨后未遽复东莞耳。《水经注》：东莞县，魏文帝黄初中立为东莞郡。不知建安中已有之。《晋地理志新补正》曰：案《寰宇记》东武县，晋属东莞郡。按：今地志不载，或咸〔宁〕（编者校：脱"宁"字。）三年省郡时县并废，后郡复立，遂不置东武县也。

【编者按】东莞郡治在今山东沂水县东北城子。东晋移治莒县，在今山东莒县。

东莞

【集释】程廷祚《证今》曰："今沂水县。"

《马注》：与龙曰：三国魏县，属琅邪。《水经注》：沂水又东南过东莞县故城西。《东燕录》谓之团城，刘武帝北伐广固登之。《寰宇记》：南燕于县置团城。宋因。《一统志》：故城今沂州府沂水县治。

故鲁郓邑。

【斠注】汉属琅邪郡，后汉属琅邪国。《水经·沂水注》曰：沂水合浮来水，又东南迳东莞县故城西，合小沂水。《左传》"莒鲁争郓"，今城北郓亭是。《读史方舆纪要》三十五曰：东莞故城在沂水县治西北。

【集释】《马注》：与龙曰：说本《汉书·地理志》注。

《中国历史地理信息系统释文》（未刊稿）；《太平寰宇记》卷二十三《河南道二十三》：沂州沂水县，"县理城，本汉东莞县城也。……隋开皇十六年于此置沂水县。"《嘉庆重修一统志》卷一百七十七《沂州府一·古迹》："东莞故城，今沂水县治。汉置县，为侯国。"

【编者按】东莞县故城，即今山东沂水县治。

朱虚

【斠注】汉属琅邪郡，后汉属北海国。《宋志》曰：《太康地志》属城阳。《魏地形志》曰：属琅邪。《读史方舆纪要》三十五曰：朱虚城在临朐县东六十里。本《寰宇记》。《斠注》案：朱虚盖先属城阳，后属东莞，至东晋又属琅邪。

【集释】程廷祚《证今》曰："在今安丘县界。"

《马注》：与龙曰：三国魏县，属北海。《春秋·庄元年》杜注：郚，在朱虚县东南。承上东莞言之，是县属东莞也。《史记·高后纪·正义》引《十三州志》云：丹朱游故墟，故云朱虚。虚犹言（邱）〔丘〕也，朱犹言丹也。宋因，属青州平昌郡。《一统志》：故城今青州府临朐县东北。

《中国历史地理信息系统释文》（未刊稿）：《嘉庆重修一统志》卷一百七十一《青州府·古迹》：朱虚故城，"旧《志》，今临朐县东北（南字之误）庙山社有遗址，土人犹呼为城头。"

【编者按】朱虚县故城，在今山东临朐县东南庙山城头。

营陵

【集释】《马注》：与龙曰：三国魏县，属北海。宋因，属青州高密郡。《一统志》：故城今昌乐县东南。
尚父吕望所封。

【斠注】汉属北海郡，后汉属北海国。《汉志》曰：或曰营（邱）[丘]。应劭曰：师尚父封于营（邱）[丘]，陵亦（邱）[丘]也。臣瓒曰：营陵，《春秋》谓之缘陵。《读史方舆纪要》三十五曰：杜氏谓临淄后为营陵。《汉志》明言齐郡治临淄，北海治营陵，岂一城乎？君卿此语因应劭有云"陵亦（邱）[丘]"也，故以营（邱）[丘]为营陵。又曰：营陵城在昌乐县东南五十里。《斠注》案：《宋志》云《晋太康地志》营陵属城阳，本《志》青州下又云"元康十年，分营陵为高密国"，岂先属东莞，继属城阳，又改属高密乎？《魏地形志》又云营丘属琅邪，何时所改不可考。

《中国历史地理信息系统释文》（未刊稿）：光绪《山东通志》卷三十七《古迹四》：潍县，"营陵县故城，在县二十五里。汉置县，属北海郡。今遗址尚存。"《续山东考古录》卷十三《莱州府·潍县》引《县志》同，而引"《通志》作三十里。"王文楚按：清潍县即今潍坊市。清《嘉庆重修一统志》卷一百七十一《青州府·古迹》："营陵故城，在昌乐县东南，即古营丘。……《明统志》在昌乐县东南五十里。"则在昌乐县南。《水经注》卷二十六《淄水》："余按营陵城南无水，惟城北有一水，世谓之白狼水，西出丹山。俗谓凡山也，东北流。"又《水经注》卷二十六《巨洋水注》："平寿故城在白狼水西，水上承营陵县之下流，东北迳（平寿）城东。"王文楚按：白狼水，即今流迳昌乐县东南、潍坊市南之白浪河，平寿故城在今昌乐县东南古城，据此，营陵县故城应在今昌乐县东南，潍坊市南三十里，平寿故城上流，今昌乐县东南古城东南有营丘，营陵应在其南白浪河南岸，今定于程家下埠。《续山东考古录》卷十三《莱州府上·潍县》：营陵县故城，"潍县南五十里吕王庄有太公堂村，县之南正白狼水东南，汉县即此无疑。"王汝涛点注：汉营陵县，"遗址在今昌乐县东南22.5公里河头乡古城村。"此所说在今白浪河之北岸，皆不可信。

【集释】《马注》：与龙曰：说见《汉书·地理志》。

【编者按】营陵县故城，在今山东昌乐县东南。《中国文物地图集·山东分册》根据考古资料定点在今山东昌乐县东南"马宋镇古城村"。王文楚考证，在今山东昌乐县东南白狼河南岸程家下埠一带，详见上引。

安丘

【集释】《马注》：与龙曰：三国魏县，属城阳。宋因，属平昌郡。李兆洛云：今安丘县西南二十里。

故莒渠丘父封邑。

【斠注】汉属北海郡，后汉属北海国。《宋志》曰：《晋太康地志》属琅邪。《魏地形志》亦云安（邱）〔丘〕晋属琅邪。《斠注》案：安丘盖由琅邪改属东莞。《水经·汶水注》曰：汶水又东迳安丘县故城北。注云：孟康曰今渠丘亭是也。伏琛、晏谟《齐记》并言莒丘亭在安丘城东北十里，非矣。

【集释】《马注》：与龙曰：《郡国志》注引《地道记》曰：安丘有渠丘城。

《中国历史地理信息系统释文》（未刊稿）：《水经注》卷二十六《汶水》："汶水又东迳安丘县故城北，汉高帝八年，封将军张说为侯国。《地理志》曰：王莽之诛郅也。孟康曰：今渠丘亭是也。……城对牟山。"王文楚按：《汉书》卷二十八《地理志上》：北海郡安丘县，"莽曰诛郅。"可知此即《汉书·地理志》之北海之安丘县，而非侯国，此安丘城对牟山，牟山在今安丘县西南十五里，《嘉庆重修一统志》卷一百七十一《青州府·山川》："牟山，在安县西南十五里。"《续山东考古录》卷十七《青州府下·安丘县》："（汉）琅邪郡安丘县故城，在西南十五里。"王文楚按：云"琅邪郡安丘"乃"北海郡安丘"之误，今安丘县西南牟山前，即安丘县故址。

【编者按】安丘县故城，在今山东安丘市西南。

盖

【斠注】两汉属泰山郡。《宋志》曰：《晋太康地志》属乐安。《斠注》案：太康间当由乐安改属东莞。《读史方舆纪要》三十五曰：盖城在沂水县西北七十里。

【集释】程廷祚《证今》曰："在今沂水县西北。"

《马注》：与龙曰：三国魏县，属泰山。《左传·襄十八年》杜注：东莞盖县。宋因，属东安郡。李兆洛云：在沂水县西北八十里。

《中国历史地理信息系统释文》（未刊稿）：《续山东考古录》卷二十一《沂州府下·沂水县》："盖县故城在西北百二十里，今盖邑庄，《寰宇记》作八十里，误。"王汝涛点注："盖县遗址，在今沂源县东南18公里中庄乡盖冶村。"

【编者按】盖县故城，在今山东沂源县东南盖冶。

临朐

【集释】《通鉴》胡注："《水经注》：沭水出琅邪东莞县西北山，东南流，右合岘水。水北出大岘山，今有大岘关。魏收《志》，齐郡盘阳县有大岘山。《五代志》，临朐县有岘山。杜佑曰：大岘在沂州沂水县北。岘，户典翻。""魏收《志》曰：临朐即汉之朐县也，属东海郡；晋曰临朐，属东莞郡。宋白曰：因临朐山而名。朐，音劬。"

程廷祚《证今》曰："今县。"

《马注》：与龙曰：三国魏县，属齐国。《郡国志》注引《地道记》曰：有石高山。《春秋·庄元年》杜注：东莞临朐县，有穆陵关，在今临朐县南一百里大岘山上。《宋书·武帝纪》：慕容超闻王师将至，其大将公孙五楼说超，宜断据大岘山。即穆陵关也，为齐南天险。《一统志》：故城今青州府临朐县治。

《中国历史地理信息系统释文》（未刊稿）：《续山东考古录》卷十七《青州府下·临朐县》："临朐县即今治。《水经注》：'巨洋水迳临朐县故城东，其城侧临朐川（朐下当有山字，山在城东二里）。又东北迳委粟山东。'今治在巨洋水西一里，委粟山南三里（《元和志》：'委粟山在县北七十里'，误），即汉治无疑。"

有海水祠。

【斠注】汉属东莱郡，后汉属齐国。《寰宇记》二十曰：故临朐城在县北二十三里。《郡国县道记》云：临朐有海水祠。今故城北去海二十里，南去海神祠约五六里，与《汉志》注同。

【集释】《马注》：与龙曰：未详。按《汉书·地理志》：临朐有逢山祠。

【编者按】临朐县故城，即今山东临朐县治。

剧

【斠注】汉属北海郡，后汉属北海国。《斠注》案：《东晋疆域志》据《地形志》，剧，晋属琅邪，后属北海。是剧由东莞改并琅邪，又改北海也。《宋志》引《太康地记》亦云：剧属琅邪国。《水经·巨洋水注》曰：巨洋又东北迳剧县故城西。注云：古纪国也。《读史方舆纪要》三十五曰：剧城在寿光县东南三十里。

【集释】程廷祚《证今》曰："在今寿光县东南三十里。"

《马注》：与龙曰：三国魏县，属北海。《左传·隐元年》杜注：东莞剧县。《尔雅》：道开七达谓之剧（编者校：一本此后有"骖"字。）。郭璞注：今北海剧有此路。按：此时县东晋时已移属北海。宋因，属青州北海郡。《一统志》：故城今寿光县东南。

《中国历史地理信息系统释文》（未刊稿）：《太平寰宇记》卷十八《河南道十八》：潍州昌乐县，"废剧县，在县西五十五里。《地理志》云剧，故纪城也，汉置剧于纪城，后为县，属北海郡。"王文楚按：潍州治北海县，即今潍坊市，今昌乐县在潍坊市西五十五里，则汉剧侯国在今昌乐县西十里。光绪《山东通志》卷三十七《古迹四》：昌乐县，"剧县故城，在县西十里，汉置县，属北海郡。"《续山东考古录》卷十七《青州府下·昌乐县》："北海郡剧县故城在西十里，又名剧南城。按此剧城即北海郡剧县。《汉书·地理志》注侯国者。"是也。王文楚按：以方位推测，约今昌乐县西董家庄。

【编者按】剧县故城，在今山东昌乐县西。

广

【斠注】汉属齐郡，后汉属齐国。《读史方舆纪要》三十五曰：广县城在青州府西南四里。

【集释】《马注》：与龙曰：三国魏县，属齐国。《史记·索隐》卷十八引《晋书地道记》：广县在东莞。《一统志》：故城今益都县西南四里，土人目为古青州。

《中国历史地理信息系统释文》（未刊稿）：《续山东考古录》卷十五《青州府上·益都县》："广都故城，在西南四里。"王汝涛点注："广县，遗址在今青州城西南2公里瀑水涧与南阳河之间。"

【编者按】广县故城，在今山东青州市西南。《中国文物地图集·山东分册》根据考古资料定在今山东青州市西南"五里镇下圈村周围"。晋永嘉末在今青州市城区西南"王府街道尧山东南三里"建广固城。

广陵郡 汉置。

【集释】程廷祚《证今》曰："在今江南。"

《马注》：与龙曰：三国魏、吴分据，各置郡。宋因，属南兖州。

统县八，户八千八百。

【集释】毕沅《新补正》：沅案：又晋安帝置六合县，《沈志》：海陵县，三国时废，晋武帝太康元年复立。

方恺《新校》：方恺曰：又《州郡志》广陵太守高邮令，汉旧县，三国时废，晋太康元年复立。今高邮属临淮，与《沈志》异。吴翊寅案：广陵、江都、高邮三县自汉至宋皆属广陵，不容太康中独属临淮，本《志》恐误。又《郡国志》广陵有淩县，《太康地志》言广陵有陵县，见下邳下。又案《郡国志》广陵下有堂邑县，后篇言惠帝元康七年，以堂邑置堂邑郡，则未置郡以前县仍汉旧可知矣。《册府元龟·令长部》晋范广为堂邑令，《志》脱。

【斠注】《汉志》曰：广陵国，高帝六年属荆州，十一年，更属吴，景帝四年，更名江都，武帝元狩三年，更名广陵。《续汉志》后汉为广陵郡。《宋志》曰：晋武帝太康三年，治淮阴故城，后又治射阳，江左置广陵。《文选·江赋》注：臧荣绪《晋书》曰：海岱及淮，惟徐州部广陵郡。《元和郡县补志》六曰：曹魏为重镇，后属吴，晋为广陵郡，东晋末以地控接三齐，故青、兖二州刺史皆镇于此。

【编者按】广陵郡治淮阴县，在今江苏淮安市淮阴区西南。

淮阴

【斠注】汉属临淮郡，后汉属下邳国。《水经·淮水篇》曰：淮水自盱眙来，东北至下邳淮阴县西合泗水。《读史方舆纪要》二十二曰：淮阴城在淮安府西北四十里。

【集释】《通鉴》胡注：《南北对境图》曰：淮阴县距淮五十步，北对清河口十里，进可以窥山东，内则蔽沿江，晋、宋以为重镇。

《马注》：与龙曰：三国魏县，为郡治。《州郡志》：淮阴令，《晋太康地志》属广陵。宋因，属临淮郡，为兖州治。《一统志》：故城今淮安府清河县南。

【编者按】淮阴县故城，在今江苏淮安市淮阴区西南码头镇东南、废黄河西岸。又一说在码头镇东北、废黄河东岸甘罗城遗址。《中国文物地图集·江苏分册》将甘罗城遗址定为秦汉淮阴县治所。

射阳

【斠注】汉属临淮郡，后汉属广陵郡。《宋志》曰：三国时废，晋武帝太康元年复立。《水经·淮水注》曰：白马湖迳山阳城西，即射阳县之故城也。应劭曰：在射水之阳。《读史方舆纪要》二十二曰：射阳城在盐城县西九十里。

【集释】程廷祚《证今》曰："今淮

安府山阳县。"

　　毕沅《新补正》：沅案：又广陵县，亦太康二年复立。今案：《志》无此县，盖后复省。（编者校：后有广陵县，此处毕沅《新补正》疑有误。）

　　《马注》：与龙曰：三国魏无。《郡国志》注引《地道记》曰：有博支湖。《寰宇记》：射阳县，晋义熙九年省。宋因，属临淮郡。《一统志》：故城今山阳县城东南。

　　【编者按】射阳县故城，在今江苏宝应县东北射阳湖镇。《中国文物地图集·江苏分册》根据考古资料定点在今江苏宝应县东北"射阳湖镇集镇东南"。

舆

　　【斠注】汉属临淮郡，后汉属广陵郡。《读史方舆纪要》二十三曰：舆县城在扬州府西四十五里。

　　【集释】《马注》：与龙曰：三国吴县。宋元嘉十三年省入江都县。《一统志》：故城今扬州府甘泉县西十五里。

　　【编者按】舆县故城，在今江苏仪征市北。

海陵

　　【中华校】海陵　原作"海阳"。马校："阳"当作"陵"。《左传·哀公十二年》杜注有广陵海陵县，是当时作"海陵"。余详《清一统志》。按：马说是，今据改。

　　有江海会祠。

　　【斠注】《斠注》案：海阳当为海陵之讹。海陵，汉旧县也。《宋志》云：海陵，三国时废，晋武帝太康元年复立。《汉书补注》曰：江海会者，谓江入海处也。

　　【集释】程廷祚《证今》曰："今扬州府泰州。杜作海陵。前汉临淮郡有海陵县，后汉省。"

　　方恺《新校》：方恺曰：杜注《哀十二年·传》有广陵海陵。本《志》作海阳，字之误。《州郡志》：海陵，三国时废，晋太康元年复立。

　　《马注》：与龙曰：阳当作陵，形似致讹。三国魏无。《一统志》云：《后汉书·志》无海陵，而不详省入何县，据沈约《宋书·志》但云三国时废，则是后汉时其县固在，而《志》脱误也。又《三国·吴志·吕岱传》：岱，广陵海陵人，为郡县吏。则是汉末海陵未废，即沈约所云晋太康二年复立者，亦未可信。至《晋志》广陵所统县有海阳而无海陵，以前《志》海陵有江海会祠，及《晋志》祠在海阳推之，知海阳即海陵耳。与龙按：《一统志》之说甚是，惟吕岱为县吏时在汉末，及三国魏、吴纷争，此县自废，沈约所云太康二年复立仍可信也。宋因。《一统志》：故城今扬州府泰州治。

　　【编者按】海陵县故城，即今江苏泰州市治。《宋本晋书》海陵为海阳。误。

广陵

　　【斠注】汉属广陵国，后汉属广陵郡。《宋志》曰：三国时废，晋武帝太康元年复立。《读史方舆纪要》二十三曰：广陵城在扬州府城东北。

　　【集释】《马注》：与龙曰：三国时废。《魏志》：移广陵郡治淮阴，而以故城为边邑。《吴志》：五凤二年，使卫尉冯朝城广陵。《文献通考》：魏黄初六年，文帝幸广陵故城，即鲍照所赋芜城也。本书太和四年，桓温发徐、兖二州民筑广陵城；十年，谢安出镇广陵之步丘，筑垒曰新城。宋因。《一统志》：故城今扬州府城东北。

【编者按】广陵县故城，在今江苏扬州市西北。史为乐主编《中国历史地名大辞典》定点在今江苏扬州市西北"蜀岗"上。

盐渎

【斠注】汉属临淮郡，后汉属广陵郡。《宋志》曰：三国时省，晋武帝太康二年复立，安帝更名为盐城。《新斠注地理志》九曰：今淮安府盐城县。本《寰宇记》。

【集释】毕沅《新补正》：沅案《通典》：晋安帝更名为盐城。

《马注》：与龙曰：三国时废。《州郡志》：盐城令，旧曰盐渎。宋因，属山阳郡。《一统志》：故城今淮安府盐城县西北。

【编者按】盐渎县故城，即今江苏盐城市治。

淮浦

【斠注】汉属临淮郡，后汉属下邳国。《水经·淮水注》曰：淮水自泗水凌来，东至淮浦县。应劭曰：淮，崖也，盖侧临淮渎，故受此名。《禹贡锥指》曰：淮浦故城在今淮安府安东县西。

【集释】《马注》：与龙曰：三国魏县。《州郡志》：淮浦令，《晋太康地志》属广陵。《水经注》：淮水东至广陵淮浦县入于海。应劭曰：浦，岸也，盖侧淮渎，故受此名。宋因，属临淮郡。《一统志》：故城今安东县西。

【编者按】淮浦县故城，在今江苏涟水县西南。

江都有江水祠。

【斠注】两汉旧县。《宋志》曰：三国时废，晋武帝太康六年复立。江左又省并舆县。《水经·淮水注》曰：县城临江。应劭《地理风俗记》曰：县为一江之会，故曰江都也。县有江水祠，俗谓之伍相庙也，子胥但配食耳，岁三祭，与五岳同。《新斠注地理志》十五曰：江水祠，宣帝置。《郊祀志》：祠江于江都。考汉初因秦制，祀江于蜀，宣帝乃改祠之耳。《读史方舆纪要》二十二曰：江都故城在扬州府西南四十里。

【集释】《马注》：与龙曰：注说见《郡国志》。三国时废。《州郡志》：江都令，元嘉十三年复立。《元和志》：大江，西北自六合县界流入江都。晋祖逖击楫中流自誓之所，南对丹徒之京口。宋因。顾祖禹云：今扬州府江都县西南四十里。

【编者按】江都县故城，在今江苏扬州市邗江区西南夹江北小沙洲这一位置。原应在江边，后随河道变迁，坍入江中。此沙洲现属于镇江市丹徒区。

临淮（郡）[国] 汉置，章帝以合下邳，太康元年复立。

【集释】程廷祚《证今》曰："在今江南泗州及凤阳府界。"

方恺《新校》：方恺曰：又案《荀顗传》封临淮公，若从高平、钜鹿例，当称国。又颢于咸初封临淮侯，武帝践阼，进爵为公。是在魏末晋初已有临淮郡，乃本《志》前篇云太康元年分置临淮郡与《传》矛盾，必有一误。

《马注》：与龙曰：按晋永嘉后废，江左侨立。宋因，属南徐州。

统县十，

【集释】《马注》：与龙曰：今补录堂邑县为统县十一。

户一万。

【斠注】《汉志》曰：武帝元狩六年置。《宋志》曰：光武以并东海，明帝永平十五年，复分临淮之故地为下邳郡。晋武帝太康元年，复分下邳之淮南为临淮郡，治盱眙。《水经·济水注》曰：《地理志》曰：临淮郡，汉武帝元狩五年置，治徐县。《斠注》案：《水经注》作五年，与《汉志》异。本《志》云章帝以合下邳，与《宋志》作明帝永平十五年亦异。《元和郡县图志》九曰：汉武帝分置临淮郡，后汉下邳太守理此。自晋迄后魏并为宿豫县。又宿迁下云：晋立宿豫县。

【集释】《通鉴》胡注：宿豫城在淮北，帝置宿豫郡及宿豫县；唐代宗讳豫，改为宿迁县，属徐州。宋白曰：宿豫城在下邳东南百八十里，盖本宋人迁宿处也，宋灭，为邑；汉为仇（编者校：中华书局点校本《汉书》"仇"字为"厹"。）犹县，属临淮郡；晋安帝立宿豫县，唐改宿迁县。

【编者按】临淮郡应称临淮国。谭其骧主编《中国历史地图集》西晋太康二年图即定名临淮国。晋泰始元年（265年）荀颢封临淮公，历后世至宋受禅国除。临淮国治盱眙县，在今江苏盱眙县东北。

盱眙

【斠注】汉旧县，后汉作盱台，属下邳国。《汉书补注》曰：春秋吴善道[邑]（编者校：此处脱一"邑"字。），秦为县，楚怀王都，见《项羽传》。

【集释】毕沅《新补正》：沅案《太平寰宇记》：晋义熙中，又置盱眙郡。又云置于今盱眙县东一里台子山上。

《马注》：惠栋曰：张华云，武陟墓在城东十五里。与龙曰：县三国时废。阮胜之《南兖州记》：盱眙本吴善道地。《州郡志》南兖州盱眙太守下云：盱眙本县名，晋属临淮，晋安帝分立。《一统志》：故城今泗州盱眙县东北淮水滨。

【编者按】盱眙县故城，在今江苏盱眙县东北。

东阳

【斠注】汉旧县，后汉属广陵郡。《史记·项羽本纪·正义》：《括地志》曰：东阳故城在楚州盱眙县东七十里，秦东阳县城也，在淮水南。《寰宇记》十六：在盱眙县东七十五里。《读史方舆纪要》二十一曰：东阳城在天长县东七十里。

【集释】《马注》：与龙曰：三国时废。《史记·项羽本纪·集解》：晋灼曰：东阳县本属临淮郡，汉明帝分属下邳，后复分属广陵。《州郡志》：东阳令，《晋太康地志》属临淮。有石鳖城，在今宝应县东。《苟崧传》：苟羡北镇淮阴，屯田于东阳之石鳖。宋因。《一统志》：故城今天长县西北。

【编者按】东阳县故城，在今江苏盱眙县东马坝镇东阳。《中国文物地图集·江苏分册》根据考古资料定点在今江苏盱眙县东"马坝镇东阳村"。

高山

【斠注】汉旧县，后汉属下邳国。应劭曰：高山在东南。

【集释】《马注》：与龙曰：三国时废。宋省，今地阙。李兆洛云：当在今江苏境。谢钟英云：故城当在今洪泽湖中，故泗州之东。

【编者按】高山县故城，在今江苏盱眙县南。

赘其

【斠注】汉旧县，后汉省，晋复置。《读史方舆纪要》二十一曰：赘其城在盱眙县西。

【集释】何超《音义》：赘，之税反。

《马注》：与龙曰：汉县，属临淮，后汉、三国无，宋省。李兆洛云：故城今泗州盱眙县北。

【编者按】赘其县故城，在今江苏盱眙县西南。

潘旌

【斠注】《汉志》作播旌，《续汉志》作潘旌，属下邳国。

【集释】《马注》：与龙曰：县三国时废，宋省。李兆洛云：故城今盱眙县北。

【编者按】潘旌县故城，今地无考。

高邮

【斠注】两汉属广陵国。《宋志》曰：三国时废，晋武帝太康元年复立。《元和郡县补志》六曰：本秦之高邮亭。

【集释】何超《音义》：高邮，音尤。

方恺《新校》：方恺曰：此郡辖淮水左右，以今舆地言之，各县皆滨洪泽湖，惟高邮一县最远，地势不合，当属广陵，见广陵下。

《马注》：与龙曰：县三国时废。有武广湖、陆阳湖，在今高邮州南。有范梁湖，在今高邮州西北五十里。有津湖，在今宝应县南六十里。《水经·淮水注》：中渎水自广陵北出武广湖东、陆阳湖西，二湖东西相直五里，水出其间，下注樊梁湖，旧道东北出，至博芝、射阳二湖，西北出夹邪，乃至山阳矣。至永和中，患湖道多风，陈敏因穿樊梁湖北口，下注津湖径渡，渡十二里，方达北口，直至夹邪。兴宁中，复以津湖多风，又自湖之南口沿东岸二十里，穿渠入北口，自后行者不复由湖。故蒋济《三州论》曰：淮湖纡远，水陆异路，山阳不通，陈敏穿沟，更凿马濑，百里渡湖者也。纪白云，方达北口谓津湖之北口，湖之南口谓津湖之南口。宋因，属广陵郡。《一统志》：故城今扬州府高邮县治。

【编者按】高邮县故城，即今江苏高邮市治。谭其骧主编《中国历史地图集》西晋太康二年图将高邮县划归广陵郡。

淮陵

【斠注】汉旧县，后汉属下邳国。《寰宇记》十六曰：古淮陵城在招信县西北二十五里。《水经注释》三十曰：全氏曰：按胡三省：今招信军盱眙县西淮陵城，临池河，池河过淮陵城西北入淮，谓之池河口。《禹贡锥指》曰：淮陵故城在今盱眙县西八十五里。《读史方舆纪要》二十一作盱眙县西北九十五里。《晋地理志新补正》曰：按《苏峻传》除淮陵内史，则淮陵又作国。《斠注》案：《宋志》"惠帝永宁元年，以淮陵郡为淮陵国"是也。

【集释】《马注》：与龙曰：三国魏县，属下邳。《州郡志》南徐州刺史淮陵太守下云：本淮陵县，晋属临淮。按县永嘉后废。《一统志》：故城今泗州盱眙县西北八十五里。

【编者按】淮陵县故城，在今安徽明光市东北紫阳乡南、女山湖北一带。

司吾

【斠注】汉属东海郡，后汉属下邳国。《水经·沭水注》曰：《春秋左传》：楚执钟吾子以为司吾。《宋志》曰：司吾令，《晋太康地志》属临淮。《读史方舆纪要》二十二曰：司吾城在宿迁县西北。

【集释】《马注》：与龙曰：三国魏县，属下邳。李兆洛云：故城今徐州府宿迁县北六十里。

【编者按】司吾县故城，在今江苏新沂市南。《中国文物地图集·江苏分册》根据考古资料定点在今江苏新沂市南"王庄镇司吾村东3里"，原属宿迁市境。

下相

【斠注】汉旧县，后汉属下邳国。应劭曰：相水出沛国，故加下。《读史方舆纪要》二十二曰：下相城在宿迁县西北七十里。

【集释】《马注》：与龙曰：三国魏县，属下邳。《州郡志》淮陵太守下云：《永初郡国》又有下相，《晋太康地志》属临淮。李兆洛云：故县今宿迁县西七里。

【编者按】下相县故城，在今江苏宿迁市宿城区废黄河西岸古城村。

徐

【斠注】汉旧县，后汉属下邳国。《汉志》曰：徐，故国，盈姓。《元和郡县图志》九曰：晋太康三年，复置徐县，属临淮郡。《读史方舆纪要》二十一曰：徐城废县在泗州西北五十里。

【集释】《马注》：与龙曰：三国魏县，属下邳。《州郡志》：淮陵太守徐令，《晋太康地志》属临淮。《一统志》：故城在旧泗州城西北。按：泗州旧城，康熙十九年圮于水，州没于洪泽湖中。谢钟英云：故县今泗州盱眙县西北八十里。

【编者按】徐县故城，在今江苏泗洪县东南徐台。

[堂邑]

【集释】《马注》：方恺曰：《郡国志》广陵下有堂邑县，本《志》后篇言，惠帝元康七年，以堂邑置堂邑郡，则未置郡以前县仍汉旧可知矣。《册府元龟·令长部》：晋范广为堂邑令。《志》脱。与龙曰：三国吴县。《州郡志》秦郡太守下云：堂邑，晋属临淮。扬州刺史下云：后省堂邑并高阳。今据以补录。《一统志》：故城今江宁府六合县北。

【编者按】《马注》此处增补堂邑县。堂邑县故城，在今江苏南京市六合区北。

太康十年，以青州城阳郡之莒、姑幕、诸、东武四县属东莞。元康元年，分东海置兰陵郡。

【斠注】《宋志》曰：去州陆二百，去京都水一千六百，陆一千三百。《寰宇记》曰：晋惠帝分东海之兰陵、承、戚、合乡、昌虑五县置兰陵郡。

【集释】《马注》：与龙曰：《州郡志》：兰陵太守，晋惠帝元康元年分东海立。《寰宇记》：理承县。宋因，移治昌虑。

七年，又分东莞置东安郡，

【斠注】《东晋疆域志》曰：东晋凡领县二：盖、新泰。《沈志》：去州陆七百，去京都一千三百。

【集释】毕沅《新补正》：沅案《沈志》：晋惠帝立东安郡，领县三。

《马注》：与龙曰：《州郡志》：东安太守，晋惠帝分东莞立。李兆洛云：东安郡，今沂州府沂水县西北八十里。

胡阿祥《东晋南朝侨州郡县考表》："东安郡侨置地在盖（山东沂源东南）。"

分临淮置淮陵郡，

【集释】《通鉴》胡注：惠帝元康七年，分临淮置淮陵郡，其地当在唐沂州临沂县界。宋白曰：泗洲招信县，本汉淮陵县。

《马注》：与龙曰：《苏峻传》：除淮陵内史。李兆洛云：故郡当在今江苏境。

胡阿祥《东晋南朝侨州郡县考表》："又《宋志》一南徐州刺史淮陵太守：'惠帝永宁元年，以为淮陵国。'当依《宋志》。又下相、司吾、徐三县，《宋志》并云'《晋太康地志》属临淮'。按分临淮立淮陵后，当属淮陵。""淮陵郡侨置地在武进（江苏丹阳市东）。"

以堂邑置堂邑郡。

【斠注】《东晋疆域志》曰：秦郡。《沈志》：晋惠帝永兴元年，分临淮、淮陵立堂邑郡。安帝改堂邑为秦郡。《斠注》案：本《志》无堂邑县，此文误以为分临淮置淮陵郡，又误增"以堂邑"三字，且属诸元康七年，均不如《沈志》之确。据《宋志》云：永宁元年以为淮陵国，领司吾、徐阳、乐三县。永宁在永兴之前，淮陵已由县为国，故至永兴元年分临淮、淮陵二郡国之地以立堂邑郡也。《宋志》属县有秦令，本属秦国，流寓立。义成令，江左立。《读史方舆纪要》三曰：今江宁府六合县，故棠邑也，义熙中改曰秦郡。

【集释】《马注》：与龙曰：《州郡志》扬州刺史下云：江左又立堂邑郡，领堂邑一县。《王国宝传》迁堂邑太守，《杨佺期传》同。

胡阿祥《东晋南朝侨州郡县考表》："堂邑郡侨置地在京邑（江苏南京市）。"

永嘉之乱，临淮、淮陵并沦没石氏。元帝渡江之后，徐州所得惟半，乃侨置淮阳、

【集释】《马注》：与龙曰：淮阳，前汉国。《文选·沈休文钟山诗》注引王隐《晋书》：荀晞曰："淮阳之地，北阻涂山，南枕灵岳。"按此则永嘉以前尝复置淮阳郡也。《州郡志》：淮阳太守，晋安帝义熙中土断立。领角城令，晋安帝义熙中土断立；晋宁令，故属济岷；

宿预令，晋安帝立。《水经注》：泗水迳宿预城南。晋元帝为安东时，尝督运军储以为邸阁。《一统志》：淮阳郡，今淮安府清河县西南。角城，一作甪城，今清河县南。晋宁在今徐州府宿迁县东南。宿预在今宿迁县东。按《志》于淮阳郡，所领县缺而未载。

阳平、

【集释】《马注》：与龙曰：《州郡志》阳平太守下云：故属司州，流寓来配。李兆洛云：故郡今凤阳府灵璧县南。

济阴、

【集释】《马注》：与龙曰：《州郡志》济阴太守下云：属兖州，流寓徐土，因割地为境。李兆洛云：故郡今徐州府睢宁县治。

北济阴

【集释】《马注》：与龙曰：北济阴郡，宋置，属南兖州，《志》误，今地阙。李兆洛云：当在今江南境。

四郡。

【斠注】《东晋疆域志》曰：徐州，《沈志》云：明帝世，淮北没寇，侨立徐州，治钟离。安帝义熙七年，始分淮北为北徐，淮南犹为徐州，后犹以幽、冀合徐。今考江北、淮南诸实郡皆徐州所领。胡三省云：徐州实郡在江北者有广陵、堂邑、钟离三郡，然实不止此也。《沈志》：穆帝永和中，郡移出京口。《图经》：晋徐州侨治京口，凡领旧郡二，增置郡四：广陵、海陵、山阳、盱眙、钟离、淮陵。《宋志》曰：淮阳去州水六百，陆五百，去京都水七百，路五百五十。《东晋疆域志》：淮阳郡领县三：淮阳、甪城、晋宁。《读史方舆纪要》二十一曰：淮阳城在泗州东北百里。《廿二史考异》十九曰：按淮阳四郡，《宋志》皆在徐州部内，即晋末之北徐州。彼《志》云淮阳，晋义熙中土断立；北济阴，宋孝武孝建元年立，则皆非元帝侨立矣。安帝义熙五年，慕容超将慕容兴宗寇宿（豫）[预]（编者校：上海古籍出版社点校本《廿二史考异》"豫"为"预"。），阳平太守刘千载为贼所执，此阳平侨置淮北之证。淮阳领甪城、宿预等县，去京都水七百，陆五百五十，亦淮北地也。《志》既云临淮、淮陵沦没石氏，乃置此四郡，则四郡宜在淮南，微独与《宋志》不合，即与《安帝纪》亦相牴牾。宋末失淮北，始侨立北淮阳、北济阴于广陵，阳平于山阳。《志》殆误仞宋末侨置之郡以为元帝所立。

【集释】毕沅《新补正》：沅案《沈志》：晋安帝于淮阳郡立宿预县。

《马注》：钱大昕曰：阳平则云流寓来配，虽不言何时立，据来配之文，亦当在义熙土断时，不在元帝时也。况宋武分两徐州本画淮南北为界，而元帝渡江之始所得徐州之半，不过淮南数郡耳。即有侨立郡县，亦当在淮南，不在淮北，而《宋志》所列徐州之境，则皆淮北也，岂可执义熙分配之制误仞为元帝所置乎？此《晋志》之最谬者。史家志地理当知限断。淮阳属豫州，阳平属司州，济阴属兖州，皆非徐土也，在徐言徐可矣，何暇及他郡乎？与龙曰：钱说是。

又琅邪国人随帝过江者，遂置怀德县

【集释】《通鉴》胡注：永嘉之乱，

琅邪国人随元帝过江者千余户，太兴三年，立怀德县。丹杨虽有琅邪相而无地。成帝咸康元年，桓温领琅邪太守，镇江乘之蒲洲金城，求割江乘县境立郡，始有实土。

《马注》：与龙曰：《元帝纪》大兴三年诏曰：先王君临琅邪四十余年，今琅邪国人在此者近有千户，令立为怀德县，统丹杨郡，以为汤沐邑，优复之。《一统志》：故城今（江）（编者校：此处衍"江"字，迳改。）江宁府上元县北。

及琅邪郡

【集释】《马注》：与龙曰：《州郡志》：晋乱，琅邪国人随元帝过江千余户。大兴三年，立怀德县。成帝咸康元年，桓温领郡，镇江乘之蒲洲金城上，求割丹阳之江乘县境立郡。《桓温传》：温自江陵北伐，行经金城，见为琅邪时所种柳皆已十围，叹曰：木犹如此，人何以堪？《孝武纪》：太元八年，谢玄等破苻坚，诏卫将军谢安劳旋师于金城。《齐书志》：南琅邪郡，本治金城，宋因，曰南琅邪。《一统志》：故城今江宁府句容县北琅邪乡。按《州郡志》又云成帝分江乘县立临沂县，此《志》未载。

以统之。

【斠注】《元帝纪》：太兴三年七月诏：琅邪国人在此者近有千户，令立为怀德县，统丹杨郡。《晋地理志新补正》曰：按《元和志》自永嘉之后，琅邪陷于胡寇，成帝于丹阳江乘县界别立南琅邪郡。《斠注》案：如《志》所言，是怀德统于琅邪郡，与本《纪》异，盖先立怀德县统于丹阳，其后立南琅邪郡，又属之。《宋志》云：丹阳虽有琅邪相而无此地。

是时，幽、冀、青、并、兖五州及徐州之淮北流人相帅过江淮，帝并侨立郡县以司牧之。割吴郡之海虞北境，立郯、朐、利城、祝其、厚丘、西隰、襄贲

【集释】《马注》：与龙曰：郯县，今镇江府丹徒县治。朐县，今丹徒县西。利城，今常州府江阴县西五十里。祝其，今镇江府丹阳县地。厚丘，今海州沭阳县北四十里。西隰，当在今江苏境。襄贲，今镇江府丹阳县地。

【编者按】《宋本晋书》厚丘为原丘。误。

七县，寄居曲阿，

【斠注】《宋志》曰：晋元帝初，割吴郡海虞县之北境为东海郡，立郯、朐、利城三县，而祝其、襄贲等县寄治曲阿。《斠注》案：以《宋志》证之，本《志》北境下脱"为东海郡"四字。

【集释】《马注》：与龙曰：《州郡志》南东海太守下云：穆帝永和中，郡移出京口，郯等三县亦寄治于京。《永初郡国》有厚丘，汉旧名。西隰，何云江左立。

以江乘

【集释】《通鉴》胡注："江乘，汉旧县，属丹杨郡。成帝咸康元年，桓温领琅邪太守，镇江乘之蒲州，奉割丹杨之江乘立南琅邪郡，江乘县属焉。""罗落桥在江乘县南，盖缘水设罗落，因以为名。"

孙人龙《晋书考证》："江乘。按《史记》：'秦始皇登会稽，还，从江乘

渡。'正义云：'江乘故县在今润州句容县北六十里。'吴徐盛作疑城，自石头至江乘。晋蔡谟自土山至江乘，镇守八所，城垒凡十一处，皆以沿江为防守之要。今其地在上元县东北五十里。《日知录》据《通鉴》注谓：自古南北之津，上则由采石，下则由江乘，而京口不当往来之道。（编者校：此句为蔡宽大《诗话》语，《通鉴》注此文后为："'此自白沙济江也。'州东北九十里至句容县有下蜀戍，在句容县北，近江津。"）今江乘去江几二十里以外，皆为洲渚，而渡口乃移于龙潭。又瓜洲既连扬子江，江面益狭。而隋唐之代复以丹阳郡移治丹徒，于是渡者舍江乘而趋京口。"

置南东海、南琅邪、

【集释】《马注》：与龙曰：此有脱误，当云置南东海，以江乘置南琅邪，然晋侨立东海郡无南字。又此南琅邪即上文琅邪郡，此误加南字，又误重出。

胡阿祥《东晋南朝侨州郡县考表》："又《宋志》一南徐州刺史南东海太守：'晋元帝初，割吴郡海虞县（江苏常熟市）之北境为东海郡，立郯、朐、利城三县，而祝其、襄贲等县寄治曲阿。穆帝永和中，郡移出京口（江苏镇江市），郯等三县亦寄治于京。'""琅邪郡侨置地在丹阳郡（江苏南京市）。"

南东平、

【集释】《马注》：与龙曰：今地阙，当在今江苏境。

胡阿祥《东晋南朝侨州郡县考表》："东平郡侨置地在江乘（江苏句容市北境）。"

南兰陵

【集释】《马注》：与龙曰：宋因。《一统志》：在今常州府武进县西北九十里。

胡阿祥《东晋南朝侨州郡县考表》："又《南齐书·高帝纪》：'晋元康元年，分东海为兰陵郡。中朝乱，淮阴令整字公齐，过江居晋陵武进之东城里。寓居江左者，皆侨置本土，加以南字，于是为南兰陵兰陵人也。'据此，侨兰陵郡及兰陵侨县等在武进、江乘之间。""兰陵郡侨置地在江乘（江苏句容市北）、武进（江苏丹阳市东）间。"

等郡，分武进立临淮、

【集释】《马注》：与龙曰：宋因。李兆洛云：当在今江苏境。

胡阿祥《东晋南朝侨州郡县考表》："临淮郡侨置地在武进（江苏丹阳市东）。"

淮陵、

【集释】《马注》：与龙曰：说见淮陵县下，宋因。

南彭城

【集释】《通鉴》胡注：晋氏南渡，侨置彭城郡于晋陵界。

《马注》：与龙曰：《州郡志》：南彭城太守，江左侨立。李兆洛云：当在江苏境。

胡阿祥《东晋南朝侨州郡县考表》："彭城郡侨置地在武进（江苏丹阳市东）。"

等郡，属南徐州，

【集释】《通鉴》胡注：晋置南徐州于京口。

又置顿丘郡

【集释】《马注》：与龙曰：《州郡志》

冀州顿丘太守下云：江左屡省置。今地阙，当在江苏境。

胡阿祥《东晋南朝侨州郡县考表》："顿丘侨郡可考者有二：①《宋志》一徐州刺史新昌太守顿丘令：'江左流寓立，属秦。先有沛县，元嘉八年并顿丘，后废帝元徽元年度属此。'按顿丘本为侨郡，《晋志》下徐州：元帝'又置顿丘郡，属北徐州'是也。后省郡为县，隶秦郡侨郡。其侨地，《隋志》下江都郡清流：'旧曰顿丘。'②《宋志》二冀州刺史顿丘太守：'江左屡省置，孝武又侨立，何无，领县四'，即顿丘、卫国、肥阳、阴安。泰始后没于魏。侨地无考，疑在今山东济南、淄博两市之间。"

属北徐州。

【斠注】《宋志》曰：成帝咸康元年，桓温领郡，南琅邪郡。镇江乘之蒲洲金城上，求割丹杨之江乘县境立郡。又分江乘地立临沂县。《东晋疆域志》曰：东海郡领县七：郯、朐、利城、祝其、厚丘、西隰、襄贲。琅邪郡领县五：怀德、临沂、阳都、费、即丘。东平郡领县无考。兰陵郡领县一：兰陵。临淮郡领县无考。淮陵郡领县二：广阳、阳乐。彭城郡领县一：开阳。《廿二史考异》十九曰：按元帝之世，蔡豹为徐州刺史，镇下邳，豹死，而卞敦以刺史镇泗口，寻退保旴眙，未闻有南、北徐州之分，此一误也。当时侨立诸郡，或在江南，或在江北，虽非故土，而不加南字，义熙收复全徐，由是有北彭城、北琅邪、北兰陵之称，永初受禅，乃诏郡县寓立于南者，听以南为号，以北为名者悉除之，而《志》谓元明之世已有南

琅邪、南东平、南兰陵、南彭城、南下邳、南东莞诸名，此二误也。顿（邱）[丘]（编者校：上海古籍出版社点校本《廿二史考异》"邱"为"丘"。）本属司州，即使侨立徐土，徐州刺史得兼督之，而未经土断，当犹存司州之名，不得云属北徐州，此三误也。东平本属兖州，虽侨置江南，与东海、琅邪、兰陵之元属徐州者有别，未经土断，当犹属兖州，不得云属南徐州，此四误也。《读史方舆纪要》二十五曰：兰陵城在常州府西北六十里，晋大兴初，始置南兰陵郡及兰陵县于武进界内。

【集释】《通鉴》胡注：北徐州仍治彭城。

明帝又立南沛、

【集释】《马注》：与龙曰：《州郡志》南彭城太守下云：晋成帝又立南沛郡。李兆洛云：今泗州天长县西北。

胡阿祥《东晋南朝侨州郡县考表》："沛郡侨置地在京口（江苏镇江市）、武进（江苏丹阳市东一带）。"

南清河、

【集释】《马注》：与龙曰：宋因。李兆洛云：当在今江苏境。

胡阿祥《东晋南朝侨州郡县考表》："南清河郡当称清河郡。又《宋志》一南徐州刺史南清河太守，领清河、东武城、绎幕、贝丘（疑东晋同）；又《南齐志》上南徐州南清河郡领四县同《宋志》。疑梁天监元年土断中省。侨地在旧晋陵郡界（江苏镇江、金坛、常州、无锡等市一带地）。"

南下邳、

【集释】《马注》：与龙曰：《州郡志》南彭城太守下云：晋明帝又立南下邳

郡。李兆洛云：当在今江苏境。

胡阿祥《东晋南朝侨州郡县考表》："下邳郡侨置地在武进（江苏丹阳市东）一带。"

南东莞、

【集释】《马注》：与龙曰：宋因。《一统志》：故郡今常州府武进县东南。

胡阿祥《东晋南朝侨州郡县考表》："东莞郡侨置地在晋陵南境，今江苏武进市一带。"

南平昌、南济阴、南濮阳、南太平、

【中华校】南太平 《考异》：晋无太平郡，当是"广平"之误。《宋志》谓《永初郡国》有广平郡。《十驾斋养新录》六：此沿袭隋改"广"为"大"，后人妄改为"太"耳。

【集释】《马注》：与龙曰：《州郡志》南（太）[泰]（编者校：中华书局点校本《宋书》"太"为"泰"。）山太守下云：《永初郡国》有广平，江左侨立，晋成帝咸康四年省，后又寄治丹徒，文帝八年省。

南泰山、

【集释】胡阿祥《东晋南朝侨州郡县考表》："泰山郡侨置地在武进（江苏丹阳市东）、丹徒（江苏镇江市东南丹徒镇）间。"

南济阳、

【集释】《马注》：与龙曰：以上诸郡宋并因之。李兆洛云：并在今江苏境。（编者校：《马注》所本，南太平在南济阳之后，今据中华书局点校本《晋书》作目前排序。）

南鲁

【集释】《马注》：与龙曰：宋因。李兆洛云：当在今江苏境。

胡阿祥《东晋南朝侨州郡县考表》："鲁郡侨置地在旧晋陵郡界（江苏镇江、金坛、常州、无锡等市一带）。"

等郡，以属徐、兖二州，

【斠注】《十驾斋养新录》曰：此皆误采《宋志》之文，而不知晋时本无南字。《廿二史考异》十九曰：按晋无太平郡，当是广平之误。《宋志》谓《永初郡国》有广平郡，寄治丹徒，后省为县，属南（太）[泰]山者是也。《东晋疆域志》：沛郡，《沈志》晋成帝又立南沛郡，《晋志》作明帝立，疑误。领县四：符离、洨、竹邑、杼秋。南清河郡，《沈志》属南徐州，领县四：清河、东武城、绎幕、贝丘。下邳郡领县无考。东莞郡，《图经》属南徐州，领县三：莒、东莞、姑幕。平昌郡，《沈志》属南徐州，领县可考者二：安丘、东武。济阴郡，《图经》晋元帝时于睢陵侨置济阴郡，领县二：定陶、顿丘。以上徐州。濮阳郡领县三：濮阳、廪丘、鄄城。高平郡洪氏据《宋书·武纪》列高平郡而无太平郡。领县七：任城、高平、方与、金乡、钜野、平阳、亢父。泰山郡领县十：山茌、奉高、嬴、牟、南城、武阳、梁父、博、莱芜、太原。鲁郡领县四：邹、汶阳、鲁、樊。以上兖州，洪氏失去济阳一郡，盖偶脱漏。

【集释】《马注》：钱大昕曰：晋南渡后侨立徐、兖、青诸州郡于江淮间，俱不加南字。刘裕灭南燕，收复青、徐故土，乃立北青、北徐州治之，而侨置之名如故。《宋书·州郡志》南徐州篇云：晋永嘉大乱，幽、冀、青、并、兖州及徐州之淮北流民，相率过淮，亦有过江在晋陵郡界者。晋成帝咸和四年，司空郗鉴又徙流民之在淮南者于晋陵诸县，其徙过江南及留在江北者，并立侨郡县以司牧之。徐、兖二州或治江北。安帝义熙七年，始分淮北为北徐，淮南犹为徐州。武帝永初二年，加徐州曰南徐，而淮北但曰徐。此条述晋侨立徐州事最分明。首云南徐州刺史者，据宋制而言，而晋时初无南徐之名，元帝渡江之始未尝有北徐州也，史家昧于地理未有如《晋志》之甚者。与龙曰：唐人修《晋地理志》而观《宋志》不审，致滋纰缪，钱氏纠之，得其实矣。

初或居江南，或居江北，或以兖州领州。郗鉴都督青兖二州诸军事、兖州刺史，加领徐州刺史，镇广陵。

【集释】胡阿祥《东晋南朝侨州郡县考表》："广陵（江苏扬州市西北）。"

苏峻平后，自广陵还镇京口。

【集释】胡阿祥《东晋南朝侨州郡县考表》："京口（江苏镇江市）。""徐州侨置地还镇过下邳（江苏睢宁西北）。""又《考异》卷二二晋书王恭传云：'晋南渡以后，徐兖二州刺史，或镇京口，或镇广陵，或镇下邳，率以一人领之。太元二年，以王蕴为徐州刺史，镇京口，谢玄为兖州刺史，镇广陵，始分为二。未几，谢兼领徐州，仍合为一'；又同卷之桓冲传云：'自桓温、刁彝、王坦之领徐兖二州，皆镇广陵，其单称徐州刺史自冲始，移镇京口亦自冲始，而京口遂专北府之名矣。嗣后王蕴代冲为徐州刺史，镇京口，谢玄为兖州刺史，镇广陵，则徐兖遂分两镇。'据此，东晋侨立徐州，始以兖州领徐州，或镇京口，或镇广陵，或镇下邳；孝武宁康三年，桓冲为徐州刺史，遂移镇京口，单称徐州，徐兖遂分两镇。义熙中，刘裕北伐南燕，克复淮北，收复徐州旧土，原徐州分为北徐、徐二州，《宋志》一南徐州刺史云：'安帝义熙七年，始分淮北为北徐，淮南犹为徐州。'"

又于汉故九江郡界置钟离郡，

【集释】毕沅《新补正》：沅案《沈志》，汉九江郡、晋淮南郡有钟离县，即此地也。

《马注》：与龙曰：说见扬州淮南郡钟离县下。

属南徐州，

【斠注】《宋志》曰：徐州钟离，本属南兖州，晋安帝分立。《斠注》案：本《志》叙置钟离郡于穆帝之前，是不始于安帝时。《东晋疆域志》曰：钟离郡。按：此即实郡侨县，领县三：燕、朝歌、乐平。

【集释】《通鉴》胡注：徐州实郡在江北者，实有广陵、堂邑、钟离三郡，而扬州之境以晋陵郡属徐州。

江北又侨立幽、

【集释】《马注》：与龙曰：《扬州府志》：在今高邮州西北平阿湖北。

冀、青、并

【集释】《马注》：与龙曰：三州治地阙，当并在今江苏境。

四州。

【斠注】《宋志》曰：明帝失淮北，侨立青州于赣榆县，又割赣榆置郁县，立西海郡，并隶侨青州。《东晋疆域志》

曰：幽州，《沈志》云徐州备有徐、兖、幽、冀、青、并、扬七州郡邑。按：此则诸侨郡皆在江北淮南地可知。《舆地纪胜》高邮州北阿镇，东晋时尝侨置幽州。太元四年，苻秦将俱难、彭超围幽州刺史田洛于三阿，去广陵百里，即此。凡侨郡可考者二：辽西、燕国。冀州，《宋志》江左立南冀州，后省，义熙中更立，治青州，又省。凡统侨郡国七：广川、河间、魏郡、顿丘、高阳、钜鹿、勃海。青州，《沈志》江左侨立，治广陵，安帝义熙五年平广固，北青州刺史治东阳城，而侨立南青州如故。凡统侨郡三：齐郡、济岷、高密。并州，《沈志》晋于江左侨立，凡统侨郡可考者二：上党、义昌。

【集释】《马注》：与龙曰：说见《州郡志》南徐州篇。

穆帝时，移南东海七县出居京口。

【斠注】《宋志》作穆帝永和中，郡移出京口，郯等三县亦寄治于京口。

义熙七年，始分淮北为北徐州，淮南但为徐州，

【集释】《马注》：与龙曰：说见《州郡志》南徐州篇。

统彭城、沛、下邳、兰陵、东莞、东安、琅邪、淮阳、阳平、济阴、北济阴十一郡，

【斠注】《廿二史考异》十九曰：是时徐州全境虽已收复，分为二州，画淮为界，《志》称淮南仍为徐州，可见前此无南徐州之称也。彭城以下十一郡皆北徐州所统，当时本称北彭、北兰陵、北东莞、北城、北沛、北下邳，《志》依永初诏书除琅邪北字。依《宋志》，尚失数东海一郡，而北济阴为宋孝建所立，不应义熙已有之，当去北济阴而增东海为十一郡也。其徐州仍寄治京口，而遥领广陵、山阳、海陵、盱眙、钟离诸实郡，《志》不言北徐州所统郡，而直以彭城等十一郡系于徐州之下，岂误仞彭城等为淮南侨置之郡乎？然徐州所统，合侨郡、实郡计之，实不止十一，而淮阳以下四郡皆在淮北，不在淮南，进退皆失据矣。《东晋疆域志》曰：今考刘裕平广固后，尽得徐州故土，凡领旧郡七，增置郡五，县三十七，是不止十一郡也。《斠注》案：《宋志》南梁太守，晋孝武太元中侨立于淮南，安帝始有淮南故地属徐州。本《志》失载。

【集释】《马注》：与龙曰：按此则安帝时徐州更有梁郡，此《志》失载。

胡阿祥《东晋南朝侨州郡县考表》："梁国东晋侨置，称'南梁郡'。……考诸史传，则仍多称梁郡。""南梁郡侨置地先在浣川（今地待考，疑在安徽当涂一带），后割实，移寿春（安徽寿县）。"

以盱眙立盱眙郡，

【集释】《马注》：与龙曰：说见盱眙县下。宋因，属南兖州。

胡阿祥《东晋南朝侨州郡县考表》："盱眙（江苏盱眙东北）。"

统考城、直渎、阳城三县，

【斠注】《宋志》曰：晋安帝分立阳城，直渎亦安帝立。《晋地理志新补正》曰：按《寰宇记》，义熙中又置盱眙郡。又云：置于今盱眙县东一里台子山上。

【集释】《马注》：与龙曰：三县宋并因。李兆洛云：考城，泗州盱眙县西南六十里。直渎，今盱眙县东北。阳城，今盱眙县东北。

又分广陵界置海陵、

【集释】《马注》：与龙曰：按《志》于海陵所领县缺而未载。李兆洛云：建陵，今扬州府泰州东北七十里。临江，今通州如皋县南。如皋，今如皋县治。宁海、蒲涛并在今泰州东南。

山阳

【集释】《通鉴》胡注：唐楚州即其地。

《马注》：与龙曰：《州郡志》：山阳太守山阳，与郡俱立。盐城，旧曰盐渎，晋安帝更名。东城、左乡俱晋安帝立。李兆洛云：山阳，今淮安府山阳县治。盐城，今盐城县西北。东城、左乡并当在江苏境。

二郡。

【斠注】《宋志》曰：海陵郡，领建陵、临江、如皋、宁海、蒲涛五县，俱晋安帝立。山阳郡领山阳、盐城、东城、左乡四县。盐城，安帝更名，余三县俱安帝立。《旧唐志》曰：楚海阳地，汉置县，属临淮郡，晋立为海陵郡。刘宝楠《宝应图经》曰：《宋志》云：山阳太守，晋安帝义熙中土断分广陵立。山阳令，射阳县境地名，山阳与郡俱立。《斠注》案：《志》言割射阳境上之地旧名山阳者立郡及令，非分盐城地也，其射阳仍如故是，以晋、宋《志》皆有射阳，非废射阳置山阳也。《太平寰宇记》引《宋书·郡国志》并《记》云：晋安帝义熙元年，省射阳县，分广陵之盐城地立山阳、东城、左乡三县为山阳郡，属南徐州。宋因之。又云：晋义熙元年，省射阳县置山阳郡，属徐州。显与晋、宋《志》不合，所引《宋志》今无此文。

【集释】毕沅《新补正》：沅案：盐城，汉旧县，三国时省，晋武帝太康二年复立。

后又以幽冀合徐州，

【集释】《马注》：与龙曰：《一统志》：徐州治，今镇江府丹徒县东南。

青并合兖州。

【中华校】青并合兖州 "青"下原有"州"字。马校："青州""州"字当衍。《宋志》南徐州下云"后又以幽、冀合徐，青、并合兖"，即此《志》所本。按：马说是，今据删。

【集释】《马注》：与龙曰：王应麟《玉海》：晋末以广陵控扼三齐，故青、兖同镇。按《玉海》不知此《志》衍一州字，遂只言青兖，而遗并州也。兖州治在今扬州府城东北故广陵城。又《州郡志》海西令下不云《太康地志》属广陵。《简文帝纪》：咸安元年，废东海王奕为海西公，或太康后复置也，《志》缺未载。

胡阿祥《东晋南朝侨州郡县考表》："平州其侨置可考者有四：①《宋志》一南徐州刺史：'晋永嘉大乱，幽、冀、青、并、兖州及徐州之淮北流民，相率过淮……江北又侨立幽、冀、青、并四州'……后又以幽、冀合徐，青、并合兖。""并州侨置地在江北，疑在扬州、高邮、泰州等市一带。""②《通鉴》卷一一九永初元年夏四月胡注云：'帝既平关、洛……秦、并州刺史镇蒲坂；毛德祖既自蒲坂退屯虎牢，则并州尝治虎牢也。'（参《晋书·毛宝传附毛德祖传》及《考异》卷三五南史宋宗室诸王传上营浦侯遵考）按《宋志》不载此州，以其暂置旋失也。"

荆州。案《禹贡》荆及衡阳之地，

【集释】《马注》：与龙曰：《禹贡》：《传》：北据荆山，南及衡山之阳。《正义》云：以衡之南无复名山大川可以为记，故言阳，见其境过山南也。《汉书·地理志》：南条荆山在南郡临沮县。按《禹贡》荆州承扬州言，盖东与扬州为界，扬州北据淮，南临海，荆州北据荆，南及衡阳，分界于此，可见其南，不言所止，亦无外之意，其西与梁州为界，其北以荆山与豫州为界。

置十二牧，则其一也。《周礼》："正南曰荆州。"《春秋元命包》云："轸星散为荆州。"荆，强也，言其气躁强。亦曰警也，言南蛮数为寇逆，其人有道后服，无道先强，常警备也。

【斠注】《类聚》六《元康地记》曰：荆州于古蛮服之地。元当作太。

又云取名于荆山。六国时，其地为楚。及秦，取楚鄢郢为南郡，又取巫中地为黔中郡，以楚之汉北立南阳郡，灭楚之后，分黔中为长沙郡。

【集释】何超《音义》：黔中，音琴。

《马注》：与龙曰：《艺文类聚》地部引《晋元康地记》曰：秦灭楚置郡县。

汉高祖分长沙为桂阳郡，改黔中为武陵郡，分南郡为江夏郡。

【集释】《通鉴》胡注：杜佑曰：汉江夏郡故城，在安州云梦县东南。

武帝又分长沙为零陵郡。及置十三州，因旧名为荆州，统南郡、南阳、零陵、桂阳、武陵、长沙、江夏七郡。

【斠注】《晋地理志新补正》曰：按《后汉书·刘表传》：荆州八郡。《汉官仪》：荆州统长沙、零陵、桂阳、南阳、江陵、武陵、南郡、章陵。按：章陵不知何时始置？惟《魏志·赵俨传》，太祖征荆州，以俨领章陵太守，疑郡属建安时所立。又江陵宜作江夏。

后汉献帝建安十三年，魏武尽得荆州之地，分南郡以北立襄阳郡，

【斠注】《宋志》曰：襄阳，魏武帝平荆州，分南郡编以北及南阳之山都立，属荆州。鱼豢云，魏文帝立。

又分南阳西界立南乡郡，分枝江以西立临江郡。

【斠注】《水经·江水注》曰：魏武分南郡置临江郡。

及败于赤壁，

【编者按】张修桂《赤壁古战场历史地理研究》认为今赤壁市赤壁山不是初战的赤壁，但也是整个赤壁古战场的重要组成部分。而武汉市武昌西南的赤矶山是展开遭遇战的赤壁。

南郡以南属吴，吴后遂与蜀分荆州。于是南郡、零陵、武陵以西为蜀，江夏、桂阳、长沙三郡为吴，南阳、襄阳、南乡三郡为魏。而荆州之名，南北双立。蜀分南郡，立宜都郡，

【斠注】《水经·江水注》曰：刘备改曰宜都。

刘备没后，宜都、武陵、零陵、南郡四郡之地悉复属吴。魏文帝以汉中遗黎立魏兴、新城二郡，明帝分新城立上庸郡。孙权分江夏立武昌郡，

【斠注】《吴志·吴主传》曰：建安二十五年，权自公安都鄂，改名武昌，以武昌、下雉、寻阳、阳新、柴桑、沙羨六县为武昌郡。

又分苍梧立临贺郡，分长沙立衡阳、湘东二郡。

【斠注】《吴志·吴主传》曰：建安十四年，分长沙为汉昌郡。《三嗣主传》曰：太平二年，以长沙东部为湘东郡，西部为衡阳郡。《斠注》案：衡阳、湘东二郡立于孙亮时，本《志》属于孙权，误也。《志》但言分立衡阳、湘东不及汉昌，史文亦有阙略。

孙休分武陵立天门郡，

【斠注】《吴志·三嗣主传》曰：永安六年，分武陵为天门郡。

分宜都立建平郡。

【斠注】《吴志·三嗣主传》曰：永安三年，分宜都置建平郡。

孙晧分零陵立始安郡，分桂阳立始兴郡，

【斠注】《吴志·二嗣主传》曰：甘露元年，以零陵南部为始安郡，桂阳南部为始兴郡。

又分零陵立邵陵郡，

【斠注】《吴志·三嗣主传》曰：宝鼎元年十月，以零陵北部为邵陵郡。

分长沙立安成郡。

【集释】《通鉴》胡注：吴孙晧宝鼎二年，分豫章、长沙、庐陵立安成郡，唐吉州安福县及袁州诸县，皆其地也。刘昫曰：安福县，吴安成郡治。

【编者按】《宋本晋书》"安成郡"为"安城郡"。

荆州统南郡、武昌、武陵、宜都、建平、天门、长沙、零陵、桂阳、衡阳、湘东、邵陵、临贺、始兴、始安十五郡，其南阳、江夏、襄阳、南乡、魏兴、新城、上庸七郡属魏之荆州。及武帝平吴，分南郡为南平郡，分南阳立义阳郡，

【斠注】《廿二史考异》十九曰：按武帝泰始元年，即封从伯父望为义阳王，是义阳置郡不始于太康，当是因魏之旧耳。叙例以为魏文帝置，考《三国志》，黄初三年改封章陵王据为义阳王，景初元年分襄阳之都叶县属义阳郡，又邓艾义阳棘阳人，来敏、邓芝俱云义阳新野人，是魏有义阳郡矣。《斠注》案：《宋州郡志》云晋武帝分南阳义阳立义阳国，成孺《校勘记》谓此作国为郡字之误。考义阳王望封于武帝泰始之初，当分南阳义阳之地建为王国，本《志》所载不详，《宋志》之言非无据也。

改南乡为顺阳郡，又以始兴、始安、临贺三郡属广州，以扬州之安成郡来属。

【集释】《马注》：与龙曰：《州郡志》魏兴太守广昌子相下云：《晋地记》，武帝太康元年改上庸之广昌为庸昌，二年省。疑是魏所立，此《志》未及载。

州统郡二十二，

【集释】《马注》：与龙曰：《通鉴》胡注：《晋纪》：荆州统郡二十有二。

县一百六十九，

【中华校】县一百六十九 "九"，各本作"七"，今从殿本，与所领总数合。

【斠注】周家禄《校勘记》：实一百六十九。《东晋疆域志》曰：东晋凡统旧郡十五，增置郡五、县一百七。盖增置者为武宁、绥安、竟陵、新野、随郡，改隶者为巴东、临贺、始兴、始安，余则江夏、南郡、襄阳、南阳、顺阳、义阳、建平、宜都、南平、武陵、天门，均旧属荆州者也。又曰州治。《地形志》，魏晋治江陵。《通典》，晋初理襄阳，平吴理南郡，今江陵郡，王敦为刺史理武昌，其后迁徙无常处，自王抗以来，复理江陵，不复改移。《陶侃传》：周顗为荆州刺史，先镇浔水城，侃为荆州镇于沌口，又移入汋江，侃平苏峻后以江陵偏远，移镇巴陵，又移镇武昌。《晋地理志新补正》曰：按《沈志》：陶侃前治沔阳，后治武昌，王廙治江陵，庾亮治武昌，庾翼进襄阳，复还夏口，桓温治江陵，桓冲治上明，王（悦）〔忱〕（编者校：中华书局点校本《宋书》中华校认为"王悦"为"王忱"之讹，此处应为"王忱"。）还江陵，此后遂治江陵。《斠注》案：《志》文郡下脱一国字。《类聚》六《元当作太。康地记》曰：至魏晋而荆州所部郡国二十。此句疑有脱字。《寰宇记》一百四十六曰：《晋书》云：荆州领郡十九，理襄阳，平吴，复理南阳，即今所也，又分南郡江南为南平郡，颇为重镇，据此则为二十一郡，除去南阳国，与本《志》合。《寰宇记》引盛弘之《荆州记》云：永嘉十四年，荆州三十郡。三字恐误。

【集释】孙人龙《晋书考证》："县一百六十九，各本俱作一百六十七，今按后细数改正。"

户三十五万七千五百四十八。

【集释】孙人龙《晋书考证》："户三十五万七千五百四十八，实三十八万九千五百四十八。不知何以致讹，抑细数内或有误处耶？"

【编者按】荆州治江陵县，在今湖北荆州市荆州区。

江夏郡汉置。

【集释】《通鉴》胡注：《水经注》：林障在江夏沌阳县，汋水迳沌阳县北，又东迳林障故城北。宋白曰：晋江夏郡治林障，义熙元年方徙夏口。

程廷祚《证今》曰："在今湖广。"

《马注》：与龙曰：三国魏、吴分据，各置郡，吴治沙羡。宋因，属郢州。

统县七，

【集释】方恺《新校》：方恺曰：本书《李重、张光传》皆江夏钟武人。案钟武，汉县，后汉废，盖西晋复立，《志》阙。吴翊寅案：《州郡志》：钟武，前汉属江夏，后汉、《晋太康地志》无。不详何时复立。

户二万四千。

【斠注】汉高帝立。《元和郡县图志》二十七曰：江夏郡自后汉末当吴、魏二国之境，永嘉南迁后又当苻秦、石赵与东晋犬牙为界。又曰：曹魏与晋俱理安陆。《东晋疆域志》曰：东晋领县四：安陆、㵮阳、沌阳、曲陵。

【编者按】 江夏郡治安陆县，在今湖北云梦县。

安陆

【集释】《通鉴》胡注："《晋书·张昌传》云：石岩山去安陆郡八十里。今德安府南十里有石岩山。""《水经注》：涢水出蔡阳县东南，过随县，又南过江夏安陆县，又东南分为二水，西入于沔者谓之涢口。涢，音云。"

胡三省《通鉴释文辩误》曰："史炤《释文》曰：江夏安陆有沌水，其地曰沌口。余按《水经注》：沌水南通沔阳之太白湖，湖水东南通江，谓之沌口。范成大曰：自石首县舟行一百七十里至鲁家洑，自鲁家洑入沌。沌者，江旁支流，如海之汊，其港仅过运河，两岸皆芦荻，支港皆通小湖，故为盗区，客舟非结伴不可行。张舜民曰：下汉故镇，南对金口。自沌口至下汉五十余里。金口在鄂州西南，金口之下即窦家沙，江之西岸有沌口。参而考之，沌水不出于安陆。""史炤《释文》曰：江夏安陆县有沌水，其地曰沌阳。余按史炤此注，与八十八卷怀帝永嘉六年'沌口'注同，但改沌口为沌阳耳。如此注书，岂不容易！沈约《志》：沌阳县，江左立，属江夏郡。《水经》：沔水迳沌阳县北，又东迳临障故城北。以其地在沌水之阳，故以名县。"

程廷祚《证今》曰："今德安府治。"

《马注》：与龙曰：三国魏县。《左传·宣五年》杜注：江夏安陆县，有石岩山，在今安陆县南十里。《张昌传》：太安二年，昌于安陆县石岩山屯聚。《水经注》：涢水又南迳石岩山北，昔张昌作乱于其下，笼彩凤以惑众。太安二年，镇南将军刘弘遣牙门皮初，与张昌战于清水，昌败，追斩于江浟。有涢城，在今安陆县境。《水经注》：涢水又迳新城南，永和五年，晋大司马桓温筑。《通鉴》：晋太元八年，苻坚大举入寇，慕容垂进拔郧城。宋因，属司州安陆郡。《一统志》：故城今德安府安陆县北。

横尾山在东北，古之陪尾山。

【斠注】 两汉旧县。陪尾，《史记》作负尾，《汉志》作陪尾。郑康成云：山若横尾也。《水经·涢水注》曰：随水西北流，南回迳永阳县西，历横尾山，即《禹贡》之陪尾也。《水经注释》三十一曰：《禹贡锥指》曰：《传》云：洛经熊耳，伊经外方，淮出桐柏，经陪尾。今安陆北有横山，即《汉志》所谓横尾山，古文以为陪尾者也。《元和志》云：陪尾山一名横尾山，在安陆县北六十里。淮水曷尝经此。《传》谬禹导山至陪尾，盖实为泗水。泗之与淮，犹伊之与洛也。《水经注》云：《博物志》曰：泗出陪尾。《隋志》：泗水县有陪尾山，今在县东五十里。阎百诗云：《周礼·保章氏疏》曰：外方、熊耳以至泗水陪尾，属摇光（编者校：《禹贡锥指》整理本无"光"。）星。贾公彦实从《春秋》纬文来，则汉人早作是解。《博物志》固有所受之也。一清按：郦注《泗水篇》既引《博物志》之言是，《注》不应又引《汉志》以安陆之横尾为陪尾，岂非自相舛错。《斠注》案：本《志》承用《汉志》，亦同其误。《晋地理志新补正》曰：按《通典》：晋后复置安陆郡。《朱伺传》伺求别立县，因割安陆东界为滠阳县。案：《宋志》：滠阳分立于晋惠帝世。《御览》一百六十九《十道志》曰：汉安陆县地，晋立沍音篆。阳县，属江夏郡。《宋州郡志》曰：晋于临嶂山置沍阳县。《元和郡县图志》二十七曰：安陆本汉旧县。沔州本汉安陆县地，晋于今州西临嶂山下置沌阳县，江夏郡自上昶城移理焉。后郡又移理夏口，沌阳县属郡下不改入。《斠注》案：沌阳县当置于东晋之初，故本《志》不载，惟《御览》引作沍，疑为沌之误。

【编者按】安陆县故城，即今湖北云梦县治。据谭其骧考证："汉安陆县治在今县西北五十三里，东晋迁今治。上昶城在今云梦县东南十四里。"

云杜

【集释】《马注》：与龙曰：三国魏县。《左传·桓十一年》杜注：江夏云杜县，宋因，属竟陵郡。《一统志》：故城今汉阳府沔阳州西北

故云子国。

【斠注】两汉旧县。应劭曰：《左传》：若敖取于郧，今郧亭是也。《斠注》案：云子即郧子。《新斠注地理志》六曰：在今安陆府天门县西北。《通典》《后汉书》注、《寰宇记》并云故城在沔阳县西北。

【集释】《马注》：与龙曰：云为郧之讹。《水经》：沔水又东南过江夏云杜县东郧。注：县故郧亭，《禹贡》所谓云土梦作。又县有云梦城。《郡国志》注引杜预曰：县东南有郧城，故国。《一统志》：郧城一作邭城，在今沔阳州西北。

【编者按】云杜县故城，即今湖北京山县治。据谭其骧考证，"汉云杜县治在沔北今京山县治，东晋迁治沔南清沔阳州西北。"

曲陵

【斠注】《东晋疆域志》曰：吴石阳县。《沈志》称《晋起居注》：太康元年改江夏石阳曰曲陵。《斠注》案：《汉志》《续汉志》江夏郡下皆作西陵，《水经·江水注》亦作西陵县。《括地志》《元和志》亦作西陵，惟此与《宋志》作曲陵，疑为西陵之讹。

【集释】《马注》：与龙曰：三国吴县，曰石阳。《州郡志》安陆太守下云：江夏又有曲陵县，本名石阳，吴立。明帝泰始六年，并安陆。本书《荀崧传》：镇宛，改封曲陵公。《一统志》：故城今德安府应城县东南。

【编者按】曲陵县故城，在今湖北汉川市西北。

平春

【斠注】《东晋疆域志》曰：汉平春县，晋太元中避讳改平阳。按此县本名平春，因郑太后讳乃改，与河东郡所分之平阳迥别。《沈志》南义阳郡下合以为一，非是。《沈志》《晋太康地志》属义阳。《元和志》，江左省义阳县，地入平春。

【集释】方恺《新校》：方恺曰：本《志》扬州宣城郡春穀县，注言孝武改春为阳。案：孝武以母郑太后名春，凡县名春者皆改。弋阳郡之蕲春、江夏郡之平春、安成郡之宜春、淮南郡之寿

春、吴郡之富春等县悉改春为阳，散见《州郡志》《元和志》。《寰宇记》中汝南之北宜春，东晋省，似不应独注春穀一县下。又《州郡志》引《太康地志》：平春县属义阳郡。

《马注》：与龙曰：三国魏县。《州郡志》：平阳，后汉属江夏，曰平春，《晋太康地志》属义阳，晋孝武改。按盖太康后改属也。宋因，属义阳郡。《一统志》：故城今汝宁府信阳州西北。

【编者按】平春县在义阳郡境内，谭其骧主编《中国历史地图集》西晋太康二年图幅将平春县归入义阳国。平春县故城，在今河南信阳市浉河区西北。

鄳

【斠注】两汉旧县。《汉书补注》曰：鄳塞，见《楚策》。一作渑阨，见《淮南·地形训》。亦作冥阨之塞，见《左定传》。《水经·淮水注》曰：案：苏林曰音盲。《宋志》引《晋太康地志》属义阳。《斠注》案：鄳，盖先属江夏，后属义阳。《读史方舆纪要》五十曰：鄳为今罗山县。

【集释】何超《音义》：鄳，武庚反。

方恺《新校》：方恺曰：又《州郡志》引《太康地志》：鄳县属义阳郡。

《马注》：与龙曰：三国魏县。《州郡志》：鄳，《晋太康地志》属义阳。按盖太康后改属也。《郡国志》注引《史记》曰：无忌说魏安僖王曰："秦不敢攻冥阨之塞"。徐广曰：即此县也。宋因，属义阳郡。《一统志》：地为天下九塞之一，故城今罗山县西南九十里。

【编者按】鄳县在义阳郡境内，谭其骧主编《中国历史地图集》西晋太康二年图幅将鄳县归入义阳国。鄳县故城，在今河南罗山县西。

竟陵

【集释】《通鉴》胡注：竟陵县属江夏郡。孙宗鉴曰：自蔡州南至信阳军，始有山路，迤逦至安陆；又两驿至复州，皆平地，南至大江，并无丘陵之阻。渡江至石首，始有浅山。谓之竟陵者，陵至此而竟；谓之石首，石至此而首也。古竟陵，今复州。

程廷祚《证今》曰："今安陆府沔阳州。"

《马注》：与龙曰：三国魏县。《左传·定五年》杜注：江夏定陵县。《水经·沔水注》：巾水又西迳竟陵县北，西注扬水，谓之巾口，水西有竟陵大城，古郧国也，昔白起拔郢，东至竟陵即此，秦以为县。巾水西迳巾城，城下置巾水戍。晋元熙二年，竟陵郡巾水戍得铜钟七口。沔水南迳石城西，城因山为固，晋太傅羊祜镇荆州立。晋惠帝元康九年，分江夏西部置竟陵郡治此。《元和志》：长寿县城本古之石城，今安陆府治。有管城，在今钟祥县北。《通鉴》：晋太元六年，秦司马阎振仲寇竟陵，南平太守桓石虔击破之，振仲退保管城。《寰宇记》：竟陵，晋武帝改为长寿县，属竟陵郡。与龙按：竟陵郡，惠帝时始立。又《州郡志》竟陵太守下云：长寿令，明帝泰始六年立。《寰宇记》误。宋因，属竟陵郡。《一统志》：故城今安陆府天门县西北。

章山在东北，古之内方山。

【斠注】两汉旧县。《水经·沔水注》

曰：巾水西有竟陵大城，古郧国也，秦以为县。《元和郡县图志》二十一曰：竟陵在今郢州长寿县界。《读史方舆纪要》三曰：竟陵郡，今沔阳州竟陵县西有竟陵故城。《水经注释》四十曰：《左传·定公四年》：蔡侯、吴子、唐侯伐楚，舍舟于淮汭，自豫章与楚夹汉。《图经》云：豫章即章山也，一名障山。《汉书补注》：王鸣盛曰：章山，《尚书》郑注作立章山，《续志》同，或是别名，抑传写误分章头别加立字也。

【集释】毕沅《新补正》：沅案《晋纪》：咸和二年，竟陵太守李阳。

《马注》：与龙曰：说见《郡国志》注。本书太安二年，华弘讨义阳贼张昌于江夏，败于章山。《水经注》：沔水自荆城东南流迳当阳县之章山东，山上有故城，太尉陶侃伐杜曾所筑也。《一统志》：章山今钟祥县东南。

【编者按】竟陵县故城，在今湖北潜江市西北。谭其骧考证，"秦、汉、吴、晋竟陵故治在今潜江县西境汉水西南岸（钟祥县南百五十里），东晋迁治今潜江县治西南，梁末废，北周再置，移治今天门县治。"

南新市

【斠注】《元和郡县图志》二十一曰：富水县，本汉安陆县地，后汉分其地置新市县，属江夏郡。《水经·涢水注》曰：又西南流迳杜城西。注云：新市县治也，中山有新市，故此加南。

【集释】《马注》：与龙曰：三国魏县。宋因，曰新市，属竟陵郡。《一统志》：故城今京山县东北。

【编者按】南新市县故城，在今湖北京山县东北。

南郡

【集释】程廷祚《证今》曰："在今湖广。"

《马注》：与龙曰：三国吴郡，其所统县吴、魏分据。宋因。

汉置。统县十一，

【中华校】统县十一 "一"，各本作"二"，今从殿本作"一"，与所领县数合。

【集释】孙人龙《晋书考证》："南郡注统县十一，监本一误二。今改正。"

户五万五千。

【斠注】《汉志》曰：秦置。《汉书补注》曰：昭襄王二十九年置，见《秦纪》。习凿齿《襄阳记》：秦兼天下，自汉以南为南郡。高帝元年更为临江国，五年复故。景帝二年复为临江，中二年复故。《宋志》曰：晋武帝太康元年，改曰新郡，寻复旧。周家禄《校勘记》：实统县十一。《东晋疆域志》曰：领县十，无松滋县。

【集释】方恺《新校》：本《志》但云汉置，似有缺。

【编者按】南郡治江陵县，在今湖北荆州市荆州区。

江陵

【集释】《通鉴》胡注："江津戍在江陵，南临江沚。《荆州记》曰：江陵县东三里有津乡。""《郡国志》：江陵县北十余里有纪南城。""《水经注》：江水过江陵而东，得豫章口，夏水所通也；西北有豫章冈，盖因冈而得名，其地去江陵城二十里。"

程廷祚《证今》曰："今荆州府治。"

《马注》：与龙曰：三国吴县。《左传·桓二年》杜注：南郡江陵县。《水经·江水注》：杜元凯之攻江陵也，城上人以瓠系狗颈示之，元凯病瘿也。及城陷，杀城中老小，血流粘足。论者以此薄之。有龙山，在今江陵县西北十五里。《孟嘉传》：九月九日，桓温谦龙山，僚佐毕集，有风至，吹嘉帽堕落，嘉不之觉，温命孙盛作文嘲嘉，嘉即答之，其文甚美。有枚回洲，在今江陵县北。有金堤口、江津戍，并在今江陵县南。《水经注》：县北有洲，号曰枚回洲，江水至此两分而为南、北江也，北江有故乡洲，元兴之末，桓玄西奔，毛祐之与参军费恬射玄于此洲。江水又东迳燕尾洲北，合灵溪水。江陵城地东南倾，故缘以金堤，自灵溪始，桓温令陈遵造。遵善于方功，使人打鼓，远听之，知地势高下，依傍建筑，略无差矣。始自枚回，下迄于此，长七十余里。洲上有奉城，亦曰江津戍。戍南对马头岸，昔陆抗屯此，与羊祜相对，大弘信义。北对大岸，谓之江津口。江大自此始也。《通鉴》：晋义熙元年，刘毅等诸军至马头，桓振挟帝出屯江津。有沙桥，在今江陵县东草市。《通鉴》：义熙元年，桓振自郧城袭江陵，建威将军刘怀肃自云杜引兵驰赴，与振战于沙桥。宋因。《一统志》：故城今荆州府江陵县治。

故楚都。

【斠注】两汉旧县。《水经·江水注》曰：故楚也，汉景帝以为临江王荣国，二年改为江陵县。《汉志》：故楚郢都，楚武王自丹阳徙此。《新斠注地理志》五曰：《史记》"楚文王徙都郢"，孔颖达《春秋传·正义》引本书亦作楚文王，《世本》作楚武王云，《地理志》依《史记》为说是，此应作文王也。《史记·楚世家·正义》：《括地志》曰纪南故城在荆州江陵县北五十里。杜预曰：国都于郢，今南郡江陵县北纪南城是。又至平王更城郢，在江陵县东北六里故郢城是也。《元和郡县补志》四曰：羊祜、杜预继治荆州，或镇襄阳，或镇江陵，东晋王忱始于江陵营城府，此后常以江陵为州治。

【集释】《马注》：与龙曰：《水经注》：江水又东迳江陵县故城南，故楚也。子革曰：我先君僻处荆山，以供王事，遂迁纪郢。今城，楚船官地也，《春秋》之渚宫矣。江水又东迳郢城南，子囊遗言所筑城也。《地理志》曰：楚别邑。故郢矣。《通鉴》：晋义熙元年，南阳太守鲁宗之击破桓振将温楷于柞溪，进屯纪南。《一统志》：纪南城一名郢城，今江陵县北，楚文王自丹阳徙此。

【编者按】江陵县故城，在今湖北荆州市荆州区。纪南城遗址，在今湖北荆州市荆州区北五公里。

编

【集释】何超《音义》：编，布典反。

程廷祚《证今》曰："在今安陆府荆门州西。"

《马注》：与龙曰：三国吴县。《左传·庄十二年》杜注：南郡编县。《寰宇记》：晋隆安五年，立武宁郡于故编县。宋因。《一统志》：晋隆安中移治，而故城废，在今安陆府荆门州西。吴卓信云：晋隆安五年，移治许茂城，在今南漳县。

有云梦官。

【斠注】两汉旧县。官本《水经·漳水注》案曰：汉编县即今荆门州西高阳城。晋隆安中，《东晋疆域志》引《图经》作隆安五年。东北移百四十里，即今南漳县之许茂城。《读史方舆纪要》七十七曰：编县城在荆门州东。

【集释】《马注》：与龙曰：官当作宫，形似致讹。《汉书·地理志》：南郡编县，有云梦宫。《一统志》：今荆门州西。

【编者按】编县故城，在今湖北荆门市东宝区北。陈健梅《孙吴政区地理研究》："《舆地广记》卷二八荆门军长林县：本编县地。《一统志》卷三四七襄阳府：汉县故城在南漳县西南。又引《寰宇记》云：晋隆安五年，于编县故城置长林县。又，卷三五二荆门州：故城在荆门州西。据此，则晋所治长林县为汉、吴编县治。与《一统志》荆门州所言故城合，《图集》标注有误。"

当阳

【斠注】两汉旧县。《元和郡县补志》四曰：当阳本楚之旧邑。

【集释】程廷祚《证今》曰："今安陆府属县。"

《马注》：与龙曰：三国吴县。《左传·庄十二年》杜注：南郡当阳县。宋因。谢钟英云：故城今当阳县东一百四十里。

【编者按】当阳县故城，在今湖北荆门市南。

华容

【斠注】两汉旧县。《宋志》曰：晋太康元年省，后复立。《水经·夏水注》曰：夏水又东过华容县南。注云：县故华容城矣。《春秋》：鲁定公四年，许迁于容城是也。又引《太康地记》曰：陶朱冢在华容县西南。《新斠注地理志》五曰：华容在今荆州府城东南。

【集释】《通鉴》胡注：华容县自汉以来属南郡。《水经注》：江水左迤为中夏口，右则中郎浦出焉。华容县今在监利县界。《晋书·[桓]振传》曰：匿于华容之涌中。《左传》：阎敖游涌而逸。杜预注云：涌水在南郡华容县。

程廷祚《证今》曰："在今荆州府监利县。"

方恺《新校》：方恺曰：又杜注《左传·桓十年》有南郡华容。《续汉志》：汝南城父县有章华台。《注》引杜预曰：章华宫在华容县城内。《州郡志》：华容，晋太康元年省，后复立。《水经注》：江水又东迳公安县北。注云：杜预克定江南，罢华容置之，谓之江安县，南郡治矣。以华容之南乡为南郡，晋太康元年改曰南平。据沈、郦说，则有江安便无华容，今以华容属南郡，以江安属南平，同时并存，不详何据。又案路史《国名纪》云：预云："华容，今监利也"。据此则《左传·桓十年》杜注：华容下疑宋本有此六字，盖预以华容并监利，后又分置江安，故云然。

《马注》：与龙曰：三国吴县。《左传·桓十一年》杜注：南郡华容县。有云梦泽。《史记·司马相如传》名曰云梦，《索隐》裴骃曰：孙叔敖激沮水，作此泽。张揖云在南郡华容县。郭璞曰江夏安陆有云梦城，南郡枝江亦有云梦城，华容县又有巴（邱）[丘]湖，俗云即古云梦泽也，则张揖云在华容者即此湖也。有范西戎墓，在今监利县西北。《水经》：夏水又东过华容县南。郦《注》：夏水又迳交趾太守胡宠墓北，历范西戎墓南。王隐《晋书地道记》曰：陶朱冢在华容县，树碑云是越之范蠡。《晋太康地记》、盛弘之《荆州记》、刘澄之《记》（编者校：刘澄之《荆州记》）曰：华容县东南有云梦泽，一名巴丘湖，荆州之薮也。）并言在县之西南，郭仲产言在县东十里。检其碑，题云：故西戎令范君之墓，碑文缺落，不详其人，称蠡是其先也。碑是永嘉二年立，观其所述，最为究悉，以亲至（编者校：陈桥驿复校本《水经注疏》，戴本"至"为"迳"。）其地，故违众说，从而正之。宋因。《一统志》：故城今荆州府监利县西北。谢钟英云：当从《纪要》在监利县东五十里。

【编者按】华容县故城，在今湖北潜江市西南龙湾。谭其骧《云梦与云梦泽》云："华容故城在今潜江县西南。"下注曰："《清一统志》谓在监利县西北。今按：《左传》昭公七年杜预注云，章华台'今在华容城内'；《括地志》台在荆州'安兴县东八十里'，安兴故城在今江陵县东三十里；《渚宫旧事》注台在江陵东百余里；以方位道里计之，则台与县故址当在今潜江县西南。若监利县西北，则于江陵、安兴为东南而非东，去安兴当在今百里以上矣。"《中国文物地图集·湖北分册》据考古资料，定今湖北潜江市西南龙湾镇瞄新村西南的"龙湾遗址"为楚章华台宫殿遗址。

鄀

【集释】何超《音义》：鄀，音若。

程廷祚《证今》曰："在今襄阳府宜城县东南九十里。"

《马注》：与龙曰：三国魏县，属襄阳，后属义阳。《左传·庄十九年》杜注：南郡鄀县。《州郡志》云：鄀，《太康地志》作都。宋因，属齐州冯翊郡。《一统志》：故城今襄阳府宜城县东南。

故鄀子国。

【斠注】两汉旧县。《汉志》作若，《续汉志》作鄀。《水经·沔水注》曰：古鄀子之国也，秦、楚之间，自商、密迁此，为楚附庸，楚灭之以为邑，秦以为县。《魏志·明帝纪》曰：景初元年，分襄阳郡之鄀县属义阳郡。《斠注》案：本《志》属南郡，当是晋初改隶。《元和郡县图志》二十一曰：本春秋时鄀国之城，汉为若县地，晋武帝于此置乐乡县，属武宁郡。《斠注》案：本《志》下文云桓温又分南郡立武宁郡，则乐乡县当为孝武帝置。《元和志》脱孝字。《新斠注地理志》五曰：若，《春秋传》作鄀，古字通。在今宜城县西。

【集释】《马注》：与龙曰：《汉书·地理志》：南郡若，楚昭王自郢移此。《水经注》：沔水又迳鄀县故城南。县南临沔津。

【编者按】鄀县故城，在今湖北钟祥市西北、汉江东岸。

枝江

【集释】程廷祚《证今》曰："今荆

州府属县。"

《马注》：与龙曰：三国吴县，属宜都。《左传·桓十二年》杜注：南郡枝江县。宋因。《一统志》：故城今荆州府枝江县东。

故罗国。

【斠注】两汉旧县。《水经·沔水注》曰：其地故罗国，盖罗徙也，罗故居宜城山上，楚文王又徙之长沙。又曰：江氾枝分，东入大江，县治洲上，故以枝江为称。

【集释】《水经·江水注》引盛弘之《荆州记》曰：县旧治沮中，后移出百里洲。

《通鉴》胡注：枝江县自汉以来属南郡，春秋之罗国也。江水于县西别出为沱，而东复合于江，故曰枝江。我朝熙宁六年，省枝江为镇，入松滋县。

《马注》：与龙曰：注说见《郡国志》，今罗县是矣。

【编者按】枝江县故城，在今湖北枝江市东北。

（旌）［旍］阳

【斠注】《东晋疆域志》曰：《沈志》：二汉无旌阳，见《晋太康地志》，疑是吴立。《魏志·明帝纪》曰：景初元年，分襄阳临沮、宜城、旍阳、邔四县置襄阳南部都尉。《斠注》案：旌阳当从《魏志》作旍阳，并非吴立。至晋初又改隶南郡也。邔，两汉亦属南郡。

【集释】《马注》：与龙曰：三国魏县，作旍阳，属襄阳。《州郡志》云：旌阳，文帝元嘉八十年省，并枝江。与龙按：《广韵》：旍同旌。是旌阳县魏立也。《一统志》：故城今枝江县北。顾祖禹云在今枝江县南二里。谢钟英云：其地当与临沮相近。

【编者按】旌阳县应为旍阳县。旍阳县故城，在今湖北枝江市北。谭其骧主编《中国历史地图集》西晋太康二年图定名为旍阳。

州陵 楚嬖人州侯所邑。

【斠注】两汉旧县。《东晋疆域志》曰：《沈志》：晋武帝太康元年复立，疑是吴所省也。《水经·江水注》曰：长洋港水东北迳石子冈，又东迳州陵新治南。注云：冈上有故城，即（陵州）［州陵］（编者校：此处《斠注》"州陵"误为"陵州"，今据《水经注疏》改。）县之故城也，庄辛所言左州侯国矣。《读史方舆纪要》七十八曰：州陵城在监利县东三十里。

【集释】何超《音义》：嬖，博计反。

《马注》：与龙曰：三国吴县。《州郡志》巴陵太守下云：州陵侯相，汉旧县。与龙按：据《吴志》周瑜、吕蒙等传，吴有州陵县，盖吴末省，晋平吴后复立。宋因，属巴陵郡。《一统志》：故城今汉阳府沔阳州东南。

【编者按】州陵县故城，在今湖北洪湖市东北。

监利

【斠注】《宋志》曰：监利，按《晋起居注》，太康四年，复立南郡之监利县，寻复省之。言由先有而被省也，疑是吴所立，又是吴所省。《水经·夏水注》曰：夏水又迳监利县南。注云：晋武帝太康五年立。《元和郡县图志》二十一曰：监利本汉华容县地也，晋武帝太康五年分立监利县。《斠注》案：《水经注》《元和志》均作五年，与《宋志》异。《读史方舆纪要》七十八曰：监利旧城在今县东六十里。

【集释】毕沅《新补正》曰：沅案《荆州图副》：晋太康五年立，属南郡。

方恺《新校》：方恺曰：今考本《志》秦、宁二州皆太康三年罢。（秦州虽七年复置，其时宁州已废，亦不当并存于中篇。）中篇既列二州，则以三年为断，不当于此列监利县也。

《马注》：与龙曰：三国吴县。《水经注》：县土卑下，泽多陂池，〔西南〕（编者校：戴本此处有"西南"二字。）自州陵东界，迄于云杜、沌阳，为云梦之薮矣。又《江水注》：江之北岸，上有小城，故监利县尉治也。宋因，属巴陵郡。《一统志》：故城今荆州府监利县北。

【编者按】监利县故城，在今湖北监利县北。

(松滋)

【斠注】《史记·楚世家·正义》：《古今地名》曰：荆州松滋县，古鸠兹地，即兹方。《斠注》案：洪氏《晓读书斋杂录》谓："晋松滋县有四，若荆州南郡之有松滋县，《沈志》云：疑是有流民寓荆土，故立，今湖北荆州府松滋县盖尚承晋侨县旧名，此松滋侨县之二。"窃谓洪说非也。本《志》于安丰郡有松滋县，即汉庐江郡之松滋，此属南郡者，《宋志》引《太康地记》云咸宁三年立，是亦西晋太康以前所置，故本《志》载之，并非侨县。若东晋侨县，则仅有寻阳之松滋耳，况江左时荆州尚未沦弃，郡县皆承西晋之旧，无二侨县也。

【集释】《通鉴》胡注："巴山在今江陵府松滋县，有巴复村。""《水经注》：上明城在枝江县，其地夷敞，北据大江，江氾枝分，东入大江，县治洲上，故以枝江为称。杜佑曰：上明即今江陵松滋县西废大明城，桓冲所筑也。冲疏曰：'南平孱陵县界，地名上明，田土膏良，可以资业军人。在吴时乐乡城以上四十余里，北枕大江，西接三峡。'宋白曰：上明城，桓冲所筑，在今松滋县西。"

《马注》：与龙曰：三国吴无。《寰宇记》引《晋太康地志》：咸宁三年，以松滋流户在荆土者立松滋县。有上明城，在今松滋县西。《水经注》：江水又迳上明城北。晋太元中，苻坚之寇荆州也，刺史桓冲徙渡江南，使刘波筑之，徙州治此城。其地夷敞，北据大江。宋因，属南河东郡。《一统志》：故城今松滋县西。

鲁西奇、江田祥《古乐乡、上明城故址考》："乐乡城当位于汉水中游今钟祥县西北境之乐乡关。上明则在乐乡关以西十余里处。"

《中国历史地理信息系统释文》（未刊稿）松滋县条：《太平寰宇记》卷一百四十六《山南东道五》荆州松滋县："《晋太康地志》咸康三年，以松滋流户在荆土者立松滋县，以隶河东郡邑也。"而毕沅辑《晋太康三年地记》，毕沅以为"咸康"误，应作"咸宁"。又民国《湖北通志》卷五《舆地志五·沿革》松滋县下谓"《寰宇记》咸康为太康之误"。钱林书按：据谭其骧《晋永嘉丧乱后之民族迁徙》云：湖北一省有"江域上游，江陵、松滋一带；其侨民多来自山西、陕西、河南，又有苏、皖之淮域人。"西晋咸宁、太康时社会较安定，不会出现大量流民。疑《太平寰宇记》所引《晋太康地志》或为后人所加，但时间在永嘉之后，不误。又《宋书》卷三十七《州郡志三·荆州》南河东太守下曰："河东郡，秦立。晋成帝咸康三年，征西将军庾亮以司州侨户立。"当县、郡同时所置。故作东晋咸康三年（337年）侨置，属河东郡。而清洪亮吉《东晋疆域志》卷四《荆州》南河东郡领有松滋县。与之不同。

【编者按】谭其骧主编《中国历史地图集》西晋太康二年图不录松滋县。此处松滋县应为东晋咸康中侨置，西晋时应无。东晋时松滋县故城，在今湖北松滋市西北老城镇。

石首

【斠注】《东晋疆域志》曰：《图经》：石首，晋分华容县置。《读史方舆纪要》七十八曰：石首旧城，刘昫曰在石首山下。

【集释】《马注》：与龙曰：三国吴无。有阳岐山，在今石首县西百步。《隐逸传》：刘驎之居于阳岐，在官道之侧。刘义庆《世说》：桓车骑在荆州，张元为侍中，使至江陵，路经阳岐村，俄见一人持半小笼生鱼，迳来造船，云："有鱼，欲寄作脍。"张云乃维舟而纳之，问其姓字，称是刘遗民。张素闻其名，大相忻待。刘了无停意。既进脍，便去。张乃追至刘家，为设酒，殊不清旨。方共对饮，刘便先起，云："今正伐荻，不宜久废。"张亦无以留之。按今石首县西阳岐县下有刘驎之故里。《一统志》：故城今石首县治。

【编者按】石首县故城，即今湖北石首市治。

襄阳郡魏置。

【集释】程廷祚《证今》曰："今湖广襄阳府。"

方恺《新校》：方恺曰：又前篇《水经注·沔水篇》，建安十三年，魏武平荆州，分南郡立为襄阳郡。建安为汉献帝年号，当云汉置。

《马注》：与龙曰：三国魏郡。《州郡志》：襄阳公相，魏武平荆州，分南郡编以北及南阳之山都立。襄阳郡领襄阳、中庐、邔。按郡于汉建安十三年立，当云魏武置，竟云魏置则非。又《魏志》：明帝景初元年，分襄阳临沮、宜城、旍阳、邔四县置襄阳南部都尉。宋因，属雍州。

统县八，

【集释】方恺《新校》：方恺曰：又《僖二十四年》：邢、晋、应、韩。杜注：应国在襄阳父城县西。父城或作城父。江氏永《春秋地理考实》更正，然考父城在今汝州宝丰县鲁山界，距襄阳殊远，似当近属南阳，恐襄阳为南阳之误。本《志》两郡俱无此县，又不可解。又《水经注·沔水篇》：晋武平吴，割临沮之北乡、中庐之南乡立上黄县，治轳乡。不言所属。《州郡志》言二汉、晋无上黄，疑《水经注》别有所本。吴翊寅案：《州郡志》上黄本属襄阳，与郦《注》合，《志》缺。

汪兆镛《稿本晋会要》：兆镛按：

《史记·楚世家正义》引《晋太康地志》有襄州安养县，今《志》无此郡县。

《马注》：与龙曰：今补上黄为统县九。

户二万二千七百。

【斠注】《东晋疆域志》曰：东晋领县八，盖省山都增上黄也。《元和郡县图志》二十一曰：永嘉之乱，雍州始平郡流人出在襄阳者，江左因侨立始平郡以领之，寄理襄阳。

【编者按】襄阳郡治襄阳县，在今湖北襄阳市襄城区。

宜城

【集释】程廷祚《证今》曰："在今宜城县西南九里。"

《马注》：与龙曰：三国魏县。《春秋·桓十三年》杜注：襄阳宜城县。《一统志》：故城今襄阳府宜城县南。

故鄢也。

【斠注】两汉属南郡。《汉志》曰：故鄢，惠帝三年更名。《新斠注地理志》五曰：在今县南十里。

【集释】《马注》：与龙曰：说本《汉书·地理志》。

【编者按】宜城县故城，在今湖北宜城市东南。史为乐主编《中国地名大辞典》定点在今湖北宜城市东南十五里楚皇城遗址。《中国文物地图集·湖北分册》根据考古资料定"楚皇城遗址"在今湖北宜城市东南十五里"郑集镇东一百米"。

中庐

【斠注】两汉属南郡。《续汉志》作中卢。颜师古曰：在襄阳县南今犹有次庐，隋室讳忠，改忠为次。《史记·淮阴侯列传·正义》：《括地志》曰：中庐在义清县北二十里，本春秋时庐戎之国，秦谓之伊庐，汉为中庐县。《读史方舆纪要》七十九曰：中庐城在南漳县东北五十里。

【集释】程廷祚《证今》曰："在今南漳县东北五十里。"

汪兆镛《稿本晋会要》：兆镛按：《水经·沔水注》：晋武帝平吴，割临沮之北乡、中庐之南乡立上黄县。今《晋志》无。

《马注》：与龙曰：三国魏县。《左传·文十四年》杜注：襄阳中庐县。宋因。《一统志》：故城今襄阳县西南。

【编者按】中庐县故城，在今湖北襄阳市襄城区西南。

临沮

【集释】何超《音义》：临沮，七余反。

《马注》：与龙曰：三国魏县。有青溪山。《文选》注引庾仲雍《荆州记》：临沮县有青溪山，山东有泉。郭景纯尝作临沮县，故《游仙诗》嗟青溪之美。盛弘之《荆州记》：临沮县青溪山。晋郭璞为临沮长，尝游于此，赋《游仙诗》。宋因，属南郡。《一统志》：故城今安陆府当阳县西北。

荆山在东北。

【斠注】两汉属南郡。《宋志》南郡下曰：临沮，《晋太康》《永宁地志》属襄阳，后度。《元和郡县图志》二十一曰：南漳县本汉临沮县地。按临沮县，今在荆州当阳县西北临沮故城是也。荆山在南漳县西北八十里，《括地志》作在荆山县西八十里。《水经·沔水注》：《南雍州记》曰：晋武帝平吴，割临沮之北乡、中庐之南乡立上黄县，治轵乡。又《沮水注》曰：沮水南迳临沮县西，青溪水注之。青溪又东流入于沮水，沮水又屈迳其县南。注云：晋咸和中为沮阳郡治。《晋地理志新补正》曰：按《寰宇记》：晋安帝分立高安县。《斠注》案：上黄县，本《志》失载，当立于太康三年以后，沮阳、高安则东晋所置郡县也。《读史方舆纪要》七十九曰：临沮城在南漳县西南六十里。

【集释】《马注》：与龙曰：说见《汉书·地理志》。《水经》：漳水出临沮县东荆山。郦《注》：荆山在景山东北百余里，虽群峰竞举，而荆山独秀。《郡国志》注引《南都赋》注曰：汉水至荆山东，别流为沧浪之水。

【编者按】《宋本晋书》"荆山在东北"为"荆山在西东北"。临沮县故城，在今湖北安远县西北。一说在今湖北安远县西北洋镇双路村附近。《中国文物地图集·湖北分册》将湖北南漳县东南"胡营镇临沮岗村杨家洲东北五百米"一处汉代遗址定为汉临沮县城。姑存此说。

邔

【斠注】两汉属南郡。《读史方舆纪要》七十九曰：邔城在宜城县北五十里。

【集释】何超《音义》：邔，音起，又渠记反。

《马注》：与龙曰：三国魏县。《史记·夏本纪·索隐》引《水经》云：三

澨，水名，在南郡邔县北。与龙按：《水经》犹沿旧属言之。宋因。《一统志》：故城今襄阳府宜城县东北。

【编者按】邔县故城，在今湖北宜城市北，汉水西岸。

襄阳侯相。

【斠注】两汉属南郡。《元和郡县图志》二十一曰：在襄水之阳，故以为名。魏武帝平荆州，分南郡置襄阳郡，县属焉，后遂不改。《东晋疆域志》曰：按：襄阳于东晋时南北之冲，尤为要害，故南渡初，周访以梁州刺史镇襄阳，访卒，而甘卓、周抚继之，其后桓宣以司州刺史镇襄阳，至永和后，而襄阳又常为雍州寄治之所，是虽一隅，而司、荆、雍、梁四州皆治此也。

【集释】《通鉴》胡注："京兆郡属雍州，时亦侨立于襄阳。""晋先置雍州于襄阳。"

《马注》：与龙曰：三国魏县。有檀溪，在今襄阳县西南。有岘山，在今襄阳县南九里。《水经》：沔水又东过襄阳县北。郦《注》：沔水又东迳万山北。山下潭中有《杜元凯碑》，元凯好尚后名，作两碑并述己功，一碑沈之岘山水中，一碑下之于此潭，曰："百年之后，何知不深谷为陵也。"沔水又东合檀溪水。水侧有沙门释道安寺，即溪之名，以表寺目也。溪之阳有徐元直、崔州平故宅。习凿齿《与谢安书》云：每省家舅，纵目檀溪，念崔、徐之交，未尝不抚膺踌躇，惆怅终日矣。溪水傍城北注，城在襄水之阳，故曰襄阳。城南门道东有三碑：一碑是《晋太傅羊祜碑》，一碑是《镇南将军杜预碑》，一碑是

《安南将军刘俨碑》。沔水又迳岘山东，山上有桓宣所筑城。又有《桓宣碑》，羊祜之镇襄阳也，与邹润甫尝登之，及祜薨，后人立碑于故处，望者悲感，杜元凯谓之"堕泪碑"。山上又有《征南将军胡罴碑》，又有《征西将军周访碑》。有高阳池，在今襄阳县。《沔水注》：湖水又东入侍中襄阳侯习郁鱼池。郁依范蠡养鱼法作大陂。山季伦之镇襄阳，每临此池，未尝不大醉而还，恒言此是我高阳池。有白沙里，在今襄阳县东北。《襄阳耆旧传》：庞德公、孙奂，晋太康中去官归乡，居白沙里。有夫人城，在今襄阳县西北。《朱序传》：序镇襄阳，苻丕来攻，序母韩氏登城履行，谓西北角当先受弊，遂领百余婢并城中女子于其角斜筑城二十余丈，贼攻西北角果溃，众便固新筑城，丕遂引退，襄阳人谓为夫人城。有挠沟，在今襄阳县北。《庾翼传》：胡贼五六百骑出樊城，翼遣冠军将军曹据追击于挠沟北，破之。《职官志》：武帝置南蛮校尉于襄阳，元康中南蛮校尉为荆州刺史，江左初省，安帝时于襄阳置宁蛮校尉。宋因，属京兆郡。《一统志》：故城今襄阳县治。

【编者按】《宋本晋书》"侯相"为"侯国"。百衲本《晋书》为"侯相"。襄阳县故城，即今湖北襄阳市襄城区治。

山都

【斠注】两汉属南阳郡。《寰宇记》一百四十五曰：山都废县在中庐县东北。《东晋疆域志》曰：《沈志》称《太康地志》属襄阳，盖惠帝时移属。《读史方舆纪要》七十九曰：山都城在襄阳府西北八十里。

【集释】《通鉴》胡注：山都县，汉属南阳郡，晋属襄阳郡，其地属唐襄州穀城县界。杜佑曰：山都县故城，在襄州义清县东南。

《马注》：与龙曰：三国魏县。《水经·沔水注》：沔南有故城，城侧沔川，即新野山都县治也。沔水又东偏浅，冬月可涉渡，谓之交湖。晋太康中得鸣石于此水，撞之声闻数里。《文选·江赋》注：郭璞曰：晋永康元年，襄阳郡上鸣石，似玉，色青，撞之声闻七八里。《御览》引王隐《晋书》：永康元年，襄阳郡上言得鸣石，钟（编者校：《九家旧晋书辑本》注："钟"字当依昔《五行志》作"撞"。）闻七八里。宋因，属新野郡。《一统志》：故城今襄阳县西北。

【编者按】山都县故城，在今湖北穀城县东南。

(邓城)

【斠注】汉邓县，属南阳郡。《史记·楚世家·正义》：《括地志》曰：故邓城在襄州安养县北二十里，春秋之邓国，庄公二十六年，楚文王灭之。服虔云：邓，曼姓也。《读史方舆纪要》七十九曰：邓城在襄阳府东北二十里。《东晋疆域志》曰：义阳郡有邓县，襄阳郡复有邓城县，疑误。

【集释】《马注》：与龙曰：三国魏无。《一统志》：晋分南阳邓县置邓城县，寻省，故城今襄阳县北。

【编者按】方恺认为邓城县非晋县，详见本书鄾下所引方恺《新校》。谭其骧主编《中国历史地图集》西晋太康二年图，襄阳郡无邓城县，义阳国中有邓县。

鄾

【斠注】《水经·淯水注》曰：古鄾子国也，盖邓之南鄙也。司马彪以为邓之鄾聚。《东晋疆域志》曰：鄾，《图经》：晋置，后省。

【集释】何超《音义》：鄾，音忧。

方恺《新校》：方恺曰：洪氏亮吉《东晋疆域志》云：案《晋书·地理志》，义阳郡有邓县，襄阳郡复有邓城县，疑误。今考杜氏《左传释例》，邓国，义阳邓县，鄾在邓县南。本《志》中篇略纪太康郡县，适当杜预作镇襄阳时，岂有现存鄾县不列于注，反云在邓县南之理？至邓于邓城二县重出，洪氏已辩其非，无可回护，若《图经》云晋置鄾县，则由《晋志》而误也。吴翊寅案：《郡国志》邓有鄾聚。《桓九年·左传》邓南鄙鄾人。杜注：鄾在邓县南、沔水之北。《一统志》：襄阳县东北二十里有邓城，鄾城在邓城南八里。又案邓县今南阳府邓州，晋太康中，邓属义阳，则邓城与鄾皆非晋县。

《马注》：与龙曰：三国魏无。有淯水，在今襄阳县东北。《水经注》：浊水又东迳邓塞北，即邓城东南小山也。浊水东流注于淯。淯水又南迳邓塞东，古鄾子国也。《文献通考》：晋平吴后，杜元凯在荆州修召信臣遗迹，激用浊（编者校：一说"浊"为"滍"。）、淯诸水以浸原田万余顷，分疆刊石，使有定分，公私同利，众庶赖之。李兆洛云：故城当在今襄阳府境。与龙按：据《水经注》当在今襄阳县东北境。

【编者按】鄾县故城，在今湖北襄阳市东北、汉江北岸。方恺认为鄾县非晋县。谭其骧主编《中国历史地图集》西晋太康二年图，襄阳郡无鄾县，仅作为聚落点标在义阳国中。

[上黄]

【集释】《马注》：与龙曰：三国吴无。《水经·沔水注》：零水即沶水也，又东历轸乡谓之轸水。晋武帝平吴，割临沮之北乡、中庐之南乡立上黄县，治轸乡。郭仲产《南雍州记》：晋平吴，割临沮之北乡立上黄县。《州郡志》华山太守下云：上黄令，本属襄阳。《旧唐书·地理志》：晋立上黄县，后魏改为重阳县。按晋武平吴，在太康初应有此县，《志》脱未载，今据《水经注》补录。《一统志》：故城今襄阳府南漳县东南五十里。

【编者按】《马注》此处增补上黄县。上黄县故城，在今湖北南漳县东南。

南阳国秦置郡。

【集释】程廷祚《证今》曰："在今河南。"

《马注》：与龙曰：三国魏郡。宋因，属雍州。《地形志》：荆州南阳[郡]（编者校：《马注》所本此处脱"郡"字，迳补。）。

统县十四，户二万四千四百。

【斠注】《汉书补注》曰：昭襄王三十五年置，见《秦纪》。习凿齿《襄阳记》：秦兼天下，自汉以北为南阳郡。

《东晋疆域志》曰：《南阳王模传》，永兴中作国，永嘉初国废，东晋仍作郡。领县十四。县同，惟清阳改云阳。《宋志》曰：去京都水四千四百。

【集释】方恺《新校》：方恺曰：又郭璞《山海经注》：今湍水出南阳穰县。本《志》穰属义阳。《州郡志》：穰，汉旧县，属南阳。不言晋徙属义阳，郭说是也。吴翊寅案：《郡国志》穰属南阳，《州郡志》属新野，云晋惠帝分南阳立，则未分以前，晋亦属南阳矣。（编者校：同义阳郡穰县下。）

【编者按】南阳国治宛县，在今河南南阳市。

宛

【斠注】两汉旧县。《水经·淯水注》曰：其城故申伯之都，楚文王灭申以为县，秦昭襄伐楚取鄀，即以此地为南阳郡，改县曰宛。《新斠注地理志》五曰：在今南阳府城东南。

【集释】《通鉴》胡注：永饶治当在南阳宛县。

程廷祚《证今》曰："今南阳府治。"《马注》：与龙曰：三国魏县。《左传·隐元年》杜注：南阳宛县。《水经注》：淯水又南迳宛城东，大城东南隅即古宛城也，荆州刺史治，故亦谓之荆州城。按三国魏荆州治也。宋因。《地形志》：南阳郡宛，晋属。《一统志》：故城今南阳府治。

【编者按】宛县故城，即今河南南阳市治。《中华人民共和国地名词典·河南省》据考古资料，定汉代宛城遗址在今"南阳市东北"。

西鄂侯相。

【斠注】两汉旧县。应劭曰：江夏有鄂，故加西也。《史记·楚世家·正义》：《括地志》曰：邓州向城县南二十里西鄂故城是楚西鄂。《读史方舆纪要》五十一曰：西鄂城在南阳府北五十里。

【集释】《马注》：与龙曰：三国魏县。《郡国志》刘注引郭璞曰：清泠水在西鄂县。《地形志》：南阳郡西鄂，晋属。又北雉县有西鄂城。李兆洛云：晋县故城今南阳县南。

【编者按】西鄂县故城，在今河南南阳市东北。

雉

【斠注】两汉旧县。《汉书》注《太康地志》曰：陈仓人所逐二童子，名宝鸡者雄，止陈仓为石，雌止此县，故名雉县。《水经·淯水注》曰：关水又东南迳雉县故城南。注云：光武获雉于此山，以为中兴之祥，故置县以名焉。《斠注》案：西汉已有雉县，郦《注》光武获雉之说不足为据。《读史方舆纪要》五十一曰：雉城在南阳府北八十里。

【集释】《通鉴》胡注：雉县，自汉以来属南阳郡，其地当在唐邓州向城县界。《新唐志》曰：向城县北八十里有鲁阳关。

《马注》：与龙曰：三国魏县。《汉书·地理志》注颜师古云：《太康地志》：陈仓人所逐二童子，名宝鸡者雄，止陈仓为石，雌止此县，故名雉县。疑不可据。《地形志》：北清郡北雉，晋曰（雄）[雉]（编者校：《马注》"雄"字误，迳改），属南阳。李兆洛云：故城今南召县南。

【编者按】雉县故城，在今河南南召县东南。

鲁阳公国相。

【斠注】两汉旧县。《水经·滍水注》曰：滍水又东迳鲁阳县故城南。注云：城即刘累之故邑也。有鲁山，县居其阳，故因以名焉。《读史方舆纪要》五十一曰：鲁阳城在鲁山县治南。

【集释】程廷祚《证今》曰："今汝州鲁山县。"

《马注》：与龙曰：三国魏县。《左传·[昭公]》（编者校：此处脱"昭公"二字。）二十九年》杜注：鲁县今鲁阳。《一统志》：故城今汝州鲁山县治。

【编者按】鲁阳县故城，即今河南鲁山县治。

犨

【斠注】两汉旧县。《水经·滍水注》曰：《左传·昭公元年》"冬，楚公子围使伯州犁城犨。"是也。《读史方舆纪要》五十一曰：犨城在鲁山县东南五十里。

【集释】何超《音义》：犨，昌牛反。

程廷祚《证今》曰："在今汝州鲁山县东南五十里。"

《马注》：与龙曰：三国魏县。《左传·襄十八年》杜注：南阳犨县。《一统志》：故城今鲁山县东南五十五里。

【编者按】犨县故城，在今河南鲁山县东南。

淯阳公国相。

【斠注】两汉作育阳。《水经·淯水注》曰：县故南阳典农治，后以为淯阳郡，省郡复县，避晋简文讳更名云阳焉。《后汉书》注、《寰宇记》并云：在南阳县南。

【集释】何超《音义》：淯，以六反。

《马注》：与龙曰：三国魏县。《州郡志》：南阳太守云阳男相，故名育阳，晋孝武改。宋因。《地形志》：云阳，晋曰育阳。《一统志》：故城今南阳府南阳县南六十里绿杨村。

【编者按】淯阳县故城，在今河南南阳市南。

博望公国相。

【斠注】两汉旧县。《水经·淯水注》曰：郭仲产曰：在郡东北百二十里。《史记·田完世家·正义》：《括地志》曰：博望城在邓州向城县东南四十五里。《读史方舆纪要》五十一曰：博望城在南阳府东北六十里。

【集释】《马注》：与龙曰：三国魏县。《一统志》：故城今南阳县东北六十里。

【编者按】博望县故城，在今河南方城县西南博望镇。

堵阳

【斠注】两汉旧县。《后汉书》注：故城在方城县。韦昭读堵为赭。《读史方舆纪要》五十一曰：赭阳城在裕州东六里。

【集释】方恺《新校》：方恺曰：堵阳，《州郡志》作赭阳。吴翊寅案：《郡国志》有堵阳无赭阳，本《志》不误。

《马注》：与龙曰：三国魏县。《地形志》襄城郡注云：治赭阳城，即堵阳故城也。《一统志》：今裕州东六里。

【编者按】《八琼室金石补正》转引《平津读碑记》收录永宁二年《骠骑将军韩寿墓碣》及《砖文》，中有"骠骑将军南阳堵阳韩府君"等字样，此处当为堵阳。堵阳县故城，在今河南方城县东。

叶侯相。

【集释】何超《音义》：叶，音摄。

程廷祚《证今》曰："在今南阳府叶县东。"

《马注》：与龙曰：三国魏县。《左传·僖四年》杜注：南阳叶县。《一统志》：故城今叶县南三十里旧县店。

有长城山，号曰方城。

【斠注】两汉旧县。《魏志·明帝纪》曰：景初元年，分襄阳郡之叶县属义阳郡。《斠注》案：本《志》属南阳国，当是晋初改隶。《读书杂志》曰："有长城"上原有"南"字，而今本脱之。《齐世家·索隐》云：《地理志》：叶县南有长城，号曰方城，是其证。《御览》一百六十九《太康地记》曰：自（华）[叶]（编者校："华"应为"叶"。）至比阳，南北连百里，号为方城，亦曰长城。《水经·潕水注》：郭仲产曰：苦菜、于东之间有小城，名方城，东临溪水。寻此城致号之由，当因山以表名也。苦菜即黄城也，及于东，通为方城矣。盛弘之《荆州记》曰：叶东（略）[界]（编者校："略"应为"界"。）有故城，始犨县东，至滍水，达（泚）[比]（编者校：陈桥驿复校本《水经注疏》"泚"为"比"。迳改。）阳界，南北联（落）[联]（编者校：陈桥驿复校本《水经注疏》"落"为"联"，迳改。）数百里，号为方城，一谓之长城。《斠注》案：据此，本《志》衍一"山"字。《续汉志》又误长城为长山。考唐勒《奏土论》曰：我是楚也，世霸南土，自越以至叶，垂（宏）[弘]（编者校："宏"应为"弘"。）万里，故号曰万城。是方城本为万城，万亦作方，遂讹万为方也。《新斠注地理志》五曰：《史记·正义》：山在叶县西南十八里。《元和郡县志》：东北五十里。《志》或误也。《读史方舆纪要》五十一曰：叶城在今县治东。

【集释】《马注》：与龙曰：说见《郡国志》注，又见下比阳县。

【编者按】叶县故城，在今河南叶县西南旧县镇。

舞阴公国相。

【斠注】两汉旧县。《元和郡县图志》二十一曰：舞阴故城在比阳县西北六十五里。《读史方舆纪要》五十一曰：舞阴城在泌阳县北十里。

【集释】《马注》：与龙曰：三国魏县。《姚兴载记》：割舞阴等郡归于晋郡。盖兴所置，寻废。宋因。《地形志》：南阳郡舞阴，晋属。《一统志》：故城今泌阳县西北。

【编者按】舞阴县故城，在今河南泌阳县西北五十八里古城寨。

比阳公国相。

【斠注】两汉旧县。应劭曰：比水所出，东入蔡。《读史方舆纪要》五十一曰：比阳废县今唐县治。

【集释】何超《音义》：比阳，音毗。

《马注》：与龙曰：三国魏县。《御览》引《晋太康地志》曰：自叶至比阳，南北连百里，号为方城，亦曰长城。宋因，属广平郡。李兆洛云：今泌阳县西。

【编者按】 比阳县故城，即今河南泌阳县治。

（涅）［淯］阳

【斠注】 两汉旧县。应劭曰：在涅水之阳。《史记·项羽本纪·正义》：《括地志》曰：涅阳故城在邓州穰县东北六十里，本汉旧县也。应劭云：在涅水之阳。《读史方舆纪要》五十一曰：涅阳县在邓州东六十里。

【集释】 何超《音义》：涅，奴结反。

《通鉴》胡注：涅阳县，属南阳郡。应劭曰：在涅水之阳。师古曰：涅，音乃结翻。

胡三省《通鉴释文辩误》曰："史炤《释文》曰：涅水出上党涅县。余按此南阳之涅水也，岂上党涅县之水乎！《水经注》，涅水出南阳涅阳县西北岐棘山，东南迳涅阳县，又东南迳安众县，又东南至新野县，南入于淯。桓宣正破郭敬于此水。"

《马注》：与龙曰：三国魏县。宋因。《地形志》：南阳郡涅阳，晋属。有涅城。《一统志》：故城今镇平县南。

【编者按】 涅阳县应为淯阳县。涅阳县故城，在今河南镇平县南。谭其骧主编《中国历史地图集》西晋太康二年图定名为涅阳。

冠军

【斠注】 两汉旧县。《水经·湍水注》曰：县本穰县之卢阳乡、宛之临駣聚。汉武帝以霍去病功冠诸军，故立冠军县。《元和郡县图志》二十一曰：冠军故城在临湍县南四十里。《读史方舆纪要》五十一曰：冠军城在邓州西北四十里。《史记·本纪·索隐》七《太康地记》曰：武关当在冠军县西，峣关在武关之西。

【集释】 《马注》：与龙曰：三国魏县。宋因。《地形志》：南阳郡冠军，晋属。《一统志》：故城今邓州西北四十里。

【编者按】 冠军县故城，在今河南邓州市西北三十八里冠军。

郦

【斠注】 两汉旧县。《水经·淯水注》：郭仲产曰：郦县故城在支离山东南。《史记·齐悼惠王世家·正义》：《括地志》曰：故郦城在邓州新城县西北四十里。盖此县是也。《读史方舆纪要》五十一曰：郦县城在内乡县东。

【集释】 何超《音义》：郦，音历。

《马注》：与龙曰：三国魏县。宋因。《地形志》：南阳郡郦，晋属。《一统志》：故城今内乡县东北。

【编者按】 郦县故城，在今河南内乡县北。《中华人民共和国地名词典·河南卷》：在今内乡县城关镇北十二里湍河西侧有郦城。

（顺阳）［南乡］郡

【集释】 《通鉴》胡注：唐邓州临湍、菊潭二县，古顺阳地。

程廷祚《证今》曰："在今河南、湖广之境。《志》云：武帝改魏南乡郡为顺阳。杜仍作南乡。"

方恺《新校》：方恺曰：杜注《左氏传·桓七年》有筑阳，《僖二十五年》有丹水、析，《昭十九年》有阴，皆云南阳属县，今作顺阳，则从后改郡名也。然考《州郡志》"汎阳令，晋太康五年立，属南乡，仍属顺阳"，仍字疑后字之误。据此知，太康五年以前皆名南乡郡也。又案《武帝纪》，太康十年，封扶风王子畅为顺阳王。疑南乡之改顺阳当在是年，则当作顺阳国。本书《良吏范晷传》：晷，南阳顺阳人。岂顺阳未立国时县属南阳不属南乡耶？未详。吴翊寅案：《郡国志》顺阳属南阳郡。又《州郡志》云"魏分南阳立南乡，晋武帝更名顺阳"，本《志》言顺阳太康中置，则太康五年以前，《志》例当作南乡郡也。

【编者按】此处顺阳郡应为南乡郡。谭其骧主编《中国历史地图集》西晋太康二年图定名为南乡郡。太康十年（289年）前应为南乡郡，之后应为顺阳国。

太康中置。

【集释】《通鉴》胡注：《水经注》：顺阳郡筑阳县有涉都城，沔水迳东北；均水于县入沔，谓之均口。筑阳与南乡县，汉皆属南阳郡；汉建安中，分南阳右壤立南乡郡，二县属焉；武帝更名顺阳郡，成帝咸康四年，复曰南乡郡。

《马注》：与龙曰：三国魏郡，曰南乡。《史记·世家二十三·索隐》引《晋太康地理志》：魏武帝建安中，分南阳立南乡郡，晋武帝改曰顺阳是也。《州郡志》：顺阳太守，魏分南阳立，曰南乡，晋武帝改今名。《水经注》：均水南迳顺阳县西，晋太康中立为顺阳郡。按此《志》上文荆州下云武帝平吴改南乡为顺阳郡说同，郦《注》而于建安分置一节略而未载。又《州郡志》：晋成帝咸康四年，复立南乡郡，后复旧。宋因。《地形志》：荆州顺阳郡。

统县八，

【集释】方恺《新校》：方恺曰：然考《州郡志》，汎阳令，晋太康五年立，属南乡，仍属顺阳。仍字疑后字之误。本《志》不载汎阳，误。

《马注》：与龙曰：今补录汎阳为统县九。

户二万一百。

【斠注】《廿二史考异》十九曰：按：顺阳即南乡郡。《水经注》：汉建安中，割南阳右壤为南乡郡，逮晋，封宣帝孙畅为顺阳王，在太康十年。因立为顺阳郡，而南乡为县。旧治酂城，永嘉中丹川浸没，至永和中，徙治南乡故城。本《志》亦云："建安十三年，魏武得荆州，分南阳西界立南乡郡，晋武帝平吴，改南乡为顺阳郡。"则此云太康中置者非也。但顺阳郡名则定于太康耳。杜预注《左传》云："縠国在南乡筑阳县［北］（编者校：上海古籍出版社整理本《廿二史考异》，此处有北字。迳补。）。"又云："商密，今南乡丹水县。"又云："析，今南乡析县。"又云："阴县，今属南乡郡。"盖杜氏注《左》时，犹未有顺阳之封也。《叙［例］（编者校：此处原文缺一字，根据上海古籍出版社整理本《廿二史考异》补"例"字。）》：太康元年增置郡国二十三，不数顺阳，以顺阳即南乡也。《斠注》案：

《晋明威将军郭休碑额》题南乡太守，碑立于泰始六年。碑阴云：郡领县八，户万七千五百三十。尚在改顺阳之前，故户数少至二千五百七十也。《史记索隐》引《太康地志》云：晋武帝改曰顺阳。与此作太康合。《宋志》亦曰：顺阳，魏分南阳立，曰南乡，晋武帝更名，晋成帝咸康四年复立南乡郡，后复旧。《东晋疆域志》曰：东晋领县九，省丹水，增汎阳、修阳。《水经注》：郡旧治酂城，永嘉中，丹水浸没，至永和中，徙治南乡故城。

【编者按】宋赵明诚《金石录》卷第二十《晋南乡郡建国碑》曰："其大略云：'嘉平五年，汉水滔溢，毁坏旧城。'又云：'正元二年城此。'其余文字可识处，大略述迁郡事，而铭文有'与晋常存'之语，知其为晋碑也。案《晋书·地理志》……而不载迁郡事。"《晋明威将军郭休碑并阴》中碑阴录有官员的县名有七个，南乡、阴、顺阳、筑阳、武当、酂、丹水，校之似缺析县名。南乡郡治酂县，在今湖北老河口市西北。

酂

【斠注】两汉属南阳郡。颜师古曰：即萧何所封。《汉书补注》：钱大昕曰：萧何所封本是沛郡之酂，其后嗣乃封南阳之酂。《水经·沔水注》曰：县治故城南临沔水，谓之酂头。《读史方舆纪要》七十九曰：酂城在光化县东北四十里。

【集释】何超《音义》：酂，音赞。

《马注》：与龙曰：三国魏县，属南乡。《史记·世家二十五·集解》瓒曰：今南阳酂县也。按臣瓒云南阳，犹沿旧称耳。《水经·丹水注》：顺阳郡旧治酂城，永嘉中，丹水浸没，至永和中，徙治南乡故城。宋因，属雍州广平郡。《一统志》：故城今襄阳府光化县北。

【编者按】酂县故城，在今湖北老河口市西北。史为乐主编《中国历史地名大辞典》定点在"今湖北老河口市西北西集街北"。

顺阳

【斠注】《史记·张释之冯唐列传·正义》：《括地志》曰：顺阳故城在邓州穰县西三十里，楚之郇邑也。《寰宇记》一百四十一作在西北。《水经·均水注》曰：汉哀帝更为博山县。《汉志》亦作哀帝。《汉书补注》：陈景云曰：据《孔光传》，封侯后十日，哀帝始即位，则博山封邑自成帝非哀帝。明帝复曰顺阳。应劭曰：县在顺水之阳，今于是县则无闻于顺水矣。

【集释】《通鉴》胡注：顺阳县，前汉曰博山，后汉明帝更名顺阳，属南阳郡；至建安中，割南阳右壤为南乡郡；晋太康中，立顺阳郡，以南乡为县；唐邓州之临湍、菊潭县，皆顺阳郡地。

《马注》：与龙曰：三国魏县，属南乡。宋因。《一统志》：故城今南阳府淅川县东。

【编者按】顺阳县故城，在今河南淅川县南。

南乡

【斠注】汉安众县地，后汉改置南乡县。《读史方舆纪要》五十一曰：南乡城在南阳府西南百里。《东晋疆域志》曰：按《晋书》，刘裕遣使求和于秦，且求南乡等诸郡，秦割南乡、顺阳、新野、舞阴等十二郡归于晋，是南乡又别作郡，未知始于何时，或即成帝咸康四年是立。

【集释】《马注》：与龙曰：三国魏县，属南乡。《文选·南都赋》注引杜预《表》曰：所领部曲皆居南乡界，所近钳卢大陂，下有良田。《水经注》：丹水又南迳南乡县故城东北。汉建安中，割南阳右壤为南乡郡。逮晋封宣帝孙畅为顺阳王，因立为顺阳郡，而南乡为县。《姚兴载记》割南乡等郡归于晋，盖姚兴复置郡。宋因，属南乡郡。《一统志》：故城今淅川县东南。

【编者按】南乡县故城，在今河南淅川县西南，原在丹江南岸，今在丹江口水库内。

丹水

【斠注】汉属（宏）[弘]农郡，后汉属南阳郡。《史记·高祖本纪·正义》：《括地志》曰：故丹城在邓州内乡县西南百三十里，南去丹水二百步。《汲冢纪年》云"后稷放帝子丹朱于丹水"是也。《舆地志》云：秦为丹水县也。《新斠注地理志》二曰：《寰宇记》引《郡国记》曰：在内乡县西南百三十里，以今道里计之无此远也，故县应在邓州光化县之西北、淅川县之东南耳。《晋地理志新补正》曰：按《寰宇记》：丹水，永嘉乱后废。

【集释】《通鉴》胡注：丹水县，前汉属弘农郡，后汉属南阳郡，晋属顺阳郡。贤曰：丹水故城，在今邓州内乡县，西南临丹水。

程廷祚《证今》曰："在今河南内乡县西南百二十里。"

《马注》：与龙曰：三国魏县，属南乡。《左传·僖二十五年》杜注：南乡丹水县。按：晋立顺阳郡盖在太康末，故杜注云然。宋因。《一统志》：故城今淅川县西。

【编者按】丹水县故城，在今河南淅川县西。《中华人民共和国地名词典·河南省》称秦置丹水县在今河南淅川县西寺湾。

武当侯相。

【斠注】两汉属南阳郡。《读史方舆纪要》七十九曰：武当城今均州治。

【集释】《通鉴》胡注：武当县，汉属南阳郡，晋属顺阳郡，县以武当山得名；唐为均州武当郡。杜佑曰：郡城，延岑所筑。

《马注》：与龙曰：三国魏县，属南乡。有谢罗山，在今均州南一百里。《水经注》：沔水又东南迳武当县故城东，又东，曾水注之，水导源县南武当山。《荆州图副记》曰：山形特秀，异于众岳，峰首状博山香炉，亭亭远出，药食延年者萃焉。晋咸和中，历阳谢允含、罗邑宰隐道斯山，故亦曰谢罗山。宋因，属始平郡。《一统志》：故城今襄阳府均州北。

【编者按】武当县故城，在今湖北丹江口市西北、汉水南岸。史为乐主编《中国历史地名大辞典》定点在今"湖北丹江口市西北关门岩北"。皆在今丹江口水库中。

阴

【斠注】两汉属南阳郡。颜师古曰：即《左氏传》所云：迁阴于下阴者也，与鄀相近。《晋地理志新补正》曰：按《寰宇记》：阴城县，《图经》，晋咸宁中，封扶风王子畅为顺阳王。城内有顺阳碑。《读史方舆纪要》七十九曰：阴城在光化县西，今汉水北岸古县城是也。

【集释】程廷祚《证今》曰："在今襄阳府光化县西。"

《马注》：与龙曰：三国魏县，属南乡。《左传·昭十九年》杜注：阴县今属南乡郡。《寰宇记》：阴城县，《图经》，晋咸宁中，封扶风王子畅为顺阳王。城内有顺阳碑。按封王在咸宁中，改郡仍在太康末也。宋因，属广平郡。《一统志》：故城今光化县西。

【编者按】阴县故城，在今湖北老河口市西北。

筑阳

【斠注】两汉属南阳郡。《水经·沔水注》曰：筑水又东迳筑阳县故城南。注云：县故楚附庸也，秦平鄢、郢，立以为县。《水经注释》二十八曰：一清按：《汉志》：南阳郡筑阳县，故榖伯国。《春秋·桓公七年》书"榖伯绥来朝"，榖是伯爵，盖近楚之国，非附庸也，道元误矣。《宋志》曰：汎阳令，晋武帝太康五年立，属南乡，仍属顺阳。《水经·沔水注》曰：汎水迳汎阳县故城南。注云：晋分筑阳立。《斠注》案：汎阳置县在太康三年之后，故《志》不载。《读史方舆纪要》七十九曰：筑阳城在榖城县东四里。

【集释】何超《音义》：筑，音竹，又音逐。

程廷祚《证今》曰："在今襄阳府榖城县。"

《马注》：与龙曰：三国魏县，属南乡。《春秋·桓七年》杜注：南乡筑阳县。宋因，属扶风郡。《一统志》：故城今榖城县东。

【编者按】筑阳县故城，在今湖北谷城县北。

析

【斠注】汉属（宏）[弘]农郡，后汉属南阳郡。《东晋疆域志》曰：《寰宇记》：永嘉末没于刘聪。按：后盖仍复。《史记·楚世家·正义》：《括地志》曰：邓州内乡县城本楚析邑，汉置析县，因析水为名也。《新斠注地理志》三曰：《括地志》《元和志》《后汉书》注、《史记索隐》并云：内乡县城今析县城也。《读史方舆纪要》五十一曰：在内乡县治西。

【集释】程廷祚《证今》曰："今河南府内乡县。"

《马注》：与龙曰：三国魏县，属南乡。《左传·僖二十五年》杜注：南乡析县。《一统志》：故城今南阳府内乡县西北。

【编者按】析县故城，即今河南西峡县治。

[汎阳]

【集释】《马注》：与龙曰：三国魏无。《水经·沔水注》曰：汎水又东，迳汎阳县故城南。晋分筑阳立。自县以上，山深水急，枉渚奔湍，水陆径绝。

《州郡志》：汎阳令，晋武帝太康五年立，属南乡，仍属顺阳。按晋太康中应有此县，《志》脱未载，今据《州郡志》补录。宋因，属雍州扶风郡。《一统志》：故城今襄阳府穀城县西。

【编者按】《马注》此处增补汎阳县。汎阳县故城，在今湖北谷城县西。

义阳（郡）[国]

【集释】 程廷祚《证今》曰："在今湖广河南之境。"

方恺《新校》：方恺曰：《武帝纪》《义阳王望传》：泰始二年，封从伯父望为义阳王。望卒，孙奇嗣。太康九年，奇贬，更徙封章武王威为义阳王。是太康以前，义阳为王国，不当作郡。

【编者按】 此处义阳郡应为义阳国。谭其骧主编《中国历史地图集》西晋太康二年图定名为义阳国。泰始初（265年或266年）封司马望为义阳王，太康九年（288年）改为义阳郡。永宁元年（301年）改为新野郡。

太康中置。

【集释】 汪兆镛《稿本晋会要》：《水经·淮水注》：晋泰始中割南阳东鄙之安昌、平林、平氏、义阳四县置义阳郡于安昌城。《晋志》注太康中置，恐太康中乃增入新野等县耳。据《水经注》当治安昌，毕云治新野，未知孰是。县十一。

《马注》：与龙曰：三国魏郡。《魏志·彭城王据传》：黄初三年，据封章陵王，其年徙封义阳。《水经·沔水注》：白水又南迳安昌故城东，故蔡阳之白水乡也，汉元帝以为春陵县，光武改为章陵县，魏黄初二年，更从今名，故义阳郡治也。又《淮水注》：淮水又迳义阳县故城南，义阳郡治也。又《太康地记》《晋书地道记》并有义阳郡，以南阳属县为名。淮水又东，得浉口，浉水又北出，东南屈迳仁顺城南，故义阳郡治，分南阳治也。晋太始初，以封安平献王孚长子望。《州郡志》：《太康地志》属荆州。与龙按：据《魏志》《水经注》《州郡志》，义阳郡始置于魏文，复置于太康中，其郡治初在仁顺城，太始中在安昌城，此《志》于以前省置皆略而不载。按：惠帝更置新野郡，说见新野县下。宋因，属司州。

胡运宏、胡阿祥《中华本〈晋书·地理志〉考异》："荆州义阳郡置立时间有误。按：然《三国志·魏书·明帝纪》，景初元年已有义阳郡；《邓艾传》义阳棘阳人；《蜀书·来敏传》义阳新野人；《邓芝传》义阳新野人。又《太平寰宇记》淮南信阳军：'《魏志》文帝分南阳立义阳郡。'《晋书·武帝纪》泰始元年十二月，封皇从叔父司马望为义阳王。从以上知义阳郡由来已久，非太康时所置。"

统县十二，户一万九千。

【斠注】《水经·淮水注》：《太康地记》曰：义阳郡以南乡属县为名。《宋志》曰：义阳太守，魏文帝立，后省，晋武帝又立。《水经·淮水注》曰：淮水又北出东南，屈迳仁顺城南。注云：故义阳郡治，分南阳置也。《寰宇记》一百四十一曰：晋太始元年置义阳郡，居新野。《廿二史考异》十九曰：《水经注》引阚骃《十三州志》云：晋太始中，割南阳东鄙之安昌、平林、平氏、义阳四县置义阳郡于安昌城。与此多寡迥异。考杜元凯注《左传》云：蓼国，今义阳棘阳县东南湖阳城。又云：邓国，今义阳邓县。又陈寿《蜀志》，来敏、邓芝俱云义阳新野人，皆与此志合，驷所说恐未足据。《斠注》案：阚骃、乐史均以为泰始中置，与本《志》作太康异。据《魏地形志》则郡置于魏，其后省，而复置非晋武始置也。《东晋疆域志》曰：《寰宇记》：元帝迁都，沦陷刘石。考《元和志》：江左省义阳地入平春县，晋孝武改平春为平阳。又平氏县石城山，郦元、杜佑、乐史俱言晋于北山上置义阳郡，今废城犹在山上。《水经注》：永和五年，晋大司马桓温筑平林新城。据此数条，则义阳郡非全没刘氏可知。又按：《义阳王望传》"封义阳王，邑万户"，是望所封特义阳等数县，后或没于刘石耳。乐史疑望封全得义阳郡，及后遭乱，又疑郡皆沦没，盖失不深考也。东晋分出随、新野二郡，领县五：厥、平氏、安昌、平阳、鄢。

【编者按】谭其骧主编《中国历史地图集》西晋图，太康二年，义阳国内有平春县。平春县故城，在今河南信阳市西北。义阳国治新野县，在今河南新野县。

新野侯相。

【斠注】两汉属南阳郡。《读史方舆纪要》五十一曰：新野故城在今县治南。

【集释】《通鉴》胡注：新野县，汉属南阳郡，晋属义阳郡。

《马注》：与龙曰：三国魏县，属南阳。《水经》：清水又南过新野县西。郦《注》：晋咸宁二年，封大司马扶风武王少子歆为新野郡公，割南阳五属县棘阳、蔡阳、穰、邓、山都封焉。《元和志》：新野县，晋惠帝立新野郡。按盛弘之《荆州记》立新野郡在元康九年。宋因。《地形志》：新野郡新野，晋属义阳。《一统志》：故城今南阳府新野县治南。

【编者按】新野县故城，即今河南新野县治。

穰

【斠注】两汉属南阳郡。《说文》作䑋。《水经·清水注》曰：清水又东南迳穰县故城南。注云：楚别邑也，秦拔鄢郢，即以为县，魏荆州刺史治。《史记·秦本纪·正义》：《括地志》曰：穰，邓州所理，古穰侯国。《读史方舆纪要》五十一曰：穰县今邓州东南二里。

【集释】何超《音义》：穰，人羊反。

方恺《新校》：方恺曰：又郭璞《山海经注》：今湍水出南阳穰县。本《志》穰属义阳。《州郡志》：穰，汉旧县，属南阳。不言晋徙属义阳，郭说是也。吴翊寅案：《郡国志》穰属南阳，《州郡志》属新野，云晋惠帝分南阳立，则未分以前，晋亦属南阳矣。

《马注》：与龙曰：三国魏县，属南阳。《水经注》：湍水又迳穰县为六门陂。汉南阳太守邵信臣以建昭五年断湍水，立穰西石堨。至元始五年，更开三门为六石门。溉穰、新野、昆阳三县五千余顷，汉末毁废。晋太康三年，镇南将军杜预复更开，广利加于民，今废不修矣。六门侧又有六门碑，是部曲主安阳亭侯邓达等以太康五年立。按今邓州西有六门堤。宋因，属新野郡。《地形志》：新野郡穰，晋属义阳。又荆州，太和中治穰城。《一统志》：故城今邓州外城东南隅。

【编者按】穰县故城，即今河南邓州市治。

邓 故邓侯国。

【斠注】两汉属南阳郡。《水经·淯水注》曰：县故邓侯吾离之国也，楚文王灭之，秦以为县。《新斠注地理志》五曰：在今襄阳城东北二十里。

【集释】程廷祚《证今》曰："在今襄阳府东北二十里。"

《马注》：与龙曰：三国魏县，属南阳。《史记·楚世家·正义》引《晋太康地记》：周宣王舅所封，故邓城在襄州安养县北二十里，春秋之邓国。《庄公十六年》：楚文王灭之。宋因，属京兆郡。《一统志》：故城今襄阳府襄阳县北。

【编者按】邓县故城，在今湖北襄阳市樊城区西北。《中国文物地图集·湖北分册》载在襄阳市樊城区西的"高新技术产业开发区团山镇邓城村南"有战国时期邓城遗址。

蔡阳

【斠注】两汉属南阳郡。《汉书补注》曰：战国魏地，秦昭襄王取之，见《秦纪》。《水经注释》二十八曰：蔡阳故城在枣阳县西六十里。

【集释】《马注》：与龙曰：三国魏县，属南阳。宋因，属新野郡。《一统志》：故城今枣阳县西南。

【编者按】蔡阳县故城，在今湖北枣阳市西。史为乐主编《中国历史地名大辞典》定点在"今湖北枣阳市西四十里翟家古城"。《中国文物地图集·湖北分册》据考古资料定湖北枣阳市西"蔡阳镇东翟家古城村"为战国至汉古城遗址。

随 故随国。

【斠注】两汉属南阳郡。《史记·楚世家·正义》：《括地志》曰：随州外城，古随国城。随，姬姓也。《元和郡县图志》二十一曰：随即随国城也。又曰：太康九年分义阳郡置随郡。《水经·溳水篇》曰：溳水东南过随县西。注云：晋武帝太康中立为郡。《斠注》案：《志》无随郡，以在太康三年之后。《读史方舆纪要》七十六曰：废随县今随州治。

【集释】《通鉴》胡注：随县，汉属南阳郡，春秋之随国也。晋武帝分南阳立义阳国，后又分义阳立随郡，隋为汉东郡，唐为隋州。

程廷祚《证今》曰："今德安府属州。"

方恺《新校》：方恺曰：又《州郡志》：随阳太守，晋武帝分南阳义阳立义阳国，又分义阳为随国，属荆州。随县，《晋太康地志》属义阳。后随国与郡俱改。本《志》后篇言惠帝分义阳为随郡，于《沈志》异。《元和志》亦言太康九年分义阳置随郡。本书《随穆王传》：武帝以义阳国一县追封为随县王。子迈嗣。太康九年，以义阳之平林益迈为随郡王。《水经注·溳水篇》：东南迳随县西。注亦言太康中立为郡。然则谓惠帝始分，误也，互见序首。

《马注》：与龙曰：注说见《郡国志》。三国魏县。《左传·桓六年》杜注：义阳随县。《州郡志》：随阳子相，《晋太康地志》属义阳。又云：随阳太守，晋武帝太康年分义阳为随国。《水经注》：武帝太康中立随郡。按随郡立在太康末，故《太康地志》随县属义阳也。宋因，属司州随阳郡。《一统志》：故城今德安府随州治。

【编者按】随县故城，即今湖北随州市治。

安昌

【斠注】汉属汝南郡，后汉省。《水经·沔水注》曰：沔水又东迳安昌故城东。注云：县故蔡阳之白水乡也。汉元帝分白水、上唐二乡为春陵县，光武改为章陵县，魏黄初二年更从今名，故义阳郡治也。《读史方舆纪要》五十曰：安昌城在信阳州西北七十里。

【集释】程廷祚《证今》曰："在今德安府随州西北界。"

《马注》：与龙曰：三国魏县。《左传·宣十二年》杜注：义阳安昌县。《一统志》：故城今襄阳府枣阳县东。

【编者按】安昌县故城，在今湖北枣阳市南。《中国文物地图集·湖北分册》载"今湖北枣阳市南吴庄镇春陵村"为汉代春陵遗址。

棘阳

【斠注】两汉属南阳郡。《宋志》曰：《晋太康地志》属义阳，后属新野。《水经·淯水注》曰：应劭曰：县在棘水之阳。是知斯水为棘水也。《比水注》曰：谢水出谢城北。注云：其城之西，旧棘阳县治，故亦谓之棘阳城。《史记·楚世家·正义》引《括地志》作枣阳。《读史方舆纪要》五十一曰：棘阳城在新野县东北七十里。

【集释】程廷祚《证今》曰："在今南阳府叶县东。"

《马注》：与龙曰：三国魏县。《左传·桓十二年》杜注：义阳棘阳县。《州郡志》：棘阳令，《晋太康地志》属义阳。宋因，属河南郡。《一统志》：故城今南阳府新野县东北棘阳城。

【编者按】棘阳县故城，在今河南新野县前高庙乡北二公里汉棘阳故城遗址。

厥西

【斠注】《廿二史考异》十九、《十七史商榷》四十六皆云：下文"西平氏"之西当属厥下，为厥西县。《斠注》案：《宋志》引《太康地记》有厥西县。《水经注》作溾西，云以溾水得名，是西字属上无疑。

【集释】程廷祚《证今》曰："厥在今襄阳府枣阳县界。"（编者校：《证今》所本为"厥"。）

《马注》：毕沅曰：厥西，今本误作二县。与龙曰：一本误以西字连下平字。三国魏无。《左传·庄五年》杜注：义阳厥县。按杜注脱一西字。《州郡志》：厥西令，《晋太康地志》属义阳。宋因，属南义阳郡。《一统志》：故城今随州西北。

【编者按】厥西县故城，在今湖北随州市西北，今随县境。

平氏

【集释】《马注》：与龙曰：三国魏县。《一统志》：故城今南阳府桐柏县西。

桐柏山在南。

【中华校】厥西平氏 各本以"厥"为一县，"西平氏"为一县。殿本以"厥西"为一县，"平氏"为一县。今从殿本。《宋志》三引《太康地志》有"厥西"，《汉志》上、《续汉志》四、《元和郡县志》有"平氏"，"平氏"又见《后汉书·法雄传、刘玄传》《魏志·宗室传》。

【斠注】两汉平氏县属南阳郡。《廿二史考异》十九曰：西当属上文厥字。《斠注》案：氐当作氏。（编者校：《斠注》所本"氏"为"氐"，故有此论。）《水经注》引阚骃《十三州志》作平氏。《元和郡县图志》二十一曰：桐柏山在桐柏县西南九十里。桐柏县，汉平氏县之东界也。《读史方舆纪要》五十一曰：平氏城在桐柏县西北四十里。

【集释】方恺《新校》：方恺曰：又《州郡志》有厥西县、平氏县，今作厥县、西平氏县，刊本讹。《水经注》作潕西，杜注《庄四年》作厥县，亦传写讹脱。吴翊寅案：《郡国志》"平氏桐柏大复山，淮水出，汉属南阳"，本《志》云"桐柏山在南"是也。厥西，沈约云二汉无，《太康地志》属义阳。或又作（关）［阙］（编者案：中华书局点校本《宋书》"关"为"阙"，迳改。）西，疑字之误。

《马注》：与龙曰：《汉书·地理志》：南阳郡平氏，桐柏山在东南。郭璞《山海经》注：今淮水出义阳平氏县桐柏山。《一统志》：故城今桐柏县西南三十里。

【编者按】《宋本晋书》"厥西"是分开的，西和平氏相连。平氏县故城，在今河南桐柏县西北七十里平氏镇。

义阳

【斠注】《水经·淮水注》曰：义阳县，义阳郡治，世谓之白茅城。《元和郡县图志》九曰：义阳，本汉平氏县义阳乡之地也。魏文帝分平氏立义阳县，江左省义阳县，地入平春县。晋孝武帝改平春曰平阳。又曰：石城在钟山县西南二十一里石城山上，本晋义阳县所理。《斠注》案：钟山之义阳县治乃东晋侨置西晋旧治。《读史方舆纪要》五十谓今信阳州南四十里义阳城是也。

【集释】《马注》：与龙曰：三国魏县。《魏志》：黄初中，分平氏立义阳县。《州郡志》：义阳令，《晋太康地志》有，后省，孝武孝建三年，分平阳立。《一统志》：故城今桐柏县东。

【编者按】义阳县故城，在今河南信阳市西北。

平林

【斠注】《晋地理志新补正》曰：按《水经注》：永和五年，晋大司马桓温筑新城。

【集释】《马注》：与龙曰：三国魏县。《水经·涢水注》：章水迳随郡平林县故城西，俗谓之将陂城。涢水又迳新城南。宋因，属随阳郡。《一统志》：故城今德安府随州东北。

【编者按】平林县故城，在今湖北随州市东北。

朝阳

【斠注】两汉属南阳郡。《类聚》二盛弘之《荆州记》曰：胡阳县，春秋蓼国樊重之邑也，重母畏雷，为石室避之。《史记·三王世家·正义》：《括地志》曰：朝阳故城在邓州穰县南八十里。应劭云：在朝水之阳也。《通典》作在东南。《后汉书》注作在南。《寰宇记》作在东。《斠注》案：荆州二十二郡无胡阳县，疑胡阳为朝阳之讹。《括地志》亦同作朝阳也。

【集释】《马注》：与龙曰：三国魏县，属南阳。郭璞《山海经》注：朝阳县今属新野。《州郡志》广平太守广平令，南渡以朝阳县境立。宋因，属顺阳郡。《一统志》：故城今南阳府邓州东南。

【编者按】朝阳县故城，在今河南邓州市东南、刁河南岸。

新城郡魏置。

【集释】程廷祚《证今》曰："在今湖广。"

《马注》：与龙曰：三国魏郡。《水经·沔水注》：以孟达为太守，治房陵故县。宋因，属梁州。

统县四，户一万五千二百。

【斠注】《水经·沔水注》曰：堵水东历新城郡。注云：郡故汉中之房陵县也，汉末以为房陵郡，魏文帝合房陵、上庸、西城立以为新城郡。《续汉志》注：《巴汉志》曰：建安十三年，别为新城郡。《宋志》曰：新城故属汉中，魏文帝分立，属荆州。去州陆一千五百，去京都水五千二百。《东晋疆域志》曰：东晋领县同。

【编者按】新城郡治房陵县，在今湖北房县。

房陵

【斠注】两汉属汉中郡。《汉书补注》曰：春秋麋地防诸，见《通典》。《华阳国志》二曰：房陵县，郡治。《读史方舆纪要》七十九曰：房陵城今房县治。

【集释】《马注》：与龙曰：三国魏县。《州郡志》：房陵令，《太康地志》、王隐无。按当是太康末省，后复也。宋因。《一统志》：故城今郧阳府房县治。

【编者按】房陵县故城，即今湖北房县治。

绥阳

【中华校】绥阳 各本作"缓阳"，今从殿本作"绥阳"，与《宋志》三、《华阳国志》二合。

【斠注】《宋志》作绥阳。云魏立，后改为秭归，晋武帝太康二年，复为绥阳。《华阳国志》二亦作绥阳。《斠注》案：缓为绥之讹文。（编者校：《斠注》所用底本为"缓阳"，故有此论。）

【集释】《马注》：与龙曰：三国魏县，曰秭归。宋因。《一统志》：故城今房县西南一百七十里。

【编者按】绥阳县故城，在今湖北神农架林区南。

昌魏

【斠注】《水经·沔水注》曰：彭水出梁州新城郡魏昌县界。注云：县以黄初中分房陵立。《水经注释》二十八曰：

一清案：《晋志》新城郡有昌魏县。《宋志》云魏立，即魏昌也，而《三国志·明帝纪》作魏阳，疑彼文为误。

【集释】程廷祚《证今》曰："在今郧阳府房县界。"

《马注》：与龙曰：三国魏县。《左传·桓十二年》杜注：新城昌魏县。宋因。《一统志》：故城今房县西南。

【编者按】昌魏县故城，在今湖北房县西南。

沶乡

【斠注】《宋志》曰：何志魏立。《水经·沔水注》曰：沶乡县，分房陵立。《春秋左氏传·桓十三年·正义》引《释例》曰：鄢水出新城沶乡县东南，经襄阳至宜城县入汉。

【集释】何超《音义》：沶，音怡。

《通鉴》胡注：《水经注》：零水上通梁州沔阳县，东迳新城郡之沶乡县，谓之沶水；又东历宜城西山，谓之沶溪；东流合于夷水，谓之沶口。杨正衡曰：沶，音怡。

程廷祚《证今》曰："在今襄阳府宜城县西北。"

方恺《新校》：方恺曰：又案郭璞注《山海经》：新城汋阴县有漳水。汋疑当作沶，本《志》无汋阴，有沶阴。（编者校：本《志》无沶阴。）

《马注》：与龙曰：三国魏县，作祁乡。《州郡志》：祁乡，何志魏立，《晋太康地志》作沶。《左传·昭四年》杜注：新城沶乡县。《中山经·荆山》郭璞注：今在新城沶乡县南。《水经·沔水注》：零水即沶水也。东迳新城郡之沶乡县，县分房陵立。《魏志·张郃传》有祁口。宋因作祁乡。《一统志》：故城今保康县南。

【编者按】沶乡县故城，在今湖北南漳县西南。

魏兴郡 魏置。

【集释】《马注》：与龙曰：三国魏郡。《魏志》：建安二十年，分汉中之安阳、西城为西城郡。《华阳国志》：建安二十四年，刘先主以申仪为西城太守。仪降魏。黄初二年，文帝转仪为魏兴太守。蜀平，遂（编者校：任乃强校注《华阳国志校补图注》改"遂"为"还"。）治西城。《通鉴》：晋咸康五年，庾怿为梁州刺史，镇魏兴，后以魏兴险远，徙屯半州（编者校：一说"州"为"洲"。）。建元二年，司马勋为梁州刺史，戍西城。太元四年，苻坚陷魏兴。九年，桓冲遣郭宝伐苻坚，魏兴太守褚柱（编者校：一说"柱"为"垣"。）降之。义熙中，谯纵之乱，氐陷，梁州刺史复移魏兴。宋因，属梁州。

统县六，户一万二千。

【斠注】《宋志》曰：魏兴，魏文帝以汉中遗民在东垂者立，属荆江。江左还本。去州一千二百，去京都水六千七百。《东晋疆域志》曰：统县六，省长利，增置郧乡。《华阳国志》二曰：魏兴郡，本汉中西城县，后汉中数寇乱，县土独存，汉季世别为郡。《寰宇记》一百四十一曰：魏文帝改西城为魏兴郡，移理洵口，晋太康二年移理锡县，三年又改理平阳县，元康中又移理锡县，永嘉后复移理西城故城。

【编者按】魏兴郡治兴晋县，在今湖北郧西县西北。谭其骧主编《中国历史大辞典·历史地理卷》称三国魏时，魏兴郡治西城县，在今陕西安康市西北。西晋太康二年移治锡县，在今陕西白河县东南。太康三年移治兴晋县，在今郧西县西。元康中移治锡县，永嘉后还治西城县。

（晋兴）[兴晋]

【中华校】晋兴　方校："晋兴"当作"兴晋"，见《宋志》三。按：《羊玄之传》谓玄之封兴晋侯，则晋时仍名"兴晋"。

【斠注】《华阳国志》二曰：兴晋县，晋置。《东晋疆域志》曰：《水经注》：甲水又东南迳魏兴郡之兴晋县南，晋太康中立。字微误，应云太康中改。《水经注刊误》二十七曰：《宋志》：兴晋令，魏立，曰平阳，晋武帝太康元年更名。羊玄之封兴晋侯即此县。《斠注》案：晋兴当作兴晋。《读史方舆纪要》三亦作晋兴云，今兴安州东有晋兴故城。

【集释】方恺《新校》：方恺曰：晋兴当作兴晋，见《州郡志》。
《马注》：与龙曰：一本误倒作晋兴。（编者校：《马注》所用底本为"兴晋"。）三国魏县，曰平阳。《水经注》：汉水又东，左得育溪，兴晋、旬阳二县分界于是谷。大水又东合甲水口，甲水又东南迳魏兴郡之兴晋县南，晋武帝太康中立。宋因。《一统志》：故城今郧阳府郧西县西北。

【编者按】晋兴县应为兴晋县。兴晋县故城，在今湖北郧西县西北。谭其骧主编《中国历史地图集》西晋太康二年图定名为兴晋。

安康

【斠注】两汉安阳县，属汉中郡。《宋志》曰：汉末省，魏复立，属魏兴。晋武帝太康元年更名。《寰宇记》一百四十一曰：汉安阳县故城在今县西二十四里，即今敖口东十里、汉江之北故城是也。《读史方舆纪要》五十六曰：安康废县旧治在汉阴县北二十里。

【集释】《马注》：与龙曰：三国魏县，曰安阳。《州郡志》：安康令，二汉安阳县，属汉中，汉末省。魏复立，属魏兴。晋武帝太康元年更名。何云魏立，非也。《水经·沔水注》：安阳县，故隶汉中，魏分汉中立魏兴郡，安阳隶焉。《寰宇记》引《晋太康地记》：安康县属魏兴郡。宋因，属安康郡。《一统志》：汉安阳县故城当在今城固县东，晋安康故城今兴安府汉阴县西。

【编者按】安康县故城，在今陕西石泉县东南池河镇东汉江东岸、池河西岸。

西城

【斠注】两汉属汉中郡。《续汉志》注：《巴汉志》曰：汉末以为西城郡。《华阳国志》二曰：西城县，郡治。《寰宇记》一百四十一曰：西城故城。案：《水经[注]》云："汉水经月川口，又东经西城故城南"。其故城即汉之西城。《读史方舆纪要》五十六曰：西城废县在兴安州西南三里。

【集释】《马注》：与龙曰：三国魏县。《水经注》：汉水又东，得大势，势阻急溪，故亦曰急势也。依山为城，城周二里，在峻山上，梁州督护吉挹所治。苻坚遣偏将军韦钟伐挹，挹固守二年不能下，无援遂陷。汉水又东，迳西城县故城南，《汉地理志》汉中郡之属县也，汉末为西城郡。建安二十四年，刘备以申仪为西城太守，仪据郡降魏，魏文帝改为魏兴郡，治故西城县之故城也。氐略汉川，梁州移治于此。《华阳国志》：西城县，元康元年，封越骑校尉蜀郡何攀为公国。宋因。《一统志》：故城今兴安府西北。

【编者按】西城县故城，在今陕西安康市西、汉水以北。

（锡）[钖]

【斠注】汉锡县属汉中郡。《续汉志》又作钖。颜师古曰：即《春秋》所谓锡穴。《水经·沔水注》曰：汉水又东迳魏兴郡之锡县故城北。注云：县故《春秋》之锡穴地，故属汉中，县有锡义山。《魏志·明帝纪》曰：太和二年，以锡县为锡郡。景初元年省锡郡，以锡县属魏兴郡。《元和郡县图志》二十一曰：郧乡县本汉锡县，古麇国之地，晋武帝改锡县为郧乡县。《斠注》案：《志》文锡字为钖之误。郧乡置县据《宋志》《水经·沔水注》及《寰宇记》一百四十三在太康五年，故《志》不载。《东晋疆域志》曰：何志云晋惠帝立，非也。《读史方舆纪要》七十九曰：锡城在郧阳府西界。

【集释】方恺《新校》：方恺曰：又《州郡志》郧乡令下云：本锡县，魏晋世为郡，后省，武帝太康五年，改为郧乡。又《州郡志》：锡县令，前汉长利县，后汉省，太康四年复立，五年改长利为锡。据此则魏晋之际至太康三年有锡无长利，五年以后，有锡有郧乡无长利，其二县俱存仅太康四年长利复立之时，不过一岁，以秦、宁二州年分例之不容并载。又案《汉书·地理志》汉中郡有锡县。又弘农郡上雒下注：又有甲水，出秦领山，东南至（锡）[钖]入沔。应劭、师古皆注：钖音阳，即春秋所谓钖穴，后讹为锡，非也。吴翊寅案：锡，班《志》作钖。应劭、师古皆云音阳。今考《郡国志》作锡，云"沔阳有铁""锡有锡"，则作锡者，盖本《续汉志》也。《说文》：钖，马头饰也。臣铉等曰：鍚，今经典作钖，与章切。应、颜说恐非是。

《马注》：（编者校：《马注》所用底本为钖。）与龙曰：应劭云：篆音阳。三国魏县。《魏志》：建安二十年，分汉中之锡县置都尉。《州郡志》：郧乡令，本锡县，二汉旧县，魏晋世为郡，后省，晋武帝太康五年改为郧乡。按此《志》犹载太康五年前之锡县也。《志》于本州篇末自惠帝叙起，则应将太康五年改锡为郧乡、改长利为锡叙明方是。《宋书·符瑞志》：晋穆帝升平四年，凤凰将九子见郧乡之丰城。《一统志》：锡县故城今兴安府白河县东。

【编者按】锡县应为钖县。钖县故城，在今陕西白河县东白石河西、汉江南岸。谭其骧主编《中国历史地图集》西晋太康二年图定名为钖县。

长利

【斠注】汉属汉中郡。《宋志》曰：后汉省，晋武帝太康四年复立，属魏兴，五年改长利为锡。《斠注》案：本《志》尚有长利，盖据太康四年之制，五年或并入锡县，非改为锡也。《元和郡县图志》二十一曰：汉长利县理在长理川，故以为名。《读史方舆纪要》七十九曰：长利城在郧阳府西北二百里。

【集释】方恺《新校》：方恺曰：又《州郡志》郧乡令下云：本锡县，魏晋世为郡，后省，武帝太康五年，改为郧乡。又《州郡志》：锡县令，前汉长利县，后汉省，太康四年复立，五年改长利为锡。据此则魏晋之际至太康三年有锡无长利，五年以后，有锡有郧乡无长利，其二县俱存仅太康四年长利复立之时，不过一岁，以秦、宁二州年分例之不容并载。

《马注》：与龙曰：三国魏无。《州郡志》：锡县令，前汉长利县，属汉中。按此《志》犹载太康四年复立之长利县也。又《华阳国志》云：魏兴郡领郧阳县，本名长利。说与沈约异，后人或疑《沈志》为误。与龙按：《水经注》：汉水又东，迳长利谷，南入谷，有长利旧县也。汉水又东，迳郧乡县故城南，县故黎也，即长利之郧乡矣。晋太康五年立以为县。据《水经注》，有长利故城，有郧乡县故城，则《常志》虽云"郧乡县本名长利"，究之长利自长利，郧乡自郧乡矣。《水经注》又言"郧乡县故黎也，即长利之郧乡"，则知《沈志》所谓锡县，太康五年改为郧乡者，乃废锡县而改置郧乡，非即以锡县而改名郧乡也。《一统志》：长利故城今郧阳府郧西县西。

【编者按】长利县故城，在今湖北郧西县西南。方恺认为本《志》有锡县，不应有长利县。

洵阳

【斠注】汉旬阳县，属汉中郡。《宋志》曰：晋武帝太康四年复立。《水经·沔水注》亦作旬阳。《汉书补注》曰：战国楚地，作郇阳，见《楚策》。《元和郡县图志》五曰：洵阳县，汉置，在洵水之阳。

【集释】方恺《新校》：方恺曰：又《州郡志》洵阳作旬阳，前汉有，后汉无，晋太康四年复立，与秦、宁二州年分断例亦不合，说见南郡监利。

《马注》：与龙曰：三国魏无。《州郡志》：旬阳令，后汉无。有伎陵城，在今旬阳县东汉江南岸，其北岸为木兰寨。《宣帝纪》：太和元年，新城太守孟达连吴、蜀谋举兵，帝潜军进讨，吴、蜀各遣其将向西城安木兰寨以救达。《水经·沔水注》：汉水又东迳木兰寨南，右岸有城名伎陵城，周回数里，左岸垒石数十行，重垒数十里，中谓是处为木兰寨，云吴朝遣军救孟达于此矣。宋因，作旬阳。《一统志》：故城今兴安府旬阳县北。

【编者按】洵阳县故城，在今陕西旬阳县北洵河北岸。

上庸郡 魏置。

【集释】程廷祚《证今》曰："在今湖广郧阳府地。"

《马注》：与龙曰：三国魏郡。《魏志》：建安二十年，分锡、上庸置都尉。《蜀志·刘封传》：建安二十四年，上庸太守申耽降蜀，明年耽复降魏。《华阳国志》：嘉平中又省。吴增仅云：齐王即位，郡国多所置省，上庸再废应在此时。《水经·沔水注》：堵水又东北迳上庸郡，故庸国也，县属汉中郡，汉末又分为上庸郡。按郡置于汉末，后屡废置，此云魏置，误。宋因，属梁州。

姚师濂《〈华阳国志〉、〈晋书地理志〉互勘》曰："上庸郡……《廿二史考异》称魏明帝诛达，复分其地为上庸、锡郡，锡郡旋废，故两《志》皆不及也。"

统县六，

【集释】方恺《新校》：方恺曰：又《华阳国志》：上庸郡有安乐县，咸熙元年为公国，封刘后主也。本《志》从《水经注》《晋书地道记》说，燕国安乐为刘禅所封。虽立说不同，不应并县删削。互见幽州燕国。

《马注》：与龙曰：《常志》上庸安乐公国之说与诸书异。今考《蜀志·二主妃子传》注引孙盛《蜀世谱》曰：永孙玄奔蜀，李雄伪署安乐公以嗣禅后。按此则上庸安乐县盖李雄所置，以封刘玄者，咸熙年号或云为咸康之讹，而称封刘后主则《常志》微误也。《州郡志》魏兴太守广昌子相下云：《晋地记》，武帝太康元年，改上庸之广昌为庸昌，二年省。疑是魏所立。

户一万一千四百四十八。

【斠注】《宋志》曰：去州陆二千三百，去京都水八千七百。《华阳国志》二曰：汉末为上庸郡。建安二十四年，上庸太守申耽遣宗族及子弟诣成都。黄初中降魏，省上庸，并新城。孟达诛后，复为郡。《魏志·明帝纪》曰：太和二年，分新城之上庸、武灵、巫县为上庸郡。四年，省上庸郡。景初元年，分魏兴之武阳、锡郡之安富〔、上庸〕（编者校：中华书局点校本《三国志》此处有"上庸"。）为上庸郡。《三少帝纪》曰：甘露四年，分新城郡复置上庸郡。《宋志》曰：上庸太守，魏明帝太和二年，分新城之上庸、武陵、北巫为上庸郡。《斠注》案：如《华阳志》所言，明帝以前本有上庸郡，非太和新置也。《魏志》武灵为武陵之误。巫县当从《宋志》与本《志》作北巫。《东晋疆域志》曰：东晋领县七，增置广昌一县。《斠注》案：《寰宇记》一百四十一引《地道记》云：武帝太康元年改上庸之广昌为庸昌，二年省。故三年以后，《地志》不载此县，东晋复置盖用旧名也。

【集释】毕沅《新补正》：沅案疑是太和后省，景初又立也。

【编者按】上庸郡治上庸县，在今湖北竹山县西南。

上庸侯相。

【斠注】两汉属汉中郡。《汉书补注》曰：春秋庸国，楚灭之，见《左传》。后为上庸，秦取之。《国策》：张仪谓郑袖欲以上庸之地六县赂楚也。《华阳国志》二曰：上庸县，郡治。《魏志·明帝纪》曰：太和二年，分新城之上庸为上庸郡。景初元年，又分锡郡之安富、上庸为上庸郡。《斠注》案：锡郡置于太和二年，上庸县当于是时改属锡郡，故云锡郡之上庸，至是又仍隶上庸郡，史文有阙略也。《寰宇记》一百四十三曰：废上庸县在房州西二百五十里。《读史方舆纪要》七十九曰：上庸城在竹山县东四十里。

【集释】程廷祚《证今》曰："在今竹山县东四十里。"

《马注》：与龙曰：三国魏县。《左传·文十六年》杜注：庸，今上庸县。《州郡志》魏兴太守下云：上庸令，《晋太康地志》属上庸。宋因。《一统志》：故城今郧阳府竹山县东南。

【编者按】上庸县故城，在今湖北竹山县西南。

安富

【斠注】《魏志·明帝纪》曰：景初元年，分锡郡之安富为上庸郡。《斠注》案：锡郡置于太和二年，安富由何郡改隶，史无明文。

【集释】方恺《新校》：方恺曰：安富，《华阳国志》同，《州郡志》作富安。吴翊寅案：汲古本《州郡志》亦作安富，云《晋太康地志》《永初郡国》、何、徐并有。

《马注》：与龙曰：三国魏县。《州郡志》：安富令，《太康地志》有。宋因。李兆洛云：故县当在今襄阳府境。

【编者按】安富县故城，今地无考。胡阿祥《宋书州郡志汇释》认为南朝宋的安富县故城在今湖北竹山县、竹溪县等一带。史为乐主编《中国历史地名大辞典》定三国魏安富县故城在今湖北郧县（十堰市郧阳区）东南。

北巫

【斠注】《东晋疆域志》曰：《沈志》称何志晋武帝立。按：魏所分新城之巫应即是此县，然则非晋武立明矣。

【集释】毕沅《新补正》：沅案何说非。

《马注》：与龙曰：三国魏县，作巫，见《魏志·明帝纪》及《王昶传》。宋因。李兆洛云：故县当在今襄阳府境。

【编者按】北巫县故城，今地无考。胡阿祥《宋书州郡志汇释》认为南朝宋的北巫县故城在今陕西镇平县、湖北竹山县、竹溪县等一带。史为乐主编《中国历史地名大辞典》定三国魏北巫县故城在今湖北竹溪县境。

武陵

【斠注】《宋志》曰：前汉属汉中，后汉省。《晋太康地志》、王隐并无。《斠注》案：本《志》有武陵，盖太康三年以后复置。《读史方舆纪要》七十九曰：武陵城在竹山县西五十里。

【集释】方恺《新校》：方恺曰：又《州郡志》：武陵令。前汉属汉中，后汉、《晋太康地志》、王隐并无。疑后汉省，至太康后始复立也。

《马注》：与龙曰：三国魏县。《华阳国志》：上庸郡有武陵县。《州郡志》：武陵令。按盖太康末省也。宋因。《一统志》：故城今郧阳府竹溪县东。

【编者按】武陵县故城，在今湖北竹山县西北。

上廉

【斠注】《元和郡县补志》五曰：本汉西城县地，晋于县南平利川置上廉县。《东晋疆域志》曰：按《周地图记》云：上廉县后移还上庸，又于平利置吉阳，故《永初郡国》云北吉阳也。《读史方舆纪要》五十六曰：上廉城在平利县治东。

【集释】毕沅《新补正》：沅案《太平寰宇记》：晋于平利川置上廉县，取上廉水为名。寻又改为吉阳县。

《马注》：与龙曰：三国魏无。《一统志》：故城今兴安府平利县东。

【编者按】上廉县故城，在今陕西平利县西北老县镇东。

微阳

【斠注】《宋志》曰：魏立，曰建始，晋武帝改。

【集释】《通鉴》胡注：沈约曰：魏立建始县，晋武帝改曰微阳。周武王之伐纣，庸、蜀、羌、髳、微、卢、彭、濮八国从之。窃意微阳县盖因古微国而得名，而史无其据。

《马注》：与龙曰：三国魏县，曰建始。宋因。《一统志》：故城今郧阳府竹山县西。

【编者按】微阳县故城，在今湖北竹溪县东。

建平郡 吴、晋各有建平郡，太康元年合。

【集释】《通鉴》胡注：建平郡，汉南郡之巫县，吴主权分置宜都郡，吴主休永安三年，分宜都立建平郡，领信陵、兴山、秭归、沙渠四县。杜佑曰：建平今巴郡，吴置建平郡于秭归。

程廷祚《证今》曰："在今湖广荆州府地。"

《马注》：与龙曰：三国吴郡。《吴志·孙休传》：永安二年，分宜都郡置建平郡，领信陵、兴山、秭归、沙渠四县。《州郡志》：晋又有建平都尉，领巫、北井、泰昌、建始四县。晋武帝咸宁元年，改都尉为郡，于是吴、晋各有建平郡。太康元年，吴平，并合。谢钟英云：《襄阳记》：太始元年，罗宪袭取巫城。按罗宪取巫，旋复失之，至吴亡后，巫始属晋。《沈志》以巫县隶晋咸宁前建平都尉非也。与龙按：谢说是。《水经注》：江水又东，迳巫县故城南，县故楚之巫郡也，秦省郡立县，以隶南郡。吴孙休分为建平郡，治巫城。按《元和志》《寰宇记》并谓吴建平郡治秭归，误。宋因。

统县八，户一万三千二百。

【斠注】《华阳国志》一曰：建安二十一年，以朐忍、鱼复、[汉丰]（编者校：据任乃强校注《华阳国志校补图注》此处增加"汉丰"。）、羊渠，及宜都之巫、北井六县为固陵郡。又曰：晋太康初，将巫、北井还建平。《宋志》曰：建平太守，吴孙休永安三年分宜都立。晋又有建平都尉，武帝咸宁元年，改都尉为郡，于是吴、晋各有建平郡。太康元年，吴平，并合。《元和郡县补志》四曰：周为夔子国，秦为南郡，汉于此置秭归县，后汉因之。建安中，孙权分属固陵郡，寻废。永安二年，置建平郡，以为重镇。东晋、宋、齐皆因之。《东晋疆域志》曰：东晋领县十四，增南陵、归乡、永新、永宁、平乐、新乡。《宋志》：去京都水四千三百八十。《斠注》案：本《志》益州下云：章武元年，改固陵为巴东郡。是巫、北井二县必同属巴东，至太康初又属建平，惟建安二十一年本由宜都改隶，其时尚无建平郡，建平为吴永安三年分宜都置，见《吴志·三嗣主传》。《华阳国志》当云改属，不当云还也。又案：《水经·澧水注》云：溇水出建平郡东，迳溇阳县南。注云：晋太康中置。本《志》无溇阳县，当在三年以后所置。《读史方舆纪要》七十八曰：建平城在归州东故秭归地，孙吴置建平郡以此城名。

【编者按】建平郡治巫县，在今重庆巫山县。

巫

【斠注】两汉属南郡。《水经·江水注》曰：江水合乌飞水，又东迳巫县故城南。注云：县故楚之巫郡也，秦省郡立县，以隶南郡，故夔国也。《新斠注地理志》五曰：巫在今巫山县北。《元和郡县补志》四曰：汉巫县，晋析置归乡县，属建平郡。《斠注》案：归乡县当在太康三年后析置，《志》故不载。

【集释】《马注》：与龙曰：三国蜀县，属巴东，寻为吴县，属建平。《华阳国志》巴东郡下云：建安二十一年，以朐忍、鱼复、汉丰、羊渠，及宜都之巫、北井六县为固陵郡。章武元年，复为巴东。晋太康初，将巫、北井还建平。按县寻入吴，吴亡乃入晋。《常志》约略言之耳。《史记·司马相如列传·集解》：郭璞曰巫山今在建平巫县也。《水经·江水注》：巫城缘山为墉，东西北三面皆带傍深谷，南临大江，故夔国也。宋因。《一统志》：故城今夔州府巫山县东。

《中国历史地理信息系统释文》（未刊稿）：邹逸麟按：《太平寰宇记》卷一百四十八："夔州，云安郡，今奉节县。……巫山县，东南七十二里。《史记》云：秦昭王三十年伐楚取黔中巫郡，汉改为巫县，属南郡。故城在今县北。晋移于此，立建平郡。梁武帝废郡。隋加山字，县本夔子熊挚所治，县今多姓熊者。"今作晋太康元年（280年）移今巫山县治。《宋书》卷三十七《州郡志三》："建平太守，吴孙休永安三年，分宜都立，领信陵、兴山、秭归、沙渠四县。晋又有建平都尉，领巫、北井、泰昌、建始四县。晋武帝咸宁元年，改都尉为郡，于是吴晋各有建平郡。太康元年吴平，并合。五年省建始县，后复立。《永初郡国》有南陵、建始、信陵、兴山、永新、永宁、平乐七县，今并无。按《太康地志》无南陵、永兴、永宁、平乐、新乡五县。疑是江左所立。信陵、兴山、沙渠，疑是吴立。建始，晋初所立也。……巫令，汉旧县。"

【编者按】巫县故城，即今重庆巫山县治。《新中国考古五十年》：重庆"巫山古城""始建于魏晋"。

北井

【斠注】《宋志》曰：《晋太康地志》有，先属巴东，晋武帝泰始五年度建平。《水经·江水注》曰：水南有盐井，井在县北，故县名北井。《读史方舆纪要》六十九曰：北井废县在太昌县东南二十五里。

【集释】方恺《新校》：方恺曰：刘逵《蜀都赋》注有巴东北新井县，此有北井，疑即一县。《沈志》称《太康地志》北井先属巴东，泰始五年度建平，是也。

《马注》：与龙曰：三国蜀县，属巴东，说见巫县下。《水经·江水注》：巫溪水又迳北井县西，东转历其县北。宋因。《一统志》：故城今夔州府巫山县北。

【编者按】北井县故城，在今重庆巫山县北。《长江三峡历史地图集》定西晋北井县在今重庆巫溪县东。

(秦)[泰]昌

【斟注】《寰宇记》一百四十八曰：《舆地志》云：晋太康元年，分秭归、巫县置建昌县，后改为太昌县，属建平郡。《斟注》案：《宋志》引《太康地记》作泰昌，此作秦昌，当为泰昌之讹，乐氏引作太昌，盖因泰省作太也。

【集释】《马注》：与龙曰：三国吴无。《州郡志》：泰昌令，《晋太康地志》有。宋因。《一统志》：故城今巫山县北。

《中国历史地理信息系统释文》（未刊稿）：邹逸麟按：《晋书》卷十五《地理志下》："建平郡，吴、晋各有建平郡，太康元年合。……泰（秦）昌。"按：中华本《南齐书·州郡志》建平郡秦昌校勘记："秦昌，《晋书·地理志》同。按：《宋书·州郡志》《水经·江水注》作'泰昌'。《隋志》《寰宇记》作'大昌'，盖北周为宇文泰讳已改也。疑'秦昌'为'泰昌'之误。"《太平寰宇记》卷一百四十八："夔州，云安郡，今奉节县。……大昌县，东北六十四里。……《舆地志》云：晋太康元年分秭归、巫县置建平县，后改为大昌县，属建平郡。"《舆地纪胜》卷一百八十一《夔州路》："大宁监……吴孙休分宜都立建平郡。晋置建昌县，又改为泰昌县，属建平郡。（此据《晋志》。）又《元和郡县志》云：晋武帝于此置建昌县。《舆地广记》云：晋太康初分秭归置泰昌县，属建平郡。宋、齐因之。后周避文帝名，改曰建昌，而立永昌郡。寻废。若据《广记》，则是晋立泰昌县，非建昌也。若据《元和志》，则是晋已立建昌，非改于周也。然《寰宇记》引顾野王《舆地记》云：晋太康元年分秭归、巫二县置建昌县，后改为大昌，属建平郡。《通典》亦书云晋建大昌县，有所不同。象之谨按：《晋志》《宋志》《齐志》于建平郡下俱有泰昌而无建昌，三《志》之作俱在晋后，不应晋时便有建昌。至《隋志》巴东郡下却有大昌而无泰昌，则是改泰昌为建昌，改建昌为大昌，当在周隋之间。《隋志》大昌县，王书曰后周改置永昌郡，寻废。与《舆地广记》之说相应，而《晏公类要》于大昌县下亦书曰：本泰昌，晋太康中置，后周避文帝名，改曰建昌，又改曰大昌。则建昌非建于晋也。今以《类要》及《晋志》《宋志》《齐志》参考曰：晋置泰昌县。宋、齐以下因之。后周改泰昌县曰建昌，又改建昌曰大昌。（《元和郡县志》曰：隋开皇元年改曰大昌县。然《隋志》于大昌县第书曰后周置永昌郡，寻废。而不言改建昌为大昌一节，则大昌非改于隋也。今从《类要》书曰，又改建昌县曰大昌县。）隋属巴东郡。唐属夔州。"王象之考证甚详，今从之。《清嘉庆一统志》第一百四十六册，卷三百九十八《夔州府二·古迹》："大昌故城，在巫山县北。……本朝康熙九年省入巫山县。……旧志：故城周一里有奇。明成化七年土筑。在巫山县北一百二十里。"故址当今重庆市巫山县北大昌。

【编者按】秦昌县应为泰昌县。泰昌县故城，在今重庆巫山县北大昌镇。

信陵

【斠注】《读史方舆纪要》七十八曰：信陵城在归州西四十五里。《水经注》：江水东迳归乡城北，又东迳信陵城南。吴孙休永安三年，分宜都立建平郡，领信陵等县。孙皓建衡二年，以陆抗督信陵、西陵、夷道、乐乡、公安诸军事，即此信（城）［陵］也。

【集释】《马注》：与龙曰：三国吴县。《州郡志》建平太守下云：信陵疑是吴立。《文选·江赋》注引臧荣绪《晋书》曰：建平郡有信陵县。

【编者按】信陵县故城，在今湖北秭归县西北。

兴山

【斠注】《寰宇记》一百四十八曰：汉秭归县地，三国时其地属吴。永安三年，分秭归县之北界立为兴山县，属建平郡。隋废之。《元和郡县补志》误作晋废。

【集释】《马注》：与龙曰：三国吴县。《州郡志》建平太守下云：兴山疑是吴立。《一统志》：故城今兴山县南。

【编者按】兴山县故城，在今湖北兴山县北夫子镇北丰邑坪。

建始

【斠注】《东晋疆域志》曰：《沈志》：晋初所立。太康五年省，后复立。今考《沈志》建平太守下云，晋又有建平都尉，领巫、北井、泰昌、建始四县。晋武帝咸宁元年改都尉为郡，于是吴、晋各有建平郡，太康元年，吴平并合，是咸宁元年以前已有建始县，而乐史称《舆地志》云"晋太康元年分秭归、巫置建始县"者误矣。

【集释】毕沅《新补正》：沅案《舆地志》：太康元年，分巫、秭归二县置建始县，后改为大昌县。

《马注》：与龙曰：三国吴无。《一统志》：故城今施南府建始县东。

【编者按】建始县故城，在今湖北建始县东。史为乐主编《中国历史地名大辞典》定点在今湖北建始县东三十五里州基山下。

秭归故楚子国。

【斠注】两汉属南郡。《水经·江水注》：乐纬曰：昔归典叶声［律］（编者校：陈桥驿复校本《水经注疏》此处有"律"字。）。宋忠云：归即夔，归乡即夔乡。《御览》一百六十《十道志》曰：归州巴东郡在周为夔子国，属楚。秦并天下为南郡之地。汉置秭归县。《史记·楚世家·正义》：《括地志》曰：归州巴东县东南四里秭归故城。《舆地志》云：秭归县东有丹阳城，周回八里，熊绎始封也。《水经·江水篇》曰：又东过秭归县之南。注云：《太康地记》曰：秭归有归乡，故夔子国，楚灭之。《地理志》曰：归子国也。袁山松：屈原有贤姊，闻原放逐，亦来归。喻令自宽全，乡人冀其见从，因名曰秭归。《宜都记》曰：秭归盖楚子熊绎之始国，而屈原之乡里也。《读史方舆纪要》七十八曰：秭归废县今归州治。

【集释】何超《音义》：秭归，音姊。

《通鉴》胡注：丹阳城在秭归县东八里，昔周武王封熊绎于荆丹阳之地，即此，今谓之屈沱楚王城。

程廷祚《证今》曰："今归州。"

《马注》：与龙曰：注故楚子国当作故夔子国。三国吴县。《春秋·僖二十五年》杜注：夔、楚同姓国，今建平秭归县。《水经》：古楚之嫡嗣有熊挚者，以废疾不立，而居于夔，为楚附庸，后王命为夔子。《春秋·僖公二十六年》：楚以其不祀，灭之者也。县北一百六十里有屈原故宅。江水又东迳一城北，其城凭岭作固，北对丹阳城，城据山夸阜，南枕大江。楚之熊绎始封丹阳之所都也。江水又东南迳夔城南，熊挚始治巫城，后疾移此，盖夔徙也。《春秋左传·僖公二十六年》：楚令尹子玉城夔者也。服虔曰：在巫之阳，秭归归乡矣。《州郡志》归乡公相下云：故属秭归，吴分。按《太康地志》云秭归有归乡，故夔子国，楚灭之，而无归乡县，何志所言非也。本书《刘弘传》，弘督荆州诸军事，以仇勃为归乡令，按归乡置县盖在太康后，故《太康地志》无之，此《志》本州篇末失载。宋因。《一统志》：故城今宜昌府归州治。

【编者按】秭归县故城，在今湖北秭归县西北归州镇。

沙渠

【斠注】《宋志》曰：沙渠，《晋起居注》，太康元年立。按：沙渠是吴建平所领，吴平不应方立，未详。《元和郡县图志》三十曰：春秋巴国之界，七国为楚巫郡之地，秦属黔中郡，汉为巫县之地，吴分立沙渠县。《读史方舆纪要》八十二曰：隋开皇五年，改沙渠曰清江。清江废县今施州卫治。

【集释】《马注》：与龙曰：三国吴县。《一统志》：故城今施南府治。

【编者按】沙渠县故城，即今湖北恩施市治。

宜都郡 吴置。

【集释】《马注》：与龙曰：三国吴郡。谢钟英云：刘备改为宜都当在建安十四年，此《志》云吴置，非也。宋因。

统县三，户八千七百。

【斠注】《宋志》：去州水三百五十，无陆，去京都水三千七百三十。《东晋疆域志》曰：东晋领县同。《斠注》案：本州序云：蜀分南郡，立宜都郡，刘备没后，宜都、武陵、零陵、南郡四郡之地悉复属吴。是宜都立郡实始于蜀汉，不当云吴置。《宋志》云：《太康地志》、王隐《地道》、何志并云吴分南郡立；张勃《吴录》云刘备立。按《吴志》：吕蒙平南郡，据江陵，陆逊别取宜都，获秭归、枝江、夷道县。初权与刘备分荆州，而南郡属备，则是备分南郡立宜都，非吴立也。习凿齿云：魏武平荆州，分南郡枝江以西为临江郡。建安十五年，刘备改为宜都。《水经·江水注》曰：魏武分南郡置临江郡，刘备改曰宜都郡，治在县东四百步。故城，吴丞相陆逊所筑也。是皆以宜都始于刘氏，本《志》盖承王隐《地道》《太康地志》之误。《宋志》曰：宜昌令，何志晋武帝立。按《太康》《永宁地志》并无，疑是此后所立。

【编者按】宜都郡治夷陵县，在今湖北宜昌市东南。

夷陵

【斠注】两汉属南郡。《宋志》曰：

吴改曰西陵，晋武帝太康元年复旧。《水经·江水注》曰：应劭曰：夷山在西北，盖因山以名县也。《读史方舆纪要》七十八曰：夷陵废县今彝陵州治。

【集释】《通鉴》胡注：《水经注》：江水出西陵峡，东南流，迳故城洲。洲北附岸，洲头曰郭洲，长二里，广一里，上有步阐故城，方圆称洲，周回略满。故城洲上，城周〔五〕（编者校：据陈桥驿复校本《水经注疏》补"五"。）里，阐父骘所筑也。又东迳陆抗故城。今陕州远安县在江北，有孤山，有陆抗故城，有舟山，时有赤气，意赤溪当出于舟山，故市即步骘故城，所居成市，而阐别筑城，故曰故市。

《马注》：与龙曰：三国吴县，曰西陵。《一统志》：故城今宜昌府东湖县东。

朱圣钟《三国吴西陵督驻地小考》："《三国志》卷47《吴书·吴主传》载，吴黄武元年'改夷陵为西陵。'……《新唐书·地理志》载峡州治夷陵'本治下牢戍，贞观九年徙治步阐垒'，明确指出夷陵城的具体位置是在下牢戍。《大清一统志》卷三百五十《宜昌府·古迹》载夷陵故城'在东湖县西北下牢戍，隋以前故城也'。"

【编者按】夷陵县故城，在今湖北宜昌市东南。史为乐主编《中国历史地名大辞典》定点在今湖北宜昌市东南长江北岸。

夷道

【斠注】两汉属南郡，吴为宜都郡治。《水经·江水注》曰：汉武帝伐西南夷，路由此出，故曰夷道。桓温父名彝，改曰西道。《寰宇记》一百四十七曰：故夷道县城在宜都县东五十里。《读史方舆纪要》七十八曰：夷道城在宜都县西北。

【集释】《马注》：与龙曰：三国吴县。《水经》：江水又东南过夷道县北。宋因。《一统志》：故城今荆州府宜都县西北。

【编者按】夷道县故城，即今湖北宜都市治。

佷山

【斠注】汉属武陵郡，后汉属南郡，吴改属宜都。《水经·夷水注》曰：县即山名也。孟康曰：音恒。《汉书地理志补注》曰：《御览·药部》：有恒山，引《广雅》曰：恒山，蜀源也。又引《永嘉记》诸书，并同。则恒山即药草之名。《宋志》曰：佷山，晋武帝太康元年改为兴山，后复旧。《斠注》案：本《志》建平郡有兴山县，疑即佷山之改名，移隶建平郡，故《志》文两书之。然严氏《补志》又云：吴永安三年，分秭归立兴山，似又非佷山析置也。《读史方舆纪要》七十八曰：佷山城在长阳县西六十里同昌市。《寰宇记》作六十五里。

【集释】何超《音义》：佷山，恒垦反。

《马注》：与龙曰：三国吴县。盛弘之《荆州记》：宜都佷山，山上有风穴。宋因。

【编者按】佷山县故城，在今湖北长阳土家族自治县西三十六里州衙坪。

南平郡吴置，以为南郡，太

康元年改曰南平。

【集释】《马注》：与龙曰：三国吴无。《州郡志》：吴南郡治江南。《水经·江水注》：晋太康元年改曰南平也。宋因。

统县四，户七千。

【斠注】《水经·江水注》曰：吴以华容之南乡为南郡。《宋志》曰：晋武帝太康元年，分南郡江南为南平郡，治作唐，后治江安。去州水二百五十，去京都水三千五百，无陆。

【编者按】南平郡初治作唐县，在今湖南安乡县北，后移治江安县，在今湖北公安县西北。谭其骧主编《中国历史地图集》西晋太康二年图定南平郡治为江安县，在今湖北公安县西北。

作唐

【斠注】后汉属武陵郡。《元和郡县补志》四曰：本汉孱陵、汉寿二县地，后汉建武十六年分置作唐县，吴为南郡治。晋太康元年置南平郡，以县隶。《通典》曰：汉作唐县故城在西马头戍城在西北。《读史方舆纪要》七十七曰：作唐城在安乡县东北。

【集释】《通鉴》胡注：作唐县，后汉属武陵郡，晋属南平郡，《五代志》：澧阳郡孱陵县，旧曰作塘。

《马注》：惠栋曰：郦元云：后汉分孱陵县置。与龙曰：三国吴县，属南郡。《州郡志》：作唐侯相，《晋太康地志》属南平。宋因。《一统志》：故城今澧州安乡县北。

【编者按】作唐县故城，在今湖南安乡县北。《中国文物地图集·湖南分册》根据考古资料，将东汉至南朝的作唐县故城定在今湖南安乡县北安全乡槐树村南。

孱陵

【斠注】两汉属武陵郡。《读史方舆纪要》七十八曰：孱陵城在公安县西二十五里。

【集释】《通鉴》胡注："孱陵县，汉属武陵郡，晋属南平郡。应劭曰：孱，音践。师古音士连翻。刘昫曰：澧州安乡县，汉孱陵地。""宋白曰：乐乡者，春秋鄀国之地，其城陆抗所筑，在松滋县界。乐乡城在今江陵府松滋县东，乐乡城北，江中有沙碛，对岸踏浅可渡，江津要害之地也。"

《马注》：与龙曰：三国吴县，属南郡。《州郡志》：孱陵侯相，《晋太康地志》属南平。有乐乡城，《水经注》：江水又迳南平郡孱陵县之乐乡城北，吴陆抗所筑，后王浚攻之，获吴水军督陆景于此渚也。宋因。《一统志》：故城今荆州府公安县南。

【编者按】孱陵县故城，在今湖北公安县西南。

南安

【斠注】《宋志》曰：晋武帝分江安立。《水经·澧水注》云：澧水又东迳南安县。晋太康元年分孱陵立。《斠注》案：《宋志》云分江安立，《水经注》云分孱陵立，此二县同属南平，或并二县之地置南安欤？

【集释】方恺《新校》：方恺曰：《水经注·澧水篇》：澧水又东，迳安南县南。晋太康元年分孱陵立。此作南安，未详。吴翊寅案：《州郡志》亦作南安，云晋武帝分江安立，《水经注》作安南，误。又云分屦陵立，亦非是。考南安分南郡之江安故曰南安，则不当作安南矣。

《马注》：与龙曰：三国吴无。宋因。《一统志》：故城今岳州府华容县西。

【编者按】南安县故城，在今湖南华容县东。史为乐主编《中国历史地名大辞典》定点在今湖南华容县东二里赵家湖侧。

江安

【斠注】《水经·江水注》曰：杜预克定江南，罢华容置之，谓之江安县。《东晋疆域志》曰：按太康元年，省华容立江安。《沈志》华容，后复立，则与江安并置也。胡三省又谓分屦陵置。《图经》又云：晋改汉县公安为江安，并误。

【集释】《马注》：与龙曰：三国吴县，曰公安。《水经注》：江水又东迳公安县北，刘备之奔江陵，使筑而镇之。曹公闻孙权以荆州借备，临书落笔。《州郡志》：江安侯相，晋武帝太康元年立。宋因。《一统志》：故城今荆州府公安县东北。

【编者按】江安县故城，在今湖北公安县西北。

武陵郡 汉置。

【集释】《马注》：与龙曰：三国吴郡。宋因，属郢州。

统县十，

【集释】《马注》：与龙曰：今补辰阳为统县十。

户一万四千。

【斠注】《续汉志》曰：秦昭王置，名黔中郡。高帝五年更名。《水经·沅水注》曰：本楚黔中郡，高祖二年，割黔中故治为武陵郡。《东晋疆域志》曰：东晋领县九，省镡城一县。《沈志》：去京都水三千。

【编者按】武陵郡治临沅县，在今湖南常德市。

临沅

【斠注】两汉旧县。《水经·沅水注》曰：县南临沅水，因以为名。《读史方舆纪要》八十曰：临沅城在常德府治东。

【集释】《马注》：与龙曰：三国吴县。《水经注》：沅水又东迳临沅县南。有晋徵士汉寿人袭玄之墓。铭，太元中车武子立。宋因。邹安鄘云：故县今常德府武陵县西南七十里。

【编者按】临沅县故城，即今湖南常德市治。

龙阳

【斠注】《宋志》曰：《晋太康地理志》、何志，吴立。

【集释】《马注》：与龙曰：三国吴县。有氾洲，在县西北五十里。《水经注》：沅水又东，历龙阳县之氾洲，洲长二十里，吴丹杨太守李衡植柑于其上，敕其子曰：吾州里有木奴千头，不责衣食，岁捐千匹。太史公曰：江陵千树橘，可当封君。此之谓矣。吴末，衡柑成，岁绢千匹。今洲上犹有陈根余枿，盖其遗也。《襄阳耆旧传》：吴李衡遣客十次往武陵龙阳氾洲上作宅，种橘千株。吴末，衡岁得绢千匹，家道富足。晋咸康中，其宅上枯树犹在。宋因。《一统志》：故城今龙阳县治西。

【编者按】龙阳县故城，即今湖南汉寿县治。

汉寿

【斠注】《续汉志》曰：汉寿，故索，阳嘉三年更名。《宋志》曰：吴曰吴寿，晋武帝复旧。《读史方舆纪要》八十曰：汉寿城在常德府东四十里。

【集释】《马注》：与龙曰：三国吴县，曰吴寿。宋因。《一统志》：故城今武陵县东北六十里汉寿乡。

【编者按】汉寿县故城，在今湖南常德市东北。裴淮昌主编《湖南古今地名辞典》定点在今常德市鼎城区断港头乡城址村。

沅陵

【斠注】两汉旧县。《汉书补注》：阎若璩曰：黔中郡治，此故郡城，在唐辰州沅陵县西二十里。

【集释】《马注》：与龙曰：三国吴县。宋因。《一统志》：故城今辰州府沅陵县西南。

【编者按】沅陵县故城，在今湖南沅陵县南、沅江东岸。

黚阳

【斠注】《宋志》引《太康地志》亦作黚。《水经·延江水注》：酉水北岸有黚阳县。许慎曰：温水南入黚，盖鳖水以下津流沿注之通称也。注云：故县受名。《元和郡县图志》三十曰：楚为黔中地，秦置郡，自汉至吴并为武陵郡酉阳县地，吴分置黔阳地。《斠注》案：黚阳即黔阳。《读史方舆纪要》八十一曰：黔阳城在辰州府西南百三十五里。

【集释】何超《音义》：黚，其炎反。

《马注》：与龙曰：三国吴县。《州郡志》：黚阳长，二汉无，《晋太康地志》有。宋因。《一统志》：故城今永顺府龙山县境。

【编者按】黚阳县故城，在今湖南龙山县南。贺刚《战国黔中三论》认为黚阳县故城应在"今酉水上游龙山县境内"。

酉阳

【斠注】两汉旧县。《水经·沅水注》曰：县故酉陵也。《读史方舆纪要》八十一曰：酉阳城在辰州府西北百二十里。

【集释】方恺《新校》：方恺曰：《州郡志》武陵太守下有酉阳，本《志》西阳疑即酉阳之误。吴翊寅案：今各本已校正。

《马注》：与龙曰：三国吴县。宋因。《一统志》：故城今永顺县南。

【编者按】酉阳县故城，在今湖南永顺县东南。裴淮昌主编《湖南古今地名辞典》定点在今湖南永顺县东南王村镇。

镡（城）[成]

【斠注】两汉《志》做镡成。《汉书补注》：《淮南·人间训》：尉屠睢五军，一塞镡城之岭。《元和郡县图志》三十曰：朗溪县，汉镡城县之地，晋安帝省。（编者校：毕沅《新补正》：《元和志》又云晋文帝省。与上述异。）《斠注》案：本《志》有镡城，盖承汉县之旧，至安帝始省也。《读史方舆纪要》八十一曰：镡城废县在黔阳县西。

【集释】何超《音义》：大南反，又音寻。

《马注》：与龙曰：三国吴县。《水经》：浪水出武陵镡城县北界沅水谷，南至郁林潭中县。郦《注》：水出无阳县，县故镡成也。晋义熙中，改从今名。按：东晋省镡城县，义熙中徙无阳县于镡城故县也。《一统志》：镡城故城今沅州府黔阳县西南，接靖州境。

【编者按】镡城县应为镡成县。镡成县故城，在今湖南靖州苗族侗族自治县南，确址不详。谭其骧主编《中国历史地图集》西晋太康二年图定名为镡成。

沅南

【斠注】《续汉志》曰：沅南，建武二十六年置。《水经·沅水注》曰：县在沅水之阴，因以沅南为名。县治故城，昔马援讨临乡所筑也。《读史方舆纪要》八十曰：沅南城在桃源县西南百二十里。

【集释】《马注》：与龙曰：三国吴县。宋因。《一统志》：故城今常德府武陵县西南七十里古城山上。谢钟英云：当在今桃源县西南七十里沅水之南。

【编者按】沅南县故城，在今湖南常德市鼎城区西南。裴淮昌主编《湖南古今地名辞典》定点在今湖南桃源县城东南浔阳坪。《中国文物地图集·湖南分册》根据考古资料定东汉沅南故城在今湖南常德市鼎城区长茅岭乡古城山。

迁陵

【斠注】两汉旧县。《读史方舆纪要》七十三曰：迁陵废县在酉阳宣抚司东南。

【集释】《马注》：王鸣盛曰：安帝元兴二年，桓玄篡位，以永安何皇后为迁陵君，后《本传》作零陵县君，未知孰是。与龙曰：三国吴县。宋因。李兆洛云：故县今永顺府保靖县东。

【编者按】迁陵县故城，在今湖南保靖县东北。裴淮昌主编《湖南古今地名辞典》定点在今湖南保靖县龙溪乡乳香岩村南，有故城遗址。

舞阳

【斠注】《宋志》曰：前汉作无阳，后汉无，《晋太康地志》有，《寰宇记》亦云太康中复置。盖三国吴时所立。《水经·沅水注》曰：县对无水，因以氏县。《斠注》案：无阳以无水得名。《汉志》无阳县注云：无水首受故且兰，南入沅，行八百九十里。云首受故且兰者，盖上流受故且兰诸小水，即今俗名苗里水、处洞河等水也。舞为无之改字。《元和志》《元丰志》《寰宇记》又均改作潕阳。《永明地理志》：镇远县南有镇阳江，一名镇南江，亦曰潕水。盖随时易名也。又案：《水经·浪水注》曰：鄨水出无阳县。注云：县故镡成也，晋义熙中改从今名。疑舞阳中废，至义熙中又以镡成旧治置此县。《读史方舆纪要》八十一曰：无阳城在沅州北。

【集释】方恺《新校》：方恺曰：舞阳，《水经注》作无阳。吴翊寅案：班《志》亦作无阳。

《马注》：与龙曰：三国吴县。宋因。《一统志》：汉无阳故县在今沅州府东南。谢钟英云：当在今沅州府城东北溆水北。

【编者按】舞阳县故城，在今湖南怀化市西、芷江侗族自治县东北一带，确址不详。

[辰阳]

【集释】《马注》：与龙曰：三国吴县。《州郡志》：辰阳男相，汉旧县。《水经注》：沅水又东迳辰阳县南，东合辰水，辰水又迳其县北，旧治在辰水之阳，故即名焉。《楚辞》所谓"夕宿辰阳"者也。按沈约不言晋省，盖此《志》脱漏也，今据以补录。宋因。《一统志》：故城今辰州府辰溪县西。

【编者按】《马注》在此处补辰阳县。辰阳县故城，在今湖南辰溪县西南。裴淮昌主编《湖南古今地名辞典》定点在今湖南辰溪县潭湾镇杉林村。

天门郡吴置。

【集释】《马注》：与龙曰：三国吴郡。《吴志·孙休传》：永安六年，分武陵为天门郡。宋因。

统县五，

【集释】方恺《新校》：方恺曰：《澧水篇》下又云：溇水东迳溇阳县南，晋太康中置。

《马注》：与龙曰：今补溇阳为统县六。

户三千一百。

【斠注】《御览》一百六十八《十道志》曰：秦属黔中郡，汉为武陵郡，属荆州，吴分置天门郡，晋为南义郡。《斠注》案：南义下疑脱一阳字，下文州序云：安帝又侨立南义阳、东义阳、长宁三郡。《御览》引《舆地志》云：在南郡。此以为天门郡，误也。《宋志》曰：吴孙休永安六年，分武陵立。去州一千二百，陆六百，去京都水三千五百。《东晋疆域志》曰：东晋亦领县五，省充县，增置溇阳。

【编者按】天门郡治零阳县，在今湖南慈利县东北。谭其骧主编《中国历史大辞典·历史地理卷》称西晋太康中始置澧阳县为郡治，在今湖南石门县。

零阳

【斠注】两汉属武陵郡。应劭曰：零水所出，东南入湘。《水经·澧水注》曰：县即零溪以著称。《新斠注地理志》十曰：在今澧州石门县西。

【集释】《马注》：与龙曰：三国吴县。《文选·王仲宣赠士孙文始诗》注引《晋书》曰：天门有零阳县，南平有作唐县。盛弘之《荆州记》曰：零阳东接作唐。宋因。《一统志》：故城今澧州慈利县东。

【编者按】零阳县故城，在今湖南慈利县东北。史为乐主编《中国历史地名大辞典》定点在今湖南慈利县东三里白公城，即慈利县县治东古城堤。

溇中

【斠注】《宋志》曰：疑是吴立。《水经·澧水注》作娄中。《读史方舆纪要》七十七曰：溇中城在慈利县西。

【集释】何超《音义》：溇，力主反。

方恺《新校》：方恺曰：溇中，《水经注·澧水篇》作娄中。吴翊寅案《州郡志》亦作溇中，云二汉无，《晋太康地志》有。溇，郦《注》作娄，省水旁也。

《马注》：与龙曰：三国吴县。《州郡志》：溇中令，二汉无，《晋太康地志》有。宋因。《一统志》：故城今安福县西北。

【编者按】溇中县故城，在今湖南慈利县西北。裴淮昌主编《湖南古今地名辞典》定点在今湖南慈利县西三官寺。

充

【斠注】两汉属武陵郡。《元和郡县图志》曰：故充城在慈利县西二百四十里。邹汉勋《敩艺斋文存·汉四郡地考》曰：充今西阳州。

【集释】《马注》：与龙曰：三国吴县。《州郡志》天门太守下云：充县有松梁山，山有石，石开处数十丈，其高以弩仰射不至，其上名天门，因此名郡。充县后省。《一统志》云：据《水经注》临澧即故充县所置，《晋志》充县与临澧并列，误也。与龙按：《水经注》言充县废省，临澧即其地，县即充县之故治，盖谓充县故治在临澧县境，非谓临澧县治即充县故治也？充县废省之年无考，今姑从《志》之旧。李兆洛云：故县今安福县西。

胡运宏、胡阿祥《中华本〈晋书·地理志〉考异》："荆州天门郡充县当删。"

【编者按】充县故城，即今湖南桑植县治。

临澧

【斠注】《宋志》曰：临澧令，晋太康四年立。《水经·澧水注》曰：充县废省，临澧即其地，县即充县之故治也，临侧澧水故为县名。晋太康四年置。《斠注》案：本《志》仍有充县，而《水经注》云充县废省，临澧即其地。临澧，太康四年置，似不当并列也。《读史方舆纪要》七十七曰：临澧城在澧州西南。

【集释】《通鉴》胡注：武帝太康四年立临澧县，属天门郡，隋、唐并入澧州澧阳县。

方恺《新校》：方恺曰：今本《水经注·澧水篇》：东标零阳，西揭充县。[充县]（编者校：据陈桥驿复校本《水经注疏》补"充县"二字。）废省，临澧即其地，县，临封（编者校："临封"二字，陈桥驿复校本《水经注疏》为"充"字。）县之故治，临侧澧水，即为县名，晋太康四年置。案：文有讹夺，当云充县废省，即其地立临澧县，太康四年置。（编者校：陈桥驿复校本《水经注疏》引杨守敬案《御览》一百六十引《荆州图记》，充县废省，今临澧县即其地也。）援郦氏意，则不应二县并列。《州郡志》：临澧，太康四年立。例与监利等同，详南郡。

《马注》：与龙曰：三国吴无。《水经》：澧水出武陵充县西，历山东过其县南。郦《注》：澧水自县东迳临澧、零阳二县故界，水之南岸，白石双立，厥状类人，高各三十丈，周四十丈。东标零阳，西接充县。宋因。《一统志》：故城今永定县西。

朱圣钟《〈晋书·地理志〉正误一则》："《晋书》卷十五《地理志》载荆州天门郡所统五县中，有充县和临澧县。考诸史籍，充县和临澧实为一县，以之并列为二县，似误。最早对充县和临澧县关系予以关注的是北魏的郦道元，他在《水经·澧水注》载'充县废省，临澧即其地，县即充县之故治，临侧澧水，故为县名，晋太康四年置'。从这条材料可以看出，郦氏认为临澧县即充县故地，二者在地域上实为一地；晋太康四年所置之临澧县是在充县废省后设立的，二者有时间上的前后相继的关系。郦道元是北魏人，他所记为前代之事，其说应为可信。另据最新日本国宫内厅书陵部所藏宋本影印之《宋本太平寰宇记》卷一百一十八《江南西道十六·澧州》载'汉充县地，属武陵郡，晋省充县立临澧县，《太康地志》云临澧属天门郡'，则宋代乐史也认为晋代天门郡之临澧县是省充县后，于充县故地设立的，与郦道元的观点不谋而合。又据《大清一统志》卷三七四《澧州直隶州·建置沿革》永定县条下载'汉置充县，属武陵郡，三国吴属天门郡，晋省，太康四年改置临澧县'。这条材料说的也是晋初充县废省后，又充县改置临澧县的史实。由此可见充县和临澧县为晋代同一县，而名称在时间上前后相异而已。既然晋时的临澧县是在废省的充县故地建立的，二县在时间上有前后的相继关系，而在地域上实为一县，以之为并列于天门郡下，似与史实不符，由于晋代临澧县存在时间较充县长，且临澧为后置县，在记载时之列临澧一县就已足够。此外相应的天门郡所辖县数当改为四县。"（编者校：此段引文中沣已迳改为澧。）

【编者按】临澧县故城，即今湖南桑植县治。据所汇释内容可见，本《志》充县和临澧县并列是不妥的。如以太康四年断限，应该只录临澧县，并在临澧县下将充县沿革叙明。

澧阳

【斠注】《宋志》曰：澧阳令，晋武帝太康四年立。《水经·澧水注》曰：南临澧阳，天门郡治。《读史方舆纪要》七十七曰：澧阳废县今澧州治。

【集释】方恺《新校》：方恺曰：《州郡志》：澧阳，太康四年立。例与监利等同，详南郡。

《马注》：与龙曰：三国吴无。《水经注》：澧水又东迳澧阳县南，南临澧水，晋太康四年立，天门郡治也。吴永安六年，分武陵置天门郡。按《水经注》天门郡治，谓吴置郡时治此。宋因。《一统志》：故城今石门县治。

【编者按】澧阳县故城，即今湖南石门县治。

[溇阳]

【集释】《马注》：与龙曰：三国吴无。《水经注》：澧水又东迳零阳县南。又迳溇阳县，右会溇水。水出建平郡，东迳溇阳县南，晋太康中置。《一统志》云晋、宋《志》俱不载溇阳县，但《水经注》之言必有所据。与龙按：盖太康后省，今据《水经注》补录。故城今安福县东北（添）[天]平所东南。

【编者按】《马注》在此处补溇阳县。溇阳县故城，在今湖南石门县西北。史为乐主编《中国历史地名大辞典》定点在"今湖南石门县西北六十四里维新场镇西南三里古城堤"。

长沙郡汉置。

【集释】《马注》：与龙曰：三国吴郡。按：长沙郡在秦置三十六郡之内，此云汉置，误。宋因，属湘州。

统县十，户三万三千。

【斠注】《汉志》曰：秦郡。高帝五年为国。《汉书补注》全祖望云：楚汉之际为义帝都，高帝为国，文帝后七年为郡，景帝元年（编者校：详见周振鹤《汉书地理志汇释》考证，元年当为二年。）王子发复为国。《续汉志》：后汉为长沙郡。《宋志》曰：去京都水三千三百。《东晋疆域志》曰：东晋领县十一，增置巴丘。

【编者按】长沙郡治临湘县，在今湖南长沙市市区南部。

临湘

【斠注】汉属长沙国，后汉属长沙郡。《水经·湘水注》曰：县治，湘水滨临川侧，故即名焉。《新斠注地理志》十六曰：今长沙府城。

【集释】《马注》：与龙曰：三国吴县。有石潭山，按据《水经注》，在今湘潭县城西三里，俗呼称石子脑。有昭山，在今长沙府城南六十里。《水经》：湘水又北过临湘县西。郦《注》：县南有石潭山，湘水迳其西，山有石室、石床，临对清流。湘水又北迳昭山西，山下有旋泉，深不可测，故言昭潭无底也。湘水又右迳临湘县故城西县治，湘水滨临川侧，故即名焉。晋怀帝以永嘉元年，分荆州、湘中诸郡立湘州，治此。城之内，郡廨西有陶侃庙，云旧是贾谊宅。有陶关，在今长沙县西南五里。晋杜弢据湘州，陶侃讨之，因置此城。宋因。《一统志》：故城今长沙府城南。

【编者按】临湘县故城，即今湖南长沙市治，在市区南部。

攸

【斠注】汉属长沙国，后汉属长沙郡。《水经·耒水注》曰：县北带攸溪，盖即溪以名县。

【集释】《马注》：与龙曰：三国吴县。宋因。《一统志》：故城今攸县东。

【编者按】攸县故城，在今湖南攸县东北、攸水南。

下（雋）[隽]

【斠注】汉属长沙国，后汉属长沙郡。《读史方舆纪要》八十曰：下雋城在沅江县。

【集释】何超《音义》：下雋，似转反。

《马注》：与龙曰：三国吴县。郭璞《山海经》注：下雋县，今属长沙。宋因，属巴陵郡。《一统志》：《后汉书·马援传》注：下雋，县名，属长沙国，故城今辰州沅陵县。历代地理志俱以武昌府通城县及岳州府巴陵、临湘二县当之。马援军次下雋，进壶头。武昌、岳州与壶头相隔千里，必非其地，然即以沅陵县为下雋，亦属可疑，沅陵在武陵西，下雋属长沙国，不应反在武陵西也。按《汉书·地理志》"武陵郡充县，澧水所出，东至下雋入沅"。计其地当在今澧州安乡县境。

【编者按】下雋县应为下隽县。下隽县故城，在今湖北通城县西北。谭其骧主编《中国历史地图集》西晋太康二年图定名为下隽。张伟然《汉晋下隽县地望辨》认为汉晋的下隽县在今湖北通城县西。

醴陵

【斠注】《元和郡县图志》二十九曰：醴陵本汉临湘县地，后汉置此县，属长沙郡。

【集释】《马注》：与龙曰：三国吴县。宋因。《一统志》：故城今醴陵县治。

【编者按】醴陵县故城，即今湖南醴陵市治。

（刘）［浏］阳

【斠注】《元和郡县图志》二十九曰：浏阳本汉长沙国临湘县地。吴置浏阳，因县南浏阳水为名。

【集释】方恺《新校》：方恺曰：刘阳，《州郡志》作浏阳，本书《忠义·易雄传》长沙浏阳人，当从《州郡志》作浏。吴翊寅案：《谷朗碑》作刘阳，古文省借。

《马注》：与龙曰：三国吴县。《州郡志》：浏阳侯相，吴立。宋因。《一统志》：今浏阳县东。

【编者按】刘阳县应为浏阳县。浏阳县故城，在今湖南浏阳市东北。裴淮昌主编《湖南古今地名辞典》定点在今湖南浏阳市东北官渡镇。亦称一说在今县城东。谭其骧主编《中国历史地图集》西晋太康二年图定名为浏阳。

建宁

【斠注】《宋志》曰：吴立。《水经·湘水注》曰：湘水又北迳建宁县故城下。注云：晋太始中立。《读史方舆纪要》云：建宁城在湘潭县西百六十里。

【集释】《马注》：与龙曰：三国吴县。有空泠峡，在今湘潭县南一百四十里，即昭陵滩也。沿湘千里，仅见此峡，近志以空泠峡与昭陵滩分作两地，乃失其实。《水经注》：湘水又北迳建宁县，有空泠峡，惊浪雷奔，澹同三峡。湘水又北迳建宁县故城下，晋太始中立。按：疑吴末省县，晋复立也。宋因。与龙按：当今湘潭县南一百三十里。

【编者按】建宁县故城，在今湖南株洲县南、湘江东侧。《中国文物地图集·湖南分册》根据考古资料定今湖南株洲县南"淦田镇建宁村西北"为三国吴建宁故城遗址。

吴昌

【斠注】《元和郡县图志》二十七曰：后汉分长沙为汉昌县，孙权改为吴昌县。《宋志》同。

【集释】《马注》：与龙曰：三国吴县。宋因。《一统志》：故城今岳州府平江县东。

【编者按】吴昌县故城，在今湖南平江县东南。裴淮昌主编《湖南古今地名辞典》定点在今湖南平江县安定镇永丰村金铺观。《中国文物地图集·湖南分册》据考古资料，将东汉汉昌县故城定在今湖南平江县东南安定镇安永村东。

罗

【斠注】汉属长沙国。《水经·湘水注》曰：本罗子国也。故在襄阳宜城县西，楚文王移之于此。秦立长沙郡，因为罗县。又《㶌水注》曰：罗子自枝江徙此城。《读史方舆纪要》八十曰：罗县城在湘阴县东北六十里。

【集释】《马注》：与龙曰：三国吴县。宋因。《一统志》：故城今长沙府湘阴县东北六十里。

【编者按】罗县故城，在今湖南汨罗市北。裴淮昌主编《湖南古今地名辞典》定点在今湖南汨罗市区北屈原农场境内。《中国文物地图集·湖南分册》据考古资料，将春秋罗子国故城定在今湖南汨罗市北屈原农场蚕桑场北。

蒲（沂）［圻］

【斠注】《宋志》曰：晋太康元年立。《元和郡县图志》二十七曰：蒲圻本汉沙羡县地，吴大帝分立。蒲圻县因蒲圻湖为名，本属长沙郡。《寰宇记》一百十二曰：吴黄武二年，于沙羡县置蒲圻县，在竞江口。《水经·江水注》曰：陆水又东迳蒲矶山北，北对蒲圻洲。注云：洲头即蒲圻县治也，晋太康元年置。《斠注》案：蒲沂当为蒲圻之讹。《宋志》、郦《注》均作太康元年置，较为可信。李吉甫、乐史恐误。《读史方舆纪要》七十六曰：蒲圻旧城在今县北。

【集释】《马注》：与龙曰：阁本圻作沂，误。（编者校：《马注》所本为"圻"，故有此论。）三国吴县，属江夏。按《水经注》：江水又东得白沙口。南直蒲圻洲，水北入百余里，吴所屯也。据此则吴赤乌中置屯，后省，晋复立，县徙治洲头。宋因，属巴陵郡。《一统志》：故城今武昌府嘉鱼县西南。

【编者按】蒲沂县应为蒲圻县。蒲圻县故城，在今湖北嘉鱼县西南。谭其骧主编《中国历史地图集》西晋太康二年图定名为蒲圻。史为乐主编《中国历史地名大辞典》定点在今湖北嘉鱼县西南中洲上。

巴陵

【斠注】《水经·湘水注》曰：本吴之巴丘邸阁城也。晋太康元年，立巴陵县于此，后置建昌郡。《御览》一百七十一《十道志》曰：晋分长沙之巴陵置建昌郡。又曰：巴陵县本汉下巂县之巴丘地。《斠注》案：《志》不言立建昌郡，当在东晋以后。

【集释】《通鉴》胡注：巴丘山，一名天岳山，一名幕阜；前有培塿，曰巴蛇冢。

方恺《新校》：方恺曰：《水经·湘水篇》：又北至八（邱）［丘］山入于江。注：山有巴陵故城，本吴之巴（邱）［丘］邸阁［城］（编者校：此处脱"城"字。）。晋太康元年，立巴（邱）［丘］（编者校：诸本"邱"皆为"陵"字。不详方校为何底本。）县于此。案《州郡志》亦作巴陵，疑太康初作巴（邱）［丘］，后改。《东晋疆域志》分作二县，似误。本书《良吏传》，潘京与乐广同时为巴（邱）［丘］令。

《马注》：与龙曰：三国吴无。《州郡志》：巴陵男相，晋武帝太康元年立。《吴志·孙权传》：建安十三年，使鲁肃以万人屯巴丘。注：巴丘今曰巴陵。《水经》：湘水又北至巴丘山入于江。郦《注》：山在湘水右岸，山有巴陵故城，本吴之巴丘邸阁城也。晋太康元年立巴陵县于此，后置建昌郡。宋元嘉十六年，立巴陵郡，城跨冈岭，滨阻三江。

又湖中有君山、编山。君山有石穴，潜通吴之巴山，郭景纯所谓巴陵地道者也。郭璞《山海经注》：洞庭地穴也在长沙巴陵。宋因，属巴陵郡。《一统志》：故城今岳州府治。

【编者按】巴陵县故城，即今湖南岳阳市治。

衡阳郡吴置，故属长沙。

【集释】《马注》：与龙曰：三国吴郡。《水经注》：湘水又东北迳湘南县东，又历湘西县南，分湘南置也，衡阳郡治。魏甘露二年，吴孙亮分长沙西部立，治湘南。晋湘南太守何承天徙治湘西矣。宋因，属湘州。

统县九，户二万三千。

【斠注】《宋志》曰：吴孙亮太平二年，分长沙西部都尉立。去州水二百二十，去京都水三千七百。《东晋疆域志》曰：东晋领县同。

【编者按】衡阳郡治湘南县，在今湖南湘潭县西。

湘乡

【斠注】《元和郡县图志》二十九曰：湘乡本汉湘南县之湘乡也，后汉立为县，属零陵郡。自吴至陈并属衡阳郡。

【集释】《马注》：与龙曰：三国吴县。宋因。《一统志》：故城今长沙府湘乡县治。

【编者按】湘乡县故城，即今湖南湘乡市治。

重安

【斠注】汉钟武县，属零陵郡。《续汉志》曰：重安侯国，故钟武，永建三年更名。《敉艺斋文存·汉四郡地考》曰：重安故城在今衡阳县西南八十里。

【集释】《马注》：与龙曰：三国吴县。宋因。谢钟英云：据《寰宇记》，故城当在今衡州府西六十里。

【编者按】重安县故城，在今湖南衡阳县北。裴淮昌主编《湖南古今地名辞典》定点在今湖南衡阳县三湖町。

湘南

【斠注】汉属长沙国，后汉属长沙郡。吴置衡阳郡治此。《读史方舆纪要》八十曰：湘南城在湘潭县西百六十里。

【集释】《马注》：与龙曰：三国吴县。《郡国志》：衡山在东南。注引郭璞曰：山别名岣嵝。宋因。《一统志》：故城今长沙府湘潭县西六十里。

【编者按】湘南县故城，在今湖南湘潭县西。谭其骧主编《中国历史地图集》西晋太康二年图定点在今湖南湘潭县西石潭镇北古城、涟水北岸。《中国文物地图集·湖南分册》认为湖南湘潭县西古城乡古城村遗址为三国吴湘南县城址。

湘西

【斠注】《宋志》曰：吴立。《水经·湘水注》曰：湘水又历湘西县南。注云：分湘南置也。《读史方舆纪要》八十曰：湘西城在衡山县南。

【集释】《马注》：与龙曰：三国吴县。宋因。《一统志》：故城今湘潭县南。

【编者按】湘西县故城，在今湖南株洲县西南。裴淮昌主编《湖南古今地名辞典》定点在今湖南株洲县王十万乡荷包洲。

烝阳

【斠注】汉承阳县，属长沙国。后汉曰烝阳，属零陵郡。吴改属衡阳郡。应劭曰：承水之阳。《舆地纪胜》五十五《晏公类要》曰：蒸阳故城在衡阳县西百七十里。

【集释】《马注》：与龙曰：三国吴县，属零陵。《一统志》：故城今衡州府衡阳县西。

【编者按】烝阳县故城，在今湖南邵东县东南。

衡（山）[阳]

【斠注】《元和郡县图志》二十九曰：本汉湘南县地，吴分立衡阳县，晋惠帝更名衡山。历代并属衡阳郡。《读史方舆纪要》八十曰：衡山旧城在今县西。

【集释】方恺《新校》：方恺曰：《州郡志》：衡山，吴立，曰衡阳，晋惠帝更名。本《志》列中篇即曰衡山，似误。

《马注》：与龙曰：三国吴县，曰衡阳。《州郡志》：衡山男相，吴立，曰衡阳，晋惠帝更名。按此《志》以太康为断，当作衡阳为是。宋因。《一统志》：故城今衡山县东北。

【编者按】衡山县应为衡阳县。衡阳县故城，在今湖南衡山县南。谭其骧主编《中国历史地图集》西晋太康二年图定名为衡阳县。《中国文物地图集·湖南分册》根据考古资料定湖南衡山县南"沙头乡永和村东南"为三国吴衡阳县故城。

连道

【斠注】汉属长沙国，后汉属长沙郡。《水经·涟水注》曰：水南迳连道县。注云：县故城在湘乡县西百六十里。

【集释】《马注》：与龙曰：三国吴县。《一统志》：故城今长沙府湘乡县西。

【编者按】连道县故城，在今湖南涟源市东涟水南岸，近娄底市。

新康

【斠注】《宋志》曰：吴曰新阳，晋武帝太康元年更名。《读史方舆纪要》八十曰：新康城在宁乡县西二十里。

【集释】《马注》：与龙曰：三国吴县，曰新阳。《水经·湘水注》：水东迳新阳县南，晋太康元年改曰新康矣。宋因。《一统志》：故城今宁乡县西。

【编者按】《宋本晋书》"新康"为"新康令"。百衲本《晋书》为"新康"。新康县故城，在今湖南宁乡县西。裴淮昌主编《湖南古今地名辞典》将三国吴新阳县定点在今湖南宁乡县西横市，而将西晋新康县定点在今湖南宁乡县西十里万寿山东。

益阳

【斠注】汉属长沙国，后汉属长沙郡。《水经·资水注》曰：应劭曰：县在益水之阳。《读史方舆纪要》八十曰：益阳故城。刘昫曰：在今县东八十里。

【集释】《马注》：与龙曰：三国吴县。宋因。《一统志》：故城今益阳县西。

【编者按】益阳县故城，在今湖南益阳市。2013年在湖南益阳市赫山区铁铺岭古城遗址发现近千件晋代以前简牍，疑晋以前益阳县故城在此。

湘东郡吴置，故属长沙。

【集释】《马注》：与龙曰：三国吴郡。宋因，属湘州。

统县七，

【集释】方恺《新校》：吴翊寅案：《州郡志》云湘东，吴太平二年分长沙东部立。晋世七县，孝武太元二十年省酃、利阳、新平三县。本《志》领七，与沈说合。

户一万九千五百。

【斠注】《宋志》曰：吴孙亮太平二年，分长沙东部都尉立。《水经·湘水注》曰：郡旧治在湘水东，故以名郡。《东晋疆域志》曰：《沈志》：晋世七县，孝武太元二十年省酃、利阳、新平三县。据此则东晋领县四也。去州水陆七百，去京都水三千六百。

【编者按】湘东郡治酃县，在今湖南衡阳市东。

酃

【斠注】汉属长沙国，后汉属长沙郡。《水经·耒水注》曰：县有酃湖，湖中有洲，湖边尚有酃县故治。《东晋疆域志》曰：东晋省酃县入临烝。《寰宇记》曰：古酃县城在衡阳东十二里。

【集释】何超《音义》：酃，来丁反。

方恺《新校》：方恺曰：《水经注·湘水篇》：临烝作临承，即故酃也。《州郡志》仅有临烝，无酃县，疑只一县，前后更名，本《志》不应并立。吴翊寅案：又《州郡志》临烝，吴属衡阳，《晋太康地志》属湘东。是临烝与酃，太康时二县并存，郦《注》误，不可从。

《马注》：与龙曰：三国吴县。《州郡志》湘东太守下云：孝武太元二十年，省酃县。《一统志》：故城今衡州府清泉县东十二里。

【编者按】酃县故城，在今湖南衡阳市东。裴淮昌主编《湖南古今地名辞典》定点在今湖南衡阳市郊区湖东村。《中国文物地图集·湖南分册》据考古资料定点在今湖南衡阳市珠晖区酃湖乡胜利村西。

茶陵

【斠注】汉属长沙国，后汉属长沙郡。《读史方舆纪要》八十曰：茶陵废县今州治。

【集释】何超《音义》：茶陵，大家反。

《马注》：与龙曰：三国吴县。宋因。《一统志》：故城今长沙府茶陵州东五十里茶王城。

【编者按】茶陵县故城，在今湖南茶陵县东北。裴淮昌主编《湖南古今地名辞典》定点在湖南茶陵县八团乡古城营（俗称茶王城）。

临烝

【斠注】《宋志》曰：吴属衡阳。《元和郡县图志》二十九曰：本汉酃县地，吴分置临烝县，《水经注》同。属衡山郡。《斠注》案：蒸为烝之讹，衡山为衡阳之讹，盖晋初又由衡山改属湘东。

【集释】方恺《新校》：方恺曰：《水经注·湘水篇》临烝作临承，即故酃也。《州郡志》仅有临烝，无酃县，疑只一县，前后更名，本《志》不应并立。吴翊寅案：又《州郡志》临烝，吴属衡阳，《晋太康地志》属湘东。是临烝与酃，太康时二县并存，酃《注》误，不可从。

《马注》：与龙曰：三国吴县，属衡阳。有伊山，在今衡阳县西北三十里。魏王泰《括地志》：伊山，晋桓伊读书处，一名桓山。《舆地纪胜》：桓伊宅，晋桓伊读书于此。宋因。《一统志》：故城今衡州府衡阳县治。

【编者按】临烝县故城，即今湖南衡阳市治。

利阳

【斠注】《晋地理志新补正》曰：按张勃《吴录》有利阳、新平二县。《续汉·郡国志》无，盖吴所立。

【集释】《马注》：与龙曰：三国吴县，作梨阳。《州郡志》湘东太守下云：孝武太元二十年，省利阳。又云张勃《吴录》，利作梨，晋作利音。按县盖吴所立。李兆洛云：故县当在今湖南境。

【编者按】利阳县故城，今地无考。《湖南郴州苏仙桥遗址发掘简报》：有简牍提到湘东利阳县。"万年亭北到湘东利阳县界十五里。（1—27）"此批简牍纪年约在公元300年前后的晋代。利阳疑在今湖南耒阳市西北，舂陵水东、耒水西一带。

阴山

【斠注】《东晋疆域志》曰：《沈志》阴山乃是汉旧县，而属桂阳，吴湘东郡有此阴山县，疑是吴所立。《水经注释》三十九曰：一清按《汉志》桂阳郡有阳山县，又有阴山县，皆云侯国，至《续志》有阴山无阳山，盖东京省并之故。应劭曰：阳山今阴山也。《斠注》案：颜师古云：下自有阴山，应说非也。颜氏但知西汉有阳山、阴山两县，不知东汉既无阳山，应说谓即今阴山，或系省并，非无据也。《读史方舆纪要》八十曰：阴山城在攸县西北六十里。

【集释】《马注》：与龙曰：三国吴县。宋因。与龙按：汉桂阳郡阴山县在今广东连州阳山县境；吴湘东郡阴山县在今长沙府攸县西北六十里。

【编者按】阴山县故城，在今湖南攸县西南。裴淮昌主编《湖南古今地名辞典》定点在湖南攸县鸭塘铺乡阴山港村。

新平

【斠注】《元和郡县图志》二十九曰：本秦耒阳县地，吴分耒阳置新平县。

【集释】《马注》：与龙曰：三国吴县。《州郡志》湘东太守下云：孝武太元二十年省新平。又云：张勃《吴录》有新平县。按县盖吴所立。《水经注》：湘水又北与宜溪水合，水出湘东郡之新宁县西南、新平故县东，新宁，故新平也。《名胜志》：晋以新平省入新宁。有龙穴。刘逵《吴都赋》注曰：湘东新平县有龙穴，穴中黑土，天旱，人人便共以水沾穴，则暴雨应之，常以请雨也。《一统志》：故城今衡州府常宁县西南。

【编者按】新平县故城，在今湖南常宁市东北。裴淮昌主编《湖南古今地名辞典》定点在湖南常宁市东北柏坊镇双白村。《中国文物地图集·湖南分册》据考古资料定湖南常宁市东北柏坊镇双白村东北为三国吴的新平故城。

新宁

【斠注】《宋志》曰：吴立。

【集释】《马注》：与龙曰：三国吴县。《州郡志》：新宁令，吴立。宋因。《一统志》：故城今常宁县西北。谢钟英云：据《水经注》，当在常宁县东南。

【编者按】新宁县故城，在今湖南常宁市西南。裴淮昌主编《湖南古今地名辞典》定点在湖南常宁市车田乡羊山村。

零陵郡汉置。

【中华校】零陵郡汉置　"汉"，各本作"吴"，今从宋本作"汉"，与《汉志》上、《续汉志》四合。

【集释】《马注》：（编者校：《马注》所用底本为"吴置"，故有下论。）毕沅曰：零陵，汉旧郡，不得云吴置。与龙曰：三国吴郡。宋因，属湘州。

统县十一，户二万五千一百。

【斠注】《汉志》曰：武帝元鼎六年置。《东晋疆域志》曰：东晋分出营浦、营道、舂阳、泠道为营阳郡，凡领县七。《沈志》：去州一千四百，去京都四千八百。《元和郡县图志》二十九曰：秦属长沙郡，汉为长沙国，武帝分置零陵郡。《斠注》案：零陵是汉置，非吴置，本《志》误也。

【编者按】《宋本晋书》"户二万五千一百"为"户三万五千一百"。南京市文物保管委员会《南京老虎山晋墓》：

1958年此墓出土"零陵太守章"龟钮石印，印文为楷书，可能是殉葬印。零陵郡治泉陵县，在今湖南永州市零陵区。

泉陵有香茅，云古贡之以缩酒。

【斠注】两汉旧县。《水经·湘水注》曰：《晋书地道记》曰：县有香茅，气甚芬芳，言贡之以缩酒也。《史记·夏本纪·正义》：《括地志》曰：辰州泸溪县西南三百五十里有包茅山。《武阳记》云：山际出包茅，有刺而三脊，因名包茅山。《读史方舆纪要》八十一曰：泉陵城在永州府北二里。

【集释】《马注》：与龙曰：三国吴县。《水经·湘水注》：营水又西北迳泉陵县西。宋因。李兆洛云：故县今永州府零陵县北二里。

【编者按】泉陵县故城，即今湖南永州市零陵区治。

祁阳

【斠注】《宋志》曰：吴立。《元和郡县图志》二十九曰：祁阳本汉泉陵县地，属零陵郡，吴分泉陵置。《读史方舆纪要》八十一曰：祁阳旧城在今县东北九十里。刘昫曰：吴初置县于此。

【集释】《马注》：与龙曰：三国吴县。宋因。《一统志》：故城今祁阳县治。

【编者按】祁阳县故城，在今湖南祁东县东南。裴淮昌主编《湖南古今地名辞典》定点在湖南祁东县东南金桥镇。

零陵

【斠注】两汉旧县。《御览》一百七十一《十道志》曰：零陵县本汉泉陵县。

【集释】《马注》：与龙曰：三国吴县。《郡国志》零陵，注：阳朔山，湘水出。刘《注》引罗含《湘中记》曰：有营水，有洮水，有雍水，有祁水，有宜水，有（春）［舂］（编者校："春"应为"舂"。）水，有烝水，有（表）［耒］（编者校："表"应为"耒"。）水，有（来）［米］（编者校："来"应为"米"。）水，有渌水，有连水，有（倒）［浏］（编者校："倒"应为"浏"。）水，有（伪）［沩］（编者校："伪"应为"沩"。）水，有汨水，有资水，皆注湘。惠栋云：《注》雍水，《湘中记》作灌水，表当作耒，来当作米。宋因。王先谦云：官本洮作桃。与龙按：伪当做沩。宋因。李兆洛云：故县今桂林府全州西南七十八里。

【编者按】零陵县故城，在今广西全州县西南。

营浦

【斠注】两汉旧县。《水经·湘水注》曰：营水又东北迳营浦县南。注：营阳郡治也。魏咸熙二年，吴孙皓分零陵置，在营水之阳，故以名郡矣。《斠注》案：吴置营阳郡，《吴志·三嗣主传》无明文，或不久即废，改为营浦县欤？《读史方舆纪要》八十一曰：营浦废县今道州治。

【集释】《马注》：与龙曰：三国吴县。《史记·五帝本纪·集解》：《皇览》曰：舜冢在零陵营浦县。宋因，属营阳郡。《一统志》：故城今永州府道州北。

【编者按】营浦县故城，在今湖南道县东北。裴淮昌主编《湖南古今地名辞典》定点在湖南道县县城东郊东门乡。谭其骧《马王堆汉墓出土地图所说明几个历史地理问题》中据《马王堆地形图》，认为汉营浦县在今湖南道县东二里许古城。

洮阳

【斠注】两汉旧县。《水经·湘水注》曰：洮水出县西南大山，东北迳其县南，即洮水以立称。《读史方舆纪要》一百七曰：洮阳废县在全州北三十五里。

【集释】《马注》：与龙曰：三国吴县。《宋书·符瑞志》：晋成帝咸和四年，白鹿见零陵洮阳。宋因。李兆洛云：故县今桂林府全州北三十五里。

【编者按】洮阳县故城，在今广西全州县北。史为乐主编《中国历史地名大辞典》定点在今广西全州县东北三十五里下改洲村。

永昌

【斠注】《宋志》曰：吴立。

【集释】《马注》：与龙曰：三国吴县。宋因。《一统志》：故城今祁阳县西北九十里祁江之北、石燕山之东。

【编者按】永昌县故城，在今湖南祁东县西北砖塘镇。《中国文物地图集·湖南分册》根据考古资料，定三国吴永昌县故城在今祁东县西北砖塘镇烟河岭村西。

观阳

【斠注】《宋志》曰：吴立。《水经·湘水注》曰：湘水与观水合，西北迳观阳县西。注云：县盖即水为名也。

【集释】方恺《新校》：方恺曰：又案《隶释》：《绥民校尉熊君碑》作灌阳长，即本《志》观阳，古字通。

《马注》：与龙曰：三国吴县。宋因。《一统志》：故城今桂林府灌阳县西。

【编者按】观阳县故城，在今广西灌阳县东南、灌江东岸。

营道

【斠注】两汉旧县。《新斠注地理志》十曰：在今道州西四十里。

【集释】《马注》：与龙曰：三国吴县。《州郡志》：南有九疑山。注引郭璞《山海经注》曰：其山九溪皆相似，故曰九疑。宋因，属营阳郡。《一统志》：故城今永州府宁远县西。

【编者按】营道县故城，在今湖南宁远县东南。

春陵

【中华校】春陵　本作"春阳"。《斠注》：《宋志》《水经·湘水注》皆作"春陵"。按：《南齐书·州郡志》下亦作"春陵"。本书《易雄传》载雄为春陵令，则晋仍名春陵，"阳"乃误字，今据改。

【斠注】《宋志》曰：前汉旧县，春陵侯徙国南阳，省。吴复立。《水经·湘水注》曰：都溪水出春陵县北二十里。注云：县本泠道县之春陵乡，盖因春溪以为名矣。《斠注》案：春陵，疑西晋时改为春阳。

【集释】方恺《新校》：方恺曰：汉春陵侯徙国南阳，故《州郡志》营阳郡下有春陵，云吴立，本书《忠义·易雄传》为春陵令，本《志》作春阳，误。

《马注》：与龙曰：阳当为陵，形似致讹。三国吴县，作春陵。宋因，属营阳郡。《一统志》：故城今宁远县西北五十里。

【编者按】春陵县故城，在今湖南宁远县西。谭其骧《马王堆汉墓出土地图所说明几个历史地理问题》中据《马王堆地形图》，认为汉春陵县在今宁远县东北，宁远、新田界山东麓。陈健梅《孙吴政区地理研究》定三国吴春陵县在今湖南宁远县西北都溪水东。

泠道

【斠注】两汉旧县。《说文解字》做伶道。《水经·湘水注》曰：泠水南出九疑山，北流迳其（流）[县]（编者校：陈桥驿复校本《水经注疏》"流"作"县"。）西南，县指泠溪以即名。《读史方舆纪要》八十一曰：泠道城在宁远县东南四十里。

【集释】傅云龙《殿本晋书考证》曰：道，监本误阳。

《马注》：与龙曰：三国吴县。宋因，属营阳郡。《一统志》：故城今宁远县东。

【编者按】泠道县故城，在今湖南宁远县东。《中国文物地图集·湖南分册》根据考古资料定西汉泠道县故城在今湖南宁远县东城乡培泽村南。裴淮昌主编《湖南古今地名辞典》还录有一说，根据《马王堆地形图》定点在湖南蓝山县西北泠水旁祠堂圩一带。谭其骧《马王堆汉墓出土地图所说明几个历史地理问题》中据《马王堆地形图》，认为汉泠道县在今宁远县东偏南约四十里。

应阳

【集释】方恺《新校》：吴翊寅案：《州郡志》：应阳，晋惠帝分观阳立。本《志》应阳列中篇，似与衡山同一舛误。

《马注》：与龙曰：三国吴无。《水经·湘水注》：应水东南流迳应阳县南。宋因。《一统志》：故城今东安县东北。

东界有鼻墟，云象所封。

【斠注】《水经·湘水注》曰：晋惠帝分观阳县立，盖即应水为名也。又曰：应水又东南有鼻墟南。王隐曰：应阳县本泉陵之北部，东五里有鼻墟，言象所封也。山下有象庙。《史记·五帝本纪·正义》：《括地志》曰：鼻亭神在道县当为营道县。北六十里。《故老传》云：舜葬九疑，象来至此，后人立祠，名为鼻亭神。《读史方舆纪要》八十一曰：应阳城在永州府西北百里。

【集释】《马注》：与龙曰：《水经·湘水注》：山下有象庙，言甚有灵，能兴云雨。余所闻也，圣人之神曰灵，贤人之精气为鬼，象生不慧，死灵何寄乎？

【编者按】应阳县故城，在今湖南东安县东北六十二里芦洪市。

邵陵郡 吴置。

【集释】《马注》：与龙曰：三国吴郡，曰昭陵。《水经·资水注》：孙皓分零陵北部立昭陵郡。宋因，属湘州。

统县六，

【集释】方恺《新校》：方恺曰：又《州郡志》邵陵太守下武刚令，晋武分都梁立。《水经注·资水篇》：武冈县左右二冈，旧传后汉五溪蛮保此冈，故曰武冈，县即此称焉。吴翊寅案：零陵列应阳，而邵陵不列武冈，此可见《晋志》之疏。

《马注》：毕沅曰：沈约《宋志》：晋武帝分都梁立武刚县。今此《志》不载，盖后省，至宋时复立。

户一万二千。

【斠注】《御览》一百七十一《十道志》曰：秦为长沙郡，汉为昭陵县，属零陵郡，吴分零陵北部为邵陵郡。《宋志》曰：吴孙皓宝鼎元年立。去州水七百，陆一千三百，去京都水四千五百。《东晋疆域志》曰：东晋领县七，增武刚一县。

【编者按】邵陵郡治邵陵县，在今湖南邵阳市。

邵陵

【斠注】《水经注释》三十八曰：前汉昭陵县，属长沙国。后汉析置昭阳县，晋讳昭，改曰邵陵。《东晋疆域志》曰：《沈志》：二汉无。误也。《敦艺斋文存·汉四郡地考》曰：故城在邵阳县城北二里。

【集释】方恺《新校》：方恺曰：《州郡志》邵陵，二汉无，《吴录》属邵陵。今考《郡国志》，又有昭陵，属长沙郡。吴因之，至晋武帝避景帝讳改为邵陵。本《志》于凉州张掖郡临泽下言：汉昭武避景帝讳改，此郡何独无注？

《马注》：与龙曰：三国吴县，曰昭陵。《水经·资水注》：邵陵县，故昭陵也。案：晋世避讳，改昭为邵。《州郡志》：邵陵子相，何志属长沙，《吴录》属邵陵。宋因。《一统志》：故城今宝庆府邵阳县治。

【编者按】邵陵县故城，即今湖南邵阳市治。

都梁

【斠注】两汉属零陵郡。《元和郡县图志》二十九曰：武冈县本汉都梁县地，属零陵郡，吴宝鼎元年改为武冈县，一云晋武帝分都梁县置。《斠注》案：本《志》无武冈县，当为太康三年后置，东晋王导尝封武冈侯也。《读史方舆纪要》八十一曰：都梁城在武冈州东五里。

【集释】毕沅《新补正》：沅案晋武帝分立武刚县，今此《志》不载，盖后省，至宋时复立也。

《马注》：与龙曰：三国吴县。《水经注》：资水东北迳邵陵郡武冈县南，县分都梁之所置也。旧传伐武溪蛮，蛮保此冈。大溪迳建兴县（编者校：戴本《水经注》此处有"南"字。），又迳都梁县南。县西有小山，山上有水，既清且浅，其中悉生兰草，俗谓兰为都梁，山因以号，县受名焉。宋因。《一统志》：故城今武冈州东北。

【编者按】都梁县故城，即今湖南隆回县治。而《中国文物地图集·湖南分册》据考古资料，定汉都梁侯国故城在今湖南武冈市新东乡七里桥村东。

夫夷

【斠注】两汉属零陵郡。《水经·资水注》曰：夫水东北流迳扶县南。《水经注刊误》曰：《宋书·州郡志》云邵陵太守领扶县令，汉旧县，晋曰夫夷，今云扶者，疑是避桓温讳去夷，夫不可为县名，故为扶云。《斠注》案：郭璞《山海经注》：晋太康七年，邵陵扶（夸）[夷]县栏得一兽。是西晋初亦作扶夷，与《后汉书·第五伦传》同。《读史方舆纪要》八十一曰：夫夷城在武冈州东北百四十里。

【集释】《马注》：与龙曰：三国吴县。《一统志》：故城今新宁县东北。

【编者按】夫夷县故城，在今湖南邵阳县西、夫夷水西岸。《中国文物地图集·湖南分册》据考古资料，定汉夫夷侯国故城在今湖南邵阳县西北小溪市乡田冲村南。

建兴

【斠注】《宋志》曰：晋武帝分邵陵立。《读史方舆纪要》八十一曰：建兴废县在宝庆府，西晋太康初置。

【集释】《马注》：与龙曰：三国吴无。宋因。《一统志》：故城今邵阳县东南五十里。

【编者按】建兴县故城，在今湖南洞口县东南石背。《中国文物地图集·湖南分册》据考古资料，定晋建兴县故城在今湖南洞口县石背乡尧王村北。

邵阳

【斠注】《宋志》曰：吴立，曰昭阳，晋武改。《元和郡县图志》二十九曰：本汉昭陵县，属长沙国，后汉改昭阳县，晋武帝改为邵阳，在邵水之阳故名。《斠注》案：《元和志》作后汉，恐误。《敦艺斋文存·汉四郡地考》曰：昭阳故县在今邵阳县东五十里。

【集释】方恺《新校》：方恺曰：《州郡志》：邵阳，吴立曰昭阳，晋武改。

今考《郡国志》，汉有昭阳，属零陵郡。吴因之，至晋武帝避景帝讳改为邵阳。本《志》于凉州张掖郡临泽下言汉昭武避景帝讳改，此郡何独无注？

【编者按】邵阳县故城，在今邵东县东北。《中国文物地图集·湖南分册》据考古资料，定汉昭阳侯故城在今湖南邵东县黄陂桥乡同意村东南。另《马注》在此处脱注，恐是脱漏。

高平

【斠注】《宋志》曰：吴立。晋武帝太康元年，改曰南高平，后更曰高平。《寰宇记》一百十二曰：古高平城在邵阳县北七十五里。

【集释】方恺《新校》：方恺曰：又《州郡志》：高平，吴立，晋太康元年改曰南高平，后更曰高平。

《马注》：与龙曰：三国吴县。宋因。《一统志》：故城今新化县西南。

【编者按】高平县故城，在今湖南隆回县东北高坪镇石脚村。

桂阳郡 汉置。

【集释】《马注》：与龙曰：三国吴郡。宋因，属湘州。

统县六，户一万一千三百。

【斠注】《宋志》曰：去州水一千四百，去京都水四千九百四十。《水经·湘水注》曰：高帝二年，分长沙置。《斠注》案：《元和郡县图志》二十九云：本汉长沙国地，后汉分长沙南境立桂阳郡，理郴县。是未知前汉本有桂阳郡也。《东晋疆域志》曰：东晋领县八，省便县，增置汝城、平阳、阳山。

【集释】毕沅《新补正》：沅案《沈志》：江左复立汝城县。

【编者按】《中国考古六十年：1949—2009》称2003年在郴州苏仙桥工地十号古井中，发现约600余枚晋简，似为西晋桂阳郡郡府档案。桂阳郡治郴县，在今湖南郴州市。

郴

【集释】方恺《新校》：方恺曰：《元和志》：晋省便入郴县。

《马注》：与龙曰：三国吴县。宋因。《一统志》：故城今郴州治。

项羽封义帝之邑。

【斠注】两汉旧县。《水经·耒水注》曰：郴，桂阳郡治。《地理志》曰：桂水所出，因以名县。《注释》曰：《汉志》无此语，此是应注。《元和郡县图志》二十九曰：义昌县本汉郴县地，至东晋分置汝城县，属桂阳郡。又曰：平阳县本汉郴县地，东晋陶侃于今理南置，属平阳郡。又曰：晋省便入郴县。《斠注》案：本《志》以太康三年为断，故不载汝城县及平阳郡平阳县。

【集释】《马注》：与龙曰：说见《汉书·地理志》。

【编者按】郴县故城，即今湖南郴州市治。《中国考古六十年：1949—2009》称2003年在郴州苏仙桥工地十号古井中，发现约600余枚晋简。

从出土简牍的年号看已发现有"太安二年七月""元康九年""永康元年"等，都是西晋惠帝司马衷的年号，可断定此批简牍为西晋惠帝司马衷时期。

其中一枚牍文是："郴县，汉时所立，为长沙林县，汉元始六年太岁在丙寅。"另一枚牍文是："改为郴县。"又按：长沙林县此说待考。《汉书·地理志》载桂阳郡郴县，《续汉书·郡国志》载桂阳郡郴县，谭其骧《新莽职方考》载南平郡宣风，汉郴。简牍所提疑是西汉末、王莽改制前情况。汉元始六年为公元6年，公元5年西汉平帝刘衎元始五年，公元6年1月，刘衎死，王莽立孺子刘婴，改元居摄。公元6年是丙寅年。

《湖南郴州苏仙桥遗址发掘简报》："县东界去县卅里，从界到郴县呈乡酒官卅里。（1-22）"又按：此处县应是便县。《元和郡县图志》卷二十九："郴县。程乡，《吴录》云程乡出酒"《初学记》卷二十六引《荆州记》云："桂阳一郡，程乡有酒官。"《北堂书钞·酒食部》引盛弘之《荆州记》："桂阳郡东界侠界山下有渌溪源，官常取此水为酒。"《水经注·耒水篇》："（郴）县有渌水，出县东侠公山，西北流，而南屈汇于耒，谓之程乡溪。郡置酒官，酿于山下，名曰程酒，献同鄸也。"据清光绪二十三年（1897年）刊本《湖南舆地图说》，在清兴宁县北，即今资兴市北，有蓼江镇，镇北还有醽醁社。程水从北西南流注入耒江，流经蓼江镇和醽醁社南。由此大概可以判断呈（程）乡酒官设置于此。

另《湖南郴州苏仙桥遗址发掘简报》："德阳亭南到郴界十里。（1-40）""县南界去县七十五里，从界到郴五十里。"又按：据"便令谈隆，治便。……在郡北，去郡一百廿里。（1-1）"可以判断此处县应是便县。

耒阳

【斠注】两汉旧县。《说文解字》作𧚁。《水经·耒水注》曰：耒阳盖因水以制名。《读史方舆纪要》八十曰：耒阳废县在今县东四十五里。

【集释】何超《音义》：耒，力对反，又力水反。

《马注》：与龙曰：三国吴县。宋因。《一统志》：故城今衡州府耒阳县东北四十五里。

【编者按】耒阳县故城，即今湖南耒阳市治。《湖南郴州苏仙桥遗址发掘简报》："到耒阳六十二里。（1-37）""县西北梧界去县一百卅三里，从界到耒阳县历亭十二里。（2-350）"

便

【斠注】两汉旧县。《元和郡县图志》二十九曰：晋省入郴县。《斠注》案：当为太康后所省。《新斠注地理志》十曰：今郴州永兴县。

【集释】方恺《新校》：方恺曰：《元和志》：晋省便入郴县。

《马注》：与龙曰：三国吴县。宋因。《一统志》：故城今郴州永兴县治。

【编者按】便县故城，即今湖南永兴县治。《湖南郴州苏仙桥遗址发掘简报》："便令谈隆，治便。城周匝一里十五步，高一丈五尺。在郡北，去郡一百廿里，北去江州一千四百八十里，去京城三千五百一十里。领吏一百六十一人，卒十三人。（1-1）"此简牍纪年在300年前后的晋代。

临武

【斠注】两汉旧县。《水经·溱水

注》：(汉秦志作书补注段玉裁曰秦水汉作溱师古注不言秦水他书皆此作秦郑溱音溱然则洧作溱为正。)[《汉志》作秦。《汉书补注》：段玉裁曰：秦水，他书皆作溱水。师古注不言秦音溱，然则此作秦。郑溱洧作溱为正。]（编者校：此段文字颠倒。）曰：县侧临（编者校：一说为"临侧"。见《水经注疏》。）溪东，因曰临武县。

【集释】《马注》：与龙曰：三国吴县。宋因。《一统志》：故城今桂阳州临武县东。

【编者按】临武县故城，在今湖南临武县东古城村。《中国文物地图集·湖南分册》根据考古资料，定战国时期临武邑在今湖南临武县东土地乡古城水村南。

晋宁

【斠注】《元和郡县图志》二十九曰：本汉郴县地，后汉于此置汉宁县，吴改曰阳安，晋改为晋宁。《水经·钟水注》曰：魏宁，故阳安也，晋太康元年改曰晋宁县，在桂阳郡东一百二十里。《读史方舆纪要》八十二曰：汉宁城在兴宁县西二十五里，汉治此，孙吴以后县名屡易，而县治不改。《斠注》案：如郦《注》所言是，晋宁以前又称魏宁，（北）[此]（编者校："北"应是"此"。）由阳安改晋宁也。

【集释】《马注》：与龙曰：三国吴县，曰阳安。《州郡志》：晋宁令，后汉顺帝永和元年立，曰汉宁，吴改曰阳安，晋武帝太康元年，改曰晋宁。宋因。李兆洛云：故县在今郴州兴宁县南。

【编者按】晋宁县故城，在今湖南资兴市南。裴淮昌主编《湖南古今地名辞典》定点在今资兴市兴宁镇南二十里旧市（1987年东江水库建成后被水淹没）。《湖南郴州苏仙桥遗址发掘简报》："晋宁令周系，治晋宁。城周匝一里二百卅步，高一丈五尺。在郡东，去郡一百卅里，去江州一千七百卅里，去京城三千七百里。领吏一百廿五人，卒十二人。（1—2）"此批简牍纪年约在300年前后的晋代。

南平

【斠注】两汉旧县。《舆地纪胜》六十一曰：南平古城在蓝山县东五里。

【集释】《马注》：与龙曰：三国吴县。宋因。《一统志》：故城今桂阳州蓝山县东南平乡。

【编者按】南平县故城，在今湖南蓝山县东北古城。谭其骧《马王堆汉墓出土地图所说明几个历史地理问题》中据《马王堆地形图》，认为汉南平县在今蓝山县东北七里古城。

武昌郡吴置。

【集释】《通鉴》胡注：吴孙权改鄂曰武昌；晋武帝太康元年，复立鄂县，而武昌如故；改吴之江夏曰武昌郡。

《马注》：与龙曰：三国吴郡，后省，晋复置。《元和志》：江夏郡鄂县，吴立武昌郡，后省，移江夏郡于此。与龙按：吴省武昌郡当在迁都建业时。宋因，属湘州。

统县七，

【集释】方恺《新校》：方恺曰：案《州郡志》：太康元年，省蕲春郡，以寻阳属武昌，改蕲春之安丰为高陵及邾县，皆属武昌。二年，以武昌之寻阳复属庐江郡。本《志》寻阳既隶庐江，当断自太康二年，以后何以邾县、高陵不列此郡？互见豫州安丰郡下。

胡运宏、胡阿祥《中华本〈晋书·地理志〉考异》："荆州武昌郡缺高陵、邾二县，误。"

户一万四千八百。

【斠注】《宋志》曰：去京都水一千一百。《晋地理志新补正》曰：按《晋起居注》：《宋志》引。太康元年改江夏为武昌郡。今考《吴志》，权分江夏立武昌郡。晋平吴后，江夏、武昌二郡亦并立，安得云改江夏为武昌乎？《起居注》盖误。《东晋疆域志》曰：东晋领县六，移柴桑一县属寻阳郡。

【编者按】《宋本晋书》"户一万四千八百"为"户一万四千三百"。武昌郡治武昌县，在今湖北鄂州市。

武昌

【集释】《马注》：与龙曰：三国吴县，属江夏。有吴下城，在今武昌县东一里。《元和志》：孙权故都城本灌婴所筑，晋陶侃、桓温为刺史，并理其地。有钓台，在今武昌县西北。《陶侃传》：侃遣兵逼西阳王羕，侃整阵于钓台为后继。有南楼，在今武昌县南。《世说》：庾太尉在武昌，秋夜气佳景清，使吏殷浩、王胡之之徒登南楼吟咏，庾公率左右步来，与诸人咏谑，竟坐甚乐。有夷市，在今武昌县东。《陶侃传》：侃立夷市于郡东，大收其利。《舆地纪胜》：晋西阳有豫州五水蛮，侃镇武昌，作夷市于城东，以为交易之所。宋因。《一统志》：故城今武昌府武昌县治。

故东鄂也。楚子熊渠封中子红于此。

【斠注】《宋志》曰：魏文帝黄初三年，孙权改鄂为武昌。《水经·江水注》曰：江之右岸有鄂县故城。注云：旧樊楚地。《晋太康地记》以为东鄂。《九州记》曰：鄂，今武昌也，孙权以黄初元年与《宋志》异。自公安徙此，改曰武昌县。鄂县徙治于袁山东，又以其年立为江夏郡，分建业之民千家以益之。至黄龙元年，权迁都建业，以陆逊辅太子镇武昌。孙皓亦都之，皓还东，令滕牧守之。晋惠帝永平中始置江州，傅综为刺史，治此城，后太尉庾亮之所镇也。《元和郡县图志》二十七曰：本楚熊渠封中子红于此称王，至今武昌人事鄂王神是也。

【集释】《马注》：与龙曰：《水经注》：《世本》称熊渠封中子红为鄂王。

【编者按】武昌县故城，即今湖北鄂州市治。《新中国考古五十年》：武昌故城位于"鄂州市的武昌城"。《中国文物地图集·湖北分册》据考古资料，在鄂州市鄂城区凤凰街道办事处东的吴王城遗址即三国吴武昌城。

柴桑

【集释】《马注》：与龙曰：三国吴县，属豫章。有上京山，在今南康府星子县西七里。《明一统志》：上京山，当湖之滨，一峰最秀。其东西云山烟水数百里，浩渺萦带，皆列几席间。陶潜诗"畴昔家上京"即此。有桑落洲，在今德化县东北过江五十里。安帝元兴二年，刘裕遣何无忌等败桓玄将何澹于桑落洲，遂夺溢口。有半州城，在今德化县西。《通鉴》：晋咸康五年，庾亮表弟怿为梁州刺史，镇半州。有郭默城，在今德化县东北。《元和志》：晋咸和四年，郭默叛，陶侃讨默，筑垒以攻之，默乃以布囊盛米为垒以应陶，今称陶公垒。宋因，属江州寻阳郡。李兆洛云：故县今九江府德化县西南二十里。

有溢口关。

【斠注】两汉属豫章郡。《汉书补注》曰：《山海经》有柴桑之山，县名以此。《宋志》曰：晋属武昌，二汉、《晋太康地志》属豫章，立寻阳郡后割度。《元和郡县图志》二十八曰：柴桑故城在浔阳县西南二十里。《读史方舆纪要》八十五曰：柴桑城在九江府南九十里。《斠注》案：下文扬州序文云：永兴元年，分庐江之寻阳、武昌之柴桑二县置寻阳郡。是惠帝初元柴桑尚属武昌郡，至永兴元年始改隶寻阳。乃（编者校："乃"疑是"而"。）《宋州郡志》云柴桑《太康地志》属豫章。太康在永兴前，其时尚属武昌，亦并未改属豫章也，《宋志》恐误。

【集释】《通鉴》胡注："溢口，在寻阳，今江州德化县西一里有溢浦。""桑落洲在溢城东北大江中。杜佑曰：桑落洲在江州都昌县，汉之彭泽县也。"

《马注》：与龙曰：《齐书·州郡志》：庾亮临终表江州宜治寻阳，以州督豫州新蔡、西阳二郡，治溢城，接近东江诸郡，往来便宜。《元和志》：江州理城，古之溢口城也。

【编者按】《宋本晋书》"有溢口关"为"有盆口关"。柴桑县故城，在今江西九江市西南。谭其骧主编《中国历史地图集》西晋太康二年图定在今江西九江市西南二十里楚城驿（九江市柴桑区马回岭镇马头村）；史为乐主编《中国历史地名大辞典》定点在今江西九江县南三十六里荆林街。

阳新

【斠注】《元和郡县图志》二十七曰：汉鄂县地，吴大帝分立新阳县。《斠注》案：《志》作阳新，与《吴志·吴主传》同。《元和志》作新阳，误也。《东晋疆域志》曰：《图经》称《武昌记》下雉县，晋义熙中并入阳新。

【集释】《马注》：与龙曰：三国吴县，属江夏。宋因。《一统志》：故城今武昌府兴国州西南六十里。

【编者按】阳新县故城，在今湖北阳新县西南六十里。

沙羡有夏口，对沔口，有津。

【斠注】《宋志》曰：汝（阳）[南]（编者校："阳"应为"南"。）侯相，本沙羡土，晋末汝南郡民流寓夏口，因立为汝南县。沙羡，汉旧县，吴省。晋武太康元年复立，治夏口。孝武太元三年，省并沙阳，后以其地为汝南实土。《东晋疆域志》曰：此县武帝太康元年别立，非汉旧县。《元和郡县图志》二十七曰：春秋时夏汭，汉为沙羡之东境，自后汉末谓之夏口，亦名鲁口。吴置督将于此，名为鲁口屯，以其对鲁山岸为名也。晋庾翼为荆州，曾理于此。义熙初，刘毅表以为"夏口，二州之中，地居形要，控接湘川，边带汉沔"，请荆州刺史刘道规镇夏口。至六年，自临（嶂）[障]徙理夏口。《读史方舆纪要》七十六曰：沙羡城在武昌府治西南。

【集释】毕沅《新补正》：沅案《太平寰宇记》：晋太康元年，改沙羡为沙阳县。案沈约《宋志》：后复立沙羡县，而沙阳徙今所治。《通典》：东晋汝南郡流人寓于夏口，因侨立汝南郡，此又为汝南县焉，晋末改为江夏县。

《马注》：与龙曰：三国吴无。《汉书·地理志》：江夏郡沙羡。注：晋灼曰：羡音夷。《水经》：江水又东北至江夏沙羡县西北，沔水从北来注之。郦《注》：江水又东迳鲁山南，古翼际山也。《地说》曰：汉与江合于衡北翼际山〔旁〕（编者校：据《水经注》此处脱"旁"字。）者也。山左即沔水口矣。沔左有却月城，故曲陵县也，后乃沙羡县治。江之右岸有船官浦。浦东即黄鹄山，山东北对夏口城，魏黄初二年孙权所筑也。对岸则入沔津，故城以夏口为名，亦沙羡县治也。《一统志》云：沙羡故城今江夏县西南，晋武帝以后，沙羡县始治夏口城。又云《宋志》所谓治夏口者乃江南之夏口，非江北之夏口也。故城今江夏县西黄鹄山上。

【编者按】沙羡县故城，即今湖北武汉市武昌区治。

沙阳

【斠注】《水经·江水注》曰：江中有沙阳洲。注云：沙阳县治也，县本江夏之沙羡矣，晋太康中改曰沙阳县。《元和郡县图志》二十七曰：本汉沙羡县地，晋武帝改为沙阳，今蒲圻县□（编者校：此处□为缺一字，应是表方位的字。）一里沙阳故城是也。《寰宇记》一百十二曰：晋太康元年改为沙阳。《读史方舆纪要》七十六曰：沙阳城在嘉鱼县北。

【集释】《马注》：与龙曰：三国吴县，说沙羡。《州郡志》：沙阳男相，汉旧县，本名沙羡，晋武帝太康元年更名。又立沙羡，而沙阳徙今所治。宋因，属江夏郡。《一统志》：故城今嘉鱼县北。

【编者按】沙阳县故城，在今湖北嘉鱼县东北。

鄂

【集释】《马注》：与龙曰：三国吴无。宋因。《一统志》：故城今武昌县西南。

有新兴、马头铁官。

【斠注】《东晋疆域志》曰：《宋志》：吴改鄂为武昌，晋武帝太康元年，复立鄂县，而武昌如故。《水经注》引《太康地志》曰：此为东鄂也。《水经·江水注》曰：《九州记》曰：孙权以黄初元年鄂徙治于袁山东。《寰宇记》一百十二曰：故鄂县城在鄂州西北八十三里。《舆地志》云：汉旧鄂县属江夏，吴之武昌，晋太康元年复立鄂州，此县废矣。《读史方舆纪要》七十六曰：鄂城在武昌县西南二里。《斠注》案：西晋无立鄂州事，乐氏之言误也。

【集释】《马注》：与龙曰：《水经》：江水又过邾县南，鄂县北。郦《注》：江水又得樊口，庾仲雍《江水记》云：谷里袁口。江津南入，历樊山上下三百里，通新兴、马头二冶。《大冶县志》：县有铁山、铁务二冶，本在县界，故以大冶名县。《一统志》：在今大冶县西。

【编者按】鄂县故城，在今湖北鄂州市西南。

（官）[高]陵

【集释】《马注》：与龙曰：官当作高，形似而致讹。三国吴县，曰安丰，属蕲春。《州郡志》寻阳太守下云：晋武帝太康元年，改蕲春之安丰为高陵，属武昌。按此《志》官陵即高陵之讹也。县盖吴所立，晋后废。李兆洛云：高陵故城当在今九江府德化县境。

【编者按】官陵县应为高陵县。高陵县故城，今地无考。

安成郡吴置。

【集释】《通鉴》胡注：吴孙皓宝鼎二年，分豫章、庐陵、长沙立安成郡。宋白曰：吉州安福县，本汉安成县，今县西六十里有安成故城。

《马注》：与龙曰：三国吴郡。《州郡志》：安成太守，孙皓宝鼎二年，分豫章、庐陵、长沙立，《晋太康地志》属荆州。宋因，属江州。

统县七，户三千。

【斠注】《吴志·三嗣主传》曰：宝鼎二年，分豫章、庐陵、长沙为安成郡。《宋志》曰：去州水三千三百，陆三千六百。去京都水三千七百，无陆。《东晋疆域志》曰：东晋领县同。

【编者按】安成郡治平都县，在今江西安福县。

平都

【斠注】汉安平县，属豫章郡，后汉改为平都，置安成郡治。《晋地理志新补正》曰：按王烈之《安城记》云：县本有两乡，汉县理西乡，吴移东乡，至晋武改曰安福城。《寰宇记》一百九曰：废平都县在安福县南。

【集释】《马注》：与龙曰：三国吴县。宋因。《一统志》：故城今吉安府安福县治。

【编者按】平都县故城，即今江西安福县治。

宜（春）[阳]

【斠注】两汉属豫章郡。《元和郡县图志》二十八曰：宜春本汉旧县，灌婴定江南所筑城。晋武帝太康元年，以太后讳春，改为宜阳县。《舆地纪胜》二十八曰：晋改春为阳，非在晋武平吴之后，乃孝武时也，晋简文郑太后讳春。《寰宇记》一百九《地道记》曰：宜春县出美酒，随岁举上供，刺史亲付计吏。

【集释】《马注》：与龙曰：三国吴县。有昌山，在今分宜县西。顾野王《舆地记》：晋永嘉四年，罗子鲁于山峡堰断为陂，灌田四百余倾。梁大同二年废。按县晋孝武改名宜阳，见《州郡志》。宋因。《一统志》：故城今袁州府宜春县治。

【编者按】宜春县应为宜阳县。宜阳县故城，即今江西宜春市治。谭其骧主编《中国历史地图集》西晋太康二年图定名为宜阳。

新（谕）[渝]

【斠注】《元和郡县图志》二十八曰：新喻本汉宜春县地，吴孙皓分置新渝县，因渝水为名。《斠注》案：《志》文作谕，当为渝之讹。《读史方舆纪要》八十七曰：新喻旧城在今县南三里。

【集释】方恺《新校》：方恺曰：新谕，《州郡志》作新喻。

《马注》：与龙曰：谕为渝之讹。三国吴县。《唐书·地理志》：新喻本作渝，天宝后相承作喻。《元和志》：县以渝水为名，今曰新喻，因声变也。宋因，作新喻。按如《唐志》说，亦渝之讹。《一统志》：故城今临江府新喻县南。

【编者按】新谕县应为新渝县。新渝县故城，在今江西新余市西南。谭其骧主编《中国历史地图集》西晋太康二年图定名为新渝。

永新

【斠注】《元和郡县图志》二十八曰：永新本汉庐陵县地，吴归命侯所置，属安城郡。《读史方舆纪要》八十七曰：永新故城在今县西三十五里。

【集释】《马注》：与龙曰：三国吴县。《州郡志》：永新男相，吴立。按建安二十年已有此县，见《吴志·吕岱传》。宋因。《一统志》：故城今吉安府永新县西三十里。

【编者按】永新县故城，在今江西永新县西。

安复

【斠注】《宋志》曰：安复，汉旧县，本名安成，晋武帝太康元年更名，属长沙。《斠注》案：本《志》安复属安成，盖元年以后所改隶也。《水经注释》三十九曰：《汉地志》长沙国安成县，《续汉志》无之，盖省并也。晋太康元年改

曰安复。《寰宇记》引王烈之《安成记》谓晋武改安福。福为复之误。《读史方舆纪要》八十七曰：故城在安福县西五十里。

【集释】方恺《新校》：方恺曰：又《州郡志》：安复，本名安成，晋武帝太康元年更名，属长沙。据此，则太康初安复不应属此郡。吴翊寅案：《郡国志》长沙下有安城，吴立安成郡当治安城县，晋太康初改安复，无由复属长沙，疑《沈志》当云本名安成，属长沙，晋武帝太康元年更名也。今文似有倒误。

《马注》：与龙曰：三国吴县，曰安成。宋因。《一统志》：故城今安福县西。

【编者按】安复县故城，在今江西安福县西。

萍乡

【斠注】《元和郡县图志》二十八曰：萍乡本汉宜春县地，吴宝鼎二年分立萍乡。《读史方舆纪要》八十七曰：萍乡故城在今县东五十里。

【集释】《马注》：与龙曰：三国吴县。《州郡志》：萍乡侯相，吴立。《寰宇记》：萍乡故城在县东四十里。晋太康元年，陈敏自王江东，晋遣镇南将军陶侃来伐，甘卓领兵于县东筑垒，接连五所，号为甘卓垒。宋因。《一统志》：故城今袁州府萍乡县东五十里。

【编者按】萍乡县故城，在今江西萍乡市东、芦溪县西南。

广兴

【斠注】《东晋疆域志》曰：《沈志》称《晋太康地志》有此县。何云江左

立，非也。《舆地纪胜》三十一曰：广兴县故城在永新县西百八十里，吴立。

【集释】《马注》：与龙曰：三国吴无。宋因。《一统志》：故城今吉安府莲花厅东。

【编者按】广兴县故城，在今江西莲花县南。

惠帝分桂阳、武昌、安成三郡立江州，

【斠注】《文选·江赋》注：臧荣绪《晋书》曰：江州本荆州之东界、扬州之南境也。《水经·江水注》曰：晋惠帝永平中始置江州。

【集释】《马注》：与龙曰：《水经注》：江之右岸有鄂县故城，孙权改曰武昌县。晋惠帝永平中始置江州，傅综为刺史，治此城，后太尉庾亮之所镇也。

以新城、魏兴、上庸三郡属梁州，

【斠注】《华阳国志》二曰：三郡，汉中所分也，在汉中之东，故蜀汉谓之东三郡。蜀时为魏属荆州，晋元康六年始还梁州。

又分义阳立随郡，

【集释】毕沅《新补正》：沅案《陶称传》：庾亮以称监江夏、随、义阳三郡军事。

《马注》：与龙曰：晋武帝太康中分义阳置随郡，见总序，此又云惠帝置，误也。按随郡之置盖在太康末年。

分南阳立新野郡，

【斠注】《廿二史考异》十九曰：按：义阳本领十二县：新野、穰、邓、蔡阳、随、安昌、棘阳、一本作枣阳。厥西、平氏、厥西是一县，平氏是一县，今本或以厥为一县，平氏为一县，误。义阳、平林、朝阳是也。后分新野、穰、蔡阳、邓、棘阳等县立新野郡。《东晋疆域志》亦云东晋领县五。则新野亦义阳所分矣。即云义阳故属南阳，而以例言之，当云分义阳，不当云分南阳也。《水经注》：晋咸［宁二年封大司马扶］（编者校：此处脱"宁二年封大司马扶"。）风武王少子歆为新野郡公，（害）［割］（编者校："害"当为"割"。）南阳伍［属，棘阳、蔡阳、穰、邓、］（编者校：此处脱"属，棘阳、蔡阳、穰、邓"等字。）（宁二年封扶）（编者校："宁二年封扶"等字当删。）山都封焉。按：本传，歆始封县公，其进封（属阳、蔡阳、穰、邓时，与《水经注》不合）（编者校：此处"属阳"至"不合"处衍，当删除。）郡王乃在惠帝［时，与《水经注》不合］（编者校：此处脱"时，与《水经注》不合"。），"伍属"二字亦讹。《志》又云："穆帝时，以义阳流人在南郡者立为义阳郡，安帝又侨立南义阳、东义阳郡。"是晋时有四义阳矣。又按：《随穆王整传》，整封清泉侯，先薨，武帝以义阳国一县追封为随县王，子迈嗣，太康九年，以义阳之平林益迈为随郡王，则随郡之分在武帝时，非在惠帝矣。《宋志》亦云：太康［九］（编者校：此处疑脱"九"。）年分义阳为随国。《斠注》案：《宋志》云：太康［九］（编者校：此处脱"九"。）年又分义阳为随国。《元和郡县图志》二十一曰：晋太康九年，分义阳置随郡。又曰：新野本汉旧县，属南阳郡，魏代为荆州都督所理，晋惠帝分新野郡，盛（宏）［弘］之《荆州记》作元康九年。益足证随郡非分于惠帝时矣。

【集释】《马注》：与龙曰：总序云：晋武帝置新野郡，《水经注》同，说见义阳郡新野县下。按《州郡志》云：新野太守，何志晋惠帝分南阳立。盖郡旋省，而惠帝复立也。

分江夏立竟陵郡。

【斠注】《水经·沔水注》曰：沔水又南迳石城西。注云：城因山为固，晋太傅羊祜镇荆州立。晋惠帝元康九年，分江夏西部置竟陵郡治此。《东晋疆域志》曰：竟陵郡治石城，领县五：竟陵、南新市、云杜、宵城、新阳。《沈志》：去京都水三千四百。按《晋志》，旧江州督荆州之竟陵郡，及何无忌为刺史，表以竟陵去州辽远，去江陵三百里，荆州所立绥安郡人户入境，欲资此郡助江滨戍防，以竟陵郡还荆州。《晋地理志新补正》曰：按《寰宇记》，竟陵，晋武帝改为长寿县，属竟陵。《晋纪》：咸和二年，竟陵太守李阳。《斠注》案：据《寰宇记》，则洪氏《疆域志》竟陵领县当作长寿，不当仍作竟陵。

【集释】《通鉴》胡注：竟陵县，古石城戍也。《郢州图经》曰：子城三面墉基皆天造，正西绝壁下临汉江。石城之名盖本于此。

汪兆镛《稿本晋会要》：兆镛按：今《晋志》石城属扬州宣城郡，与郦《注》异，俟考。

《马注》：与龙曰：说见江夏郡竟陵县下。又张昌之乱，安陆人多附昌，惟朱伺合其乡人讨之，昌既灭，伺以逆顺有嫌，求别立县，因分安陆东界立滠阳县，属江夏郡，见《朱伺传》，亦见《州郡志》。滠阳故县在今汉阳府黄陂县南，《志》缺未载。

怀帝又分长沙、衡阳、湘东、零陵、邵陵、桂阳及广州之始安、始兴、临贺九郡置湘州。

【斠注】《宋志》曰：湘州，成帝咸和四年省，安帝义熙八年复立，十二年又省。《水经注》：湘州治长沙城内。《元和郡县图志》二十八曰：怀帝分荆州湘中诸郡置湘州，南以五岭为界，北以洞庭为界。劳格《校勘记》曰：《州郡志》云：湘州，晋怀帝分荆州之长沙、衡阳、湘东、邵陵、零陵、营阳、建昌、江州之桂阳立，无始安等三郡，与此异。《斠注》案：《宋志》是也。《谯闵王承传》有建昌太守长沙王循。《陶瞻传》：历庐江、建昌两郡太守。又云：零陵太守尹奉出军营阳。是湘州有建昌、营阳二郡之证。然二郡废置本末《晋志》失载。考《州郡志》：三。建昌郡，晋惠帝元康九年，分长沙东北下隽诸县立，成帝咸康元年省。《晋志》殆以其不久即省，故略而不载乎？《怀帝纪》：永嘉元年八月，分荆州、江州八郡为湘州，与《州郡志》合。《斠注》案：营阳郡，本《志》以为穆帝立，《宋志》亦云江左分零陵立，而《宋志》于怀帝分置湘州时已有此郡，是不始于穆帝时也。

【集释】《通鉴》胡注：《帝纪》曰：分荆、江八郡为湘州。《纪》《志》自相抵牾。此从《纪》。沈约亦曰：分荆州之长沙、衡阳、湘东、邵陵、零陵、营阳、建昌，江州之桂阳八郡，立湘州。

汪兆镛《稿本晋会要》：兆镛按：《志》云惠帝分桂阳立湘州，又云怀帝分桂阳立湘州，恐有误。

《马注》：与龙曰：湘州治长沙临湘，见《水经注》。

时蜀乱，又割南郡之华容、州陵、监利三县别立丰都，

【集释】《马注》：与龙曰：今地阙，当在荆州府监利县境。

合四县置成都郡，

【集释】《马注》：与龙曰：《一统志》：故城今监利县西北。

为成都王颖国，居华容县。

【斠注】《东晋疆域志》曰：《沈志》称《太康地志》作郡，有成都郡城。

【集释】《马注》：与龙曰：《水经》：夏水又东过华容县南。郦《注》：夏水自县东北迳成都郡故城南。晋永嘉中，西蜀阻乱，割华容诸城为成都王颖国。

胡阿祥《东晋南朝侨州郡县考表》："又考《晋书·成都王颖传》：'太康末受封，邑十万户。'后颖作乱，败死；'永嘉中立东莱王蕤子遵为颖嗣，封华容县王。后没于贼，国除'；又《元和郡县图志》卷三一剑南道成都府：'晋武帝改蜀郡为成都国，以皇子颖为王。'据此，太康以后，蜀郡改为成都国，为司马颖封国；及成都国地没于李氏，乃假侨名而立国，所领并实县。《读史方舆纪要》所谓'惠帝分南郡侨立成都国'是也。此盖西晋末年为封王而置者，颇值得注意。及颖为乱而败死，乃废此侨郡，是更可明为颖而置也。惠帝时有成都内史王机，为杜弢所败（《晋书·王澄传》），即此。""成都郡侨置地华容（湖北监利西北）。"

愍帝建兴中，并还南郡，亦并丰都于监利。元帝渡江，又侨立新兴、

【集释】《马注》：与龙曰：《一统志》：晋新兴郡领定襄、广牧、云中、九原、宕渠、新丰，宋初省云中县，又省九原入定襄、宕渠入广牧。按说见《州郡志》。新兴故郡在今荆州府江陵县东三十里，诸县并当在荆州府境。

胡阿祥《东晋南朝侨州郡县考表》："新兴郡侨置地在安兴（湖北江陵东）。"

南河东

【集释】《马注》：与龙曰：晋成帝侨立河东郡，无南字，说见司州篇末，此云元帝置，又云南河东，并误也。

二郡。

【斠注】《东晋疆域志》曰：新兴郡，《沈志》称《魏志》：建安二十年省云中、定襄、五原、朔方四郡，郡立一县，合为此郡，属并州。晋江左侨立，统县六：云中、九原、定襄、宕渠、广牧、新丰。南河东，《沈志》又云：晋成帝咸康三年，征西将军庾亮以司州侨户立。《图经》：咸康四年，于南郡所属松滋侨县置南河东郡，统县八：闻喜、广戚、松滋、（宏）[弘]农、临汾、永安、安邑、谯。《斠注》案：本《志》以南河东为元帝侨立，似误。

【集释】《马注》：与龙曰：晋成帝咸和中，尝立沮阳郡，说见襄阳郡临沮县下。又尝置汝南郡，说见武昌郡沙羡县下。又《水经·江水注》：涂水出江州武昌郡武昌县金山，西北流迳汝南侨郡故城南。咸和中，寇难南逼，户口南

渡，因置斯郡，治于涂口。涂水历县西，又西北流注于江。《元和志》：东晋以汝南流人侨立汝南郡，后改为汝南县。宋因，属江夏郡。《一统志》：故城今武昌府江夏县西南。此《志》并缺未载。

穆帝时，又分零陵立营阳郡，

【集释】《马注》：与龙曰：营阳郡，本吴置。《水经·湘水注》：咸熙二年，孙皓分零陵置营阳郡，在营水之南。此《志》总叙归命侯置十二郡有营阳是也。《州郡志》湘州刺史下云：怀帝分荆州之营阳，是怀帝时有营阳郡也。又营阳太守下云：江左分零陵立。岂晋初省营阳郡，怀帝复立，旋又省，而穆帝更置耶？《一统志》：故城今永州府道州北。又东晋尝置沌阳县、惠怀县。《水经·江水注》：沌水迳沌阳县南，谓之沌口，有沌阳都尉治。晋永和六年，王敦以陶侃为荆州，镇此。《州郡志》江夏太守领县沌阳、惠怀，并江左立。《元和志》：晋于临漳山下置沌阳县。《一统志》：沌阳故城今汉阳府汉阳县西。惠怀故城今沔阳州西。此《志》亦皆未载。

以义阳流人在南郡者立为义阳郡。

【集释】毕沅《新补正》：沅案《桓元传》：封十郡为楚王，亦有营阳郡。

《马注》：与龙曰：《州郡志》南义阳太守下云：晋末以义阳流民侨立。宋初有四县。按晋侨立郡无加南字者，此称义阳郡是也。下文云：安帝又侨立南义阳，盖即此郡而加一南字，遂误重出。《寰宇记》：安帝以流人在南郡者立南义阳于南郡郭下，则依此《志》之文而属之安帝耳。《一统志》：三国吴以南郡治作唐县，东晋立义阳郡于此，领厗陵等县。义阳故城今澧州安乡县西南。

胡阿祥《东晋南朝侨州郡县考表》："义阳郡侨置地在南郡（湖北江陵）。"

又以广州之临贺、始兴、始安三郡及江州之桂阳，益州之巴东，合五郡来属，以长沙、衡阳、湘东、零陵、邵陵、营阳六郡属湘州。

【斠注】《东晋疆域志》曰：营阳郡领县四：营浦、营道、春陵、泠道。《沈志》：去州一千七百一，去京都水五千五百五十。义阳郡县无考。《十七史商榷》四十六曰：《本纪》穆帝之前有"成帝咸和四年二月以湘州并荆州"一节，既已并省，何得穆帝时又以长沙等郡属湘州？周家禄《校勘记》：按临贺、始兴、始安三郡自怀帝以来属湘州，不当仍系广州。

桓温又分南郡立武宁郡。

【中华校】桓温又分南郡立武宁郡据《桓玄传》及《宋志》三，立武宁郡乃桓玄。

【斠注】《廿二史考异》十九曰：按：《宋志》：武宁太守，晋安帝隆安五年，桓（元）[玄]以沮、漳降蛮立，《桓元传》亦载此事，此云桓温，误也。《东晋疆域志》曰：桓温宜作桓（元）[玄]。领县二：长林、乐乡。《寰宇记》一百四十六曰：晋安帝隆安五年，刺史桓温立武宁郡于故编县城，其属有长林县，与郡俱立，分编县所置也。又曰：乐乡者，即春秋郡国之地，晋置乐乡县。又云：晋隆安五年，分宜城置乐乡县，属武宁郡。《斠注》案：（元）[玄]

本传又云招集流人立绥安郡，不见于《志》。

【集释】《马注》：毕沅曰：沈约云：武宁太守，晋安帝隆安五年，桓玄以沮、漳降蛮立，领县乐乡、长林，俱晋安帝立。此《志》言桓温置武宁郡，误也。与龙曰：《桓玄传》：移沮、漳蛮三千户于江南立武宁郡。《寰宇记》：隆安五年，刺史桓玄立武宁郡于编县故城，其属有长林县，与郡俱立。昔时武宁至乐乡数十里中，拱木修竹，隐天蔽日，长林盖取此名。《一统志》：乐乡故城今安陆府荆门州北九十里，长林故城今荆门州北。

安帝又侨立南义阳、

【集释】《马注》：与龙曰：误重出，说见上。

胡阿祥《东晋南朝侨州郡县考表》："(南)义阳郡侨置地在安乡（湖南安乡西南）。"

东义阳、

【集释】《马注》：与龙曰：晋侨立郡无加东、南等字者。按《州郡志》雍州刺史下云：徐志雍州有义阳郡，晋安帝立，领襄乡、平氏二县。此《志》之东义阳盖即指此，而误加东字也。故城当在今襄阳府枣阳县境。

胡阿祥《东晋南朝侨州郡县考表》："东义阳郡侨地无考，一说在南郡（湖北江陵）之东（石璋如等著《中国历史地理·两晋篇》）。"

长宁

【集释】《马注》：与龙曰：《州郡志》：永宁太守，晋安帝侨立为长宁郡，宋明帝以名与文帝陵同，改为永宁。宋初，五县后省（经）[绥]安（编者校：中华书局点校本《宋书》改"经安"为"绥安"。中华书局点校本《宋书》校勘记云："绥安"各本并作"经安"。巴陵郡下云，明帝泰始四年，以绥安县并州陵，即此县。今改正。），以僮阳并长宁，遂宁并上黄。按经安、僮阳、绥宁、长宁，《州郡志》并云晋安帝立，《志》于长宁郡所领县皆未载。《一统志》：长宁故城今荆门州西北境。

胡阿祥《东晋南朝侨州郡县考表》："长宁郡侨置地在上黄（湖北南漳东南），无实土。"

三郡。

【斠注】《御览》一百六十八《舆地志》曰：晋末以义阳流人在南郡者立为南义阳郡，寄在荆州。《元和郡县图志》二十一曰：安帝时立南义阳于南郡郭下。《宋志》曰：晋安帝立长宁郡，长宁侯相亦晋安帝立。武宁太守，（太守）（编者校：此处衍"太守"二字，当删。）晋安帝隆安五年，桓玄以沮、漳降蛮立，领县二：乐乡、长林。《斠注》案：武宁郡，本《志》失载。《东晋疆域志》曰：南义阳郡领县可考者三：厥西、平阳、平氏。东义阳郡县无考。长宁郡，晋末当领县四：长宁、经安、僮阳、绥宁。劳格《校勘记》曰：《水经·沮水注》：沮水又东南迳汶阳郡北，即高安县界。郡治锡城县，居郡下城，故新城之下邑。义熙初，分新城立。又云：沮水又屈迳临沮县南，晋咸和中为沮阳郡治也。汶阳、沮阳二郡，《志》皆失载。案：《州郡志》：汶阳太守，何志新立，先属梁州，元嘉十一年度荆州。宋初有四县，后省汶阳县，领僮阳、沮阳、高安三县。何志皆云新立，似与郦《注》不合。考《南齐书·蛮传》：汶阳，桓温时割以为郡。则汶阳郡晋时已有之，何志非也。《斠注》案：本《志》汶阳郡见于梁州序末，未尝失载，劳氏偶误。

【集释】《马注》：钱大昕曰：《姚兴载记》：遂割南乡、顺阳、新野、舞阴等十二郡归于晋。按：晋、宋二《志》俱不言有舞阴郡，当是姚兴所立。此四郡为实土，余皆侨郡也。与龙曰：东晋尝立广平郡广平县，说见义阳郡朝阳县下。又安帝时于襄阳置宁蛮校尉，说见襄阳县下。又桓温尝置汶阳郡，安帝尝置高安县。《南齐书·州郡志》：桓温平蜀，以临沮西界，水陆纡险，行迳裁通，南通巴、巫，东南出州治，道带蛮、蜑，田土肥美，立为汶阳郡，以处流民。《寰宇记》：晋安帝分临沮立高安县。《隋书·地理志》：夷陵郡远安，旧曰高安，置汶阳郡，周改曰远安。《一统志》：高安故城今荆州府远安县北。又《桓玄传》云招集流人立绥安郡，《志》并缺略（末）［未］（编者校："末"应为"未"，迳改。）载。

义熙十三年，

【集释】《马注》：毕沅曰：《宋志》作十二年。

省湘州，

【集释】周家禄《晋书校勘记》曰：按《成帝纪》咸和四年有以湘州并荆州文，《安帝纪》义熙八年有分荆州十郡置湘州文，《志》皆不载，疑误脱。中间既无湘州，何有属郡？又疑有误文也。

【编者按】《宋本晋书》"省湘州"后有"置"字。

长沙、衡阳、湘东、零陵、邵陵、营阳还入荆州。

【斠注】《廿二史考异》十九曰：按《宋志》：晋怀帝永嘉元年立湘州，成帝咸和三年省，安帝义熙八年复立，十二年又省。此《志》于咸和省并、义熙复立皆阙而不书，疏漏甚矣。《斠注》案：《宋志》作十二年，与本《志》作十三年微异。

【集释】《马注》：毕沅曰：《晋书》：荆州刺史理襄阳，洎平吴，复理南郡。羊祜、杜预继领荆州，或镇襄阳，或镇江陵。王敦为刺史，理武昌。桓温以永和元年督荆州，镇夏口。八年，还江陵，始营城府，此后尝以江陵为州理。沈约《宋志》：陶侃前治沔阳，后治武昌，王廙治江陵，庾亮治武昌，庾翼进襄阳，复还夏口，桓温治江陵，桓冲治上明，王（说）［忱］（编者校：中华书局点校本《宋书》此处有中华校：王忱还江陵 "干忱"各本并作"王说"，据《南齐书·州郡志》改。洪颐煊《诸史考异》云："王说是王忱之讹。《晋书》忱传，太元中，出为荆州刺史。"）还江陵，此后遂治江陵。

扬州。案《禹贡》淮海之地，

【集释】《马注》：与龙曰：《禹贡》：扬州，《传》：北据淮，南据海。按扬州承徐州言，盖北以淮与徐、豫二州为界，其南距海，即今闽广海表也，其东不言，亦无外之意，其西与荆州为界。舜置十二牧，则其一也。《周礼》："东南曰扬州。"《春秋元命包》云："牵牛流为扬州，分为越国。"以为江南之气躁劲，厥性轻扬。亦曰，州界多水，水波扬也。于古则荒服之国，战国时其地为楚分。**秦始皇并天下，以置鄣、**

【集释】何超《音义》：鄣，音章。

《马注》：与龙曰：鄣，楚汉间郡，见前总序注"高祖增二十六"下。

【编者按】《宋本晋书》"于古则荒服之国"为"于古服荒服之国"。

会稽、九江三郡。项羽封英布为九江王，尽有其地。

【斠注】《廿二史考异》十九曰：按项羽封吕布，但得九江一郡耳，非能尽有楚故地也。是时羽自称西楚霸王，王梁、楚九郡，若尽以与布，羽更有何地乎？《史》《汉》皆无此语。

汉改九江曰淮南，即封布为淮南王。六年，分淮南置豫章郡。十一年，布诛，立皇子长为淮南王，封刘濞

【集释】何超《音义》：濞，片备反。

为吴王，二国尽得扬州之地。文帝十六年，分淮南立庐江、衡山二郡。景帝四年，封皇子非为江都王，并得鄣、会稽郡，而不得豫章。

【斠注】《廿二史考异》十九曰：按《汉书·地理志》广陵县下云："江都易王非、广陵厉王胥皆都此，并得鄣郡，而不得吴。"吴即会稽郡也。而会稽郡下又云："景帝四年，属江都。"二文自相矛盾。考《江都易王传》称"吴已破，徙王江都，治故吴国"，谓江都王所治即吴王濞故都，非能尽有其地也。严助、朱买臣为会稽太守，其时江都国尚无恙，则会稽之不属江都明矣。

武帝改江都曰广陵，封皇子胥为王而以属徐州。元封二年，改鄣曰丹杨，改淮南复为九江。后汉顺帝分会稽立吴郡，

【斠注】《御览》一百七十一《舆地志》曰：顺帝时，阳羡人周嘉上书请分浙江以西为吴郡，东为会稽郡。

扬州统会稽、丹杨、吴、豫章、九江、庐江六郡，

【编者按】《宋本晋书》"六郡"为"六都"。

省六安并庐江郡。献帝兴平中，孙策分豫章立庐陵郡。孙权又分豫章立鄱阳郡，

【斠注】《吴志·吴主传》曰：建安十五年，分豫章为鄱阳郡。《御览》一百七十雷次宗《豫章记》曰：灵帝末，扬州刺史刘遵上书请置庐陵、鄱阳二郡，献帝初平二年始立郡。《斠注》案：刘遵建议尚在孙氏割据之前，惟兴平作初平与《志》歧异，且又以二郡同时并立，恐失其实，若据《吴主传》，则鄱阳立郡尚在兴平之后也。

分丹杨立新都郡。

【斠注】《吴志·吴主传》曰：建安十三年，使贺齐讨黟、歙，分歙为始新、新定、犁阳、休阳县，以六县为新都郡。

孙亮又分豫章立临川郡，分会稽立临海郡。

【斠注】《吴志·三嗣主传》曰：太平二年，以会稽东部为临海郡，豫章东部为临川郡。

孙休又分会稽立建安郡。

【斠注】《吴志·三嗣主传》曰：永安三年，以会稽南部为建安郡。

孙皓分会稽立东阳郡，分吴立吴兴郡，

【斠注】《吴志·三嗣主传》曰：宝鼎元年十月，分会稽为东阳郡，分吴、丹阳为吴兴郡。注引皓《诏》曰：今吴郡阳羡、永安、余杭、临水及丹阳故鄣、安吉、原乡、於潜诸县，地势水流之便，悉注乌程，既宜立郡以镇山越，且以藩卫明陵，奉承大祭，不亦可乎！其亟分此九县为吴兴郡，治乌程。又《孙和传》误十月为正月。

分豫章、庐陵、长沙立安成郡，

【斠注】《吴志·三嗣主传》事在宝鼎二年。

分庐陵立庐陵南部都尉，

【中华校】分庐陵立庐陵南部都尉"庐陵"，各本作"庐江"，殿本作"庐陵"，今从殿本，与《元和郡县志》所述合。

【集释】傅云龙《殿本晋书考证》曰：监本上"陵"字误"江"，"部"误"郡"。

扬州统丹杨、吴、会稽、吴兴、新都、东阳、临海、建安、豫章、鄱阳、临川、安成、庐陵南部十四郡。

【斠注】《斠注》案：今数之止十三郡，盖庐陵南部为庐江所分，则庐江亦在十四郡之中也。

【集释】《通鉴》胡注：吴武昌属荆州，而丹阳、宣城、毗陵、吴、吴兴、会稽、东阳、新都、临海、建安、豫章、临川、鄱阳、庐陵皆属扬州。

劳格《校勘记》曰：今数之止十三郡，盖脱庐陵一郡。

江西庐江、九江之地，自合肥以北至寿春悉属魏。及晋平吴，以安成属荆州，分丹杨之宣城、宛陵、陵阳、安吴、泾、广德、宁国、怀安、石城、临城、春榖十一县立宣城郡，理宛陵，改新都曰新安郡，

【斠注】《读史举正》曰：案泰始三年，置新都郡于梁州，故改扬州之新都耳。

改庐陵南部为南康郡，分建安立晋安郡，

【集释】《通鉴》胡注：武帝太康三年，分建安立晋安郡，今泉州南安县即其地。宋白曰：东晋南渡，衣冠士族多萃此地以求安堵，因立晋安郡，隋为泉州。

又分丹杨立毗陵郡。

【斠注】《晋地理志新补正》曰：应云分吴立毗陵郡，此云丹杨误。

扬州合统郡十八，

【集释】毕沅《新补正》：沅案《通

典》：扬州，魏、晋理寿春，晋平吴，理建业，元帝渡江，扬州遂为王畿。

县一百七十三，

【斠注】《宋志》曰：魏、晋治寿春，晋平吴，治建业。《东晋疆域志》曰：东晋凡统郡九，增置郡二，县九十三。

户三十一万一千四百。

【集释】孙人龙《晋书考证》："户三十一万一千四百。今按后细数计之，实三十一万零四百。"

【编者按】扬州治建邺县，在今江苏南京市。史为乐主编《中国历史地名大辞典》认为西晋建兴初改建业（邺）为建康，今南京朝天宫西望仙桥一带为西州城，是扬州刺史治所。

丹杨郡汉置。

【集释】程廷祚《证今》曰："在今江南。"

《马注》：与龙曰：三国吴郡。宋因。《寰宇记》：丹阳郡故城在今长乐桥东一里，南临大路，城周一顷。晋太康元年所筑也。《一统志》：今江宁府上元县东南。

统县十一，户五万一千五百。

【斠注】《寰宇记》九十曰：古丹阳郡城在今长乐（县）[桥]东一里，本属秦之鄣郡。案：《汉志》但云故鄣郡，《续志》则云秦鄣郡，《括地志》亦仍之，《廿二史考异》《汉书补注》皆云秦无鄣郡。是也。前汉武帝元封二年，改鄣郡置丹阳郡。今此城即晋武帝太康元年筑也。《晋地理志新补正》曰：按元帝太（康）[兴]（编者校："太康"为"太兴"之误。）元年改为尹。又《帝纪》：太兴三年，以琅邪国人在江左者立怀德县，统丹阳郡。

【编者按】丹杨郡治建邺县，即今江苏南京市治。

建邺本秣陵，

【集释】何超《音义》：秣，音末。

《马注》：与龙曰：《郡国志》注：秣陵，其地本名金陵，秦始皇改。

孙氏改为建业。

【集释】《马注》：与龙曰：《吴志》：建安十六年，孙权移都秣陵。明年，改秣陵为建业，因置县。二十五年，权都武昌，以吕范领丹杨太守，治建业。黄龙元年，权还都建业。

武帝平吴，以为秣陵。太康三年，分秣陵北为建邺，

【集释】《马注》：毕沅曰：按《建康图经》：晋太康元年，平吴，分地为二邑，自淮水南为秣陵，淮水北为建业。与龙曰：注说见《州郡志》。

改"业"为"邺"。

【斠注】《吴志·吴主传》曰：建安十六年，权徙治秣陵。明年，城石头，改为建业。《元和郡县图志》二十五曰：建康故城在上元县南三里，建安中改秣陵为建业，晋复为秣陵，孝武帝孝字误衍。又分秣陵水北为建业，避愍帝讳改名建康。《吴志·三嗣主传》注：《晋太康三年地志》曰：吴有太初宫，方三百丈，权所起也。昭明宫，方五百丈，皓所作也。

【集释】《通鉴》胡注："《[通鉴]考异》曰：《晋书》，愍帝讳邺，又改建邺为建康。按《三十国》《晋春秋》，愍帝，名子业，或作'邺'。又《吴志》，孙权改秣陵为建业，取兴建基业为名，皆不为'邺'字。""沈约曰：建康，本秣陵县，汉献帝建安十六年置；孙权改秣陵为建业，武帝平吴，还为秣陵；太康三年，分秣陵之水北为建业；愍帝即位，避帝讳，改为建康。""《晋太康地记》曰：昭明宫方五百丈。《吴历》曰：昭明宫在太初宫之东。""华里在建业西。""三山，在今建康府上元县西南四十五里，又西即江宁夹。陆游曰：三山矶在烈洲下。凡山临江皆曰矶，三山，距金陵财五十余里。""朱雀桥在建业宫城之南，跨秦淮水。世传晋孝武建朱雀门，上有两铜雀，故桥亦以此得名。余谓朱雀桥自吴以来有之，盖取前朱雀之义，非晋孝武之时有此名也。朱雀桥，亦曰大桁。""蒋山，即钟山，在今上元县东北十八里。《舆地志》曰：古曰金陵山，县名因此；又名蒋山，汉末，秣陵尉蒋子文讨贼，战死于此，吴太帝为立庙，子文祖讳钟，因改曰蒋山。余谓孙权祖亦讳钟，当因是改也。""冶亭，今谓之东冶亭，在半山寺后。自建康东门往蒋山，至此半道，因以为名。"

《马洴》：与龙曰：三国吴具，曰建业。有太极殿，有清暑殿，并在上元县北。《王献之传》：太元中新起太极殿，谢安欲使献之题榜。《孝武纪》：太元二十一年，造清暑殿。有东宫，在今上元县城内。《宫苑记》：永安宫在台城东华门外，太元二十一年，以东海王第作东宫，安帝立何皇后居此，谓之永安宫。桓玄篡位，析其材木入西宫，以其地为射圃。有积弩堂，在今上元县故台城北。《通鉴》：安帝隆安五年，孙恩窥建康，豫州刺史司马尚之帅精骑入卫京师，屯积弩堂。有台城，在今上元县北玄武湖侧。《成帝纪》：咸和三年，苏峻逼迁天子于石头，四年，贼将匡术以苑城归顺，五年，造新宫，始缮苑城。《元和志》：晋故台城，咸和六年，使王彬营造。洪迈《容斋随笔》：世谓禁省为台，故谓禁城为台城。《舆地纪胜》：台城本吴后苑城，晋咸和中修缮为新宫，亦名建康宫。有白石陂，即白下城，在今上元县西北。咸和二年，陶侃讨苏峻，至石头，从部将李根言于白石筑垒，见《侃传》。有石头城，在今上元县西石头山后。《南徐州记》：石头山与卢龙幕府诸山相连，达于京口。诸葛亮谓孙权曰石头虎踞。建安十六年，孙权徙治秣陵，明年，城石头。晋咸和三年，苏峻迁帝于石头，以仓屋为宫。《元和志》：石头城即楚之金陵城。有冶城，在上元县西五里。《寰宇记》：晋王导疾，方士戴洋云：君命在申，而申地有冶，金火相烁不利。遂移城于石头城东，以其地为冶城园。有西州城，在上元县西。《谢安传》：太元十年，安还都，舆入西州门，安薨。后羊昙行，不由西州路。尝大醉，不觉至州门，因恸哭而去。《元和志》：孙策置扬州于建业，其州廨王敦及王导所创也，后会稽王道子于东府城领州故号，此为西州。《通鉴》胡注：扬州治所在台城西，故谓之西州。有东府城，在今上元县东。《元和志》：东府城在上元县东七里，其西则简文帝为会稽王时邸第，东则会稽王道子府。太元中，道子领扬州，以为治所。义熙中，刘裕自石头还镇东府。

顾野王《舆地志》：东府城，安帝时筑。有古檀城，在上元县东。《舆地志》：本谢玄别墅，谢安与玄弈棋胜之。宋属檀道济因名。有东山，在今上元县东南二十里。太元中，谢安于土山营墅，楼馆竹林甚盛。《丹阳记》：安旧隐会稽东山，筑此拟之。有钟山，在今上元县东北朝阳门外。诸葛亮谓孙权曰：钟山龙蟠其后，权避祖讳，改名蒋山。《通鉴》：晋咸和二年，苏峻自横江济至蒋陵。胡注：蒋陵，蒋山之阜也。有北湖，即玄武湖，在上元县北。《丹阳记》：后湖一名练湖，晋元帝时为北湖，肆舟师于此。有迎担湖，《寰宇记》迎担湖，在上元县西北八里。《南徐州记》云：晋永嘉中，衣冠席卷过江，客主相迎湖侧，遂以迎担为名。有秦淮。《王导传》：初，导渡淮，使郭璞筮之，卦成，璞曰：吉。淮水绝，王氏灭。《晋阳秋》：秦时所凿，故曰秦淮。《寰宇记》：淮水萦纡京邑之内，至石头入江。有直渎，在上元县东北。咸初二年，温峤讨苏峻，遣王愆期等次直渎。见《成帝纪》。有阖庐洲。《贺循传》：时江东草创，盗贼多有。贺循言江中剧地惟有阖庐一处地势险奥，逃亡所聚，宜以重兵备戍。有西池。《温峤传》：明帝为太子时，起西池楼观，峤谏止之。有曲水。《水经注》：旧乐游苑，晋元熙中以其地为曲水。《建康志》：晋海西公于钟山立流杯曲水。按阖庐洲、西池、曲水并在今上元县北。有北郊坛。咸康八年立。《安帝纪》：隆安二年，王恭等举兵反，诏王恂守北郊。义熙六年，卢（恂）[循]（编者校："恂"应为"循"。）至淮口，冠军将军刘敬宣屯北郊。有华林园，在上元县东北。《世说》：晋简文帝在华林园曰：会心处不必在远，翳然林水，便自有濠濮间趣。《文选·景福殿赋》注引《晋宫阁名》曰：华林园，万年树十四株。有乌衣巷，在上元县东南。《世说》：王导曰：庾元规若来，吾角巾还乌衣。《南史》：江左初立，琅邪诸王，皆居乌衣巷。有谢安宅。《谢混传》：桓玄欲以安宅为营，混曰：召伯之仁，犹惠及甘棠，文靖之德，更不保五亩宅耶？玄惭而止。有谢公墩，在上元县北。张敦颐《六朝事迹》：谢安与王羲之尝登此。宋因，曰建康。《一统志》：故城今江宁府上元县南。

【编者按】建邺县故城，即今江苏南京市治。罗宗真《六朝考古》：吴石头城在今江苏省南京市清凉山一带。"西晋太康三年（282年）所设的建邺县（即"西州城"）"在今朝天宫西望仙桥一带。《中国文物地图集·江苏分册》认为战国吴越时期范蠡筑越城在今中华门外长干里一带，楚威王筑金陵邑在今清凉山一带，此两处遗迹已不存。六朝时石头城遗址在清凉山一带，现有考古遗迹。

江宁太康二年，分建邺置。

【斠注】《东晋疆域志》曰：《沈志》：晋武帝太康元年，分秣陵立临江县，二年更名。乐史称《舆地志》又云"晋永嘉中，帝初通江南，以江淮无事宁静，于此因置江宁县"，误也。《晋地理志新补正》曰：《寰宇记》云元帝过江始置江宁，未知何据。

【集释】《通鉴》胡注：吴孙权改秣陵为建业，晋平吴，复曰秣陵。武帝太康二年，分秣陵立江宁县。

《马注》：与龙曰：三国吴无。有越城，在今江宁县南。《明帝纪》：泰宁二年，王敦遣王含、钱凤等至于南岸，温峤遣段秀等渡水，平旦战于越城，大破之。《安帝纪》：义熙六年，卢循至淮口，建武将军王仲德屯越城。有牛头山，在今江宁县南。《梁书》：何胤曰：世传晋世欲立阙，王丞相指牛头山曰：此即天阙也。陆倕《石阙铭》：假天阙于牛头。有三山，在江宁县西南。《通鉴》：太康中，王浚伐吴，自武昌顺流迳趣建业，舟师过三山。有查浦，在江宁县西。《通鉴》：咸和三年，苏峻迁帝于石头，陶侃等入援，舟师直指石头。至于蔡洲，侃屯查浦。义熙六年，卢循犯建康，刘裕屯石头，伐树栅石头淮口，筑查浦、药园、廷蔚（编者校：一说"蔚"为"尉"。）三垒。胡注：查浦在大江南岸，直秦淮口。有蔡洲，在江宁县西南。《王峤传》：王敦请为参军。王敦在石头欲禁私伐蔡洲荻，以为群下莫敢议，峤独曰：中原有菽，庶民采之，百姓不足，君孰与足？敦不悦。《温峤传》：苏峻反，陶侃与峤、亮同赴京师，次于蔡洲。有长干里，在江宁县南。张敦颐《六朝事迹》：长干，秣陵县里巷名。江东谓山陇之间曰干。有新亭，在江宁县南。《王导传》：过江人士，每至暇日，相要出新亭饮宴。周顗中坐而叹曰：风景不殊，举目有河山之异。皆相视流涕。《谢安传》：桓温请安为司马，将发新亭，朝士咸送。一名劳劳亭。《寰宇记》：临沧观在县南劳劳山上，有亭七间，名曰新亭，吴时筑。吕祉云：自吴以来，石头南上至查浦，查浦南上至新亭，新亭南上至新林，新林南上至板桥，板桥南上至烈洲，陆有城埠，水有舟楫，建康西南面之险也。有朱雀桁。《陈敏传》：敏据有江东，周玘使钱广等讨之，勒兵朱雀桥，陈兵水南。《温传》：王含、钱凤奄至都下，温峤移屯水北，烧朱雀航（编者校：一说"航"为"桁"。）以挫其锋。《成帝纪》：咸康二年，新作朱雀浮桁。《舆地纪胜》：沿淮上皆列浮航（编者校：一说"航"为"桁"。），缓急则撤航为备。顾祖禹云：今聚宝门内镇淮桥即孙吴之南津桥，晋之朱雀桁也。宋因。《一统志》：故城今江宁县西南六十里。

【编者按】江宁县故城，在今江苏南京市江宁区西南江宁镇。

丹杨 丹杨山多赤柳，在西也。

【斠注】两汉旧县。《史记·秦始皇本纪·正义》：《括地志》曰：丹阳县城在江宁县东南五里。《读史方舆纪要》二十曰：丹阳城在江宁府西五十里。

【集释】《通鉴》胡注：《水经注》：牛渚在姑孰、乌江两县界中，今太平州当涂县北三十里有牛渚山，山下有牛渚矶，与和州横江渡相对。

孙人龙《晋书考证》："按元丰二年，改鄀曰丹阳，今云山多赤柳，遂实指为丹杨矣。"

《马注》：与龙曰：三国吴县，作丹阳。按亦曰小丹阳。《吴志·吕范传》：从孙策东渡，下小丹阳。《通鉴》：晋咸和二年，苏峻济自横江。陶回谓庾亮曰：峻必向小丹阳南道步来，宜伏兵邀之。王存《九域志》：当涂县有丹阳镇，即故县也。有九井山。伏滔《北征记》：丹阳山有九井，大司马桓温所凿，今五井已竭，四井通大江。《元和志》：山在当涂县南十里。殷仲文九日从桓温登九井赋诗，即此。有龙山。《元和志》：山在当涂县东南十二里。桓温尝与僚佐九日登此山宴集。有牛渚山，一名采石，在今当涂县西北二十里。《通鉴》：晋咸和三年，苏峻济自横江，登牛渚。有谢公城，在今采石。《寰宇记》：谢尚镇牛渚，筑此城。袁弘时寄运船，泊牛渚。尚秋夜乘月泛江，闻运船中讽咏，遣问之，即弘诵其自作咏史诗，于是大相嘉赏。宋因。《一统志》：故城今太平府当涂县东。

【编者按】丹杨县故城，在今安徽当涂县东北丹阳镇。

于湖

【斠注】《宋志》曰：晋武帝太康二年，分丹阳县立。

【集释】《通鉴》胡注："姑孰，前汉丹杨春穀县地，今太平州当涂县，即姑孰之地。县南三里，有姑孰溪，西入大江。杜佑曰：宣州当涂县城，即晋姑孰城。于湖故城在县南。张舜民曰：今太平州跨姑孰溪。陆游曰：姑孰城在当涂北，今州城正据姑孰溪；溪东南数峰如黛，盖青山也。自姑孰溪行夹中，三十里至大信口，出口，泝江过大、小褐山矶，又过蟹矶。""慈湖，在姑孰，今在太平州当涂县北六十五里。""溧，音栗。溧水出溧阳县，在建康东南；元显遣牢之西上击桓玄，非其路也。《晋书·刘牢之传》作'洌洲'。又，桓冲发建康，谢安送至溧洲。宋武陵王讨元凶劭，四月戊午至南州；辛酉次溧洲；丙寅次江宁。今舟行自采石东下，未至三山，江中有洌山，即洌洲也。洌、溧声相近，故又为溧洲。张舜民曰：过三山十余里至溧洲，自溧洲过白土矶入慈湖夹。舜民《郴行录》言泝流之先后水程也。"

毕沅《新补正》：沅案《太平寰宇记》：成帝时，以江北之当涂县流人过江在于湖者侨立当涂县，属淮南郡。

《马注》：与龙曰：三国吴为督农校尉治。《州郡志》：于湖令，晋武帝太康二年分丹杨县立，本吴督农校尉治。《明帝纪》：太宁初，王敦屯于湖。二年，帝乘巴滇骏马微行至于湖，察敦营垒而出。成帝咸和初，侨置淮南郡于此，说见本州篇末。宋因，属淮南郡。《一统志》：故城今当涂县南三十八里。

李慈铭《晋书札记》曰："(刘)毅本以都督豫州、扬州为豫州刺史，镇姑孰，晋属于湖县，今安徽太平府当涂县。"

【编者按】于湖县故城，在今安徽当涂县。史为乐主编《中国历史地名大辞典》定点在今安徽芜湖县西北五十四里王旭乡。

芜湖

【斠注】两汉旧县。《东晋疆域志》曰：《元和郡县志》：晋谢尚、王敦皆尝镇此。按《沈志》无芜湖县。云：晋末于芜湖县立襄垣，而明芜湖县。《志》又云：晋省芜湖入襄垣。李吉甫、乐史于此县省建不甚明晰，但云晋为重镇，谢尚、王敦皆尝镇此。据此，则芜湖之省当在晋末立襄垣之时，至乐史云陈平县始废入当涂，恐亦未谛，今以《沈志》为定。

【集释】程廷祚《证今》曰："今太平府属县。"

方恺《新校》：方恺曰：芜湖，《州郡志》作无湖，芜、无古通。吴翊寅案：见《州郡志》淮南襄垣令下云汉旧县。

《马注》：与龙曰：三国吴县。《左传·襄三年》杜注：丹杨芜湖县。《成帝纪》：咸和二年，苏峻使其将韩晃入姑孰，宣城内史桓彝及峻战于芜湖。《寰宇记》：芜湖县，晋为重镇，实江津之要。《州郡志》淮南太守下云：襄垣令，其地本无（编者校：成孺《宋书州郡志校勘记》："无，南监本作芜。"）湖。无（编者校：成孺《宋书州郡志校勘记》："无，南监本作芜。"）湖，汉旧县，至于晋末，立襄垣县，属上党。上党民南过江，立侨郡县寄治无（编者校：成孺《宋书州郡志校勘记》："无，南监本作芜。"）湖。《一统志》：故城今芜湖县东。

【编者按】芜湖县故城，即今安徽芜湖市治。

永世

【斠注】《宋志》曰：吴分溧阳为永平县，晋武帝太康元年更名，惠帝世度属义兴，寻复旧。《读史方舆纪要》二十曰：永世城在溧阳县南十五里。《晋地理志新补正》曰：按《沈志》又称董览《吴地志》：晋分永世立（编者校：王鸣盛《十七史商榷》因"立"缺，补为"置"。）平陵县。考今《志》无此县。沈约云：疑江左所立。

【集释】《马注》：与龙曰：三国吴县，曰永平。《通鉴》：咸和四年，张健与韩晃、马雄等西趋故鄣，参军李闳追之，及于平陵山，皆斩之。胡注：《苏峻传》作岩山。宋元嘉九年，并入永世、溧阳二县。宋因。《一统志》：故城今溧阳县南。

【编者按】永世县故城，在今江苏溧阳市南十五里古县村。

溧阳溧水所出。

【斠注】两汉旧县。《汉地理志》注：应劭曰：溧水所出，南湖也。《宋志》曰：吴省为屯田。晋武帝太康元年复立。《汉书补注》：范本礼云，《寰宇记》于溧阳县云，溧水，西自溧水县界流入；溧水县云，古固城。案《滕公庙记》云，其城是吴濑渚地。《纪要》溧阳县云，溧水在县西北四十里，即永阳江也，一名濑水。

【集释】《通鉴》胡注：长塘湖在晋陵延陵县。杜佑曰：在润州金坛县。《风土记》：阳羡县有洮湖，别名长塘湖。洮，余招翻。单锷曰：长塘湖在义兴西。

何超《音义》：溧，音栗。

《马注》：与龙曰：三国吴县，后省。谢钟英云：吴有溧阳县，见《吴志》吕范、潘璋及妃嫔等传。沈谓吴省者非。与龙按：县或吴末省也。《史记·列传六·集解》：张勃曰：子胥乞食处在丹阳溧阳县。有平陵城，在今溧阳县西北三十五里。有洮湖，在县东北，一名长塘湖。《苏峻传》：峻将韩晃奔张健于曲阿，相与自延陵向长塘湖。

咸和四年，为王允之击破，轻车俱走，李闳率锐兵追及于岩山，健等不敢下山，惟晃独出，箭尽乃斩之，健等降。宋因。《一统志》：故城今溧阳县西北十五里。

【编者按】溧阳县故城，在今江苏高淳县东固城镇。

江乘

【斠注】两汉旧县。《宋志》曰：吴省为典农都尉。晋武帝太康元年复立。《史记·秦始皇本纪·正义》曰：江乘故县在今润州句容县北六十里。《读史方舆纪要》二十曰：江乘城在江宁府东北七十里。

【集释】《马注》：与龙曰：三国吴无。有金城，说见徐州篇末琅邪郡下。宋因，属南琅邪郡。《一统志》：故城今江宁府（勾）[句]（编者校：似当为句。）容县北。

【编者按】江乘县故城，在今南京市栖霞区东西湖村。史籍载在今江苏句容市北六十里，但核之今地图，此距离已在今南京市栖霞区境。周子舆《江乘县考略》定点在今南京市栖霞区摄山乡西湖村。2003年扩建仙林大学城时，西湖村已被夷为平地。《中国文物地图集·江苏分册》据考古资料，定秦至晋江乘城址在今南京市栖霞区栖霞街道西湖村。

句容

【集释】《马注》：与龙曰：三国吴县。有竹里山。《通鉴》：元兴三年，刘裕讨桓玄，自京口军于竹里。《元和志》：竹里山在勾容县北六十里。途甚倾险，行者号为翻车岘。山间有长涧，高下深阻，说者云似洛阳金谷。宋因。《一统志》：故城今（勾）[句]（编者校："勾"当为"句"。）容县治。有茅山。

【斠注】两汉旧县。《元和郡县图志》（三）[二]十五曰：句容，晋元帝兴于江左，为畿内第二品县。有茅山，本名句曲，以山形似"已"字，故名句曲；有所容，故号句容。在县东南六十里。

【集释】《马注》：与龙曰：《世（语）[说]新语》：晋时王廞尝登茅山恸哭。《一统志》：在今（勾）[句]容县东南。

【编者按】句容县故城，即今江苏句容市治。

湖熟

【斠注】《汉志》作胡孰。《续汉志》做湖熟。《宋志》曰：吴省为典农都尉。晋武帝太康元年复立。《元和郡县图志》二十五曰：故城在上元县东南七十里。《新斠注地理志》十曰：在今江宁府城东南五十里。

【集释】《马注》：与龙曰：三国吴无。《安帝纪》：义熙九年，罢临沂、湖熟皇后脂泽田四十顷以赐贫人。宋因。《一统志》：故城今上元县东南。

【编者按】湖熟县故城，在今江苏南京市江宁区东南湖熟镇。

秣陵

【斠注】两汉旧县。《元和郡县图志》二十五曰：故城在上元县东南四里。《东晋疆域志》曰：《沈志》：本治去京邑六十里。（编者校：毕沅《新补正》此处还有"今故治村是也。"）义熙九年，移治京邑，在斗场。元熙元年省禁防扬州参军（编者校：《二十五史补编》本《东晋疆域志》"禁防扬州参军"为"扬州府禁防参军"。《晋书·地理志》"禁防扬州参军"为"扬州府禁防参军"。），县移治其处。乐史称《建康图经》云：晋太康元年平吴，分地为二邑，自淮水南为秣陵，淮水北为建业。有故治村。

【集释】《马注》：与龙曰：三国吴无。《州郡志》建康令下云：孙权改秣陵为建业。晋武帝平吴，还为秣陵。又秣陵令下云：其地本名金陵，秦始皇改。《建康志》：秣陵县更名凡六，秦改金陵为秣陵，在旧江宁县东南六十里秣陵桥东北。晋太康初，以建业为秣陵，即今上元县。三年，分淮水南为秣陵。义熙中移于斗场栢（编者校："栢"即"柏"。）社，在江宁县东南废长乐桥，古丹阳郡是也。元熙中，移治扬州参军廨，在宫城南八里一百步小长干巷内。梁末，齐兵军于秣陵故治，跨淮立栅，当是其地。宋因。《一统志》：故城今江宁县东南。

【编者按】秣陵县故城，在今江苏南京市江宁区南秣陵镇。

宣城郡 太康二年置。

【集释】程廷祚《证今》曰："在今江南。"

方恺《新校》：方恺曰：又《州郡志》宣城太守下云：晋武帝太康元年分丹阳立。《水经注·沔水篇》：石城县，晋太康元年隶宣城郡，本《志》作二年置，误。

《马注》：与龙曰：三国吴无。《元和志》：晋武帝立宣城郡。宋因。

统县十一，户二万三千五百。

【斠注】《宋志》曰：晋武帝太康元年分丹阳立。去京都水五百八十，陆五百。《东晋疆域志》曰：《沈志》：太康元年分丹阳立，《晋志》理宛陵，而《元和志》云：汉顺帝立宣城郡。《寰宇记》又云：武帝元狩元年，改鄣郡为丹阳郡，至顺帝又改为宣城郡。恐有误也。李吉甫云：宣城郡，东晋或理芜湖，或理姑孰，或理赭圻。乐史称《吴书》云：孙皓以何植为牛渚都督以御晋，晋平吴，武帝复移郡于此。按：此则东晋宣城郡治盖无常居，其云在姑熟、在芜湖与牛渚皆寄治丹阳郡地矣。郡城俗传桓彝所筑，则当在宛陵，故《彝传》云：自郡城退据广德也。《桓（元）〔玄〕传》云：（元）〔玄〕居南州，大筑斋第，以郡在国南故曰南州。《晋地理志新补正》曰：当从《沈志》作太康元年。

【编者按】宣城郡治宛陵县，在今安徽宣城市。

宛陵 侯相。

【集释】《马注》：与龙曰：三国吴县，属丹阳。《桓彝传》：补宣城内史。苏峻之乱，彝以郡无坚城退据广德。宋因。《一统志》：今（编者校：今当在"故城"之后。）故城宁国府宣城县治。彭泽聚在西南。

【斠注】两汉属丹阳郡。《读史方舆纪要》二十八曰：宛陵城，即今宁国府。

【集释】《马注》：与龙曰：注说见《汉书·地理志》。《一统志》：故城今宣城县西南。

【编者按】宛陵县故城，即今安徽宣城市治。

宣城

【斠注】汉属丹阳郡。《元和郡县图志》二十八曰：宣城本汉宛陵县，属丹阳郡，后汉顺帝置，至晋属宣城郡。《斠注》案：《汉志》已有宣城县，非顺帝始置也。

【集释】《通鉴》胡注：宣城郡治宛陵县，宣城别为县。贤曰：宣城故城，在今宣州南陵县东。

《马注》：谢钟英曰：建安三年，孙策定宣城以东，见《通鉴》。县盖汉末立。与龙曰：三国吴县，属丹阳。宋因。顾祖禹云：故县今宁国府南陵县东四十里清弋江上。

【编者按】宣城县故城，在今安徽南陵县东弋江镇。谭其骧主编《中国历史地图集》定点在今安徽宣城市西，青弋江东岸。姑存此说。

陵阳

【集释】方恺《新校》：方恺曰：又案《州郡志》：广阳令，汉旧县，曰陵阳。晋成帝杜皇后讳陵，咸康四年更名。考东晋县邑，以陵名者不可殚述，可独改陵阳一县，恐非实录，后篇但言改陵阳为广阳，不载避讳事是也。

《马注》：与龙曰：三国吴县，属丹阳。《州郡志》：广阳令，汉旧县，曰陵阳，子明得仙于此县山，故以为名。晋成帝杜皇后讳陵，咸康四年更名。按《州郡志》讳陵下脱一阳字。《沔水注》：旋溪水出陵阳山下。《元和志》：溪源水出盖山下。陶潜《搜神后记》：临城县南四十里有盖山，百许步有舒姑泉，俗传舒氏女与父析薪于此，女坐泉处，忽牵挽不动，父遽告家，及再至，惟见清泉湛然，其母曰吾女好音乐，乃作弦歌，泉涌洄流，有朱鲤一双。刘孝标云："盖山之泉，闻弦歌而赴节"指谓此也。《一统志》：故城今池州府石埭县东北。

淮水出东北入江。

【集释】《马注》：与龙曰：《水经·沔水注》：东溪水出南里山，北迳陵阳县东。纪昀云：此水今亦名小淮河。《一统志》：淮水在今宁国府南陵县南。

仙人陵阳子明所居。

【斠注】两汉属丹阳郡。《舆地纪胜》二十二曰：陵阳县城在石埭县东北三里。顾野王《舆地记》云：吴大帝时属丹阳，景帝时改为古鄣郡。晋太当作咸。康二年，《宋志》作四年。置州城时，帝杜皇后讳阳，遂改为南陵县。《斠注》案：《杜皇后传》作改陵阳县为广阳县，与顾野王说异。杜后讳陵阳，二名不偏讳，当以本传避陵者为是。《新斠注地理志》十曰：桑钦言：淮水出东南，北入大江，即今大通河也，原曰五溪河，出青阳县南山，北流迳县城西南，西北至大通镇南入江。《志》于庐江郡云淮水出。又云：庐江水，水出陵阳东南，北入江。互证者，似桑钦以庐江水为淮水也。《水经·沔水注》曰：昔赵校本有铚字。县人赵校本有陵字。阳子明钓白龙处。后三年，龙迎子明上陵阳山，山去地千余丈。后百余年，呼山下人，令上山半，与语溪中。子安问子明钓车所在。后二十年，子安死赵校本有葬字。山下，有黄鹤栖其冢树，鸣常呼子安，故县取名焉。朱谋㙔《笺》曰：《列仙传》云：陵阳子明者，铚人，于旋溪钓得白龙，子明惧，解钩拜而放之。后得白鱼，腹中有书，教子明服食之法。子明遂上黄山，探五石脂，沸水而服之。三年，龙来迎去，止陵阳山上百余年。《斠注》案：本《志》承用《汉志》之文，东字下脱去南字。

【集释】《马注》：与龙曰：注说见《郡国志》注。

【编者按】陵阳县故城，在今安徽青阳县南五十里陵阳镇。

安吴

【斠注】《宋志》曰：吴立。《水经·沔水注》曰：旋溪北迳安吴县东。注云：晋太康元年分宛陵立。《读史方舆纪要》二十八曰：安吴城在泾县西。《东晋疆域志》曰：安吴，吴桓王渡江时所立，安得云晋。《水经注》盖误。

【集释】《马注》：与龙曰：三国吴县，属丹阳。《水经·沔水注》：东溪水左合旋溪，北迳安吴县东。晋太康元年分宛陵立。与龙按：《吴志·程普传》：普讨安吴贼。《孙休传》：安吴民陈焦。《州郡志》：安吴令，吴立。《舆地广记》：吴分宛陵立。疑吴末省，晋复立，故《水经注》云然。宋因。谢钟英云：故县今宁国府泾县西南五十里安吴市。

【编者按】安吴县故城，在今安徽泾县西南安吴乡焦石埠。

临城

【斠注】《宋志》曰：吴立。《读史方舆纪要》二十七曰：临城废县在青阳县南五里。

【集释】《马注》：与龙曰：三国吴县，属丹阳。《寰宇记》：吴赤乌中置。宋因。《一统志》：故城今池州府青阳县南五里临城镇。

【编者按】临城县故城，在今安徽青阳县南五里。

石城

【斠注】两汉属丹阳郡。《水经·沔水注》曰：江水自石城东入为贵口。注云：晋太康元年立，隶宣城郡。《元和郡县图志》二十八曰：本汉鄣郡之域，吴于此置石城县。《斠注》案：石城本汉县。《元和志》作吴置，误。《寰宇记》又云：晋太康三年废入宣城县。盖元年复，而三年又废也。《读史方舆纪要》二十七曰：石城废县在池州府西七十里。

【集释】方恺《新校》：方恺曰：《寰宇记》：石城县，晋太康三年废入宣城县。今考《州郡志》石城令下无既废复立之文，《寰宇记》当别有据。

《马注》：与龙曰：三国吴县，属丹阳。左思《吴都赋》：戎车盈于石城。刘逵注：石城，石头岛也，在建业西，临江，其中有库藏军储。惠栋云：即此县也。郡有梅根监。《寰宇记》引《晋太康地记》：梅根铁冶出青（编者校：中华书局点校本《太平寰宇记》"青"为"空青"。万本、库本，"青"为"青铁"。），其色特妙于广州。《元和志》：梅根监在南陵县西一百三十五里。《贵池县志》：梅根监在县东五十里，自六朝以来皆鼓铸于此。宋因。《一统志》：故城今贵池县西七十里，地名铁店，亦曰苍埠潭。

【编者按】石城县故城，在今安徽东至县北。钱林书《续汉书郡国志汇释》定《一统志》所释石城县为晋石城县，在今池州市西南秋浦。史为乐主编《中国历史地名大辞典》定汉石城县在今安徽池州市西南七十里灌口乡石城村。钱、史持两说，姑列如上。

泾

【斠注】两汉属丹阳郡。《元和郡县图志》二十八曰：因泾水以为名。

【集释】《马注》：与龙曰：三国吴县，属丹阳。《桓彝传》：苏峻之乱，彝进屯泾县。宋因。《一统志》：故城今宁国府泾县西三十里。

【编者按】泾县故城，在今安徽泾县西北、青弋江北岸。

春榖 孝武改春为阳。

【斠注】两汉属丹阳郡。《元和郡县图志》二十五曰：故城在南陵县西一百五十里。《东晋疆域志》曰：晋宁康中改。《寰宇记》：晋属宣城郡，后省并于湖，后又属繁昌。按《宋书·符瑞志》：晋成帝咸康八年，庐江春榖县得玉鼎。又永和元年，庐江太守路永上言，于春榖城北得金，状如印。今考《符瑞志》云：晋成帝咸和元年，宣城春榖县获石鼎。是咸和以前春榖县本属宣城，后盖因苏峻之乱，淮南民流入江左，或于春榖县侨立庐江郡，故《志》云庐江春榖县也。《寰宇记》一百五春榖下《太康地记》曰：梅根铁冶出青，其色特妙于广州。

【集释】《通鉴》胡注：赭圻在宣城界。《南史》，沈攸之自虎栏洲进攻赭圻，陶亮等自鹊头引兵救之。刘昫曰：宣州南陵县，汉春榖县地；梁置南陵县，旧治赭圻城；唐长安四年，移治青阳城。按温《表》云：春榖县之赭圻城，在江东岸，临当濡须口上二十里，距建康宫三百三十里，南有声里，北有高安戍。

《马注》：与龙曰：三国吴县，属丹阳。有（堵）[赭]（编者校："堵"当为"赭"。）圻城，在繁昌县西四十里。《桓温传》：隆和初，诏徵温，温至（堵）[赭]圻，诏又使尚书车灌止之，温遂城（堵）[赭]圻居之。《一统志》：故城今太平府繁昌县西南。

【编者按】春榖县故城，在今安徽繁昌县西北、长江东岸。

广德

【斠注】《元和郡县图志》二十八曰：广德，后汉分故鄣县置，属丹阳郡。《水经·渐江水注》曰：渐江又北历黟山。注云：县居山之阳，故县氏之。汉成帝鸿嘉二年，以为广德国，晋太康中以为广德县，分隶宣城郡。《晋地理志新补正》曰：按何承天《志》：汉旧县。《沈志》：二汉《志》并无。疑是吴所立。《水经注》又云：晋太康中立。《斠注》案：《宋志》《水经注》均以为太康中始有广德县，与何承天《志》、《元和志》异。《舆地纪胜》二十四则两存之。

【集释】《通鉴》胡注："沈约曰：广德县，疑是吴所立，属宣城郡。按今广德军即其地。宋白曰：广德县，本秦（障）[鄣]郡地，汉以为故（障）[鄣]县。""《桐川志》：后汉置广德县，晋并入宣城，今广德军是也。"

程廷祚《证今》曰："今州。"

《马注》：与龙曰：三国吴县，属丹阳。《吴志·吕蒙传》：领广德长。《左传·哀十五年》杜注：宣城广德县。与龙按：县盖建安中置。宋因。《一统志》：故城今安徽广德州西南。

【编者按】广德县故城，在今安徽广德县西南。

宁国

【斠注】《水经·沔水注》曰：南江又东，迳宁国县南。注云：晋太康元年分宛陵置。《元和郡县图志》二十八曰：宁国本后汉末分宛陵南乡置，属丹阳郡，晋属宣城郡。《东晋疆域志》曰：《水经注》误。《晋地理志新补正》曰：《沈志》又以为吴立，未知孰是？

【集释】《马注》：与龙曰：三国吴县，属丹阳。《州郡志》：宁国令，吴立。按县盖汉建安中吴所立，后省，而太康初复置也。宋因。《一统志》：故城今宁国府宁国县东十三里。

【编者按】宁国县故城，在今安徽宁国市南。

怀安

【斠注】《宋志》曰：吴立。《寰宇记》一百三曰：吴大帝分宛陵置，属丹阳郡，至景帝时属故鄣郡，晋太康二年属宣城郡。《舆地纪胜》十九曰：怀安故城在宁国县东四十里。吴大帝分宛陵置。至晋永嘉废入宣城。《斠注》案：乐史作太康，王象之作永嘉，互异。

【集释】《马注》：与龙曰：三国吴县，属丹阳。宋因。顾祖禹云：故县今宁国县东南四十里。

【编者按】怀安县故城，在今安徽宁国市东南四十四里宁国墩。

淮南郡秦置九江郡。汉以为淮南国，汉武帝置为九江郡。武帝

【集释】程廷祚《证今》曰："在今江南。"

《马注》：与龙曰：此《志》武帝当指魏武，误脱一魏字。

改为淮南郡。

【集释】《马注》：与龙曰：三国魏郡。按：汉九江郡，三国魏、吴分据，魏改曰淮南，治寿春；吴割历阳、全椒、阜陵等县属庐江郡。宋因。《地形志》：扬州淮南郡。

统县十六，

【集释】方恺《新校》：方恺曰：案沈氏说，则晋太康初，淮南郡县名虽仍旧，实则新立，本《志》不载，似阙晋典。

户三万三千四百。

【斠注】《宋志》曰：秦立为九江郡，兼得庐江豫章。汉高帝四年，更名淮南国，分立豫章郡，文帝又分为庐江郡。武帝元狩元年，复为九江郡，治寿春县。后汉徙治阴陵县。魏复曰淮南郡，徙治寿春。晋武帝太康元年，复立历阳、当涂、逡道诸县，二年，复立钟离县，并两汉旧县。三国时，江淮为战争之地，其间不居者各数百里，此数县并在江北淮南，虚其地，无复民户。吴平，各还本，故复立焉。去京都水一百七十，陆一百四十。《晋地理志新补正》

曰：按《寰宇记》：东晋改为历阳郡。又云：东晋豫州亦镇于此。《东晋疆域志》曰：淮南郡东晋领县可考者四：寿阳、合肥、义成、下蔡。

【编者按】淮南郡治寿春县，在今安徽寿县。

寿春

【斠注】东晋属九江郡。《元和郡县补志》六曰：寿春，东晋改名寿阳。《东晋疆域志》曰：寿春为东晋重镇，而《沈志》于移淮南郡，并不详寿春一县有无，及所属何郡。按：钱少詹大昕云：据《宋志》，南梁之睢阳县即汉晋之寿春县。疑太元收复以后即侨立南梁郡于此，不更立淮南郡。又避郑太后名不立寿春县，即以睢阳当之云云。然考《沈志》，义熙十三年，刘裕以子义庆为豫州刺史，镇寿阳。元熙元年，义康督豫、司、幽、并四州诸军事，亦镇寿阳。《刘敬宣传》：遣使持节、督马头淮西诸郡军事、镇蛮护军、淮南、安丰二郡太守、梁国内史事在义熙五年。是晋末淮南、南梁二郡太守并立。旧图云：合肥县，古滁阳城，东晋于此置南梁郡，是南梁郡又在滁阳不在寿春。又杜佑、李吉甫并云，东晋以郑皇后讳，改寿春为寿阳。又晋末有寿阳县之一证。《斠注》案：本《志》尚作寿春，盖据《太康三年地志》。《新斠注地理志》六曰：在今凤阳府寿州西四十里。

【集释】《通鉴》胡注：南渡初，祖逖以豫州刺史治谯城。永昌元年，祖约退屯寿春。成帝咸和四年，庾亮以豫州刺史治芜湖。咸康四年，毛宝以豫州刺史治邾城。六年，庾翼以豫州刺史治芜湖。永和元年，赵胤以豫州刺史治牛渚。二年，尚以豫州刺史治芜湖，今进寿春，皆建康西藩也。进取则屯寿春，守江则多在历阳、芜湖二处。

程廷祚《证今》曰："今凤阳府寿州。"

方恺《新校》：方恺曰：案杜佑、李吉甫皆云，晋孝武避郑太后讳，改寿春为寿阳，然考本书《帝纪》，孝武之前成帝咸和元年称寿阳，后至穆帝永和元年又称寿春。或据此，疑东晋之初已改，窃谓本书于地理考证本属疏舛，作史者追叙其事偶失检正，不足据也。

《马注》：与龙曰：三国魏县。按：孝武时避讳改曰寿阳，《志》于宣城郡春穀县下云：孝武改春为（扬）［阳］（编者校："扬"应为"阳"。），此应同注。有青冈，在今寿州西北。《苻坚载记》：王师乘胜追击至于青冈。《州郡志》：昔江左胡寇强盛，豫部歼覆。元帝永昌元年，祖约始自谯城退还寿春。成帝咸和四年，侨立豫州。安帝义熙九年，割扬州大江以西、大雷以北悉属豫州，豫基址因此而立。《州郡志》南豫州南梁太守睢阳令下云所治即二汉、晋寿春县。《地形志》：淮南郡寿春，故楚。《一统志》：故城今凤阳府寿州治。

【编者按】寿春县故城，即今安徽寿县治。

成德

【斠注】两汉属九江郡。《读史方舆纪要》二十一曰：成德城在霍丘县东南。

【集释】《马注》：与龙曰：三国魏

县。《水经注》：肥水自荻丘，北迳成德县故城西。《一统志》：故城今寿州东南。

【编者按】成德县故城，在今安徽寿县东南。

下蔡

【斠注】汉属沛郡，后汉属九江郡。《水经·淮水注》曰：淮水又北，迳下蔡县故城东。注云：本州来之城也。吴季札始封延陵，后邑州来，故曰延州来。蔡昭侯自新蔡迁于州来，谓之下蔡。淮之东岸，又有一城，即下蔡新城。《读史方舆纪要》二十一曰：下蔡城在寿州北三十里。

【集释】程廷祚《证今》曰："在今凤阳府寿州北三十里。"

《马注》：与龙曰：三国魏县。《春秋·成七年》杜注：淮南下蔡县。《州郡志》雍州义成太守下云：下蔡，《晋太康地志》属淮南。有八公山，在今凤台县西北五里，肥水之北，淮水之南。《苻坚载记》：坚至寿春，与苻融登城而望王师，见部阵齐整。又北望八公山上草木，皆类人形，怃然有惧色。《水经·肥水注》：八公山，山无树木，惟童阜耳。《一统志》：故城今凤台县北三十里。

【编者按】下蔡县故城，即今安徽凤台县治。

义城

【斠注】两汉《志》作义成，汉属沛郡，后汉属九江郡。《水经·淮水注》曰：淮水又东北，迳沛郡义城县东。注云：司马彪曰后隶九江也。《斠注》案：本《志》属淮南，盖太康后改隶。《晋地理志新补正》曰：按《桓宣传》：陶侃以宣淮南部曲立义城郡。《桓冲传》：督扬州之义城、新野二郡太守。又庾翼等《传》皆云义城太守，则义城后当（编者校：《二十五史补编》本毕沅《晋书地理志新补正》"当"为"常"。）作郡。《地理志》失载耳。

【集释】《通鉴》胡注："沈约曰：义成郡，晋孝武立，治襄阳。《五代志》曰：襄阳郡穀城县，旧曰义城，置义城郡。又按《晋书·桓宣传》，陶侃使宣镇襄阳，以其淮南部曲立义成郡；则此郡立于咸和中明矣。'城'，当作'成'。""义城郡置于襄阳，襄阳郡属荆州，而义城郡领扬州淮南之平阿、下蔡，盖桓宣先从祖约退屯淮南，后镇襄阳，陶侃以其淮南部曲置义成郡于穀城，盖有扬州之民而又置扬州侨县于穀城；穀城，荆州统内之地也，故曰荆州、扬州之义成；曰义成者，言以义成军，因而名郡。后人又于'成'字旁添'土'，失其初立郡之旨矣。"

《马注》：与龙曰：三国魏县。《地形志》：临淮郡有义城县，盖复置。《一统志》：故城今怀远县东北十五里涡口城。

【编者按】义城县故城，在今安徽怀远县东北。

西曲阳

【斠注】《汉志》曲阳县属九江郡。《续汉志》作西曲阳。应劭曰：在淮曲之阳。《水经·淮水注》曰：下邳有曲阳，故加西也。《寰宇记》一百二十七《太康地记》曰：东海复有曲阳，故此为西曲阳县。《斠注》案：本《志》下邳、东海均无曲阳县。又一百二十九曰：废西曲阳县城在寿春县东北八十三里。

【集释】《马注》：与龙曰：三国魏县。《地形志》：彭、沛二郡南阳县。有曲阳城。《一统志》：故城今凤台县东北。

【编者按】西曲阳县故城，在今安徽淮南市东南。

平阿

【集释】《马注》：与龙曰：三国魏县。《州郡志》雍州义成太守下云：平阿，《晋太康地志》属淮南。《一统志》：故城今怀远县西南六十里平阿山下平阿集。

有涂山。

【斠注】汉属沛郡，后汉属九江郡。《水经·淮水注》曰：淮之西有平阿县故城。《史记·夏本纪·索隐》：杜预曰：涂山在寿春东北。皇甫谧云：今九江当涂有禹庙。则涂山在江南也。《斠注》案：《太康地记》亦云在寿春东北，与杜同。

【集释】《马注》：与龙曰：《水经·淮水注》：《郡国志》曰：平阿县有涂山，淮出于荆山之左、当涂之右，奔流二山之间，而扬涛北注也。《一统志》：涂山今怀远县东南八里。

【编者按】平阿县故城，在今安徽怀远县西南六十里平阿山下。

历阳

【斠注】两汉属九江郡，都尉治，后汉扬州刺史治。《读史方舆纪要》二十九曰：历阳废县，今和州州治。《晋地理志新补正》曰：历阳，《沈志》晋武帝太康元年复立。据此则三国时省，至晋复立也。下当涂、逡遒二县亦同。

【集释】《通鉴》胡注：历阳县，汉属九江郡，魏改九江曰淮南，晋因之。今和州，即历阳县之地。宋白曰：县南有历水，故曰历阳。

《马注》：与龙曰：三国吴县，属庐江。宋因，属历阳郡。《一统志》：故城今和州治。

【编者按】历阳县故城，即今安徽和县治。

全椒

【斠注】两汉属九江郡。

【集释】《马注》：与龙曰：三国吴县，属庐江。按县永嘉后废。《元和志》：全椒县，晋改南谯。《州郡志》：南谯太守，晋孝武太元中，于淮南侨立郡县，后割地（志咸）[成]（编者校：中华书局点校本《宋书》此处为"成"，可见"志咸"误。）实土。与龙按：据《州郡志》，晋孝武盖侨立谯郡及山桑等县，宋时乃加南字。《元和志》谓晋改南谯，微误。有琅邪山，在今全椒山西南十里。《寰宇记》：晋元帝为琅邪王，避地此山因名。有滁水。《元和志》：滁水在全椒县南六十里，晋咸宁五年，分道伐吴，琅邪王伷出滁中。太元四年，谢石帅舟师屯滁中。《一统志》：南谯故城在今滁州全椒县西北。全椒故城今椒县治。

【编者按】全椒县故城，即今安徽全椒县治。

阜陵 汉明帝时沦为麻湖。

【斠注】两汉属九江郡。《寰宇记》一百二十八曰：阜陵故城在全椒县西南八十里。《读史方舆纪要》二十九曰：阜陵城在全椒县东南十五里。《舆地纪胜》四十八曰：麻湖即历湖，历字与麻字相类，后人讹耳。《汉书补注》曰：历阳为湖已见《淮南子》，非明帝时，《晋志》殆传讹耳。

【集释】《通鉴》胡注：麻湖在今和州历阳县西三十里。

《马注》：与龙曰：三国吴县，属庐江。《一统志》：故城今全椒县东十五里。

舒峤《〈晋书·地理志〉阜陵沦为麻湖说辨误》："中华书局点校本《晋书·地理志》淮南郡阜陵县下注云：'汉明帝时沦为麻湖'。鄙意以为这实乃误记，其理由如次：麻湖，或作历湖，见于秦汉以来诸地志，在今安徽省和县西30里，明永乐中湮塞（《明史·地理志》）；阜陵，西汉已有此县，属九江郡（《汉书·地理志》），东汉因之，其故址据《后汉书》李贤注，乃在今安徽省全椒县南。二者一南一北，相距约有30公里，是故阜陵不得沦为麻湖。又据《后汉书》本纪，阜陵自汉明帝永平十六年起，一直为阜陵国都之所在；汉章帝章和元年，因阜陵下湿，将阜陵国都徙至寿州，亦未载及阜陵沦为麻湖之事。《晋书·地理志》的此条注文当在历阳县下，《括地志》及《元和郡县图志》和州历阳县下均有如此记载（见中华书局本《括地志辑校》和《元和郡县图志》）。历阳于汉明帝时沦为麻湖说当来源于《淮南鸿烈》及高诱注。《淮南鸿烈·俶真训》云：'历阳之都，一夕反而为湖'，高诱注：'汉明帝时，历阳沦为湖'。其实高诱的注文并不可信。《淮南子》是西汉淮南王刘安招致宾客集体编写而成，于汉武帝建元元年献上的，他们在编书的时候是不可能预测到200年以后历阳会沦为麻湖的，也不可能用还没有发生的事情来论述问题。从《淮南子》的论述问题的其他例证来看，都是先秦时期所发生的事件和历史传说，因此历阳之沦为麻湖，如果确有此事，也一定是西汉以前的事情，而决不可能发生在汉明帝时。《水经·沔水注》引《神异传》曰：'由卷县，秦时长水县也。始皇时，县有童谣曰：城门当有血，城陷没为湖。有老妪闻之，忧惧，旦往窥城门，门侍欲缚之，妪言其故。妪去后，门侍煞犬，以血涂门，妪又往见血，走去不敢顾，忽有大水，长欲没县。……遂乃沦陷为谷矣。'其故事情节与主要人物皆与《元和郡县图志》所载历阳沦为麻湖时相同，二者所指应为同一事件。由卷即由拳，位于今浙江省嘉兴市南，当太湖下游，突然为洪水所淹可能性更大。所谓的历阳沦为麻湖说或即因此演绎误传而来，亦或所谓的'历阳之都'并非即指历阳。"

【编者按】阜陵县故城，在今安徽全椒县东。《中华人民共和国地名词典·安徽省》据考古资料，定安徽全椒县东十五里陈浅乡百子楼为阜陵古城址。

钟离

【集释】程廷祚《证今》曰："在今凤阳府临淮县东四里。"

《马注》：与龙曰：县三国时废。《左传·成十五年》杜注：钟离，楚邑，淮南县。《州郡志》淮南太守下云：晋武帝太康二年，复立钟离县。又钟离太守下云：晋安帝分立。《斠注》案：晋淮南郡有钟离县，即此地也。领县三，燕、朝歌、乐平，并流寓因配。《一统志》：故城今凤阳府凤阳县东。

故州来邑。

【斠注】两汉属九江郡。《水经·淮水注》曰：《世本》曰：钟离，嬴姓也。应劭曰：县故钟离子国也，楚灭之，以为县。《元和郡县图志》九曰：钟离，晋安帝时，因东郡燕县流人入钟离者于此置燕县。《寰宇记》百二十八曰：古钟离城在濠州东六里。后汉光武以为侯国，晋太康二年改为县，后为郡。又曰：晋太元二年，谢（元）[玄]（编者校："元"当为"玄"。）为兖州刺史，以为马头城，至义熙元年立为马头郡。《读史方舆纪要》三曰：今凤阳府东二十里钟离故城是也。

【集释】《马注》：与龙曰：《汉书·地理志》：沛郡下蔡，古州来。《郡国志》下蔡注引《左传·成七年》：吴入州来。杜预曰：下蔡县。又《地理志》九江郡钟离注应劭曰：古钟离子国是也。按晋下蔡县即汉下蔡，晋钟离县即汉钟离，此《志》"故州来邑"四字错在钟离县下，当移前下蔡县下方是。

【编者按】钟离县故城，在今安徽凤阳县东。《中华人民共和国地名词典·安徽省》据考古资料，定凤阳县东北二十四里，临淮镇东、淮河南岸为春秋钟离古城址。

合肥

【斠注】两汉属九江郡。《水经·施水注》：应劭曰：夏水出城父东南，至此与肥合，故曰合肥。阚骃亦言：出沛国城父东，至此合为肥。余案川殊派别，无沿注之理，方知应、阚二说非实证也。盖夏水暴长，施合于肥，故曰合肥也。姚铉《唐文萃》唐卢潘《合肥辨》亦纠应氏之失，足发郦氏所未备。《元和郡县补志》六曰：东晋于合肥侨置南汝阴郡，属南豫州。《斠注》案：下文州序无置南汝阴郡明文，故附注于此。

【集释】《马注》：与龙曰：三国魏县。东晋侨立汝阴郡汝阴县于此，而县废。《州郡志》南豫州南汝阴太守下云：江左立。领汝阴令，所治即二汉、晋合肥县。《一统志》：故城今庐州府合肥县东北金斗城。

【编者按】合肥县故城，即今安徽合肥市治。

逡遒

【斠注】两汉属九江郡。《宋志》曰：汉作逡遒，晋作逡道。《斠注》案：《左传·哀十二年》杜注云：橐皋在淮南逡遒县东南。陆氏《释文》：遒音囚。此为晋世作逡遒之确证。沈约作逡道，误也。《汉志》《续汉志》及《水经·肥水注》均作逡遒。《寰宇记》一百二十六曰：俊遒故城在合肥南二十五里。俊为逡之讹。《读史方舆纪要》二十八曰：逡遒城在宁国府北六十里。《晋地理志新补正》曰：乐史又云：晋改置慎县，因县西北古慎城为名。

【集释】程廷祚《证今》曰："在今庐州府巢县西北界。"

方恺《新校》：方恺曰：又《州郡

志》：逡道令，汉作逡遒，晋作逡道。吴翊寅案：《地理》《郡国志》皆作浚遒，属九江郡。

《马注》：与龙曰：县三国时废。《州郡志》淮南太守下云：晋武帝太康元年复立逡道县。又云：逡道令，汉作逡遒，晋作逡道。后分芜湖为境。与龙按：《春秋·哀十二年》杜注：淮南逡遒县。《汉志》注引晋灼曰：音酋熟之酋。是太康复立县时犹作逡遒，后乃改耳。李兆洛云：故县今合肥县东北四十五里。

【编者按】逡道县故城，在今安徽肥东县东。《中华人民共和国地名词典·安徽省》据考古资料，定肥东县东二十龙城为汉浚遒县城址。谭其骧主编《中国历史地图集》西晋太康二年图定名为浚道。

阴陵

【斠注】两汉属九江郡。《水经·淮水注》曰：淮水自曲阳来，北迳莫邪山西，山南有阴陵县故城。《史记·项羽本纪·正义》：《括地志》曰：阴陵县故城在濠州定远县西北六十里。《新斠注地理志》同。

【集释】《马汫》：与龙曰：县三国时废。李兆洛云：故县今凤阳府定远县西北六十五里。

【编者按】阴陵县故城，在今安徽定远县西北。《中华人民共和国地名词典·安徽省》定阴陵县故城在今安徽定远县西北靠山乡古城集。

当涂

【集释】《马注》：与龙曰：县三国时废。《州郡志》淮南太守下云：晋武帝太康元年复立当涂县。又云：当涂令，晋成帝世与逡道俱立为侨县，晋末分于湖为境。按东晋侨立当涂县于江南，而故县寻更置马头郡。《州郡志》徐州刺史马头太守下云：故淮南当涂县地，晋安帝立，因山形立名。又云：零县令，晋安帝立。《水经注》：淮水自莫邪山，东北迳马头城北，魏马头郡治也，故当涂县之故城也。《一统志》：故城今怀远县东南。

古涂山国。

【斠注】《御览》四十三《太康地记》曰：涂山，古当涂国，夏禹所娶也。山西南又有禹村，盖禹会诸侯于涂山，在《禹贡》扬州之域。今九江当涂县有禹娶之地，今邑界有当涂山，故城存焉，即汉县，后废。《寰宇记》一百二十七《太康地记》曰：当涂山在寿春东北。今验无差。《元和郡县图志》二十八曰：当涂本汉丹阳县地，其当涂县本属九江郡，汉为侯国，成帝时，以江北之当涂县流人过江在于湖者侨立为当涂县，属淮南郡。《斠注》案：《志》文当涂本属淮南，至成帝侨立之当涂虽为于湖分析，亦仍属旧郡也。《寰宇记》一百二十八谓：三国时荒废，太康九年复立，属淮南郡。本《志》以太康三年为断，已有此县。乐史谓九年复立，未确。

【集释】《马注》：与龙曰：《左传·昭四年》：椒举言于楚子曰：穆有涂山之会。杜预注：涂山，寿春县东北。又《哀七年》：服景伯曰，禹会诸侯于涂山。杜预注：寿春县东北。《国语》《史记》皆云禹会诸侯于会稽。《水经》：淮水又东过当涂县北。郦《注》：《吕氏春秋》曰：禹娶涂山氏女，不以私害公，自辛至甲四日复往治水。故江、淮之俗，以辛、壬、癸、甲为嫁娶日也。禹墟在山西南，县即其地也。郦《注》又云：《春秋左传·哀公十年》：大夫对孟孙曰：禹会诸侯于涂山。杜预曰：涂山在寿春东北，非也。余按《国语》曰：吴伐楚，堕会稽，获骨焉，节专车。吴子使来聘，且问之。仲尼曰：丘闻之，昔禹致群神于会稽之山，防风氏后至，禹杀之，其骨专车。盖丘明亲承圣旨，录为实证矣。又按刘向《说苑·辩物》，王肃之叙孔子廿二世孙孔猛所出先人书《家语》，并出此事。故涂山有会稽之名。考校群书及方土之目，疑非此矣。盖周穆之所会矣。与龙按：当涂、会稽皆《禹贡》扬州境。杜预《左传·哀七年》注：涂山，寿春县西（编者校：上海人民出版社《春秋左传集解》"西"为"东"。）北。盖蒙《昭四年》涂山之注而偶未辨别。郦氏纠之，谓禹娶涂山氏女在当涂，周穆会诸侯亦在此。禹会诸侯之涂山则在会稽说甚明晰，与《太康地记》"当涂，古涂山国，夏禹所娶"之说相符。苏鹗《演义》、王楙《野客丛书》并云涂山有四：一会稽，二渝州，三濠州，四当涂。若《越绝书》"禹娶于会稽涂山"，其说不经，殆好事者所附会，至苏轼、苏辙《涂山诗》皆指濠州，则沿杜注而更误耳。《一统志》：涂山今怀远县东南八里。

【编者按】当涂县故城，在今安徽怀远县南十八里马头城。

东城

【斠注】汉属九江郡。《史记·项羽本纪、陈涉世家·正义》：《括地志》曰：东城县故城在濠州定远县东南五十里。

【集释】《通鉴》胡注：东城县，汉属九江郡，后汉属下邳国，晋属淮南郡。宋白曰：濠州定远县，汉东城县地。

《马注》：与龙曰：三国时废。《一统志》：故城今定远县东南。

【编者按】东城县故城，在今安徽定远县东南。另有一说，《中华人民共和国地名词典·安徽省》定东城县在今安徽定远县东南大桥乡三官集。

乌江

【斠注】《史记·项羽本纪·正义》：《括地志》曰：乌江亭即和州乌江县是也，晋初为县。《寰宇记》一百二十四曰：晋太康六年，始于东城界置乌江县。《读史方舆纪要》二十九曰：乌江废县在和州东北四十里。

【集释】《通鉴》胡注：沈约《志》：广武将军，晋江左置。盖始于此时。晋置乌江县，属淮南郡，即乌江亭长檥船待项羽之地以名县。宋白曰：乌江县，汉东城县地。

《马注》：与龙曰：三国魏无。《史记·项羽本纪》：欲东渡乌江。《集解》瓒曰：在牛渚。《索隐》：按晋初属临淮。《州郡志》：乌江令，二汉无，《晋书》有乌江，《太康地志》属淮南。《寰宇记》：县本秦乌江亭，汉东城县地，晋太康六年置县，东晋改属历阳郡。宋因，属历阳郡。《一统志》：故城今和州东北四十里乌江镇。

【编者按】乌江县故城，在今和县东

北四十里乌江镇。

庐江郡汉置。

【集释】程廷祚《证今》曰："在今江南。"

毕沅《新补正》：沅案又称《宋书·州郡志》曰：晋安帝后于旧皖县城置怀宁郡，仍分庐江郡置晋熙郡。

方恺《新校》：方恺曰：乐史称《太康地志》庐江郡治皖，更移居于舒。《水经·沘水篇》：东北过六县东。注云：《汉书》所谓以舒屠六。晋太康三年，庐江郡治云云。本《志》治阳泉，未详。

《马注》：与龙曰：三国魏、吴分据，各置郡。魏郡治六安，吴郡治皖，并见陈寿《志》。《水经·沘水注》：淠水又西北迳六安县故城西。晋太康三年，庐江郡治。《寰宇记》引《晋太康地记》：庐江郡徙皖，更徙居于舒。按：此《志》郡治阳泉，盖后复徙也。宋因，属南豫州。

统县十，

【集释】方恺《新校》：方恺曰：又本书《陶侃传》：庐江太守张夔以侃领枞阳令。疑西晋即有此县，本《志》不载，后篇亦缺，疑误。

户四千二百。

【斠注】《汉志》曰：庐江郡，故淮南。文帝十六年别为国。应劭曰：故庐子国也。《宋志》曰：光武建武十三年，又省六安国以并焉。去州水二千七百二十，陆四百七十。去京都水一千一百，陆六百三十一。《东晋疆域志》曰：东晋领县二：灊、舒。又曰：《宋书·符瑞志》：晋成帝咸康八年，庐江春穀县得玉鼎。咸和元年，宣城春穀县得石鼎。是咸和以前春穀本属宣城，后盖因苏峻之乱淮南民流入江左，或于春穀县侨立庐江郡。

【编者按】庐江郡治舒县，在今安徽舒城县。

阳泉

【斠注】汉属六安国，后汉属庐江郡。《水经·决水注》曰：阳泉水受决水，东北流迳阳泉县故城东。注云：故阳泉乡也。《读史方舆纪要》二十一曰：阳泉城在霍丘县西九十里。

【集释】《马注》：与龙曰：三国魏县。《地形志》：淮南郡汝县有阳泉城。《一统志》：故城今颍州府霍丘县西。

【编者按】阳泉县故城，在今安徽寿县西南。

舒故国，

【集释】程廷祚《证今》曰："今庐江府舒城县。"

《马注》：与龙曰：县三国时废。《春秋·僖三年》杜注：舒国今庐江舒县。宋因。《一统志》：故城今庐江府庐江县西。

有桐乡。

【斠注】两汉旧县。《汉书补注》：洪亮吉云：《玉篇》引《春秋》云：徐人取郐。杜预云：今庐江郐县。《斠注》案：此则舒又作郐。《东晋疆域志》曰：乐史称《太康地记》，庐江郡治皖，更移居于舒。《春秋左氏传》曰：徐人取舒。杜注：舒国今庐江舒县也。《新斠注地理志》六曰：舒今庐州府舒城县。

【集释】《马注》：与龙曰：《左传·定二年》注：庐江舒县西南有桐乡。《一统志》：在今安庆府桐城县北。

【编者按】舒县故城，即今安徽舒城县治。

灊

【集释】何超《音义》：灊音潜。

《马注》：与龙曰：《郡国志》作潜，三国时废。《汉书·地理志》："灊"，注晋灼曰音潜。宋因。《一统志》：故城今六安州霍山县东北三十里。

天柱山在南，有祠。

【斠注】两汉旧县。《水经·沘水注》曰：灊者，山、水名也。《开山图》曰：灊山围绕（编者校：《水经注校证》"绕"为"遶"。）大山为霍山。郭景纯曰：灊水出焉，县即其称矣。又《江水注》曰：希水出灊县霍山西麓。注云：山北有灊县故城。《地理志》曰：县南有天柱山，即霍山也。又《禹贡·山水泽地所在》云：霍山为南岳，在庐江灊县西南。《读史方舆纪要》二十六曰：灊城在霍山县东北三十里。

【集释】《马注》：与龙曰：《史记》：《封禅书》：元封五年，登礼灊之天柱山，号曰南岳。应劭曰：灊县属庐江。南岳，霍山也。文颖曰：天柱山在潜县南，有祠。《洞天记》：黄帝封五岳，南岳山最远，以潜岳副之。《一统志》：在今六安州霍山县西北五里。

【编者按】灊县故城，在今安徽霍山县东北。

皖

【斠注】《汉志》作皖。《续汉志》作皖。《宋志》曰：晋安帝于旧皖城置怀宁县。《读史方舆纪要》二十六曰：皖城在安庆府西北。

【集释】何超《音义》：皖，胡管反。中华书局点校本《晋书》校勘记云：皖囲胡管反 卷上及《集韵》皆作"胡官反"。地名读平声，音桓。此作"胡管反"，"管"字疑误。下同字不另出校。

《通鉴》胡注：杜佑曰：晋大雷戍，舒州望江县是，今皖口之西有雷江口，即其地。《宋书·志》云：望江县西岸有大雷江，自寻阳迤桑沿流三百里入江，即望江县。

毕沅《新补正》：沅案《太平寰宇记》又云：晋安帝于此置新冶县，属晋熙郡，亦为大雷戍。

《马注》：与龙曰：三国吴县。《文选·江赋》注引《吴录》曰：雷池在皖。《寰宇记》：永嘉乱后，县废。晋安帝复于旧皖县改置怀宁县，又置新冶县。《州郡志》晋熙太守下云：晋安帝分庐江立。又云：怀宁令、新冶令，并晋安帝立。有马头山，在今宿松县东南八十里。《桓宣传》：祖约与苏峻同反宣，欲南投浔阳，营于马头山。祖焕遣众攻宣，宣求救于毛宝，宝击焕，破之。有桑落洲，在今宿松县西南百二十里。安帝元兴三年，何无忌、刘道规破桓玄将何澹之舟师处，见《桓玄传》。又义熙中，刘毅及卢循战于桑落洲，败绩，见《安帝纪》。有大雷戍，在今望江县治。《通鉴》：安帝义熙六年，刘裕讨卢循，自雷池进军大雷。《一统志》：故城今安庆府潜山县北。

【编者按】皖县故城，即今安徽潜山县治。

寻阳

【斠注】两汉旧县。《宋志》曰：吴属蕲春郡。晋武帝太康元年省蕲春郡，以寻阳属武昌。二年，以武昌之寻阳复属庐江。《汉书补注》：阎若璩曰：汉寻阳县在大江北，今黄州府蕲州东浔水城是。东晋成帝移于江南，今九江府德化县西十五里是。杜佑曰：温峤所移也。徐松曰：庐江郡无江以南地。洪氏亮吉立五证以明之。钱氏谓在九江府城西者，误。《御览》州郡十六引《地道记》曰：寻阳，南通五岭，北导长江，远行岷、汉，亦一都会。

【集释】《马注》：与龙曰：三国吴县，属蕲春。《州郡志》寻阳太守下云：寻阳本县名，因水名县，水南注江。二汉属庐江。吴立蕲春郡，寻阳县属焉。惠帝永兴元年，立寻阳郡，寻阳县后省。《通典》：汉寻阳旧县在江北今蕲春界。晋温峤移于江南。《寻阳记》：今蕲州界古兰池城亦谓之寻水城，即汉寻阳县也。《一统志》：故城今黄州府黄梅县北。

【编者按】寻阳县故城，在今湖北黄梅县西南武穴市东北。又有一说在今湖北黄梅县境龙感湖北寻阳县故城。

居巢

【集释】《马注》：与龙曰：县三国时废。《寰宇记》：古居巢城，陷为巢湖。吴、魏战争，地遂荒废。晋平吴后复立，东晋后废。《一统志》：故城今庐江府巢县东北五里。
桀死于此。

【斠注】两汉旧县。《水经·沔水篇》曰：沔水又东北出居巢县南。注云：古巢国也。汤放桀，桀奔南巢，即巢泽也。《元和郡县补志》六曰：汉居巢县又为居巢侯国。晋仍为县。太元中，侨置南谯郡及蕲县。《斠注》案：《寰宇记》一百二十六云：晋平吴复立。则汉魏之际此县已省也。《读史方舆纪要》二十六曰：居巢城在巢县治东北五里。

【集释】《马注》：与龙曰：《尚书》：成汤放桀于南巢。巢县，旧志有桀王城，在县治卧牛山北，今为紫薇观。《一统志》：紫薇观，晋咸康四年创，旧在县北金庭山下，后迁入城，明洪武二年，再迁于县治西北牛山。

【编者按】居巢县故城，在今安徽巢湖市居巢区东北。

临湖

【斠注】两汉旧县。《新斠注地理志》六曰：临湖，今庐州无为州地。

【集释】《马注》：与龙曰：三国吴县。《一统志》：故城今无为州西南八十里临壁山下临湖圩。

【编者按】临湖县故城，在今安徽无为县西南临湖圩。

襄安

【斠注】两汉旧县。《汉书补注》：洪亮吉曰：今无为州北境有襄河，与全椒县界，则汉襄安之名盖取襄水安流之义。《读史方舆纪要》二十六曰：襄安城在无为州南四十里。

【集释】《马注》：与龙曰：三国吴县。《宋书·符瑞志》：晋成帝咸和八年，甘露降庐江襄安县蒋冑家。《九域志》：无为州有襄安镇，即故县也。《一统志》：故城今无为州南四十里襄安镇。

【编者按】襄安县故城，在今安徽无为县西南三十六里襄安镇。

龙舒

【斠注】两汉旧县。应劭曰：群舒之邑。《寰宇记》一百二十六曰：龙舒故城在合肥县西，尚存。《读史方舆纪要》二十六曰：龙舒城在庐江县西百二十里。

【集释】《马注》：与龙曰：县三国时废。《春秋·文十二年》杜注：舒城西南有龙舒。《一统志》：故城今舒城县治。

【编者按】龙舒县故城，在今安徽舒城县西南。

六 故六国。

【斠注】汉属六安国，后汉作六安，属庐江郡。《水经·沘水注》曰：淠水又西北迳六安县故城西。注云：县故皋陶国也，夏禹封其少子奉其祀。《史记·项羽本纪·正义》：《括地志》曰：故六城在寿州安丰县南百三十二里，本六国，偃姓，黥布亦皋繇之后，居六国。

【集释】程廷祚《证今》曰："在今舒城县东南六十里。又六安州及寿州西南皆六县地。"

《马注》：与龙曰：三国魏县，曰六安，见《吴志·孙权传》。《春秋·文五年》杜注：六国，今庐江六县。《寰宇记》：今县北十三里有古城，名六合城，盖即六安之讹。《一统志》：故城今六安州北。

【编者按】六县故城，在今安徽六安市北。

毗陵郡

【集释】程廷祚《证今》曰："今江南常州府。"

《马注》：与龙曰：三国吴典农校尉。

吴分会稽无锡已西为屯田，置典农校尉。

【集释】《马注》：与龙曰：《州郡志》：晋陵太守，吴时分吴郡无锡以西为毗陵典农校尉。

周一良《晋书批校》（未刊稿）："吴分会稽无锡屯田，置典农校尉，《三国志·吴志》未载，或是仿魏制行之。"

太康二年，省校尉为毗陵郡。

【集释】毕沅《新补正》：《寰宇记》：晋成帝又置南沙县。

《马注》：与龙曰：《州郡志》：晋武帝太康二年，省校尉，立以为毗陵郡，治丹徒，后复还毗陵。东海王越世子名毗，而东海国故食毗陵。《一统志》：京口今丹徒县治，毗陵今常州武进县治。晋、宋以前之丹徒在今丹徒县东南十八里，晋郡自太康至义熙迁徙不常，大约不外此三处。宋因，曰晋陵，属南徐州。

统县七，一万二千。

【斠注】《宋志》曰：郡治丹徒，后复迁毗陵。永嘉五年，帝改为晋陵，始自毗陵徙治丹徒。太兴初，郡及丹徒县悉治京口。郗鉴复徙还丹徒。安帝义熙九年，复还晋陵。去京都水四百，陆同。《元和郡县图志》二十五曰：春秋时属吴延陵季子之邑，汉改曰毗陵。元帝以避讳改为晋陵郡。《斠注》案：本

《志》下文云：以毗陵郡封东海王世子毗，避毗讳改为晋陵。《东晋疆域志》曰：东晋领县八，增南沙。《宋志》：本吴郡司盐都尉署，吴时名沙中，吴平后，立暨阳县割属之。晋成帝咸康七年，罢盐署，立以为南沙县。

【编者按】毗陵郡治丹徒县，在今江苏镇江市京口区东南。

丹徒

【集释】《通鉴》胡注："徐陵与洞浦对岸。吴主权时，吕范洞浦之败，魏臧霸渡江攻徐陵，全琮徐盛击却之。又华覈封徐陵亭侯，则徐陵盖亭名。吴以其临江津，置督守之。《南徐州记》曰：京口先为徐陵，其地盖丹徒县之西乡京口里也。""吴孙权自吴徙丹徒，谓之京城，有京岘山在其东，其城因山为垒，俯临江津，故曰京口。""丹徒县，古朱方也，后曰谷阳，秦改曰丹徒，汉属会稽郡，后汉属吴郡，晋属晋陵郡。《地理志》曰：秦时，望气者云其地有天子气，始皇使赭衣三千人凿城败其势，改曰丹徒。"

《马注》：与龙曰：三国吴县，曰武进，属吴郡。《州郡志》：丹徒令，孙权嘉禾三年，改曰武进。有氐父山，一曰获苻，一名浮玉，一名金山，在今丹徒县西北七里大江中。《元和志》：晋破苻坚，获氐俘置此山下因名。有蒜山，在今县西九里。《寰宇记》：晋末孙恩浮海至丹徒，率众登蒜山，刘裕击破之。有新丰湖，在今县东南三十五里。《张闿传》：补晋陵内史，立曲阿新丰塘，溉田八百余顷。《元和志》：新丰湖，晋太兴四年，张闿所立，旧晋陵地广人稀且少陂渠，田多恶秽，闿创湖成灌溉之利。有下鼻浦，在今县西十里。《舆地志》：吴置刺奸屯，晋郗鉴尝置两垒于浦西。有丁卯桥，在今县南三里。《舆地纪胜》：晋元帝子裒镇广陵，运粮出京口，为水涸，奏请立埭，以丁卯日制曰可，因名。后人构桥其上，唐许浑尝筑别墅于其侧。宋因，属南东海郡。《一统志》：故城今镇江府丹徒县东南十八里丹徒镇。

故朱方。

【斠注】汉属会稽郡，后汉属吴郡。《史记·世家二十七·正义》：《太康地记》曰：吴王濞反，走丹徒，越人杀之于此城。《吴志·吴主传》：嘉禾三年十一月诏：复丹徒为武进。《宋志》曰：晋武帝太康三年，复曰丹徒。

【集释】《马注》：与龙曰：《郡国志》：丹徒，《春秋》曰朱方。《州郡志》：丹徒古名朱方，后名谷阳，秦改曰丹徒。

【编者按】丹徒县故城，在今江苏镇江市京口区东南丹徒镇。

曲阿故云阳。

【斠注】汉属会稽郡，后汉属吴郡。《宋志》曰：吴嘉禾三年复曰云阳。晋武帝太康二年复曰曲阿。《晋地理志新补正》曰：按《吴录》，截直道使曲，故曰曲阿。《宋志》曰：晋元帝初，祝其、襄贲等县寄治曲阿。《新斠注地理志》十曰：今镇江府丹阳县。

【集释】《通鉴》胡注：曲阿，秦云阳县也，前汉属会稽郡，后汉属吴郡，晋属毗陵郡。大业，里名，在曲阿北。丁度曰：廗亭，在吴兴。廗，丑升翻。

裴松之曰：廄，攄陵翻。

《马注》：与龙曰：三国吴县，曰云阳，属毗陵典农校（阿）［尉］（编者校：此处"尉"误为"阿"，今改正。）《吴录》：曲阿本曰云阳，秦始皇以其地有天子气，凿北冈以败其势，截直道使阿曲，改曰曲阿。汉因之。《州郡志》：晋武帝太康二年，复曰曲阿。《郗鉴传》：祖约、苏峻反鉴，还丹徒，立大业、曲阿、廄亭三垒以拒贼。宋因。《一统志》：故城今丹阳县治。

【编者按】曲阿县故城，即今江苏丹阳市治。

武进

【斠注】《东晋疆域志》曰：乐史称《舆地记》云：吴大帝改丹阳为武进，属毗陵郡。吴末并入晋陵县。晋太康二年，分丹徒、曲阿二邑地立武进县。《晋地理志新补正》曰：按《元和志》：晋武帝复改武进曰丹徒，别置武进县于丹阳县东五十里。

【集释】《马注》：与龙曰：三国吴无。《州郡志》：武进令，晋武帝太康二年分丹徒、曲阿立。宋因，属南东海郡。《一统志》：故城今常州府武进县西北七十里。

【编者按】武进县故城，在今江苏丹阳市东。核之今地图，此地应在今常州市武进区境内。

延陵

【斠注】《寰宇记》八十九《太康地记》曰：吴封季札州来而居延陵，故曰延州来。《宋志》曰：晋武帝太康二年，分曲阿之延陵乡立。

【集释】程廷祚《证今》曰："今武进县。"

《马注》：与龙曰：三国吴无。宋因。《一统志》：故城今镇江府丹阳县南三十五里延陵镇。

【编者按】延陵县故城，在今江苏丹阳市西南延陵镇。

毗陵

【斠注】汉属会稽郡，后汉属吴郡。《宋志》曰：晋陵，后与郡俱改。《水经·沔水注》：《地理志》曰：毗陵县，会稽之属县也，丹徒县北二百步有故城，本毗陵郡治。

【集释】《马注》：与龙曰：三国吴县，属吴郡。《州郡志》：晋陵令，本名延陵，汉改曰毗陵，后与郡俱改。《元和志》：永兴元年，改为晋陵。宋因，曰晋陵。《一统志》：故城今常州府武进县治。

【编者按】毗陵县故城，即今江苏常州市治。

暨阳

【斠注】《宋志》作暨阳，云晋武帝太康二年分无锡、毗陵立。《元和郡县图志》二十五曰：本汉毗（编者校："毘"即"毗"。中华书局点校本《元和郡县图志》为"毘"。）陵县之暨阳乡，晋太康二年置暨阳县。《读史方舆纪要》二十五曰：暨阳废县在江阴县东四十里。

【集释】《通鉴》胡注：武帝太康二年，分毗陵、无锡立暨阳县，属毗陵郡，其地在今平江府常熟县界。杜佑曰：江阴，晋曰暨阳。按：暨阳，今江阴军地，秦、汉为暨阳乡，晋置暨阳县城；更有暨阳湖。

方恺《新校》：方恺曰：既阳，《州郡志》作暨阳，古字通。吴翊寅案：《元和郡县志》云本汉毗陵县之溉阳乡，晋太康二年置溉阳县。既云作暨，又作溉，不详孰是。

《马注》：与龙曰：既当作暨。三国吴无。《郡国志》毗陵注引《皇览》曰：暨阳乡。《州郡志》又云：南沙令，本吴郡司盐都尉署，吴时名沙中，吴平后立暨阳县，割属之。晋成帝咸康七年，罢盐署，立以为县。宋因。《一统志》：故城今江阴县东四十里莫城乡。南沙故县今常熟县西北五十里有南沙乡。

【编者按】既阳县故城，在今江苏江阴市东南长寿镇南。

无锡

【集释】《马注》：与龙曰：三国吴无。宋因。《一统志》：故城今无锡县治。有磨山、

【中华校】磨山　《汉志》作"历山"，"历""磨"形近致讹。按：当从《汉志》上作"历"。今无锡之惠山与舜山皆亦名历山。

春申君祠。

【斠注】汉属会稽郡，后汉属吴郡。《宋志》曰：吴省，晋武帝太康元年复立。《斠注》案：《汉志》云：有历山，春申君祠以牛。磨与历形近致讹。

【集释】《马注》：与龙曰：《郡国志》注引《史记》曰："春申君城故吴墟，以自为都邑。"城在无锡。《绝越》曰："县西龙尾陵道，春申君初封吴所造。"臣昭按：今见在，自是山名，非筑陵道。

【编者按】无锡县故城，即今江苏无锡市治。

吴郡

【集释】程廷祚《证今》曰："在今江南、浙江之界。"

《马注》：与龙曰：三国吴郡。宋因。

汉置。统县十一，户二万五千。

【斠注】《宋志》曰：汉顺帝永建四年，分会稽为吴郡。去京都水六百七十，陆五百二十。《东晋疆域志》曰：郭璞《山海经》注：晋永嘉四年，吴司盐都尉戴逢。《王允之传》：允之为钱唐令，领司盐都尉。按：此则郡有司盐都尉也。东晋领县十二，有新城县。《水经注》：县故富春也，孙权置，后省并桐庐。晋咸和九年复立为县。《沈志》：《晋太康地志》无。张勃云晋末立，疑是太康末立，寻复省也，晋成帝咸和九年又立。

【集释】《马注》：与龙曰：毕沅曰：一本作二万四千。

【编者按】吴郡治吴县，在今江苏苏州市。

吴

【集释】程廷祚《证今》曰："今苏州府治。"

《马注》：与龙曰：三国吴县。《左传·哀元年》杜注：吴郡吴县。有辟疆园，在县境。《王献之传》：尝经吴门，闻顾辟疆有名园。先不相识，乘平肩舆径入，时顾辟疆方集宾友，而献之游历既毕，旁若无人，辟疆勃然数之曰：傲

主人，非礼也，以贵骄士（编者校：余嘉锡《世说新语笺疏》"士"为"人"。），非道也。失是二者，不足耻之（编者校：余嘉锡《世说新语笺疏》"之"为"人"。）怆耳。献之不以屑意。宋因。《一统志》：故城今苏州府治。

故国。具区在西。

【斠注】《汉志》曰：具区泽在西。《汉书补注》曰：《职方》注：具区在吴南。《禹贡·山水泽地》篇：震泽在吴县南五十里。郦注《水经》多本班《志》，皆云吴南，则《志》文不当作在西，以地望测之，西南皆通然，以南为正。

【编者按】 吴县故城，即今江苏苏州市治。

嘉兴

【斠注】《元和郡县图志》二十五曰：嘉兴本春秋时长水县，秦为由拳县，汉因之。《吴志·吴主传》曰：黄龙三年夏，由拳野稻自生，改为禾兴。《宋志》作四年。赤乌五年，改禾兴为嘉兴。

【集释】 程廷祚《证今》曰："今嘉兴府治。"

《马注》：与龙曰：三国吴县。《春秋·定十四年》杜注：吴郡嘉兴县。《郡国志》由拳注引《左传》：越败吴于槜李。杜预曰：县南醉李城也。干宝《搜神记》曰：秦始皇东巡，望气者云：五百年后，江东有天子气。始皇至，令囚徒十万人掘汙其地，表以恶名，故改之曰由拳。宋因。《一统志》：故城今嘉兴府嘉兴县南。

【编者按】 嘉兴县故城，在今浙江嘉兴市南。

海盐

【斠注】 汉属会稽郡，后汉属吴郡。《元和郡县图志》二十五曰：本秦县，汉因之，其后县城陷为柘湖，移于武原乡，后又陷为当湖，移置山旁。

【集释】《通鉴》胡注：海盐县本武原乡，秦以为海盐县，汉属会稽郡，后汉、晋属吴郡，今在秀州东南八十里。

《马注》：毕沅曰：《五行志》载：元帝太兴三年，海盐郡雨雹。则海盐又尝作郡，否则郡字系县字之误。洪亮吉曰：郭璞《山海经注》：晋永嘉四年，有司盐都尉戴逢。与龙曰：三国吴县。《郡国志》海盐注：案今计偕簿，县之故治，顺帝时陷而为湖，今谓为当湖。大旱湖竭，城郭之处可识。《宋书》：晋隆安五年，孙恩北出海盐，高祖筑城于海盐故治，贼来攻，奋击破之。宋鲁应龙《拮异志》：县自陷为当湖。又移治故邑城为故邑县，后又移于海塘为海塘县。《隋志》：有故邑城，在故邑山下，一作顾邑，地近东顾，句践支庶所封，子孙因以为氏，顾氏其后也。后汉永建二年，移县治于此，晋咸宁间又徙马（皋）［皋］。（编者校："皋"当为"皋"。）《水经·沔水注》：谷水之右有马（皋）［皋］（编者校：《水经注校正》"皋"为"皋"。）城，故司盐都尉城，吴王濞煮海为盐于此县也。是以《汉书·地理志》曰：县有盐官。东出五十里有武原乡，秦于其地置海盐县，后县沦为柘湖，又徙治武原乡，改曰武原县。汉安帝时，武原之地又沦为湖，今之当湖也，后乃移此。《嘉兴府志》：晋咸宁间，县自古邑徙于马（皋）［皋］

塘，后置于吴御城，或曰吴御即马（皞）[嗥]也。有乌夜村，在今海盐县南三里。《舆地纪胜》：晋何准居此一夕，群鸟啼噪，准适生女，他日复啼，乃穆帝立女为后之日。宋因。与龙曰：按《括异志》之海塘县当即马（皞）[嗥]塘，据《隋志》及《嘉兴府志》，晋海盐县在马（皞）[嗥]塘，即今海盐县治。《一统志》：当湖在今平湖县东门外，故邑城在平湖县东南二十七里，西南去海盐县三十六里。

【编者按】 海盐县故城，在今浙江平湖市东南杭州湾江中。

盐官

【斠注】《水经·沔水注》曰：谷水又东南迳盐官县故城南。注云：旧吴海昌都尉治。晋太康中，分嘉兴立。《晋太康地道记》：吴有盐官县。《寰宇记》九十三《太康地记》曰：汉盐官也。《御览》一百七十《十道志》曰：盐官本汉海盐、由拳两县境。

【集释】《马注》：与龙曰：三国吴县。《汉书·地理志》：海盐县，有盐官。《吴志》：陆逊始仕孙权幕府，出为海昌屯田都尉，并领县事。裴松之注：《陆氏祠堂像赞》曰：海昌，今盐官县也。《州郡志》引《吴纪》云：盐官本属于嘉兴，吴立为海昌都尉治，此后改为县。《太康地道记》：吴有盐官县。按诸书志及《水经注》之说，其引《太康地道记》吴有盐官县，吴字当衍。宋因。《一统志》：故城今杭州府海宁州治。

【编者按】 盐官县故城，在今浙江海宁市西南杭州湾江中。

钱唐

【集释】《通鉴》胡注："钱唐县，前汉属会稽郡，后汉属吴郡。《钱唐记》曰：郡仪曹华信立此塘以防海水，始开，募能致土一斛者即与钱一千。旬月之间，来者云集，塘未成而不复取，于是载土石者皆委之而去，塘以之成，故名钱塘。""临平湖，今在临安府仁和县界，有临平镇，在临安府城西北四十八里。"

《马注》：与龙曰：三国吴县。按汉钱唐县，后汉省，灵帝中平二年，封朱儁为钱唐侯，盖此时已复置。有临平湖，在今仁和县临平山东南五里。《吴志》：天玺元年，吴郡言临平湖开。自汉末草秽壅塞，今更开通。长老相传，此湖塞，天下乱，此湖开，天下平。又于湖边得石函，中有小石，青白色，长四寸，广二寸余，刻上作皇帝字。于是年大赦，俄而晋武帝平吴。《水经·渐水注》说同。又引《钱唐记》曰：桓玄之难，湖水色赤，荧荧如丹。宋因。《一统志》：故城今钱塘县西。

武林山，武林水所出。

【斠注】 汉属会稽郡。《水经·浙江水注》曰：浙江又东迳灵隐山，山下有钱唐故县。浙江迳其南。县有武林山，武林水所出也。阚骃云：山出钱水，东入海。《水经注释》四十曰：全氏曰：《汉志》：会稽郡钱唐县，武林山，武林水所出，东入海，行八百三十里。武林山即灵隐山，在今钱唐县治西五里。武林水东入海，则是截钱唐江而东趣凫渚以达于海，不然不得云东入也。计其里数，不及二百，何云八百三十里耶？一清按：《说文》有渐江，又有浙江，云：江水东至山阴为浙江，则黟县之渐江至钱唐乃有浙名。班《志》有浙江，无渐江。浙江下但云东入海，不计道里之数。至钱唐武林水，亦云东入海，行八百三十里。补此一句，以见浙江之即渐江也。武林水既入于江，则是合江流而东入于海，推本源流，所行恰有此数，亦非孟坚误记也。

【集释】《马注》：与龙曰：说见《汉书·地理志》。《吴地记》言：县惟浙江，今无此水。《一统志》云：《元和志》《寰宇记》诸书皆只称灵隐山，而不详武林。叶绍翁《四朝闻见录》谓武林即灵隐，自后多主其说，山在今钱塘县西十二里。

【编者按】钱唐县故城，在今浙江杭州市西。谭其骧《杭州都市发展之经过》认为秦汉钱唐故县在"今［西］湖以西北至岳坟西去灵隐一带"。阙维民《杭州城池暨西湖历史图说》认为六朝时钱唐县是由几个聚落组成，主要分布在"西湖群山的山麓地带以及交通水道沿线"，"钱唐县治所在的行政中心聚落，至迟在东晋咸和三年已经落址在柳浦之西凤凰山麓一带的浙江江干，依山面江"。

富（阳）［春］

【斠注】汉富春县，属会稽郡，后汉属吴郡。《宋志》曰：孙权黄武四年，以为东安郡，七年省。晋简文郑太后讳春，孝武改曰富阳。《水经·浙江水注》曰：桐溪又东北，迳新城县入浙江。注云：县故富春地，孙权（编者校：陈桥驿复校本《水经注疏》此处增"置"。）后省并桐庐。咸和九年，复立为县。《斠注》案：新城县为东晋所复置，故《志》不载。

【集释】方恺《新校》：方恺曰：《州郡志》：富阳令，本名富春，孝武避郑太后讳更名。本《志》列西晋县名作富阳，误。

《马注》：与龙曰：三国吴县，曰富春。《吴录》：太元中，避郑太后讳，改春为阳。按宣城郡春穀县下云：孝武改春为阳；淮南郡寿春县下无注。此县则作富阳，《志》以太康为断，应作富春，而注孝武改春为阳，以归一致。宋因。《一统志》：故城今富阳县治西北隅。

【编者按】富阳县应为富春县。富春县故城，即今浙江杭州市富阳区治。谭其骧主编《中国历史地图集》西晋太康二年图定名为富春县。

桐庐

【斠注】《水经·浙江水注》曰：孙权藉溪之名以为县目，割富春之地，立桐庐县。《元和郡县图志》二十五曰：桐庐本汉富春县之桐庐乡。黄武四年，分置桐庐县，以居桐溪地因名。《读史方舆纪要》九十曰：桐庐故城在今县西二十五里。《晋地理志新补正》曰：按《沈志》，吴又立新城县，后并桐庐。《晋太康地志》无。张勃云晋末立，疑是太康末立，寻复省也。晋成帝咸和九年又立。

【集释】《马注》：与龙曰：三国吴县。《州郡志》：桐庐令，吴分富春立。有新城故县，在今杭州府新城县东。《水经·渐水注》：桐溪又东北迳新城县，故富春地。孙权置，后省并桐庐。

咸和九年复立为县。《州郡志》说同。宋因。顾祖禹云：桐庐故城，今严州府桐庐县西二十五里。

【编者按】桐庐县故城，在今浙江桐庐县西二十五里。

建德

【斠注】《元和郡县图志》二十五曰：建德本汉富春县地。吴黄武四年，分置建德县。

【集释】《马注》：与龙曰：三国吴县。《州郡志》：建德令，吴分富春立。宋因。《一统志》：故城今建德县治。

【编者按】建德县故城，在今浙江建德市东北五十里梅城镇。

寿昌

【斠注】汉富春县。《宋志》曰：吴分富春立新昌县。晋武帝太康元年更名。《斠注》案：《东晋疆域志》谓：《沈志》合新昌、寿昌为一县，疑误。《读史方舆纪要》九十曰：故城在县西。

【集释】毕沅《新补正》：沅案《沈志》：吴郡又有新城。张勃《吴录》：晋末立新昌，太康元年更名寿昌，二县《元和郡县志》皆汉富春县地。（编者校：此条毕沅原列于海虞县后，今提前至寿昌县后。）

《马注》：与龙曰：三国吴县，曰新昌。宋因。《一统志》：故城今寿昌县西永平乡花园坪，今名故城坂。

【编者按】寿昌县故城，在今浙江建德市西南五十二里古城山村。

海虞

【斠注】《宋志》曰：晋武帝太康四年，分吴县之虞乡立。又曰：晋元帝初，割吴郡海虞县之北境为东海郡，立郯、朐、利城三县。《舆地纪胜》九引《舆地志》云：晋元帝以海虞县北境之土山立利城县，以处流民。《斠注》案：东海三县为江左侨立之县，故《志》不载。《读史方舆纪要》二十三曰：今常熟县即故海虞城。

【集释】方恺《新校》：方恺曰：又《州郡志》：海虞令，晋太康四年分吴县之虞乡立。考本《志》中篇年分断例不应列此县，见荆州南郡下。

《马注》：与龙曰：三国吴无。《后赵录》：石勒将刘徵帅众数千，浮海抄东南诸县，杀南沙都尉许儒，进攻海虞。宋因。《一统志》：故城今苏州府常熟县东。

【编者按】海虞县故城，即今江苏常熟市治。

娄

【斠注】汉属会稽郡，后汉属吴郡。《汉志》曰：有南武城，阖闾所起以候越。《读史方舆纪要》二十三曰：娄城在昆山县治。

【集释】《通鉴》胡注：沪渎，今在平江府吴县东。《吴都记》：松江东泻海，名曰扈渎。《舆地志》曰：扈，业者滨海捕鱼之名。插竹列于海中，以绳编之，向岸张两翼，潮上即没，潮落即出，鱼随海潮，碍竹不得去，名曰扈渎。范成大《吴郡志》曰：列竹于海澨曰沪，吴之沪渎是也。自沪渎沿松江至吴郡将门，将门今讹为匠门。

《马注》：与龙曰：三国吴县。有东仓，在今太仓州治。《顾众传》：咸和三年，苏峻遣其党张健据吴，众自海虞由娄县东仓与贼战，败之。有沪渎，在今上海县东北，松江下游也。范成大《吴郡志》：松江东泻海曰沪海，亦谓之沪渎。凡水发源而注海曰渎。陆龟蒙曰：列竹于海澨曰沪，吴之沪渎是也，晋虞潭所修。今吴淞江直趋而东，又七十余里入海，无复有渎，其东西芦浦止通潮汐而已。《虞潭传》：转吴国内史，修沪渎垒以防海沙，百姓赖之。有沪渎城，在上海县北、太仓州嘉定县西南四十里吴淞江南。《孙恩传》：朝廷遣吴国内史袁山松筑沪渎垒备恩，明年，恩转寇沪渎，害袁山松，仍浮海向京口。刘裕寻海要截，大破恩于沪渎。《寰宇记》：城在沪渎江边，今为陂湖所冲，已半毁江中。《文选·谢灵运游赤石诗》注引顾启期《娄地记》曰：浪山海中南极之观岭，穷发之人，举帆扬越，以为标的。宋因。《一统志》：故城今昆山县东北三里娄县村。

【编者按】娄县故城，在今江苏昆山市东北。

吴兴郡吴置。

【集释】《通鉴》胡注：吴分吴郡、丹阳置吴兴郡，以自乌程兴故也。

程廷祚《证今》曰："今浙江湖州府。"

《马注》：与龙曰：三国吴郡。宋因。

统县十，

【集释】钱大昕《十驾斋养新录》曰："阳羡县，前汉属会稽，后汉属吴郡，吴孙皓改属吴兴。《晋志》吴兴郡统县十，不及阳羡者，漏也。后有吴兴之阳羡语可证。《周处传》：义兴阳羡人。义兴郡因处子玘起义而立。处生前未有此郡，当书吴兴为正。"

方恺《新校》：方恺曰：后篇言割吴兴之阳羡立义兴郡。郭璞《山海经》注：今吴兴阳羡县有君山。《尔雅注》同。《史记索隐》引《太康地理志》阳羡县，本名荆溪。《州郡志》阳羡令，汉旧县。不言晋废置，是阳羡自汉历西晋至宋皆有此县，不应与义乡等县并列后篇，本《志》误。本书《周处传》：处为义兴阳羡人。又《武帝纪》，太康八年十二月，吴兴人蒋迪聚党反，围阳羡县。又《贺循传》：吴平后，嵇喜举循秀才，除阳羡令。

周家禄《晋书校勘记》曰：属县有阳羡，误脱。统县当云十一。按丹杨、永世、吴兴、阳羡，后皆割隶义兴。今丹杨属县有永世，而吴兴无阳羡，故知误脱。又《周处传》云：义兴阳羡人。按义兴治郡始于其子玘，处时不得豫云义兴，盖吴兴之误也。

《马注》：与龙曰：按《志》此郡下只列十县，今补阳羡，乃符十一之数。

籍大阳《〈晋书·地理志〉关于阳羡县记载的疏略》："《晋书》卷一五《地理志》于扬州吴兴郡下说：'统县十：乌程、临安、余杭、武康、东迁、於潜、故鄣、安吉、原乡、长城。'于扬州后序又说：'永兴元年，以周玘创义讨石冰，割吴兴之阳羡，并长城之北乡，置义乡、国山、临津并阳羡四县，又分丹阳之永世置平陵及永世，凡六县，立义兴郡，以表玘之功，并属扬州。'此事亦见《晋书》卷五八《周玘传》。《传》说：'（元）帝以玘频兴义兵，勋诚并茂，乃以阳羡及长城之西乡、丹阳之永世别为义兴郡，以彰其功。'两说稍有不同，不能不辩。《晋书·地理志》是据武帝太康元年平吴以后簿籍撰成的。义兴郡设置于永兴元年，远在平吴之后。设置义兴郡时才由吴兴郡分出阳羡县，则吴兴郡中就不应不记载阳羡县。如吴兴郡中本来确有阳羡县，则所统辖的就不止十县，而应为十一县。义兴郡所辖六县中的永世县，是由丹阳郡中分出来的，可是丹阳郡所统的十一县中就有永世县，以此例彼，则吴兴郡有关统县的记载似非实录。如果吴兴郡有关统县的县数及县名是确实的，则太康元年这个郡中就不应再有阳羡县。其实并非如此。阳羡为西汉时旧县，见《汉书·地理志》及《续汉书·郡国志》。《三国志》卷四十八《吴书·三嗣主传》裴注引孙皓诏书说：'今吴郡阳羡、永安、余杭、临水及丹阳郡故鄣、安吉、原乡、於潜诸县，地势水流之便，悉注乌程……其亟分此九县为吴兴郡，治乌程。'则三国时此县仍依然存在。就在晋初，周处犹为阳羡人，见《晋书》卷五十八《周处传》。周处为由吴入晋的人士，既籍隶阳羡，固知阳羡初未有所废除。《晋书·地理志》于吴兴郡仅载十县，不及阳羡，疏矣。"

户二万四千。

【斠注】《宋志》曰：孙皓宝鼎元年，分吴丹阳立。去京都水九百五十，陆五百七十。

【编者按】吴兴郡治乌程县，在今浙江湖州市南。

乌程

【斠注】汉属会稽郡，后汉属吴郡。《寰宇记》引《吴兴记》云：县旧在郡界，晋安帝义熙元年始移今处。

【集释】《通鉴》胡注：明陵，在吴兴乌程县。沈约曰：孙瞥改葬其父于乌程西山，曰明陵。

程廷祚《证今》曰："今县。"

《马注》：与龙曰：三国吴县。《左传·襄三年》杜注：吴兴乌程县。《寰宇记》：楚春申君立菰城县，秦改为乌程，晋义熙元年始移今处。有升山，在县东二十里。《寰宇记》：升山一名欧余山，一名欧亭山。王羲之为太守，尝升此山，顾谓宾客曰：百年之后谁知王逸少与诸卿游此乎？因有升山之号。有余不溪，在湖州府治北。《孔愉传》：愉尝行经余不亭，见笼龟于路者，愉买而放之溪中，龟中流左顾者数四。及愉以讨华轶，封余不亭侯，铸侯印，而印龟左顾，三铸如初，印工以告，愉乃悟，遂佩焉。宋因。《一统志》：故城今湖州府治。故菰城今湖州府南二十五里。

【编者按】乌程县故城，在今浙江湖州市南。《中华人民共和国地名词典·浙江省》据考古资料，下菰城遗址在今湖州市区南约二十四里，近青山乡窑头村。

临安

【斠注】《水经·浙江水注》曰：浙江迳县左，合余干大溪。注云：江北即临安县界。建武十六年，县民郎稚作乱，贺齐讨之。孙权分余杭县立临水县。晋改曰临安，因冈为城。《宋志》曰：晋武帝太康元年更名。《晋地理志新补正》曰：按《寰宇记》：吴析富春置新城，晋太康元年改临安县。又云：晋太康中，改临水为临安。《斠注》案：乐史谓改新城为临安与郦《注》云改临水为临安者互异，然《宋志》云临安为临水更名，是乐史误也。

【集释】《马注》：与龙曰：三国吴县，曰临水。《吴志·贺齐传》：分余杭为临水县。《吴录》：临水，晋改为临安。《水经·渐水注》：孙权分余杭县立临水县。晋改曰临安，因冈为城，南门尤高。谢安莅郡，游县迳此门，以为难为亭长。有临安山，在临安县西南十八里。《寰宇记》：县取此山为名。《郭文传》：文自王导园中逃归临安，结庐山中，及苏峻反，破余杭而临安独全，人以为知（几）[机]（编者校："几"应为"机"。此处误。）。《水经·渐水注》：郭文宅傍山面溪，宅东有郭文墓，晋建武元年，骠骑王导迎文，置之西园，文逃此而终，临安令改葬。有垂雷山，在县西南十二里。《许迈传》：垂雷山近延陵之茅山，是洞庭西门，潜通五岳，陈安世、茅季伟常所游处，于是立精舍于茆岭之洞室。有天目山，在县西北五十里。郭璞《地记》：天目山垂两乳长，龙飞凤舞到钱唐。宋因。《一统志》：故城今杭州府临安县北四里。

【编者按】临安县故城，在今浙江临安市北。

余杭

【斠注】汉属会稽郡，后汉属吴郡。《续汉志》注顾夷云：始皇至会稽郡经此，立为县。

【集释】《马注》：与龙曰：三国吴县。有大涤山，在今县西南十八里。《郭文传》"文辞家游名山，入吴兴余杭大辟山中穷谷无人之境"即此。《水经·渐水注》：浙水又东迳余杭故县南、新县北。县南有大壁山，郭文自陆浑迁居也。宋因。《一统志》：故城今余杭县治。

【编者按】余杭县故城，在今浙江杭州市余杭区西南七十六里余杭镇。

武康

【集释】《马注》：与龙曰：三国吴县，曰永安。宋因。《一统志》：故城今湖州府武康县西。

故防风氏国。

【斠注】《宋志》曰：武康[令]（编者校：据中华书局点校本《宋书·地理志》补"令"），吴分乌程、余杭立永安县，太康元年更名。《南史·沈约传》又云：灵帝初平五年，分乌程、余杭为永安县。《元和郡县图志》二十五曰：武康本汉乌程余不乡之地，汉末分置永安县，属吴兴。《斠注》案：乌程或以为汉立，或以为吴立，或以为分乌程、余杭，或以为分乌程之余不，未知孰是。《东晋疆域志》曰：武康，吴永安县。裴骃《史记集解》：太康元年，改永安为武康。《通典》：晋以平阳已有永安县，故改此永安为武康。

【集释】《通鉴》胡注：《吴录》曰：永安，今武康县也。宋白曰：永安县，本汉乌程县之余不乡。

《马注》：与龙曰：《鲁语》：防风氏在虞、夏、商为汪罔氏守封、禺之山。韦昭注：封、禺二山名，皆在永安县。《舆地志》：禺山盖古防风氏之都也。

《一统志》：封山今武康县东十八里。禺山今武康县东南三十里。

【编者按】武康县故城，在今浙江德清县西二十四里武康镇。

东迁

【斠注】《宋志》曰：东迁令，晋武帝太康三年分乌程立。《舆地纪胜》四曰：故东迁县在乌程县东四十一里。

【集释】《马注》：与龙曰：三国吴县。《王舒传》：张健等复掠东迁、余杭、武康诸县。宋因。《一统志》：故城今乌程县东四十里。

【编者按】东迁县故城，在今浙江湖州市东三十六里南浔区旧馆。谭其骧主编《中国历史地图集》西晋太康二年图定点在今浙江湖州市东五十二里东迁。存此二说。

於潜

【集释】《马注》：与龙曰：三国吴县。宋因。《一统志》：故城今杭州府於潜县北。

有潜水。

【斠注】《汉志》作於朁。《续汉志》作於潜，属丹阳郡。《水经·浙江水注》曰：桐溪水出於潜县北天目山，迳县西，为西溪。合紫溪水。紫溪水出县西百丈山，即潜山也。水又名赤濑。《御览》一百七十《吴录·地理志》曰：县西有朁山，盖因山以立名。旧朁字无水，至隋加水。《斠注》案：张勃，晋人，不当言至隋加水，恐误。

【集释】《马注》：与龙曰：《水经·浙江水注》：桐溪水出吴兴郡於潜县北天目山。东面有瀑布，下注数畮深沼，名曰浣龙池。池水南流迳县西，为县之西溪。又东南与紫溪合，水出县西百丈山，即潜山也。山水东南流，名为紫溪。又东南流迳桐庐县东为桐溪。与龙曰：《吴录》有朁山，不言潜水。据《水经注》紫溪水出潜山，则潜水当即此水，惟他书未有潜水之名耳。

【编者按】於潜县故城，在今浙江临安市西於潜镇。

故鄣

【斠注】两汉属丹阳郡，吴改属吴兴郡。《史记·吴王濞列传·正义》：《括地志》曰：故章城，二字意增。秦兼天下以为鄣郡，今湖州长城县西南八十里故章城是也。《斠注》案：章城即鄣城。

【集释】《通鉴》胡注：故鄣县，汉属丹阳郡；吴分吴郡丹杨置吴兴郡，故鄣属焉。其地本秦鄣郡所治，故曰故鄣。今湖州安吉县，故鄣之南乡也；今广德军，汉故鄣县之地。杜佑曰：湖州长城县西八十里鄣郡故城，即秦鄣郡县城也。

《马注》：与龙曰：三国吴县。宋因。《一统志》：故城今湖州府安吉县西北十五里。

【编者按】故鄣县故城，在今浙江安吉县西北二十六里安城乡古城。

安吉

【斠注】《水经·沔水注》曰：光和之末，天下大乱，此乡保乡守节，汉朝嘉之。中平二年，分故鄣之南乡以为安吉县。

【集释】《马注》：与龙曰：三国吴县。《州郡志》：汉中平二年，分故鄣立。宋因。《一统志》：故城安吉县西南三十里。

【编者按】 安吉县故城，在今浙江安吉县西南。史为乐主编《中国历史地名大辞典》定点在今浙江安吉县西南二十八里孝丰镇。

原乡

【斠注】《续汉志》注曰：《吴兴记》曰：中平二年，又分故鄣立原乡县。《读史方舆纪要》九十一曰：原乡城在孝丰县东。

【集释】《马注》：与龙曰：三国吴县。《州郡志》：汉中平二年，分故鄣立。宋因。《一统志》：故城今孝丰县北。

【编者按】 原乡县故城，在今浙江安吉县北安城镇东北。

长城

【斠注】《宋志》曰：长城令，晋武帝太康三年，分乌程立。《通典》：吴王阖闾使弟夫㮣居此，筑城狭而长。晋武帝置县，因以为名。《舆地纪胜》四曰：故长城。《地理志》云在长兴县东南之一十八里。

【集释】《马注》：与龙曰：三国吴无。《寰宇记》：晋初置县富陂村，咸康元年徙箬溪北。今之重光观，即故地。宋因。《一统志》：富陂村今长兴县东十八里。重光观，唐麟德三年建，宋改冲真观，在今长兴县东一里。

【编者按】 长城县故城，在今浙江长兴县东十八里。

［阳羡］

【集释】《通鉴》胡注：阳羡县，前汉属会稽郡，后汉属吴郡，自吴以来，分属吴兴郡。贤曰：阳羡故城，在今常州义兴县南。

毕沅《新补正》：沅案《元和郡县志》"割吴兴之阳羡并长城县之北乡为义兴郡"，则晋初有阳羡县，并属吴兴，此《志》不载，未知何故？

《马注》：钱大昕曰：阳羡县，前汉属会稽，后汉属吴郡，吴孙皓改属吴兴。《晋志》不载阳羡者，漏也。后有吴兴之阳羡语可证。方恺曰：《武帝纪》：太康八年十二月，吴兴人蒋迪聚党反，围阳羡县。《贺循传》：吴平后，嵇喜举循秀才，除阳羡令。郭璞《山海经》注：今吴兴阳羡县有君山。《尔雅注》同。与龙曰：三国吴县。按《志》云割吴兴之阳羡说本《州郡志》。又《史记·高纪·索隐》引《太康地志》：阳羡县，本名荆溪。是太康时吴兴郡有阳羡县，今据以补录。荆溪在今荆溪县南。《汉书·地理志》：中江出芜湖西南，东至阳羡入海。虞喜曰：汉初置荆国以有荆溪，在阳羡界为名。《寰宇记》：荆溪即《汉志》芜湖之中江水也。《舆地纪胜》：荆溪首受芜湖水，东至阳羡入海。有章浦亭，在今宜兴县西二十五里。《寰宇记》引《晋书地道记》：阳羡有章浦亭，周处封章浦亭侯即此。有长桥，《周处传》：长桥下有蛟食人为害，处入水斩之。《元和志》：桥跨荆溪即处斩蛟处。《寰宇记》：桥在宜兴县城前二十步。有太湖，有包山。《吴都赋》注引周处《风土记》曰：阳羡太湖中有包山。宋因，属义兴郡。《一统志》：故城今常州府宜兴县南五里。

胡运宏、胡阿祥《中华本〈晋书·地理志〉考异》："扬州吴兴郡缺阳羡县。按：《三国志·吴书·孙权传》，孙权年十五，'以为阳羡长'；《孙皓传》，天玺元年，'吴兴阳羡山有空石，长十余丈，名曰石室。在所表为大瑞。乃遣兼司徒董朝、兼太常周处至阳羡县，封禅国山'；《周鲂传》，吴郡阳羡人。……《宋志》南徐州刺史义兴太守：'晋惠帝永兴元年，分吴兴之阳羡、丹阳之永世立。'是自汉至晋惠帝时，阳羡县俱存不废，《晋志》不载，缺误也。"

【编者按】《马注》在此处增阳羡县。阳羡县故城，在今江苏宜兴市南。

会稽郡秦置。

【集释】程廷祚《证今》曰："在今浙江。"

《马注》：与龙曰：三国吴郡。宋因。

统县十，户三万。

【斠注】《汉志》曰：秦置，《史记·始皇纪》：二十五年置。高帝六年为荆国，十二年更名，吴景帝四年属江都。《宋志》曰：去京都水一千三百五十五，陆同。《元和郡县图志》二十六曰：越州，春秋时为越，为楚所灭，秦以其地并吴为会稽郡。后汉顺帝时分浙江以西为吴郡，东为会稽郡。自晋至陈，又于此置东扬州。又引《宋略》曰：会稽山阴，编户三万，号为天下繁剧。

【集释】毕沅《新补正》：沅案：晋于此置东扬州。

【编者按】会稽郡治山阴县，在今浙江绍兴市。

山阴

【集释】程廷祚《证今》曰："今绍兴府治。"

《马注》：与龙曰：三国吴县。《左传·宣八年》杜注：会稽山阴县。《郡国志》有。《浙江注》引郭璞注《山海经》曰：江出歙县玉山。有兰亭，在今县南二十七里。《王羲之传》：尝与同志宴集于会稽山阴之兰亭，羲之自为之序。《水经·渐水注》：浙江又东与兰溪合，湖口有亭，号曰兰亭，亦曰兰上里。太守王羲之、谢安兄弟数往造焉。吴郡太守谢勖封兰亭侯，盖取此以为封号。太守王廙之移亭在水中，司空何无忌之临郡也，起亭于山椒，极高尽眺矣。宋因。《一统志》：故城今绍兴府山阴县治。

会稽山在南，上有禹冢。

【斠注】两汉旧县。《水经·渐江水注》曰：秦改为山阴县，会稽郡治也。会稽者，会计也。始以山名，因为地号。《御览》四十一孔灵符《会稽记》曰：会稽山在县东南。《史记·封禅书·正义》：《括地志》：会稽山一名衡山，在越州会稽县东南一十二里也。又《夏本纪·正义》：《括地志》曰：禹陵在越州会稽县南十三里。《元和郡县图志》二十六曰：山阴县，秦旧地。会稽山在越州东南二十里。

【集释】《通鉴》胡注：《晋书》曰：邢浦去山阴北三十五里。

《马注》：惠栋曰：吴会《分野记》云：禹年九十三崩，葬山阴临江之丘，名曰富陵。与龙曰：注说见《汉书·地理志》。《史记·夏本纪·集解》引《越传》曰：禹到大越，上苗山，大会计，更名苗山曰会稽。因病死，葬，苇棺，穿圹深七尺，坛高三尺，土阶三等，周方一亩。《水经·渐水注》：会稽之山，古防山也，亦谓之为茅山。山上有禹冢，昔大禹东巡狩，崩于会稽，因而葬之。有鸟来为之耘，春拔草根，秋啄其秽。山东有湮井，深不见底，谓之禹井，云东游者多探其穴也。《一统志》：会稽山在今会稽县东南三十里，禹陵在山西北五里。

【编者按】山阴县故城，即今浙江绍兴市治。

上虞有仇亭，舜避丹朱于此地。

【斠注】两汉旧县。《元和郡县图志》二十六曰：上虞故城西枕上虞江。《水经·渐江水注》曰：小江水东迳上虞县南。注云：本司盐都尉治地，名虞宾。《晋太康地记》曰：舜避丹朱于此，故以名县，百官从之，故县有百官桥。亦云舜与诸侯会事讫，因相娱乐，故曰上虞。又曰：仇亭在县之东北。

【集释】《马注》：与龙曰：三国吴县。《地理志》云：县有仇亭，柯水东入海。仇亭在县之东北十里江北。柯水疑即江也。宋因。《一统志》：故城今上虞县西北四十里之百官市。

【编者按】上虞县故城，即今浙江绍兴市上虞区治。

余姚

【集释】《马注》：与龙曰：三国吴县。宋因。《一统志》：故城今余姚县治。

王仁俊辑《晋书佚文》曰：王敬伯，会稽余姚人。（编者校：此条辑录自杜文澜《古谣谚》。）

有句余山在南。

【斠注】两汉旧县。《山海经·南山经》曰：句余之山无草木，多金玉。郭璞注云：今在会稽余姚县南、句余县北。《水经·沔水注》曰：县西去会稽百四十里。因句余以名县。山在余姚之南、句章之北。《斠注》案：郦氏，魏时人，尚称句章，与本《志》同。郭氏乃称句余县，恐为句章之讹。

【集释】方恺《新校》：方恺曰：郭璞《山海经》注：句余山在会稽余姚县南、句余县北，故此二县以为名（焉）〔云〕，见张氏《地理志》云云。今案会稽有句章县无句余县，疑余乃章字之误，盖二县各分一字为名，非《晋志》误也。又案《水经注·沔水篇》：南江又东北为长渎历河口。注引谢康乐云：《山海经》浮玉之山，在句余东五〔百〕（编者校：此处脱"百"字。）里，便是句余县之东山云云。据此句余县名非特见《山海经》注，他书皆有之，恐晋时曾置句余县而《晋志》缺载也。吴翊寅案：汉旧县有句章无句余，本《志》余姚县有句余山在南，与郭璞注同，不当复有句余县。《水经注》：句余山在余姚之南、句章之北，可证《山海经》郭注之讹。

《马注》：与龙曰：《一统志》：即四明山，在县南一百一十里，山之东北跨宁波府鄞县界，绵亘两郡之周围八百余里。

【编者按】余姚县故城，在今浙江余姚市姚江北岸。

句章

【斠注】两汉旧县。《汉书补注》曰：

《国语》：句践之地，南至句无。《十三州志》：句践灭吴，大城之，章霸功以示子孙，故曰句章。《舆地纪胜》十一曰：古句章城在鄞县南六十里。《读史方舆纪要》九十二曰：《志》云故城今慈溪县界。晋隆安四年，孙恩作乱，刘牢之等讨之，改筑句章城于小溪镇，即此城也。

【集释】《通鉴》胡注：句章县，自汉以来属会稽郡，今鄞县以东定海、昌国，皆其地也。

程廷祚《证今》曰："今宁波府定海县。"

《马注》：与龙曰：三国吴县。《左传·哀二十一年》杜注：会稽句章县。宋因。《一统志》云：汉县在今宁波府慈溪县西南三十五里城山渡，东晋改筑县在今鄞县南四十里小溪镇。

【编者按】句章县故城，在今浙江余姚市东南五十里城山村。

鄞

【集释】《马注》：与龙曰：三国吴县。宋因。《一统志》：故城今奉化县东。有鲒埼亭。

【斠注】两汉旧县。《元和郡县图志》二十六曰：晋穆帝永和三年，分会稽之鄞县置宁海县，属临海郡。《斠注》案：宁海为东晋所分置，不见于《志》。《汉志》注师古曰：鲒，蚌也。曲岸为埼。《说文解字》曰：《汉律》：会稽郡献鲒酱出此县。《汉书补注》曰：鲒埼山在奉化县东南五十里，以近古鲒埼亭而名。

【集释】何超《音义》：鄞，音银。又牛巾反。鲒埼，上巨乙反，下音祈。

《马注》：与龙曰：说见《汉书·地理志》。鲒（编者校：马注所本为"䱃"字，故有此述。）作埼。颜师古注：鲒，蚌也，长一寸，广二分，有一小蟹在其腹中。埼，曲岸也，其中多鲒，故以名亭。《一统志》：在今奉化县东南。

【编者按】鄞县故城，在今浙江奉化市东白杜。

鄮

【斠注】两汉旧县。《舆地纪胜》十一曰：鄮县古城在鄞县东三十里。

【集释】何超《音义》：鄮（编者校：此字与本《志》正文鄮写法不同而已。），莫候反。

《马注》：与龙曰：三国吴县。有浃口，在县东北二里鄮江入海处，即《春秋》时所为甬东。东晋时置浃口戍。《谢琰传》：孙恩寇浃口，进及邢浦，谢琰遣参军刘宣之距破恩。宋因。《一统志》：故城今鄞县东三十里。

《八琼室金石补正》收录《周邏砖文》，中有"晋故隆和元年八月十八日，鄮县周邏造"等字样。陆增祥曰："鄮县，晋属扬州会稽郡，今鄞县地。"

【编者按】鄮县故城，在今浙江宁波市东。史为乐主编《中国历史地名大辞典》定点在今浙江宁波市鄞州区东宝幢乡阿育王寺附近。

始宁

【斠注】《水经·浙江水注》曰：浦阳江又东北，迳始宁县西。注云：本上虞之南乡也，汉顺帝永建四年，阳羡周嘉上书始分之。旧治水西，常有波潮之患，晋中兴之初，治今处。《晋地理志新补正》曰：按贺续《会稽记》：顺帝永建四年，分上虞南乡立。何承天《志》汉末分上虞立。《续汉志》无。《读史方舆纪要》九十二曰：始宁城在上虞县西南五十里。

【集释】《马注》：与龙曰：三国吴县。《郡国志》上虞注：汉末分南乡立始宁县。有峤山，在今上虞县西南五十里。《水经注》：浦阳江又东北迳始宁县峤山之成功峤，峤壁立临江，欹路峻狭，不得并行，行者牵木稍进，不敢俯视。峤北有峤浦。北则峤山，与嵊山接，二山虽曰异县，而峰岭相连。其间倾涧怀烟，泉溪引雾，吹畦风馨，触岫延赏。是以王元琳谓之神明境。事备谢康乐《山居记》。浦阳江自峤山东北迳太康湖，车骑将军谢玄田居所在。宋因。《一统志》：故城今绍兴府上虞县西南五十里。

【编者按】始宁县故城，在今浙江嵊州市北三十八里三界镇。

剡

【斠注】两汉旧县。《元和郡县图志》二十六曰：故城在今县理西南一十二里。《读史方舆纪要》九十二曰：剡城旧县在嵊县西南十五里。

【集释】何超《音义》：剡，上检反，又羊检反。

傅云龙《殿本晋书考证》曰：剡，监本作郯，误也。剡县属会稽郡，若郯县则属东海郡矣。

《马注》：与龙曰：（编者校：马注所本为"郯"，故有下论。）官本作剡，

是三国吴县作剡，见《吴志·贺齐传》。按二汉《志》并作剡，此当作剡，形似致讹。《文选·孙兴公游天台山赋》：落五界而迅征。注：五界，五县之界。孔灵符《会稽记》曰：此县旧名五县之余地。五县，余姚、鄞、句章、剡、始宁。支遁《天台山铭序》曰：余览《内经山记》云：剡县东南有天台山。谢灵运《山居赋》注曰：天台、四明相连接。宋因，作剡。《元和志》：汉县故城在今县西南一十二里，吴贺齐为令，移理今所。《一统志》：故城今嵊县治。

【编者按】剡县故城，即今浙江嵊州市治。

永兴

【斠注】两汉余暨县。《水经·浙江水注》曰：浙江又迳永兴县北。注云：县在会稽东北百二十里，故余暨县也。汉末童谣云天子当兴东南三余之间，故孙权改曰永兴。

【集释】《马注》：与龙曰：三国吴县。《州郡志》：永兴令，汉旧余暨县，吴更名。郭璞《山海经注》：余暨县属会稽，今为永兴县。宋因。《一统志》：故城今萧山县西长兴乡。

【编者按】永兴县故城，即今浙江杭州市萧山区治。

诸暨

【斠注】两汉旧县。《元和郡县图志》二十六曰：诸暨界有暨浦、诸山，因以为名。《水经·浙江水注》曰：先名上诸暨，亦曰句无。

【集释】何超《音义》：暨，音既。

《马注》：与龙曰：三国吴县。宋

因。《一统志》：故城今诸暨县治。

【编者按】诸暨县故城，即今浙江诸暨市治。

东阳郡 吴置。

【集释】程廷祚《证今》曰："在今浙江。"

《马注》：与龙曰：三国吴郡。《吴志·孙皓传》：宝鼎元年，分会稽为东阳郡。《州郡志》：东阳太守本会稽西部都尉。宋因。

统县九，户一万二千。

【斠注】《宋志》曰：去京都水一千七百，陆同。《御览》一百七十一郑缉之《东阳记》曰：此境于会稽西部尝置都尉理于此。吴宝鼎元年，始分会稽置东阳郡。

【编者按】东阳郡治长山县，在今浙江金华市。

长山

【集释】《马注》：与龙曰：三国吴县。《州郡志》：长山令，汉献帝初平二年，分乌伤立。宋因。《一统志》：故城今金华府长山县治。

有赤松子庙。

【斠注】《续汉志》注：《英雄交争记》曰：初平三年，分乌伤南乡为长山县。《宋志》曰：汉献帝兴平二年，孙氏分诸暨立。《水经·浙江水注》作分乌伤立。《水经·浙江水注》曰：县即东阳郡治也。城居山之阳，或谓之长仙县也。言赤松采药此山，因而居之，故以为名。《斠注》案：《宋志》作分诸暨立，与《续志》注引《交争记》及《水经注》作分乌伤立均异，恐误。惟一作兴平二年，一作初平三年，未详孰是。

【集释】《马注》：与龙曰：《水经·溉水注》：穀水又（南）[东]（编者校：陈桥驿复校本《水经注疏》"南"为"东"。）迳长山县南。或谓之长仙县，言赤松采药此山，因而居之，故以为名。后传呼乖谬，字亦因改。定阳溪水又东迳长山县北，北对高山，山下水际，是赤松羽化之处。炎帝少女追之，亦俱仙矣，后人立庙于山下。《元和志》：长山一名金华山，在县北二十里，赤松子得道处。

【编者按】长山县故城，即今浙江金华市治。

永康

【斠注】《水经·浙江水注》曰：县赤乌中分乌伤上浦立。《晋地理志新补正》曰：按《东阳记》，赤乌八年，分乌伤之上浦置。

【集释】《马注》：与龙曰：三国吴县。《水经·渐水注》：永康溪水出永康县。《州郡志》说同。郭璞《山海经》注引张氏《土地记》曰：东阳永康县南四里有石城山，上有小石城，云黄帝曾游此。宋因。《一统志》：故城今永康县治。

【编者按】永康县故城，即今浙江永康市治。

乌伤

【斠注】两汉属会稽郡。《水经·浙江水注》曰：《异苑》曰：东阳颜乌，以淳孝著闻，后有群乌助衔土块为坟，乌口皆伤。一（镜）[境]（编者校：陈桥驿复校本《水经注疏》"镜"为"境"。）以为颜乌至孝，故致慈乌，欲令孝声远闻，又名其县为乌伤矣。《新斠注地理志》十曰：在今金华府义乌县东。本《续汉志》注。

【集释】《马注》：与龙曰：三国吴县。《水经·浙［江］水注》：浙水又东迳乌伤县北。宋因。《一统志》：故城今义乌县治。

【编者按】乌伤县故城，即今浙江义乌市治。

吴宁

【斠注】《宋志》曰：汉献帝兴平二年，孙氏分诸暨立吴宁县。《水经·浙江水注》曰：吴宁溪出吴宁县，经乌伤县为乌伤溪是也。《读史方舆纪要》九十二曰：吴宁城在诸暨西南。

【集释】《马注》：与龙曰：三国吴县。旧志：汉时析诸暨之水门村置汉宁县，孙氏改为吴宁。宋因。《一统志》：故城今东阳县东二十七里。

【编者按】吴宁县故城，在今浙江东阳市东二十七里。

太末

【斠注】两汉属会稽郡。《水经·浙江水注》曰：榖水源西出太末县。注云：县是越之西鄙，姑蔑之地也。秦以为县。吴宝鼎中，分会稽立，隶东阳郡。《元和郡县图志》二十六曰：龙丘，本春秋姑蔑之地，越西部也。杜《注》云：今东阳太末县。《越绝书》谓之姑蔑州，晋改太末为龙丘，因县东龙丘山为名。《斠注》案：杜《注》尚称太末，则改龙丘当在东晋时也。《读史方舆纪要》九十三曰：太末城在龙游县治西。

【集释】程廷祚《证今》曰："今衢州府龙游县。《注》作大宋，谬。"

毕沅《新补正》：沅案《太平寰宇记》：晋于此立龙（邱）［丘］县。

《马注》：与龙曰：三国吴县。《左传·哀十三年》杜注：东阳太末县。宋因。《一统志》：故城今衢州府龙游县治西。

【编者按】太末县故城，即今浙江龙游县治西。

信安

【斠注】《宋志》曰：信安令，汉献帝初平三年，分太末立新安。晋武帝太康元年更名。《元和郡县图志》二十六曰：以弘农有新安，故改名信安。《水经·浙江水注》作太康三年改曰信安。《读史方舆纪要》九十三曰：信安旧城在今西安城西。

【集释】《马注》：与龙曰：三国吴县，曰新安。《水经·浙水注》：《东阳记》云：信安县有悬室坂，晋中朝时，有民王质，伐木至石室中，见童子四人弹琴而歌，质因留。倚柯听之。童子以一物如枣核与质，质含之，便不复饥。俄顷，童子曰："其归"。承声而去，斧柯漼然烂尽。既归，质去家已数十年，亲情凋落，无复向时比矣。《一统志》：烂柯山在今西安县南二十里。宋因。顾祖禹云：故县今西安县西。

【编者按】信安县故城，即今浙江衢州市治。

丰安

【斠注】《宋志》曰：汉献帝兴平二

年，孙氏分诸暨立。《读史方舆纪要》九十三曰：丰安废县在浦江县西南。

【集释】《马注》：谢钟英云：刘昭谓建安四年分太末立。顾祖禹以刘说为误。与龙曰：三国吴县。宋因。《一统志》：故城今金华府浦江县西南。

【编者按】丰安县故城，在今浙江浦江县西南。

定阳

【斠注】《宋志》曰：汉献帝建安二十三年，孙氏分信安立。《水经·浙江水注》曰：定阳溪水东迳定阳县。注云：汉献帝分信安立，溪亦取名焉。《读史方舆纪要》九十三曰：定阳城在常山县东南三十里。

【集释】《马注》：与龙曰：三国吴县。宋因。《一统志》：今衢州府常山县东南三十里定阳乡，地名三冈。

【编者按】定阳县故城，在今浙江常山县东南、江山市西北一带。史为乐主编《中国历史地名大辞典》定点在今浙江常山县东三十二里招贤镇。而谭其骧主编《中国历史地图集》西晋太康二年图定点在今浙江江山市西北。存此二说。

遂昌

【斠注】《宋志》曰：孙权赤乌二年，分太末立，曰平昌县。晋武帝太康元年更名。

【集释】《马注》：与龙曰：三国吴县，曰平昌。《郡国志》太末注：建安二十三年，立遂昌县。宋因。《一统志》：故城今处州府遂昌县治。

【编者按】遂昌县故城，即今浙江遂昌县治。

新安郡吴置。

【集释】《通鉴》胡注：孙权分丹阳立新都郡，武帝太康元年改名新安郡。刘昫曰：新安郡，唐之歙州。

《马注》：与龙曰：三国吴郡，曰新都。《吴志·孙权传》：建安十三年，使贺齐讨黟、歙，分歙为始新、新定、犁阳、休阳，以六县为新都郡。《州郡志》：新安太守，汉献帝建安十三年，孙权分丹阳立，曰新都。晋武帝太康元年更名。宋因。

统县六，户五千。

【斠注】《宋志》曰：去京都水一千八百六十，陆一千八百。《元和郡县图志》二十五曰：睦州，秦属丹阳郡，为歙县。后汉建安十三年，吴大帝遣中郎将贺齐讨歙县山贼，平定，分歙为始新、新定、黎阳、休阳四县，与歙、黟凡六县，立新都郡，始理始新县。晋武帝太康元年，改新都为新安。《御览》一百七十一引《图经》曰：婺源县本晋休宁县。《斠注》案：《志》无休宁，疑东晋以休阳县置，惟《志》亦无休阳，吴孙休时已改海阳，太康元年又改为海宁也。

【编者按】新安郡治始新县，在今浙江淳安县西北威平镇（虹桥头）南古威坪，现已在新安江水库内。

始新

【斠注】《吴志·吴主传》曰：建安十三年，分歙为始新、新定、犁阳、休阳县，以六县为新都郡。《水经·浙江水注》曰：于是立始新之府于歙之华乡。《元和郡县图志》二十五曰：黄武元年，分歙县东乡置始新县，晋改为雉山，以县南有雉山因名之。《斠注》案：始新置县在建安十三年，《元和志》误作黄武元年。《舆地纪胜》亦辨其误，而又误以建安十三年为十年也。雉山改于隋大业初，《元和志》亦误作晋字。《读史方舆纪要》九十曰：始新城在淳安县西六十里。

【集释】《马注》：与龙曰：三国吴县，属新都。《吴志·贺齐传》：分歙县叶乡立。《水经·浙水注》：孙权遣贺齐讨黟、歙山贼，于是立始新之府于歙之华乡，令齐守之，后移出新亭，晋太康元年改曰新安郡。宋因。《一统志》：故城今严州府淳安县西六十里威平镇。

【编者按】始新县故城，在今浙江淳安县西北威平镇（虹桥头）南古威坪，现已在新安江水库内。

遂安

【斠注】《宋志》曰：孙权分歙为新定县。晋武帝太康元年更名。《元和郡县图志》二十五曰：遂安本汉歙县地，吴大帝使贺齐平黟、歙，于县之南乡安定里置新定县。晋太康元年改为遂安。

【集释】《马注》：与龙曰：三国吴县，曰新定，属新都。宋因。《一统志》：故城今遂安县西南木连村溪北。

【编者按】遂安县故城，在今浙江淳安县西南。

（黝）[黟]

【中华校】黝　《汉志》上作"黝"，颜师古《注》"字本作'黟'"。《水经·浙江水注》《宋志》一、《南齐书·州郡志》上、《吴志·贺齐传》《舆地广记》二四字并作"黟"。王念孙《汉书杂志》谓当作"黟"，"黝"乃形近误。"

【斠注】两汉属丹阳郡。《新斠注地理志》十改为黟。《读书杂志》曰：《说文》：黟，黑水也，从黑，多声。丹阳有黟县。又云：渐水出丹阳黟南蛮中，东入海。则《地理志》本作黟明矣。《水经注》引此亦作黟。各史志或作黟，或作黝，其作黝者皆为误本《汉志》所惑。

【集释】何超《音义》：黝，音伊。

方恺《新校》：方恺曰：郭璞注《山海经》云：案《地理志》，浙江出新安黟县南蛮夷中，东入海。今钱塘浙江是也，黟即歙也云云。案据郭说，东晋时已无黟县。吴翙寅案：《州郡志》云黟，汉旧县，不言晋省，疑西晋时尚有此县也。又案《水经注·浙江水篇》：浙江又北历黟山，县居山之阳，故县氏之。汉成帝以为广德国，封孙云客王于此，晋太康中以为广德县，分隶宣城郡。再据郦说，则在西晋时（黟）[黟]（编者校："黟"应为"黟"。）即宣城郡之广德县，本《志》两县并存，亦误。吴翙寅案：《水经注》未尽可信，《郡国志》有黟县，《吴书》同，本《志》两县并存，当必有据。

周家禄《晋书校勘记》曰：黟之误字。

《马注》：何超《音义》曰：黝，音伊。与龙曰：黝当作黟，官本作黟。三国吴县，属新都。宋因。《一统志》：故城今徽州府黟县东五里。

【编者按】黝县应为黟县。黟县故城，在今安徽黟县东。

歙

【斠注】两汉属丹阳郡。《说文解字》作鄃。《元和郡县图志》二十八曰：歙本秦旧县也，县西有歙浦，因以为名。《舆地广记》曰：初属丹阳郡。吴孙权使贺齐平山越，遂立新都郡，歙县隶焉。晋太康元年，改为新安郡，县仍隶焉。

【集释】何超《音义》：歙，失反。

《马注》：与龙曰：三国吴县，属新都。《山海经》：三天子都在闽西海北。郭璞注：今在新安歙县东，今谓之三王山，浙江出其边也。宋因。《一统志》：故城今徽州府治。

【编者按】歙县故城，即今安徽歙县治。

海宁

【斠注】《吴志·吴主传》曰：建安十三年，使贺齐讨黟、歙，分歙为始新、新定、犁阳、休阳县，以六县为新都郡。《宋志》曰：孙权分歙为休阳县，晋武帝太康元年更名。

【集释】毕沅《新补正》：沅案《邑图》，吴割歙县西乡分置休阳。

《马注》：与龙曰：三国吴县，曰休阳，属新都。《元和志》：建安中，贺齐讨黟、歙山贼，分置休阳县。《寰宇记》：孙休改休阳为海阳，仍移置于万岁山。晋武帝平吴，改为海宁。宋因。《一统志》：故城今休宁县东十三里。

【编者按】海宁县故城，在今安徽休宁县东。史为乐主编《中国历史地名大辞典》定点在今安徽休宁县东十里万安镇。

黎阳

【斠注】《吴志·吴主传》曰：建安十三年，分歙为始新、新定、犁阳、休阳县，以六县为新都郡。《斠注》案：黎当《吴志》作犁。《读史方舆纪要》二十八曰：黎阳废县在休宁县西北。

【集释】《马注》：与龙曰：三国吴县，作犁阳，属新都。《州郡志》海宁令下云：孙权分歙置诸县之始，又分置黎阳县。太明八年，省并海宁。《一统志》：故城今休宁县东南黎阳乡。

【编者按】黎阳县故城，在今安徽黄山市西黎阳镇。

临海郡吴置。

【集释】《马注》：与龙曰：三国吴郡。《吴志》：孙亮太平元年，以会稽东部置临海郡。宋因。

统县八，户一万八千。

【斠注】《宋志》曰：本会稽东部都尉。前汉都尉治鄞，后汉分会稽为吴郡，疑是都尉徙治章安也。孙亮太平二年立。去京都水二千一十九，陆同。《元和郡县图志》二十六曰：台州，秦置闽中郡，汉立东（编者校：中华书局点校本《元和郡县图志》"东"为"南"。）部都尉，本秦之回浦乡，分立为县。后汉改回浦为章安县。吴大帝时分章安、永宁置临海郡。《舆地纪胜》十二曰：《元和志》吴大帝置临海郡，《宋志》云吴孙亮太平二年立临海郡，不同。象之谨按：《寰宇记》云：吴大帝置章安县，吴少帝孙亮置临海郡，则与《宋志》合。《东晋疆域志》曰：东晋领县五：章安、临海、始丰、宁海、乐安。

【编者按】临海郡治章安县，在今浙江台州市北椒江区章安街道。

章安

【斠注】后汉属会稽郡。《宋志》曰：章安令，《续汉志》："故（治）[冶]（编者校："治"当为"冶"，据中华书局点校本《宋书》校勘记改。），闽中地，光武更名。"《晋太康记》："本鄞县南之回浦乡，汉章帝章和中立。"未详孰是。《续汉志》注作章和元年。《读史方舆纪要》九十二曰：章安废县在台州府东一百十五里。

【集释】毕沅《新补正》：沅案《元和郡县志》：晋立为永嘉郡。

《马注》：与龙曰：三国吴县。按《州郡志》说亦见《郡国志》刘注，故治当作故冶。江州建安太守下云司马彪云"章安是故冶"是也。宋因。《一统志》：故城今台州府临海县东南一百一十五里章安市。

【编者按】章安县故城，在今浙江台州市北椒江区章安街道。

临海

【斠注】《元和郡县图志》二十六曰：临海本汉回浦县，后汉更名章安。《寰宇记》九十八《太康地记》曰：吴分章安置临海县，属会稽郡。少帝时置临海郡，又属焉。

【集释】《马注》：与龙曰：三国吴县。《州郡志》：临海令，吴分章安立。《海外东经》：毛民之国。郭璞注：今去临海城（编者校：《山海经》"城"为"郡"。）东南二千里，有毛民在大海洲岛上，为人短小面体尽有毛，如猪熊，穴居，无衣服。晋永嘉四年，吴郡司盐都尉戴逯在海边得一船，上有男女四人，状皆如此，言语不通，送诣丞相府，未至道死，唯有一人在，上赐之妇生子，出入市井，渐晓人语，自说其所在是毛民也。《临海县志》：有子城，在县北大固山上，相传晋刺史辛景所筑，以御孙恩。宋因。《一统志》：故城今临海县治。

【编者按】临海县故城，即今浙江临海市治。

始丰

【斠注】《宋志》曰：始丰，吴立，曰始平，晋武帝太康元年更名。《元和郡县图志》二十六曰：吴分章安置南始平县，晋武帝以雍州有始平，改为始丰。《斠注》案：《宋志》作晋康帝分始丰立乐安县，《元和志》则云穆帝永和三年分始丰南乡置乐安县，似以《宋志》为可信，乐安为东晋所立，《志》故不载。

【集释】《马注》：与龙曰：三国吴县，曰南始平，见《吴志·孙权传》。李兆洛云：乐安故县今仙居县西。宋因。《一统志》：故城今天台县治。

【编者按】始丰县故城，即今浙江天台县治。

永宁

【斠注】《宋志》曰：汉顺帝永建四年，分章安东瓯乡立，或云顺帝永和三年立。《读史方舆纪要》三曰：永宁，今温州府永嘉县。

【集释】毕沅《新补正》：沅案《沈

志》：晋孝武宁康三年，分永宁县置乐（城）[成]（编者校：中华书局点校本《宋书》"城"为"成"。）县。《太平寰宇记》作元康二年。《沈志》：晋康帝分始丰置（安乐）[乐安]（编者校：中华书局点校本《宋书》"安乐"为"乐安"。）县。今考此二县，《志》俱不载，未知何故？乐安，《舆地志》作安乐，云晋穆帝永和三年分始丰南乡置安乐县，与《宋志》不同，未知谁误。

《马注》：与龙曰：三国吴县。《海内南经》：瓯居海中。郭璞注：今临海永宁县即东瓯。《史记·自序·集解》徐广曰：今永宁是东瓯也。《州郡志》：永嘉太守，晋明帝太宁元年分临海立。又乐成令，晋孝武宁康三年，分永宁立。《元和志》：乐成本汉回浦县地。李兆洛云：乐成故县，今乐清县治。宋因，属永嘉郡。《一统志》：故城今温州府永嘉县治。

【编者按】永宁县故城，即今浙江温州市治。

（宁海）

【斠注】《宋志》曰：何志汉旧县。《东晋疆域志》曰：乐史称《临海记》云：晋永和三年，分会稽郡八百户于临海郡章安地立宁海县。《通典》亦云：宁海，晋置。《斠注》案：本《志》为西晋以前沿革已有宁海县，则不始于永和三年也。《舆地纪胜》云：晋武平吴，析临海之北置宁海县，是也。

【集释】毕沅《新补正》：沅案《临海记》：晋永和三年，分会稽郡八百户于临海郡章安地立宁海县。

方恺《新校》：方恺曰：《州郡志》：宁海令，何志汉旧县。案二汉志、《晋太康地（下阙）[志]无》。（编者校：此处脱"志无"二字，据中华书局点校本《宋书》中华校补。）考《沈志》虽阙，意盖言《太康地志》无此县，以驳何志也。《东晋疆域志》言乐史称《临海记》云：晋永和三年，分会稽郡八百户与临海郡章安立宁海县。据此，知宁海实立于东晋穆帝时，不应阑于中。

《马注》：与龙曰：三国吴县。与龙按：此《志》载此县，盖本何志，疑汉末吴立，太康末省，永和中复立。宋因。李兆洛云：故县今台州府宁海县东北。

【编者按】西晋无宁海县，东晋时立。宁海县故城，在今浙江宁海县东。谭其骧主编《中国历史地图集》西晋太康二年图无此县。史为乐主编《中国历史地名大辞典》定点在今浙江宁海县东十里白峤村。

松阳

【斠注】东晋改属永嘉郡。《宋志》曰：吴立。《元和郡县图志》二十六曰：松阳本汉回浦县之地，属会稽，后汉分立。有大松树，大十八围，因取为名。《御览》一百七十一《舆地志》曰：松阳县，本章安南乡，汉末立为县。

【集释】《马注》：与龙曰：三国吴县。《寰宇记》：吴分章安立。宋因，属永嘉郡。《一统志》：故城今处州府松阳县西二十里。

【编者按】松阳县故城，在今浙江松阳县西北二十四里古市镇。

安固

【斠注】东晋改属永嘉郡。《元和郡县图志》二十六曰：安固，本汉回浦县地，后汉改回浦为章安，吴分章安，于此立罗阳县，少帝改曰安阳，晋太康元年更名安固。

【集释】毕沅《新补正》：沅案《太平寰宇记》：以界内安固山为名。

《马注》：与龙曰：三国吴县，曰罗阳，后改曰安阳。《州郡志》：安固令，吴立，曰罗阳，孙皓改曰安阳，晋武帝太康元年更名。宋因，属永嘉郡。《一统志》：故城今温州府瑞安县东北。

【编者按】安固县故城，即今浙江瑞安市治。

横阳

【斠注】东晋改属永嘉郡。《宋志》曰：横阳，晋武帝太康四年，以横（薁）[薁]（编者校：中华书局点校本《宋书》"薁"为"屿"。此处"薁"应是"薁"。）船屯为始阳，仍复更名。《元和郡县图志》二十六曰：横阳，晋太康元年分安固南横屿屯置。《斠注》案：四年恐为元年之误。

【集释】方恺《新校》：方恺曰：又《州郡志》：横阳令，晋武帝太康四年，以横薁船屯为始阳，仍复更名。横阳既更名于太康四年之后，本《志》载入，与秦、宁二州不一，例说见荆州南郡下。

《马注》：与龙曰：三国吴无。宋因，属永嘉郡。《一统志》：故城今平阳县北。

【编者按】横阳县故城，即今浙江平阳县治。

建安郡 故秦闽中郡，汉高帝五年以立闽越王。

【集释】《马注》：与龙曰：官本高帝上有"汉"字。《史记·东越传》：闽越王无诸，其先勾践之后，秦并天下，废为君长。以其地为闽中郡。无诸从诸侯灭秦，率越人佐汉，高帝五年，立为闽越王，都东冶。建元六年，立丑为越繇王，奉闽越先祭祀，立余善为东越王，与繇王并处。及武帝灭之，徙其人，名为东冶，又更名东城。

【集释】孙人龙《晋书考证》："按本书《倭人传》：'其道里当会稽东冶之东'即此。又《宋书·百官志》：'东冶，令一人、丞一人。'《南史·袁象传》：象免官付东冶。武帝游孙陵，望东冶，曰：'冶中有一好贵囚'。此则如梅根冶、冶塘冶乃晋时冶官所居也。"

《马注》：与龙曰：《史记·东越传》：元鼎六年，余善反。元封元年，灭之，诏徙其民江、淮间，东越地遂虚。《州郡志》：建安太守，本闽越。汉武帝世，闽越反，灭之，徙其民于江、淮间，虚其地。后有遁逃山谷者颇出，立为冶县，属会稽。司马彪云：章安是故冶，然则临海亦冶地也。

【编者按】《宋本晋书》"东冶"为"东治"。疑误。

后汉改为候官都尉，

【集释】《马注》：与龙曰：《汉书·地理志》：南部都尉治回浦。《州郡志》：后分冶地为会稽东、南二部都尉，东部临海是也，南部建安是也。《后汉书·郑巨君传》注引《晋太康地志》：建安郡，汉武帝名为东冶，后改为东（侯）[候]官。按《郡国志》会稽郡东部侯国即东（侯）[候]官之讹，说见晋安郡（侯）[候]官县下。

及吴置建安郡。

【集释】《马注》：与龙曰：《吴志》：建安初，会稽太守王朗奔东冶，侯官长商升为朗起兵。孙休永安二年，黜其兄会稽王亮为（侯）[候]官侯。二年，以会稽南部为建安郡。宋因，属江州。

统县七，户四千三百。

【斠注】《宋志》曰：吴孙休永安三年，《元和志》二十九作二年。分会稽南部立为建安郡。去州水二千三百八十，去京都水三千四十，并无陆。《斠注》案：《志》云：后汉改候官都尉，而《续汉志》无明文，盖即司马彪所云临时置都尉也。《晋地理志新补正》曰：按《寰宇记》，晋废建安郡，以旧属邑隶晋安郡，东晋又立。《东晋疆域志》曰：东晋领县八，增置绥安县。

【编者按】建安郡治建安县，在今福建建瓯市南、松溪南岸。

建安

【斠注】《元和郡县图志》二十九曰：本汉冶县之地，后改为东（侯）[候]官，又立建安县。《通典》曰：吴置建安县。

【集释】《通鉴》胡注：宋白曰：孙策于建安十二年，分东（侯）[候]官之地立建安县，即以年号为名。宋白曰：吴分（侯）[候]官之地立建安县。又立曲鳌都尉，主谪徙之人作舟船。

《马注》：与龙曰：三国吴县。《吴志》：建安八年，（侯）[候]官既平，而建安、汉兴、南平复乱，贺齐进屯建安，立都尉府，发属县兵次第讨平之。胡三省云：建安中，分东（侯）[候]官置建安县，用汉年号也。《州郡志》建安太守下云：领县七，疑。按《州郡志》建安太守下只列吴兴等六县，故沈云疑，盖脱建安一县也。《寰宇记》：建安县，孙策于建安初立，汉立郡在覆船山下，宋元嘉元年，移于溪北黄华（编者校：中华书局点校本《太平寰宇记》"华"为"花"。）山西。《一统志》：故城今建宁府建安县治。

【编者按】建安县故城，在今福建建瓯市南、松溪南岸。

吴兴

【斠注】《元和郡县图志》二十九曰：本汉兴县，吴永安三年改曰吴兴。

【集释】《马注》：与龙曰：三国吴县。《州郡志》：吴兴子相，汉末立，曰汉兴，吴更名。《寰宇记》：后汉东（侯）[候]官之北乡，献帝立汉兴郡。《吴志》：建安八年，贼洪明等五人，各率万户，连屯汉兴，吴将贺齐自建安进讨，破之，后立县邑。宋因。《一统志》：故城今浦城县治。

【编者按】吴兴县故城，即今福建浦城县治。

东平

【集释】《马注》：与龙曰：三国吴无。李兆洛云：故县当在今建宁府境。

【编者按】东平县故城，今地无考。

建阳

【斠注】《宋志》曰：《晋太康地志》

有。《元和郡县图志》二十九曰：本上饶县地，吴分置建平县，晋太元四年改为建阳。《斠注》案：本《志》已称建阳，非东晋太元时始改也。太元疑太康之讹。《寰宇记》一百一亦作晋太元四年改建阳，同误。

【集释】《马注》：与龙曰：三国吴县，曰建平。《吴志》：建安八年，贼洪明等屯汉兴，吴将贺齐破，斩明等。十年，转讨上饶，分置建平县。宋因。《一统志》：故城今建阳县治。

【编者按】建阳县故城，在今福建南平市建阳区东北。

将乐

【斠注】《宋志》曰：《晋太康地志》有。《元和郡县图志》二十九曰：将乐，吴永安三年置。《寰宇记》一百曰：吴永安三年，割建安之校乡置。又移于将水口。又引《建安记》云：隆安三年，又改将乐西乡置绥安县。

【集释】《马注》：与龙曰：三国吴县。又引《建安记》云：隆安三年，又改将乐西乡置绥成（编者校：《马注》所引《建安记》绥成县，故有此述。"绥成"应为"绥安"。）县。宋因。《一统志》：故城今延平府将乐县治。绥成（编者校："绥成"应为"绥安"。）故县在今建宁县西南。

【编者按】将乐县故城，即今福建将乐县治。

邵武

【斠注】《宋志》曰：吴立，曰昭武。晋武帝更名。《寰宇记》一百一曰：太康三年改为邵武县。太宁元年又改为邵阳县。

【集释】方恺《新校》：方恺曰：本《志》张掖郡下例书避讳更名，此郡邵武亦以昭武改，应补载。

《马注》：与龙曰：三国吴县，曰昭武。《寰宇记》：宋永初元年复曰邵武。宋因。《一统志》：故城今邵武府邵武县治西。

【编者按】邵武县故城，即今福建邵武市治。

延平

【斠注】祝穆《方舆胜览》曰：吴南平县，晋武帝平吴，改为延平。

【集释】《马注》：与龙曰：三国吴县，曰南平。《吴志》：建安八年，（侯）[候]官既平，而建安、南平复乱，贺齐讨平之。祝穆《方舆胜览》：吴孙策置南平县，属建安郡。《一统志》：故城今延平府南平县西南。

【编者按】延平县故城，即今福建南平市治。

晋安郡 太康三年置。

【集释】《马注》：与龙曰：三国吴无。宋因，属江州。

统县八，户四千三百。

【斠注】《宋志》曰：去州水三千九百九十，去京都水三千五百八十。《元和郡县图志》二十九曰：本闽越，秦并天下，以闽中下郡，作三十六郡之数。汉初又为闽越国，后汉改为东（侯）[候]官，吴于此立曲郍（编者校：《州郡志》"曲郍"作"典船校尉"。）都尉，晋置晋安郡。《文选》注引王隐《晋书》：太康三年置。《寰宇记》以为东晋立，误。《舆地纪胜》一百二十八曰：晋武帝分建安郡置晋安郡。《晋地理志新补正》曰：按《元和志》，晋置，领县八，南朝以封子弟为王。《寰宇记》：东晋南渡，衣冠士族，多萃其地，以求安堵，因立晋安郡。今考《沈志》及《晋地理志》皆云：晋武帝太康三年分建安立晋安郡，则郡非东晋始立可知，乐史盖误。《东晋疆域志》曰：东晋领县同。

【编者按】 晋安郡治候官县，在今福建福州市。

原丰

【斠注】《宋志》曰：晋武帝太康三年，省建安典船校尉立。《读史方舆纪要》三曰：原丰，今福州府治闽县是也。

【集释】《马注》：与龙曰：三国吴无。宋因。《一统志》：故城今福州府闽县境。

【编者按】 原丰县故城，即今福建福州市治。

新罗

【斠注】《读史方舆纪要》九十八曰：新罗城在汀州府东南。

【集释】《马注》：与龙曰：三国吴无。《一统志》：故城今汀州府长汀县西南。

【编者按】 新罗县故城，在今福建连城县南。

宛平

【集释】《马注》：与龙曰：三国吴无。李兆洛云：故县当在今福建境。

【编者按】 宛平县故城，今地无考。

同安

【集释】《马注》：与龙曰：三国吴无。李兆洛云：故县当在今福建境。

【编者按】 同安县故城，即今福建厦门市同安区治。

候官

【斠注】《后汉书·郑巨君传》注《太康地志》云：汉武帝名为东冶，后改为东（侯）[候]官。《元和郡县图志》二十九曰：后汉改为东（侯）[候]官，吴改属建安郡，晋以（侯）[候]官为晋安郡。

【集释】《马注》：与龙曰：《郡国志》：会稽郡东部（侯）[候]国。钱大昕云：按《宋书·州郡志》：（侯）[候]官，前汉无，后汉曰东（侯）[候]官，属会稽。此东部（侯）[候]国当即东（侯）[候]官之讹。与龙按：《吴志·虞翻传》：太守王朗亡走浮海，翻追随营护到东部（侯）[候]官，（侯）[候]官长闭城不受。又《贺齐传》有（侯）[候]官长商升。此皆后汉有（侯）[候]官县之证。三国吴县，属建安，见《吴志·孙休传》。《史记·东越传》闽中郡，《集解》徐广曰：今建安（侯）[候]官是。按：徐犹沿旧属言之。宋因。《一统志》：故城今福州府闽县东北冶山之麓。

【编者按】 候官县故城，即今福建福州市治。胡阿祥《宋书州郡志汇释》认为清以后通作候官。谭其骧主编《中国历史地图集》西晋图为侯官。本书取胡阿祥说。

罗江

【斠注】《宋志》曰：吴立，属临海。晋武帝立晋安郡，度属。

【集释】《马注》：与龙曰：三国吴县，属临海。宋因。李兆洛云：故县当在今福州府境。

【编者按】罗江县故城，今地无考。胡阿祥认为，疑在今福建连江、罗源二县境。

晋安

【斠注】《宋志》曰：吴立，曰东安。晋武帝更名。《斠注》案：《通典》作吴置晋安县，误。

【集释】《马注》：与龙曰：三国吴县，曰东安，属建安。《元和志》：义熙九年，分置绥安县，属义安郡。宋因。《一统志》：绥安故城今漳州府漳浦县西南。晋安故城今泉州府南安县治。

【编者按】晋安县故城，在今福建南安市东丰州镇。

温麻

【斠注】《宋志》曰：晋武帝太康四年，以温麻船屯立。《元和郡县图志》二十九曰：本汉冶县地，晋分立温麻县。《读史方舆纪要》九十六曰：温麻废县在福宁州南三十里。

【集释】方恺《新校》：方恺曰：《州郡志》：温麻令，太康四年立。例说见荆州监利县。

《马注》：与龙曰：三国吴无。宋因。《一统志》：故城今福宁府霞浦县南三十里。

【编者按】温麻县故城，在今福建霞浦县东南。

豫章郡 汉置。

【集释】程廷祚《证今》曰："今江西南昌府。"

《马注》：与龙曰：三国吴郡。宋因，属江州。

统县十六，户三万五千。

【斠注】《宋志》曰：去州水六百，陆三百五十，去京都水一千九百，陆两千一百。《水经·赣水注》曰：于春秋属楚，即令尹子荡师于豫章者也。秦以为庐江南部。汉高祖六年，始命陈婴以为豫章郡，治此。建安中更名西安。晋又名为豫章。《东晋疆域志》曰：东晋领县十五，以彭泽改属寻阳。

【编者按】豫章郡治南昌县，在今江西南昌市。

南昌

【斠注】两汉旧县。《元和郡县图志》二十八曰：南昌县，汉高帝六年置。

【集释】《马注》：与龙曰：《郡国志》注引《豫章记》曰：江、淮唯此县及吴、临湘三县是（也）［令］。钱大昕云：应劭《汉官》云：荆扬江南七郡，唯有临湘、南昌、吴三令尔，见《百官志》注。盖汉制万户以上为令，万户以下为长，《豫章记》三县当是"三令"之讹。三国吴县。《文选·于令升晋纪论》注引徐广《晋纪》曰：太康五年八月，嘉禾生南昌。《水经注》：赣水又北迳南昌县故城西。城之南门曰松阳门，门有樟树，高七丈五尺，大二十五围，枝叶扶疏，垂荫数亩。应劭《汉官仪》曰：豫章，樟树生庭中，故以名郡矣。

此树尝中枯，逮晋永嘉中，一旦更茂，丰蔚如初，咸以为中宗之祥也。有度支步，在今新建县西北五里。《水经注》：赣水北历度支步，是晋度支校尉立府处，步即水渚也。有石头渚，在今新建县西北十里。《水经注》：赣水西岸有磐石，谓之石头，津步之处也。《寰宇记》：晋殷羡为豫章太守，都人附书百余封，行至石头渚，以书投入水中，曰"殷洪乔非是致书邮"，故时人号为投书渚。宋因。《一统志》：故城今南昌府南昌县东灌城乡城隍桥西。

【编者按】南昌县故城，即今江西南昌市治、赣江东岸。

海昏

【斠注】两汉旧县。《舆地纪胜》二十五雷次宗《豫章记》云：晋永嘉二年，并海昏于建昌。《读史方舆纪要》八十四曰：海昏城，今建昌县治。按：《水经·赣水注》曰：缭水又谓之海昏江，县盖以此得名。

【集释】《马注》：与龙曰：三国吴县。《州郡志》：《永初郡国》有海昏，汉旧县，何志无。《寰宇记》：宋元嘉二年，废海昏，移建昌居焉。《一统志》：故城今南康府建昌县治。

【编者按】海昏县故城，在今江西南昌市新建区东北。谭其骧主编《中国历史地图集》西晋太康二年图定点即此位置。但是，史为乐主编《中国历史地名大辞典》则定点在今江西永修县西北艾城。王上海、李国利《试析南昌青云谱梅湖东晋纪年墓铭砖》："吴故尚书左丞，豫章国海昏县都乡举里……以天纪二年（278年）卒，葬于本县。"说明海昏县之存在。

新淦

【斠注】两汉旧县。应劭曰：淦水上流曰上淦也。《读史方舆纪要》八十七曰：新淦故城在临江府东六十里。

【集释】《马注》：与龙曰：三国吴县。《宋书·符瑞志》：晋安帝元兴三年，白雀见豫章新淦。宋因。《一统志》：故城今临江府清江县东北六十里樟树镇。

【编者按】新淦县故城，即今江西樟树市治。

建（城）[成]

【斠注】汉建成县，后汉作建城。《水经·赣水注》曰亦作建成。《读史方舆纪要》八十四曰：建城废县，今瑞州府治。

【集释】《马注》：与龙曰：三国吴县。宋因。《一统志》：故城今瑞州府高安县治。

【编者按】建城县应为建成县。建成县故城，即今江西高安市治。谭其骧主编《中国历史地图集》西晋太康二年图定名为建成县。

望蔡

【斠注】《晋地理志新补正》曰：按：顾野王《舆地志》：汉灵帝析建成置上蔡县。《水经·赣水注》曰：浊水又东迳望蔡县。注云：县因汝南上蔡民萍居此土，晋太康元年改为望蔡县。《寰宇记》引《舆地志》亦云：太康元年，以上蔡人思本土，改为望蔡县。《水经注释》二十九曰：一清按：刘昭《郡国志补注》引《豫章记》曰：上蔡县，中平立，此地名上蔡者，上蔡民分徙此地，立名上蔡，然则汉县本名上蔡也。《读史方舆纪要》八十四曰：上蔡废县，今上高县治。

【集释】《马注》：与龙曰：三国吴县，曰上蔡。《州郡志》：望蔡子相，汉灵帝中平中，汝南上蔡民分徙此地，立县名曰上蔡。晋武帝太康元年更名。宋因。《一统志》：故城今上高县西。

【编者按】望蔡县故城，即今江西上高县治。

永修

【斠注】《水经·赣水注》曰：循水又东北迳永循县。注云：汉灵帝中平二年立。《斠注》案：修、循二字古书往往互讹。《汉志》豫章艾县有修水，即《水经注》之循水也。

【集释】《马注》：与龙曰：三国吴县。《州郡志》：永修男相，汉灵帝中平中立。《寰宇记》：分海昏、建昌立。与龙按：循水，《汉志》作修水，《水经注》之永循县即永修县。宋因。《一统志》：旧志，永修故城在今南康府安义县西南四十里。今考《水经注》，县为修水所经，当在今建昌县西南。

【编者按】永修县故城，在今江西永修县西北艾城西南。

建昌

【斠注】《续汉志》曰：永元十六年，分海昏置。《水经·赣水注》曰：缭水导源建昌县。注云：汉元帝永光二年，分海昏立。《舆地纪胜》二十五雷次宗《豫章记》曰：后汉和帝永元中，分海昏立建昌县。《斠注》案：《水经注》作元帝永光二年，误。

【集释】《马注》：与龙曰：三国吴县。《一统志》：宋元嘉二年，徙县治海昏，而故城废，在今南昌府奉新县西四十里太史城。

【编者按】建昌县故城，在今江西奉新县西一百四十里、潦河南岸。

吴平

【斠注】《晋地理志新补正》曰：按《沈志》：汉灵帝中平中立，曰汉平。吴改今名。《水经·赣水注》曰：汉平，晋太康元年改为吴平矣。《寰宇记》一百九曰：废吴平县在新喻县东一百一里。

【集释】《马注》：与龙曰：三国吴县。《水经·赣水注》：牵水又东迳吴平县，旧汉平县也。按县盖吴末更名，晋因而不易。宋因。《一统志》：故城今临江府清江县西三十里吴城。

【编者按】吴平县故城，在今江西樟树市西南、袁水北岸。史为乐主编《中国历史地名大辞典》定点在今江西樟树市西南境吴平、门楼一带。

豫（章）[宁]

【斠注】《廿二史考异》十三曰：豫章郡。注：豫章县，建安立。《宋州郡志》：豫宁，汉献帝建安中立，吴曰西安。《寰宇记》一百十一云：分海昏立。晋武帝太康元年更名，即谓此县也。据此注，似本名豫章，晋初改为豫宁。《舆地纪胜》二十六《职方乘》云：晋武太康元年平吴，以武帝字安，故改名豫章。章当作宁。又二十三曰：《晋志》

有豫章，无豫宁，此转写之讹。王昙首以诛徐羡之等功追封豫宁县侯，子僧绰、孙俭皆袭豫宁之封，而《宋书·僧绰传》《齐书·俭传》乃作豫章，亦误也。《南齐书》豫章郡亦有豫宁县。《南史》：王亮封豫宁县公，裴之横封豫宁侯，则豫宁县名自晋迄梁未之改也。《东晋疆域志》曰：《通典》又云：吴置新安县，晋更名豫宁。新安为西安之误。

【集释】方恺《新校》：方恺曰：《州郡志》：豫宁侯相，汉献帝建安中立，吴曰西安，晋武帝太康元年更名。本《志》作豫章，与《沈志》不合。《水经注·赣水篇》：又北迳南昌县城西，建安中更名西安，晋又名豫章。若从《水经注》，则豫章即南昌之改名，又不应两县并存也。《水经注》又云：（循）[脩]（编者校：陈桥驿复校本《水经注疏》"循"为"脩"。）水出艾县东北，迳豫（章）（编者校：陈桥驿复校本《水经注疏》删除"章"字。）宁县，故西安也。晋太康元年更从今名。则又与前说稍异。然则以西安推之，亦不当复有南昌，而《州郡志》则有南昌、豫宁，未解孰是。刘庠案：豫宁即今南昌府属之武宁县。《水经注》（循）[脩]水出艾县东北，迳豫（章）宁县，故西安也。章字衍，当作迳豫宁县。《赣水篇》：建安中，更名西安。晋又名豫章。章字当作宁，循水即《汉志》之脩水，艾县今义宁州也，脩水今谓之奉新江。（编者校：此处当是刘庠案结束，原文脱括号，据原文意思断在此。）吴翊寅案：《郡国志》注引《豫章记》曰：豫章县，建安中立。是后汉旧有豫章县也。《州郡志》豫章太守下豫宁侯相云：汉献帝建安中立，吴曰西安，晋武帝太康元年更名。是豫宁即豫章之讹。今考豫章水名，在汉海昏县地。《元和郡县志》：海昏故城在建昌县东三里，昌邑王贺所封。《寰宇记》云：建安中，分海昏县立西安县。晋太康元年，改为豫章。可证西晋之前无豫宁之称。《水经·赣水篇》：北迳南昌县城西。郦《注》云：建安中更名西安，晋改名豫章。又云（循）[脩]水出艾县东北，迳豫（章）宁县，故西安也，晋太康元年更从今名。郦君于南方水道考订本疏，此二注尤属舛谬。案：南昌县为豫章郡治，莽曰宜善，后汉复旧，不闻建安中以南昌为西安，亦不闻晋改豫章。至豫章建安中分海昏所立，吴曰西安，晋太康元年复改豫章，仍旧汉名，与南昌无涉。今郦《注》乃混南昌、豫章二县为一，致使后人聚讼纷如。又循水所经之豫章宁县，郦《注》本衍一宁字，近儒皆据《沈志》谓当作豫宁，衍一章字，亦属附会。又案郦《注》：循水出艾县东北，此即《汉志》脩水之讹。《后汉书》注：艾县故城在建昌县，亦与南昌县绝不相涉。晋太康中，南昌、豫章二县并存，未闻有改，郦《注》牵混殆不可从，刘氏庠说失考之甚。

《马注》：与龙曰：章当作宁。三国吴县，曰西安。《吴志》：潘璋为西安长，韦曜为西安令。《水经·赣水注》：循水出艾县西，东北迳豫宁县，故西安也。晋太康元年更从今名。《水经注》又云：赣水又北，迳南昌县故城西，汉以为豫章郡治，王莽更名，县曰宜善，郡曰九江焉。建安中更名西安，晋又名为豫章。《寰宇记》：建安中，分海昏县立西安县，晋太康元年改为豫章。按此《志》盖因郦《注》误作豫章，《寰宇记》又沿此《志》而误，今考其地望从郦《注》循水迳豫宁县之文及《州郡志》，作豫宁是。宋因。《一统志》：故城今南昌府武宁县西二十里。

胡运宏、胡阿祥《中华本〈晋书·地理志〉考异》："扬州豫章郡豫章县为豫宁县。按：方恺《新校晋书地理志》以为，据《水经注》，南昌建安中更名西安，晋又名豫章，豫章、南昌两县不应并存。考《汉志》《续汉志》豫章郡下均有南昌县，《三国志·吴书·孙权传》建安二十四年，'曹公表孙权为骠骑将军，假节，领荆州牧，封南昌侯。'《吕范传》'（范）迁前将军，假节，改封南昌侯'是三国时亦有南昌县也。《宋志》江州刺史豫章太守南昌侯相：'汉旧县。'可见南昌县历汉晋不改。又《隋志》豫章郡下豫章：'旧置豫章郡。平陈，郡废。大业初复置郡。'建昌：'开皇九年，省并永修、豫章、新吴四县（编者校：此缺一县，杨守敬以为"并"为"艾"之误。杨守敬《隋书地理志考证补遗》，《二十五史补编》（第四册），北京：中华书局1955年版，第4882页。）入焉。'《元和郡县志》江南道洪州南昌县：'汉高帝六年置。隋平陈，改为豫章县。'《太平寰宇记》江南西道洪州南昌县：'汉南昌县地，属豫章郡。隋平陈，改为豫章县。'可见汉晋时之南昌县，隋时方改为豫章县。《宋志》江州刺史豫章太守豫宁侯相：'汉献帝建安中立，吴曰西安，晋武帝太康元年更名。'而《水经·赣水注》：'赣水又北迳南昌县故城西。……建安中，更名西南，晋又名为豫章。'杨守敬《水经注疏》：'《续汉志·注》引《豫章记》，新吴、上蔡、永修县并中平中立，豫章县，建安立。此后汉末之豫章县，分建昌立者也。《宋志》有新吴、永修，说与《豫章记》合。望蔡先为上蔡，说亦合。惟豫宁侯相，则云汉献帝建安中立，吴曰西安，晋武帝太康元年更名。绝不及豫章旧县，与《豫章记》不合。盖建安中立下，脱曰豫章三字耳。而《齐志》又以豫宁为豫章。至隋改南昌县曰豫章，而省豫宁入建昌，《志》亦称豫宁为豫章。作《晋志》者，遂并以晋县为豫章，不知豫宁自晋以下，宋、齐、梁、陈皆同。……通检《晋》《宋》《齐》《梁》《陈史》，无封豫章县者，则知《陈书》误，并足证《晋志》《齐志》《隋志》之误。然则《宋志》所云吴曰西安、晋改豫宁铁案不移矣。是此县，后汉末初立，曰豫章，吴曰西安，晋、宋、齐、梁、陈曰豫宁，无可疑者也。此《注》后文本是修水迳豫宁县，浅人见与地志不合，记章字于旁，今本遂讹为豫章宁矣。又见隋之豫章即古南昌，并于《注》南昌下加以建安中更名西安，晋又名为豫章。盖即袭《宋志》豫宁下语，而又改豫宁为豫章也。'是知《水经注》有讹误，不可从。《晋志》之豫章实为豫宁之讹，豫宁、南昌于晋时并存也，方氏未为深考。"

【编者按】豫章县应为豫宁县。豫宁县故城，在今江西武宁县西二十里。

彭泽

【斠注】两汉旧县。《元和郡县图志》

二十八曰：彭泽县置彭泽湖南，因以为名。又曰：故城在都昌县北四十五里。《读史方舆纪要》八十五曰：彭泽故城在湖口县东三十里。

【集释】《马注》：与龙曰：三国吴县。《元和志》：彭泽故城，晋陶潜为令理此。怀帝改属浔阳郡，说见本州篇末。《一统志》：故城今九江府湖口县东三十里彭泽乡。

【编者按】彭泽县故城，在今江西湖口县东。史为乐主编《中国历史地名大辞典》定点在今江西湖口县东南三十里江桥乡柳德昭村。

艾

【斠注】两汉旧县。《汉书补注》曰：吴公子庆忌居此，见《左哀传》。《寰宇记》一百六：古艾城在分宁县。《读史方舆纪要》八十四曰：艾城在宁州西百里。

【集释】程廷祚《证今》曰："在今宁州西百里。"

《马注》：与龙曰：三国吴县。《左传·哀二十年》杜注：豫章有艾县。宋因。《一统志》：故城今南昌府宁州西百里龙冈坪。

【编者按】艾县故城，在今江西修水县西。史为乐主编《中国历史地名大辞典》定点在今江西修水县西司前乡龙岗坪。

康乐

【斠注】《宋志》曰：康乐侯相，吴孙权黄武中立，曰阳乐。晋武帝太康元年更名。《读史方舆纪要》八十四曰：康乐城在新昌县东二十里。

【集释】《马注》：与龙曰：三国吴县，曰阳乐。《寰宇记》：宋武帝封谢灵运为康乐侯，即此地。宋因。《一统志》：故城今袁州府万载县东。

【编者按】康乐县故城，在今江西万载县东北罗城镇。

丰城

【斠注】《宋志》曰：吴立，曰富城。晋武帝太康元年更名。《元和郡县图志》二十八曰：丰城县，汉南昌县地，晋武帝太康元年移于今县南四十一里，名丰城。

【集释】《马注》：与龙曰：三国吴县，曰富城。顾野王《舆地志》：建安中立富城县于富水之西。晋太康中改为丰城县，移于丰水之西。《豫章记》：吴末时，有小星见于牛斗之间，占者以为吴方兴，惟张华以为不然，雷焕谓宝物精在豫章之域，遂以焕为丰城令，至县，掘城地得龙泉、大阿二剑。宋因。《一统志》：故城今南昌府丰城县西南三十里剑池侧。

【编者按】丰城县故城，在今江西丰城市西南。史为乐主编《中国历史地名大辞典》定点在今江西丰城市南四十一里丰水西荣塘。

新吴

【斠注】《元和郡县图志》二十八曰：新吴县，后汉灵帝中平中分海昏县置。《读史方舆纪要》八十四曰：新吴城在奉新县西三十里。

【集释】《马注》：与龙曰：三国吴县。《州郡志》：新吴令，汉灵帝中平中立。宋因。《一统志》：故城今奉新县西三十里。

【编者按】新吴县故城，在今江西奉新县西。史为乐主编《中国历史地名大辞典》定点在今江西奉新县西北三十里故县。

宜丰

【斠注】汉建成县地，吴析置宜丰县。《读史方舆纪要》八十四曰：宜丰县在新昌县北三十里。

【集释】《马注》：与龙曰：三国吴县。《舆地纪胜》：吴孙权立宜丰县。《一统志》：故城今瑞州府新昌县北。

【编者按】宜丰县故城，在今江西宜丰县北。史为乐主编《中国历史地名大辞典》定点在今江西宜丰县北三十里天宝乡。

钟陵

【斠注】《东晋疆域志》曰：《寰宇记》：汉建安十五年，吴大帝分钟陵置鄱阳郡，则县亦汉末所立。《斠注》案：《舆地纪胜》二十六曰：本南昌之东境，晋析为钟陵县，寻废。与乐史之说异。

【集释】《马注》：与龙曰：三国吴无。《元和志》：晋分南昌县之东境置，寻省。《一统志》：故城今南昌府进贤县西北。

【编者按】钟陵县故城，在今江西进贤县西北。

临川郡 吴置。

【集释】《马注》：与龙曰：三国吴郡。《州郡志》：临川内史，吴孙亮太平二年，分豫章东部都尉立。宋因，属江州。

统县十，户八千五百。

【斠注】《宋志》曰：吴孙亮太平二年，分豫章东部都尉立。去州水一千一百，陆一千二十。去京都水二千八百三十，陆三千。《御览》一百七十《十道志》曰：吴太平二年，分豫章之临汝、南城县立临川郡。《东晋疆域志》曰：东晋领县同。

【集释】毕沅《新补正》：沅案《太平寰宇记》：吴太平二年，以南城、临汝二县置临川郡，更增宜黄、安浦、新建、西平、西城、东兴、南丰、永城八县，至晋改西城为西宁、西平为西丰。

【编者按】临川郡治临汝县，在今江西抚州市临川区西。

临汝

【斠注】《续汉志》曰：永元八年置。《元和郡县图志》二十八曰：后汉和帝永元八年，析南城县为临安县。《斠注》案：下文新建县又云，本汉临汝县之地，则临安为临汝之误。

【集释】《马注》：与龙曰：三国吴县。《郡国志》：临汝，永元八年置。宋因。《一统志》：故城今抚州府临川县西。

【编者按】临汝县故城，在今江西抚州市临川区西。

西丰

【斠注】《宋志》曰：吴立，曰西平，晋武帝太康元年更名。《寰宇记》一百十曰：吴太平二年，以临汝县为郡，于郡南更置西平县，晋改为西丰。

【集释】《马注》：与龙曰：三国吴县，曰西平。宋因。《一统志》：故城今临川县西南五十里。

【编者按】西丰县故城，在今江西抚州市临川区西南。

[新]南城

【斠注】两汉属豫章郡。《宋志》曰：晋武帝太康元年，更曰新南城，江左复旧。《斠注》案：本《志》少一新字。

【集释】方恺《新校》：方恺曰：《州郡志》：南城男相，汉旧县，晋武帝太康元年更曰南新城，江左复旧。此篇缺新字。

《马注》：与龙曰：当作新南城。《州郡志》：南城男相，汉旧县。按此《志》以太康为断，据《州郡志》盖脱一新字。宋因。《一统志》：故城今建昌府南城县东南。

【编者按】南城县应为新南城县。新南城县故城，在今江西南城县东南，今洪门水库内。而史为乐主编《中国历史地名大辞典》则将西晋太康初后的新南城县定点在今江西南城县盱江西岸塌埠街（今县北光塔村）。

东兴

【斠注】《宋志》曰：吴立。《寰宇记》一百十作太平二年置。《读史方舆纪要》八十六曰：东兴废县在新城县东北三十里。

【集释】《马注》：与龙曰：三国吴县。《宋书·符瑞志》：晋孝武太元十八年，临川东兴令惠欣之言，县东南溪傍有白银树、芳灵树、李树，并连理。宋因。《一统志》：故城今新城县东北三十里东兴乡。

【编者按】东兴县故城，在今江西黎川县东北。

南丰

【斠注】《元和郡县图志》二十八曰：本汉南城县之地，吴少帝分以为南丰县。《寰宇记》一百十作太平二年置。《读史方舆纪要》八十六曰：南丰废城在今县东一里。

【集释】《马注》：与龙曰：三国吴县。《州郡志》：南丰令，吴立。宋因。《一统志》：故城今广昌县东十五里。

【编者按】南丰县故城，在今江西广昌县东。

永成

【斠注】《宋志》曰：吴立。《寰宇记》一百九作太平二年置。又曰：废永城县在今新城县北三里。

【集释】《马注》：与龙曰：三国吴县。宋因。《一统志》：故城今新城县北二里。

【编者按】永成县故城，在今江西黎川县北。

宜黄

【斠注】《宋志》曰：吴立。《寰宇记》一百十作太平二年置。

【集释】《马注》：与龙曰：三国吴县。宋因。《一统志》：故城今抚州府宜黄县东。

【编者按】宜黄县故城，在今江西宜黄县东。

安浦

【斠注】《寰宇记》一百十曰：废安

浦县在崇仁县西南二百六十里，吴太平二年置，以安浦村为名。《读史方舆纪要》八十六曰：安浦废县在乐安县西南六十里。

【集释】《马注》：与龙曰：三国吴县。《州郡志》：安浦男相，吴立。宋因。《一统志》：故城今乐安县西南六十里。

【编者按】安浦县故城，在今江西乐安县西南。

西宁

【斠注】《东晋疆域志》曰：《寰宇记》：吴西城县，晋改今名。按：乐史又云：西宁，吴太平二年置，以宁水为名。今考西宁之名，至晋始改，或晋时以县界有宁水因改县名从之。而云吴置县，即以宁水为名，误矣。《舆地纪胜》二十九曰：废西宁县在崇仁县南六十三里。

【集释】《马注》：与龙曰：三国吴县，曰西城。《一统志》：故城今崇仁县南六十里，以西宁水名。

【编者按】西宁县故城，在今江西崇仁县南。

新建

【斠注】《元和郡县图志》二十八曰：本汉临汝县之地，吴少帝太平二年，分临汝为新建县，属临川郡。《寰宇记》一百十曰：废新建县在崇仁县西南九十里。

【集释】《马注》：与龙曰：三国吴县。《州郡志》：新建侯相，吴立。宋因。《一统志》：故城今崇仁县西南九十五里。

【编者按】新建县故城，在今江西乐安县北。史为乐主编《中国历史地名大辞典》定点在今江西乐安县北龚坊乡大垄村。

鄱阳郡吴置。

【集释】《马注》：与龙曰：三国吴郡。宋因，属江州。

统县八，

【集释】劳格《校勘记》曰：《太康地志》：鄱阳郡有上饶县。

方恺《新校》：方恺曰：《州郡志》：上饶男相，吴立，《太康地志》有，王隐《地道》无。

《马注》：与龙曰：今补录上饶为统县九。

户六千一百。

【斠注】《宋志》曰：汉献帝建安十五年，孙权分豫章立，治鄱阳县。赤乌八年，徙治吴芮故城。去州水四百四十，去京都水一千八百四十，陆二千六十。《续汉志》曰：建安十五年，孙权分豫章置鄱阳郡。劳格《校勘记》曰：《太康地志》鄱阳郡有上饶县。《斠注》案：上饶当是三年后所置。《东晋疆域志》曰：东晋领县同。

【编者按】鄱阳郡治广晋县，在今江西鄱阳县北石门街镇。

广晋

【斠注】《宋志》曰：吴立，曰广昌。晋武帝太康元年更名。《读史方舆纪要》三曰：广晋，今饶州府北百五十里有故城。

【集释】《马注》：与龙曰：三国吴

县，曰广昌。宋因。《一统志》：故城今饶州府鄱阳县北一百五十里广晋乡。

【编者按】广晋县故城，在今江西鄱阳县北石门街镇。

鄱阳

【斠注】两汉属豫章郡。《史记·楚世家·正义》：《括地志》曰：饶州鄱阳县，春秋时为楚东境，秦为番县，属九江郡。汉为鄱阳县也。《元和郡县图志》二十八曰：鄱阳县，秦置，孙权分豫章置鄱阳郡，理于此。晋武帝改为广晋。《斠注》案：本《志》广晋、鄱阳分列二县，如《元和志》所言，则广晋即鄱阳之改名，不得以为二县也，恐误。《读史方舆纪要》八十五曰：鄱阳城在饶州府东六十里。

【集释】《马注》：与龙曰：三国吴县。宋因。《一统志》：故城今鄱阳县东。

【编者按】鄱阳县故城，即今江西鄱阳县治。

乐安

【斠注】《宋志》曰：吴立。《读史方舆纪要》八十五曰：乐安城，《志》云：旧城在今德兴县东百五十里。本《寰宇记》。传后汉灵帝时所置县，误也。

【集释】《马注》：与龙曰：三国吴县。宋因。《一统志》：故城今德兴县东一百里乐平乡。

【编者按】乐安县故城，在今江西德兴市东北。史为乐主编《中国历史地名大辞典》定点在今江西德兴市新建乡银城坂。

余汗

【斠注】两汉属豫章郡，吴改属鄱阳郡。《汉书补注》曰：《严助传》作余干。汗、干字通。《元和郡县图志》二十八曰：因余汗之水为名。《寰宇记》引《鄱阳记》云：永嘉七年，分余干置兴安县，寻省。

【集释】《马注》：与龙曰：三国吴县。宋因，作余干。《一统志》：故城今余干县东北。

【编者按】余汗县故城，即今江西余干县治。

鄡阳

【斠注】两汉属豫章郡。《汉书补注》：《豫章记》县高祖六年置。《寰宇记》一百十曰：废鄡阳县在鄱阳县北百二十里。

【集释】何超《音义》：鄡阳，口尧反。

《马注》：与龙曰：三国吴县。《鄱阳记》：鄡阳县，宋永初二年废。《一统志》：故城今鄱阳县西北一百二十里。

【编者按】《新中国考古五十年》：鄡阳古城在今都昌县周溪乡鄱阳湖中的四望山。鄡阳县故城，在今江西都昌县东南周溪镇南。

历陵

【斠注】两汉属豫章郡。《读史方舆纪要》八十五曰：历陵城，今德安县治。

【集释】《通鉴》胡注：据《吴志》鄱阳上言，历阳山石文理成字。又《江表传》曰：历阳县有石山，临水高百丈，共三十丈所有七穿骈罗。今考《晋志》，鄱阳郡无历阳县，有历陵县。"阳"，当作"陵"。今《饶州图经》亦载鄱阳历陵县有石印山。

《马注》：与龙曰：三国吴县。《州郡志》鄱阳太守下云：《永初郡国》有历陵，汉旧县，何志无。《一统志》：旧说历陵故城在九江府德安县东。按历陵故址无的，据宋晁氏谓，当在鄱阳县界，其说近是。

【编者按】历陵县故城，在今江西鄱阳县北。

葛阳

【斠注】《宋志》曰：吴立。《元和郡县图志》二十八曰：后汉分余汗东界立葛阳县。

【集释】《马注》：与龙曰：三国吴县。《寰宇记》：建安十五年，孙权分余汗置葛阳县于赭亭之地，以城在葛水之北故也。宋因。《一统志》：故城今广信府弋阳县西。

【编者按】葛阳县故城，在今江西弋阳县西。

晋兴

【集释】《马注》：与龙曰：三国吴无。李兆洛云：故县当在今江西境。

【编者按】晋兴县故城，今地无考。

[上饶]

【集释】《马注》：与龙曰：三国吴县。《州郡志》鄱阳太守下云：上饶男相，吴立。《太康地志》有，王隐《地道》无。《寰宇记》：上饶县，吴分鄱阳立。与龙按：《宋书·虞丘进传》：卢循遣将英纠为上饶令。则县东晋时犹存，此《志》失载，今据《太康地志》补录。宋因。《一统志》：故城今广信府城西北天津桥之原。

【编者按】《马注》在此处增上饶县。上饶县故城，即今江西上饶市治。

庐陵郡吴置。

【集释】《马注》：与龙曰：三国吴郡。《吴志·孙策传》：兴平元年，分豫章为庐陵郡。宋因，属江州。

统县十，户一万二千二百。

【斠注】《宋志》曰：庐陵本县名，属豫章。汉献帝兴平元年，孙策分豫章立。《续汉志》注亦作元年。去州水二千，陆一千六百，去京都水三千六百。《元和郡县图志》二十八曰：秦庐陵属九江郡，献帝兴平二年，分豫章于此置庐陵郡。晋太康中，移郡于石阳县。《寰宇记》一百七曰：后汉建安十五年，吴张昭、孙韶、吕范、顾雍等议，以鄱阳土广人殷，请分置鄱阳、庐陵二郡。《寰宇记》一百九《地道记》曰：太康中，以雩都、赣、南野等县割为南康郡，而庐陵百姓去管遥远，乃移郡于石阳县，今旧州东北故城是也。《斠注》案：据《续汉志》注及《元和志》言是兴平中已置庐陵，乃《寰宇记》作建安十五年，与《续汉志》注、《元和志》异，恐不足据。又《宋志》《续汉志》注作元年，《元和志》作二年，小有歧异。《寰宇记》一百九又作兴平元年分豫章置庐陵郡，则又自相抵牾也。《东晋疆域志》曰：东晋统县同。

【编者按】庐陵郡治石阳县，在今江西吉水县东北。

西昌

【斠注】《宋志》曰：吴立。《寰宇记》一百九曰：西昌故县在（太）[泰]（编者校："太"当为"泰"。）和县西三里。

【集释】《马注》：与龙曰：三国吴县。宋因。《一统志》：西昌故城今吉安府泰和县西三里。按晋、宋二《志》无庐陵县，《旧唐书》云后汉改庐陵县为西昌，与《郡国志》与《宋志》皆不合，惟《寰宇记》言孙策改庐陵为高昌，以今《志》县境古迹考之，差为近是，盖当时废庐陵别置高昌也。《旧唐书》所云后汉，当亦指孙策时，而西昌疑即高昌之讹。又按《晋志》，庐陵郡首西昌县当为郡治，而《元和志》言晋时治石阳，诸志亦不云尝治西昌也，以《寰宇记》高昌本庐陵之说考之，则吴时及晋初郡治当是高昌，《志》高、西二字互讹耳。

【编者按】西昌县故城，在今江西泰和县西。

高昌

【斠注】《宋志》曰：吴立。《读史方舆纪要》八十七曰：高昌废县在吉安府西五十里。

【集释】《马注》：与龙曰：三国吴县。《寰宇记》：孙策改庐陵曰高昌。宋因。按：晋庐陵郡治高昌，说见上西昌县下。《一统志》：高昌故城今庐陵县西十五里。

【编者按】高昌县故城，在今江西泰和县西。《中国考古六十年：1949—2009》根据考古发现，认为江西泰和县西三里白口城址可能是汉庐陵县故城。

石阳

【斠注】后汉属豫章郡。吴属庐陵郡。《水经·赣水篇》曰：又东北过石阳县西。注云：汉和帝永元九年，分庐陵立。《寰宇记》一百九曰：石阳故城在庐陵县北六十里。《读史方舆纪要》八十七曰：石阳城在峡江县南。

【集释】《马注》：与龙曰：三国吴县。《元和志》：晋太康中，移郡于石阳县。宋因。《一统志》：故城今吉水县东北三十里。

【编者按】石阳县故城，在今江西吉水县东北。

巴丘

【斠注】《宋志》曰：吴立。《寰宇记》一百九曰：废巴（邱）[丘]城在新淦县南八十里。

【集释】《马注》：与龙曰：三国吴县。《潘京传》为巴丘令。陶潜《搜神后记》有庐陵巴丘人陈济为州吏。宋因。《一统志》：故城今临江府峡江县北。

【编者按】巴丘县故城，在今江西峡江县北。

南野

【斠注】两汉属豫章郡。《汉书补注》曰：《淮南·人间训》：始皇使尉屠（雎）[睢]为五军，一军守南野之峤，即此。《索隐》：灌婴置县。《读史方舆纪要》八十八曰：南野废县在南康县西南。《寰宇记》一百八《太康地记》曰：南野有大庾岭。岭[路]峻阻，螺转[而]上，踰九磴，二里至顶，下七里，平行十里至[平]亭。一名横亭，一名塞上岭。

【集释】方恺《新校》：方恺曰：南野当属南康，见下。《州郡志》南康郡下云：南野伯相，汉旧县，属豫章。郭璞《山海经·赣水注》：今赣水出南康南野县西北。是晋南野县当属南康也。刘庠案：《郡国志》无南野县。南野县在今南安府南康县西南，为大庾县境，庾仲初谓之大庾峤水。

《马注》：与龙曰：盖东晋时移属。三国吴县，属庐陵南部。王存《九域志》：南康县有南野镇。宋因，属南康郡。《一统志》：《赣水注》：南康县凉热山即大庾岭也，一名台岭，又名梅岭，为五岭之一。故城今南安府南康县西南。

胡运宏、胡阿祥《中华本〈晋书·地理志〉考异》："扬州庐陵郡南野当属南康郡。按：《南齐书·州郡志》南康郡下亦有南野县，《太平寰宇记》江南西道吉州：'《晋地记》云太康中以雩都、赣、南野等县割为南康郡。'是晋太康三年以庐陵南部都尉置南康郡时，南野县当属于南康郡，《晋志》误属庐陵郡。"

【编者按】南野县故城，在今江西大余县东北。南野县当属于南康郡。《新中国考古五十年》：南野古城在大余县池江乡长江村塞上。

东昌

【斠注】《宋志》曰：吴立。《寰宇记》一百九曰：东昌故县在（太）[泰]（编者校："太"当为"泰"。）和县西六十里。《舆地志》云：吴后主置。

【集释】《马注》：与龙曰：三国吴县。宋因。《一统志》：故城今吉安府泰和县西六十里永和镇。

【编者按】东昌县故城，在今江西吉安县东南永和镇。

遂兴

【斠注】《宋志》曰：吴立，曰新兴，晋武帝太康元年更名。《寰宇记》一百九《舆地志》云：后汉献帝立遂兴县，吴大帝改曰新兴，晋武帝复为遂兴，以在遂水口为名。故县在（太）[泰]和县南一百七里。

【集释】《马注》：与龙曰：三国吴县，曰新兴。《龙泉县志》：县东光化乡有遂兴县故址，晋太康中徙治于此。今犹曰故县。宋因。《一统志》：故城今万安县西北十五里。

【编者按】遂兴县故城，在今江西万安县西。

吉阳

【斠注】《宋志》曰：吴立。《寰宇记》一百九曰：吉阳县在吉水县东百二十里。《舆地纪胜》三十一《舆地志》云：吴后主二年立。

【集释】《马注》：与龙曰：三国吴县。宋因。《一统志》：故城今吉水县东北百二十里。

【编者按】吉阳县故城，在今江西永丰县东南古县镇。

兴平

【斠注】《寰宇记》一百九曰：废兴平县。《舆地志》云：吴孙策二年立，在吉水县西。

【集释】《马注》：与龙曰：三国吴县。《州郡志》：兴平侯相，吴立。宋因。《一统志》：故城今永丰县东北兴平乡。

【编者按】兴平县故城，在今江西永丰县东北。

阳丰

【斠注】《宋志》曰：吴曰阳城，晋武帝太康元年更名。

【集释】毕沅《新补正》：沅案考《续汉志》，豫章无阳城县，疑亦吴所立。

《马注》：与龙曰：三国吴县，曰阳城。宋因。《一统志》：故城今永丰县西六十里。

【编者按】阳丰县故城，在今江西吉水县东北。所谓在永丰县西六十里，核之今地图，已经在今吉水县境。

南康郡太康三年置。

【集释】《马注》：与龙曰：三国吴为庐陵南部都尉。《州郡志》：南康公相，晋武帝太康三年，以庐陵南部都尉立。《水经·赣水注》：豫章水又北过赣县东，县即南康郡治，晋太康五年分庐江立。《寰宇记》引《晋地道记》：太康中，以雩都、赣、南野等县割为南康郡。宋因，属江州。

统县五，

【集释】方恺《新校》：方恺曰：又《州郡志》：宁都，吴立，曰杨都，晋武帝太康元年更名。本《志》无宁都，误。吴翊寅案：毕校亦云此《志》疑脱南野、宁都二县。

《马注》：与龙曰：今补宁都为统县六。

户一千四百。

【斠注】《宋志》曰：去州水三千七百四十，去京都水三千八十。《东晋疆域志》曰：东晋领县六，增宁都一县。据《宋志》：吴立，曰（扬）[杨]（编者校：中华书局点校本《宋书》"扬"为"杨"。）都，太康元年更名。盖本《志》脱漏也。《元和郡县图志》二十八曰：孙权嘉禾五年，分庐陵立南部都尉，理雩都。晋武帝太康三年，罢都尉立为南康郡。至永和五年移理赣。《水经注》误三年作五年。《寰宇记》一百八云：东晋永和五年，太守高珪置郡城于章、贡二水之间，义熙七年徙于赣水东。

【编者按】南康郡治雩都县，在今江西于都县东北。

赣

【斠注】两汉属豫章郡。《水经·赣水注》曰：县即南康郡治。晋太康五年分庐江立。江当是陵之讹。《寰宇记》一百八《太康地记》曰：赣县因水以为名。《元和郡县图志》二十八曰：贡水西南自南康县来，章水东南自雩都县来，二水至州北合而为一，通谓之赣水，因为县名。又曰：虔化县，本汉赣县地，吴宝鼎三年初，置新都，晋太康元年改为宁都。《斠注》案：本《志》失载宁都。《读史方舆纪要》八十八曰：晋太康三年，县移治州东北葛姥故城。《水经注》谓县立于五年，此作三年，当有讹文。

【集释】毕沅《新补正》：沅案《元

和郡县志》，南康郡先治雩都，永和五年，移理赣。《太平寰宇记》称《虔州图经》：章、贡二水合流为赣，其间置县，因名为赣。

《马注》：与龙曰：三国吴县。《御览》引《晋太康地记》：赣县属南康郡，因水以为名。《寰宇记》：汉高六年，灌婴略定江南，始为赣县，立城以防佗，今赣州西南益浆溪故城是也。晋太康末，洪水横流，忽有大鼓随波而下，入葛姥故城，众力齐曳不动，卜于其地置县吉，遂徙以就焉。顾野王《舆地记》：葛姥者，汉末避黄（市）[巾]（编者校："市"应为"巾"。）贼于此筑城，资财巨万。晋太康末徙县于此。《寰宇记》又云：永和五年，太守高珪置郡城于章、贡二水之间，义熙七年徙于赣水东。梁承圣元年，复移于章、赣间。宋因。《一统志》：葛姥城在今赣县东北。东晋赣县故城今赣州府赣县西南。

【编者按】赣县故城，在今江西赣州市章贡区西。史为乐主编《中国历史地名大辞典》定点在今江西赣州市西南蟠龙镇。

雩都

【斠注】两汉属豫章郡。《元和郡县图志》二十八曰：汉初所置，因雩都水为名。《读史方舆纪要》八十八曰：雩都故城在今县东四里。

【集释】何超《音义》：雩都，音于，又况于反。

《马注》：与龙曰：三国吴县。《宋书·符瑞志》：晋安帝义熙元年，南康雩都嵩山有金鸡，青黄色，飞集岩间。宋因。《一统志》：故城今雩都县东北。

【编者按】雩都县故城，在今江西于都县东北。

平固

【斠注】《宋志》曰：吴立。曰平阳，晋武帝太康元年更名。

【集释】《通鉴》胡注：平固，吴所置平阳县也，太康元年，更名平固。《九域志》：虔州赣县有平固镇。

《马注》：与龙曰：三国吴县，曰平阳。宋因。《一统志》：故城今兴国、赣二县界。

【编者按】平固县故城，在今江西兴国县南。

南康

【斠注】《宋志》曰：吴立，曰南安，晋武帝太康元年更名。《元和郡县图志》二十八曰：南康本汉灌婴所置南壄县，属豫章郡。献帝初平二年，析南壄置南安县。晋太康五年改为南康。《斠注》案：《元和志》五年当从《宋志》作元年。《寰宇记》云：吴大帝分南野立南康，亦与《元和志》异。

【集释】《通鉴》胡注：南康山，南康县之山也。吴立安南县于汉豫章梅岭，武帝太康元年更名南康。所谓梅岭，今大庾岭是也。南康山，即大庾诸山，皆在今南安军界。

《马注》：与龙曰：三国吴县，曰安南。《寰宇记》：吴大帝分南野立（安南）[南安]（编者校：《马注》误，"安南"应为"南安"。）县，晋改为南康。宋因。《一统志》：故城今南安府南康县西南一里。

【编者按】南康县故城，即今江西赣州市南康区治。

揭阳

【中华校】揭阳 各本作"揭杨"，殿本作"揭阳"，今从殿本，与《宋志》二、《太平寰宇记》一〇八合。

【斠注】两汉属南海郡。《宋志》曰：吴立，曰揭阳，晋武帝太康五年，以（西）[南]（编者校：据胡阿祥考证，"西"当为"南"。）康揭阳移治故陂阳县，改曰陂县，然则陂阳先已为县矣。《寰宇记》一百八曰：废陂阳县在虔化县东一百五十里，吴嘉禾五年置揭阳县，晋太康五年改为陂阳县，以陂阳水为名。《斠注》案：《志》作揭杨，即是陂阳，盖沿用《太康三年地志》，故尚作揭阳不作陂阳也。

【集释】何超《音义》：揭阳，音竭。《马注》：与龙曰：揭当作陂，盖沿吴县旧名致误。三国吴县，曰揭阳。《后汉郡国》无，疑是吴所立，而改曰揭阳也。宋因。《一统志》：故城今宁都州石城县西。

【编者按】揭阳县故城，在今江西宁都县东南。旧称石城县西，核之今地图，实在今宁都县境。

[宁都]

【集释】《马注》：与龙曰：三国吴县，曰杨都。《州郡志》南康公相下云：宁都子相，吴立，曰杨都，晋武帝太康元年更名。又《符瑞志》：晋孝武太元二十一年，木连理生南康宁都县社后。《元和志》作新都，云吴宝鼎三年置。按《旧唐书》《寰宇记》并作阳都，即此县也，今据《州郡志》补录。宋因。《一统志》：故城今宁都州南五十里白鹿营。

胡运宏、胡阿祥《中华本〈晋书·地理志〉考异》："扬州南康郡缺宁都县。按：《宋志》江州刺史南康公相宁都子相：'吴立曰杨都，晋武帝太康元年更名。'《元和郡县志》江南道虔州虔化县：'吴宝鼎三年初置新都，晋太康元年改为宁都。'《太平寰宇记》江南西道虔州虔化县：'吴大帝时分赣县立为阳都县，《吴录·地志》属庐陵郡之南部，晋武帝改为宁都。《起居注》云太康元年以庐陵郡都尉之阳都县来入是也。'此三书略有出入，然晋武帝太康元年改为宁都则相同，可知太康元年南康郡有宁都县，《晋志》不载，误也（或太康四年以前废省，然史无明载。）。"

【编者按】《马注》此处补宁都县。宁都县故城，在今江西宁都县东北。史为乐主编《中国历史地名大辞典》定点在今江西宁都县北禾尚坪。

惠帝元康元年，有司奏，荆、扬二州疆土广远，

【编者按】《宋本晋书》"广远"为"旷远"。

统理尤难，于是割扬州之豫章、鄱阳、庐陵、临川、南康、建安、晋安，荆州之武昌、桂阳、安成，合十郡，因江水之名而置江州。

【斠注】《宋志》亦作元康元年。《东晋疆域志》曰：按《水经注》：惠帝永平中始置江州。《元和郡县图志》：有司奏分江州在元康元年，定立江州则在二年。永兴元年，又分庐江之寻阳、武昌之柴桑二县置寻阳郡，属江州。凡领旧

郡十，增置郡一，县八十八。按：《寰宇记》云元帝过江始置江州，误。《卫恒传》：族弟展，永嘉中已为江州刺史矣。《沈志》：初置豫章，成帝咸康六年移治寻阳。庾悦又治豫章，寻还寻阳。案：《南齐书·地理志》作庾亮领刺史，表江州宜治寻阳。其后庾翼又还豫章，义熙后还寻阳。《沈志》庾悦为庾翼之误。《元和志》：晋惠帝元康二年，于豫章郡理立江州。东晋元帝时，江州自豫章移理武昌郡。自后或理湓城，或理浔阳，或理半洲，并在湓城侧近。《寰宇记》：晋成帝咸康元年，元应作六。移江州理湓城，案：《御览》一百七十周景式《庐山记》作成帝咸和元年移理湓城。即今寻阳郡是也。晋初理在江北岸，地名兰城，温峤为守之日移于此。

【集释】《马注》：与龙曰：说见《州郡志》。按：今考王敦、温峤诸传，江州皆治武昌。宋因。

永兴元年，分庐江之寻阳、武昌之柴桑二县置寻阳郡，

【集释】《通鉴》胡注：汉寻阳县，属庐江郡，其地在江北。惠帝永兴元年，分庐江、武昌立寻阳郡，治豫章之柴桑，寻阳遂在江南。

《马注》：与龙曰：说见《州郡志》。张僧鉴《浔阳记》：三国之时，此地虽为督护要津，而未立郡。《寰宇记》：晋郡初理在江北岸，地名兰城，即旧郡城也。温峤移治于柴桑。宋因。

江田祥《两晋寻阳郡领县与辖区考》："(1) 寻阳郡初置于西晋惠帝永兴元年（304 年），初领寻阳、柴桑二县，郡境兼跨长江南北今黄梅、武穴、九江一带地，郡治在柴桑。(2) 永嘉元年（307 年），寻阳郡增领彭泽、上甲、九江三县，共有五县，统辖地域较永兴元年向东、南略有扩展，据有今湖口、彭泽地。(3) 永嘉二年至五年间（308－311 年），原在江北之寻阳县治南移至江南之湓口城，江北之寻阳县故地为南来侨民据有，寻阳郡遂失去江北地，而不再兼跨大江南北；与此同时，九江县废入柴桑，于是寻阳郡遂得领柴桑、寻阳、彭泽、上甲四县。(4) 东晋安帝义熙八、九年间（412－413），寻阳、上甲分别省入柴桑、彭泽；同时，原在寻阳县境内的松滋、弘农二侨郡降为县，据有原寻阳县实土。这样寻阳郡遂领有柴桑、彭泽、松滋、弘农四县，而其境域则未发生变化。"

胡阿祥《东晋南朝侨州郡县考表》："寻阳郡侨置地在柴桑（江西九江市西南）。""初治寻阳（湖北黄梅西南），东晋咸和中徙治柴桑（江西九江市西南）。寻阳县咸和中亦移治今江西九江市西南，义熙八年废入柴桑县。"

【编者按】《新中国考古五十年》：寻阳故城位于九江县赛城湖一带。

属江州，

【斠注】《东晋疆域志》曰：《寰宇记》：寻阳，晋永兴初始以为郡，乃领寻阳、柴桑、彭泽、上甲、九江五县。今考《晋书·地理志》，怀帝永嘉元年，又以豫章之彭泽县属寻阳郡。元帝渡江，寻阳郡又置九江、上甲二县，寻省九江县入寻阳。安帝义熙八年，省浔阳县属柴桑，又省上甲县入彭泽。凡领县二：柴桑、彭泽，乐史以为永兴初即领五县，误也。

分淮南之乌江、历阳二县置历阳郡。

【斠注】《东晋疆域志》曰：《沈志》，惠帝永兴元年，分淮南立，属扬州，安帝割属豫州，领县二：历阳、乌江。《元和郡县补志》六曰：汉历阳之地，东晋侨置龙亢县，属历阳郡。《寰宇记》一百二十四曰：今含山县南有龙亢村。《斠注》案：龙亢为历阳郡属县之一，非西晋谯郡之龙亢也，洪氏《东晋疆域志》失载。

【集释】《马注》：与龙曰：宋因，属南豫州。

胡阿祥《东晋南朝侨州郡县考表》："历阳郡侨置地在历阳（安徽和县）。"

又以周玘创义讨石冰，割吴兴之阳羡并长城县之北乡置义乡、

【集释】《马注》：与龙曰：宋因。《一统志》：故城今湖州府长兴县西北常州府宜兴县东南八十里。

国山、

【集释】《马注》：与龙曰：宋因。《一统志》：故城今宜兴县西南永丰乡。

临津

【集释】《马注》：与龙曰：宋因。《一统志》：故城今宜兴县西北五十里。

并阳羡四县，又分丹杨之永世置平陵

【集释】《通鉴》胡注：据《帝纪》平陵山当在溧阳界。沈约曰：吴分溧阳为永平县，晋武帝更名永世。董览《吴地志》云：晋分永世为平陵县，宋文帝元嘉九年，并入永世、溧阳二县。

《马注》：与龙曰：与龙按：盖永兴立郡时分立，故《永宁地志》亦无。《一统志》：故城今镇江府溧阳县西北五十里。

及永世，凡六县，立义兴郡，

【集释】《通鉴》胡注：分吴兴之阳羡及长城县之西乡、丹阳之永世为义兴郡。

《马注》：与龙曰：说见《州郡志》。宋因。

以表玘之功，

【集释】《马注》：与龙曰：《周玘传》：玘，阳羡人，三定江南封乌程侯，帝以玘频兴义兵，勋诚并茂，别为义兴郡，以彰其功。

并属扬州。

【斠注】《周玘传》：北乡作西乡。《宋志》曰：永世寻还丹阳，去京都水四百九十，陆同。《寰宇记》九十三《地道记》曰：阳羡有章浦亭，周处封章浦亭侯即此。毕沅辑本案曰：《晋地理志》，惠帝永兴元年，割吴兴之阳羡立义兴郡，则吴兴郡应有此县。周处为周玘之误，见本传注。《东晋疆域志》曰：阳羡，汉旧县，郭璞《山海经》注：今吴兴阳羡县。《史记索隐》称《太康地理志》：阳羡本名荆溪。义乡，《沈志》：故属长城、阳羡，立郡后分立。国山，《寰宇记》：晋元帝于阳羡又置国山县于白石山西，晋成帝移于平地，去旧城七里。临津，《沈注》：故属阳羡，立郡分立。平陵，《沈志》称董览《吴地志》云：晋永世立，《太康永宁地志》并无，疑是江左所立也。《读史方舆纪要》二十五曰：阳羡城在宜兴县南五里，义乡城在宜兴县东南八十里，国山城在宜兴县西南五十里，临津城在宜兴县西五十里。《斠注》案：

本《志》吴兴郡无阳羡县，而《太康地志》有之，盖太康三年以后所置。

又以毗陵郡封东海王世子毗，避毗讳，改为晋陵。

【斠注】《斠注》案：《惠帝纪》：永兴元年十二月，以司空越为太傅。司空越即东海王，封世子毗当在此时。永嘉五年三月戊午，诏下东海王越罪状，告方镇讨之。丙子，东海王薨。四月，东海世子毗没于石勒。是永嘉五年越已获罪，若欲改毗之讳当在永嘉以前，乃《宋州郡志》谓永嘉五年帝改为晋陵，似于情事不合。《元和郡县图志》二十五又谓：东海王越谪于毗陵，元帝以避讳改为晋陵郡。尤未明避讳之故，且越亦未谪毗陵也。《舆地纪胜》六云：越初未尝谪于毗陵，是矣。

【集释】《马注》：与龙曰：说见毗陵郡下。

怀帝永嘉元年，又以豫章之彭泽县属寻阳郡。愍帝立，避帝讳改建邺为建康。元帝渡江，建都扬州，改丹杨太守为尹，

【斠注】《东晋疆域志》曰：《寰宇记》：元帝渡江，扬州常治建业不移。丹杨尹，《沈志》：汉置郡，治宛陵。晋武帝太康二年，分丹阳郡立宣城郡，治宛陵，而丹阳移治建业。《类聚》称《晋中兴书》曰：晋太兴元年，改丹阳内史为丹阳尹。

江州又置新蔡郡。

【集释】《马注》：与龙曰：与龙曰：宋曰南新蔡。《州郡志》：南新蔡太守，江左立。《一统志》：故城今黄州府黄梅县西。

寻阳郡

【集释】《马注》：说见上寻阳郡。

又置九江、上甲

【集释】《马注》：与龙曰：下文云九江寻省入寻阳，今地阙。上甲，下文云省入彭泽。《一统志》：故址在今九江府湖口县东南百里彭蠡乡。

二县，寻又省九江县入寻阳。

【斠注】《读史方舆纪要》八十五曰：新蔡城在九江府境，九江废县在九江府西，上甲废县在湖口县南百里。

是时司、冀、雍、凉、青、并、兖、豫、幽、平诸州皆沦没，江南所得但有扬、荆、湘、江、梁、益、交、广，其徐州则有过半，豫州惟得谯城而已。

【集释】毕沅《新补正》：沅案《太平寰宇记》：今含山县南有龙亢村。

《马注》：与龙曰：元帝尝置龙亢县。《州郡志》历阳太守下云：龙亢令，江左流寓立。《寰宇记》：元帝太兴二年，置龙亢县。《一统志》：故城今和州含山县东南，此《志》未载。

明帝太宁元年，分临海立永嘉郡，统永宁、安固、松阳、横阳等四县，

【斠注】《御览》一百七十一《舆地志》曰：永嘉郡本会稽东部地，晋明帝太宁元年，分临海等县立。临海下当有一郡字。《元和郡县图志》二十六曰：永嘉县即汉回浦县之东瓯乡，晋立为县。《斠注》案：《志》言统永宁等四县不言永嘉，盖永嘉置县尚在太宁元年之后。《东晋疆域志》曰领县五，于永宁四县外，据《宋志》增乐成。乐史称，

《舆地志》晋明帝自温峤岭以南分永宁等四县置永嘉郡，属东扬州。《沈志》：去京都水二千八百，陆二千六百四十。

【集释】《通鉴》胡注：永嘉郡，今之温州。

《马注》：与龙曰：说见《州郡志》。

而扬州统丹杨、吴郡、吴兴、新安、东阳、临海、永嘉、宣城、

【集释】胡阿祥《东晋南朝侨州郡县考表》："《元和郡县图志》卷二八江南道宣州：宣城郡'东晋或理芜湖（安徽芜湖市东），或理姑熟（安徽当涂），或理赭圻'。据此，则东晋宣城郡治，不常在宛陵；其赭圻在郡内春榖县界，不为侨置；至若芜湖、姑熟，在丹阳郡地，是宣城寄治丹阳郡。至其所领县，则实县。"

义兴、晋陵十一郡。

【中华校】扬州统丹阳至晋陵十一郡

《考异》：自丹杨至晋陵止十郡，盖脱会稽一郡。

【斠注】《廿二史考异》十九曰：今自丹阳至晋陵数之止十郡，盖脱会稽一郡。

【编者按】《宋本晋书》此处不分段。

自中原乱离，遗黎南渡，并侨置牧司在广陵，丹徒南城，非旧土也。及胡寇南侵，淮南百姓皆渡江。成帝初，苏峻、祖约为乱于江淮，胡寇又大至，百姓南渡者转多，乃于江南侨立淮南郡及诸县，

【斠注】《东晋疆域志》曰：淮南郡，《沈志》云：晋末遂割丹阳之于湖县为

境，凡领侨县五：当涂、襄垣、上党、定陵、逡遒。

【集释】《马注》：与龙曰：说并见《州郡志》。宋因。

胡阿祥《东晋南朝侨州郡县考表》："淮南郡侨置于江南，后割于湖（安徽当涂）为境。""按淮南侨郡六侨县，繁昌于宣城郡春榖县（安徽繁昌）侨立，当涂分丹阳郡于湖侨立；襄垣、上党、逡巡、定陵侨于丹阳郡芜湖县（安徽芜湖市）境。"

又于寻阳侨置松滋郡，

【集释】《马注》：与龙曰：《州郡志》寻阳太守下云：江左流民寓寻阳，侨置安丰、松滋二郡，遥隶扬州。安帝省为松滋县。又安丰太守下云：江左侨立，晋安帝省为县。《一统志》：松滋故城今九江府德化县东。李兆洛云：安丰故县在今九江府德化县境。按此《志》遗安丰郡未载。

胡阿祥《东晋南朝侨州郡县考表》："《东晋疆域志》卷四扬州松滋郡松滋：'《图经》，今九江府德化县东有松滋废县。'按德化县，1914年改九江县，在九江市西南。""松滋郡侨置地在寻阳（江西九江市西南）。"

遥隶扬州。

【斠注】《东晋疆域志》曰：按《宋书·庾悦传》：督司州之松滋。则郡似曾属司州。然考《何无忌传》，增督扬州之松滋。无忌距悦之为督时不远，疑《悦传》有脱文也。又按：太元十二年，松滋太守王遐之。当即此郡。劳格《校勘记》曰：《州郡志》：侨立安丰、松滋二郡，遥隶扬州。此脱安丰二字。

咸康四年，侨置魏郡、广川、高

阳、堂邑等诸郡，并所统县并寄居京邑，

【斠注】《宋志》曰：晋武帝分扶风为秦国。中原乱，其民南流，寄居堂邑，安帝改堂邑为秦郡。《东晋疆域志》曰：魏郡，《沈志》：江左屡省置，领县二：肥乡、元城。广川郡，《沈志》称何志江左所立，凡侨县可考者五：广川、蒋武、强索、卢、章武。高阳郡，《沈志》：江左屡省置，领县二：北新城、博陆。又曰：东晋时江北之堂邑虽在版图，亦曾侨立于江南。义熙元年，刘裕以弟道怜领堂邑太守戍石头是也。乐史称《舆地志》堂邑郡领堂邑一县，后省并高阳。

【集释】《马注》：与龙曰：《州郡志》扬州刺史下云：成帝咸康四年，侨立魏郡、肥乡、元城三县，后省元城。又侨立广川郡，领广川一县。江左又立高阳、堂邑二郡，高阳领北新城、博陆二县，堂邑领堂邑一县，后省堂邑并高阳，又省高阳并魏郡，并隶扬州，寄治京邑。

改陵阳为广阳。

【集释】《马注》：（编者校：《马注》本，"广阳"为"广陵"，故有下述。）与龙曰：广陵为广阳之讹。《成恭杜皇后传》：后讳陵（阳）。咸康二年，改宣城陵阳县为广阳县。《州郡志》云：杜皇后讳陵。盖脱一阳字。钱氏大昕据《宋志》谓，《晋书》衍一阳字。与龙按：其时郡县以陵名者多矣，何独改此耶？按《寰宇记》：成帝时，以江北之当涂县流人过江在于湖者侨立当涂县，属淮南郡。《一统志》：故城今宁国府南陵县北。又成帝于当涂故县置马头郡，说见当涂县下。又咸康七年，立南沙县，说见毗陵郡暨阳县下。又康帝置乐安县，说见临海郡始丰县下。《志》并未载。

胡阿祥《东晋南朝侨州郡县考表》："疑洪亮吉、班书阁二氏所据之本之'广阳'误作'广陵'，因之遂有乌有之'广陵'侨郡耳，不可信，姑录存之。""陵阳（安徽石台东北广阳镇东北）。"

【编者按】《宋本晋书》"广阳"为"广陵"。

孝武宁康二年，又分永嘉郡之永宁县置乐成县。

【斠注】《宋志》作三年。《元和郡县图志》二十六曰：乐成县，本汉回浦县地。

【集释】《马注》：与龙曰：说见永宁县下。

是时上党百姓南渡，侨立上党郡为四县，寄居芜湖。

【集释】《马注》：与龙曰：说见丹杨郡芜湖县下。又《州郡志》淮南太守下云：襄垣令，其地本无（编者校：成孺《宋书州郡志校勘记》："无，南监本作芜。"）湖，定陵令、逡道令并割无湖为境。按上党郡盖以襄垣、定陵、逡道并无湖为四县也，后以无湖省入襄垣。《一统志》：襄垣故城今太平府芜湖县西南，定陵故县今池州府青阳县东北，逡道故城今宁国府宣城县北。

胡阿祥《东晋南朝侨州郡县考表》："上党郡侨置地在芜湖（安徽芜湖市）西南。"

寻又省上党郡为县，

【斠注】《宋志》曰：襄垣令，其地本芜湖。芜湖，汉旧县，至于晋末立襄垣县，属上党。上党民南过江立侨郡县，寄治芜湖，后省上党郡为县，属淮南。《斠注》案：《宋志》又云：定陵令，汉旧名，本属襄城，后割芜湖为境，定陵盖亦四县之一。

又罢襄城郡为繁昌县，

【集释】《通鉴》胡注：晋氏南渡，置襄城郡于江南，仍领繁昌等县。孝武罢襄城郡为繁昌县，属淮南侨郡，今太平州繁昌县即其地。繁昌本汉颍川郡属县，因侨立而是县之名遂移于江南。此襄城盖［刘］敬宣以旧郡侨领太守也。

《马注》：与龙曰：元帝侨置襄城郡，割于湖县为境，并置繁昌县，说见豫州篇。《一统志》：繁昌故城今太平府繁昌县东北。

并以属淮南。

【集释】《马注》：与龙曰：孝武太元中，尝置谯郡及山桑等县，说见淮南郡全椒县下，《志》未之载。

安帝义熙八年，省寻阳县入柴桑县，柴桑仍为郡，

【集释】《马注》：与龙曰：温峤移寻阳郡治柴桑，说见上。

【编者按】《宋本晋书》无"柴桑县"百衲本《晋书》有"柴桑县"。

后又省上甲县入彭泽县。旧江州督荆州之竟陵郡，及何无忌为刺史，表以竟陵去州辽远，去江陵三百里，荆州所立绥安郡

【集释】《马注》：与龙曰：说见《桓玄传》。

胡阿祥《东晋南朝侨州郡县考表》："绥安郡侨置地在夏口（湖北武汉市）左右。"

人户入境，欲资此郡助江滨成防，以竟陵郡还荆州。又司州之弘农、扬州之松滋二郡寄在寻阳，人户杂居，并宜建督。安帝从之。

【编者按】严耕望《中国地方行政制度史——魏晋南北朝地方行政制度》上云："按晋世竟陵郡本属荆州，而为江州所督。据此此郡之号令选用专与督将，几与本州无涉。"

后又省松滋郡为松滋县，弘农郡为弘农县，

【斠注】洪亮吉《晓读书斋杂录》曰：《图经》：松滋废县在九江府德化县东。《东晋疆域志》：寻阳郡侨县二：安丰、弘农。《沈志》：寻阳郡又有弘农县流寓。文帝元嘉十八年省并松滋。按：此则晋末有此县也。

并属寻阳郡。

【集释】《马注》：与龙曰：按安帝时侨立钟离郡，并立燕、朝歌、乐平三县，说见钟离县下。又东晋尝侨立汝阴郡，说见合肥县下。又尝立绥成县，说见建安郡将乐县下。又尝立绥安县，说见晋安郡晋安县下。《志》并未载。

交州。案《禹贡》扬州之域，是为南越之土。

【斠注】《类聚》六《太康地记》曰：交州本属扬州，取交阯以为名，虞之南极也。周有天下，越裳氏慕圣人之德，重九译，贡白雉。

秦始皇既略定扬越，以谪戍卒五十万人守五岭。自北徂南，入越之道，必由岭峤，时有五处，故曰五岭。后使任嚣、赵他攻越，略取陆梁地，遂定南越，以为桂林、南海、象等三郡，非三十六郡之限，乃置南海尉以典之，所谓东南一尉也。

【斠注】《诸史考异》二曰：按《汉书·扬雄传》：东南一尉。孟康曰：会稽东部都尉。与此异。

汉初，以岭南三郡及长沙、豫章封吴芮为长沙王。十一年，以南武侯织为南海王。陆贾使还，拜赵他为南越王，

【斠注】《类聚》六《太康地记》曰：秦灭六国，南开百越，置桂林、象郡。以赵佗为龙川令。因秦之末，自擅南裔。汉高革命，加以王爵，始变椎髻，袭冠冕焉。

【集释】何超《音义》：赵他，音陁。

割长沙之南三郡以封之。武帝元鼎六年，讨平吕嘉，以其地为南海、苍梧、郁林、合浦、日南、九真、交阯七郡，盖秦时三郡之地。元封中，又置儋耳、珠崖二郡，置交阯刺史以督之。

【斠注】《书钞》一百三十《晋中兴书》曰：汉武帝时，南平百越，始置交阯、九真、日南、合浦、南海、郁林、苍梧凡七郡，立交州刺史以统之。以州边远，山越不宾，宜加威重，七郡皆假以鼓吹。《水经·叶榆河注》曰：元鼎二年，始并百越，启七郡，置交州刺史以督领之，初治广信，所以独不称州。《斠注》案：郦《注》二年当从本《志》作六年。

昭帝始元五年，

【中华校】昭帝始元五年 "始元"原误倒作"元始"，今乙正。

罢儋耳并珠崖。元帝初元三年，

【中华校】元帝初元三年 "初元"原误倒作"元初"，今乙正。

又罢珠崖郡。

【斠注】《斠注》案：元始当作始元，元初当作初元。

后汉马援平定交部，始调立城郭置井邑。顺帝永和九年，

【中华校】顺帝永和九年 永和终于六年，疑"九"为"六"之误。

【斠注】《斠注》案：永和终于六年，无九年，九为六字之讹。

交阯太守周敞求立为州，朝议不许，即拜敞为交阯刺史。桓帝分立高兴郡，灵帝改曰高凉。

【斠注】劳格《校勘记》曰：下云高凉郡，吴置。《续汉志》：高凉属合浦郡。刘昭《注补》云：建安二十五年，孙权立高梁郡。《州郡志》：建安二十三年，吴分合浦置高凉。则此云汉桓帝所立者误矣。

【集释】《马注》：与龙曰：《后汉书·南蛮传》：灵帝建宁三年，郁林太

守谷永以恩信招降乌浒人内属，皆受冠带，开置七县。沈钦韩云：《晋志》，桓帝立高兴郡，灵帝改曰高凉，此开置七县即高凉郡也。

建安八年，张津为刺史，士燮为交阯太守，共表立为州，乃拜津为交州牧。十五年，移居番禺，

【集释】何超《音义》：番禺，潘、愚二音，下同。

诏以边州使持节，郡给鼓吹，以重城镇，加以九锡六佾之舞。

【斠注】《类聚》六苗恭《书钞》《御览》屡引黄恭，苗当为黄之误。《交广记》曰：建安二年，南阳张津为刺史，交阯太守士燮表言：伏见十二州皆称曰州，而交独为交阯刺史，何天恩不幸乎？若普天之下可为十二州，独不可为十三州？诏报听许，拜津交州牧，加以九锡，彤弓彤矢，礼乐征伐，威震南夏，与中州方伯齐同，自津始。《续汉志》注：王范《交广春秋》曰：交州治赢陵县，元封五年移治苍梧广信县，建安十五年治番禺县。《宋志》作建安八年改曰交州，治苍梧广信县。十六年徙治番禺县。《元和郡县图志》三十四曰：献帝末，孙权以步骘为交州刺史，迁州于番禺。《吴志·士燮传》亦作建安十五年，权遣骘为交州刺史。

吴黄武五年，割南海、苍梧、郁林三郡立广州，

【中华校】割南海苍梧郁林三郡立广州　劳校：《广州篇》云南海、苍梧、郁林、高梁四郡，此脱"高梁"二字，又误"四"为"三"。

【斠注】劳格《校勘记》曰：《广州篇》云：南海、苍梧、郁林、高梁四郡，此脱"高梁"二字。又误"四"为"三"。

【集释】《马注》：与龙曰：周家禄曰：据下广州文，当合高凉为四郡。

陈兴武《通行本〈二十四史〉勘评选》曰："案：劳校为是，惟述说未清，难以使人信服。或谓既可据后改前，奈何不得以前改后？但观上文：'武帝元鼎六年，讨平吕嘉，以其地为南海、苍梧、郁林、合浦、日南、九真、交阯七郡。'则交州于武帝后为七郡，适与斯处广州三郡、交州四郡之名、数俱合。安得复增'高梁郡'于后？通行本《校勘记》未及焉，读之未免启人疑窦也。然复观下文：'桓帝分立高兴郡，灵帝改曰高凉。''高凉'亦作'高梁'，《后汉书·郡国志五》：'合浦郡五城……高凉（建安二十五年，孙权立高梁郡。）'则知交州于汉桓灵之后、吴黄武之前固有八郡，正与后文暗合，亦为之张本也。而斯处乃作'割南海、苍梧、郁林三郡立广州'者，盖因下文：'永安七年，复以前三郡立广州。'而脱高凉郡也。至是，广州领郡之争亦既明矣乎？"

交阯、日南、九真、合浦四郡为交州。戴良为刺史，值乱不得入，吕岱击平之，复还并交部。

【斠注】《元和郡县图志》三十八曰：还并交州，以番禺为交州理所，后又徙于交阯。

赤乌五年，复置珠崖郡。永安七年，复以前三郡立广州。

【斠注】周家禄《校勘记》：当云前四郡。

及孙皓，又立新昌、武平、九德

三郡。

【斠注】《吴志·三嗣主传》曰：建衡三年，分交阯为新昌郡，破扶严，置武平郡。《元和郡县图志》三十四曰：孙皓时，交州徙理龙编。又三十八曰：晋太康中徙理龙编。《斠注》案：孙皓时已徙治龙编，太康平吴，承吴之旧，非自太康中始徙理也。《元和志》前后自相矛盾。《宋志》云：及分为广州，交州还治龙编。是徙龙编确在吴时。

蜀以李恢为建宁太守，遥领交州刺史。晋平蜀，以蜀建宁太守霍弋遥领交州，得以便宜选用长吏。平吴后，省珠崖入合浦。

【集释】毕沅《新补正》：沅案：《通典》交州理龙编。

《马注》：与龙曰：王范《交广春秋》：交州治赢陵县。元封五年，徙治苍梧广信县。建安十五年，治番禺县。《州郡志》：汉武帝元鼎六年开百越，交阯刺史治龙编。汉献帝建安八年，改曰交州，治苍梧广信县。十六年，徙治南海番禺县。按二说徙治之年稍异。

交州统郡七，县五十三，

【斠注】《宋志》曰：去京都水一万。《东晋疆域志》曰：东晋统郡七，与西晋同。县六十五。

【集释】《马注》：吴增仅曰：《陶璜传》：璜开置三郡，[及] 九真属国三十余县。此《志》交、广二州新置凡三十四县，疑即璜所置也。

户二万五千六百。

【集释】《马注》：与龙曰：交州，宋、齐并因之。宋明帝泰始七年，更立越州。梁、陈于交州置都督府。隋初废，改都督府为总管府。唐初仍曰交州，调露初，改安南都护府。至德初，改镇南都护府。大历间，复曰安南。五代梁时，土豪曲承美专有其地。南汉置交州节度使。既而管内大乱，吴文昌始据安南，后为丁琏所杀。宋开宝六年，归附，授静海军节度使。八年，封交阯郡王，三传而为其臣黎桓所篡，黎氏亦三传为其臣李公蕴所篡。宋孝宗封李天祚为安南国王，李氏八传至昊昑，无子，传其婿陈日煚。元世祖封日煚之子光昺为安南国王。明洪武二年，封陈日烇为安南国王，日烇卒，其大臣黎季篡位，成祖命沐晟等讨平之，改安南为交阯，置交阯布政司，治交州。宣德二年，谕布政司官等尽撤军民北还。六年，命黎利权署安南国事。正统元年，封黎麟为安南国王，八传至黎晭为陈暠所杀，莫登庸讨暠，复立晭兄子谏，旋篡其位。万历初，黎维潭举兵攻莫茂治杀之。清康熙二十二年，封黎维正为安南国王，承袭至光绪时属于法兰西。按：安南国境于交州为交阯、新昌、武平、九真、九德、日南六郡。

【编者按】交州治龙编县，在今越南北宁省仙游县东。

合浦郡 汉置。

【集释】《马注》：与龙曰：三国吴郡。《州郡志》：合浦太守，汉武帝立，孙权黄武七年更名珠官。宋因，属越州。

统县六，

【集释】方恺《新校》：方恺曰：《沈志》：朱卢，吴立。晋始，晋武帝立。今缺。

《马注》：与龙曰：今补录朱卢、晋始为统县八。

户二千。

【斠注】《汉志》曰：武帝元鼎六年开。《吴志·吴主传》曰：黄武七年，改合浦为珠官郡。《宋志》曰：孙亮复旧。《御览》一百七十二《方舆志》曰：秦象郡地，汉置合浦郡，后汉同，吴改为珠官，晋又为合浦郡。《宋志》曰：去京都水一万八百。《东晋疆域志》曰：东晋领县九，增朱卢、晋始、新安。案：《宋志》云朱卢，吴立。盖西晋省废，东晋复置也。又云：晋始，晋武帝立。亦西晋所置县，其后盖省废也。

【编者按】合浦郡治合浦县，在今广西浦北县南旧州村。

合浦

【斠注】两汉旧县。《一统志》曰：故城在今合浦东北。

【集释】《马注》：与龙曰：三国吴县。有古城，在今合浦县西南。《陶璜传》：霍弋遣将杨稷败吴军于古城。宋因。《一统志》：故城今廉州府合浦县东北七十五里蓬莱乡。

【编者按】合浦县故城，在今广西浦北县南旧州村。《中国考古60年》据考古资料，认为汉合浦县治可能在合浦大浪古城（即在今合浦县石湾镇大浪村委古城头村。），汉合浦郡治合浦港的遗址可以从合浦草鞋村遗址（即在今合浦县城廉州镇草鞋村西南侧的小岭上。）寻找线索。

南平

【集释】《马注》：与龙曰：三国吴无。李兆洛云：故县当在今广东境。

【编者按】南平县故城，今地无考。

荡昌

【斠注】《宋志》曰：荡昌，晋武分合浦立。《读史方舆纪要》一百八曰：宕昌废县在容县西。唐武德四年置，因晋、宋旧名，改荡为宕也。

【集释】《马注》：与龙曰：三国吴无。宋因。《一统志》：故城今梧州府容县西。

【编者按】荡昌县故城，即今广西容县治。

徐闻

【斠注】两汉旧县。《宋志》曰：故属朱（厓）[崖]（编者校：中华书局点校本《宋书》"厓"为"崖"。）。晋平吴，省朱（厓）[崖]，属合浦。《寰宇记》一百六十九曰：废徐闻县在雷州北九十里。《读史方舆纪要》一百四曰：徐闻旧县在今县西北。《御览》九百七十九《太康地记》曰：朱（厓）[崖]、儋耳无水，惟种大瓠藤，断其汁用之亦足。

【集释】《马注》：与龙曰：三国吴县，属珠崖。宋因。《一统志》：故城今雷州府海康县治。

【编者按】徐闻县故城，在今广东徐闻县南。《中国考古六十年：1949—2009》据考古资料，推断今广东徐闻县南濒临海边的二桥村与仕尾村遗迹可能为汉代徐闻县故城址。

毒质

【斠注】《斠注》案：汉有瑇瑁县，

毒质当即玳瑁所改。

【集释】《马注》：与龙曰：三国吴无。《元和志》：琼山县本汉玳瑁县地。《一统志》：汉玳瑁县无考。《晋志》毒质县疑即玳瑁，盖晋亦省珠崖入合浦也。与龙按：故县当在今琼州府境。

【编者按】毒质县故城，今地无考。

珠官

【斠注】《宋志》曰：吴立。

【集释】《马注》：与龙曰：三国吴县。《州郡志》：朱官长，吴立。朱作珠。宋因，作朱官。按《州郡志》合浦太守下又云：新安长，江左立。《一统志》：珠官故城今廉州府合浦县南。新安故城在今合浦县地。

【编者按】珠官县故城，在今广东徐闻县南。

[朱卢]

【集释】《马注》：与龙曰：三国吴县。《州郡志》合浦太守下云：朱卢长，吴立。《汉书·地理志》序：自徐闻南入海，得大洲，方千里。元封元年，略以为珠崖、儋耳郡。与龙按：汉元帝罢珠崖郡。《汉志》合浦郡领朱卢县，为都尉治，盖罢珠崖郡所置县也。《后汉·郡国志》无朱卢，有朱（厓）[崖]，仍属合浦，是即朱卢矣。吴赤乌五年，复置珠崖郡，并立朱卢县，至晋省珠崖郡，而朱卢县当存。《州郡志》亦不云晋省。此《志》不载，则脱漏也，今据以补录。宋因。李兆洛云：故县在今琼州府琼山县东南三十里。

【编者按】《马注》在此处增朱卢县。朱卢县故城，今地不详。胡阿祥认为南朝宋时朱卢，当在今广西玉林市、博白县一带。1984年，在海南乐东县发现一枚兽首蛇钮白文银印"朱庐执刲"，约为西汉晚期物。

[晋始]

【集释】《马注》：与龙曰：三国吴无。《州郡志》：晋始长，晋武帝立。按此《志》不载，亦属脱漏，今据《州郡志》补录。宋因。李兆洛云：故县当在今广东境。

【编者按】《马注》在此处增晋始县。晋始县故城，今地不详。胡阿祥认为南朝宋时晋始，当在今广西合浦县一带。

交（阯）[趾]郡汉置。

【集释】毕沅《新补正》：沅案《水经注》：晋太康中，交阯徙理龙编。

《马注》：与龙曰：三国吴郡。宋因。统县十四，

【集释】方恺《新校》：方恺曰：又《州郡志》九真太守下君安长，何志晋武帝立，《太康地志》无此县，而交阯有军平县。本《志》两县俱无，未详。《水经注·叶榆水篇》：越败，安阳王下船，迳出于海。今平道县后王宫城见有故处。《晋太康地记》县属交阯。《志》缺。

《马注》：与龙曰：今补录平道，为统县十五。

户一万二千。

【斠注】《汉志》曰：交趾郡，吴元鼎六年开。《东晋疆域志》曰：东晋领县当同。劳格《校勘记》曰：《太康地志》：平道县属交趾郡。《斠注》案：本

《志》无平道县，恐太康三年以后所置。

【编者按】交阯郡应为交阯部。交阯郡治龙编县，在今越南北宁省仙游县东。"阯"和"趾"通用，谭其骧主编《中国历史地图集》西晋太康二年图定名为交趾郡。

龙编

【斠注】两汉旧县。《水经·叶榆河注》曰：建安二十三年《浪水篇》作二十二年。立州之始，蛟龙蟠编于南、北二津，故改龙渊以龙编为名也。《读史方舆纪要》一百十二曰：龙编城在交州府东。

【集释】《通鉴》胡注：交阯郡龙编县，州郡皆治焉。《水经注》：汉建安二十三年，立州之始，蛟龙蟠编于（水）南、北二津，故改龙渊曰龙编。余据二汉《志》皆作"龙编"，无亦师古、章怀避唐讳，因亦改"渊"为"编"乎！

《马注》：与龙曰：三国吴县。《水经·叶榆水注》：又东迳龙渊县故城南。卢循之寇交州也，交州刺史杜慧度率水步晨出南津，以火箭攻之，烧其船舰。慧度以斩循功（编者校：陈桥驿复校本《水经注疏》所本"功"为"勋"。），封龙编侯。宋因。顾祖禹云：故城在今交州府东。周济云：明交州府，安南之东都也，今太平府凭祥州南七百五十里。邹代钧云：即今法兰西领土，越南河内道治。

【编者按】《八琼室金石补正》转引谢启昆《粤西金石略》收录《莫龙编侯墓瓶》，中有"永和六年太岁庚戌莫龙编侯之墓"等字样。此墓"在苍梧县多贤乡凤皇山"。龙编县故城，在今越南北宁省仙游县东。

苟扇

【斠注】两汉旧县。《续汉志》作苟漏，《葛洪传》作句扇，《宋志》《水经·叶榆河注》作句漏。《新斠注地理志集释》十四引段玉裁曰：《广韵》四十五厚、五十候（编者校：《宋本广韵》，此字中间小竖很长，一说是侯字。存疑。），皆言笱扇县，名字皆从"竹"不从"艹"。《读史方舆纪要》一百十二曰：句漏城在交州府西南。

【集释】何超《音义》：苟扇，上古豆反，下来豆反。

《马注》：与龙曰：扇为漏之坏字，官本作漏是。《汉志》作苟漏，三国吴县。《水经·叶榆水注》：其水又东迳苟（编者校：陈桥驿复校本《水经注疏》"苟"为"句"。）漏县，县带江水。宋因。《一统志》交州府石室县有句漏山，相传古苟漏县在其下。李兆洛云：故县今安南国交州府西南。

【编者按】苟扇县故城，在今越南河内市山西县东南百室。

望海

【斠注】《水经·叶榆河注》曰：左水东北迳望海县南。注云：建武十九年，马援征徵侧置。

【集释】《马注》：与龙曰：三国吴县。宋因。《一统志》：故城在安南国明交州府安明县。马援所筑。周济云：在交州府东。

【编者按】望海县故城，在今越南北江省北江市西北、求河北岸。

（羸）[嬴]陵

【斠注】两汉《志》《南齐志》作羸

陵。《续汉志》注《地道记》曰：南越侯织在此。《宋志》作赢娄。《水经·叶榆河注》：《交州外域记》曰：赢陵县本交趾郡治。《元和郡县图志》三十八曰：赢陵故城，在宋平县西七十五里。本汉县，后汉交趾刺史理于此。

【集释】何超《音义》：赢陵，上音莲。下力口反，又力主反。

方恺《新校》：方恺曰：赢陵，《州郡志》作赢娄。（编者校：此处原书脱作者名，不知是刘庠还是吴翊寅按语。）谨案：《地理志》作赢陵。孟康曰：赢音莲，陵音受土篓。《郡国志》同。《沈志》作赢娄，云汉旧县。本《志》作赢，《广韵》始有赢字，《说文》《玉篇》无，则赢乃六朝后字也，当从《汉志》作赢陵。

《马注》：与龙曰：《郡国志》注《地道记》曰：赢陵，南越侯织在此。按《地道记》误，说见王先谦《汉书·高纪补注》。三国吴县。宋因。顾祖禹云：故县在今交州府西。（编者校："赢""赢"两字详见王先谦《汉书补注》。）

【编者按】赢陵县应为赢陵县。赢陵县故城，在今越南河内市西北。谭其骧主编《中国历史地图集》西晋太康二年图定名为赢陵。中华书局点校本《宋书》"赢娄令"下中华校曰："按本字当作'赢陵'，此盖借赢为赢，省陵作娄。"

西于

【斠注】两汉旧县。《新斠注地理志》十四曰：《通典》《后汉书》注并云：故城在交州龙编县东，今属安南国清化府。

【集释】《马注》：与龙曰：三国吴县。《水经·叶榆水注》：其次一水，又西南迳西于县南。宋因。与龙按：据《后汉书·马援传》注，故城在龙编县东。

【编者按】西于县故城，在今越南永福省福安南。一说在今永福省东英县古螺乡，两地所指应是一处。

武宁

【斠注】《宋志》曰：吴立。

【集释】《马注》：与龙曰：三国吴县。《宋书·符瑞志》：晋惠帝元康元年，白鹿见交趾武宁。《州郡志》：九真太守武宁令，吴立。《太康地志》无此县而交趾有。《水经·叶榆水注》：《交州外域记》曰：南越王尉佗，举众安阳王，却军住武宁。宋属九真郡。李兆洛云：故县在交州府境。

【编者按】武宁县故城，即今越南北宁省北宁市。

朱䳒

【斠注】两《汉志》《宋志》作朱䳒。《读史方舆纪要》一百十二曰：朱䳒城在安南国交州府东南。

【集释】何超《音义》：䳒，羊全反。

《马注》：与龙曰：三国吴县。《水经·叶榆水注》：江水对交趾朱䳒（编者校：陈桥驿复校本《水经注疏》"䳒"为"䳒"。）县。宋因。李兆洛云：故县在交州府东南。

【编者按】朱䳒县故城，在今越南河内市河东县东南、红河西岸。

曲易

【斠注】两汉旧县。《续汉志》作曲阳。

【集释】《马注》：与龙曰：三国吴县。《水经·叶榆水注》：其水又东迳曲易县。宋因，作曲易，音阳。李兆洛云：故县在交州府境。

【编者按】曲易县故城，在今越南海阳省海阳附近。

交兴

【斠注】《东晋疆域志》曰：《沈志》：吴立吴兴县。按：《晋志》作交兴，当属晋平吴后所改。

【集释】方恺《新校》：方恺曰：交兴，当从《州郡志》作吴兴。

《马注》：与龙曰：三国吴县，曰吴兴。按此《志》交兴当即吴兴也。宋因，曰吴兴。李兆洛云：故县在交州府境。

【编者按】交兴县故城，今地无考。

北带

【斠注】两汉旧县。

【集释】《马注》：与龙曰：三国吴县。《水经·叶榆水注》：其次一水，又东迳北带县南。李兆洛云：故县在交州府境。

【编者按】北带县故城，在今越南河内市东文林附近。又一说在今越南北宁省南部、红河南岸。

稽徐

【斠注】两汉旧县。

【集释】《马注》：与龙曰：三国吴县。《水经·叶榆水注》：其次一水，又东迳稽徐县，泾水注之。李兆洛云：故县在交州府境。

【编者按】稽徐县故城，在今越南兴安省兴安北。

（安定）[定安]

【斠注】两汉旧县。《汉志》作安定。《续汉志》《宋志》并作定安。《水经·叶榆河注》亦作安定。

【集释】劳格《校勘记》曰：安定，《州郡志》作定安。

《马注》：与龙曰：三国吴县。《水经·叶榆水注》：《林邑记》曰：自交趾南行，都官寨（编者校：陈桥驿复校本《水经注疏》"寨"为"塞"。）浦出焉。其水自县东迳安定县，北带长江，江中有越王所铸铜船，潮水退时，人有见之者。宋因，作定安。李兆洛云：故县在交州府境。

【编者按】安定县应为定安县。定安县故城，在今越南河南省府里东、红河南岸。谭其骧主编《中国历史地图集》西晋太康四年图定名为定安。

南定

【斠注】《宋志》曰：吴立，曰武安，晋武改。

【集释】《马注》：与龙曰：三国吴县，曰武安。宋因。李兆洛云：故县在交州府境。

【编者按】南定县故城，在今越南南定省东南。

海平

【斠注】《宋志》曰：吴立，曰军平。

晋武改名。又曰军安长，何志晋武帝立。《太康地记》无此县，而交趾有军平县。《斠注》案：据《宋志》是海平、军安均晋武帝立，疑改军平为海平，又分置军安，故《宋志》仍列二县。

【集释】《马注》：与龙曰：三国吴县，曰军平。与龙按：据此则改名海平当在太康末。宋因。李兆洛云：故县在交州府境。

【编者按】海平县故城，在今越南广宁省先安。

[平道]

【集释】《马注》：与龙曰：三国吴无。《水经·叶榆水注》：今平道县。《晋太康地记》县属交趾。与龙按：宋无此县。《齐书·州郡志》：交州武平郡有平道县。盖复置，今据《太康地记》补录，故县当在交州府境。

胡运宏、胡阿祥《中华本〈晋书·地理志〉考异》："交州交趾郡缺平道县。按：《晋志》交趾郡下无平道县。《水经注·叶榆水注》：'安阳王下船迳出于海，今平道县后王宫城见有故处。《晋太康地记》，县属交阯。'《元和郡县志》岭南道交州平道县：'本扶严夷地，吴时开为武平郡，立平道县属之。隋开皇十年废郡，县属交州。'是平道吴立，属武平郡，晋属交趾郡，《晋志》缺载。"

【编者按】《马注》此处增补平道县。平道县故城，在今越南河内市西北。谭其骧主编《中国历史地图集》西晋太康二年图，将平道县归在武平郡下。

新昌郡吴置。

【集释】劳格《校勘记》曰：《通典》云：吴分置新兴郡，晋武改为新昌。《州郡志》无此郡。

《马注》：与龙曰：三国吴郡。按《宋志》无此郡，《齐书·州郡志》交州有新昌郡，盖复置。

统县六，户三千。

【斠注】《御览》引《方舆志》：吴置新兴郡，晋改为新昌。《元和郡县图志》三十八曰：吴归命侯建衡三年，分交趾立新昌郡。《通典》云：吴分置新兴郡，晋武帝改为新昌。《斠注》案：杜氏之说与《元和志》异，与《方舆志》同，恐李吉甫误也。《东晋疆域志》曰：东晋领县同。

【集释】方恺《新校》：方恺曰：《东晋疆域志》云：《太平御览》引《方舆志》：吴置新兴郡，晋改为新昌。本《志》直云吴置，未详。刘庠案：交州前篇孙皓又立新昌、武平、九德三郡，《疆域志》误也。

【编者按】谭其骧主编《中国历史地图集》西晋太康二年图，定名为新兴郡。新昌郡治麊泠县，在今越南河内市西北安朗县西，已在永福省境。

（麋）[麊]泠妇人徵侧为主处，马援平之。

【斠注】两《汉志》作麊泠，属交趾郡。《水经·叶榆河注》云：麊泠县，汉武帝元鼎六年开，都尉治。《初学记》八引《南征当作南中。八郡志》作粪泠。《斠注》案：《说文》米部麊下云：交趾有麊泠县，从米尼声。《水经·江水注》亦作麊，知麋是麊之讹。又因"麊"而讹为麋、粪也。《水经·叶榆河注》又曰：朱䧳雒将子名诗，索麊泠雒将女名徵侧为妻，侧为人有胆勇，将诗起贼，攻破州郡，服诸雒将皆属徵侧为王，治麊泠县，复交趾、九真二郡民二岁调赋。后汉遣伏波将军马援将兵讨侧，诗走入金溪究，三岁乃得。尔时西蜀并遣兵共讨侧等，悉定郡县，为令长也。《读史方舆纪要》一百十二曰：麊泠城在安南国太原府西。

【集释】何超《音义》：麊泠，音眉。

《马注》：与龙曰：三国吴县。《水经·叶榆水》：又东出进桑关，过交趾麊泠县北，分为五水，络交趾郡中，至南界，复合为三水，东入海。郦《注》：马援言，从麊（编者校：根据陈桥驿复校本《水经注疏》，戴震改"麊"为"麈"，见《江水注》一。）泠水道出进桑王国，至益州贲古县，转输通利，盖兵车资运所由矣。顾祖禹云：故县在安南国太原府西。周济云：明太原府在交州府西北四百五十里。邹代钧云：今法兰西领土，越南太原道境。

【编者按】麊泠县应为麊泠县。麊泠县故城，在今越南河内市西北安朗县西，已在永福省境内。红河北岸。谭其骧主编《中国历史地图集》西晋太康二年图定名为麊泠。史为乐主编《中国历史地名大辞典》定西晋麊泠县在今越南永富省安朗县西夏雷村。

嘉宁

【斠注】《宋志》曰：吴立。《元和郡县图志》三十八曰：本汉麊泠县地，吴分其地立嘉宁县。

【集释】《马注》：与龙曰：三国吴县。《舆地广记》：吴分麊泠立嘉宁县。按《齐书·州郡志》新昌郡有嘉宁县，盖齐复置故县。周济云：在安南国太原府西北。

【编者按】嘉宁县故城，在今越南河内市山西西北、红河南岸。胡阿祥定南朝宋嘉宁县在今越南永富省白鹤县南风州。

吴定

【斠注】《宋志》曰：吴立。

【集释】《马注》：与龙曰：三国吴县，属武平。宋因，属武平郡。按故县当在安南国太原府境。

【编者按】吴定县故城，在今越南宣光省宣光东南。

封山

【集释】《马注》：与龙曰：三国吴无。按《齐志》新昌郡有封山县，盖齐复置，故县当在安南国太原府境。

【编者按】封山县故城，今地无考。胡阿祥定南朝宋封山县在今越南河内市西北一带。

临西

【集释】《马注》：与龙曰：三国吴无。按《齐志》新昌郡有临西县，盖齐复置，故县当在安南国太原府境。

【编者按】临西县故城，在今越南富寿省富寿西锦溪附近、红河西岸。

西道

【集释】《马注》：与龙曰：三国吴无。按《齐志》新昌郡有西道县，盖齐复置，故县当在安南国太原府境。

【编者按】西道县故城，即今越南安沛省治安沛。

武平郡 吴置。

【集释】《马注》：与龙曰：三国吴郡。《吴志·孙皓传》：建衡三年，诸将破扶严，置武平郡。《吴录》无。《晋太康地志》有。宋因。《水经·叶榆水注》：南水又东南迳九德郡北。《交州外域记》曰：交趾郡界有扶严究，在郡之北，隔渡一江，即是水也。与龙按：在郡之北谓在九德郡之北。扶严究即《孙皓传》所云破扶严置武平郡之境，以郦《注》扶严地望考之，武平郡当在九德郡之西北、交趾郡之西南，即安南国嘉兴州地。

统县七，户五千。

【斠注】《宋志》曰：武平太守，吴孙皓建衡二年，讨扶严夷，以其地立。去州水二百一十六。《东晋疆域志》曰：东晋领县九，增置新道、晋化。

【集释】《马注》：毕沅曰：一本作五千。（编者校：《马注》所本为"户三千"。）

【编者按】武平郡治武定县，在今越南永富（即永安市）省永安市东南。

武（宁）［定］

【斠注】《宋志》曰：吴立，何志武帝立。

【集释】方恺《新校》：方恺曰：《州郡志》九真太守下武宁令，吴立，何志武帝立，《太康地志》无此县而交（阯）［趾］（编者校：中华书局点校本《宋书》"阯"为"趾"。）有。考沈氏于《太康地志》仅举交阯一武宁县，则此郡之武宁《太康志》决不载，本《志》似属重出。

《马注》：谢钟英云：交阯郡有武宁县，此当为武平传写误也。与龙曰：宋、齐二《志》，交趾、九真二郡皆有武宁县，未以同名为嫌，仍从《志》作武宁为是。三国吴县，属九真。《州郡志》九真太守下云：武宁令，吴立，何志武帝立。《太康地志》无此县而交趾有。《舆地广记》：武平县本汉封溪县地，吴置武宁县及立武平郡。与龙按：《沈志》所据《太康地志》武平郡无此县，疑吴末省，晋太康末始复立。宋因，属九真郡。故县当在安南国嘉兴州境。

【编者按】武宁县应为武定县。武定县故城，在今越南永福省永安市东南。谭其骧主编《中国历史地图集》西晋太康二年图，定武平郡郡治在武定县。胡阿祥定南朝宋武平郡、武定县故城，在今越南永富省永福（即永安市）东南平州。

武兴

【集释】《马注》：与龙曰：三国吴无。按《［南］齐书·州郡志》武平郡有武兴县，盖齐复置，故县当在安南国嘉兴州境。

【编者按】武兴县故城，今地无考。

进山

【集释】《马注》：与龙曰：三国吴无。故县当在安南国嘉兴州境。

【编者按】进山县故城，今地无考。

根宁

【集释】《马注》：与龙曰：三国吴无。按《[南]齐书·州郡志》武平郡有根宁县，盖齐复置，故县当在安南国嘉兴州境

【编者按】根宁县故城，今地无考。

安武

【集释】《马注》：与龙曰：三国吴无。故县当在安南国嘉兴州境。

【编者按】安武县故城，今地无考。

扶安

【集释】《马注》：与龙曰：三国吴无。故县当在安南国嘉兴州境。

【编者按】扶安县故城，在今越南太原省普安。

封溪

【斠注】《续汉志》属交趾郡，建武十九年置，吴改属武平郡。

【集释】《马注》：与龙曰：三国吴县。刘逵《蜀都赋注》：猩猩生交趾封溪。《水经·叶榆水注》：南水自麊泠县东迳封溪县北。按《齐志》武平郡有封溪县，盖齐复置。《一统志》：《汉书·地理志》封溪县有隄防。龙门水，即今安南龙门汀，在嘉兴州蒙县。周济云：嘉兴州在交州府西南六百五十里，封溪县当在其境。又《州郡志》武平太守下云：新道长、晋化长，并江左立。李兆洛云：故县并在安南国境，此《志》篇末亦未载。

【编者按】封溪县故城，在今越南河内市西北。胡阿祥定南朝宋封溪县故城在今越南永富省安朗东。所指应为同一地。

九真郡汉置。

【集释】《马注》：与龙曰：三国吴郡。宋因。李兆洛云：故郡今安南国清化府西。周济云：九真郡境北界新昌，东北界交趾，东界九德。

统县七，

【集释】《马注》：与龙曰：《州郡志》九真太守领县：高安令，何志晋武帝立《太康地志》无。都庞长，《吴录》有，《晋太康地志》无。宁夷长，何志晋武帝立，《太康地志》无。按：高安、宁夷二县疑太康末立，都庞盖太康时省，后复立。此《志》皆未叙及。

户三千。

【斠注】《宋志》曰：去州水八百，去京都水一万一千八百。《汉志》曰：武帝元鼎六年开。《东晋疆域志》曰：东晋领县十一，增置高安，军安，都庞，宁夷。案：《宋志》：宁夷长，何志晋武帝立，《太康地志》无。是西晋曾置此县也。

【编者按】九真郡治胥浦县，在今越南清化省清化西北。

胥浦

【斠注】两汉旧县。《读史方舆纪要》一百十二曰：胥浦废县在清化府西。

【集释】《马注》：与龙曰：三国吴县。《水经·温水注》：《林邑记》曰：义熙九年，交趾太守杜慧度造九真水口，与林邑王范胡达战，胡达遁。五月，慧度自九真水口（编者校：各本《水经注》无"口"字。）历都栗浦，复

袭九真，长围夸山，重栅断浦，驱象前锋，接刃城下，连日交战，杀伤乃退。《地理志》曰：九真郡，汉武帝元鼎六年开，治胥浦县。宋因。《一统志》：汉九真郡，梁武帝于郡置爱州，明为清化府，宣德中，黎利以交州为东都，清华为西都，清华承政司即清化府。周济云：清化府在交州府西南八百里。

【编者按】胥浦县故城，在今越南清化省清化西北。胡阿祥认为南朝宋时故城在今越南清化省清化西北东山阳舍村。

移风

【斠注】两汉居风县。《宋志》曰：故名居风，吴更名。《汉书补注》曰：据《通典》《寰宇记》，唐为爱州九真，安顺、崇平、日南四县，宋为爱州所治九真县及日南县。《读史方舆纪要》一百十二曰：故城在清化县西北。

【集释】毕沅《新补正》：沅案《太平寰宇记》：晋分立高安县。移风，汉名居风，吴改今名。《沈志》，晋武帝立军安、宁夷二县，《太康地志》俱无。

《马注》：与龙曰：《汉志》曰居风，三国吴县。《水经·叶榆水注》：建武十九年九月，马援上言：臣谨与交趾精兵万二千人，与大兵合二万人，船车大小二千艘，自入交趾，于今为盛。十月，援南入九真，至无切县，贼渠降，进入余发，渠帅朱伯弃郡亡。援又分兵入无编县，至居风县，帅不降，并斩级数十百，九真乃靖。宋因。周济云：故县今安南国清化府西北。

【编者按】移风县故城，在今越南清化省清化北。胡阿祥认为南朝宋时故城在今越南清化省清化西北马江南岸。

津梧

【斠注】《宋志》曰：晋武帝分移风立。《元和郡县图志》三十八曰：本汉居风县地，晋分置津梧县。

【集释】方恺《新校》：方恺曰：湛梧，《沈志》作津梧，云晋武帝分移风立。吴翊寅案：局本《晋志》亦作津梧，据毕校改。

《马注》：与龙曰：三国吴无。宋因，作津（编者校：《马注》所本为"湛梧"，故有此说。）梧。按故县在安南国清化府西北。

【编者按】津梧县故城，在今越南清化省清化东北。

建初

【斠注】《宋志》曰：吴立。

【集释】《马注》：与龙曰：三国吴县。宋因。周济云：故县今安南国清化府东南。

【编者按】建初县故城，在今越南清化省清化南。胡阿祥认为南朝宋时故城在今越南清化省农贡附近。

常乐

【斠注】《元和郡县图志》三十八曰：本汉居风县地，吴改为移风，又分置常乐县，属九真郡。《宋志》曰：高安令，何志晋武帝立，《太康地志》无，《吴志（编者校：胡阿祥《宋书州郡志汇释》"吴志"为"吴录"。）》晋分常乐立。《斠注》案：本《志》无高安县，或三年后所置。

【集释】《马注》：与龙曰：三国吴县。宋因。周济云：故县今安南国清化府东。

【编者按】常乐县故城，在今越南清化省清化东南。

扶乐

【集释】《马注》：与龙曰：三国吴无。按故县当在安南国清化府境。

【编者按】扶乐县故城，今地无考。

松原

【斠注】《宋志》曰：晋武帝分建初立。《读史方舆纪要》一百十二曰：松原废县在清化府南。

【集释】《马注》：与龙曰：三国吴无。《水经·温水注》：《晋书地道记》曰：九真郡有松原县。《林邑记》曰：松原以西，鸟兽驯良，不知畏弓。寡妇孤居，散发至老。南移之岭，崒不逾仞。宋因。按故县当在安南国清化府西南。又《州郡志》九真太守下云：高安令，何志晋武帝立。《吴录》晋分常乐立。《太康地志》无。宁夷长，何志晋武帝立，《太康地志》无。按二县疑太康末省，后复立也，当并在安南国清化府境。

【编者按】松原县故城，在今越南清化省清化西南。

[都庞]

【集释】《州郡志》：九真太守都庞音龙长，汉旧县。《吴录》有，《晋太康地志》无。

【编者按】谭其骧主编《中国历史的地图集》西晋太康二年图增此县。都庞县故城，在今越南清化省清化西北、马江北岸。胡阿祥定南朝宋时故城在今越南清化省石城附近。

[高安]

【集释】《州郡志》：九真太守高安令，何志晋武帝立。《太康地志》无。《吴录》晋分常乐立。

【编者按】谭其骧主编《中国历史的地图集》西晋太康二年图增此县。高安县故城，在今越南清化省清化东南。

[军安]

【集释】《州郡志》：九真太守军安长，何志晋武帝立。《太康地志》无此县，而交趾有军平县。

【编者按】谭其骧主编《中国历史的地图集》西晋太康二年图增此县。军安县故城，在今越南清化省清化西北、马江南岸。胡阿祥定南朝宋时故城在今越南清化省安定东马江南岸。

[宁夷]

【集释】《州郡志》：九真太守宁夷长，何志晋武帝立，《太康地志》无。

【编者按】编者补此县。宁夷县故城，今地无考。

九德郡吴置，

【集释】《马注》：与龙曰：三国吴郡。《州郡志》：九德太守，故属九真，吴分立。宋因。谢钟英云：九德郡境北界九真，南界日南。

周时越常

【集释】孙人龙《晋书考证》："九德郡注：越裳氏，监本裳作常。按《后汉·南蛮传》：交阯之南有越裳国。《白虎通》：'德至八方，则祥风至，中（编者校："中"应为"钟"。）律调，四夷纪（编者校："纪"应为"化"。），越裳来（编者校："来"应为"贡"。）。'扬雄《交州牧箴》：交州荒裔，水与天际，越裳是南，荒国之外。杜甫诗：'慎勿吞青海，无劳问越裳。'未有作常字者。惟《集韵》裳下幂也。本作常，今改正之。"

《马注》：与龙曰：常为裳之坏字，官本作裳。

氐地。

【集释】《马注》：与龙曰：《水经·温水注》：《林邑记》曰：九德，九夷所极，故以名郡。郡名所置，周越裳氏之夷国。《周礼》：九夷远极越裳。白雉、象牙，重九译而来。

统县八，

【集释】《马注》：与龙曰：《州郡志》：九德太守西安长，何志晋武帝立，《太康地志》无。越常长，何志吴立，《太康地志》无。按西安盖太康后立，越常盖太康时省，后复立。此《志》皆未叙及。

无户。

【斠注】《宋志》曰：去州水九百，去京都水一万九百。《御览》一百七十二《方舆志》曰：古越裳氏国，（编者校：此处疑脱"重"字。）九译所通者也。秦属象郡，二汉属九真郡，吴分置九德郡，晋、宋、齐因之。《水经·温水注》曰：九德，九夷所极，故以名郡。《东晋疆域志》曰：东晋领县九，增置西安。案：《宋志》西安亦晋武帝立，《太康地志》无，王隐有，是西晋曾置此县也。

【编者按】九德郡治九德县，在今越南义安省荣市。

九德

【斠注】《水经·温水注》三十六《交州外域记》曰：九德县属九真郡，在郡之南，与日南接。蛮卢擧居其地，死，子宝纲代，孙党，服从吴化，定为九德郡，又为隶之。《元和郡县图志》三十八曰：吴归命侯天纪二年，分九真之咸驩县置九德县，属交州。《斠注》案：上文《交州序》云：孙皓又立新昌、武平、九德三郡。盖未立九德郡之前，九德县尚属九真郡，迨置九德郡，后九德县始改隶，是必在天纪二年之后矣。

【集释】《马注》：与龙曰：三国吴县。《州郡志》：九德令，吴立。《水经·温水注》：案《晋书地道记》有九德县。宋因。周济云：故县在安南国义安府西南。按明义安府在交州府治南八百里。

【编者按】九德县故城，在今越南义安省荣市。

咸驩

【斠注】两汉属九真郡。吴属九德郡。《续汉志》作咸懽。《读史方舆纪要》一百十二曰：咸驩城在安南国新平府东南。

【集释】《马注》：与龙曰：三国吴县。《水经·温水注》：咸驩属九真，咸驩以南，獐麂满冈，鸣咆命畴，警啸聒野，孔雀飞翔，蔽日笼山。渡治口，至九德。宋因。李兆洛云：故县在安南国新平府东南。周济云：明新平府在交州府西南七百里。

【编者按】咸驩县故城，在今越南义安省演州西。

南陵

【斠注】《宋志》曰：南陵，晋武帝立。《太康地志》无，王隐有。

【集释】《马注》：与龙曰：三国吴无。按盖太康末立。《水经·温水注》：九德浦内迳越裳究、九德究、南陵究。按《晋书地道记》，九德郡有南陵县，晋置也。竺枝《扶南记》：山溪濑中谓之究。《地理志》曰：郡有小水五十二，并行大川，皆究之谓说也。自南陵究出于南界蛮，进得横山。太和三年，范文侵交州，于横山分界。宋因。《一统志》：横山在安南义安府河华县，按故县在安南义安府境。

【编者按】南陵县故城，在今越南河静省河静南。胡阿祥认为南朝宋故城在今越南义静省锦川附近。1991年后此地归属由义静省分出的河静省。

阳遂

【斠注】《宋志》作阳远，云：吴立，曰阳成，太康二年更名，后省。

【集释】方恺《新校》：方恺曰：阳遂，《沈志》作阳远。

《马注》：与龙曰：遂当作远，形似致讹。三国吴县，曰阳成。宋因，作阳远。周济云：故县今安南义安府东。

【编者按】阳遂县故城，在今越南河静省北部、大江南岸。

扶苓

【集释】《马注》：与龙曰：三国吴无。李兆洛云：故县当在今安南国境。

【编者按】扶苓县故城，今地无考。

曲胥

【集释】《马注》：与龙曰：三国吴无。李兆洛云：故县当在今安南国境。

【编者按】曲胥县故城，今地无考。

浦阳

【斠注】《宋志》曰：晋武帝分阳远立。《读史方舆纪要》一百十二曰：浦阳废县在义安府东。

【集释】《马注》：与龙曰：三国吴无。《水经·温水注》：凿口，马援所凿，内通九真、浦阳。《晋书地道记》，九德郡有浦阳县。《交州记》曰：凿南塘者，九真路之所（开）〔经〕（编者校：陈桥驿复校本《水经注疏》"开"为"经"。）也，去州五百里，建武十九年，马援所开。出浦阳，渡便州，至典由，渡故县，至咸驩。宋因。按故县当在安南国新平府东北。

【编者按】浦阳县故城，在今越南义安省荣市东南。

都泘

【斠注】《宋志》作都泫，云何志晋武帝分九德立。

【集释】何超《音义》：都泘，胡交反。

方恺《新校》：方恺曰：都泘，《沈

志》作都沇。

《马注》：与龙曰：三国吴无。按宋都（汏）〔沇〕（编者校：《宋书》"汏"为"沇"。下同。）县即都浇也。汏疑浇之讹。《〔南〕齐书·州郡志》九德郡有都浇县。故县当在安南国乂安府西南境。

【编者按】都浇县故城，在今越南乂安省西北孟蓝附近。

[西安]

【集释】《州郡志》：九德太守西安长，何志晋武帝立。《太康地志》无，《吴录》亦无。

毕沅《新补正》：沅案又有西安县，亦晋武帝立，此《志》不载。（编者校：此条原在南陵县条下，今移至此。）

【编者按】编者此处补西安县。西安县故城，在今越南河静省香山附近。谭其骧主编《中国历史地图集》西晋太康二年图中有西安县。

[越常]

【集释】《州郡志》：九德太守越常长，何志吴立。《太康地志》无。

【编者按】编者此处补越常县。越常县故城，在今越南河静省甘禄附近。谭其骧主编《中国历史地图集》西晋太康二年图中有越常县。

日南郡秦置象郡，汉武帝改名焉。

【集释】《马注》：与龙曰：三国吴为属国都尉。《吴志·孙皓传》：建衡三年，虞汜、陶璜破交阯，禽杀晋所置守将，九真、日南皆还属。《州郡志》：日南太守，秦象郡，汉武帝元鼎六年更名。《水经·温水注》：晋太康三年，省日南属国都尉置日南郡。盖吴末省郡为都尉，晋省都尉复为郡也。宋因。按汉日南郡治西卷县，晋日南郡治秦象郡之象林县，说详象林、西卷二县下。周济云：日南郡地北界九德。邹代钧云：今法兰西领土，越南之归仁、富安、广和、平顺四道是其故地。

统县五，

【集释】方恺《新校》：方恺曰：《州郡志》：无劳长，晋武分北景立。又寿泠令，晋武太康十年分西卷立。吴翊寅案：今《志》并缺，盖据太康三年为断。

《马注》：与龙曰：今补寿泠、无劳为统县七。

户六百。

【斠注】《汉志》曰：故秦象郡，武帝元鼎六年开。《汉书补注》曰：始皇三十三年置，见《纪》。《宋志》曰：吴省，晋武帝太康三年复立。去州水二千四百，去京都水一万六百九十。《水经·温水注》曰：郎究水所积，下潭为湖，谓之郎湖浦口。注云：有秦时象郡，墟域犹存。又曰：晋太康三年，省日南郡属国都尉，以其所统卢容县，置日南郡及象林（郡）〔县〕（编者校：陈桥驿复校本《水经注疏》"郡"为"县"。）之故治。《晋书地道记》曰：郡去卢容浦口二百里，故秦象郡象林县治也。《斠注》案：本州序言：吴黄武五年，割交趾、日南、九真、合浦四郡为交州，戴良为刺史。未知何时改为属国都尉，史无明文。《东晋疆域志》曰：东晋领县七，增寿泠、无劳。案：《宋志》寿泠，晋武帝太康十年分西卷立。无劳，晋武帝分北景立。是西晋时曾置此二县也。

【编者按】日南郡治象林县，在今越南承天-顺化省顺化市北广田县东香江同蒲江交汇处。

象林

【集释】《马注》：与龙曰：三国吴县。《郡国志》象林注：今之林邑国。《水经·温水注》：晋置日南郡。《晋书地道记》曰：郡去卢容浦口二百里，故秦象郡，象林县治也。《水经注》又云：浦西，即临邑都也。治典冲，去海岸四十里，处荒流之徼表，国越裳之疆南，秦、汉象郡之象林县也。东滨沧海，西际徐狼，南接扶南，北连九德。后去象林，林邑之号。建国起自汉末。初平之乱，人怀异心，象林功曹姓区，有子名逵（编者校：陈桥驿复校本《水经注疏》以为"逵"当为"连"。详见此书，下同。），攻其县，杀令，自号为王。值世乱离，林邑遂立，后乃袭代，传位子孙。吴有交土，与之临接，进侵寿泠，以为疆界。自区逵以后，世数难详，宗胤灭绝。外孙范熊代立，熊死，子逸立。有范文，日南西卷县夷帅范椎（编者注：陈桥驿复校本《水经注疏》以为"椎"当为"稚"。详见此书，下同。）奴也。椎尝使文远行商贾，北到上国，多所闻见，以晋愍帝建兴中，南至林邑，教王范逸制造城池，缮制戎甲。王爱信之，使为将帅。文谗王诸子，或徙或奔，王乃独立。成帝咸和六年死，文迎王子于外国，海行取水，置毒椰（编者校："梛"即"椰"。）子中，饮而杀之。遂胁国人，自立为王。《江东旧事》云：范文，本扬州人，少被掠为奴，卖堕交州，因逃，随林邑贾人渡海远去，没入于王，大被幸爱。文害王二子，诈杀侯将，自立为王，威加诸国。建元二年，攻日南、九德、九真，百姓奔迸，千里无烟，乃还林邑。林邑西去广州二千五百里。升平二年，交州刺史温放之，杀交趾太守杜宝、别驾阮朗，遂征林邑，水陆屡战，范佛保城自守，重求请服，听之。今林邑东城南五里有温公二垒，是也。宋因。李兆洛云：故县在今占城西北。

自此南有四国，其人皆云汉人子孙。今有铜柱，亦是汉置此为界。贡金供税也。

【斠注】两汉旧县。《初学记》二十七王隐《晋书》曰：南有四国，皆称汉人。

【集释】《马注》：与龙曰：《水经·温水注》：康泰《扶南记》曰：从林邑至日南卢容浦口可二百余里，从口南发往扶南诸国，常从此口出也。竺枝《扶南记》曰：扶南去林邑四千里，水步道通。郁水又南自寿泠县注于海。昔马文渊积石为塘，达于象浦，建金标为南极之界。俞益期笺曰：马文渊立两铜柱于林邑岸北，有遗兵十余家不返，居寿泠县南而对铜柱。悉姓马，自婚［姻］（编者校：陈桥驿复校本《水经注疏》此处有"姻"字。），今有二百户。交州以其流寓，号曰马流。言语饮食，尚与华同。山川移易，铜柱今复在海中，正赖此民，以识故处也。《林邑记》曰：建武十九年，马援树两铜柱于象林南界，与西屠国分，汉之南疆也。土人以之流寓，号曰马流，世称汉子孙也。《寰宇记》：林邑国又南行二千余里有西居夷国，马援至其国，铸二铜柱于象林南界，与西屠夷分境，其时以不能还数十人留铜柱之下，至隋乃有三百余家，南蛮呼为马留人，计交州至铜柱五千里。

【编者按】《宋本晋书》"贡金"为"贡今"。疑误。象林县故城，在今越南承天－顺化省顺化市北广田县东香江同蒲江交汇处。

卢容象郡所居。

【斠注】两汉旧县。《读史方舆纪要》一百十二曰：卢容城在朱吾城西。

【集释】《马注》：与龙曰：三国吴县。《水经·温水注》：寿泠水自城南，东与卢容水合，东注郎究，究水所积，下潭为湖，谓之郎湖。浦口有秦时象郡，墟域犹存。自湖南望，外通寿泠，从郎湖入四会浦。自四会南下，得卢容浦口。永和五年，征西桓温遣督护滕畯率交广兵伐范文于旧日南之卢容县，为文所败，退次九真，更治兵，文被创死，子佛代立。七年，畯与交州刺史杨平复进军寿泠浦，入顿郎湖，讨佛于日南故治佛蚁聚，连垒五十余里，畯、平破之，佛逃窜川薮，遣大帅面缚，请罪军门。遣武士陈延劳佛，与盟而还。《温水注》又云：由门浦至古战湾。吴赤乌十一年，交州与林邑于湾大战，初失区粟也。渡卢容县，日南之属县也。与龙按：郦《注》寿泠水自城南，城即区粟城，亦即西卷县城矣。宋因。李兆洛云：故县今占城国西北地。

【编者按】卢容县故城，在今越南承天一顺化省顺化市北香江岸边。

朱吾

【斠注】两汉旧县。《水经·温水注》：《晋书地道记》曰：朱吾县，属日南郡，去郡二百里。此县民，汉时不堪二千石长吏调求，引屈都乾为国。《林夷记》曰：屈都，夷也。《读史方舆纪要》一百十二曰：朱吾城在占城北境。

【集释】《马注》：与龙曰：三国吴县。《水经·温水注》：《林邑记》曰：渡比景至朱吾。朱吾县浦，今之封界，朱吾以南，有文狼人，野居无室宅，依树止宿，食生鱼肉，采香为业，与人交市，若上皇之民矣。县南有文狼究。宋因。李兆洛云：故县今占城国北境。

【编者按】朱吾县故城，在今越南广平省美丽附近。

西卷

【斠注】两汉旧县。《汉志》作西捲，《续汉志》《宋志》作西卷。《水经·温水注》：应劭云：日南郡治西捲县。《林夷记》云：城出（编者校：陈桥驿复校本《水经注疏》"出"为"去"。）林夷，步道四百余里。《交州外域记》云：从日南郡南，去到林夷国，四百余里。准迳相符，然则城故西捲县也。

【集释】《马注》：与龙曰：三国吴县。《州郡志》：西卷令，汉旧县，作捲。《水经·温水注》：卢容水出西南区粟城南高山。东迳区粟城北，又东，右与寿泠水合。东迳区粟故城南，考古志，并无区粟之名。应劭《地理风俗记》曰：日南，故秦象郡。汉武帝元鼎六年开日南郡，治西捲县。《林邑记》：其城治二水之间，三方际山，南北瞰水，东西涧浦，流凑城下。市居周绕，阻峭地险，故林邑兵器战具，悉在区粟。多城垒，自林邑王范胡达始，区粟建八尺表，日影度南八寸，自此影以南在日之南，故以名郡。望北辰星，落在天际，日在北，故开北户以问日，此其大较也。范泰《古今善言》曰：日南张重，举计入洛，正（昌）[旦]（编者校：陈桥驿《水经注校证》"昌"为"旦"。）大会。明帝问曰：日南郡北向视日耶？重曰：今郡有云中、金城者，不必皆有其实，日亦俱出于东耳。宋因。李兆洛云：故县今占城东北地。周济云：在安南国乂安府东南。

【编者按】西卷县故城，在今越南广治省东河。

比景

【斠注】两汉旧县。《汉志》注如淳曰：日中于头上，景在己下，故名之。《续汉志》《南齐志》并作比景。《宋志》《旧唐志》作北景。《新斠注地理志集释》十四引段氏玉裁曰：阚骃读比为荫庇之庇。吴仁杰引《考古编》云：《旧唐志》：北景县，晋将灌邃破林邑，五月五日即其地立表，表在北，而日影在南，故县名北景。《御览》八百二十引《吴录》亦作北。《汉书补注》曰：案唐命太史往安南测候日影，夏至影在表南，与灌邃同，郡得名固以此。然王充书谓日南郡有徙民还者，问之，云日中之时所居之地，未能在日南也。盖日南郡惟五月[五]（编者校：此处脱"五"。）日影在南，常时影不在南，亦不在北。故《水经》云，北读为荫芘之芘，言影为身所芘，[此]（编者校：此处脱"此"。）《尔雅》所谓（岠）[岊]齐州以南戴日者也。《读史方舆纪要》一百十二曰：比景城在占城北境。

【集释】方恺《新校》：方恺曰：比景，《沈志》作北景。

《马注》：与龙曰：三国吴县。《水经·温水注》：自卢容县至无变，越烽火至比景县，日中头上，景当身下，与景为比。如淳曰：故以比景名县。宋因，作北景。李兆洛云：故县今占城国北境。

【编者按】比景县故城，在今越南广平省广溪西北。

[寿泠]

【集释】《马注》：与龙曰：三国吴县。《州郡志》日南太守下云：寿泠令，晋武太康十年，分西卷立。盖晋初省县，复分立也。《水经·温水注》：魏正始九年，林邑进侵，至寿（苓）[泠]（编者校："苓"当为"泠"。）县以为疆界。按：此《志》以太康为断，应有寿泠县，今据《州郡志》补录。宋因。按故县当在安南国乂安府东南。

【编者按】《马注》在此处增补寿泠县。寿泠县故城，在今越南广治省广治北。

[无劳]

【集释】《马注》：与龙曰：三国吴无。《州郡志》日南太守下云：无劳长，晋武分北景立。《水经·温水注》：朱吾浦内通无劳湖，无劳究水通寿（苓）

［泠］浦。按《州郡志》无劳县下不云《太康地志》无，则应有此县。今据以补录。宋因。故县当在安南国乂安府东南。

【编者按】《马注》在此处增补无劳县。无劳县故城，在今越南广平省洞海西北。

广州。案《禹贡》扬州之域，秦末赵他所据之地。及汉武帝，以其地为交趾郡。至吴黄武五年，分交州之南海、苍梧、郁林、高梁

【集释】周家禄《晋书校勘记》曰：高凉误高梁。

《马注》：与龙曰：梁当作凉，音近而讹。《郡国志》合浦郡注亦讹作高梁。

四郡立为广州，

【斠注】《元和郡县图志》三十四曰：孙皓时，以交州土壤太远，乃分置广州，理番禺。《斠注》案：上文交州序，下文高凉郡高梁均作凉。《书钞》一百五十九《御览》九十五引王隐《晋书》，陶侃表袁谦为高凉太守，亦不作梁。惟本书《杨方传》云：补高梁太守。疑吴时置郡，本作高梁，后又改为高凉。《隋经籍志·五经类（编者校：杨方撰《五经拘沈》十卷。）》注：杨方，高凉太守，与本《传》异。

俄复旧。永安六年，复分交州置广州，

【斠注】《宋志》曰：去京都水五千二百。《斠注》案：交州序作永安七年，复以前三郡立广州。《吴志》及《宋志》亦作七年，此六年为七年之讹。

【集释】劳格《校勘记》曰：六年当作七年。

周家禄曰：据上交州文，当云七年。

《马注》：与龙曰：毕沅曰：《吴志》事在永安七年，《宋志》亦作七年，此云六年误。

分合浦立合浦北部，以都尉领之。孙皓分郁林立桂林郡。及太康中，吴平，遂以荆州始安、始兴、临贺三郡来属。

【集释】《马注》：与龙曰：毕沅曰：《通典》广州理番禺。

合统郡十，县六十八，

【斠注】《东晋疆域志》曰：东晋凡领旧郡六，增置郡七：南海、东官、新会、苍梧、晋康、新宁、永平、郁林、晋兴、桂林、高凉、宁浦、义安，县一百九。州治，《元和志》：吴孙皓分置广州，理番禺，晋代因而不改。

户四万三千一百二十。

【集释】孙人龙《晋书考证》："户四万三千一百四十，监本四十作二十，今按后细数改正。"

【编者按】广州治番禺县，在今广东广州市。

南海郡秦置。

【集释】《马注》：与龙曰：三国吴郡。宋因。

统县六，户九千五百。

【斠注】《汉志》曰：秦置。秦败，尉佗王此地。武帝元鼎六年开。《汉书补注》曰：始皇三十二年置，见《纪》。《东晋疆域志》曰：东晋分出东官、新会二郡，凡领县八：番禺、增城、博罗、西平、龙川、四会、怀化、高要。

【编者按】南海郡治番禺县，在今广东广州市。

番禺

【斠注】两汉旧县。《水经·浪水注》曰：姚文式问云：何以名为番禺？答

曰：南海郡昔治今在（编者校：陈桥驿复校本《水经注疏》"今在"为"在今"。）州城中，与番禺县连接。今入城东南偏山有水坑陵，城倚其上，闻此县人名之为番山，县名番禺，倘谓番山之禺也。《元和郡县图志》三十四曰：番禺故城在今县西南二里，县有番、禺二山，因以为名。

【集释】《马注》：与龙曰：三国吴县。《郡国志》注引《山海经》：桂林八树，在番禺东。郭璞曰：在番禺也。有卢循城。《元和志》：城在番禺县南六里，循既为宋高祖所破，聚其余党，还至番禺，高祖又遣孙季高、沈田子力战，大破之。《舆地纪胜》：卢循城在州南岸，状如方壶。宋因。《一统志》：故城今广州府南海县治。

【编者按】番禺县故城，即今广东广州市治。

四会

【斠注】两汉旧县。《东晋疆域志》据《寰宇记》：晋分四会为怀化。《宋志》云：晋安帝立。《元和郡县图志》三十四曰：四会本秦旧县，属桂林郡。

【集释】《马注》：与龙曰：三国吴县。宋因，属绥建郡。《一统志》：故城今肇庆府四会县治。

【编者按】四会县故城，即今广东四会市治。

增城

【斠注】《元和郡县图志》三十四曰：增城本汉番禺县地，后汉于此置增城县。《寰宇记》一百五十七曰：吴黄武中于此置东郡，而立增城县，因增江为名。《读史方舆纪要》一百一曰：增城旧县在今县东北五十里。《斠注》案：《续汉志》有增城县，故《元和志》作后汉置，《寰宇记》作吴黄武中置，误也。

【集释】《马注》：洪亮吉曰：《寰宇记》谓吴黄武中立，疑汉末县废，吴复立也。与龙曰：三国吴县。《宋书·符瑞志》：晋孝武帝太元十六年，白雀见南海增城县民吴比屋。宋因。《一统志》：故城今广州府增城县东北。

【编者按】增城县故城，在今广东广州市增城区东北五十里。

博罗

【斠注】两汉旧县。《宋志》曰：二汉皆作傅字，《晋太康地志》作博。《斠注》案：沈约所见《汉志》作傅，今本不知何时所改。《元和郡县图志》三十四曰：二汉立，名不一，吴以后复为博罗。又曰：晋成帝咸和八年，丁此置宝安县，属东官郡。《寰宇记》一百六十《南越志》云：博罗县，去浮山，接境于罗山，故曰博罗。

【集释】《马注》：与龙曰：三国吴县。宋因。《一统志》：故城今惠州府博罗县治。

【编者按】博罗县故城，即今广东博罗县治。

龙川

【斠注】两汉旧县。《汉志》注引裴氏《广州记》曰：龙川县本博罗县之东乡也。《元和郡县图志》三十四曰：龙川故城在河源县东北，水路一百七十五里。《晋地理志新补正》曰：《寰宇记》：晋元兴中分置兴宁县。《沈志》：晋安帝又立怀化县，此《志》不载。

【集释】《马注》：与龙曰：三国吴县。宋因。《一统志》：故城今龙川县西北。

【编者按】龙川县故城，在今广东龙川县西佗城镇。

(平) [新] 夷

【斠注】《宋志》曰：吴立曰平夷，晋武帝太康元年更名新夷。《读史方舆纪要》一百一曰：新彝废县在新会县西四十五里。《斠注》案：本《志》尚作平夷，疑《宋志》元字或有讹。

【集释】方恺《新校》：方恺曰：《州郡志》：新夷令，吴立曰平夷，晋武帝太康元年更名，属南海。

《马注》：与龙曰：平当作新，沿旧名致误。三国吴县，曰平夷。《宋书·孙处传》：高祖平定京邑，以为振武将军，封新夷县五等侯。宋因，作新夷，属新会郡。《一统志》：故城今广州府新会县西十五里。

【编者按】平夷县应为新夷县。新夷县故城，在今广东江门市新会区西。谭其骧主编《中国历史地图集》西晋太康二年图定名为新夷。

　　临贺郡吴置。

【集释】《马注》：与龙曰：三国吴郡。宋因，曰临庆，属湘州。

　　统县六，户二千五百。

【斠注】《宋志》曰：吴分苍梧立为临贺郡，属广州。《元和志》三十七作吴属荆州。晋成帝度荆州。去京都水、陆五千五百七十。《寰宇记》一百六十一曰：吴黄武五年，割苍梧郡封阳、临贺、冯乘、富川、荡山、桂岭等六县为临贺郡。晋因之。《斠注》案：本《志》无荡山、桂岭二县，据乐氏言，皆隋所改置，盖当时并无此县，而后人追录之词耳。《东晋疆域志》曰：东晋统县同。

【编者按】临贺郡治临贺县，在今广西贺州市东南。

临贺

【斠注】两汉属苍梧郡，吴置临贺郡治此。《宋志》曰：《晋太康地志》：王隐云属南海，而二汉属苍梧当是吴新度，疑晋时又由临贺改属南海。《读史方舆纪要》一百七曰：临贺废县今贺县治。

【集释】劳格《校勘记》曰：《太康地志》、王隐《地道记》属南海。

《马注》：与龙曰：三国吴县。宋因。《一统志》：故城今平乐府贺县治。

【编者按】临贺县故城，在今广西贺州市东南贺街镇。

谢沐

【斠注】两汉属苍梧郡，吴属临贺郡。《新斠注地理志》十四曰：在今平乐府贺县西北。

【集释】《马注》：与龙曰：三国吴县。宋因。《一统志》：故城今永州府永明县西南四十里崇福乡。

【编者按】谢沐县故城，在今湖南江永县西南二十五里甘棠村。

冯乘

【斠注】两汉属苍梧郡，吴属临贺郡。《水经·湘水注》曰：冯水出冯乘县东北冯冈，其水导源冯溪。《元和郡县图志》三十七曰：冯乘（编者校：此处"冯乘"当为"冯水"，或脱"冯水"二字。）西北流，带约众流，浑成一川，谓之北渚。《寰宇记》一百六十一曰：废冯乘县在贺州北一百二十里。《读史方舆纪要》一百七曰：冯乘废县在富川县东七十里。

【集释】《马注》：与龙曰：三国吴县。宋因。《一统志》：故城今平乐府富川县东北。

【编者按】冯乘县故城，在今湖南江华瑶族自治县西南。史为乐主编《中国历史地名大辞典》又存一说，在今广西富川瑶族自治县东北。

封阳

【斠注】两汉属苍梧郡，吴属临贺郡。应劭曰：在封水之阳。《寰宇记》一百六十一曰：废封阳县在贺州南一百四十里。又曰晋永嘉三年，析置开建县。《读史方舆纪要》一百七曰：封阳废县在贺县东南百里。

【集释】《马注》：与龙曰：三国吴县。宋因。《一统志》：故城今贺县南一百里信都镇。

【编者按】封阳县故城，在今广西贺州市东南信都镇。

兴安

【斠注】《宋志》曰：吴立，曰建兴，晋武帝太康元年更名。《元和郡县图志》三十七曰：本汉临贺县之地，吴分置建兴县，属临贺郡，晋改为兴安县。《读史方舆纪要》一百七曰：废县在贺县东北。

【集释】《马注》：与龙曰：三国吴县，曰建兴。宋因。《一统志》：故城今贺县东北一百里桂岭下。

【编者按】兴安县故城，在今广西贺州市东北桂岭镇。

富川

【斠注】两汉属苍梧郡，吴属临贺郡。《读史方舆纪要》一百七曰：富川故城在今县西南。

【集释】毕沅《新补正》：沅案《元和郡县志》：吴于此置平乐县。

《马注》：与龙曰：三国吴县。宋因。《一统志》：故城今富川县西南七十里钟山下。

【编者按】富川县故城，即今广西钟山县治。

始安郡 吴置。

【集释】《马注》：与龙曰：三国吴郡。《州郡志》：晋成帝度荆州。宋因，曰始建，属湘州。

统县七，户六千。

【斠注】《宋志》曰：吴孙皓甘露元年，分零陵南部都尉立始安郡，属广州。晋成帝度荆州。《元和志》三十七误作吴属荆州。《御览》一百七十二引《十道志》曰：吴分置始安郡，孝武帝改为始建，齐复为始安。《东晋疆域志》曰：考《沈志》宋明帝始改名，疑《十道志》误也。去州水二千八十，陆二千六百三十，去京都水三千五百九十。东晋领县六，省常安。

【编者按】始安郡治始安，在今广西桂林市。

始安

【斠注】汉属零陵郡。《新斠注地理志》十曰：今桂林府城。《寰宇记》：临桂县也。《水经注》：县故零陵之南部也。

【集释】《马注》：与龙曰：三国吴县。《大荒东经》有大人之国。郭璞注：晋永嘉二年，有鹫鸟集于始安县南二十里之鹫陂（编者校：袁珂《山海经校注》：袁珂按：宋本、毛扆本作"鹜陂"。）中，民周虎张得之，木矢贯之铁簇，其长六尺有半，以箭计之，其射者人身应长一丈五六尺也。宋因。《一统志》：故城今桂林府临桂县治。

【编者按】始安县故城，即今广西桂林市治。

始阳

【集释】《马注》：与龙曰：三国吴无。李兆洛云：故县当在广西境。

【编者按】始阳县故城，今地无考。

平乐

【斠注】《元和郡县图志》三十七曰：本汉苍梧郡之富川县地，吴甘露元年，分富川县置平乐县，属始安郡。又曰：取平乐溪为名。《东晋疆域志》曰：《寰宇记》云晋置，误。《读史方舆纪要》一百七曰：平乐县旧治在平乐府西南三里。

【集释】《马注》：与龙曰：三国吴县。《州郡志》：平乐侯相，吴立。宋因。《一统志》：故城今平乐府平乐县西南三里荔浦江口。

【编者按】平乐县故城，在今广西平乐县东北、茶江北岸。

荔浦

【斠注】两汉属苍梧郡，吴属始安郡。《元和郡县图志》三十七曰：荔浦因荔水为名。

【集释】《马注》：与龙曰：三国吴县。宋因。《一统志》：故城今荔浦县西。

【编者按】荔浦县故城，在今广西荔浦县西南。史为乐主编《中国历史地名大辞典》定点在今广西荔浦县西南青山乡。

常安

【斠注】《寰宇记》一百六十二曰：汉潭中县地，晋太康元年分吴所置武丰县置长安县。《斠注》案：长安当即常安，惟本《志》无武丰县，盖晋初复省并也。《宋志》引《太康地记》王隐云：桂林郡有常安县，或其后改隶。

【集释】方恺《新校》：方恺曰：《州郡志》：熙平令，吴立为尚安，晋武改。案本《志》常安、熙平并列，岂晋武于熙平县外别立一县耶？抑误增也？未详。

《马注》：与龙曰：三国吴无。《元和志》：晋太康元年，以零陵郡之始安、郁林郡之潭中二县地析置常安县。《一统志》：故城今桂林府永宁州南一百二十里常安镇。

【编者按】常安县故城，在今广西鹿寨县北。史为乐主编《中国历史地名大辞典》定点在今广西鹿寨县北中渡镇北长安村。

熙平

【斠注】《宋志》曰：熙平，吴立为

尚安，晋武改。《水经·漓水注》曰：县本始安之扶乡也，孙皓割以为县。《读史方舆纪要》一百一曰：熙平废县在连山县西。

【集释】《马注》：与龙曰：三国吴县，曰尚安。宋因。《一统志》：故城今阳朔县东北四十里兴平墟。

【编者按】熙平县故城，在今广西阳朔县东北兴坪镇。

永丰

【斠注】《水经·漓水注》曰：洛溪水出永丰县西北。注云：县本苍梧之北乡，孙皓割以为县。《元和郡县图志》三十七曰：永丰，吴甘露元年，析汉荔浦县之永丰乡置。《斠注》案：《元和志》与郦《注》异，盖荔浦当时本属苍梧也。

【集释】《马注》：与龙曰：三国吴县。《州郡志》：永丰男相，吴立。宋因。《一统志》：故城今平乐府荔浦县西北五十里。

【编者按】永丰县故城，在今广西荔浦县西北。史为乐主编《中国历史地名大辞典》定点在今广西荔浦县西北五十里花赟乡老县。

始兴郡 吴置。

【集释】《马注》：与龙曰：三国吴郡。宋因，曰广兴，属湘州。

统县七，户五千。

【斠注】《宋志》曰：吴孙皓甘露元年，分桂阳南部都尉立。晋武帝平吴以属广州，成帝度荆州。去京都水五千。《御览》一百七十二引《十道志》曰：始兴郡，《禹贡》扬州之域，春秋、战国皆楚地，秦属南海郡，二汉属桂阳郡，吴置始兴郡，晋因之。《东晋疆域志》曰：东晋领县六，省阳山。

【编者按】始兴郡治曲江县，在今广东韶关市东南。

曲江

【斠注】两汉属桂阳郡，吴为始兴郡治。《水经·溱水注》曰：泷水又南迳曲江县东。注云：县昔号曲红。曲红，山名也。《汉桂阳太守周憬碑》《绥民校尉熊君碑》均作曲红。按：《地理志》：曲红，旧县也。

【集释】《马注》：与龙曰：三国吴县。《通鉴》：安帝元兴三年，徐道覆陷始兴。义熙七年，孟怀玉克始兴，斩徐道覆。有故郡城。《元和志》：故郡城在曲江县南，地势险固。晋义熙初，卢循克广州，循将徐道覆移始兴郡据此城。《舆地纪胜》：在州南官滩下十里，地名古城是也。宋武讨卢循，遣沈田子伏军于此，连筑一城于旁，今呼为将军垒。有冷君山，在今乐昌县西北。有灵鹫山，在今曲江县北。《水经·溱水注》：冷水东出冷君山。晋太元十八年，崩十余丈，于是悬涧瀑挂，倾流注壑，颓波所入，灌于泷水。泷水又南历灵鹫山，山本名虎郡山，亦曰虎市山，以（山）[虎]（编者校：陈桥驿复校本《水经注疏》"山"为"虎"。）多暴故也。晋义熙中，沙门释僧律，葺宇岩阿，猛虎远迹，盖律仁感所致，因改曰灵鹫山。泷水又南迳曲江县东，云县昔号曲红。曲红，山名也，东连冈是矣。宋因。《一统志》：故城今韶州府曲江县西。

【编者按】曲江县故城，在今广东韶

关市东南。史为乐主编《中国历史地名大辞典》定点在今广东韶关市东南莲花岭下。

桂阳

【斠注】《御览》一百七十一引《十道志》曰：汉桂阳郡桂阳县，吴属始兴郡，晋因之。《读史方舆纪要》一百一曰：桂阳废县今连州治。

【集释】《通鉴》胡注：秦置桂林郡，汉武帝改曰郁林郡，治布山，桂林为县，属焉。吴孙皓凤凰三年，分立桂林郡，因谓桂林为小桂。陶弘景曰：始兴桂阳县，即是小桂。

方恺《新校》：方恺曰：刘逵《吴都赋注》：桂竹生于始兴小桂县。《东晋疆域志》：桂阳一名小桂。陶侃执刘沈于小桂即此。《州郡志》作桂，疑此县在汉名桂阳，及吴、晋竟称小桂。《疆域志》因《晋志》作桂阳，故调停其辞曰一名小桂也。

《马注》：与龙曰：三国吴县。《陶侃传》"执刘沈于小桂"即此县也，以其旧属桂阳，谓之小桂。《中山经》郭璞注：今始兴郡桂阳县出筼竹，大者围二尺，长四丈。宋因，曰桂。《[南]齐书·州郡志》始兴郡有桂阳县。《一统志》：故城今广东连州治。

【编者按】桂阳县故城，即今广东连州市治。

始兴

【斠注】《水经·漓水注》曰：魏元帝咸熙二年，吴孙皓分零陵南部立始兴县。《水经注释》三十八曰：《吴书·孙皓传》：甘露元年，以桂阳南部为始兴郡。《宋州郡志》：孙皓分桂阳南部为始兴郡，领始兴县。今注云云，盖误记也，且事在甘露元年十一月，为晋武帝泰始元年，去魏咸熙二年差一岁。《读史方舆纪要》一百二曰：始兴故城在今县东北。

【集释】《马注》：与龙曰：三国吴县。《州郡志》：始兴令，吴立。《元和志》：始兴县，本汉之南海县地。宋因。《一统志》：故城今南雄府始兴县西北。

【编者按】始兴县故城，即今广东仁化县南。

含洭

【斠注】两汉属桂阳郡，吴属始兴郡。应劭曰：洭水所出，东北入沅。《读史方舆纪要》一百一曰：含洭废县在英德县西七十五里。

【集释】何超《音义》：含洭，音匡。

《马注》：与龙曰：三国吴县。《水经注》：洭水又迳含洭县西。王歆《始兴记》曰：县有白鹿城，城南有白鹿冈。咸康中，郡民张鲂为县有善政，白鹿来游，故城及冈并即名焉。宋因。《一统志》：故城今韶州府英德县西。

【编者按】含洭县故城，在今广东英德市西北浛洸镇。

浈阳

【斠注】两汉属桂阳郡，吴属始兴郡。《元和郡县图志》三十四曰：浈阳在浈水之阳因名。《读史方舆纪要》一百二曰：浈阳废县今英德县治。

【集释】何超《音义》：浈，音贞，又丈莖反。

《马注》：与龙曰：三国吴县。有浈

阳峡，在今英德县南十五里。《水经注》：溱水又西南，历皋口、大尉二山之间，是曰浈阳峡。两岸杰秀，壁立亏天。昔尝凿石架阁，令两岸相接，以拒徐道覆。宋因，作贞阳。《一统志》：故城今英德县东。

【编者按】浈阳县故城，在今广东英德市东、滃江北。

中宿

【斠注】两汉属南海郡。《宋志》曰吴度。《水经·溱水注》曰：溱水又南迳中宿县南。注云：吴孙皓分四会之北乡立焉。《斠注》案：晋之中宿，承吴置，盖非汉中宿旧治。《读史方舆纪要》一百一曰：中宿废县在清远县东北六十里。

【集释】《马注》：与龙曰：三国吴县。《宋书·符瑞志》：晋太康七年，木连理生始兴中宿。《水经注》：溱水又西南，迳中宿县会一里水，其处隘，名之为观岐。连山交枕，绝岸壁竦，下有神庙，背阿面流，坛宇虚肃，庙渚攒石巉巕，乱崎中川，时水洊至，鼓怒沸腾，流木沦没，必无出者，世人以为河伯下材。晋中朝时，县人有使者至洛，事讫将还，忽有一人寄其书云：吾家在观岐前，石间悬藤，即其处也。但叩藤，自当有人取之。使者谨依其言，果有二人出外，取书并延入水府，衣不沾濡。言此似不近情，然造化之中，无所不有，穆满西游，与河宗论宝。以此推之，亦为类矣。《元和志》：观峡一名中宿峡，在县东三十五里，县昔取峡为名。宋因。《一统志》：故城今广州府清远县西北六十里池水乡。

【编者按】中宿县故城，在今广东清远市清新区西北。史为乐主编《中国历史地名大辞典》定点在今广东清远市清新区西北河洞堡。

阳山

【斠注】《宋志》曰：汉旧县，后汉曰阴山，属桂阳。吴始兴郡无此县，当是晋后立。《水经·洭水注》曰：洭水又迳阳山县南。注云：故含洭县之桃乡，孙皓分立为县。《元和郡县图志》二十九曰：阳山本汉旧县，后汉省，晋重置。《斠注》案：《宋志》云晋后立，《元和志》作晋重置，均与《水经注》异。《读史方舆纪要》一百一曰：阳山故城在今县南。

【集释】《马注》：与龙曰：三国吴县。与龙按：《汉书·地理志》桂阳郡阳山，应劭云今阴山。颜注以应说为非，《沈志》盖从应说而误。据《水经注》阳山县，孙皓分含洭立，则《沈志》谓晋立者亦非。宋因。《一统志》：故城今连州阳山县南二里阳山镇。

【编者按】阳山县故城，在今广东阳山县南。谭其骧主编《中国历史地图集》西晋太康二年图即定在阳山县西南、连江南岸。史为乐主编《中国历史地名大辞典》持另一说，在今广东阳山县东青莲镇东南连江之北。

苍梧郡 汉置。

【集释】《马注》：与龙曰：三国吴郡。宋因。

统县十二，

【集释】方恺《新校》：方恺曰：又《州郡志》丁留令，晋武帝太康七年立。

吴翊寅案：毕沅曰此《志》不载，或后省，至宋初复立也。

《马注》：与龙曰：今补丁溜为统县十三。

户七千七百。

【斠注】《汉志》曰：武帝元鼎六年开。《宋志》曰：去州水八百，去京都水五千五百九十。《东晋疆域志》曰：东晋分出晋康、新宁、永平三郡。凡统县六：广信、建陵、猛陵、遂成、丁留、广陵。《宋志》：晋太康七年，于苍梧郡立丁留县。案：西晋置丁留县，盖未几即废，故本《志》无之，东晋复置。

【编者按】苍梧郡治广信县，在今广西梧州市。

广信

【斠注】两汉旧县。《水经·浪水注》曰：《地理志》：苍梧郡治。王氏《交广春秋》曰：元封五年，交州自赢陵县移治于此。《读史方舆纪要》一百八曰：广信城在梧州府治东。

【集释】《马注》：与龙曰：三国吴县。《水经注》：浪水迳广信县。宋因。《一统志》：故城今梧州府苍梧县治。

【编者按】广信县故城，即今广西梧州市治。

端溪

【斠注】两汉旧县。《旧唐志》曰：端山下有溪。《读史方舆纪要》一百一曰：端溪废县今德庆州治。《御览》一百七十二《十道志》曰：晋分端溪置龙乡县。《斠注》案：《志》无龙乡，当为太康三年以后置。

【集释】《马注》：与龙曰：三国吴县。宋因，属晋康郡。《一统志》：故城今肇庆府德庆州治。

【编者按】端溪县故城，即今广东德庆县治。

高要

【斠注】两汉旧县。《水经·浪水注》曰：郁水又迳高要县。注：《晋书·地理志》曰：当是王隐《书》。县东去郡五百里。刺史夏避毒，徙县水居也。《东晋疆域志》曰：高要，东晋属南海。

【集释】《马注》：与龙曰：三国吴县。宋因，属南海郡。《一统志》：故城今高要县治。

【编者按】高要县故城，即今广东肇庆市治。

建陵

【斠注】《元和郡县图志》三十七曰：本汉荔浦县地，吴孙氏置建陵县。《宋志》曰：晋初分建陵立都城县。

【集释】《马注》：与龙曰：三国吴县。《州郡志》：建陵男相，吴立。宋因，属始建郡。《一统志》：建陵故城今平乐府修仁县南。

【编者按】建陵县故城，在今广西荔浦县西南修仁镇西老县。

（新宁）[宁新]

【斠注】《宋志》曰：宁新，吴立。晋武帝太康元年，改宁新曰新宁。《元和郡县补志》八曰：本汉临允县，晋初析置新宁，属苍梧郡。此误以为晋初析置。

【集释】方恺《新校》：方恺曰：《州

郡志》临庆内史属县有宁新令，云二汉无，当是吴所立，属苍梧，晋太康元年更名。又苍梧太守下云：晋武帝太康元年改新宁曰宁新。

《马注》：与龙曰：当作宁新，沿吴旧名致讹。三国吴县，曰新宁。《州郡志》苍梧太守下云：《永初郡国》有宁新。又临庆内史宁新令下云：当是吴所立，属苍梧，晋武帝太康元年更名。宋因，属临庆郡。《一统志》：故城今梧州府苍梧县东南。

【编者按】新宁县应为宁新县。宁新县故城，在今广西梧州市龙圩区南。史为乐主编《中国历史地名大辞典》定点在今广西苍梧县（梧州市龙圩区）东南大坡镇城村。

猛陵

【斠注】两汉旧县。《水经·浪水注》曰：郁水东迳猛陵县。注云：猛陵县在广信之西南。《斠注》案：《元和郡县图志》二十七作孟陵，龚州下又作猛陵，则孟为猛之讹。《读史方舆纪要》百八曰：猛陵废县在梧州府西北百里。《续汉志》注：《地道记》曰：猛陵县，龙山合水所出。

【集释】《马注》：与龙曰：三国吴县。宋因。《一统志》：故城今苍梧县西北。与龙按：据《水经·浪水注》，猛陵县在广信县之西南，当在今苍梧县西南。

【编者按】猛陵县故城，在今广西苍梧县西、浔江北岸人和镇孟陵村。

鄣平

【斠注】《续汉志》曰：永平十四年置。

【集释】《马注》：与龙曰：三国吴县。顾祖禹云：故县当在今廉州府合浦县东。

【编者按】鄣平县故城，今地无考。

（农）[丰]城

【斠注】《斠注》案：《宋志》云：丰城，吴立，属苍梧。农城当为丰城之讹。

【集释】《马注》：与龙曰：农当为丰，形似致讹。三国吴县。《州郡志》永平太守下云：丰城令，吴立，属苍梧。《永初郡国》并安沂。按据此，则县自吴至宋永初以前，未尝改并也。宋因，属永平郡。李兆洛云：故县当在今广西梧州府境。

【编者按】农城县应为丰城县。丰城县故城，今地无考。谭其骧主编《中国历史地图集》西晋太康二年图附"无考县名"中定名"农城"。

元溪

【斠注】《宋志》曰：《晋太康地志》属苍梧。《读史方舆纪要》一百一曰：元溪废县在德庆州东五十里。

【集释】《马注》：与龙曰：三国吴县。宋因，属晋康郡。《一统志》：故城今肇庆府德庆州东五十里。

【编者按】元溪县故城，在今广东德庆县东。

临允

【斠注】两汉属合浦郡。《续汉志》误作临元。《宋志》引何志云：吴度苍梧。《新斠注地理志》十四曰：今肇庆府新兴县。

【集释】《马注》：与龙曰：三国吴县。《州郡志》：临允令，《晋太康地志》属苍梧。按永和中改属新宁，说见篇末。宋因，属新宁郡。《一统志》：故城今新兴县南七十里。

【编者按】临允县故城，在今广东新兴县南、新兴江东。

都罗

【斠注】《宋志》曰：晋武帝分建陵立。《太康地志》有。

【集释】《马注》：与龙曰：三国吴无。李兆洛云：故县当在今广东境。

【编者按】都罗县故城，今地无考。

武城

【斠注】《宋志》曰：《太康地志》有。

【集释】《马注》：与龙曰：三国吴无。李兆洛云：故县当在今广东境。又《州郡志》苍梧太守遂成令下云：《永初郡国》有。《元和志》：汉广信县地，晋置遂成县，属苍梧郡。《一统志》：遂成故城今苍梧县西南二十里。

【编者按】武城县故城，在今广西平南县东南。谭其骧主编《中国历史地图集》西晋太康二年图定点在浔江北岸，而史为乐主编《中国历史地名大辞典》定点在今广西平南县东南武林镇，在浔江南岸。

[丁溜]

【集释】《马注》：与龙曰：三国吴无。《州郡志》苍梧太守丁留令，晋武帝太康七年，以苍梧蛮夷宾服立，作丁溜，溜音留。与龙按：《志》以太康为断，应有此县，今据《州郡志》补录。宋因，作丁留。李兆洛云：故城当在今广西梧州府境。

【编者按】《马注》在此处增丁溜县。丁溜县故城，今地无考。

郁林郡秦置桂林郡，

【中华校】秦置桂林郡 "桂林郡"原无"林"字，今据《商榷》说及《汉志》下补。

【集释】《马注》：周家禄曰：秦置桂林郡，误脱林字。

汉武帝更名。

【集释】《马注》：与龙曰：说见《郡国志》。三国吴郡。宋因。

统县九，

【集释】《马注》：与龙曰：今补安远，为统县十。

户六千。

【斠注】《宋志》曰：去州水一千六百，去京都水七千九百。《汉志》曰：故秦桂林郡，属尉佗。武帝元鼎六年更名。《汉书补注》曰：始皇三十三年置，见《纪》。《十七史商榷》四十六曰：桂下脱林字。《东晋疆域志》曰：东晋分出晋兴郡，领县二十一：布山、领方、阿林、郁平、新邑、武熙、建初、宾平、威化、新林、龙平、安始、怀安、晋平、绥宁、归化、中胄、安远、程安、威定、建安。《宋志》：安始县，吴立，曰建始，太康元年更名。又太康六年立安远县。

【编者按】郁林郡治布山县，在今广西桂平市西南。

布山

【斠注】两汉旧县。《水经·温水注》曰：郁水又东迳布山县北。注云：郁林郡治。《读史方舆纪要》一百八曰：布山废县在浔州府西五十里。

【集释】《马注》：与龙曰：三国吴县。宋因。《一统志》：故城今浔州府贵县东。

【编者按】布山县故城，在今广西桂平市西南。史为乐主编《中国历史地名大辞典》定点在今广西桂平市西南古城。

阿林

【中华校】阿林　各本作"柯林"，宋本作"阿林"，今从宋本。《斠注》：两《汉志》《宋志》《水经·泿水注》《御览》八二〇引顾微《广州记》均作"阿林"。

【斠注】按两《汉志》《宋志》均作阿林。《水经·泿水注》同。《御览》八百二十引顾微《广州记》亦有阿林县。是柯林为阿林之讹。《读史方舆纪要》一百八曰：阿林废县在浔州府南。

【集释】方恺《新校》：方恺曰：柯林当从汉、宋《志》作阿林。

《马注》：柯疑当作阿。二汉《志》并作阿。三国吴县。宋因，作阿林。《一统志》：故城今桂平县东。

【编者按】阿林县故城，在今广西桂平市东南。史为乐主编《中国历史地名大辞典》定点在今广西桂平市东南油麻镇。

新邑

【斠注】《宋志》曰：吴立。

【集释】《马注》：与龙曰：三国吴县。宋因。《一统志》：故城当在今广西境。

【编者按】新邑县故城，今地无考。

晋平

【斠注】《宋志》曰：吴立，曰长平，晋武帝太康元年更名。

【集释】《马注》：与龙曰：三国吴县，曰长平。宋因。李兆洛云：故县当在今广西境。

【编者按】晋平县故城，今地无考。

（始建）[安始]

【斠注】《宋志》曰：安始令，吴立，曰建始。晋武帝太康元年更名。《斠注》案：始建为建始之讹，《志》仍用吴时之名而又误倒。

【集释】方恺《新校》：方恺曰：《州郡志》：安始令，吴立曰建始，晋武帝太康元年更名，今作始建，误。

《马注》：与龙曰：当作安始。三国吴县，曰建始。与龙按：《志》盖误沿吴旧名又倒置耳。宋因，曰安始。李兆洛云：故县当在今广西境。

【编者按】始建县应为安始县。安始县故城，今地无考。

郁平

【斠注】《宋志》曰：吴立，曰阴平，晋武帝太康元年更名。《元和郡县图志》三十七曰：本汉广郁县地，吴改为阴平，晋改为郁平。《读史方舆纪要》一百八曰：郁平废县即贵县治。

【集释】《马注》：与龙曰：三国吴县，曰阴平。宋因。《一统志》：故城今郁林州兴业县西北四十里。

【编者按】郁平县故城，即今广西贵港市治。

领方

【斠注】两汉旧县。《宋志》曰：吴改曰临浦，晋武帝复旧。《寰宇记》一百六十五作岭方。《舆地纪胜》一百十五曰：吴改岭方曰临浦，晋武帝复旧。《斠注》案：晋时以复为岭方。《元和志》误作隋。《读史方舆纪要》一百九曰：领方废县今并宾州治。

【集释】《马注》：与龙曰：三国吴县，曰临浦。宋因。《一统志》：故城今思恩府宾州西。邹安鬯云：当在今宾州东二十里。

【编者按】领方县故城，在今广西宾阳县东南古城。

武熙

【斠注】《宋志》曰：本曰武安，应是吴立，晋武帝太康元年更名。《读史方舆纪要》一百九曰：武熙废县在柳州府东南。

【集释】《马注》：与龙曰：三国吴县，曰武安，属桂林。宋因，属桂林郡。李兆洛云：故县今柳州府象州境。

【编者按】武熙县故城，在今广西柳江县东南。

安广

【斠注】两汉旧县。《东晋疆域志》曰：安广，东晋属晋兴郡。《一统志》：故城今横州境。

【集释】方恺《新校》：方恺曰：又桂林太守属有安远令，晋武帝太康六年立，属郁林，今作安广，误。

《马注》：与龙曰：三国吴县。宋因，属晋兴郡。李兆洛云：故县今南宁府横州地。又《州郡志》郁林太守，《永初郡国》有归化县，疑是江左所立。

【编者按】安广县故城，今地无考，大约在今广西横县西一带。

[安远]

【集释】《马注》：与龙曰：三国吴无。《州郡志》：桂林太守安远令，晋武帝太康六年立，属郁林，《永初郡国》犹属郁林。按此《志》脱漏未载，今据《州郡志》补录。李兆洛云：故县当在今广西境。

【编者按】《马注》在此处增补安远县。安远县故城，今地无考。胡阿祥定南朝宋安远县在今广西武宣、宜州、柳江等县市一带。

桂林郡吴置。

【集释】《马注》：与龙曰：三国吴郡。《吴志》：孙皓凤凰三年，分郁林置桂林郡。宋因。

统县八，

【集释】劳格《校勘记》曰：《太康地志》桂林郡有常安县。

方恺《新校》：方恺曰：《州郡志》云：《永初郡国》有长安、夹阳二县。长安，《太康地志》有，王隐无。不列长安，误。

《马注》：与龙曰：今补录长安，为统县九。

户二千。

【斠注】《宋志》曰：吴孙皓凤皇三

年，分郁林，治武熙县，不知何时徙。去州水一千五百七十五，去京都水六千八百。《御览》一百七十二《十道志》曰：二汉为郁林郡，吴又分置桂林郡，晋、宋、齐因之。《东晋疆域志》曰：东晋领县九，增置长安。《宋志》曰：长安，《太康地志》有，而王隐无。案：长安盖太康后省，东晋复置。

【编者按】桂林郡治潭中县，在今广西柳州市东南。

潭中

【斠注】两汉属郁林郡，吴改属桂林郡。《读史方舆纪要》一百九曰：潭中废县在柳州府西。

【集释】《马注》：与龙曰：三国吴县。《一统志》：故城今柳州府马平县东南驾鹤山间。

【编者按】潭中县故城，在今广西柳州市鱼峰区东南。

武丰

【斠注】《寰宇记》一百六十二曰：晋太康元年，分吴所置武丰县置长安县。按：此武丰乃吴立也。

【集释】《马注》：与龙曰：三国吴县。《齐书·州郡志》桂林郡有武丰县。盖齐复置。顾祖禹云：故县今桂林府永宁州东。

【编者按】武城县故城，今地无考。

粟平

【集释】《马注》：与龙曰：三国吴无。李兆洛云：故县当在今广西境。

【编者按】粟平县故城，今地无考。

羊平

【斠注】《宋志》作阳平，云晋武帝太康元年立桂林之洋县。《东晋疆域志》曰：羊平当即太康元年所立之洋县。

【集释】方恺《新校》：方恺曰：又阳平令。沈约案：晋武帝太康元年立桂林之洋县，疑是。考本《志》洋作羊平，误。

《马注》：与龙曰：三国吴无。《州郡志》：阳平令，《永初郡国》、何、徐并有，何云新置。按晋武帝太康元年，立桂林之洋县，疑是。与龙按：据此则晋羊平为宋阳平。李兆洛云：故县当在广西境。

【编者按】羊平县故城，今地无考。胡阿祥定南朝宋阳平县故城在今广西武宣、宜州、柳江等市县一带。

龙刚

【斠注】《宋志》作龙冈，晋武帝太康元年立。

【集释】方恺《新校》：方恺曰：龙冈作龙刚，误。

《马注》：与龙曰：刚当作冈。三国吴无。宋因，作龙定。《州郡志》：龙定令，晋武帝太康元年立桂林之龙冈，疑是。《永初郡国》、何、徐并云龙定。李兆洛云：故县当在广西境。

【编者按】龙刚县故城，在今广西宜州市治。

夹阳

【斠注】《宋志》曰：晋武帝太康元年，分龙冈立。

【集释】方恺《新校》：方恺曰：《州郡志》云：《永初郡国》有长安、夹阳二县。

【集释】《马注》：与龙曰：三国吴无。李兆洛云：故县当在今广西境。

【编者按】夹阳县故城，今地无考。

武城

【集释】《马注》：与龙曰：三国吴无。李兆洛云：故县当在今广西境。

【编者按】武城县故城，今地无考。

军腾

【集释】《马注》：与龙曰：三国吴无。李兆洛云：故县当在今广西境。按《州郡志》桂林太守领县程安令、威定令，并云疑是江左立。

【编者按】军腾县故城，今地无考。

[长安]

【集释】《马注》：与龙曰：三国吴无。《州郡志》桂林太守下云：《永初郡国》有长（编者校："长"一作"常"，详见胡阿祥《宋书州郡志汇释》。）安县。长安，《太康地志》有，而王隐无。何、徐并无。按县盖太康中立，寻省，宋永初复立，后又省也。《志》以太康为断，当载此县，今据《州郡志》补录，故县当在今广西境。

【编者按】长安县故城，今地无考。

高凉郡吴置。

【集释】毕沅《新补正》：沅案：吴又立高熙郡，太康中省并高凉。

《马注》：与龙曰：三国吴郡。按《郡国志》注：建安二十五年，孙权立高梁郡。盖梁、凉音近致讹。《吴志·吕岱传》：延康元年，高凉贼帅钱博乞降，岱承制，以博为西部都尉。《御览》引《南越志》：吕岱承制，以钱博为高凉都尉。于是始置郡，置于建安二十五年也。宋因。

统县三，户二千。

【斠注】《宋志》曰：汉有高凉县，属合浦。汉献帝建安二十三年，吴分立，治思平县，不知何时徙。去州水一千一百，去京都六千六百。《东晋疆域志》曰：东晋领县七，增置石门、长度、莫阳、广化。

【编者按】高凉郡治安宁县，在今广东阳江市江城区西。

安宁

【斠注】《宋志》曰：吴立。《读史方舆纪要》三曰：安宁在今肇庆府阳江县境。

【集释】《马注》：与龙曰：三国吴县。宋因。李兆洛云：故城今肇庆府阳江县西三十里。

【编者按】安宁县故城，在今广东阳江市江城区西。

高凉

【斠注】两汉属合浦郡。《读史方舆纪要》一百一曰：高凉废县在阳江县西北。

【集释】《马注》：与龙曰：三国吴县。宋因。李兆洛云：故城今阳江县北。

【编者按】高凉县故城，在今广东阳江市阳东区北。

思平

【斠注】《御览》一百七十二引《十道志》曰：汉合浦郡之高凉县地，晋分置恩平县。恩当作思。《晋地理志新补正》曰：按《寰宇记》晋分置思平县。今考思平县，吴立，《太康地志》有。此云晋立，盖误。《读史方舆纪要》一百一曰：恩平故城在今县东北二十里。

【集释】《马注》：与龙曰：三国吴县。宋因。《一统志》：故城今恩平县北二十里。按《州郡志》又云：《永初郡国》高凉又有石门、广化、长度、宋康四县。宋康当是宋初所立，其余当是江左所立。与龙按：广化县见下高兴郡。

【编者按】思平县故城，在今广东恩平市东北。

高兴郡 吴置。

【集释】方恺《新校》：刘庠案：本《志》交州前篇明云汉顺帝分交阯立高兴郡，灵帝改曰高凉，而广州高凉、高兴郡下皆云吴置，自相牴牾，疑灵帝改高兴为高凉，吴又复置高兴，与高凉并列。晋初仍吴制，而《志》不能悉其原委耳。又案广州前篇云：吴黄武五年，分交州之南海、苍梧、郁林、高凉四郡立为广州，是黄武时尚未置高兴郡也。

《马注》：与龙曰：三国吴郡。宋世又经立，寻省。

统县五，户一千二百。

【斠注】《斠注》案：《宋志》云：吴又立高兴郡，太康中省并高凉。今本《志》以太康三年为断，尚有高兴，则省并在三年以后也。

【编者按】高兴郡治广化县，在今广东阳西县东、阳江市西一带。

广化

【斠注】吴分高凉置。《东晋疆域志》曰：东晋属高凉。《读史方舆纪要》一百一曰：广化废县在阳江县西北。

【集释】《马注》：与龙曰：三国吴县。《州郡志》：广化令，《晋太康地志》有，属高兴。宋因，属安康郡。李兆洛云：故县今肇庆府阳江县西。

【编者按】广化县故城，今地广东阳西县东、阳江市西一带。

海安

【斠注】《宋志》曰：海安，吴曰海宁，晋武改名。

【集释】《马注》：与龙曰：三国吴县，曰海宁。《州郡志》：海安男相，《太康地志》属高兴。宋因，属东官郡。李兆洛云：故县当在今广西境。

【编者按】海安县故城，在今广东台山市西南。

化平

【集释】《马注》：与龙曰：三国吴无。李兆洛云：故县当在今广东肇庆府境。

【编者按】化平县故城，今地无考。

（黄）［莫］阳

【中华校】黄阳　《宋志》四："莫阳令，《晋太康地志》有，属高兴。"《元和郡县补志》八亦谓"晋分置莫阳县"。马校：《寰宇记》谓以莫阳江得名。疑"黄"为"莫"之误字。

【斠注】《宋志》引《晋太康地志》

作莫阳。《元和郡县补志》八曰：本汉高凉县地，晋分置莫阳县，属高兴郡。太康后属高凉郡。《斠注》案：本《志》作黄阳，疑为莫阳之讹，此据太康三年地志，故尚存高兴郡也。

【集释】方恺《新校》：方恺曰：案明板《晋书》阳作黄阳，然考《州郡志》有莫阳令，《晋太康地志》有，属高兴，则黄阳又莫阳之误也。吴翊寅案：今局本亦作黄阳，毕校同。

《马注》：与龙曰：三国吴县。《寰宇记》：县以莫阳江为名。宋因，属高凉郡。李兆洛云：故县今肇庆府阳春县西。

【编者按】黄阳县应为莫阳县。莫阳县故城，在今广东阳春市西南。

西平

【集释】《马注》：与龙曰：三国吴无。李兆洛云：故县当在今肇庆府境。

【编者按】西平县故城，今地无考。

宁浦郡吴置。

【集释】《马注》：与龙曰：三国吴立，为合浦北部都尉。《州郡志》宁浦太守又云，晋分平山为始定，宁浦为涧阳，未详孰是。与龙按：《吴录》说与《太康地志》合，今宜从之。宋因。

统县五，

【集释】劳格《校勘记》曰：《太康地志》宁浦郡有始定县。

方恺《新校》：方恺曰：《州郡志》又云：涧阳令，晋武帝太康七年立，《永初郡国》作简阳。又云：始定令，《太康地志》有。今皆缺。

《马注》：与龙曰：今补始定、简阳

为统县七。

户一千二百二十。

【斠注】《晋地理志新补正》曰：宁浦郡。按《广州记》，建安二十三年，吴分郁林立，治平山县。《吴录》：孙休永安三年，分合浦立合浦北部尉，领平山、兴道、宁浦三县。《晋太康地志》：武帝太康七年，改合浦属国都尉立。遍考诸地志，吴所治郡无宁浦，当是孙休时立合浦北部尉，至太康中始改作郡耳，此注及《广州记》恐误皆不足据。《东晋疆域志》曰：《沈志》称《晋太康地志》，武帝太康七年，改合浦属国都尉立。《晋书·地理志》云吴置，误。东晋领县七，无连道，增置涧阳、兴道、始定。《宋志》：太康元年立兴道，七年又立涧阳县。《元和郡县图志》三十七亦云，晋于合浦北部置宁浦郡，则宁浦非吴置也。

【编者按】谭其骧主编《中国历史地图集》西晋太康二年图定名为合浦属国。即太康七年前为合浦属国，太康七年后为宁浦郡。宁浦郡治宁浦县，在今广西横县西南、郁江南岸。

宁浦

【斠注】《宋志》曰：《晋太康地记》本名昌平，武帝太康元年更名。《元和郡县图志》三十七曰：本汉高凉县地也，吴分为宁浦县。《寰宇记》一百六十二又云：县本汉广郁县地。《读史方舆纪要》一百十曰：宁浦废县本横州治。

【集释】《马注》：与龙曰：三国吴县，曰昌平。宋因。《一统志》：故城今南宁府横州西南。

【编者按】宁浦县故城，在今广西横县西南、郁江南岸。

（连）［兴］道

【中华校】连道 《宋志》四："兴道令，晋武帝太康元年以合浦北部营之连道立。"马校：晋县当曰"兴道"。

【斠注】吴属合浦郡。《读史方舆纪要》一百十曰：废县在横州东南百里。

【集释】毕沅《新补正》：沅案《沈志》：太康七年，又立润阳县。

方恺《新校》：方恺曰：案明板《晋书》道作连道，然考《州郡志》，兴道令，太康元年以合浦北部营之连道立。则连道又兴道之误也。吴翊寅案：局本亦作连道，毕校同。

《马注》：与龙曰：三国吴县。按此则晋县当曰兴道，《志》盖沿旧名致讹。宋因。《一统志》：故城今横州东南一百里。

【编者按】连道县应为兴道县。兴道县故城，在今广西横县东南百里，约在今广西贵港市南武江西岸一带。

吴安

【集释】《马注》：与龙曰：三国吴县。宋因。李兆洛云：故县当在今南宁府境。

【编者按】吴安县故城，在今广西横县西北。

（昌平）

【中华校】昌平 《宋志》四引《太康地记》宁浦本名昌平，武帝太康元年更名。上文既出宁浦，"昌平"疑重出。《南齐书·州郡志》上、《隋志》下，有宁浦，无昌平，亦可证。

【斠注】《东晋疆域志》曰：按《太康地记》云：宁浦本名昌平。今《晋书·地理志》宁浦外又有昌平，未知何故。

【集释】《马注》：与龙曰：按此昌平县疑沿吴旧名复出，抑或晋徙置，无考，姑存之。李兆洛云：故县当在南宁府境。

【编者按】昌平县，重出，当删。

平山

【斠注】汉高凉县地。《宋志》曰：《晋太康地记》有。《斠注》案：《宋志》有始定令，亦云《太康地记》有，本《志》不载，或三年以后所置。《读史方舆纪要》一百十曰：废县在横州东南五十里。

【集释】《马注》：与龙曰：三国吴县。宋因。《一统志》：故城今横州北从化乡有平山村。

【编者按】平山县故城，在今广西横县北。

［始定］

【集释】《马注》：与龙曰：三国吴无。《州郡志》：始定令，《晋太康地志》有。按《志》脱此县，今据《太康地志》补录。宋因。李兆洛云：故县当在今肇庆府境。

【编者按】《马注》此处补始定县。始定县故城，今地无考。胡阿祥定南朝宋始定县在今广西横县一带。

［简阳］

【集释】《马注》：与龙曰：三国吴

无。《州郡志》：涧阳令，晋武帝太康七年立，《永初郡国》作简阳。按《阮放传》，除交州刺史，行达宁浦，败走，保简阳城，即此县也。《志》缺未载，今据《州郡志》补录。宋因，做涧阳。《一统志》：故城今南宁府横州西南六十里陈埠江口。

【编者按】《马注》此处补简阳县。简阳县故城，在今广西横县西南六十里、郁江南岸。

武帝后省高兴郡。

【集释】《马注》：与龙曰：说见高兴郡下。

怀帝永嘉元年，又以临贺、始兴、始安三郡凡二十县为湘州。

【集释】《马注》：与龙曰：说见荆州篇。

元帝分郁林立晋兴郡。

【斠注】《水经》：江以南至日南二十水。注曰：侵离水出广州晋兴郡。注云：郡以太康中分郁林置。《御览》一百七十二《十道志》曰：汉郁林郡之岭方县地，晋置晋兴郡于此。《元和郡县图志》三十七曰：晋兴本汉领方县地，晋于此置晋兴县。《读史方舆纪要》三曰：晋兴在今柳州府象州境。《斠注》案：领方本属郁林，盖析郁林为晋兴郡，而于郡治复立晋兴县也。惟郦《注》作太康中置，与本《志》互异。《宋志》亦作元帝（大）[太]（编者校："大"应为"太"。）兴元年，是郦《注》误也。《东晋疆域志》曰：晋兴郡领县八：晋兴、熙注、桂林、增翊、安广、广郁、晋城、郁阳。

【集释】劳格《校勘记》曰：《水经·斤江水注》云：侵黎水出广州晋兴郡，郡以太康中分郁林置。

《马注》：与龙曰：按郦《注》太康为太兴之讹。李兆洛云：晋兴县今南宁府宣化县治。

成帝分南海立东官郡，

【斠注】《东晋疆域志》曰：《沈志》称，何志故司盐都尉，晋成帝立为郡。《广州记》：成帝咸和六年，分南海立。按：《寰宇记》云：东官郡，晋义熙中立，盖误。领县四：宝安、兴宁、海丰、海安。

【集释】《马注》：与龙曰：《元和志》：汉博罗县地，晋成帝咸和六年置宝安县。又汉龙川县地，东晋置海丰。兴宁县并属东官郡。李兆洛云：宝安今广州府新安县南。海丰今惠州府海丰县治。兴宁今嘉应州兴宁县东北。

以始兴、

【集释】孙人龙《晋书考证》："以始兴、始安、临贺三郡还属荆州。各本俱脱去始安，是二郡非三郡矣。按本《志》荆州称武帝平吴后又以始兴、始安、临贺属广州。今增正之。"

《马注》：与龙曰：官本此下增始安二字是。

王勇《〈晋书·地理志〉校证》曰："案：'以始兴、临贺二郡'当是'以始兴、始安、临贺三郡'脱误。殿本作'以始兴、始安、临贺三郡'，考证：'各本俱脱始安二字。今从本志荆州称武帝平吴后又以始兴、始安临贺属广州增正之。'又《晋书·地理志下》'广州'下亦云：'及太康中，吴平，遂以荆州始安、始兴、临贺三郡来属。'又

《宋书》卷三十七《州郡志三·湘州》："始建内史，吴孙皓甘露元年（265年），分零陵南部都尉立始安郡，属广州。晋成帝度荆州，宋文帝元嘉二十九年（452年），度广州，三十年（453年），复度湘州。明帝改名。"《汉语大词典》释"度"为"改、迁，指地区的归属和官职的迁转"。据此，则晋成帝时始安郡还属荆州，殿本增正可从。"

临贺二郡还属荆州。

【斠注】周家禄《校勘记》：据上荆州文，当合始安为三郡，但彼作（编者校：周家禄《校勘记》原书"作"为"为"。）穆帝，所以与此不同耳。

穆帝分苍梧立晋康、

【集释】《马注》：与龙曰：《州郡志》：晋康太守，《永初郡国》治龙乡。龙乡县当是晋末立。《永初郡国》又有封兴、荡康、思安、辽安、开平县，应是晋末立。又云晋化令，疑是晋末所立。李兆洛云：龙乡今罗定州南百里，封兴今肇庆府封川县东北，荡康当在广东境，思安当在梧州府境，晋化今罗定州西宁县，北辽、开平当并在广西境。

新宁、

【集释】《马注》：与龙曰：《州郡志》：新宁太守，《永初郡国》有平兴、永城二县，当是晋末立，领南兴、临允、新兴、博林、单牒等县。李兆洛云：平兴，今肇庆府高明县西三十里。永城当在广西境。南兴当在肇庆府境。《一统志》：新兴，晋末立，即今新兴县治。单牒，晋末立，今新兴县［东］二十五里单牒村。

永平

【集释】《马注》：与龙曰：《州郡志》：永平太守，《永初郡国》有雷乡、卢平、员乡、逎宁、开城五县。当是与郡俱立，领安沂、夫宁等县。《元和志》：升平五年，分猛陵置永平郡，置安沂县为郡治。义熙中，析安沂置夫宁县。按雷乡、卢平、逎宁、开城并当在广西境，员乡当在广东境，安沂今梧州府藤县南，夫宁在今藤县北。

三郡。

【斠注】《东晋疆域志》曰：晋康郡，《沈志》，晋穆帝永和七年分苍梧立，治元溪。今考《元和志》云晋末置。《寰宇记》称《南越志》：晋康郡，本属苍梧端溪县，晋咸康四年分置。按：云咸康四年置及晋末置皆与《沈志》《晋书·地理志》穆帝置异，未知李吉甫、乐史何本。凡领县十二：元溪、端溪、龙乡、晋化、都城、夫阮，《御览》一百七十二引《南越志》作夫陇。侨宁、封兴、荡康、思安、辽安、开平。新宁郡，《沈志》，晋穆帝永和七年分苍梧立。《寰宇记》，永和七年，分苍梧郡，于临允县置新宁郡。东晋领县九：南兴、临允、新兴、博林、甘东、单牒、威平、平兴、永城。永平郡，《沈志》，晋穆帝升平五年分苍梧立。凡领县十：安沂、丰城、苏平、畋安、夫宁、雷乡、卢平、员乡、逎宁、开城。《晋地理志新补正》曰：按《元和志》，晋分猛陵置永平郡。

【集释】毕沅《新补正》：沅案：晋康郡，《永初郡国》治龙城。

哀帝太和中置新安郡，

【斠注】劳格《校勘记》曰：《州郡志》无此郡。又哀帝年号隆（安）［和］

（编者校："安"应为"和"。），非太和也，疑误。《东晋疆域志》据《宋志》亦不列此郡。

【集释】《马注》：与龙曰：按哀帝纪年有隆和，帝奕纪年为太和，《志》误。新安郡今地阙，当在广东境。又《舆地纪胜》引《祥符图经》云：归善，晋欣乐县地。《归善县志》：欣乐县，晋太和元年建。《一统志》：欣乐故城，今惠州府归善县南，此《志》未载。

安帝分东官立义安郡，

【斠注】《宋志》曰：晋安帝义熙九年，分东官立，领县海阳。晋初立绥安、海宁、潮阳，均与郡俱立。义招亦义熙九年以东官五营立。《寰宇记》一百五十八作元年立义昭县。《元和郡县图志》三十四曰：晋安帝义熙九年，立义安郡及海阳县。《寰宇记》一百五十八《南越志》云：义安郡本属南海，后隶东官郡。晋义熙八年割立。八当作九。按：义昭县，《东晋疆域志》误作义阳。

【集释】毕沅《新补正》：沅案《沈志》：义安郡，何承天志，绥安、海宁、潮阳、义招四县，与郡俱立。又海阳县，何志晋初立。

《马注》：与龙曰：《州郡志》：义安太守，领县五。海阳，《晋地记》故属东官。《元和志》：汉揭阳县地，晋于此立海阳县。《一统志》：海阳今潮州府海阳县东，绥安今漳州府漳浦县西南，海宁今潮州府惠来县西，潮阳今潮阳县北，义招今大浦县南。又安帝尝立怀化县，《州郡志》南海太守怀化令，晋安帝立。《一统志》：故城今广州府番禺县东南。按以上东晋置郡所领县，《志》皆略而不载。

恭帝分南海立新会郡。

【斠注】《东晋疆域志》曰：《沈志》，晋恭帝元熙二年，分南海立。《广州记》曰：永初元年分新宁立，治盆允，未详孰是，而《通典》《寰宇记》亦云新会郡晋末置，疑当以前一说为是也。凡领县三：盆允、新夷、封平。

【集释】《马注》：与龙曰：按东晋尝立遂城县，说见苍梧郡武城县下。又尝立归化县，说见郁林郡安广县下。又尝立程安县、威定县，说见桂林郡军腾县下。又尝立石门县、长度县，说见高凉郡思平县下。《志》皆未载。

引用书目及参考文献

《史记》　　［汉］司马迁撰，［南朝宋］裴骃集解，［唐］司马贞索隐，［唐］张守节正义，中华书局1959年点校本
《汉书》　　［汉］班固撰，［唐］颜师古注，中华书局1962年点校本
《后汉书》　　［南朝宋］范晔撰，［唐］李贤等注，中华书局1965年点校本
《续汉书》　　［晋］司马彪撰，［梁］刘昭注补，八篇《志》收入中华书局1965年点校本《后汉书》中
《三国志》　　［晋］陈寿撰，［南朝宋］裴松之注，中华书局1982年点校本
《晋书》　　［唐］房玄龄等撰，中华书局1974年点校本
《晋书》　　［唐］房玄龄等撰，中国国家图书馆藏周叔弢捐献宋刻本，国家图书馆出版社2003年《中华再造善本》丛书
《晋书》　　［唐］房玄龄等撰，商务印书馆1958年影印上海涵芬楼《缩印本二十四史晋书》
《宋书》　　［梁］沈约撰，中华书局1974年点校本
《南齐书》　　［梁］萧子显撰，中华书局1972年点校本
《梁书》　　［唐］姚思廉撰，中华书局1973年点校本
《魏书》　　［北齐］魏收撰，中华书局1974年点校本
《周书》　　［唐］令狐德棻等撰，中华书局1971年点校本
《隋书》　　［唐］魏徵等撰，中华书局1973年点校本
《南史》　　［唐］李延寿撰，中华书局1975年点校本
《北史》　　［梁］李延寿撰，中华书局1974年点校本
《旧唐书》　　［后晋］刘昫等撰，中华书局1975年点校本
《新唐书》　　［宋］欧阳修撰，中华书局1975年点校本

《资治通鉴》　　［宋］司马光撰，［元］胡三省音注，中华书局1956年点校本
《通典》　　［唐］杜佑撰，王文锦等点校，中华书局1988年版
《通志》　　［宋］郑樵撰，中华书局1987年影印版

《国语》　　［吴］韦昭注，《丛书集成初编》本
《国语集解》　　［民国］徐元诰撰，王树民等点校，中华书局2002年版
《穆天子传》　　［晋］郭璞注　台湾商务1983年《景印文渊阁四库全书》本
《山海经校注》　　袁珂校注，巴蜀书社1993年增补修订版

《春秋左传集解》　［晋］杜预注，上海人民出版社1977年版，参考《四部丛刊》影印宋刻本
《张华博物记》　［晋］张华撰，中华书局1961年《汉唐地理书钞》本，参考中华书局1980年范宁校证本
《尔雅》　［晋］郭璞注，《丛书集成初编》本
《新辑搜神记》　［晋］干宝撰，李剑国辑校，中华书局2007年版
《晋八王故事》　［晋］卢綝撰，（清）黄奭辑，黄氏逸书考1925年王鉴修补后印本
《三辅黄图》　佚名　陕西人民出版社1980年陈直校证本
《众家编年体晋史》　［清］汤球等辑，乔治忠校注，天津古籍出版社1989年版
《九家旧晋书辑本》　［清］汤球辑，杨朝明校补，中州古籍出版社1991年版
《全上古三代秦汉三国六朝文》　［清］严可均辑，中华书局1958年影印本
《世说新语校笺》　［南朝宋］刘义庆著，刘孝标注，徐震堮笺，中华书局1984年版
《世说新语笺疏》　［南朝宋］刘义庆著，余嘉锡笺疏，中华书局1983年版
《世说新语校笺》　［南朝宋］刘义庆著，杨勇校笺，中华书局2006年版
《文选》　［南朝梁］萧统编，［唐］李善注，上海古籍出版1986年版
《艺文类聚》　［唐］欧阳询等编，上海古籍出版社1982年版
《史通通释》　［唐］刘知几撰，［清］浦起龙通释，商务印书馆1937年版
《北堂书钞》　［唐］虞世南编纂，学苑出版社1998年版
《初学记》　［唐］徐坚等著，中华书局2004年版
《太平御览》　［宋］李昉等编，中华书局1960年版
《玉海》　［南宋］王应麟纂，江苏古籍出版社、上海书店1988年影印1883年浙江书局本
《通鉴地理通释》　［南宋］王应麟撰，影印四库全书本，参考四川大学出版社2009年张保见校注本
《通鉴释文辩误》　［元］胡三省撰，中华书局1956年点校本《资治通鉴》附录
《齐乘》　［元］于钦撰，中华书局1990年《宋元方志丛刊》影印清乾隆四十六年刻本
《禹贡锥指》　［清］胡渭撰，邹逸麟整理，上海古籍出版社2006年版
《水经注图说残稿》　［清］董佑诚撰，清道光三年董方立遗书本
《春秋列国图》　［清］杨守敬等编绘，清光绪三十二年刊本

《汉书补注》　［清］王先谦补注，光绪二十六年王氏虚受堂刊本
《汉书地理志补注》　［清］吴卓信撰，《二十五史补编》本
《汉书地理志稽疑》　［清］全祖望撰，《二十五史补编》本

《后汉书集解》　［清］王先谦撰，中华书局1984年影印本。
《三国郡县志附考证》　［清］吴增仅撰，杨守敬补正，《二十五史补编》本
《三国疆域表》　［清］谢钟英撰，《二十五史补编》本
《补三国疆域志补注》　［清］洪亮吉撰，［清］谢钟英补注，《二十五史补编》本
《东晋疆域志》　［清］洪亮吉撰，《二十五史补编》本，据嘉庆元年刊卷施阁全集本排印
《十六国疆域志》　［清］洪亮吉撰，《二十五史补编》本，据嘉庆元年刊卷施阁全集本排印
《三国疆域志疑》　［清］谢钟英撰，《二十五史补编》本
《晋方镇年表》　［清］万斯同撰，《二十五史补编》本
《东晋方镇年表》　［清］万斯同撰，《二十五史补编》本
《西晋疆域图》　［清］杨守敬、熊会贞等编绘，清宣统元年刊本
《东晋疆域图》　［清］杨守敬、熊会贞等编绘，清宣统元年刊本
《水经注图》　［清］杨守敬编绘，光绪三十一年杨氏观海堂刊本
《十六国春秋》　［北魏］崔鸿撰，《丛书集成》本
《十六国春秋辑补》　［清］汤球编，《丛书集成》本，据光绪二十一年广雅书局丛书本排印
《宋书州郡志校勘记》　［清］成孺撰，《二十五史补编》本

《晋书音义》　［唐］何超撰，中华书局1974年点校本，参考《二十四史订补》影印"铁琴铜剑楼"藏元刻明修本
《晋书地理志证今》　［清］程廷祚撰，台湾商务印书馆1986年《景印文澜阁四库全书》本，原书为乾隆八年刻本
《晋书考证》　［清］孙人龙撰，《二十四史订补》影印国家图书馆藏清抄本
《晋书地理志新补正》　［清］毕沅撰，《二十五史补编》本
《晋书校勘记》　［清］劳格撰，《丛书集成》本
《晋书札记》　［清］李慈铭撰，《二十五史三编》影印1930年北京图书馆铅印本
《新校晋书地理志》　［清］方恺撰，《二十五史补编》本
《晋书校勘记》　［清］周家禄撰，《二十四史订补》影印《广雅书局》本
《晋书校证》　［清］丁国钧撰，《二十四史订补》影印国家图书馆藏稿本，《二十五史三编》影印1894年活字本
《殿本晋书校证》　［清］傅云龙撰，《二十四史订补》影印国家图书馆藏清抄本
《晋书佚文》　［清］王仁俊辑，《二十五史三编》影印上海图书馆藏稿本
《稿本晋会要》　汪兆镛撰，书目文献出版社1988年影印国家图书馆藏稿本
《晋书斠注》　吴士鉴等撰，吴兴刘氏嘉业堂1928年刊本，参考中华书局2008年影印本

《晋书地理志注》　　马与龙撰，《二十四史订补》影印1932年湘鄂印刷公司铅印本
《汉唐地理志考校》　　孔祥军著，新世界出版社2012年版
《晋书地理志校注》　　孔祥军著，新世界出版社2012年版

《晋书》　　张大可、彭久松撰，收入仓修良主编《中国史学名著评介》第一卷，山东教育出版社1990年版
《晋书、"八书"、"二史"研究》　　周文玖分卷主编，"20世纪二十四史研究丛书"，大百科全书出版社2009年版
《史籍举要》　　柴德赓撰，北京出版社1982年版
《史部要籍解题》　　王树民撰，中华书局1981年版
《中国通史》第五卷《中古时代三国两晋南北朝时期（上）》　　何兹全主编，上海人民出版社1995年版
《中国史研究指南：魏晋南北朝史、隋唐五代史》　　高明士主编，台北联经出版事业公司1990年版
《六十年来晋书之研究》　　廖吉郎撰，收入程发轫主编《六十年来之国学》第三册史学之部，台北中正书局1974年版
《两晋史部遗籍考》　　廖吉郎撰，收入潘美月等主编《古典文献研究集刊》6编第13册，台北花木兰文化出版社2008年增订新版
《三国两晋史学编年》　　杨翼骧撰，《南开大学学报》1957年第4期；收入杨翼骧著《学忍堂文集》，中华书局2002年版
《六朝史籍与史学》　　郝润华撰，中华书局2005年版
《汉唐间史学的发展》　　胡宝国撰，商务印书馆2003年版
《两汉魏晋南北朝正史西域传要注》　　余太山撰，中华书局2005年版

《日知录》　　［清］顾炎武撰，黄汝成集释，栾保群等校点，上海古籍出版社2006年版
《读史举正》　　［清］张熷撰，上海古籍出版社2002年《续修四库全书》本
《十七史商榷》　　［清］王鸣盛撰，黄曙辉点校，上海书店出版社2005年版
《廿二史劄记》　　［清］赵翼撰，王树民校证本，中华书局1984年版
《廿二史考异附三史拾遗、诸史拾遗》　　［清］钱大昕撰，方诗铭等校点，上海古籍出版社2004年版
《十驾斋养新录》　　［清］钱大昕撰，陈文和等校点，江苏古籍出版社2000年版
《读书杂志》　　［清］王念孙撰，中华书局1991年版，据同治九年金陵书局刻本断句影印
《晓读书斋杂录》　　［清］洪亮吉撰，上海古籍出版社2002年《续修四库全书》本
《读史考异》　　［清］洪颐煊撰，光绪十五年光雅书局本

《敩艺斋文存》　　［清］邹汉勋撰，上海古籍出版社 2002 年《续修四库全书》本
《二十四史校勘记》　　［清］张森楷撰，转引自中华书局 1974 年点校本《晋书》
《观堂集林》　　王国维撰，中华书局 1959 年版
《校史随笔》　　张元济撰，上海古籍出版社 1998 年版
《张元济古籍书目序跋汇编》　　张元济撰，张人凤编，商务印书馆 2003 年版，内收《宋刻本〈晋书〉跋》一文
《吕思勉读史札记》　　吕思勉撰，上海古籍出版社 2005 年版
《魏晋南北朝史札记》　　周一良撰，中华书局 1985 年版
《通行本〈二十四史〉勘评选》陈兴武撰，新世界出版社 2012 年版

《华阳国志校注》　　［晋］常璩撰，刘琳校注，巴蜀书社 1984 年版
《华阳国志校补图注》　　［晋］常璩撰，任乃强校注，上海古籍出版社 1987 年版
《水经注释》　　［北魏］郦道元注，［清］赵一清释，光绪会稽章寿康刊本
《合校水经注》　　［北魏］郦道元注，［清］王先谦校，《四部备要》本
《水经注疏》　　［北魏］郦道元注，［清］杨守敬、熊会贞疏，段熙仲点校，陈桥驿复校，江苏古籍出版社 1989 年版
《水经注校证》　　［北魏］郦道元注，陈桥驿校证，中华书局 2007 年版
《括地志辑校》　　［唐］李泰撰，贺次君辑校，中华书局 1980 年版
《元和郡县图志》　　［唐］李吉甫撰，贺次君点校，中华书局 1983 年版
《太平寰宇记》　　［宋］乐史撰，王文楚等点校，中华书局 2007 年版
《方舆胜览》　　［宋］祝穆撰，祝洙增订，施和金点校，中华书局 2003 年版
《舆地广记》　　［宋］欧阳忞撰，《丛书集成初编》本
《舆地纪胜》　　［宋］王象之撰，中华书局 1992 年影印清道光岑氏刊本
《读史方舆纪要》　　［清］顾祖禹撰，贺次君、施和金点校，中华书局 2005 年版
《嘉庆重修一统志》　　［清］官修，《四部丛刊续编》本
《汉唐地理书钞》　　［清］王谟辑，中华书局 1961 年版

《汉书地理志汇释》　　周振鹤编著，安徽教育出版社 2006 年版
《续汉书郡国志汇释》　　钱林书编著，安徽教育出版社 2007 年版
《宋书州郡志汇释》　　胡阿祥编著，安徽教育出版社 2006 年版
《两唐书地理志汇释》　　吴松弟编著，安徽教育出版社 2002 年版
《〈中国历史地图集〉释文汇编·东北卷》　　谭其骧主编，张锡彤等撰，中央民族学院出版社 1988 年版

《长水集》　　谭其骧撰，人民出版社 1987 年版
《长水集续编》　　谭其骧撰，人民出版社 1994 年版

《中国地方行政制度史——魏晋南北朝地方行政制度》　严耕望撰，上海古籍出版社 2007 年版
《西汉政区地理》　周振鹤撰，人民出版社 1987 年版
《周振鹤自选集》　周振鹤撰，广西师范大学出版社 1999 年版
《中国地方行政制度史》　周振鹤撰，上海人民出版社 2005 年版
《东汉政区地理》　李晓杰撰，山东教育出版社 1999 年版
《六朝疆域与政区》　胡阿祥撰，西安地图出版社 2001 年版
《六朝疆域与政区研究》　胡阿祥撰，学苑出版社 2005 年版
《东晋南朝侨州郡县与侨流人口研究》　胡阿祥撰，江苏教育出版社 2008 年版
《孙吴政区地理研究》　陈健梅撰，岳麓书社 2008 年版
《秦汉政区与边界地理研究》　辛德勇撰，中华书局 2009 年版
《秦代政区地理》　后晓荣撰，社会科学文献出版社 2009 年版

《上海市沿革地理》　祝鹏撰，学林出版社 1989 年版
《湖北省建制沿革》　潘新藻撰，湖北人民出版社 1987 年版
《广西地理沿革简编》　龙兆佛等撰，广西人民出版社 1983 年版
《陕西地理沿革》　吴镇烽撰，陕西人民出版社 1981 年版

《金石录校证》　〔宋〕赵明诚撰，金文明校证，广西师范大学出版社 2005 年版
《隶释·隶续》　〔宋〕洪适撰，中华书局 1986 年版
《梦碧簃石言》　〔清〕顾燮光撰，王其祎校点，辽宁教育出版社 2001 年版
《语石；语石异同评》　〔清〕叶昌炽撰，柯昌泗评，陈公柔等点校，中华书局 1994 年版
《积古斋钟鼎彝器款识》　〔清〕阮元撰，民国间扫叶山房本
《续山东考古录》　〔清〕叶圭绶撰，王汝涛校点，山东文艺出版社 1997 年版
《增补校碑随笔》　〔清〕方若撰，王壮弘增补，上海书店出版社 2008 年版
《八琼室金石补正》　〔清〕陆增祥撰，文物出版社 1985 年版
《汉魏南北朝墓志集释》　赵万里撰，科学出版社 1956 年版
《汉魏南北朝墓志汇编》　赵超撰，天津古籍出版社 2008 年版
《新出魏晋南北朝墓志疏证》　罗新、叶炜撰，中华书局 2005 年版
《汉魏六朝碑刻校证》　毛远明编著，线装书局 2008 年版
《1949—1989 四十年出土墓志目录》　荣丽华编集，王世民校订，中华书局 1993 年版
《新中国考古五十年》　文物出版社编，文物出版社 1999 年版
《中国考古六十年：1949—2009》　国家文物局主编，文物出版社 2009 年
《六朝考古》　罗宗真著，南开大学出版社 1994 年版

《魏晋南北朝时代考古》　杨泓著，科学出版社2000年版
《汉魏洛阳故城研究》　洛阳市文物局，洛阳白马寺汉魏故城文物保管所编，科学出版2000年版

《说文解字注》　〔汉〕许慎撰，　〔清〕段玉裁注，上海古籍出版社1981年影印本
《广韵》　〔宋〕陈彭年等撰，《四部丛刊》涵芬楼影印宋刊巾箱本
《广韵校本》　周祖谟校，中华书局1960年版
《集韵》　〔宋〕丁度等撰，台北商务印书馆2008年影印《文渊阁四库全书》本
《古汉语常用字字典》　《古汉语常用字字典》编写组编，商务印书馆1998年版
《王力古汉语字典》　王力主编，中华书局2000年版
《汉语大字典（缩印本）》　汉语大字典编辑委员会编，湖北辞书出版社、四川辞书出版社1992年版

《中国历史地理学论著索引（1900—1980）》　杜瑜、朱玲玲编，书目文献出版社1986年版

《中华人民共和国行政区划简册2016》　中华人民共和国民政部主编，中国地图出版社2016年版（根据2015年底县级以上政区资料汇编）
《中华人民共和国政区标准地名图集》　中华人民共和国民政部、中国人民解放军总参谋部测绘局主编，星球地图出版社2001年版（省地县级政区地名资料截止时间2000年11月）
《中国地图集》　杜秀荣、唐建军主编，中国地图出版社2011年1月第2版，2012年1月修订
《中国分省系列地图集》　星球地图出版社编，星球地图出版社2009年6月第1版
《中国分省系列地图册》　中国地图出版社2012年修订版
《世界标准地名地图集》　中国地图出版社编著，中国地图出版社2004年7月第1版
《世界地图集》　范毅、周敏主编，中国地图出版社2011年1月第2版，2017年1月修订
《世界分国地图·亚洲：朝鲜、韩国、蒙古》　中国地图出版社2008年1月第2版，2009年1月修订
《世界热点国家地图：朝鲜、韩国》　周敏主编，中国地图出版社2013年1月第1版，2018年3月修订
《世界分国地图·亚洲：越南、老挝、柬埔寨》　中国地图出版社2012年1月第1版，2012年6月修订

《世界热点国家地图：越南、老挝、柬埔寨》　周敏主编，中国地图出版社2014年4月第1版，2018年4月修订
《中国历史地图集》第三册　谭其骧主编，中国地图出版社1982年版1996年印刷
《中国历史地图集》第四册　谭其骧主编，中国地图出版社1982年版1996年印刷
《中国历史地图集》第八册　谭其骧主编，中国地图出版社1987年版1996年印刷
《简明中国历史地图集》　谭其骧主编，中国地图出版社1991年版

《北京历史地图集》　侯仁之主编，北京出版社1988年版
《北京历史地图集（二集）》　侯仁之主编，北京出版社1997年版
《天津市历史地图集》　天津市规划和国土资源局编著，天津古籍出版社2004年版
《山西省历史地图集》　山西省地图集编纂委员会，中国地图出版社2000年版
《上海历史地图集》　周振鹤主编　上海人民出版社1999年版
《杭州城池暨西湖历史图说》　阙维民撰，浙江人民出版社2000年版
《福建省历史地图集》　福建省地方志编纂委员会编，福建省地图出版社2004年版
《广东历史地图集》　广东历史地图集编委会编，广东省地图出版社1995年版
《四川州县建置沿革图说》　任乃强等撰，巴蜀书社2002年版
《西安历史地图集》　史念海主编，西安地图出版社1996年版
《长江三峡历史地图集》　蓝勇主编，星球地图出版社2015年版

《中国文物地图集·北京分册》　国家文物局主编，科学出版社2008年版
《中国文物地图集·天津分册》　国家文物局主编，中国大百科全书出版社2002年版
《中国文物地图集·山西分册》　国家文物局主编，中国地图出版社2006年版
《中国文物地图集·内蒙古自治区分册》　国家文物局主编，西安地图出版社2003年版
《中国文物地图集·辽宁分册》　国家文物局主编，西安地图出版社2009年版
《中国文物地图集·吉林分册》　国家文物局主编，中国地图出版社1993年版
《中国文物地图集·江苏分册》　国家文物局主编，中国地图出版社2008年版
《中国文物地图集·浙江分册》　国家文物局主编，文物出版社2009年版
《中国文物地图集·福建分册》　国家文物局主编，福建省地图出版社2007年版
《中国文物地图集·山东分册》　国家文物局主编，中国地图出版社2007年版
《中国文物地图集·河南分册》　国家文物局主编，中国地图出版社1991年版
《中国文物地图集·湖北分册》　国家文物局主编，西安地图出版社2002年版
《中国文物地图集·湖南分册》　国家文物局主编，湖南地图出版社1997年版
《中国文物地图集·广东分册》　广东省文化厅编，广东省地图出版社1989年版
《中国文物地图集·重庆分册》　国家文物局主编，文物出版社2010年版
《中国文物地图集·四川分册》　国家文物局主编，文物出版社2009年版

《中国文物地图集·云南分册》　　国家文物局主编，云南科技出版社 2001 年版
《中国文物地图集·陕西分册》　　国家文物局主编，西安地图出版社 1998 年版
《中国文物地图集·甘肃分册》　　国家文物局主编，测绘出版社 2011 年版
《中国文物地图集·青海分册》　　国家文物局主编，中国地图出版社 1996 年版
《中国文物地图集·宁夏回族自治区分册》　国家文物局主编，文物出版社 2010 年版

《辞海·地理分册·历史地理》　　复旦大学历史地理研究室修订，上海辞书出版社 1978 年版
《中国历史地名辞典》　复旦大学历史地理研究所《中国历史地名辞典》编委会编，江西教育出版社 1986 年版
《中国历史大辞典·历史地理卷》　　"中国历史大辞典·历史地理卷编纂委员会"编，上海辞书出版社 1996 年版
《中国历史地名大辞典》　史为乐主编，中国社会科学出版社 2005 年版
《中国古今地名大词典》　戴均良等主编，上海辞书出版社 2005 年版
《中华人民共和国地名大词典》第一卷　崔乃夫主编，商务印书馆 1998 年版
《中华人民共和国地名大词典》第二卷　崔乃夫主编，商务印书馆 1999 年版
《中华人民共和国地名大词典》第三卷　崔乃夫主编，商务印书馆 2000 年版
《中华人民共和国地名大词典》第四卷　崔乃夫主编，商务印书馆 2002 年版
《中华人民共和国地名大词典》第五卷　崔乃夫主编，商务印书馆 2002 年版
《中华人民共和国地名词典·北京市》　《北京市》编纂委员会编，商务印书馆 1991 年版
《中华人民共和国地名词典·天津市》　《天津市》编纂委员会编，商务印书馆 1994 年版
《中华人民共和国地名词典·吉林省》　《吉林省》编纂委员会编，商务印书馆 1994 年版
《中华人民共和国地名词典·上海市》　《上海市》编纂委员会编，商务印书馆 1989 年版
《中华人民共和国地名词典·江苏省》　《江苏省》编纂委员会编，商务印书馆 1987 年版
《中华人民共和国地名词典·浙江省》　《浙江省》编纂委员会编，商务印书馆 1988 年版
《中华人民共和国地名词典·安徽省》　《安徽省》编纂委员会编，商务印书馆 1994 年版
《中华人民共和国地名词典·福建省》　《福建省》编纂委员会编，商务印书馆 1995 年版

《中华人民共和国地名词典·山东省》　《山东省》编纂委员会编，商务印书馆 1994 年版
《中华人民共和国地名词典·河南省》　《河南省》编纂委员会编，商务印书馆 1993 年版
《中华人民共和国地名词典·湖北省》　《湖北省》编纂委员会编，商务印书馆 1990 年版
《中华人民共和国地名词典·广东省》　《广东省》编纂委员会编，商务印书馆 1994 年版
《中华人民共和国地名词典·四川省》　《四川省》编纂委员会编，商务印书馆 1993 年版
《中华人民共和国地名词典·贵州省》　《贵州省》编纂委员会编，商务印书馆 1994 年版
《中华人民共和国地名词典·甘肃省》　《甘肃省》编纂委员会编，商务印书馆 1995 年版
《中华人民共和国地名词典·宁夏回族自治区》　《宁夏回族自治区》编纂委员会编，商务印书馆 1993 年版

《大晋龙兴皇帝三临辟雍皇太子又再莅之盛德隆熙之颂跋》　顾廷龙撰，1931 年《燕京学报》第 10 期，收入上海科学技术文献出版社 2002 年版《顾廷龙文集》
《〈华阳国志〉、〈晋书地理志〉互勘》　姚师濂撰，载 1934 年《禹贡半月刊》第二卷第四期
《杭州都市发展之经过》　谭其骧撰，载 1942 年浙江大学《纪念徐霞客逝世三百年纪念刊》，收入 1987 年版《长水集》
《洛阳汉魏隋康唐城址勘查记》　阎文儒撰，载《考古学报》1955 年第 9 册
《四川昭化宝轮镇南北朝时期的崖墓》　沈仲常撰，载《考古学报》1959 年第 2 期
《南京老虎山晋墓》　南京市文物保管委员会，载《考古》1959 年第 6 期
《山东临淄齐故城试掘简报》　山东省文物管理处，载《考古》1961 年第 6 期
《山东邹县滕县古城址调查》　中国科学院考古研究所山东工作队，载《考古》1965 年第 12 期
《扬州古城 1978 年调查发掘简报》　南京博物馆，载《文物》1979 年第 9 期
《云梦与云梦泽》　谭其骧撰，载《复旦学报》1980 年《历史地理专辑》，收入 1987 年版《长水集》
《马王堆汉墓出土地图所说明几个历史地理问题》　谭其骧撰，载 1981 年湖南人民出版社《马王堆汉墓研究》，收入 1987 年版《长水集》
《汉魏洛阳故城太学遗址新出土的汉石经残石》　中国社会科学院考古研究所洛阳工作队撰，载《考古》1982 年第 4 期

《晋郛休碑跋》　唐长孺撰，载《魏晋南北朝隋唐史资料》1986年第8辑
《汉魏洛阳城建春门遗址的发掘》　中国社会科学院考古研究所洛阳汉魏故城工作队撰，载《考古》1988年第9期
《西晋司州上洛郡西北辖界辨正》　葛蓬天撰，载《中国历史地理论丛》1989年第4辑
《〈晋书地理志〉无北海郡》　沧州撰，载《中国历史地理论丛》1991年第4辑
《〈晋书·地理志〉关于阳羡县记载的疏略》　籍大阳撰，载《中国历史地理论丛》1992年第3辑
《论两晋时期宁州的设置及变动》　杨德华撰，载《云南教育学院学报》1992年第4期
《〈晋书·地理志〉阜陵沦为麻湖说辨误》　舒峤撰，载《中国历史地理论丛》1995年第2辑
《汉晋下隽县地望辨》　张伟然撰，载《中国历史地理论丛》1996年第1辑
《甘肃武威发现北凉"临松令印"》　黎大祥撰，载《文物》1997年第9期
《〈晋书·地理志〉正误一则》　朱圣钟撰，载《中国历史地理论丛》2000年第4辑
《汉魏洛阳故城保护、考古研究的回顾与展望—纪念东汉建都1970周年》　徐金星撰，收入科学出版社2000年版《汉魏洛阳故城研究》
《三国吴西陵督驻地小考》　朱圣钟撰，载《中国历史地理论丛》2001年第1辑
《二十世纪利用碑铭资料研究魏晋南北朝史综述》　周双林撰，载《中国史研究动态》2002年第4期
《古乐乡、上明城故址考》　鲁西奇、江田祥撰，载《江汉考古》2003年第2期
《魏晋时期寄理敦煌郡北界之伊吾县城考》　李并成撰，载《敦煌研究》2003年第3期
《赤壁古战场历史地理研究》　张修桂撰，载《复旦学报》2004年第3期
《关于〈晋书〉编纂和评价的几个问题》　朱大渭撰，载《史学史研究》2004年第4期；收入朱大渭著《六朝史论续编》，学苑出版社2008年版。
《两晋寻阳郡领县与辖区考》　江田祥撰，载《中国历史地理论丛》2005年4月第20卷第2辑
《秦代洞庭、苍梧两郡悬想》　周振鹤撰，载《复旦学报》2005年第5期
《两晋南北朝涪陵郡置废、州属、领县杂考》　杨光华撰，载《中国历史地理论丛》2006年7月第21卷第3辑
《江乘县考略》　周子舆撰，载《南京古都学会通讯》2006年12月第7期
《〈晋辟雍碑·碑阴〉所反映的几个问题》　王东洋撰，载《重庆社会科学》2007年第2期
《〈晋书·地理志〉政区断代考》　孔祥军撰，载《书品》2007年第3期

《吴增仅〈三国郡县表附考证〉误谬例举》 孔祥军撰，载《中国历史地理论丛》2008年1月第23卷第1辑

《重庆云阳旧县坪台基基础建筑发掘简报》 吉林省文物考古研究所、云阳县文物研究所，载《文物》2008年第1期

《西汉至六朝时期丹阳郡政区变迁与区域发展》 陈刚撰，载《中国历史地理论丛》2008年第4期

《东晋南朝侨州郡县考表》 胡阿祥撰，收入江苏教育出版社2008年版《东晋南朝侨州郡县与侨流研究》

《试析南昌青云谱梅湖东晋纪年墓铭砖》 王上海、李国利撰，载《文物》2008年12期

《〈晋书·地理志〉校证》 王勇撰，载《兰台世界》2008年13期

《湖南郴州苏仙桥遗址发掘简报》 湖南省文物考古研究所、郴州市文物处，载岳麓书社2009年《湖南考古辑刊》第八辑

《中华本〈晋书·地理志〉考异》 胡宏运、胡阿祥撰，收入湖北人民出版社2009年版《荆楚历史地理与长江中游开发——2008年中国历史地理国际学术研讨会论文集》

《〈晋书·地理志〉"济南郡"条考辨》 孔祥军撰，载《书品》2011年第1期

《方恺〈新校晋书地理志〉发微》 胡运宏撰，载《书品》2011年第2期

《〈晋书·地理志〉县级封国考论》 姚乐撰，载《中国历史地理论丛》2012年第2辑

《〈晋书·地理志〉"公国相"、"侯相"、"侯国"解》（未刊稿） 顾江龙撰，载《"常棣之华：复旦大学、首都师范大学历史学科青年学者研讨会"论文集》2012年6月9日

《晋书批校》（未刊稿） 周一良撰，北京大学历史系藏

《〈晋书地理志新补正〉批校》（未刊稿） 谭其骧撰，复旦大学中国历史地理研究所藏

《中国历史地图集释文·河北卷》（未刊稿） 复旦大学中国历史地理研究所藏（本释文版权归复旦大学中国历史地理研究所所有）

《中国历史地理信息系统释文》（未刊稿） 复旦大学中国历史地理研究所藏（本释文版权归CHGIS管理委员会所有）

《中华本〈晋书·地理志〉点校补正》（未刊稿） 孔祥军撰

地名笔画索引

二画

丁溜（673）
九门（207）
九真郡（653）
九原（264）
九德（656）
九德郡（655）
力城（232）

三画

于离（249）
于湖（574）
土垠（215）
下曲阳（176）
下邳（461）
下邳国（461）
下邑（151）
下邽（273）
下相（482）
下洛（217）
下隽（542）
下密（北海国）（431）
下密（济南郡）（436）
下博（180）
下雋（542）
下蔡（583）
下辩（337）
大阳（78）

大陵（250）
万宁（361）
万岁（308）
万年（271）
万安（351）
万寿（400）
弋阳（168）
弋阳郡（165）
弋居（285）
上艾（259）
上曲阳（206）
上谷郡（216）
上邽（332）
上饶（630）
上洛（69）
上洛郡（68）
上党郡（252）
上黄（508）
上庸（527）
上庸郡（526）
上禄（338）
上虞（606）
上廉（528）
上蔡（141）
小黄（103）
山阳（86）
山阴（605）
山茌（128）
山都（507）
山桑（160）
广（476）

广川（192）
广化（678）
广平（87）
广平郡（86）
广汉（354）
广汉郡（353）
广宁郡（216）
广至（314）
广年（90）
广州（663）
广兴（561）
广阳（燕国）（213）
广阳（汶山郡）（387）
广武（261）
广昌（218）
广牧（265）
广宗（181）
广信（671）
广饶（428）
广柔（388）
广都（380）
广晋（628）
广谈（403）
广陵（478）
广陵郡（477）
广戚（459）
广德（580）
义阳（521）
义阳国（517）
义阳郡（517）
义城（583）

己氏 (114)
卫 (98)
马邑 (263)

四画

丰 (156)
丰安 (610)
丰城（豫章郡）(625)
丰城（苍梧郡）(672)
井陉 (206)
开阳 (468)
开封 (64)
天门郡 (539)
天水郡 (332)
夫夷 (553)
元氏 (175)
元城 (91)
元溪 (672)
无劳 (661)
无终 (215)
无盐 (121)
无锡 (595)
云中 (265)
云平 (406)
云杜 (496)
云南 (407)
云南郡 (406)
五城 (355)
不韦 (419)
不其 (453)
太末 (610)
太原国 (247)
历阳 (584)
历城 (437)
历陵 (629)

屯有 (234)
屯留 (252)
比阳 (511)
比苏 (420)
比景 (661)
日南郡 (658)
日勒 (307)
中山国 (203)
中水 (197)
中丘 (175)
中阳 (257)
中牟 (63)
中庐 (505)
中都 (251)
中陶 (332)
中宿 (670)
内黄 (97)
贝丘 (201)
牛鞞 (385)
升迁 (386)
长山 (609)
长广 (453)
长广郡 (452)
长子 (253)
长乡 (210)
长平（颖川郡）(138)
长平（梁国）(153)
长乐 (95)
长宁 (301)
长安（京兆郡）(269)
长安（桂林郡）(677)
长岑 (242)
长利 (525)
长沙郡 (542)
长社 (136)
长垣 (105)

长城 (604)
什方 (358)
化平 (678)
介休 (257)
父城 (146)
公丘 (164)
仓松 (304)
丹水 (515)
丹杨 (573)
丹杨郡 (570)
丹徒 (593)
乌氏 (282)
乌伤 (609)
乌江 (588)
乌程 (601)
卞 (162)
六 (592)
文安 (194)
亢父 (119)
方与 (117)
方城 (210)
巴东郡 (367)
巴丘 (631)
巴西郡 (363)
巴郡 (361)
巴陵 (544)
允街 (298)
邓 (519)
邓城 (507)
双柏 (417)
毋单 (415)
毋掇 (410)
毋敛 (402)
毋棳 (410)

五画

玉门（311）
邛都（399）
艾（625）
石阳（631）
石邑（206）
石城（579）
石首（504）
布山（674）
龙川（664）
龙亢（160）
龙刚（676）
龙阳（536）
龙城（227）
龙勒（313）
龙舒（592）
龙编（647）
平山（680）
平广（340）
平乡（176）
平氏（521）
平乐（667）
平夷（牂柯郡）（403）
平夷（南海郡）（665）
平州（224）
平州（巴西郡）（366）
平阳（70）
平阳郡（70）
平寿（北海国）（431）
平寿（济南郡）（436）
平阿（584）
平武（340）
平林（521）
平昌（448）

平固（634）
平春（496）
平城（262）
平都（560）
平原（183）
平原国（183）
平恩（91）
平皋（85）
平陶（250）
平康（388）
平棘（175）
平舒（218）
平道（650）
平舆（141）
平襄（335）
东平（617）
东平陆（121）
东平国（120）
东平陵（437）
东平舒（194）
东光（190）
东迁（603）
东兴（627）
东安（471）
东安平（428）
东安陵（191）
东阳（480）
东阳郡（609）
东阿（124）
东武（446）
东武阳（93）
东武城（201）
东昌（632）
东城（588）
东莱国（449）
东莞（473）

东莞郡（472）
东海郡（463）
东朝阳（443）
北井（530）
北平（205）
北平郡（214）
北地郡（283）
北巫（528）
北宜春（140）
北屈（75）
北带（649）
北海国（430）
北新城（198）
卢（123）
卢乡（450）
卢氏（70）
卢奴（203）
卢容（660）
且兰（401）
叶（511）
四会（664）
代（218）
代郡（217）
仙提（308）
白土（299）
白马（110）
白水（353）
斥丘（96）
斥漳（90）
令支（221）
乐平（阳平郡）（93）
乐平（乐平郡）（260）
乐平郡（258）
乐安（629）
乐安国（439）
乐城（196）

乐浪郡（232）
乐陵（189）
乐陵国（187）
乐涫（310）
乐就（230）
句阳（113）
句町（410）
句容（576）
句章（606）
外黄（106）
冯乘（665）
冯翊郡（272）
玄菟郡（236）
兰池（309）
兰陵（466）
汉丰（370）
汉中郡（345）
汉平（360）
汉兴（412）
汉安（394）
汉阳（397）
汉寿（537）
汉昌（365）
汉复（360）
汉葭（360）
汉嘉（389）
汉嘉郡（389）
汉德（352）
宁夷（655）
宁州（406）
宁国（581）
宁都（635）
宁浦（679）
宁浦郡（679）
宁海（615）
宁陵（151）

宁新（671）
永丰（668）
永世（575）
永平（306）
永宁（云南郡）（408）
永宁（临海郡）（614）
永成（627）
永兴（608）
永安（72）
永寿（419）
永昌（550）
永昌郡（419）
永修（622）
永康（609）
永新（561）
司州（49）
司吾（482）
邡（506）
弘农（65）
弘农郡（64）
辽东国（228）
辽西郡（219）
皮氏（75）
发干（92）
台登（399）
母单（415）

六画

耒阳（555）
吉阳（632）
扬州（568）
巩（55）
共（82）
西于（648）
西川（283）

西乡（348）
西丰（626）
西平（汝南国）（143）
西平（高兴郡）（679）
西平昌（185）
西平郡（300）
西宁（628）
西曲阳（583）
西充国（364）
西安（齐国）（428）
西安（九德郡）（658）
西安平（231）
西阳（165）
西昌（631）
西卷（660）
西河国（255）
西城（524）
西郡（307）
西都（301）
西海郡（316）
西陵（167）
西鄂（509）
西随（413）
西道（651）
厌次（187）
存邺（415）
存䮽（415）
列人（89）
列口（240）
成平（197）
成纪（334）
成武（114）
成固（347）
成都（380）
成德（582）
成皋（56）

夹阳（676）	华（470）	汎阳（516）
夷安（449）	华阴（67）	汲（81）
夷陵（533）	华容（500）	汲郡（81）
夷道（534）	伊吾（315）	池阳（276）
邪龙（407）	全椒（584）	汝阳（143）
当阳（500）	会无（399）	汝阴（147）
当利（450）	会水（310）	汝阴郡（147）
当城（219）	会稽郡（605）	汝南国（139）
当涂（587）	合乡（467）	汝南郡（139）
曲成（450）	合肥（586）	兴山（532）
曲江（668）	合浦（645）	兴古郡（409）
曲阿（593）	合浦郡（644）	兴平（632）
曲城（450）	邬（251）	兴乐（387）
曲易（649）	壮武（447）	兴安（666）
曲胥（657）	刘阳（543）	兴晋（524）
曲陵（496）	齐国（425）	兴道（汉中郡）（348）
曲梁（89）	交州（642）	兴道（宁浦郡）（680）
同乐（418）	交兴（649）	安广（675）
同安（619）	交阯郡（646）	安丰（169）
同濑（416）	交趾郡（646）	安丰郡（168）
吕（460）	充（540）	安凤（168）
刚平（122）	羊平（676）	安平（198）
朱卢（646）	并州（247）	安平国（178）
朱吾（660）	并渠（402）	安丘（474）
朱鸢（648）	州（84）	安乐（213）
朱虚（473）	州陵（502）	安市（230）
朱提（397）	江宁（572）	安汉（366）
朱提郡（396）	江州（361）	安宁（677）
竹邑（156）	江安（536）	安吉（603）
迁陵（538）	江阳（392）	安成（140）
延平（618）	江阳郡（391）	安成郡（560）
延寿（311）	江都（479）	安夷（302）
延陵（594）	江夏郡（494）	安次（212）
任（89）	江原（381）	安阳（96）
任城（119）	江乘（576）	安远（675）
任城国（119）	江陵（498）	安吴（579）

地名笔画索引　　701

安邑（76）	阳泉（广汉郡）（357）	扶沟（106）
安陆（495）	阳泉（庐江郡）（589）	扶苓（657）
安武（653）	阳都（469）	扶柳（181）
安国（199）	阳夏（154）	芜湖（574）
安昌（520）	阳羡（604）	邯郸（87）
安固（616）	阳遂（657）	苍梧郡（670）
安定（649）	阳新（558）	苍溪（364）
安定郡（280）	阳翟（59）	严道（390）
安弥（310）	阴（516）	苏祁（400）
安始（674）	阴山（548）	杜城（269）
安复（561）	阴平（339）	杜陵（269）
安浦（627）	阴平郡（338）	巫（530）
安康（524）	阴安（98）	杨（71）
安喜（204）	阴般（271）	束州（195）
安富（528）	阴陵（587）	酉阳（537）
安德（185）	阴馆（263）	辰阳（539）
军安（655）	阴密（283）	连然（417）
军都（213）	观阳（550）	连道（衡阳郡）（546）
军腾（677）	观津（180）	连道（宁浦郡）（680）
祁（250）	牟（130）	钬（166）
祁阳（549）	牟平（451）	邺（94）
许昌（136）		吴（595）
农城（672）	**七画**	吴平（622）
寻阳（591）		吴宁（610）
阳山（670）	寿光（443）	吴兴（617）
阳丰（633）	寿阳（259）	吴兴郡（600）
阳平（93）	寿张（120）	吴安（680）
阳平郡（91）	寿昌（599）	吴昌（543）
阳乐（219）	寿泠（661）	吴定（651）
阳曲（248）	寿春（582）	吴房（143）
阳关（313）	进山（652）	吴郡（595）
阳安（141）	进乘（412）	岐惬（364）
阳邑（250）	扶风国（276）	利（441）
阳武（62）	扶风郡（276）	利阳（548）
阳城（57）	扶乐（655）	利城（465）
阳信（188）	扶安（653）	攸（542）

作唐（535）	灵（202）	武进（594）
余汗（629）	灵关（391）	武连（350）
余杭（602）	灵州（285）	武邑（180）
余姚（606）	灵寿（207）	武昌（557）
含洭（669）	灵武（285）	武昌郡（556）
含资（242）	即丘（470）	武定（652）
狄道（330）	即墨（北海国）（432）	武垣（196）
删丹（308）	即墨（济南郡）（436）	武城（苍梧郡）（673）
邹（162）	张掖郡（305）	武城（桂林郡）（677）
邹平（438）	陆浑（58）	武威郡（302）
应阳（552）	阿林（674）	武都（338）
庐江郡（589）	陇西国（328）	武都郡（336）
庐陵郡（630）	陇西郡（328）	武原（460）
汧（279）	陈（152）	武陵（528）
沅南（538）	陈仓（279）	武陵郡（536）
沅陵（537）	陈留国（102）	武康（602）
沛（156）	邵阳（553）	武遂（180）
沛国（155）	邵武（618）	武熙（675）
沔阳（347）	邵陵（颍川郡）（137）	青州（425）
沙头（311）	邵陵（邵陵郡）（552）	青蛉（407）
沙阳（559）	邵陵郡（552）	表氏（311）
沙渠（533）		盂（249）
沙羡（558）	**八画**	取虑（463）
汾阳（78）		苦（154）
汾阴（78）	奉高（125）	茌平（184）
汾邑（289）	武乡（255）	苟扁（647）
汶（229）	武丰（676）	苑陵（63）
汶山（386）	武功（287）	范（121）
汶山郡（385）	武平（154）	范阳（211）
汶阳（162）	武平郡（652）	范阳国（209）
沁水（85）	武宁（交阯郡）（648）	林虑（82）
怀（84）	武宁（武平郡）（652）	枝江（501）
怀安（581）	武当（515）	析（516）
宋（149）	武兴（652）	松阳（615）
良乡（210）	武安（88）	松原（655）
良城（462）	武阳（382）	松滋（安丰郡）（169）

地名笔画索引

松滋（南郡）（503）	金城（299）	泥阳（284）
杼秋（157）	金城郡（297）	泾（580）
枣强（182）	邵阳（275）	定安（649）
郁平（674）	受阳（259）	定阳（611）
郁林郡（673）	肥乡（90）	定苲（399）
郏（145）	肥如（220）	定陵（145）
盱眙（480）	鱼复（367）	定陶（113）
昧（414）	狐奴（214）	定颍（142）
昆阳（146）	狐谞（73）	定襄（265）
昆泽（414）	京（61）	宕渠（365）
昌平（燕国）（212）	京兆郡（269）	宜丰（626）
昌平（宁浦郡）（680）	京陵（251）	宜禾（314）
昌安（448）	夜郎（402）	宜阳（弘农郡）（67）
昌邑（116）	兖州（102）	宜阳（安成郡）（560）
昌国（429）	於陵（437）	宜春（560）
昌虑（467）	於潜（603）	宜城（505）
昌蒲（313）	郑（272）	宜都郡（533）
昌黎（225）	卷（62）	宜黄（627）
昌黎郡（224）	单父（114）	官陵（560）
昌魏（522）	泝乡（523）	宛（509）
易阳（87）	河内郡（83）	宛平（619）
易城（196）	河东郡（76）	宛句（114）
固始（148）	河北（81）	宛陵（577）
黾池（67）	河关（330）	宛温（410）
罗（543）	河池（337）	房子（174）
罗江（620）	河阳（85）	房陵（522）
钖（525）	河阴（55）	建平郡（529）
郲（167）	河间国（195）	建宁（543）
牧麻（416）	河南（54）	建宁郡（413）
竺邑（156）	河南郡（50）	建成（621）
卑水（399）	沽（258）	建兴（553）
佷山（534）	沮（337）	建安（617）
阜城（193）	沮阳（216）	建安郡（616）
阜陵（585）	泠丘（418）	建阳（617）
郈阳（275）	泠道（551）	建邺（570）
金乡（117）	泫氏（253）	建初（654）

建昌（622）	封丘（104）	南安（犍为郡）（384）
建始（532）	封阳（666）	南安（南平郡）（535）
建城（621）	封溪（653）	南安阳（139）
建陵（671）	垣（77）	南安郡（331）
建德（599）	项（153）	南阳国（508）
居延（316）	城父（159）	南武阳（129）
居庸（216）	城阳（115）	南昌（620）
居巢（591）	城阳郡（444）	南和（89）
居就（230）	赵国（174）	南郑（346）
承（467）	贲古（411）	南定（649）
陕（66）	挺（453）	南城（泰山郡）（126）
姑复（407）	垫江（361）	南城（临川郡）（627）
姑幕（445）	荆州（492）	南宫（182）
姑臧（302）	带方（240）	南郡（498）
始丰（614）	带方郡（239）	南秦（398）
始平（286）	莒（445）	南顿（142）
始平郡（285）	茶陵（547）	南浦（370）
始宁（607）	荡阴（96）	南海郡（663）
始兴（669）	荡昌（645）	南陵（657）
始兴郡（668）	荥阳（61）	南野（631）
始安（667）	荥阳郡（60）	南康（634）
始安郡（666）	故安（211）	南康郡（633）
始阳（667）	故道（338）	南涪（420）
始昌（333）	故郡（603）	南深泽（199）
始定（680）	荔浦（667）	南新（241）
始建（674）	南广（397）	南新市（498）
始新（611）	南乡（514）	相（155）
驷望（236）	南乡郡（512）	枳（362）
绎幕（201）	南丰（627）	柏人（176）
经（181）	南平（桂阳郡）（556）	勃海郡（190）
	南平（合浦郡）（645）	郦（512）
九画	南平阳（118）	咸骊（656）
	南平郡（534）	厚丘（466）
春榖（580）	南皮（190）	轵（85）
毒质（645）	南行唐（207）	临川郡（626）
封山（651）	南充国（365）	临水（90）

临允（672）	毗陵（594）	哀牢（420）
临邛（381）	毗陵郡（592）	闻喜（76）
临西（651）	虹（158）	美阳（280）
临江（362）	思平（678）	娄（599）
临汝（626）	幽州（209）	首阳（329）
临安（601）	钜平（130）	滇阳（669）
临邑（123）	钜野（116）	洮阳（550）
临羌（301）	钜鹿（178）	洵阳（526）
临沅（536）	钜鹿国（177）	浏阳（543）
临沂（469）	钟离（585）	济北国（122）
临汾（74）	钟陵（626）	济阳（104）
临武（555）	秭归（532）	济阴郡（111）
临沮（505）	重合（191）	济南郡（433）
临泽（307）	重安（545）	洨（157）
临泾（281）	重泉（274）	浑弥（235）
临城（579）	便（555）	津梧（654）
临朐（475）	顺阳（514）	宣城（578）
临洮（329）	顺阳郡（512）	宣城郡（577）
临济（440）	修云（418）	宣威（303）
临贺（665）	修武（83）	冠军（512）
临贺郡（665）	信安（610）	祝阿（436）
临晋（273）	信都（179）	祝其（464）
临海（614）	信陵（532）	既阳（594）
临海郡（613）	泉州（214）	屋兰（307）
临烝（547）	泉陵（549）	费（470）
临淮国（479）	俊靡（215）	胥浦（653）
临淮郡（479）	律高（409）	险渎（226）
临淄（427）	须昌（120）	绛邑（73）
临颍（137）	俞元（417）	
临湖（591）	剑阁（353）	**十画**
临湘（542）	胜休（411）	
临渭（335）	朐（465）	泰山郡（125）
临渝（221）	朐䚡（369）	泰昌（531）
临澧（540）	饶安（190）	秦州（328）
显美（304）	饶阳（199）	秦昌（531）
显新（334）	将乐（618）	秦臧（417）

珠官（646）	桐庐（598）	高平（高平国）（118）
蚕陵（388）	枸邑（289）	高平（邵陵郡）（554）
盐官（597）	根宁（652）	高平国（115）
盐渎（479）	鬲（186）	高句丽（237）
都卢（282）	夏丘（462）	高兴郡（678）
都安（386）	夏阳（275）	高安（655）
都昌（430）	原乡（604）	高阳（198）
都罗（673）	原丰（619）	高阳国（197）
都庞（655）	原平（263）	高邮（481）
都浞（657）	原鹿（148）	高邑（175）
都唐（412）	鄢（356）	高陆（270）
都梁（553）	顿丘（98）	高苑（439）
都篯（412）	顿丘郡（97）	高昌（631）
壶关（253）	柴桑（557）	高城（191）
郜（501）	监利（502）	高要（671）
莱芜（129）	鄳（497）	高显（239）
莲芍（275）	钱唐（597）	高都（254）
莫阳（678）	乘氏（113）	高唐（183）
获嘉（83）	秣陵（576）	高凉（677）
晋平（晋平郡）（244）	候官（619）	高凉郡（677）
晋平（郁林郡）（674）	射阳（477）	高陵（560）
晋平郡（243）	鄄（381）	高密（447）
晋宁（556）	徒河（228）	效縠（314）
晋兴（魏兴郡）（524）	徐（482）	离石（256）
晋兴（鄱阳郡）（630）	徐无（215）	离狐（113）
晋安（620）	徐州（458）	唐（204）
晋安郡（618）	徐闻（645）	资中（385）
晋阳（248）	般（186）	凉州（297）
晋寿（352）	般阳（429）	旄牛（391）
晋昌（266）	胶东（北海国）（432）	阆中（363）
晋始（646）	胶东（济南郡）（436）	益（441）
真定（205）	郫（177）	益州（377）
桂阳（669）	郫阳（629）	益阳（546）
桂阳郡（554）	狼孟（249）	益都（441）
桂林郡（675）	留（459）	剡（608）
郴（554）	高山（481）	郯（463）

浦阳（657）
酒泉郡（309）
涉（88）
涅（254）
涅阳（512）
涫陶（261）
浩亹（300）
海平（649）
海宁（613）
海安（678）
海阳（220）
海昏（621）
海盐（596）
海冥（243）
海陵（478）
海虞（599）
浮阳（190）
浚仪（103）
宾徒（226）
容城（211）
朗陵（141）
诸（446）
诸暨（608）
冥安（315）
谈指（401）
谈槀（415）
剧（476）
陵阳（578）
牂柯郡（400）
烝阳（546）
逡遒（586）
骊靬（305）
绥阳（522）
驿马（310）

十一画

春陵（551）
琅邪国（468）
堵阳（510）
掖（449）
聊城（185）
著（438）
黄（450）
黄安（351）
黄阳（678）
黄金（348）
萍乡（561）
菅（439）
营浦（550）
营陵（474）
营道（551）
乾齐（316）
萧（158）
梿栋（407）
梧（460）
梓潼（349）
梓潼郡（349）
郾（137）
鄄城（110）
戚（468）
雩娄（169）
雩都（634）
堂阳（182）
堂邑（482）
堂狼（398）
常山郡（205）
常乐（654）
常安（667）
野王（84）

略阳（335）
略阳郡（334）
蛇丘（125）
鄂（559）
崞（261）
㟃（451）
铚（161）
铜鞮（254）
移风（654）
符（394）
符离（157）
偃师（59）
徙阳（390）
郐（202）
领方（675）
象林（659）
猗氏（79）
猛陵（672）
馆陶（91）
郔（607）
康乐（625）
章安（614）
章武（194）
章武国（193）
竟陵（497）
商（69）
旌阳（502）
旍阳（502）
望平（238）
望都（204）
望海（647）
望蔡（621）
盖（475）
㽵泠（650）
清水（335）
清河（200）

清河国（200）	博（126）	鲁阳（510）
清泉（92）	博平（185）	鲁国（161）
清渊（92）	博陆（197）	鲁郡（161）
凌（461）	博昌（440）	颍川郡（136）
涿（210）	博罗（664）	颍阴（137）
涿鹿（217）	博南（421）	敦煌（313）
淮阴（477）	博陵郡（198）	敦煌郡（312）
淮南郡（581）	博望（510）	逎（210）
淮浦（479）	揭阳（635）	遂久（408）
淮陵（481）	彭泽（624）	遂兴（632）
渊泉（315）	彭城（459）	遂安（612）
淳于（446）	彭城国（458）	遂昌（611）
涪（349）	揟次（303）	遂城（235）
涪城（349）	期思（167）	溧阳（541）
涪陵（360）	鄍（196）	湖（65）
涪陵郡（359）	葛阳（630）	湖陆（117）
淯阳（510）	莜人（262）	湖熟（576）
深泉（315）	朝那（281）	湘乡（545）
梁（59）	朝阳（522）	湘东郡（547）
梁父（127）	朝歌（81）	湘西（545）
梁州（343）	朝鲜（233）	湘南（545）
梁邹（442）	粟平（676）	温（86）
梁国（150）	粟邑（274）	温麻（620）
密（61）	棘阳（520）	涅（254）
尉氏（105）	棘城（227）	涅阳（512）
鄢（277）	雁门郡（260）	溇中（539）
随（519）	厥西（520）	富川（666）
绵竹（358）	犍为郡（382）	富平（284）
	筑阳（516）	富阳（598）
十二画	傅阳（460）	富春（598）
	皖（590）	富城（121）
越常（658）	舒（589）	谢沐（665）
越嶲郡（398）	番禾（305）	孱陵（535）
越巂郡（398）	番和（305）	缑氏（57）
提奚（242）	番禺（663）	编（499）
揟次（303）	鲁（161）	

十三画

鄟（607）
蓝田（270）
蓊（192）
蒯城（288）
蓟（212）
蒲子（73）
蒲池（346）
蒲阴（204）
蒲圻（544）
蒲坂（80）
蒲吾（207）
蒲沂（544）
蒙（151）
蒙阴（471）
楪榆（408）
槐里（286）
榆中（298）
榆次（249）
楼烦（263）
鄂（287）
零阳（539）
零陵（549）
零陵郡（549）
频阳（274）
虞（151）
睢阳（150）
睢陵（462）
蜀郡（380）
锡（525）
雉（509）
简阳（680）
微阳（529）
獂道（331）

解（79）
鹑觚（282）
新乡（315）
新丰（271）
新平（548）
新平郡（288）
新乐（189）
新市（204）
新宁（湘东郡）（549）
新宁（苍梧郡）（671）
新夷（665）
新汲（138）
新兴（332）
新兴郡（264）
新安（56）
新安郡（611）
新阳（334）
新吴（625）
新邑（674）
新昌（231）
新昌郡（650）
新罗（619）
新沓（429）
新郑（60）
新定（415）
新建（628）
新城（58）
新城郡（522）
新南城（627）
新泰（128）
新都（359）
新都国（357）
新都郡（357）
新息（139）
新野（518）
新康（546）

新淦（621）
新谕（560）
新渝（560）
新蔡（149）
雍（278）
雍乡（420）
雍丘（105）
雍奴（214）
雍州（268）
滇池（418）
溧阳（575）
慎（147）
慎阳（140）
福禄（309）
隔陵（138）

十四画

赘其（481）
嘉宁（651）
嘉兴（596）
蔡阳（519）
熙平（667）
蓼（169）
蓼城（441）
僰道（384）
酸枣（104）
镂方（235）
舞阳（襄城郡）（146）
舞阳（武陵郡）（538）
舞阴（511）
舆（478）
僮（463）
鄱阳（629）
鄱阳郡（628）
铜阳（148）

雒（358）
彰（331）
端氏（72）
端溪（671）
廎陶（178）
漆（289）
漯阴（438）
漯沃（188）
漏江（416）
漏卧（410）

十五画

谯（159）
谯国（158）
谯郡（158）
增城（664）
穀远（258）
穀昌（416）
穀城（河南郡）（59）
穀城（济北国）（124）
穀熟（152）
蕃（163）
蕲（160）
蕲春（166）
横阳（616）
樊（119）
嶲唐（420）
稽徐（649）
黎阳（魏郡）（97）
黎阳（新安郡）（613）
德阳（354）
滕休（411）
褒中（347）
褒信（149）
潭中（676）

潘（217）
潘旌（481）
豫宁（622）
豫州（135）
豫章（622）
豫章郡（620）
缯（469）

十六画

燕（111）
燕国（211）
薛（164）
辽阳（259）
冀（333）
冀州（174）
黔陬（448）
衡山（546）
衡阳（546）
衡阳郡（545）
歙（613）
廪丘（109）
嬴陵（647）
嬴（126）
濩泽（74）
潞（燕国）（213）
潞（上党郡）（252）
澧阳（541）
隰阴（438）
隰城（256）

十七画

鄾（508）
黔阳（537）
黝（612）

镡成（537）
镡封（411）
镡城（537）
魏（95）
魏兴郡（523）
魏昌（203）
魏郡（94）
繁（381）
繁阳（98）
繁昌（144）
繁畤（263）
襄平（229）
襄安（591）
襄阳（506）
襄阳郡（504）
襄邑（106）
襄武（329）
襄国（88）
襄垣（254）
襄城（144）
襄城郡（144）
襄贲（465）
襄陵（73）
麋泠（650）
濮阳（108）
濮阳国（106）

十八画

�唐（420）
黟（612）
酂（谯国）（159）
酂（南乡郡）（514）
罋（403）

十九画以上

酆（547）
醴陵（543）
犨（510）
嬴陵（647）
霸城（270）
赣（633）
赣榆（466）
灞（590）
灌阳（142）
蠡吾（198）
穰（518）

地名音序索引

A

阿林（674）
哀牢（420）
艾（625）
安昌（520）
安成（140）
安成郡（560）
安次（212）
安德（185）
安定（649）
安定郡（280）
安丰（169）
安丰郡（168）
安风（168）
安复（561）
安富（528）
安固（616）
安广（675）
安国（199）
安汉（366）
安吉（603）
安康（524）
安乐（213）
安陆（495）
安弥（310）
安宁（677）
安平（198）
安平国（178）
安浦（627）

安丘（474）
安始（674）
安市（230）
安吴（579）
安武（653）
安喜（204）
安阳（96）
安夷（302）
安邑（76）
安远（675）

B

巴东郡（367）
巴郡（361）
巴陵（544）
巴丘（631）
巴西郡（363）
霸城（270）
白马（110）
白水（353）
白土（299）
柏人（176）
般（186）
般阳（429）
襃信（149）
襃中（347）
阜水（399）
北带（649）
北地郡（283）
北海国（430）

北井（530）
北平（205）
北平郡（214）
北屈（75）
北巫（528）
北新城（198）
北宜春（140）
贝丘（201）
贲古（411）
比景（661）
比苏（420）
比阳（511）
鱉（403）
编（499）
卞（162）
便（555）
表氏（311）
宾徒（226）
并渠（402）
并州（247）
勃海郡（190）
博（126）
博昌（440）
博陵郡（198）
博陆（197）
博罗（664）
博南（421）
博平（185）
博望（510）
僰道（384）
不其（453）

不韦（419）
布山（674）

C

蔡阳（519）
蚕陵（388）
仓松（304）
苍梧郡（670）
苍溪（364）
茶陵（547）
柴桑（557）
孱陵（535）
昌安（448）
昌国（429）
昌黎（225）
昌黎郡（224）
昌虑（467）
昌平（燕国）（212）
昌平（宁浦郡）（680）
昌蒲（313）
昌魏（522）
昌邑（116）
长安（京兆郡）（269）
长安（桂林郡）（677）
长岑（242）
长城（604）
长广（453）
长广郡（452）
长乐（95）
长利（525）
长宁（301）
长平（颍川郡）（138）
长平（梁国）（153）
长沙郡（542）
长山（609）

长社（136）
长乡（210）
长垣（105）
长子（253）
常安（667）
常乐（654）
常山郡（205）
朝歌（81）
朝那（281）
朝鲜（233）
朝阳（522）
郴（554）
辰阳（539）
陈（152）
陈仓（279）
陈留国（102）
成德（582）
成都（380）
成皋（56）
成固（347）
成纪（334）
成平（197）
成武（114）
承（467）
城父（159）
城阳（115）
城阳郡（444）
乘氏（113）
池阳（276）
茌平（184）
斥丘（96）
斥漳（90）
充（540）
舂陵（551）
犨（510）
春榖（580）

朐䏰（369）
淳于（446）
鹑觚（282）
存邹（415）
存䮷（415）

D

大陵（250）
大阳（78）
代（218）
代郡（217）
軑（166）
带方（240）
带方郡（239）
丹水（515）
丹徒（593）
丹杨（573）
丹杨郡（570）
当城（219）
当利（450）
当涂（587）
当阳（500）
宕渠（365）
荡昌（645）
荡阴（96）
德阳（354）
邓（519）
邓城（507）
狄道（330）
滇池（418）
垫江（361）
丁溜（673）
定安（649）
定陵（145）
定陶（113）

定襄（265）	都浈（657）	肥乡（90）
定阳（611）	毒质（645）	费（470）
定颖（142）	堵阳（510）	汾阳（78）
定苲（399）	杜城（269）	汾邑（289）
东阿（124）	杜陵（269）	汾阴（78）
东安（471）	端氏（72）	丰（156）
东安陵（191）	端溪（671）	丰安（610）
东安平（428）	敦煌（313）	丰城（豫章郡）（625）
东昌（632）	敦煌郡（312）	丰城（苍梧郡）（672）
东朝阳（443）	顿丘（98）	封丘（104）
东城（588）	顿丘郡（97）	封山（651）
东莞（473）		封溪（653）
东莞郡（472）	**E**	封阳（666）
东光（190）		冯乘（665）
东海郡（463）	鄂（559）	冯翊郡（272）
东莱国（449）		奉高（125）
东平（617）	**F**	夫夷（553）
东平国（120）		扶安（653）
东平陵（437）	发干（92）	扶风国（276）
东平陆（121）	番禾（305）	扶风郡（276）
东平舒（194）	番和（305）	扶沟（106）
东迁（603）	蕃（163）	扶乐（655）
东武（446）	樊（119）	扶苓（657）
东武城（201）	繁（381）	扶柳（181）
东武阳（93）	繁昌（144）	浮阳（190）
东兴（627）	繁阳（98）	符（394）
东阳（480）	繁畤（263）	符离（157）
东阳郡（609）	汎阳（516）	涪（349）
都安（386）	范（121）	涪城（349）
都昌（430）	范阳（211）	涪陵（360）
都梁（553）	范阳国（209）	涪陵郡（359）
都卢（282）	方城（210）	福禄（309）
都罗（673）	方与（117）	父城（146）
都庞（655）	房陵（522）	阜城（193）
都唐（412）	房子（174）	阜陵（585）
都篑（412）	肥如（220）	傅阳（460）

富城（121）	葛阳（630）	广牧（265）
富川（666）	根宁（652）	广年（90）
富春（598）	公丘（164）	广宁郡（216）
富平（284）	共（82）	广平（87）
富阳（598）	巩（55）	广平郡（86）
	苟扇（647）	广戚（459）
G	缑氏（57）	广饶（428）
	句章（606）	广柔（388）
盖（475）	姑复（407）	广谈（403）
赣（633）	姑幕（445）	广武（261）
赣榆（466）	姑臧（302）	广信（671）
刚平（122）	穀昌（416）	广兴（561）
高安（655）	穀城（河南郡）（59）	广阳（燕国）（213）
高昌（631）	穀城（济北国）（124）	广阳（汶山郡）（387）
高城（191）	穀熟（152）	广至（314）
高都（254）	穀远（258）	广州（663）
高句丽（237）	固始（148）	广宗（181）
高凉（677）	故安（211）	桂林郡（675）
高凉郡（677）	故道（338）	桂阳（669）
高陵（560）	故鄣（603）	桂阳郡（554）
高陆（270）	观津（180）	崞（261）
高密（447）	观阳（550）	
高平（高平国）（118）	官陵（560）	**H**
高平（邵陵郡）（554）	馆陶（91）	
高平国（115）	冠军（512）	海安（678）
高山（481）	广（476）	海昏（621）
高唐（183）	广昌（218）	海陵（478）
高显（239）	广川（192）	海冥（243）
高兴郡（678）	广德（580）	海宁（613）
高阳（198）	广都（380）	海平（649）
高阳国（197）	广汉（354）	海盐（596）
高要（671）	广汉郡（353）	海阳（220）
高邑（175）	广化（678）	海虞（599）
高邮（481）	广晋（628）	邯郸（87）
高苑（439）	广陵（478）	含洭（669）
鬲（186）	广陵郡（477）	含资（242）

汉安（394）	虹（158）	汲郡（81）
汉昌（365）	厚丘（466）	即墨（北海国）（432）
汉德（352）	候官（619）	即墨（济南郡）（436）
汉丰（370）	狐𧧄（73）	即丘（470）
汉复（360）	狐奴（214）	棘城（227）
汉葭（360）	壶关（253）	棘阳（520）
汉嘉（389）	湖（65）	己氏（114）
汉嘉郡（389）	湖陆（117）	济北国（122）
汉平（360）	湖熟（576）	济南郡（433）
汉寿（537）	鄂（287）	济阳（104）
汉兴（412）	濩泽（74）	济阴郡（111）
汉阳（397）	华（470）	既阳（594）
汉中郡（345）	华容（500）	蓟（212）
浩亹（300）	华阴（67）	冀（333）
合肥（586）	化平（678）	冀州（174）
合浦（645）	怀（84）	嘉宁（651）
合浦郡（644）	怀安（581）	嘉兴（596）
合乡（467）	淮陵（481）	夹阳（676）
河北（81）	淮南郡（581）	郏（145）
河池（337）	淮浦（479）	监利（502）
河东郡（76）	淮阴（477）	菅（439）
河关（330）	槐里（286）	犍为郡（382）
河间国（195）	黄（450）	简阳（680）
河南（54）	黄安（351）	建安（617）
河南郡（50）	黄金（348）	建安郡（616）
河内郡（83）	黄阳（678）	建昌（622）
河阳（85）	会水（310）	建成（621）
河阴（55）	会无（399）	建城（621）
郃阳（275）	浑弥（235）	建初（654）
佷山（534）	获嘉（83）	建德（599）
横阳（616）		建陵（671）
衡山（546）	**J**	建宁（543）
衡阳（546）		建宁郡（413）
衡阳郡（545）	吉阳（632）	建平郡（529）
弘农（65）	稽徐（649）	建始（532）
弘农郡（64）	汲（81）	建兴（553）

建阳（617）	晋始（646）	厥西（520）
建邺（570）	晋寿（352）	军安（655）
剑阁（353）	晋兴（魏兴郡）（524）	军都（213）
江安（536）	晋兴（鄱阳郡）（630）	军腾（677）
江乘（576）	晋阳（248）	俊靡（215）
江都（479）	京（61）	浚仪（103）
江陵（498）	京陵（251）	筰人（262）
江宁（572）	京兆郡（269）	
江夏郡（494）	泾（580）	**K**
江阳（392）	经（181）	
江阳郡（391）	荆州（492）	开封（64）
江原（381）	旌阳（502）	开阳（468）
江州（361）	旍阳（502）	康乐（625）
将乐（618）	井陉（206）	亢父（119）
绛邑（73）	竟陵（497）	苦（154）
交兴（649）	九德（656）	蒯城（288）
交阯郡（646）	九德郡（655）	会稽郡（605）
交趾郡（646）	九门（207）	昆阳（146）
交州（642）	九原（264）	昆泽（414）
胶东（北海国）（432）	九真郡（653）	
胶东（济南郡）（436）	酒泉郡（309）	**L**
揭阳（635）	居巢（591）	
介休（257）	居就（230）	莱芜（129）
金城（299）	居延（316）	兰池（309）
金城郡（297）	居庸（216）	兰陵（466）
金乡（117）	沮（337）	蓝田（270）
津梧（654）	沮阳（216）	狼孟（249）
进乘（412）	莒（445）	阆中（363）
进山（652）	句容（576）	琅邪国（468）
晋安（620）	句阳（113）	朗陵（141）
晋安郡（618）	钜鹿（178）	辽阳（259）
晋昌（266）	钜鹿国（177）	乐安（629）
晋宁（556）	钜平（130）	乐安国（439）
晋平（晋平郡）（244）	钜野（116）	乐城（196）
晋平（郁林郡）（674）	剧（476）	乐浪（310）
晋平郡（243）	鄄城（110）	乐就（230）

乐陵（189）	梁州（343）	临湘（542）
乐陵国（187）	梁邹（442）	临沂（469）
乐平（阳平郡）（93）	辽东国（228）	临邑（123）
乐平（乐平郡）（260）	辽西郡（219）	临颍（137）
乐平郡（258）	聊城（185）	临渝（221）
蠃陵（647）	蓼（169）	临沅（536）
耒阳（555）	蓼城（441）	临允（672）
离狐（113）	列口（240）	临泽（307）
离石（256）	列人（89）	临悉（547）
骊靬（305）	林虑（82）	临淄（427）
黎阳（魏郡）（97）	临安（601）	廪丘（109）
黎阳（新安郡）（613）	临城（579）	灵（202）
蠡吾（198）	临川郡（626）	灵关（391）
澧阳（541）	临汾（74）	灵寿（207）
醴陵（543）	临海（614）	灵武（285）
力城（232）	临海郡（613）	灵州（285）
历城（437）	临贺（665）	泠道（551）
历陵（629）	临贺郡（665）	泠丘（418）
历阳（584）	临湖（591）	陵阳（578）
利（441）	临淮国（479）	淩（461）
利城（465）	临淮郡（479）	零陵（549）
利阳（548）	临济（440）	零陵郡（549）
荔浦（667）	临江（362）	零阳（539）
郦（512）	临晋（273）	鄑（547）
溧阳（575）	临泾（281）	领方（675）
连道（衡阳郡）（546）	临沮（505）	令支（221）
连道（宁浦郡）（680）	临澧（540）	刘阳（543）
连然（417）	临羌（301）	浏阳（543）
莲芍（275）	临邛（381）	留（459）
蠃陵（647）	临朐（475）	龙编（647）
良城（462）	临汝（626）	龙城（227）
良乡（210）	临水（90）	龙川（664）
凉州（297）	临洮（329）	龙刚（676）
梁（59）	临渭（335）	龙亢（160）
梁父（127）	临武（555）	龙勒（313）
梁国（150）	临西（651）	龙舒（592）

地名音序索引　　719

龙阳（536）
陇西国（328）
陇西郡（328）
栌栋（407）
娄（599）
溇中（539）
楼烦（263）
镂方（235）
漏江（416）
漏卧（410）
卢（123）
卢奴（203）
卢容（660）
卢氏（70）
卢乡（450）
庐江郡（589）
庐陵郡（630）
鲁（161）
鲁国（161）
鲁郡（161）
鲁阳（510）
陆浑（58）
六（592）
潞（燕国）（213）
潞（上党郡）（252）
罗（543）
罗江（620）
雒（358）
漯沃（188）
漯阴（438）
吕（460）
律高（409）
略阳（335）
略阳郡（334）

M

马邑（263）
旄牛（391）
鄚（196）
鄳（607）
鄤（277）
美阳（280）
蒙（151）
蒙阴（471）
鄸（497）
猛陵（672）
艼泠（650）
麋泠（650）
密（61）
绵竹（358）
沔阳（347）
黾池（67）
冥安（315）
莫阳（678）
秣陵（576）
牟（130）
牟平（451）
母单（415）
牧麻（416）

N

南安（犍为郡）（384）
南安（南平郡）（535）
南安郡（331）
南安阳（139）
南昌（620）
南城（泰山郡）（126）
南城（临川郡）（627）

南充国（365）
南定（649）
南顿（142）
南丰（627）
南涪（420）
南宫（182）
南广（397）
南海郡（663）
南行唐（207）
南和（89）
南郡（498）
南康（634）
南康郡（633）
南陵（657）
南皮（190）
南平（桂阳郡）（556）
南平（合浦郡）（645）
南平郡（534）
南平阳（118）
南浦（370）
南秦（398）
南深泽（199）
南武阳（129）
南乡（514）
南乡郡（512）
南新（241）
南新市（498）
南阳国（508）
南野（631）
南郑（346）
内黄（97）
泥阳（284）
涅（254）
涅阳（512）
湼（254）
湼阳（512）

宁都（635）
宁国（581）
宁海（615）
宁陵（151）
宁浦（679）
宁浦郡（679）
宁新（671）
宁夷（655）
宁州（406）
牛鞞（385）
农城（672）

P

潘（217）
潘旌（481）
番禺（663）
沛（156）
沛国（155）
彭城（459）
彭城国（458）
彭泽（624）
皮氏（75）
毗陵（594）
毗陵郡（592）
郫（381）
频阳（274）
平阿（584）
平昌（448）
平城（262）
平春（496）
平道（650）
平都（560）
平恩（91）
平皋（85）
平固（634）

平广（340）
平棘（175）
平康（388）
平乐（667）
平林（521）
平山（680）
平氏（521）
平寿（北海国）（431）
平寿（济南郡）（436）
平舒（218）
平陶（250）
平武（340）
平乡（176）
平襄（335）
平阳（70）
平阳郡（70）
平夷（牂柯郡）（403）
平夷（南海郡）（665）
平舆（141）
平原（183）
平原国（183）
平州（224）
平州（巴西郡）（366）
萍乡（561）
鄱阳（629）
鄱阳郡（628）
蒲坂（80）
蒲池（346）
蒲圻（544）
蒲吾（207）
蒲沂（544）
蒲阴（204）
蒲子（73）
濮阳（108）
濮阳国（106）
浦阳（657）

Q

郪（356）
戚（468）
期思（167）
漆（289）
齐国（425）
祁（250）
祁阳（549）
岐惬（364）
蕲（160）
蕲春（166）
邵（506）
迁陵（538）
汧（279）
钱唐（597）
乾齐（316）
黔陬（448）
黚阳（537）
灊（590）
谯（159）
谯国（158）
谯郡（158）
郯（177）
郯阳（629）
且兰（401）
秦昌（531）
秦臧（417）
秦州（328）
沁水（85）
青蛉（407）
青州（425）
清河（200）
清河国（200）
清泉（92）

地名音序索引　721

清水（335）
清渊（92）
邛都（399）
逎（210）
朐（465）
句町（410）
灈阳（142）
曲阿（593）
曲成（450）
曲城（450）
曲江（668）
曲梁（89）
曲陵（496）
曲胥（657）
曲易（649）
取虑（463）
卷（62）
全椒（584）
泉陵（549）
泉州（214）
逡遒（586）

R

穰（518）
饶安（190）
饶阳（199）
任（89）
任城（119）
任城国（119）
日勒（307）
日南郡（658）
容城（211）
汝南国（139）
汝南郡（139）
汝阳（143）

汝阴（147）
汝阴郡（147）
鄏（501）

S

沙渠（533）
沙头（311）
沙羡（558）
沙阳（559）
山茌（128）
山都（507）
山桑（160）
山阳（86）
山阴（605）
删丹（308）
单父（114）
剡（608）
陕（66）
商（69）
上艾（259）
上蔡（141）
上党郡（252）
上谷郡（216）
上邽（332）
上黄（508）
上廉（528）
上禄（338）
上洛（69）
上洛郡（68）
上曲阳（206）
上饶（630）
上庸（527）
上庸郡（526）
上虞（606）
邵陵（颍川郡）（137）

邵陵（邵陵郡）（552）
邵陵郡（552）
邵武（618）
邵阳（553）
蛇丘（125）
射阳（477）
涉（88）
歙（613）
深泉（315）
什方（358）
慎（147）
慎阳（140）
升迁（386）
胜休（411）
石城（579）
石首（504）
石阳（631）
石邑（206）
始安（667）
始安郡（666）
始昌（333）
始定（680）
始丰（614）
始建（674）
始宁（607）
始平（286）
始平郡（285）
始新（611）
始兴（669）
始兴郡（668）
始阳（667）
首阳（329）
寿昌（599）
寿春（582）
寿光（443）
寿泠（661）

寿阳（259）
寿张（120）
受阳（259）
鄃（202）
舒（589）
蜀郡（380）
朔州（195）
双柏（417）
顺阳（514）
顺阳郡（512）
司吾（482）
司州（49）
思平（678）
四会（664）
驷望（236）
松阳（615）
松原（655）
松滋（安丰郡）（169）
松滋（南郡）（503）
宋（149）
苏祁（400）
粟平（676）
粟邑（274）
酸枣（104）
睢陵（462）
睢阳（150）
绥阳（522）
随（519）
遂安（612）
遂昌（611）
遂城（235）
遂久（408）
遂兴（632）

T

台登（399）
太末（610）
太原国（247）
泰昌（531）
泰山郡（125）
郯（463）
谈稾（415）
谈指（401）
潭中（676）
镡成（537）
镡城（537）
镡封（411）
唐（204）
堂狼（398）
堂阳（182）
堂邑（482）
洮阳（550）
滕休（411）
提奚（242）
天门郡（539）
天水郡（332）
葙（192）
挺（453）
同安（619）
同濑（416）
同乐（418）
桐庐（598）
铜鞮（254）
僮（463）
铜阳（148）
徒河（228）
土垠（215）
屯留（252）

屯有（234）

W

外黄（106）
宛（509）
宛句（114）
宛陵（577）
宛平（619）
宛温（410）
皖（590）
万安（351）
万年（271）
万宁（361）
万寿（400）
万岁（308）
洼陶（261）
望蔡（621）
望都（204）
望海（647）
望平（238）
微阳（529）
卫（98）
味（414）
魏（95）
魏昌（203）
魏郡（94）
魏兴郡（523）
温（86）
温麻（620）
文安（194）
闻喜（76）
汶（229）
汶山（386）
汶山郡（385）
汶阳（162）

乌程（601）	武都郡（336）	西鄂（509）
乌江（588）	武丰（676）	西丰（626）
乌伤（609）	武功（287）	西海郡（316）
乌氏（282）	武进（594）	西河国（255）
邬（251）	武康（602）	西卷（660）
巫（530）	武连（350）	西郡（307）
屋兰（307）	武陵（528）	西陵（167）
无劳（661）	武陵郡（536）	西宁（628）
无锡（595）	武宁（交阯郡）（648）	西平（汝南国）（143）
无盐（121）	武宁（武平郡）（652）	西平（高兴郡）（679）
无终（215）	武平（154）	西平昌（185）
毋单（415）	武平郡（652）	西平郡（300）
毋掇（410）	武遂（180）	西曲阳（583）
毋敛（402）	武威郡（302）	西随（413）
毋椷（410）	武熙（675）	西乡（348）
芜湖（574）	武乡（255）	西阳（165）
吴（595）	武兴（652）	西于（648）
吴安（680）	武阳（382）	析（516）
吴昌（543）	武邑（180）	锡（525）
吴定（651）	武垣（196）	熙平（667）
吴房（143）	武原（460）	嶲唐（420）
吴郡（595）	舞阳（襄城郡）（146）	巂唐（420）
吴宁（610）	舞阳（武陵郡）（538）	隰城（256）
吴平（622）	舞阴（511）	隰阴（438）
吴兴（617）		徙阳（390）
吴兴郡（600）	**X**	下辩（337）
梧（460）		下博（180）
五城（355）	西安（齐国）（428）	下蔡（583）
武安（88）	西安（九德郡）（658）	下邳（273）
武昌（557）	西安平（231）	下隽（542）
武昌郡（556）	西昌（631）	下巂（542）
武城（苍梧郡）（673）	西城（524）	下洛（217）
武城（桂林郡）（677）	西充国（364）	下密（北海国）（431）
武当（515）	西川（283）	下密（济南郡）（436）
武定（652）	西道（651）	下邳（461）
武都（338）	西都（301）	下邳国（461）

下曲阳 (176)	谢沐 (665)	新邑 (674)
下相 (482)	溧阳 (541)	新渝 (560)
下邑 (151)	新安 (56)	新谕 (560)
夏丘 (462)	新安郡 (611)	新郑 (60)
夏阳 (275)	新蔡 (149)	信安 (610)
仙提 (308)	新昌 (231)	信都 (179)
咸骊 (656)	新昌郡 (650)	信陵 (532)
崏 (451)	新城 (58)	驿马 (310)
显美 (304)	新城郡 (522)	荥阳 (61)
显新 (334)	新定 (415)	荥阳郡 (60)
险渎 (226)	新都 (359)	兴安 (666)
相 (155)	新都郡 (357)	兴道 (汉中郡) (348)
湘东郡 (547)	新都国 (357)	兴道 (宁浦郡) (680)
湘南 (545)	新丰 (271)	兴古郡 (409)
湘西 (545)	新淦 (621)	兴晋 (524)
湘乡 (545)	新汲 (138)	兴乐 (387)
襄安 (591)	新建 (628)	兴平 (632)
襄贲 (465)	新康 (546)	兴山 (532)
襄城 (144)	新乐 (189)	修武 (83)
襄城郡 (144)	新罗 (619)	修云 (418)
襄国 (88)	新南城 (627)	盱眙 (480)
襄陵 (73)	新宁 (湘东郡) (549)	须昌 (120)
襄平 (229)	新宁 (苍梧郡) (671)	胥浦 (653)
襄武 (329)	新平 (548)	揟次 (303)
襄阳 (506)	新平郡 (288)	徐 (482)
襄阳郡 (504)	新市 (204)	徐闻 (645)
襄邑 (106)	新沓 (429)	徐无 (215)
襄垣 (254)	新泰 (128)	徐州 (458)
项 (153)	新吴 (625)	许昌 (136)
象林 (659)	新息 (139)	宣城 (578)
萧 (158)	新乡 (315)	宣城郡 (577)
洨 (157)	新兴 (332)	宣威 (303)
小黄 (103)	新兴郡 (264)	玄菟郡 (236)
效毂 (314)	新阳 (334)	泫氏 (253)
解 (79)	新野 (518)	薛 (164)
邪龙 (407)	新夷 (665)	寻阳 (591)

洵阳（526）
枸邑（289）

Y

延陵（594）
延平（618）
延寿（311）
严道（390）
盐渎（479）
盐官（597）
兖州（102）
隰陵（138）
郾（137）
偃师（59）
厌次（187）
雁门郡（260）
燕（111）
燕国（211）
扬州（568）
羊平（676）
阳安（141）
阳城（57）
阳都（469）
阳丰（633）
阳关（313）
阳乐（219）
阳平（93）
阳平郡（91）
阳曲（248）
阳泉（广汉郡）（357）
阳泉（庐江郡）（589）
阳山（670）
阳遂（657）
阳武（62）
阳夏（154）

阳羡（604）
阳新（558）
阳信（188）
阳邑（250）
阳翟（59）
杨（71）
钖（525）
掖（449）
野王（84）
叶（511）
邺（94）
夜郎（402）
楪榆（408）
伊吾（315）
猗氏（79）
揖次（303）
黟（612）
夷安（449）
夷道（534）
夷陵（533）
沶乡（523）
宜城（505）
宜春（560）
宜都郡（533）
宜丰（626）
宜禾（314）
宜黄（627）
宜阳（弘农郡）（67）
宜阳（安成郡）（560）
移风（654）
弋居（285）
弋阳（168）
弋阳郡（165）
义城（583）
义阳（521）
义阳国（517）

义阳郡（517）
易城（196）
易阳（87）
绎幕（201）
益（441）
益都（441）
益阳（546）
益州（377）
阴（516）
阴安（98）
阴般（271）
阴馆（263）
阴陵（587）
阴密（283）
阴平（339）
阴平郡（338）
阴山（548）
鄞（607）
营道（551）
营陵（474）
营浦（550）
嬴（126）
颍川郡（136）
颍阴（137）
廮陶（178）
应阳（552）
雍（278）
雍奴（214）
雍丘（105）
雍乡（420）
雍州（268）
鄘（508）
永安（72）
永昌（550）
永昌郡（419）
永成（627）

永丰（668）
永康（609）
永宁（云南郡）（408）
永宁（临海郡）（614）
永平（306）
永世（575）
永寿（419）
永新（561）
永兴（608）
永修（622）
攸（542）
幽州（209）
酁（508）
酉阳（537）
黝（612）
於陵（437）
於潜（603）
于湖（574）
于离（249）
余汗（629）
余杭（602）
余姚（606）
盂（249）
鱼复（367）
俞元（417）
雩都（634）
雩娄（169）
榆次（249）
榆中（298）
虞（151）
舆（478）
玉门（311）
郁林郡（673）
郁平（674）
尉氏（105）
淯阳（510）

豫宁（622）
豫章（622）
豫章郡（620）
豫州（135）
渊泉（315）
元城（91）
元氏（175）
元溪（672）
沅陵（537）
沅南（538）
垣（77）
原丰（619）
原鹿（148）
原平（263）
原乡（604）
猿道（331）
苑陵（63）
越常（658）
越嶲郡（398）
越巂郡（398）
乐浪郡（232）
云杜（496）
云南（407）
云南郡（406）
云平（406）
云中（265）
允街（298）

Z

鄭（谯国）（159）
鄭（南乡郡）（514）
牂柯郡（400）
枣强（182）
增城（664）
缯（469）

溧阳（541）
沾（258）
张掖郡（305）
章安（614）
章武（194）
章武国（193）
彰（331）
赵国（174）
浈阳（669）
真定（205）
烝阳（546）
郑（272）
枝江（501）
枳（362）
轵（85）
雉（509）
铚（161）
中都（251）
中庐（505）
中牟（63）
中丘（175）
中山国（203）
中水（197）
中陶（332）
中宿（670）
中阳（257）
钟离（585）
钟陵（626）
重安（545）
重合（191）
重泉（274）
州（84）
州陵（502）
朱卢（646）
朱提（397）
朱提郡（396）

朱吾（660）	杼秋（157）	涿鹿（217）
朱虚（473）	祝阿（436）	资中（385）
朱鸢（648）	祝其（464）	秭归（532）
邾（167）	著（438）	梓潼（349）
珠官（646）	筑阳（516）	梓潼郡（349）
诸（446）	壮武（447）	邹（162）
诸暨（608）	赘其（481）	邹平（438）
竹邑（156）	涿（210）	作唐（535）
竺邑（156）		

后　记

　　2005年暮春的一天，邹逸麟先生问我，有没有兴趣帮他一起整理《晋书地理志汇释》，他要参加《清史·地理志》的编纂工作，实在抽不出时间。我当时以为只是简单的文字输入，就答应了下来。过了几天，邹先生把中华书局点校本《晋书·地理志》、吴士鉴撰《晋书斠注》（复旦大学图书馆藏吴兴刘氏嘉业堂1928年刊本）复印本给我，同时给我的还有他在中华书局点校本基础上进行的部分汇释和点校的书稿电子文档。不久，我就开始按照复印本上邹先生做的标点体例把《晋书斠注》录入《汇释》。后来，邹先生又把国家图书馆藏马与龙撰《晋书地理志注》（《二十四史订补》影印1932年湘鄂印刷公司铅印本）复印本交给我，这两部书成为《汇释》的主要部分。邹先生一再强调，对于前人的成果要充分尊重。后来我又陆续将《二十四史补编》《二十五史补订》《二十五史三编》中直接与《晋书·地理志》相关的部分大致按照著述以及出版时间前后排列录入。

　　做了一段时间才发现，古籍整理是个很艰苦的工作，必须要严格细致，反复检查。我的工作进度比较慢，一方面复印本文字不够清楚，辨识起来有难度；二是我对文献不够熟悉，文字录入也比较慢；第三是文献中不清楚的部分需要重新核对原文，这些都影响了进度。加之我在史地所"中国历史地理信息系统"项目组工作，承担清末县及县级以下小地名的定点、录入和县级政区边界初稿的绘制等科研辅助工作，只能利用业余时间来做《汇释》。在整理的初始阶段，电子资源还很不丰富，检索不便，所利用的资料基本是纸本图书，其间仔细参考了"中华再造善本"影印的周叔弢旧藏小字宋本《晋书》，对《地理志》部分进行了核对，补充了一点"中华校"未收部分。直到2010年秋，才基本完成全书，所收的今人著述也仅止于2010年上半年。在整理过程中，我随时向邹先生请教，最后将全部正文整理好，又交给邹逸麟先生审阅。邹先生提出一些修改意见，对于不易处理的问题也提出了相应的建议，基本都采纳了。

　　在汇释过程中，我也发现一些问题，比如县下有注"侯国""公国"，也有注"侯国相""公国相"，这些之间有什么区别？《晋志》各个部分内容，是不是有统一的断限？2003年湖南郴州出土苏仙桥晋简，其中桂阳郡的档案对于研究晋县级及县级以下政区和交通等地理问题提供了珍贵的资料，待全部公布后可以深入探讨。另外不少西晋时期县治的今地目前仍不可考，这些问题都不是在短时间内能解决的，只好寄希望在以后的研究中深入探究。

　　整个编纂过程中对于《汇释》收录内容的取舍我这里需要做点补充说明。"中华校"是全文录入，《晋书斠注》也基本全文录入，删除的是和"中华校"完全重复的内容，《晋书地理志注》录的基本是前两种书不重复的部分。但是特别要指出，因为各家注本在正文不同位置注出各自研究内容，有的是随文注出，有的是在县后统一注出,考虑到尊重原文,不宜大搬家,就只按照原注所处位置录入相应正文下,不做调整。这样可能在阅读上会有一些杂乱。另外对于一些注文虽然重复,但是删除又会影响后续评述部分的理解,就没有删除。对于注文中涉及其他中华书局点校本正史的"中华校",我也基本全部录入,比如注文中《宋书·州郡志》的"中华校"部分等等。

这本《汇释》我想达到的效果是希望能把目前所发现的直接与《晋书·地理志》相关的考证的论著、论文、考古资料等尽量多的收罗齐备。对于今地的注,也尽量将有确切考证的地点注细,而对于诸家之说不能判断取舍者,则依次列出,供读者参考。这样做有一定风险,注得越细致,错误也就会越多,但是考虑到现在论及今地的著作都比较详细,还是尽量能细的就细一点。其中错误敬请广大读者批评指正。

对于一些实在搞不清楚的县治,我查阅了本所保存的编绘《中国历史地图集》的部分未刊释文,做了少量摘录;还参考了"中国历史地理信息系统"的部分考证释文。另外,还摘录了两条谭其骧先生在《晋书地理志新补正》上所做的眉批,蒙周启锐先生同意,摘录了周一良先生《晋书》批校本的几条内容。这些内容都在正文和参考书目中注明了出处,如果读者需要转引,请注明这部分内容的原始出处及相关机构和版权继承人的版权所有。

安徽教育出版社先后出版的周振鹤先生《汉书地理志汇释》、钱林书先生《续汉书郡国志汇释》和胡阿祥先生《宋书州郡志汇释》,都给我很大帮助,不仅参考学习其体例,遇到问题还可以借鉴他们的处理办法,更重要的是还可以核对这三部书的内容及引文,大大加深了我对两汉到南朝宋的正史地理志及其注文的熟悉。

在此书阶段性完成时,我首先想把这本书献给周一良先生,是他的魏晋南北朝史研究的著述,引起我对这段历史的兴趣。他生前对我的关怀永存心间。今年是先生逝世十周年,随着岁月的流逝,他的学术研究愈发为后来学人所珍视,我也深切地怀念他。我也把这本书献给已过耄耋之年的祖父和祖母,他们培养我,教育我。感谢我的父母、岳父母、妻子和胞妹以及全家人对我多年的关心和支持,没有他们的理解和支撑,我也不能过这样"穷快活"的日子。还要感谢北京大学吴小如先生、祝总斌先生,复旦大学张修桂先生、王文楚先生、葛剑雄先生、王亮先生、季忠平先生、邹怡先生、郭永秉先生、徐冲先生,香港中文大学卜永坚先生,中山大学谢湜先生,扬州大学孔祥军先生等人给予我的直接督促、指导和帮助。他们或提出意见建议,或复制资料和惠赠论文。也感谢本所满志敏先生、朱毅先生、傅林祥先生、陈伟庆女士和孙涛先生的帮助。还有一些师友也要致以深深谢意,这里就不一一列出了。我很感激能在复旦大学历史地理研究中心这样一个学术氛围浓厚的地方工作和学习,得到了身边师长们、友人们和同学们的热情支持与无私帮助。我希望能通过自己的工作,为这个集体增光。

我对于古籍整理训练不够,对魏晋南北朝史的研究心得无多,所以书中肯定会有些问题,比如体例编排、内容裁剪、标点符号、文字输入等方面。希望读者不吝赐教,力争将来能再修订增补。

也很感谢安徽教育出版社为学术积累所做的贡献，感谢责任编辑张利先生和特约编辑彭克明先生的严格和细致，他们给我订正了错误，给这本书做了严格的把关。

最后我想真诚地感谢邹逸麟先生，是他给我这样一个学习的机会，让我多读点书，学一点东西，不要荒废时光。

孟刚谨记

2011 年 4 月 2 日

2011 年 10 月 23 日一校时修订

2012 年 5 月 18 日收到张利先生寄来的二校清样，断断续续到 9 月 4 日看完，第一遍是核对一校的修改稿，把二校清样没有改过来的再改正，第二遍是重新核对了今地，第三遍是从头到尾看一遍，修改了二三十处明显的错误。另外也补充了 2011 年 10 月一校后又出现的关于《晋书·地理志》的重要研究文章，补充了《文物地图集》宁夏、甘肃和重庆三分册中关于汉晋故城的考古记录。但是也有遗憾，有两种书应该辑入，一是唐雯著《晏殊〈类要〉研究》中几条转引的《晋地志》的部分，因为需要核查原书，没有敢贸然录入。二是 2012 年 8 月下旬出版的《历史地理》第二十六辑李晓杰教授等人著《〈水经注〉汾水流域诸篇校笺及水道与政区复原》中关于汾水流域汉晋故城的考证结论，限于时间原因，这次都没有辑入。

2012 年元旦，孔祥军先生将新出版的《汉唐地理志考校》和《晋书地理志校注》两本书送我，我也在二校时进行了核对。孔先生对《晋书·地理志》中的内容进行了电子资源检索，发现一些问题，提出自己看法。因为孔先生博士论文是研究三国政区地理，所以在论述中，他能从汉到三国再到两晋，这种追溯，能够发现一些问题，工作很有启发性。孔先生还提供了他的未刊稿件供我参考，凡辑入者都注明了出处，不敢有掠人之美。顾江龙先生对《晋书·地理志》的成书过程和文本研究有自己独到见解，近年来对此有深入研究，但是没有正式发表文章。2012 年 6 月在复旦大学召开的学术讨论会上，他提交的论文就是专门研究"侯国""侯国相"等问题的，非常感谢他同意将他文章中的研究成果辑入本书。

2012 年 9 月 8 日二校后又记

2013 年 3 月 20 日，收到责任编辑张利先生快递来的三校稿子，因为样稿已经定型，只能对一些明显的错误进行修改，而一些新找到的资料只能补充如下，请读者参考使用，并请谅解。

补充一：雍州始平郡蒯成县

桂馥《晚学集》卷五"书《晋书·地理志》后"曰："《晋志》始平郡有蒯成县，此沿《史记》之误也，《史记·周緤传》'以緤为蒯成侯'。《索隐》云：'蒯者，乡名'。按《三苍》云，蒯乡在成父县，音裴。崔浩音薄坏反。《正义》云：

后　记

《舆地志》云'蒯成县，故陈仓之故乡聚名也，周缫所封也。晋武帝咸宁四年，分陈仓立蒯成县，属始平郡'。《汉书·周缫传》更封缫为城侯。《功臣表》误作蒯，从崩，从刀，不成字。服虔音营蒯之蒯。苏林音簿催反。师古曰'此字从崩，从邑。因蒯，非也'。吕忱音陪，而《楚汉春秋》作憑城侯。陪、憑声相近，此其实也。又音普肯反。馥按：《说文》'郮，右扶风鄠乡。从邑，崩声。沛城父县有郮乡。读若陪。'馥谓《汉书》作郮，与篆文合。《楚汉春秋》作憑，小颜音普反，皆与崩声相近。吕忱音陪，与《说文》合。服虔音蒯、崔浩音簿坏反、《三苍》音裴、苏林音簿催反，皆与陪声相近。《舆地志》以为陈仓乡，陈仓属扶风，与鄠相近。鄠县，晋亦属始平郡。《三苍》谓在城父，与《说文》城父郮乡合，其字本从邑，从崩。俗书蔽字从萌，与崩形近，而郮又有蔽音，《史记》因误为蒯，晋遂立蒯成县，一误再误矣。从崩之字读若陪，犹微读为止，乃读为仍。《老子》河上公本'乘乘兮，若无所归'，王弼本作'儽儽兮'。《后汉书·郡国志》河南有蒯乡，注引《左传》'昭二十三年，尹辛攻蒯'。《晋地道记》'在县西南，有蒯亭'。馥谓郮之为蒯，或因此致误。"（《晚学集》　[清]桂馥撰，中华书局1985年重印《丛书集成初编》本）

补充二：扬州宣城郡陵阳县

杨朝明《试论汤球〈九家旧晋书辑本〉》一文，根据《太平御览》卷二〇二引何法盛《晋中兴书》"成恭皇后杜氏陵阳，京兆人也"和《晋书·后妃传》记载同，认为杜皇后名字应为陵阳，陵阳县改为广阳县，"阳"字不改，是东晋避讳不很严格之故，而不是如钱大昕在《廿二史考异》中认为的"阳"字衍。此处应该出"编者按"，按语为："《晋书·地理志》中有的地名是晋时就避讳的，有的则是唐人在编《晋书》时避的唐人讳，这些都应该有所区别说明。"（《九家旧晋书辑本》[清]汤球辑，杨朝明校补，中州古籍出版社1991年版）

未能引用的资料还有未刊学位论文李海默著《两晋地方运作探微——十六州制·封国·三窟之计》（2011年5月复旦大学硕士学位论文）和2012年出版的孔祥军《三国政区地理研究》（收入王明荪等主编《古典历史文化研究集刊》第8编第3册，台北花木兰出版社2012年版）。

另外，唐长孺先生在"魏晋南北朝史籍举要"讲义中对方恺的《新校晋书地理志》有批评，认为《地理志》应该以断限为标准，不应该把所有出现过的县都标注出来。但是在实际汇释中，我感到如果不对增补的内容有所单列，就不能把全部的方恺校辑入，所以依照方校的内容和顺序，这些方恺补充的部分也都收录了，并用"[]"以示区别，而且在目录和索引中均有体现。两害相校取其轻，这就是本书突破中华书局点校本底本的地方，故请读者使用时注意。

谭先生在丛刊前言中讲道："有关注释和论著的每一条资料不可能是全部可取的，每一个论点也不可能是全部正确的，当然要由编者予以判断、决定是非。所取的都交代原著名或原作者；所舍的一般不提，遇有影响较大的谬说，则须予以驳正。"我没有进行深入研究，所以还不能全面取舍，只能把收集到的资料，除去重复，进行罗列，有的也不全是历史地理问题，只是感到晋代地理资料太少，尽量收集，供研究者参考。肯定有不当之处，敬请批评指正。

2013 年 11 月 5 日三校后又记

2015 年 3 月 6 日收到本书新任责任编辑钱江先生寄来的四校样稿，除了核对校样，修改几处错误以外，我没有做内容的增补。希望将来有机会根据考古的新发现和学界研究的新成果，对此书进行增订，也诚恳地希望读者发现问题能不吝赐教。这次除看校样外，还把目录页码、地名笔画索引、地名音序索引三样一并做出。由于时间原因，也来不及定稿一篇介绍《晋书·地理志》及其研究综述的文章，只能留待将来补上。这几篇后记在数年数校中陆续写成，留存十年来的际遇与心情，最后还是决定保存原貌。

2015 年 4 月 8 日四校后补记

今年陆续把四校样稿看了两遍。这两年来，又有不少相关研究成果出版，比如胡阿祥、孔祥军、徐成著《中国行政区划通史·三国两晋南朝卷》，蓝勇主编《长江三峡历史地图集》，谭其骧著《谭其骧全集》中的《〈中国历史地图集〉释文辑录》等，《中国历史地理信息系统释文》也先后在网络版"中国历史地理信息系统"的地名信息中披露部分内容，另外 2014 年黄学超还完成了《〈水经〉文本研究与地理考释》博士学位论文，这些相关研究进展都值得读者参考。

2015 年 12 月 28 日补记

2016 年 2 月 26 日收到钱江先生发来的五校清样，因为出版在即，既不能增补，也不能删改，只通读了一遍，改正一些标点和错字，并写了一篇简单的序言。特此说明，谨请读者批评指正。

2016 年 9 月 14 日五校后记于复旦大学历史地理研究中心

2018 年又将校样核对一遍，将今地改为 2015 年行政区划，并改正部分错误。最后感谢国家出版基金对本书出版的资助，感谢安徽教育出版社领导和黄俊、杨菁菁、刘义平等编辑们的辛勤劳动。

2018 年 9 月 18 日记

正史地理志汇释丛刊

JINSHU DILIZHI HUISHI